고조선문명과 신시문화

임 재 해

임재해林在海

영남대학교 대학원 국문학과 문학박사. 안동대학교 인문대학 민속학과 교수로 재직했으며, 안동대학교 박물관장 및 인문대학장, 문화재청 및 경상북도 문화재 위원, 실천민속학회장, 한국구비문학회장, 비교민속학회장, 한국민속학학술단체연 합회장을 역임했다.

현재 안동대학교 명예교수이며, 한국구비문학대계 증보사업 현장조사단장이자, 남북역사문화교류협회 공동대표, 권정생어린이문화재단 이사로 활동하고 있다.

주요 저작으로는 《설화작품의 현장론적 분석》(1991), 《한국민속과 전통의 세계》(1991), 《한국민속과 오늘의 문화》(1994), 《한국민속학과 현실인식》(1997), 《지역문화, 그 진단과 처방》(2002), 《민속문화의 생태학적 인식》(2002), 《민속문화를 읽는 열쇠말》(2004), 《민족신화와 건국영웅들》(2006), 《마을민속 조사연구 방법》(2007), 《신라 금관의 기원을 밝힌다》(2008), 《안동문화의 전통과 창조력》(2010), 《마을문화의 인문학적 가치》(2012), 《민족설화의 논리와 의식》(2013), 《고조선문화의 높이와 깊이》(2015) 등이 있다.

고조선문명과 신시문화
A GoJoseon(Ancient Korean) Civilization and Shinsi Culture

초판 1쇄 인쇄 2018. 9. 10.
초판 1쇄 발행 2018. 9 .17.

지은이   임 재 해
펴낸이   김 경 희
펴낸곳   (주)지식산업사
          본사 • 10881, 경기도 파주시 광인사길 53(문발동)
          전화 (031) 955 - 4226~7 팩스 (031) 955 - 4228
          서울사무소 • 03044, 서울시 종로구 자하문로6길 18 - 7
          전화 (02) 734 - 1978 팩스 (02) 720 - 7900
          영문문패 www.jisik.co.kr
          전자우편 jsp@jisik.co.kr
          등록번호 1 - 363
          등록날짜 1969. 5. 8.

책값은 뒤표지에 있습니다.

ⓒ 임재해, 2018
    ISBN 978-89-423-9049-6(94910)
          978-89-423-9046-5(전6권)

이 책을 읽고 저자에게 문의하고자 하는 이는
지식산업사 전자우편으로 연락 바랍니다.

고조선문명과 신시문화

임 재 해

지식산업사

이 저서는 2013년 대한민국 교육부와 한국학중앙연구원의 한국학특정분야기획연구사업의 지원을 받아 수행된 연구임(AKS-2013-SRK-1230001)

책머리에

공든 탑을 무너뜨리다

역사학에서 공든 탑이란 없다. 새 사료가 발견되면 아무리 공들여 쌓은 역사의 탑도 무너질 수밖에 없다. 새 사관으로 사료해석을 달리 하면 역사학의 공든 탑도 무너지기 마련이다. 진부한 고조선론을 혁파 하고 고조선문명의 뿌리를 밝히려면 사료부터 새로 개척하고 사관도 독창적으로 수립해야 한다. 따라서 '생활사료'를 개척하고 '본풀이사관'을 수립함으로써, 기존의 공든 탑을 무너뜨리고 고조선연구의 새 탑을 쌓는 모험적 연구를 시도한다. 작게는 고조선문명의 뿌리를 캐고 신시 문화의 정체를 밝히는 일이지만, 크게는 상투적 역사학을 해체하고 도 전 역사학의 새 패러다임을 구성하는 작업이다.

고조선문명의 실마리를 지금 여기의 현재사 속에서 포착하는가 하 면, 우리가 누리고 있는 현실문화의 의미를 고조선의 신시문화를 끌어 와서 재해석한다. 현재 생활사료를 근거로 과거와 미래의 역사를 통섭 함으로써 고조선문명의 지속적 가치를 존재감 있게 입증한다. 따라서 고조선문명은 까마득하게 사라져 가는 역사의 소실점에 있는 것이 아 니라, 현재진행의 일상문화로서 지금 우리 곁에 있는 생활세계이자, 앞 으로도 안고 가야할 미래 문명이라는 것을 실감나게 설득할 것이다.

그러자면 기존 역사학의 틀을 깨뜨려야 한다. 통념의 틀을 깨뜨려 야 깨치게 되고, 깨쳐야 새 틀을 깨달을 수 있게 된다. 실증사학의 틀 을 깨고 역사상대주의로 주권사학과 생태사학을 통섭해서 본풀이사학 의 입지를 새로 구축한다. 본풀이사학은 과거사의 해명으로 현재사의 문제를 풀고 미래사를 전망하는 현재학이자 미래학이다. 연대기적 역 사는 시작과 끝이 있지만, 생활사료로 읽는 역사 유전자는 끊임없이

지속되므로, 현재에도 있고 미래에도 있다. 그러므로 고조선의 신시문
화는 우리들의 생활세계 속에 문화유전자로 살아 생동하고 있다.

그럼에도 우리 역사에서 '고조선'이란 나라는 없다. 단군이 세운 나
라는 '조선'이며, 고조선은 《삼국유사》 '고조선'조의 제목이자 시대구분
개념이다. 민족사의 시작은 단군이 세운 조선이 아니라 환웅이 세운
신시에서 비롯되었기에, 신시야말로 민족사 최초의 국호이다. 따라서
단군조선이 아닌 환웅신시가 민족사의 기점이며, 단군시조론 대신 환
웅시조론을 내세운다. 그러므로 고조선을 부정하면서 고조선을 긍정하
는 역설의 고조선역사를 새로 구성한다.

그동안 우리는 환웅신시의 역사를 잃어버린 역사 고아들이자, 아버
지의 역사를 외면하고 아들의 역사에 매달렸던 역사 불효자였다. 사학
계는 환웅신시의 역사를 묵살한 반역사학의 잘못을 깊이 반성해야 한
다. 나쁜 역사는 과거를 조작하는 것이고, 진부한 역사학은 과거 설명
을 반복하는 것이다. 본풀이사학은 과거에서 벗어나 과거를 현재화하
고 미래화하는 사학이다. 그러므로 밖으로는 중국의 동북공정에 맞서
며, 안으로는 술이부작의 동어반복에 매몰된 역사재단의 고조선연구를
넘어서, 시베리아기원설과 유목문화기원설을 극복하고 자력적 농경문
화기원설을 주창한다.

따라서 고조선에 관한 통설에 균열을 내고 고조선을 국호로 일컫는
침묵의 카르텔을 해체하면서, 식민사학의 틀에 갇혀 있는 쓴이 자신부
터 해방시킨다. 통설의 틀을 깨는 것은 틀려먹은 연구가 아니라 도전
적 연구라는 사실을 깨닫고 '빌어먹을 연구'에서 '벌어먹을 연구'를 표
방하며 연구를 수행했다. 그러므로 사학계가 이 책을 통설에서 일탈한
이단으로 규정하고, 찢어버리고 싶은 책으로 간주한다면 연구자로서
큰 보람이 될 것이다. 이미 《신라금관의 기원을 밝힌다》는 책으로 그
런 보람을 겪었으므로 자랑으로 삼는다.

별난 발상과 파격적 해석의 고조선문명론을 펴게 된 것은 학제적
연구를 기획하고 고조선문명의 큰 흐름을 일깨워준 신용하 교수 덕분

이다. 엉뚱한 역사적 상상력은 물론 자신의 학설에서 빗나간 주장까지 수용해준 신용하 교수의 학문적 포용력에 존경의 뜻을 밝힌다. 관련 논제로 함께 연구한 박선희, 윤명철, 우실하, 백종오 교수와 고조선의 자취를 찾아 중국 동북지역을 답사하고 3년 동안 월례발표회를 계속한 것이 크게 도움 되었다. 연구비를 지원해 준 한국학중앙연구원과 책의 발간을 맡아준 지식산업사 김경희 사장, 편집 작업을 담당한 김연주 편집자께 감사드린다.

  이제 우리는 단군조선만 있었던 기나긴 어둠의 시대를 보내고, 환웅신시가 있는 광명의 역사시대를 비로소 열어가게 되었다. 7대 고대문명으로 세계문명사를 쓰던 시대에서, 고조선문명이 포함된 세계문명사를 다시 써야 하는 시대를 맞이했다. 따라서 고조선문명론을 계기로 거시적 사학사의 새 분기점에 이른 사실을 자각하고 새 시대 역사학의 주체로 거듭 나야 도전 역사학의 지평을 열어갈 수 있다. 고조선문명은 지금 우리가 누리는 일반화 가능한 삶의 양식이자, 바람직한 미래를 구상할 세계관적 자산이다. 그럼에도 고조선문명을 제대로 밝히는 데, 이 책은 아직 크게 모자란다. 고대사연구에서 부족한 것은 문헌사료가 아니라 역사적 상상력이라는 사실을 성찰하면서 머리말을 여민다.

단기 4351년(서기 2018년) 5월
두솔산방에서
임 재 해

8

차 례

머리글: 고조선문명의 뿌리 신시문화를 읽는 눈

하나. 본풀이사관에 입각한 새 역사인식

역사는 우리말로 '본풀이'다. 역사란 살아온 내력의 근본을 풀어내는 것이자 생활세계의 뿌리를 찾는 일이기에 본풀이라 한다. 근본이란 통시적으로 태초의 시작이며, 공시적으로 모든 것의 밑자리를 이루는 것이다. 그런데 역사학을 표방하면서도 민족사의 근본을 푸는 일에는 무관심할 뿐 아니라, 고조선시대를 다룬다고 하면 마치 역사연구의 길을 잘못 든 것으로 간주하고 외면하기 일쑤이다.

물론 근거 없이 고조선을 우상화하고 무리하게 고대사를 확장하는 일부 연구자 탓이 크다. 그러나 고대사 확장에 집착하는 국수주의 극복의 길은 고대사를 외면하는 것이 아니라 정면으로 다루어 논리적 설득력을 획득하는 일이다. 입증할 사료가 부족하다는 구실로 고조선시대사를 피해 갈 것이 아니라, 사료의 세계를 파격적으로 확장하고 기존사료의 입증 논리를 새로 찾아냄으로써, 역사연구의 대상과 방법, 해석과 결론을 두루 혁신해야 할 것이다.

그러자면, 사료와 역사에 대한 고정관념을 해체하고 방법과 이론에 대한 한계를 극복하는 대안적 연구를 수행해야 한다. 새로운 사료 발굴에서부터 사관의 수립에 이르기까지, 역사학의 체계 자체를 과감하게 뒤집어엎고 도전적 역사학을 모색한다. 단군조선을 기점으로 간주하는 고조선연구의 통념을 청산하고, 환웅신시를 민족사의 새 기점으로 설정하는 논의를 펼친다.

민족사의 뿌리인 신시의 역사와 문화를 해명하는 일은 잃어버린 상고사를 찾는 일이자, 자기 눈으로 자기 역사를 보는 일이다. 사라진 고조선문명을 복원하는 일에 머물지 않고, 고조선시대 사람으로 살아가는 지금 여기 우리의 역사와 문화를 주체적으로 발견하는 일이기도 하다. 따라서 환웅천왕이 세운 신시문화를 주목하는 것은 한갓 복고적 상고사의 이해나 민족주의적 뿌리 찾기 작업에 만족할 수 없다. 우리 눈으로 우리 역사의 근본을 제대로 알아차리고 지금 여기의 생활세계를 재인식함으로써 바람직한 미래세계의 창을 열어나가야 한다.

역사는 현실에서 과거를 인식하는 추체험의 거울이면서, 미래로 나아가는 전망의 창이다. 고대사에서 발견하는 문화적 전통은 현재진행의 일상생활을 구성하는 역사 유전자이자, 미래를 만들어가는 창조력의 원천이다. 고대사 연구는 근본을 풀어내는 원천이고 현실을 반추하는 성찰의 과정이며 미래를 구상하는 설계도 구실을 해야 한다. 따라서 고대사 연구목적의 시제는 과거형이 아니라 현재진행형이자 미래형이다. 그러므로 고대사 연구를 제대로 할수록 미래 세계에 대한 독창적 구상이 떠올라야 제격이라 하겠다.

둘. 역사학의 사명으로 본 환웅신시의 포착

본풀이사관이라 하여 역사연구의 본질적 사명에서 벗어날 수 없다. 역사연구는 기본적으로 세 가지 작업을 수행해야 일정한 성과를 거둘 수 있다. 하나는 새로운 사료를 확충하는 일이고, 둘은 확보된 사료를 독창적으로 해석하는 일이며, 셋은 해석된 내용을 근거로 새 역사를 쓰는 일이다. 이 세 갈래 활동은 개별적 작업이 아니라, 서로 유기적 연관성을 지니며 일련의 과정으로 이어지는 순차적 작업이다.

새 사료를 확보해도 독창적 해석으로 이어지지 않고, 진전된 해석이 이루어져도 새로운 역사 서술로 나아가지 못하면, 역사연구로서 유용성을 잃게 된다. 따라서 이 연구는 사료를 새로 확충하는 것은 물론,

사료의 독창적 해석으로 한국 상고사를 다시 쓰는 데까지 나아간다. 거듭 말하면, 앞의 두 작업을 거쳐서 단군조선 이전 시기에 존재했던 환웅의 신시 역사를 새로 쓰는 것이 목표이다.

단군조선의 역사는 가끔 쟁점이 되어도 환웅신시의 역사는 한국사 서술에서 줄곧 외면 받아왔다. 아무도 '신시'를 나라로 인정하지 않은 까닭에 '신시'시대가 거론된 적이 없다. 문헌사료에 환웅천왕이 세상을 구하기 위해 홍익인간 이념을 품고 태백산 신단수 아래에 신시를 세웠을 뿐 아니라 주곡, 주명, 주병, 주형, 주선악 등 360여 가지 일을 재세이화했다는 기록이 분명히 있다. 그러나 이 사료를 단군신화의 일부로 간주할 뿐 환웅의 신시 역사로 주목하지 않는다. 환웅이라는 천왕이 있는데 천왕이 다스린 나라는 없고, 홍익인간의 건국이념과 신시라는 나라가 있는데 정작 국가사(國家史) 서술에서는 제외되었다. 환웅천왕이 신시를 세운 것은 물론, 360여 가지 일을 다스리며 재세이화를 한 통치 방법까지 기록되어 있는데도, 신시 역사를 외면한다는 것은 그야말로 역사 말살이다. 왜냐하면 사료학으로서 역사학을 부정하는 까닭이다.

한마디로 환웅신시의 역사를 생생하게 증언하는 사료가 있지만 역사 서술에서 제외시켜 버린 것이다. 버려도 좋은 사료나 삭제해도 좋은 역사는 없다. 아무리 불분명한 역사라 하더라도 사가들에게 삭제할 권한은 주어지지 않는다. 불분명한 역사는 불분명한 대로 서술하고 연구해야 한다. 더군다나 환웅신시의 역사는 우리 민족사의 출발점이자, 미래까지 이어갈 민족사상의 핵심을 이루며, 고대사 전개의 기틀을 마련한 역사철학의 원류 구실을 하고 있다. 그러므로 환웅신시의 역사를 외면한 채 민족사의 서술과 민족문화의 전통을 제대로 해명할 수 없다.

환웅신시를 중심으로 고조선문명사를 쓰는 일은, 단군조선조차 제대로 인정하지 않는 한국사학계로서는 큰 충격이 아닐 수 없다. 최근에 비로소 단군조선의 역사가 교과서에 조금 언급되고 있을 뿐, 그 이전의 환웅신시 역사는 엄두조차 내지 못하고 있기 때문이다. 따라서 이 연구는 민족사의 기점을 환웅신시까지 끌어올리는 것이 목적이 아니라, 단군시조론에 매몰된 재야 학계와 단군부정론에 골몰하는 사학계의 고정관념을 함께 청산하는 것이 목적이다. 더 적극적인 목적은 조선총독부가 서술한 조선사의 낡은 틀에서 해방되는 것이며, 서구 이론과 사관에 맞서서 독자적 사관과 이론으로 민족 문명사를 새롭게 밝히는 것이다. 우리 사료로 우리 사관을 수립하여 우리 문명사를 밝힘으로써 세계 문명사 서술의 새 전기를 마련하려 한다.

셋. 역사의 유무론보다 삶의 실체로서 존재론

귀중한 사료가 있어도 주목하지 않고 역사로 서술하지 않으면 역사는 있어도 없는 것이나 같다. 역사는 사라진 과거이지만, 일정한 역사의식으로 관심을 기울이고 현재화하게 되면 살아 있는 실체로 존재하게 된다. 역사와 같은 인문현상뿐만 아니라 물질현상인 입자도 마찬가지이다. '입자는 그 자체로 존재하는 것이 아니라, 관찰할 때 비로소 존재한다.' 이 진술은 물리학자들이 광자를 이중슬릿에 통과시킨 실험결과 얻어낸 결론이다.

양자물리학자 프랭크 윌첵(Frank Wilczek)은 "현실은 정보로 만들어지고, 이 정보는 관찰에 의해 만들어진다. 관찰이란 특별한 의식에 의해 이루어져야 한다."고 했다. 무의식적 관찰은 정보를 생산할 수 없다. 결국 현실을 만드는 힘은 의식적으로 이루어지는 관찰에서 비롯된다는 것이 물리학계의 인식이다. 하물며 인문학문의 세계인 역사학은 더 말할 나위도 없다. 물리학의 실험결과처럼, 역사도 그 자체로 존재하는 것이 아니라 역사의식을 가지고 사료를 주목하며 의미를 부여할 때 비로소 존재하기 시작한다. 왜냐하면 그것은 곧 사라진 과거를 현재 상황에서 인식하는 작업이기 때문이다.

《삼국유사》 첫 장인 '고조선'조에는 환웅의 신시국 역사를 매우 소상하게 체계적으로 서술한 뒤, 그 말미에 단군의 조선국 역사를 간략하게 덧붙여 두었다. 그럼에도 소상한 아버지의 역사는 주목하지 않고, 아들의 엉성한 역사만 주목한 채, 아들 단군을 민족시조라 하고 단군이 세운 '朝鮮'을 '古朝鮮'으로 호명하며 민족사의 최초국가로 삼고 있다. 단군을 낳은 환웅천왕이 버젓하게 존재하고 환웅이 세운 '신시(神市)'국이 있는데, 사학자들은 태연하게 환웅신시의 역사를 삭제하고 단군조선의 역사를 민족사의 출발점으로 삼는다.

아버지의 역사를 찬탈하고 국호까지 '고조선'으로 바꿔치기하는 데서 멈추지 않고, 환웅의 홍익인간 이념과 재세이화의 통치방식마저 단군의 이념과 통치방식인 것처럼 엉뚱하게 왜곡하기 일쑤이다. 사학자들은 단군시조론과 고조선건국론의 선험적 틀에 갇혀 있는 까닭에 그 이전의 환웅천왕과 신시건국 역사에 관해서는 아예 상상조차 하지 않고 있다. 그러므로 환웅천왕이 홍익인간 이념의 실현을 위해 신시국을 세우고 360여 가지 일을 재세이화했다는 체계적 서술의 사료가 있어도, 신시를 국가로 인정하지 않는 것은 물론, 민족사 서술에서 말끔하게 잘라버린 것이다.

중요한 점은 단군조선 이전에 환웅천왕의 신시국이 있었다는 사실이 아니다. 역사적 유무론은 덜 중요하다. 지금 우리의 현재사나 생활세계와 무관하다면 환웅신시는 있어도 그만 없어도 그만이기 때문이다. 실제로 안동의 창녕국(昌寧國)이나 의성의 조문국(召文國)처럼, 시군 단위의 역사를 보면 해당 지역에 초기 소국들이 적지 않았다. 따라서 고대에 소규모 국가가 존재했다는 사실은 새삼스럽지 않다. 한갓 역사의 흔적이자, 존재의 유무 문제에 머물 뿐 역사적 실체로서 존재감이 없는 까닭이다.

역사의 알맹이는 유무론이 아니라 존재론에 있다. 존재감이 없으면 있어도 없는 것이나 다름없다. 유무론에 머무는 껍데기 역사는 과거의 역사이자 소멸의 역사이지만, 존재론이 대상이 되는 알맹이 역사는 통시적으로 지속되면서 생활세계의 실상으로 되살아나는 현재의 역사이자 생성의 역사이다. 연대기적 역사는 과거 속에 사라져 버리기 마련이나, 거기서 꽃핀 문화와 사상의 역사는 현재진행형으로 지속되고 있을 뿐 아니라, 앞으로도 안고 가야할 미래의 역사이다.

따라서 여기서 주목하는 환웅신시의 역사는 사라진 역사의 연대기를 복원하거나 신시국의 유무론에 매몰되는 껍데기 역사가 아니라, 지금도 살아 있는 문화적 알맹이 역사를 우리 삶 속에서 재인식하는 것이다. 고조선시대 문화는 한갓 상고사나 사라진 문명이 아니라 지금도 살아 있는 현재사이자 현대문명으로 지속되고 있다는 사실이 중요하다. 고대사를 현재사로 입증하는 것이야말로 연대기적 유무론을 극복하고 문화적 전통에 입각한 역동적 존재론의 알맹이 역사를 서술하는 것이다. 그러므로 태초의 민족사 해명에 머물지 않고, 지금 여기까지 이어져 왔으며 앞으로도 이어가야 할 생활세계의 실체로서 환웅신시의 문화적 유전자를 포착하고 고조선문명의 존재론적 실상을 문제 삼는다.

넷. 생활사료의 개척과 통섭적 역사인식

환웅신시의 역사는 단군조선에 선행한 태초의 역사로서 민족사의 꼭지점을 이룰 뿐 아니라, 환웅천왕의 홍익인간이념과 태양시조사상, 신시의 건국정신과 통치 규범 등이 삼국시대까지 지속되었다. 고대 초기국가는 어느 것이든 역사 속으로 사라졌다. 그러나 당시의 문화적 전통은 현재의 생활세계 속에 살아 있으며, 인류사회가 앞으로 추구해야 할 세계관까지 갈무리하고 있다. 따라서 상고사를 확장하는 연대기적 역사의 유무 문제가 아니라, 고조선문명을 이룩한 토대이자 앞으로도 살려나가야 할 지속과 진행의 역사로서 문화적 역동성의 존재감을 포착하는 것이 긴요한 과제이다.

생활세계에서 지속되는 문화적 전통은 역사학에서 생활사료 구실을 한다. 생활사료는 연대기적 역사를 극복하는 사료로서 통시대적으로 존재하는 역사의 생생한 실체이다. 따라서 과거의 사료로 현재 생활사를 읽고, 현재의 생활사료로 과거의 역사를 해석할 수 있는 통시대적 연구 자료이다. 굿문화와 같은 생활사료는 본풀이사관을 수립하는 이론적 근거를 제공할 뿐 아니라, 현재의 문제의식에서 과거사의 뿌리를 캐고 미래의 전망을 제시함으로써 과거와 현재, 미래를 종적으로 아우르는 통섭의 역사 연구방법을 개척하는 역사철학적 자질을 갖추고 있다.

쑥과 마늘을 먹는 현재의 식관습은 환웅신시의 긴요한 식생활이자 당시 역사를 거꾸로 입증하는 생활사료로서, 과거사이면서 미래의 식문화로 지속되는 문화적 전통이기도 하다. 이처럼 생활사료를 주목하게 되면, 현재 문화의 뿌리는 물론 앞으로 이어가야 할 미래문화도 신시문화의 전통 속에서 찾을 수 있다. 그러므로 고조선문명사를 한갓 사라진 역사로 자리매김하는 데 머물지 않고, 현재 생활사를 새롭게 서술하고 의미부여를 하며, 나아가야 할 미래사까지 전망하는 역사 유전자로 포착하게 될 것이다.

진정한 역사연구는 지나간 시대를 해명하는 데서 만족하지 않는다. 특정 시대사의 통시적 위상을 포착하고 그 전후시기를 통섭하는 작업에서 나아가, 미래사로 이어지게 될 역사적 유전자까지 밝혀내야 한다. 환웅신시의 역사가 사라진 역사이면서 현재에도 살아 있는 역사인 것은 역사적 유전자가 작동하고 있기 때문이다. 역사적 유전자는 유무론의 껍데기 역사가 아니라 존재론의 알맹이를 이루는 생동하는 현실역사의 실상이다.

과학적으로 검증되지 않은 사실은 주장하지 말아야 한다면, 역사학을 비롯한 인문학문의 설자리는 없다. 왜냐하면 역사해석에서 실증주의는 인문학적 통찰을 부정하기 때문이다. 역사 유전자는 실증사학의 형식논리를 넘어서서 역사적 통찰의 사고실험 논리로 추론되는 것이다. 역사적 상상력으로 포착하는 생활사료의 전승은 과학적 검증이 불가능한 역사적 실체이자 종래의 시대구분 논리에서 해방된 현재진행의 역사이다. 시대를 관통하는 통시대적 유전자의 포착이야말로 단선적 시대구분을 넘어서 장기지속의 새 역사를 만나는 길이다.

다섯. 빙하기의 극복과 신석기 문화의 탄생

환웅신시의 역사는 신석기 이후에 형성된 역사이다. 신석기문화를 결정한 것은 빙하기의 생태학적 환경이다. 구석기인들이 빙하기를 극복하면서 만들어낸 문화와 세계관이 신석기시대를 창출했다. 따라서 빙하기의 고난과 극복 과정이 없었다면 신석기 이후의 문화 출현이 불가능했을지도 모른다. 왜냐하면 구석기에서 신석기로 전환된 것이 아니라, 그 사이에 오랜 빙하기가 끼어 있었기 때문이다. 수만 년 동안 지속된 빙하기를 극복하는 동안 구석기에서 신석기 문화가 탄생한 사실을 지나쳐서는 상고시대 역사와 문화를 제대로 이해할 수 없다.

따라서 종래의 상투적 시대구분을 뜯어고쳐서 구석기와 신석기 사이에 빙하기를 설정해야 한다. 빙하기는 신석기 이후부터 지금에 이르는 모든 시대사보다 양적으로 훨씬 오랜 시기였을 뿐 아니라, 질적으로도 창조적 사유의 새로운 인간으로 거듭 태어나게 한 시기이다. 다시 말하면 빙하기는 원시적 구석기인에서 문화적 신석기인으로 질적 변화를 일으키는 결정적 전환의 분기점이자, 인류사에서 가장 열악한 환경을 슬기롭게 이겨낸 자연극복의 시기였다. 따라서 빙하기를 소거한 채 구석기, 신석기, 청동기, 철기의 시대구분은 인류사에서 가장 비중 높은 역사적 시기를 묵살하는 셈이다. 그러므로 빙하기 없는 신석기와 상고사 서술은 절름발이 역사라 해도 지나치지 않다.

고조선문명의 큰 틀은 물론 그 초석을 이룬 환웅신시의 문화도 빙하기 생활에서 뿌리를 찾아야 한다. 해빙기 이후에 형성된 환웅신시의 태양시조사상이나 신시건국 본풀이, 제천행사의 국중대회는 빙하기 극복 과정에서 생성된 것이며, 고인돌문화는 빙하기의 고난을 상기하기 위한 추체험과 연관되어 있을 가능성이 높다. 농경생활에 따른 정착문화도 빙하기 체험 이후에 자연 적응적으로 형성된 것이다. 그러므로 상고사를 해명하려면 생태학적 연구를 고려하지 않을 수 없다.

여섯. 시대구분을 뛰어넘는 현재진행의 역사

자민족의 뿌리를 인식하는 역사의식도 시대에 따라 다르다. 현재는 단군시조론에 매몰되어 환웅신시는 없는 것으로 간주되지만, 적어도 고구려 시대에는 환웅천왕을 민족시조로 기린 사실이 벽화와 조형물에 분명하게 나타나 있다. 천신의 후손으로서 천왕에 대한 제천행사를 국중대회로 개최한 사실도 기록으로 남아 있다. 영고와 동맹, 무천의 기록을 보면, '농경시필기'에 '남녀노소'가 '군취가무'하며 '주야무휴'로 '연일음주가무'하며 축제 형식의 나라굿을 한 사실이 포착된다. 이러한 문화적 유전자는 고을굿과 마을굿 등의 공동체굿으로 지속되는 가운데, 지금의 대중문화로 발현되면서 한류를 이루고 있다.

그런가 하면, 마을과 고을에 세워둔 솟대와 장승, 당나무를 통해 무의식적으로 환웅신시 또는 단군조선의 후예를 상징하고 있다. 단군조선의 후손을 상징하는 토템형상이 장승이라면, 환웅신시의 후손을 상징하는 토템형상은 솟대이다. 왜냐하면 환웅신시의 천신족은 솟대의 새토템으로 자신들의 집단정체성을 상징한 까닭이다. 천하대장군과 지하여장군의 장승은 단군의 출생 양식을 나타내는 토템이라 할 수 있다. 시대에 따라 국조인식이 다른 것처럼, 공동체에 따른 국조인식도 무의식적 차이를 이루는 셈이다. 그러므로 환웅신시의 역사와 문화를 창출한 생태학적 배경이 빙하기를 거친 해빙기의 신석기문화라면, 단군조선 이후의 고대사는 환웅신시의 천신족 문화가 일관성을 지니며 시대에 맞게 창출된 것이라 할 수 있다.

신시 건국의 역사적 전통은 부여와 고구려, 신라, 가야의 건국사까지 고스란히 지속되었으며, 당시의 문화적 전통은 공동체신앙으로 현재까지 이어지고 있다. 신단수의 전통이 당나무로, 환웅족의 토템이 솟대 양식으로, 국중대회는 공동체굿으로 전승되고 있다. 따라서 현재의 당나무를 근거로 신단수를 떠올릴 수 있고, 솟대를 자료로 환웅족의 새토템을 발견할 수 있으며, 동중대회로 이루어지는 마을굿을 근거로 국중대회의 고대 나라굿을 추론할 수 있다. 그러므로 과거와 현재의 생활세계를 주목하면, 시대를 가로지르는 통섭의 역사학 방법이 가능해진다.

현대 첨단문명이라 한들 환웅신시의 역사 유전자에서 벗어나지 않는다. 왜냐하면 현대문명 역시 인류사의 보편성 위에서 발전된 까닭이다. 현대사회에 등장한 문화는 으레 최근에 발명된 첨단문화로 존중하는 반면에, 과거의 전통이나 소수민족 문화는 원시적인 것으로 간주하여 하찮게 여기는 편견이 있다. 그러나 요즘의 동물캐릭터는 환웅을 찾아온 곰과 범의 존재와 다르지 않다. 당시에는 종족의 정체성을 동물토템으로 나타낼 수밖에 없었는데, 지금도 특정 단체나 국가는 물론 명품 브랜드까지 동물상징으로 나타내고 있다. 문자보다 동물캐릭터가 집단 정체성을 상징하는 데 더 효과적이기 때문이다. 그러므로 동물캐릭터는 환웅신시의 동물토템 문화가 현재형으로 발현한 현상이며, 앞으로도 이어질 미래문화이다.

일곱. 양적 역사를 극복하는 질적 역사의 세계

신시문화는 고조선문명의 핵심이다. 신시문화의 정체를 포착하는 일은 고조선시대의 역사와 문화를 현실에서 생생하게 밝히는 것과 만난다. 신시시대는 까마득하게 사라진 태초의 역사가 아니라, 지금 여기 우리들의 삶 속에 살아 있는 역사이다. 연대기적 역사의 외형이 아니라, 신시문화의 세계 속에 갈무리된 고조선문명의 알맹이를 탐색하는 작업이다. 고조선문명사 서술은 연대기적 길이와 강역의 너비를 확장하는 양적 역사가 아니라, 현재 우리들의 생활세계 속에 지속되고 있는 신시문화의 실체를 포착하는 질적 역사를 쓰는 일이다.

고조선문명사를 연대기적으로 완전하게 서술하겠다는 목표는 처음부터 지나친 욕심이다. 연대기가 분명하게 서술되어 있는 사료들일수록 오히려 합리적 의심을 받게 된다. 이른바 재야사서들이 그러한 한계를 지니고 있다. 연대기를 명쾌하게 밝혀야 한다는 진부한 역사인식에서 해방되어야 살아 있는 역사를 생생하게 서술할 수 있다.

완결된 고조선문명의 서술보다 미완성의 완성을 겨냥함으로써 고조선시대사 연구의 가능성을 넓게 열어 가는 생산적 역사 서술을 시도한다. 따라서 사료를 새로 개척하고 사관도 독자적으로 수립하는 가운데, 기존의 시대구분론을 비롯한 역사연구 방법과 경향을 비판하며 새로운 해석방법들을 끊임없이 모색한다. 그러므로 선행연구를 과감하게 비판하는가 하면, 역사적 상상력이 허용하는 한 도전적 해석의 모험도 거침없이 수행한다.

이러한 마음가짐으로 신시문화의 요소들을 분석적으로 해체하고, 해체된 조각들을 다시 연관을 지우면서 전후의 통시성과 좌우의 공시적 관계를 재구성한다. 통시적으로 부여와 고구려부터 신라 가야의 건국본풀이에 내재된 일관된 서사구조와, 흔들림 없이 지속되고 있는 태양시조사상을 밝혀 나간다. 천손강림신화와 난생신화의 이분법적 인식을 해체하고 민족신화의 정체성을 태양시조신화로 귀납시키며 역사적 일관성과 문화적 동질성을 찾아나선다. 그러므로 환웅신시가 단군조선의 선행역사이자 고조선문명의 밑자리문화라는 사실을 넘어서, 수천년 동안 지속되고 있는 현재진행의 역사이자 지금도 살아 있는 역사적 실체라는 자각에 이르게 된다.

공시적으로 고인돌과 적석총, 천제단의 구조와 기능을 분석하고 그 연관성을 추론한다. 고인돌과 천제단의 구조와 기능을 통합하여 발전시킨 것이 장군총과 같은 거대한 방형적석총이라는 새로운 사실도 밝힌다. 홍산문화의 옥기문화는 일부 옥기의 형상에 따른 요소적 연관성을 극복하고, 환웅천왕의 홍익인간 이념과 재세이화의 통치 양식과 어떤 관련이 있는가 하는 총체적 해석에 이른다. 홍익인간과 재세이화도 한갓 말풀이가 아니라, 환웅신시의 건국본풀이 내용 자체로 해명한다. 왜냐하면 환웅천왕의 신시 건국 과정과 행적이 곧 홍익인간과 재세이화를 실천한 결과이기 때문이다.

왜 환웅천왕은 곰과 범에게 쑥과 마늘을 주었을까 하는 문제 해명
에서, 왜 우리 민족만 아직도 쑥과 마늘을 먹는가 하는 문제를 다룰
뿐 아니라, 미래에도 쑥과 마늘을 먹는 것이 바람직한 식문화라는 것
을 인식하는 데까지 나아간다. 쑥과 마늘의 식문화는 환웅신시의 역사
를 입증하는 결정적 단서이자, 채식문화의 전통으로서 유목문화 기원
설을 극복하는 확실한 증거이며, 생활사료의 가장 실감나는 본보기이
기도 하다.

환웅신시의 농경생활과 정착문화를 주목하는 이유는 시베리아기원
설을 극복하기 위한 것인 동시에, 홍산문화를 신시고국의 문화유산으
로 끌어오기 위한 이중포석이다. 중국의 화이론이 청산해야 할 중세적
관념이라면, 환웅의 홍익인간론은 태초의 건국이념이자 현재의 교육이
념이며, 인류사회가 안고 가야할 미래의 세계관이다. 따라서 고조선문
명사 서술에 만족하지 않고, 역사학계의 기존 학설과 통념을 해체하는
가운데 민족사의 인식지평을 열어가며, 역사적 상상력과 해석학적 지
평을 마음껏 펼친다. 그러므로 고대사가 곧 자기발견의 현대사라는 점
을 각성해야, 역사학이 사실학이나 지식학이 아닌 독창적 해석학이자
통찰의 인문학문이라는 사실을 깨닫게 된다.

여덟. 진정한 역사연구는 현재 생활세계의 해명

고조선문명의 이해는 곧 현대 한국문화를 해명하는 길이다. 뒤집어
말하면, 현대 한국문화를 제대로 이해할 수 있어야 고조선문명도 온전
하게 해명할 수 있다는 말이다. 고대사 연구가 현대사 해명이고 현대
사 연구가 고대사 해명이다. 연대기적 역사가 아니라 문화의 실체를
밝히는 질적 역사를 주목하게 되면, 지금 여기의 생활세계 속에서 고
조선문명의 실체를 발견하게 된다. 본풀이사학은 고대사가 현대사이자

미래사라는 지속성의 사관이자, 시대를 가로지르는 통섭의 사학이다.

따라서 우리는 아직도 고조선시대 사람들로 살아가고 있다는 사실을 깨닫는 동시에, 고조선문명을 계속해서 가꾸어가야 할 미래사 만들기의 역사주체라는 사실을 자각하는 것이 연구의 최종목표다. 현재 사학계의 역사의식은 환웅신시를 민족사의 태초로 포착한 고구려인들보다 더 퇴보된 상황이다. 환웅신시의 역사를 제대로 포착해야 고구려인들의 상고사 인식 수준을 비로소 따라잡을 수 있을 뿐 아니라 지금 여기의 현실문화 해석도 더 진전시킬 수 있다. 그러므로 연구의 핵심은 신시문화를 중심으로 고조선문명을 밝히면서 생활세계의 현실문화를 재인식하는 것이자, 세계사의 미래까지 구상하는 것이다.

이 전작저서는 3년 전에 발간한 《고조선문화의 높이와 깊이》라는 책과 짝을 이룬다. 고조선문화와 관련된 12편의 논문을 모은 앞의 책은 이 저서의 발상에 기초를 이루고 있다. 고조선문화와 관련된 세부적인 논의도 앞의 책에서 더 구체적으로 다루었다. 일련의 고조선시대 연구가 가능했던 계기는 《신라 금관의 기원을 밝힌다》에서 마련되었다. 중국의 동북공정에 맞서기 위해 '겨레의 뿌리를 밝히는 책'으로 기획된 전작저서인데, 금관의 시베리아기원설을 극복하고 자생설을 펼친 책이다. 고조선 관련 두 책도 이와 같은 맥락과 역사의식 속에 놓여 있다. 그러므로 민족사와 겨레문화의 독자성에 관심 있는 연구자는 이 세 책을 고대문화사 관련 3부작으로 여기고 함께 주목해 주기 바란다.

민속학 전공자여서 고대사 연구에 큰 한계가 있지만, 오히려 사학계의 통설을 과감하게 극복할 수 있었다. 역사란 무엇인가 하는 질문을 다시 하면서, 독자적인 본풀이사관을 수립하는 가운데, 사료학으로서 새 역사 연구방법을 개척하고 연대기적 역사에서 위상적 역사도 나아갈 수 있었다. 고대와 현대를 오르내리며 시대구분의 경계를 넘어서는 장기지속의 역사를 포착했을 뿐 아니라, 민속학의 시각에서 신시문화와 현실문화를 교차 해석하는 가운데 민중생활사를 재해석하기에 이르렀다.

진정한 역사는 사라진 과거 사실이 아니라 현재 속에 지속되는 문화적 전통이자 각성된 의식의 역사이다. 고조선문명의 실상은 당시의 유적과 박제된 유물보다 언제든지 현재화 가능한 역사 유전자에서 찾아야 할 것이다. 홍익인간 사상과 재세이화 정신은 앞으로도 함께 가꾸어가야 할 바람직한 역사 유전자이다. 그러므로 고조선문명은 불멸의 인류문명사 유산이자 가장 오래된 미래의 문화자산이라 할 수 있다.

제1장 서론: 고조선문명을 보는 다중적 시각

1. 사가와 사학자로서 역사인식의 혁신

역사는 객관적 실체로 존재하는 것이 아니라 인문학적 통찰의 대상으로 존재한다. 그 통찰의 주체가 사가이다. 사가는 지난날의 역사를 서술하는 데 만족하기 일쑤이다. 역사는 이미 있었던 과거사로 간주하기 때문이다. 그러나 역사는 과거사가 아니다. 역사는 있었던 일이자 지금도 진행되고 있는 일이며, 앞으로도 있어야 할 일이다. 현재를 살아간다는 것은 어제로부터 살아온 것이자 미래로 나아가는 것이다. 현재는 내일의 과거로 지나가고 미래는 내일의 현재로 다가온다. 따라서 역사는 지나간 일이면서 현재 우리 앞에 마주하고 있는 것이자, 미래로부터 다가오는 것이다. 그러므로 역사는 통시적으로 이어져 있는 상대적 실체로서 결코 단절될 수 없는 것이자, 과거와 미래가 현재 속에서 끊임없이 교차하는 것이다.

현재는 과거의 연장이자 축적이라고 보면 과거의 지속이자 결과이다. 그러나 이것은 과거로부터 귀납한 과거 중심의 사관이다. 미래 중심으로 연역하면, 현재는 미래로 가는 징검다리이자 미래로부터 비롯되는 결과라 할 수도 있다. 왜냐하면 미래의 꿈과 전망을 생각하며 현재를 사는 까닭에, 미래야 말로 현재를 결정하는 원인이기 때문이다. 미래를 원인으로 현재를 사는 삶일수록 젊고 진보적이다.

현재의 삶을 과거의 결과로 보면 회고적이지만, 미래로 가기 위한 결과로 보면 진취적일 수 있다. 진보적인 삶을 결정하는 원인은 과거가 아니라 미래라는 것이다. 따라서 미래의 전망에 가치를 두지 않은 현재의 삶은 퇴행적이다. 그러므로 회고적이고 퇴행적인 역사연구를 극복하려면, 미래의 역사를 의식하면서 과거의 역사를 서술하고 연구하는 것이 바람직하다.

현재가 미래의 과거이자 미래의 결과인 것처럼, 현재를 과거의 결과이자 원인이라는 인식 전환이 필요하다. 왜냐하면 과거의 역사는 현재의 역사 서술에 의해 존재하는 까닭이다. 모든 역사는 사가들의 서술에 달려 있고 사학자들의 해석과 의미부여에 의해 살아 있다. 따라서 역사는 이미 있었던 것이기에 불변의 객관적 사실이라는 고정관념에서 벗어나야 한다. 과거를 서술하고 해석하는 주체가 현재의 사가들이자 사학자들이다.

김부식처럼 단군조선을 《삼국사기》에 서술하지 않을 수도 있고, 일연처럼 단군조선은 물론 환웅신시를 중요한 비중으로 《삼국유사》의 가장 앞자리에 서술할 수도 있다. 《삼국사기》가 있어서 삼국사가 살아 있게 된 것처럼, 《삼국유사》가 있어서 고조선시대의 역사가 살아 있게 되었다. 따라서 '일연이 없다면 고조선도 없다'고 한다. 단군왕검의 역사적 실체를 부정하는 것도 사학자들이고, 긍정하는 것도 사학자들이다. 두 갈래 사학자들에 의해 고조선시대의 역사는 지금 살아 요동치고 있다.

현재 권력이 제아무리 자기 정당성을 옹호하고 자기 역사를 긍정적으로 기술하더라도 미래 사가들에 의해 재평가되기 마련이다. 현재 사학자들이 과거의 역사를 해석했던 것처럼 현재 역사에 대한 의미부여 또한 전적으로 미래 사학자들의 해석에 달려 있다. 사학자들은 자기 역사서술과 역사해석이 현재의 상황논리 속에서 타당한 것처럼 자위하고 있지만, 미래의 사가들과 사학자들의 준엄한 평가를 피해갈 수 없다. 현재 사학자들이 끊임없이 선행연구를 평가한 것처럼, 미래 사학자들도 자기 역사학을 평가하기 위해 줄을 서서 기다린다는 사실을 자각해야 오류의 함정에서 벗어날 수 있다.

진정한 사가는 있었던 역사를 서술하는 것만 아니라, 지금 여기의 역사를 바람직하게 만들어 가는 주체일 뿐 아니라, 있어야 할 역사를 전망하고 역사의 수레를 앞으로 굴리는 데 힘을 보태야 한다. 그러나 역사지식은 있어도 역사의식이 없는 사가들은 곧잘 현실권력에 영합하는 역사 서술을 한다. 역사교과서의 역사는 국정에서 검인정으로, 다시 자유발행제로 나아왔다. 역사의식도 없고 역사교과서의 역사조차 무시하는 자들이 국정교과서 집필에 참여한다.[1] 그러므로 역사의식이 분명한 사학자들은 학문적 활동과 더불어 자신의 생활사도 후대에 역사적 평가가 된다는 사실을 자각하고 성찰적인 삶을 살아간다.

2. 사가는 역사 서술의 주체이자 객체

역사를 쓰는 주체이자 역사를 만들어가는 주체가 사가라면, 사가는 상투적인 역사 서술과 일상적인 삶에 만족하지 않고 자기 생애사의 혁신으로 역사 서술의 분기점을 마련하며, 현실 역사의 바람직한 전개에 이바지해야 한다. 그것은 곧 현재사를 바람직하게 진전시키는 데 열정을 바치는 일이다. 왜냐하면 모든 역사에서 가장 중요한 것이 현재사인 까닭이다.

프랑스 아날학파(Annales school)의 마르크 블로크(Marc Bloch)는 과거를 연구한다는 구실로 현재의 문제에 침묵하는 역사학자의 한계를 지적하고 현실 역사의 모순을 해결하기 위하여 역사의 제단에 스스로 목숨을 바치는 실천의 보기를 보였다. 《역사를 위한 변명》[2]에서 블로

---

1) 조동일, 《국사 교과서 논란 넘어서기》, 지식산업사, 2015, 9쪽에서 "교과서를 단일화해서 반론을 막고 국론을 통일하려고 하는 시책은 실패를 가져오는 전체주의적 발상임을 과거의 역사가 거듭 입증한다"고 지적하며, 11쪽에서 국정국사교과서 "사태는 현 정권(박근혜정권)이 재집권을 포기한다는 신언임을" 알아차려야 한다고 예측했는데, 결국 박근혜의 탄핵으로 역사적 현실은 이보다 더 적극적으로 해결되었다.

크는 '살아 있는 현재를 이해하는 능력이야말로 진정한 역사학자의 자질'이라고 하면서,3) 역사학자는 자기가 서 있는 당대의 현실을 역사연구의 출발점으로 삼아야 한다고 했다. 실제로 불로크는 나치의 횡포가 드세지자, 역사학자로서 명성을 더 이상 누리지 않고 레지스탕스 운동에 동참하여 목숨을 바쳤다.

현실적 불의를 바로잡으려는 노력 없이 역사적 지식을 습득하고 해석하는 능력을 발휘하며 아는 체 하는 것은 한갓 지식권력일 따름이다. 현재사가 중요한 것은 현재의 실천이야말로 지금 여기의 현실을 바꿀 뿐만 아니라, 다가올 미래도 바꿀 수 있기 때문이다. 따라서 과거라고 하여 고정된 실체로 간주해서는 안 된다. 현재의 삶에 따라 과거가 끊임없이 재해석되는 것처럼, 미래도 추론적으로 결정된다.

현재가 행복하면 과거의 고난이 아름다운 추억이 되지만, 현재가 불행하면 과거의 행복조차 불행의 씨앗으로 해석된다. 특히 역사학의 경우에는 역사해석의 역량에 따라 과거사가 얼마든지 새롭게 해석되기 마련이다. 그러므로 훌륭한 사가는 자기 생애사의 혁신으로 당대의 역사를 바람직하게 바꾸어 가는 것은 물론, 기존 역사학에 도전하는 모험적 역사연구로 변혁의 주체 구실을 감당하기 마련이다.

사가로서 변혁의 길은 두 가지로 열려 있다. 하나는 현실 역사로서 자기가 살아가는 당대의 모순을 극복하고 바람직한 사회를 만드는 데 이바지하는 길이다. 바람직한 역사는 "보다 많은 사람들이 보다 자유롭고 보다 풍요로운 삶을 지속 가능하게 하는 것"이어야 한다. '보다 많은 사람들은 민중성, 보다 자유로운 삶은 민주성, 보다 풍요로운 삶은 생산성, 지속가능한 삶은 공생성 곧 생태학적 지속성을 추구하는 가치이다.'4) 따라서 진정한 사가는 이러한 네 가지 가치를 추구하는 주체로서 사회적 변혁운동에 앞장서야 한다. 그러므로 일상적인 생활

---

2) 마르크 블로크 지음/고봉만 옮김, 《역사를 위한 변명》, 한길사, 2007.
3) 김정인, 〈살아 있는 시간, 현재의 힘〉, 경향신문, 2015년 12월 29일자.
4) 임재해, 《민속문화를 읽는 열쇠말》, 민속원, 2004, 51~61쪽 참조.

세계 속에서 기득권의 특권화, 정치권력의 독점화, 경제적 양극화, 생태위기 같은 문제를 비판적으로 인식하고 극복하는 활동을 해야 한다.

둘은 사가로서 기존의 역사 서술을 바람직하게 혁신하는 작업을 독창적으로 수행하는 길이다. 기존의 사료해석에 안주하지 않고 모험적 해석을 시도하는가 하면 기득권 중심의 역사해석의 틀을 무너뜨리고 새로운 사관을 창조적으로 수립하는 획기적인 역사연구의 지평을 개척하는 일이다. 사학자는 기존 역사학을 평가하는 사학사 서술의 주체일 뿐 아니라, 후배 사학자들에 의해 평가될 수밖에 없는 사학사의 객체인 까닭에 과감한 학문적 도전을 실천하는 한편, 자기 학문의 성찰 또한 끊임없이 해야 한다. 그래야 소극적으로는 사학자로서 권력에 영합하는 곡학아세의 일탈을 하지 않고, 적극적으로는 연구사의 새 분기점을 이루는 사학사의 새 탑을 쌓을 수 있다.

그런데 대부분의 사가들은 현실 역사의 모순에 침묵한다. 역사적 평가는 한 세대 지난 뒤라야 객관적일 수 있다는 것이 침묵하는 이유이다. 그러나 현재사에 입각하지 않은 역사는 공허한 역사이며, 현재사를 외면하면서 바람직한 역사를 기대할 수 없다. 따라서 역사는 "과거와 현재의 끊임없는 대화"라는[5] 카아(Edward H. Carr)의 명제에 만족할 수 없다. 진정한 역사는 현재와 현재의 대화를 중심으로 현재와 과거의 대화, 현재와 미래의 대화로까지 나아가야 한다. 그러므로 과거와 대화에서 머물지 말고 현재는 물론 미래와 대화에 적극 나서야 살아 있는 역사학으로 거듭날 수 있다.

모든 역사학 논문은 현실 역사에 대한 사학자들의 발언일 때 더욱 가치 있다. 고조선시대의 역사를 다룬 연구라 하더라도 그것은 현실 역사에 대해 수상하려는 연구자의 인문학적 통찰이 담겨 있을 때 유의미하다. 현실 역사에 대한 문제적 상황을 비판하는 것은 물론, 미래에

---

5) E. H. 카아 지음/吉玄謨 옮김,《歷史란 무엇인가》, 探求堂, 1984, 43쪽, "역사란 역사가와 사실 사이의 상화작용의 분단한 과정이며, 현재와 과거와의 사이의 끊임없는 대화입니다."

대한 예측과 전망까지 제시할 수 있어야 본풀이사관에[6] 입각한 역사학이 실현된다. 따라서 지금 여기 자기의 삶이 실려 있지 않은 역사논문은 진정한 역사성이 소거된 것이다. 그러므로 사학자로서 학문적 실천이 현재사 속에 실려 있을 때 주목받을 만한 연구로 사학사에 기록될 것이다.

사가들에게 현재사는 역사서술 활동이다. 과거에 매달려 미래와 대화하지 않은 사가들은 두 가지 과오를 저지를 수 있다. 하나는 어용이며 둘은 반동이다. 일제강점기 조선총독부의 식민사학에 복무한 사가들은 어용사가이자 반동적 사가라 할 수 있다. 어용사가들은 역사의 길보다 현재 권력의 힘에 복무한다. 반동적 사가들은 기득권 확보를 위해 역사 발전의 방향을 거스르는 역사 서술을 한다. 따라서 어용과 반동은 함께 가기 일쑤이면서, 미래사를 의식하지 않는 어리석음까지 갖추었다. 조선총독부의 권력에 봉사한 사가들은 물론, 그러한 역사를 추종한 사가들까지 우리 사학사는 두고두고 문제 삼게 될 것이다.

역시가 현재진행형인 것처럼 사가들에 대한 평가도 역사적 지속성을 지니며 끊임없이 이어지기 마련이다. 역사의식이 없는 사가들은 곧 맞닥뜨릴 수밖에 없는 자명한 역사를 잊어버리고 어리석은 역사 서술에 골몰하기 일쑤이다. 역사의식이란 과거의 역사를 정확하게 의식하는 것보다 현재와 미래의 역사를 정당하게 의식하는 것이 더 중요하다. 왜냐하면 역사의식은 역사에 관한 지식이 아니라, 역사를 바라보는 세계관적 통찰이자, 자기 삶을 역사적 맥락 속에서 돌아보는 자각적 성찰이기 때문이다.

사학자는 물론 예사 사람들에게도 역사의식은 중요하다. 역사지식과 역사의식은 비례하지 않는다. 아무리 역사지식이 많은 사람도 현실 권력에 영합하게 되면 역사의식을 상실하게 된다. 따라서 역사의식이 뚜렷한 사학자는 미래의 사가들이 자신의 역사학을 어떻게 평가하고

---

6) 임재해, 〈고조선 '본풀이'의 역사인식과 본풀이사관의 수립〉, 《단군학연구》 21, 단군학회, 2009, 351~408쪽.

서술할 것인가 하는 문제를 늘 의식하고 성찰하면서 역사활동을 한다. 그러므로 사학자는 역사 서술의 주체라고 으스대기보다 사학사 서술의 객체라는 사실을 더 두렵게 여겨야 마땅하다.

3. 사료를 해석하는 두 사관의 문제의식

사가가 사료를 재구성하여 역사를 서술하는 일에 머문다면, 사학자는 사료를 해석하여 역사에 의미를 부여하는 데까지 나아간다. 훌륭한 사학자는 자기 '학문의 역사'를 새롭게 만들어 가는 데 정열을 바친다. 도전적 역사연구로 역사학을 한 단계 비약시키는 작업을 과감하게 함으로써 사학사의 분기점을 이룰 수 있어야 한다. 그것은 곧 역사학의 역사를 새롭게 쓰는 일이다. 그러므로 탁월한 사학자는 역사학의 시대 구분을 다시 할 만한 역사연구의 새 지평을 개척하는 주체가 되는 것이다.

조선총독부의 역사를 동어반복하며 일본의 실증사학에 따라 민족사의 독자성을 부정하는 역사학을 흔히 식민사학이라 한다. 그런데 대부분의 사학자들은 식민사학자로 지적되는 데 동의하지 않는 것은 물론, 누구도 식민사학자로 자처하지 않는다. 식민사학이 아니라는 근거도 있다. 자신의 주장이 조선총독부나 일본 어용학자들의 주장 이전에 민족진영의 학자들로부터 먼저 비롯되었다는 것이다.

이를테면 단군신화라는 말은 최남선이 먼저 사용했고, 한사군의 한반도 설치는 정약용이 먼저 주장한 것이므로 식민사학과 무관하다는 반론이다. 문제는 누가 먼저 주장을 했는가 하는 것이 아니라 그러한 주장을 어떤 역사적 의미로 받아들이고 있는가 하는 것이다. '신화와 역사는 다르다'는 전제로 단군신화는 역사가 아니라고 하는 주장은 고조선시대의 역사를 부정하는 일본 어용사학자들의 식민사학과 맥락을 같이 하는 까닭에 문제가 된다.

정작 '단군신화'라고 일컬은 최남선은 신화라는 이유로 역사를 부정한 것이 아니라, 오히려 역사적 사료로서 적극 끌어안았다. 모든 역사의 첫 장은 신화로 기술된다고[7] 하여 건국신화는 곧 시작의 역사라는 사실을 강조했다. 그리고 실제로 단군신화 곧《삼국유사》'고조선'조의 〈고기〉내용을 사료로 삼아 적극적인 역사해석을 했다. 그런데 일부 사학자들은 신화라는 빌미로 이 기록을 역사로 인정하지 않으려 한다. 그러므로 최남선이 단군조선의 역사를 주목하기 위해 〈고기〉의 기록을 단군신화로 일컬은 반면에, 식민사학자들은 오히려 단군조선의 역사를 부정하기 위해 그것을 단군신화로 호명한다. 시작의 역사로서 신화와 역사 부정으로서 신화의 호명은 전혀 다른 것이다.

한사군의 한반도 설치 문제도 누가 먼저 주장했는가 하는 것은 중요하지 않다. 그 사실을 어떻게 의식하고 해석하는가 하는 것이 문제이다. 학계에서는 흔히 이익과 정약용의 근거를 끌어들이는데, 정약용이 한반도설을 주장하기 1세기 전에 이미 이익은 요동설을 주장했다.[8] 정약용은 이익의 요동설을 납득할 수 없어서 한반도설을[9] 주장하게 되었지만, 소중화 의식에 갇혀 있었던 사실 또한 인정하지 않을 수 없다.[10] 따라서 한반도설을 근거로 정약용이 식민사학을 했다고 할 수 없으나, 일본학자들은 한반도설을 근거로 조선을 중국의 식민지로 간

---

7) 최남선,《조선의 신화와 설화》, 홍성사, 1983, 8쪽.
8) 李瀷,《星湖僿說》卷3,〈天地門-朝鮮四郡〉에서 낙랑군의 치소를 요동에서 찾았다.
9) 丁若鏞,〈浿水辨〉,《我邦疆域考》에서 패수가 대동강이라고 하고, 이 사실을 근거로 丁若鏞,〈其一 朝鮮考〉,《我邦疆域考》에서 조선의 강역을 한반도로 한정했다.
10) 정약용,《다산문집》6권,〈지리책〉에서 "신은 생각하건대, 우리나라가 산을 짊어지고 바다로 둘러싸였으므로 지리는 험고합니다. 중국 제도를 이용하여 오랑캐의 풍속을 변혁시켜, 문물은 찬란하고 아름답게 되었으므로 소중화라는 칭호는 진정으로 당연한 것입니다."라고 하여, 단군조선을 부정하고 기자조선을 내세우는 유교적 사대사관을 지녔다. 신운용,〈조선시대의 '패수(浿水)'논쟁과 그 의미〉, 우리말로학문하기 25차 말나눔잔치 발표요지, 3쪽에서 재인용.

주하며 반도사관을 조작하는 데 이용했던 것이다. 그러므로 한사군의 요동설과 한반도설 자체가 식민사관 여부를 결정하는 것이 아니라 주장하는 자의 의도와 역사의식이 결정하는 것이다.

문제는 한반도설을 근거로 조선의 역사를 반도사관으로 축소시켜 이해하거나, 요동설을 근거로 조선의 역사를 대륙사관으로 확장시켜 이해하는 것이다. 앞의 사관이 식민사관이라면, 상대적으로 뒤의 사관은 민족사관이라 할 수 있다. 한사군이 어디에 있었든 고대사는 한반도로 축소되지 않으며, 대륙으로 확장되지도 않는다. 한사군의 위치가 고대사의 강역을 결정하는 고정불변의 틀이 아니기 때문이다. 그러므로 두 설을 제각기 확고한 사실처럼 끌어들여 과도한 해석을 하는 것은 바람직하지 않다.

오랜 역사 속에서 국경이 변동되는 것은 당연한 일이다. 따라서 특정 역사적 시기의 국경을 근거로 고대사를 일반화하는 것은 역사적 강역의 유동성을 부정하는 몰역사적 해석이다. 역사는 통시적 학문으로서 시대에 따라 변화는 것이 자연스러운 일인데, 통시적 변동성을 인정하지 않고 특정 시기의 강역이 고정된 실체였던 것처럼 확정하는 것이 문제이다. 지리적 강역의 대소에 집착하는 공시적 논의는 통시적 흐름의 역동성을 주목하는 역사학에서 빗나간 셈이다. 그러므로 한사군의 일시적 점유 여부를 근거로, 고대사의 강역을 축소하거나 확대하는 것은 국토를 고정적 실체로 일반화하려는 한계가 있다.

한사군의 한반도설을 근거로 고대사를 반도사관으로 축소시키는 것이 문제인 것처럼, 특정 시기에 중국 지역을 점유한 사실을 근거로, 마치 중국을 지배한 제국으로 간주하는 것 또한 민족사관을 넘어서 제국사관에 빠지게 된다. 더 큰 문제는 종속적 시민사관을 부끄러워할 줄 모르는 것처럼, 이웃나라를 정복한 제국사관을 자랑스럽게 여기는 일이다. 식민주의와 제국주의는 서로 짝을 이루며 인류의 역사를 불행하게 한 폭력의 이데올로기이다.

따라서 고대사 강역의 대소보다 고대문화의 아름다움과 그 사유의 세계를 수준 높게 밝히는 일에 더 관심을 기울이는 것이 고대사 연구의 바람직한 길이다. 과거의 국토를 회복하려는 역사가 과거로 회귀하려는 전쟁사라면, 과거의 문화와 사상을 제대로 읽고 창조적으로 계승하려는 역사는 미래로 나아가는 문명사이다. 그러므로 고대국가의 크기와 역사적 길이를 주목할 것이 아니라, 고대문화의 높이와 사상의 깊이를 주목하는 것이11) 더 생산적인 고대사 연구라 할 수 있다.

4. 사실의 역사 검증과 의식의 역사 해석

역사를 보는 시각에 따라 '사실'의 역사와 '의식'의 역사로 구분할 수 있다. 실증주의 역사는 주로 사실 검증의 문제에 집착한다. 그러나 사실의 역사를 실증 가능한 과학적 역사라고 착각하면 곤란하다. 역사적 사실을 그 자체로 복원할 수 있다고 여기는 것은 물론, 고스란히 서술할 수 있다고 여기는 것 또한 착각이다. 역사학을 '상상력의 과학'으로 표방하는 포스트모더니즘 경향의 사학자들은12) '사실'도 상상력의 산물로 간주한다. 왜냐하면 '사실'이라고 하는 것조차 사실은 상상된 것이라고 여기는 까닭이다.13)

문헌사학에 매몰된 학자들은 기록을 가장 핵심적인 사료로 우상화하지만, 역사적 사실을 문자로 고스란히 기록할 수 있다는 믿음부터 극복해야 한다. 어떤 사실도 문자기록으로 정확하게 담아낼 수 없다. 과학자의 관찰기록조차 사실을 고스란히 담을 수가 없으며, 인류학자

---

11) 임재해, 《고조선문화의 높이와 깊이》, 景仁文化社, 2015는 이러한 문제의식을 갈무리하고 있다.
12) 임상우, 〈포스트모더니즘과 당혹스러운 역사학〉, 《포스트모더니즘과 역사학》, 푸른역사, 2008년 2판, 74~76쪽.
13) 임재해, 〈민속학에서 본 민족주의와 문화 정체성을 넘어선 생태주의〉, 《한민족연구》 9, 한민족학회, 2010, 55쪽.

의 참여관찰 기록인 민족지(ethnography) 또한 사실 자체의 기록이라
할 수 없다. 왜냐하면 관찰과정에서 현장의 다양한 국면을 있는 그대
로 포착할 수 없을 뿐더러, 서술 과정에서는 관찰한 사실조차 제대로
기록할 수 없기 때문이다. 기록을 위해서 특정 사실을 배제하고 선택
하는 한편, 실수로 놓치거나 의도적으로 지나치고, 어떤 부분은 적극적
으로 수식하거나 은유하며 과장 또는 축소하기 마련인 까닭이다. 그러
므로 인류학자의 현지조사보고서조차 허구(fiction)라고 하는 것이다.14)

역사 서술이나 해석은 과학적 실체로서 역사적 사실을 재현하거나
복원하는 것이 아니라, 사료를 근거로 구성하거나 추론하는 것이다. 따
라서 모든 역사는 추론과 상상에 의해 구성되거나 해석된 것일 수밖에
없다. 그러한 추론과 상상의 근거를 제공하는 것이 사료인 까닭에 역
사학은 사실상 사료학이라는 것이다. 자연히 새로운 사료가 나오면 기
존의 역사는 뒤집어지기 마련이다. 사료가 역사 자체는 아니지만 역사
적 추론과 해석의 근거가 되는 까닭에 그 동안 수많은 사료들이 사실
의 역사를 바꾸어 놓았다. 그러므로 역사연구의 새 경지를 개척하려면
역사학의 본질을 사료학으로 정확하게 포착해야 한다.

사료가 사실의 역사를 결정하지만, 의식의 역사는 특정 사료가 담
고 있는 사실보다 의식의 문제를 더 중요하게 여긴다. 의식의 역사를
중요시하게 되면, 사료에서 확인되는 구체적 사실 자체보다 그것을 의
식하는 역사적 상황을 포착하는 데 관심을 기울인다. 사실의 진위보다
사실의 가치판단을 주목하는 것이 의식의 역사이다. 알 수 없는 사실
의 진위에 골몰할 것이 아니라, 그 사실에 대하여 사람들이 어떻게 생
각하는가 하는 역사의식을 포착하는 것이 더 정확한 역사이해라는 것
이다.

이른바 조선 왕조 독살설은 요절한 여러 왕들에게 두루 해당되는
것이다. 50세 이전에 의문사를 당한 인종과 명종, 효종, 현종, 경종, 정

---

14) James Clifford and George E. Marcus 지음/이기우 옮김, 《문화를 쓴다—민족
　　지의 시학과 정치학》, 한국문화사, 2000, 25~26쪽.

조, 헌종 등은 독살되었다는 설이 있다. 그러나 독살되었는지 아닌지 정확하게 알 수 없다. 따라서 독살설은 일종의 음모론에 해당되는 것이지만, 독살의 사실 여부와 상관없이 음모론은 일정한 역사적 설득력을 지닌다. 왜냐하면 그러한 역사적 상황인식이 의식의 역사로서 더 중요한 까닭이다.

자연사를 하였더라도 사실과 다르게 독살설이 떠돈다면, 이 시기에는 왕에 대한 반대파들이 부당하게 득세하고 왕을 해칠 만큼 전횡을 한 사실이 중요한 역사로 인식되어야 한다. 다시 말하면 독살이 아닌데도 독살설이 설득력을 지닌다면, 그것이 더 큰 역사적 진실이라는 말이다. 왜냐하면 당시 사람들 다수는 왕이 반대파에 의해 독살될 수 있는 상황이라고 인식한 까닭이다. 그러한 인식의 공유야말로 개별적 사실을 넘어서는 역사적 실상을 정확하게 말해주는 것이다.

독살설이 파다한 것은 독살의 원인과 조건, 상황이 충족된 상태이기 때문이다. 누군가 왕을 독살할 만한 동기와 능력과 실천 조건을 충분히 가지고 있었다면, 독살 여부의 실제 사실보다 이러한 역사적 상황이 더 문제적이다. 그러므로 독살인가 아닌가 하는 확인 불가능한 사실에 골몰하는 사실의 역사보다, 독살설이 파다할 수밖에 없었던 조정의 상황과 민심을 포착하는 '의식의 역사'가 중요한 것이다.

의식이 역사적 삶도 결정한다. 독립지사들처럼 민족 주체의식이 각성되어 있으면 일제강점기에도 목숨을 거는 독립투쟁을 할 수 있지만, 일본의 제국주의에 영합한 반민족 세력들은 일제강점기 이전부터 일제에 종속되어 나라를 넘겨주는 일에 앞장섰을 뿐 아니라, 해방 이후에도 일본을 우상화하고 있다. 같은 시대상황을 어떻게 의식하는가에 따라서 독립지사와 매국노가 엇갈리기 마련이다. 역사의식에 따라 어떤 사람은 식민지배 속에도 독립주권을 추구하고, 어떤 사람은 독립국가의 주권을 누리면서도 식민지배에 자진 굴복하는 것이다. 그러므로 사료를 해석하는 역사학자에게는 특히 사실의 역사보다 의식의 역사가 중요하다.

현실적인 실천을 위해서도 역사의식이 중요하다. 역사학은 사료의 진위를 밝히는 작업을 넘어서 역사의식에 따라 사료를 해석하는 것이다. 역사의식은 사료를 해석하는 관점에 따라 일정한 사관을 형성한다. 따라서 '사실의 역사'에서 '의식의 역사'로 나아가야 사관이 구성될 수 있다. 특히 상고시대의 사실은 검증할 수 없는 대상이다. 그럼에도 역사학을 사실 검증의 학문으로 간주하는 것은 인문학적 통찰의 역사학을 포기하는 것이다. 그러므로 사실 검증에 매몰된 실증사학에서 해방되어야 역사철학으로서 통찰력을 갖춘 자기 사관을 수립할 수 있다.

고대사일수록 개별적 사건사에 집착해서는 성과를 거두기 어려운 까닭에 민족의 집단의식과 문화적 정체성을 포착하는 데 논지를 모아야 한다. 고대 국가의 지배력을 강역 중심의 지리적 연구로 입증할 것이 아니라, 인간다운 삶을 추구하는 이념적 가치와 생활세계의 수준을 문화사적 연구로 입증하는 것이 바람직하다. 그러므로 '고조선문명'과 그 밑자리를 이루는 '신시문화'의 정체를 밝히고, 그것이 왜 인간다운 삶의 세계로서 추구할 만한가 하는 역사철학의 문제가 이 연구의 중요한 논지이다.

5. 문헌사학 극복을 위한 생활사료의 개척

역사는 인간집단이 살아온 삶의 총체이다. 삶의 총체를 담고 있는 실제 생활세계와 사유 활동이 역사의 실체이다. 따라서 '역사학의 새로운 관점은 총체적 역사를 회복하는 일이다. 총체적 역사란 "모든 것에 대한 역사"가 아니라, 모든 인간 활동이 서로 연결되어 있는 보이지 않는 망과 같은 역사'를 말한다.[15) 따라서 어떤 요소나 특정 국면의

15) 에릭 홉스봄, 〈상대주의를 넘어 – 반이성주의가 역사학의 최대 위험〉, 《르

인간활동을 세부적으로 주목하더라도 보이지 않는 연결망을 찾아내고 총체적으로 해석하는 것이 기대되는 연구방향이다.

역사의 실체는 과거의 시간 속으로 계속해서 사라지고 있는 까닭에 그 사실을 담고 있는 자료, 곧 사료를 연구하는 것이 역사학이다. 사료를 연구하는 까닭에 대상 중심으로 말하면 역사학이 아니라 '사료학'이라 해야 마땅하다. 그런데 사학계에서는 사료가 문자로 기록된 것이라는 편견에 사로잡혀 있어서 근대 역사학의 틀을 벗어나지 못한다. 왜냐하면 문헌사료 연구는 으레 기록을 남길 수 있는 지배집단의 귀족사관이나 관찬사료 중심의 왕조사관에 치우칠 수밖에 없는 까닭이다.

역사학이 지배층을 위한 학문이 아니라 역사발전에 이바지하는 학문이라면, 민중사관에 의한 역사연구를 해야 한다. 그러자면 사료부터 바꾸어야 한다. 민중에 의한 민중에 관한 사료를 다루어야 민중생활사가 가능하다. 민중은 역사를 기술(記述)하지 못하는 대신에 구술(口述)한다. 기술은 개인 작업의 문헌사료이지만 구술은 집단적 공유 작업의 구비사료이다. 관찬사료가 아닌 문헌사료는 개인의 기억과 지식에 의한 사적 사료에 지나지 않으나, 구비사료는 공동체가 동의하고 공감하는 집단 기억과 공유지식에 의한 공적 사료이다.

특히 생활사료는 민중에 의한 민중을 위한 민중의 살아 있는 역사라 해도 지나치지 않다. 왜냐하면 민중의 구체적 생활세계의 현상이 곧 생생한 사료인 까닭이다. 따라서 구비사료와 생활사료는 민중사의 핵심 사료들이다. 그러나 문헌사료에 매몰된 사학자일수록 민중의 구비사료는 대수롭지 않게 여긴다. 더군다나 현실적인 삶 속에 살아 있는 생활사료는 아예 사료로조차 인정하지 않는다. 생활사연구를 주장하면서 생활사료를 주목하지 않는 것은 자가당착이다.

사료는 곧 문헌이자 기록이라고 여기는 것이야말로 진부한 역사학이자 역사교육의 역기능이다. 쓴이는 오히려 역사학을 전공하지 않은

몽드 인문학》, 휴먼큐브, 2014, 33~34쪽.

까닭에 이런 고정관념에서 자유롭다. 문헌사료에 집착하는 역사학은 삶의 총체를 한갓 문자 양식으로 가두는 일이자, 역사를 총체적으로 해석하는 데 장애 구실을 한다. 문자 기록은 어느 것이나 과거의 것이고 고정된 실체로 존재하는 한계가 있을 뿐 아니라, 삶의 실상을 제대로 담을 수 없는 결정적 문제를 안고 있다. 더군다나 기록은 문자생활 이후에 비로소 존재하는 것이자 지배계층에 의해 독점되어 왔던 것이다. 그러므로 문헌사료는 고정성의 폐단과 시대적 제약, 계급적 편견을 함께 가지고 있는 것이다.

문헌사료의 한계를 극복하기 위해서 사료는 물론 역사의 함의까지 재검토할 필요가 있다. 사료란 과거의 역사를 담고 있는 자료이자 남겨진 흔적이다. 역사의 흔적과 자료를 근거로 역사를 구성하고 해석하는 것이 역사학이다. 기록은 그러한 흔적과 자료 가운데 하나일 뿐 역사는 아니다. 더군다나 기록은 그 자체로 이루어지는 것이 아니라, 기억과 구전, 경험을 토대로 이루어지는 것이다.

기억과 구전, 경험을 기록하는 사람들이 사가이고 이것을 공유하는 사람들이 역사의 주인이다. 기록 이전에 기억이 있었고 기억을 가능하게 하는 것이 구전이며, 경험이다. 예사 경험과 구전은 들어도 곧 잊어버리지만, 역사적 의미를 지닌 경험과 구전은 쉽게 지워지지 않고 기억되기 마련이다. 기억은 역사성을 가려내는 시금석이다. 자신이 직접 경험한 생애사도 기억될 때 비로소 역사적 의미를 지닌다. 기억되지 않는 경험은 사료가 될 수 없으며 생애사로 기록될 수도 없다. 그러므로 기록된 과거처럼 기억된 과거야말로 진정한 역사인 것이다.

역사적 사건을 현장에서 동영상으로 담지 않는 한 어떤 기록도 기억을 피해갈 수 없다. 기억에 의하지 않은 기록은 허구이자 상상일 뿐이다. 개인적인 경험의 기록도 기억을 거치기 마련이다. 따라서 구비사료든 문헌사료든 기억의 과정을 거치지 않은 사료는 없다. 문헌사료는 기억된 사실이 기록되는 순간 문자로 고정된 사료이고, 구비사료는 끊임없이 기억으로 전승되는 역동적 사료이다. 구비전승되는 사료는 문헌사료 기록자의 개인적인 기억과 달리, 공동체의 집단기억과 공감대를 바탕으로 한 기억인 까닭에 기억의 착각이나 구술의 왜곡이 쉽사리 허용되지 않는다.16)

기억을 문자로 고정시킨 문헌사료가 물을 얼린 상태라면, 기억으로 전승되는 구비사료는 물 그대로의 상태이다. 물이 역동적으로 흐르는 것처럼, 구비사료는 가변적으로 전승되면서 전승주체의 역사의식을 시대에 따라 담아내기 마련이다. 생활사료는 흘러가는 물을 길어다 마시기도 하고 끌어다가 농작물을 기르는 데 사용하는 것과 같다. 물이 풍부하게 흘러도 생활에 이용하지 않으면 쓸모없다. 따라서 생활사료는 기억의 역사를 생활 속에 끌어들여 생산적으로 활용하는 문화이다. 그러므로 얼린 물의 문헌사료보다 역동적으로 흐르는 강물 같은 구비사료, 강물을 마음껏 활용하며 살아가는 생활사료가 더 바람직한 사료라 할 수 있다.

그럼에도 역사학계는 기록의 고정성을 근거로 문헌사료를 우상화한다. 문헌사료로 보면 상고사는 기록이 없거나 희귀한 까닭에 역사시대에서 아예 배제되기 일쑤이다. 문헌사료 부재를 곧 역사 부재로 간주하는 까닭이다. 문헌사료 부재는 역사의 부재가 아니라 기록의 부재일 따름이다. 그럼에도 문헌사료 부재를 근거로 고조선 이전 시기는 물론 부여의 역사도 시대구분에서 제외시켜 버린다. 구석기시대, 신석기시대, 청동기시대, 철기시대라는 상투적인 시대구분에 이어서 비로소 원삼국(삼한)시대를 표방한다.

원삼국부터 국가사 중심으로 시대구분을 하는 탓에, 환웅천왕의 신시와 단군왕검의 조선, 해모수의 부여는 제대로 드러나지 않는다. 왜냐하면 한국사의 시대구분에서 아예 이 시대의 역사를 제외시켜 버린 까닭이다. 달리 말하면, 문헌사료가 곧 역사라는 편견에 따라 고조선시대 전후의 국가사를 선사시대로 간주해서, 석기와 청동기, 철기 등의 시대

---

16) 임재해, 〈설화의 사료적 성격과 새 역사학으로서 설화연구〉, 《역사민속학》 12, 한국역사민속학회, 2001, 243~276쪽 참조.

로 환원해 버린 셈이다.

인류사는 물론 지구사와 우주사까지 역사로 간주한다면, 선사시대란 사실상 존재할 수 없다. 왜냐하면 지구사의 사료는 지구 자체이고 우주사의 사료는 우주 자체인 것처럼 인류사의 사료는 인류의 생활 자체인 까닭이다. 따라서 인류가 살아온 생활 자취가 있고 생활사료가 있는 한 선사시대로 규정할 수 없다. 기록이 없는 시대라고 하여 사료 없는 시대는 아니기 때문이다. 유물사료와 구술사료, 생활사료가 남아 있다.

역사 기록이 없는 시대라 하여 선사시대라 하는 것도 잘못이다. 지금도 제3세계 소수민족은 무문자 생활을 하는 까닭에 역사 기록이 없다. 현재의 소수민족을 기록이 없다는 구실로 선사시대 사람이라 할 수 있을까. 그들에게 유물사료는 물론, 역사를 구술하는 전문 구술사가 있고 역사를 재현하는 생활사료가 현재진행형으로 지속되고 있다. 따라서 문자기록 여부로 역사 여부를 결정짓는 것 자체가 얼마나 모순인가. 그러므로 상고사를 제대로 연구하려면, 문헌사료에서 벗어나 생활사료와 같은 새로운 사료를 개척해야 한다.

문헌사료에 의존할수록 고대사 연구자들은 사료가 부족하다고 투덜댄다. 사료 부족의 불만과 함께 고대사를 묻어버릴 것이 아니라, 스스로 새로운 영역의 사료를 개척함으로써 고대사 연구의 새 길을 확보하는 것이 긴요하다. 왜냐하면 문헌사료에서 해방되면 우리 주위에는 뜻밖의 사료들이 풍부하게 존재하고 있는 까닭이다.

사료 개척은 사료의 존재양식에 대한 근본적인 성찰에서 비롯되는 것이다. 기존 사료의 한계를 벗어나서 구비사료를 적극 끌어들이고 새 영역의 생활사료를 개척해야 사료 부재의 장벽을 넘어설 수 있다. 그러자면 역사해석 이전에 새로운 사료학을 독창적으로 펼칠 필요가 있다. 역사란 무엇인가에 앞서서, 사료란 무엇인가 하는 질문부터 해야 한다. 역사 연구라는 착각에서 벗어나 사료 연구가 역사학이라는 자각에 이르면, 새로운 사료의 개척이 곧 역사학의 진전이라는 점을 깨닫게 된다.

비트겐슈타인(Ludwig Wittgenstein)은 '말할 수 없는 것에 대해서는 침묵해야 한다'고 했다.[17] 따라서 역사학을 하는 사람은 '사료가 없는 사실에 대해서는 침묵해야 한다.' 사료를 고정적인 실체로 한정하면 그럴 수 있다. 그러나 탁월한 사가는 평범한 사가들이 간과한 사료를 잘 찾아내고, 이론적인 사가는 아예 새로운 영역의 사료를 논리적으로 설정한다. 탁월한 사가가 학계에서 지나쳤던 사료를 잘 찾아내는 눈 밝은 사가라면, 이론가로서 사가는 학계에서 사료로 여기지 않는 자료를 사료로 설정하고 의미를 부여하는 사료 개척의 사가라 할 수 있다. 그러므로 이론가로서 사가에게는 사료가 따로 없다. 삶의 모든 실상이 사료인 까닭이다.

고대사의 빈자리를 채우는 일도 사료 개척과 재해석에서 찾아야 한다. 역사적 상상력을 제멋대로 발휘하여 환상적인 고대사 여행을 할 것이 아니라, 현실적인 삶 속에서 실감할 수 있는 생활사료로 고대사를 재해석하는 것이다. 생활사료에 입각하면, 우리는 아직도 지나간 시대의 역사를 살고 있다. 따라서 과거형의 역사가 아니라 '현재진행형으로서 역사'를 포착해야 한다. 생활사료로 역사를 보면 고대사가 현대사 속에 살아 있는 까닭이다. 그러므로 전인미답의 사료 개척은 고대사 해석의 새 지평을 여는 모험적 작업이라 할 수 있다.

6. 과거사와 미래사를 통섭하는 생활사료

문헌사료는 서재에 갇혀 있는 까닭에 현실적인 삶 속에서는 있어도

---

17) 이타가키 류타, 〈한국 지역사회에서 식민지경험을 조사한다는 것〉, 《전통의 자원화와 지역발전》 II, 2016 BK21 국제학술대회 논문집, 안동대학교 국제교류관, 2016년 1월 27일, 10쪽에서 참조.

없는 것이나 다르지 않다. 매우 제한된 사람만 읽는다는 점에서도 문헌사료는 한계를 지닌다. 그러나 구비사료는 집단적 기억 속에서 통시적으로 전승되는 까닭에 항상 머리 속에 저장된 지식으로 살아 있다. 따라서 언제든지 기억 속에서 꺼내 사유하고 전달하며 양방향 소통을 하는 가운데 재정비하여 다시 저장할 수 있다. 그러므로 문헌사료와 달리 구비사료는 역사적 지식이 필요할 때마다 사유와 성찰의 슬기로 늘 되살아나게 된다.

혼자서 기록하고 읽어서 이해하는 문헌사료와 달리 구비사료는 공동으로 기억하고 전승하는 집단지성의 역사이자 공동체가 공유하는 역사이다. 구비사료는 기억 속에 살아 있는 집단 공유의 역사로서 필요할 때마다 끄집어내서 자기 삶의 지침으로 재해석하는 휴대용 역사 지식이다. 생활사료는 여기서 한 걸음 더 나아가 현재 진행되고 있는 역사의 실제 모습을 생활세계에서 만난다. 오래 전에 있었던 삶을 지금도 살아가고 있는 것이 생활사료인 까닭이다. 생활사료로 만나게 되는 역사는 기억된 역사가 아니라 생활세계 속에 살아 있는 현재진행의 역사이자 진정한 민중생활사이다.

따라서 생활사료는 역사의 과거를 갈무리하고 현재진행형으로 지속되고 있는 현대 민중생활사의 실상 가운데 하나이다. 생활사료를 문화적으로 포착하면 전통문화이고, 전통문화를 역사적 사료로 주목하면 생활사료인 것이다. 그러므로 전통문화와 생활사료는 같은 대상을 다른 관점에서 일컫는 용어이다. 전통문화를 문화사료라 하지 않고 굳이 생활사료라 하는 것은, 사료로서 특수한 존재양식 때문이다. 생활사료에서 생활이란 지금 여기 우리들의 현실 속에 실제로 살아 생동하고 있는 생활세계의 현싱이라는 뜻이다.

생활사료는 전통문화인 까닭에 과거부터 살아온 삶을 현재에도 일상적인 삶으로 이어가고 있는 역사의 실제 모습이다. 따라서 과거의 자료로 과거를 해석하는 것이 아니라 현재의 전통을 자료로 과거의 역사를 해석하는 것이 생활사료 연구이다. 전통은 과거의 것이 아니라 과거의 것이자 현재의 것이며 미래의 것이다. 전통이야말로 가장 확실한 현재문화이며 미래문화이다. 그러므로 생활사료는 문헌기록의 박제된 문자사료, 또는 기억 속에 저장된 구비사료를 넘어서는 역동적인 현실 사료로서 진정한 역사를 체험하도록 하는 가치를 지닌다. 그럼에도 그동안 아무도 사료로 주목하지 않은 채 사료의 빈곤만 문제 삼았다.

이를테면 쑥과 마늘을 먹는 현재의 식문화 전통은 단군조선 이전 시기부터 이미 중요한 식품으로 자리잡고 있었다. 곰과 범이 인간이 되고자 할 때, 환웅이 쑥과 마늘을 주며 먹으라고 한 것은, 이것이 인간다운 삶을 위한 통과의례 음식이었기 때문이다. 따라서 쑥과 마늘은 예사 식품과 달리 생활사료로 주목할 만하다. 쑥과 마늘을 먹는 현재의 식생활은, 지금 우리가 환웅신시의 역사를 지속하고 있는 환웅족의 후예일 뿐 아니라, 쑥과 마늘을 소중한 식품으로 여긴 환웅신시의 역사를 거꾸로 입증하는 가장 긴요한 사료라 할 수 있다.

일정한 종족 집단을 곰과 범 등으로 은유하여 특정한 동물종으로 호명하는 사실도 마찬가지이다. 그동안 이러한 전통을 토템(totem)으로[18] 일컬으며 원시문화로 간주할 뿐 아무도 생활사료로 주목하지 않았다. 그러나 원시 집단이든 첨단사회 집단이든, 일정한 집단을 특정 동물로 상징하여 그 정체성을 내외에 각인시키는 문화적 전통은 지금도 지속되고 있다. 따라서 토템문화를 고대문화이거나 원시문화로 단정할 수 없다. 지금도 우리 주변에는 특정 동물로 자기 집단을 상징하는 문화가 세계적으로 널리 존재하고 있기 때문이다.

청와대와 백악관 같은 국가기관을 봉황 또는 흰머리수리로 나타내는가 하면, 고려대학과 연세대학처럼 특정 대학을 호랑이와 독수리로 나타낸다. 명품 회사는 대부분 일정한 동물을 브랜드화하고, 첨단 문명

---

18) '토템'이라는 말은 북아메리카 인디언 오지브와(Ojibwa)족의 토착어이다. 초기에는 토템이 소수민족의 동물숭배 문화인 것처럼 오해되었으나, 최근에 인류학자들에 의해 토템이 종족의 집단 정체성을 나타내는 동식물을 일컫는 학술용어로 자리잡았다.

으로 SNS를 대표하는 트위터도 파란 참새를 브랜드로 삼고 있다. 다시 말하면 파란 참새 도안이 곧 트위터이다. 따라서 이러한 구체적 사실들은 그 자체로 하나의 현실문화에 머물지만, 고대사를 이해하는 사료로 주목하면 생활사료 구실을 한다. 왜냐하면 현대인들이 특정 동물을 집단 정체성의 상징물로 삼는 문화는 현대문화도 아니고 산업사회의 첨단문화도 아니며, 환웅신시 시대부터 지속되었던 원초적 문화였기 때문이다.

특정 집단이나 기관, 공동체의 정체성을 문자로 나타내는 것보다 동물 캐릭터로 나타내는 것이 더 효과적이다. 특히 고대사회처럼 종족을 나타내는 개념어가 없는 상황에서는 토템동물이 결정적인 구실을 한다. 따라서 돼지를 뜻하는 퉁구스(Tungus)족, 늑대를 뜻하는 부리야트(Buryat)족은 아직도 동물종으로 종족의 정체성을 나타내고 있다. 그러므로 생활사료에 입각해서 보면, 사람이 되려고 환웅 앞에 나타난 곰과 범은 한갓 짐승이 아니라, 동물종으로 특정 종족을 나타내는 토템문화로서 곰족과 범족의 호명이라는 것을 알아차릴 수 있다.

동물로 집단정체성을 나타내는 토템전통은 현대사회에서 일반화되어 있다. 이러한 전통을 알지 못하면 동물 캐릭터를 만들지 못하거나 명품 브랜드를 창조적으로 디자인할 수 없다. 대학의 정체성도 동물 형상으로 나타내는 까닭에 명문대학일수록 개성이 강렬한 동물을 상징물로 표방하고 있다. 세계적인 명품들은 으레 동물 캐릭터 곧 동물토템을 브랜드화하고 있다. 그러므로 곰과 범처럼 동물종으로 종족의 정체성을 나타내는 고조선시대의 문화는 고대의 탁월한 전통이자, 우리 생활 속에서 일상화 되어 있는 현실문화이며 앞으로도 추구하게 될 미래문화이기도 하다.

만일 동물 브랜드나 캐릭터가 쓸모없는 것이라면 현대까지 지속될 까닭이 없다. 쑥과 마늘을 먹는 식생활 전통도 마찬가지이다. 긴요하지 않은 먹거리라면 지금까지 지속적으로 먹을 까닭이 없다. 이처럼 생활 사료는 고대부터 누렸던 긴요한 삶의 슬기였을 뿐 아니라, 현재의 삶을 더 풍요롭게 하는 문화적 전통이자, 앞으로도 이어가게 될 미래 문화이다. 그러므로 생활사료는 한갓 역사연구의 자료가 아니라, 가꾸어가야 할 현실문화이자 미래문화 창조의 보고이기도 하다.

더군다나 생활사료는 공동체가 집단적으로 실천하며 공유하는 사료인 까닭에, 개인의 문헌사료처럼 누가 독점하거나 찬탈할 수 있는 사료도 아니고, 자의적으로 왜곡할 수 있는 사료도 아니다. 따라서 생활사료는 누구나 민주적으로 공유하는 고대의 생활양식이자, 공동체가 집단적으로 전승하는 왜곡 불가능한 생생한 현재사이며, 어떤 권력도 앗아갈 수 없는 미래사인 까닭에 고대사는 물론 현재진행의 역사를 포착할 수 있는 가장 확실한 사료이다.

현실문화 속에서 생활사료를 찾아내고 과거와 현재, 미래를 현재진행의 역사로 통섭(Consilience)할[19] 수 있는 사관이 본풀이사관이다. 구비사료가 민중사관의 입지를 강화하는 것처럼, 생활사료는 생활사관의 입지를 강화한다. 민중생활사를 지향하려면 구비사료와 생활사료를 적극 끌어들여야 한다. 생활사료가 시대를 통섭할 뿐 아니라, 본풀이사관을 수립하는 이론적 근거이다. 따라서 사료가 사관을 이끌어내고 사관이 사료를 결정한다. 그러므로 '사료가 사관이고 사관이 사료'라 하지 않을 수 없다.

7. 고조선문명의 구심점 신시문화의 정체

사가들은 지금까지 역사를 서술하는 데 이바지했다. 이제 사가들은

---

19) 에드워드 윌슨 지음/최재천·장대익 옮김, 《통섭》, 사이언스북스, 2005, 10쪽. "휴얼이 처음 쓴 'consilience'라는 용어는 아마 라틴어 'consiliere'에서 온 것 같은데, 여기서 'con-'은 영어로 'with' 즉 '함께'라는 뜻을 갖고 있고 'salire'는 'to leap', 즉 '뛰어 오르다' 또는 '뛰어 넘다'라는 뜻이다. 그래서 휴얼은 consilience를 한마디로 'jumping together', 즉 '더불어 넘나듦'으로 정의했다."

역사학을 바꾸는 데 이바지해야 한다. 근대 사학은 서구 사학을 답습하는 오리엔탈리즘에 빠져 있다. 우리 역사조차 서구 역사의 체계와 시대구분에 따라 재단한다. 서구인들의 선사시대 구분에 따라 신석기와 청동기시대 타령을 하느라 환웅신시의 역사는커녕 단군조선의 역사조차 시대구분에서 배제해 버렸다. 우리 생활사 속에 환웅천왕이 세운 '신시고국(神市古國)'[20] 문화의 전통이 고스란히 지속되고, 환웅천왕의 건국이념이 홍익인간으로 버젓이 법조문으로 살아 있는데, 환웅신시를 역사 서술에서 삭제할 수 있는가 되묻지 않을 수 없다.

이제 사가들은 서구의 시대구분 논리에서 벗어나 민족사의 기점부터 다시 설정해야 한다. 여러 사료들을 총체적으로 동원하여 환웅신시의 역사와 문화를 복원함으로써 고대사 체계를 근본적으로 혁신하고 '역사 서술의 역사'를 바꾸는 획기적인 작업이 필요하다. 도구 중심의 역사 서술을 극복해야 민족사의 역사전개 과정을 한국사의 역사성에 맞게 제대로 포착할 수 있을 뿐 아니라, 한국사만의 독자적 시대구분이 가능하다.

그러나 왕조사 중심으로 고대사를 서술해서는 이러한 뜻을 이룰 수 없다. 왕조사 중심의 역사 서술은 문헌사학의 한계로서, 으레 연대기에 의존할 수밖에 없다. 연대기적 왕조사 서술은 역사 기록이 일반화된 시기 이후에나 가능한 일이어서 그 이전 시기의 기록은 사실상 사료로 인정하기 어렵다. 상고사 문헌으로 주목되는 《환단고기》류는 사료 구실을 할 만한 내용이 적지 않으나,[21] 오히려 왕조사 중심의 정교한 연

---

20) 임재해, 〈단군신화로 본 고조선 문화의 기원 재인식〉, 《단군학연구》 19, 단군학회, 2008, 340쪽에서 신시를 신시고국으로 일컬어야 하는 까닭을 자세하게 다루었다. 중국학계에서 홍산문화를 일으킨 국가를 홍산고국이라 일컫는데 대한 상대적인 용어로 '신시고국'이라 하는데, 본문에서는 국호로서 '신시' 또는 '신시국'으로 일컫기도 할 것이다. 그러나 논의가 더 진전되면, 神市는 신불(神市)로서 우리말 '해불' 또는 '해숲'의 뜻을 지닌 국호라는 사실까지 밝힌다.

21) 이 연구에서는 《환단고기》류의 사서를 인용하거나 참고하지 않는다. 사료적 가치가 없어서가 아니라, 사학계에서 위서로 간주하는 까닭에 논지와 상관없

대기적 기록이 사료로서 신뢰성을 부정하게 된다. 그러므로 상고사일 수록 왕조사가 아니라 생활사를 중심으로 서술하는 것이 바람직하다.

한때 "00시대 사람들은 어떻게 살았을까"라는 연작 저서가 주목을 끌었던 것처럼, 왕조사가 아니라 생활사가 역사학에서 가장 주목되는 영역이 되고 있다. 생활사의 구체적 현상이 문화이며 그 자취가 문화유산이다. 문화는 일정한 공동체가 인간다운 삶을 누리기 위해 공유하는 생활양식이다. 그러므로 인간사회는 어디든 문화가 있기 마련이다.

마을이 모여서 고을이 되고 고을이 모여서 나라를 구성하는 것처럼, 여러 층위의 문화들이 서로 소통하고 공유하면서 크게 하나의 거대한 삶의 틀을 이룬 것이 문명이다. 따라서 문명은 인간사회가 이룩한 문화적 총체라고 할 수 있되, 문화의 단순한 집합이 아니라 일정한 세계관적 동질성을 지니며 공유 가능한 가치를 지닌 유기적 복합체라 할 수 있다. 그러므로 문명은 문화와 달리 공간적 범주의 폭이 넓을 뿐 아니라 시간적 분기점을 넘어서 지속할 만한 가치를 지니는 것이다.

문화와 달리 문명은 일정한 발전단계에 이르러야 한다. 인간사회는 필수적으로 문화를 누리지만 문명은 문화의 단계가 더 진전되어 일정한 수준의 기술을 갖추고 예술 활동을 하며, 관념적 사유에 따른 세계관을 형성하고 있어야 한다. 따라서 구석기문화는 존재해도 구석기시대의 문명은 존재하지 않는다. 낮은 단계의 석기생활을 하였을 뿐 아니라 예술활동을 한 흔적이 없으며, 관념적 사유에 따른 세계관을 발견하기 어려운 까닭이다. 문명은 신석기시대 이후에 비로소 출현된다.

신석기 시대부터 연모를 만드는 기술이 축적되고 유감주술과 예술적 형상을 만들어내며 각종 신화를 창조하여 전승하는 가운데 세계를 인식하고 제의를 베풀어 현실문제를 해결하기 시작했던 것이다. 그리고 모듬살이를 이루며 사회생활을 하는 가운데 상징적 구조물을 건축하고 초기·국가 단계의 정치 체제와 조직을 갖추었을 때 비로소 고대

이 시비 거리가 되지 않기 위한 것이자, 이 사료를 근거로 삼지 않아도 충분히 신시문화를 해명할 수 있기 때문이다.

문명이 형성되었다고 할 수 있다. 그러므로 고조선문명도 이러한 수준의 문화와 사회, 기술을 갖추었다고 보고 이 문제들을 집중적으로 밝혀 나가려는 것이다.

문명의 토대는 문화와 달리 농업혁명을 기반으로 한다. 자연히 농업의 입지조건을 잘 갖춘 온대 지역에서 고대문명이 형성되었다. 상대적으로 유목지역에는 고대문명이 존재하지 않았다. 따라서 시베리아문화는 고대문명론에서 거론되지 않는다. 온대지역에서 농경문화의 입지를 갖춘 고조선문명은 단군조선 전후 시대 문명으로서 환웅신시에서부터 부여 이전시대까지 동아시아 지역에서 일구어 왔던 문명이다. 그러므로 고조선문명론은 농경문화와 정착생활을 전제로 전개된다.

그런데 아무도 구석기 문화에서 신석기 문명의 비약을 가져온 계기에 대한 설명이 없다. 석기 하나만 두고 보더라도 뗀석기를 쓰다가 왜 간석기를 쓰게 되었는가 하는 의문을 제기하지 않는다. 당연한 문명발전 단계로 인식하고 마는 까닭에 구체적 해명이 없다. 자연스러운 상황에서는 구석기에서 신석기로 갈 수 없기에 의문을 제기하는 것이다. 왜냐하면 간석기는 뗀석기보다 가성비가 터무니없이 낮은 까닭이다.

지금도 누군가 알몸으로 무인도에 표류하여 혼자 생활하게 되면 간석기보다 뗀석기를 주로 사용하게 될 것이다. 문명이 아무리 발달하고 지혜의 수준이 높다고 하더라도 돌을 갈아서 칼과 도끼를 만들어 도구로 사용하는 것은 무모한 까닭이다. 왜냐하면 아무런 도구 없이 돌을 갈아서 신석기 수준의 돌칼을 만든다는 것은 엄청난 노력과 시간을 들여야 하되, 그 쓸모는 들인 공력에 비하여 그리 크지 않기 때문이다. 쉽게 만든 뗀석기를 도구로 사용하는 것이 훨씬 더 경제적이다.

그럼에도 신석기를 만들 수밖에 없도록 만든 계기가 빙하기 생활이다. 빙하기의 기나긴 겨울을 동굴에서 보내는 동안 지루한 시간을 보내기 위해 만든 것이 신석기이다. 시간과 노동력에 전혀 구애되지 않고 제작한 까닭에, 신석기는 기술적으로 정교하고 구조적으로 대칭적이며 미학적으로 완벽성을 갖추었다. 따라서 신석기는 도구이기보다 공예품 구실을 하였던 것이다.

동굴생활을 극복하기 위해 간석기를 만드는 한편, 즉물적인 구석기 언어에서 상상력을 담은 개념어도 쓰기 시작했다. 대자연 속에서 자유롭게 생활한 구석기인들은 가시적인 사물을 일컫는 지시어 중심 언어생활을 했다. 그러나 빙하기인들은 어두운 동굴에 갇혀 불가시적 상황의 소통을 위해 생각과 관념을 나타내는 개념어를 쓰기 시작했다. 무료함을 달래기 위해 허구적인 상상의 이야기를 하기 시작하면서 신화와 같은 서사문학도 누렸다. 그러므로 신석기문화를 제대로 포착하려면 빙하기를 주목하지 않을 수 없다.

고조선문명도 빙하기를 거쳐서 형성된 것이다. 문제는 누가 고조선문명의 주체였는가 하는 것이다. 주체 문제를 제대로 포착하지 않게 되면, 공허한 문명론에 머물게 된다. 따라서 이 논의는 고조선문명의 주체를 태백산 신단수 아래에 신시국을 세우고 신시문화를 창출한 환웅족을 고조선문명의 주체로 설정한다. 왜냐하면 환웅신시는 시대적으로 가장 앞서는 국가체제를 이루었을 뿐 아니라, 초기문명으로서 갖추어야할 사회적, 문화적 조건들은 물론, 세계관까지 갖추었기 때문이다.

프랑스 역사가 페르낭 브로델(Fernand Braudel)이 "문명은 일반적인 그룹 나누기이자 특별한 성질이 반복되는 빈도이고 일시적인 영속성이 나타나는, 특정 지역으로 제한된 편재성"을 지닌다고[22] 했다. 환웅천왕의 신시문화는 다른 문화와 구별되는 독자성을 보일 뿐 아니라, 일정한 세계관이 반복되며 지속되는 영속성까지 지니고 있다. 천신족으로서 태양시조사상과 건국본풀이의 서사구조가 후대까지 지속될 뿐 아니라, 고인돌과 고조선식 동검이 고조선지역에 편재되어 있는 것이다.

프랑스 역사가 프랑수아 기조(Francois Guizot)는 '문명의 역사가 인간활동을 영역별로 세분하려는 충동 때문에 학자들이 세워 놓은 정치·경제·사회·문화·군사 등의 경계를 초월한다'고[23] 했다. 특히 고대문명

---

22) 니얼 퍼거슨 지음/구세희·김정희 옮김, 《시빌라이제이션 - 서양과 나머지 세계》, 21세기북스, 2011, 27쪽.

은 일정 수준의 통합성을 지니고 있어서 서로 연관성을 이루며 자기 동일성을 확보한다. 새뮤얼 헌팅턴(Samuel P. Huntington)이 "문명은 사람들에게 가장 폭넓은 자기 동일성의 틀을 제공한다"고[24] 했다. 그러므로 고조선문명론은 환웅신시를 중심으로 문화적 동질성을 포착하는 작업을 수행하지 않을 수 없다.

멜코(Matthew Melko)에 따르면 "문명을 이루는 구성단위들은 자기들끼리의 상호 관계나 전체와의 관련성으로 정의"되기도 한다.[25] 따라서 고조선시대의 문화적 현상을 개별적으로 열거하고 조명해서는 문명으로 자리매김할 수 없다. 개별 사실을 아우르는 세계관적 동질성을 파악하는 것이 긴요하다. 그러므로 천손강림 형태로 출현한 환웅천왕과 천신족이 주체가 되어 태양시조사상과 홍익인간 이념, 농경문화를 누리는 가운데 재세이화(在世理化)의[26] 정착생활을 지속하며 고조선문명을 이룩한 신시문화의 정체를 해명하려 하는 것이다.

고조선문명은 태양신을 건국시조로 삼는 천신족의 태양문명이자, 제천행사의 하늘굿을 국가제의로 전승하는 천제문명(天祭文明)이다. 따라서 건국시조는 '환웅과 단군', '해모수와 주몽', '혁거세와 김알지', '김수로와 6가야 시조' 등 한결같이 해를 상징하는 존재이다. 후대로 갈수록 건국시조가 햇빛, 자줏빛 알, 대광명, 금궤, 금합, 황금알처럼 더 직접적으로 해를 상징하는 존재로 출현한다. 국가나 도읍지 이름도 태백산과 신단수, 아사달과 평양, 조선, 부여, 계림, 신라 등 모두 해 뜨는 시공간으로서 동질성을 지닌다.

따라서 '달'의 공전 주기에 따라 역법의 1개월을 '달'로 일컬었던

---

23) 니일 퍼거슨 지음/구세희·김정희 옮김, 앞의 책, 29쪽.

24) 새뮤얼 헌팅턴 지음/이희재 옮김, 《문명의 충돌》, 김영사, 1997, 45쪽.

25) 새뮤얼 헌팅턴 지음/이희재 옮김,, 앞의 책, 48쪽.

26) 재세이화에 관한 해석은 우주의 이치와 이화된 세상, 자연의 조화 등 관념적 의미부여를 하기 일쑤인데, 여기서는 고조선본풀이의 전후 맥락을 고려하여 역사적 해석을 한다. 재세이화에서 '이화'보다 '재세'에 방점을 두고, 하늘에서 내려온 천왕이 '세상에 머물러 정착생활을 하면서 사람들과 더불어 생활하면서 교화로 다스리는 것'을 말한다.

것처럼, '해'의 공전주기에 따라 역법의 1년 또한 '해'로 일컬었다. 천체의 해[日]와 일년의 해[年]를 같은 말로 일컫는다는 것은, 해를 천체로서 처음 인식하게 된 고대부터 해의 공전주기를 곧 역법의 주기로 삼았다는 것이다. 따라서 '해'는 태양과 일년의 어원이 동일하다. 농공시필기(農功始畢期)에 하늘에 올리는 천신신앙의 제천행사도 후대까지 지속되었다. 그러므로 고조선문명은 환웅신시의 해문화를 중심으로 형성된 태양문명의 정체성을 포착할 수 있다.

그러나 태양숭배 사상의 보편성을 지니면서도 주곡(主穀)을 으뜸으로 하는 농경문화와 더불어 '재세이화'의[27] 통치체제를 표방한 까닭에 민족적 독자성을 확보하고 있다. 환웅신시는 이념적으로 홍익인간을 표방하고, 물적 토대로 농경생활을 한 까닭에 태양숭배를 하면서도 '재세이화'를 실천지침으로 삼는다. 이런 사실을 주목하면, 시베리아기원설은 물론, 민족문화를 북방민족의 영향이나 유목문화의 아류로 간주하는 것을 비판적으로 극복하는 길이 열린다.

고조선문명론을 진전시키기 위해 문화적 전통을 생활사료로 자리매김하고 해석학적 지평융합과 문화생태학적 방법, 신비교주의, 역사주권주의 등 여러 방법을 통섭함으로써 자료적 제약과 방법론적 한계를 함께 극복한다. 생태학적 시각에서 빙하기의 동굴생활을 특히 주목한다. 빙하기를 겪은 신석기인들의 태양숭배에서 환웅신시의 세계관적 근거를 찾는 한편, 동굴 속에서 빙하기를 보낸 신석기인의 추체험과 고조선문명의 관계를 유기적으로 밝힌다.

역대 건국시조본풀이는 물론 고고학자료와 홍산문화 유적, 그리고 지금 우리가 누리는 생활사료 등을 교차검증함으로써, 홍산문화와 환웅신시 문화를 횡적으로 통섭하고, 신시건국본풀이에서 신라가야의 건국본풀이까지 수천 년의 역사를 종적으로 통섭하며, 같은 논리로 인류

---

27) 《三國遺事》卷1, 紀異1, 古朝鮮-王儉朝鮮, "而主穀·主命·主病·主刑·主善惡 凡主人間三百六十餘事 在世理化."라고 하여 360여 가지 일 가운데 주곡을 으뜸으로 삼고 재세이화를 거론했다.

의 미래가치를 제시하는 과감한 논리를 편다. 따라서 상고시대 신시인
들의 세계관과 함께, 지금 여기 한국인의 문화적 정체성을 포착하는
것이 논지의 핵심을 이룬다. 그러므로 이 논의는 신시문화를 출발점으
로 하는 고조선문명론이자, 우리시대 한국인의 문화적 전통과 정체성
을 밝히는 민족문화론이며, 인류사회가 추구해야 할 미래문화론이 될
것이다.

제2장 민족사 해석의 상대주의와 주권사학의 길

1. 전파론적 유목문화 전래설의 비판적 인식

우리는 누구인가. 한국인은 어떤 민족인가. 자기 정체성을 묻는 질문은 자문자답으로 발전하지 않은 채, 일제강점기에 외세가 규정하는 대로 따르는 술이부작(述而不作)의 수준에서 머물렀다. 그 결과 한민족은 북방유목민의 후예로 간주되는가 하면, 민족문화의 시베리아기원설과 알타이문화 전래설이 대세를 이루었다. 한민족도 몽골리안이라는[1] 혈연적 동질성에 관한 주장과, 퉁구스족과 예맥족(濊貊族)이 중심이 된 고아시아족 계통이라는 주장도[2] 같은 범주에 속한다. 이러한 주장은 일제강점기 일본학자들의 견해를 동어반복하는 수준이다.

언어계통론도 같은 경향의 주장을 펴는데 기여했다. 핀란드 언어학자 람스테드(Gustaf J. Ramsteder)가 한국어를 우랄알타이어 계통으로 분류한 것이 북방문화 전래설를 펴는 중요한 근거가 되었다. 물론 람스테드의 언어연구도 일본학자들에 의해 우리 학계에 보급되어 일반화되었다. 람스테드의 뒤를 이은 포페(Nicholas Poppe)의 한국어 어원연구도 알타이어족설을 주장하고 있다. 그러나 국어의 알타이어족설은

---

1) 우리가 아프리카나 아메리카의 원주민들을 종족별로 분별하지 않고 '인디언'이라 일컫는 것처럼, 서구인들은 황색인들을 모두 몽골리언(mongolian)이라 일컫는다. 좁은 뜻으로는 몽골인을 뜻하지만 여러 종족으로 구성된 몽골 민족들 가운데 몽골리언이라는 종족은 없다. 왜냐하면 몽골리언은 황색인종을 뜻하거나 몽골인을 뜻하는 것일 뿐 혈연적 동질성을 나타내는 종족 명칭이 아니기 때문이다.
2) 金貞培, 《韓國民族文化의 起源》, 高麗大學校出版部, 1973, 6~15쪽.

설득력을 잃은 지 오래이다. 구체적 비교 용례를 보면 두 연구 모두 신빙성이 없을 뿐 아니라, 신빙성 있는 몇 개의 용례들조차 "우연의 일치"일 가능성이 높은 것으로3) 지적되고 있다.

　세계 언어학계에서는 한국어가 알타이어 계통과 무관한 '고립어'로서 독자적 특성을 지닌 것으로 밝히고 있다.4) 한국어를 알타이어로 분류한 람스테드도 타계하기 전에 "알타이어족이라는 용어를 먼저 만들었다고 하여, 알타이산맥 쪽에서 생겨난 언어가 대흥안령산맥 쪽으로 퍼져나갔다고 볼 수 없다"는5) 의견을 피력했다. 그러나 아무도 이 말에는 특별한 관심을 기울이지 않는다. 종래의 상투적 견해를 번복하고 싶지 않은 까닭이다.

　람스테드의 후기 주장은 자기 학설을 완곡하게 부정한 것이자, 언어계통론을 근거로 한 알타이문화 전래설은 더 이상 믿을 만한 근거가 못 된다는 점을 밝힌 셈이다. 우리 언어학계에서도 '한국어가 우랄알타이어 계통에 속한다는 근거로, 우리 문화가 알타이문화의 영향으로 성립되었다는 주장은 무리라'는 연구논문이 발표되었다.6) 비교언어학과 국어계통론 연구에 괄목할 만한 성과를 거둔 송기중의 연구에 따르면, 한국어는 고립어로서 독자성을 지닌다는 사실이 설득력을 얻고 있다. 왜냐하면 "동아시아 제국(諸國) 중에서 단일 언어를 사용하는 나라는 한국밖에 없고"7), "한국어, 일본어 아이누어 등은 계통이 확실히 밝혀지지 않은 언어로" 인정되고8) 있기 때문이다.

---

3) 송기중, 《역사비교언어학과 국어계통론》, 집문당, 2003, 100~105쪽.
4) 스티븐 핑커 지음/김한영 옮김, 《언어본능》, 소소, 2006, 372쪽. "한국어와 일본어는 몇몇 언어학자들이 그 중 하나 또는 둘 다를 알타이어족으로 묶기도 하나 언어학적인 면에서 고아처럼 보인다."고 하여, 한국어가 언어학적으로 알타이어족에 귀속되지 않는 고립어라는 사실을 '언어학적 고아'로 표현하기까지 한다.
5) 이정훈, 《발로 쓴 反3동북공정》, 지식산업사, 2009, 68쪽.
6) 宋基中, 〈동아시아 제민족의 분포와 언어학적 분류〉, 《口碑文學研究》 11, 한국구비문학회, 2000, 143~187쪽.
7) 宋基中, 위의 글, 149쪽.
8) 宋基中, 같은 글, 153쪽.

그런데도 민족문화 기원설은 여전히 알타이계통의 유목문화에서 비롯된 것처럼 확대 재생산되고 있다. 따라서 신라 김씨계 왕실의 시조인 '알지'는 알타이어로 '황금'을 나타내는 이름이라며 김알지를 알타이인으로 규정하기도 하고,9) 아예 민족사를 유목사관으로 읽지 않으면 민족 초기 역사를 왜곡하게 된다며, 홍안령 일대의 유목문화와 동몽골 초원의 기사유목집단(騎射遊牧集團)을 맥족과 고구려족의 기원으로10) 주장한다. 이 주장의 근거에는 어원의 동질성이 큰 차지를 한다.

이처럼 우리 문화가 북방 유목문화의 영향으로 형성된 것이라는 고정관념에는 알타이어족설이 결정적 구실을 했다. 알타이어족설은 식민지 시기 일본학자들을 거쳐 우리 민족의 연원을 북방에서 찾는 실증적 근거가 되었다.11) 이 주장에 따라 여러 학자들이 국어의 알타이어족설을 입증하려고 수십 년 동안 연구활동을 벌였으나 세계 학계의 인정을 받지 못한 채 퇴색되고 있는 상황이다.12)

따라서 우리 문화와 북방 민족문화 사이에 유사성이 확인될 수 있고, 그러한 유사성은 "학술적으로 연구 가치가 있다고 하더라도, '본래 그 민족과 우리 민족이 같은 근원에서 분파한 결과로 유사하다'는 설명은 신중히 제시되어야" 마땅하다.13) "국어의 알타이어족설은 심히 과장되었고 왜곡되어 왔다"는14) 것이 비교언어학자의 결론이다. 그러므로 북방문화기원설은 설득력 있게 증명할 수 없거나 증명되지 않은 가설인데도15) 마치 명백하게 밝혀진 학설처럼 인용한 사실을 비판적으로 극복해야 식민시기에 조성된 유목문화기원설에서 해방될 수 있다.

---

9) 김병모, 《금관의 비밀》, 푸른역사, 1998, 166~167쪽.
10) 주채혁, 《순록유목세국론 -고조선 고구려 몽골제국의 기원연구》, 백산자료원, 2008, III~X 및 17~67쪽.
11) 李基白, 《國史新論》, 泰成社, 1961, 14쪽에서 국어가 알아티어족이라는 사실을 근거로 한민족을 북방계에서 비롯된 것으로 해석했다.
12) 宋基中, 같은 글, 175쪽.
13) 宋基中, 같은 글, 175쪽.
14) 송기중, 앞의 책, 86쪽.
15) 송기중, 같은 책, 위와 같은 곳.

한때 언어계통설 못지않게 몽골반점을 근거로 몽골민족과 한민족이 몽골리안으로서 혈연적 친연성이 주장되기도 했다. 그러나 몽골반점은 몽골민족이 아니라 세계 여러 민족에게 두루 나타나는 현상이므로,16) 혈연적 친연성의 근거가 될 수 없다. 민족문화의 시베리아기원설 또는 유목문화기원설이 그러한 선입견을 제공했을 따름이다.

타민족과 닮은 유사성을 인류문화의 동질성이나 보편성으로 보지 않고, 문화의 전파에 의한 결과로 해석하는 전파주의적 전래설이 빚어 낸 편견이다. 전파주의는 역사지리학파로 일컬어지지만 통시적 역사해석보다 지리적 이동과 확산에 더 무게 중심을 두는 학설이다. 문화우열론을 전제로 선진문화가 중심부에서 파문을 일으키며 주변부의 후진문화로 전파되어 간다고 하는 것이 전파론의 핵심이다. 그러나 전파론이 학문적으로 입증되려면 그레브너(Fritz Graebner)가 제기한 '형태의 준거'와 '계속의 준거', '양적 준거'를17) 모두 충족시켜야 한다. 그런데 대부분의 전파론은 이러한 준거로 따져보지 않은 채 '형태의 유사성'만18) 내세운 까닭에 논리적 설득력이 없다.

더군다나 전파론은 서로 다른 지역의 같은 문화는 어느 한곳에서 발생하여 전파되었다는 문화의 단일기원설에 기초를 두고 있는 것이다. 그런데, 지금은 문화의 독립발생설과 다원발생설이 이론적으로 더 설득력을 지니고 있다. 왜냐하면 같은 문화가 제각기 다른 지역에서 독립적으로 발생할 수 있는 것이 인류문화의 보편성이기 때문이다. 같

---

16) 몽골반점은 진피 멜라닌 세포가 표피로 이동하는 과정에서 특정 부위에 뭉쳐서 나타나는 현상으로서 유아 시절에 뚜렷이 보이다가 성장과 함께 사라지는 인류 공통의 현상이다. 다만 인종에 따라 양적 차이가 있을 따름이다. 2012년 13년 통계자료에 따르면, 멜라닌 세포가 적은 유럽인에게는 반점이 6.2퍼센트인데 견주어 일본인 81.5퍼센트, 중국인 86.3퍼센트, 한국인 97.1퍼센트로 나타난다.

17) 크네히트 페터, 〈2 문화 전파주의〉, 야아베 쓰네오 엮음/이종원 옮김, 《문화를 보는 열다섯 이론》, 인간사랑, 1987, 21~23쪽.

18) '형태의 유사성'도 서로 닮은 점을 근거로 삼는 것이 아니라, 왜 여기서는 유사한 형태가 독립적으로 발생할 수 없는가를 입증해야 전파론을 펼 수 있는 근거가 되는 것이다.

은 문화가 서로 다른 지역에서 발생할 수 있으므로 문화의 기원이 다원적일 수밖에 없다.

독립발생설과 다원발생설에 따르면 전파에 의하지 않고도 문화적 동질성이 존재할 수 있다. 따라서 서로 다른 지역에 같은 문화 현상이 보이면 문화의 전파로 보기 전에 문화의 동질성으로 이해할 필요가 있다. 다른 민족과 문화가 같은 경우에도 전파론을 펼 것이 아니라, 인류 문화의 보편성으로 이해하는 것이 바람직하다. 이웃나라 민족과 문화가 전혀 다른 경우에는 생태학적 차이 때문에 문화의 전파가 불가능한 결과로 인식해야 할 것이다. 그러므로 일방적인 전파주의를 비판적으로 극복하고 문화생태학적 관점에서 문화의 동질성과 이질성을 비교하는 신비교주의에 관심을 기울일 필요가 있다.

2. 농경문화 기원설 수립을 위한 예비적 작업

고대 농경의 역사는 유물과 유적의 고고학 자료와 문헌사료의 기록 자료에서 찾을 수 있다. 고고학적 유물 가운데 직접사료는 재배볍씨와 같은 곡물자료와 경작지, 농기구 등이고, 간접사료는 오랜 정착생활의 자취를 보여주는 대규모 유적들이다. 문헌기록 가운데 직접사료는 농경에 관한 구체적인 기록이며, 간접사료는 농경과 관련된 생활사의 기록이다. 그러므로 농경생활을 밝힐 수 있는 유물사료와 문헌사료, 그리고 직접사료와 간접사료를 두루 수집하여 검토할 필요가 있다.

환웅천왕의 신시고국이 농경국가였다는 사실은 여러 가지 사료가 뒷받침하고 있다. 문헌기록으로는 《삼국유사》'고조선'조에 인용된 《고기》의 기록에 구체적 사실이 밝혀져 있고, 《후한서》나 《삼국지》동이 열전에도 관련 기록들이 두루 보인다. 그러나 어느 문헌의 기록에서도 신시고국이 유목국가였다는 내용은 찾아볼 수 없다. 짐승을 따라 이동

〈그림 1〉 소로리 볍씨

했다는 구체적 기록은 물론, 유목생활을 입증할 수 있는 간접자료도 찾기 어렵다. 따라서 고대사를 기록하고 있는 문헌사료를 볼 때, 한국 민족문화의 기원을 유목문화에서 찾는 것은 무리이다.

문헌사료뿐만 아니라 고고학 자료들 중에도 농경문화를 부정하고 유목문화를 입증할 만한 구체적 자료가 보이지 않는다. 오히려 농경문화 관련 자료들이 다양하게 남아 있다. 세계에서 가장 오래된 재배벼로 밝혀진 소로리 볍씨(BC 10,550년~BC 11,950년)를(그림 1) 비롯하여,[19] 충주 조동리 볍씨,[20] 옥천 대천리 탄화미,[21] 고양 가와지유적 볍씨[22] 등 한반도 여러 지역에서 재배볍씨가[23] 발굴되고, 재배콩 기록이 콩의 원산지임을[24] 밝혀주고 있다. 뿐만 아니라 고대 경작지를 나타내는 선돌, 다시 말하면 45~50줄의 밭고랑을 가로로 나란히 새긴 남곡리 1호선돌과 수북리 선돌(그림 2)[25] 등이 직접자료의 보기이다. 문자가 없었던 까닭에 비석처럼 생긴 돌에 밭고랑을 새겨서 경작지를 표시했던 것이다.[26]

19) 이융조·우종윤, 〈세계 最古의 소로리볍씨 발굴과 의미, 제1회 국제학술회의 《아시아 선사농경과 소로리볍씨》, 충북대학교박물관, 2003, 27~46쪽; 박태식·이융조, 〈소로리볍씨 발굴로 살펴본 한국벼의 기원〉, 《농업사연구》 3권 2호, 2004, 119·132쪽.
20) 이융조, 《충북의 선사문화》, 충청북도 충청연구소, 2006, 156쪽.
21) 한창균 외, 〈대천리유적 신석기시대 집자리에 대한 고찰〉, 《옥천 대천리 신석기유적》, 한남대 중앙박물관, 2003, 157~171쪽.
22) 박태식·이융조, 〈고양 家瓦地 1지구 출토 벼 낟알들과 한국선사시대 벼농사〉, 《농업과학논문집》, 37, 1995.
23) 신용하, 《한국민족의 기원과 형성연구》, 서울대학교출판문화원, 2017, 31~39쪽에서 자세하게 다루었다.
24) 신용하, 위의 책, 40~41쪽 참조.
25) 이융조, 앞의 책, 318~323쪽.
26) 신용하, 앞의 책, 45쪽.

농경문화를 입증하는 간접자료는 고인돌과
적석총, 석성 등을 비롯한 붙박이 석조 유적들
이다. 거대한 석조 유적들은 한결같이 정착생
활의 자취이다. 정착생활과 농경문화는 서로
뗄 수 없는 관계에 있다. 따라서 적석총이나
석성(石城)은 정착생활을 하는 농경문화의 유
산이다. 그러나 유목사회에서는 토성이든 석성
이든 아예 성곽 자체를 쌓지 않는다. 성곽은
일정한 지역에서 누대로 살기 위한 방어벽이기
때문이다. 따라서 성을 쌓는 일은 곧 유목생활
을 부정하는 것이자 유목사회의 해체를 뜻한
다. 그러므로 "성을 쌓는 자는 망한다"는 격언
이 돌궐제국의 톤유쿠크(Tonyuquq)나 몽골제
국의 '칭키스한(Chingiz Khan)'과[27] 같은 유목
민 영웅들에 의해 널리 회자된 것이다.

〈그림 2〉 경작지를
나타낸 선돌

　　석성과 함께 옥기도 강고한 정착생활을 입증하는 문화유산이다. 옥
기는 특정 공간에서 장기간 가공이 필요한 유물인 까닭에 정착생활에
서 일으킨 문화라 할 수 있다. 쉽게 깨지는 큰 토기들도 이동생활에
부적절한 정착생활의 산물이다. 흔히 빗살무늬토기로[28] 일컬어지는
'햇살무늬토기'는[29] 크고 밑면이 뾰족해서 고정적으로 설치할 수밖에

---

27) 징기스칸은 일본식 발음이다. 몽골에서는 칭기스한으로 일컫는다. Khan의
　　K는 묵음이다.
28) 김양동, 〈한국 고대문화 원형이 상징과 해서 1. '神'이 해석〉, 《교수신문》
　　2013년 2월 18일자, 8면에서 빗살무늬토기를 '빛살무늬토기'로 일컬어야 한
　　다고 주장했다.
29) 김양동, 위의 글에 따라서 빗살을 빛살로 일컬을 수 있으나, 빛이나 살은 모
　　두 햇빛에서 비롯된 것이므로 햇살이라 일컫는 것이 더 적절하다고 생각하여
　　빗살무늬토기를 햇살무늬토기로 일컫기로 한다. 빛살은 빗살과 소리값이 같아
　　서 사실상 서로 구분되지 않을뿐더러, 햇살이란 말은 널리 쓰이지만 빛살이라
　　는 말은 실제 생활에서 거의 쓰이지 않는 말이라는 점도 고려되었다.

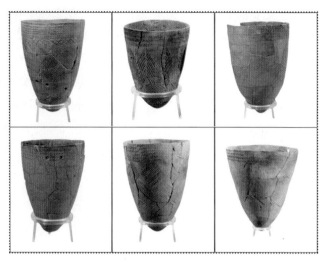

〈그림 3〉 한강 유역 암사동 출토 각종 뾰족밑 햇살무늬 토기

없는 데다가, 깨지기 쉬운 대형 토기여서 전적으로 정착생활이 빚어낸 유물이다. 유목민들은 물을 담는 그릇조차 가죽 주머니를 이용한다. 가죽 주머니는 지니고 이동하기 쉬울 뿐 아니라, 이동 중에 깨질 염려도 없기 때문이다.

시베리아 기원으로 알려진 햇살무늬토기는 옹기처럼 크고 깨지기 쉬운데다가, 밑면까지 뾰족하여 유목민의 이동생활에서는 사용할 수 없는 그릇이다. 농경민의 정착생활에 적합하도록 안전하게 고정적으로 설치해야 사용할 수 있는 까닭이다. 따라서 정착생활용 햇살무늬 토기가 시베리아 유목문화에서 비롯되었다고 하는 것은 설득력이 없다. 왜냐하면 거대한 토기의 기원을 유목지역에서 찾는 것은 배의 기원을 사막지역에서 찾는 것이나 다르지 않기 때문이다.

자연히 빗살무늬토기는 정착문화를 꽃피운 사람들의 발명품이라 할 수 있다. 지금 이 토기는 만주와 한반도를 비롯한 고조선 지역에서 가장 많이 발굴되고 또 가장 오래된 것이 출토되고 있다. 단군신화가 말하는 정착문화와 온돌문화, 높은 열로 불에 구운 빗살무늬토기, 그리고 이 토기의 지리적 분포와 빈도는 밀접한 연관성을 지닌다. 빗살무늬토기는 고조선문화 이전부터 존재했던 한민족 선사문화의 원형이라 할 수 있다.[30]

그럼에도 여전히 시베리아기원설에서 헤어나지 못하는 것은 식민주의 지식을 우상화하고 있기 때문이다. 시베리아기원설은 우리 굿문화를 으레 샤머니즘에서 비롯된 것으로 간주하는데, 최근에 이 기원설에 대해서 심각한 의문을 제기하는 논의가 이루어졌으며,[31] 다른 시각에서 새로운 연구가 있어 주목된다. 로날드 휴턴(Ronald Hutton) 교수는 한 마디로 '시베리아 문화' 또는 '시베리아 샤머니즘'이라고 하는 것이 문화적 실체가 아니라 서구인들에 의해서 창조된 개념이라는 것이다. 이렇게 주장하는 데에는 세 가지 근거가 있다.

하나는 우선 시베리아 대륙 자체가 서구인들에 의해 발명되었다는 것이다. 왜냐하면 시베리아는 물리적으로 유럽과 붙어 있는 하나의 대륙인데도 그 지역의 통치세력들을 무시하기 위하여 자의적으로 분할하여 떼어 놓은 지역이기 때문이다. 따라서 샤머니즘과 시베리아는 모두 관념적 구성물이라는 것이다.[32]

둘은 시베리아는 워낙 광대한 지역일 뿐 아니라 여러 민족들이 산재해 있기 때문에 단일한 인문지리적 정체성을 지녔다고 할 수 없다.[33] 시베리아 샤머니즘도 다양한 지역적 특성이 있을 뿐 아니라, 여러 민족에 따라 명칭과 유형이 서로 다르기 마련이다. 따라서 시베리아 샤머니즘을 단일한 문화 현상으로 이해하고 거기서 우리 문화가 기원했다는 것은 무리일 수밖에 없다. 그러므로 "왜 우리는 샤먼에 대하

---

30) 임재해, 〈단군신화에 갈무리된 문화적 원형과 민속문화의 정체성〉, 《단군학 연구》16, 단군학회, 2007, 326~327쪽.
31) 임재해, 〈왜 지금 겨레문화의 뿌리를 주목하는가〉, 《比較民俗學》31, 比較民俗學會, 2006, 183~241쪽; ---, 〈굿 문화사 연구의 성찰과 역사적 인식지평의 확대〉, 《한국무속학》11, 한국무속학회, 2006, 67~146쪽 등.
32) Ronald Hutton, Shamans-Siberian Spirituality and the Western Imagination, Hambledon Continuum, 2007, 1쪽.
33) Ronald Hutton, 위의 책, 4쪽.

여 안다고 생각하는가?"[34] 또는 "우리가 샤먼에 대하여 안다고 생각하는 것은 무엇인가?"하고 끊임없이 묻는다.[35]

셋은 객관적으로 볼 때, 시베리아는 사람들이 살 수 있는 지역 가운데 가장 살기 힘든 곳이라는 점이다. 따라서 인구밀도가 가장 낮은 지역으로 남아 있을 뿐 아니라, 토착 원주민들은 상대적으로 소수일 따름이다. 게다가 원주민들은 방대한 대륙에 흩어져서 산발적으로 거주하며, 계절에 따라서 방랑생활을 한다.[36] 그러므로 이 지역 주민들이 문화의 중심성을 확보할 가능성은 희박하다는 것이다.

한마디로 시베리아문화에 대해서 제대로 알지도 못하면서 서구인들이 발명한 관념적 사실을 근거로 시베리아기원론을 펼치는 셈이다. 스스로 자문해 봐야 한다. 나는 시베리아 문화에 대하여 아는 것이 무엇인가? 왜 그것을 안다고 생각하는가? 시베리아 샤머니즘은 물론, 시베리아문화를 조사연구한 적도 없으면서, 식민지배자들의 지식을 근거로 아는 것처럼 착각하고 있는 것은 아닌지 성찰할 필요가 있다. 이런 과정을 거치지 않으면 일제강점기 수준의 상투적 기원론에서 벗어날 수 없을 뿐 아니라, 식민사학의 굴레에서 결코 해방될 수 없다.

시베리아기원설을 극복하려면 자력으로 독창적 기원설을 수립해야 한다. 기존학설의 문제점을 비판한다고 독창적 기원설이 수립되는 것은 아니다. 시베리아기원설 비판을 넘어서 대안이 되는 기원설을 논리적으로 추론해낼 수 있어야 한다. 시베리아 기원설을 극복하는 대안은 유목문화에 맞서는 농경문화 기원설, 북방문화 전래설을 극복하는 한반도문화 자생설, 시베리아문화와 다른 독창적 민족문화설을 제시하는 데 있다.

새 기원설의 추론이 설득력을 지니려면 자료적 뒷받침과 함께 이론적 논리도 갖추어야 한다. 먼저 자료적 뒷받침을 두 갈래로 확대한다.

---

34) Ronald Hutton, 같은 책, 1쪽 참조.
35) Ronald Hutton, 같은 책, 45~110쪽 참조.
36) Ronald Hutton, 6~7쪽.

하나는 홍산문화 자료이고 둘은 최근의 고고학적 발굴자료이다. 이론적 논리 역시 두 갈래로 마련한다. 하나는 이론적 기반을 문화주권론(文化主權論)에[37] 두는 것이며, 둘은 기존 자료들을 생태학적 논리 속에서 해석하는 것이다.[38] 연구자료와 이론적 방법이 다르면 결론도 새롭게 추론되기 마련이다.

이미 전파주의적 전래설에 입각한 시베리아기원설에 대하여 비판적 연구가 이루어졌다. 하나는 고대사 비교를 통해 고조선문화를 요서지역의 만주와 한반도에서 자생한 것으로 보는 연구이고,[39] 둘은 사회사의 시각에서 고조선문화를 대동강 유역에서 형성된 것으로 보는 '대동강유역문명설'을 펼치고,[40] 이어서 한강 유역 중심의 '한강문화기원설'을[41] 펼친 일련의 연구이다. 셋은 고고학적 연구로 고조선문화를 발해연안에서 형성된 것으로 보는 '발해연안문명설'이다.[42] 그리고 복식사 비교로 고조선 복식의 독창성을 밝힌 성과가 넷이며,[43] 환웅신시의 농경문화기원설이 다섯이다.[44] 지리적 중심은 연구자마다 조금씩 다르지만 전래설을 극복하고 민족문화 자생설을 펼치는 점에서 한결같다.

이러한 선행연구를 토대로 고조선시대의 문화적 형성을 신시문화에서 찾는 작업을 한 단계 진전시키려고 한다. 구체적인 논지는 유목문화 기원설에 맞서는 농경문화기원설을 수립하는 것이다. 농경문화는 단군조선 이전의 환웅신시에서 이미 형성되기 시작하여 민족문화의 토

---

37) 임재해, 〈민속문화의 공유가치와 문화주권〉,《韓國民俗學》40, 한국민속학회, 2004, 109~178쪽에서 문화주권의 문제를 자세하게 다루었다.

38) 논의의 진전에 따라 문화주권론은 역사주권주의로, 생태학적 논리는 생태사학 또는 생태주의 사학으로 자리매김될 것이다.

39) 윤내현,《고조선 연구》, 一志社, 1994.
     윤내현,《한국열국사연구》, 지식산업사, 1998.

40) 愼鏞廈,《韓國民族의 形成과 民族社會學》, 지식산업사, 2001.

41) 愼鏞廈,《古朝鮮 國家形成의 社會史》, 지식산업사, 2010.

42) 이형구,《한국 고대문화의 비밀》, 김영사, 2004.

43) 박선희,《한국 고대 복식 -그 원형과 정체》, 지식산업사, 2002.
     박선희,《고조선 복식문화의 발견》, 지식산업사, 2011.

44) 임재해,《고조선문화의 높이와 깊이》109~162, 437~447쪽 참조.

대 구실을 한 사실이 논의의 출발점이다. 농경문화의 생업양식을 중심으로 민족문화의 독창성을 해명하려면, 문화주권론과 함께 생태학적 연구가 필수적이다. 왜냐하면 생업양식을 결정하는 것은 생업기술이나 생산방식이 아니라 자연환경이기 때문이다.

　문화주권론과 문화생태학에 따라 고조선시대의 농경문화 선행성과 중심성을 밝히게 되면, 유목문화 전래설을 극복할 수 있다. 농경문화기원설이 입증되면 자연히 북방문화 전래설이나 시베리아기원설도 극복되기 마련이다. 방법론으로는 전파주의를 비판적으로 극복할 수 있는 대안이 마련되어야 가능한 일이다. 그러므로 민속학에서 제기되었던 신비교주의와 문화생태학을 대안적인 방법으로 주목하되 역사연구로 확장하기 위하여 역사상대주의와 생태주의사학의 관점도 표방하게 될 것이며, 나아가 역사주권주의에 입각한 주권사학도 제기하게 될 것이다.

3. 전파주의 극복의 신비교주의와 문화생태학

　전파론의 세 가지 준거 가운데 하나인 계속의 준거만 하더라도 지리적 인접성과 전파경로의 연속성을 충족시켜야 설득력을 지닌다. 그런데 신라금관이나 암각화의 시베리아기원설은 그런 조건을 전혀 갖추지 못했다. 왜냐하면 시베리아와 한반도 남부 지역 사이에 금관과 암각화가 공백상태이기 때문에 전파론을 설명할 만한 계속의 준거를 갖출 수 없기 때문이다.

　그러나 지리적 인접성을 갖추고 있다고 하여 특정 문화가 이웃 지역이나 국가, 민족에게 전파되는 것도 아니다. 중국의 유교문화는 지리적으로 바다를 사이에 두고 격리되어 있는 한반도에는 크게 영향을 미쳤지만, 오히려 국경을 길게 맞대고 있는 몽골과 러시아에는 전혀 영향을 미치지 못했다. 오히려 몽골은 지리적으로 격리되어 있는 티베트문화를 받아들여 티베트불교 영향권 안에 있다.

이러한 사실은 지리적 인접성에 따른 계속의 준거를 넘어서는 현상이다. 몽골과 티베트는 생태학적으로 유목문화를 누리는 자연환경 조건을 공유하고 있다.[45] 유목문화 지역에는 농경문화를 바탕으로 형성된 유교문화의 전파가 불가능하기 때문이다. 그러나 유라시아 전역의 유목민족들은 국가와 민족을 넘어서 하느님을 텡그리라 할 뿐 아니라, 옹고니즘을 기초로 한 샤머니즘과 영웅서사시 '게세르'를 공유하고 있다.[46] 국가와 민족, 언어가 다른데도 이러한 문화적 동질성을 지닌 것은 유목문화의 생업양식이 같기 때문이다.

생업양식을 결정하는 것은 자연환경이다. 다시 말하면 농경문화와 유목문화는 문화적 선후에 따른 전파의 결과보다 생태학적 조건에 의해 결정된다는 말이다. 따라서 초원지역에 사는 유목민에게는 정착생활을 유도하고 농경문화를 보급해도 적응하지 못해, 다시 유목생활로 되돌아가는 일이 발생한다. 그러므로 문화생태학자 스튜어드(J. H. Steward)는 문화생태학에서 중핵적 문화(core culture)를 생업기술과 환경의 상호관계로 설정하고, 환경 요인에 따른 생업양식을 핵심으로 주목한다.[47]

이제 문화생태학을 배제한 문화의 전파연구는 인정받을 수 없게 되었다. 따라서 그레브너의 세 가지 준거보다 더 중요한 전파론의 원칙으로 '상징적 준거'와[48] '생태학적 준거'가 새로 제시되었다.[49] 특히

---

45) 임재해, 〈단군신화에 갈무리된 문화적 원형과 민족문화의 정체성〉, 《단군학연구》 16, 단군학회, 2007, 340쪽. "몽골의 문화가 티베트의 그것과 상당히 같은 것은 지리적 인접성 때문이 아니라 생태학적 친연성 때문이다."
46) 임재해, 〈고교선본풀이의 '게세르'의 문화적 이길성과 힌몽권계의 겹겹〉, 《比較民俗學》 48, 比較民俗學會, 2012, 127~171쪽 참조.
47) 타나카 지로오, 〈10 생태 인류학〉, 야아베 쓰네오 엮음/이종원 옮김, 《문화를 보는 열다섯 이론》, 인간사랑, 1987, 147쪽.
48) 임재해, 〈민속신앙의 비교연구와 민족문화의 정체성〉, 《比較民俗學》 34, 比較民俗學會, 2007, 550쪽. 선파론의 상징석 준거란 두 문화의 형태가 닮아도 그 상징이 서로 다르면 전파를 인정할 수 없다는 것이다.
49) 임재해, 〈왜 지금 겨레문화의 뿌리를 주목하는가〉, 《比較民俗學》 31, 比較民

상고시대 역사를 해석하는 데, '빙하기'와 같은 자연환경은 결정적이다. 역사적으로 빙하기는 구석기시대와 신석기시대를 나누는 분기점을 이룬다. 지리적 위상에 따른 기후는 문명의 발상지를 결정한다. 북위 40도 이북 지역에서는 빙하기에 사람이 살기 어려웠으며, 고대문명이 발생하지 못했다.

고대문명은 일정한 위도 안에 자리 잡고 있는[50] 온대지역 중심으로 발생했다. 달리 말하면 생업양식이 유목문화가 아니라 농경문화를 중심으로 고대문명이 형성되었다는 말이다. 그러므로 쓴이는 전파론을 넘어선 비교연구를 위해 문화의 생태학적 맥락을 중심으로 신비교주의(new comparativism)를 표방하며, '농경·유목문화 비교모형'으로[51] 농경문화와 유목문화를 문화생태학적으로 해석하는 분석틀을 제시하고 실제 연구를 했다.

신비교주의 방법은 문화의 선후관계나 영향관계에 골몰한 단선적 전파주의를 극복하고, 문화의 복잡성을 맥락적으로 고려하는 총체적 비교연구를 추구한다. 따라서 윌리암 페이든(William E. Paden)은 개별 문화현상의 전파 관계가 아니라, 문화가 놓여 있는 세계의 구조와 기능에 대한 포괄적인 상황을 포착하는 거시적 맥락 속에서 구체적이고 개별적인 문화 현상을 상호 관련성 속에서 해석할 것을 주장하였다.[52]

俗學會, 2006, 210~211쪽 및 〈민속예술 비교연구의 준거와 비교모형 설정〉, 《比較民俗學》 36, 比較民俗學會, 2008, 28~31쪽에서 전파론의 '생태학적 준거'를 제시했다.

50) 신용하, 〈고조선문명 형성의 기반과 한강문화의 세계최초 단립벼 및 콩의 재배 경작〉, 《고조선단군학》 31, 고조선단군학회, 2014, 138쪽. "지구의 북반구에서 초기 작물재배 농경의 경위도상의 최적합지는 북위 35°~38°선 사이로 작물재배학자들에 의해 설명되고 있다."
    愼鏞廈, 《한국민족의 기원과 형성 연구》, 서울대학교출판문화원, 2017, 9~11쪽. 빙하기에 북위 40° 이북에서는 구석기인들의 생존이 불가능했다.

51) 임재해, 〈민속예술 비교연구의 준거와 비교모형 설정〉, 《比較民俗學》 36, 比較民俗學會, 2008, 345~36쪽에 신비교주의에 따른 '농경/유목 문화 비교모형' 논의를 자세하게 했다.

52) William E. Paden. 'Elements of a New Comparativism', *Method & Theory in the Study of Religion*, 8/1. 1965, 7~8쪽 김종서, 〈현대 종교학의 비교방법

이러한 관점을 받아들여 설정한 것이 '농경·유목문화 비교모형'이다.
이 모형의 기저에는 생업양식을 중핵으로 하는 문화생태학적 방법이
자리 잡고 있다.

문화의 요소들을 원자론적으로 비교하는 것이 아니라 총체적 시각
에서 맥락적으로 비교하는 데 가장 중요한 요소가 생업양식이며, 이것
을 결정하는 것이 생태학적 환경이다. 유목문화에서는 식생활과 주생활
이 육식과 이동을 전제로 할 뿐 아니라, 샤먼조차 신이 있는 곳을 찾아
다른 세계로 이동하는 이계 여행굿을 한다. 그러나 농경문화에서는 식
생활과 주생활이 곡채식과 정착을 전제로 이루어질 뿐 아니라, 무당들
은 신을 굿터로 불러오는 내림굿 형식을 취한다. 이러한 두 문화의 대
조적 특성은 서로 다른 생태학적 조건과 생업양식에 의한 것이다.

자연환경과 생업양식의 유기적 관계를 고려하면 초원의 유목지역과
산림의 농경지역 사이의 문화전파 관계를 쉽사리 인정하기 어렵다. 만
일 전파가 가능하다면 몇 가지 의문을 제기할 수 있다. 유목문화 중심
부인 북방의 초원지역에서 남방의 산림지역으로[53] 유목문화가 전래될
수 있는가? 산림지역은 유목생활보다 수렵채취 생활과 농경생활이 더
경제적 생산성을 지닌 까닭에 굳이 유목생활을 받아들일 필요가 없다.
그러므로 고대 세계사에서 유목문화가 농경지역에 전파된 사례가 없다.

유목문화 다음 단계는 농경문화로 나아가야 할 것인데, 왜 시베리아
와 몽골, 중앙아시아 초원지역에는 아직도 유목문화가 지속되고 있는
가? 왜 농경문화는 이 지역에 전파되지 않을까? 초원지역에는 농경생
활이 불가능하므로 유목생활을 지속할 수밖에 없다. 초원에는 기후가
낮아 식물 생산량이 아주 낮아 농사를 지을 수 없다. 따라서 이 지역
주민들은 파서처럼 가축을 몰고 이동생활을 할 수밖에 없다.[54] 그러므

론),《철학사상》16권 6호, 2003, 20쪽에서 참조.
53) 산림지역은 초원지역과 대조적으로 온대지역을 일컫는 뜻으로 사용한다. 초
    원지역이 넓은 평원을 중심으로 광활한 풀밭을 이루는 북부 한대지역에 해
    당된다면, 산림지역은 높고 낮은 산지를 중심으로 우거진 숲을 이루는 중부
    온대지역을 생태학적 식생에 따라 일컫는 말이다.

로 초원지역에는 생태학적으로 농경문화가 전파될 수 없는 것이다.

전파주의는 문화의 발전 단계가 높은 곳에서 낮은 곳으로 확산된다는 것이 전제인데, 왜 초원의 유목지역에는 산림지역의 농경문화가 전파되지 않는가. 더군다나 유목문화의 영향을 받아 성립된 한민족 문화는 농경문화를 거쳐 이미 산업문화로 도약하고 있는데, 왜 시베리아와 몽골의 초원지역에는 여전히 유목문화가 지속되고 있는가. 시베리아 유목문화는 한반도로 전파될 수 있어도, 한반도의 농경문화는 아무리 수준 높은 문화라도 북방지역으로 전파될 수 없는가.

시베리아 유목문화와 암각화는 몽골을 거쳐 한반도 남부지역까지 전래해 왔는데, 한반도의 농경문화는 왜 몽골을 거쳐 시베리아지역에 전파되지 않는가. 전파론적 전제인 문화의 선후와 우열을 고려할 때, 발전된 한반도의 농경문화는 북방의 초원지역으로 전파되어야 마땅하다. 그러나 전파주의를 우상화하고 있는 학자들 누구도 한반도 농경문화의 북방지역 전파 가능성에 대한 연구는 물론, 아예 관심조차 기울이지 않고 있다.

왜냐하면 한반도문화는 으레 전래되었다는 종속적 전파주의에 매몰된 탓도 있지만, 실제 문화현상을 두고 볼 때도 초원지역 문화를 농경문화 전파론으로 해명할 수 없기 때문이다. 북방 초원지역에는 여전히 유목문화가 주류를 이룰 뿐 아니라 앞으로도 농경문화가 자리잡기 힘든 상황이다. 생태학적으로 산림지대에 유목문화가 적절하지 않은 것처럼, 초원지대에는 농경문화가 적절하지 않아서 구조적으로 전파가 불가능하다. 그럼에도 자문화의 자생성과 전파 문제는 외면한 채, 시베리아기원설과 유목문화 전래설만 복창하는 것은 식민사관에 포섭된 상황이다.

문화생태학적으로 시베리아 초원지역에는 유목생활이 최선의 생업양식인 것처럼, 산림지역에서는 농경생활이 최선의 생업양식이다. 따라

---

54) 브라이언 페이건 지음/남경태 옮김, 《기후, 문명의 지도를 바꾸다》, 예지, 2007, 60쪽.

서 농경생활을 바탕으로 형성된 우리문화의 기원을 생업양식과 자연환
경이 전혀 다른 시베리아 초원의 유목문화에서 찾는 것은 자가당착이
다. 그러므로 이러한 상투적 기원설과 전래설의 문제를 비판적으로 극
복하고, 농경문화의 자취를 찾아 단군조선 이전의 신시시대까지 거슬
러 올라감으로써, 유목문화 전래설이 아니라 농경문화 자생설을 입증
하려는 것이다. 그러자면 문화생태학적 시각은 물론 문화주권론과 함
께 학문주권론에[55] 관한 논의도 진전시킬 필요가 있다.

4. 학문주권과 함께 가는 역사주권의식의 확립

시베리아기원설은 일본제국주의 학자들이 주입한 식민사학의 잔재
이다. 왜냐하면 이 기원설은 민족문화의 독자성을 부정하고 민족적 창
조력을 인정하지 않을 뿐 아니라, 역사적 사실에 근거한 주장도 아닌
까닭이다. 더 중요한 사실은 농경문화를 토대로 하지 않은 고대문명은
역사적으로 존재하지 않은 점이다. 인류역사의 초기 독립문명은 모두
농작물의 재배가 일정한 단계로 발전한 농경기술과 그에 따른 식생활
의 유형에 의해 결정되었다.[56]

메소포타미아문명과 이집트문명은 밀을 재배하여 빵을 주식으로 하
는 문화유형을 형성하였고, 인도문명은 장립벼(長粒稻, indica, javanica)
를 재배하여 쌀밥을 주식으로, 고중국문명은 단립벼(短粒稻, japonica)와
장립벼를 재배하여 밥과 국수를 주식으로, 마야문명은 옥수수를 재배

55) 임재해, 〈21세기 구비문학, 우리 자료와 이론에 의한 학문주권〉, 《韓民族
語文學》 38, 韓民族語文學會, 2001, 99~136쪽에서 학문주권 문제를 처음
제기했다.

56) Peter Bellwood, *First Farmers, The Origins of Agricultural Societies,* Blackwell,
2005, 신용하, 〈고조선문명 형성의 기반과 한강문화의 세계최초 단립벼 및
콩의 재배 경작〉, 《고조선단군학》 31, 고조선단군학회, 2014, 128쪽에서 참고.

하여 옥수수를 주식으로 하는 문화유형을 형성하였다.[57] 문화생태학에서 가장 중요하게 여기는 중핵문화가 생업양식인 것처럼, 고대문명은 한결같이 농경문화의 발전과 수준에 따라 성립되었다. 그러므로 고조선문명의 성립을 가능하게 한 생업양식으로 농경생활을 주목하지 않을 수 없다.

그러나 유목문화기원설 추종자들은 고조선시대 농경문화를 다룬 연구성과를[58] 의도적으로 외면하는가 하면, 고조선의 농경문화 발표에 대하여 과도한 비판을 하여 문제되기도 했다.[59] 이러한 현상은 자민족의 역사와 문화를 자기 눈으로 읽지 못하고 자기 논리로 해석하지 못하는 까닭이다. 제국주의 학문에 스스로 복속하는 식민지 지식인의 전형적 한계라 할 수 있다. 자기 주장과 논리는 없고 강자의 말과 생각을 빌어 와서 아는 체 하는 것이 식민지 지식인의 한 초상이다.

이제 외국 지식으로 아는 체하는 시대는 지났다. 남의 학설을 끌어와 행세하는 종속적인 학문활동을 비판적으로 극복해야 학문주권이 확보된다. 독서 수준의 번안학문을 두고 종속주의나 인용주의 학문으로 비판해도[60] 상황이 바뀌지 않는 까닭에, 민족의 역사주권이나 문화주권 확립은커녕 학문주권까지 상실한 상황이 지속되고 있다. 이런 폐단을 극복하려면, 관념적 학술용어보다 누구나 실감할 수 있는 일상용어로 문제 삼는 것이 더 효과적이다.

---

57) 신용하, 위의 글, 128~129쪽.
58) 尹乃鉉, 〈古朝鮮의 經濟的 基盤〉, 《白山學報》 41, 白山學會, 1993 및 윤내현, 《고조선 연구》, 一志社, 1994, 555~622쪽에서 정착생활과 농경문화에 대하여 자세하게 다루었다.
59) 임재해, 〈단군신화에 갈무리된 문화적 원형과 민족문화의 정체성〉, 《단군학연구》 16, 단군학회, 2007, 단군학회 제43차 학술대회(동북아역사재단, 2007년 6월 2일)에서 이 논문을 발표할 때 토론자 설중환 교수는 한국문화는 근본적으로 유목민의 전통을 지니고 중국문화는 근본적으로 농경민족의 전통을 지녔다고 주장하는 지정토론을 하는 바람에 종합토론 시간에 매우 격렬한 논쟁을 벌이게 되었다. 자세한 토론 내용은 위의 글, 338쪽 각주 70) 참조.
60) 임재해, 〈민속학에서 본 민족주의와 문화 정체성을 넘어선 생태주의〉, 《한민족연구》 9, 한민족학회, 2010, 31~82쪽 참조.

자기 학설을 주장하는 독창적인 학문을 '햇빛학문'으로, 남의 학설을 따르는 종속적인 번안학문을 '달빛학문'으로 일컬어 그 차별성을 대조적으로 은유하면 문제적 상황이 쉽게 포착된다. 달빛학문은 햇빛학문을 반사하는 학문으로서 햇빛이 없으면 그 자체로 학문의 빛을 발하지 못한다. 학문이 독창성을 추구하는 학술활동이라면 당연히 스스로 빛을 발할 수 있는 햇빛학문을 추구해야 달빛학문의 한계를 극복할 수 있다.[61]

그러나 이러한 은유도 대조적 효과는 있지만, 비판적 자극을 주는데는 한참 모자란다. 더 충격적 자극이 필요하다. 민중들이 생활세계에서 쓰고 있는 일상용어를 끌어오는 것이 더 효과적이다. 스스로 일을 하여 얻는 것을 '벌다'고 하는 반면에, 남의 것을 구걸하여 얻는 것을 '빌다'고 한다. '벌어들이는 일'은 자력적이고 생산적이며 창조적인 것이지만, '빌어오는 일'은 타력적이고 소비적이며 모방적인 것이다. 학문활동도 벌어먹는 학문과 빌어먹는 학문이 있다.

> 남의 것을 빌어와 말하는 데 머물지 않고, 아예 그렇게 해서 먹고 사는 경우를 민중의 생활세계에서는 '빌어먹는다'고 한다. 직업적인 학자가 수입학으로 살아가는 것을 민중의 언어생활에 맞게 민속적으로 자리매김하면 '빌어먹는 학문'이라 일컬어 마땅하다. '빌어먹는 학문'으로 후학을 가르치면 결국 '빌어먹을 학자'를 양산하게 되고, 우리 학문의 앞날을 '빌어먹을 학문'으로 퇴행시키게 마련이다. 다소 거칠게 들리지만, 민중의 생활말에 따라 민속적으로 표현하니 종속적 식민주의 학문의 진상이 더 실감나게 포착된다.[62]

빌어먹는 학문은 사실상 지식 구걸에 지나지 않는다. 남의 지식을 빌어 와서는 결코 창조적 학문을 할 수 없다. 스스로 자료를 수집하고

61) 임재해, 〈세계화 시대 한국 민속학의 현실적 과제와 자각적 전망〉, 《比較民俗學》 50, 比較民俗學會, 2013, 168쪽.
62) 임재해, 〈민속학의 생활사료 인식과 역사학의 통섭〉, 《韓國民俗學》 61, 한국민속학회, 2015, 18쪽.

연구방법을 개척하여 자력적인 해석을 할 때, 독창적인 학문으로서 '벌어먹는 학문'을 할 수 있다. '빌어먹는 학문'에 맞서서 '벌어먹는 학문'을 실천하고 학문 후속세대를 길러내는 데 힘써야, 벌어먹을 학문을 하는 학자들이 양성되어 우리 학문이 국제학계에 뿌리를 내리고 미래 학문을 개척할 수 있다.

빌어먹는 학문으로 우리 문화를 보면, 우리 문화도 빌어온 것으로 엉뚱하게 읽는다. 서구 전파론의 아류인 일본학자들의 도래설(渡來說)을63) 빌어와서 민족문화 전래설을 펴는 것이 보기이다. 민족문화 자생설보다 문화전래설에 골몰하는 것은 연구자의 시각도 자의식의 투사로 형성되는 까닭이다. 따라서 자기 학문의 독창성을 확보하지 못한 이들일수록 자문화의 독자성에 눈이 멀기 마련이다. 빌어먹는 학문을 하는 이는 문화도 남에게서 빌어온 것으로 생각할 수밖에 없다. 그러므로 학문주권을 상실하면 문화주권까지 상실하게 된다는 자각이 필요하다.

일제강점기에 친일행각을 한 사람은 식민사학에 빠지게 마련이지만, 민족의 자주독립을 위해 실천한 사람들은 민족사학을 수립하고 식민사학에 맞서서 자주적인 학문을 추구했다. 단재 신채호의 사학이 그러한 보기의 모범이다. 양심적인 학자들은 일제강점기에 식민사학을 했더라도 해방 후에는 민족사학을 표방했다. 식민사학에 기울어졌던 손진태는 해방 후에 민족주의 사학을 적극 표방했다. 그런데 해방 후 아무도 강요하지 않는 상황이지만 여전히 식민사학에 복무하는 이들이 있다.

문제는 스스로 식민사학의 아류 노릇을 한다는 사실조차 알지 못한 채, 한물간 전파주의에 의존하여 한국문화의 독창성을 부정하고 있는 점이다. 식민사학의 논리인 전래설에 매몰되어, 우리 문화는 으레 북방

---

63) 섬나라 일본은 대륙문화가 전래되는 경우에 반드시 바다를 건너는 까닭에 '도래설'을 펴는데, 이 사정을 모르는 사람들은 북방문화 전래를 주장하면서 일본식으로 '도래설'을 말하기도 한다. 도래설이란 말은, '외국여행'을 '해외여행'이라고 하는 섬나라 말을 따라 쓰는 것과 같다.

문화에서 비롯된 것으로 해석함으로써, 민족적 창조력과 문화주권을 부정하는 것은 물론, 민족사조차 북방민족의 역사에 고스란히 가져다 바치는 일을 답습하고 있다.

실증사학을 표방하며 전래설에 빠져 있는 것은 실증주의와 전파주의를 혼동하는 것이 아니라, 이론과 논리를 의도적으로 조작하는 셈이다. 근거 없는 전래설을 동어반복하는 것은 전파주의를 알지 못한 탓이 아니라 진실을 왜곡하는 일이다. 더 문제는 실증주의를 말함으로써, 자기 해석이 실증성을 가지는 것처럼 위장하는 점이다. 식민사학은 실증주의 가면을 쓰고 부당하게 민족사학을 핍박하며 국수주의 혐의까지 덮어씌우기 일쑤이다.

더 심각한 문제는 식민사학자들이 잃어버린 역사를 되찾고 잊어버린 역사를 분명하게 밝히는 역사학을 하는 것이 아니라, 살아 있는 역사를 삭제하고 분명한 역사를 애매모호하게 덧칠하는 역사학을 한다는 것이다. 나는 이러한 역사학을 '반역사학(反歷史學)'이라[64] 일컫는다. 왜냐하면 역사학의 목적에 반하는 일을 하기 때문이다.

5. 탈근대사학의 상상력과 민족주권주의 모색

일부 지식인들은 세계화와 문화교류, 실증주의, 다문화주의 등의 담론들을 이용하여 민족주의를 불온한 것으로 만들고 있다. 부르디외 (Pierre Bourdieu)는 "문화제국주의에 동조하는 지식인들"이 "거의 모든 담론에서 미국식 수사법을 그대로 동원해 세상을 분석하려 든다."고[65]

---

64) 임재해, 《고조선문화의 높이와 깊이》, 1쪽. "역사학의 목적과 거꾸로, 살아 있는 역사를 삭제하는" 것을 '반역사학'이라 했다.

65) 피에르 부르디외, 〈진리를 조작하는 지식인들〉, 《르몽드 인문학》, 휴먼큐브, 2014, 286쪽에서 부르디외는 지식인들이 애매한 표현과 그럴듯한 전문용어의

비판한다. 제국주의자들에게 민족주의는 반역이다. 문화제국을 꿈꾸는 미국의 보수 지식인들에게 민족주의는 장애물일 따름이다. 그러므로 일부 학자들은 민족주의를 비판하는 것은 물론, 아예 민족 자체를 역사적 실체로 인정하지 않기 위하여 상상된 공동체로 주장하기까지 한다.

베네딕트 앤더슨(Benedict Anderson)이 쓴 《상상의 공동체》[66] 이후, 민족주의는 설 자리를 잃게 되었다. 민족은 객관적 실체가 아닌 상상의 공동체로서 정치적 이데올로기를 조장한다는 주장에 따라, 학계에서는 민족주의를 기피할 뿐 아니라, 고대사연구를 거부하는 경향까지 조성되었다. 이러한 경향 역시 서구 학설을 맹목적으로 수용하고 우상화하는 역기능 탓이다. 그러므로 '상상'과 '민족' 문제를 함께 다루고 재인식하지 않으면, 앤더슨류의 부정적 민족론을 일반화하여 자국사와 자민족 문화에 대한 편견에서 해방될 수 없다.

민족주의(nationalism)를[67] 정확하게 이해하려면 국가주의 또는 국민주의로 바꾸어 놓는 것이 바람직하다. 번역대로 민족주의로 일컫게 되더라도, 민족주의를 객관적으로 보려고 하는 학자는 앤더슨의 저서 제목부터 《상상된 공동체》(Imagined Communities)로[68] 다시 번역해야 한다고 본다.[69] 그러나 상상의 공동체든 상상된 공동체든 국가나 민족

수사법으로 여론을 조작하고 사실을 왜곡하는 일을 '노블랑그(Novlangue)'라고 하였다. 노블랑그는 조지 오웰의 소설 《1984》에 나오는 조어이다.

66) 베네딕트 앤더슨 지음/윤형숙 옮김, 《상상의 공동체》, 나남출판, 2002.

67) 민족주의에 대한 혼란은 서구 근대주의의 산물인 국민국가주의를 나타내는 nationalism을 민족주의로 번역해서 쓰는 데서 비롯되었다. 일본이 nation을 민족 또는 국가로 이중번역을 하고 그 일본식 용어인 '민족'을 우리 학계가 따라 쓴 데서 '민족'에 대한 문제의식이 빗나가기 시작했다. 국가의 구성원을 나타내는 국민이라는 말과 다른, '민족' 개념을 나타내는 우리말에는 '겨레'라는 말이 있으므로, 민족주의를 국가주의와 혼동하지 않기 위해서 '겨레'라는 말을 살려서 쓸 필요가 있다. 국가와 민족이 아니라 '나라'와 '겨레'라는 우리말 용어가 더 변별력이 있는 까닭이다.

68) Benedict Anderson, *Imagined Communities: Reflection on the Origin and Spread of Nationalism*, London: Verso, 2006.

69) 라디카 데싸이 지음/정은귀 옮김, 〈베네딕트 앤더슨이 놓친 것과 얻은 것 — 《상상의 공동체》에 대한 비판적 검토〉, 《창작과비평》 145호, 2009년 가을호, 397쪽, 각주 1) 참조.

에 대한 '상상'을 부정적으로 보는 사유 자체가 편견이다. 상상력의 산물을 실체에 견주어 부정적인 것으로 평가하는 한 민족이나 국가에 대한 편견을 바로잡을 수 없다. 그러므로 상상에 대한 편견부터 바로잡을 필요가 있다.

왜냐하면 역사학에서도 상상된 역사를 주목하고, 상상력이 발휘되는 역사연구를 하는 것이 근대사학을 극복하는 방법으로 제기되고 있기 때문이다. 근대 역사학은 실증사학에 따라 연구의 과학성 확보에 진력했다.[70] 그 결과 한국 근대사학은 실증주의와 일제 식민사관이 만나서 한국 고대사를 부정하는 데 앞장섰다. 앤더슨의 견해와 무관하게, 고대 민족국가는 상상된 것이자 '만들어진 신화'라는 주장이 휩쓸던 시기였다.

탈근대(post modernism)를 지향하는 새 역사학은 역사가 과학적 서술이어야 한다는 고정관념을 무너뜨리는 데서부터 출발한다. 사우스게이트(Beverlery Southgate)는 근대 역사학의 기본 가정인 과학적 탐구를 비판하는 데서, 탈근대 역사학의 도전이 시작된다고 했다. 다시 말하면 '역사학은 인문학적 이상에서 출발했으나, 근대 역사학이 과학적 탐구를 채택함으로써 인문학의 특성인 상상력이 배제되었다'는 것이다. 그러므로 '상상력을 배제하고 이성의 논리만 앞세우는' 근대성을 탈피해야, 인문학적 상상력을 회복하는 새 역사학을 개척하고, 기존 역사학에 맞서는 탈근대 역사학의[71] 길이 열린다.

근대적 역사관에 따라 객관성과 절대적 실재를 추구하는 과학적 이성주의에 안주하기를 포기하고 새로운 인문학문으로서 거듭 태어나는 역사학

---

70) 김기봉, 〈포스트모던 시대에서 역사란 무엇인가〉, 《포스트모더니즘과 역사학》, 푸른역사, 2008(2판), 49쪽, "근대 역사학의 화두는 역사 인식의 과학성을 어떤 방식으로 확보할 수 있는가의 문제로 귀결되었다."
71) Beverlery Southgate, *History, What and Why, London*, London 1996, 109~102쪽. 임상우, 〈포스트모더니즘과 당혹스런 역사학〉, 김기봉 외, 《포스트모더니즘과 역사학》, 푸른역사, 2008년 2판, 68쪽에서 참조.

은 상상력의 과학을 표방한다.[72] 탈근대 학문은 과학적 전통을 부정하고 객관적 실체를 인정하지 않는다. 다양한 해석과 이야기의 서사일 따름이다. 따라서 탈근대 학문에서는 과학적 논증과 문학적 상상력을 두고 객관적 사실을 준거로 편 가르기를 하지 않는다. 왜냐하면 사실이라고 하는 것조차 사실은 상상된 것이라고 여기는 까닭이다.[73]

따라서 우리가 걱정해야 할 것은 상상력의 발휘가 아니라 오히려 상상력의 빈곤이다. 상상력의 진정한 가치를 아는 사람은 상상력이야 말로 창조력이라고 여길 뿐 아니라, 역사학의 미래 가치이자 인문학문의 무한 자산이라 생각한다. 따라서 미래의 문맹자는 글을 읽지 못하거나 이미지를 이해하지 못하는 사람이 아니라, 상상할 줄 모르는 사람이다. 그러므로 진중권은 '21세기에는 아는 것이 힘이 아니라 상상하는 것이 힘'이라고[74] 주장한다.

위약효과(placebo effect)를 처음 발견한 프랑스의 심리치료사 에밀 쿠에(Emile Coue)는 '상상력이 의지보다 훨씬 강하다'는 사실을 밝혀냈다.[75] 자기가 먹는 약이 실제 치료와 아무런 관계가 없는 약이지만, 병을 낫게 하는 치료약이라는 상상을 하게 됨으로써 실제로 병이 치료된다는 사실을 알아냈다. 약이 병을 낫게 하는 객관적 실체가 아니라, 병을 낫게 한다는 상상력이 객관적 실체 구실을 하는 것이다. 약효를 지닌 약이 아니라 약효 없는 약에 약효의 의미를 부여하는 상상력이야 말로 과학적 치유의 효과적 방법이다.

따라서 민족을 상상된 공동체로 간주하고 만들어진 허상으로 간주하는 것은 재고되어야 마땅하다. 상상된 것이기 때문에 오히려 더 의미가 있다는 사실을 자각해야 한다. 사학자 유발 하라리(Yuval N.

---

72) 임상우, 〈포스트모더니즘과 당혹스러운 역사학〉, 《포스트모더니즘과 역사학》, 푸른역사, 2008년 2판, 74~76쪽.
73) 임재해, 〈민속학에서 본 민족주의와 문화 정체성을 넘어선 생태주의〉, 《한민족연구》 9, 한민족학회, 2010, 55쪽.
74) 진중권, 《놀이와 예술, 그리고 상상력》, 휴머니스트, 2005.
75) 김학군, 〈우리 사회의 상상력 빈곤〉, 경향신문, 2009년 12월 19일자, 13면.

Harari)는 국가도 상상의 산물이라 생각한다. 그것은 국가의 실재를 부정하기 위한 것이 아니라, 국가의 존재양식을 설명하기 위한 것이다. 왜냐하면 국가란 나무와 바위, 산, 바다와 같은 실체가 아니라, '상상의 질서'에[76] 따라 실재하는 것이되 실체보다 더 위력적인 까닭이다.

"한때 소련은 인류 전체를 파괴할 수 있는 권력"을 지닌 거대 규모의 국가였지만, "펜 놀림 한 번으로 사라졌다."[77] 1991년 12월 8일 러시아와 우크라이나, 벨라루스의 지도자들이 벨라베자 조약에 서명함으로써 소련은 사라진 것이다. 1922년 소련이 구성될 때에도 같은 방식으로 연방조약에 서명함으로써 세계사에 등장했다. 소련의 출현과 소멸은 과학적 실체와 무관하게 '상상의 질서'에 따라 이루어진 것이다. 그러므로 상상된 공동체라 하여 마치 민족을 허상인 것처럼 은유하거나 인식하는 것은 명백한 오류이다.

따라서 민족을 실체 없는 '상상의 공동체'로 간주한 앤더슨의 민족주의 비판은 반론에 직면할 수밖에 없다. "신자유주의가 제3세계 민족들의 독립이 그간 거둔 성과를 무효화하는 와중"에, 다시 말하면 서구 제국들이 제3세계를 경제적으로 재식민화하고 문화적으로 종속화하는 심각한 상황에서, 앤더슨은 "학문을 탈정치화하고 민족주의를 가당치 않은 문화적 박식의 일부로 만듦으로써 학문의 우경화에 일조"했다는[78] 비판이다. 앤더슨의 《상상의 공동체》에 대한 정치학자 라디카 데싸이(Radhika Desai) 교수의 비판을 요약하면 아래와 같다.

이 지점에서 《상상의 공동체》가 누린 인기를 다시 점검할 필요가 있다. 이 책의 인기 일부는 시장체제와 자본주의의 해악을 막으려는 민족적 사회적 시도들과 상반되는 지점에 있는 신자유주의와 그 파생물인 지구화의 체제 속에서 얻어진 것이다. 따라서 가장 얄궂은 일은 "진보정치가 계급뿐 아니라 민족문제를 중심으로 신자유주의에 반격할 필요가 절실한 바로

---

76) 유발 하라리 지음/김명주 옮김, 《호모데우스》, 김영사, 2017, 203쪽.
77) 유발 하라리 지음/김명주 옮김, 같은 책, 206쪽.
78) 라디카 데싸이 지음/정은귀 옮김, 같은 글, 422쪽.

그 중요한 역사적 순간에, 민족주의 연구를 그 어느 때보다 더 유럽중심
적인 것으로 만들고 민족주의를 서구의 구성물로 규정해 그 정통성을 앗
아간 점"이라는[79] 것이다.[80]

민족주의는 나라마다 개념도 다르고 방향성과 절실성도 다르며 국
민들에게 영향을 미치는 기능도 다르다. 강대국의 민족주의는 사실상
제국주의나 다름없지만, 약소국의 민족주의는 민족자립을 추구하는 민
족주권주의이다. 강대국의 패권적 민족주의와 약소국의 주권적 민족주
의를 동일시하는 것만큼 위험한 일이 없다. 그것은 호남의 주권적 지
역주의를 영남의 패권적 지역주의와 같이 비판하는 것과 같은 오류이
다. 따라서 지역주권주의와 지역패권주의를 구별해야 하는 것처럼, 민
족주의도 민족주권주의와 민족패권주의를 구별해서 인식해야 한다. 그
러므로 제국주의에 맞서는 주권적 민족주의는 계속해서 추구해야 할
가치이다.

6. 서구 중심의 민족주의 비판과 역사주권주의

'중화주의'가 중국 중심의 패권적 민족주의라면, 홍익인간주의는 모
든 민족이 대등하게 주권을 누릴 수 있는 호혜적 민족주의이다. 더군
다나 제국주의 또는 식민주의에 대해서 침묵하면서 민족주의에 대해서
날을 세우는 것은 민족주권주의를 위협하는 제국주의를 옹호하는 결과
에 이른다. 왜냐하면 제국주의는 가만 두고 거기에 맞서는 민족주의만
쥐어박고 있기 때문이다.

홉스봄(E. J. Hobsbawm)이 유럽의 민족주의에 관한 책 서두에서

---

79) 라디카 데싸이 지음/정은귀 옮김, 위와 같은 곳.
80) 임재해, 앞의 글, 52쪽.

"역사가들이 민족주의와 맺는 관계는 파키스탄의 아편 재배자들이 헤로인 중독자와 맺는 관계와 같다"고[81] 하면서 역사가들의 민족주의를 비판했다. 그러나 나는 홉스봄의 문장을 다음과 같이 패러디하고 싶다. "역사가들이 제국주의와 맺는 관계는 미국 무기산업자들이 지구촌 무법자 IS(이슬람 수니파 무장단체) 조직과 맺는 관계와 같다."

이처럼 역사가들이 민족주의보다 제국주의와 맺는 관계가 더 심각하다. 왜냐하면 민족주의에 따른 폐단보다 제국주의에 따른 폐단이 더 크기 때문이다. 패권적 민족주의가 극단화된 것이 제국주의이다. 그러나 주권적 민족주의에는 자주적 민족주권을 추구하는 약소국들의 바람직한 가치와 독립의 열망이 절실하게 자리잡고 있다. 그러므로 식민지배를 받고 있는 민족에게는 민족주의가 최상의 민족가치이자 최고의 민족철학이다.

착한 민족주의는 있어도 착한 제국주의란 존재하지 않는다. 제국주의는 다른 국가와 민족을 지배하는 식민주의를 필연적으로 겸하는 까닭에 인간의 얼굴을 하고 있지 않다. 그러나 약소국가의 민족주의는 강대국의 제국주의 패권에 맞서는 주권주의이다. 더군다나 민족 개념은 상상된 것이자 최근에 형성된 것이라는 주장도 서구역사에 한정된 것으로서 세계사로 확대하여 일반화할 수 없다. 왜냐하면 민족이 근대 자본주의 성립의 결과로 최근에 형성된 근대국가의 산물인 것처럼 규정하는 것은 서구 사회학계의 편견이기 때문이다.[82]

실제로 유럽의 여러 국가나 미국은 근대에 이르러서 '민족' 개념이 성립되었다. 민족이 근대에 형성되었다는 이론은 유럽처럼 중세를 지

---

81) E. J. Hobsbawm, "Ethnicity and Nationalism in Europe Today", *Mapping the Nation*, ed. Gopal Balakrishnan, Verso, 255. 김인중, 《민족주의와 역사》, 아카넷, 2014, 13쪽에서 재인용.

82) 愼鏞廈, 〈민족 형성의 이론〉, 《民族理論》, 文學과知性社, 1985, 15쪽. 서구 사회학 이론의 모든 학파가 설정하는 민족(nation) 개념을 보면, "민족은 근대에 형성된 인간 집단의 역사적 범주"이다. 그러나 나라에 따라서는 근대 이전에 형성된 사례가 얼마든지 있다.

방 분권의 봉건사회 형태로 경험한 지역과 국가에만 해당되는 이론이어서, 우리 민족을 비롯하여 고대에 이미 중앙집권적 국가와 민족을 형성한 경우에는 이러한 이론이 맞지 않다.

> 한국을 비롯하여 중국·일본·인도 등 동남아 제민족, 터키·이란·이집트 등 아랍 제민족, 이디오피아 등과 같이 유구한 문명의 역사를 갖고 고대나 중세에 통일 국가를 장기간 이룩한 곳에서 '민족'은 근대 이전의 '전근대'에 이미 형성된 것이 역사적 사회적 사실이었다.[83]

특히 한국은 고대부터 '민족' 개념이 성립되어 있었다. 한국처럼 유구한 문명을 지닌 민족들은 근대 이전부터 민족이 존재한 까닭이다. 따라서 서구적 구성물인 앤더슨의 민족(nation)은 상상된 공동체일 수 있다. 그러므로 앤더슨의 서구주의적 주장을 일반화하는 것이야말로 실상과 다른 허구적 상상물일 따름이다.

중요한 것은 상상인가 아닌가 하는 것이 아니라 어떤 상상인가 하는 것이다. 근거를 갖추지 못한 상상은 헛된 상상일 수 있다. 헛된 상상은 공동체를 해체하는 역기능을 발휘하나, 근거를 갖춘 상상은 공동체를 구성하고 공동체의식을 확보해주는 구실을 한다. 왜냐하면 상상되지 않는 민족은 객관적 실체로 존재해도 사실상 없는 것이나 다름없기 때문이다.

상상은 존재감을 확인하는 가장 중요한 기제이다. 모든 존재는 상상의 범주 안에서만 실재하는 것으로 인정된다. 따라서 실제 세계와 상상의 세계는 상호의존하면서 우리의 세계를 떠받들고 있는 두 기둥이다. 상상이 곧 실재라 하더라도 실제 세계를 상상하는 것과 없는 세계를 상상하는 것은 전혀 다른 차원이다. 그러므로 서구 중심의 근대 국가 민족 형성론은 실제 세계의 여러 민족 유형 가운데 하나일 따름

---

83) 愼鏞廈, 위의 글, 17쪽. '장기간 통일국가를 이룬 나라에서는 민족이 고대나 중세에 이미 형성된 것이 역사적 사실이다.'

이라는 사실을 알아차릴 필요가 있다.

> 제 1 유형 : 부족 → 선민족 → 전근대 민족 → 근대 민족
> 제 2 유형 : 부족 → 선민족 → 근대 민족
> 제 3 유형 : 부족 → 이주민 → 근대 민족
> 제 4 유형 : 이주민 → 근대 민족
> 제 5 유형 : 부족 → 선민족 → 신민족[84]

한국 민족은 제1유형에 속한다. 제2유형은 고대에 분권적 도시국가와 중세에 지방분권적 봉건체제를 장기간 경험한 유럽의 민족들이다. 제3유형은 이주민으로 근대 민족을 형성한 국가에 해당한다. 미국을 비롯하여 캐나다와 오스트레일리아, 뉴질랜드 등의 백인민족들로서, 제2유형과 함께 모두 근대국가에 해당된다. 그러나 아프리카와 남태평양의 섬들에 사는 신생 독립국가들의 원주민들은 아직 민족국가를 형성하지 못하고 소수민족 중심 체제를 이어가고 있다.[85] 그들에겐 아직 상상된 공동체로서 민족 인식조차 형성되지 못한 상태이다.

따라서 한국처럼 고대에 이미 민족이 형성된 경우가 있는가 하면, 근대국가는커녕 현대국가에서도 민족 개념이 형성되지 않은 경우가 있다. 아프리카나 남아메리카 소수민족들은 그들의 종족사회, 곧 마을 수준의 공동체가 사실상 국가이자 세계이다. 국민국가에 소속되어 있는 국민으로서 살아가는 것이 아니라 종족집단(ethnos)으로 생활세계를 이루기 때문에, 종족마다 서로 언어도 다르고 문화도 다르며 세계관도 다르다. 종족집단은 특정 국가에 소속되어 있지만, 국민으로서 동질성은 거의 가지고 있지 않으며 국가에 대한 소속감이나 국민국가와 같은 민족의식도 없다.

서구 근대국가의 사례를 중심으로 민족을 상상된 공동체로 논하는

---

84) 慎鏞廈, 같은 책, 56~57쪽.
85) 慎鏞廈, 같은 책, 57~58쪽 참조.

것은 유용하다. 그러나 역사적으로 전혀 다른 민족국가에도 일반화하는 것은 문제이다. 서구 중심의 민족 개념으로 한국사회의 민족주의를 비판하는 역사적 사실과 어긋나는 까닭이다. 따라서 한국과 같은 민족국가에서는 앤더슨의 탈민족주의 논리에 흔들릴 필요가 없다. 그러한 논리에 휘말려서 민족주의를 부정하는 것이야말로 식민사학에 이바지하는 일이자, 제국주의 학문에 영합하여 학문주권과 함께 역사주권도 잃어버리는 일이다. 그러므로 이러한 학계의 풍조에 맞서서 학문주권과[86] 함께 문화주권론을[87] 펼치면서 역사주권주의를 새삼 제기하는 것이다.

7. 문화주권과 학문주권에 따른 생태사학 인식

모든 사람들이 기본권을 타고 난 것처럼, 자기가 누려야 할 문화를 생산할 수 있는 문화생산 주권도 대등하게 타고났다. 따라서 특정 민족만이 문화를 생산할 수 있다는 편견은 문화 제국주의적 발상에 지나지 않는다. 문화주권론의 시각으로 보면, 모든 민족과 공동체는 스스로 필요한 문화를 생산하고 필요에 맞게 변화 발전시키며 필요한 수준으로 누릴 수 있는 능력을 갖추고 있다. 그러므로 기본권처럼 문화주권도 천부적인 권리이다.

만일 인간의 문화주권을 배제한다면, 그것은 인간을 짐승으로 간주하는 것과 같은 심각한 차별이다. 왜냐하면 인간은 스스로 문화를 생산하고 전승하는 주체이자, 문화를 자유롭게 누릴 수 있는 주체이기

---

86) 임재해, 〈21세기 구비문학, 우리 자료와 이론에 의한 학문주권〉, 《韓民族語文學》 38, 韓民族語文學會, 2001, 99~136쪽에서 제기한 학문주권론 참조.
87) 임재해, 〈민속문화의 공유가치와 문화주권〉, 《韓國民俗學》 40, 한국민속학회, 2004, 109~178쪽에서 공식적으로 문화주권을 논제로 다루었으나, 그 이전부터 문화주권을 여러 모로 제기했다.

때문이다. 슬기로운 인간, 공작하는 인간, 놀이하는 인간의 갈래별 인식보다 중요한 것이 '문화를 누리는 인간' 또는 '문화생활을 하는 인간'의 인식이다. 따라서 문명인에 대하여 미개인은 있을 수 있지만, 문화가 없는 야만인은 존재하지 않는다. 그러므로 우리는 문명과 문화에 대한 인식도 다시 할 필요가 있다.

나는 문화를 '바람직한 사람살이의 길'이며, 문명은 '편리한 살림살이의 도구'로 설정하여, 상대적으로 문화와 문명을 '사람살이'와 '살림살이'로 분별한다. 따라서 발달된 살림살이를 다양하게 사용하는 사람들이 문명인이라면, 인간다운 사람살이의 이치에 따라 사는 사람을 문화인이라 할 수 있다. 과학기술의 발달에 따라 문명의 이기를 누리는 집단과 그렇지 않은 집단은 계급적으로 또는 민족적으로 차별이 존재한다. 그러나 인간다운 사람살이의 길은 차이가 있지만 문화상대주의로 보면 차별은 없다.

이를테면 아는 사람을 만나면 인사를 한다거나, 성인 남녀가 부부로 살기 위해서는 반드시 일정한 혼례를 치른다. 이러한 사람살이의 길은 어느 민족이나 같다. 다만 구체적으로 하는 방식의 차이만 있을 따름이다. 따라서 살림살이의 도구 수준으로 문화를 평가하는 것은 잘못이다. 공자나 퇴계는 오늘날 우리가 쓰는 문명의 이기를 전혀 쓰지 않아도 사람살이의 모범을 보였다. 공자와 퇴계는 발달된 살림살이를 사용하지 않은 점에서 미개한 생활을 했다고 할 수 있으나, 야만스러운 삶을 살았다고는 할 수 없기 때문이다. 그러므로 살림살이 수준이 문화인 것처럼 착각하고 미개한 소수민족을 야만인이라 하는 것은 식민지배를 정당화한 제국주의자들의 폭력이다.

왜냐하면 서구 제국의 문명인들이 제3세계 미개인들을 야만인으로 호명한 것은 그들의 식민지배를 정당화하기 위한 까닭이다. 제3세계 소수민족들은 문명인의 눈으로 볼 때 야만스러울지 모르지만 문화인의 눈으로 보면 인간다운 공동체를 이루며 평화롭게 살고 있는 사람들이다. 아마존의 밀림에 사는 소수민족들의 삶이 문화인다운 생생한 보기를 보여주었다.88) 오히려 최고의 문명집단이자 지성집단인 미국의 대학사회에서 무차별 총기 난사사건이 일어나는 것이야말로 야만적인 행태이다. 문명의 산물인 총기로 무차별 살상을 하는 행위야말로 짐승만도 못한 야만인의 짓거리이다.

그러나 아마존의 밀림에서 생활하는 어떤 소수민족도 이러한 야만적인 일은 하지 않는다. 문명의 이기인 살림살이가 없는 까닭에 미개인이긴 해도, 인간다운 공동체생활을 하면서 바람직한 사람살이를 하고 있는 까닭에 수준 높은 문화인으로 인정하지 않을 수 없다. 그들은 다른 민족의 문화에 따라서 살아가는 것이 아니라, 자연환경에 적응하며 스스로 선택하고 창출한 사람살이 길을 좇아서 살아가는 것이다. 그러므로 모든 민족은 물론, 공동체를 이루는 소수 집단조차 스스로 문화적 창조력을 발휘한다는 문화주권론을 인정하지 않을 수 없다.

그러한 전제는 당위적 논리가 아니라 문화적 현상으로 입증할 수 있는 대표적인 증거가 언어이다. 언어는 인간을 인간답게 하는 문화현상 가운데 가장 중요한 보기이다. 아무리 미개한 민족이라 하더라도 자기 언어가 없는 민족은 없다. 소수민족들도 제각기 자기 고유의 언어를 가지고 생활한다. 더 흥미로운 사실은 민족마다 토착언어가 서로 다르다는 사실이다. 그것은 모든 민족이 자기 민족어를 스스로 창출하여 사용한 까닭이다.

따라서 언어의 차이는 곧 민족의 차이이자 문화의 차이를 말한다. 언어가 위로부터 주어진 타력적인 것이 아니라 밑으로부터 만들어낸 자력적인 것이기 때문에 민족마다 서로 다를 수밖에 없다. 이러한 언어주권으로 형성된 언어다양성이 곧 문화주권으로 형성된 문화다양성을 고스란히 반영한다.

문화주권의 핵심을 이루는 것이 모국어를 자유롭게 사용하는 언어주권이다. 따라서 정치주권보다 문화주권을 말살하는 것이 더 억압적

---

88) 문화방송 창사 48주년 특집, MBC다큐, '아마존의 눈물' 3부작, 2009년 12월 18일부터 매주 방영.

인 지배이며, 문화주권보다 언어주권을 탄압하는 것이 더 폭력적인 탄압이다. 정치주권을 잃으면 그것만 잃지만, 언어주권을 잃으면 모든 것을 다 잃는 까닭이다. 알퐁스 도데(Alphonse Daudet)는 〈마지막 수업〉에서 "한 민족이 노예의 처지에 빠지더라도 국어만 잘 지킨다면, 그것은 마치 손에 감옥의 열쇠를 쥐고 있는 것과 마찬가지"라고 했다.

일제는 식민지배의 영속화를 위해 언어주권까지 박탈했다. 일본어를 일상적으로 쓰게 되면 일본사람들처럼 사유하고 일본문화에 젖어들어 민족의식을 잃어버리게 마련이다. 따라서 만일 식민시기가 60년만 더 지속되었다면, 한국의 독립은 불가능했을 것이라고 진단한다. 왜냐하면 언어주권을 상실한 채 60년이 지나면 모국어를 제대로 회복하기 어려운 까닭이다. 그러므로 언어와 문화의 주권은 곧 민족주권이나 다름없다.

학문주권은 더욱 중요하다. 사회과학자들의 이론과 학설이 세계사를 요동치게 한 것처럼, 국사학자들이 일본 제국주의 침략사학에 영합하게 되면 역사주권의 독립은커녕 일본의 역사왜곡에 맞장구치는 노릇을 하는 셈이다. 중국의 동북공정에 이바지하는 역사논문을 계속 발표하게 되면 한국사는 중화주의에 복속되기 마련이다. 따라서 사학자들이 중국과 일본학자들의 학설을 좇아가는 일은 스스로 우리 역사를 외세에 진상하는 셈이자, 중화사학과 식민사학의 아류에 복속하는 일이다.

비록 무력정복을 성공한 제국이라 하더라도 자민족의 문화주권을 확립하지 못하면 결국 피지배의 처지가 된다는 것이 역사의 교훈이다. 만주족은 중국의 한족을 정복하고 청제국을 세웠지만, 문화적으로 한족에 동화되는 바람에 인류역사에서 소멸되는 비극을 맞이했다. 청제국만 망한 것이 아니라, 만주어가 소멸되면서 만주족도 함께 소멸된 셈이다. 만주어를 모르는 만주족은 있어도 없는 것이나 다름없다. 언어주권과 문화주권, 역사주권, 민족주권은 서로 유기적 관련성 속에 있는 까닭에, 이 가운데 어느 하나가 무너지면 다른 하나도 함께 무너지기 마련이다.

학자들은 이러한 주권의식을 자각하고 학문적 대안을 수립해서 국민들에게 민족주권을 각성하게 하는 이론적 바탕을 제공해야 하는 의무가 있다. 그런데 자신의 학문주권조차 챙기지 못하는 학자들에게 민족주권이나 역사주권을 기대하기 어렵다. 학문주권을 발휘하여 독창적 연구활동을 해야 할 학자들이 오히려 외국이론을 빌어와서 그들의 말과 사유로 한국 사회와 문화를 해석하는 빌어먹는 수준의 학문을 하고 있다. 누가 먼저 빌어와 써먹는가 하는 선후 경쟁만 있지, 학문주권의 수준 경쟁은 잠적한 상황이다. 따라서 독창적 학설과 이론 수립보다 각주와 참고문헌의 열거로 자기 학문의 위세를 보장받으려 하기 일쑤이다.

벌어먹는 학문을 하려면 빌어온 참고문헌을 무색하게 할 만한 독자적 학설 경쟁에 몰두해야 한다. 남의 견해를 빌어오는 인용의 선후경쟁이 아니라, 독자적 학설의 높이경쟁으로 가야 학문주권을 확립할 수 있다. 학문주권이란 자주적인 학문역량을 독창적으로 펼치면서 우뚝한 자기 학설을 학계에 제출함으로써, 창조적 연구활동을 주체적으로 발휘하는 것이다. 문화주권도 학문주권과 같은 논리 속에 있다.

문화주권이란 스스로 필요한 문화를 자력적으로 만들어내고 자족적으로 누리는 천부적 권리이다. 그러나 문화주권론이 인간중심주의에 빠져서는 곤란하다. 사람들이 저마다 문화창조력을 발휘한다고 하여 자연환경을 초월할 수 있는 것은 아니다. 사람과 문화는 자연환경과 상호작용 속에서 생태학적으로 존재할 수밖에 없다. 그러므로 생태계가 다르면 생업양식이 다르고 거기에 따라 문화도 다르기 마련이다.

자력적 문화창조는 물론, 이웃나라와 문화교류도 생태학적 맥락 속에서 이루어진다. 아무리 지리적으로 인접해 있어도 자연환경이 크게 다르면 문화의 전파가 불가능하다. 산림지역의 농경문화가 초원지역에 전파될 수 없는 것처럼, 초원지역의 유목문화도 농경지역에 전파될 수 없다. 왜냐하면 유목문화와 농경문화를 결정하는 것은 생태학적 환경이기 때문이다.

역사 서술과 해석도 생태학의 범주를 벗어날 수 없으며 문화적 맥락을 무시할 수 없다. 어떤 사회나 역사도 자연환경을 넘어서거나 문화적 수준을 뛰어넘을 수 없다. 역사도 크게 보면 사회의 한 현상이며, 문화의 한 양식일 따름이다. 따라서 유목민의 역사와 농경민의 역사는 생태학적으로 다를 수밖에 없고 문화적 맥락도 대조적일 수밖에 없다. 사료 해석에서도 생태문화의 중핵인 생업양식을 중요한 변수로 끌어들여야 한다. 고대문명 발상지는 모두 농경문화를 토대로 하고 있다는 사실이 구체적 증거이다. 그러므로 총체적 역사연구는 생태사학의 길을 모색하지 않을 수 없다.

8. 역사주권을 위한 주권사학과 역사상대주의

더 중요한 것은 역사서술의 주체이다. 자기 역사를 만들어가는 주체는 자기 자신이다. 자민족의 역사를 만들어가는 주체도 자민족 집단이다. 자민족 역사를 서술하는 바람직한 주체 또한 자민족 성원인 자기 자신이다. 자기 삶과 앎이 곧 자민족 역사를 서술하는 가장 중요한 자산이다.

그런데 이러한 인식과 달리, 타자의 눈으로 민족사를 서술해야 객관적이라고 주장하는 사람도 있다. 객관적이라는 말은 타당하지만 객관적인 것이 더 정확하다고 하기 어렵다. 한국문화에 낯선 외국인이 한국문화를 해석하면 객관적이라고 할 수 있을까. 객관적이긴 해도 그것은 타자 개인에게 비쳐진 객관성일 뿐, 사실은 타자의 주관에 의해 해석된 것일 뿐이다. 역사서술도 타자에 의해 서술되면 객관적인 것처럼 보일 수는 있으나, 그 또한 타자의 주관적 서술일 뿐이라는 사실을 알아야 한다.

실제로 일제강점기 조선총독부 조선사편수회에 의해 관제로 서술된

역사는 식민지배를 정당화하기 위한 식민주의 역사일 따름이다. 조선
사편수회가 서술한 조선사처럼, 타국정부가 자국의 역사를 대신 써주
는 경우도 드물지만, 타국이 써준 역사를 자국 역사로 우상화하여 배
우고 가르치는 사례는 거의 없다. 일제강점기는 정치주권과 문화주권
만 빼앗긴 것이 아니라, 역사주권까지 빼앗겼던 사실을 조선사편수회
의 《조선사》 35책이 입증한다. 그러므로 총독부가 식민지배의 영속화
를 위해 서술한 왜곡된 역사를 독립 이후에도 자국사의 전범처럼 따르
는 것은 한국 사학계의 치욕이다.

정치주권은 독립과 함께 회복되었지만 역사주권은 여전히 식민사학
에 종속되어 있다. 식민사학이 극복되지 않는 것은 자기 역사를 자기
스스로 서술하고 해석하려는 역사주권의식이 없는 까닭이다. '역사란
무엇인가' 하는 질문을 넘어서, '누구의 역사인가', '누구를 위한 역사
인가', '누구에 의해 쓰여진 역사인가'[89] 하는 문제의식이 중요하다. 특
히 '누구에 의해 쓰여진 역사인가' 하는 역사 서술 주체가 역사의 내
용을 결정한다는 사실을 자각하면, 역사주권주의를 역사연구의 중요한
문제의식으로 여기지 않을 수 없다. 식민사학을 넘어서 민족사학을 안
고 주권사학(主權史學)으로[90] 나아가는 것이 우리시대 역사학의 과제
이자 역사주권주의의 실현이다.

'역사주권'을 주장한다고 해서 '주권사학'의 길을 가는 것은 아니다.
독자적 사관으로 역사 서술을 해야 할 뿐 아니라, 학계에서 설득력을
발휘할 만한 논리체계와 근거 자료를 충분히 갖추어야 한다. 역사주권
주의는 타자의 역사서술을 일방적으로 거부하는 데서 마련되는 것이
아니라, 납득할 만한 사료를 일정한 사관으로 해석하는 독창적 연구역
량을 발휘할 때 확보되는 것이다. 따라서 역사 발전단계가 일정하다는

---

89) 케이스 젠킨스 저, 최용찬 역, 《누구를 위한 역사인가》, 혜안, 1999의 원제
   는 *Re-thinking History*이지만, 이 두 가지 문제를 본격적으로 제기했다.
90) 주권사학이라는 말은 여기서 처음 쓰는 것인데, 역사주권주의를 표방하는
   역사학을 일컫는다.

유럽 중심 역사 발전의 틀에 우리 역사를 꿰어 맞추는 작업을 할 것이 아니라, 민족에 따라 제각기 다른 역사가 전개될 수 있다는 역사상대주의를 인정해야 민족사의 정체성이 제대로 포착된다.

자연환경과 사회관계의 맥락을 고려하여 문화의 존재 이유를 상대적으로 이해하는 것이 문화상대주의이다. 이 관점에 서면 모든 문화는 제각기 존재이유가 있으며 자문화 중심주의로 타민족의 문화를 배격할 수 없다. 역사상대주의도 이러한 관점을 취하여, 자연환경의 특수성과 사회적 상황을 고려하여 나라마다 서로 다른 역사 발전을 이루는 것이 상대적으로 정당하다고 인정하는 것이다. 그러므로 자국 역사를 역사상대주의의 관점에서 서술할 때 역사주권주의가 제대로 실현된다고 할 수 있다.

문화상대주의로 문화주권을 이해하는 데 문화생태학이 긴요한 것처럼, 역사상대주의에 입각한 역사주권 또한 생태학적 특수성의 이해가 긴요하다. 어떤 역사도 자연환경을 초월해서 전개될 수 없기 때문이다. 고대문화와 고대사일수록 더욱 자연환경의 영향에서 벗어날 수 없다. 문화상대주의처럼 역사상대주의를 결정하는 가장 중요한 변수가 생태학적 조건이다. 특히 농경민족과 유목민족의 역사와 문화는 대조적일 수 있다. 그러므로 농경·유목문화 비교모형처럼 농경·유목 역사비교모형도 구상할 필요가 있다.

역사주권주의를 추구하는 '주권사학'이 개인적 착상에 머무는 '주관사학(主觀史學)'이나, 식민지배에 영합하는 '식민사학'의 아류로 전락하지 않기 위해서는 상대주의사관과 함께 생태주의사관의 확립이 긴요하다. 생태주의사관은 생태학적 조건이 역사를 결정하는 중요 변수라는 점을 고려하여 역사 서술과 해석을 자연환경의 변화에 근거를 두고 상대적 관점에서 해석하는 것이다. 그러므로 주권사학을 해석학적으로 뒷받침하는 것은 역사상대주의지만, 이론적으로 뒷받침하는 것은 생태주의사관이라[91] 할 수 있다.

91) 12장에서 생태주의사학의 관점에서 신시고국의 농경문화를 밝힌다.

제3장 사료의 갈래 확장과 고조선시대 다시 읽기

1. 사료학으로서 역사학과 사료의 가치

역사는 '사실'인가? 그렇다면 역사학은 사실을 연구하는 학문인가? 만일 역사를 사실이라고 여기는 사학자가 있다면, 그는 역사(history)와 사실(fact)을 분별하지 못하는 사학자이다. 사실은 역사가 될 수도 있지만 사실이 곧 역사는 아니다. 따라서 역사학은 사실을 연구하는 학문이 아니다. 그럼 역사학은 '역사'를 연구하는 학문인가? 민속을 연구하는 것이 민속학이고 경제를 연구하는 것이 경제학인 것처럼, 역사를 연구하는 것이 역사학이라는 것은 착각이다. 왜냐하면 역사학은 '역사'를 연구하는 학문이 아니라 '사료'를 연구하는 학문이기[1] 때문이다.

역사학의 구체적인 자료(text)는 역사(history)가 아니라 사료(historical material)이다. 사료가 없으면 역사학은 불가능하다. 사료연구가 역사학이라는 진술에는 세 가지 뜻을 담고 있다. 하나는 사료가 역사학의 구체적인 연구자료라는 뜻이고, 둘은 역사학이 실제 역사를 연구한다는 착각에서 벗어나야 사료해석의 오류를 줄일 수 있다는 뜻이며, 셋은 기존 사료학에 매몰되지 말고 새 영역의 사료를 개척해야 역사학의 비약적 발전이 가능하다는 뜻이다. 그러므로 사료학의 세 가지 문제인식을 근거로 사료의 새 갈래를 개척하고 사료해석의 지평을 확대함으로써 고조선시대 연구를 모험적으로 기획하는 것이 이 장의 서술 목적이다.

사실은 사료인가? 사료가 역사이지 않은 것처럼 사실도 사료가 아

---

1) 임재해, 〈설화의 역사성과 관음사 연기설화의 재인식〉, 《韓民族語文學》 41, 韓民族語文學會, 2002, 452-454쪽 참조.

니다. 사실이 사료로 남을 가능성은 있지만 사실이 곧 사료가 될 수 없다. 그렇다고 특별히 중요한 사실이 사료인 것도 아니다. 어떤 중요한 사실도 고스란히 사료로 갈무리할 수 없기 때문이다. 사실이 사료화 되는 순간 이미 사실에서 상당히 일탈되기 마련이다. 사료란 언제든지 역사연구의 대상으로 끌어들일 수 있는 사실 관련 자료일 뿐 사실 자체는 아니다. 따라서 역사와 사료, 사실의 관계를 제대로 포착해야 역사연구의 차질을 줄일 수 있다. 사료는 역사적 사실에 관련된 자료여서 역사 해석의 긴요한 대상일 뿐, 사실과 전혀 다른 현상의 존재양식이다. 그러므로 사료는 사실이 아니며, 역사학은 사실학이 아니라 사료학이라 하는 것이다.

역사학이 사료학이므로 사료가 바뀌면 역사연구도 바뀌고 역사서술도 바뀐다. 역사 연구와 서술을 결정하는 것도 역사가 아니라 사료이다. 모든 사료는 사실에서 비롯되지만, 사실과 다르게 존재할 수밖에 없는 까닭에 사료가 곧 사실도 아니며 역사도 아니다. 그럼에도 사료가 역사를 결정하므로 사료가 역사인 것처럼 착각하기 일쑤이다. 사료가 있어서 비로소 역사가 구성되고 역사학이 성립되는 까닭이다. 그러므로 역사학은 '역사'와 '사료', '사실'을 분별하여 인식하고 유기적으로 해석해야 바람직한 성과를 거둘 수 있다.

사료가 역사학을 결정하는 중요한 변수인 까닭에 학계에서는 새로운 사료 발굴에 남다른 관심을 기울인다. 오래된 전적 더미에서 전혀 알려지지 않은 새 역사적 기록을 찾아내면, 마치 학문적 연구성과처럼 관심을 기울이며 중요한 역사학의 업적으로 주목된다. 고고학 발굴 현장에서 새 유물이나 유적이 발견되는 경우에도 마찬가지이다. 제대로 발굴보고서가 발표되기 전부터 언론에서 집중적으로 다룰 만큼 국민적 관심을 끌기도 한다. 그러므로 역사연구보다 사료 발굴이 더 큰 보도거리가 되는 것이다.

새 사료의 결정적 구실 때문에 사료를 조작하는 술수도 부린다. 고고학자가 이미 발굴된 자료를 마치 새로 발굴한 것처럼 언론에 터뜨려

주목을 받으
려 하는가 하
면, 아예 가
짜 유물을 묻
어 두었다가
새 유물을 발
굴한 것처럼
조작함으로써
언론의 대서
특필은 물론

〈그림 4〉 고양시 공사장에서 발굴된 구석기

역사교과서까지 바꾸었다. 일본 구석기 전문가로 알려진 후지무라 신이치(藤村新一)의 구석기 유적 발굴 날조가 그러한 조작의 대표적 보기이다. 후지무라는 구석기 발굴과 조작으로 세계 고고학계를 경탄과 경악으로 몰아넣은 인물인데, 1974년부터 2000년까지 무려 162개의 유물을 날조하면서 일본의 역사를 7만 년 전에서 70만 년 전으로 거슬러 올라가게 만들었다.[2]

후지무라가 가짜 구석기를 발굴할 때마다 일본사 교과서는 수정되었으며, 표지그림부터 새로 발굴된 구석기 유물 사진으로 바꾸었다. 날조 사례로 사료의 중요성을 말하는 것은 불편하지만, 사료가 역사를 요동치게 만든다는 사실을 실증한 셈이다. 문제는 가짜 구석기를 일본학계는 물론 한국학계에도 분별하지 못했다는 점이다.[3] 만일 마이니치(每日) 신문에서 몰래 카메라를 설치하여 뒷조사를 하지 않았다면, 언제까지 가짜역사가 횡행했을지 알 수 없다.

역사는 사료에 종속될 수밖에 없다. 한국에서도 공주 석장리와 연

---

2) 박용채, 〈日 후지무라 구석기 유적 날조 고백〉, 경향신문, 2004년 1월 27일자 보도.
3) 한일 양국의 고고학자들이 가짜 구석기를 보고 진위 여부를 감별하지 못한 것은 학자로서 자질이 없거나 날조에 묵시적으로 동조한 것으로 볼 수 있다.

천 전곡리에서 구석기 유적이 쏟아지자, 종래의 구석기시대 부재론을
수정하지 않을 수 없었다. 최근에는 고양시의 고속도로 공사장에서 4
만여 년 전의 구석기 유물이 쏟아졌다. 중기 구석기 유물이(그림 4) 1
만 점 정도 출토된 것이다.[4] 이처럼 새 사료가 나오면 기존의 역사를
다시 써야 할 뿐 아니라 역사이론까지 바꾸어야 한다. 그러므로 역사
학이 사료학이라는 사실을 깊이 자각하지 않을 수 없다.

2. 고조선시대 사료와 사료의 갈래 인식

역사는 사료가 결정하는 까닭에 이론으로 사료를 부정할 수 없으며
선험적 전제에 따라 사료를 해석해서도 안 된다. 사료학의 관점에서는
사료 발굴이 중요할 뿐 아니라, 사료 확장 또한 매우 긴요한 작업이다.
사료 확장이란 기존 사료의 틀을 해체하고 새로운 사료를 역사연구 자
료로 끌어들여 역사 해석의 폭을 확대하고 그 깊이를 더 파고드는 것
이다. 역사학의 중요한 사료 유형으로는 문헌사료와 금석문사료,[5] 유
물사료,[6] 그림사료[7] 등이 중심을 이룬다. 최근에는 말로 전승되는 구
술사료가 새로운 사료로 주목받고 있다.

중요 사료를 형태의 존재양상으로 보면, 가) 문자로 기록된 문헌사
료와 나) 금석문사료, 다) 고고학적 유물과 유적을 포함하는 유물사료,

---

4) 이종구, '고양 구석기 유적지, 한반도 최대 석기제작소 추정', 한국일보, 2018년
   1월 8일(http://www. hankookilbo.com/v/6f2d2dafe0eb4209b2ae4bdfba3f3177)
   참조.
5) 형태로 구분하니까 문헌사료와 금석문사료라고 했지만, 문자로 기록된 사료
   라는 점에서 문자사료 또는 기록사료로 묶을 수 있다.
6) 편의상 유물사료라 했지만, 유물과 함께 유적도 포함된다. 분과학문을 염두하
   면 고고사료라 하는 것이 더 적절할 것이다.
7) 그림사료는 고분벽화나 암각화와 같은 미술사 자료와 회화작품이 주류를 이
   루지만, 근대에는 사진자료도 포함시켜야 할 것이다.

라) 고분벽화와 암각화, 회화작품 등을 포함한 그림사료, 마) 말로 전승되는 구비사료 등으로 나눌 수 있다. 사료의 형태와 기능에 따라 유형을 더 세분할 수도 있고 더 크게 나눌 수도 있다.

사료의 형태로 보면 크게 언어사료와 물질사료로 나누어진다. 문헌사료와 금석문사료 등의 문자사료와 말로 전승되는 구술사료는 모두 언어로 서술된 사료이다. 따라서 언어를 알면 누구나 읽거나 들어서 이해할 수 있는 사료이다. 언어사료는 역사적 사실을 구체적으로 이야기하는 까닭에 역사 이해와 서술에 가장 기능적인 사료라 할 수 있다. 그러므로 대부분의 역사 서술은 언어사료에 의존하게 마련이다. 다만 사료 인식이 문헌사료 중심이어서, 금석문사료와 구술사료는 상대적으로 비중이 낮거나 근래에 문제되기 시작했다.

물질사료는 역사를 구체적으로 이야기하지 않고 역사적 사실을 직접 증거할 따름이다. 언어사료에 견주어 사료로서 증거력의 객관성은 가장 높지만 설명성은 크게 떨어진다. 언어사료는 기록자나 구술자에 따라 왜곡될 수 있으나, 물질사료는 과거 사람들이 살아온 실제 삶의 유물이기 때문에 사료로서 정확성과 증거 능력이 가장 뛰어난다. 문제는 역사를 증언하지 않고 증거물 노릇만 하는 까닭에 전문가가 용의주도하게 해석하지 않으면 사료 구실을 하기 어렵다.

언어사료가 역사적 진실 여부를 따져봐야 하는 '증언사료'라면, 물질사료는 역사적 진실을 솔직하게 보여주는 '증거사료'라 할 수 있다. 언어사료가 증언사료로서 역사적 사실을 말해주되 진실하지 않을 가능성이 있다면, 물질사료는 증거사료로서 물증을 보여줄 뿐 역사적 사실에 관해 묵비권을 행사할 가능성이 있다. 따라서 언어사료가 역사적 사실을 설명하는 달변의 증인이라면, 물질사료는 역사적 물증만 제시하는 벙어리 증인에 해당된다. 그러므로 두 사료의 장단점은 서로 상보적 관계에 있다.

가장 바람직한 것은 두 사료를 다 확보해서 상호검증을 하는 것이다. 상고시대 역사일수록 사료의 빈곤과 입증의 한계로 여러 형태의 사료를 풍부하게 확보하는 것이 중요하다. 이를테면, 고조선의 강역을 설정하는 데, 어느 사료 하나만으로는 입증하기도 어려울 뿐 아니라 입증해도 설득력이 적다. 그러나 문헌기록 중심의 언어사료와, 복식 및 고인돌 중심의 물질사료를 대상으로 한 연구가[8] 함께 이루어지면 특정 사료의 한계가 극복되고 논증의 신뢰도가 한층 높아진다. 그러므로 다양한 형태와 갈래들의 사료들을 충분히 확보하고 다학문적 해석을 하는 학제적 연구가 필요하다.

고조선시대 연구는 역사 이론과 사관 못지않게 관련 사료를 새로 설정하는 것이 바람직하다. 왜냐하면 연구자료가 희귀한 상고사일수록 이론학보다 자료학으로서 역사학, 사관보다 사료학으로서 역사학이 중요한 까닭이다. 사료학을 진전시키려면, 문헌사료 다시 읽기와 유물사료 재해석도 필요하지만, 기존사료의 유형에서 벗어나 새로운 유형의 사료를 발굴하는 사료 개척 작업이 필요하다. 왜냐하면 종래처럼 문헌사학에 매몰되어 있거나 출토유물에만 매달려 있어서는 사료학으로서 상고사 연구의 새 지평을 열어가기 어려운 까닭이다. 그러므로 이 논의에서는 이미 있는 사료의 틀을 벗어나 새 유형의 사료를 독창적으로 설정함으로써 고조선사 연구의 새 물꼬를 트고자 한다.

3. 문헌사료의 한계와 역사해석의 오류

고조선시대는 민족사의 꼭지점에 있는 까닭에 관련 사료가 풍부하지 않다. 고조선시대 문자가 일부 학자에 의해 연구되고 있지만,[9] 문자가 있었다고 하여 역사를 문자로 서술한 것은 아니다. 따라서 문헌

---

8) 윤내현·박선희·하문식, 《고조선의 강역을 밝힌다》, 지식산업사, 2006.
9) 허대동, 《고조선 문자》, 도서출판경진, 2011 및 《고조선 문자》 2, 도서출판경진 2013; 김성재, 《갑골에 새겨진 신화와 역사》, 동녘, 2000.

사학에서 말하는 고조선의 기록사료는 거의 남아 있지 않다. 따라서 흔히 '단군신화'로 일컫는 내용, 곧 《삼국유사》 '고조선'조의10) 《고기》를 인용한 기록이 유일하다고 해도 지나치지 않다. 다만 이와 같은 유형의 내용이 《제왕운기》와11) 《응제시집주》12) 등 몇몇 문헌에 거듭 수록되어 있다. 그럼에도 《고기》를 인용한 기록이 '단군신화'로 호명되는 바람에 온전한 '사료'로 인정받지 못해 고조선시대사를 제대로 포착하는 데 장애가 되고 있다.

중국 고대 사서에도 관련 사료들이 더러 있어 주목된다. 국호 '조선'을 언급한 문헌사료들 가운데 《사기》와13) 《상서대전》,14) 《관자》,15) 《산해경》16) 등은 조선의 역사와 문화, 강역 등을 추론할 수 있는 자료들이어서 특히 주목된다. 물론 '조선'의 역사를 서술하기 위한 것이 아닌 까닭에 '고조선'조의 《고기》와 같은 역사 서술의 내용은 없다. 다만 중국과 관련성 속에 '조선'이 어떤 위상을 지녔는가 하는 사실은 어느 정도 포착할 수 있다. 이를테면, 무왕(武王)의 기자 책봉을 비롯하여 서기전 7세기에 중국과 교역한 사실, 그리고 발해 연안에 '조선'이 있었다는 지리적 위치 등을 알 수 있다.

이 밖에도 고조선시대를 이해할 수 있는 기록들이 다양하지만 모두 단편적인 사료들이다. 윤내현이 《사료로 보는 우리 고대사》에서 중국의 관련 문헌사료들을 모두 집대성하고 원문과 번역 및 해설을 정리해17) 두어서 고조선연구에 새 전기를 마련했다. 그러나 고조선연구의 통념을 깰 만한 문헌사료는 새로 발견되지 않았다. 따라서 사학자들 가운데에는 중국 사료의 기록에 따라 고조선의 역사를 서기전 7세기로

10) 《三國遺事》 卷1, 紀異1, 古朝鮮－王儉朝鮮.
11) 《帝王韻紀》 卷下, 〈前朝鮮紀〉.
12) 《應制詩集註》, 〈是月二十二日命題十首〉, '始古開闢東夷主'.
13) 《史記》 卷38, 〈松微子世家〉.
14) 《尚書大傳》 卷2 〈殷傳〉, '洪範'.
15) 《管子》 卷23, 〈揆道〉 및 卷24, 〈輕重甲〉.
16) 《山海經》 卷12 〈海內北經〉 및 卷18, 〈海內經〉.
17) 윤내현, 《사료로 보는 우리 고대사》, 지식산업사, 2007, 61~240쪽.

〈그림 5〉 고조선동검(왼쪽)과 강화도 하점면 부근리 고인돌

한정하기도 한다. 그러므로 《삼국유사》 '고조선'조에서 인용된 《고기》
의 기록과 다른 내용의 사료가 발견되면 고조선연구의 새 지평을 열
것이다.

　　문헌사료에 견주어 유물사료들이 오히려 고조선의 정체성을 확보하
는 데 더 구체적인 자료 구실을 한다. 가장 결정적인 사료가 흔히 비
파형동검이라 일컬었던 '고조선동검'과 고인돌 유적이다. 신용하는 비
파형동검이 '한반도와 요동·요서·내몽골자치구 동부에서 출토되어 고
조선동검이라는 것이 밝혀졌는데도 고조선을 인정하지 않은 까닭에 요
령식동검, 만주식동검'으로 일컫는 것을 비판했다.[18] 이처럼 비파형동
검의 명칭은 중국 중심주의에 의한 명칭으로서 고조선동검의 정체성을
치명적으로 훼손하는 것이다. 왜냐하면 이 동검은 중국의 유물도 아
려니와 중국악기 비파보다 시대적으로 선행하는 유물이기 때문이다.

　　따라서 출토지역에 따라 요령성동검이라 하거나 그 형상에 따라 잎
새형동검으로 일컬었는데,[19] 역사적 지표나 문화적 정체성을 제대로

18) 신용하, 〈고조선 국가의 형성과 고조선 금속문화〉, 《단군학연구》 21, 단군학
　　회, 2009, 194쪽, 각주 41 및 愼鏞廈, 《古朝鮮 國家形成의 社會史》, 207쪽, 각
　　주 33.

나타내는 데는 적절하지 않은 명명이다. 그러므로 비파형동검을 앞으로 '고조선동검'으로 일컫기로 한다. 왜냐하면 이 동검은 지리적으로 고조선 지역에 분포하고, 역사적으로 고조선시대에 만들어진 고조선 사람들의 유물인 까닭이다.

고조선동검 못지않게 중요한 유물사료가 고인돌이다. 고인돌은 고조선 사람들의 독특한 무덤 양식일 뿐 아니라, 한국은 '고인돌 왕국'이라 일컬어도 좋을 만큼 고인돌이 집중 분포되어 있다.[20] 고인돌의 분포와 양식은 고조선문화의 강역은 물론, 문화적 수준을 포착하는 결정적 단서이다. 따라서 하문식은 고인돌 분포를 고조선의 강역 설정에 중요한 지표로 삼았다.[21] 그러므로 고인돌은 한국 신석기문화의 표지유물일 뿐 아니라 '고조선시대사'를 해명하는 대표적인 물질사료이다.

최근에는 홍산문화 유적이 발굴되고 그 보고서가 학계에 널리 알려짐으로써 고조선연구의 새 지평을 열게 되었다. 이제 홍산문화 유산의 적석총과 제단, 옥기, 토기, 여신상 등을 다루지 않고서는 고조선시대에 관한 새로운 연구를 하기 어려운 상황이다. 홍산문화 유산은 사료학으로서 고조선연구를 거듭나게 하는 구실을 하고 있다. 문헌사료에 따라 고조선의 역사를 서기전 7세기로 한정하거나 그 강역을 한반도로 한정하는 논의는 설득력을 잃게 되었다.

기록을 곧 사료이거나 역사적 사실로 간주하는 문헌사학의 폐단은 이미 오래 전부터 지적되었다. 이를테면, 역사학자가 아닌 청나라 건륭황제(乾隆皇帝)조차 중국사서의 기록이 오류투성이라는 사실을 문제 삼아서 《흠정만주원류고》를 집필하도록 지시한다. 사서 기록의 오류를

19) 임재해, 〈고조선 시기 탈춤문화의 형성과 연행예술의 수준〉, 《比較民俗學》 40, 比較民俗學會, 2009, 262쪽. 임재해, 《고조선문화의 높이와 깊이》, 각주 452), "지역과 역사를 고려하면 고조선식 동검이라 일컬어야 마땅하다. 그러나 특정 국명에 한정 지우기 어려운 까닭에 버들잎과 같은 긴 나뭇잎 모양에 견주어 '잎새형 동검'이라 일컫는다."

20) 하문식, 《고인돌 왕국 고조선과 아시아의 고인돌 문화〉, 《고대에도 한류가 있었다》, 지식산업사, 2007, 431~470쪽.

21) 윤내현·박선희·하문식, 앞의 책, 203~208쪽.

여러 가지 들었지만 구체적인 사실 하나를 들면, 진한사람들의 편두 풍속에 대한 《후한서》의 기록이다.

> 또한 《후한서(後漢書) · 삼한전(三韓傳)》에 이르기를 "진한(辰韓) 사람들은 아이가 태어나면 머리를 납작하게 하려고 돌로 머리를 내리누른다"고 하였다. 대저, 아이가 갓 태어났는데 어떻게 돌로 머리를 내리누를 수 있단 말인가? 그 말은 이치에도 매우 어긋난다고 할 수 있다.22)

한마디로 터무니없는 사실의 기록을 비판했다. '아이를 반듯하게 눕혀서 잠을 재우면 저절로 두개골이 납작해져서 머리 모양이 평평한 것처럼 되는 것은 자연스러운 습속일 뿐 아니라 이상하게 여길 것도 아니라'고23) 근거까지 제시했다. 그런데 아직도 이런 터무니없는 기록에 집착해서 진한 사람들은 돌로 머리를 눌러 편두를 만드는 풍속이 있는 것처럼 믿고, 마치 금관의 절풍이 편두에 맞는 관인 것처럼 엉뚱한 해석을 하는 경우가 있다.24)

금관의 절풍은 신라의 것이지만 그 관모의 양식은 고조선 이래 지속된 것이서 진한 사람들의 편두 풍속과 무관한 것이다. 특히 내관인 절풍은 외관인 금관이나 다른 관모와 달리 머리에 눌러 쓴 것이 아니라 상투를 가리기 위해 머리 정수리에 얹어서 쓰는 관이다.25) 만일 절풍이 편두에 맞게 머리에 눌러서 쓰는 관이라면, 진한 사람의 머리는 편두가 아니라 가자미처럼 납작해야 한다.

절풍의 폭을 생각한다면 구조적으로 불가능한 것이자, 건륭황제의 비판처럼 갓 태어난 아이의 머리를 돌로 눌러서 납작하게 만든다는 것은 터무니없는 주장이다. 더군다나 건륭황제가 말하는 편두는 아이를

---

22) 張鎭根 역주, 《滿洲源流考》, 파워북, 2008, 35쪽.
23) 張鎭根 역주, 위의 책, 같은 곳.
24) 김인희, 〈두개 변형과 무의 통천의식〉, 《동아시아고대학》 15, 동아시아고대학회, 2007 참조.
25) 박선희, 《우리 금관의 역사를 밝힌다》, 지식산업사, 2008, 52~61쪽.

반듯하게 눕혀서 잠을 재우면 오래지 않아 두개골이 저절로 납작해지는 것을 말한다. 다시 말하면 뒤꼭지가 납작해질 따름이다. 그럼에도 편두 기록에 매몰되면 금관의 크기도 거기에 맞추어 해석된다. 금관의 크기가 작은 것을 신라 지배층의 머리형인 편두에서 비롯된 것처럼 해석하는 것이다.

　　천마총 금관이 직경 20센티미터, 금관총 금관이 19센티미터, 서봉총 금관 18.4, 황남대총 금관 17, 금령총 금관 16.4, 호암미술관 소장 금동관 16.1, 북천동 금관 15.9센티미터로 중간 값은 황남대총 금관의 17센티미터로 둘레는 53.4센티미터이다. 이 크기는 12살짜리 남자 어린아이의 머리둘레에 해당한다.[26]

　금관은 절풍이나 예사 관모와 달리 머리띠처럼 펼쳐져 있는 구조이다. 금관의 관테가 고정되어 있는 것이 아니라 펼쳐져 있는 머리띠와 같아서 착용할 때 머리에 쓰고 뒤를 끈으로 여미도록 되어 있다. 따라서 머리 크기와 상관없이 누구라도 금관을 쓰는 데 아무런 문제가 없다. 그러므로 금관의 둘레를 근거로 금관을 쓴 사람의 머리가 작다거나 어린이라는 추론은 잘못된 것이며, 더군다나 이것이 신라 지도자의 머리가 편두였다는 것을 입증하는 근거가 될 수 없다.

　이처럼 고대 사료의 편두 기록을 금관에 적용해서 해석한 것을 보면, 사료비판은커녕 기록사료를 우상화하고 있다는 사실을 알 수 있다. 사료 비판 없이 문헌사료가 곧 역사라는 편견을 가지게 되면, 잘못된 기록에 따라 실상과 다른 사실과 온전한 문화유산을 왜곡시켜 끼워 맞추는 2중의 오류에 빠지게 된다. 따라서 문헌사료의 우상화에서 해방되어 다양한 사료 갈래들을 폭넓게 주목해야 한다. 그러자면 물질사료와 구술사료의 활용은 물론, 생활사료와 같은 새로운 사료 영역의 적극적인 개척이 필요하다.

---

26) 이종호, 〈금관의 비밀 풀어 낸 편두 습속 - 금관은 신라 지배층 머리형 편두에 맞는 관〉, 과학으로 푸는 우리유산, http://www.hamyang.org/jijung.htm.

4. 물질사료와 구술사료의 역사 증언 기능

홍산문화처럼 고고학적으로 발굴된 유물과 현장에 남아 있는 유적들은 문헌사료처럼 몰래 수거해서 훼손하거나 불태울 수도 없다. 한마디로 분서(焚書)와 같은 일은 불가능하다. 중국이 탐원공정(探源工程)이나 동북공정(東北工程)을[27] 하는 까닭도 홍산문화의 실체를 부정할 수 없기 때문이다. 더군다나 일부 전문가들만 볼 수 있는 문헌사료와 달리, 홍산문화는 발굴보고서와 자료집, 박물관 전시실을 통해서 누구나 쉽게 만날 수 있다. 그러므로 홍산문화의 실체를 아무리 모른 체 묵살하려 해도 방법이 없다.

물질사료는 침묵의 증언을 하는 까닭에 연대기적 역사는 정확하게 서술하기 어려워도 문화적 실체를 증언하는 데에는 문헌사료보다 더 탁월하다. 물질사료 자체가 문화재이자 문화유산이기 때문이다. 더 중요한 사실은 고조선의 통시적 범주와 공시적 강역의 외연 논의에서 나아가, 홍산문화의 다양한 유물과 유적으로 당대 역사의 내포와 문화 수준을 포착할 수 있는 점이다. 유적들이 바로 여기가 특정한 역사공간이라는 지리적 증언을 한다면, 유물들은 당시 사람들의 생활세계를 증언한다. 그러므로 홍산문화 유산을 사료로 적극 끌어들이지 않을 수 없다.

고대사로 거슬러 올라갈수록 고고학적 물질사료가 중요하다면, 근대사로 내려올수록 구술사료가 빛을 발한다. 근대사는 경험자와 목격자의 구술증언이 가능한 까닭이다. 두 사료는 모두 문헌사료의 한계를 극복해주는 긴요한 사료이다. 따라서 연구실에서 문헌만 매만지는 안락의자형 연구를 극복해야 한다. 고고학적 발굴을 해야 고대사의 물질사료를 확보하고, 역사 현장에 있었던 사람을 찾아 조사활동을 벌여야

---

27) 우실하, 《동북공정 너머 요하문명론》, 소나무, 2007, 26~98쪽에 이 문제를 자세하게 다루었다.

근대사의 구술사료를 확보할 수 있다.

고대사 서술을 위해서는 유적과 유물을 해석할 수 있는 고고학적 역량이 필요하며, 근현대사를 서술하려면 역사적 사건을 직접 겪은 생존자를 찾아 면담조사를 하고 구술 내용을 해석할 수 있어야 한다. 그렇다고 하여 구술사료는 반드시 근현대사 자료로 한정된다고 여길 필요가 없다. 고대사 관련 사실도 구비문학으로 전승되는 까닭이다. 흔히 건국신화라고 하는 건국본풀이가 대표적인 보기이다.

더 구체적 보기로 호국룡설화를 들 수 있다. 문무왕이 동해를 지키는 호국룡이 되어 바다 어귀의 바위에 묻혔다는 사실은 《삼국사기》와[28] 《삼국유사》에[29] 기록되어 있을 뿐 아니라, 최근까지 문무왕이 죽어서 용이 되어 득천했다는 호국룡 전설과 대왕암 전설이 감포 일대를 중심으로 널리 전승되고 있다.[30] 호국룡설화와 같은 구비사료들이 고대사를 비롯한 지금 여기의 역사까지 증언하는 긴요한 사료 구실을 하고 있다.

고조선 관련 구비사료도 이미 어느 정도 수집되고 일정한 검토를 거쳤다. 남한에서는 주로 1920년대부터 1980년대 사이에 단군 관련 설화들이 산발적으로 이루어져서 제각기 보고되었다.[31] 따라서 구술사료라 할 만한 자료들이 양적으로 빈약할 뿐 아니라,[32] 한 차례도 집대성되지 못했다. 그만큼 고조선에 대한 연구는 물론 구비사료에 대한 관심이 적었다.

남한과 대조적으로, 북한에서는 단군 관련 전설이 1990년대 초에서

---

28) 《三國史記》 卷7, 〈新羅本紀〉 第7, 文武王 下 21年.

29) 《三國遺事》 卷2, 紀異 2, 文虎王 法敏.

30) 趙東一·林在海, 《韓國口碑文學大系》 7-2, 韓國精神文化研究院, 1980, 633쪽, '이견대' 전설을 비롯한 구비전승되는 호국룡 및 대왕암 전설 10편이 보고되어 있다. 이 전설 자료들은 임재해, 《설화작품의 현장론적 분석》, 지식산업사, 1991, 352~369쪽에 모두 정리해 두었다.

31) 서영대, 〈단군 관련 구전자료의 검토〉, 《단군학연구》 21, 단군학회, 2009, 137~131쪽에 구전사료들을 구체적으로 다루었다.

32) 서영대, 위의 글, 같은 곳에 구전자료 12편이 전문 실려 있다.

2000년대 초에 걸쳐 상당히 집중적으로 수집되었을 뿐 아니라, 수집된 전설들을 집대성하여 단행본으로 간행되기까지 했다. 따라서 양적으로 자료가 풍부할 뿐 아니라 그 질적 다양성의 폭도 아주 넓다. 가장 대표적인 자료집인 《단군설화집》에33) 43편이 수록되어 있는데, 가)단군신화 3편, 나)민족의 성지에 깃든 전설 19편, 다)단군 아들들의 전설 5편, 라)단군신화들의 전설 10편, 마)단군의 령혼전설 6편 등이다.34) 이 밖에 12편의 단군설화들이35) 전승지역별로 분류되어 단군조선의 실재성을 뒷받침하는 사료로 이용되었다.36)

북한에서 최근 약 10년에 걸쳐 단군설화가 집중적으로 조사된 것은 1990년대에 북한의 단군릉 발굴 사업과 무관하지 않다. 《단군설화집》의 저자 김정설은 '단군설화집을 내면서'에서 김일성의 교시에 따른 단군 관련 사료를 수집했을 뿐 아니라, 1993년 12월에 김일성이 직접 수집된 원고를 검토했다고37) 밝혀놓았다. 그러므로 단군설화가 날조된 것이라고 할 수는 없지만, 단군선양 작업과 정치적 의도가 개입된 것으로 해석하며 자료적 가치도 의심한다.38) 그러나 김일성의 역사관을 어떻게 보느냐에 따라 의심만 할 수 없다. 단군설화의 수집을 지시한 것만 봐도 예사롭지 않은 까닭이다.

구비사료의 비판적 수용은 반드시 필요하다. 사료비판의 일반화를 넘어서, 구비전승의 역사를 제대로 인식하지 못하거나, 역사전설과 인물전설 등 구비문학 자료들이 훌륭한 사료 구실을 하고 있다는 사실을 자각하지 못하는 것은 역사학의 치명적 한계이다. 수집된 구비사료가 있어서 비판적으로 이용하는 것과 아예 그러한 사료 자체가 없는 것은

---

33) 김정설, 《단군설화집》, 과학백과사전출판사, 1998.
34) 서영대, 같은 글, 152~156쪽에 자료목록과 분류가 자세하게 제시되어 있다.
35) 조희승, 《유구한 력사를 자랑하는 단군조선》, 사회과학출판사, 2004, 6~26쪽.
36) 서영대, 같은 글, 156~157쪽.
37) 김정설, 〈단군설화집을 내면서〉, 《단군설화집》, 과학백과사전출판사, 1998, 3쪽. 서영대, 같은 글, 159쪽 참조.
38) 서영대, 같은 글, 159~160쪽.

대단한 차이이다. 그러므로 남한에서는 북한과 같은 단군전설 조사 작업이 한 번도 이루어지지 못한 것은 부끄러운 일이라 할 수 있다.

남한에서는 설화 일반의 조사과정에서 우연히 수집된 것 가운데 단군 관련 설화가 10여 편 수집되었을 따름이다. 따라서 남한에서도 단군 및 고조선 관련 설화를 집중적으로 조사하면 상당히 많은 자료가 수집될 가능성이 있다. 의도적이고 체계적인 조사로 단군설화와 같은 고조선 관련 구비사료 확보가 긴요하다.

5. 사료의 갈래 확장과 생활사료의 설정

사료의 혁신적 확장을 위해서는 기존의 사료 형태나 유형을 뛰어넘어야 한다. 사학계에서 사료로 주목하지 않고 있는 것이 생활사료(living historical material)이다. 구비사료를 구술사 또는 구비역사로 일컬으면서 역사연구 자료로 적극 끌어들이는 것이 현단계 사학계의 수준이다. 미시사 연구와 더불어 역사연구의 대상을 생활사, 또는 민중생활사를 주목하는 단계까지 발전했으나 생활 자체를 사료로 간주하는 것은 아니다. 사학계에서 널리 이용하는 기존 사료 가운데 생활에 관한 내용에 관심을 기울이고 일상생활의 역사를 서술하는 것이 그동안의 생활사 연구이다. 그러므로 생활사 자체에 관한 연구는 진전되었으나 생활 현상을 사료로 끌어들여 역사학 일반을 혁신하는 단계까지는 나아가지 못했다.

생활사료는 생활사 자료이면서 역사학 일반의 해석을 새롭게 혁신할 수 있는 자료라는 점에서 생활사를 넘어서는 사료이다. 어떤 의미에서는 기존의 사료 유형보다 역사적 의미와 가치가 더 소중하다. 왜냐하면 생활사는 역사를 살고 있는 역사 현상 자체이기 때문이다. 역사를 살고 있다는 것은 역사를 기록하거나 말하는 것이 아니라, 역사를 실제 삶 속에서 실천하는 것이자 생활로서 자각하고 경험하는 것이다. 생활사료는 문헌사료나 역사서처럼 서재 속의 기록으로 잠자고 있는 것이 아니라 실제 생활세계 속에서 작동하고 있는 삶 자체인 까닭에 살아 있는 역사이다.

다시 말하면 생활사료는 사학자들이 쓰고 읽는 역사, 역사 교사가 가르치고 학생들이 배우는 역사가 아니라, 민중이 일상생활 속에서 살아가는 실제 삶의 역사이다. 지식인들이 익혀서 갖춘 지식으로서 역사, 지배층의 관념적 역사, 언어 속의 역사가 아니라, 민중들이 문화적 전통으로 전승하고 있는 실천으로서 역사, 피지배층의 실체적 역사, 생활 속의 역사가 생활사료이다. 따라서 생활사료는 사료이면서 생활이자 역사이다. 그러므로 생활사료는 사료의 한계를 극복한 진정한 역사이자 역사를 지속하는 현재진행의 역사라 할 수 있다.

현대사는 지금 여기의 삶이 사실상 역사이다. 현재의 생활 자체가 곧 현대사이다. 따라서 현대사의 가장 생생한 사료는 현대인의 생활양식 자체라 해도 지나치지 않다. 그러나 고조선처럼 수천 년 전의 까마득한 역사도 생활사료로서 현재의 실제 생활세계 속에 내포되어 있는가 의문이다. 왜냐하면 고조선 사람들은 진작 역사의 뒤안길로 사라졌기 때문이다.

현대생활 속에 과거의 생활이 내포되어 있어야 생활사료로서 의의가 있는데, 과연 현대인이 고대인의 삶을 살고 있는가 하는 문제를 제기하지 않을 수 없다. 유물이나 유적, 그림과 같은 물질사료들은 고대의 것이 유적지와 박물관, 고분 등에 지금도 실물대로 존재하고 있다. 아직 땅 밑에서 잠자고 있는 실물자료들도 많을 것이다. 그러나 대부분의 물질사료들은 실제 삶과 동떨어진 곳에서 그냥 거기 있을 따름이다. 다시 말하면 지금 우리들의 삶 밖에서 격리된 채로 존재하는 박제된 자료이다. 그러므로 사료로서 과거의 역사를 증언하는 데 기능적일 수 있다.

생활사료의 사정은 물질사료와 크게 다르다. 현실 생활과 떨어져 있어서는 생활사료가 될 수 없기 때문이다. 따라서 생활사료는 과거의 생활이면서 지금의 생활이기도 해야 생활사료 구실을 할 수 있다. 그런데 생활은 늘 가변적이어서 나날이 변화될 뿐 아니라 생활양식도 시대에 따라 달라지는 까닭에, 지금 여기 우리들의 생활에 사료 구실을 할 만한 과거의 생활이 끼어들 여지가 없는 것처럼 보인다. 더군다나 고조선시대의 생활이 지금 여기까지 지속된다는 것은 쉽게 납득하기 어렵다.

생활사료가 생경한 것은 사료로서 자질이 부족하거나 실제 역사 이해에 이바지를 하지 못해서가 아니라, 기존 사료의 틀에 갇혀 있는 탓이다. 생활이 끊임없이 바뀌는 까닭에 생활사료는 존재할 수 없다는 것은 문헌사학에 사로잡혀 구비사료를 하찮게 여기는 편견과 같은 당착이다. 문자기록의 고정성보다 구비전승의 가변성이 오히려 문헌사료의 한계를 보완해 주는 구술사료의 장점일 수 있다. 그러므로 구술사료를 홀대하는 기준에 따라 생활사료도 배척한다면, 전근대 수준의 진부한 역사학의 틀에 갇혀서 창조적 사학의 길을 막게 된다.

생활사료는 구술사료보다 더 많은 장점과 의의를 가지고 있다.[39] 왜냐하면 구술사료와 함께 복합적으로 전승되는 사료이기 때문이다. 생활사료는 구술사료의 동영상이라 해도 좋다. 오디오사료 수준의 구술사료에서 비약한 비디오사료가 바로 생활사료이다. 생활사료는 비디오사료의 동영상 수준도 넘어선다. 동영상은 시청할 수밖에 없는 하나의 영상물에 지나지 않는데, 생활사료는 실제 삶의 현장 속에서 직접 관찰 가능할 뿐 아니라, 스스로 체험하고 있는 현재진행의 실제 생활이기 때문이다. 한 개인의 일시적 생활이 아니라 한 민족의 집단적 생활로서 과거에서부터 미래까지 지속되는 사료인 까닭에, 한 마디로 최고의 사료가 생활사료라 할 수 있다.

---

39) 임재해, 〈고조선 '본풀이'의 역사인식과 본풀이사관의 수립〉, 《단군학연구》 21, 단군학회, 2009, 370~373쪽에서 생활사료의 장점을 구술사료와 견주어서 자세하게 다루었다.

존재양식이 복합적이고 총체적이라고 해서 최고의 사료는 아니다. 가장 중요한 것은 사료로서 역사적 사실의 증거 능력이다. 사료의 증거력은 사료 자체에 있는 것이 아니라 사료를 읽는 사학자들의 역사적 해석 능력에 있다. 따라서 중요한 것은 일상생활 속에서 역사적 증거를 포착할 수 있어야 한다. 사료는 따로 정해져 있다는 생각에 빠져 있으면 생활 속에서 역사를 발견해낼 수 없고 생활을 사료로 받아들일 수도 없으며, 역사해석으로 연결시키는 연구는 더욱 불가능하다. 문제는 사료를 결정하는 것이 사료 자체의 자질에 있는 것이 아니라, 사료로서 의미를 부여하고 역사적 해석의 역량을 발휘하는 학자의 자질에 있다는 점이다.

모든 것이 사료라고 생각하면 자연현상도 역사해석의 긴요한 자료이자, 하늘조차 역사를 새긴 소중한 사료일 수 있다. 이를테면, 별자리와 해, 달, 혜성 등의 관측 자료는 천문학의 자료에 한정되는 것 같지만, 역사적 사유에 따라 해석하게 되면 종래에는 상상하기 어려웠던 새 역사해석의 지평을 개척하게 된다. 실제로 천문학자 박창범은 '하늘에 역사가 새겨져 있다'고[40] 주장할 만큼 천체관측 자료를 역사 해석의 중요한 사료로 개척했다. 그 결과, 삼국시대 한국천문학이 동양에서 가장 발전했을 뿐 아니라, 일식 관측 지점이 중국 대륙이라는 결론을 이끌어내서 역사학계에 충격을 주었다.

민속학의 시각에서 보면, 민속 현상들은 과거의 전통생활을 이해하는 자료이자 생활사 이해의 사료 구실을 한다. 이를테면 한가위는 해마다 겪는 세시풍속으로서 현재의 민속현상인 동시에, 신라 초기 유리왕대 이전부터 지속되었던 한가위[41] 전통을 발견하는 구체적 생활사 사료이기도 하다. 만일 한가위를 세시풍속으로 전승하고 있지 않다면, 한갓 유리왕대의 기록이나 그 이후 기록으로[42] 한가위의 역사를 추론할

---

40) 박창범, 《하늘에 새긴 우리역사》, 김영사, 2002.
41) 《三國史記》卷1, 儒理尼師今 9年.
42) 隋書, 東夷傳, 新羅, "八月十五日 時設樂 令宦人射 賞以馬布"

따름이다. 그러나 한가위를 지금도 쇠고 있는 까닭에 한가위 풍속은 신라 초기 이전부터 지금까지 지속과 변화를 겪으면서 끊임없이 전승된 한국 고유의 명절이자,[43] 다른 명절과 달리 중국보다 훨씬 앞선 명절이라는[44] 사실도 알 수 있다.

지금의 한가위 풍속은 많은 변화를 겪었지만, 여전히 음력 8월 15일에 온 국민들이 명절로 쇤다는 점에서 일관성을 지니고 있을 뿐 아니라, 한가위의 오랜 역사를 실증하는 생활사의 살아있는 현장이다. 이러한 시각에서 보면, 과거의 역사를 증거하는 자료는 문헌사료와 유물사료, 구술사료와 함께 '생활사료'도 중요하게 다루지 않을 수 없다. 생활사료는 구체적인 매체가 문자나 물질이 아니라, 사람들의 생활양식이다. 이러한 생활양식은 민속학에서 보면 민속자료이지만, 역사학에서 보면 생활사료이자 실제 역사 자체이다. 그러므로 유리왕대의 한가위 기록보다 더 중요한 것이 현재 우리가 누리고 있는 한가위 풍속의 지속이다.

특히 본풀이사관의 논리적 근거를 제공한 공동체굿을 주목하면 생활사료의 현실적 기능은 한층 구체적으로 포착된다. 제주도 굿의 천지왕본풀이나 함경도 굿의 창세가처럼,[45] 굿을 시작하면서 우주사와 인류사를 거시적으로 노래한다. 굿에 따라서 중국사와 민족사, 가족사 또는 섬기는 신들의 역사도 노래된다. 굿판에서 역사를 서사적으로 노래하는 것이 본풀이이다.[46] 역사학에서 건국신화를 역사로 인정하지 않는 사람은 본풀이도 역사로 인정하지 않을 것이다. 그러나 굿에서는 본풀이가 곧 역사이다. 그러므로 '역사'의 본디 우리말은 '본풀이'라는

舊唐書, 東夷傳, 新羅, "新羅國中八月十五日 設樂飮宴 宵群臣射其庭"
43) 임재해, 〈아시아 세 나라의 세시풍속 비교〉, 최인하 외, 《기층문화를 통해 본 한국인의 상상체계》 하, 민속원, 1998, 37~38쪽.
44) 雄飛, '仲秋節起源的文化思考', 文史知識 11(中華書局, 1996), 46-48쪽.
45) 김헌선, 《한국의 창세신화》, 길벗, 1994에 관련 자료들이 집대성되어 있다.
46) 임재해, 〈고조선 '본풀이'의 역사인식과 본풀이사관의 수립〉, 《단군학연구》 21, 단군학회, 2009, 369쪽, "본풀이는 역사 이전의 역사를 풀어주는 원초적 역사이자, 기억하기 쉽고 전달하기 쉽도록 구조화된 이야기 역사이다."

것이다.

굿에서 문제해결 방식이 주술적인 방법에 의존해 있는 것 같으나, 본풀이를 중심으로 굿을 참여 관찰해 보면 주술의 비중보다 오히려 역사적 해결 방법에 더 의존해 있다. 왜냐하면 현실 문제의 원인을 반드시 과거사 속에서 찾아낼 뿐 아니라 그 과거사 가운데 잘못된 매듭을 풀어서 해결하는 까닭이다. 굿은 문제해결을 위하여 지금의 모순을 초래한 과거사의 오류를 찾아내는 일을 하는데, 그것은 역사의 추적이자 진단이다. 과거의 역사가 잘못되면 현재의 삶도 잘못될 수밖에 없다는 역사적 인과논리에 따라, 본풀이를 구연하며 과거사를 추적하는 것이 굿이다. 그러므로 본풀이사관은 이러한 굿의 역사의식을 근거로 성립된 것이다.

굿의 다음 단계는 과거사의 진단에 따라 현재의 문제를 해결하는 치유 방법이 마련된다. 조상 가운데 구천을 떠도는 원혼을 찾아 달래는 일을 하고 맺힌 한을 풀어주는 일을 하는 것이다. 다만 굿은 과거사에서 원인을 찾아내는 방법이나, 문제를 해결하는 방법이 주술적일 따름이다. 그러므로 굿을 한갓 주술로 취급하지만, 그 사유체계는 역사적일 뿐 아니라 현실 변혁적이며 미래지향적이다.

집안에서 좋지 않은 일이 계속 발생하여 굿을 하게 되면, 무당은 가족사에서 원인을 찾아내서 해결한다. 돌아가신 조상들 가운데 불행하게 죽은 분이나 한 맺힌 분의 영혼을 맞이하여 위무하고 맺힌 원한을 풀어서 문제를 해결한다. 가족들이 당면한 문제를 가족사에서 찾아 해결하는 것은 인문학문의 인과논리로 보면 상당히 합리적이다.

과거사가 잘못 되었는데 현재사가 잘 되리라 여기는 것은 역사를 부정하는 사고이다. 실제 역사는 우연일 수 있지만, 해석의 역사 또는 학문으로서 역사는 일정한 인과논리 위에 있다. 단편적인 사료에 따라 역사적 사건을 시대별로 열거할 뿐 역사의 전개과정을 인과관계에 따라 서술하지 않은 역사는 사실상 역사서술이라 하기 어렵다. 따라서 인과논리에 따라 과거를 주목하고 현실문제를 해결하는 굿은 상당히

역사적이라 할 수 있다. 그러므로 이 연구에서도 구석기와 신석기, 고
인돌과 적석묘를 제각기 다루지 않고 일정한 개연성을 갖춘 인과논리
속에서 해석한다.

집안굿보다 마을굿은 더 역사적 뿌리가 깊고 넓다. 공동체굿은 역
사적으로 지속된 사회체제의 구조적 모순에서 문제의 원인을 찾는다.
하회별신굿에서 반상의 신분차별과 남녀의 성차별 등의 문제를 드러내
서 풍자하는 것은 역사적으로 축적된 현실체제의 모순을 해결하기 위
한 것이다. 따라서 장기 지속적인 체제 모순을 탈춤으로 폭로하고 웃
음거리로 만듦으로써 바람직한 역사를 만들어 가려는 것이 하회별신굿
의 역사의식이다. 그러므로 하회별신굿은 하회마을의 7백 년 역사를
증언하는 굿일뿐만 아니라, 사회체제의 모순을 풍자하고 공동체 성원
들과 공유함으로써 진보적 역사를 만들어 가는 데 이바지하는 훌륭한
변혁의 생활사료라 할 수 있다.

6. 기존사료의 한계와 생활사료의 기능

역사학은 사람들이 살아오고 살아가는 삶의 역사를 통시적으로 주
목한다. 자연히 사람들의 삶이 가장 소중한 사료이다. 그런데 실제 상
황에서는 사람 없는 사료에 집착하고, 때로는 사람을 배제하기 일쑤이
다. 사람들의 삶이 곧 역사인데도, 역사학을 한다면서 사람들의 삶을
외면하고 사료 자체에 매몰된 사료주의에 갇혀 있는 것이다. 문제는
사학자 스스로 사료주의에 포로가 되어 있다는 사실을 자각하지 못하
는 까닭에, 문자로 기록된 사료나 유물과 유적을 사료로 주목하면서
역사 자체인 사람들의 실제 삶은 사료로 주목하지 않는다. 그러므로
생활사료를 발상조차 하지 못하는 것이다.

가장 대표적인 당착이, 일본정부가 한국 여성 위안부 강제 동원 사

실을 증거가 없다는 구실로 부정하는 일이다. 당시에 위안부로 강제 동원된 할머니들이 수십 명이 살아서 스스로 겪은 피해 사실을 생생하게 증언하고 있는 데도 일본의 극우주의자들은 증거가 없다는 것이다. 위안부 증거 부정론은 문헌 실증주의에 매몰된 제국주의자의 역사인식이자, 진정한 역사를 부정하기 위해 문헌기록만 증거라고 우기는 신식민주의자의 역사왜곡이다. 고조선의 역사를 부정하는 빌미도 실증할 만한 문헌사료가 없다는 데서 찾는다. 그러므로 고조선시대의 살아 있는 역사가 지금 여기서 지속되고 있지만 아무도 생활사료로 주목하지 않는다.

위안부 문제의 가장 생생한 증거이자 가장 직접적인 사료는 위안부로 강제 동원된 할머니들이며, 그 할머니들이 겪은 일들이다. 그런데 식민지배자들은 역사적 사실에 대한 가장 중요한 증거이자 당사자인 사람과, 가장 확실한 사료인 '사람들의 삶'을 배제한다. 기록을 소중한 증거이자 정확한 사료로 간주하느라, 역사의 주체인 사람과 사람들의 생활은 사실상 역사해석에서 제외시키는 것이다. 따라서 역사학은 역사학이 아니라 사료학이라는 한계가 여기서도 드러난다. 그러므로 역사학의 한계는 살아 있는 역사의 주체는 제쳐 두고 죽어 있는 기록을 사료로 주목하는 데 있다.

기록사료 중심의 문헌사학에 매몰되면 위안부의 역사는 있어도 없는 것으로 간주된다. 위안부의 역사는 끝난 것이 아니라 지금도 계속되고 있는 살아 있는 역사이다. 위안부 할머니들이 고령화로 돌아가시는 것이야말로 위안부 역사의 소멸에 해당된다. 그러나 그들이 버젓이 살아 있는데도, 관련 기록이 없다는 이유로 위안부 역사를 부정하는 것은 곧 생생한 역사를 지워 버리는 일이자 해당 위안부를 두 번 죽이는 셈이다. 이처럼 죽은 사료로 살아 있는 역사를 부정하는 것이 제국주의의 식민사학이다. 따라서 사료 실증주의는 사실상 식민사학과 동거하는 셈이다. 그러므로 식민사학의 역사왜곡을 막기 위해서도 생활사료를 중요한 역사연구 자료로 설정하지 않을 수 없다.

역사가 있어서 사료가 있을 뿐 사료가 있기에 역사가 있는 것은 아니다. 사료야말로 역사에 따라서 있고 역사를 기억하기 위해 있는 것이다. 자연히 사료는 역사에 종속된 자료일 따름이다. 그런데 역사학은 거꾸로 가고 있다. 사료가 역사의 주인 노릇을 하는 반면에 역사가 사료의 종노릇을 하도록 만드는 까닭이다. 역사와 사료의 본말을 완전히 뒤집어서, 사료가 있어야 역사도 있다고 우기는 것이 사료주의 실증사학의 맹점이다.

이처럼 역사를 사료에 종속시키는 것은 사료를 우상화하는 작업일 뿐 아니라, 마침내 실제 역사와 다른 역사 왜곡의 길을 만들어주는 셈이다. 왜냐하면 사료 조작으로 엉뚱한 역사를 만들어내기 때문이다. 이를테면, 아무런 공적이 없어도 공적기록이 있으면 공적을 인정하는 까닭에 공적기록을 조작하는 폐단이 발생한다. 실제로 하지 않은 일을 기록으로 남겨서 한 일처럼 조작하는 기록 중심의 사료주의에서 벗어나야 역사 조작과 역사 왜곡의 사학을 극복할 수 있다.

기록과 유물은 상황에 따라 조작 가능하지만 문화적 전통으로 이어지고 있는 실제 생활은 조작이 불가능하다. 왜냐하면 생활사료는 개인적인 것이 아니라 집단적인 것이며 공동체의 문화현상으로 지속되는 것이기 때문이다. 민족공동체가 집단적으로 전승하며 공유하고 있는 문화적 전통을 어느 개인이 임의로 조작하는 것은 불가능한 일이다.

한국 고유의 명절인 한가위 역사를 부정하기 위해 누가 한가위 명절의 전통을 중단시킬 수 있을까. 한국 설의 전통을 말살하기 위해 조선총독부와 군부정권이 양력설을 강요했지만, 국민들의 오랜 생활사를 바꾸지 못했다. 따라서 민주화가 진전되자 민속의 날로 설명절을 인정하다가 대세를 바꿀 수 없어서 구정으로 폄시하던 음력설을 정부가 공식적인 설로 회복시켜서[47] 지금에 이르고 있다.

---

47) 민심의 흐름을 거역하여 양력설을 표방하다가 1985년에 음력설을 '민속의 날'로 정하여 공휴일로 지정했다. 그러자 억지춘향으로 양력설을 쇠던 사람들이 모두 음력설을 쇠게 되자 1989년 음력설을 3일 연휴로 정하고 설의 본

그러나 더 뿌리 깊은 우리 설은 음력설이 아니라 양력의 동지설에 있다. 고대에는 동지설을 쇠었다는 설의 역사도 동지에 팥죽을 먹는 식생활의 전통으로 입증한다. 실제로 신라 중기인 효소왕대에 이르러 695년에서 699년까지 5년 동안 동짓달을 정월로 삼았다.[48] 자연히 당시에는 동짓날이 설이었을 것으로 추론된다. 왜냐하면 문헌에는 동지를 아세(亞歲)라 하여 작은설로 기록했고 최근까지 세간에서도 동지를 작은설이라 일컬을 뿐 아니라, '동지 팥죽을 먹어야 나이 한 살을 더 먹는다'는 관념 아래 팥죽을 먹어왔기 때문이다.

더 주목할 만한 문제는 생활사가 설의 역사는 물론 과학적인 동지설의 진실을 알려주고 있다는 사실이다. 지금 세계가 공통으로 쓰는 태양력의 설은 천문학적으로 정확한 한 해의 첫날이라 할 수 없다. 양력 1월 1일은 해의 일년 공전주기를 나타내는 첫날이 아니기 때문이다. 하루의 첫시는 자시(子時)이고 한 달의 첫시는 초하루인 것처럼, 해나 달이 가장 소실되었다가 살아나기 시작하는 시점을 첫시로 잡는다.

일년의 기점도 태양력으로 한다면, 해가 가장 짧은 날인 동지가 바로 그 기점이다. 동지가 지나면 해가 다시 길어지기 시작한다. 따라서 낮이 가장 짧고 밤이 가장 긴 날이 일년의 기점이 되는 설날이라면, 당연히 동짓날이 설이어야 마땅하다. 그러므로 해의 일년 주기로 볼 때 해가 죽어가다가 동지를 거치면서 다시 살아나기 시작하는 동지를 설날로 삼는 것이 가장 과학적이라 할 수 있다.

우리는 중국의 태음력 중심 역법을 가져다 쓴 까닭에 민족 고유의 설 전통이 없는 것처럼 인식될 수 있다. 그러나 동지 팥죽을 먹어야 나이를 한 살 더 먹는다는 동지 절식의 관행은 그러한 오해를 극복하는 생활사료이다. 따라서 요즘 우리가 쓰는 양력이나 음력과 다른, 천문학적으로 더 정확한 태양력 중심의 역법을 수립하고 실제 역법으로

디 명칭도 회복시켰다.
48) 효소왕(孝昭王) 4년(695)에 음력 11월 곧 동짓달을 정월로 정하였다가 700년에 다시 1월을 정월로 정하였다.

사용했다는 사실을 끊임없이 증언해 주고 있는 최고의 사료가 동지팥
죽이다. 그러므로 동짓날 먹는 팥죽의 절식문화는 고대의 동지설을 증
언하는 과학적 사료일 뿐 아니라, 건국시조를 해와 같은 존재로 인식
하던 태양시조사상의 전통과 태양력의 역사적 뿌리를[49] 증언하는 아
주 긴요한 생활사료이다.

문제는 이러한 생활사료를 사료로 포착하지 못하고 역사적 해석을
할 수 있는 연구 역량이 없다는 점이다. 생활사료에는 역사적 단절이
라는 것이 없다. 왕조가 교체되고 나라가 바뀌어 국호조차 달라져도
사회체제가 유지되고 있는 한 생활사료는 사람들의 생활세계 속에 지
속되기 마련이다. 생활사료에 단절이 없는 것처럼 실제 역사도 사실상
단절이란 없다. 모든 역사는 통시적으로 지속되는 까닭에 분기점을 이
루는 고비는 있을 지라도 단절이란 존재하지 않는다.

그러나 기존 사료들은 구비사료를 제외하고 모두 정지되어 있다.
문헌사료든 물질사료든 역사의 특정 시점에 머물러 있다. 그것은 장점
이자 단점이다. 고정적이라는 점에서 증거력에 신뢰성을 확보하고 있
는 장점이 있으나, 역사는 지속되는 것인데 역사를 증언하는 사료는
마치 박제된 역사처럼 멈추어 있기 때문에 단점이다. 그러나 생활사료
는 기존 사료들과 달리 역사의 특정한 시점에 대한 기록으로 멈추어
있는 것이 아니라, 지금까지 지속되고 있는 역사적 사실로 살아 생동
하고 있다는 데 가장 큰 장점이 있다.

역사는 지속되는 까닭에 변화하며 변화하기 때문에 지속된다. 생활
양식이나 문화현상도 마찬가지이다. 변화하지 않으면 지속될 수 없고
지속되지 않으면 변화할 수 없다.[50] 지속과 변화는 동시적인 개념이자
변증법적 관계에 있는 까닭이다. 변함없는 역사를 기대하는 것은 사실

---

49) 임재해, 〈건국본풀이로 본 시조왕의 '해' 상징과 정치적 이상〉, 《比較民俗學》
    43, 比較民俗學會, 2010, 500~502쪽 참조.
50) 임재해, 《민속문화를 읽는 열쇠말》, 115쪽 참조. 126쪽, "변화되기 때문에
    단절되지 않고 역사적으로 지속되며, 지속되는 까닭에 현실적으로 변화될 수
    밖에 없는 사실이야말로 문화적 역동성으로 주목해야 할 가치"이다.

상 역사의 통시적 지속을 부정하는 자가당착이다. 생활사료처럼 변화하는 것이 진정한 역사이다.

모든 살아 있는 것은 움직이며 변화한다. 건강한 생명일수록 더 역동적으로 생동한다. 죽음이란 곧 움직임을 멈춘 것이다. 고정되어 있는 생명이란 존재할 수 없다. 식물인간조차 살아 숨쉬며 신진대사를 한다. 살아 있는 역사도 고정될 수 없다. 문자로 고정된 역사는 이미 죽은 역사이다. 따라서 생활사료와 달리 기존 사료는 모두 죽은 역사의 기록이다. 생활사료로 살아 있는 역사가 무엇인가 하는 것을 확인할 수 있어야 역사란 현재진행형이라는 사실을 재발견하게 되고, 역사유전자 의식과 함께 문화적 전통의 가치를 제대로 이해할 수 있다. 그러므로 생활사료는 역사를 재발견하는 구실과 함께 역사의식을 깨치게 하는 구실까지 담당하게 된다.

7. 역사 부정의 사료 해석과 살아 있는 역사

역사가 살아 있는 것이라면 사료는 역사의 주검이다. 역사의 주검인 사료를 우상화하면서 살아 있는 역사를 외면하는 것이 문헌사학의 한계이다. 사료를 곧 역사로 착각하는 데서 벗어나야 문헌사료 중심의 역사연구가 지닌 한계를 극복할 수 있다. 사료라는 것은 역사가 아니라, 역사를 말해주는 한갓 증거물일 따름이다. 가장 역사에 가까운 실상을 보여주는 사료가 생활사료이다.

역사학이 무엇인지 가장 실감 나게 일깨워주는 것이 《조선시대 사람들은 어떻게 살았을까》[51] 하는 질문이다. 역사학은 곧 이러한 질문에 답하는 것이다. 그 시대 사람들은 이렇게 살았다고 말하는 것이 진

---

51) 한국역사연구회, 《조선시대 사람들은 어떻게 살았을까》, 청년사, 2005.

정한 역사이다. 그런데 정작 역사학자들은 이 질문에 답하는 역사 서술을 하지 않고, 조선시대 사람들이 남긴 기록은 무엇인가에 관심을 기울이고 말았다. 다시 말하면, 《조선시대 사람들은 어떤 기록을 남겼을까》 하는 질문에 답하는 것이 역사학인 것처럼 착각하고, 문헌사료에 매달렸던 것이다. 문헌 중심의 사료주의 사학에서 벗어나야 조선시대 사람들의 역사를 생생하게 재구성할 수 있다.

"00시대 사람들은 어떻게 살았을까?" 묻고 답하는 것이 역사서술이라면 생활사료야말로 가장 훌륭한 사료이다. 생활사료는 이렇게 살았다고 말하는 것이 아니라, 이렇게 살고 있다고 현재 상황을 보여주면서 역사적 상황도 유추하게 만드는 까닭이다. 연대기적 정보가 없어서 사료가 아닌 것처럼 인식되는데, 단절된 사건의 나열인 연대기적 역사보다 오히려 삶의 통시적 전개과정을 발전단계에 따라 보여주는 위상적 역사가 더 바람직한 역사이다. 어느 해에 무슨 일이 일어났는가 하는 사실보다, 어떤 일이 원인이 되어 그때 그런 일이 일어났는가 하는 사실을 아는 것이 역사연구의 본질이며, 역사를 근거로 현실문제를 해결하고 미래사를 전망하는 것이 역사연구의 목적이다.

이러한 역사학의 본질과 목적을 고려할 때, 살아 있는 역사로서 생활사료를 주목하지 않을 수 없다. 왜냐하면 역사적으로 살아왔고 현재도 살고 있으며 앞으로도 살아갈 것이라는 사실을 생생하게 보여주는 생활사료 자체가 가장 객관적인 역사적 실체이기 때문이다. 쑥과 마늘을 과거에도 줄곧 먹었고 지금도 먹고 있으며, 앞으로도 먹을 것이다. 그러므로 환웅신시의 역사를 입증하는데, 쑥과 마늘의 생활사료보다 더 생생한 입증 근거가 없다고 해도 지나치지 않다. 생활사료는 그 자체로서 현재진행의 역사이기 때문에 굳이 다른 사료로 입증하는 과정을 거치지 않아도 좋다.

이를테면, 하회마을에서 하회별신굿을 하면서 탈춤을 추었던 사실은 어떤 문헌에도 기록으로 남아 있지 않다. 하회탈춤은 고려 중기부터 일제강점기까지 약 6백 년 이상 전승되어 왔으며 지금 중요무형문화재 69호로 지정되어 계속 전승되고 있다. 하회탈춤에 관한 문헌사료가 없기 때문에 있었던 하회탈춤의 역사도 없었던 역사라 할 수 있을까. 하회별신굿과 탈춤이 증언하는 하회마을의 오랜 역사는 기록에 없다는 이유로 부정되어도 좋은가.

만일 하회탈춤이 별신굿과 함께 최근까지 전승되지 않았다면, 하회탈이 국보 121호로 지정될 수도 없고 하회별신굿과 하회마을의 역사도 제대로 밝혀질 수 없다. 하회별신굿과 함께 전승되는 허도령 전설이 하회탈의 유래는 물론, 하회마을 성씨교체의 역사까지 증언하고 있다. 그러므로 하회탈춤은 하회별신굿의 역사를 스스로 보여줄 뿐 아니라, 하회의 마을사까지 증언하는 사료 구실을 하고 있다.

하회탈춤이 조사보고되자, 1964년에는 하회탈이 국보로, 1980년에는 하회별신굿탈놀이가 중요무형문화재로, 1984년에는 하회마을이 국가중요민속자료(122호)로 지정되는가 하면, 1997년에는 하회탈춤을 매개로 안동국제탈춤페스티벌이 개최되어 지금에 이르고, 2010년에는 하회마을이 유네스코 지정 세계문화유산으로 등재되기에 이른다. 그러므로 하회탈춤은 하회마을 별신굿의 역사와 생활세계를 보여주는 생활사료이자, 하회마을의 현재사를 만들어가는 문화적 전통의 핵심이면서, 하회마을과 지역사회의 미래사를 열어가는 살아 있는 역사라 할 수 있다.

민속학자들의 하회탈춤 조사연구 결과에서 보는 것처럼, 생활사료의 발굴과 복원은 단절된 전통을 회복하는 것에 머물지 않고 새 역사로 거듭나게 만드는 것이다. 독창적인 생활사는 마을의 문화라 하더라도 지역의 문화에서 민족의 문화, 세계의 문화로 성장할 수 있기 때문이다. 따라서 특정 시점에 멈추어 있는 죽은 사료들과 달리, 생활사료는 통시적 지속성과 함께 공시적 확장성을 지니며, 역사 창조력까지 발휘하는 생명력을 지녔다. 더군다나 생활사료는 사료이면서 살아있는 역사 자체이기 때문에 별도의 검증이 불필요하다. 오히려 문헌사료나 유물사료에서 입증이 불가능한 사실은 물론, 아예 사료조차 없는 사실을 생활사료로 검증할 수 있다.

따라서 진정한 역사 발굴은 생활사료를 찾아내는 일이다. 민속조사 활동은 곧 생활사료를 만나는 길이다. 일연이 《삼국유사》 서술을 위해 수많은 현지조사로 민중생활과 구비역사를 수집하였다. 문헌사료와 함께 생활사료 발굴작업을 기초로 역사를 서술한 것이 《삼국유사》이다. 그러므로 일연의 《삼국유사》 정신을 계승하는 길은 그 목판을 다시 새기는 동어반복이[52] 아니라, 역사의 현장을 답사하고 사료를 수집하여 기록하는 일이다.

8. 본풀이사관으로 읽는 고조선시대 역사

고조선시대의 사료를 일컬어 '단군신화'라 일컫게 되면 단군에 가려서 '환웅신시'의 역사가 보이지 않게 되는 것은 물론, 사료로서 가치를 인정받지 못하게 된다. 역사의 우리말인 '본풀이' 대신에 Myth의 번역어인 '신화'로 일컬어지면서, 역사가 아니라 '만들어진 이야기'로 간주된다. 일본학자들은 아예 일연의 《삼국유사》 '고조선'조를 두고 중의 망설(妄說)로 규정한다.[53] 《삼국유사》에 기록된 단군 관련 사료를 '만들어진 신화'라고[54] 하는 것은 곧 일연이 역사를 날조했다는 말이다.

'고조선'조 《고기》의 내용을, '단군신화'로 일컫지 않고 굳이 '고조선본풀이'로[55] 일컫는 것, 또는 식민시기의 번역어인 '신화' 대신에 '본

---

52) 한국고대사학회가 주관한 '《삼국유사》 목판사업에 관한 학술토론회'(2016년 11월 5일, HJ컨벤션센터)에 참여해서 '사학계에서 일연의 역사정신을 계승한다면, 목판을 다시 새기는 일에 막대한 재성을 낭비힐 것이 아니라, 《삼국유사》의 역사현장을 답사하고 보고서를 작성하여 21세기 삼국유사를 새로 만드는 일을 해야 한다'고 주장했다.

53) 나카 미치요(那珂通世) 지음/신종원 옮김, 〈朝鮮古史考〉, 《인본인들의 단군연구》, 한국학중앙연구원, 2005, 165~166쪽에서, 《삼국유사》 '고조선조'의 기록을 승도(僧徒)의 망설(妄說)이라 했다.

54) 송호정, 《단군, 만들어진 신화》, 산처럼, 2004.

풀이'라는 용어를 쓰고자 하는 것은56) 두 가지 의미가 있다. 하나는
신화가 아닌 본풀이의 우리말에 역사적 의미를 적극적으로 부여하기
위해서이며, 둘은 신화를 역사에서 배제하는 기존논의를 극복하기 위
해서다. 왜냐하면, "신화와 역사를 구분할 필요가 있다. 신화를 그대로
믿으면 상식에서 벗어나게 된다."고57) 하면서 단군이 고조선을 건국한
서기전 2333년의 역사는 사실이 아니라 한갓 신화에 지나지 않는다고
가르치는58) 까닭이다.

고조선 조의 사료를 신화로 규정함으로써 역사가 아니라고 하는 데
에는 두 가지 편견이 있다. 첫째, 신화는 한갓 만들어낸 허구의 이야기
라는 부정적 편견이며, 둘째, 역사는 객관적 사실이라는 실증주의적 편
견이다. 따라서 역사를 신화의 반대 지점에 두기 위해 역사를 과학으
로 자리매김하는 것이다. 그러나 신화는 허구로 구성된 것이되 과거의
역사를 갈무리하고 있으며, 역사는 문학성을 띤 까닭에 과거의 사실이
지만 허구로 서술되기 마련이다. 신화는 역사 이전의 역사이며 초과학
이기도 하다. 그러므로 신화와 역사는 허구와 과학으로 대립되는 것이
아니라, 서로 어깨를 겯고 함께 가는 것이다.

신화와 역사는 둘이면서 하나이다. 역사를 이야기하는 신화는 역사
이며, 역사를 근거 없이 서술한 역사는 신화이다. 따라서 둘은 상호주

---

55) 고조선 조에서 인용한 《고기》의 내용을 흔히 단군신화라고 일컬어서 고조선
    시기의 역사를 부정하는데, 나는 신화부정론의 한계를 극복하기 위하여 '고
    조선본풀이'라고 한다. 고조선본풀이를 더 분석적으로 다룰 때는 '환웅본풀
    이'나 '신시본풀이', 또는 '단군본풀이'나 '조선본풀이'로 일컫는다. 본풀이는
    굿에서 노래되는 서사무가로서 흔히 무속신화라 일컫기도 하는데, '신성한
    시작의 역사'를 뜻하는 말이다. 그러므로 본풀이는 역사를 뜻하는 우리말이
    라 할 수 있다.
56) 임재해, 〈'신시본풀이'로 본 고조선문화의 형성과 홍산문화〉, 《단군학연구》
    20, 단군학회, 2009, 329~394쪽에서 이 문제를 제기하여, 〈고조선 '본풀이'
    의 역사인식과 본풀이사관의 수립〉, 《단군학연구》 21, 단군학회, 2009, 351~
    408쪽에서 본격적으로 주장하고 아예 '본풀이사관'으로 표방했다.
57) 전국역사교사모임, 《살아있는 한국사교과서 1》, 휴머니스트, 2002.
58) 성삼제, 《고조선 사라진 역사》, 동아일보사, 2005, 24-25쪽.

관성 속에서 만나 소통할 필요가 있다. 인문학문의 기초로서 상호주관적 의사소통을 중요하게 주장하는 칼 오토 아펠(Karl-Otto Apell)은 '상호주관적 이해 없이 전제된 의사소통에 의해 객관적 지식이 가능하다는 논리 실증론'을 두고 '방법론적 유아론'으로 간주한다. 왜냐하면 '과학적 실증주의를 위해 공식화된 언어를 구성하는 점이 바로 해석학적 의사소통의 문제를 말소해 버리기 때문이다.'59)

과학적 실증론은 고조선 사료를 신화로 간주하여 역사에서 배제해 버림으로써 해석학적 의사소통 자체를 아예 봉쇄해 버리는 방법론적 유아론에 빠져 있는 셈이다. 방법론적 유아론은, 모든 민족의 고대사 서술이 신화로 이루어진다는 역사학의 기본 상식조차 무시하게 된다. 실증사학의 유아론으로 건국신화를 배제하는 것은 사실상 고대사의 지평을 가두는 일이다. 따라서 고조선시대 사료를 신화로 호명하면, 실증사학의 장벽을 넘어서기 어려우며, 신화와 역사는 다르다는 형식 논리를 극복하는 데 장애가 된다. 그러므로 일본식 번역어 신화보다 오히려 역사적 내력을 이야기로 풀어주는 '본풀이'란 우리말 용어가 더 적절하다.

'본풀이'는 근본 내력을 풀이하는 이야기로서 역사(history)를 뜻하는60) 우리말이자, 세간에서 널리 써오던 생활세계의 일상 언어이다. 역사의 우리말을 제대로 알아야 우리의 생각과 시각으로 우리 역사를 제대로 이해하고 서술할 수 있다. 세간에서는 예전부터 본풀이라는 이름으로 역사를 구비전승했다. 따라서 단군신화도 단군본풀이라고 해야 고조선시대의 사료를 허구적 신화로 왜곡하지 않고 온전한 사료로 해석할 수 있다. 단군신화로 규정되어 일컬어지는 《고기》의 사료도 본풀이로 일길이지고 본풀이익 논리로 해석하면 고조선의 역사가 제대로

---

59) T.K.Seung 지음/나경수 옮김, 《구조주의와 해석학》, 전남대학교출판부, 2009, 319~320쪽.

60) 본풀이의 1차적인 뜻은 '역사'이지만, 2차적인 뜻은 신성한 역사를 구술하는 '무속신화'이다. 그런데 학계에서는 본풀이가 2차적인 뜻으로만 알려져 있다.

살아나기 시작한다. 이처럼 본풀이 사료가 본풀이사관을 생성하고, 본 풀이사관이 본풀이 사료를 새로운 역사로 해석하는 것이다.

본풀이는 과거의 근본 내력을 푸는 데 목적이 있는 것이 아니다. 현실의 문제를 해결하고 미래의 대안을 제시하기 위해 과거를 되돌아 보는 것이다. 따라서 본풀이사관은 현실적인 문제의식에서 과거사를 주목하고 미래를 예측하고 전망하는 데 목적을 두고 있다. 그러므로 본풀이사관에서 과거사는 현실 문제를 해결하고 밝은 미래를 만들어가 기 위한 원인론적 추론의 대상일 뿐이다. 왜냐하면 본풀이사관은 통시 대적 역사관이자, 현실문제 극복을 위한 대안적 역사관이기 때문이다.

본풀이사관으로 보면, 《삼국유사》에 인용된 《고기》의 내용도 달리 보인다. 신화라 하더라도 '단군신화'가 아니라 '환웅신화'로 포착되는 까닭이다. 단군에 관한 역사적 행적은 거의 다루지 않고 대부분의 내 용은 환웅의 신성한 출현과 역사적 행적에 집중되어 있다. 그러나 이 것은 양적 인식이고 질적 인식에 이르면, 사료 해석이 크게 달라진다. 왜냐하면 진정한 건국본풀이는 단군조선이 아니라 환웅신시이기 때문 이다.

홍익인간의 건국이념이나 재세이화의 통치방식은 물론, 태백산 신 단수, 탐구인세, 천부인 3개, 우사·운사·풍백, 그리고 주곡·주명·주병· 주형·주선악 등[61] 구체적 국가 경영 내용을 갖춘 까닭에, 건국신화로 서 핵심 내용은 모두 환웅의 신시 건국사에 관한 것이다. 단군조선의 건국에는 국가의 형식만 있을 뿐 환웅신시와 같은 건국사 관련 핵심 내용이 전혀 없다. 따라서 《고기》의 사료는 환웅의 신시건국 이야기를 중심에 두고 단군의 조선건국 이야기를 말미에 덧붙인 고조선본풀이라 는[62] 결론에 이르게 된다. 한마디로 말하면, 이 사료는 단군신화가 아

---

61) 《三國遺事》卷1, 紀異1, 古朝鮮－王儉朝鮮, "昔有桓因(謂帝釋也) 庶子桓雄 數意 天下 貪求人世 父知子意 下視三危太伯 可以弘益人間 乃授天符印三箇 遣往理之 雄 率徒三千 降於太伯山頂(卽太伯今妙香山)神壇樹下 謂之神市 是謂桓雄天王也 將風 伯·雨師·雲師 而主穀·主命·主病·主刑·主善惡 凡主人間三百六十餘事 在世理化."
62) 임재해, 〈한국신화의 주체적 인식과 민족문화의 정체성〉, 《단군학연구》 17,

니라 환웅신화, 곧 환웅본풀이라 할 수 있다.

환웅신시와 단군조선을 아우르는 고조선의 역사를 서사적 구조로 담고 있는 것이 흔히 단군신화로 일컬어지는 고조선본풀이라 할 수 있다. 고조선본풀이의 근본은 환웅본풀이로서 환웅천왕의 신시고국 나라굿에서 구송되었을 것이다. 뒤에 환웅의 후손 단군이 조선을 건국하자, 환웅의 신시본풀이에 단군의 행적을 노래하는 단군본풀이가 간략하게 덧보태어져서 《고기》의 사료와 같은 고조선본풀이가 구연되었을 것이다.

이러한 나라굿의 전통은 부여의 영고, 고구려의 동맹, 예의 무천 등으로 이어지고, 이때 구연되었던 본풀이의 역사적 내용은 후대의 여러 문화와 예술을 생산하는 원천이 되었다. 곰과 범이 환웅을 찾아와서 인간이 되고자 했던 사건이 가장 중요한 역사적 사실로 각인되어, 고구려벽화 각저희(角抵戱)에는 신단수 그림으로 그려져 있고, 고구려의 금동장신구 환웅천조상(桓雄天鳥像)(230쪽 그림 16 참조)[63]에도 고스란히 형상화되어 있다.[64]

환웅은 하늘에서 강림한 태양 상징의 천왕으로서 천조(天鳥)를 상징동물로 삼고 홍익인간 이념을 표방하며, 신단수를 상징식물로 삼아 지상에 붙박이 생활을 함으로써 주곡(主穀)을 으뜸으로 농경문화를 이끌어 가는 재세이화(在世理化)의 전통을 수립했다.[65] 환웅이 보여주는 천손강림의 시조왕 체계는 6촌촌장의 천손강림 구조로 이어지고, 신시고국의 태양시조사상과 홍익인간 이념은 신라 박혁거세의 밝은 빛 사상과 광명이세(光明理世)의 전통으로 지속되었다.

단군학회, 2007, 275~278쪽에서 자세하게 다루었다.

63) 徐秉琨・孫守道, 《中國地域文化大系》, 上海遠東出版社, 1998, 129쪽, 그림 149, 朴仙姬, 《고조선 복식문화의 발견》, 지식산업사, 2011, 362쪽에서 재인용.

64) 고구려 각저총 각저희의 신단수 그림과 환웅천조상을 형상화한 금동장신구에 대한 역사적 해석은 6장에서 본격적으로 다루어진다.

65) 환웅족의 태양시조사상과 홍익인간 이념, 재세이화의 전통은 다음에 본격적으로 논의될 것이다.

천손으로서 천제권을 지닌 환웅천왕은 태양을 천신으로 숭배하는 제천행사를 국중대회로 개최하며,[66] 태양조(太陽鳥)를 상징하는 삼족오를 토템동물로[67] 사용함으로써, 곰족과 범족의 토템과 구별되는 민족 정체성을 확립했다. 태양시조사상과 홍익인간 전통은 고구려 신라, 고려시대까지 이어지는 관념적 지배문화였다면, 쑥과 마늘을 먹는 식생활 전통과, 한곳에 붙박이로 사는 좌식형 주생활 전통은 생활세계의 일상문화로서 지금까지 두루 누리고 있을 뿐 아니라, 앞으로도 지속될 미래문화이다. 마을에서 신수로 당나무를 섬기는 신앙이나[68] 무당이 굿을 할 때 나무를 잡고 내림굿을 하는 양식도, 환웅이 하늘에서 강림한 신단수의 전통에 뿌리를 두고 있다.

문화유적과 유물은 물론, 민중들의 일상생활과 민속신앙이 신시고국의 역사를 구체적으로 증언하고 있는 생활사료이다. 따라서 지금 여기서 살고 있는 우리들의 생활세계를 사료로 삼아서 고대사 연구의 새로운 자료로 적극 끌어들여야 사료 부족의 한계를 극복하고 고조선문명을 제대로 포착할 수 있다. 역사학은 통시적인 학문이라는 점을 자각하고, 고대사를 고대사 자료로만 연구해야 한다는 고정관념을 극복해야 한다. 역사는 통시적으로 지속되고 있는 현재진행형인 까닭에, '고대사가 현대사이고 현대사가 고대사'라는 변증법적 인식이 필요하다.

지금 여기의 나는 현재의 나이지만, 그 속에 과거의 삶이 저장되어 있는 것은 물론 미래의 삶까지 품고 있는 것이다. 따라서 어느 순간 한 인간을 만난다는 것은 그 사람의 현재는 물론 과거와 미래까지 만나는 것이다. 역사도 마찬가지이다. 현대사 속에 과거사와 미래사가 내

---

66) 고대의 제천의식과 국중대회 양식에 대해서는 홍산문화 유산의 제단 유적을 중심으로 11장에서 자세하게 논의한다.

67) 6장에서 고구려의 금동장신구인 '환웅천조상'을 자세하게 분석하여 신시고국의 토템문화 전통과 삼족오 토템을 해명한다.

68) 崔南善, 〈檀君神典의 古意〉, 東亞日報, 1928년 1월 1일-2월 28일, 《六堂崔南善全集》 2, 玄岩社, 1997, 210-212쪽; 金載元, 《檀君神話의 新研究》, 探究堂, 1947, 73쪽 참조.

포되어 있을 뿐 아니라, 과거사 속에서 현재사는 물론 미래사까지 읽어낼 수 있어야, 역사학이 통시적 학문으로서 특성을 확보하고 통찰의 학문으로서 거듭 날 수 있다.

역사란 단절된 사실이 아니라 연속적인 흐름이기 때문에 고대사라 하여 그때 거기에 머물러 있다가 사라진 것이 아니라, 지금 여기의 삶속에 살아 있는 동시에 미래를 향해 나아가고 있는 유기적 실체이다. 따라서 역사는 교체되고 단절되는 것이 아니라 지속되고 축적되며 변화되는 것이라는 인식이[69] 필요하다. 특히 왕조사나 정치사, 전쟁사 중심의 구태의연한 사학이 아니라, 미시사 중심의 민중사나 생활사, 문화사 중심의 사학을 하게 되면, 통시적 흐름의 지속과 변화를 더 생생하게 실감할 수 있다. 조선왕조는 종말을 맞이하고 사라졌지만, 당시의 민중생활사나 유교문화의 전통은 지금도 지속되고 있기 때문이다.

따라서 분과학문의 경계를 뛰어넘어 다학문적 통섭학으로 나아가야 할 뿐 아니라, 역사학 내부에서도 고대사와 중세사, 근현대사의 시대구분에 따라 전공을 나누어 역사연구를 하는 것은 통시적 학문으로서 역사학의 학문적 정체성을 훼손하는 것이다. 나는 진작 이러한 판단 아래 단선적인 왕조교체사와 시대 단절의 역사학을 비판하고 민속사의 지속과 변화를 주목하여 새로운 시대구분론을 펼쳤다.[70] 그러므로 고대사와 현대사를 단절된 역사로 보지 않고, 고대사를 보면 현대사의 뿌리를 알 수 있으며 현대사를 보면 고대사를 소급하여 포착할 수 있어야 한다.

우리 민족이 이웃 민족과 달리 여전히 쑥과 마늘을 먹고 있는 식생활만 주목해도, 곰과 범이 인간이 되고자 환웅을 찾아온 사실과, 환웅족이 주체가 되어 곰족과 연맹하여 고대국가를 새로 건국한 사실을

---

69) 임재해, 〈민속사의 인식과 시대구분의 모색〉, 《한국민속사입문》, 지식산업사, 1996, 28쪽 참조.
70) 林在海, 〈韓國民俗史 時代區分의 實際와 歷史認識의 展望〉, 《한국학연구》 1, 단국대학교 한국학연구소, 1994, 189~254쪽.

포착할 수 있다. 식생활 전통과 같은 생활사료를 보면 고조선시대의
환웅신시 역사를 부정할 수 없다. 그러나 실증주의를 표방하는 식민사
학은 이른바 단군신화를 신화일 뿐 역사가 아니라는 논리로 환웅신시
는 물론 단군조선까지 민족사에서 배제하고 있다. 그러므로 다음 장에
서는 단군조선 부정론을 비판하면서 사료 해석의 논리를 새로 개척하
려고 한다.

제4장 고조선시대 역사의 부정과 사료 해석 비판

1. '고조선'조의 인용문헌과 사료로서 근거

고조선 역사의 부정은 고조선 관련 사료의 부정에서부터 비롯된다. 부정되는 사료는 '단군신화'로 호명되는 《삼국유사》 '고조선'조에 인용된 《고기》(古記)의 내용이다. 사료의 가치를 의심하는 이들은 인용서로 거론된 《위서》(魏書)에는 그와 같은 기록이 없고, 《고기》는 아예 책 자체가 없다는 것이다. 따라서 "《삼국유사》의 내용이 역사적 사실인지를 검증할 만한 어떠한 기록도 발견되지 않는다."고 하며, "보수사학자들조차도 수필집인 《삼국유사》나 시집인 《제왕운기》를 신뢰할 만한 사료"로 인식하는 것을 큰 잘못이라고[1] 나무란다.

《삼국유사》를 수필집 수준으로 과도하게 깎아내리는 데에는 숨은 의도가 있다. "숙신이 고조선의 뿌리이거나 고조선 자체"라는[2] 주장을 하기 위해서이다. 《삼국유사》를 사서로 인정하면, 숙신이 곧 고조선이며 한국인의 뿌리는 숙신이라는[3] 주장이 설 자리가 없기 때문이다. 숙신을 내세우기 위해 고조선과 숙신은 강역이나 역사적 시점이 일치한다고 하며 '조선=숙신'이라고[4] 하는데, 그렇다면 단군조선과 숙신은 동일한 역사라고 주장해야 한다. 그럼에도 책 제목을 보면 고조선은 가짜이고 숙신이 진짜라고 엉뚱한 주장을 펼친다.

---

1) 김운회, 《우리가 배운 고조선은 가짜다》, 역사의아침, 2012, 35쪽.
2) 김운회, 위의 책, 90쪽.
3) 김운회, 같은 책, 83~90쪽에 "조선=숙신=식신"이라는 주장을 이끌어내기 위해 길게 논의했다.
4) 김운회, 같은 책, 89~90쪽.

이처럼, 숙신이 고조선의 실체이자 한국인의 뿌리라는 논설을 펴는데 장애가 된다고 해서 《삼국유사》 '고조선'조의 기록을 조작된 것으로 간주하거나, 아예 "고조선은 가짜"라는 제목으로 책의 표제를 내걸고, 《삼국유사》를 수필집으로 간주한 것은 《삼국유사》를 한 번도 읽어보지 않았거나,5) 학문적 전횡에 해당된다. 왜냐하면 《삼국유사》를 사서로 간주하여 수많은 사학자들이 사료적 가치와 일연의 사관을 논의하는 연구를6) 했을 뿐 아니라, 역사연구의 자료로 널리 인용한 까닭이다.

고조선을 부정하고 숙신을 내세우려면 《삼국유사》가 아니라 '고조선'조의 기록에 한정하여 수필이라 하는 것이 효과적이다. 왜냐하면 사학자들 가운데에서도 이 기록을 신화라 하여 사실로 믿지 않는 경우가 많기 때문이다. 그러나 이 기록조차 이미 훌륭한 사료로 인정하는 연구가 이루어졌고, 이 기록을 근거로 고조선연구가 방대하게 이루어지고 있다. 가장 대표적인 성과가 윤내현과7) 신용하의8) 저서이다. 윤내현은 흔히 말하는 단군신화 또는 단군설화를 '단군사화(檀君史話)'라 하여 믿을 수 없는 이야기나 비과학적 기록으로 여기는 통념을 불식시키려 했다.9) 신용하는 사료로서 과학성을 더 구체적으로 입증하는 논의를 폈다.

---

5) 김운회는 《三國遺事》의 '古朝鮮'조를 제대로 읽어보지 않았을 뿐 아니라 기본적인 역사의 선후조차 분별하지 못한다는 사실을 스스로 드러내는 것이 틀림없다. 왜냐하면 같은 책 72쪽에서, "'고조선'이란 단어는 존재하지 않는다. 이성계의 조선과 구별하기 위해 후대가 만들어낸 말"이라고 하기 때문이다. 일연이 《삼국유사》를 펴내면서 '고조선'을 항목 이름으로 쓴 사실조차 알지 못하고 있으며, 《삼국유사》 첫 장에 '고조선'을 명명한 일연은 이성계의 후대 사람이라는 당착에 빠져 있는 셈이다.
6) 崔南善, 〈三國遺事解題〉, 《啓明》 18, 1927 이래 가장 대표적인 것만 들면 아래와 같다.
   이기백, 〈三國遺事의 史學史的 意義〉, 《震檀學報》 36, 1978; 鄭求福, 〈三國遺事의 史學史的 考察〉, 《三國遺事의 綜合的 檢討》, 한국정신문화연구원, 1987; 남동신, 〈《삼국유사》의 사서로서의 특성〉, 《일연과 삼국사사》, 신서원, 2007.
7) 윤내현, 《고조선 연구》, 一志社, 1994.
8) 愼鏞廈, 《古朝鮮 國家形成의 社會史》.
9) 윤내현, 앞의 책, 135~136쪽.

신용하는 일연이 인용한 《위서》와 《고기》를 분리해서 다룸으로써 고
조선의 역사 서술을 신화로 간주하는 원인을 정확히 진단하고 한계를
비판적으로 극복했다. 《위서》의 내용은 '역사적 사실을 언제 누가 어디
서 무엇을 했는가 간략하게 서술'함으로써, 역사적 사실이 아니라고 할
만한 것이 전혀 없다는 것이다. "위서를 쓰던 때로부터 2천 년 전에 단
군왕검이 도읍을 아사달에 정하고 나라를 개창하여 이름을 '조선'이라
하니 중국의 堯(高) 임금과 같은 시기였다"는[10] 기록에서 "신화나 설화
의 요소는 한 곳도 없기 때문이다."[11] 그러므로 이어지는 《고기》의 내
용을 고려하지 않으면, 이 기록은 신화나 설화로 치부할 근거가 없으
며, 단군이 조선건국시조라는 사실을 의심할 여지가 없다.[12]

그런데 고조선의 역사를 부정하는 사람들은 이 사료를 아예 거들떠
보지 않았는지, 《고기》의 기록만 주목하고 신화라는 빌미로 고조선의
역사를 제대로 인정하지 않는다. 일연은 고조선 관련 두 사료를 기존
의 문헌에서 찾아 인용함으로써, 두 기록을 상호관련성 속에서 이해하
도록 배려한 것이다. 그러나 고조선 역사를 부정하려는 사람들은 먼저
제시한 《위서》의 합리적 기록은 없는 것으로 간주하고, 《고기》의 신화
적 내용만 문제 삼아서 고조선의 실체를 인정하지 않는 것이다. 그러
므로 고조선의 역사는 사료가 문제가 아니라 사료를 해석하는 시각이
문제인 셈이다.

2. 《위서》와 《고기》 사료와 부당전제의 오류

한마디로 고조선에 관한 두 기록 가운데 사료로 충분히 인정할 만

---

10) 《三國遺事》 卷1, 紀異1, 古朝鮮−王儉朝鮮, 《魏書》 인용 부분.
11) 慎鏞廈, 《韓國民族의 形成과 民族社會學》, 지식산업사, 2001, 154쪽.
12) 慎鏞廈, 위의 책, 같은 곳.

한 《위서》의 기록은 무시한 채, 사료비판과 분석적 해석이 필요한 《고기》의 기록만 주목하여 고조선을 우리 민족사에서 삭제해 버린 것이다. 고조선의 역사를 삭제한 강단사학자들의 주류가 국립중앙박물관을 만든 까닭에 한국사 시대구분에 고조선시대도 삭제되었고 고조선실도 만들지 않았던 것이다. 그러다가 고조선 사료들이 계속 드러나고 고조선연구가 활발해지며, 고조선실 설치에 대한 요구가 빗발치자 2009년 10월 3일 국립중앙박물관에서 비로소 고조선실을 만들었다.

흔히 단군신화로 호명되는 《고기》의 기록을 신화로 간주하여 제쳐두더라도, 《위서》의 기록에 따르면 고조선의 역사를 서기전 24세기로 포착해야 마땅하다. 그럼에도 고조선 역사를 부정하려는 사학자들은 일연이 '고조선'조에서 인용한 《위서》가 없거나, 중국의 《위서》에는 조선에 관한 기록이 없다는 이유로 단군조선의 역사를 부정한다. 일연은 《위서》의 기록을 먼저 인용하고 그 기록을 뒷받침하기 위해 《고기》의 기록을 뒤에 길게 인용했는데, 오히려 고조선을 부정하는 사람들은 일연의 의도와 거꾸로, 뒤의 사료인 《고기》의 기록을 근거로 《위서》의 기록까지 부정해 버린 것이다. 《고기》의 기록이 납득하기 어렵다고 하더라도 《위서》의 기록을 부정할 만한 근거는 되지 못한다. 그러므로 신화적 표현의 사료로 합리적 표현의 사료를 부정하는 주장은, 한 마디로 고조선 역사를 부정하기 위한 빌미에 지나지 않는다.

논리적 부당 환위(換位)의 오류를 이해하지 못하는 이들을 위해 구체적인 보기를 들어보자. 2014년 소치 올림픽에 참여한 김연아 선수에 대한 두 가지 유형의 보도 자료가 있다. 이 보도를 어떻게 읽고 이해할 것인가.

〈보도 1〉: 김연아는 21일 소치에서 열린 피겨스케이팅 여자 경기에서 219.11점을 받아 올림픽 2연패 달성이 좌절되고 은메달에 그쳤다. 금메달은 224.59점을 기록한 러시아의 아델리나 소트니코바가 차지했다. 이 결과에 대한 편파 판정 논란이 일고 있다.

〈보도 2〉: 김연아는 21일 소치 올림픽에서 자신을 '여왕'으로 만든 정확한 점프와 예술적인 표현력을 앞세워 수성에 나섰다. 소치의 빙판 위를 가르는 빼어난 연기의 김연아는 꽃밭을 노니는 한 마리 나비였다. 그러나 텃세에 밀려 금메달을 러시아의 소트니코바에 내주었다. 22일 갈라쇼의 해외반응에서도 편파판정을 의식한 듯 "여왕은 여왕"이라고 극찬했다.

두 보도 모두 현지에서 취재한 내용이다. 〈보도 1〉은 점수 중심의 기계적 서술이자 겉으로 드러난 사실을 있는 그대로 보도했다. 그러나 〈보도 2〉는 여왕과 나비, 꽃밭이라는 은유로 김연아의 탁월한 스케이팅 역량과 예술적 수준을 더 실감나게 보도했다. 따라서 두 보도는 다 사실이자 진실이고 서로 상보적 관계에 있어 함께 필요한 보도이다. 점수에 무딘 일반 시민들은 오히려 〈보도 2〉가 더 이해하기 쉽고 서로 소통하며 공유할 수 있는 내용이다. 그러므로 〈보도 1〉보다 〈보도 2〉가 과학성은 떨어져도 사실을 더 감명 깊게 전달할 뿐 아니라 기억하고 공유하기도 쉽다. 아무도 진실이 아니라고 생각하지 않는다.

그런데 김연아의 실력을 부정하거나 존재를 말살하려는 사람은 의도적으로 〈보도 2〉만 끌어와 〈보도 1〉의 내용까지 무시하는 억지 논리를 펼 수 있다. 이를테면, 〈보도 2〉를 두고, 김연아가 여왕이라는 것은 현실적으로 있을 수 없는 일이며, 김연아를 두고 꽃밭을 노니는 한 마리 나비였다는 사실도 합리적이지 않으므로, 이 보도는 과학적 차원에서 인정할 수 없다'고 단정한다. 그리고는 〈보도 2〉를 근거로 〈보도 1〉까지 부정한다면, 억지라 하지 않을 수 없다.

과학적 논리를 앞세워서 《고기》의 신화성을 근거로 《위서》의 역사성까지 부정하는 것은, 마치 〈보도 2〉의 신화성을 근거로 〈보도 1〉의 사실까지 부정하는 것과 같은 오류이다. 논리적 오류를 과학적 논리인 것처럼 둔갑시키는 까닭에 더 위험하다. 왜냐하면, 여왕이라고 한 김연아의 스케이팅 기사가 신화이기 때문에 역사적 사실일 수 없다고 주장하면서, 김연아와 함께 한국 스케이팅의 역사를 아예 삭제해 버릴 수 있는 까닭이다. 〈보도 1〉의 내용만으로도 스케이팅 정상으로서 김연아의 권위와 명성을 충분히 인정할 수 있는데도, 의도적으로 〈보도 2〉를 문제삼아 〈보도 1〉까지 무시하는 것은 논리적 오류이다. 오히려 〈보도 1〉을 근거로 〈보도 2〉를 더 확실하게 인정해야 할 것이다.

〈보도 1〉이 《위서》의 고조선 기사라면, 〈보도 2〉는 《고기》의 고조선 이야기에 해당된다. 《위서》의 내용이 고조선시대의 '사료'라면, 《고기》의 내용은 고조선시대의 '역사'이다. 왜냐하면 사료를 재구성하여 논리적 개연성을 갖춘 서사로서 구조적 완결성을 갖춘 서술이기 때문이다. 일연이 《삼국유사》 '고조선'조에 두 내용을 함께 인용해서 앞뒤로 배치한 것은 고조선의 사료와 역사를 함께 제시함으로써 고조선시대의 역사적 사실을 한층 더 객관적으로 보여주기 위함이다.

그런데도 거꾸로 '역사 서술'의 은유적 표현을 근거로, '과학적 사료'의 내용까지 부정해서 고조선시대를 우리 역사 속에서 아예 삭제하려드는 것이 실증주의자들의 반역사적 의도이다. 다시 말하면, 〈보도 2〉의 표현을 문제삼아 〈보도 1〉의 내용까지 부정하는 것이 부당한 횡포인 것처럼, 문학적 은유로 서술된 《고기》의 고조선 역사를 불가사의한 초월적 신화로 규정한 뒤에, 《위서》를 인용해 놓은 단군과 고조선의 합리적 사료마저 부정하는 것 또한 횡포라 하지 않을 수 없다.

따라서 고조선의 역사를 축소하거나 삭제하려는 이들에게는 어떤 명확한 사료도 소용이 없다. 왜냐하면 자신의 부당 전제를 옹호하기 위해, 사료를 묵살할 만한 엉뚱한 근거를 끌어들여서, 마치 합리적인 논리이자 과학적 역사인 것처럼 위장하고 있기 때문이다. 그러므로 《위서》와 《고기》의 사료를 고조선의 근거라 할 수 없다는 이들은, 결국 일연이 《삼국유사》 '고조선'조를 날조했다는 주장까지 하게 된다. 일본 어용학자들이 앞장섰다.

나카 미치요(那河通世)는 단군의 역사적 행적을 검증할 문헌이 없다는 사실을 구실 삼아, 일연이 역사를 조작하여 쓴 것으로 간주하고 《삼국유사》 '고조선'조의 역사 서술을 '승도(僧徒)의 망설(妄說)'이라[13] 규정했다. 시라토리 쿠라카치(白鳥庫吉)도 《삼국유사》의 기록을 일연의 역사 날조로 간주하였다. 그는 〈단군고〉[14]에서 단군조선의 역사를 '불설(佛說)에 근거한 가공의 이야기'라고 주장하고, 그 근거를 문헌고증에서 찾았다.

단군의 사적이 《상서》(尚書)를 비롯하여 《사기》(事記), 《한서》(漢書) 등의 중국문헌에 기록될 만한데, 오직 《고기》와 《위서》에만 보이는 점에 대해서 의문을 제기하고, 단군의 역사는 '가공의 선담(仙譚)'에 지나지 않는 '승려의 허구'라고[15] 주장하였다. 《삼국유사》의 제일 첫 대목인 '고조선'조의 기록부터 조작이고 허구라면, 이어지는 다른 기록은 더 볼 것조차 없다. 그러나 《삼국유사》는 문헌사료와 현지조사, 비문의 기록, 구술자료 등의 전거를 구체적으로 밝혀가며 기록한 저술이다. 근대학문을 하는 요즘 학자들 못지않은 수준의 과학적 체계를 갖춘 역사서가 《삼국유사》이다.

일연이 기존의 문헌을 인용한 경우에, '거짓 자료를 소개하지 않았고 원문의 자료를 줄이기는 해도 독자들에게 와전(訛傳)되도록 하지는 않았다. 시대착오가 있는 경우도 일연의 잘못이 아니라 원문의 문제였으며, 사료 평가나 정정이 있었지만 협주로 밝혀서'[16] 주관적 개입을 줄였다. 그러므로 아무도 《삼국유사》를 위서로 간주하지 않았으며, 사학계에서도 널리 인용하는 '사서'일 뿐 아니라, 더 적극적으로 《삼국사기》의 한계를 보완하는 훌륭한 '대안사서'로 평가된다.

> 대안사서란 정통사서가 지닌 사관 또는 가치관을 비판하고 그 결함을 시정하고자 하는 역사서이다. 지위나 영향력에서는 정통사서에 미치지 못하지만, 주장하는 바에서 한 걸음 더 나아갔다고 인정된다.[17]

---

13) 那河通世, 〈朝鮮古事考〉, 史學雜誌 5-4, 1894.
14) 白鳥庫吉, 〈檀君考〉, 《史學雜誌》5-12, 1894.
15) 시라토리 쿠라키치 지음/조경철 옮김, 〈檀君考〉, 《일본인들의 단군 연구》, 한국학 중앙연구원, 2005, 9~32쪽.
16) 맥브라이드 리차드, 《《삼국유사》의 신빙성 연구 -중국 및 한국문헌자료의 사례-》, 《일연과 삼국유사》, 신서원, 2007, 198쪽.
17) 조동일, 《《삼국유사》의 기본특징 비교고찰〉, 《일연과 삼국유사》, 신서원,

고조선 부정론자들은《삼국유사》'고조선'조에 인용된 기록의 전거가 지금 존재하지 않는다는 사실을 근거로, 마치 일연이 역사 조작을 한 것처럼 간주한다. 물론 지금《위서》와《고기》가 없는 것은 아쉽기 짝이 없는 일이다. 그러나 일연이 인용한《위서》가 지금 여기서 찾을 수 없다고 해서, 그 기록을 조작이라고 할 수 없다. 그리고《고기》가 지금 남아 있지 않다는 사실도 고조선의 기록을 부정할 만한 근거는 되지 못한다. 왜냐하면《삼국유사》를 집필할 당시에는《위서》와《고기》가 존재했기 때문에 일연이 전거를 밝히고 인용한 것이다.

《삼국유사》뿐만 아니라 고대 사서에 인용된 책이나 기록들이 지금 존재하지 않는 것은 상당히 많다. 오랜 역사 속에 고문헌이 일실되는 것은 어쩔 수 없는 일이다. 유물과 유적조차 망실되기 일쑤인데, 고문헌이 지금까지 남아 있는 것만 전거로 인정하는 것은 과도한 실증주의이다.《삼국유사》조차 몇 차례 중간(重刊)되었지만 오랫동안 일실된 채로 학계에 널리 이용되지 못한 채 관심 밖에 있다가 일제강점기에 일본에서 간행된《삼국유사》판본을 통해서 학계에 널리 알려지게 되었다. 물론《삼국유사》원본조차 실전된 상태이다. 그러므로《삼국유사》보다 훨씬 오래 전에 간행된 고문헌들이 실전된 것은 자연스러운 일이다.

《삼국유사》뿐만 아니라,《삼국사기》에 인용된 문헌들도 많이 실전되었다. 이를테면,《고기(古記)》나《해동고기(海東古記)》,《삼한고기(三韓古記)》,《본국고기(本國古記)》,《신라고사(新羅古史)》,《구삼국사(舊三國史)》,《고승전(高僧傳)》,《계림잡전(鷄林雜傳)》등 숱하게 많은 책들이 지금 남아 있지 않다. 따라서 실전된 책을 빌미로 그 책을 인용한《삼국사기》기록을 모두 허위이자 인용조작이라 할 수 있을까.

사학자들 누구도 그런 주장을 하지 않으며 해서도 안 된다. 왜냐하면 지금 없다고 해서 그때도 없었다고 할 아무런 근거가 없기 때문이다. 특히 일연은《삼국유사》에서 기존 전거를 있는 그대로 인용한 것

2007, 18~19쪽.

은 물론, 자료의 오류조차 수정하지 않은 채 협주로 오류를 바로잡으려 한 것을 볼 때, 인용한 전거의 유무를 의심할 수 없다. 그러므로 《삼국유사》'고조선'조에 인용된 문헌의 실전을 근거로 고조선 기록을 부정하는 것은, 고조선에 대한 부당전제의 오류를 합리화하는 억지일 따름이다.

3. 전거입증의 논리적 함정과 실전사료의 가치

특정 역사가 없다는 전제로, 사료의 유무를 문제 삼으면 모든 역사는 부정된다. 사료의 본디 근거가 없다는 논리로 역사를 부정하게 되면 어떤 역사도 인정받을 수 없다. 왜냐하면 본디 근거를 계속 거슬러 올라가면 어떤 역사도 문헌기록의 전거가 없기 때문이다.

비록 고조선의 역사를 기록한 《위서》가 지금 있다 하더라도 《위서》는 무엇을 근거로 기록했는가 질문하게 되면 《위서》의 근거가 되는 문헌사료는 찾기 어렵다. 찾았다 하더라도 그 사료의 근거를 계속 따져 묻게 되면, 결국 문헌적 근거가 없다는 이유로 고조선을 부정할 수밖에 없다. 만일 《위서》가 《단군고기》를 인용해서 고조선의 역사를 서술해 놓았다고 해도 마찬가지이다. 《단군고기》는 현재 실전되었을 뿐 아니라, 지금 있다고 하더라도 《단군고기》는 어떤 문헌을 근거로 기록했는가 되묻고, 인용문헌이 없으므로 믿을 수 없다고 하면 그만이다.

모든 역사의 최초 기록은 인용문헌이 없기 마련이다. 《삼국사기》든 《고려사》든 인용문헌이나 전거가 없는 기록이 대부분이다. 따라서 이런 논리를 펴는 사람에게는 인용근거를 명백히 밝혀도 소용이 없으며, 오히려 인용문헌을 근거로 사료를 부정하는 빌미로 삼는다. 실제로 일연이 인용문헌을 전거로 밝힌 까닭에 인용문헌의 유무를 문제 삼아 고조선의 역사를 부정하는 것이 현실이다. 그러므로 역사 부정론자들에게는 어떤 사료도 부정의 논리로 해석되기 마련이다.

모든 역사의 최초 사료는 근거가 없는 것이 정상이다. 따라서 상고사일수록 해당문헌의 근거를 계속해서 물어나가면 언젠가는 인용문헌이 없는 기록을 만날 수밖에 없다. 인용문헌은 그때 있었으니 지금도 있어야 한다는 것은 억지이다. 특정 사료의 근거가 되는 문헌이 지금 없다고 해서 그때도 없었다고 하는 전제는 부당한 것이다. 그것은 특정 사료가 지금 남아 있다고 해서 미래에도 남아 있을 것이라고 단정하는 것처럼 어리석은 추론이다. 어떤 사료든 먼 미래에는 망실될 가능성이 높기 때문이다.

사료가 사료 구실을 하는 것은 역사가 사라질 뿐 아니라 역사를 기록해 놓은 문헌도 사라지기 때문이다. 《삼국유사》의 '고조선' 기록이 사료로서 가치가 있는 것은 여기서 처음으로 고조선시대의 역사를 기록했을 뿐 아니라, 기록에서 인용한 문헌이 지금 존재하지 않기 때문이다. 만일 고조선의 역사를 기록한 《위서》와 《고기》가 지금도 존재하고 있다면, 《삼국유사》의 사료적 가치는 그만큼 떨어진다. 고조선연구를 위해서 굳이 《삼국유사》를 참고하거나 인용하지 않아도 좋기 때문이다. 그러므로 《삼국유사》의 역사적 가치는 인용된 문헌들이 실전된 까닭에 더 크다는 사실을 알아차려야 한다.

《삼국유사》에는 고조선의 역사뿐만 아니라 다른 역사도 많이 서술되어 있다. 지금 실전된 사서인 《가락국기》(駕洛國記)의 기록을 요약해서 가락국의 역사를 남겼다. 따라서 《삼국유사》에서 《가락국기》의 전거를 밝히고 그 역사를 집약하여 기록하지 않았다면, 가락국 역사의 행방도 알 수 없을 뿐 아니라, 《가락국기》라는 문헌기록이 있었다는 사실조차 알 수 없다. 만일 《가락국기》가 지금 전하고 있다면, 굳이 《삼국유사》를 참조할 필요가 없으므로 《삼국유사》의 역사적 가치는 그만큼 떨어진다.

지금 사학계는 《가락국기》가 없지만, 《삼국유사》를 근거로 가락국의 역사를 인정하고 있다. 그러나 고조선 부정론자들처럼, 《가락국기》

라는 문헌이 없다는 논리로 가락국 역사를 부정할 수도 있다. 고조선 역사를 부정하는 두 가지 논리를 따르기만 하면 된다. 첫째 《가락국기》는 지금 없기 때문에 일연이 서술한 가락국의 역사를 조작으로 간주할 수 있으며, 둘째 가락국본풀이는 고조선본풀이보다 더 초월적으로 서술되어 있어 과학적 사료나 합리적 역사라고 인정할 수 없다. 왜냐하면 수로왕이 탈해와 술법 겨루기를 할 때, "탈해가 매로 변하자 왕은 독수리로 변하고, 탈해가 참새로 변하자 왕은 새매가 되었다"는[18] 불가사의가 있기 때문이다. 그러므로 고조선의 역사든 가락국의 역사든 역사를 삭제하기로 마음먹으면, 그 구실은 얼마든지 만들어낼 수 있다.

《가락국기》뿐만 아니라 향가를 집대성한 《삼대목》(三代目)도 전하지 않고, 박인량의 설화집으로 알려진 《수이전》(殊異傳)도 전하지 않는다. 그런데, 이들 책의 이름과 함께 《수이전》의 설화와 《삼대목》의 향가 일부가 《삼국유사》에 수록되어 있다. 《위서》와 《고기》에 수록된 고조선 역사가 인용되어 있는 것과 마찬가지이다. 그럼에도 《삼대목》과 《수이전》의 실전을 근거로 여기서 인용된 향가와 설화들을 일연이 조작해서 수록한 것으로 간주하는 학자는 없다. 오히려 두 문헌이 실전된 까닭에 《삼국유사》의 문학적 가치가 더 높이 평가된다. 그러므로 《삼국유사》의 사료적 가치는 인용문헌들이 일실된 까닭에 더 소중하다는 사실을 알아차려야 한다.

《삼국유사》에서 인용된 《가락국기》나 《수이전》, 《삼대목》 등은 실전되어 지금 없는 책들이다. 전거가 실전된 까닭에 《삼국유사》의 사료적 가치가 부정되는 것이 아니라, 오히려 《삼국유사》에 인용된 까닭에, 지금은 없지만 그때는 있었던 책으로 인식하고 있다 《삼국유사》의 기록에 따라 가락국의 역사를 기록한 사서 《가락국기》가 있었고, 기이한 설화를 모아 놓은 설화집 《수이전》이 있었으며, 신라시대 향가집 《삼

---

18) 《三國遺事》 卷2, 紀異2, 駕洛國記. "解云 若爾可爭其術 王曰 可也 俄頃之間 解化爲鷹 王化爲鷲 又解化爲雀 王化爲鷂 于此際也."

대목》이 있었다는 사실을 알 수 있다. 왜냐하면 이들 문헌은 지금 존재하지 않지만 《삼국유사》에 거론되어 있기 때문이다.

《삼국유사》는 실전된 책을 알려주는 중요한 전거 구실을 한다. 《위서》나 《고기》도 《삼국유사》에 인용되어 있는 까닭에 고조선의 역사 인정은 물론, 실전된 책으로 입증되는 것이다. 《삼국유사》에 인용되지 않았다면 《위서》와 《고기》의 존재와 함께 고조선의 역사도 알아낼 길이 막힌다.

그러나 고조선 부정론자들의 논리를 따르면, 《위서》와 《고기》가 발견되어 《삼국유사》의 기록이 확인되어도 사정은 달라지지 않는다. 왜냐하면 《위서》와 《고기》의 전거가 없다고 하면 그만이기 때문이다. 더 문제는 《고기》가 발견된다고 해도 그 내용을 '단군신화'로 규정하는 한 '신화와 역사는 다르다'는 논리로 고조선의 역사를 부정할 뿐 아니라, 환웅이 하늘에서 내려왔다거나 곰이 사람으로 변신했다는 내용은 있을 수 없는 일이라는 근거로 부정해 버리는 편견이다.

이처럼, 고조선 역사 부정론자에게는 원사료들과 인용한 전거자료들이 아무리 남아 있어도 소용이 없다. 어떤 역사든 사료의 근거를 계속 따지고 올라가면 언젠가는 전거가 없기 마련인 까닭이다. 역사에 대한 전거 부재는 전거의 부재일 뿐, 전거 부재가 곧 역사의 부재라고 단정할 수 없다. 전거 부재로 역사를 부정하는 것은, 마치 전거 부재를 근거로 위안부 역사를 부정하는 일본정부의 뻔뻔함이나 다르지 않다. 그것은 전거를 곧 역사로 착각하는 것이 아니라, 전거에 역사를 종속시키는 것이다. 전거나 사료는 역사가 남긴 흔적일 따름이다.

《가락국기》는 《삼국유사》에만 인용되어 있어도 학계에서 가락국의 역사는 널리 인정되고 있다. 그런데 고조선본풀이를 기록한 《고기》류의 사서는 《삼국유사》 뿐만 아니라 《삼국사기》에도 인용된 문헌이어서 부정할 수 없다. 게다가 《고기》의 내용은 《제왕운기》 하권의 '전조선기'(前朝鮮紀)에 인용된 《본기》(本紀) 또는 《단군본기》(檀君本紀)의 내용과 일치한다. 그러므로 《고기》의 존재는 물론, 《고기》에 기록된 고조선시대 역사를 인정하지 않을 수 없다.

일연과 이승휴는 서로 다른 사서를 인용하여 '고조선'조와 '전조선기'를 서술했는데, 그 내용이 상당히 일치한다. 그렇다면 환웅신시와 단군조선의 실체를 인정하지 않을 수 없다. 왜냐하면 《삼국유사》와 《제왕운기》의 인용 사실만으로도 고려 중기까지 《고기》와 《본기》,《단군본기》 등 고조선의 역사를 기록한 문헌들이 여럿 전해졌으며, 그 기록 내용은 일관성을 지닐 만큼 대동소이했다는 것을 알 수 있는 까닭이다.

그러나 자세히 대조해 보면,《고기》와 《본기》의 기록은 다소 차이를 보인다. 두 문헌을 제각기 인용한 《삼국유사》와 《제왕운기》에서는 檀君과 壇君, 桓雄天王과 檀雄天王, 釋帝와 上帝, 徒三千과 鬼三千, 太伯山과 太白山, 神檀樹와 神壇樹 등의 어휘 차이가 있지만, 표기상의 차이일 뿐 역사적 사실의 차이라 할 만하지 않다. 내용상의 차이를 보면,《삼국유사》에서 곰네가 신웅(神雄)께 빌어 여자가 되었다고 하는데,《제왕운기》에서는 손녀에게 약을 먹여 여자가 되게 했다고[19] 하는 정도이다. 환웅의 배필이자 단군의 어머니인 성모를 출현시키는 과정에 쑥과 마늘 또는 약을 먹게 했다는 점에서 다르지 않다. 쑥과 마늘은 식품일 수도 있지만, 약재일 수도 있기 때문이다.

따라서 이러한 차이는 고조선의 역사를 부정하는 근거가 아니라 오히려 사료가 믿을 만하다는 중요한 근거 구실을 한다. 꼭 같으면 특정 사료에서 그대로 옮겨 쓴 것이기 때문에 사실상 교차검증의 의의가 사라진다. 그러나 제각기 다르게 서술된 다양한 사료들이 여럿 있다는 것은 고조선의 역사를 기록한 증거와 사료들이 풍부했다는 사실을 입증한다. 서로 조금씩 다르되 근본적인 차이가 없는 사료들이 다양하게 있다면, 단일한 내용의 사료가 여럿 있는 것보다 역사적 신뢰성이 더 높을 뿐 아니라, 오히려 고조선의 역사적 실체를 다각적으로 입증하는

19) 쑥과 마늘은 여러 가지 약효가 있어서 지금도 약재로 쓰인다. 따라서 약을 먹였다는 것은 쑥과 마늘의 효능을 더 집약화해서 나타낸 셈이다.

교차검증의 근거가 된다.

고려시대의 두 기록 이후 조선조에 와서도 《응제시주》(應製詩註)에
서는 《고기》를, 《세종실록》 지리지에서는 《단군고기》를 인용하고 있다.
물론 이들 원사료들도 지금 남아 있지 않다. 그러나 일연의 《삼국유
사》 이전에 《고기》와 《본기》, 《단군본기》, 《단군고기》 등의 문헌에 고
조선시대의 역사가 제각기 수록되어 있었던 사실을 짐작할 수 있다.
그러므로 《삼국유사》에 인용된 《고기》의 실체 인정은 물론, 그 인용기
록도 사료로서 인정하지 않을 수 없다.

4. 신화로 간주된 《고기》의 부정에 대한 비판

단군신화로 일컫는 《고기》의 내용을 교차검증으로 고조선의 역사를
확인할 수 있다. 환웅신시와 단군조선의 역사를 기록해 놓은 《고기》류
의 문헌이 4종 이상이나 있다. 특히 일연은 《고기》의 기록을 정확하게
인용하고 자기 생각이나 교정 내용은 협주로 밝혀 놓았다는 점에서 임
의 조작설을 인정할 수 없다. 그러므로 《삼국유사》 '고조선'조는 선행
문헌을 인용해서 서술한 객관적 사료라고 할 수 있다.

그러나 사료 검증을 위해서는 기록이 사실인가 따져봐야 한다. 기
록의 내용대로 과연 환웅이 하늘에서 내려오고, 곰이 쑥과 마늘을 먹
고 여성으로 변신했다는 기록을 믿을 수 있는가? 이 불편한 질문을
외면한 채 고조선 역사를 서술할 수 없다. 왜냐하면 이 질문에 대한
긍정적인 답이 마련되어야 환웅신시와 단군조선의 실체를 사실로 확인
하고 고조선의 역사를 온전하게 인정할 수 있기 때문이다.

사료를 검증하는 질문은 더 이어진다. 곰과 범은 말할 수 있는가,
단군이 1908세를 살 수 있는가, 죽어서 산신이 되었는가 하는 질문들
이다. 《고기》에는 이러한 초월적 내용들이 기록되어 있기 때문이다. 그

러나 이 질문들은 역사적 사실을 확인하는 질문으로서는 우문(愚問)에 해당된다. 왜냐하면 역사적 기록은 고대사일수록 초월적 내용과 문학적 은유로 표현되는 까닭이다. 이것은 고조선에 한정되는 것이 아니라 인류사의 일반적 현상이다. 그러므로 만일 이러한 표현 양식을 인정하지 않는다면, 고조선 이후의 역사는 물론 세계 고대사도 모두 부정되어야 마땅하다.

이를테면 "곰이 사람으로 변신했다는데 사실인가?" 하는 질문은 "주몽과 박혁거세가 알에서 태어났다는데 사실인가?" 하는 질문과 같다. 당연히 있을 수 없는 역사적 사실인 까닭이다. 표현의 과학성을 근거로 역사적 실체를 검증한다면, 어느 나라 고대사든 대부분 부정될 수밖에 없다. 따라서 과학적 잣대를 사료의 표현에 들이대면 환웅과 단군은 물론, 조선의 건국시조들까지 신화적 인물인 까닭에 고조선 뿐 아니라, 고구려와 신라, 가야, 고려, 조선의 역사까지 부정될 수밖에 없다.

사료의 기록을 문자 그대로 읽는 것은 사료 해석 능력이 없는 사람들이다. 문자 독해 능력은 독서 능력일 뿐 사료 해석 능력이 아니고 역사연구 능력도 아니다. 축자적 독해는 글자를 아는 사람이면 누구나 읽을 수 있기 때문이다. 따라서 사료는 물론 일반적인 기록이나 사실도 맥락적으로 해석하고 논리적으로 추론해야 역사연구라 할 수 있다. 사료학으로서 역사학은 사료를 맥락적으로 해석하고 논리적으로 추론하는 데까지 나아가야 한다. 그런데 단군조선 부정론자는 축자적 독서 수준으로 사료를 읽는 데 만족하기 일쑤이다.

단군 신화는 말 그대로 단군과 관계된 단군을 주인공으로 하는 신화이다. 그리고 신화와 역사는 별개의 것이다. 단군 신화의 내용대로 하늘에서 내려온 자(환웅)와 곰에서 변신한 여자와의 결합은 현실적으로 불가능이며 인간(단군)의 생존 연수가 1천 년을 훌쩍 넘을 수도 없다. 따라서 단군 신화를 말 그대로 받아들이는 것은 종교적 차원에서는 가능할지 몰라도 과학적 연구 차원에서는 일정 부분 경계해야 한다.[20]

이미 지적한 것처럼, '고조선'조의 사료를 '단군신화'로 일컫는 것
자체부터 빗나갔다. 어느 고문헌에나 사료에도 '단군신화'라는 기록이
없다. 고조선시대 사료로 인정할 생각이 전혀 없는 까닭에 사료에도
없는 명명으로 '단군신화'로 일컬어, 역사와 만날 수 없는 허황된 이야
기로 간주하여 역사의 무대에서 추방시키는 빌미를 만든 것이다. '단군
신화'라는 호명 자체가 자의적이다. 따라서 '단군신화는 말 그대로 신
화이므로 역사가 아니라'는 주장은 대단한 논리 같은데, 사실은 동어반
복일 뿐이다. 왜냐하면 '신화는 신화다'라는 동어반복일 뿐 새로 입증
된 사실은 전혀 없기 때문이다. 오직 '단군신화'라는 호명에 따른 신화
라는 전제만 있다. 그러므로 '단군신화'라고 호명하는 한 '신화'의 범주
를 벗어날 수 없는 것이 형식논리의 한계이다.

같은 동어반복 논리로 말을 바꾸어 '신화' 대신 '사료'를 넣어보자.
결과는 판이하게 달라진다. "단군 사료는 말 그대로 단군과 관계된 단
군을 주인공으로 하는 '사료'이다. 그리고 '사료'와 역사는 긴밀한 것이
다." 더 적극적으로 '역사'를 넣어 보자. "단군 역사는 말 그대로 단군
과 관계된 단군을 주인공으로 하는 '역사'이다. 그리고 단군 역사와 역
사는 일치하는 것이다." 따라서 사료를 무엇으로 호명하는가 하는 것
이 단순 논리에서는 결정적 구실을 한다. 그러므로 윤내현은 이런 우
려를 미리 예견한 까닭인지 《고기》의 기록을 '단군신화라' 하지 않고
'단군사화'라고[21] 했다.

이번에는 '신화'라는 호명에 대하여 단군의 자리에 주몽이나 박혁
거세를 넣어보자. 단군신화에서 단군을 역사에서 추방한 것과 같은 논
리로, 주몽신화와 혁거세신화를 해석하면 고구려사와 신라사의 시작도
추방되기 마련이다. 신화이기 때문에 역사와 별개의 것이라는 논리에
따르면 고조선뿐만 아니라 고구려와 신라, 고려의 역사도 다 무너진다.

"단군 신화를 말 그대로 받아들이는 것은 종교적 차원에서는 가능

---

20) 송호정, 앞의 책, 2004, 121쪽.
21) 윤내현, 앞의 책, 1994, 36쪽.

할지 몰라도 과학적 연구 차원에서는 일정 부분 경계해야 한다."는 주
장도 이중의 모순에 빠져 있다. 첫째는 단군신화라고 하는 규정부터
자의적일 뿐 아니라 '신화'를 말 그대로 받아들이는 것은 종교적 차원
에서도 가능하기 어렵다. 신화가 곧 종교가 아닌 까닭이다. 실제로 주
몽신화나 박혁거세 신화를 종교로 받아들이는 사람은 없다. 종교가 아
니라 역사인 까닭이다. 그러므로 신화는 곧 종교라는 편견도 극복되어
야 한다.

둘째는 어떤 자료든 '말 그대로 받아들이는' 수준으로는, 종교적이
든 과학적이든 학문연구로 나아갈 수 없다. 학문연구는 말과 글로 된
자료를 읽고 해석하는 것이다. 성서의 경전조차 종교학에서는 말 그대
로 받아들이지 않는다. 하느님이 6일만에 천지를 창조했다는 창세기의
기록을 6시대에 걸쳐서 과정적으로 창조한 사실을 은유한 표현으로 해
석하는 것이 진전된 종교학이다. 이처럼 어떤 분과학문도 텍스트를 있
는 그대로 읽어서는 연구로 나아갈 수 없다. 당연히 과학적 역사학도
사료를 있는 그대로 읽는 독서 작업이 아니라, 일정한 논리와 방법으
로 해석하고 추론하는 연구 작업이다.

5. 신화사료의 비역사성과 역사 전승의 기능

역사연구는 축자적 사료 읽기에 매몰되지 않고 사료를 해석하여 이
면의 진실을 밝혀냄으로써 사료에 숨겨져 있는 의미를 맥락적으로 추
론하는 데까지 나아가야 한다. 맥락적 추론의 단계로 나아가려면 다양
한 사료들을 총체적으로 다루고 상호관련성 속에 유기적 해석이 이루
어질 필요가 있다. 따라서 '신화는 역사가 아니고 오직 역사만이 역사'
라는 동어반복의 역사 근본주의에서 벗어나야 역사학다운 학문적 역량
을 발휘할 수 있다.

연대기적 기록물만 사료가 아니고 초월적인 신화나 신이를 믿는 종교도 사료일 수 있다. 경제생활이 역사이듯이 예술활동도 역사이고, 설화와 문학도 역사이다. 왜냐하면 역사는 인간의 삶과 사유의 통시적 변화과정을 아우르는 까닭이다. 기독교 경전인 구약성서는 천지창조신화를 담고 있는 이스라엘 역사서이기도 하다. 역사 자체가 별도로 있는 것이 아니라 사람들의 삶과 생각을 담은 사회, 종교, 경제, 정치, 외교, 전쟁, 문화 등이 모두 역사를 구성하는 요소들이다. 그러므로 신화와 역사는 다르다는 전제로 건국신화를 사료에서 배격하는 것은, 고조선의 역사를 인정하지 않으려는 빌미일 따름이다.

특히 '단군신화'와 같은 건국시조 본풀이는 역사라도 예사 역사가 아니다. 신성한 시작의 역사인 까닭이다. 본풀이가 역사를 노래하는 것처럼 근본 내력을 풀어내는 것은 훌륭한 역사 서술이다. 사실의 기원과 근본을 풀어낸다는 '본풀이'야말로 역사 자체이자 역사의 본질을 잘 드러내면서, 생활세계 속에서 역사를 공유하며 전승하는 기능까지 지니고 있다. 그러므로 신화라는 번역용어보다 '본풀이'라는 우리말 용어를 쓰게 되면 고대사 연구의 전망이 크게 열릴 뿐 아니라 본풀이사관이라는 진전된 사관까지 수립할 수 있다.

모든 역사의 출발은 신화 곧 본풀이로부터 시작된다. 성서의 천지창조신화는 이스라엘 역사의 시작이다. 따라서 신화 없는 역사는 시작이 없는 역사라 할 수 있다. 해모수신화로부터 부여가 시작된 것처럼 주몽신화로부터 고구려, 혁거세신화로부터 신라, 수로신화로부터 가야의 역사가 시작되는 것이다. 그러므로 건국시조에 대한 사료를 신화라는 이유로 배제하는 것은 아예 역사의 뿌리를 잘라내는 일이다.

신화를 사료로 인정한다고 하여 고스란히 역사적 사실로 인정할 수 없다. 어떤 문헌기록도 특정 사실이나 실체와 일치하는 것은 없다. 참여관찰을 전문으로 하는 인류학자들의 현지조사보고서도 사실과 일치하지 않는다. 왜냐하면 학자의 참여관찰 기록도 관찰한 사람의 주관이 개입되고 표현과 서술에 의도가 들어갈 뿐 아니라 사실에 대한 배제와 선택을 통해 기록하는 까닭이다. 따라서 현장보고서에서 "문화적 진실이나 역사적 진실의 부분성, 즉 진실이라고 일컬어지는 것이 사실은 얼마나 고의로 정리되어 있고 또 배타적인가 하는 것을 의미한다."[22] 그러므로 인류학자의 현지조사 보고서조차 마땅히 픽션(fiction)이라[23] 할 수밖에 없다.

그렇다면 현지조사보고서가 인류학이나 민속학 연구에 무용한 자료인가? 인류학자들의 민족지 또는 민속학자의 민속지는 과학적 연구자료가 될 수 없는가? 만일 현장보고서들이 자료적 가치가 없다면 인류학과 민속학은 설 자리가 없다. 왜냐하면 현지조사 내용을 가장 중요한 연구자료로 삼는 분과학문인 까닭이다. 민속학에서 민속조사보고서보다 더 나은 민속자료가 없고, 인류학자들의 민족지보다 더 나은 인류학 자료는 없다. 따라서 이렇게 허구로 평가받는 민속지가 가장 훌륭한 연구자료이다. 조사보고자에 의해 재구성된 민속지 속에 피조사자들의 문화적 진실이 담겨 있기 때문이다.

따라서 우리는 모든 서술에 대하여 한층 더 해석학적으로 인식해야 한다. 진실은 그 자체로 존재하는 것이 아니라, "배제와 레토릭이라는 강력한 '거짓말'에 의해 비로소 모든 진실이 구축되는 것"으로[24] 인식해야 한다. 현장의 진실은 있는 그대로의 사실 기록에 의해서가 아니라, 조사보고자의 적절한 편집과 재치 있는 수사에 의해 허구적으로 만들어지는 것이다. 관찰자나 조사자의 진술과 서술이 사실과 다르게 재구성되는 까닭은 사실을 왜곡하기 위해서가 아니라 자기가 수집한 자료를 더 효과적으로 전달하기 위해서이다. 그러므로 연구자는 보고서에 서술된 어휘나 문장 표현이 조사보고자에 의해 재구성된 것이라는 사실을 염두에 두고 해석해야 과학적 연구에 이를 수 있다.

---

22) James Clifford and George E. Marcus 지음/이기우 옮김, 《문화를 쓴다 - 민족지의 시학과 성치학》, 한국문화사, 2000, 25쪽.
23) James Clifford and George E. Marcus 지음/이기우 옮김, 위와 같은 곳.
24) James Clifford and George E. Marcus 지음/이기우 옮김, 같은 책, 26쪽.

보고서에서 과장된 표현이나 뜻밖의 수사가 동원된 것은 특정 사실을 강조하고 독자에게 더 절실하게 전달되도록 하는 기법이다. 건국신화는 더욱 그럴 수밖에 없다. 그렇지 않고 사실처럼 이야기되면 건국신화 구실을 할 수 없기 때문이다. 신화처럼 역사적 사실도 의도에 따라 특별한 상징으로 은유되기 일쑤이다. 그래야 역사적 사실을 제대로 전달하고 존재의 의미를 설득할 수 있기 때문이다.

건국시조를 천손강림으로 서술하는 것은 물론, 왕을 천자나 천왕으로 호명하고 해로 은유하는 것은 실증주의로 보면 모두 허구에 해당된다. 그러나 표현이 허구적이라 하여 사실이 허구인 것은 아니다. 건국시조를 비롯한 고대의 왕들은 물론, 근현대의 왕들까지 천자 또는 천왕, 천황으로 허구화되어 호명되지만, 모두 역사적 존재로서 실존했던 인물이다. 흔히 마지막 황제로 은유되는 푸의(溥儀)는, 황제에서 왕으로 강등되고 평민으로 일생을 마쳤으되, 청왕조가 멸망하기 전까지 천자로서 황제 노릇을 했다.

일본왕은 1946년에 인간선언을 하여 스스로 신이 아님을 인정했다. 그러나 아직도 천황으로 호명되며 세습왕조로 살아 있다. 일본인들 다수가 천황을 신격화하여 섬기고 있을 뿐 아니라, 일본 헌법은 천황의 지위에 대해 "일본국의 상징이자 일본 국민통합의 상징"으로 규정하고 있다. 따라서 이러한 역사적 사실을, 사료의 비합리적 표현에 기대어 마치 없었던 사실처럼 간주하거나 실증 불가능한 허구적 역사로 간주할 수 없다. 그러므로 실증사학의 논리로 고조선의 역사를 부정하는 것은 역사적 진실을 왜곡하는 것이자, 사료 해석의 무능력을 입증하는 것이다.

과학적 서술이 합리적인 사료처럼 보이더라도 역사 해석을 하는 데는 오히려 장애가 될 수 있다. 왜냐하면 역사학자가 상상력을 발휘하여 역사적 의미를 부여하고 역사를 해석할 수 있는 여지가 거의 없기 때문이다. 실제로 《위서》의 기록은 과학적 서술이어서 더 이상 역사적 사실을 해석할 수 있는 상징과 의미가 없다. 그러나 《고기》의 기록은 은유와 상징을 풍부하게 이용한 문학적 서술의 사료이어서 역사적 해석을 다양하고 깊이 있게 할 수 있는 훌륭한 사료다.

역사학은 개별적 사실에 대한 총체적 해석과 인문학적 통찰력을 발휘할 때 길이 열린다. 따라서 실증주의를 구실로 사료의 과학적 서술 여부를 판단하는 데 머물 것이 아니라, 다양한 은유와 상징으로 서술되어 있는 사료를 인문학적 해석 논리로 휘어잡아야 한다. 실증사학은 사료의 내용을 논리 실증적으로 해석하는 것이지, 축자주의에 사로잡혀서 사료의 문학적 서술을 배제하는 것이 아니다. 그러므로 실증주의로 고조선 역사를 부정하는 것은 진정한 실증주의가 아니라 실증주의의 형식 논리를 빌어 와서 식민사학의 속셈을 숨기고 있는 셈이다.

6. 역사적 사실과 사료의 비동질성 문제인식

모든 기록은 사실과 다르게 서술되어 있다. 사실이 기록되는 순간 사실에서부터 일탈된다. 사관이 왕의 측근에 배석해서 보고 들은 사실을 즉석에서 기록한 사료조차 사실 그 자체가 아니라 한갓 기록이라는 점을 인정해야 정확한 해석의 길이 열린다. 아무리 진실이라도 생활에서 중요한 일상은 기록되지도 않고 기록되어도 사료에 수록되지 않는다. 역사적인 기록일수록 특별한 사건 중심으로 서술되기 마련이다.

더 문제는 기록으로 남길 만한 역사적 중요성을 지닌 사건조차 기록으로 남게 되는 것은 우연이다. 문자생활을 하지 않았던 시대는 더이를 말이 없다. 문자생활을 누리고 있는 현실사회에서도 미한가지다. 어떤 역사적 사실도 저절로 기록되지 않고 스스로 말하지 않는다. 누군가 사실을 기록하고 관련 자료를 남겨야 사료 구실을 비로소 하게된다. 기록이 없어서 탈이기도 하지만, 서로 다른 기록들이 있어서 탈이기도 하다. 그러므로 서로 어긋나고 겹도는 사료들을 논리적으로 해

석하여 일목요연하게 정리하고 체계적으로 서술할 때 비로소 역사가
구성되는 것이다.

어떤 사료든 수사로 꾸며지고 문장으로 재구성되는 까닭에 축자적
읽기 수준으로는 해석이 불가능하다. 문자표현의 이면을 독해하고 맥
락적 해석과 논리적 추론이 따라야 비로소 올바른 역사를 재구할 수
있다. 그러므로 논리적 해석 없이 축자적 독해로 사실 여부를 판단하
거나 역사의 시비를 결정하는 것은 학문으로서 역사학일 수 없다. '왜
그런 말과 문장으로 서술했을까?' 하고, 드러나지 않은 이면을 탐색해
들어가야 한다.

따라서 "하늘에서 내려온 자(환웅)와 곰에서 변신한 여자와의 결합
은 현실적으로 불가능하며 인간(단군)의 생존 연수가 1천 년을 훌쩍
넘을 수도 없다."는[25] 주장을 하며, 고조선조의 사료를 허무맹랑한 것
으로 치부하는 일은 한갓 문자해독 능력일 따름이다. 왜냐하면 여기에
는 축자 중심의 독서행위만 있을 뿐, 사료가 품고 있는 이면의 뜻을
헤아리는 연구가 없기 때문이다.

따라서 고조선본풀이와 같은 신화사료를 인문학문의 관점으로 해석
하지 않고, 자연과학의 관점으로 진위판단을 하는 것은, 마치 어느 교
회 담벼락에 "우리가 곰 새끼란 말인가?"하며 《고기》의 기록 내용을
부정하는 것이나 다름없는 수준이다. 기독교인들이 성서의 온갖 우의
와 은유, 상징 등은 의역하여 다각적으로 해석하면서, 단군은 '곰의 새
끼'로 직역하여 축자적 말풀이를 하고 있는데, 역사학자들도 이런 수준
으로 고조선 역사를 부정하고 있는 까닭에 반역사학자라 하는 것이다.

기독교인들이 단군을 곰 새끼로 왜곡시켜 읽는 까닭은 종교적 의도
때문이다. 1980년대 말에 일부 기독교인들이 "단군은 우리 국조신이
아니라 우상일 따름이다"라는 현수막을 걸고 단군상 설치나 단군성전
건립을 반대했다.[26] 이러한 과도한 종교활동의 폐단처럼, 환웅과 곰네

---

25) 송호정, 앞의 책, 같은 곳.
26) 임재해, 《민족설화의 논리와 의식》, 지식산업사, 1992, 155~158쪽 참조.

사이에서 단군이 출생한 기록을 '현실적으로 불가능'하고 '종교적 차원에서만 가능'하다는 판단으로 "단군신화의 세계는 역시 샤머니즘으로 설명될 수밖에 없다"고[27] 주장하는 것도 결국 역사적 사실을 인정하지 않기 위해 종교적 문제로 치환한 것일 따름이다.

환웅과 곰네의 혼인이나 단군의 오랜 수명을 두고 역사적 기록으로 인정할 수 없다고 하는 것은 사학자가 사료를 보는 시각이 아니라, 일반인 수준의 발상에서 비롯된 맹목적 시각이다. 축자적 수준에서 보게 되면, 단군은 만들어진 존재이고, 이 사실을 수록한 《삼국유사》는 수필집이며, 《제왕운기》는 한갓 시집에[28] 지나지 않는다. 그러므로 민주주의가 민주주의를 죽이는 것처럼,[29] 실증주의가 사료를 폐기처분하고 과학적 역사학이 역사 자체를 삭제하는 역기능을 하게 되는 것이다.

그러나 실증주의와 같은 역사연구 이론이 문제가 아니라 그것을 적용하는 주체의 역사의식이 문제이다. 역사를 부정하기 위해 끌어들인 이론이나 방법은 그런 목적에 봉사하기 마련이다. 고조선의 역사를 긍정하는 학자들도 실증주의와 과학적 해석을 추구하고 있다. 역사학의 본디 목적에 충실하면 문제되지 않는 이론이라도, 식민사학자들에게는 살아 있는 역사를 삭제하는 위험한 무기로 이용되기 일쑤이다.

실제로 단군을 부정하고 고조선의 역사를 이데올로기로 간주하는 이들은 초월적으로 서술한 《고기》의 기록만 신화로 치부하여 부정할 뿐, 합리적 사실성을 갖추어 서술한 《위서》의 기록은 아예 거론조차 하지 않는다. 왜냐하면 《위서》를 사료로 끌어들이면 단군과 왕검조선의 역사를 인정하지 않을 수 없기 때문이다. 사료의 과학성을 주장하면서, 과학적 사료는 외면하고 비과학적 사료만 주목하는 자가당착에

---

27) 송호정, 같은 책, 123쪽.
28) 김운회, 같은 책, 35쪽. 40쪽에서는 "잡기류인 《삼국유사》와 시문집인 《제왕운기》라고 했다.
29) 민주주의가 민주주의를 죽인다는 것은 다수결이나 선거와 같은 민주주의 제도가 실질적인 민주주의 실현을 불가능하게 만든다는 뜻이다. 다수결의 횡포나 부정선거로 사실상의 민주주의를 불가능하게 만드는 까닭이다.

빠진 셈이다. 그러므로 고조선 부정론자들일수록 사료의 작위적인 선택과 배제를 매우 적극적으로 하는 것을 알 수 있다.

인류학자와 사관(史官)들은 더 효과적인 민족지와 역사 기록을 남기기 위해 선택과 배제를 상당히 용의주도하게 하는데, 고조선을 부정하는 이들은 이와 거꾸로 단군과 고조선 역사를 묻어버리기 위해 선택과 배제를 거칠게 하는 셈이다. 일연이 마치 《고기》의 기록을 불교의 목적이나 민족 이데올로기 때문에 기록 일부를 가필하고 윤색한 것처럼 간주하는 것은30) 일본제국주의 사학자들의 주장을 동어반복한 셈이다.31) 그러므로 《삼국유사》 '고조선'조의 사료비판에서 늘 《고기》의 기록만 시비거리로 삼고 《위서》의 기록은 아예 없는 것처럼 간주해 왔다.

사료비판은 역사를 부정하기 위한 것이 아니라 역사를 정확하게 해석하기 위한 것이다. 그런데 고조선 부정론자들은 사료비판조차 독서 지식 수준으로 쉽게 해치울 뿐 아니라, 역사를 부정하기 위해 《고기》의 기록을 부적격 사료로 매도한다. 문헌사료만 매만지며 축자적 말풀이 수준에 머문 안락의자형 사학자의 한계를 극복하려면, 문헌사료에서 벗어나 고조선의 역사를 증언하는 새로운 사료들을 찾아나서야 한다. 그러한 사료 영역이 생활사료이다.

생활사료는 역사 자체라고 할 만큼 살아 있는 생활세계의 실제 역사이다. 죽은 역사는 고정되어 있는 반면에, 살아 있는 역사는 살아 있는 까닭에 지속적 생명력을 지니며 사회적 변화에 적응해 나가기 마련이다. 그렇다면 지금의 변화된 생활사료로 고대사를 입증하려는 것은 무리가 아닌가 반문할 수 있다. 그러나 변화된 현상만 보면 현재의 민

---

30) 송호정, 같은 책, 119쪽.
31) 今西龍은 〈단군의 說話에 대하여〉, 《歷史地理》, 1910을 증보하여 〈檀君考〉라는 제목으로 《朝鮮古史の硏究》, 近澤書店, 1937에 재수록했다. 이마니시 류 지음/김희선 옮김, 〈檀君考〉, 《일본인들의 단군 연구》, 한국학중앙연구원, 2005, 49-119쪽 참조.
   나카 미치요(那珂通世)지음/신종원 옮김, 〈朝鮮古史考〉, 《인본인들의 단군연구》, 한국학중앙연구원, 2005, 165~166쪽에서, 단군전설을 승도(僧徒)의 망설(妄說)이라고 했다.

중생활사이지만, 지속되는 이치와 알맹이를 들여다보면 고대사의 내용을 담고 있는 역사 유전자를 포착할 수 있다.

생활사료를 포함한 모든 사료는 실제 역사와 다를 수밖에 없다. 역사연구란 실제 역사와 다른 사료를 분석하여 실제 역사와 가능한 가깝게 일치시키는 일이다. 역사와 불일치한 사료를 역사와 일치시키는 작업을 하는 데 상대적으로 효과적인 사료가 생활사료이다. 그러므로 생활사료라고 하는 새로운 사료 갈래를 적극 끌어들여 고조선시대의 역사와 문화를 입증하는 것은 물론, 현대 생활사 속에 고조선문화의 전통이 어떻게 지속되고 있는가 하는 사실까지 포착하려고 한다.

제5장 생활사료로 읽는 고조선문화의 지속과 전통

1. 《고기》의 사료적 의의와 교차검증의 필요성

'사료는 따로 있다'는 사료 형식주의 편견에서 해방되어야 실증주의 사관을 넘어설 수 있다. 실증 가능한 사실이 역사라는 실증주의를 넘어서야 식민사관에서 벗어나 해석학 수준의 독창적 역사연구를 개척할 수 있다. 기록이 사료라고 하는 고정관념을 깨뜨려야 새로운 사료를 발굴할 수 있다.

역사는 사실에서 발췌된 유의미한 사료를 근거로 그 시대 사람들의 삶과 생각을 통시적으로 집약해서 서술한 것이다. 따라서 기록이 사실이고, 사실이 사료이며, 사료가 역사라는 인식 아래, 때로는 기록이 곧 역사인 것처럼 비약하기도 한다. 비약을 줄이려면 기록과 사실, 사료, 역사를 등식관계로 포착하는 역사학을 극복해야 한다. 그러므로 기존 사료 인식을 극복하고 새로운 사료 개척으로 고조선시대의 역사를 구체적으로 입증하는 것이 당면한 과제이다.

《위서》에서 인용한 단군조선 관련 사료를 근거로, 《고기》의 고조선 본풀이를 보면 고조선의 역사와 문화를 더 풍부하게 이해할 수 있다. 《위서》 기록이 단군조선에 한정된 사료라면, 《고기》의 기록은 환웅신시를 중심으로 고조선의 역사적 사실을 알기 쉽게 서사적으로 구성한 역사 서술이다. 따라서 단군신화로 일컫는 고조선본풀이는 환웅신시를 비롯한 단군조선의 역사와 문명을 해명하는 가장 긴요한 자료이다. 그러므로 고조선시대에 관한 본격적인 논의는 이 자료를 비켜갈 수 없다. 왜냐하면 환웅의 신시고국과 단군의 왕검조선을 차례로 서술한 최초의 문헌기록이자 상대적으로 가장 온전한 기록이기 때문이다.

　과학적 사료답게 쓰여진 《위서》는 제쳐두고 신화적 사료답게 쓰여진 《고기》만 끌어와서 단군조선은 역사가 아니라 '만들어진 신화'라고 하는 주장을 극복하려면, 고조선의 역사를 새로운 사료로 입증할 수 있어야 한다. 더 문제는 《고기》의 기록 대부분은 환웅천왕의 신시국에 관한 내용인데, 단군조선을 부정하는 까닭에 환웅신시는 아예 거론조차 하지 않는 현상이다. 환웅신시의 역사는 홍익인간의 건국이념에서 재세이화의 통치체제에 이르기까지 완벽한 국가체제를 이루고 있는 것으로 서술되어 있다. 그럼에도 단군조선이 부정되는 까닭에 환웅천왕이 다스린 신시국은 아예 거론조차 되지 못하고 있다.

　알 수 없는 역사를 체계적으로 복원하고 해명하려는 것이 역사학이라면, 반대로 사료가 있어서 알 수 있는 역사조차 억지 논리로 묵살하는 것은 반역사학적 작태이다. 반역사학은 사료의 과학적 현실성을 준거로, 고조선본풀이의 내용이 현실적이지 않고 초월적이라고 한다. 환웅이 하늘에서 지상으로 내려오고 곰이 사람으로 변신하며 단군이 1908세를 살았다고 하는 것은 누가 봐도 역사적 사실이라 하기 어렵다. 따라서 환웅신시는 물론 단군조선조차 만들어진 신화로 간주하여 고조선시대의 초기역사를 삭제하는 것이다. 여기에는 두 가지 문제가 있다.

　하나는 과학적 현실도 기록을 할 때에는 비현실적으로 기록될 수 있다는 사실을 인정하지 않는 문제이다. 특히 역사적 사실은 문학적으로 표현되는 것이 역사의 이중성이다. 역사(history)는 사실의 역사성과 표현의 문학성을 함께 지닌 개념이다. 역사적 사실에 기초하되 효과적으로 전달되도록 문학적 표현을 갖추었을 때 역사가 제 구실을 할 수 있다. 문학적 표현은 과학적 실증성을 넘어서 문학적 상징성을 띠는 까닭에 비과학적이거나 초현실적일 수 있다. 그러므로 정사로 일컬어지는 《삼국사기》는 물론 《조선왕조실록》에도 그러한 기록이 숱하다.

　둘은 신화에 대한 역사적 인식의 부재가 문제이다. 신화라도 예사신화가 아니라 건국시조신화는 모든 역사의 첫장을 이룬다. 따라서 엘리아데는 신화를 '신성한 시작의 역사'라고 했다. 어떤 역사도 태초의 시작을 이야기하려면 신화적 구성과 표현이 필수적이다. 그것은 단군조선뿐만 아니라 부여의 시조 해모수, 고구려의 시조 주몽, 신라의 시조 박혁거세, 가야의 시조 김수로도 마찬가지였다. 이들 신화를 서술하지 않고 부여나 고구려, 신라, 가야의 역사를 서술할 수 없다. 그러므로 건국시조신화인 고조선본풀이의 초현실성을 들어 역사가 아니라고 하는 것은, 시작의 역사를 부정하는 반역사학의 논리라 하지 않을 수 없다.

더 심각한 문제는 반역사적 사학자 가운데에는 《삼국유사》의 저자 일연을 역사 조작자로 간주하는 점이다. 《고기》의 기록이 조작이라는 주장은 일본제국주의 역사학자들의 주장과 일치할 뿐 아니라, 세 가지 모순이 있다. 하나는 신화적 서술이 이루어졌다고 해서, 일연을 사료 조작자로 본다면, 《고기》의 내용과 거의 일치하는 내용을 기록한 《제왕운기》의 저자 이승휴도 사료 조작자로 봐야 한다. 그러나 이승휴를 두고 사료조작 혐의를 씌우는 경우는 없다. 세계 각국사의 처음도 건국시조신화로 쓰여 있지만, 그것을 서술한 사가를 일컬어 역사 조작자로 간주하지 않는다.

둘은 단군신화가 조작된 것이라면 신화의 서술방식을 띤 해모수신화나 주몽신화, 박혁거세신화, 석탈해신화, 김알지신화, 왕건신화 등도 모두 조작된 것이다. 왜냐하면 모두 불가사의한 이야기로 서술되어 있는 신화이기 때문이다. 그러나 역사학자들은 시조신화의 초월성을 들어 고구려나 신라, 고려의 역사를 부정하지 않는다. 고대국가의 모든 건국사는 신화의 형식으로 서술되는 까닭이다.

셋은 만일 일연이 고조선의 역사를 조작할 생각이었다면 굳이 기존 사료를 인용하고 자기 생각을 협주로 따로 밝힐 필요가 없다. 처음부터 자기 생각을 그럴듯하게 체계적으로 서술하면 그만이기 때문이다. 없는 역사를 있는 것처럼 조작하려면 누구든지 납득할 수 있는 사료처럼 합리적 체계와 정연한 논리를 갖추어 서술할 것이다. 도저히 있을 수 없는 일을 기록해 두고서 역사라고 해서는 설득력이 없으므로 조작자라면 불가사의한 신화로 역사를 서술하지 않을 것이다. 그러므로 일연은 기존 사료를 객관적으로 인용하고 출처를 밝혔을 뿐 아니라, 착오가 있을 법한 내용만 협주로 자기 소견을 밝혔을 따름이다.

일연이 종교적 이유에 따라 민족 이데올로기와 불교의 신성성을 심어주려 했다면, 하필 곰과 범을 등장시키고, 쑥과 마늘을 먹으며 100일 동안 햇빛을 보지 말라는 따위의 이야기를 인용하여 수록할 필요가 없다. 우아한 보살을 등장시키고 천도(天桃)와 같은 신이한 열매를 먹도록 하여 더 장엄하고 숭고한 내용으로 이야기를 구성할 수 있다.

굳이 《고기》를 인용하여 협주를 붙여 사실을 바로잡으려 들 것이 아니라, 불성(佛性)을 신성하게 드러내는 신이한 이야기를 그럴듯하게 꾸며내는 것이 더 효과적이다. 그럼에도 《고기》의 내용을 있는 그대로 인용하는 바람에, 종교적 신성성은커녕 오히려 짐승을 조상으로 한 수조신화(獸祖神話)로 간주되거나[1] 단군이 곰의 자손처럼 엉뚱하게 해석될 여지를 남겼다. 일연처럼 많은 저술을 남긴 고승이 이런 수준으로 불교 이념을 설파할 까닭이 없다. 그러므로 오히려 여러모로 한계가 있는 신화적 기록이 더 객관적 사료일 수 있다.

역사 서술의 이치를 아는 이라면, 사료의 기록을 고스란히 인용하고 기록과 다른 자기 생각은 주석으로 밝히기 마련이다. 일연의 《삼국유사》는 이러한 서술 원칙이 잘 지켜진 사서이다. 다른 항목에서도 일연은 기존의 문헌이나 비문의 기록을 보고 현장을 답사하여 확인하는 것은 물론, 주민들의 구비전승을 청취하는 등 다각적인 자료를 수집하고 그 전거를 구체적으로 밝혀 두었다. '고조선'조의 경우는 특히 객관적 방법과 원칙에 충실하게 원사료를 인용하고 사료와 다른 자기 의견

1) 조현설, 《동아시아 건국 신화의 역사와 논리》, 문학과지성사, 2002, 284~286쪽에서 웅녀 곰네를 수조신일 가능성을 추론하며 수조신화 논의에 포함시키고 있으며, 김운회, 같은 책, 38쪽에서는 '수조신화'라 하였다. 이른바 단군신화를 수조신화로 간주하는 것은, 단군신화가 유목민의 신화로부터 전래되었거나 영향을 받았다는 유목문화론과 연결되어 있다.

이나 해석은 협주로 밝혀 둠으로써 현대 사가들 못지않은 과학성을 갖추었다.

《고기》의 사료를 역설적 논리로 타당성을 입증한다고 해서 사실로 증명되는 것이 아니며, 그 역사를 제대로 해석할 수 있는 길이 열리는 것도 아니다. 다른 사료로 교차검증을 해서 사료의 타당성도 밝히고 고조선 역사의 실체도 해명해야 한다. 현재 우리가 알고 있는 문헌사료로도 어느 정도 입증되고 있지만, 더 진전된 논의를 위해서는 물질사료와 함께 구술사료, 생활사료를 주목할 필요가 있다. 문헌사료도 한때는 구술사료였다는 점을 재인식하면서 구술사료의 가치와 함께, 생활사료 영역을 새로 설정함으로써 환웅신시의 역사와 문화를 밝히기로 한다.

2. 고조선 사료의 존재양식과 구술사료 인식

고대의 문헌사료는 구술사료와 밀접한 연관성을 지니고 있다. 고대의 문헌기록이 현장기록이 아니라 구비전승된 역사를 뒤늦게 기록한 까닭이다. 더군다나 문헌사료는 널리 공유되는 것이 아니어서 공유수단으로 구비전승의 방법을 취할 수밖에 없다. 다시 말하면 구비전승되고 있던 구술사료가 문헌에 뒤늦게 기록사료로 정착되었으며, 기록 이후에도 구비전승되면서 널리 공유되었다는 말이다. 그러므로 《고기》에 수록된 고조선본풀이도 오랜 세월 구전되었던 사료일 수밖에 없다.

고조선본풀이는 구전되기에 적절하노록 한 편의 잘 짜여진 이야기처럼 구성되어 있다. 따라서 한 번 들으면 잊어버리지 않도록 다양한 은유와 독특한 수사로 형상화된 것은 물론 서사구조를 잘 갖추고 있다. 이러한 이야기의 구조 덕분에 수천 년을 끊이지 않고 전승되는 힘을 확보하게 되었다. 사실을 있는 그대로 이야기하면 단순한 사건의 열거에 그쳐서 구비전승의 힘을 지니지 못한다. 객관적 사실이긴 하되 문학적으로 형상화되지 않아서 공감력도 없고 전승력도 없어서 역사 구실을 하지 못한다. 그러므로 역사 서술이 제 구실을 하려면 이야기로 서술되는 것이 바람직하다.

고조선본풀이가 초월적으로 표현되고 서사적으로 형상화된 것은 고대인들의 역사의식이 최고의 슬기로 발휘된 결과이다. 구술사료로서 이보다 완벽할 수 없는 셈이다. 누구든 쉽게 듣고 이해하며 잊어버리지 않고 다른 사람에게 흥미롭게 들려줄 수 있다. 이러한 귀중한 사료를 조작된 역사로 매도하는 것이 실증사학의 한계이다. 따라서 실증주의자들처럼 축자적 해석의 글자풀이에 머물 것이 아니라 문학으로 형상화된 구술사료로 분석하고 독해를 해야 고조선의 역사가 제대로 해명된다.

역사 서술의 가장 원형은 구술이다. 문자를 사용하지 않은 시대나 문자가 없는 사회에서는 자기들의 역사를 말로 이야기할 수밖에 없다. 과거에 있었던 사실이라고 해서 다 역사가 되는 것은 아니다. 체험하거나 목격한 사실을 기억해서 이야기하는 것이 구술사료이자 구비역사이다. 여기서 중요한 것은 과거 사실에 대한 기억과 상상이다. 기억과 상상이 없으면 구술이 불가능하다.

구술사료를 부정하는 사람들은 사람들의 기억을 불확실한 것으로 간주한다. 기억된 내용에는 잊어버리거나 왜곡된 사실이 있는 까닭이다. 구술사료의 두 가지 한계, 곧 기억의 상실과 오류를 인정해야 한다. 그럼 문헌사료의 기록은 이러한 한계와 오류가 없을까. 당연히 있기 마련이다. 문헌사료도 기억력과 상상력에 기초해서 기록된 것이기 때문에 구술자료와 같은 불확실성을 지니고 있다. 기억력과 상상력을 거치지 않은 기록이란 존재하지 않는다. 따라서 문헌사료는 구술자료와 달리 객관적이고 고정적이라는 편견을 버려야 한다. 오히려 구술사료는 집단적 전승에 따라 어느 개인의 자의적 왜곡과 전승이 불가능한데, 문헌사료의 경우는 기록자 개인에 따라 자의적 서술이 가능하므로 더 문제일 수 있다.

인류학자의 현지조사보고서처럼, 현지에서 체험하고 목격하며 조사한 내용을 조사자가 직접 서술한 과학적 보고서조차 서술자의 배제와 선택, 착각, 강조, 은유 등에 의해 픽션이 될 수밖에 없다는 것이 학계의 지적이다. 하물며 직접 조사하기는커녕 본 적도 없는 고대 사실을, 다만 기록되었다는 이유만으로 문헌사료를 정확한 것으로 믿는 것은 착각이자 편견이다. 그러므로 구술사료의 역사성을 더 구체적으로 따져봐야 《고기》의 기록이 구전된 건국본풀이로서 긴요한 사료라는 것을 제대로 밝힐 수 있다.

구술사료의 전승력은 두 가지 요소에 근거한다. 하나는 사실을 전달하려는 정보지식으로서 역사적 요소이고, 둘은 흥미로운 이야기를 즐기는 문학적 요소이다. 건국시조본풀이는 이러한 두 가지 요소를 다 지니고 있어서 역사적 전승력이 강하다. 따라서 《고기》에 기록되기 이전에는 흥미로운 이야기로 고조선의 역사가 형성되고 전승되었을 것이다. 그러므로 고조선본풀이는 구비전승의 역사이자 문학 양식으로 존재했던 것이 뒤에 《고기》에 기록으로 정착되고, 다시 《삼국유사》에 인용되었던 것이다.

구술사료도 문헌사료와 같이 취사선택의 과정을 거쳐 이야기로 구술되는 까닭에 사실의 단계에서 사료의 단계, 역사의 단계로 나아간다. 목격하고 경험한 내용이 가) 역사적 사실이라면, 나) 기억된 것은 사료이며, 다) 구술된 내용은 개인적인 역사 서술이다. 라) 구술된 내용이 전승력을 지니고 구비전승되면 비로소 구비역사(oral history)로 자리잡게 된다 구비전승된 것이 역사인 것은 집단적 공감대를 형성하고 공인과정을 거치면서 재구성되었기 때문이다. 그렇지 않은 것은 개인적 구술에서 그치기 마련이다.

문헌사료도 기억을 거쳐 재구성되는 점에서 구비사료와 다르지 않다. 왜냐하면 '과거는 상기라는 경험 양식을 떠나 독립적으로는 존재할 수 없기 때문이다.' 문헌사료도 기억을 근거로 기록된 것이다. "기억되고 상기되는 것은, 정확하게 재현된 과거가 아니라 해석학적 변형과 해석학적 재구성이 이루어진 과거"이다. 따라서 "역사적 사실은 절대불변의 객관적인 것이 아니며, 인간이 그 사건을 어떻게 받아들이고 어떻게 이야기하는가라는 무수한 시선의 복합체, 즉 이야기의 집성으로 해석한다."2) 그러므로 "언어를 사용한 기록이나 서술인 이상 아무리 발버둥쳐도 '객관적으로 있는 그대로의 사실'을 서술하는 것은 불가능하다는 점을 인정해야 한다."3)

구비역사는 쓰여진 역사보다 역사적 기능이 더 실질적이다. 문헌사료는 저자 개인의 것이자, 서재 안에 갇혀 있어서 민중들은 범접하기 어려운 지배집단의 역사이다. 그러나 구비역사는 머리에 저장되어 있으므로 일상생활 속에서 수시로 작동하는 민중의 집단적 역사이다.4) 따라서 지식인이 독점하고 지배에 이용하는, '억누르는 역사'가 아니라, 민중이 공유하고 민주적 역사의식을 실현하는, '치받치는 역사'가 구비역사이다. 그러므로 구비역사는 삶의 역사이자 실천의 역사이며, 역사를 바람직하게 만들어가는 '역사의 역사'라 할 수 있다.5)

구비역사에서 말로 전승하는 구비(口碑)는 종이에 써둔 기록이나, 돌에 새겨 놓은 석비(石碑)와 상대되는 개념이다. 구비도 석비처럼 오랫동안 전승되는 사료 구실을 한다. 사람들은 특정 인물의 공적을 기리기 위해 비석을 세우지만, 비석보다 말로 전승하는 구비의 이야기가 더 바람직하다. 왜냐하면 구비전승이 사회적 전파와 역사적 전승을 보장하는 효과적 미디어 구실을 하는 까닭이다.

---

2) 노에 게이치 지음/김영주 옮김, 《이야기의 철학 ─이야기는 무엇을 기록하는가》, 한국출판마케팅연구소, 2009, 336쪽.
3) 노에 게이치 지음/김영주 옮김, 위의 책, 312쪽.
4) 임재해, 〈설화의 역사성과 관음사 연기설화의 재인식〉, 《韓民族語文學》 41, 韓民族語文學會, 2002, 456쪽. "문헌사료는 삶과 분리되어 서재 속에서 존재하지만, 설화는 삶의 일상과 함께 간다. 오랜 전승과정에서 사람들에 의해 검증받고 공감된 것으로서 설득력도 지니고 있다."
5) 임재해, 〈단군신화로 본 고조선 문화의 기원 재인식〉, 《단군학연구》 19, 단군학회, 2008, 301쪽.

석비는 돌에다 새겨 놓은 말이고 구비는 입으로 전하는 말이다. 돌에다 새겨 놓은 말은 분명하니 신뢰하고, 입으로 전하는 말은 대중없어 신뢰하지 못한다고 할 것인가?

석비는 조작일 수 있다. 지방수령의 선치가 영세불망이라고 칭송하는 허다한 석비를 누가 믿는가? 선치는 일반 백성 수많은 사람 사이에서 저절로 전하는 구비로 판명된다. 권력이나 금력으로 구비는 만들 수 없다. 석비는 마멸되기도 하고 없애면 그만이지만, 구비는 건드리지 못한다.6)

'석비'는 견고성이 역사성을 보장하지만, '구비'는 전승력이 전통성을 보장한다. '석비'는 기록 내용과 상관없이 돌이 지닌 재질의 견고성에 따라 그 지속성이 결정된다. 좋은 돌에 새긴 비문은 기록 내용의 질과 상관없이 오래 가기 마련이나, '구비'는 무형의 담론으로만 존재하는 까닭에, 구비의 지속성은 전적으로 구술 내용의 질과 가치에 따라 결정된다. 쓸데없는 이야기라고 생각되면 곧 잊혀지고 말지만, 흥미롭고 가치 있는 이야기라고 생각되면 그 전승력이 석비보다 더 오래 간다.7) 더군다나 한곳에 붙박혀 있는 석비와 달리, 구비는 사람들과 더불어 이동하며 소통하는 까닭에 널리 전파되고 공유되며 재창조되는 미디어의 역동성까지 갖추었다.

역사는 지난 시대의 사실이라고 여기는 학자들은 구비역사를 인정하기 어렵다. 왜냐하면 사실을 객관적으로 확정해야 한다는 강박에 사로잡혀 독창적인 해석보다 문헌사료의 고정성에 집착하기 때문이다. 사실은 사실일 뿐 결코 역사가 될 수 없다. 사실이 곧 역사라는 강박관념에서 벗어나야 역사학의 위상이 제대로 드러난다. 사실이 취사선택되어 자료로 남은 것이 사료가 되고, 사료가 논리적으로 해석되어 통시적 체계로 서술된 것이 역사이며, 이러한 역사 서술의 의미를 다

---

6) 조동일, 〈구비의 가치 재평가를 위한 새로운 연구〉, 《구비문학의 연행양상》, 민속원, 2011, 13쪽.

7) 임재해, 〈유래와 전설의 전승〉, 《전통과 혁신의 마을 내앞》, 민속원, 2013, 270~271쪽.

각적으로 밝혀서 특별한 의미를 부여하는 것이 역사학이다. 그러므로 역사 서술자로서 사가와 역사 해석자로서 사학자는 으레 함께 가기 마련이다.

3. 구술사료보다 더 생생한 생활사료의 역사

구술사료보다 우리 삶에 더 밀착되어 있는 것이 생활사료이다. 구술사료가 머리에 기억으로 저장되어 있는 역사라면, 생활사료는 일상생활로 실현되면서 생활세계 속에 살아 있는 역사이다. 따라서 오랜 역사 속에서 끊임없이 반복되면서 일정한 생활양식으로 전형화된 문화적 전통이 곧 생활사료이다.

구술사료가 기억으로 전승되고 이야기되는 사유의 사료이지만, 생활사료는 문화적 전통에 따라 지속적으로 실천하는 체험의 사료이다. 왜냐하면 구술사료가 이야기될 때마다 반추되는 상상의 역사에 머물지만, 생활사료는 생활세계와 함께 가는 살아 있는 실천의 역사일 뿐 아니라, 정기적으로 되풀이하는 민속문화인 까닭에 역사체험을 동반하기 때문이다.

생활사는 역사적 사실이나 의식이 기억 속에서 사라지더라도 실생활의 관습에 따라 계속 전승된다. 유래와 전설이 없는 동제나 신앙, 놀이, 주술 등의 전통은 그 자체의 필요에 따라 전승력을 지니는 것이다. 이를테면, 최영장군을 섬기는 동제를 올리고 단종을 위하는 산신제를 지낼 뿐 아니라, 왕건의 병산전투에서 유래된 동채싸움을 하고, 공민왕 몽진과 관련된 놋다리밟기를 함으로써 잊혀진 역사를 재현하고 해마다 역사를 주기적으로 현재화하는 것이다.

역사를 역사 자체로 행할 수 없다. 역사적 사실을 회고하고 반추하는 문화적 전통을 수행하는 것이 생활사료의 역사적 기능이다. 한가위

때마다 강강술래를 하면서 임진왜란의 역사를 되새기는 것이 생활사료
의 구체적인 보기이다. 강강술래나 놋다리밟기, 동채싸움은 놀이나 춤
등 민속문화의 하나로 전승되는 동시에, 일정한 역사적 사건과 결합하
여 역사적 사실을 전달하고 그 의미를 환기시키는 구실을 하는 것이
다. 안동의 동채싸움이 왕건과 견훤의 고창전투 유래담을 전승하는 것
처럼,8) 강강술래는 임진왜란과 관련한 유래담을 전승하고9) 놋다리밟
기는 홍건적의 난과 관련한 유래담을10) 전승한다. 그러므로 이런 놀이
를 할 때마다 생활로서 역사를 증언하고 문화로서 역사를 재현하며 재
미나게 역사를 누리는 것이다.

공동체 놀이뿐 아니라 공동체 신앙도 역사적 사건과 연관된 것이
적지 않다. 공동체신앙의 현장인 남이장군당이나 임경업장군당이 좋은
보기이며, 공민왕 몽진지역인 청량산 일대의 동신신앙11) 관련 신화와
전설들이 역사적 사건과 연관되어 있는12) 구체적 보기이다. 수동별신
굿의 진법놀이도 홍건적에게 사로잡힌 공민왕의 수난과 홍건적의 퇴치
역사를 나타낸 것이다. 예사 마을의 동제와 당신화들도 마을의 개척사
나 입촌사를 증언한다. 그러므로 민속을 한갓 문화현상으로만 볼 것이
아니라 역사를 재현하는 생활사료로 주목할 필요가 있다.

생활사료는 구술사료나 물질사료와 함께한다는 점에서 복합적인 사
료이다. 동신신앙이나 별신굿, 공동체 놀이 등이 그 자체로 전승되어서

---

8) 한양명, 〈安東동채싸움 關聯談論의 傳承樣相과 鄕村史的 意味〉, 《한국민속학》, 한국민속학회, 1994, 391~421쪽 참조.

9) 任東權, 〈강강술래考〉, 《韓國民俗學論攷》, 집문당, 1971; 丁益燮, 〈全南地方의 강강술래攷〉, 《无涯梁柱東博士古稀紀念論文集》, 탐구당, 1973; 崔常壽, 〈강강술래〉, 《韓國民俗大觀》 4 -歲時風俗,傳承놀이, 高大民族文化硏究所, 1982 등 참조.

10) 任東權, 〈安東의 車戰과 놋다리〉, 《韓國民俗學論攷》, 십문딩, 1971; 沈雨盛, 〈놋다리밟기〉, 《韓國의 民俗놀이》, 三一閣, 1975; 崔常壽, 〈놋다리밟기〉, 《韓國民俗大觀》 4 -歲時風俗.傳承놀이, 高大民族文化硏究所, 1982 등 참조.

11) 한양명, 〈청량산 일대 공민왕신앙의 분포와 성격〉, 《고려 공민왕과 임시수도 안동》, 안동대학교 민속학연구소, 2004, 176~259쪽.

12) 임재해, 〈공민왕 몽진 설화에 나타난 주민들의 역사의식〉, 《구비문학연구》 21, 한국구비문학회, 327~374쪽.

는 역사적 사실과 연관성을 알기 어렵다. 그러나 당신화와 전설, 유래담 등이 이러한 놀이의 형성 원인을 설명함으로써, 역사적 사실을 신앙과 놀이 양식으로 행위전승하고 있다는 사실을 알게 된다. 따라서 모든 생활사료는 구술사료 구실을 하는 역사적 전설과 함께 한다. 강강술래나 놋다리밟기도 전설에 의해 역사적 의미가 부여되어 있다. 그러므로 놀이를 통해서 역사적 사실을 환기시키는 기능을 한다.

특히 문헌사료를 만날 수 없는 민중에게는 해마다 세시풍속에 따라 연행하는 민속문화가 역사책을 읽는 것보다 더 밀도 있는 역사 체험이 되는 것이다. 남이장군이 나라를 다스리고 천하를 평정하려는 높은 이상을 추구한 까닭에 오히려 누명을 쓰고 처형되었다는 사실을 문헌기록으로 읽는 것보다 억울하게 죽은 남이장군의 원혼을 달래는 당굿을 해마다 함으로써, 그의 충절을 기리며 왕정의 모순을 비판하는 역사의식을 주기적으로 더 실감나게 공유하는 것이다.

임경업장군당의 당굿이나 최영장군, 공민왕을 동신으로 섬기는 동신신앙 또한 남이장군 당굿과 같은 상황의 역사적 기능을 한다. 전체사로서 서술된 역사가 아니라 구체적인 사건사를 매개로 전체사를 읽는 것이 생활사료의 특성이다. 한 개인의 역사적 비극을 기록하는 데 그치지 않고 공동체신앙으로 섬김으로써, 역사를 종교적 제의로 승화시킨 신성한 생활사로 지속하게 만든다. 당굿은 종교적 제의이자 놀이와 만나는 축제이며 세시풍속이기도 하다. 역사를 제의와 놀이로, 축제와 세시풍속으로 전승한다는 것은 사서에서는 기대할 수 없는 역사적 기능이다.

임진왜란 때 이순신이 왜군을 물리친 기록을 읽는 일보다, 한가위에 강강술래 놀이를 즐기면서 이순신의 전공을 해마다 되새기는 것이 임란의 역사를 더 깊이 체험하는 길이다. 따라서 생활사료는 문화로 누리는 체험의 역사이자, 집단적으로 공유하는 공동체의 역사이며, 민중이 주체가 되는 민주적 역사라 할 수 있다. 그러므로 책으로 배우는 역사보다 문화로 체험하는 역사가 더 바람직한 역사교육이라 할 수 있다.

역사학의 경향도 변화하고 있다. 일상생활의 역사를 주목하는가 하면, 문화 현상을 통해서 역사 해석을 하는 경향이 '신문화사'라는 역사학의 새로운 흐름을 이루고 있다. 신문화사는 엄격한 실증적 증거 대신 역사적 실마리와 가능성의 역사를 지향하며, 사회를 하나의 문화적 텍스트로 다루는 한편, 문학성 짙은 이야기식의 역사서술을 지향한다. 그러므로 신문화사는 상상력이 지나치게 보태어져서 역사로 보기 어렵다는 비판을 받기도 하지만,13) 역사를 다양하게 볼 수 있고 역사를 새롭게 조명한다는 점에서 신문화사의 유용성은 부정할 수 없다.

그런데 여기서 말하는 '생활사료'는 신문화사나 일상생활사 연구에서 말하는 생활에 관한 역사와 구별되는 것이다. 여기서 말하는 생활사료는 생활에 관한 역사가 아니라, 역사에 관한 생활이자 문화현상이다. 다시 말하면, 사료처럼 역사적 정보를 지닌 생활사 전통을 뜻한다. 생활로서 역사를 서술하고 문화로서 역사를 재현하는 까닭에 역사 서술의 한 방식이자, 사료로서 주목하는 것이다. 역사를 삶 속으로 끌어들여서 생활하는 것이 생활사, 곧 역사의 생활화가 생활사인데, 학계에서 말하는 생활사는 '생활의 통시적 흐름에 관한 역사'를 뜻하는 것이다. 그러므로 기존의 생활사와 구분하기 위해 '생활사료'라 일컫는다.

역사적 사실을 흥미롭게 재구성하여 구술하는 구비역사와 같은 구조 속에 있는 것이 생활사료이다. 따라서 생활사료는 역사를 그 자체로 재현하는 것이 아니라, 일정한 양식의 문화로 재구성하여 신앙이나 놀이 활동으로 재현하는 것이다. 따라서 생활사료는 특정 역사적 사실이 종교적 신앙에 의해 제의양식으로 재현되거나 세시풍속에 따라 놀이양식으로 재현되어 존재하는 것이다. 그러므로 특정 역사를 되새기도록 하는 일정한 문화현상을 생활사료라 하며, 그러한 문화현상을 사료로 삼아 역사연구를 새롭게 하려는 것이다.

---

13) 곽차섭 엮음, 《미시사란 무엇인가》, 푸른세상, 2000 및 조한욱, 《문화로 보면 역사가 달라진다》, 책세상, 2000 등에서 신문화사에 관한 자세한 논의가 이루어졌다.

생활사료는 기존 사료로 입증할 수 없는 역사적 사실들을 갈무리하고 있어 사료 확장에 결정적 구실을 한다. 따라서 생활사료를 설득력 있는 사료로 설정하고 고조선 연구의 대상으로 적극 끌어들인다. 생활사료를 주목하면 고조선 사료가 한층 더 풍부해지게 될 뿐 아니라, 검증 불가능한 문헌사료의 기록내용까지 검증할 수 있다. 그리고 우리는 아직도 고조선시대 사람으로 살아가고 있다는 사실까지 생활사료로 실감할 수 있게 된다.

고조선 관련 문헌사료는 까마득한 고대의 일만 전하는 까닭에 현재 우리의 삶과 무관하게 인식된다. 마치 원시시대 일처럼 치부하기 일쑤여서, 고조선 역사를 알아도 한갓 태초의 일인 것처럼 간주될 따름이다. 그러나 생활사료는 지금 우리가 고조선의 문화를 누리고 있다는 사실을 실감하게 만들어준다. 왜냐하면 생활사료는 현재진행형일 뿐 아니라, 누구나 확인 가능한 공유의 문화현상인 까닭이다. 그러므로 생활사료에 따라 현재의 삶 속에 지속되고 있는 고조선의 역사를 생생하게 입증하는 논의를 펼칠 수 있다.

"본래 땅에는 길이 없었다. 누군가 걸어가면 그것이 곧 길이 된다."는 루쉰(魯迅)의 말처럼, 사료도 본래 없었다. 누군가 역사연구의 자료로 삼으면 그것이 곧 사료가 되는 것이다. 사료가 있어서 역사연구를 하는 것이 아니라 누군가 역사연구를 함으로써 사료가 만들어지는 것이다. 역사학이 주어진 사료에 의해 탄생된 학문일지 몰라도, 혁신적인 역사학은 기존 사료에 만족하지 않고 스스로 새로운 사료를 개척할 때 성취되는 것이다.

따라서 탁월한 사학자는 사료를 새롭게 해석하는 데 만족하지 않고 새로운 사료 영역을 개척하고 드러나지 않은 사료들을 발굴하여 학계가 널리 공유하도록 만든다. 사료의 제시와 공유도 중요하지만, 그 사료에 역사적 의미를 부여하는 작업은 더욱 중요하다. 따라서 사료 개척과 혁신적 해석이 함께 갈 때, 역사학이 사료학에서 사관의 학문으로 또는 이론학으로 비약할 수 있다. 그러므로 고조선연구의 한계는 사료가 부족한 것이 아니라 사학자로서 역사의식이 부족하고, 입증할 만한 논리가 없는 것이 아니라 뚜렷한 사관조차 없이 기존의 역사해석 틀에서 맴돌고 있는 것이 문제이다.

예술에는 전위예술이라는 것이 있다. 기존의 상투적 예술세계를 혁파하고 아무도 시도하지 않은 창조적 행위를 충격적으로 하는 예술이다. 전위 예술가들이 예술사를 비약시키는 역할을 담당하는 것처럼, 학문에도 전위학문이라 할 만한 파격적 연구가 있어야 혁신적인 변화를 이끌어갈 수 있다. 고조선시대처럼 잃어버린 민족사의 출발점을 찾는 연구에는 전위적 역사학으로 호명될 만한 모험적 시도가 더 절실하다.

문헌사료의 축자적 의미에 매몰되지 말고 《삼국유사》에 기록된 고조선 사람들의 생활세계 속으로 들어가 보라. 거기서 그 시기 사람들의 삶을 만나고, 그들의 생각을 생각해 보며, 그들의 문화 현장을 답사해 보라. 그러면 그들의 삶이 내 안에 있고 그들의 역사 속에 내가 있다는 사실을 깨닫게 될 것이다. 고조선의 역사를 입증할 근거가 없다고 할지라도 마침내 그들이 내 삶 안에 있다는 것을 발견하게 될 것이고, 과학적 사료가 아니라고 하던 이야기들이 과학보다 더 생생한 경험으로 고조선 사람들의 삶과 생각을 알려줄 것이다.

명쾌한 사료가 따로 없다. 민중의 일상적인 먹거리와 잠자리야말로 긴요한 사료이다. 생활사료를 나침반으로 삼아 고조선의 역사를 추론해 나가면, 식민사학이 앗아간 고조선의 역사가 투명하게 살아날 것이다. 그리고 고조선 부정론자들이 단군의 얼굴에 신화의 탈을 씌울수록 고조선의 역사는 더 선명하게 자기 얼굴을 드러낼 것이다. 왜냐하면 민중의 생활세계로 지속되고 있는 고조선의 살아 있는 역사는 어떠한 위력을 동원해도 지울 수 없기 때문이다. 비록 그들의 논저 속에서는 고조선을 자의적으로 삭제해도 스스로 쑥과 마늘을 먹으며 살아가는 한, 자기 삶과 함께 가는 고조선의 역사를 결코 삭제할 수 없다. 그러므로 생활사료는 전위사학의 길을 개척하는 사료의 전위라 할 만하다.

4. 생활사료에 의한 고조선시대 역사의 입증

생활사료의 관점에서 보면, 단군조선은 물론 환웅신시의 역사조차 부정할 수 없다. 생활사료를 들여다보면, 단군의 왕검조선 이전에 환웅이 건국한 신시고국의 역사까지 생생하게 읽어낼 수 있다. 왜냐하면 아직도 지속되고 있는 문화적 전통 가운데에는 환웅신시에 관한 역사적 실체를 입증할 만한 생활사료가 적지 않기 때문이다. 생활사료 가운데 가장 대표적인 것이 의식주생활이다. 의식주생활 가운데 가장 쉽게 바뀔 수 있는 것이 의생활이고 다음이 주생활이며 가장 늦게 바뀌는 것이 식생활이다.[14]

우리가 최근에 서양문물을 받아들이기 시작하면서 가장 먼저 받아들인 것이 복식이다. 옷차림은 개별적 선택과 구입에 의해 쉽게 바뀔 수 있기 때문이다. 집은 한옥에 살아도 개항기 지식인들은 양복을 입었다. 복식은 지금도 패션이라 하여 유행에 따라 수시로 바뀐다. 그러나 주생활은 최근까지 한옥의 전통이 지속되었다. 집은 누대로 살아온 가족 공유의 것인 까닭에 옷처럼 개인적으로 쉽게 바꿀 수 있는 것이 아닌 까닭이다. 근래에 공공건물이 양옥으로 지어지고 도시화가 진전되면서 서서히 양옥이 들어섰지만, 아직 시골에서는 양옥보다 한옥이 대세이다.

의생활에 이어 주생활까지 양식으로 바뀌었지만, 식생활은 여전히 한식이 주류를 이루고 있다. 식문화는 문화유전자(cultural gene)로서 체질화된 까닭이다. 문화유전자는 전통문화에서 일정한 유형의 문화 지속성을 포착하는 통시적 개념인데,[15] 지속성과 확산력이 높은 가변적인 문화유전자의 개념을 밈(meme)이라고[16] 한다. 밈은 영국의 생물

---

14) 임재해, 《민속문화를 읽는 열쇠말》, 240~249쪽에 의식주생활의 변화 문제를 자세하게 다루었다. 250쪽, "의생활의 민감한 변화에 비하여 가장 변화가 느린 것은 식생활의 전통이다."
15) 임재해, 〈고대에도 한류가 있었다-민족 문화의 정체성 재인식〉, 《고대에도 한류가 있었다》, 지식산업사, 2007, 22쪽.

학자 리차드 도킨스(Ricard Dawkins)가 《이기적 유전자》에서 모방을 뜻하는 그리스어 미메메(mimeme)에서 가져온 말이다.[17] 이러한 문화유전자 개념으로 포착하면, 앞으로도 한식의 전통은 의생활이나 주생활과 달리 외래양식에 쉽게 밀려나지 않을 것이다. 문화유전자는 곧 지속성을 전제로 한 까닭에 이미 생활사료의 기능을 지닌 개념이다. 그러므로 식생활의 전통을 생활사료로 주목하면 아주 흥미로운 사실을 발견할 수 있다.

《고기》에 따르면, 곰과 범이 환웅을 찾아와서 사람이 되게 해달라고 빌자, "쑥 1타래와 마늘 20줄기를 주며 이것을 먹고 100일 동안 햇빛을 보지 않으면 사람이 되리라"고[18] 했다. 여기서 환웅은 곰과 범에게 인간이 되기 위한 조건으로 쑥과 마늘을 먹는 식생활과 100일 동안 칩거해서 사는 주생활을 제시했다. 여기서 먼저 주목되는 생활사료는 쑥과 마늘을 먹는 식생활의 전통이다.

왜냐하면 우리 민족은 지금도 쑥과 마늘을 먹는 식생활 전통을 지속하는 까닭이다. 쑥과 마늘을 먹는 한국인의 식문화는 환웅의 신시시대부터 존재했던 상고시대 식생활을 입증하는 중요한 생활사료이자, 식문화의 원형을 이룬다. 따라서 이러한 식문화를 처음 보급한 환웅은 신시를 세운 건국영웅이면서 또한 문화영웅이기도 하다.

그런데 마늘은 이 시기에 한반도에서 자생한 사실을 확신하기 어려운 까닭에 과연 산(蒜)을 마늘로 번역해도 좋은가 의문이다. 《삼국유사》에 기록된 "蒜二十枚"를 으레 '마늘 20줄기'로 번역한다. 그런데 蒜은 달래와 마늘을 함께 뜻한다. 따라서 분명하게 나타내기 위해 달래는

---

16) Susan Blackmore, The Meme Machine, Oxford University Press, 1999, 김명남 역, 《밈》, 바다출판사, 2010 참조. 이영배, 〈한국 '판' 문화론의 구성을 위한 통섭적 시론〉, 《호남문화연구》, 전남대학교 호남학연구원, 2012, 184쪽 참조.

17) 리처드 도킨스 지음/홍영남 옮김, 《이기적 유전자》, 을유문화사, 2010, 11장 참조.

18) 《三國遺事》卷1, 紀異1, 古朝鮮-王儉朝鮮, "時神遺靈艾一炷 蒜二十枚曰 爾輩食之 不見日光百日 便得人形".

소산(小蒜), 마늘은 대산(大蒜)이라 한다. 그러나 대소 구분 없이 쓴 경우에는 마늘을 뜻한다. 《훈몽자회(訓蒙字會)》에서는 산(蒜)이나 호산(胡蒜)을 마늘이라 하고, 소산(小蒜)은 달래라 하였다. 그러므로 《삼국유사》의 '산'은 마늘로 해석해도 될 것이다.

더 정확한 것은 축자적 해석보다 맥락적 해석이다. 산(蒜)의 수량을 "蒜二十枚"라고 하여 '줄기(幹)'를 뜻하는 말로 단위로 썼다. 이때 줄기는 딱딱한 나무줄기를 뜻한다. 만일 달래라면 '달래 20매(枚)'라고 썼을까. 마늘을 거둘 때는 줄기가 딱딱하기 마련이다. 특히 갈무리해 둔 마늘 줄기는 더 이를 필요도 없다. 그러나 달래는 줄기가 딱딱하면 먹을 수가 없다. 따라서 매(枚)는 달래보다 마늘의 수량을 나타내는 단위로 더 적절하다. 더군다나 '쑥 한 다발'에 견주어 '달래 20줄기'는 상대적으로 빈약하다. 그러므로 '二十枚'라는 수량의 단위로 볼 때 산(蒜)은 달래보다 마늘일 가능성이 더 높다.

《삼국유사》보다 이른 시기에 기록된 《삼국사기》를 보면, 산을 달래가 아니라 마늘로 기록하고 있다. 《삼국사기》 잡지(雜志) 제사(祭祀)조에 보면, 입추 뒤의 해일(亥日)에는 후농신(後農神)에게 제사 지내는데, 후농신에게 제사를 올릴 때는 마늘밭인 '산원(蒜園)'에서 제사를 지낸다고[19] 기록해 두었다. 마늘은 가을에 심는 작물이므로, 산원은 마늘 밭이다. 달래는 쑥처럼 이른 봄에 나는 들풀로서 재배작물이 아닌 까닭에 산원과 무관하다. 그러므로 마늘을 나타낼 때 굳이 대산(大蒜)으로 쓰지 않고 산으로 표기한 사실을 알 수 있다.

더 중요한 사실은 농신에 대한 봄과 여름 제사는 특정 농작물과 무관한 곳에서 올리는데, 가을에만 특히 마늘밭에서 제사를 올린다는 점이다. 여러 농작물 가운데 마늘 농사를 특히 중요하게 여겼던 것이다. 고대부터 마늘을 식용한 민족은 많겠지만, 마늘밭에서 정기적으로 농신에게 제사를 올린 민족은 우리가 유일할 것이다. 재배작물 가운데

---

19) 《三國史記》 卷第三十二 雜志 第一 祭祀, "立春後亥日 明活城南熊殺谷 祭先農 立夏後亥日 新城北門 祭中農 立秋後亥日 蒜園祭後農"

마늘을 특히 소중하게 여겼던 까닭이다. 왜냐하면 건국시조인 환웅이 쑥과 마늘을 인간이 되게 하는 식품으로 곰과 범에게 주었을 뿐 아니라, 실제로 곰은 이것을 먹고 인간이 되었기 때문이다. 따라서 쑥과 마늘을 귀중한 식품으로 여기지 않을 수 없다. 그러나 쑥은 재배작물이 아니지만, 마늘은 재배작물인 까닭에 농신제를 올렸던 것이다. 그러므로 산은 달래가 아니라 마늘이라고 할 수 있다.

그럼 요즘 우리가 먹는 마늘이 그때도 있었을까. 마늘뿐 아니라 다른 재배작물도 고대의 자생종에서 많이 개량된 것이다. 따라서 당시의 마늘은 자생종으로서 야생마늘이자 산마늘일 가능성이 크다. 자생 마늘이 아니라, 달래라 하더라도 마늘과 다르지 않다. 왜냐하면 달래와 마늘 모두 알리움(Allium)속일 뿐 아니라 식품으로서 매운 맛이 같기 때문이다.[20] 그러므로 달래와 산마늘일 가능성을 열어두고 마늘로 일컫는 것이 상징적 의미로 더 바람직할 것이다.

쑥도 따져보면 여러 종류이고 기능도 다양하다. 아마 야생 쑥을 재배하기 시작했다면 새 품종의 재배쑥으로 개량되었을 것이다. 마늘도 달래나 야생마늘을 재배하면서 개량된 것이다. 문제는 우리 민족이 쑥과 달래, 마늘을 먹는 식문화의 전통을 지금껏 누리고 있다는 사실이다. 따라서 이 식문화 전통은 환웅신시의 역사를 입증하는 훌륭한 생활사료 구실을 한다. 그러므로 쑥과 마늘을 먹는 식문화의 생활사료적 가치를 더 구체적으로 검토할 필요가 있다. 사료적 가치는 세 가지이다.

첫째, 쑥과 마늘을 먹는 식문화 전통은 환웅신시가 한민족 고유의 역사라는 것을 입증하는 결정적 사료 구실을 한다. 흔히 학계에서 천손강림신화는 북방계 신화라고 하며 단군신화를 북방신화의 범주 속에 귀속시켰다 더 구체적인 비교연구는 단군신화와 유목지역의 게세르신화를[21] 같은 신화로[22] 묶어서 서로 영향관계에 있는 것처럼 주장한

---

20) 임재해, 《고조선문화의 높이와 깊이》, 114~116쪽에서 달래와 마늘의 문제를 자세하게 다루었다.
21) 일리야 N. 마다손 채록 지음/양민종 옮김, 《바이칼의 게세르 신화》, 솔,

다.23) 일반적으로 북방계 유목민신화의 영향으로 보는데, 양민종은 《삼국유사》의 시대적 선행성을24) 근거로 단군신화의 영향으로 게세르 신화가 형성된 것처럼 논의했다. 그러나 나는 아예 고조선본풀이를 게세르와 동일 유형으로 보지 않고 독자적 유형이라는 사실을 여러 모로 밝혔다.25)

식생활로 보면, 북방 유목민족의 어떤 신화에도 쑥과 마늘을 먹는 이야기는 나오지 않는다. 오직 단군신화로 호명되는 환웅신시본풀이에서만 유일하게 서술된 식문화이다. 이야기의 유형적 보편성은, '전기적 유형'이나 '영웅의 일생'처럼 단군신화가 아니라도 세계적인 것이다. 서사구조의 보편성은 문화적 동질성일 뿐 영향관계의 근거가 되지 못한다. 따라서 줄거리의 유사성을 근거로 전래설이나 영향론을 펴는 것은 적절하지 않다. 그러므로 단군신화의 식생활 기록은 민족문화의 독자성을 나타낸 생활사료로서 충분한 의의가 있다.

둘째, 동아시아에서 우리 민족만 쑥과 마늘을 먹는 오랜 식문화 전통을 지니고 있다. 따라서 쑥과 마늘을 먹는 식생활은 환웅신시의 역사가 사실에 입각해 있는 것을 뒷받침하는 결정적 사료이다. 왜냐하면 동아시아 여러 나라 가운데 우리 민족만 쑥과 마늘을 일상적으로 먹고 있는 까닭이다. 한국인을 제외한 다른 민족에서는 쑥과 마늘을 먹는

2008 참조.
22) 양민종·주은성, 〈부리야트 〈게세르〉 서사시 판본 비교연구〉, 《比較民俗學》 34, 比較民俗學會, 2007, 385쪽에 따르면, 게세르의 기원을 연구한 차그두로푸 (S.Sh. Chardurov)는 넓은 의미의 게세르신화로 알타이의 '마아다이카라', 칼묵인의 '장가르', 티베트와 몽골의 '게세르', 부리야트의 '(아바이)게세르', 한반도의 '단군신화'까지 포괄하는 대규모 범주를 설정하고 있다.
23) 양민종, 〈단군신화와 게세르신화〉, 《단군학연구》 8, 단군학회, 2008, 9~15쪽.
24) 양민종, 위의 글, 25~26쪽, 채록시기가 단군신화가 13세기인데 비하여 게세르 판본 가운데 가장 이른 것이 1716년이라는 사실과 가장 신화적이며 샤머니즘의 이상을 정통적으로 구현했다는 사실을 근거로, "단군신화가 게세르 계열의 샤머니즘 무속 영웅서사시의 판본들 가운데 가장 오래 되었"다고 했다.
25) 임재해, 〈고조선본풀이와 '게세르'의 문화적 이질성과 한몽관계의 접점〉, 《比較民俗學》 48, 比較民俗學會, 2012, 127~171쪽 참조.

식문화가 없다.

우리 민족과 가장 가까운 중국과 몽골, 일본에서는 우리처럼 쑥과 마늘을 둘 다 먹는 식문화가 발견되지 않는다. 쑥과 마늘 가운데 한 가지만 조금씩 먹는다. 몽골에서는 육식생활을 주로 하기 때문에 쑥과 마늘을 먹는 식문화는 생태학적으로 성립될 수 없다. 다만 야생의 파, 곧 달래에 해당되는 것을 국수에 조금 넣어 먹는 정도이다. 달래가 자라는 시기에 채취하여 국수에만 넣어 먹는 까닭에 극히 제한적으로 먹는 셈이다. 마늘은 물론, 쑥은 전혀 먹지 않는다.

중국에서는 마늘은 먹되 쑥을 먹지 않는다. 5월5일 단오 명절은 공유하지만 우리처럼 쑥떡을 절식으로 먹지 않는다. 쑥떡이라는 식문화 자체가 아예 없다. 쑥국을 먹는 것도 아니다. 쑥을 식품으로 여기지 않는 까닭이다. 마늘도 동이문화에 속하는 산동성 일대에서 두드러지게 먹는다. 그러나 한국인처럼 마늘을 많이 먹지 않을 뿐 아니라, 생마늘을 먹는 경우는 없다. 우리는 마늘이 각종 요리의 양념으로 두루 쓰일 뿐 아니라, 생마늘을 오이나 고추처럼 밥상에 별도로 차려 놓고 즐겨 먹기도 한다. 그러므로 1인당 마늘 소비량을 보면, 한국이 세계에서 압도적인 1위이다.[26]

일본에서는 마늘을 아예 먹지 않고 쑥만 조금 먹는다. 귀신을 쫓는 부적처럼 출입구 위에 마늘을 달아둘 뿐 음식으로 먹지 않는다. 쑥과 마늘은 한국에서 일본으로 건너간 식품이라 하는데,[27] 마늘은 강한 냄새와 맛 때문에 일본의 음식문화로 자리잡지 못했다. "나가노현의 아치신사(阿智神社)에서는 한국에서 일본으로 건너온 사람들에 의해 (마늘이) 숭배되고 있으며, 헤이안 시대(平安時代: 9~12세기)의 겐지모노가타리(源氏物語)에서는 (마늘을) 약으로 삼고 있다."[28] 이처럼 마늘을

---

26) 세계 평균 1인당 연간 마늘 섭취량이 0.8kg인 반면에 한국인의 1인당 연간 마늘 섭취량은 약 7kg이다.

27) 오시마 아키코(大島明子), 〈일본에 불고 있는 음식 韓流〉, 《일본의 새소식》, 주한일본대사관, 2006년 8월호. 필자는 주한일본대사 부인이다.

28) 오시마 아키코, 위와 같은 글, 같은 곳.

약재로 사용했을 뿐 식용으로 쓰지 않는다.

그러나 쑥은 식용으로 쓰였다. 음력 3월 3일에 풀떡[草餠]을 먹는 관습에 따라 다양한 봄나물의 여러 풀떡 가운데 하나였을 따름이다. 단오절식으로 먹는 한국의 쑥떡에 견주어 보면 그 비중은 현저히 낮다. 한국에서는 단오 이전에 쑥이 날 때부터 봄나물로 쑥을 먹는다. 쑥을 넣어서 쑥국을 끓이는가 하면 쑥에 쌀가루를 묻혀서 떡을 쪄먹는 등 쑥을 다양한 방식으로 먹고 있다.29) 그러므로 쑥과 마늘을 왕성하게 먹는 식문화는 한국이 유일하다. 다른 나라들은 쑥과 마늘 가운데 한 가지만 먹되, 그것도 한국에 견주어 보면 상대적으로 빈약하기 짝이 없다.

셋째, 쑥과 마늘을 먹는 한국의 식문화는 일시적이거나 특정 지역에 한정된 것이 아니라 고대부터 지금까지 전국적으로 광범위하게 전승되고 있다는 점이다. 따라서 문헌사료처럼 누가 의도적으로 개입하여 조작할 수 있는 것도 아니고 국가에서 정책적으로 장려한 것도 아니다. 따라서 시골 농가에서는 집 아래채 추녀 끝에 쑥과 마늘을 제각기 타래로 엮어 매달아 놓은 풍경을 쉽게 볼 수 있었다. 그러므로 이 식문화는 쑥 없는 중국과, 마늘 없는 일본의 식문화에 견주어 볼 때, 고조선본풀이의 환웅신시 역사를 뒷받침하는 구체적 생활사료라 하지 않을 수 없다.

고조선본풀이의 주생활 관련 내용도 생활사료로서 주목된다. 인간이 되는 데는 쑥과 마늘을 먹는 식생활과 함께 '햇빛을 보지 말고 100일 동안 칩거'하도록 하는 주생활의 조건도 구체화되어 있다. 쑥과 마늘이 지독한 채식생활로 곰족과 범족의 채식문화 적응을 검증한 것이라면, 100일 동안의 칩거는 떠돌이생활을 하는 두 종족의 정착문화 적응을 검증한 것이다. 그러므로 이 검증과정을 통과한 곰족은 인간다운 문화를 누리는 사람으로 인정받고, 고비를 넘기지 못한 범족은 본디

---

29) 임재해, 〈단군신화에 갈무리된 문화적 원형과 민족문화의 정체성〉,《단군학연구》16, 단군학회, 2007, 288~292쪽에 자세하게 다루었다.

생활로 되돌아게 되었다.

여기서 나타난 주생활은 정착형 주거문화의 원형을 이루고 있다. 햇빛을 보지 않고 칩거한 공간은 정착생활에 적응하는 주거공간으로서 이동생활의 천막과 달리 붙박이로 집을 짓고 사는 주생활이나 다름없다. 현재 대부분의 민족은 정착생활을 하지만, 그 전통의 뿌리는 서로 다르다. 그러한 차이는 난방방식에서 잘 나타난다. 유목문화의 이동형 중앙난방 또는 측면난방 방식과, 농경문화의 정착형 밑면난방 방식이 주거생활의 차이를 결정한다.

이동생활의 천막에서 화톳불을 피우며 생활하던 유목민들은 난로가 보급되자 화톳불 자리에 난로를 설치해 난방을 하였다. 따라서 실내에서 신발을 신은 채 입식생활을 하게 되었다. 그러다가 집을 지어 정착하면서 중앙에 설치한 난로를 벽난로 구조로 바꾸었으며, 현재는 벽난로 자리에 라디에이터를 설치해서 측면난방을 하고 있다. 화톳불→난로→벽난로→라디에이터로 발전한 것이다. 그러므로 라디에이터의 측면난방이 양옥 주거생활에 따른 현대식 난방방식이다.

그러나 정착생활 가옥에서는 구들을 놓아 밑면난방을 했다. 따라서 실내에서는 신발을 벗고 앉는 좌식생활의 전통을 일구었다. 온돌문화는 방바닥이 따뜻한 까닭에 실내를 청결하게 관리하며 앉아서 생활하기 적절하다. 이동생활을 하는 유목민에게는 구들의 온돌문화는 상상조차 할 수 없는 난방방식이지만, 정착생활을 하는 농경민들은 항구적인 난방과 효율적인 열관리를 위해 붙박이형 집을 지을 때 구들부터 깔았다. 그러므로 실내에서는 신발을 벗은 채 몸을 따뜻한 방바닥에 붙여서 생활하는 좌식생활의 온돌문화를 지속하게 되었다.[30]

정착형 주거생활의 뿌리는 고조선본풀이에서부터 지금까지 지속되고 있다. 정착생활은 식문화 및 생업양식과 유기적 관련성을 지닌다. 쑥과 마늘을 먹는 채식문화는 농경생활에서 비롯되고, 농경민은 정착

---

30) 임재해, 《고조선문화의 높이와 깊이》, 131~136쪽에서 자세하게 논의했다.

〈그림 6〉 여신 소조상

형 주거문화를 누리기 마련이다. 곡물을 재배하면서 이동생활을 할 수 없고 육식문화를 누릴 수 없다. 따라서 정착형 주거생활과 농경생활, 채식생활은 같은 문화 현상이다. 따라서 식생활처럼 주거생활의 전통도 훌륭한 생활사료 구실을 할 뿐 아니라, 단군조선 이전부터 존재했던 환웅시대의 역사를 입증하는 중요한 단서가 된다. 그 근거도 쑥과 마늘을 먹는 식생활사료처럼 세 갈래로 제시할 수 있다.

하나는 밑면난방의 좌식형 정착생활 주거문화의 지속 현상이고, 둘은 중국이나 몽골, 일본의 주거문화와 달리 우리 민족만 이러한 주거문화의 전통을 지니고 있는 점이며, 셋은 북방의 유목민족 신화 가운데 어느 신화도 백일 동안 햇빛을 보지 않고 칩거해야 사람이 된다는 내용이 없다는 점이다. 그러므로 온돌문화에 따른 좌식형 주거생활의 전통은 우리 민족의 문화적 정체성을 읽는 긴요한 생활사의 준거이자, 환웅시대부터 자리잡았던 농경생활의 전통까지 입증하는 생활사료인 것이다.

홍산문화 유물에서 여신 또는 남신으로 인식되는 조형물을 보면, 한결같이 가부좌상태의 좌상(坐像)이다. 우하량 여신묘에서 출토된 여신의 소조상이나(그림 6), 홍륭구 유적의 남신 소조상(그림 7 오른쪽)은 한결같이 몸을 바닥에 붙이고 앉아 있는 형태이다. 특히 웅녀 곧 곰네로 추론되는 여신상(그림 7)은 무엇을 전혀 깔지 않고 바닥에 가부좌를 반듯하게 틀고 앉은 모습이 또렷하다. 온돌방에서 생활하는 좌식생활의 앉음새에 익숙하지 않으면 이렇게 앉기 어렵다. 그러므로 두 남녀신 좌상은 정착형 농경생활의 좌식문화를 입증하는 중요한 자료라

〈그림 7〉여신 소조상 복원도(왼쪽)와 남신 소조상 실물

할 수 있다.

　이동형 텐트의 난로형 대기난방과 달리, 정착형 가옥의 바닥난방은 구들이라는 구조물이 필수적이다. '농경・유목문화 비교모형'에[31] 의하면, 농경문화와 유목문화는 생업양식과 식생활은 물론 주거양식의 전통까지 대조적이다.

　　유목문화 : 목축업 ・ 육식 ・ 이동 ・ 천막 ・ 대기난방 ・ 입식생활
　　농경문화 : 농산업 ・ 채식 ・ 정착 ・ 가옥 ・ 바닥난방 ・ 좌식생활

　온돌구조에 따른 좌식생활 양식은 양옥이든 아파트든 우리 민족의 현대 주거문화에서도 여전히 지속되고 있다. 쑥과 마늘을 먹는 채식생활의 문화유전자처럼 밑면난방의 좌식주거생활도 문화유전자로서 지속되고 있으며, 앞으로도 계속 이어질 뿐 아니라 국제적으로도 영향을

---

31) 임재해, 〈민속예술 비교연구의 준거와 비교모형 설정〉, 《比較民俗學》 36, 比較民俗學會, 2008, 345~36쪽에 신비교주의에 따른 '농경/유목 문화 비교모형' 논의를 자세하게 했다.

미칠 가능성이 높다. 두 문화적 유전자는 뿌리깊은 채식생활과 정착생활인데, 이러한 생활을 가능하게 한 것이 농경문화이다.

농경문화는 으레 육식생활보다 채식생활을, 이동생활보다 정착생활을 필수적으로 요구하기 때문이다. 따라서 수렵생활을 하면서 어느 정도 채식생활을 하던 곰족은 농경문화에 적응이 가능해서 환웅의 신시고국에 합류하고 단군조선 건국의 주체가 되었지만, 전적으로 유목생활을 하며 육식문화를 누리던 범족은 채식형 정착 농경문화에 적응하지 못해서 스스로 동경했던 환웅의 신시고국에서 일탈했던 것이다. 그러므로 생활사료로 고조선본풀이 내용을 해석하면 360여 사 가운데 '주곡(主穀)'을 으뜸으로 삼은 농경문화의 역사가 단군조선 이전 시기인 환웅의 신시고국에서부터 이미 자리잡기 시작했다는 사실을 여러모로 입증할 수 있다.

5. 《고기》의 불가사의와 생활사료로서 재해석

'단군신화'로 호명된 고조선본풀이의 《고기》 내용이 타당한 사료라는 것을 입증할 만한 생활사료는 식생활과 주생활뿐만이 아니다. 지금 민속문화로 전승되고 있는 신앙생활과 언어생활, 출산문화, 3의 문화전통에서도 두루 발견된다. 이미 식생활과 주생활 사료로 검증하면서 고조선본풀이의 구체적 서술을 재해석한 것처럼, 다양한 생활사료들로 고조선의 역사와 문화에 대한 새로운 해석의 길을 닦아나갈 수 있다. 이러한 역사의식을 다지면서 '만들어진 신화' 또는 허구적 기록으로 간주되는 고조선본풀이의 서술내용을 생활사료로 검증하고 재해석하는 논의를 더 진행해 보자.

환웅천왕은 환인의 아들로서 하늘에서 태백산 신단수 아래로 강림했다고 한다. 따라서 흔히 천손강림신화로 규정되기도 하는데, 신화적 서술일 뿐 역사적 서술일 수 없다는 주장이 가능해진다. 단군도 역사적 인물로서 실체가 없는 한갓 신앙을 위해 만들어진 존재로 간주하는데, 하늘에서 지상으로 내려온 환웅을 역사적 존재로 인정할 까닭이 없다. 역사로서 현실성이 없는 까닭이다.

그러나 이러한 평가는 태초의 역사 또는 상고사를 서술한 사료의 표현 양식에 관한 무지는 물론, 고대사 자체에 대한 무지에서 비롯된 것이다. 건국시조는 으레 하늘에서 내려온 천왕일 뿐 아니라, 초월적 역량을 지닌 신성한 존재로 서술된다. 이렇게 서술되지 않는 존재는 결코 태초의 건국시조가 될 수 없다. 왜냐하면 합리적이고 현실적인 인물은 건국시조가 될 수 없기 때문이다. 더군다나 고대사 서술은 과학적이지 않다. 구비전승된 역사에서 과학적 서술은 전달될 수도 없고 지속될 수도 없어서 역사 구실을 할 수 없다. 역사 서술이 효과적으로 전승되고 이해되기 위해서 적절한 은유와 풍부한 수사가 동원되기 마련이다.

고조선 부정론자들의 주장처럼, 환웅이 하늘에서 강림한 천왕이기 때문에 실존한 인물이 아니라면, 천자나 천왕으로 호명된 세계 각국의 건국시조는 물론 예수도 같은 논리로 역사적 인물이라 할 수 없다. 예수는 하느님의 성령으로 잉태되어 탄생한 구세주로서 십자가에 처형되었지만 사흘 만에 부활했다. 모두 불가사의한 일이어서 역사적 사실로 받아들일 수 없다. 그러나 이런 이유로 예수를 역사적으로 존재하지 않았다는 사가는 아무도 없다. 예수가 하느님의 아들인가, 또는 사흘 만에 부활했는가 하는 점은 불가사의지만, 하느님을 말씀을 실천하다가 십자가에 못 박혀 죽은 성인이라는 역사는 인정하지 않을 수 없는 까닭이다.

예수의 불가사의한 행적이 서술되었다고 하여 존재를 부정하는 것은 잘못이다. 왜냐하면 탄생과 죽음의 신비에 대한 기록이 예수의 실존을 부정할 만한 아무런 근거가 되지는 않기 때문이다. 더군다나 불가사의한 점 때문에 이스라엘은 물론 인류 역사와 문화가 엄청난 영향을 받고 세계사의 큰 흐름을 이루었다. 합리적으로 살다가 죽은 수많은 인물은 역사 속에 자취조차 없는 경우가 대부분이다. 그러므로 오히려 비실증적이고 불가사의한 사실이 역사의 주류를 이룬다고 해도 지나치지 않다.

근현대사로 이어지는 국가사에서도 마찬가지이다. 중국 천자나 일본 천황 모두 환웅천왕과 같은 천손의 계보와, 세계관적 신성성 속에 초월적 인물로 서술되어 인식되고 있다. 그렇지만 천자와 천황을 중국사와 일본사에서 제외하는 사가는 아무도 없다. 그러면 역사서술이 불가능한 까닭이다. 특히 고대사는 천자와 천황을 중심으로 한 역사였다. 따라서 시조왕이 불가사의한 존재로 서술되었으므로 과학적 역사로 인정할 수 없다는 주장이 얼마나 반역사적인가 하는 것을 알 수 있다.

특정 인물의 역사적 실체와 초월적 신성성 문제는 별개의 것이다. 해모수와 주몽, 6촌촌장, 박혁거세, 석탈해, 김알지, 수로왕 등은 모두 환웅천왕처럼 불가사의하게 출현한 인물이지만, 역사적 인물로 부정되지 않는다. 오히려 불가사의한 존재로 인식되었던 까닭에 시조왕으로서 건국이 가능하고 역사적 실체로서 역사 서술이 이루어졌던 것이다.

만일 그렇게 초월적인 인물로 인식되지 않았으면 역사적 실체로 실존한 사실조차 인정되지 않을 뿐 아니라, 민족시조나 건국영웅으로 주목될 수도 없고 실제로 건국의 역사가 존재할 수 없다. 신격화된 건국영웅이 없으면 고대국가가 성립될 수 없을 뿐 아니라 국가가 있어도 역사로 서술될 수 없다. 그러므로 시조왕이나 고대의 왕들이 초월적으로 출현하고 신격으로 숭배되었다고 하여 '종교적 차원에서만 인정할 수 있을 뿐' 역사적으로 인정할 수 없다는[32] 해석은 오류의 수준을 넘어서 고대사 인식의 심각한 한계를 드러낸 셈이다.

왜냐하면 실증사학이든 어떤 사학이든 고대 왕들이 불가사의한 존재로 서술되었다는 이유로 그 역사를 부정하는 논리를 펴지 않기 때문이다. 초월적 존재로 천자나 천왕으로 일컬어지고 신격으로 숭배되는

---

32) 송호정, 같은 책, 121쪽.

것은 역사적 실상과 배타적으로 존재하는 종교적 신앙이 아니라, 정치
적 차원이자 사회체제로서 섬김을 받은 고대왕국의 실상이었다. 따라
서 환웅과 단군처럼, 또는 해모수와 주몽, 6촌촌장과 박혁거세처럼 시
조왕들이 하늘에서 내려온 천손으로 기록되고 신성한 존재로 추앙되는
것은, 후대 사람들이 종교적으로 윤색한 것이 아니라, 당대의 정치현실
을 고스란히 나타내 주고 있는 역사적 실상일 따름이다. 그러므로 비
현실적인 존재나 불합리한 사건이라 하여 역사에서 배제해 버리면 건
국사는 물론 고대사는 서술될 수 없다.

군주체제에서 왕을 신격화한 전통과 신성시하는 역사는 현대 세계
사 속에도 고스란히 살아 있다. 일본의 천황을 비롯해서 로마 교황, 티
베트의 달라이 라마 등은 모두 신격화된 왕이자 신성한 존재들로 숭배
되고 있는, 그러나 아무도 부정할 수 없는 현대사의 실존 인물들이다.
그러므로 환웅천왕의 초월성을 두고 일연이 불교적으로 윤색했다거나,
역사로 인정할 수 없다는 주장은 논리적 오류 수준이 아니라, 고조선
의 역사를 우리 역사에서 배격하려는 기획된 민족사 왜곡이라 하지 않
을 수 없다.

실증주의든 민족주의든 역사해석의 대상은 사료의 기표(記標,
Signifiant)에 있는 것이 아니라 기표에 내재된 기의(記意, Signifié)에 있
는 것이다. 기표는 기의를 나타내는 기호에 지나지 않는다. 따라서 기
표를 읽고 기의를 알아내는 것이 독해의 수준이자 해석의 깊이이다.
따라서 실증사학을 하더라도 사료가 표현하고 있는 기표의 실증성이
아니라, 기표가 내포하고 있는 기의의 실증성을 주목해야 마땅하다.

"피겨의 여왕 김연아는 한 마리 나비가 되어 은반을 날아다녔다."
는 문장은 언어의 기표로 서술된 것이다. 기표가 내포한 기의를 읽어
내지 못하면 실증주의적으로 볼 때 신화일 따름이다. 현대에는 여왕이
존재하지 않을 뿐더러 사람이 나비가 되어 스케이팅을 했다는 사실은
말도 되지 않는다. 김연아가 나비가 되었다는 것은 마치 곰이 사람이
되었다고 하는 것이나 같다. 그러므로 이 진술은 실증주의 시각에서

사료적 가치가 없으며 역사로 인정할 수 없는 한갓 신화일 따름이라고 할 수 있다. 그러나 어느 누구도 김연아에 관한 신화적 기록을 실제 사실이 아니라고 부정하지 않는다. 왜냐하면 누구나 기표 속에 감추어져 있는 기의를 제대로 알아차리고 있는 까닭이다. 역사적 사실이나 문헌사료의 기록도 언어로 표기되어 있는 한, 기표만으로 실증성 여부를 판단할 수 없고 판단해서도 안된다. 사료가 지닌 실증성의 의미는 기표에 있는 것이 아니라 기의에 있기 때문이다.

문제는 기표와 기의의 실증성은 함께 가지 않는다는 점이다. 기표와 기의는 서로 어긋나 있기 일쑤이다. 기표는 기의를 더 효과적으로 전달하기 위하여 다양한 상징과 은유, 과장 등의 방법으로 일정하게 변신하는 까닭이다. 따라서 기표가 어떤 표현 방식을 취하는가에 따라 기의를 해독하는 난이도가 다르다. 시적 표현은 기표와 기의의 관계가 더 비약적이다. 따라서 초현실주의 시는 난해하기 짝이 없다. 사료의 기표도 당시의 역사적 상황을 알지 못하면 기의를 읽어내기 어렵다.

더 문제는 역사가 오래될수록 기표는 변함이 없는데 기의는 달라지고 있다는 사실이다. 기표와 기의가 서로 불가분의 관계에 놓여 있으나, 그 둘의 관계는 상당히 자의적이기 때문이다. 따라서 역사적 상황과 문장의 맥락 속에서 기의를 독해해야 한다. '아무개가 양반'이라고 했을 때, 조선시대의 '양반'과 현대의 '양반'은 신분 개념과 인품 개념으로 차이가 난다. 그러므로 언어학자들은 기의가 기표를 끊임없이 배신한다고 한다. 왜냐하면 같은 기표인데 상황과 맥락에 따라 전혀 다른 기의로 해석되는 까닭이다.

천자(天子)의 기표 안에는 1) 하늘의 아들, 2) 하늘의 자손, 3) 하늘에서 강림한 왕, 4) 천제권을 지닌 신성한 권력자로서 왕, 5) 천하를 지배하는 절대권자로서 제왕, 6) 하늘로부터 천명을 받은 숭고한 제왕, 7) 중국의 황제를 일컫는 별칭 등 다양한 기의를 가진다. 따라서 낱말 사전이 필요한가 하면 역사사전도 필요하다. '사람의 아들'이 과학적 사실이라는 전제로 보면, '하늘의 아들'을 뜻하는 '천자'는 존재할 수 없는 인간이다. 실증주의 논리로 볼 때 천자는 환웅이나 단군처럼 만들어진 신화에 지나지 않는다.

그러나 천자는 중국사에서 수천 년 동안 실존했던 제왕인 까닭에 역사적 실체로 인정할 수밖에 없는 사실이다. 천자의 기표는 '하늘의 아들'이지만, 그 기표가 내포하고 있는 기의는 천제권을 지닌 왕이자, 천하의 지배자이며, 천명을 받은 제왕이고, 중국 황제의 별칭을 뜻하는 것이다. 따라서 실증주의 논리로 따져보았을 때, '하늘의 아들'이라는 천자의 기표는 실증할 수 없는 신화적 존재이지만, 천자가 실제로 뜻하는 기의를 주목해 보면 실증할 필요도 없는 역사적 존재이다.

환웅이 하늘에서 태백산 신단수 아래에 내려왔다는 기록, 곰이 사람으로 변신했다는 기록 등을 기표의 수준에서 실증성을 따져 역사로 인정할 수 없는 신화라고 우길 것이 아니라, 기표 속에 갈무리된 기의를 역사적으로 해석해야 할 소중한 사료로 여겨야 한다. 그럼에도 실증주의 사학은 과학적 역사학을 내세워 고대사를 부정하는 모순에 빠져 있다. 실증성을 근거로 식민지 역사를 의도적으로 축소하고 왜곡할 때 식민사관이 된다. 따라서 식민사관에 매몰된 실증주의는 단군이 환웅과 곰네 사이에서 태어났다는 비합리적 사실을 근거로, 단군은 실제 인물이 아니라 만들어진 신화나 우상화된 인물로 간주하기 마련이다. 그러므로 식민사관의 모순을 극복하기 위해, 가장 진부한 질문에 대하여 생활사료로 답을 하려 한다.

'단군은 곰의 후손인가?' 하는 질문이다. 이것은 기독교인들이 단군 성전 반대를 주장하면서 '우리가 곰의 새끼란 말인가?' 하는 반문이나 다르지 않다. 단군의 모계가 곰이라는 데 집착하여 단군의 존재를 부정하려는 문제제기인데, 단군신화를 '수조신화'로 규정하려는 시도들도 같은 맥락에 놓여 있다. 독자적인 고조선 역사를 부정하고 유목문화나 시베리아 기원설을 답습하려는 이들은 곰을 짐승으로 단정하고 시베리아 유목민들 가운데 곰을 숭배하는 종족에서 고조선의 기원을 찾기도 한다.

고조선의 역사를 시베리아 곰문화 기원에서 찾는 데에는 두 가지 문제가 있다. 하나는 고조선 역사의 주체는 곰네가 아니라 환웅천왕이라는 사실을 의도적으로 무시한다. 그럴 의도가 없다면, 곰이 환웅천왕을 찾아와서 사람이 되게 해달라고 빌고 사람이 되자 다시 아이를 배게 해달라고 빌었던 사실을 무시할 수 없다. 곰네가 한 일은 사람이 되어 환웅의 아이를 밴 사실밖에 없다. 고조선본풀이의 건국영웅은 환웅천왕이다. 그럼에도 곰이 민족시조인 것으로 간주하는 것은, 마치 예수의 아버지 하느님을 제쳐두고 예수를 낳은 성모 마리아를 근거로 기독교의 뿌리를 찾는 것이나 다르지 않다.

고조선의 건국주체는 곰네도 단군도 아니다. 단군은 고조선이 아니라 '조선'을 세우고 도읍지를 평양에서 아사달과 장단경으로 옮겼다가 다시 아사달로 돌아와 아사달의 산신이 되었다는 행적이 역사적 기록의 전부이다. 따라서 우리가 알고 있는 고조선의 역사와 문화적 정체성을 나타내는 모든 사실들은 환웅에 의해서 이루어진 것이다. 그러므로 환웅을 제쳐두고 단군신화 하는 것은 잘못이다. 왜냐하면 《고기》에 기록된 건국사 내용은 단군이 아닌 환웅의 행적에 집중되어 있는 까닭이다.

고조선의 역사에서 지금까지 이어가고자 하는 사상적 기조인 홍익인간 이념도 환웅이 표방한 것이며, 천부인 세 개를 가지고 풍백, 우사, 운사를 거느리며 무리 3천을 이끌고 태백산 신단수 아래에 신시고국을 세운 것도 환웅이다. 신시에서 주곡, 주명, 주병, 주선악, 주형 등 360여 사를 다스리며 재세이화한 주체도 환웅이며, 곰과 범이 찾아왔을 때 쑥과 마늘을 주어 인간으로 만든 것도 환웅이다. 물론 곰에게 단군을 잉태시킨 주체도 환웅이다. 그러므로 환웅신시는 물론 단군조선의 주체는 곰족이 아니라 환웅족이다. 환웅족(桓雄族)은 환족(桓族)이자 한민족의 뿌리로서 한족(韓族)의 기원이다.[33]

---

33) 愼鏞廈, 《韓國民族의 形成과 民族社會學》, 34쪽에서 환인과 환웅의 부족은 태양토템부족으로서 한(桓·韓)부족이라 하고, 범토템 부족은 예족(濊族), 곰토

따라서 고조선본풀이를 역사적 주체의 이름에 따라 명명한다면 단군본풀이라기보다는 환웅본풀이라 해야 제격이다. 상투적으로 말하면 단군신화가 아니라 환웅신화인데,[34] 일제강점기부터 단군신화라는 명명이 쓰이기 시작했을 뿐 그 이전에는 단군신화란 말 자체가 없었다. 따라서 단군신화라는 호명에 현혹되지 말고 사료의 내용을 보면, 단군조선보다 환웅천왕의 신시국 역사가 중심을 이루고 있는 것을 확인할 수 있다.

단군조선은 환웅신시의 후속 국가이다. 환웅신시가 있었기에 단군이 조선을 건국할 수 있었다. 환웅과 단군은 부자관계이자 계승관계이다. 따라서 아버지 환웅을 제쳐두고 단군을 민족시조라고 하는 것은 당치 않은 일이다. 게다가 단군은 곰의 후손이 아니라 부계이자 신시국 천왕인 환웅의 후손이다. 그러므로 우리 민족시조는 신시건국시조인 환웅천왕이다. 달리 말하면, 고조선 역사의 꼭지점에는 단군왕검이 아니라 환웅천왕이 있다는 말이자, 환웅천왕의 신시국이 단군조선보다 선행된 역사로서 민족사의 정통성을 구성한 최초의 역사라는 말이다. 그럼에도 엉뚱하게 곰시조론을 펴는 것은 시베리아기원설과 유목문화기원설에 편승한 것일 따름이다.

고조선본풀이에 인간이 되려고 환웅을 찾아온 곰이나 범은 짐승이 아니라 종족집단이다. 곰과 범은 특정 종족을 나타내는 정체성의 표상이자 고대사회나 소수민족 사회에서 민족집단을 나타내는 상징동물로서, 현재까지 지속되는 일반적 문화 현상이라는 사실이다. 인류학자들은 이것을 원주민 사회의 소수민족에서 찾아 '토테미즘'이라 일컬었다. 토테미즘 문화에서 토템 구실을 하는 존재가 주로 동물이기 때문에 곰과 범은 특정 종족을 상징하는 토템에 해당된다. 상고시대에는 지금의 소수민족 사회처럼, 민족의 정체성을 동식물로 표상해서 나타낼 수밖

─────

템 부족은 맥족(貊族)이라고 세 부족의 정체성을 정리했다.

34) 임재해, 〈한국신화의 주체적 인식과 민족문화의 정체성〉, 《한국신화의 정체성을 밝힌다》, 지식산업사, 2008, 37~43쪽에서 이미 이러한 문제 제기를 했다.

에 없었다. 토템동물이 곧 종족의 상징이자, 종족명 구실을 하였다.[35]

따라서 고조선본풀이에 등장하는 곰과 범은 토템동물로서 곰족과 범족을 뜻한다. 종족집단의 생활이나 지향하는 것이 특정 동물의 생활과 유사하다면 그 동물을 토템으로 삼을 가능성이 높다.[36] 고대에는 요즘과 같은 근대적 민족 개념은 물론 종족 이름조차 없었기 때문에 토템동물로 종족의 정체성을 표상하고 호명하는 문화를 누렸다. 종족집단은 "토템의 이름을 따서 자기의 이름으로 삼고, 각 부족원은 서로를 같은 조상에서 나온 혈족으로"[37] 믿는다. 이때 토템은 "한 개체가 아니라, 언제나 하나의 종(種)이라는 점이다."[38]

따라서 곰토템족이란 곰을 자기 민족의 상징으로 표방하고 곰을 민족공동체 성원처럼 소중하게 여기는 민족이다. 토템을 초기에는 동물신앙으로 여겼는데, 최근에는 집단 정체성을 나타내는 상징동물로 제대로 포착하기에 이르렀다. 토템신앙은 2차적 기능이고 토템의 1차적 기능이자 중심 기능은 종족의 집단 정체성을 상징하는 것이다. 그러므로 "토테미즘은 하나의 종교체계인 동시에 사회체계이다." 그리고 "종종 사회체계가 종교체계보다 오래 지속"된다고 한다.[39]

토템문화는 현재의 소수민족에도 남아 있을 뿐 아니라 현대 문명사회에서도 이어지는 까닭에 현재의 생활사 자료로도 쉽게 입증된다. 현대사회의 가장 문명집단이라 할 수 있는 대학에서도 동물로 자기 대학의 정체성을 나타낸다. 고려대학은 호랑이를 상징동물로, 연세대학은 독수리를 상징동물로 표방하고 있다. 대학 이름보다 동물 깃발이 더 즉각적인 전달력을 지니고 있는 까닭에, 연고전을 할 때에는 으레 이 동물 깃발이 응원의 열기를 북돋우기 일쑤이다. 문자보다 동물 이미지가 정체성을 더 효과적으로 상징하고 인상 깊게 전달하는 까닭이다.

35) Claude Levi-Strauss, *Totemism*, Merlin Press, 1964 참조.
36) 김현주, 《토테미즘의 흔적을 찾아서》, 서강대학교출판부, 2009, 49쪽.
37) 지그문트 프로이트/김종엽 옮김, 《토템과 타부》, 문예마당, 1995, 154쪽.
38) 지그문트 프로이트/김종엽 옮김, 위의 책, 153쪽.
39) 지그문트 프로이트/김종엽 옮김, 위의 책, 154쪽.

최근에 만들어진 프로야구팀도 한결같이 상징동물을 표방하고 있다. 기아 타이거즈, 삼성 라이온즈, 두산 베어스, 현대 유니콘즈, 한화 이글스 등이 그러한 보기이다. '삼성 라이온즈'를 두고 삼성은 기업집단이 아니라 별 셋을 뜻하고 라이온즈는 야구팀이 아니라 사자를 뜻한다고 한다면, 훈고주석학 수준의 문자풀이는 가능해도 문장을 이해하는 독해 능력은 없는 셈이다.

> 야구팀 타이거즈를 두고 호랑이가 야구했다고 하거나 성균관대의 용을 두고 용이 성균관에서 공부했다고 여기는 사람은 아무도 없다. 타이거즈나 용은 모두 특정 야구팀과 대학을 상징하는 일종의 토템일 뿐 동물 그 자체가 아니다. 타이거즈와 라이온즈가 겨루어 타이거즈가 이겼다고 할 때는 기아와 삼성 야구팀 경기에서 기아팀이 이겼다는 말이다.[40]

따라서 환웅본풀이에 등장하는 곰과 범을 짐승으로 간주하고 곰족과 범족으로 읽지 못하면 한마디로 사료 독해능력이 없는 셈이다. 고대 사서의 기록일수록 특정 종족을 동물이름으로 나타낼 수밖에 없다. 중국이 화하족을 중심으로 변방에 있는 종족을 동이(東夷)와 서융(西戎), 남만(南蠻), 북적(北狄)으로 일컫은 것도 동이 외에는 대부분 동물을 지칭하는 것이다. 더 구체적 사례로, 《사기》(史記) 〈오제본기〉(五帝本紀)에 기록된 황제(黃帝) 헌원(軒轅)에 관한 대목을 보면, 여러 부족 이름들이 모두 동물종으로 표기되어 있다.

> 염제가 제후들을 침략하려 하자 제후들은 모두 헌원에게 귀순하였다. 헌원은 이에 덕치를 베풀고 군대를 정돈하였고, 5기(五氣)를 다스리고 5종의 곡식을 심게 하였고, 만민들을 위무하고 사방의 토지를 측량하여 정비하였으며, 곰(熊)과 불곰(羆), 비휴(貔貅), 이리(貙), 호랑이(虎) 등 용맹한 동물 이름의 종족들에게 군사훈련을 시켜 염제와 판천의 들판에서 전쟁하였다.[41]

---

40) 임재해, 《고조선문화의 높이와 깊이》 참조.

〈오제본기〉에는 종족들을 모두 "熊·羆·貔貅·貙·虎"와 같이 동물로 나타냈다. 웅(熊)은 곰족이고, 비(羆)는 큰곰을 나타내므로 '큰곰족'이며, 비휴(貔貅)는 호랑이 또는 곰과 비슷한 맹수인데 백곰으로[42] 알려져 있어 '백곰족'이라 할 수 있다. 추(貙)는 이리 또는 호랑이와 비슷하되 크기가 개만한 맹수로서 '추족'이라 일컬어야 하며, 마지막의 호(虎)는 당연히 범족으로 읽어야 한다. 중국 사가들도 "황제가 거느리고 염제와 싸움을 벌였던 곰, 큰곰, 비, 휴, 이리 등은 일반적으로 황제 부족 내에 야수를 토템으로 한 여러 부락의 명칭"으로[43] 해석한다. 그러므로 사서에 기록된 동물명을 종족명이 아니라 실제 동물로 간주하는 것은 축자적 독서의 오류이거나 식민사관의 폐단인 셈이다.

오제(五帝)시대처럼 환웅시대에는 요즘 수준의 종족 명칭을 가지지 못했다. 지금도 소수민족들의 민족 명칭은 문명사회의 민족 명칭처럼 개념적이지 않다. 그런 개념어도 없었고 개념어로 민족명을 써도 서로 소통이 되지 않아서 정체성을 표방할 수 없다. 자연히 그들이 유의미하게 주목하는 동물종으로 종족의 정체성을 상징했던 것이다. 더군다나 문자가 없었던 고대사회에서는 상징동물로서 자기 종족의 정체성을 일컫고 나타내는 것이 필수적인 문화였다.

허신(許愼)의 《설문해자》(說文解字)에서도 주변의 종족 이름들을 동물종으로 풀이해 두었다. 동이와 함께 사방의 종족을 일컬어 "북방의 적(狄)은 개에서 비롯되었으며, 서방의 강(羌)은 양에서 비롯되었다."

---

41) 《史記》 卷 1, 〈五帝本紀〉 第一, "炎帝欲侵陵諸侯 諸侯咸歸軒轅 軒轅乃修德振兵 治五氣 蓺五種 撫萬民 度四方 敎熊羆貔貅貙虎 以與炎帝戰於阪泉之野."
42) 박선희, 《한국고대복식-그 원형과 정체》, 지식산업사, 2002, 27쪽 주 5). 貔에 대해 《說文解字》에서는 "표범에 속하며 맥국에서 난다(豹屬, 出貉國)"고 했고, 《爾雅》〈釋獸〉에서는 "貔白狐, 其子豰"의 注에서 "一名執, 夷虎豹之屬"이라고 했으며, "陸機는 貔는 호랑이 같다고 하고 혹은 곰 같기도 하다고 하고, 執夷 또는 白狐라고도 부르고, 遼東 사람들은 이를 白羆라고도 부른다(陸機疏云：貔似虎, 或曰似熊, 一名執夷, 一名白狐, 遼東人謂之白羆.)"고 했다.
43) 궈다순(郭大順)·장싱더(張星德) 지음/김정열 옮김, 《동북문화와 유연문명》 상, 동북아역사재단, 2008, 418쪽.

고44) 한다. 두 종족이 각각 개와 양에서 비롯되었다고 하는 것은 직역
이다. 의역하면 북방의 적족(狄族)은 개를, 서방의 강족(羌族)은 양을
추종한 셈인데, 달리 말하면 적족은 개토템족이고 강족은 양토템족이
라는 말이다.

　단옥재(段玉裁) 주(註)에서는 남만(南蠻)은 벌레에서 비롯되었고, 동
맥(東貉)은 담비처럼 다리가 짧은 짐승에서 비롯되었다고45) 한다. 남
쪽의 만족(蠻族)은 벌레족이고 동쪽의 맥족(貉族)은 유사 담비족이다.
이처럼 고대의 종족은 으레 짐승의 종이름으로 일컬어졌다. 관념적 언
어로 종족을 호명하는 문화가 없었던 까닭에 으레 동물종으로 종족의
정체성을 나타냈던 것이다. 그러므로 환웅천왕을 찾아온 곰과 범은 짐
승이 아니라 종족명이라는 사실을 알아차릴 수 있다.

6. 곰과 범의 역사적 실체와 토템문화의 전통

　고대뿐 아니라 현대에도 종족이름이 동물명으로 일컬어지고 있다.
고대 우리 조상들의 무대로 알려진 시베리아와 몽골 지역에 그런 경향
이 두드러진다. 우리 민족의 조상인 것처럼 잘못 알려진 퉁구스
(Tungus)족은 여전히 퉁구스 곧 '돼지'로 일컬어진다. 퉁구스라는 민족
이름은 에벵키어 또는 돌궐어로 '돼지'라는 뜻이다.46)

　퉁구스족만 동물을 뜻하는 것이 아니다. 에벵키(Evenky)족과 오르

---

44) 許愼,《說文解字》東夷, "南方蠻從虫 北方狄從犬 西方羌從羊".

45) 段玉裁,《說文解字注》, 十篇下七, 夷 東方之人也 從大從弓, "南方蠻閩從虫 東方
　　貉從豸 北方狄從犬 西方羌從羊" 단옥재 주에서는 南蠻을 蠻閩이라 하고 점장
　　이가 아닌 벌레에서 비롯되었다고 한 점이 다르다. 東貉은 東夷와 분별하여
　　'豸' 곧 담비처럼 다리가 짧은 짐승에서 비롯되었다고 하였다.

46) Tunggus(通古斯)라는 명칭은 Tongus(猪)의 전(轉)으로, 이는 야구트인
　　(Yakut)이 그들과 가까운 민족에게 부여한 폄칭(貶稱)에서 비롯되었다. 白鳥
　　庫吉, 〈東胡民族攷〉,《史學雜志》21집 4호, 명치 43년, 377쪽,

혼(Orqon)족을 비롯하여, 시베리아 툰드라 원주민 한티(Khanty)족, 몽골 흡수굴 지역의 차탕(Tsataan)족, 바이칼 동쪽의 사하(Sakha)족의 명칭은 한결같이 그들 언어에서 사슴을 뜻하는 말이다. 다시 말하면 그 종족이름이 구체적으로 어떻게 일컬어지든, 그들의 말로는 사슴 또는 순록을 뜻한다. 퉁구스가 돼지토템족이라면 이 종족들은 모두 사슴토템족이다. 종족이름이 서로 달라도 뜻으로 보면 모두 사슴족이다.

역시 우리 민족과 밀접한 관련을 지녔다고 하는 부리야트(Buryat)족도 늑대를 뜻하는 종족이름이다. 부리(Buri)는 늑대이며 아트(at)는 사람들을 일컫는다. 따라서 부리야트는 그 자체로 늑대인간들이라는 뜻으로서 늑대족이라는 말이다. 돌궐족 시조신화에서도 늑대가 나타난다.

　　돌궐은 흉노의 별종으로 성은 아사나(阿史那)이다. 적들이 침략하여 종족들을 모두 죽이고 10살짜리 사내아이만 살려두었다. 암늑대가 고기를 물어다 양육하고 나중에 교합하여 아기를 배었다. 다시 적들이 죽이려 하자 고창국 북쪽 평탄한 초원에 숨어서 10명의 아들을 출산했는데, 아사나족도 그 가운데 하나이다. 금산(金山)의 남쪽에 살았는데, 산의 형상이 투구와 닮아서 투구 곧 돌궐이라고 했다.[47]

돌궐족의 시조는 늑대라고 하는데, 이 또한 돼지족이나 사슴족처럼 늑대족을 지칭한 것이며, 짐승 늑대를 일컫는 것은 아니다. 《몽골비사》에는 몽골인의 조상도 늑대로 호명된다. 돌궐족처럼 몽골인들도 늑대족이라는 말이다.

　　몽골인의 조상 늑대는 'Börte Chino'라는 이름의 흰 점이 있는 잿빛(푸른) 늑대이고, 《오구즈 나마(Oghuz-Nama, 오구즈 사기)》에 투르크의 조상으로 나타나는 늑대는 'Kök Böri'(회색빛 도는 푸른 늑대)다. Kök(靑色)은 돌궐인들에게 신성한 색깔이었던 듯하다. 앞에서 보았듯, 제국의 이

---

47) 《周書》, 〈突厥傳〉. 박원길, 《유라시아 초원제국의 샤마니즘》, 민속원, 2001, 162~164쪽 참조.

름도 Kök Türk Khaganate이지 않은가. 그리고 북방 유목민들에게 늑대는 용맹의 상징으로 비쳐졌다. 그래서 부족이나 씨족명에 자주 쓰인다. 그 대표적인 사례가 Buryat족(Buri(늑대)+-at(사람들))일 것이다.[48]

돌궐족과 몽골인은 같은 늑대족이지만 색깔로 분별된다. 'Börte Chino'가 몽골인의 조상인데 잿빛에 가까운 늑대이고, 'Kök Böri'는 돌궐족의 조상으로서 푸른빛에 가까운 늑대이다. 용맹의 상징으로 인식되는 늑대가 몽골인, 돌궐족, 부리야트족의 토템동물이다. 모두 늑대를 뜻하는 이름이지만, 색깔로서 정체성을 구별하였던 것이다. 따라서 세 종족의 조상이나 종족 이름에 늑대(Bori, Buri)라는 말의 공동어원이 들어 있다. 그러므로 시조신화에 등장하는 동물을 종족명이 아닌 동물종으로 읽은 이들은 사료해석 능력은커녕 사료독해 능력조차 없는 셈이다.

고대 중국 사서에는 물론, 시베리아와 몽골의 시조신화에 등장하는 동물종, 그리고 여러 소수민족을 일컫는 동물명칭은 한결같이 동물 자체가 아니라 종족명이라는 사실이다. 이러한 사실은 고대문헌사료와 현대 생활사료에서 고스란히 입증된다. 따라서 환웅본풀이에 등장하는 곰과 범 또한 동물종이 아니라 곰과 범을 상징동물로 하는 곰족과 범족을 일컫는 사실이 분명해진다. 이러한 역사는 특수한 현상이 아니라 고대 종족명의 일반적인 경향이자, 현대 종족명에서도 이어지고 있는 현재진행의 역사에 해당된다. 그러므로 고조선 사료를 수조신화(獸祖神話)로 간주하여 유목문화에 종속시키거나, 곰이 인간으로 변신하는 신화를 역사로 인정할 수 없다고 하는 것은 모두 잘못이다.

고대사료를 전혀 주목한 적이 없더라도, 당시의 문화를 그때 수준으로 전승하기 위해 상징과 은유로 이야기할 수밖에 없다는 점을 포착하면, 전혀 비현실적이거나 초월적인 기록이라 할 수 없다. 고대국가의

---

48) 연호택, 〈유목민 塞種의 요람 이식쿨 호수와 烏孫의 赤谷城(2)〉, 교수신문, 2014년 2월 24일자, 9면.

건국본풀이를 두루 수록한 일연조차 《삼국유사》 서문에 "제왕이 일어날 때는 천명(天命)과 상서로운 기운을 받아 예사사람과 다름"이 있다고 했을 뿐 아니라, 중국의 고대사료를 보기로 들면서, "그러므로 삼국의 시조가 모두 신이(神異)한 데서 출발했다는 것이 뭐가 괴이한가"라고[49] 했다. 건국본풀이의 '신이'야 말로 당대의 역사적 진실을 가장 잘 드러내는 요소인 까닭이다.

인류학자들은 토템을 다루면서, '옛사람들은 어떻게 자신들 종족의 이름을 동물이나 식물의 이름에서 따오게 된 것일까?' 하고[50] 질문한다. 가장 문제되는 설이 다른 종족들과 구별짓기 위해 동물 이름을 종족명으로 사용하고 집단적 문장(紋章, heraldic badges)으로 표시했다는 '명목론(名目論)'이다. 자기 종족을 특정 동물종으로 호명한 까닭에 후손들은 해당 동물과 유대가 있는 것으로 생각하고 혈연관계로 여겨 조상처럼 숭배하게 된 것으로 추론한다. 그러므로 종족의 정체성 확보를 위해 각 종족들은 저마다 동물 상징과 이름을 갖게 되었다는 것이다.[51]

현대사회의 문명국가에서도 이러한 동물상징 문화를 적극적으로 누리고 있다. 집단 정체성을 나타내는 데 동물상이 기능적인 까닭이다. 청와대의 상징은 봉황이고, 우체국의 상징은 반가운 소식을 전해주는 제비이다. 경찰청의 상징은 참수리였으며, 행양경찰의 상징은 해안가에서 서식하는 흰꼬리수리이다. '청와대'라는 문자표기보다 봉황문양이 더 쉽게 청와대의 정체성을 나타내는 까닭이다. 특히 집배원이나 경찰, 군인 등은 모자 앞에 상징동물을 부착해서 자기 정체성을 나타낸다. 그것이 문자로 소속을 표기하는 것보다 더 효과적이기 때문이다.

외국의 경우도 마찬가지이다. 아예 국가 상징부터 동물로 나타낸다. 미국은 흰머리수리를 국가의 상징으로 삼았고, 호주는 캥거루가 국가 상징이다. 프랑스는 수탉이 상징동물이며, 벨기에는 사자가 상징동물이

---

49) 《三國遺事》 卷1, 紀異, "然則 三國之始祖 皆發乎神異 何足怪哉".
50) 지그문트 프로이트 지음/김종엽 옮김, 《토템과 타부》, 162쪽.
51) 지그문트 프로이트 지음/김종엽 옮김, 위의 책, 162~166쪽 참조.

다. 중국의 상징동물은 팬더이고 일본은 꿩이며 인도와 라오스, 태국은 코끼리이다. 문자보다 동물의 형상이 정체성을 더 잘 나타내는 것은 물론, 정체성의 식별을 쉽게 하는 까닭이다. 그러므로 동물로 특정집단이나 종족, 국가를 나타내는 전통은 고대에서 현대까지 이어지는 문화현상인 까닭에 역사 해석의 생활사료 구실을 하는 것이다.

곰과 범이 환웅에게 인간이 되게 해달라고 조르고, 결국 곰은 인간이 되었다고 하는 내용도 과학적 검증에 전혀 문제될 것이 없다. 왜냐하면 과학적 실증주의도 은유와 상징까지 무시하지 않기 때문이다. '내 마음은 호수'라는 표현은 과학적으로 실증 불가능하지만 아무도 이를 부정하지 않는다. 오히려 자기 마음의 상황을 나타내는 가장 적절한 표현이자 문학성을 갖춘 시적 표현으로 인식된다. 그러므로 은유적 표현에 과학적 역사를 들먹이는 것은 역사학의 무덤을 파는 셈이다.

"우리 아이를 인간 좀 만들어 주세요.""그 동안의 삶을 청산하고 인간이 되겠습니다." 이러한 표현도 인간이 아닌 동물들의 담론으로 이해하는 사람은 아무도 없다. 모두 인간임에도 '인간다움'을 지향하는 담론이다. 이때 인간은 종개념이 아니라 인간다운 존재를 뜻한다. 따라서 학부형이 선생님께 '인간을 만들어 달라'고 한 것은, '아이를 온전한 인간이 되도록 가르쳐 달라는 뜻'이며, 삶을 반성하고 다짐하는 사람이 '인간이 되겠다'고 한 것은 '앞으로 인간답게 살겠다는 뜻'이다. 그러므로 아무도 이 말을 두고 짐승들의 변신 이야기로 알아듣지 않는다.

곰과 범이 인간이 되려는 것도 같은 은유이다. 짐승이 인간이 되겠다고 환웅에게 기도한 것이 아니라, 곰족과 범족은 선진 농경문화를 누리는 환웅족에게 자기들도 그러한 정착생활을 하며 인간답게 살기를 바란 것이다. 수렵채취 또는 유목생활을 하던 곰족과 범족은 전손을 자처하며 해를 천신으로 섬기고 농경문화를 누리는 환웅족의 정착생활을 인간다운 삶으로 동경한 까닭이다. 따라서 곰족과 범족은 인간으로 변신이 아니라 인간다운 문화의 전수를 요구했다. 그러므로 환웅본풀이의 은유와 상징이 담고 있는 속뜻을 제대로 헤아려야 고조선시대의 역사와 문화를 정확하게 해석해 낼 수 있다.

환웅족의 선진문화를 동경하던 곰족과 범족의 지도자는 환웅천왕을 찾아가서 우리도 인간답게 살도록 이끌어 달라고 요청한 것이다. 요즘 같으면 후진국이 선진국에게 문화 전수와 첨단기술 이전을 요구한 셈이다. 환웅은 친절하게 선진적인 정착문화와 농경생활의 이치를 일러 주었는데, 그것이 바로 쑥과 마늘을 먹으며 견디는 채식생활이며, 햇빛을 보지 않고 100일을 견디는 정착생활이다. 왜냐하면 육식생활에서 채식생활로, 이동생활에서 정착생활로 전환하지 못하면 결코 환웅족의 농경문화를 누릴 수 없는 까닭이다.

따라서 환웅은 곰족과 범족에게 선진적인 농경문화와 정착생활의 이치를 알려주고 그들의 적응 가능성을 검증하였다. 쑥과 마늘을 먹는 '지독한 채식생활'과, 햇빛을 보지 않고 움막이나 동굴 속에서 지내는 '지독한 정착생활'은 거쳐야 할 검증과정이자 환웅족에 통합되기 위한 통과의례였다. 환웅의 가르침을 잘 따르며 순조롭게 적응한 곰족은 환웅족의 농경문화에 동화되고, 그러지 못한 범족은 일탈하여 자문화의 전통을 유지한 것이다.

이 과정을 문학적 은유와 상징을 동원하여 서사적 구조로 서술한 것이 이른바 '단군신화'라고 하는 '환웅본풀이'이자 《고기》의 기록 일부이다. 그러므로 곰과 범이 인간이 되고자 했다는 기록을 문자 그대로 읽고 축자적으로 해석하면 역사적 사실을 제대로 해명하지 못하는 것은 물론, 변신설화나 수조신화로 오해하여 유목문화 기원설을 펴거나, 아예 역사적 사실을 부정하게 되는 오류에 빠진다.

7. 구비역사로서 고조선본풀이의 역사 기능

흔히 '단군신화'로 호명되는 《고기》의 기록은 신화적 표현과 구성을

갖춘 환웅신시와 단군조선을 아우르는 '고조선본풀이'이다. 역사서술이
라고 하더라도 《위서》에 기록된 것처럼 무미건조한 사료가 아니라, 누
구나 한번 들으면 쉽게 이해하고 생생하게 기억하며 흥미롭게 들려줄
수 있는 잘 짜인 구비문학의 역사이다. 그런 까닭에 《고기》에 기록되
기 전까지 오랜 세월 동안 끊이지 않고 이야기될 수 있는 전승력을 확
보했던 것이다. 그러므로 《고기》의 고조선본풀이는 선조들이 역사를
잊지 않고 후손들에게 길이 물려주기 위해 매우 용의주도하게 구성한
아주 탁월한 역사 서술이라 하지 않을 수 없다.

　고조선본풀이의 역사적 기능을 세 가지 문제에 걸쳐 더 자세하게
해명할 수 있다. 1) 하나는 구비역사 서술 일반의 문제이다. 구비역사
는 구비전승의 논리에 입각해서 설화로 구술되지 않으면 전승력을 상
실해서 역사 구실을 할 수 없다. 설화에서는 이야기를 이루는 작은 단
위의 구성 요소를 '화소(話素, motif)'라고 하는데, 화소는 내용이 비일
상적이고 충격적이어서 전승력을 지닌 설화의 최소 요소를 말한다.[52]
화소는 기이하기 때문에 잘 기억되고 그 자체로 어느 정도 독립성을
지닌다. 그러므로 비일상적인 화소가 없으면 설화가 전승력을 확보하
지 못해서 생명력을 잃게 마련이다.

　고조선본풀이도 구비전승의 논리에 따라 '비일상적 화소'로 역사적
서술이 이루어져서 수천 년 동안 끊이지 않고 전승될 수 있었으며, 설
화로서 구비역사 구실도 온전하게 할 수 있었다. 설화학자 스티스 톰
슨(Stith Thompson)이 제시한 '화소'의 조건은 세 가지이다. 첫째, 이야
기의 주인공이 신이한 존재이거나 특이한 동물, 불가사의한 창조자, 계
모와 같은 인습화된 인간 등이다. 둘째, 특수한 배경의 행위로서 주술
물이나 비일상적 관습, 이상한 신앙 등이다. 셋째, 장소의 특수성인데,

---

52) Stith Thompson, *The Folktale*, Holt, Rinehart and Winston, Inc., 1946, 415
　　~416쪽. "A motif is the smallest element in a tale having a pawer to persist
　　in tradition. In order to have this power it must have something unusual and
　　striking about it."

유일한 사건이 일어나는 공간으로서 가장 중요한 화소를 구성하는 것
이다.53) 이를테면 지하세계나 용왕국, 하늘나라와 같은 공간이 그러한
장소의 화소가 되는 것이다.

본풀이의 주인공인 환웅이 예사사람이라면 화소가 되지 않지만 천
신인 환인의 아들이기 때문에 화소가 된다. 곰과 범도 예사 짐승이라
면 화소가 되지 않지만 말을 하고 사람이 되려는 짐승이기 때문에 화
소의 자질을 갖추었다. 환웅이 지상의 인간이 아니라 하늘에서 신단수
아래로 내려왔을 뿐 아니라 신시고국을 다스리는 천왕이었기 때문에
그 행적이 화소로서 제격인 것이다.

곰네가 예사 여성이라면 화소가 되지 않는데 곰이 사람으로 변신한
여성일 뿐 아니라 천왕인 환웅의 아기를 잉태하려 한 까닭에 화소가
된다. 그리고 환인과 환웅이 살았던 하늘, 환웅이 강림한 태백산 신단
수, 단군이 도읍한 아사달 등이 모두 특별한 공간이자 역사적 사건의
현장이어서 화소가 될 만하다.

따라서 비과학적 서술은 사실이 아니라서가 아니라, 사실이기 때문
에 역사적 생명력을 갖추기 위해 설화의 전승 논리에 맞도록 비일상적
이고 충격적인 화소를 동원하여 초월적으로 표현한 것이다. 그러므로
구비역사로서 설화가 지닌 화소의 뜻을 제대로 해석해내면 역사적 사
실이 드러나기 마련이다. 그러나 구비역사의 해석 능력이 없고 역사적
상상력이 미흡하면, 고조선본풀이는 한갓 허구적 신화이자 해석 불가
능한 기이(紀異)일 따름이다.

2) 둘은 민족사 문제의 일반화이다. 지금까지 다룬 내용은 모두 단
군의 출생 이전이자, 환웅의 신시고국에서 벌어진 이야기이다. 이 기록
의 신이를 근거로 단군의 왕검조선을 부정하는데, 환웅의 강림이나 곰
의 변신은 모두 단군조선 이전에 있었던 사실이다. 따라서 환웅의 신
시고국에 관한 초월적 표현을 근거로 단군의 왕검조선 건국을 부정하

---

53) Stith Thompson, 위의 책, 416 쪽.

는 논리는 부당한 것일 뿐 아니라, 《고기》의 사료를 단군신화라 하여 단군의 왕검조선 건국에 골몰한 나머지 환웅의 신시 건국을 배제하는 해석에 이의를 제기하지 않을 수 없다.

이러한 이의제기는 단군조선의 역사를 부정하는 실증주의 논리가 얼마나 반실증적인 것인가 하는 사실을 거듭 자각하게 만든다. 게다가 이 문제는 민족사 출발의 역사적 기점과 민족 정체성의 뿌리를 결정하는 긴요한 단서이다. 초월적 서술을 근거로 환웅의 신시고국 역사는 부정할 수 있지만, 단군의 왕검조선은 그러한 사실을 근거로 부정할 수 없다. 왜냐하면 누구나 역사적 실체로 인정하는 주몽과 박혁거세의 기이한 출생보다 환웅과 곰네〔熊女〕 사이에서 인간으로 태어난 단군이 더 합리적으로 출현한 인물이기 때문이다. 그러므로 단군조선의 역사를 부정하는 실증사학을 극복하는 것은 물론, 단군의 조선 건국 이전에 이미 홍익인간 이념을 갖춘 선진문화 수준의 신시고국이 환웅천왕에 의해 건국된 사실을 새삼스레 주목하지 않을 수 없다.

3) 셋은 역사 문제 일반의 재인식이다. 고조선본풀이를 근거로 사가들의 역사 이전에도 역사가 있었으며, 기록의 역사 이전에 구술의 역사, 설화의 역사가 있었다는 사실을 재인식해야 한다. 역사 이전의 초역사(超歷史, pre-history)가 건국본풀이이며, 무미건조한 기록사를 넘어서는 흥미로운 설화의 역사, 문헌에 갇혀 있는 죽은 역사에서 벗어나 국가적 제의에서 노래되었던 구비역사가 본풀이의 역사이다. 그러므로 건국본풀이는 역사적 기능과 문학적 구조를 잘 갖춘 구비역사로서 문헌사학의 한계를 극복할 수 있는 역사학의 긴요한 사료라 하지 않을 수 없다.

고조선본풀이는 《고기》에 기록으로 정착되기 전까지 구비역사로서 널리 이야기되었던 민족 공유의 역사였다. 그 역사적 의미와 기능을 실증적으로 뒷받침하는 사료들은 적지 않다. 특히 환웅의 신시고국 역사는 쑥과 마늘을 먹는 식생활사료, 구들을 놓고 좌식생활을 하는 주생활사료를 비롯하여, 홍산문화 유적과 옥기문화, 제천의식의 국중대회

자료 등이 있다. 그리고 고분벽화의 그림자료, 학계에 처음 소개되기 시작한 환웅본풀이 관련 유물자료 등이다. 중국 요령성 평강지구에 출토된 고구려 초기 유물인 금동장식품은 고조선본풀이 가운데 환웅의 신시고국에서 벌어진 역사를 고스란히 형상화하고 있어 주목된다. 다음 장은 이 자료를 중심으로 환웅의 신시고국 문화를 더 자세하게 논의할 것이다.

제6장 민족사의 시작 신시고국의 정체와 역사인식

1. 고조선본풀이의 서사성과 역사적 기능

아무리 정확한 역사를 합리적으로 서술해도 읽는 사람이 이해하지 못하고 기억하지 못하면 역사로서 제 구실을 할 수 없다. 따라서 사가들은 역사의 과학성과 함께 문학성을 강조한다. 《삼국유사》 '고조선' 조에는 《위서》와 《고기》의 기록이 병존하지만, 대부분의 사람들은 《위서》의 기록을 잘 알지 못한다. 무미건조한 사실을 기록하는 데 머물러서 문학성이 배제된 까닭이다.

그러나 사학자들이 터무니없는 내용으로 배격하는 《고기》의 기록은 잘 알고 있다. 흔히 '단군신화'로 호명되면서 그 자세한 이야기까지 널리 공유한다. 왜냐하면 흥미로운 이야기로 구성되어 있는 까닭이다. 따라서 《위서》의 내용은 몰라도 《고기》의 내용을 모르는 사람은 별로 없다. 그런데 이처럼 《고기》의 내용은 잘 알아도 그 전거인 《고기》는 거의 모른다. 《고기》는 《삼국유사》에 전거가 명시적으로 제시되어 있어도 알지 못하지만, '단군신화'란 이름은 전거에 전혀 없어도 잘 알고 있다. 역사가 아닌 신화 제목인 까닭이다. 그러므로 구비역사의 설화성이 문헌사료의 과학성보다 여러모로 더 역사적 기능을 발휘한다는 사실을 주목해야 고대사 연구의 새 길을 찾을 수 있다.

고조선본풀이의 신화적 서술 가운데에도 그 줄거리를 누구나 잘 알고 있는 대목은 따로 정해져 있다. 역사적 사실을 구체적으로 열거한 중요한 사료들은 기억하지 못해도 환웅과 곰, 범 사이에서 일어난 이야기들은 서사적 구조로 이루어져 있는 까닭에 어린이들도 한 번 듣고 잘 기억한다.

> 가) 환인은 아들 환웅이 홍익인간을 펼치도록 천부인을 주어 파견했다.
>
> 나) 환웅이 하늘에서 태백산 신단수에 내려와 신시의 천왕이 되었다.
>
> 다) 곰과 범이 환웅천왕을 찾아와서 인간이 되게 해 달라고 빌었다.
>
> 라) 환웅이 쑥과 마늘을 먹고 동굴 속에서 백일 동안 칩거하라고 했다.
>
> 마) 범은 지키지 못했으나 곰은 잘 지켜서 3칠일 만에 여자가 되었다.
>
> 바) 여자가 된 곰네가 환웅에게 잉태를 원해 혼인하여 단군을 낳았다.
>
> 사) 단군왕검이 평양성에 도읍지를 정하고 조선을 건국했다.
>
> 아) 단군은 도읍지를 옮기며 1908세를 살다가 아사달 산신이 되었다.

고조선본풀이를 들은 어린이들도 나) 다) 라) 마)까지는 잘 알고 스스로 이야기할 수도 있다. 왜냐하면 이 네 단락은 서사구조를 이루며 유기적으로 전개되는 까닭이다. 곰이 뜻하는 바를 이루어 사람으로 변신했다는 사실만으로도 충분한 성공담이 된다. 곰네가 아이배기를 원해서 환웅과 혼인하고 단군을 낳았다는 바)는 사)의 조선 건국을 위해 덧보태진 내용이다.

따라서 단군조선을 염두하지 않은 사람들은 마)까지 이야기만 하고 들어도 이야기로서 어느 정도 완결성을 이루었다. 그러나 단군신화로서 이야기되는 한 단군이 빠질 수 없다. 게다가 단군조선 건국본풀이로 이야기되면 사)까지 이야기 되어야 한다. 사)를 목표로 이야기하면 바)도 이야기되어야 한다. 그러므로 바)는 환웅신시와 단군조선 본풀이의 경계를 이룬다.

나) 다) 라) 마)는 환웅천왕의 신시고국 이야기이고, 바) 사) 아)는 단군의 왕검조선에 관한 이야기이다. 그러나 더 정확하게 말하면 바)는 환웅의 신시고국에서 벌어진 사건이자 환웅의 행적에 관한 것이므로 환웅본풀이로 귀속시켜야 한다. 환웅은 신시본풀이의 주체로서 신시건국과 통치는 물론, 곰네를 맞이하여 단군을 낳는 아버지 노릇까

지 함으로써 일관된 주인공 구실을 한다. 따라서 바)도 환웅에 귀속되는 이야기로서 환웅본풀이의 일부라 할 수 있다. 그러므로 단군을 잉태시킨 주체이자 아버지로서 환웅의 행적은 환웅본풀이의 서사구조 속에 귀속시키는 것이 마땅하다.

흔히 곰네가 단군을 낳았다고 하여 북부시베리아의 곰문화대와 연결시키는데, 단군을 낳은 주체는 부계인 환웅천왕이다. 왜냐하면 '아버님 날 낳으시고 어머님 날 기르시니'와 같은 고시조의 논리를 끌어올 것도 없이 아기를 낳는 혈통의 주체는 역사적으로 부계인 까닭이다. 실제로 곰네가 환웅을 찾아와 아기배기를 간절히 빌었던 것은 환웅이 잉태의 주체라는 것을 말한다. 그러므로 단락 사) 아) 외에는 모두 환웅의 신시고국본풀이에 해당되는 이야기이다.

다시 말하면, 누구나 쉽게 듣고 이야기하기 쉬운 대목은 단군의 왕검조선에 관한 것이 아니라 환웅의 신시고국에 관한 것이며, 왕검조선은 신시고국에 이어서 덧붙여진 역사 서술일 따름이다. 따라서 단군신화라고 하는 호명은 역사의 주체와 서술의 비중으로 봐서도 잘못된 것이다. 단군조선보다 환웅신시에 관한 역사가 더 자세하고 풍부할 뿐아니라 건국사로서 신이한 체계와 서사적 구성을 잘 갖춘 까닭에, 오히려 환웅신화라 해야 제격이다.

쑥과 마늘을 먹고 사람이 된 환웅과 곰, 범의 이야기 앞뒤에도 일정한 이야기가 있어서, 더 자세한 사실을 알고 이야기하는 사람들은 사) 이후에 전개되는 단군의 행적보다 나) 이전에 이야기되었던 환웅의 행적을 더 자세하게 이야기한다. 일정한 역사의식을 갖춘 사람은, 환인의 서자 환웅이 홍익인간의 이념을 가지고 태백산 신단수 아래로 내려와 신시를 열고 360여 사를 재세이화한 가)의 내목을 주목한다. 더 자세하게 이야기하는 사람은 천부인 3개를 가지고 무리 3천과 풍백, 우사, 운사를 거느리고 신단수 아래에 강림하는 과정까지 밝힌다. 이 모든 사실은 환웅의 행적이자 신시고국에서 일어난 일들이어서 단군조선과 무관한 사실이다.

환웅본풀이 말미에 추가된 단군 이야기는 조선을 건국하고 도읍지를 여기저기 옮긴 행적이 고작이다. 신화적 화소로 주목할 만한 사실은, 단군이 1908세를 살다가 죽어서 아사달의 산신이 되었다는 아)의 대목 정도이다. 다만 죽어서 산신이 되었다는 것은 특별한 사건이어서 화소로서 요건을 갖추었다. 사람이 죽어서 산신이 된 화소는 다른 이야기들에서도 두루 보인다. 석탈해가 죽어서 토함산 산신이 되었던 것처럼1) 단종은 죽어서 태백산 산신이 되었다고2) 한다. 만일 단군이 산신이 되지 않았다면, 단군의 나이가 거론되지 않았을지도 모른다.

단군의 출생 및 조선의 건국 사실은 이야기다운 구조를 갖추고 있으나 그 이후 전개되는 단군의 행적은 삽화적 사실의 나열에 머문다. 도읍지를 여러 차례 옮긴 사실은 서사적 맥락을 갖출 수 없는 것은 물론, 이야기로서 흥미도 유발할 수 없다. 따라서 단군본풀이는 역사적 행적이 단순할 뿐 아니라 문학적으로 구성되지 않아서 그 자체로 전승력을 확보하기 어려운 구조이다. 다시 말하면 환웅의 건국시조다운 신이한 행적과 신시의 체계적 건국사가 없다면, 단군조선의 역사는 존재감을 확보하기 어렵다는 말이다.

환웅본풀이의 장엄한 이야기는 역사적 서사가 풍부할 뿐 아니라, 홍익인간과 재세이화 등 역사철학이 숭고하고, 주체들의 행적이 기이하여 설화적인 화소도 다양한데다가, 서사구조의 전개도 흥미롭다. 환웅의 신시고국에 관한 구비역사는 그 자체로 완결성을 갖추고 전승력을 획득할 수 있다. 그러나 단군조선의 건국사는 서사성이 미흡하여 구비역사로 성립되기 어렵거니와, 비록 성립되어도 전승력을 지닐 수 없다. 그러므로 일연은 《고기》의 기록을 인용하면서 단군왕검이 건국한 '조선'을 표방하지 않고 '조선'이전의 '신시고국'을 겨냥하여 '고조선

1) 《三國遺事》 卷1, 紀異1, 脫解王 및 《三國史記》, 〈新羅本紀〉, 脫解尼師今 참조. 지금도 토함산 정상에 석탈해 사당 흔적이 남아 있다.
2) 林桂弘, 《韓國口碑文學大系》 4-2, 韓國精神文化研究院, 448쪽, '태백산 산신이 된 단종대왕'

(古朝鮮)'을 표방한 것이다. 그리고 부제로 단군조선을 '왕검조선'으로 일컬어, 고조선의 시대 개념과 구분하여 '고조선' 제호에 덧붙여둔 것이다.

《위서》의 단군조선 역사를 《삼국유사》에 먼저 인용한 것처럼, 일연은 환웅신시보다 단군조선의 역사를 중요한 역사적 분기점으로 주목했다. 따라서 단군이 건국한 '조선' 이전에 환웅이 세운 '신시'를 '고조선'으로 일컬었던 것이다. '조선'이라는 국가를 준거로 그 이전 역사를 '고조선', 그 이후 역사를 '위만조선'으로 시대구분을 한 것이다. 이렇게 '조선'을 중심으로 시대구분한 까닭에 《삼국유사》 편명이 '고조선'과 '위만조선'으로 일컬어지는 것이다. 다시 말하면 환웅신시와 단군조선을 묶어서 '고조선시대', 그 이후를 '위만조선시대'라 일컬었는데, 이승휴는 《제왕운기》에서 고조선시기의 역사를 '전조선시대'라 일컬었다. 그러므로 고조선과 전조선은 사실상 같은 개념의 시대구분 명칭이라 하겠다.[3]

실제로 '고조선'이라는 편명의 시대구분 제목과 사료의 내용이 잘 맞아 떨어진다. '고조선'은 단군조선에 관한 역사에 선행하여 환웅신시에 관한 역사를 더 위대하고 더 숭고하게, 그리고 더 체계적이고 더 구체적으로 서술하고 있다. 하늘에서 강림한 환웅천왕의 건국이념에 따라 수립된 신시의 역사에다 단군의 왕검조선 이야기를 말미에 곁들여 놓은 까닭에, 일연은 의도적으로 이 사료의 편명을 〈고조선〉조로 밝히고 협주에다 '왕검조선'을 부제로 표기했다. 단군조선 이전의 신시 고국을 '고조선' 역사의 주류로 자리매김하고 단군조선은 협주에 '왕검조선'으로 변별해서 일컬었던 셈이다. 그러므로 이러한 사료 분석을 정확하게 하지 못하는 고조선연구자들은 세 가지 착종을 일으키고 있다.

하나는 단군왕검이 건국한 나라이름은 '조선'인데도 일연의 편명에 따라 '고조선'으로 일컫는 착종이다. 둘은 '고조선'조의 기록은 환웅천

3) 임재해, 〈'고조선'조와 '전조선기'로 본 고조선의 역사적 실체 재인식〉, 《고조선단군학》 26, 고조선단군학회, 2012, 277~343쪽.

왕의 신시고국에 관한 사료가 주류인데 '고조선'이라는 편명에 이끌려 단군의 왕검조선을 주류로 간주하여 신시를 나라로 인정하지 않는 것이다. 셋은 환웅천왕을 시조왕으로 포착하지 않고 단군을 시조왕으로 여기는 것이다. 그러므로 민족사의 출발을 환웅의 신시고국에서 시작하지 않고 단군의 왕검조선에서 시작함으로써, 민족시조를 환웅에서 단군으로 엉뚱하게 왜곡하는 것은 물론, 환웅신시를 역사에서 배제함으로써 민족사를 크게 축소시킬 뿐 아니라, 환웅의 홍익인간 이념까지 마치 단군의 이념인 것처럼 착각하기에 이르렀다.

단군을 만들어진 신화로 매도하고, 고조선시대사를 단축시키며, 그 강역까지 한반도로 크게 축소시키는 오류도 바로잡아야 할 뿐 아니라, 고조선 역사를 서기전 24세기까지 인정하며 그 강역을 만주 일대의 대륙까지 확대하는 연구에 대해서도 만족할 수 없다. 왜냐하면, 많은 사료들이 단군의 왕검조선 이전에, 환웅천왕의 신시고국 역사를 서술하고 있기 때문이다. 이러한 몇 가지 한계를 한꺼번에 극복하려면 기존 사료의 분석적 해석은 물론, 새로운 사료의 확장과 개척을 통해서, 단군조선 중심의 민족사 기원론을 해체하고 그 이전의 환웅신시까지 거슬러 올라가야 하며, 기본적으로 고조선을 국호처럼 호명하는 문제도 극복해야 한다.

2. 환웅본풀이의 형상물과 신앙생활의 전통

고조선본풀이라고 할 수 있는 《고기》의 기록을 분석적으로 보면, 환웅본풀이와 단군본풀이 또는 신시신화와 조선신화가 4:1의 비중으로 구성되어 있다. 달리 말하면 환웅본풀이가 '주'이고 단군본풀이는 '종'인 셈이다.

흥미로운 것은 환웅 중심의 역사가 문헌기록에서도 그대로 나타날

뿐 아니라 구체적인 유물과 벽화 등에서도 고스란히 형상화되어 있다는
점이다. 진작 주목 받은 것은 148년에 건립된 중국 산동반도의 무량사
(武梁祠) 무씨사당(武氏祠堂) 화상석(畵像石) 그림이다.[4] 그동안 고조선
역사가 새겨진 곳은 무씨사당 후석실 제3석이라고 알려졌으나, 최근에
무씨사당 좌석실 앞면 천장의 서쪽 천장석으로 밝혀졌다.[5] 이 화상석
에 등장하는 웅남처녀상, 일명 치우상에서 호녀가 아기를 안고 있는 까
닭에 곰네 곧 웅녀가 등장하는《삼국유사》고조선본풀이 내용과 다르
다. 그러나 화상석에 나타난 환인과 환웅은 치우와 함께 단군을 배향하
여 천제를 올린《단군세기》16세의 기록과 무량사 화상석 1층의 환인,
환웅, 3층의 치우, 4층 단군의 그림이 기록과 일치된다고 한다.[6] 그러
므로 화상석에 새긴 고조선 관련 역사가 더 풍부한 셈이다.

한 민족의 시조본풀이는 이야기나 노래로 전승되는 것은 물론, 조
각과 그림으로도 형상화되어 전승되는 까닭에 다양한 사료로 재해석이
필요하다. 태초의 신성한 시작의 역사를 널리 공유하고 이어가기 위해,
건국본풀이와 같은 신화사료를 비롯한 여러 갈래의 예술을 생산한 것
이다. 그러한 신화적 예술로 화상석과 함께 고분벽화를 들 수 있다. 고
구려 고분벽화 가운데에는 각저총(角抵塚)의 각저희(角抵戲)가 특히 주
목된다.

각저희는 한대(漢代) 이후 유행했던 황제와 치우의 전쟁상황에서
치우의 용맹성을 상징한 그림으로 알려져 있다.[7] 따라서 고구려 고분
에 각저희가 그려져 있는 것은 치우신화가 고구려 지배집단에 상당히
주목할 만한 역사로 전승되고 있었던 사실을 확인할 수 있다.[8] 그러나

4) 김재원,《단군신화의 신연구》, 탐구당, 1974 참조.
5) 이찬구, 〈무량사 화상석으로 본 환인, 환웅, 치우, 단군의 인물상 찾기〉, 世界
   桓檀學會 창립기념학술대회(2014년 6월 27일)에서 발표논문집.
6) 이찬구, 위의 글, 같은 곳.
7) 정재서, 〈잃어버린 신화를 찾아서 -중국신화에서 찾은 한국신화-〉,《한국신
   화의 정체성을 밝힌다》, 지식산업사, 189쪽.
8) 정재서, 위의 글, 같은 곳.

〈그림 8〉 각저총의 벽화 '각저희' 부분

더 중요한 점은 각저희 왼쪽의 큰 나무 아래에 곰과 호랑이 그림이 있다는 사실이다. 이 나무는 거대할 뿐 아니라 형상이 특이하여 예사 나무가 아니라는 것을 쉽게 알아차릴 수 있다. 나뭇가지 끝이 모두 큰 받침대 구실을 하며 새 둥지를 이루고 있을 뿐 아니라, 가지에는 여러 마리의 새들이 앉아 있는 까닭이다. 그러므로 이 나무를 생명나무로 일반화할 수 있지만 역사적 사실과 관련지어 보면, 신단수와 같은 신성한 나무라 할 수 있다.

왜냐하면 그 나무 아래에는 곰과 범이 그려져 있기 때문이다. 신단수와 같은 신성한 나무 아래에 곰과 범이 있다는 것은 고조선본풀이 가운데 환웅천왕의 이야기와 만난다. 환웅이 신단수 아래에 신시고국을 세우고 360여 가지 일을 재세이화하고 있을 때, 신단수 아래로 환웅을 찾아온 것이 곰과 범이었다. 따라서 환웅의 거처인 신단수와 곰과 범은 고조선본풀이에서 아주 긴요한 요소를 이루고 있다. 그러므로 각저희의 그림을 씨름에 초점을 맞추면 한갓 풍속화처럼 보이지만, 씨름에서 눈길을 돌려 신수와 곰과 범을 주목하면 단군조선 이전에 건국되었던 환웅의 신시 역사를 포착하게 된다.

씨름도 지금 사정으로 생각하면 한갓 놀이에 지나지 않으나, 고대에는 제의의 한 양식이기도 했다. 가무오신(歌舞娛神) 형식의 축제형 제의에서는 악가무희(樂歌舞戱)가 모두 신을 즐겁게 하는 제의였던 것이다. 시골 마을에서 최

〈그림 9〉 각저희와 신단수도

근까지 서낭신을 모신 당나무 아래는 5월 단오의 씨름터 구실을 하였다. 여성들의 그네도 당나무에 매는 것이 일반적이었다. 당나무는 단오굿의 현장이자 단오 놀이터이기도 했다.

한국 씨름에 해당되는 일본의 스모도 전통적인 경기 장소는 신사의 뜰이었다. 일본 신사에는 지금도 스모를 하는 터가 남아 있다. 스모도 제의의 일환으로 이루어졌던 까닭에 신사에서 공식적으로 스모를 했던 것이다. 당나무가 있는 서낭숲이 그네터이자 씨름터인 것처럼, 신사에도 스모터가 있었다. 그네뛰기와 씨름, 스모는 한갓 경기나 놀이가 아니라 제의적 행사였던 것이다. 따라서 고구려 고분벽화의 각저희는 한갓 힘겨루기 경기가 아니라, 환웅본풀이의 공간적 배경인 신단수 아래에서 벌이는 신성한 제의적 씨름이었던 것이다. 그러므로 이 그림의 정체를 제대로 명명하면 '각저희'가 아니라 '신단수도(神檀樹圖)'라 해야 제격이다.

고구려 고분벽화인 각저희에서 씨름터를, 신단수가 있는 신시의 건국 공간으로 설정한 것은 역사적으로 매우 중요한 사실이다. 적어도 고구려 사람들은 환웅의 신시건국 역사와 함께, 곰족과 범족이 환웅족을 찾아와 서로 연맹관계를 이루고자 했다는 사실을 잘 알고, 그러한

역사적 사실을 본풀이 양식으로 구비전승하며 공유한 동시에, 신성한 놀이 양식으로 씨름판을 벌이고 축제로 널리 즐겼던 셈이다.

특정 지역의 공동체놀이나 별신굿과 같은 지역축제는 역사적 사실과 밀접한 연관성을 지니고 있다. 공민왕의 안동몽진 역사를 기려서 해마다 대보름에 놋다리밟기를 하고, 해남에서는 임진왜란 때 해전을 승리로 이끈 이순신의 역사를 기려서 해마다 한가위에 강강술래를 한다. 이 놀이들은 사실상 생활사료 구실을 한다. 왜냐하면 놀이를 통해 역사를 반추하는 까닭이다.

안동 동채싸움은 왕건과 견훤의 격전인 병산전투에서 왕건군사의 승리를 기리는 축제의 일환이었으며, 강릉단오굿은 왕건이 견훤의 아들 신검(神劍)을 토벌할 때 가담한 왕순식(王順式)이 대관령 산신에게 제사를 올린 역사가 기원이다. 따라서 공동체놀이와 지역축제를 한갓 전통놀이나 민속축제로 간주하고 말 일은 아니다. 고대의 제의적 씨름도 단오굿의 일환이었다.

따라서 각저총의 각저희도 단순한 씨름이 아니라 축제의 일환이었다. 환웅의 신단수를 축제공간으로 설정하고 그 앞에서 씨름과 같은 놀이로 축제를 한 사실을 그린 것이 각저희 그림이다. 그러므로 고분의 신단수도와 각저희 그림을 볼 때, 고구려는 고조선시대의 역사와 문화를 계승했을 뿐 아니라, 환웅의 신시고국 역사를 공동체굿으로 재현하면서 전승한 사실을 확인할 수 있다. 다시 말하면, 고구려시대만 하더라도 단군조선보다 환웅신시를 더 역사적 뿌리로 알고 축제로 기렸다는 말이다.

고구려의 나라굿에 등장하는 고분벽화의 신수(神樹)는 환웅이 강림했던 태백산 신단수를 '신성한 보기'로 삼아서 축제공간에 재현한 셈이다. 이 그림 어디에도 단군의 실체는 나타나지 않는다. 왜냐하면 단군이 아닌 환웅을 민족시조로 기리는 나라굿을 했기 때문이다. 따라서 건국시조본풀이의 내용은 후손들에 의해 신성한 역사로 공유하기 위해 축제 때마다 다양한 제의공간에서 시각적으로 재현되었던 것이다. 그러므로 고구려 사람들의 민족사 인식은 단군조선이 아닌 환웅신시로부터 비롯된 사실을 포착할 수 있다.

나라굿에서 환웅천왕이 출현한 신단수를 재현하는 것은, 성탄절 성당과 교회에서 아기예수가 탄생한 말구유를 재현하는 것과 같은 논리이다. 재현된 신단수는 한 곳일 필요도 없고 일시적일 필요도 없다. 기독교에서 예수를 기리며 십자가를 세우는 것처럼, 우리 민족은 환웅천왕의 역사를 기리기 위해 신단수를 보기로 고을과 마을에 제각기 자기 공동체를 지켜주는 신수 또는 당나무의 형태로 재현하여 지금까지 생활사료로 남아 있는 것이다.

엘리아데는 진작 이러한 문제에 착상하여 신화의 신성 모델이자 전범(paradigm)을 제의의 원형(archetype)으로 일컬었다. 신성 모델을 뜻하는 원형이 제의의 형태로 재현되면서 지속되는 것이 우리가 만나는 제의라는 것이다.9) 따라서 신화와 역사는 근본적으로 다른 것이 아니라 표현 양식만 다를 뿐이다. 과거의 역사는 사료로 남아 있는 것처럼 현재의 제의로 지속되고 있는 것이다. 그러므로 마을을 개척한 시조신을 섬기는 당나무의 원형과 동신신앙의 뿌리도 신수의 신성 모델인 신단수와 환웅신시의 역사에서 찾아야 할 것이다.

고조선본풀이에 따른 환웅신시의 역사는 건국시조본풀이로 구전되는 한편, 가무양식의 제의로 전승되면서 무용총에 그림으로 그려졌고, 씨름과 같은 놀이양식 또는 경기양식의 제의로 전승되면서 각저총에 그림으로 그려졌던 것이다. 왜냐하면 상고시대에는 제의를 올리는 신성공간이 곧 악가무희를 하는 무대공간이나10) 다름없었기 때문이다. 다시 말하면, 제의와 놀이를 서로 배타적 문화현상으로 볼 것이 아니라 서로 유기적 관련을 지닌 축제로서 맥락적 해석을 해야 한다는 것

---

9) Mircea Eliade, *Myths, Dreams and Mysteries*, New York: Collins. 1968, 23쪽.
10) 사진실, 《공연문화의 전통》, 태학사, 2002, 55쪽. "첫째 시대는 고대국가가 형성되기 이전으로 악·희·극의 맹아기이다. 이들 갈래가 아직 제의의 형식에서 형성되어 나오지 않은 상태라고 할 수 있다. 제의를 거행하는 신성공간이 극장공간의 기능을 겸하였다."

이다. 따라서 고분벽화의 그림을 소재적 해석에 머물러서 무용총이니 각저총으로 단선적 해석에 만족할 것이 아니라, 고대 나라굿의 원형과 민족사 인식의 연관성 속에서 총체적 해석을 할 필요가 있다.

고대사회의 나라굿은 국중대회로 이루어지는 제천행사였다. 건국시조를 기리는 까닭에 국중대회를 이루고, 건국시조가 하늘에서 강림한 천왕인 까닭에 제천행사를 하지 않을 수 없다. 이때는 남녀노소가 더불어 군취가무(群聚歌舞)하기를 주야무휴(晝夜無休)로[11] 하였을 뿐 아니라, 연일 음주가무한 까닭에 군신동락의 해방공간을 이루는 축제판이 벌어졌던 것이다. 고조선본풀이의 신성공간은 환웅이 지상에 내려와 신시고국을 세운 태백산 신단수 아래이다. 그러므로 신단수와 같은 신성한 나무 아래는 곧 제의공간으로서 놀이공간이자 축제공간이었으며, 최근까지 마을과 고을의 시조신 또는 수호신을 기리는 당나무와 공동체굿이 생활사료로 지속되고 있다.

당나무 아래에서 정월대보름에 당제를 올리고, 가무오신의 풍물굿을 하는가 하면, 동서로 나누어 줄당기기를 하는 전통이 한갓 민속신앙이나 민속놀이로 인식되는데, 역사적 원형을 추론하면 고대사의 패러다임을 축제형식으로 재현하고 있는 사실을 알아차릴 수 있다. 이를테면, 각종 제의와 놀이들이 마을굿의 일환으로 이루어지는 사실을 알아야, 5월 단오굿에 당제를 올리는 데 그치지 않고 당나무에 그네줄을 매고 그네를 뛰거나 당나무 아래에 씨름터를 만들어 두고 씨름을 하는 사실을 제대로 이해할 수 있다.

이때 그네 놀이와 씨름 경기만 한 것이 아니라 장승과 같은 조각도 깎아세우고 탈춤과 같은 연극도 했다. 따라서 연극의 기원도 굿에서 찾지만, 예술 일반의 기원도 굿에서 찾기 일쑤이다. 왜냐하면 굿이

---

11) 임재해, 〈고대에도 한류가 있었다–민족문화의 정체성 재인식〉, 《고대에도 한류가 있었다》, 55쪽. "국중대회의 축제 모습을 나타내는 열쇠말만 가려내면 남녀노소(男女老少)·군취가무(群聚歌舞)·주야무휴(晝夜無休)·연일음주가무(連日飮酒歌舞) 등으로 정리할 수 있다."

신을 즐겁게 하는 오신(娛神) 행위이자, 신에게 인간의 뜻을 전달하고 신의 뜻을 읽는 양방향 소통체계이기 때문이다. 그러므로 당나무의 역사적 뿌리와 가무오신을 위해 악가무희를 바치는 제의적 전통은 환웅 신시의 신단수 이래의 역사이자, 문화적 원형에서 비롯된 것이다. 환웅천왕을 기리는 신시고국의 나라굿에서 부여의 영고, 고구려의 동맹, 예의 무천 등의 국중대회가 변화 발전되어 고대 제천행사가 이루어졌다.

따라서 고대 나라굿의 역사는 오래 전에 사라진 것이 아니라 최근의 고을굿과 마을굿의 전통 속에서 지속되고 있다. 당시의 문화적 전통은 신앙생활에서 두 가지 전통으로 이어지고 있다. 하나는 공동체신앙으로서 신단수와 같은 신목에 환웅과 같은 신격이 깃들어 있다고 여기는 당나무의 전통이며, 둘은 굿에서 신내림을 받을 때 나무를 내림대로 쓰는 전통이다.

당나무는 환웅이 신시고국을 세웠던 신단수의 공간적 전통을 이어받은 것이다. 그리고 굿을 할 때 내림대 나무에 신내림을 받는 과정은 환웅이 홍익인간의 이상을 품고 하늘에서 신단수 아래로 강림한 서사적 전통을 이어받은 것이다. 따라서 무당들은 굿을 할 때마다 신을 내림받는데, 신이 굿판에 좌정하는 매개물이 곧 나무이다. 주기적으로 하는 공동체굿에서는 신이 내린 나무가 당나무이고, 일시적으로 하는 집안굿에서는 신이 내리는 나무가 내림대 또는 신대이다.

해마다 주기적으로 하는 마을굿에서 신을 내림받아 이동할 때는 내림대를 사용한다. 마을굿의 내림대나 신대는 장대나 영기를 단 깃대이지만, 집안굿에서는 살아 있는 나무를 잘라서 사용한다. 대를 내림대로 쓰는 경우에도 신이 깃들어 있는 당나무는 살아 있는 거목이다. 문제는 나무의 종류나 유형이 아니라 나무에 신이 내려서 깃들어 있다는 사실을 믿고 당나무를 섬기는 공동체신앙이 생활사료로 널리 전승되고 있다는 사실이다. 그러므로 신시시대의 두 가지 세계관적 사유가 마을과 고을의 당나무로 지속되는 동시에, 굿을 할 때마다 신을 모시는 내림굿의 양식으로 되풀이되고 있는 것이다.

지역사회의 공동체신으로 해마다 섬기는 서낭신앙의 당나무는 고정적 실체의 신단수 전통이라면, 개인이나 가족의 현실문제를 해결하는 굿문화의 내림굿은 역동적인 행위의 제의양식으로서 환웅의 천손강림 전통에서 비롯되었다고 할 수 있다. 환웅은 인간세상을 널리 이롭게 하여 인간세상을 구하기 위해 하늘에서 신단수에 내려와서 새로운 세계를 열었던 것이다. 따라서 지금 여기의 현실문제를 초월적으로 해결하려면 신단수에 환웅천왕이 내려오는 것처럼, 내림대에 신을 내림받아 모셔야 하는 것이다. 그러므로 환웅시대의 역사인식이자 종교적 세계관은, 엘리아데가 말하는 원형이자 패러다임을 이루면서, 고대부터 지금까지 우리 생활세계 속에서 신성한 본보기로 지속되는 현실문화일 뿐 아니라, 앞으로도 지속될 '오래된 미래문화'라 할 수 있다.

고대에는 환웅신시에서 형성된 원형적 세계관을 역동적 문화 양식으로 계승하는 일과 더불어, 동식물로 집단적 정체성을 나타내는 토템문화도 누려왔다. 신단수의 전통이 식물토템으로 상징화된 것이 동신목인 당나무이다. 당나무에 신격이 깃들어 있다는 종교적 관념을 동물토템의 문화 양식으로 구체화한 것이 솟대의 새이다. 장대 위에 새가 앉아 있는 솟대는 신단수에 하강한 환웅을 토템의 양식으로 상징화한 것이다. 이러한 추론의 근거를 각저희의 신단수에서 찾을 수 있다.

왜냐하면 각저희의 신단수 그림을 보면, 나무 아래에는 곰과 범이 있고 나뭇가지에는 새둥지와 새가 그려져 있기 때문이다. 신단수는 환웅천왕이 머무는 신성공간이자 신시고국의 역사적 출발점이다. 마치 마을을 처음 개척한 입향시조가 마을 수호신으로 당나무에 깃들어 있는 것처럼, 신단수는 신시의 건국시조 환웅천왕이 깃들어 있는 신수로서 환웅족을 상징하는 집단 표상물이다. 그런데 각저희의 신단수 아래에 곰과 범은 있는데, 환웅은 보이지 않는다. 각저희에 환웅은 어디에 있는가. 곰과 범이 신단수 아래에 있는 반면에, 환웅은 신단수 위에 있게 마련이다. 신단수 가지에는 둥지에 새들이 깃들어 있다. 그러므로 각저희의 새는 환웅을 상징하는 토템동물이다.

실제로 새들은 나뭇가지에 둥지를 트고 생활한다. 따라서 신단수에 앉아 있는 새는 하늘에서 신단수로 하강한 환웅족을 상징하는 토템으로 제격이다. 신단수에 앉은 새가 환웅천왕을 상징하는 토템동물인 것은 신단수 아래에 앉아 있는 곰과 범이 뒷받침하고 있다. 그러므로 각 저희의 신단수 그림 부분은 환웅족을 중심으로 곰족과 범족이 서로 관계를 이루는 환웅본풀이의 서사적 내용을 그림으로 고스란히 형상화한 것이라 하겠다.

건국본풀이를 그림으로 나타낼 때에도 토템 양식으로 형상화하는 것이 가장 효과적이다. 왜냐하면 사람의 형상으로는 세 종족의 특성과 위상을 제대로 표현하기 어려운 까닭이다. 그러나 동식물을 형상화한 명품브랜드처럼, 토템 동식물을 이용하면 쉽게 세 종족을 변별적으로 표현할 수 있다. 따라서 환웅신시의 건국공간인 신단수와 함께 새를 그리고, 그 아래에 곰과 범을 그림으로써 환웅족을 찾아와 서로 연대하려고 한 곰족과 범족의 역사적 사실을 서사적으로 나타냈던 것이다. 환웅본풀이의 서사적 내용을 알고 있는 사람은 신이하게 생긴 나무와 새, 나무 아래의 곰과 범을 보는 순간 환웅신시의 역사를 떠올리기 마련이다. 그러므로 환웅족의 토템은 새와 더불어 신단수라는 사실까지 포착할 수 있다.

토템은 집단정체성을 나타내는 동물뿐만 아니라 식물도 포함되는 개념이다. 곰족과 범족은 동물토템에 머물렀지만, 환웅족은 천신족으로서 정체성을 나타내는 새의 토템동물과 함께, 농경문화로 '재세이화(在世理化)'의 정착생활을 하는 농경민의 정체성을 나타내기 위해 신단수를 토템식물로 삼았던 셈이다. 정착농경민의 문화는, 무당이 신을 찾아 이계(異界)를 여행하기 위하여 떠나는 시베리아 샤머니즘의 엑스타시(ecstasy)형과 달리, 이계에 있는 신을 굿판으로 불러와서 모시는 포제션(possession)형의 내림굿을 하는 것이다. 따라서 농경형 정착문화의 내림굿에는 신내림을 받는 나무나 신이 깃들어 있는 나무가 필수적이다. 그러므로 신단수가 필수적인 환웅본풀이의 서사구조는, 제의적으로

샤머니즘과 구별되는 우리 굿문화의 내림굿 전통의 원형을 이루는 것
이다.12) 그러므로 한국 내림굿 문화의 원형도 이미 신시고국 문화에서
비롯되었다고 하지 않을 수 없다.

　유목민의 토템은 한결같이 동물토템이다. 이동생활을 하며 짐승을
기르는 까닭에 동물이 토템일 수밖에 없다. 그러나 농경민의 토템은
일정한 땅에 뿌리박고 붙박이 생활을 하며 농작물을 가꾸는 까닭에 식
물토템을 취해야 제격이다. 토템동식물이 곧 종족 명칭 구실을 한다는
사실을 고려하면, 농경민족인 환웅족은 재세이화를 표방하며 토템식물
을 집단정체성으로 삼는 동시에, 천신족으로서 밝은 해를 상징하는 박
달나무를 토템으로 구체화했던 것이다.

　유목생활을 하는 곰족과 범족은 제각기 곰과 범을 토템동물로 삼은
까닭에 곰과 범으로 일컬어졌다. 최근까지 범띠 아이를 '범'으로, 말띠
아이를 '말'로 호명하는 풍속이 전승되었다. 따라서 사람을 동물종 이
름으로 호명하는 것을 낯설게 여기거나, 사람이 아닌 동물 자체로 인
식하는 것은 토템문화는 물론 현실문화를 제대로 알지 못하는 탓이라
할 수 있다.

　곰족과 범족이 토템동물에 따라 곰과 범으로 호명된 것처럼, 환웅
족은 천신족이나 천손족 외에, 토템동물인 새와 토템식물인 신단수에
따라 호명되었을 가능성이 높다. 환웅족은 시조가 천왕인 까닭에 하늘
상징의 새에 따라 천신족, 곧 우리말로 '하늘(桓雄)족'으로 일컬어지다
가 환족(桓族), 한족(韓族)으로 일컬어졌을 것이다. 신시를 건국한 환웅
족이 한족의 뿌리이지만, 조선을 건국한 단군족은 그 족장이 단군(檀
君)으로 일컬어진 것으로 볼 때, 그 민족은 '檀族' 곧 '밝달족', '배달민
족'으로 호명되었을 것이다. 그러므로 배달민족의 명칭도 토템식물인
신단수에서 비롯된 셈이다.

---

12) 임재해, 〈굿 문화사 연구의 성찰과 역사적 인식지평의 확대〉, 《한국무속학》
　　11, 한국무속학회, 2006, 120-131쪽에서 샤머니즘과 굿문화의 차이를 자세하
　　게 정리하였다.

배달민족의 이름은 신단수의 신수상징과 태양상징을 아우르고 있지만, 그 이전의 환웅족은 태양상징의 이름만 지니고 있다. 태양상징은 천신족의 정체성을 나타내는 데에는 적격이나, 당시의 문화체계 속에는 소통하기 어려운 점이 있다. 왜냐하면 곰족이나 범족처럼 구체적이고 역동적으로 인식 가능한 동물토템이 아니라, 태양토템으로서 세상을 환하게 비추는 빛의 정체성과 함께 홍익인간 이념을 표방하는 까닭이다. 따라서 환웅족의 이름은 천신족의 정체성을 나타내는 상당히 추상적인 언어 개념의 호명이어서 상당히 선진적이되, 역사 서술이나 다른 민족과 소통하는 데에는 장애가 된다. 그러므로 환웅족의 민족명은 문화적 의의와 한계가 동시에 포착된다.

하나는 문화적 수준으로서 천신족의 정체성을 구체적인 동식물이 아닌 추상적인 언어로 나타내기 시작했다는 것이다. 태양시조사상에 따라 '환하다'는 해의 빛 상징을 동식물에 가탁하지 않고 언어적 개념으로 나타내어 '환인' 또는 '환웅'으로 일컬었던 것이다. 이러한 세계관을 더 현실적 관념으로 나타낸 것이 환인과 환웅이 표방했던 '홍익인간' 이념이다. 따라서 종족명이나 토템의 성격, 세계관의 수준이 곰족과 범족에 견주어볼 때 상당히 발전된 선진문화를 누렸던 것을 알 수 있다. 그러므로 곰족과 범족은 환웅족의 발전된 선진문화를 동경하여 신단수 아래로 환웅천왕을 찾아왔던 것이다.

둘은 문화적 한계로서, 지나치게 높은 수준의 선진문화가 다른 종족들과 대등하게 교류하고 소통하는 데 장애가 되었다는 것이다. 환웅족이라는 추상적 종족 이름부터 일정한 한계를 지닌다. 왜냐하면 무문자 사회에서는 동물이나 식물에 의존하지 않고 민족 정체성을 나타내서는 서로 소통하기 어려운 까닭이다. 따라서 환웅족에게는 신단수 외에 동시대의 문화수준에 맞는 태양 상징의 천신적 토템동물이 별도로 필요하지 않을 수 없다.

환웅은 태양 상징의 존재로서 천손강림의 천왕이다. 환웅처럼 하늘에서 날아와 신단수 상징의 나무에 앉아 둥지를 틀고 사는 동물이 새

이다. 새 중에서도 환웅처럼 해를 상징하는 새는 까마귀이다. 까마귀는
한국에서 태양조(太陽鳥)로 인식되고 있다. 특히 삼족오는 태양조 자체
이다. '금오산전설'에는 태양조인 까마귀가 지명전설의 핵심 요소로 등
장하며, '연오랑세오녀'에는 까마귀가 인격화되어 등장한다. 금오(金烏)
처럼 빛을 내는 새가 까마귀이며, 해를 나타내는 연오(延烏)도 까마귀
이다. 그러므로 각저희의 신단수도를 보면, 신단수에 둥지를 트고 앉은
새들이 모두 검은 새로서 태양조 까마귀를 나타내고 있다.

각저희의 신단수 그림을 근거로 볼 때, 고구려시대까지 환웅족을
나타내는 토템동물은 태양조 까마귀였던 사실을 추론할 수 있다. 환웅
족의 새토템은 환웅천조상(桓雄天鳥像)에서 더 구체화되어 나타난다.[13]
큰 날개를 펼친 새가 곰과 범을 품고서 쑥과 마늘을 먹으라고 주는 고
구려시대 장신구를 보면, 환웅족의 토템동물은 새로 일반화할 수 있다.

환웅족을 나타내는 토템 새의 전통은 고구려시대에 끝난 것이 아니
라, 현재까지 문화적으로 지속되고 있어서 당시의 역사를 추론하는 생
활사료 구실을 한다. 고구려시대에 각저희의 신단수도가 당시의 역사
를 축제화한 생활사료를 보여준다면, 최근까지 마을 입구의 당나무 곁
에 세워둔 솟대는 생활사료 자체라 할 수 있다. 솟대는 신단수도의 무
성한 나무와 여러 마리 새들을 집약적으로 양식화한 신앙적 구조물이
자 환웅신시의 역사를 서술하는 중요한 생활사료이다.

새는 하늘을 나는 존재로 고대부터 천상적 존재를 상징했다. 따라
서 천손강림의 환웅천왕을 상징하는 토템동물은 새라고[14] 추론할 수
있다. 새 가운데도 태양을 상징하는 태양조는 까마귀이다. 공교롭게도
각저희의 신단수 가지에 앉은 새들은 모두 까마귀처럼 검은 새이다.
까마귀가 삼족오의 원조를 이룬 셈이다. 따라서 환웅족의 후손들은 자

---

13) 환웅천조상에 관해서는 다음 절에서 유물 사진을 제시하며 구체적으로 해석
    을 한다.
14) 愼鏞廈,《한국민족의 기원과 형성 연구》, 서울대학교출판문화원, 2017, 52~
    55쪽 참조.

기 정체성을 나타내기 위해, 각저희의 그림처럼 태양조인 까마귀가 둥지를 트고 있는 신단수를 신성공간이나 축제공간에 설치하였고, 이러한 토템문화를 더 단순하게 양식화하여 새가 앉은 신간(神竿)인 솟대를 세웠던 것이다.

현재 마을 어귀에 당나무와 솟대가(그림 10)[15] 세워져 있는 것은 환웅신시에서 비롯된 토템문화의 두 갈래 전통이다. 솟대를 세우는 것은 천손강림의 태양을 상징하는 환웅족의 정체성을 강조한 것이라면, 신단수를 세우는 것은 상대적으로 단군족의 정체성을 강조한 것이라 할 수 있다. 단군왕검은 지상에서 성모 곰네로부터

〈그림 10〉 현대에 복원된 솟대

태어난 까닭에 환웅처럼 새토템으로 천손강림을 상징화할 수 없다. 신단수 아래에서 태어난 까닭에 이름도 단군을 표방했다. 따라서 민족시조를 단군왕검으로 인식하고 단군의 후손을 자처하는 사람들은 신단수와 같은 당나무를 토템으로 삼기 마련이다.

일반적으로 솟대는 당나무와 공존한다. 당나무에 솟대까지 세운 마을은 환웅천왕을 민족시조로 섬긴 토템문화를 무의식적으로 계승하고 있는 셈이다. 솟대 없이 당나무만 섬기는 마을에서는 단군왕검을 민족

---

15) 신용하,《고조선문명의 사회사》, 지식산업사, 2018 참조.

시조로 섬기고 스스로 단군 자손이라 여기는 토템문화를 집단무의식에 따라 이어오고 있는 것이다. 그러다가 단군왕검의 인격적 정체성을 구체화하기 위하여 천하대장군과 지하여장군을 표방하는 목각장승까지 세우게 된 것이 아닌가 한다. 그러므로 당나무와 솟대, 장승은 현재 동신신앙의 양식으로 전승되고 있지만, 문화적 유전자를 거슬러 올라가 보면, 환웅신시와 단군조선의 역사적 정체성을 표방하는 토템문화의 무의식적 계승이라 할 수 있다.

마을에 따라서 동신신앙의 대상으로 환웅과 단군을 무의식적으로 계승하는 것이 아니라 분명한 자각 속에서 의식적으로 계승하기도 한다. 예사마을처럼 동신의 신체(身體)를 당나무나 누석단, 장승, 벅수, 솟대와 같이 일반적 유형을 대상으로 하지 않고 인물상에다 구체적 신격의 이름을 밝힌 사례가 있다. 전북 부안군 보안면(保安面) 월천리(月川里)에 있는 석장승 한 쌍(그림 11)16)이 있는데, 마을 서북쪽으로 3km 떨어져 있는 거북뫼[龜山] 개천가에 묻혀 있던 것을, 매당 허방환(梅堂 許邦煥) 선생이17) 현몽에 따라 석장승을 찾아서18) 자기집 마당에 옮겨 세우고 마을수호신처럼 섬겼으나 최근에 중단되었다.

환웅상은 길이 172cm이며 앞면 복부 자리에 '환웅(桓雄)', 뒷면에는 '구룡연(九龍淵)'이, 단군상은 길이 182cm이고 앞뒤 같은 위치에 각각 '왕검(王儉)'과 '장백산(長白山)'이라고 새겨져 있다. 처음 발견된 시기는 1930년대 초이며, 1995년 전북도에서 문화재로 지정할 때, 약 300여 년 전에 만들어진 것으로 감정했다고 한다. 1909년에 나철(羅喆)이

---

16) 윤한주, 〈꿈 속의 산신령 – 환웅과 단군 장승로 드러나다〉, 브레인월드, 2015년 6월 25일에서 사진을 인용.
17) 현재 허방환 선생 손자인 허탁씨가 소유자이며, 1995년 6월 20일 전라북도 민속자료 30호로 지정되었다.
18) 김형주, 《부안 속의 역사문화 이야기》, 부안문화재단, 2013. 윤한주, 위의 글을 참조하면. 매당 선생이 달마다 초하루 보름에 개암사(開岩寺) 불공드리려 다녔는데, 꿈에 산신이 나타나서 "내가 거북뫼 도랑에 누웠는데, 네가 늘 내 배를 밟고 다니니 배가 아파 못 살겠다"고 했다. 다음날 그곳에 가보니 도랑에 한쌍의 석상이 놓여 있어서 집으로 옮겨 세웠다고 한다.

〈그림 11〉 월천리 환웅석장승(왼쪽)과 월천리 왕검석장승

단군신앙의 대종교를 수립하기 훨씬 이전에 만들어진 것으로 볼 때,[19] 환웅부자를 신앙하는 전통이 17세기까지 지속된 것을 알 수 있다. 당나무가 신단수의 계승인 것처럼, 환웅과 단군의 석장승도 환웅신시본풀이의 역사를 계승한 것이라 할 수 있다.

이러한 사례를 근거로, 솟대와 장승, 당나무를 한갓 동신신앙의 대상으로 해석하는 고정관념에서 해방되어야 한다. 그래야 생활사료로서 고대사의 해명은 물론, 현재 진행의 문화사를 제대로 포착하게 된다. 당나무가 토템식물이라면, 솟대와 장승은 토템동물이다. 어떤 토템인가에 따라, 민족시조에 대한 인식이 무의식적으로 변별되는 셈이다. 환웅과 단군을 석장승으로 만들어 심긴 것은 민족시소에 대한 구체적 자각에서 비롯된 일이자, 토템문화에서 벗어나 문자문화가 빚어낸 유산이다. 따라서 동신신앙은 상고시대의 역사와 토템문화를 이해하는 긴요

---

19) 윤한주, 위의 글, 같은 곳 참조.

〈그림 12〉 환웅(右)과 왕검(左)의 석장승 전경

한 생활사료라 하지 않을 수 없다. 그러므로 생활사료로서 고대 유물과 현대 동물상징에 대한 논의를 더 진전시켜서 환웅신시의 문화적 정체성을 새롭게 포착할 필요가 있다.

3. 환웅본풀이를 구성하는 세 종족과 토템동물

고대사회의 토템은 원시문화의 산물로 간주되기 쉽다. 토템문화가 제3세계 소수민족 문화로 남아 있는 까닭이다. 토템이 원시문화라는 인식은 한갓 편견일 따름이다. 편견 하나는 통시적인 것이다. 토템을 고대문화에만 있는 것으로 착각하고 고대의 토템 유산만 다룬 까닭에 원시적이라는 것이다. 토템문화의 전통은 제3장에서 다룬 것처럼 현대사회에서도 지속되고 있다. 따라서 토템동물을 원시문화로 폄하하는 것은 잘못이다. 지금도 아주 유용한 문화로 재창조되고 있으며, 미래에

〈그림 13〉 유명 상품의 동물브랜드

도 지속될 문화이다. 그러므로 토템은 미래에도 유용한 현재진행의 문화적 전통으로 포착해야 올바른 역사인식에 이를 할 수 있다.

편견 둘은 공시적인 것이다. 현재 토템은 제3세계 소수민족의 미개 생활에서만 발견되는 것으로 착각하는 것이다. 토템은 소수민족뿐만 아니라 선진문명을 자랑하는 제1세계에도 살아 있으며, 지금 여기 우리 사회에도 만연해 있다. 국가는 물론 행정기관, 시민단체, 각종 동아리 집단 등이 자기 정체성을 동물의 이미지로 나타내고 있다. 이러한 동물 이미지가 현대적 디자인이자 로고 작업인 것 같지만 사실은 상고시대부터 지속되었던 토템문화의 전통이자 문화적 유전자일 따름이다. 그러므로 토템은 특정 민족의 특수한 문화가 아니라 인류사회의 보편적 문화로 인식하는 바탕 위에서 미래문화의 창조력을 발휘할 수 있다.

산업사회의 대기업들도 자기 회사와 상품의 정체성을 효과적으로 전달하기 위해 특정 동물을 브랜드로 이미지화하고 있다. 다만 토템문화의 전통이라는 사실을 자각하지 못하고 디자인 기능으로서 유용성만 인식하고 있다. 의류회사만 하더라도 라코스테(LACOSTE)와 크로커다일(crocodile)은 악어를 이미지로 내세우듯이 퓨마(PUMA)는 퓨마, 아베크롬비(Abercrombie)는 순록, 르꼬꼬(le coq spotif)는 수탉, 아카(ARKA)는 부엉이, 펜필드(penfild)는 곰, 피엘라벤(FJALL RAVEN)은 여우를 이미지로 내세우고 있다. 동물종으로 상품의 정체성을 나타내는 원리는 토템문화에서 비롯된 것이다.

문자로 자기 상품의 정체성을 나타내기보다 동물 이미지가 더 효과적이기 때문에 특정 동물을 상표로 디자인하는 것이 큰 흐름이다. 명품의 동물 브랜드나 동물캐릭터를 선호하는 것은 고대부터 지속된 토템의 문화유전자를 무의식적으로 이어받은 것이다. 마치 솟대나 당나무를 마을입구에 세워두고 섬김으로써 무의식적으로 민족적 정체성을 표방하는 것이나 다르지 않다. 그러므로 토템문화를 인류학자들이 소개하는 소수민족의 토템폴이나 역사학자들이 해석하는 원시인들의 동물신앙으로 간주하는 고정관념에서 벗어나, 현실문화이자 미래문화로 재인식할 필요가 있다.

현대 문명에서 누리는 동물이미지의 소통 효과를 고려하면, 토템을 미개문화나 원시문화로 인식하는 것은 잘못된 편견에 지나지 않는다. 토템을 제대로 이해하지 못한 시기에는 동물신앙 곧 동물숭배의 원시신앙으로 해석했다. 그리고 토템은 원시사회나 미개부족에게만 있는 것으로 착각했다. 왜냐하면 자문화의 동물상징은 수준 높은 문화로 여겨서, 소수민족 토템동물과 전혀 다른 것으로 인식한 까닭이다.

맥루한(Marshall Mcluhan)이 '미디어는 메시지'라고[20] 한 것처럼, 동물 이미지는 미디어로서 메시지를 전달하는 효과가 크다. LACOSTE 나 FJALL RAVEN라고 표기하면 상품의 정체를 알리기 어렵지만, 악어나 여우의 그림을 그려 놓으면 금방 알아차리게 된다. 달리 말하면 토템의 동물이미지는 효과적 의사소통 기능을 지닌 훌륭한 시각미디어라는 것이다.

컴퓨터의 윈도우나 스마트폰의 앱을 문자가 아닌 아이콘으로 시각화한 까닭도 미디어로서 의사소통의 효율성을 높이기 위해서이다. 첨단기업들이 자사 제품 브랜드를 동식물 그림으로 디자인한 것 또한 상품 이미지를 홍보하는 메시지 기능의 탁월성에서 비롯된다. 그러므로 토템을 한갓 원시문화로 이해할 것이 아니라, 현대사회의 미디어문화이자, 미래에도 이어가야 할 시각미디어로서 재인식해야 마땅하다.

---

20) 마셜 맥루언 지음/김성기·이한우 옮김, 《미디어의 이해》, 민음사, 2002, 35쪽.

〈그림 14〉 미국의 휘장 독수리(왼쪽)와 독일 나치의 휘장 독수리

　　그러한 가능성은 상품브랜드 외에도 국제사회의 각국 휘장에서도 잘 포착된다. 미국은 토템동물처럼 '흰머리수리'를 국가의 상징으로 삼고 있다. 사실상 독수리 문양이 미국을 나타내는 토템이자 국가상징이다. 따라서 미국정부를 나타낼 때는 독수리 문양을 국장(國章)으로 사용한다. 흥미로운 것은 독일의 나치도 독수리 문양을 국장으로 사용하였다. 하켄크로이츠를 발로 잡고 있는 독수리를 나치의 상징으로 삼은 것이다. 나치 군인들은 모자와 군복에 독수리 표식을 달고 자랑스러워했지만, 나치즘 피해자인 유대인들은 이 상징을 끔찍하게 여겼다.

　　유럽에서 가장 높은 문화적 수준을 자랑하는 프랑스의 국가적 상징 동물은 수탉(Coq gaulois)이다. 따라서 교회의 첨탑이나 풍향계 위에는 으레 수탉이 자리잡고 있다. 수탉은 율리우스 카이사르가 gallus 지역을 점령하여 정착하면서 'gallus사람들'로 일컬어졌는데, 이 말이 닭을 나타내는 말과 발음이 같은 데서 프랑스인들을 수탉으로 상징하게 되었다고 한다. 프랑스 사람들은 곧 '수탉인'으로 일컬어졌다. 수탉으로 자기 정체성을 나타내는 것이 가장 바람직했던 까닭이다. 그러므로 고조선 본풀이에서 곰족과 범족이 곰과 범으로 호명되는 것은 당연한 일이다.

　　그럼 환웅족의 정체성을 나타내는 토템동물은 무엇일까. 이미 각저희의 '신단수도'에서 포착한 것처럼 새, 특히 까마귀일 가능성이 높다.

왜냐하면 곰과 범이 있는 신단수의 가지에 검은 새들이 앉아 있기 때문이다. 새는 하늘을 나는 날짐승일 뿐 아니라, 전통적으로 해를 상징하는 짐승이 삼족오로서 까마귀이다. 고대 한국인은 산신의 실체를 호랑이로 인식한 것처럼, 바다의 신을 용왕, 하늘의 신을 새, 태양의 신을 삼족오로[21] 실체화했던 셈이다. 그러므로 각저희의 '신단수도'는 신단수 가지에 까마귀를 앉혀서 환웅족의 정체성을 나타낸 토템문화의 구체적 반영이라 할 수 있다.

단군족을 표방하는 사람들은 신단수를 상징하는 당나무를 섬기는 것으로 만족할 수 있다. 신단수에 찾아와 기자치성을 드린 곰네의 몸에서 태어난 까닭에 이름도 단군(檀君)으로 호명된다. 따라서 그들의 정체성은 신단수 곧 당나무로 상징될 수 있다. 그러나 천손족으로서 태양신을 섬기는 환웅족의 후예들, 곧 환웅족을 표방하는 사람들은 당나무로 만족할 수 없다. 환웅천왕은 곧 해를 상징하는 존재인 까닭이다. 따라서 해를 상징하는 태양조를 토템으로 삼았다. 그러므로 고구려 고분벽화에는 해를 상징하는 삼족오를 그렸던 것이다.

그런 까닭에 고구려 벽화에는 '신단수도' 외에 태양조인 삼족오 그림이 집중적으로 나타난다. 왕관으로 사용한 금동관 문양에도 삼족오가 투각되어 있다.[22] 고구려왕은 환웅천왕이나 해모수처럼 곧 태양을 상징하는 존재였던 것이다.[23] 그러므로 고구려 왕들은 환웅천왕의 후예를 자처하면서 환웅의 천조토템을 왕권의 상징으로 양식화하였으며, 태양조를 더 신성하게 형상화하여 삼족오로 발전시켰던 것이다. 그러므로 새토템의 전통과 삼족오로 발전된 과정을 더 자세하게 논의하려 한다.

---

21) 許興植, 〈삼족오(三足烏)의 동북아시아 기원과 사상의 계승〉, 《삼족오》, 학연문화사, 2007, 22쪽, "그슬린 유리를 통해서 보거나, 연기가 엷게 덮인 하늘에 떠 있는 태양을 보면 그 속에 삼족오가 보인다."
22) 평양 력포구역 룡산리 7호 고분에서 출토된 고구려 금동관이다.
23) 임재해, 《신라 금관의 기원을 밝힌다》, 지식산업사, 2008, 610~612쪽 참조.

4. 환웅족의 새토템과 고구려의 신시고국 계승

신시고국의 토템동물이 새
라는 것은 여러 자료에서 확인
된다. 남자가 머리에 깃털을
꽂고 따비질을 하는 '나경문
(裸耕文) 청동기'(그림 15)가
가장 오래된 자료이다. '토템동
물이 새인 경우, 사람들은 머
리 위에 그 새의 깃털을 꽂는
다'는 사실을24) 고려할 때, 벌

〈그림 15〉 농경문청동기

거벗은 채 밭을 갈면서 머리에 긴 깃털을 좌우에 꽂은 것은 새토템을
나타낸다. 왜냐하면 '자신의 정체성과 집단적 동질감을 대외적으로 나
타내는 것이 토템 형상'이기25) 때문이다.

고구려 고분벽화 각저희의 신단수 그림과 솟대 끝에 앉은 새에서도
새토템의 전통을 발견할 수 있다. 특히 각저희의 '신단수도'는 신시본
풀이의 내용이 뒷받침되고 있어서 환웅신시의 역사적 정체성을 나타내
는 토템문화로서 설득력을 지닌다. 나경문 청동기에 그려진 나경과 솟
대도 주목된다. 나경은 농경문화를 반영한 것이고 솟대는 마을 입구에
고정적으로 세워둔 취락문화를 반영한 것이어서 환웅신시의 토템전통
과 고조선문명의 정체성을 분명하게 보여준다.

이러한 토템 유산들보다 더 긴요한 사료가 고구려 초기 금동장식품
인 '환웅천조상(桓雄天鳥像)'이다(그림 16). '환웅천조상'은 중국 요령성
평강(平崗)지구에서 출토된 금동장식품으로서,26) 환웅신시의 건국본풀
이를 토템동물로 고스란히 형상화한 까닭에 유물사료로서 특히 주목된

---

24) 김현주, 《토테미즘의 흔적을 찾아서》, 서강대학교출판부, 2009, 66쪽.
25) 김현주, 위의 책, 67쪽.
26) 徐秉琨·孫守道, 《中國地域文化大系》, 上海遠東出版社, 1998, 129쪽, 그림 149.

〈그림 16〉 요녕성 평강지구 출토 금동장식의 환웅천조상

다. 장식품의 형상이 뚜렷하고 보존 상태도 온전하여 역사적 사실을
증언하는 유물사료로서 거의 완벽하다. 특히 곰과 범이 마주 보고 있
는 형상이 오롯한 까닭에, 곰과 범이 환웅을 찾아와서 사람이 되게 해
달라고 빌었던 신시본풀이의 서사적 내용을 잘 형상화해 주고 있다.

　이 자료를 처음 학계에 알린 박선희는 '고구려 사람들의 정치 이념
이 삼족오 아래 곰과 호랑이가 묘사되어 단군신화의 내용을 표현한
것'으로 해석하여[27] 관심을 끌었다. 그리고 신용하는 이 자료를 근거
로 고조선의 토템이 새라고 하는 사실을 거듭 입증했다.[28] 그러나 여
기에 단군의 역사는 전혀 형상화되지 않았다. 오직 고조선 시대의 역
사 가운데 환웅의 신시건국본풀이만 고스란히 형상화하고 있는 것이
다. 그러므로 '환웅천조상'은 고조선 시대사를, 단군조선이 아닌 환웅신
시 중심으로 해석해야 한다는 문제의식을 구체적으로 제기하고 있다.

　금동장식의 형상을 보면, 고조선의 역사 가운데 가장 인상적이고
누구나 쉽게 이야기할 수 있는 서사적 줄거리를 집약해 놓았는데, 그

27) 박선희, 《고구려 금관의 정치사》, 京仁文化社, 2013, 84쪽.
28) 신용하, 〈고조선문명의 개념과 탄생의 사회학적 고찰〉, 《고조선문명의 사회
　사》 참조.

것은 단군조선이 아니라 환웅신시의 역사이다. 환웅은 하늘에서 강림한 천왕답게 새로 형상화되어 있다. 새 가운데도 날개가 아주 크고 부리가 꼬부라져서 상당히 큰 독수리처럼 보인다. 왜냐하면 날개를 펼친 모습이 곰과 범을 품어 안고도 남음이 있기 때문이다. 그러나 구체적인 새의 종류를 가늠할 수 없지만 환웅족은 새토템족이 분명하며, 천신족의 정체성을 나타내는 새는 천조(天鳥)로서 하늘새 또는 태양조라 할 수 있을 것이다. 그러므로 이 금동장식품을 '환웅천조상(桓雄天鳥像)' 또는 '환웅천조금동상(桓雄天鳥金銅像)'으로 일컬었다.[29]

환웅천조상은 환웅족이 새토템족이라는 사실을 분명하게 입증하는 사료이자, 환웅신시의 건국시조본풀이 곧 《고기》의 환웅신시 역사를 고스란히 서술하고 있는 유물사료이다. 환웅천왕을 찾아와 인간이 되기를 비는 곰과 범의 형상이 뚜렷하게 조형되어 있는 까닭이다. 환웅이 쑥과 마늘을 먹으며 햇빛을 보지 말고 칩거하라고 한 사실에 대하여, 곰과 범이 받아들이는 태도가 천조상 속에 대조적으로 형상화되어 있다.

범은 선 채로 입을 벌리고 있는 데다가, 그 앞에는 먹어야 할 쑥과 마늘이 아직도 쌓여 있다. 환웅의 가르침과 달리, 범은 쑥과 마늘을 먹지 않았을 뿐 아니라, 일어서 있는 것을 볼 때 앉아서 칩거할 생각이 없는 모습이 분명하다. 범은 환웅의 말씀을 따르지 않는 것은 물론, 입을 벌린 채, 쑥과 마늘이 아닌 다른 음식을 요구하는 것처럼 보인다. 그러므로 범의 자세는 부적응의 모습이 뚜렷하다.

그러나 곰의 모습은 범과 아주 대조적이다. 곰은 엉덩이를 깔고 편안하게 앉아서 입을 다문 채 환웅천조를 바라보고 있다. 앉아 있는 자세는 빛을 보시 않고 백일 동인 칩거하리는 말을 잘 실천하고 있는 무습이다. 더군다나 곰 앞에는 먹을 것이 전혀 쌓여 있지 않다. 환웅이 먹으라고 준 쑥 한 타래와 마늘 20쪽 가운데 자기 몫을 다 먹은 것을

───────────────

29) 임재해, 〈민속학의 생활사료 인식과 역사학의 통섭〉, 《韓國民俗學》 61, 한국민속학회, 2015, 7~53쪽 참조.

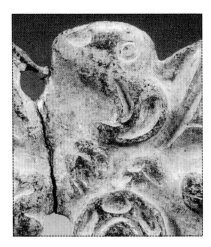

〈그림 17〉 환웅조가 물고 있는 마늘

나타낸다. 입을 다물고 있는 것으로 보아서 먹을 것에 만족하며, 환웅의 지시를 말없이 따르고 있는 형상이다.

더 주목되는 것은 환웅을 상징하는 천조의 시선이다. 환웅천조가 머리를 돌려 곰쪽을 바라보고 있는 시선은 곰의 시선과 만나 절묘한 조화를 이루고 있다. 게다가 환웅은 입에 무엇인가를 물고 곰에게 그것을 주려하고 있다. 쑥을 다 먹은 곰에게 마늘을 주려는 것처럼 보인다(그림 17). 그림으로 봐서 달래가 아니라 마늘에 가깝다는 사실이 다시 확인된다. 마주 보고 있는 환웅과 곰의 시선만 보더라도 상호관계의 친밀성이 잘 드러나 있는 반면에, 범은 환웅의 관심 밖에서 벗어나 있다. 그러므로 환웅은 농경문화에 잘 적응하는 곰족에 대해서 특별한 관심을 기울이는 것이 역력하다.

환웅은 범과 곰을 모두 인간다운 문화를 누리도록 이끌어주고, 자신들이 누리는 농경문화의 식생활과 주생활에 잘 적응하도록 배려하였다. 그렇게 함으로써 그들을 하나의 국가공동체로 모두 끌어안으려 했으나, 범은 곰과 달리 그 뜻을 따르지 않았다. 범족의 오랜 생활양식 탓에 환웅의 지시를 따르려 해도 채식생활과 칩거생활에 적응할 수 없었을 것이다.

환웅은 큰 날개를 한껏 펼쳐서 곰과 범을 함께 끌어안으려는 포용력을 발휘하고 있다. 곰은 그 품안에 쏙 들어와 앉아 있는 것이 마치 안겨 있는 것처럼 편안하게 보이는데, 곰과 달리 범은 뻣뻣하게 서 있는 까닭에 환웅의 품안으로 귀속되지 않은 채 버티고 있는 것처럼 보인다. 따라서 환웅천조상은 곰이 환웅의 요구를 따름으로서 사람이 된 것과 달리, 범은 환웅의 요구를 지키지 않고 일탈하여 사람이 되지 못한 사실을 한정된 공간에 압축하여 나타낸 역사적 조형물이 분명하다. 그러므로 우리는 '환웅천조상'을 역사적 사실을 형상화한 사료로 재인식하고 새로운 역사해석을 진전시키지 않을 수 없다.

하나는 환웅족의 토템동물이 새라는 사실을 분명하게 형상화하고 있는 점이다. 단순한 새가 아니라 곰과 범을 끌어안을 만큼 커다란 날개를 지닌 천조로서, 태양을 상징하는 삼족오일 가능성이 높다는 점이다. 둘은 환웅천조상의 금동장식품은 환웅의 신시본풀이 가운데 가장 서사적인 대목을 고스란히 형상화하고 있다는 점이다. 이야기의 여러 대목 가운데 가장 인상적이고 서사적인 짜임새가 분명한 내용을 조형해 둔 것이다.

셋은 금동장식으로 형상화가 가능했던 것은 환웅족과 곰족, 범족이 일정한 토템문화를 누렸을 뿐 아니라, 역사가 서사적으로 전개되었기 때문이다. 만일 토템문화가 없다면 건국본풀이도 온전하게 구비역사로 서술하기 어려울 뿐 아니라, 시각적 조형물로 형상화하기는 더욱 어려웠을 것이다. 그러므로 문자가 없는 시대에 시각적 기호로 역사를 남기려면 반드시 토템동물이 있어야 한다는 점이다.

우리가 몇 가지 유물과 생활사료로 고조선문명의 뿌리를 추론할 수 있었던 결정적인 단서는 곰과 범의 토템동물이었다. 환웅신시의 역사도 천조상의 새토템으로 더 구체화할 수 있었다. 만일 맥족과 예족을 토템동물인 곰과 범으로 서술하지 않았다면, 환웅신시의 구비역사는 물론, 각저희의 신수도와 금동장식의 환웅천조상 같은 사료들을 남기기 어려웠을 것이다. 그러므로 토템문화는 고대사회의 문화생활을 수준 높게 하는 것일 뿐 아니라, 역사적 사실을 기록하는 데에도 훌륭한 매제라는 사실을 새인식할 필요가 있다.

환웅천조상의 역사적 의미를 더 진전시키면, 고구려인들의 역사의식을 더 구체적으로 포착할 수 있다. 고구려 초기 지도자들이 환웅천왕의 역사를 금동장식으로 형상화한 한 것은 여러 가지 의미를 지닌다. 하나는 역사적 의미와 계승성이다. 고구려는 민족의 역사적 뿌리를, 단군조선이 아닌 환웅의 신시고국에 두고 있다는 것이다. 다시 말하면 고구려는 단군조선이 아니라 신시고국을 민족사의 기원으로 인식했을 뿐 아니라, 고구려인들이 숭배하는 민족시조는 단군왕검이 아니라 환웅천왕이라는 것이다. 왜냐하면 이 금동장식의 형상 어디에도 단군의 역사는 찾아볼 수 없기 때문이다.

따라서 금동장식의 환웅천조상을 '단군신화의 내용을 표현한 것'으로 해석하는 데는 일정한 한계가 있다. 왜냐하면 사실과 다르기 때문이다. 거듭 말하거니와 이 금동상에는 단군이 전혀 등장하지 않는다. 단군 없는 단군신화는 관념적 착각일 뿐이다. '환웅천조상'을 단군신화의 내용으로 간주해 버리면, 고구려 사람들의 역사인식을 왜곡시키는 것은 물론, 민족사의 역사적 깊이를 단축시키는 문제도 야기시킨다. 고구려 사람들은 단군의 왕검조선을 계승하고 환웅의 신시고국은 계승하지 않은 것처럼, 실제 조형물의 내용과 다르게 왜곡될 수 있는 까닭이다.

역사학은 통시적인 학문이자 시대구분의 학문이다. 따라서 특정 사료를 특정 시대와 관련하여 해석하지 않고 대충 얼버무리면 역사학의 본령 가운데 하나인 시대구분을 제대로 할 수 없고 역사적 선후관계조차 불분명하게 된다. 환웅의 역사적 행적을 조형해 놓은 '환웅천조상'을 단군신화로 간주하게 되면, 환웅의 신시고국에서 추구했던 홍익인간 이념이나 재세이화의 통치체제를 마치 단군의 행적으로 간주하는 것과 같은 오류에 빠진다. 왜냐하면 우리 역사에서 환웅천왕의 존재를 묵살하고 신시고국의 역사를 삭제하는 일이기 때문이다. 그러므로 환웅의 신시고국과 단군의 왕검조선을 정확하게 시대구분해야 고조선시대의 역사를 제대로 밝힐 수 있다.

다음 문제는 문학적 의미와 형상성의 한계이다. 《고기》를 인용한 《삼국유사》 '고조선'조의 기록내용은 상당히 방대하다. 문자로 기록하여 남기는 데에는 크게 문제되지 않지만, 이야기나 노래의 형식으로 구비전승하며 공유하는 데에는 장애가 있다. 왜냐하면 이야기로서 서사적 구조를 갖추지 못하면 쉽게 기억하고 들려줄 수 없기 때문이다.

따라서 조선을 건국한 뒤에 도읍지를 몇 차례 옮긴 단군의 행적은 단
편적 사실의 나열이어서 기록전승은 가능하지만 구비전승되기 어렵다.
고조선본풀이 가운데 단군왕검에 관한 내용만 옮겨 보자.

> 당요(唐高) 즉위 50년인 경인에, 평양성에 도읍하고 처음으로 조선을 칭
> 하였다. 또한 도읍을 백악산 아사달로 옮겼는데, 이름을 궁홀산(弓忽山),
> 또는 금미달(今彌達)이라고도 한다. 1500년간 나라를 다스렸다. 주(周) 무
> 왕(虎王) 즉위 기묘년에 기자(箕子)를 조선에 봉하자, 단군은 도읍을 장당
> 경(藏唐京)으로 옮겼다가 뒤에 아사달로 돌아와 숨어 산신이 되었다. 이때
> 나이 1908세였다.[30]

단군에 관한 내용은 기이할 것이 전혀 없는 사실이다. 평양성에 도
읍을 정하고 조선을 건국한 뒤에 도읍지를 아사달과 장당경으로 옮겼
다가 다시 아사달로 돌아와서 일생을 마쳤다는 내용이다. 도읍지의 고
유명사를 여럿 나열하고 그 이칭을 따졌을 뿐 구체적인 행적이 묘연하
다. 기이한 내용이라면 1908세를 살다가 아사달에 들어가 산신이 되었
다는 사실뿐이다. 그러므로 《고기》의 고조선본풀이를 정독한 사람들도
기억의 잔상에 오래 남는 것은 '단군이 조선을 세우고 수도를 몇 차례
옮기다가 죽어서 산신이 되었다'는 정도이다.

이러한 단군의 행적은 문학성을 지니지 못해서 구조적 형상화도 어
려우며, 그림이나 조형물로 형상화하기는 더욱 어렵다. 그런 까닭에 각
저희 그림이나 환웅천조상 어디에도 단군의 존재는 찾아보기 어렵다.
단군왕검은 조선을 건국한 시조이지만, 신시고국의 환웅천왕에 견주어
볼 때, 본풀이로 서술할 만한 탁월한 행적이 거의 없는 까닭이다. 그리
고 상대적으로 단군의 행적은 시시구조로 이야기할 만한 개연성 있는

---

30) 《三國遺事》 卷1, 紀異1, 古朝鮮-王儉朝鮮, "號曰壇君王儉. 以唐高卽位五十年庚寅
　　(唐高卽位元年戊辰, 則五十年丁巳, 非庚寅也, 疑其未實), 都平壤城(今西京), 始稱
　　朝鮮. 又移都於白岳山阿斯達, 又名弓(一作方)忽山, 又今彌達, 御國一千五百年. 周
　　虎王卽位己卯, 封箕子於朝鮮, 壇君乃移於藏唐京, 後還隱於阿斯達爲山神, 壽一千九
　　百八歲."

사건과 무관한 것이기도 하다. 특히 환웅의 행적과 견주어보면, 단군의 행적은 '조선'을 건국했다는 역사적 의미 외에 본풀이의 주인공다운 신이한 행적은 거의 없다. 다만 수명이 특별히 길었으며 죽어서 산신이 되었다는 사실뿐이다.

지금 우리가 《고기》의 기록에서 가치 있게 주목하고 있는 열쇠말은 대부분 단군의 것이 아니라 환웅의 것이다. 현대는 물론 미래까지 중요한 가치로 받아들이고 추구해야 할 '홍익인간' 이념을 비롯하여, 민족사의 실마리를 찾고 민족문화의 뿌리를 밝혀나가야 할 중요 내용인 '천부인(天符印) 3개', '태백산 신단수', '신시', '풍백·우사·운사', '주곡(主穀)과 주명(主命) 등 3백 6십 가지 세상의 일', '재세이화(在世理化)' '곰과 범', '쑥과 마늘', '곰네의 잉태', '단군의 출생' 등은 모두 환웅의 신시고국에서 비롯된 것이다. 그러므로 환웅의 신시고국을 주목하지 않고서는 고조선시대 역사와 문화는 물론 고조선문명을 제대로 밝힐 수 없다.

고구려의 유물자료 어디에서도 단군의 행적은 제대로 남아 있지 않다. 각저희에서는 신성한 제의공간을 그리면서 신단수 아래로 환웅을 찾아온 곰과 범을 그렸을 뿐이다. 단군은 출생과정조차 보이지 않는다. 환웅천조상에서는 단군의 행방은 묘연한 반면에 환웅의 행적은 장엄하고 생생하게 형상화되어 있다. 《고기》의 기록은 물론, 이 기록을 옮겨 놓은 《삼국유사》 '고조선'조에도 한결같이 환웅의 신시고국 본풀이를 중요한 비중으로 다루고 있다. 그러므로 고구려의 지도자들은 물론, 고려의 지식인들도 단군의 왕검조선보다 환웅의 신시고국에 관한 역사와 문화를 민족사의 역사적 기원으로 삼고 문화적 원형으로 이어받으려 한 사실을 알 수 있다.

5. '환웅천조상'의 태양조 토템과 늑대족 정체

환웅족을 상징하는 토템동물이 새라는 사실은 '환웅천조상'으로 더 분명하게 입증되었다. 환웅천왕이 환인천제의 아들로서 천손인 까닭에 환웅족은 천신족이자 태양시조사상을 지닌 종족이다. 환웅은 하늘을 나타내는 까닭에 환웅새는 곧 천조(天鳥)를 나타내는 말이다. 실제로 환웅천왕이라는 말은 우리말 소리값 '환웅'과 한자말 의미의 '천왕'이 결합되어 있는 이두식 표현이다.

환인천제와 단군왕검도 같은 양식으로 구조화되어 있다. '환웅(하늘) + 天王'으로 명명된 논리는 '환인(한님, 하느님) + 天帝', '단군(밝달임금) + 王儉'과 같이 일관된 구조를 이루고 있다. 그러므로 '환인과 환웅, 단군'은 '하느님, 하늘, 밝은땅'을[31] 나타내는 우리말 체계와 한자말 '天帝, 天王, 王儉'의 한자말 체계가 고스란히 일치된다. 그러므로 이러한 민족의 계보를 상징하는 토템동물이 천조 곧 하늘새라 할 수 있다.

문제는 하늘새라고 하고 말 것인가, 아니면 더 구체화해서 '해새' 곧 태양조로 갈 것인가 하는 것이다. 왜냐하면 하늘새라는 천조관념은 문화적 정체성이 상대적으로 낮지만, 해를 나타내는 새로서 태양조는 문화적 정체성을 더 구체적으로 나타내주기 때문이다. 이미 '환웅천조상'을 처음으로 주목한 박선희는 환웅토템을 '삼족오'로 인식하고 "삼족오 아래 곰과 호랑이가 묘사"된 것으로[32] 풀이했다. 만일 이 천조가 삼족오라면 환웅의 정체를 더 뚜렷하게 나타낸 조형물이라 할 수 있

---

31) 檀君은 박달나무 檀자로 박달임금 또는 밝달임금을 뜻한다고 해석된다. 그런데 박달이나 밝달을 학자에 따라서 배달로 또는 밝은 빛으로 해석해서 배달민족의 단서나 밝은 해를 상징하는 말로 이해한다. 나는 그동안 밝달임금을 밝은 해 곧 태양으로 인식했으나, 밝달의 '달'이 고어에서는 땅을 나타낸 말이므로 밝은땅 임금으로 해석하고자 한다. 밝은땅은 곧 아사달, 조선과 같은 뜻으로서 단군의 이름은 아사달 임금, 조선 임금을 뜻하는 말로서 가장 합리적인 해석이 된다고 하겠다.

32) 박선희, 앞의 책, 84쪽.

다. 그러므로 환웅족 토템으로서 천조의 정체를 더 자세하게 검토할 필요가 있다.

삼족오의 핵심적 조건은 두 가지이다. 첫째는 형태적 조건으로서 다리 또는 발이 셋이어야 하고, 둘째는 상징적 조건으로서 해를 상징하는 신성한 이미지를 지녀야 한다. 삼족오의 둘째 조건은 상징성을 띤 이미지이기 때문에 쉽게 판단하기 어렵다. 새가 해 안에 그려져 있으면 그 형상과 상관없이 태양조이자 삼족오로 읽을 수 있지만, '환웅천조상'처럼 새가 다른 공간에 있기 때문에 맥락적으로 해석할 필요가 있다. 그러나 곰과 범이 함께 있는 까닭에 그 역사적 맥락은 분명하게 드러난다. 예사 새가 아니라 환웅족의 토템새라는 사실이 포착된다.

환인과 환웅은 하늘이나 하느님을 뜻한다고 했다. 하느님의 구체적 실체는 해로 상징된다. 그것은 산신령의 구체적 실체가 호랑이인 것과 같다. 따라서 환웅천왕과 단군왕검은 신격으로서 태양신을 상징한다. 신시고국과 왕검조선의 전통을 이은 부여의 해모수, 해모수의 아들 해부루, 햇빛을 받아 태어난 주몽, 붉은 알에서 태어난 박혁거세, 황금알에서 태어난 수로왕 등은 모두 태양신을 상징하는 시조왕이다. 따라서 태양시조왕의 역사적 전통이 환웅천왕에서 수로왕까지 지속된다는 사실을 검토한 선행연구가[33] 이루어졌다. 그러므로 환웅천왕의 토템새는 예사 새가 아니라 해를 상징하는 태양조인 까닭에 해석학적으로 환웅새는 삼족오라 할 수 있다.

이처럼 둘째 조건은 논리적 해석으로 삼족오라는 추론이 가능하다. 그러나 첫째 조건은 새의 형태적 요소이기 때문에 해석의 개입 여지가 적다. 다리나 발의 숫자가 삼족오를 결정하기 때문에 쉽게 분별이 된다. 그런데 '환웅천조금동상'은 예사 삼족오와 달리 발이 둘인지 셋인

---

33) 임재해, 〈신시고국 환웅족 문화의 '해'상징과 천신신앙의 지속성〉, 《단군학연구》 23, 단군학회, 2010, 343~393쪽.
임재해, 〈환웅시대 태양시조사상의 홍익인간과 재세이화 전통〉, 《고조선단군학》 29, 고조선단군학회, 2013, 489~542쪽.

지 분명하게 드러나 있지 않다. 왜냐 하면 그림이 아니라 부조 형태의 조 각품인 데다가 삼족오가 기존의 측면 그림과 달리 정면을 향해 조형되어 있는 까닭이다.

새의 모습은 측면으로 그리면 아주 쉽다. 그러나 천조상에서는 측면 으로 그려서는 의도를 살리지 못하는 까닭에 어려움을 무릅쓰고 정면을 그 려서 조형한 셈이다. 그런 까닭에 환 웅새는 날개를 좌우로 활짝 펼쳐서

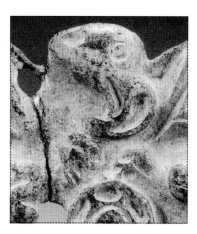

〈그림 18〉 환웅천조상 삼족 부분

곰족과 범족을 품어 안으려는 환웅의 홍익인간 이념 의도를 잘 살려 놓았다. 환웅새의 머리도 생생하게 잘 묘사되어 있다. 일반적으로 새의 머리는 아주 작은 편인데, 머리의 크기가 곰과 범 못지않게 클 뿐 아 니라, 머리의 방향을 곰쪽으로 돌려서 환웅본풀이의 서사적 내용을 잘 형상화하고 있다. 이처럼 환웅새의 머리와 날개가 잘 조형되어 있는 반면에, 상대적으로 발은 소박하게 표현되어 있다. 아예 다리는 보이지 않고 발만 드러나 있어서 삼족오라고 딱 부러지게 주장하기 어렵다.

그러나 형태 자체만 보면 무심하게 보아 넘길 수 있지만, 환웅새이 자 천조라는 사실을 염두에 두고 태양시조사상을 고려하면 발이 셋으 로 보인다(그림 18). 다시 말하면 삼족오의 둘째 조건을 근거로 첫째 조건을 상호관계 속에서 해석해야 한다는 것이다. 삼족오의 일반적 형 상도 고려하면 발뿐만 아니라 날개의 깃도 셋으로 형상화된 경우가 있 다. 3이라는 숫자가 양수인 까닭에 발과 함께 날개나 깃으로 양의 실 체인 해를 상징하기 위한 것이다.

환웅천조상에서 환웅새의 날개를 보면 모두 세 개의 깃으로 뚜렷하 게 형상화되어 있다. 게다가 날개의 길이나 폭이 아주 크고 넓다. 곰과 범은 물론, 늑대까지 모두 품을 만큼 넉넉하다. 삼족오의 특징 가운데

다른 하나가 바로 날개이다. "세 발 달린 까마귀가 뜰 안으로 날아들어 왔는데, 그 날개의 넓이가 석자이다"라고 하여[34] 삼족오의 큰 날개를 설명하고 있다. 특히 날개의 폭을 3척이라고 하는 숫자 3이 중요하다. 그냥 넓은 것보다 3척이라고 하는 것이 삼족오를 상징하는 긴요한 요소이기 때문이다.

천조상의 태양조 날개가 세 개의 큰 깃을 이루는 것을 보고나서 발을 보면, 발도 셋으로 보인다. 왜냐하면 오른쪽 발에 견주어 왼쪽 발의 모양은 두 개의 뭉치, 곧 오른쪽 발의 갑절로 조형되어 있다. 오른쪽 발과 달리 왼쪽 발은 둘이기 때문이다. 왼쪽의 갈라진 발가락을 거슬러 올라가면 두 개의 다리가 보이기 시작한다. 정면으로 그린 탓에 왼쪽에 발 둘을 함께 그리고 오른 쪽에 발 하나를 별도로 그려서 삼족오를 조형한 것이다. 그러므로 환웅천조는 곧 태양신을 상징하는 삼족오로 추론된다.

군이 삼족오가 아니라도 각저희의 신단수도에 새들이 그려져 있는 것처럼, 새는 하늘을 날아오르는 까닭에 해를 상징한다. 새의 어원을 따지고 보면 그 가능성을 더 확인할 수 있다. '새'는 해 뜨는 쪽을 일컫는 우리말이다. 우리말 '새·하늬·마·높'은 동서남북을 뜻한다. 동풍을 샛바람, 서풍을 하늬바람이라 한다. 따라서 새는 동쪽 곧 해 뜨는 방위를 나타내는 말이자, 아사달과 조선(朝鮮)의 국호처럼 아침땅 또는 양지를 일컫는 말이다. 신라 초기의 국호 계림(雞林)도 같은 뜻을 지녔다. 닭이 울고 김알지가 출현한 것이다. 그러므로 새는 해를 상징하는 토템동물 구실을 해왔다.

더 해석이 필요한 것은 삼족오의 부리 부분과 곰의 뒤에 엎드려 있는 늑대 형상이다. 삼족오의 부리 끝에는, 길게 굽은 줄기 끝에 열매 같은 것이 달려 있는 물체가 보인다. 환웅본풀이를 떠올리면 환웅천왕이, 인간이 되고자 찾아온 곰과 범에게 마늘을 먹이려는 것을 형상화

---

34) 손환일, 〈삼족오 문양의 시대별 변천〉, 《삼족오》, 학연문화사, 2007, 77쪽. 《神壇實記》 및 《桓檀古記》의 "三足烏 飛入苑中 其翼廣三尺" 참조.

한 모습으로 보인다. "영험한 쑥 한 타래와 마늘(蒜) 스무 줄기를 주며, '너희가 이것을 먹고 백일 동안 빛을 보지 않으면, 곧 사람의 모습을 얻으리라'"고35) 한 내용이 있다. 천조상에는 이 내용처럼 곰과 범에게 먹을 쑥 한 타래를 먼저 주고 이어서 마늘을 주는 선후관계가 잘 조형되어 있다.

따라서 이 천조상을 더 세밀하게 보면, 《고기》에 기록되지 않은 사실도 포착된다. 곰 뒤에 엎드린 채 머리만 보이고 있는 늑대 형상이 그 보기이다. 토템동물로 역사적 사실을 기술한 《고기》 내용에는 늑대가 등장하지 않는다. 따라서 늑대를 환웅신시의 역사로 해석하기 어렵다.

그러나 조형물로 형상화된 '환웅천조상'의 논리를 고려하면, 늑대도 늑대토템 종족으로 읽지 않을 수 없다. 다시 말하면, 《삼국유사》 고조선조의 《고기》에는 환웅족과 곰족, 범족만 등장하지만, 이 천조상에는 셋 외에 늑대족도 등장한다. 따라서 고조선조 《고기》의 서사적 기록에는 늑대족이 등장하지 않아도, 실제 역사에서는 신시국 시기에 늑대족도 이웃해 있었을 뿐 아니라, 환웅족의 신시문화를 동경해서 곰족과 범족 말미에 끼어 있었다고 할 수 있다.

환웅족의 신시고국 시기에 곰족과 범족은 물론, 늑대족도 환웅족의 선진 농경문화를 동경했던 셈이다. 다만, 늑대족은 곰족과 범족에 밀려 환웅족에게 적극적으로 다가가지 못해서 상대적으로 존재감이 뚜렷하지 않았던 것이다. 그럼에도 천조상의 형상을 보면, 늑대족은 환웅족의 영향권 아래 있었을 뿐 아니라, 오히려 범족보다 환웅족과 더 친연관계를 이루었을 가능성이 있다. 왜냐하면 곰족 뒤에 완전히 바짝 엎드리고 있는 까닭이다. 그러므로 늑대족의 건국본풀이를 주목해 보면 환웅족과 늑대족의 관계를 더 구체적으로 이해할 수 있다.

고대에 우리 민족과 친연성을 지니면서 늑대토템을 지닌 민족으로는 돌궐(Türk)족의 역사가 있다. 고대 한민족의 한 갈래였던 돌궐족은

---

35) 《三國遺事》 卷1, 紀異1, 古朝鮮-王儉朝鮮, "神遺靈艾一炷蒜二十枚曰 爾輩食之 不見日光百日 便得人形"

고대 터키인들의 조상이었다. 터키의 건국시조본풀이와 늑대토템, 언어학적 자료, 지명 등이 그러한 사실을 뒷받침하고 있다. 돌궐족의 시조본풀이부터 주목해 보자.

> 돌궐은 흉노의 별종으로 성은 아사나(阿史那)이다. 적들이 침략하여 종족들을 모두 죽이고 10살짜리 사내아이만 살려두었다. 암늑대가 고기를 물어다 양육하고 나중에 교합하여 아기를 배었다. 다시 적들이 죽이려 하자 고창국 북쪽 평탄한 초원에 숨어서 10명의 아들을 출산했는데, 아사나족도 그 가운데 하나이다. 금산(金山)의 남쪽에 살았는데, 산의 형상이 투구와 닮아서 투구 곧 돌궐이라고 했다.36)

돌궐족의 시조본풀이인데, 최근에 신용하 교수는 이러한 자료들을 근거로 고조선과 터키의 연관성을 밝혔다. 돌궐족 시조본풀이의 주인공은 아사나족과 늑대족이다. 고조선 시기의 원돌궐은 단군조선의 후국으로서 통치자 두만(頭曼)이 '아사나(阿史那)'씨로서 고조선에서 파견한 지방관이었다는 것이다. 《수서》는 돌궐의 선조가 평량(平凉)에37) 살았으며 성을 '아사나'라고 밝혀두었다.38) 평량을 일컫는 지명의 발음과 뜻이 왕검조선의 도읍지인 평양(平壤)과 일치하고 혈연을 나타내는 '아사나'는 '아사달'과 상당히 일치한다.

지금까지 아사나족만 고조선과 친연성을 지닌 것으로 주목했는데, '환웅천조상'에 등장하는 늑대 곧 늑대토템족을 고려하면, 돌궐족 신화에 등장하는 늑대족도 신시고국과 밀접한 관련성을 지닌다. 곰과 범처럼 주요 등장인물은 아니지만, 낮은 자세로 환웅족을 찾아온 것을 보면, 환웅의 신시고국 문화를 동경한 것은 물론, 아예 동화될 준비가 되

---

36) 《周書》, 〈突厥傳〉. 박원길, 《유라시아 초원제국의 샤마니즘》, 민속원, 162~164쪽 참조.
37) 지금의 중국 감숙성에 평량시(平凉市)가 있으며 원돌궐족이 이 지역 부근에서 살았던 것으로 비정된다.
38) 《隨書》 卷84, 列傳 北狄, 突厥傳. 愼鏞廈, 《古朝鮮 國家形成의 社會史》, 294쪽에서 재인용.

었던 셈이다. 환웅천조상에 표현
된 늑대족의 변방성과 낮은 자세
를(그림 19) 고려하여 역사적 관
계를 상대적으로 해석하면, 신시
고국의 농경문화에 범족은 적응하
지 못하고 일탈했지만, 곰족은 순
조롭게 동화해서 신시고국과 연맹
체가 되었고, 변방의 늑대족은 신
시고국에 자진 복속하여 동화된
것이 아닌가 한다. 그러므로 아사
나와 늑대족 사이에서 태어난 돌
궐족 시조는 환웅족의 신시고국과

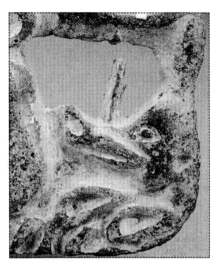

〈그림 19〉 천조상의 늑대 부분

상당한 연관성을 지니고 있다. 다만 곰족과 범족에 견주어 상대적으로
차지하는 비중이 낮아서 서사적 기록에서 배제되었을 뿐이다.

　그러한 근거는 돌궐족 시조본풀이뿐만 아니라 신화적 현장의 지명
과 지리적 위치에서도 구체적으로 나타난다. 돌궐족 건국시조본풀이에
등장하는 성지 위투캔(Ütukan)산의 이름은 한국어 발음으로 '우뚝한'
산이자, 돌궐(突厥)의 돌(突)과 같은 뜻이다.39) 이 산은 투구 모양으로
평지에서 돌출한 것처럼 우뚝 솟아 있으므로 우리말에 따라 '우뚝한
산'으로 호명되는 것은 자연스럽다. 실제로 터키어 Ütukan에서 우물라
우트를 삭제하면 위투캔이 '우투칸'(우뚝한)으로 발음된다.

　돌궐족 신화의 위투캔산은 몽골인들이 현재 '오토콘탱그리' 산이라
일컬으며, 그 지역 사람들은 '박다'(박달)산이라고 일컫는다.40) 이 산
은 현재 몽골 올리야스테시 주변에 있는데, 한자로 '어두근산(於都斤
山)'이라 표기되며, 몽골어 발음으로 '오트공 텐게리(Отгон тэнгэр)'
산,41) 곧 '오똑한 산'으로 일컬어진다. 위트캔산이나 於都斤山은 우리말

---

39) 愼鏞廈, 위의 책, 같은 곳.
40) 愼鏞廈, 위와 같은 곳, 각주 113 참조.

발음 '우뚝한 산'을 나타내는데, 몽골어로도 역시 그 소리값은 '오똑한 산'으로 일컬어진다. 오트공 '텐게리'의 텐거리는 텡그리 곧 하늘을 뜻하는 말로서 천산(天山)의 신성한 의미를 지니고 있다.

'우뚝한 산'의 지리적 위치도 고조선의 영역 안에 있는 산이다. 게다가 우뚝한 산의 다른 이름인 박달산이라는 명칭은 신단수(神檀樹)나 단군(檀君)처럼 '박달' 곧 '밝다'의 뜻을 지닌 배달민족 문화권의 산이다. 따라서 '돌궐족은 신시국의 늑대족과 왕검조선의 아사나족 피를 이은 민족'이라고[42] 할 수 있다.

늑대토템족인 돌궐의 무대는 몽골이었다. 따라서 터키족의 조상은 몽골의 여러 종족 가운데 하나였을 가능성이 있다. 왜냐하면 돌궐족이 원래 몽골에서 비롯된 몽골인들의 한 종족이었을 뿐 아니라, 몽골의 시조신화에도 돌궐족과 같은 늑대신화가 있기 때문이다. 그러므로 몽골의 시조신화도 주목할 필요가 있다.

몽골은 13세기에 칭기스한의 통일로 비로소 건국시조본풀이가 형성되었다. 《몽골비사》에 따르면, 그들의 민족신화는 '버르테-치노(Börte-Chino)' 신화와 '알랑-고아(Alan-Go'a)신화' 두 유형이 있다. 흥미롭게도 '버르테-치노'는 푸른 이리라는 뜻으로 그 내용이 터키의 시조신화인 돌궐족의 늑대신화와 만난다. 돌궐 민족의 모계 시조에 관한 신화로 해석된다. 몽골족이 서진하여 몽골고원으로 진출할 때 선주민인 돌궐족신화를 받아들인 것으로 추론된다.[43] 그러므로 《원사》(元史)에서는 이 신화를 배제하고 '알랑-고아' 신화만 서술하고 있다.

《몽골비사》에는 알랑-고아 신화의 전 단계인 코릴라르타이-메르겐(Khorilartai -Mergen) 신화가 수록되어 있는데, 코릴라르타이-메르겐은 알랑-고아의 아버지이자 '코리(Khori)' 부족의 활 잘 쏘는 사람이란 뜻이다. 따라서 고려(Khori)의 주몽(Jöbe-Mergen)과 같은 성격의

인물이라는[44] 점에서 비교할 만한 가치가 있다.

이러한 동질성에 따라, 박원길은 이 설화가 고구려 건국시조인 주몽설화와 구조나 지명, 인명 등과 매우 닮았다고[45] 할 뿐 아니라, 몽골과 고려(Khori, 貊族)가 같은 뿌리를 지닌 민족으로 해석한다.[46] 그러므로 주몽신화가 고려족의 남방이동 역사를 담고 있다면, 코릴라르타이-메르겐 신화는 코리족의 서방이동 역사를 서술한 것이라고 할 수 있다.[47]

몽골인들이 민족시조본풀이로 인식하고 있는 '알랑-고아'신화는 인도 무굴제국을 비롯하여 몽골족들이 진출한 모든 지역에서 전승된다. 이 신화는 지역과 시대를 초월해서 정형화된 줄거리를 이루고 있다.[48] 알랑-고아는 밤마다 금빛 색을 띤 사람이 천창을 통해 빛처럼 들어와 그녀의 배를 비비자 그 빛이 뱃속으로 스며들어 아이를 잉태하게 되었는데,[49] 그 아이가 바로 몽골인들의 시조가 되었다는 이야기이다. 이 줄거리는 유화부인이 창문으로 들어온 햇빛을 받아 주몽을 잉태한 화소와 일치한다.

몽골국립대학 교수 에스 돌람은 이 두 신화를 비교연구한 결과, '몽골사람들이 확신하는 것은 알란고아가 남편이 죽은 뒤에 빛으로 임신하여 세 아들을 낳았다'는 것이다. 이 신화가 주몽신화와 서사구조가 같은 것을 볼 때, 한국과 몽골이 같은 신화 요소들을 공유한 것으로 보고, 원래 몽골에서 남하한 사람들이 한반도에 이르러 고구려를 세웠다고 해석한다.[50] 그러나 앞에서 터키의 조상인 돌궐족 시조신화에서

44) 박원길, 위의 책, 252쪽.
45) 박원길, 〈할흐골솜의 구전설화와 주몽건국설화의 비교〉,《한몽공동학술연구》 1, 1992 및 박원길,《몽골이 문화와 지언지리》, 두솔기획, 1999, 315~31쪽에 이 내용을 자세하게 다루었다.
46) 박원길,《유라시아 초원제국의 샤마니즘》, 261~263쪽.
47) 박원길, 위의 책, 267쪽.
48) 박원길, 같은 책, 265쪽.
49) 박원길, 같은 책, 263~264쪽.
50) 에스 돌람 지음/이선아 번역, 《《주몽(朱蒙)신화》와 〈알란고아신화〉 비교〉,

드러난 것처럼, 돌궐족 시조는 고조선 후국으로서 몽골계에서 분화된
것이다. 그런데 알랑-고아 신화의 부계인 코릴라르타이-메르겐 신화
는 돌궐족 신화와 같은 유형일 뿐 아니라, 코리족에서 비롯된 것이라
는 설이 더 설득력이 있다.

왜냐하면 알랑-고아의 부계 '허리더이'는 코리(khori)족이며, 허리
더이는 허리(khori) 부리야트 11개 씨족의 원류라고[51] 하기 때문이다.
여기서 문제되는 것은 코리족과 허리족이며, 허리족의 원류는 부리야
트(Buryat)족이다. 부리야트의 부리(Buri)는 늑대이며 아트(at)는 사람
들을 일컫는다. 따라서 부리야트는 늑대인간들이라는 뜻으로서 늑대족
이라는 말이다. 그러므로 알랑-고아의 부계 '허리더이'는 코리족이든
허리족이든 늑대토템족이라 할 수 있다.

몽골어에서는 코리(khori)처럼 h 앞에 있는 k는 묵음으로서 발음되
지 않는다. 따라서 묵음을 고려하면 코리족과 허리족은 사실상 표기만
다를 뿐 같은 종족명이다. 흔히 징기스칸(Genghis Khan)이라고 하는
이름도 몽골인들의 현지 발음과 맞지 않다.[52] 왜냐하면 현지발음으로
익히지 않고 철자로 익혀서 묵음현상을 알지 못하는 까닭이다. 칸
(Khan)의 철자를 보면 h앞에 k가 있기 때문에 k가 묵음이 되어 현지
발음으로는 '한' 또는 '항'으로 발음된다. 몽골인들은 '징기스한'으로 일
컫는 까닭에 징기스칸이라고 하면 쉽게 알아듣지 못한다.

알랑-고아의 부계로 알려진 코리족도 사실은 허리족으로서 늑대토
템족이다. 따라서 돌궐, 몽골, 코리(허리)는 모두 같은 지역 같은 조상

《비교민속학》 40, 比較民俗學會, 2009, 33~45쪽.
51) 에스 돌람 지음/이선아 번역, 위의 글, 36~37쪽.
52) 몽골인들은 칭기스칸의 칸(khan)고 '한'으로 발음하여 '칭기스한' 또는 '칭
기스항'으로 발음한다. 돌궐이나 몽골의 지도자들은 '카간(khagan, 可汗)' 또
는 '칸'으로 표기되어 있는데, 몽골인들은 '하안' 또는 '한'으로 발음한다. 한
국의 한과 같다. 한국은 몽골인들에게 칸의 나라가 아니라 한의 나라였으며
신성한 지도자의 나라였을 가능성이 있다. 환웅천조상에서 보이는 것처럼,
환웅족이 늑대족을 곰족과 함께 품으면서 이끌어 주었기 때문이다. 환웅족은
곧 한족이며 한국 민족의 시조가 되는 종족이다.

에서 비롯된 종족으로서 고조선의 후국에 속해 있었다고 할 수 있다. '환웅천조상'이 그러한 사실을 토템형상의 조형물로 뒷받침하고 있다. 범 뒤에 늑대가 바짝 엎드려 있는데, 늑대토템족 곧 돌궐과 몽골, 코리족을 아우르는 셈이다. 금동장식품에 이러한 역사를 형상화한 고구려인들은 《삼국유사》 고조선 조에 기록된 신시고국의 역사적 사실보다 더 풍부한 역사지식을 전승하고 있었던 것을 알 수 있다. 그러므로 고구려인들은 환웅신시를 민족사의 출발점으로 인식했을 뿐 아니라, 늑대족도 곰족과 범족처럼 환웅신시를 동경하고 문화적으로 동화되려 한 사실을 포착하게 된다.

6. 신시고국의 삼족오와 신단수의 문화적 전통

고구려시대까지 고대사 인식은 단군조선보다 환웅의 신시고국 역사를 더 중요한 역사적 뿌리로 여기고 그 역사를 널리 기린 것으로 추론된다. 따라서 고조선본풀이 가운데 단군의 역사보다 오히려 환웅의 역사를 고분에 벽화로 그리거나 금동장식의 조형물로 형상화하였다. 고구려의 어떤 자료에도 단군의 왕검조선은 재현되지 않았다. 홍익인간 이념과 재세이화의 통치 논리가 왕검조선 이전시기인 신시고국에서 비롯된 것처럼, 태양시조사상에 따른 삼족오와 신단수의 토템문화도 왕검조선 이전의 환웅신시에서부터 비롯된 것으로 추론된다. 그러므로 삼족오와 신단수의 전통을 더 구체적으로 주목할 필요가 있다.

삼족오는 동아시아 고대문화의 한 유형으로서 태양을 상징하는 새이다. 삼족오에 대한 내용이 가장 많이 수록된 사서가 《위서》이다. 《위서》는 선비족이 세운 북위(北魏)에 관한 정사이다.[53] 《삼국유사》 고조

---

53) 許興植, 〈삼족오(三足烏)의 동북아시아 기원과 사상의 계승〉, 《삼족오》, 학연

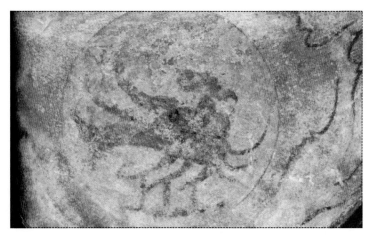

〈그림 20〉 쌍영총 널방의 삼족오

선조에 《위서》의 자료를 인용해 둔 것처럼, 선비족의 북위는 고조선의 역사를 자기들의 정사에 구체적으로 서술할 만큼 고조선과 상당히 긴밀한 관계에 있었던 민족이자 국가였다. 그러한 사실은 신시고국의 삼족오 토템에서 잘 포착된다.

삼족오 문양은 고조선의 후예들이 살던 지역의 요녕과 산동 지역을 중심으로 한반도와 일본에서 많이 보인다. 동이족이 많이 살았던 지역의 한대 화상석에서도 현저하게 많이 나타난다. 중국학자도 삼족오는 동이족 문화로 인정한다. 쑨쯔오윈(孫作雲)은 삼족오의 연원에 대하여, "새를 토템으로 하는 사람들과, 태양을 토템으로 숭배하는 사람들의 사상으로 동이족이 새와 해를 토템으로 하였다"[54] 할 뿐 아니라, '동이족이 새와 태양을 토템으로 한 문화에서 삼족오가 비롯되었다'는 것이다. 동이족 가운데에도 환웅족의 신시고국 시조본풀이가 그 연원을 이루고 있는 셈이다.

태양은 하늘에서 눈부시도록 환하며 세상을 밝히는 빛이자, 뜨거운 불의 상징이다. 따라서 하늘의 천제로서 해 자체를 상징하는 환인과,

---

문화사, 2007, 21쪽.
54) 孫作雲, 《中國學報》 1. 손환일, 〈삼족오 문양의 시대별 변천〉, 《삼족오》, 78쪽.

그 아들로서 하늘에서 내려온 환웅은 '환한 존재'인 태양토템으로 일컫는 이름이며, 지상세계의 단군은 밝달 임금으로서 해의 밝은 빛을 상징하는 태양토템의 이름이다. 곰토템족을 곰이라 하고 범토템족을 범이라 하는 것과 같은 이치로, 태양토템족을 환인과 환웅으로 호명하며 하늘에서 비추는 햇살을 상징한다. 단군이라는 호명 또한 하늘에서 지상으로 내려온 햇빛을 상징하는 이름이다.

해의 구체적 기능은 세상을 환하고 밝게 할 뿐 아니라 생명력을 주는 존재이다. 따라서 환웅은 태양시조왕으로서 천왕을 자처하고 신시고국은 삼족오를 토템으로 삼는 한편, 태양신을 섬겨 천제(天祭)를 지내며 삼라만상을 널리 이롭게 하는 홍익인간 이념을 실천했던 것이다. 후대에는 고구려 고분벽화와 신라의 기와, 가야의 토기, 백제의 부장품, 고려의 기와, 불화, 불구 등에도 삼족오가 나타났다. 조선시대에는 묘비와 불구(佛具), 민화 등에 삼족오가 다양하게 보인다.55) 그러므로 삼족오의 연원은 환웅의 신시문화에서부터 찾을 수 있다.

문헌에서 삼족오 관련 내용이 가장 많이 나타나는 곳은 선비족(鮮卑族)의 북위(北魏)이다. 북위는 삼족오뿐 아니라, 태양을 숭배하며 곰과 범 토템도 드센56) 까닭에, 환웅의 신시고국 토템과 일치한다. 특히 자국의 정사인 《위서》에 삼족오 관련 기록이 많은 것은 선비족의 조상이 환웅족처럼 천신족이라는 자부심의 생생한 증거이다.57) 달리 말하면 선비족의 북위는, 주몽의 고구려와 함께 신시국 문화를 계승하며 서로 경쟁했던 관계에 있었던 것이다. 따라서 고구려에도 고분벽화에 삼족오가 빈번하게 등장할 뿐 아니라 금동장식품에 환웅의 신시국 역사가 고스란히 형상화되어 있다. 그러므로 환웅천조상의 삼족오는 고구려 초기의 형상이며 그 이후 계속해서 삼족오의 형상이 세련되게 양식화되었다고 할 수 있다.

---

55) 손환일, 위의 글, 67쪽.
56) 許興植, 위의 글, 22쪽.
57) 許興植, 위와 같은 곳.

〈그림 21〉 금동관의 삼족오

삼족오의 기원을 연구한 허흥식은 삼족오를 고구려의 지고신이라 하였으며, 고구려 고분벽화와 고분에서 출토된 청동 공예품에는 삼족오의 사례가 아주 많다고 했다. 고구려는 태양신 숭배의 종주국으로 일컬어질 만큼 고분벽화에 삼족오가 풍부하게 나타나는 국가였다는 것이다.58) 왕이 썼던 것으로 추론되는 금동관에도 삼족오 문양이 투각되어 있다. 삼족오는 고구려 왕족의 상징새였던 까닭에 왕의 권위를 태양조인 삼족오로 상징화했던 것이다. 그러므로 고구려는 환웅족 신시국의 태양시조사상을 고스란히 계승한 셈이다.

신라에서도 연오랑세오녀(延烏郞細烏女) 설화에서59) 보이는 것처럼, 태양신으로서 삼족오를 숭배한 전통이 있었다. 고려에서는 비두와 청자, 가사 등의 유적과 유물에서 삼족오가 뚜렷하게 이어졌다.60) 그러므로 공시적으로는 삼족오와 곰, 범 토템을 공유하는 선비족 또한 신시국의 문화적 후예이며, 통시적으로는 신시국의 삼족오 전통이 고구려와 고려를 거쳐 조선조까지 이어진 것이라 할 수 있다.

환웅천조상에 등장하는 곰족과 범족, 늑대족은 토템동물의 성격으로 보았을 때 유목민족이라 할 수 있다. 따라서 이 유목민들은, 농경생활을 하며 정착문화를 누린 환웅족을 동경했던 것이다. 환웅족의 토템은 태양조인 삼족오여서 천신족의 정체성을 나타낼 뿐 아니라, 신단수와 같은 토템식물로 정착민의 정체성도 함께 나타낸다. 환웅족은 천신족의 정체성과 농경민의 정체성을 유목민과 변별적으로 나타내기 위해 두 가지 토템이 필요했던 것이다. 그러므로 토템동물 삼족오와 토템식

58) 許興植, 같은 글, 25쪽.
59) 《三國遺事》 卷1, 紀異1, 烏郞細烏女.
60) 許興植, 같은 글, 33쪽.

물 신단수가 더불어 하나의 토템으로 합일된 것이 솟대라 하겠다.

신시국의 역사를 토템 형식으로 형상화한 것이 각저희의 배경이 된 '신단수도'이다. 이 그림에는 신단수와 새가 함께 그려져 있다. 이러한 토템이 한층 양식화된 것이 한(韓)의 솟대와, 신라 금관의 형상이다. 천군이 제사장인 소도(蘇塗)의 별읍에는 솟대를 세워두었는데,[61] 그 솟대 끝에는 나무로 만든 새를 올려두었다. 솟대 끝의 "새는 영매조(靈媒鳥)로서 단군(天神)과 인간 사이의 뜻을 전달하는 것"으로 해석된다.[62] 그러므로 이러한 전통의 문화적 뿌리는 환웅천왕의 신시에서부터 비롯된 것이다.

> '소도(蘇塗)'는 나무를 세운 '솟대'의 한자 번역으로 추정된다. '천군'이라는 호칭의 '신관'은 이 솟대 위에 나무로 만든 '새'를 앉혀 붙이고, 조상신이며 하느님인 '단군'(단굴)에게 제사를 드리고 자손들의 가호와 안녕을 기원하며 조상신·하느님과 영적으로 소통하였다.[63]

토템나무 솟대 끝에 새가 앉아 있는 것이 토템새이다. 각저희의 신단수 가지에 새가 앉아 있는 것과 같은 구조이다. 고구려 왕족들은 토템새를 삼족오로 양식화하고 문양화하여 지배집단의 신성한 권위를 강화하는 로고로 삼았지만, 세간에서는 하늘과 땅을 이어주는 매신저로서 하늘을 나는 일반적인 새를 솟대 끝에 앉혀 놓았다. 그러므로 신시고국의 토템식물은 신단수이고 토템동물은 새라 할 수 있다.

토템동식물은 민족의 이름이나 국호로 일컬어지기도 한다. 환웅신시의 전통을 이어받으면서 국호까지 토템동식물로 일컬었던 나라가 신라였다. 신라의 국호는 초기에 계림이었으며,[64] 22대 지증왕 4년 10월에 계림에서 신라로 국호를 바꾸었다. 그러니 국제직으로는 신라 후대

---

61) 《三國志》卷 30, 魏書, 東夷傳, 韓條 참조.
62) 愼鏞廈, 《古朝鮮 國家形成의 社會史》, 263쪽.
63) 신용하, 제7장 〈고조선문명의 사회신분〉, 《고조선문명의 사회사》, 316쪽.
64) 《三國遺事》卷1, 紀異1, 新羅始祖 赫居世王.

까지 계림으로 일컬어졌다. 박제상은 굴복을 강요하는 왜왕의 요구에 맞서서 "계림(鷄林)의 신하"라고 했을 뿐 아니라, "계림의 개나 돼지가 될지언정 왜국의 신하가 되지 않겠다" 또는 "계림의 형별을 받을지언정 작록을 받지 않겠다"고65) 하였다.

당고종(唐高宗)은 진덕여왕을 '계림국왕(鷄林國王)'으로 봉한다고 했으니, 이때까지 중국에서도 신라를 계림으로 일컬었던 것이다. 따라서 7세기 중엽까지 대외적으로는 신라의 국호가 계림이었던 사실을 알 수 있다. 왜냐하면 신라라고 하는 관념적 국호보다 계림이라고 하는 닭과 숲의 구체적 이미지로 나타내는 토템문화의 국호가 더 설득력 있고 국제사회에서도 쉽게 각인되었던 까닭이다. 그러므로 신라의 토템은 닭과 숲이 더불어 있는 계림(鷄林)의 국호에서 잘 포착된다.

신라는 국호 계림을 뒷받침하는 시조본풀이가 있어서 토템의 정석을 고스란히 간직하고 있다. 김알지본풀이에 따르면, 흰닭〔白鷄〕이 시림(始林)에서 울었고66) 여기서 김알지가 출현하였기에 시림을 계림으로 호명하며, 국호도 계림으로 삼았던 것이다. 따라서 계림의 국호가 닭숲이라는 토템의 동식물로 일컬어지게 되었던 것이다. 이 닭숲은 곧 해뜨는 숲이자 해밝은 숲으로서 神壇樹 또는 神市와 사실상 같은 개념의 숲이다. 왜냐하면 시림에서 닭이 울어 태양상징의 알지가 하강한 것처럼, 닭이 울면 새벽이 오고 해가 밝아오기 때문이다.

각저희의 신단수도와 솟대처럼 계림은 닭과 숲을 아우르는 개념이다. 계림이라는 신라 초기 국호는 토템동물과 토템식물을 아우르는 국호로서 환웅신시의 토템문화의 전통을 더 구체적으로 계승한 것이다. 그러면서 자체적인 시조본풀이로 국호의 명분을 잘 갖추었다. 계림국

---

65) 《三國遺事》卷1, 紀異1, 奈勿王 金堤上. 처음에 왕이 계정에서 출생한 까닭에 계림국"이라 했으며, 일설에는 "탈해왕대에 김알지를 얻을 때 닭이 숲속에서 울었으므로 국호를 고쳐 계림"이라 했다고 한다.

66) 닭과 시림의 관계는 신시의 하늘새와 신단수의 관계와 같다. 닭은 울어서 여명을 알리고 해가 뜨도록 하는 새이다. 닭은 울음으로써 동을 트게 하고 하늘의 해를 땅에 내려오도록 하는 까닭에 천손강림 구조의 동물토템이다.

은 계정(鷄井)에서[67] 태어난 박혁거세, 또는 계림에서 출현한 김알지 시조본풀이로 국호의 논리가 뒷받침되고 있다. 그러므로 계림이라는 토템 국호가, '신라'라는 관념적 국호보다 대외적으로 신라의 국가 정체성을 더 잘 드러냈다고 할 수 있다.

계림의 국호는 마치 신단수(神檀樹)에서 국호를 신시로, 거기서 난 인물을 단군으로 일컫는 것과 같은 전통 속에 있다. 단군조선도 한때 단국(檀國)이라 일컬었다. 신단수의 토템식물을 국호로 삼은 셈이다. 따라서 건국시조본풀이와 국호, 토템 동물과 식물은 상당히 밀접한 관련을 가질 뿐 아니라, 수천 년 동안 역사적 전통으로 이어지는 문화였다.

신라 금관도 김알지본풀이의 계림을 상징하고 있다. 나무 형상을 한 금관의 세움장식은 김알지가 출현한 계림을 상징하고, 흔히 서봉총 금관으로 일컫는 금관의 나뭇가지에 앉은 새는 김알지 출현을 알리기 위해 울었던 닭을 상징하는 것이다.[68] 그러므로 신라의 국호 계림과 금관의 형상은 김알지본풀이를 근거로 만들어진 토템문화의 반영이라 할 수 있다.

박혁거세는 계정가에서 백마를 타고 알의 형태로 출현했다. 이 본풀이 내용에 따라 닭이 토템동물이 될 수 있지만, 더 직접적인 역할을 한 신성한 동물은 하늘에서 박혁거세를 운반해 온 백마 곧 천마가 토템동물로서 큰 비중을 차지하기 마련이다. 따라서 김알지가 계림에서 출현하기 전, 신라 초기에는 천마가 신라의 토템동물이었을 가능성이 높다. 우리나라 사람들이 말고기를 먹지 않는 까닭도 말이 토템동물이었기 때문이다. 토템동물을 먹는 것은 사회적 금기였다. 그러므로 천마총에서 발굴된 말다래의 천마도장니(天馬圖障泥)는 각저총의 신단수도가 토템동물을 그린 것처럼 신라 초기의 토템동물을 그려 놓은 셈이다.

---

67) 계정(鷄井)을 학계에서는 나정(蘿井)이라고 하는데, 이것은 판각 과정에서 나온 오자(誤字)로 보인다. 나정이 아니라 계정이어야 하는 이유를 임재해, 《신라금관의 기원을 밝힌다》, 지식산업사, 2008, 342~345쪽에서 자세하게 다루었다.

68) 임재해, 《신라금관의 기원을 밝힌다》, 지식산업사, 2008, 575~579쪽 참조.

그러므로 신라와 고구려는 모두 신시국의 역사적 정통성을 이어가면서 그러한 세계관을 나타내는 문화적 전통까지 공유했던 것이다. 그러나 두 나라는 서로 다른 국가인 까닭에 같은 토템을 공유할 수 없다. 따라서 천신족으로서 태양숭배의 전통을 고구려가 '삼족오'로 양식화하여 발전시키자, 신라는 천신족의 후예이지만 그러한 세계관을 다른 동물로 나타내기 위하여 백마(白馬)와 백계(白鷄) 곧 하늘을 나는 천상적 동물을 토템으로 삼았던 것이다.

예사 까마귀가 아닌 삼족오가 태양을 상징하는 토템인 것처럼, 백마와 백계는 예사 말과 닭이 아니라 하늘을 나는 천마와 천계(天鷄)를 시각적으로 형상화해 주는 토템동물이다. 천마와 천계는 하늘을 나는 동물로서 천신족의 정체성을 상징하면서도 고구려의 천조인 삼족오와 겹치지 않는다. 그러므로 천마와 천계는 환웅신시의 후예로서 천신족의 전통을 유지하면서도 계림국의 집단정체성을 개성 있게 나타내는 데 기능적인 토템동물이었다.

신라시조 박혁거세는 신시고국의 후예인 천신족으로서 해 또는 하늘을 상징하는 것을 특화하기 위하여 천마를 집단상징으로 표방했다. 따라서 그러한 천신족의 권위를 나타내려고 왕이 타는 말을 천마로 나타내기 위하여 신성한 휘장으로서 '천마도장니'를 말다래로 사용했던 것이다. 그러나 김알지 이후의 김씨 왕계는 신시고국의 민족적 계보와 문화적 전통을 이어받으면서도, 박씨나 석씨 왕조와 다른 김씨 왕조의 정체성을 드러내기 위해 천조로서 백계를 동물토템으로 사용하여 천마상징의 전대 왕조와 차별성을 확보했던 것이다.

김씨계 왕실은 지나친 차별성을 줄이기 위하여 박혁거세 출연의 계정의 상징과 김알지 출연의 시림의 상징을 합일시키는 가운데, 신시건국의 신성공간인 신단수의 전통을 살려 계림으로 국호를 삼았던 것이다. 따라서 계림은 신단수와 하늘새가 더불어 있는 환웅족의 토템동식물 문화를 이어받으면서 신라 김씨왕실의 정통성을 확립한 토템국호라 할 수 있다. 그러므로 신단수의 토템식물이 세간에서 일반화된 것이 공동체의 신앙대상이자 성소가 된 당나무이며, 신단수에 깃들어 있는 토템동물 하늘새가 중앙정부의 지배권력으로 특화 발전된 것이 고구려의 삼족오, 신라의 천마와 천계, 그리고 토템 동식물을 하나로 집약화한 것이 솟대이자 계림이라는 국호라 할 수 있다.

7. 환웅족 신시국의 문화적 정체성과 지속성

고조선본풀이에는 환웅의 신시 건국역사가 단군의 왕검조선보다 역사적으로 선행된 것은 물론, 신시국 서술이 조선국보다 양적으로 더 풍부하고 질적으로 더 구체적이며 문화적으로 더 앞설 뿐 아니라 홍익인간·재세이화를 표방하는 철학적인 세계관도 훨씬 탁월하다. 더구나 후대의 고구려 사람들도 단군의 왕검조선보다 환웅의 신시고국 역사를 더 적극적으로 그리고 새기며 전승했을 뿐 아니라, 민족시조로서 단군왕검이 아니라 환웅천왕을 홍익인간 이념과 함께 높이 기렸다. 그러한 사실은 각저희의 신단수도, 금동장식품의 '환웅천조상', 고분벽화의 삼족오 등을 근거로 구체적 확인이 가능하다.

따라서《삼국유사》'고조선'조의 역사를 일연이 조작한 기록이거나 중의 망설(妄說)이라 하는 식민사학자 및 일본학자들의 주장은 고조선의 역사를 말살하기 위한 억지 논리일 따름이다. 왜냐하면 고조선본풀이가 담고 있는 환웅신시의 역사는 고려시대에 일연이《삼국유사》를 서술하기 전부터《고기》를 비롯한 여러 문헌에 널리 기록되어 있을 뿐 아니라, 그 기록 이전에 이미 고구려 사람들에 의해 널리 벽화로 그려지거나 장신구의 조형물에까지 새겨서 그 역사를 기릴 만큼 널리 공유되고 통용되었던 역사였던 것이다. 그러므로 고구려 시대에 만연했던 고조선 시대의 역사의식과 그 유사들을 일연이 개인적으로 조작하는 것은 전혀 불가능한 일이다.

고구려인들은 천신족으로서 환웅신시의 역사만 되새기고 문화적 전통만 이어받은 것이 아니라, 홍익인간 이념의 철학적 세계관까지 계승하였다. '환웅천조상'에는 홍익인간 이념도 잘 형상화되어 있다. 천조상의 태양조인 삼족오의 형상은 환웅천왕의 홍익인간 이념을 고스란히 담아내고 있다.

삼족오는 해를 상징하는 태양조로서 인간세상의 삼라만상을 살리는 홍익인간 기능을 일정하게 보여주고 있다. 삼족오는 추상적이고 관념적인 존재인 까닭에 태양 상징만으로는 그런 이념을 구체적으로 드러낼 수 없다. 그러나 환웅천조상의 삼족오는 홍익인간 이념을 잘 형상화하고 있다.[69] 삼족오는 거대한 날개를 펴서 인간이 되고자 찾아온 곰과 범은 물론, 늑대까지 끌어안으려는 포용력을 지녔다. 날개의 크기나 머리 및 부리의 날카로움으로 볼 때 독수리와 같은 막강한 위력을 지닌 맹금으로 보이지만, 그 행위는 오히려 이타적 포용력을 잘 나타내고 있다.

모든 어미 새들은 자기 새끼를 품고 먹이를 준다. 그러나 다른 짐승을 품는 법은 없다. 따라서 아무리 큰 새라도 환웅천조처럼 곰이나 범과 같은 짐승을 품지 않는다. 그런데 환웅천조는 큰 날개를 펼쳐서 곰과 범은 물론 늑대까지 품고 먹이까지 주고 있다. 새토템의 환웅족이 다른 종족을 이타적으로 품고 가는 아주 특별한 상황을 나타낸 것이다. 환웅족이 다른 종족인 곰족과 범족, 늑대족을 함께 안고 가는 것이야말로 홍익인간 이념의 실천이다.

환웅천조의 삼족오는 마치 병아리를 품으려는 어미닭처럼 날개를 크게 펼친 채 찾아온 곰과 범, 늑대를 모두 품을 뿐 아니라, 어미새가 새끼에게 먹을 것을 물어다 주는 것처럼 입에 마늘을 물고 곰과 범에게 주려고 한다. 독수리처럼 곰과 범을 억센 발로 잡아채거나 날카로운

---

69) 마치 조선시대에 윤리교재로 간행된 《삼강행실도(三綱行實圖)》나 《오륜행실도(五倫行實圖)》처럼, 문자를 모르는 사람도 그림을 보고 이해할 수 있는 형상이다.

〈그림 22〉 환웅천조상 가운데 환웅족 토템 삼족오가 곰과 범을 품은 모습

부리로 쪼아서 압도하려 하지 않는다. 지배자의 위력으로 상대를 굴복
시키기는커녕, 그들이 원하는 것이라면 무엇이든 내어주려는 이타적 행
위를 형상화하고 있다. 범은 쑥을 먹지 않았지만 쫓아버리거나 징벌하
지 않는다. 그러므로 이 천조상은 환웅신시의 역사적 서사는 물론, 홍
익인간 이념의 세계관까지 절묘하게 나타낸 유물사료라 할 수 있다.

만일 동물토템이 없었다면 이러한 역사적 사실을 형상으로 나타낼
길이 없다. 하늘에서 강림한 환웅의 행적을 토템동물인 삼족오 없이
어떻게 형상으로 나타낼 것이며, 다른 종족들이 찾아와서 복속한 사실
도 곰과 범이라고 하는 토템이 없으면 어떻게 나타낼 것인가. 토템문
화가 있었던 까닭에 환웅족과 곰족, 범족, 늑대족의 상호관계를 고스란
히 형상화하면서, 환웅의 홍익인간 이념까지 절묘한 조형물로 나타낸
것이다. 그러므로 천조상의 이미지를 해석하면, 환웅천왕은 햇살처럼
온누리를 두루 비추는 공생의 지도자였으며, 약한 고리의 소수민족들
을 품어 안는 평화의 통치자이자, 홍익인간 이념을 실천하는 성군이었
다고 할 수 있다.

그럼에도 천조상 어디에도 단군의 행적에 관한 것은 없다. 환웅신
시의 역사적 사실만 형상화한 까닭에, 각저희의 신단수도처럼 이 천조
상에서도 단군조선이 아닌 환웅신시를 고구려의 정통성으로 표방하고
계승한 사실이 잘 드러나 있다. 따라서 고조선시대의 출발점이자 역사
의 핵심은 단군조선이 아니라 환웅신시라는 사실을 거듭 확인할 수 있
다. 그러므로 《고기》를 인용한 '고조선'조의 기록은, 한갓 종교적 신화

에 지나지 않거나 일연에 의해 조작된 역사가 아니라는 것이 고대의
각종사료와 현재의 생활사료를 통해 구체적으로 입증된다.

제7장 환웅신시의 태양숭배사상 성립과 본풀이 사료

1. 도구 중심 시대구분에 대한 비판적 인식

우리는 구석기시대와 신석기시대로 시대구분을 하고 그 시대 사람들을 구석기인과 신석기인으로 호명한다. 청동기와 철기의 시대구분도 같은 맥락에 놓여 있다. 아무도 이러한 시대구분과 호명에 대하여 의문을 제기하지 않는다. 유럽 역사학자의 시대구분을[1] 일본학자들이 인용하게 되면서, 우리 사학자들도 고스란히 따라하는 바람에 구석기, 신석기, 청동기, 철기로 나누는 고대사 시대구분론은 우리 학계에 요지부동으로 자리잡게 되었다. 결국 19세기 초의 시대구분론으로 21세기의 역사학을 하고 있는 셈이다.

문제는 청동기를 사용해야 국가가 형성된다는 청동기국가형성론으로 고조선시대의 역사를 부정한다는 데 있다. 국가형성의 단선적 준거에 따라 옥기문화나 토기문화는 이 논의에서 배제되어 버린다. 석기냐 청동기냐 하는 도구의 재료보다 국가형성에서 더 중요한 것은 건국시조의 존재와 건국이념이 아닐까. 마치 인간의 역사를 물질적 재료가 결정하는 것처럼 재료주의에 빠져 있는 것이 역사학계의 고대사 시대구분론이다.

재료 중심의 시대구분 문제는 학문 종속주의를 조성할 뿐 아니라,

---

1) 덴마크 고고학자 크리스티안 요한 톰슨이 고대사 시대구분을 석기시대, 청동기시대, 철기시대로 처음 나누었다. Christian Jürgensen Thomsen, *Ledetraad til Nordisk Oldkundskab*, National Museum of Copenhagen, 1836 및 *Guide to Northern Archaeology*, 1848(영문판), 64~68쪽 참조.

우리 상고사의 실체를 이런 식의 시대구분으로 묻어버리는 까닭에 더 심각한 사태를 빚어낸다. 그 결과 우리 학계에는 한국사다운 상고사의 시대구분이 증발되고 존재하지 않는다. 서구적 시대구분 속에 민족사가 매몰되어 버린 것이다. 국립중앙박물관을 비롯하여 주류 역사학계의 시대구분을 보면, 세계 어디서나 있을 법한 구석기와 신석기, 청동기 시대는 있어도 고조선시대는 없다. 고조선시대를 한국사 시대구분에서 삭제해버린 것이다.

더 구체적으로 말하면, 민족사 서술에서 환웅의 신시시대와 단군의 조선시대가 없는 것은 물론, 해모수의 부여도 시대구분으로 존재하지 않는다. 부여 이후의 삼한시대도 마찬가지이다. 사가들이 신시와 조선, 부여의 국가사를 시대구분에서 삭제한 채 모두 신석기시대라는 무덤 속에 묻어버린 까닭이다. 그러므로 상고사에서 민족사의 역사적 존재감은커녕 아예 실체조차 없는 것으로 간주되는 것은 물론, 역사인식에도 혼란을 초래한다.

공식적인 시대구분에서 국가로 의식하고 호명되는 시대는 '원삼국시대' 또는 삼국시대가 처음이다. 다시 말하면 고구려와 백제, 신라 건국 이후부터 비로소 국가사 중심의 시대구분을 하여 원삼국시대를 설정한 것이다. 이집트는 서기전 32세기에 이집트 왕국을 처음 건설했다고 하는데, 우리 역사는 그로부터 3천 2백 년 뒤인 삼국시대에 비로소 왕국이 나타난 것처럼 시대구분을 하고 있는 것이다. 따라서 고구려 이전에 존재했던 한민족의 국가사는 모두 묵살되고 있는 셈이다.

한국사에서 고조선시대를 설정하지 않고 있는 것은 물론, 실제로 국립중앙박물관에는 처음부터 고조선실을 마련하지 않았다. 고조선시대에 관한 역사의식이 아예 없었던 까닭이다. 박물관 규모는 세계 6대, 동북아 최고를 자랑하면서 정작 담고 있는 알맹이는 가장 후대인 원삼국시대부터 국가가 성립된 것처럼 시대구분을 해 놓은 것이다. 왜냐하면 원삼국시대 이전에는 국가가 존재하지 않았던 것처럼 구석기, 신석기, 청동기 등 도구의 재료로 시대구분을 하고 있는 까닭이다.

　　이런 식의 시대구분은 상고사를 지워버리는 일이자 시대구분론의 일관성조차 무시하는 일이다. 원삼국시대 이전에는 도구의 재료를 시대구분 준거로 삼고 그 이후에는 국호를 시대구분 준거로 삼았기 때문이다. 이런 모순 때문에 시민들의 항의를 받고 2009년 11월 3일에 비로소 고조선실을 따로 마련하게 되었다. 고조선실을 상설전시실로 마련함으로써 원삼국시대라는 식민사학의 규정으로부터 비로소 벗어날 수 있었다.

　　그동안 사학계의 행태는 중앙박물관의 시대구분처럼 신석기, 구석기, 청동기 등 도구 중심의 시대명칭을 끌어와서 상고사의 여러 시대를 덮어버리는 일을 공식화 했다. 따라서 민족문화의 기원은 으레 삼국시대 이후부터 잡아서 복식의 역사[2] 같은 가장 기본적인 생활양식은 물론, 탈춤이나 가무악과 같은 민속예술까지 중국에서부터 전래된 것이라는[3] 주장이 최근까지 학계에 풍미하게 되었다.

　　석기니 청동기니 하는 도구 중심의 시대구분론이 사학계에서 일반화된 이론처럼 통용되는 것은 물론, 아예 고정불변의 사실처럼 굳어져서 고고학계는 이 용어의 틀에서 벗어날 생각이 전혀 없는 것처럼 보인다. 따라서 앞으로도 이 시대구분의 틀은 변함없이 지속될 것으로 짐작된다. 왜냐하면 아무도 이 시대구분에 대하여 도전하지 않기 때문이다. 근대 역사학이 성립된 이후 한국 역사학은 상당한 수준으로 발전한 상황인데도 시대구분론에 관해서는 전근대 역사학 수준에서 한 치도 벗어나지 못한 셈이다.

　　새 역사학의 구상을 위해서도 상투적 시대구분론에 균열을 낼 필요가 있다. 시대구분의 상투성을 깨뜨리지 않고서는 새로운 역사적 상상

---

2) 李如星, 《朝鮮服飾考》, 白楊堂, 1947은 삼국시대부터 서술하면서 우리 복식의 기원을 중국복식에 두고 있다.

3) 전경욱, 〈동아시아의 관점에서 본 산대놀이가면극〉, 《동아시아 민속극의 축제성》, 보고사, 2009, 138쪽에서, 본산대놀이 탈춤을 "삼국시대에 유입된 산악·백희가 통일신라시대, 고려시대, 조선시대를 거치면서 발전해 형성된 것"이라고 했다.

력을 펼칠 수 없다. 특정 시대를 일컫는 시대구분의 명칭은 그 시대의 역사를 가장 효과적으로 품고 있어야 한다는 생각만 해도, 도구의 소재를 일컫는 이름의 시대구분은 역사적 명명으로서 한계가 있다는 사실을 쉽게 알아차릴 수 있다.

철기시대 이후는 아직도 특별히 명명되지 않고 있는 걸 보면, 철기시대는 무한하게 계속되는 시대로 간주하는 셈이다. 철기 이후 인간의 도구는 엄청난 발전을 거듭했으며, 역사 발전도 여러 단계를 거쳤는데, 여전히 도구의 소재가 쇠붙이라고 하여 현대를 철기시대로 일컬어야 하는가 의문을 제기하지 않을 수 없다. 요즘 플라스틱 외에 신소재들이 계속 등장하고 있는데, 왜 이 신소재들과 관련한 시대구분은 하지 않는가 되묻지 않을 수 없다. 그러므로 이러한 문제의식을 몇 가지 질문으로 제기할 수 있다.

살림살이의 수단인 도구의 재료로 시대구분을 하는 것이 온전한가? 그리고 구석기와 신석기의 역사를 단순히 연모제작의 수준으로 나누고, 그들이 사용하는 연모를 근거로 신석기인 또는 청동기인으로 호명하는 것은 정당한가? 연모의 재질이나 도구의 소재는 인류의 특정 시대를 결정할 수 있는가?

이 질문에 대한 답은 그 자체로 마련되는 것이 아니라 "역사학이란 무엇인가?", "왜 역사학을 하는가?" "특정 시기의 역사를 어떻게 읽을 것인가?" 하는 역사학에 대한 근본적인 질문과 만나는 것이다. 역사철학에 대한 문제의식이 없다면, 식별 가능한 요소를 수단으로 특정 대상을 식별하는 것에 이의를 제기할 필요도 없다. 그러나 역사란 무엇이고 어떻게 읽고 서술해야 하는가 하는 문제를 따지게 되면 사정이 달라진다. 왜냐하면 연모를 만드는 재질 중심의 역사인식에 대하여, 일정한 회의가 일어나기 마련인 까닭이다.

만일 도구 중심의 시대구분론을 아무런 회의 없이 온전한 것으로 인정한다면, 역사학은 연모 발달사이자 기술사를 넘어설 수 없다. 말이 연모발달사이자 기술사이지 실제로는 연모의 재료 변모사이자 소재 발달사이다. 그 시기에 쓴 연모의 재료가 돌이냐 청동이냐 철이냐 하는 문제로 역사를 나누고 일정한 이름으로 자리매김하는 것은 도구사도 기술사도 아니다. 한갓 도구의 재료사일 따름이다. 그러므로 역사학이 주목하는 것은 사람들이 사용한 도구의 재료가 아니라, 사람들의 생활 세계가 되어야 마땅하지 않는가 하는 의문을 제기하지 않을 수 없다.

돌로 만든 연모를 써도 그것으로 무엇을 했는가, 또는 왜 그것으로 무엇을 했는가에 따라 전혀 다른 의미를 지닌다. 돌칼로 사냥을 했는 가, 다른 종족과 싸움을 했는가? 사냥을 했다면, 돌칼로 식량을 마련 하려고 사냥했는가, 제물을 바치기 위해 사냥했는가 하는 것이 문제된 다. 싸움을 했다면, 사람을 구하기 위해 싸움했는가, 다른 종족을 침략 하기 위해 싸움했는가 하는 것은 돌칼의 재료적 공통성과 전혀 다른 세계의 삶이다. 돌칼로 전쟁을 했다면, 청동검으로 전쟁을 한 것과 무 엇이 다른가. 역사에서 전쟁을 한 사실이 중요한가, 그때 사용한 무기 의 재료가 중요한가 되묻지 않을 수 없다.

이런 질문을 던질수록 도구의 재료 문제는 덜 중요하다. 생활사와 미시사, 사상사, 문화사로 갈수록 도구의 재료보다 쓰임새가 중요하고, 그러한 도구를 만들어낸 사회적 배경과 문화적 역량이 중요하다. 도구 가 역사를 규정하고 사람살이를 결정하는가. 아니면 역사가 도구를 출 연시키고 사람살이의 수준이 도구를 만들어내는가. 역사적 반문이 꼬 리를 문다.

우리는 아직도 필요에 따라 석기를 쓰고 있고 앞으로도 계속 쓸 수밖에 없다. 신석기에 해당하는 석기뿐만 아니라 구석기 이전의 자연 석까지 주춧돌이나 담장, 제방 돌로 널리 쓰고 있다. 토목공사나 건축 공사에서 자연석은 아주 중요한 재료로서 미래에도 피해갈 수 없다. 따라서 여전히 고대인들을 도구 인간으로 규정하고 그 재질의 종류로 시대구분을 하는 것은 초기 역사학의 틀에 갇혀 있는 셈이다. 왜냐하 면 도구 중심의 시대구분은 사람살이의 가치와 인간다운 삶의 세계를 구상하는 현대 역사학의 전망과 거리가 멀기 때문이다. 그러므로 석기나 청동기, 철기 등 재질 중심의 시대구분은 과거 역사학의 틀을 반복하는 걸림돌일 따름이다.

비록 유물사관에 입각해 있더라도, 무슨 재료로 연모를 만들어 썼는가 하는 것으로 역사를 설명하려는 것은 한계가 있기 마련이다. 연모 발달사나 기술사로서는 의의가 있지만, 당시 사람들의 생활세계를 통찰하는 인문학문답게 역사를 서술하고 해석하는 데에는 상당한 제약이 따른다. 따라서 고조선시대를 이해하기 위해, 신석기나 청동기로 시대구분을 하고 말거나, 당시 사람들을 신석기인이나 청동기인으로 일컫는 수준에서 만족할 수 없다. 왜냐하면 고조선시대의 역사와 문화적 정체성을 포착하는 데 심각한 장애가 되는 까닭이다.

고조선문화의 지표문화라고 할 수 있는 고인돌과 고조선식 동검은 돌과 청동으로서 재질이 서로 다르지만 공존했던 문화유산이다. 고인돌문화는 석기시대 문화인가 청동기시대 문화인가 묻지 않을 수 없다. 그리고 묘지를 돌로 쌓아 만들거나 비석을 세우는 문화는 고인돌시대 이후 지금까지 지속되고 있다. 더군다나 고인돌 묘지 양식이 확대되고 발전되어 적석총을 이루었다. 그러므로 돌을 재료로 쓰는 묘지문화는 청동기와 철기시대에도 지속되며 확대 재생산되었던 사실을 알 수 있다.

고인돌은 고조선시대의 지표문화이자 세계관적 구조물이지만, 석기문화로 간주되지 않는다. 고인돌이 청동기시대의 문화유산일 뿐 아니라, 묘지나 성곽, 주거지와 같은 석조구조물은 석기시대 문화로 주목되지도 않는다. 청동기에도 철기에도 이런 무덤양식은 지속되었던 까닭이다. 피라미드형 방형계단식 적석묘는 어마어마한 규모의 돌로 된 문화유산이지만, 아무도 석기문화의 연장선에서 해석하지 않는다. 그러나 고인돌과 적석묘 문화를 제대로 이해하는 것은 청동기의 고조선문명을 해석하는 데 중요한 가치를 지닌다. 그러므로 문화유산의 재료보다 그것이 만들어진 역사적 계기와 문화적 기능을 주목하지 않을 수 없다.

고조선시대를 도구의 재료로 신석기나 청동기로 시대구분을 하게 되면, 왜 환웅천왕이 홍익인간 이념을 품고 태백산 신단수 아래에 신시를 열었는가 하는 가장 기본적인 문제의식조차 다룰 수 없게 된다. 이 문제는 칼을 무엇으로 만들어 썼는가 하는 따위로 설명할 수 없기 때문이다. 석검인가 동검인가 하는 것은 환웅신시나 단군조선의 건국사와 세계관, 문화의 수준을 역사적으로 해석하는 데 거의 도움이 되지 않는다. 그러므로 도구의 재질보다 왜 이 시기에 그러한 생활을 했으며 어떤 이념과 목적으로 나라를 세우고 어떤 인물을 왜 시조왕으로 추대했는가 하는 생활사 또는 정신사를 주목해야, 태양시조사상과 홍익인간·재세이화를 기반으로 한 고조선시대의 역사와 문화가 입체적으로 포착될 수 있다.

2. 빙하기를 겪은 신석기인의 태양숭배 인식

고조선시대는 신석기인들이 만들어낸 역사이다. 신석기에서 청동기로 발전한 것처럼 신석기인들이 고조선시대를 열어가는 가운데 청동기인으로 거듭나기 시작했다. 이렇게 말하는 것은 일면적이다. 왜냐하면 연모가 역사를 만드는 것이 아니라 사람들이 만들어 가는 것이고, 문화는 도구에 의해 생산되는 것이 아니라 사람들의 필요에 의해 생산되기 때문이다. 신석기인이나 청동기인이 고조선시대를 만들어낸 것이 아니라 고조선시대 사람들이 신석기와 청동기를 만들어낸 것이다. 그러므로 도구 중심이 아니라 사람 중심으로 역사해석을 하는 것이 더 중요하다.

고조선시대 사람들은 신석기인들로 추론된다. 신석기 농경도구가 발굴된 것으로 볼 때, 농경생활을 한 신시인들은 신석기를 생산한 주체들이다. 구석기인들이 신석기인으로 발전한 사실과 더불어 고조선시대의 초기 역사가 시작되었다고 할 수 있다. 그러므로 고조선의 역사를 제대로 포착하려면 신석기시대의 이해가 선행되어야 한다. 신석기

시대의 이해는 신석기의 재료나 도구의 제작기술을 이해하는 것이 아니라 신석기인들의 역사와 생활세계를 이해하는 것이다.

인류의 역사를 포착하는 데 도구를 만드는 기술이 중요한가 생산양식이 중요한가 하는 문제도 제대로 따져봐야 한다. 인류의 역사는 기껏먹고 사는 기술과 생업의 수준에 의해서만 포착되어야 하는가 하는 문제도 본격적으로 제기해야 할 것이다. 왜냐하면 이 시기 사람들은 어떤사람살이의 가치관을 가지고 세계와 우주를 인식하며 인간답게 사는 길을 추구했을까 하는 문제의식이 역사학의 시대구분에서 전혀 나타나지않기 때문이다. 신석기나 청동기와 같은 시대구분 또는 도구의 재료로는 그러한 역사의식을 담아내기 어렵고 또 읽어내기도 어렵다.

구석기나 신석기처럼 연모의 발달수준으로 역사를 이해한다면 미래의 역사도 한갓 과학자들의 기술발명을 예측하는 수준에 머물러 버릴가능성이 높다. 결국 재료를 다루거나 도구를 만드는 기술이 역사의수레바퀴를 돌리는 힘으로 포착하고 말게 된다. 그러나 역사학이 현재의 문제의식에서 과거의 역사를 돌아보고 미래의 역사를 전망하며 새로운 역사를 구상하는 것이라면, 한갓 도구발달사나 기술사 수준의 역사인식에서 만족할 수 없다.

생태학적으로 지속 가능한 사회를 미래의 역사로 전망하든가,4) 공동체 사회를 미래의 대안사회로 전망하게 되면,5) 오히려 과도한 기술

---

4) 임재해, 〈한국민속사 시대구분의 모색과 공생의 시대 전망〉, 《민속문화의 생태학적 인식》, 도서출판 당대, 2002, 74~103쪽에서, 시대구분을 주술의 시대, 예술의 시대, 변혁의 시대, 공생의 시대로 설정하여 미래를 공생의 시대로 전망하는가 하면, 〈세계화 시대 한국 민속학의 현실적 과제와 자각적 전망〉, 《比較民俗學》 50, 比較民俗學會, 2013, 200쪽에서 최근의 세기적 시대구분을 식민주의 시대(19세기), 경제주의 시대(20세기), 문화주의 시대(21세기)로 구분하고 미래의 22세기를 생태주의 시대로 설정하였다.

5) 신용하, 〈서설: 공동체에 대한 현대인의 추구〉, 愼鏞廈 編, 《공동체 이론》, 文學과知性社, 1985, 17쪽. "공동체적 삶이야말로 현대인과 인류가 절실하게 추구하는 미래 사회의 이상적 삶"이라고 했다. 그리고 "오늘에는 '공동체적 삶'이 인류의 이상으로만 보일지 모르지만, 인류가 공동으로 노력하면 미래에는 '공동체적 삶'이 현실이 되는 날이 반드시 도래할 것"이라고 했다.

은 자제되어야 하며 무리한 기술은 통제되어야 한다. 과도한 기술의
발달이 오히려 인류의 역사를 괴멸의 위기로 몰고 가는 까닭이다. 따
라서 지나친 과학기술 발달을 우려하는 사람들은 핵전쟁이나 인공지능
을 갖춘 컴퓨터에 의해 인류의 종말이 초래된다고 끊임없이 경고한다.
그러므로 인간의 역사를 도구적 기술이 아니라 세계관적 인식에 따라
주목할 필요가 있다.

단군조선 이전의 환웅신시 사람들은 홍익인간 이념을 가장 중요한
민족적 가치관으로 추구했다. 환웅은 왜 홍익인간을 건국이념으로 삼
았으며, 태백산 신단수 아래에 터를 잡고 주곡, 주명, 주병, 주형, 주선
악 등 360여 사를 다스렸을까? 신시고국 사람들에게 홍익인간이란 무
엇인가? 이 질문에 답하는 것이 신석기를 사용했거나 청동기를 사용했
다는 사실보다 더 중요한 역사인식이 아닐까. 이러한 역사인식의 뿌리
는 신석기인들이 거쳐온 빙하기 체험에서부터 비롯된다.

신시고국을 건국한 환웅족들은 빙하기를 동굴 속에서 겪고 해빙기
에 적응한 신석기인들이다. 신시인들뿐 아니라, 빙하기를 견딘 인류는
한결같이 동굴을 중요한 주거공간으로 이용했다. 도로시 개러드
(Dorothy Garrod) 케임브리지대학 고고학 교수는 이스라엘 카르멜 산의
케바라 동굴에서 마지막 빙하기를 보낸 사람들의 흔적을 찾아내고 그들
을 동굴 이름에 따라 '케바라인'이라 명명했다.6) 케바라인들은 마지막
빙하기를 사냥에 의존해서 살았는데, 해빙기가 되면서 유럽대륙의 방대
한 지역을 누비고 다니며 "여름이면 고지대로 올라가고 겨울이면 저지
대 호숫가의 바위동굴로 들어가" 살았다.7) 후대 고고학자들이 동굴이름
으로 종족의 명칭을 삼는 것처럼 그들은 동굴인이었던 것이다.

바위동굴이 마지막 빙하기 인류의 중요한 주거공간이었다는 사실은
빙하기 연구자들에 의해 다양하게 밝혀지고 있다. 빙하기와 관련하여

---

6) 브라이언 페이건 지음/남경태 옮김, 《기후, 문명의 지도를 바꾸다》, 예지, 2007,
   128~129쪽.
7) 브라이언 페이건 지음/남경태 옮김, 위의 책, 129쪽.

고대문화를 연구한 고고인류학자 브라이언 페이건(Brian M. Fagan)은 빙하기를 겪은 사람들의 동굴생활을 자세하게 그리고 있다. 프랑스 남부 니오 동굴의 벽화도 빙하기를 동굴 속에서 지낸 크로마뇽인들의 작품으로 해석한다. 크로마뇽 사냥꾼들은 "거대한 동물 우화"로 은유해도 좋을 바위동굴의 동물 그림을 보고 힘을 얻었을 것으로 추론한다.[8]

바위동굴은 빙하기의 추위를 피할 수 있는 따뜻한 주거공간이자 외부로부터 적의 침입을 막을 수 있는 견고한 성곽이었다. 동굴 입구만 막으면 외기의 혹한을 차단하고 모닥불을 피워 동굴 안을 밝히고 덥힐 수 있을 뿐 아니라, 짐승들의 침입을 원천적으로 봉쇄할 수 있다. 따라서 동굴은 어둡고 좁지만 빙하기 시기에는 동굴이 상대적으로 가장 안전하고 따뜻한 주거공간 구실을 하였다. 빙하기 사람들은 동굴 속에서 안전하고 따뜻한 주거생활을 누리면서 생존을 위한 연모도 만들고 미래를 위한 종교주술적 활동도 했다. 그러나 연중 대부분이 결빙 온도를 오르내릴 만큼 추웠기 때문에 "동굴 바깥은 마지막 빙하기의 혹독한 세계였다."[9]

어둠의 동굴 속에서 빙하기를 견딘 역사적 경험은 해빙기를 맞이하여 새로운 세계인식에 눈을 뜨게 된다. 따라서 빙하기의 동굴생활을 추체험하기 위한 통과의례와 고인돌문화 등 다양한 문화를 창출했다. 이제 이러한 문제의식을 근거로 신석기문화와 신시고국인들의 역사와 문화를 재해석하려고 한다. 그러자면 빙하기에 대한 두 가지 문제인식과 추론적 해석이 필요하다. 하나는 빙하기를 겪은 신석기인들이 혹독한 자연재앙으로 태양에 대한 인식이 어떻게 달라졌는가 하는 문제이며, 둘째는 생태계 변화에 따른 적응과 생존방식의 전략을 어떻게 다시 하게 되었는가 하는 문제이다.

먼저 빙하기의 자연환경을 주목해 보자. 빙하기라고 하여 지구가 온통 얼음으로 휩싸인 것은 아니다. 오랜 빙하기 동안에도 지구의 3분

8) 브라이언 페이건 지음/남경태 옮김, 같은 책, 39~40쪽.
9) 브라이언 페이건 지음/남경태 옮김, 같은 책, 40쪽.

의 1만 얼음으로 뒤덮였다. 따라서 빙하기 연구자들이 "빙상은 전 세계 대륙의 거의 1/3을 먼저 덮고 난 후, 더 커지기 전에 왜 다시 후퇴했을까?"하는 의문을 가지는 바람에 여러 가지 이론들이 난무했다.[10] 실제로 1천 300만㎢에 해당되는 남극의 빙상지역은 빙하시대에도 약간만 확장되었을 뿐이다.[11] 빙하기라고 하더라도 지구의 2/3는 얼음 없는 대지였다. 그러므로 인류를 비롯하여 모든 생물종이 멸종하는 위기에 이르지는 않았다.

"당시 북반구의 겨울은 9개월 이상 계속되었고, 수주 동안 −20℃ 이하인 상태가 이어졌다. 요즘보다 여름 기온은 최소한 10℃ 이상 낮았으며 해수면은 최소한 90m 낮았다."[12] 따라서 혹한을 견디지 못하는 동물과 식물은 겨울의 고비를 넘길 수 없었다. 야생 짐승이든 식물이든 생존력이 강하고 자연 적응력이 뛰어난 존재들만 살아남을 수 있었다. 살아남은 사람들도 마찬가지이다. 빙하기에 동굴을 찾아들어가서 생활한 사람들만 살아남았을 것으로 추론한다.[13] 빙하기를 끝낸 이후 마지막 간빙기인 홀로세(Holocene Epoch, 沖積世) 내내 지구는 현재처럼 온난화가 이어지고 있다.

이 온난화는 초기에 급속히 이루어졌다가 1만 2천 년 전 쯤 초기의 급속함 못지않게 갑작스럽게 찾아온 천 년 간의 추위를 겪었다. 그리고는 다시 온난화 상태를 회복하여 지금부터 6천 년 전쯤 그 정점에 달했다. 그때의 지구 기온은 현재의 지구 기온보다 다소 높은 편이었다. 그리고 나머지 후반 6천 년은 거의 현대에 가까운 기후 상태를 보였다.[14]

10) 브라이언 페이건 편/이승호·김맹기·황상일 옮김, 《완벽한 빙하시대》, 푸른길, 2011, 34쪽. "태양에너지와 흑점활동의 변화, 우주 먼지 입자의 불균등한 분포, 대기 중 이산화탄소 농도의 변화와 같은 요인을 주제로 하는 이론들이 난무했다."
11) 브라이언 페이건 편/이승호·김맹기·황상일 옮김, 위의 책, 32쪽.
12) 브라이언 페이건 편/이승호·김맹기·황상일 옮김, 같은 책, 9쪽.
13) 신용하, 〈고조선문명 형성의 기반과 한강문화의 세계최초 단립벼 및 콩의 재배 경작〉, 《고조선단군학》 31, 고조선단군학회, 2014, 138~141쪽.
14) 브라이언 페이건 지음/윤성옥 옮김, 《기후는 역사를 어떻게 만들었는가》, 도

따라서 상고시대 역사를 주목할 때, 해빙기 이후에도 1만 2천 년 전부터 한냉기가 천 년 동안 지속되다가 6천 년 전부터 현재와 같은 온난화 기후 상태를 이루었다는 사실을 중요하게 고려해야 한다. 기후 상태에 따라 인류의 문화가 상당한 영향을 받기 때문이다. 그러므로 신석기인들에 대한 이해는 빙하기를 어떻게 겪고 받아들였는가 하는 사실에서부터 출발해야 한다.

빙하기의 원인으로는 태양 주위를 도는 지구의 운동이 조금씩 변화되고 있다는 것이 상대적 설득력을 지닌다. 천체물리학자 밀란코비치(Milutn Milankovitch)에 따르면 태양 주위를 공전하는 지구의 궤도 변화와, 지구 자전축의 기울기가 22도에서 24.5도 사이에서 움직이는 까닭에 주기적으로 빙하기가 반복될 수밖에 없다.[15) 또 다른 학설은 빙하기의 원인을 화산폭발에서 찾는다. 강력한 화산활동으로 발생한 먼지가 대기를 덮으면서 빙하시대를 촉발한다는 주장이다. 그러므로 화산폭발이 "방대한 미세 먼지를 대기로 방출하면서 태양으로부터 지구를 차단하여 기온을 하강시켰을 것"으로[16) 추론한다.

어느 쪽이 빙하기의 원인이든 해의 일조량 부족이 결정적이라는 데 이의가 없다. 빙하기를 겪은 사람들은 해가 잦아들고 일조량이 줄어들면서 지구가 점점 얼어붙는 사실을 체득하기 마련이다. 빙하기인들은 동굴에서 오랜 생활을 하면서, 마침내 해가 밝아지고 일조량이 길어짐으로써 해빙기가 닥치고 지구 온난화가 이루어진다는 사실을 터득하게 된다. 그러므로 빙하기를 극복한 신석기들에게 해는 삼라만상을 살아 있게 하는 신성한 존재로 인식될 수밖에 없다.

왜 빙하기를 겪는 동안 구석기인들은 신석기인들로 변모되었을까. 그리고 신석기인들은 왜 해를 숭배하게 되었을까. 이 두 가지 질문이 신석기 이해와 함께 고조선시대를 해석하는 긴요한 과제이다. 먼저 주목

서출판 중심, 2002, 95쪽.
15) 브라이언 페이건 편/이승호·김맹기·황상일 옮김, 같은 책, 37~39쪽 참조.
16) 브라이언 페이건 편/이승호·김맹기·황상일 옮김, 같은 책, 34쪽.

할 것이 신석기인들의 태양숭배
사상이다.

해는 신석기인에게 조물주이
자 구세주였다. 왜냐하면 빙하기
의 어둠과 추위로부터 그들을
해방시킨 대상이 해였기 때문이
다. 해가 얼어가는 지구를 녹이
고 추위를 물리쳐서 해빙기로
만든 것은 물론, 얼음이 녹고 추

〈그림 23〉 반구대 암각화의 태양 새김

위가 물러간 대지에 초목이 싹트고 온갖 짐승들이 깃들어 살 수 있게
만든 것이 해였던 까닭이다. 해는 특정 개체나 어느 종만 살리는 것이
아니라 우주만물을 다 살리는 존재라는 사실과 함께, 우주만물이 다
살아야 인간도 살 수 있다는 사실도 해빙과정에서 깨닫게 되면서, 마
침내 해의 기능에 따른 홍익인간 이념도 서서히 자리 잡게 된 것으로
추론된다.

따라서 신석기인들은 바위에 태양 상징의 암각화(그림 23)를 새겨
서 태양숭배의 제의터로 삼는가 하면, 다뉴세문경과 다뉴조문경의 청
동거울, 각종 청동방울을 사용하여 태양신앙의 천제를 올리는 제의용
도구로 삼았다.[17] 흔히 빗살무늬토기로 알려진 거대한 토기도 사실은
햇살무늬를 새긴 토기로 재해석되고 있다.[18]

결국 신석기인들은 빙하기의 고난을 겪으면서 해가 인류뿐만 아니
라 지구촌을 살리는 실체라는 사실을 공유함으로써, 태양숭배에 따른
천신신앙이 자리잡게 되고 태양의 기능을 공동선으로 인식하게 된 것
이다. 따라서 해저럼 삼라만상을 나 살리는 것이 최신의 가치로 추구

17) 신용하, 《고조선문명의 사회사》, 371~385쪽에서 태양신앙 관련 문화유산으
    로 암각화의 태양문양을 비롯하여 햇살무늬를 새긴 토기와 청동거울, 청동방
    울, 청동그릇, 허리띠의 청동고리 등의 유물을 자세하게 분석하였다.
18) 김양동, 〈한국 고대문화 원형의 상징과 해석 1. '神'의 해석〉, 《교수신문》
    2013년 2월 18일자, 8면 참조.

되었으며, 무리 가운데서 해 같은 구실을 하는 사람이 최고의 지도자로 숭앙되었다. 인간세상을 구하는 실체가 해이고, 해를 신성시하여 신격화한 것이 천신이자 '하느님'이며, 해와 같은 지도자를 인격화한 것이 천왕이나 천자 또는 천손이다. 그러므로 이러한 세계관적 인식을 건국본풀이에 고스란히 담아낸 까닭에 건국시조를 해와 동일시하는 태양시조사상이 자리잡게 된 것이다.

신시국의 역사는 건국시조인 환웅천왕의 본풀이로부터 서술되고 있다. 환웅은 하늘나라의 신격이되 인간세상으로 내려온 인격으로서 신시의 건국시조이다. 환웅의 아버지는 환인으로서 하늘에서 우주의 삼라만상을 주재하는 신격이자 해 자체이다. 해가 신격화되어서 하느님으로 일컬어지면서 환인제석(桓因帝釋) 또는 환인천제(桓因天帝)로 표기되었다. 신시를 건국한 환웅은 해로 은유되는 초월적 지도자로서 천왕으로 일컬어졌다. 환웅은 해인 환인의 아들이자 해 구실을 하는 천왕으로서 천자(天子)이자 일자(日子)이기도 하다.

해와 관련하여 더 구체적으로 말하면, 천제 환인이 하늘의 '해님'이라면, 천왕 환웅은 하늘에서 땅으로 내려온 해의 분신으로서 햇살이자 햇빛이라는 말이다. 해는 하늘에 떠 있지만, 해의 분신은 햇빛이 되어 하늘에서 인간세상으로 내려온 존재이다. 따라서 고대에는 물론 전근대 체제에서도 제왕을 곧잘 해에 은유하며, 근대 독재국가에서도 지도자를 "태양이신 수령"으로 호명한다. 그러므로 환인, 환웅, 단군은 해이거나 해의 아들로서 모두 해 같은 '환님' 또는 '하느님'으로 일컬어지거나, 단군처럼 지상의 왕으로서 '밝달임금'으로 일컬어졌던 것이다. 해님, 환님, 하느님, 밝달임금은 모두 해를 높여서 일컫는 말이되, 쓰임새의 기능에 따라 다르게 일컬어질 따름이다.

해빙기를 맞은 신석기인에게 해는 죽어가는 세상을 구하는 구세주였다. 하늘에서 햇살처럼 지상으로 내려온 환웅천왕은 해님 환인의 서자로서 빙하기 동안 위기에 빠진 인간세상을 구하는 신령한 지도자로 추대되고 숭배되었던 존재이다. 실제로 "환웅은 천하 세상에 뜻을 두

고 인간세상을 구하려는 마음을 품었다."19) 환웅천왕은 세상을 만들어
내는 창조주가 아니라 위기에 빠진 세상을 구하는 '구세주' 구실을 한
것이다. 그러므로 해빙기 이후의 지도자는 태양 상징의 구세주로 은유
되고 인식되기 마련이었다.

따라서 신시의 시조 환웅은 해와 동일시되거나 해로 상징되는 태양
시조사상의 뿌리를 이루었다. 이러한 태양시조사상은 환웅천왕 이후
부여와 고구려를 거쳐서 신라 가야시대까지 이어졌다. 왕검조선의 시
조 단군과 부여의 시조 해모수, 고구려의 시조 주몽, 신라의 시조 박혁
거세, 가야의 시조 수로(首露) 등은 모두 해로 은유되는 존재였다. 그
러므로 한민족의 건국시조는 조물주로서 천신(天神)이 아니라 구세주
로서 인신(人神)이었으며, 해와 동일시되는 존재로 숭배되는 태양시조
사상의 전통을 유구하게 이어왔다. 그러한 전통의 구체적인 실상은 건
국시조본풀이에서 자세하게 나타나고 있으므로 다음 절에서 자세하게
논의될 것이다.

3. 동굴생활에서 창출된 신석기와 예술적 사유

사람은 자연 적응적인 존재이다. 생태적 조건에 따라 생업양식도
다르지만 세계관이나 종교양식도 다르다. 초원지역 유목민들은 풀밭을
찾아가며 이동생활을 하는 것처럼, 굿을 할 때도 샤먼이 다른 세계로
여행을 하여 말흔 형태의 엑스타시(ecstasy) 상태에 이른다. 그러나 삼
림지역에서 농경생활을 하는 한국인들은 일정한 지역에 정착해서 사는
것은 물론, 굿을 할 때에도 무당이 이계(異界) 여행을 하지 않고 신을
내림받는 빙의 형태의 포제션(possession) 상태에 이른다. 따라서 유목

---

19) 《三國遺事》卷1, 紀異1, 古朝鮮－王儉朝鮮, "桓雄 數意天下 貪求人世."

민의 굿은 무당의 넋이 빠져나가는 엑스타시형에 속한다면, 한국인의 굿은 신들림 현상에 의한 내림굿으로 빙의 상태에 빠지는 포제션형에 속한다고[20] 한다.

오랜 빙하기를 경계로 구석기인들과 신석기인들의 겪은 자연환경은 크게 다르다고 봐야 할 것이다. 구석기인들이 점점 추워지는 기후환경에 적응했다면, 신석기인들은 점점 따뜻해지는 기후환경에 적응했다고 할 수 있다. 장기간의 기후변화이기에 쉽게 추론하기 어렵다. 그러나 사철이 뚜렷한 한국의 기후를 근거로 미루어 그 생활을 충분히 짐작할 수 있다.

구석기인들이 가을에서 겨울로 가는 계절을 겪은 사람들이라면, 신석기인들은 겨울에서 봄으로 가는 계절을 겪은 사람들이다. 따라서 빙하기를 겪은 신석기인들을 이해하려면 겨울철의 생활풍속을 주목할 필요가 있다. 한국인들의 겨울생활은 장기간 집안에서 칩거하는 까닭에 여름철에 할 수 없었던 살림살이들을 오랜 시간을 들여서 만든다. 이를테면 가마니를 짜거나 멍석을 매고 바구니를 엮는다. 지게나 베틀을 만들고 대장간에서 쇠붙이를 녹여서 농기구를 만드는 일도 여름이나 가을철이 아니라 겨울과 봄철에 한다. 주로 생활에 필요한 연모와 살림살이들을 오랫동안 다듬고 엮고, 짜고, 별러서[21] 만들 뿐 아니라, 자체 생산 가능한 대부분의 수공예품도 이때 생산한다. 들에서 하는 농사일이 바쁘지 않은 까닭에 집안에서 오랜 시간을 들여서 각종 도구와 공예품을 만들었던 것이다.

빙하기의 동굴인들도 겨울철 생활양식을 영위하기 마련이다. 야외에서 수렵채취생활을 하는 시기가 짧은 반면에 동굴에서 머물러야 하는 시기는 아주 길다. 따라서 오랜 시간을 들여서 만들어야 하는 연모

---

20) 김성례, 〈한국 무교와 샤머니즘〉, 《그리스도교와 무교》, 바오로딸, 1998, 57쪽. 굿의 현상을 탈혼현상의 '엑스타시(ecstasy)'와 망아현상의 '트랜스(trance), 빙의현상의 '포제션(possession)' 등 3유형으로 분류했다.

21) 쇠붙이로 된 연모는 대장간에서 쇠를 녹이고 벼르는 과정을 거쳐서 만들어진다.

를 집중적으로 만들 여유를 가지게 되었다. 오히려 일거리가 없어서 지루한 겨울생활을 어떻게 생산적으로 보내는가, 동굴생활의 답답함과 무료함을 어떻게 유의미하게 보내는가 하는 것이 문제였다. 따라서 이때는 의도적으로 오랫동안 정성을 들여야 만들 수 있는 공예품도 집중적으로 생산하게 되었다.

이를테면, 교도소 수감생활을 하는 사람이 칫솔 손잡이를 갈아서 인형을 만들고 밥풀과 화장지를 짓이겨서 각종 공예품을 만드는 것과[22] 같다. 무료한 수감생활을 이기는 데에는 즉석 작업으로 만들 수 있는 물건보다 오랜 시간 작업을 해야 하는 공예품 제작이 더 유용한 일거리이다. 그러므로 빙하기의 동굴인들은 야외의 수렵채취생활과 전혀 다른 생활환경에서, 오랫동안 정성을 들여 무엇인가 만들 수밖에 없는 상황에 놓이게 되었던 것이다.

따라서 신석기는 신석기인에게서 태어난 것이 아니라 빙하기인에게서 태어난 것이 아닌가 한다. 돌칼이나 돌도끼 등의 신석기는 연모이기 전에 공예품이라고 해도 좋을 만큼 매끈하고 모양도 세련되어 있다. 돌을 오랫동안 갈아서 표면을 매끈하게 만들었을 뿐 아니라 그 모양도 용의주도하게 디자인하여 아주 세련된 형상을 창출했다. 그러므로 단순히 생활연모로 쓰기 아까울 만큼 고급스럽고 아름답다. 왜냐하면 구석기와 달리 신석기 제작은 오랫동안 갈고 다듬어야 하기 때문이다.

그렇다고 하여 연모로서 경제성이 구석기보다 탁월하다고 할 수 없다. 왜냐하면 돌칼이나 돌도끼, 돌화살 등은 제작기간이 너무 오래 걸리고 지나치게 많은 공력이 들어가는 데 비하여 도구로서 기능이 우수하다고 할 수 없기 때문이다. 신석기를 갈아서 만드는 노력과 시간을 고려하면, 쉽게 만든 구석기로 실제 노동을 하는 것이 너 생산적이다

신석기 도끼로 나무를 베는 일보다 구석기 도끼로 나무를 베는 것

---

22) 고암 이응노 화백은 동백림사건으로 대전교도소 복역 중에 밥풀로 각종 소조작품을 만든 것으로 유명하다. 원세연, 〈고암의 손 거치면 밥풀도 작품이 됐다〉, 대전일보, 2015년 6월 18일 11면 참조.

은 더 힘들다 하더라도, 도끼를 제작하는 작업과정을 고려하면 오히려 구석기 도끼로 나무를 베는 것이 더 경제적이고 효율적이다. 왜냐하면 신석기 제작 과정이 구석기로 나무를 베는 것보다 훨씬 더 힘들기 때문이다. 구석기로 나무 한 그루를 베는 데 한 나절이 걸리고, 신석기를 만드는 데는 한 달이 걸린다면, 굳이 신석기를 만들어 나무를 벨 필요가 없다.

그럼에도 신석기를 생산하게 된 것은 농민들이 겨울철에 주로 정교한 민속공예품을 만드는 것처럼, 빙하기에 동굴생활을 장기적으로 하면서 돌을 오랫동안 갈아서 연모를 제작할 수 있는 여유가 확보된 까닭이다. 여유의 시간을 유의미하게 보내려면 무엇인가 오랫동안 갈고 다듬을 일거리가 필요하다. 돌을 가는 일 외에, 무엇을 오랫동안 생각하는 골똘한 사유의 시간도 가지게 된다. 그러므로 신석기 공예품과 세계에 대한 사유는 빙하기의 동굴인들에 의해 비롯된 것이라 할 수 있다.

신석기는 제작기술보다 더 문제삼아야 할 것이 소유의 대상이 되었다는 점이다. 신석기의 소유에 따라 권력의 위계도 정해졌을 것이다. 왜냐하면 신석기는 장기적으로 소장할 만한 재산 가치를 지녔기 때문이다. 타제석기가 짧은 시간에 돌을 깨어서 만들 수 있는 즉석 도구라면, 마제석기는 전문적인 기술과 잉여 노동력을 투입해서 장시간 만든 도구이자, 세련되게 디자인된 공예품이어서 소유욕을 자극하기 마련이다.

구석기는 즉석 도구이자 일회용 도구로 누구나 가질 수 있는 반면에, 오랜 시간 공력을 들여서 용의주도하게 만든 공예품 도구는 누구나 가질 수도 없고, 한번 만들게 되면 오래 보관하며 지속적으로 소유하게 되는 소장품의 가치까지 획득하게 된다. 잘 만들어진 신석기는 흔하지도 않고 아무나 가질 수도 없는 공예품이다. 그러므로 신석기는 공예품으로서 재산 가치와 희귀성을 지닌 까닭에 특정 신분의 지체를 나타내는 도구로 이용되었을 가능성이 크다. 신석기만 무덤에서 부장품으로 발굴되는 것도 이 때문이다.

그러한 사례가 1983년에 발굴된 울진 후포리 유적이다. 신석기시대 말기로 추정되는 무덤 자리에서 유골 여러 구와 함께, 갈아서 만든 돌도끼[磨製石斧]가 다량 발굴되었다. 집단매장 형태의 세골장(洗骨葬)으로 보이는데, 마제 돌도끼가 130여 점 출토된 것으로 보아서, 이 돌도끼는 공구나 무기가 아니라 제의용 부장품으로 간주된다. 그러므로 구석기와 신석기의 차이는 단순히 제작기술만 다른 것이 아니라 도구로서 쓰임새도 크게 다르다고 할 수 있다.

구석기와 신석기는 석기 제작 기술의 차이, 또는 불편한 도구와 편리한 도구의 유용성 차이를 넘어선 것이다. 빙하기의 역사적 산물인 까닭만은 아니다. 신석기는 한갓 도구로서 기능만 추구한 것이 아니라, 미적 아름다움까지 구현한 것이기 때문이다. 따라서 구석기가 도구라면 신석기는 공예품이며, 구석기가 기능적 도구라면 신석기는 예술적 작품이라 할 수 있다. 그러므로 잘 갈아서 만든 돌칼이나 돌도끼는 상대적으로 귀중한 공예품이자, 소장용 작품인 까닭에 부장품으로 발견되는 것이다.

중요한 사실은, 빙하기의 동굴생활이 구석기인들에게 도구를 공예품으로 만드는 예술의식을 싹트게 만든 점이다. 예술의식은 생활상의 필요에 의해 만드는 기능적 목적의 충족을 넘어서는, 창조적인 형상화의 미적 정서에 해당된다. 도구를 만드는 기술이 쓰임새의 효용성을 추구하는 것이라면, 예술의식을 담아서 만드는 공예품은 도구의 쓰임새에다 미적 형상성을 덧보탠 것이다. 미적 형상성은 기능성과 달리 정서적 공감을 충족시키는 별도의 가치를 지니게 된다. 그러므로 빙하기를 겪은 신석기인들은 기술적 도구인에서 예술적 공예인으로 한 단계 발전한 새로운 인류라 할 수 있다.

신석기인들은 구석기인들과 다른 도구를 사용했을 뿐 아니라, 인간다운 삶과 사유의 생활세계 자체가 다른 존재였던 것이다. 다시 말하면, 도구가 달라져서 사람이 달라진 것이 아니라, 사람이 달라져서 쓰는 도구가 달라졌다는 말이다. 왜냐하면 빙하기를 겪은 동굴인들은 그 이전 인류와 달리 일정한 지성을 갖추기 시작했기 때문이다. 그러므로 빙하기 연구와 고대문명 연구에 일생을 바친 브라이언 페이건은 '인류의 지성은 빙하시대 환경에서 출현하였다'고[23] 주장한다.

> 빙하시대에 나타난 인류의 형질 변화는 무엇보다도 인간의 지적 능력 즉, 지성의 출현에 있다. 높은 수준의 삶을 영유하는 모든 동물은 주변 환경에 대한 정보를 전달하는 뇌를 가지고 있으며, 인간에게만 독특한 지성이 발달되어 있다. 이러한 지성은 정보를 단순히 전달하는 것이 아니라 정보를 생성하기도 한다. 지성이라는 창조 능력과 두 손으로 도구를 다룰 수 있는 능력을 가진 인류는 선조가 죽어간 곳에 적응하며 계속 번성하여 스스로 다양한 방법을 습득하고 주변 환경을 개척하였다.[24]

빙하기의 동굴생활과 문화 양식을 주목하면, 신석기인들이 지성인으로 출현하게 되었다는 페이건의 해석에 만족만 할 수 없다. 왜냐하면 그들은 마제 석기를 세련되게 만드는 '공예인'으로 거듭나게 되었을 뿐 아니라, 창조적 상상력을 발휘하여 특정 사실과 생각을 그림으로 재현하고 표현하는 '예술인'으로 태어난 까닭이다. 지금 남아 있는 대부분의 동굴벽화는 신석기인들이 그린 작품이다. 물론 예술적 의도로 그린 것은 아니지만, 동굴벽화를 통해서 주술적 의도와 예술적 사유의 형성을 포착할 수 있다. 후대의 고분벽화도 그 뿌리는 동굴벽화에서 비롯된 것이라 하겠다.

창조적 예술인으로 성장한 신석기인의 역량은 언어생활에서 서사적 이야기를 창작하는 단계로 나아갔다. 오랜 동굴생활에서 화톳불을 밝히고 자신들이 겪었던 역사적 경험과 앞으로 기대하는 세계의 꿈을 서사적 이야기로 구성하여 공유했던 것이다. 긴긴 겨울밤에 옛날이야기를 하며 보내는 것처럼, 빙하기의 동굴인들은 상상의 나래를 펼치는

---

23) 브라이언 페이건 편/이승호·김맹기·황상일 옮김, 《완벽한 빙하시대》, 푸른길, 2011, 94쪽.
24) 브라이언 페이건 편/이승호·김맹기·황상일 옮김, 위와 같은 곳.

이야기를 하며 과거를 반추하고 미래의 꿈을 키웠을 것이다.

눈을 뜨면 눈앞의 현실이 보이지만, 눈을 감으면 눈으로 볼 수 없는 상상의 세계가 펼쳐진다. 그것은 곧 낮과 밤의 관계, 또는 여름과 겨울의 관계와 같다. 낮에는 현실세계 속에서 역동적으로 활동하지만, 밤에는 실내에서 상상의 이야기를 하며 사유의 세계로 빠져들게 된다. 여름에는 들에 나가 땀 흘려 농사일을 하지만, 겨울철에는 집안에서 공예품을 만들며 새해의 안녕과 풍요를 기원하는 제의를[25] 올린다. 여름의 낮이 현실의 세계라면, 겨울밤은 상상의 세계이다. 그러므로 빙하기의 동굴생활은 사실상 겨울밤을 확대한 생활세계라 할 수 있다.

이야기는 밤의 문화이다. 허구적으로 지어지는 이야기인 까닭에 창조적 상상력의 발휘가 흥미롭게 이루어지며, 언어생활도 풍부해지기 마련이다. 거친 돌을 갈아서 매끈하고 세련된 신석기를 만들어내듯이, 단순하고 거친 낱말들을 아름답고 세련되게 다듬어서 흥미로운 이야기를 지어내게 된다. 이야기를 오랫동안 전승하는 가운데 낱말을 갈고 닦고 새 낱말들까지 만들어냈을 것이다. 따라서 이야기에 쓰이는 말들은 일상적 생활말과 달리 주위의 사물을 일컫는 명사와 기본적인 움직임을 나타내는 동사를 넘어서기 마련이다. 그러므로 사물과 동작을 역동적으로 나타내는 묘사 언어로서 형용사와 부사, 그리고 인간의 감정과 생각을 나타내는 추상적 개념어가 이야기와 함께 발전했을 것이다.

오랫동안 마제석기 제작을 하면서 무료함을 달래기 위해 이야기를 했을 뿐 아니라, 주술적 목적을 수행하기 위한 의식의 절차로서 이야기를 했을 가능성도 있다. 앞의 이야기와 달리, 뒤의 이야기는 신화 곧 본풀이 양식을 띠었을 것이다. 제의를 집행하는 주술사의 이야기를 통해 신령이 등장하고 영적 세계가 형성되었을 것이며, 속상의 이야기에서 태초의 역사를 담은 시조신화와 조상들의 영웅담이 형성되었을 것이다.

---

25) 겨울철 세시풍속을 대표하는 설과 보름은 조상신과 동신에게 제의를 올리며 평안과 풍요를 비는 고대 굿의 유산이라 할 수 있다.

신화적 이야기는 태초의 혼돈상태로부터 하늘과 땅이 열리고 인간이 등장한 질서를 설명하며 지금 여기를 이루는 세계의 근원을 인식하고 공유하는 서사문학의 밑자리를 이루었다. 신화는 본풀이로서 역사서술의 출발이자 종교적 세계를 열어가는 초월적 사유의 긴요한 매체로서 집단무의식의 발현과 공유 구실을 하였다. 따라서 신화를 비롯한 서사적 이야기는 이 시기에 가장 중요한 미디어 구실을 하였던 셈이다.

"전설과 신화에 바탕을 둔 이런 종류의 이야기는 상징적 존재의 역사"로[26] 자리매김되는가 하면, 신화적 주술의 그림을 그리고 제의를 올리는 종교문화의 이론적 토대 기능까지 담당하게 된다. 그러므로 후기 신석기에 이르면, 신성한 시작의 역사를 이야기하는 천지개벽의 노래나, 인류시조에 관한 노래가 본풀이 형식으로 나라굿과 같은 의식에서 구연되었을 것이다. 태초의 천지개벽을 노래하는 서사무가는 《성서》 창세기의 천지창조 신화와 맞서는 유형의 본풀이다.

4. 건국시조본풀이 서술체계의 구조적 일관성

주술은 종교와 예술 양식 이전에 형성된 고대인들의 문제해결 방식이다. 주술을 과학과 견주어 미신으로 폄시하는 경우가 있지만, 에드먼드 리치(Edmund Leach)는 과학과 다른 형이상학적 표현으로 간주한다. '과학이 세계의 상태를 물리적 수단에 의해 변화시키려는 기술적 행위라면, 주술은 세계의 상태를 형이상학적 수단에 의해 변화시키려는 표현적 행위'로 규정한다.[27] 그러므로 주술은 자연과학적 검증을

---

26) 브라이언 페이건 지음/이희준 옮김, 《세계 선사문화의 이해》, 사회평론, 2015, 23쪽.

27) Edmund Leach, *Culture and Communication*, Cambridge University Press, 1976, 29쪽.

넘어선 형이상학적 설득력을 갖추고 있어서 최근까지 주술적 사유체계가 지속되고 있을 뿐 아니라, 표현적 행위 양식은 창조적 예술세계의 문을 열어주는 길잡이 구실을 하였다.

주술적 사유가 세계관으로 또는 종교적 신앙으로 발전함에 따라 자기들의 시조나 지도자는 곧 해와 같이 위대한 존재로 신성시되었다. 해로 은유되는 지도자는 곧 지상세계의 삼라만상을 다 살리는 존재인 까닭에 건국시조로 추대되기 일쑤였다. 건국시조는 으레 태양으로 은유되고 상징되는 까닭에 태양시조사상이 형성되었다. 왜냐하면 신석기인들은 빙하기를 겪으면서 태양이야말로 삼라만상을 다 살리는 초월적 존재라는 사실을 절감했기 때문이다.

신시인들은 신석기인들 가운데에서도 빙하기를 슬기롭게 극복하고 해빙기를 맞이하여 새로운 공동체생활을 하게 된 자연 적응력이 탁월한 인류였다. 따라서 자기들의 지도자를 환인 또는 환웅으로 일컬어 하늘과 해로 은유하면서 '천왕'으로 받들었다. 이렇게 태양시조로 등장한 최초의 시조왕이 환웅천왕이다. 환웅천왕은 삼라만상을 살리는 해처럼 홍익인간 이념을 지닌 채 하늘에서 땅으로 강림하여 나라를 세우고 재세이화(在世理化)한 신성한 군주로 이야기되고 있다. 태양시조사상에 입각하여 건국시조의 역사적 행적을 이야기로 구성하여 전승한 최초의 사료가 고조선본풀이라 하겠다.

고조선본풀이는 고조선문명을 연구하는 데 가장 필수적인 사료이다. 왜냐하면 이 사료는 고조선시대의 역사와 문화, 세계관, 통치방식 등을 구체적으로 서술한 유일한 역사 서술이자, 기록으로 남아 있는 긴요한 문헌사료이기 때문이다. 이보다 더 중요한 사실은 이 사료가 우리 민족사 서술의 토대가 되어 이후의 고대국가 건국사 서술의 본보기 구실을 하였다는 사실이다.

다시 말하면, 환웅신시의 건국본풀이가 당대의 역사 서술에 머물지 않고 천여 년 이상 건국본풀이의 신성한 보기, 곧 원형(archetype) 구실을 함으로써 우리 민족의 역사철학 구실을 담당했다는 말이다. 그러므로 후대의 건국본풀이에서도 환웅천왕의 태양시조사상과 홍익인간 이념, 재세이화의 논리들이 수천 년 뒤까지 지속되면서 변화되어온 놀라운 역사적 흐름과 민족사적 경향성을 개성 있게 포착할 수 있다.

그럼에도 고조선본풀이는 흔히 '단군신화'로 일컬어지면서, 사료로서 가치를 인정하기 어려운 기록으로 취급되어 왔다. 최남선은 《삼국유사》 '고조선'조의 기록을[28] 우리 상고사의 가장 신성한 역사로 자리매김하기 위하여 '단군신화'로 일컬었다.[29] 그러나 후대 사가들은 '신화'라는 호명을 빌미로 오히려 고조선시대의 역사를 부정하는 단서로 삼았다.

모든 역사의 첫 장은 신화로 서술된다는 사실을 알지 못하는 식민사가들은 고조선조의 기록이 '신화'라는 사실을 전제로 그 시대의 역사를 부정했다. 그 논리는 두 가지이다. 하나는 신화와 역사가 다르다는 논리이며, 둘은 단군이 허구적으로 만들어진 신화적 존재일 뿐이라는 논리이다. 이 두 논리는 모두 과학적 사실을 존중하는 실증사학에 근거한 것처럼 보이지만, 사실은 기록 내용을 축자적으로 읽기만 하고 역사적으로 해석하는 능력을 발휘하지 못한 한계를 드러낸 것이다. 더 근본적 이유는 고조선 역사를 부정하려는 속셈으로 사료를 의도적으로 왜곡한 탓이다.

연구자들이 잘못된 전제에 따라 신화적 사료들을 자의적으로 부정하기도 하고 긍정하기도 하는데, 이때 실증주의 논리가 일관되게 적용된 것도 아니다. 왜냐하면 모든 신화사료는 실증할 수 없는 초월적 사실이 포함되어 있는 까닭에 특정 건국신화만 골라서 역사가 아니라고 할 수 없기 때문이다.

실증주의에 따라 건국신화를 역사가 아니라고 한다면, 단군조선뿐만 아니라 건국사가 신화처럼 쓰여진 고대사는 대부분 삭제되어야 마

---

28) 《三國遺事》卷1, 紀異1, 古朝鮮-王儉朝鮮.
29) 崔南善, 〈朝鮮의 神話〉, 高大亞細亞問題硏究所 編, 《六堂崔南善全集》 5, 玄岩社, 1973, 17쪽 참조.

땅하다. 단군조선의 역사는 물론 부여의 역사, 고구려와 신라, 가야의 역사도 모두 단군신화처럼 건국시조들이 신화로 서술되어 있는 까닭이다. 실증주의 잣대로 신화사료를 부정하게 되면, 우리 고대사는 모두 역사가 아니라 '만들어진 신화'에 지나지 않는다. 따라서 신화사료에 대한 편견과 왜곡으로 고조선시대의 역사를 묻어버리는 식민사가들의 책동에 더 이상 빌미를 제공하지 않고 '신화'라는 외래용어의 한계를 극복하기 위해서 이른바 '단군신화'를 '고조선본풀이'로 명명하며, 본풀이사관으로 고조선시대의 역사를 해석하려 하는 것이다.

본풀이사관은 본풀이가 신화의 우리말이자, 태초의 역사를 일컫는 우리말이라는 소박한 시도에서 출발한 것이 아니다. 건국신화 곧 건국본풀이를 중요한 사료로 끌어들여서 연구하자는 수준에서 본풀이사관을 표방한 것도 아니다. 사관은 용어의 주체성이나 사료의 확장성을 넘어서서 역사를 해석하는 이론적 관점이기 때문이다. 역사를 연구하는 본풀이사관의 이론적 관점은 지금 여기의 현실적 문제의식에서 출발하여 과거의 역사를 근본적으로 재해석하고 현실의 문제를 해결하는 실마리를 찾아내는 것은 물론, 여기서 더 나아가 미래의 역사적 전망을 제시하는 데까지 이르는 역사해석의[30] '통시대적 관점'을 뜻한다.

통시대적 관점은 역사를 현재진행형으로 보고 과거와 현재, 미래를 아우르는 관점이다. 어떤 특정 시대사를 연구하더라도 현재의 역사의식에서 그 시대를 거슬러 올라가서 해석하고, 현실문제의 해결은 물론 미래의 역사를 바람직하게 제시할 수 있어야 한다. 따라서 과거사와 현재사, 미래사를 특정 시대사 연구로 포섭해 오는 까닭에 본풀이의 통시대적 관점은 곧 시대를 통섭하는 새로운 역사학과 만난다.

본풀이사학은 현재의 문제의식에서 과거를 재해석하는 까닭에 과거학이되 단순한 과거학이 아니다. 현실문제의 해결을 목표로 과거의 역사를 주목하는 까닭에 오히려 현재학에 가깝다. 현실문제 해결에서 나

30) 임재해, 〈고조선 '본풀이'의 역사인식과 본풀이사관의 수립〉,《단군학연구》 21, 단군학회, 2009, 351~408쪽에서 본풀이사관을 자세하게 다루었다.

아가 미래의 전망을 제시한다는 점에서 미래학이기도 하다. 자연히 과
거학이거나 현재학, 미래학이기만 한 것이 아니다. 현재학이면서 과거
학이자 미래학인 것이 본풀이사학이다. 그러므로 본풀이사학은 역사학
의 기본적 문제의식인 통시적 해석을 가장 근본으로 삼고, 모든 역사
는 현재진행의 역사로 지속되고 축적된다는 사실에 입각하여, 과거와
현재, 미래의 시대를 아우르는 종적 통섭의 역사학이라 할 수 있다.

　방법론으로서 본풀이사관은 본풀이고고학[神話考古學]과31) 본풀이고
현학[神話考現學]의32) 두 극단 사이에서 다양한 스펙트럼을 이루기 마
련이다. 생활사료는 본풀이고현학의 관점에서 현재 생활세계에 살아
있는 문화적 전통으로 고대사를 거꾸로 재구성하는 근거이자, 고대문
화를 끌어와 현실 문화의 뿌리를 포착하기 위한 사료 구실을 한다. 고
조선문명을 해명하는 논의는 생활사료를 이용한 본풀이고현학에 머물
수 없다. 본풀이고고학의 관점에서 고대의 본풀이사료 자체를 가장 중
요한 사료로 주목하고 새로운 해석 논리를 개척하는 수준까지 나아가
야 할 것이다.

　건국본풀이는 세 갈래로 해석할 수 있다. 갈래 하나는 건국주체로
서 건국시조의 정체성과 영웅적 지도자상을 밝히는 일이고, 갈래 둘은
당시 생활세계의 구체적 실상과 문화적 양식을 읽어내는 일이며, 갈래
셋은 건국본풀이의 서사구조를 중심으로 건국과정의 역사적 인식과 세
계관의 동질성을 한국 고대사에서 두루 포착하여 일반화하는 일이다.

　사료를 정확하게 해석하려면 사료의 구성 양식과 표현의 논리를 제
대로 알아차려야 한다. 그러지 않으면 훈고주석의 수준이나 축자적 말
풀이에 머무는 한계가 있다. 따라서 건국본풀이의 구조적 원리는 물론,
'기의'를 담는 '기표'의 논리를 포착해야 사료 해석의 설득력을 확보할
수 있다. 그러자면 한 편의 본풀이가 아니라, 우리 민족의 건국본풀이
전반을 통찰하여 수미일관된 논리를 찾아야 한다. 그러한 첫 번째 결

---

31) 임재해, 《고조선문화의 높이와 깊이》, 226쪽 및 324쪽.
32) 임재해, 위의 책, 235쪽 및 473쪽 참조.

과가 우리 민족의 건국본풀이는 수천 년 이상 같은 논리의 서사구조 속에서 형성되고 지속되었다는 사실이다. 이 사실을 체계적으로 포착하는 데에는 건국시조의 존재 자체보다 본풀이의 서술방식과 서사구조를 분석하는 것이 더 긴요하다.

고조선본풀이를 분석적으로 이해하려면, 건국의 주체와 국가가 다른 두 본풀이로 구성되어 있다는 사실부터 포착해야 한다. 본풀이 하나는 '환웅의 신시건국 본풀이'로서 《삼국유사》 고조선조에 인용된 《고기》의 기록 대부분을 차지고 있는 내용이다. 본풀이 둘은 '단군의 조선건국 본풀이'로서 신시건국본풀이 말미에 결합되어 있는 내용이다. 이러한 분석적 이해가 중요한 것은, 고대 건국본풀이 대부분은 이와 같은 이원적 구조로 이루어져 있을 뿐 아니라, 실제 역사적 사실이 이러한 선후 두 국가의 순차적 단계 속에서 발전적으로 전개되고 있는 까닭이다.

따라서 이러한 사실을 놓치게 되면, 우리 민족사의 초기 역사가 삭제 당하는 심각한 오류에 빠진다. 실제로 단군조선의 역사를 부정하는 사람들은 더 말할 나위도 없고, 단군조선을 고조선으로 호명하면서 괄목할 만한 연구성과를 올린 고조선 전문 학자들조차 《고기》의 기록을 '단군조선'의 사료로 해석하는 데 만족함으로써, 그보다 더 구체적으로 더 비중 높게 서술된 '환웅신시'의 역사를 덮어버리기 일쑤이다. 그러므로 단군조선을 민족사의 시초로 간주하여, 환웅천왕의 신시 역사를 배제시키거나 아예 삭제해 버리는 심각한 한계에 빠져들고 말았다. 그 결과 민족시조는 단군이고 최초의 국가는 고조선이라 하여, 진정한 민족시조 환웅을 제거해버리는 것은 물론, 신시국의 역사는 아예 묵살해 버린 상황이다.

그러나 고조선본풀이, 곧 《고기》의 사료를 정확하게 읽기만 하면, 단군조선이 아니라, 민족시조 환웅이 태백산 신단수 아래에 신시를 건국한 사실이 가장 먼저, 그리고 가장 자세하고 분명하게 서술되어 있는 사실을 알아차릴 수 있다. 따라서 이 역사적 사료가 "왜 환웅신화가 아니라 단군신화인가?" 하는 의문을 가지는 것은[33] 당연하다. 환웅

신시와 견주어볼 때 오히려 단군조선에 관한 내용은 상대적으로 매우
빈약할 뿐 아니라 덜 체계적이기 때문이다. 그럼에도 환웅신화가 아니
라 단군신화로 주목되는 것은 건국본풀이의 서사적 내용 때문이 아니
라, 이것을 해석하고 의미를 부여한 연구자들에 의한 오류 탓이다. 이
런 오류를 바로잡기 위해 고조선조의 본풀이사료를 있는 그대로 읽고
분석적으로 해석할 필요가 있다.

  가) 환웅의 신시
   1) 환인은 아들 환웅이 인간세상을 구하려고 하는 것을 알고 삼위태백
     에 내려가 홍익인간 이념을 펼치도록 천부인 3개를 주어 다스리게 했다.
   2) 환웅이 무리 삼천을 거느리고 태백산 신단수 아래로 내려와 신시라
     하고 천왕이 되어 무릇 360여 사를 재세이화했다.
   3) 곰과 범이 환웅에게 찾아와 사람이 되기를 빌어서 쑥과 마늘을 먹고
     햇빛을 보지 말라고 했는데, 곰은 잘 따라서 3칠일 만에 여성이 되었다.
   4) 사람이 된 곰네는 신단수 아래에서 환웅에게 아이배기를 빌자, 환웅
     이 잠깐 변하여 혼인하였더니 잉태하여 단군왕검을 낳았다.

  나) 단군의 조선
   5) 단군은 평양성에 도읍하고 조선이라 하였으며, 도읍을 아사달로 옮
     겨 1,500년 동안 나라를 다스렸다.
   6) 단군은 도읍지를 장당경으로 옮겼다가 다시 아사달에 돌아와 산신이
     되었으니 1908세였다.[34]

  건국시조와 국가에 따라 고조선조의 본풀이는 위와 같이 가) 환웅
의 신시와 나) 단군의 조선 건국본풀이로 나누어진다. 단락 1) 2) 3)
4)가 환웅신시본풀이라면, 단락 5) 6)은 단군조선본풀이이다. 더 엄밀
하게 보면, 단락 3) 4)는 환웅신시의 서사이면서 단군조선으로 넘어가

---

33) 임재해, 〈단군신화에 던지는 몇 가지 질문〉,《민족설화의 논리와 의식》, 132
    쪽(《文化財》21, 文化財管理局, 1988, 207~223쪽에 처음 발표).
34)《三國遺事》卷1, 紀異1, 古朝鮮－王儉朝鮮.

는 과정의 서사라 할 수도 있다. 여러 차례 거론한 것처럼, '고조선'조
《고기》의 기록내용은 환웅신시에 관한 것이 대부분인데 견주어, 단군
조선에 관한 기록은 나)의 5) 6)처럼 말미의 일부일 따름이다. 단군의
행적은 조선을 세우고 도읍지를 몇 차례 옮긴 끝에 아사달 산신이 된
내용이 전부이다.

　단군의 행적이 없어도 환웅의 신시본풀이는 그 자체로 온전한 서사
구조를 이룰 수 있다. 신시본풀이를 고려한다면, 단락 1)과 2)만 있어
도 건국시조 이야기로서 완벽하다고 할 수 있다. 따라서 처음에는 단
락 1) 2)의 내용만 본풀이로 전승되다가, 단락 3) 이후의 내용은 환웅
신시시대 이후에 덧붙여진 것일 수 있다. 그러므로 건국시조본풀이는
일시에 지어져서 완성되었다고 하는 착각에서 벗어나야 제대로 해석할
수 있다.

　모든 본풀이는 구비문학의 양식으로 제의적 현장에서 구연될 때 비
로소 자기 존재감을 드러낸다. 현장상황에 따라 가변적으로 구연되는
까닭에 역사가 전개되는 과정과 함께 계속 창작되어 보태지기 마련이
다. 본풀이의 구연현장은 굿판이다. 당본풀이는 마을굿이나 고을굿에서
노래되고 성주풀이는 성주굿에서 노래된다. 따라서 건국시조풀이는 나
라굿에서 노래되기 마련이다.

　환웅본풀이는 신시의 나라굿에서 노래되었을 것이고, 단군본풀이는
조선의 나라굿에서 노래되었을 것이다. 조선의 나라굿에서는 환웅본풀
이가 먼저 노래되고 이어서 단군본풀이가 노래되었을 것이다. 해모수
본풀이는 부여의 나라굿에서, 주몽본풀이는 고구려의 나라굿에서 노래
되었을 것이되, 주몽본풀이는 해모수본풀이에 이어서 노래되었을 것이
다. 환웅의 신시와 단군의 조선, 해모수의 부여와 주몽의 고구려는 역
사적 선후관계에 있으면서 통시적으로 계승되었던 까닭이다. 그러므로
구비전승의 논리와 본풀이가 노래되는 굿의 현장을 고려하면, 고조선
본풀이가 어떻게 통시적으로 형성되고 전승되었는가 하는 사실을 알
수 있다.

환웅의 신시시대 나라굿에서는 환인의 천상세계에서부터 태백산 신단수 아래에 하강하여 신시를 세우고 인간세상을 다스리는 당시 상황까지 본풀이를 하게 마련이다. 그것이 신시시대 나라굿에서 구연되는 환웅본풀이이다. 그러나 단군의 고조선시대 나라굿 본풀이는 상황이 달라질 수밖에 없다. 시대가 바뀌고 도읍도 바뀌었을 뿐 아니라 나라도 신시에서 조선으로 바뀌었다. 따라서 조선의 왕검인 단군본풀이를 덧보태어 노래해야 한다. 단군본풀이를 하려면 자연히 그 부모인 환웅의 근본내력을 함께 노래하지 않을 수 없다. 그러므로 《고기》의 고조선기록은 환웅본풀이를 포함한 단군본풀이로서 단군시대 말기 이후에 형성된 본풀이 내용이라 할 수 있다.35)

따라서 시기별로 형성되고 구연된 본풀이 내용을 단락별로 정리하면, 첫째 단계) 환웅의 신시건국 초기 나라굿에서는 단락 1), 2)가 노래되고, 둘째 단계) 환웅의 신시에 이웃민족이 찾아와서 연맹국가로 성장했던 시기의 나라굿에서는 단락 3), 4)가 더 보태어져 노래되었을 것이다.

그리고 셋째 단계) 단군이 조선을 건국한 초기에는 단락 1)에서 5)까지 노래되었을 것이며, 넷째 단계) 단군이 죽어서 산신이 된 이후부터는 6)이 보태어져서 모든 단락이 노래되었을 것이다. 그러므로 건국본풀이의 내용은 완결된 상태에서 고정적 형태로 전승되는 것이 아니라, 역사적 전개과정에 따라 새 역사적 사실을 보태면서 계속 완성해가는 가변적 양식으로 포착해야 온전한 역사해석이 가능하다.

구연할 때마다 가변적으로 완성되는 구비문학의 이치를 모르면 건국본풀이가 일시에 하나의 사료로 완성된 것처럼 착각할 수 있다. 특히 나라굿과 같은 공식적인 제의에서 구연되는 경우에는 어느 개인이 역사적 사실을 임의로 내용을 조작할 수 없다. 모든 사람들이 귀를 기울이고 구연 내용에 주의를 기울이며 역사적 사실을 확인하기 때문이다. 따라서 구술사가(oral historian)들은36) 듣는이들의 반응과 평가를

---

35) 임재해, 〈한국신화의 주체적 인식과 민족문화의 정체성〉, 《단군학연구》 17, 단군학회, 2007, 277쪽.

의식하기 마련이다. "듣는 이들에게는 공식적으로 인정된 역사로서 비평 집단 앞에서 실연됨으로써 이전에 동일한 이야기를 들은 적이 있는 청중의 비평적 평가를 받는다."[37] 그러므로 의도적 왜곡이나 실수에 의한 오류가 허용되지 않는다.

나라굿에 참여하는 사람들은 이미 건국본풀이를 여러 차례 들어서 잘 알고 있는 내용이다. 구연 과정에 오류와 왜곡이 있으면 개입하여 바로잡기 마련이다. 더욱이 왕조가 바뀌는 것과 같은 중요한 역사적 사실을 새로 보태지 않고 종전대로 과거 사실만 상투적으로 구연하는 일은 불가능하다. 새 역사의 주체들이 자기가 이룩한 역사가 어떻게 구연되는가 지켜보고 있는 까닭이다. 나라굿을 할 때마다 건국본풀이가 구연되면서 다수의 전문가들로부터 점검을 받는다는 사실을 고려하면, 건국본풀이는 한갓 개인적인 역사이야기가 아니라, 민족집단의 대표들에 의해 평가되고 공인된 공적 역사이야기로 인식해야 할 것이다.

이러한 구비역사의 존재양식과 기능을 제대로 알지 못하면 구비역사의 사료적 가치를 인정하지 않게 된다. 모든 기록의 역사는 기억의 역사와 구비전승의 역사를 토대로 이루어진다. 특히 문자생활을 하지 않는 무문자 사회나 문자가 없던 시대에는 구비역사가 중요하다. 무문자 시대의 상고사는 사실상 구비역사에 의한 것이기 때문이다. 그러므로 고대국가의 건국본풀이는 구비역사의 훌륭한 유산이다.

구비역사를 부정하게 되면, 민족사의 가장 밑자리 구실을 하는 건국본풀이의 역사도 부정하게 된다. 신화는 역사가 아니라는 형식논리에 빠지게 되면, 건국본풀이의 역사 서술 기능도 한갓 허구적 이야기로 산주된다. 환웅신시의 역사는 물론 단군조선의 역사조차 마치 역사적 실체가 아닌 것으로 여기는 데에는 구비역사와 신화에 대한 뿌리

---

36) Jan Vansina, *Oral Tradition: A Study in Historical Methodology*, Penguin Books, 1965에서 구술사가에 대한 논의와 함께 구비전승의 역사연구 방법론을 자세하게 다루었다.
37) 브라이언 페이건 지음/이희준 옮김, 《세계 선사 문화의 이해》, 사회평론, 2015, 37쪽.

깊은 역사적 불신이 자리잡고 있다.

게다가 사료로부터 역사를 읽어내는 귀납적 해석을 하지 않고, 잘못된 역사적 전제를 앞세워서 사료를 읽는 까닭에《고기》의 고조선본풀이를 환웅신화가 아니라 단군신화로 간주하는 오류에 함몰될 수밖에 없다. 단군을 민족시조로 간주하며 민족사의 출발을 단군조선에서 시작된 것으로 믿고 있는 단군시조론의[38] 오류, 그리고 환인신시의 역사는 물론 단군조선의 전기 역사를 부정하는 오류는 고조선을 부정하는 식민사학의 전제에 포섭된 결과이다. 그러므로 이러한 부당 전제의 오류에서 벗어나려면, 사료 자체를 귀납적으로 해석하는 것이 바람직하다.

고조선본풀이 내용의 질이나 양을 고려할 때, 이 기록은 전적으로 단군본풀이가 아니라 환웅본풀이, 또는 고조선건국본풀이가 아니라 신시건국본풀이로 일컬어야 마땅하다. 당위적 논리에도 불구하고 단군신화로 또는 고조선 건국신화로 호명하는 관행 때문에 민족사의 실체를 여러 모로 왜곡할 뿐 아니라, 초기 역사를 삭제하는 오류를 저지르고 있다. 실증주의에 매몰되어《고기》자료를 축자적으로 해석하는 학자들도 단군조선 부정에 골몰하느라, 환웅신시의 역사에 대해서는 아예 언급조차 하지 않는다. 사료를 제대로 읽기만 하면, 단군조선 이전에 환웅의 신시가 초기국가로서[39] 면모를 갖춘 민족사 최초의 국가라는 사실을 쉽게 파악할 수 있다.

그럼에도《고기》의 기록을 단군신화로 일컫는 까닭에 환웅이 주체가 되어서 실천한 모든 역사적 행적이 마치 단군의 행적처럼 왜곡되고 있다. 아버지인 환웅천왕을 제쳐두고 아들인 단군을 버젓이 민족시조로 숭앙할 뿐 아니라, 환웅이 표방하고 실천한 '홍익인간 재세이화'도 단군의 행적인 것처럼 착각하고 있다. 더 심각한 것은 단군이 세운 나

---

38) 단군시조론은 단군신앙과 단군민족주의를 만들어냈고, 단군신앙과 단군민족주의가 다시 단군시조론을 일반화하는 역기능을 빚어내고 있다. 이 두 관계가 맞물려서 상승 작용을 하고 있다.

39) 신용하,《한국민족의 기원과 형성 연구》, 지식산업사, 2017, 87~90쪽에서 환웅의 신시고국을 고대국가 형성 직전 단계의 '군장국가'로 규정하였다.

라를 '고조선'으로 일컫는 것이다. 단군이 세운 나라의 국호를 '조선'이라고 분명히 밝혀 두었는데도 국호로 전혀 쓰이지 않은 '고조선'을 단군이 건국한 것처럼 왜곡하고 있어서, 우리 민족사의 출발부터 서술의 오류 속에 함몰되어 있다.

건국본풀이 해석에서 더 중요한 문제는 조선이나 부여, 고구려, 신라의 건국본풀이를 서로 관련성 없이 제각기 해석하는 까닭에 민족사로서 통시적 역사해석의 길을 차단한 사실이다. 따라서 이들의 건국사와 건국주체들을 이민족의 역사로 제각기 귀속시키거나, 마치 서로 다른 이민족이 우리 고대국가들의 건국주체였던 것처럼 해석하는 데에 이르렀다. 그 결과 민족신화를 북방계신화와 남방계신화로 분할하여 귀속시키는가 하면, 민족사의 통시적 전개과정과 자력적 발전 양상을 묵살함으로써, 역사적 연구를 지리적 해석으로 환원하는 데 만족한다.

한반도에서 전승되는 건국본풀이를 지리적 분포로 양분함으로써, 마치 남북방 신화의 전래에 의해 민족신화가 형성된 것으로 간주하는 것이다. 이보다 더 심각한 문제는 민족사의 통시적 맥락 속에서 건국시조본풀이를 해석하지 않고 이웃민족의 문화적 요소를 끌어다가 사소한 동질성만 발견되어도, 그것을 근거로 민족이동설이나 문화 전래설을 펴는 종속적 연구가 지속되고 있는 점이다.

환웅의 천손강림 현상을 북방 유목민족의 이주로 해석함으로써 단군조선의 건국을 시베리아에서 이주해온 민족의 역사로 귀속시키는 한편, 김알지는 알타이인으로, 석탈해는 몽골인으로 간주하여[40] 마치 우리 민족의 건국사는 북방민족에 의한 신탁통치의 산물로 이루어진 것처럼 해석하는 것이 그러한 폐단의 구체적 보기이다.

건국시조의 천손강림 화소만 북방신화와 일치할 뿐, 서사구조와 구체적 내용은 전혀 다르다. 홍익인간의 건국이념이나 재세이화의 치국철학은 북방형의 어느 신화에서도 발견되지 않는 민족철학이다. 따라

---

40) 김병모, 《금관의 비밀》, 푸른역사, 1998, 148~149쪽.

서 북방전래설의 한계를 극복하기 위해 우리 민족 건국본풀이가 지닌 서사구조의 일반 이치와 건국시조의 독자적 정체성을 발견해 내는 일이 긴요하다.

먼저 본풀이사료의 서사구조부터 분석해 보면, 고조선본풀이가 천손강림의 환웅본풀이와 천손에서 인간으로 태어난 단군본풀이로 구성되어 있는 중층적 양식이 고조선본풀이에 한정되지 않고 부여의 건국본풀이, 고구려의 건국본풀이, 신라의 건국본풀이 등으로 후대까지 천년 이상 지속되고 있다는 사실을 발견하게 된다. 다시 말하면 한민족의 건국시조본풀이는 《고기》의 고조선본풀이처럼 2대에 걸쳐서 중층적으로 구성되어 있다는 말이다.

이러한 이중적 건국본풀이의 구성이 일관성을 지니고 있는 현상은 우연한 것이 아니라, 민족적 정체성과 본풀이사관의 동질성에서 비롯된 필연적인 것이다. 같은 민족인 까닭에 일관된 사관으로 자기 역사를 구성하고 서술하며 일정한 양식의 본풀이를 지속적으로 전승하고 있는 것은 자연스러운 일이다. 따라서 한국 굿문화의 전통과 본풀이문화의 맥락 속에서 건국시조본풀이를 보면 새로운 역사 해석의 길이 열린다.

건국본풀이의 서사구조가 동일할 뿐 아니라, 거기에 담겨 있는 민족시조가 천손이자 해를 상징하는 존재라는 사실까지 환웅의 신시시대부터 신라, 가야시대에 이르는 동안 변함없이 이어진다. 건국시조본풀이의 이중구조는 환웅신시와 단군조선 본풀이에서 시작하여, 부여의 시조 해모수와 동부여의 시조 해부루 및 고구려의 시조 주몽으로 이어진다. 고조선본풀이의 서사구조와 세계관의 일관성을 확인하기 위하여 해모수와 주몽의 동명왕 전승을 고조선본풀이와 대조적으로 정리하면 아래와 같다. ( ) 안은 고조선본풀이 내용이다.

가) 해모수의 부여(환웅의 신시)
 1) 천제(天帝)가 태자 해모수를 부여의 고도에 내려가 놀게 하였다.

(환인이 서자 환웅에게 삼위태백에 내려가 다스리게 했다.)

2) 해모수가 오룡거를 타고 종 백 명을 거느리고 웅심산에 내려와 아침
에 일을 보고 저녁에 하늘로 올라가므로 천왕랑(天王郞)이라 하였다.
(환웅이 삼천 명을 거느리고 태백산에 내려와 신시를 세우고 천왕이
되어 재세이화 했다.)

3) 해모수가 웅심연에 노는 하백의 딸 유화를 붙잡아 혼인을 하였으나
유화를 두고 혼자서 오룡거를 타고 승천하였다.
(곰이 환웅에게 찾아와 사람이 되기를 원하여 쑥과 마늘을 먹고 햇빛
을 보지 않아서 3칠일 만에 여성이 되었다.)

4) 쫓겨난 유화는 금와왕의 별실에 거처하면서 햇빛을 받아 잉태를 하
고 알을 낳았는데, 알에서 주몽이 태어났다.
(사람이 된 곰네는 환웅에게 아이배기를 빌어서 환웅과 혼인하고 단군
을 낳았다.)

나) 주몽의 고구려(단군의 조선)

5) 주몽은 부여를 탈출하여 졸본천 비류수에 집을 짓고 나라이름을 고
구려라 하였다.
(단군은 평양성에 도읍하고 조선이라 하였으며, 도읍을 아사달로 옮겼다.)

6) 주몽은 본디 성이 해씨였으나 천제 아들이라 하여 고씨로 성을 삼았다.[41]
(단군은 도읍지를 장당경으로 옮겼다가 아사달에 돌아와 산신이 되었다.)

위와 같이 대조해 보면 두 건국본풀이의 이중적 서사구조는 물론 거
기에 담긴 세계관도 상당히 일치한다.[42] 다만 구체적인 내용에서 차이
를 보이는 것은 나라가 다를 뿐 아니라 역사적 시대가 다른 까닭이다.
다른 국가의 역사적 사실이기 때문에 건국시조의 이름은 물론, 천상에서
지상으로 내려온 지명과 도읍지, 국호 등이 다른 것은 당연하다.

먼저 부여와 신시의 선국본풀이에 해당되는 단락 1), 2)를 대조해
보자. 천제가 해모수에게 부여의 고도에 내려가 놀게 한 사실은, 환인

41) 《世宗實錄地理志》 卷154, 地理志, 平安道 平壤府.
42) 윤명철, 《고구려의 정신과 정책》, 학연문화사, 2004, 117쪽, "이규보가 쓴
《동국이상국집》의 동명왕편에 따르면, 이 신화의 첫 부분은 역사 천손강림신
화의 형태로서 단군신화와 구조는 물론 의미도 동일하다."

이 환웅에게 삼위태백에 내려가게 한 사실과 일치하며, 해모수가 낮 동안에 지상에 머물면서 나라를 다스린 까닭에 천왕랑으로 일컬은 것처럼, 환웅도 지상에 내려온 천손으로서 재세이화한 까닭에 천왕으로 일컬어졌다. 해모수와 환웅은 모두 천제의 아들인 천자로서 태백산과 웅심산에 내려와 나라를 다스리며 천왕으로 호명된 것이다. 그러므로 시대와 국가는 다르지만, 신시와 부여의 건국시조가 천손강림 형태의 '천왕'이라는 동질성을 지닌다.

이어지는 단락 3), 4)는 건국시조가 아내를 얻어 아들을 낳고, 그 아들이 제각기 건국시조가 되어 새 나라인 조선과 고구려를 건국하는 주체가 되는 과정의 이야기이다. 따라서 이 대목은 단락 1), 2)의 신시와 부여 건국본풀이에 덧보태어진 것으로서 제각기 조선과 고구려 건국본풀이로 이어지기 위한 역사적 매개 구실을 하는데, 이 매개의 주체가 건국시조의 아내이자 성모 구실을 하는 웅녀와 유화 곧 '곰네'와 '버들네'이다.43)

곰네는 사람으로 변신하기 위하여 쑥과 마늘을 먹고 3칠일 동안 햇빛을 보지 않은 채 갇혀 지내는 통과의례를 거쳤다. 유화부인 버들네 또한 입술이 3척이나 늘어져 말도 못했을 뿐 아니라, 금와왕(金蛙王)의 별실에 갇혀 있는 통과의례를 거친다. 이런 통과의례 이후에 곰네는 단군을 낳고 버들네는 주몽을 낳는다. 그러므로 웅녀 곰네는 신시 건국시조 환웅의 부인이자 조선 건국시조 단군의 성모이며, 유화부인 버들네 또한 부여 건국시조 해모수의 부인이자, 고구려 건국시조 주몽의 성모로서 일관된 성격을 지닌다.

단락 5)와 6)은 환웅과 곰네, 그리고 해모수와 버들네 사이에서 태어난 단군과 주몽이 제각기 조선과 고구려를 건국하고 건국시조로서 자기 정체성을 확립하는 대목이다. 단군이 평양성에 도읍지를 정하고 조선을 건국한 것처럼, 주몽은 비류수에 거처를 정하고 고구려를 건국

---

43) 곰네와 버들네는 熊女와 柳花를 우리말 이름으로 의역한 것이다.

한다. 단군은 1908세를 살다가 아사달에 들어가 산신이 됨으로써, 환웅
의 아들로서 인간세상의 왕에 머물지 않고 산신이라는 새로운 세계의
신격으로 비약했다. 주몽 또한 해모수의 아들로서 해주몽이 아니라 고
구려의 건국시조로서 성을 고씨로 바꾸어 천제의 아들 고주몽으로 비
약했다. 그러므로 구체적인 내용은 여러모로 차이가 있을 수밖에 없으
나 전체적인 서사구조는 상당히 일치한다고 할 수 있다.

더 중요한 사실은 세계관의 일치이다. 환웅이나 해모수가 모두 천
제의 아들로서 천손강림 방식으로 지상에 내려와 제각기 신시와 부여
의 건국시조가 되는 것은 물론, 모두 천왕으로 일컬어졌다는 것이다.
따라서 해모수천왕의 부여를 국가로 인정해야 하는 것처럼, 환웅천왕
의 신시도 국가로 인정해야 한다는 근거를 다시 마련할 수 있다. 해모
수의 북부여가 역사적 실체로서 인정되듯이, 환웅의 신시도 역사적 실
체로 인정되는 것이 마땅하다. 그런데 고조선연구를 표방하는 학자들
조차 환웅의 신시를 국가로 인정하지 않는 경향이 있다.

이러한 경향은 신라사 해석에도 이어진다. 신라 건국시조를 문제
삼을 때 으레 박혁거세부터 시작하는 까닭에 박혁거세 이전의 신라사
는 묵살되기 일쑤이다. 마치 단군이 건국시조일 뿐 환웅은 상관없는
존재로 묵살되는 것처럼, 박혁거세를 추대한 6촌의 촌장신화는 제대로
주목되지 않는다. 신화학 전공자들이 건국신화를 다루는 경우에도 6촌
신화는 제외하고 박혁거세신화부터 다루는 까닭이다. 단군조선 이전에
환웅신시가 있었던 사실이 역사적으로 중요한 것처럼, 박혁거세 이전
에 6촌촌장이 있었던 사실 또한 중요한 역사가 틀림없다.

역사학의 관점이 아닌 사료학의 관점이나 신화학의 관점에서 보더
라도, 건국본풀이의 서사구조를 주목하면 단군의 조선 이전에 한웅의
신시처럼, 주몽의 고구려 이전에 해모수의 부여가 있었던 사실을 알
수 있다. 같은 논리로 박혁거세의 신라 이전에 촌장들의 6촌도 있었다.
6촌의 역사를 빼놓고 신라사를 말할 수 있을까. 신라사의 시작은 6촌
본풀이와 박혁거세본풀이로부터 비롯되는 까닭이다. 거듭 말하면, 고대

한국사에서 건국본풀이는 한결같이 이중구조로 이루어져 있다는 사실
이 매우 긴요하다는 것이다.

5. 건국시조본풀이 서사구조의 동질성과 지속성

흥미롭게도 단군본풀이가 《삼국유사》에 수록되어 있되, 《삼국사기》
에는 수록되어 있지 않은 것처럼, 해모수본풀이도 《삼국유사》에만 수
록되어 있고 《삼국사기》에는 수록되어 있지 않다. 김부식을 비롯한
《삼국사기》의 저자들이 천손강림의 신이사관(神異史觀)을 인정하지 않
은 까닭이 아닌가 한다. 따라서 환웅신시는 물론 단군조선의 역사도
서술하지 않았고 해모수의 부여사도 역사로 인정하지 않은 것 같다.
다만 해모수를 주몽의 아버지로 기록하고 있을 따름이다. 《삼국사기》
가 중국 중심의 유교사관에 충실한 나머지 우리 역사를 여러 모로 축
소시킨 점을 여기서도 확인할 수 있다.

《삼국사기》와 달리 《삼국유사》는 물론, 《세종실록지리지》의 평양지
방 항목에서는 해모수본풀이가 자세하게 기록되어 있다. 조정에서는
해모수의 부여국을 제대로 주목하지 않았으나, 평양지역에서는 천손강
림의 건국시조본풀이를 지역사로서 생생하게 전승하며 기록으로 남겼
던 것이다. 따라서 고대 건국시조의 역사나 건국초기의 역사를 제대로
포착하려면 관찬사서보다 사찬사서 및 지방지를 주목하는 것이 고대사
를 포착하는 데 더 효과적일 수 있다. 지역의 역사는 지역에서 더 생
생하게 인식될 뿐 아니라, 중앙정권의 의도에 따라 왜곡될 가능성도
적기 때문이다. 지금도 대부분의 지방사는 구비전승으로 지속될 뿐 관
찬사서에 기록되어 전승되는 경우는 아주 드물다. 그러므로 신라 건국
시조본풀이도 관찬사서 《삼국사기》보다 사찬사서인 《삼국유사》의 기록

을 참조하는 것이 더 바람직하다. 6촌촌장 본풀이도 《삼국유사》에 잘
정리되어 있다.

가) 촌장들의 6촌
　첫째 1) 알천 양산촌 촌장은 알평인데 처음에 하늘에서 표암봉에 내려
　　　　왔으며 급량부 이씨의 조상이 되었다.
　　　2) 노례 때 급량부, 고려 태조때 중흥부라 하였으며 동쪽마을이
　　　　여기 속했다.
　둘째 1) 돌산 고허촌 촌장은 소벌도리인데 처음에 하늘에서 형산에 내
　　　　려 왔으며, 사량 부정씨의 시조가 되었다.
　　　2) 고려 때 남산부라고 하였는데, 구량벌을 비롯한 남쪽 마을이
　　　　여기에 속했다.
　셋째 1) 무산 대수촌 촌장은 구례마인데, 처음에 하늘에서 이산에 내려
　　　　왔으며 점량부 손씨의 조상이 되었다.
　　　2) 고려 때는 장복부라고 하였으며, 박곡촌 등 서쪽 마을이 여기
　　　　에 속했다.
　넷째 1) 자산 진지촌 촌장은 지백호인데, 처음에 화산으로 내려왔으며
　　　　본피부 최씨의 시조가 되었다.
　　　2) 고려 때는 통선부라 하였으며 사파 등 동남쪽 마을이 여기에
　　　　속했다.
　다섯째 1) 금산 가리촌 촌장은 지타였는데, 처음에 명활산에 내려왔으
　　　　며 한기부 배씨 의 시조가 되었다.
　　　　2) 고려 때는 가덕부라 하였으며, 사서지 등 동쪽 마을이 여기
　　　　에 속했다.
　여섯째 1) 명활산 고야촌 촌장은 호진인데, 처음에 금강산으로 내려왔
　　　　으며 습비부 설씨의 조상이 되었다.
　　　　2) 고려 때는 임천부라 하였으며 물이촌 등 동북쪽 마을이 여
　　　　기에 속했다.[44]

---

44) 《三國遺事》 卷1, 紀異1, 古朝鮮－王儉朝鮮, "一曰 閼川楊山村 南今曇嚴寺 長曰謁
　平 初降于瓢嵓峰 是爲及梁部李氏祖.""二曰 突山高墟村 長曰蘇伐都利 初降于兄
　山 是爲沙梁部鄭氏祖.""三曰 茂山大樹村 長曰俱禮馬 初降于伊山 是爲漸梁部 又
　牟梁部孫氏之祖.""四曰 觜山珍支村 長曰智伯虎 初降于花山 是爲本彼部崔氏祖."
　"五曰 金山加利村 長曰祇沱 初降于明活山 是爲漢歧部 又作韓歧部裵氏祖.""六曰

위의 6촌장본풀이는 마치 마을신화나 성씨시조신화처럼 대수롭지 않게 보인다. 그렇지만, 환웅본풀이와 해모수본풀이의 서사구조와 함께 보면 촌장시조본풀이도 같은 구조를 이루고 있는 놀라운 사실을 발견하게 된다. 게다가 환웅의 신시가 단군조선의 토대가 되었고 해모수의 부여가 주몽의 고구려 건국 토대를 이룬 것처럼, 촌장들의 6촌 또한 혁거세의 신라 건국 토대를 이루었을 뿐 아니라, 환웅신시의 세계관을 고스란히 지속하고 있다.

다시 말하면, 혁거세의 신라 건국 이전 시기에 6촌시대를 일군 촌장들은 모두 환웅이나 해모수처럼 하늘에서 산으로 내려온 존재로서 천손강림형 시조본풀이의 전통을 고스란히 이어가고 있다. 따라서 촌장본풀이의 서사단락 1)과 2)는 환웅본풀이나 해모수본풀의 단락 1) 2)와 같은 것은 물론, 천손강림형 서사가 구조적 일관성을 지니고 있다. 그러한 사실을 정리하면 아래와 같다.

가) 환웅본풀이 : 환웅이 하늘에서 태백산 신단수 아래에 내려와 신시의 시조왕
나) 해모수본풀이 : 해모수가 하늘에서 웅심산으로 내려와 머물며 부여의 시조왕
다) 촌장본풀이 : 촌장 알평이 하늘에서 표암봉에 내려와 급량부 이씨의 시조(6촌의 다른 촌장의 서사구조도 이와 같다)

촌장들은 건국시조가 아니라 성씨시조가 되고 한 고을을 다스리는 데 그쳤다. 국가의 시조왕은 아니었지만, 일정한 행정구역을 다스리는 군장으로서 시조였다. 따라서 천손강림형 시조라는 점에서 환웅이나 해모수와 다르지 않으며, 신라 건국의 밑자리가 되었다는 사실도 일치한다. 특히 천손강림 방식에서 촌장들이 모두 하늘에서 산으로 강림하는 구조도 같다. 이러한 천손강림형 서사구조는 가야국의 수로왕본풀

明佸山高耶村 長曰虎珍 初降于金剛山 是爲習北部薛氏祖."

이에서도 고스란히 이어진다.

본풀이의 이중구조를 주목하면 시조왕들의 선후 인과관계가 분명하다. 환웅이 없으면 단군이 없고, 해모수가 없으면 주몽이 없듯이, 6촌 촌장들이 없으면 박혁거세도 없다는 사실이 포착된다. 왜냐하면 박혁거세는 6촌 촌장들에 의해서 신라의 건국시조로 추대되었기 때문이다. 따라서 신라 건국사를 밝히려면 촌장시대의 역사로부터 시작해야 하는 것처럼, 단군조선의 역사를 제대로 서술하려면 당연히 그 밑자리 구실을 한 환웅신시의 역사부터 주목해야 한다. 주몽의 고구려사도 해모수의 부여사를 뒤이은 것이므로, 해모수의 부여사를 배제한 채 주몽의 고구려 건국사를 통시적으로 서술할 수 없다.

이처럼 어느 시대의 역사나 두 건국본풀이가 짝을 이루며 선후관계 속에서 일관되게 구성되어 있다. 두 건국본풀이를 하나로 이어서 이중구조로 서술한 것은 우리 건국본풀이의 전형적 양식이다. 처음에는 앞의 본풀이만 구연되다가 뒤의 나라가 건국되자 해당 본풀이가 이어져서 구연되고 전승된 결과이다. 그러므로 수천 년에 걸친 건국본풀이의 서술 역사는 구조적 동질성을 지니고 있는 까닭에, 역사적 선후관계를 맥락적으로 밝히는 데 매우 기능적이다.

다만 신라의 경우에는 후대로 이어지는 새 국가의 건국과정이 더 발전적이다. 부자(父子)에 의한 혈연적 세습관계를 극복하고, 여러 촌장들의 합의에 따른 민주적 추대에 의해 박혁거세가 신라건국의 시조가 되었다다. 이러한 변화는 6촌사회가 화백제도와 같은 합의체로 운영된 사실을 반영한다. 화백제도는 다수의 합의제인 까닭에 세습제가 배격될 수밖에 없다. 이러한 역사적 발전 때문에 본풀이의 서사단락 3)과 4)는 단군조선과 고구려의 경우와 상당히 차이를 보일 뿐 아니라, 후대에는 세 여왕이 등장하는 파격도 나타난다.

3) 6부 촌장들이 알천 언덕에 모여서 덕망 있는 사람을 임금으로 추대하기로 했다.

(해모수가 하백의 딸 유화와 혼인한 뒤에 유화를 버려둔 채 승천하였다.)

(곰이 환웅에게 찾아와 사람이 되기를 원하여 3칠일 만에 여성이 되었다.)

4) 양산 계정(鷄井)45) 가에 백마가 자주빛 알을 실어왔는데, 알에서 혁거세가 태어났다.

(유화는 햇빛을 받아 잉태하고 알을 낳았는데, 알에서 주몽이 태어났다.)

(곰네는 환웅에게 아이배기를 빌어서 환웅과 혼인하여 단군을 낳았다.)

촌장의 시조는 환웅과 해모수처럼 하늘에서 산으로 내려온 천손강림형 인물이다. 그러나 촌장사회는 이른바 화백제도로 이끌어가는 집단지도체제였다. 따라서 그들 사회를 공동으로 이끌어갈 단일체제의 왕은 출산 형태로 세습될 수 없는 상황이다. 왜냐하면 집단지도체제에서 어느 지도자의 아들을 건국시조로 정할 수 없기 때문이다. 그러므로 제3의 인물을 촌장들의 합의에 의해 새 나라의 시조왕으로 추대하는 것이 바람직한 방법이다.

문제는 특정 인물을 추대하게 되면 하늘에서 강림한 촌장들의 신성성과 천손강림형 시조왕의 역사적 정통성이 훼손되는 점이다. 이 문제를 해결하려고 촌장들의 합의에 의한 추대를 인정하는 동시에 천손의 신성한 혈통을 특히 강조하여, 백마가 하늘에서 실어온 알에서 건국시조 혁거세가 태어나도록 한 것이다. 혁거세가 알에서 태어난 점에서 주몽의 출생과정과 같을 뿐 아니라, 알이 하늘에서 내려왔다는 사실은 혁거세가 천손으로서 정통성을 확보한 것을 뜻한다. 그러므로 혁거세본풀이는, 환웅과 해모수 본풀이와 상당한 차이가 있어서 마치 딴판의 본풀이처럼 보이지만, 그 속에 숨어 있는 이면을 해석해 보면 구조적 일관

---

45) 《三國遺事》 卷1, 紀異1, 新羅始祖 赫居世王. "初王生於鷄井 故或云鷄林國 以其鷄龍現瑞也 一說脫解王時得金閼智 而鷄鳴於林中 乃國號爲鷄林"을 근거로 볼 때, 나정은 계정(鷄井)의 잘못이다. 이 기록 서두에는 나정(蘿井)으로 되어 있으나, 뒷부분에서 "처음에 왕이 계정(鷄井)에서 출생한 까닭에 나라 이름을 계림국이라 하였다"고 하므로 나정이 아니라 계정이 옳다. 임재해, 《신라금관의 기원을 밝힌다》, 지식산업사, 2008, 342~346쪽에서 이 문제를 자세하게 다루었다.

성과 세계관적 동질성을 고스란히 지속하고 있는 것을 알 수 있다.

나) 혁거세의 신라

5) 혁거세는 왕호를 거서간으로 칭하고 국호를 계림이라 했는데 뒤에 신라로 고쳤다.

(주몽은 졸본천 비류수에 집을 짓고 국호를 고구려라 하였다.)

(단군은 평양성에 도읍하고 조선이라 하였으며, 도읍을 아사달로 옮겼다.)

6) 혁거세는 61년에 하늘로 올라갔다가 주검이 땅에 떨어져 5릉에 묻혔다.[46]

(주몽은 본디 해씨였으나 천제의 아들이라 하여 스스로 성을 고씨로 바꾸었다.)

(단군은 도읍지를 장당경으로 옮겼다가 아사달에 돌아와 산신이 되었다.)

나)의 내용을 보면, 혁거세의 신라도 단군조선 및 주몽고구려와 서사적 구조가 서로 일치한다. 단락 5)에서 혁거세가 왕호와 국호를 정해서 건국시조다운 면모를 보인 것은 주몽이나 단군의 행적과 같다. 그리고 마지막 단락 6)은 건국시조왕으로서 국가체제를 갖춘 왕이 그 이후 새로운 존재로 변신하는 내용으로 마무리된다. 단군이 아사달의 산신이 되었고, 주몽은 성을 해씨에서 고씨로 바꾸어서 고주몽이 되었다면, 혁거세는 승천했다가 7일 만에 지상으로 떨어져서 5릉의 주인이 되었다.

따라서 혁거세본풀이는 단군이나 주몽에 견주어 볼 때 상당히 파격적인 결말을 이루고 있다. 혁거세를 예사 왕과 다른 초월적 존재이면서 현실적인 무덤이 있는 역사적 존재로 그리기 위해서는 이러한 결말로 형상화할 수밖에 없다. 왜냐하면 혁거세는 천손으로서 초월성을 지닌 시조왕이기 때문에 일반인들처럼 주검을 묘지에 바로 묻었다고 할 수 없다. 따라서 죽음과 동시에 하늘로 승천한 초월성을 보인 것이다.

---

46) 《三國遺事》, 위와 같은 곳.

그러나 현실적으로 혁거세왕의 무덤은 지상에 있다. 흩어진 몸을 제각기 묘지로 만들어 5릉을 남김으로써, 신이한 시조왕의 정체성을 기리도록 한 것이다.

환웅신시의 건국본풀이와 그로부터 2,3천 년 뒤에 형성된 고구려 건국본풀이는 물론, 신라 건국본풀이까지 서사적 구조가 같고 태양시조사상이 일치하는 것은, 단순히 민족사의 지속성을 입증할 뿐 아니라, 민족문화의 정체성이 환웅의 신시국에서부터 형성된 사실을 더 구체적으로 입증한다. 신시의 건국주체이자 신시국의 홍익인간 이념을 추구한 우리 민족은 같은 지역에서 같은 문화를 누리며 수천 년 동안 같은 역사를 살아온 까닭에, 건국시조가 바뀌고 나라가 바뀌어도 천손강림의 건국본풀이 서사구조와 태양시조사상의 세계관을 일관되게 공유했던 것이다.

만일 태양시조사상을 공유하지 않았다면 이중적인 건국본풀이의 서사구조도 일관되게 지속되기 어려웠을 것이다. 지금까지 구체적으로 검토한 서사구조를 더 명료하게 정리하면, 한민족 건국신화의 세계와 태양숭배 사상이 더 일목요연하게 정리된다.

환웅이 하늘에서 태백산에 내려와 신시의 천왕
　　→ 환웅의 아들 단군이 조선을 건국

해모수가 하늘에서 웅심산에 내려와 부여의 왕
　　→ 해모수의 아들 주몽이 고구려 건국

알평이 하늘에서 표암봉에 내려와 급량부의 시조
　　→ 알평 등의 추대로 혁거세가 신라 건국

해를 상징하는 천자가 하늘에서 지상의 산으로 내려와 건국시조가 되었다는 서사구조의 일관성은 환웅의 신시시대에서 신라와 가야시대까지 지속되고 있다. 환웅시대와 신라시대는 적어도 3천 년 이상의 역

사적 간격을 지니고 있다. 그럼에도 이러한 구조적 일치를 보이는 것
은 민족적 동질성과 문화적 정체성에서 비롯된다. 다시 말하면 환웅의
신시인들이 곧 후대의 고구려인들이자 신라인들의 원류였다는 말이다.
그것은 역사적 사실로 기록되어 있는 것이기도 하다. 《삼국사기》〈신
라본기(新羅本記)〉의 기록에 따르면, 산골짜기에 6촌을 이루고 사는 주
민들은 "조선의 유민(遺民)들"이었다고[47] 밝혀 두었다.

신라 건국의 바탕을 이룬 6촌의 주민들이 단군조선의 유민(遺民)이
라는 것은 두 가지 사실을 말한다. 하나는 6촌 주민들이 곧 단군조선
의 후예들로서 민족적 동질성을 지녔다는 것이며, 둘은 6촌 사회 이전
부터 이 지역이 단군조선의 영역에 속해 있었다는 지리적 강역의 일치
를 뜻하는 것이다. 그런데 유민(遺民)이라는 말을 단군조선의 후예라는
뜻으로 이해하지 않고, 유민(流民)으로 엉뚱하게 해석하는 바람에 아예
신라를 단군조선의 유이민(流移民)으로 성립된 나라인 것처럼 오해하고
있다.

역사적 지속성을 뜻하는 '遺民'과, 지리적 이동을 뜻하는 '流民'을 분
별할 능력이 없었다는 것도 문제지만, 고조선의 역사와 강역을 축소하
려는 의도에서 비롯된 작위적 해석이라면 문제가 더 심각하다. 이병도
가 '북방의 평양 부근에 중심을 두었던 고조선 유민의 내거설(來去
說)'을[48] 주장한 이래 이러한 편견은 지속되어왔고 시베리아기원설
이나 유목문화전래설을 펴는 중요한 근거가 되었다.

그러나 사료의 해석이나 본풀이의 구조적 동질성을 고려할 때, 6촌
사회의 주민들은 물론, 신라인들도 과거에는 단군조선의 강역에 속해
있으면서 배달민족으로서 동질성을 지녔다. 따라서 '신라지역 원주민
들은 고조선이 붕괴된 뒤에 진한의 여섯 부를 이루고 있었으며, 그
여섯 부의 중심세력이었던 육부촌장은 고조선 이래 그 지역의 명문

---

47) 《三國史記》 卷1, 〈新羅本紀〉 第1, "先是 朝鮮遺民 分居山谷之間 爲六村".
48) 金富軾, 李丙燾 譯, 《三國史記》, 乙酉文化社, 1983, 新羅本紀 第一, 譯者 註(4).

거족이었다.'고49) 하는 것이 타당한 해석이다. 그러므로 신라의 촌장 사회는 환웅본풀이의 천손강림형 서사구조와 태양시조사상을 고스란히 계승한 집단이라 하지 않을 수 없다.

가야의 건국시조인 수로왕본풀이도 천손이 하늘에서 특정 산으로 내려와 건국시조가 된다는 서사구조가 환웅본풀이와 일치한다. 신시건 국본풀이에서 환웅이 환인천제의 명을 받아 지상에 내려와 신시의 시 조왕이 되는 것처럼, 가야건국본풀이에서도 수로가 천신의 명을 받아 하늘에서 구지봉(龜旨峯)으로 내려와 가야의 시조왕이 되는 것이다. 더 구체적인 서사구조는 신라의 혁거세본풀이와 아주 닮았다. 그것은 단 군조선의 후예로서 천손사상의 정체성을 이어가는, 가야의 역사적 친 연성이 신라와 더 가까운 까닭이다.

6촌촌장이 알천 언덕에서 회의를 하다가 하늘에서 계정(鷄井) 가에 내려온 자줏빛 알을 발견하고 그 속에서 나온 아이를 신라의 시조왕으 로 추대한 것처럼, 가야국의 건국사에서도 '9촌의 9간(九干)들이 계곡 에서 잔치를 하다가 하늘의 계시를 받고 구지봉에 내려온 황금알을 발 견하고 그 속에서 나온 아이를 가야의 시조왕으로 추대한다.'50) 따라 서 신라와 가야의 두 건국본풀이는, 시조왕이 하늘에서 빛나는 알의 형태로 지상으로 내려와 여러 지도자들의 추대에 의해 시조왕이 된다 는 서사구조가 서로 같다고 하지 않을 수 없다. 그리고 알은 모두 해 를 상징하는 구체물로서 난생(卵生)이 아니라 일생(日生)이라는 점도 일치한다. 구지봉에 내려온 황금알은 해를 은유한 상징으로서 태양시 조사상을 가장 구체적으로 나타낸 것이다.

다만 여섯 촌장이나 아홉 구간의 정체가 다소 차이를 보일 따름이 다. 신라의 6촌장은 환웅처럼 천손강림의 존재인데, 9간의 경우에는 그 러한 출현과정의 설정 없이 등장한다. 그러나 수로가 "하느님(皇天)이 나에게 명하기를 이곳에 와서 나라를 새롭게 하여 임금이 되라고 하여

---

49) 윤내현, 《한국열국사연구》, 지식산업사, 1998, 230쪽.
50) 《三國遺事》卷2, 紀異2, 駕洛國記.

구지봉에 일부러 내려왔다"고[51] 말한다. 그러므로 홍익인간 이념으로 세상을 구하고자 환인의 명을 받고 태백산에 내려온 환웅본풀이의 서두 내용과 수로의 내용이 고스란히 일치한다.

따라서 6촌촌장의 천손강림 부분을 서술하지 않은 채, 9간이 출현한 대목만으로도 충분히 천손강림의 명분과 서사적 요소를 서술한 셈이다. 더군다나 박혁거세가 자줏빛 알로 태어나 광채를 냄으로써 해를 상징하는 존재인 것처럼, 수로왕 또한 해처럼 번쩍거리는 둥근 황금알에서 태어난[52] 까닭에 해를 상징하는 존재인 것이다. 그러므로 가야의 수로왕본풀이 또한 다른 본풀이처럼 천손강림사상과 태양시조사상을 고스란히 아우르고 있는 것이다.

환웅이 태백산에 하강 → 신시의 천왕 → 단군왕검의 조선 건국
해모수 웅심산에 하강 → 부여의 천왕[53] → 주몽의 고구려 건국
6촌 시조가 산에 하강 → 육촌의 촌장 → 박혁거세의 신라 건국
천명으로 구지에 하강 → 구촌의 구간 → 김수로의 가락국 건국

위와 같이 환웅의 신시부터 수로의 가야에 이르기까지 민족신화로서 구조적 일관성을 확인할 수 있다. 건국본풀이의 일관된 서사구조는 같은 역사와 세계관을 공유하는 민족 동질성과 함께 문화적 정체성을 보여주고 있는 소중한 사실이다. 더군다나 역사의 전개과정에 따라 선후의 역사를 이중구조로 서술한 본풀이사료의 기록방식도 일치한다.

본풀이사료의 출처도 다르고 수록문헌도 다르며 시대와 기록자까지 전혀 다름에도 불구하고, 두 건국시조를 계승 관계로 서술한 이중적

---

51) 《三國遺事》 卷2, 紀異2, 駕洛國記, "皇天所以命我者 御是處 惟新家邦 爲君后侯 爲玆故降".

52) 《三國遺事》 위와 같은 곳, 駕洛國記. "唯紫繩自天垂而著地 尋繩之下 乃見紅幅裏 金合子 開而視之 有黃金卵六圓如日者."

53) 李奎報, 《東國李相國集》, 卷3, '東明王篇'에서는 해모수를 일러 사람들이 '天王郎'이라 했다고 한다.

서사의 천손강림 구조가 동일한 사실은 매우 놀랄 만한 것이다. 그러
므로 환웅신시에서부터 김수로의 가락국에 일관된 흐름의 역사를 총체
적으로 포착하게 되면, 민족사의 체계 속에서 환웅신시를 배제할 수
없다. 왜냐하면 환웅신시가 민족사의 통시적 전개를 일관되게 구조화
하는 역사철학의 바탕인 까닭이다.

6. 환웅신시의 역사를 입증하는 후대의 본풀이

민족사의 전개가 같은 구조와 맥락으로 일목요연하게 이어졌기 때
문에 놀랄 만한 것은 아니다. 통시적으로 선후관계가 없는 역사가 없
으므로 인과관계를 이루는 이중구조의 역사서술은 상당히 체계적이라
할 수밖에 없다. 놀랄 만한 사실은 이러한 역사적 서술 양식과 내용이
환웅신시의 역사를 부정할 수 없는 근거 구실을 하고 있는 까닭이다.
다시 말하면 부여 이후 가야까지 오랜 역사를 볼 때, 같은 구조와 세
계관으로 서술된 환웅신시의 역사를 이어받았다는 사실이 분명하게 드
러난다는 말이다. 그러므로 만일 환웅신시의 역사가 없다면, 같은 방식
과 내용의 전통을 이어받은 후대의 역사도 있을 수 없다.

특정 시대의 역사는 당대의 사료가 아니라 늘 후대의 사료에 의해
밝혀지는 것이다. 당대의 역사 기록이 없거나 사라져도 후대의 기억과
기록에 의해 복원되기 마련이다. 이처럼 대부분의 역사 서술은 후대의
사료를 근거로 이루어지는 것이다. 따라서 후대의 역사를 바탕으로 그
앞시대의 역사를 헤아릴 수 있다. 역사는 사료의 횡적 관계에 의해서
밝혀지기도 하지만 선후 역사의 인과관계에 의해서 밝혀지기도 한다.
그러므로 어떤 사료든 고립된 구조물로서 해석하는 데 만족하지 말고
사료의 횡적 관계와 종적 관계 속에 구성되는 유기체로 주목하고 맥락
적으로 해석해야 지평융합의 길이 열린다.

문제는 이러한 역사의 존재양식을 신화학자는 물론, 사학자들조차 정확하게 포착하지 못하고 있는 까닭에, 민족사에서 환웅신시가 배제되는 동시에, 환웅의 홍익인간 이념과 재세이화의 통치방식조차 마치 단군의 것으로 간주되는 착종에 이르렀다. 그 바람에 우리 상고사 체계가 엉망이 되고 초기 민족사의 서술은 출발부터 빗나가게 되었다.

환웅신시가 배제된 것과 달리, 해모수의 부여와 주몽의 고구려는 제각기 인정되고 그 선후관계도 제대로 인식됨으로써 본풀이사료의 실상에 맞게 부여사와 고구려사가 연속성 속에서 이해되고 있다. 해모수와 주몽의 본풀이가 선후관계 속에서 연속적으로 기록되어 있는 만큼, 부여와 고구려의 역사도 대등하게 연속적으로 인정되고 있는 것이다.

그러나 신라사에 이르면 이러한 연속성이 다시 흐트러진다. 6촌 촌장들의 본풀이가 혁거세본풀이 앞에 자세하고 체계적으로 서술되어 있는데도, 시조본풀이로서 제대로 주목되지 않았다. 특히 신화학계에서는 촌장신화를 한국신화의 범주 속에 귀속시키지 않는 것이 일반적이며, 촌장본풀이의 서사구조와 내용은 환웅본풀이를 고스란히 이어받고 있는 점도 간과하고 있다. 그러므로 민족사의 통시적 맥락 속에서 역사적 지속성과 문화적 동질성을 포착하려면, 환웅신시와 단군조선, 해모수 부여와 주몽 고구려처럼, 촌장본풀이와 박혁거세본풀이도 같은 구조와 논리로 해석할 필요가 있다.

가야사에 이르면 신라의 6촌장과 달리 9간들의 본풀이가 보이지 않는다. 가야 이전의 9간 사회는 신라 이전의 6촌 사회와 같은 수준의 역사 단계에 해당된다. 6촌의 촌장들은 환웅처럼 하늘에서 산으로 내려온 천자로서 천손강림형 본풀이의 정체성을 뚜렷하게 보이지만, 9간들은 그러한 천손강림형 서술이 없다. 《가락국기》에 아예 그러한 기록이 없었는지, 그것을 요약해서 《삼국유사》에 간추려 옮기는 과정에서 빠졌는지 알 수 없다.

그러나 6촌촌장본풀이와 혁거세본풀이의 선후관계를 가야건국본풀이에 가져와 본다면, 9간들 또한 천손강림형 인물로 서술되었을 가능성이 높다. 왜냐하면 9간들이 알을 발견하고 거기서 태어난 인물을 건국시조로 추대한 과정이 촌장본풀이와 같을 뿐 아니라, 알에서 아기로 태어나는 수로왕의 출현과정도 혁거세와 동일한 까닭이다. 그렇다면, 가락국의 건국사 특히 9간들의 천손강림 과정은 《가락국기》가 《삼국유사》에 간추려 서술되는 과정에 생략되었을 가능성이 높다. 그러므로 쓰여지지 않은 9간들의 본풀이는 없었던 것으로 간주할 것이 아니라, 서사구조의 이치와 촌장본풀이에 견주어서 같은 양상으로 추론할 필요가 있다.

지금까지 건국본풀이가 이중구조로 되어 있는 사실을 근거로 상호 관계 속에서 맥락적으로 해석하는 가운데, 본풀이를 기록하고 해석하는 데 따라 어떻게 묵살되고 탈락되었는가 하는 것을 논의했다. 그 결과를 일목요연하게 정리하면 아래와 같다.

조선: (환웅의 신시) 〈 단군의 조선 : 환웅신시를 단군신화로 귀속하여 단일화
고구려: 해모수의 부여 ⇒ 주몽의 고구려 : 부여와 고구려의 독립성과 선후관계 인정
신라: (촌장들의 6촌) ≠ 혁거세 신라 : 촌장신화는 신라신화에서 아예 소외시킴
가야: ≠ 김수로 가야 : 구간신화가 있었는데 기록과정에 생략됨

위의 정리에서 ( )로 묶어 놓은 부분은 본풀이 기록이 분명하게 있는 데도 연구자들이 제대로 그 존재감을 포착하지 못했거나 다른 본풀이와 대등하게 인식하지 않은 사실을 나타낸다. 따라서 환웅의 신시는 연구자들이 그 자체로 건국본풀이로 인정하지 않고 단군조선 건국본풀이의 일부로 흡수·귀속시켜 버린 사실이 잘 드러난다.

가야의 구간들처럼 가로줄로 지워놓은 부분은 본풀이로서 자질을 제대로 인정받지 못한 채 묵살당했다는 것을 나타낸다. 적어도 《삼국유사》에서 가야는 3국의 범주로 인정되지 않은 까닭에 축약되어 서술될 수밖에 없었다. 따라서 구간들의 본풀이는 기록에도 없고 사가들이 복원하지도 않았던 사실이 드러나며, 촌장들의 6촌본풀이는 뚜렷하게 기록되어 있는데도 학계에서 본풀이로 인정하지 않고 배제한 사실도

드러난다.

따라서 신라와 가야의 본풀이는 모두 난생신화로 엉뚱하게 분류되고 남방신화의 전래로 해석되어 마치 본디 민족신화와 다른 맥락에서 형성된 것처럼 해석되기도 한다. 그러므로 6촌 촌장본풀이를 무시한 까닭에 신라인들이 단군조선의 후예로서 환웅의 신시본풀이 전통과 세계관을 고스란히 전승하는 가운데 천손강림형 인물을 건국시조로 삼고 태양시조사상을 이어받고 있다는 사실을 제대로 알아차리지 못한 것이다.

이처럼 건국시조본풀이를 제각기 하나의 실체로 고립시켜 다룰 것이 아니라 총체적 시각에서 유기체로 해석하면 민족사의 서술구조는 물론, 건국시조의 정체성과 한민족의 역사의식을 정확하게 포착할 수 있다. 그리고 동일한 서술구조와 세계관을 근거로, 제대로 쓰여지지 않았거나 생략된 내용들을 추론함으로써 잃어버린 역사를 복원하는 것은 물론, 서로가 서로를 비추어주는 거울효과로 교차해석의 길도 개척할 수 있다. 그러므로 파편화된 지식이나 요소적 내용에 매달려서 민족신화를 외국신화의 아류로 간주하는 기존연구의 한계를 극복해야 한다.

7. 건국시조 환웅과 태양시조사상의 지속 양상

사료 해석은 서술체계나 구조로서 분석하는 수준에서 만족할 수 없다. 사료의 구조와 체계는 사료의 내용을 담기 위한 틀이자 형식일 따름이다. 따라서 사료의 구조적인 틀과 함께 그 안에 담긴 내용을 상호관계 속에서 해석하는 작업도 병행해야 한다. 그러므로 건국본풀이의 서사구조를 총체적으로 포착한 근거 위에서 건국사의 주체와 공간, 왕호와 국호 등 구체적인 내용들을 분석적으로 검토하는 작업이 이어져야 할 것이다.

본풀이의 구체적인 내용들은 서사구조를 이루는 구성요소들로서 개별적이되 다른 요소들과 유기적인 관계를 이룬다. 개별적인 요소들을 제 각기 다루고 말 것이 아니라, 상호관계를 고려하여 분석하면, 서사구조 의 해석처럼 그동안 파악하지 못했던 사실들도 새롭게 해석할 수 있다.

건국시조의 정체성은 천손강림의 서사에서 드러날 뿐 아니라, 그 이 름에서도 천손이라는 사실이 구체적으로 드러난다. 가장 주목되는 주체 이자 논의의 출발점으로 삼아야 할 인물은, 《삼국유사》 고조선조 《고 기》에 인용된 환인과 환웅의 존재이다. 그들이 민족사 서술의 첫 인물 이자 건국영웅일 뿐 아니라, 천손강림형 본풀이의 원형인 까닭이다.

'고조선'조에 인용된 《고기》의 기록은 건국주체를 이중으로 호명함 으로써, 읽는 이로 하여금 정체를 정확하게 이해할 수 있도록 기발한 방법을 택했다. 건국주체들의 이름을 한결같이 우리말 소리값과 한자 말 뜻을 결합시켜 이중으로 명명한 것이다. 이를테면 환인+제석, 환웅 +천왕, 단군+왕검이 그러한 보기이다. 환인과 환웅, 단군은 우리말 소 리값이나 이두로 일컫는 이름이고, 제석과 천왕, 왕검은 모두 한자말로 주체의 지위를 나타낸 말이다.54) 그러므로 우리말 소리값과 한자말 뜻 을 풀어서 해석하면 상호이해가 가능하다.

환인제석의 제석은 불교적인 용어로서 제석천(帝釋天)의 최고 신격 을 나타낸다. 우리말로 하느님이자 한자말로 천제라 할 수 있는 존재 이다. 따라서 환인제석은 종교적 세계관에 따라 환인천제나 환인상제 라고 일컬을 수 있는가 하면, 특정 종교와 상관없이 하느님으로서 천 신을 뜻한다. 우리말 소리값의 '환인'은 '환-님'을 한자로 표기한 것이 다. '환한 님'을 줄인 말이 '환-님'이자 환인이다. 환한 님은 '한님'이자 하느님으로서 구체적 실체로 해를 높여서 일컫는 해님이라는 말이다.

환웅은 환한 울(울타리)로서 '환울' 곧 하늘이다. 하늘의 어원도 환 울에서 찾아야 할 것이다. 환울에서 화눌, 하늘이 되었을 것이다. 환웅 은 하늘에서 태백산 신단수 아래로 내려온 시조왕이므로 천왕이다. 환

---

54) 임재해, 《민족신화와 건국영웅들》, 민속원, 2판 2006, 49쪽.

웅은 환인제석 또는 환인천제의 아들로서 천자이자 천손이며 건국시조
이니 천왕일 수밖에 없다. 환웅은 하늘의 소리값을 한자로 표기한 명명
이고, 천왕은 건국시조로서 환웅의 정체를 한자말로 호명한 왕호이다.

환인과 환웅 곧 하느님과 하늘은 모두 환하다는 말에서 비롯된 존
재이다. 하늘이나 하늘의 왕인 해는 모두 환한 실체이다. 환하다는 것
은 두 가지 뜻을 지닌다. 하나는 공간적으로 막힘없이 훤하게 트여 있
는 공간을 뜻하며, 둘은 빛이 밝은 현상을 뜻하는 것이다. 하늘은 공간
적으로 막힘없이 환할 뿐 아니라, 어둡지 않아서 환하다. 해는 하늘의
제왕이자 빛의 실체이다. 그러므로 환인과 환웅은 해와 빛으로 은유된
다. 특히 환인이 하늘에 떠 있는 환한 님으로서 해님이라면, 환웅은 태
백산 신단수 아래로 내려와 지상세계를 밝게 비추는 햇빛이라 할 수
있다.

환인과 환웅 부자는 해와 햇빛의 관계를 상징한다. 환웅천왕의 아
들 단군왕검의 우리말 칭호는 단군(檀君)이며 한자말 칭호는 왕검(王
儉)이다. 왕검은 인간세상을 다스리는 제왕의 호칭이다. 단군은 박달나
무 단(檀)자를 끌어와 이두 형식으로 표기한 우리말로서 '밝달임금'을
일컫는 왕호이다. '환하다' 또는 '하늘' 개념을 끌어온 환인과 환웅 부
자의 천신 계열 호명과 달리, 사람의 아들로 태어난 왕검은 '밝다' 또
는 '밝은 땅' 개념을 끌어와 단군이라 일컬었다. 밝은 것은 공간적 트
임과 무관하다. 좁은 동굴 속에서도 불이나 빛이 있으면 밝다. 그러므
로 단군은 우주 공간의 환한 개념과 달리 지상 개념으로서 빛이 밝은
것을 뜻하는 셈이다.

건국시조본풀이의 주체를 나타내는 이름을 볼 때, "고조선인들이
하늘의 상징인 해를 하느님"[55]으로 받들었으며, 박달임금인 "壇君을 해
의 아들"로[56] 또는 해의 손자로 호명한 사실을 알 수 있다. 물론 이때
고조선시대 사람들은 단군의 왕검조선 이전인 전조선시대 사람들로서,

---

55) 윤내현,《고조선 연구》, 一志社, 1994, 702쪽.
56) 윤내현, 위의 책, 702쪽.

구체적으로 말하면 신시인들이다. 단군이 태어나기 전인 환웅의 신시시대부터 이미 해를 숭배하는 종교적 사유가 있어서 태양시조사상과 홍익인간 이념이 형성되었던 것이다. 그러므로 환웅이 홍익인간 이념을 실현하기 위하여 신시를 건국하게 된 것이다.

이러한 건국이념과 태양시조사상의 형성 원인은 빙하기를 춥고 캄캄한 동굴 속에서 보낸 역사를 기억하고 있는 신시인들의 사유에서 찾을 수 있다. 오랜 빙하기를 겪고 해빙기를 맞이한 신시인들은 만물의 생사와 번성을 좌우하는 구체적 실체로서 태양의 존재를 실감했을 뿐 아니라, 그 초월적 영향을 신성하게 여길 수밖에 없었다. 태양의 신성성을 믿는 세계관은 역사적 원형이 되어 다음 시대로 변함없이 이어지게 되었다. 그러므로 환웅을 알면 해모수와 혁거세도 알게 되고, 거꾸로 해모수와 혁거세를 알면 환웅과 단군도 제대로 알 수 있게 된다.

환인과 환웅이 해님이자 햇빛이었던 것처럼 해모수와 해부루, 주몽도 해님이자 햇빛으로 은유되어 호명되었다. 환웅의 신시본풀이와 해모수의 부여본풀이가 구조적으로 일치하는 것처럼, 건국시조왕을 해님에 은유하여 호명하는 방식도 서로 일치한다. 환웅과 해모수는 전혀 다른 말 같지만, 환한 님으로서 해님과 해모습으로서 해님을 일컫는다는 점에서 태양시조사상을 고스란히 반영하고 있는 호명이다.

다시 말하면 '천왕 환웅'과 '천왕랑 해모수'는 모두 천제의 아들로서 '천왕'으로 호명되는 동질성을 지녔다. 따라서 구체적 상징은 교차해석을 통해서 개별적 이해를 넘어설 수 있다. 환웅이 태백산 신단수 아래로 내려오는 과정과, 해모수가 하늘에서 웅심산으로 내려오는 과정이 자세하게 서술되어 있는데, 상대적 해석으로 두 건국시조의 정체를 한층 뚜렷하게 밝힐 수 있는 단서를 마련할 수 있다. 그러므로 환웅과 해모수의 강림 과정을 인용해서 대조해 볼 필요가 있다.

환웅은 무리 3천을 거느리고, 태백산 꼭대기의 신단수 아래에 내려와서, 그곳을 일러 신시(神市)라 하고, 스스로 환웅천왕(桓雄天王)이라 일컬으며,

풍백(風伯)·우사(雨師)·운사(雲師)를 거느리고 곡식과 수명·질병·형벌·선악 등 무릇 인간세상의 360여 가지 일을 주관하여, 세상에 머물러 있으면서 나라를 다스렸다.[57]

　해모수가 하늘로부터 내려오는데 오룡거(五龍車)를 타고, 종자 1백여 명은 모두 백곡(白鵠)을 탔는데, 채색 구름이 그 위에 뜨고, 음악소리가 구름 가운데에서 울렸다. 웅심산(熊心山)에서 머물러 10여 일을 지내고 비로소 내려왔다. 머리에는 까마귀 깃털 관을 쓰고, 허리에는 용광검(龍光劍)을 찼는데, 아침에 일을 보고 저녁에는 하늘로 올라가니, 세상에서 이르기를 천왕랑(天王郎)이라 하였다.[58]

두 건국시조 가운데 해모수의 천손강림 상황이 한층 구체적이다. 환웅본풀이에서는 환웅이 무리 3천을 거느리고 태백산 정상의 신단수 아래에 내려왔다고 함으로써 동행한 무리의 수와 강림장소가 구체적으로 명시되어 있다. 그러나 강림과정은 자세하지 않다. 다만 소지품으로서 천부인 3개를 받아왔으며 풍백·우사·운사를 거느렸다는 점이 특징이다.

그런데 해모수의 강림과정은 오룡거를 타고 하늘에서 내려오는 상황이 매우 생생하게 서술되어 있다. 해모수의 오룡거 위에는 채색 구름이 떠 있을 뿐 아니라 음악소리도 쟁쟁하게 들려왔다. 한 마디로 해모수의 강림 상황은 마치 눈으로 보는 것처럼 손에 잡힐 듯 그려져 있다. 게다가 해모수의 차림새도 자세하다. 오우관(烏羽冠)을 쓰고 용광검을 찼다고 한다. 부여에서 영고와 같은 나라굿을 할 때에는 이러한 상황이 화려하게 재현되었을 가능성도 추론할 수 있다.

더 극적인 것은 해모수가 웅심산에서 열흘 동안 머물다가 인간세상으로 내려왔는데, 환웅처럼 재세이화한 것이 아니라, "아침이면 하늘에

---

57) "雄率徒三千 降於太伯山頂 神壇樹下 謂之神市 是謂桓雄天王也. 將風伯·雨師·雲師 而主穀·主命·主病·主刑·主善惡 凡主人間三百六十餘事 在世理化."

58) "號海慕漱 從天而下 乘五龍車 從者百餘人 皆騎白鵠 彩雲浮於上 音樂動雲中 止熊 心山 經十餘日始下. 首戴烏羽之冠 腰帶龍光劍 朝則聽事 暮則升天 世謂之天王郎也."

서 내려와 정사를 보고 저녁이면 하늘로 올라갔다"는 사실이다. 따라서 세상사람들이 해모수를 천왕랑이라 일컬었다고 한다. 해모수도 환웅천왕과 같은 칭호를 얻은 것이다. 환웅이 천왕을 자처한 것과 달리, 해모수는 천왕랑으로 추대되었다는 차이가 있다. 후대로 올수록 사람들에 의해 추대되는 경향이 두드러진 셈이다.

해모수는 천제의 태자로서 이미 하늘의 해를 상징하는 존재로 널리 해석되었다. 해모수(解慕漱)라는 이름은 '해머슴아'[59] 또는 '해모습'을[60] 나타내는 이두식 표현으로서 태양을 은유하는 이름이다. 그러한 정체성은 해모수의 차림새와 행동양식에서 분명하게 포착된다. 오우관은 곧 태양신을 상징하는 삼족오를 형상화한 것일 뿐 아니라, 하늘을 날아다니는 오룡거나 황금빛으로 번쩍거리는 용광검은 모두 하늘에서 땅으로 비치는 햇빛의 실체나 다름없다. 오룡거 위의 채색구름은 태양 가까이 있는 밝은 구름을 나타낸다. 더 구체적인 것은 아침에 하늘에서 내려와 세상을 다스리다가 저녁이 되면 다시 하늘로 올라갔다는 해와 같은 행동양식이다.

따라서 해모수는 이름뿐만 아니라 강림과정과 통치양식에서 해를 상징하는 태양시조왕이라 하지 않을 수 없다. 해와 같은 왕이었기에 사람들은 해모수를 천왕랑이라 일컬었으나, 해모수가 곧 해 자체라 할 수는 없다. 해는 하늘세계에 붙박이로 존재할 뿐 결코 지상으로 내려오지 않기 때문이다. 지상에 내려와서 삼라만상을 살리는 구실을 하는 것은 해가 아니라, 해의 분신으로 인식되는 햇빛이다. 해가 뜨면 햇빛도 비치는 까닭에, 사실상 해와 햇빛은 동시적 존재여서 서로 뗄 수

---

59) 金庠基, 〈國史上에 나타난 建國說話의 檢討〉, 《東方史論叢》, 서울대학교출판부, 1984, 6~7쪽. 윤내현, 《고조선 연구》, 702쪽에서 재인용.

60) 최래옥, 《하늘님, 나라를 처음 세우시고》, 고려원, 1989, 32쪽. "이름은 해모수라 하였는데, 뜻은 알기 어려우나 '해모습' 정도가 아닌가 한다."
임재해, 《민족신화와 건국영웅들》, 2판, 107쪽. "'해모수'라는 이름은 고유명사로 볼 수 없고 태양신 곧 '해 모습'을 나타내는 보통명사로 볼 수 있다. 따라서 천제나 천제의 아들이 한결같이 태양신을 겨냥하며 '해 모습'의 해모수를 표방할 수 있었다."

없는 관계에 있다. 햇빛의 근원이 해이기 때문에 해는 천제로서 더 초월적인 신격으로 숭배되는 것이다.

'천제'가 하느님이자 구체적 실체로서 하늘에 떠 있는 태양으로 인식된다면, 상대적으로 '천왕'은 천손이자 인간세상에 내려온 해로서 그 구체적 실체는 햇빛에 해당된다. 따라서 본풀이에서 천제와 천왕은 천신(天神)과 천자(天子)로 제각기 해와 햇빛에 은유된다. 해는 하늘에 늘 떠 있는 천제이자 제석의 존재로서 천신이지만, 햇빛은 아침에 세상으로 내려왔다가 저녁이면 산이나 하늘로 돌아가는 천왕 또는 천자의 존재이다. 그러므로 지상에 내려온 천왕은 일정한 수명의 한계가 있다.

해모수가 지상에 내려왔다가 하늘로 올라간 것과 달리, 환웅은 하늘에서 내려온 강림 상황만 있을 뿐 치세 이후의 마지막 상황은 서술되어 있지 않다. 단군의 등장과 함께 환웅의 존재는 더 이상 서술되지 않은 까닭이다. 따라서 환웅의 마지막 행적은 단군의 행적을 근거로 추론할 수밖에 없다. 단군이 태어나 조선을 건국하여 다스리다가 1908세에 아사달에 들어가 산신이 되었다고 한다. 해가 지는 것을 하늘로 올라가는 것으로 볼 수도 있지만, 현실적으로는 산 너머로 지는 까닭에 산으로 들어가서 산의 해 곧 산신이 되었다는 것이 더 적절하다. 그러므로 환웅의 마지막 자취도 단군을 통해서 읽을 수 있다.

실제로 환웅은 환인제석의 아들로서 천자였으며, 햇빛처럼 지상으로 내려와 인간세상을 다스리는 천왕이었다. 그러다가 아사달 산신이 된 단군의 행적처럼, 해가 지는 것과 같이 산으로 들어가 산신이 된 것으로 추론할 수 있다. 해모수도 환웅과 단군의 행적과 같이 햇빛처럼 지상으로 내려와 인간세상을 다스리다가 해가 지듯이 다시 하늘로 올라간 까닭에 천왕랑으로 일컬어졌던 것이다.

부여 건국시조 해모수가 아침에 내려와서 정사를 보다가 저녁에 하늘로 올라갔다고 하는 것, 그리고 신시 건국시조 환웅이 신단수 아래로 내려왔다가 산으로 들어가 산신이 된 것은 해의 움직임과 같다. 따

라서 환웅과 해모수 모두 해를 상징하는 것처럼 보이지만, 더 구체적
으로 따져보면 해가 아니라 햇빛의 움직임을 나타낸다. 왜냐하면 햇빛
이 아침마다 세상을 비추며 지상에 내려온다고 하여 해가 하늘에 없는
것은 아니기 때문이다. 해모수의 통치행위가 천자로서 햇빛의 활동을
구체적으로 은유하는 것처럼, 환웅의 지상강림 형태도 햇빛의 활동을
구체적으로 은유하고 있다.

환웅이 태백산 정상의 신단수 아래로 내려와 신시라 일컫고 스스로
천왕을 자처했는데, 이 내용을 실증주의 시각에서 축자적 해석을 하면
비현실적인 신화에 지나지 않지만, 기표가 아닌 기의의 논리에 따라
햇빛을 상징하는 환웅천왕의 은유로 해석하면 매우 현실적인 기록이
다. 왜냐하면 아침에 해가 지상에 내려오는 상황을 고스란히 나타내고
있기 때문이다.

세상의 아침은 해가 떠오르는 것, 곧 햇빛이 지상을 비추는 것으로
부터 시작된다. 그런데 햇빛이 어디부터 비추는가 하면 골짜기나 산기
슭부터 비추는 것이 아니라 산꼭대기부터 비추고, 산꼭대기 가운데서
도 우뚝한 큰 나무부터 비춘다. 세상의 아침과 같이 역사의 아침도 이
와 같이 해가 높은 산의 큰 나무에 내려오는 것으로부터 시작한다. 그
러므로 환웅천왕이 햇빛으로 은유되어 지상으로 강림할 때, 태백산 정
상의 신단수 아래로 내려오는 상황은 상상력이 빚어낸 허구가 아니라,
세상의 아침을 역사의 아침으로 생생하게 묘사한 것으로서 현실상황에
입각해 있는 서술이다.

인간세상의 훌륭한 지도자는 해처럼 천지만물을 다 살리는 초월적
존재로 인식된 것이다. 빙하기를 겪은 신시인들에게 태양시조왕 인식
은 일반화 가능한 발상이자, 공감 가능한 현실적 발상이다. 신시인들에
의해 형성된 태양시조사상은 민족사상으로 자리잡고 신라·가야시대까
지 지속되었다. 따라서 환웅이나 단군, 해모수, 주몽, 혁거세, 탈해, 알
지 등 시조왕들의 출현을 해의 출현과 같은 방식으로 이야기하고 서술
한 것을 일관된 논리로 포착할 수 있다. 그럼에도 천손강림형 서술을

축자적으로 해석하여 실증주의 논리로 허구적인 신화로 간주하는 것은 본풀이사학의 관점에서 볼 때 납득하기 어려운 것이다.

단군왕검은 인간으로 태어난 존재이지만 환웅천왕의 아들이기 때문에 천손이다. 천자나 천손은 모두 해의 분신이자 빛이다. 따라서 단군(檀君)의 이름도 박달임금으로서 '밝은 님' 또는 '밝은 땅 임금님'으로서 해 또는 햇빛으로 은유되어 일컬어지는 것이다. 단군은 아사달에 들어가 산신이 되었다고 하는데, 이 또한 해가 산으로 지는 것과 같은 상징을 담고 있다. 신시의 시조 환웅이나 조선의 시조 단군은 모두 해 또는 햇빛으로 은유되는 '태양시조사상'을[61] 반영하고 있는 역사적 존재이다. 그러므로 환웅신시시대에 형성된 태양시조사상에 따라 후대의 건국시조본풀이도 같은 세계관을 유지하면서 형성되고 전승된 사실을 확인할 수 있다.

환웅과 단군이 천자와 천손의 부자관계로 해 또는 햇빛으로 상징되는 존재인 것처럼, 해모수와 주몽 또는 해모수와 해부루도 같은 존재로 상징된다. 해모수가 해머슴아 또는 해모습으로서 햇빛을 상징하는 까닭에 주몽을 햇빛으로 잉태시킨다. 주몽이 해모수의 아들이라면, 그는 아버지의 햇빛 감응에 의해 버들네 어머니 곧 유화부인의 몸에서 잉태된 것이다. 따라서 주몽 또한 해의 아들이다. 해의 아들을 상징적으로 나타내기 위하여 주몽은 예사 아기와 달리 알의 형태로 태어난다.

(유화가) 처음에 왼쪽 겨드랑이로부터 큰 알을 낳았는데, 닷 되 들이만 하니, 왕이 괴상하게 여겨 말하기를, "사람이 새알을 낳았으니 상서롭지 못하다." 하며 말먹이는 데에 갖다 버리게 하였더니, 여러 말들이 밟지 아니하였으며, 깊은 산에 버리니 백수(百獸)가 모두 보호하였다. 구름이 낀 날에도 알 위에는 늘 햇빛이 비추므로, 왕이 알을 도로 갖다가 어미에게 보

---

61) 임재해, 〈건국본풀이로 본 시조왕의 '해' 상징과 정치적 이상〉, 《比較民俗學》 43, 比較民俗學會, 2010, 467~510쪽 및 〈환웅시대 태양시조사상의 홍익인간과 재세이화 전통〉, 《고조선단군학》 29, 고조선단군학회, 2013, 489~542쪽에서 태양시조사상을 자세하게 다루었다.

내어 기르게 하였다. 한 달 만에 그 알이 열리며 한 사내아이가 나왔다.[62]

주몽은 햇빛을 받아 알로 태어났는데, 닷 되 들이의 큰 알로 태어났을 뿐 아니라, 내다 버려도 백수가 보호하고 구름이 끼어도 그 알에는 햇빛이 비추었다고 한다. 따라서 이 알은 금와왕이 말하는 것처럼 새알이 아니라, 해를 상징하는 것이다. 새알이 닷 되 들이만큼 클 수도 없고, 새알이라면 짐승들이 보호하거나 흐린 날에도 햇빛이 구름을 뚫고 유독 알 위에만 비출 까닭이 없다. 따라서 햇빛을 받아 잉태하여 낳은 이 신이한 알은 곧 해를 상징하는 것이다. 그러므로 이 알 속에서 태어난 주몽은 난생으로서 새가 아니라 해에서 태어난 해님 아들로서 일자(日子)이자, 해모수의 아들로서 천손이었던 것이다.

그런데 주몽은 그 이름에서 해를 상징하는 뜻을 담고 있지 않다. 환인과 환웅은 물론 해모수나 단군과 관련된 모든 시조왕들은 해를 뜻하는 말이 이름에 내포되어 있다. 그런데 유독 주몽만은 예외이다. 주몽은 흔히 추모(鄒牟)라고도 하며 활 잘 쏘는 사람이라는 뜻으로 일컬었다고 한다. 따라서 그 명명의 근거를 찾아봐도 해 또는 밝은 빛과 관련된 요소를 발견할 수 없다.

그러나 이것은 사료를 제대로 살피지 않은 데서 비롯된 해석의 오류이다. 주몽도 원래는 고주몽(高朱蒙)이 아니라 해주몽(解朱蒙)이었다. 해모수의 아들이었기 때문에 해부루처럼 해씨 성을 따라 해주몽이었던 것이다. 뒤에 주몽이 고구려 건국시조가 되고 나서, 부여로부터 독립한 뒤에 고구려의 시조로서 정체성을 확보하기 위하여 해씨를 고씨로[63] 바꾸어 고주몽을 자처했던 것이다.

주몽이 고구려를 세우기 전에는 그곳에 구려(句麗)가 있었다.[64] '구

---

62) "初從左腋生一大卵 容五升許 王怪之曰'人生鳥卵, 可爲不祥.'使置之馬牧 群馬不踐 棄於深山 百獸皆護 雲陰之日 卵上恒有日光 王取卵送母養之 月終乃開 得一男."
63) 《三國遺事》卷1, 紀異1, 高句麗, "本姓解也 今自言是天帝子 承日光而生 故自以高爲氏".
64) 《尙書傳》卷11 周官 第22에 夫餘와 句麗, 韓, 貊 등 西周(기원전 1066년 경-

려'는 5부로65) 이루어져 있으며 '신성하다'는 뜻을 지닌 말이다. 주몽이 구려 5부의 왕이 되자, 천제의 손으로서 태양을 뜻하는 '고(高)'를 구려에 덧붙여 '고구려'를 국호로 삼았던 것이다. 해주몽의 '해'나, 고주몽의 '고'나 사실상 같은 뜻의 말이다. 그러므로 고구려는 '태양신이 다스리는 신성한 나라'로서 신시와 아사달, 조선 등의 국호와 사실상 같은 뜻의 국호이다.

이런 사실을 고려하여 주몽의 이름을 해석하면, 해주몽 또는 고주몽은 사실상 햇빛 또는 햇살을 은유하는 이름이다. 주몽이 활 잘 쏘는 사람을 뜻한다고 했는데, 화살이 과녁에 명중하려면 햇살처럼 흐트러지지 않고 곧 바로 날아가야 한다. 실제로 화살은 곡선으로 날아가지만 직선으로 날아가는 것으로 인식된다. 따라서 활 잘 쏘는 해주몽은 곧 해+화살로서 햇살이라는 말이다. 화살이나 햇살의 '살'은 빛을 나타낸다고 하므로 햇빛과 햇살은 같은 말이다. 그러므로 '햇빛'과 '햇살'에서 빛과 살은 사실상 같은 뜻이다.

김양동은 빛살과 햇살의 공통음절인 '살(솔)'이 '神'의 고유어이자 우리말일 가능성이 크다고 하며, 태양의 고유어로 해 외에 살, 날, 불 등이 있다고 했다.66) 따라서 의미가 담기지 않은 '빗살무늬토기'라는 명칭을 '빛살무늬토기'로 일컬어야 한다고 주장한다.67) 그러므로 활 잘 쏘는 인물로 '주몽'이라고 호명된 것은, 해모수의 아들로서 해주몽을 고

기원전 771년) 왕실과 교류했던 나라들에 구려가 있으며, 《漢書》 卷28 地理志, 玄菟郡 高句麗縣의 주석에 구려사람에 대한 기록이 있다. 한무제가 설치한 현토군과 낙랑군은 모두 조선, 예맥, 구려였다고 하는데, 구려는 고구려의 초기 국호였던 사실을 알 수 있다.

65) 박경순, 〈고구려의 전신 고대국가 구려〉, 민플러스, 2018년 1월 30일자 (ttp://www.minplus.or.kr/ news/articleView.html?idxno=4472)에 구려 5부(연나부, 과루부, 제나부, 환나부, 관나부)의 영역을 자세하게 밝혀 두었다.

66) 김양동, 〈한국 고대문화 원형의 상징과 해석 1. '神'의 해석〉, 교수신문, 2013년 2월 18일자, 8면.

67) 김양동, 위의 글, 같은 곳에서, 빗살무늬토기를 '빛살무늬토기'로 일컬어야 한다고 주장했다. 그러나 빛살무늬라는 말은 잘 쓰지도 않지만 결국 '빗살무늬'와 같은 소리값으로 들리기 때문에 나는 '햇살무늬토기'로 일컫는다.

려하면, 해화살 ⇒ 햇살 곧 햇빛을 은유한 태양시조왕을 뜻하게 된다.

태양시조사상을 뒷받침하는 더 구체적인 자료는 주몽의 칭호이다. 해의 아들을 상징하는 해주몽으로서 정체성을 분명히 하기 위하여 뒷 사람들이 고구려의 시조왕 고주몽을 동명왕(東明王)이라고 일컬었다. '동명'은 곧 아침 햇살의 한자말일 따름이다. 태양신 해모수의 아들 해 주몽은 동쪽에서 돌아오는 여명의 햇살로서 천왕의 호칭이나 다름없는 '동명왕'의 칭호를 얻은 것이다. 주몽을 일컫는 '동명왕'은 환웅의 '천 왕' 또는 해모수의 '천왕랑'과 같은 뜻의 칭호이다. 그리고 동명왕 주 몽의 아들 유리(琉璃)는 태양을 받아 반짝이는 유리 또는 거울과 같은 인물"인[68] 까닭에 유리왕 또는 유리명왕(瑠璃明王)으로 일컬어졌다. 그 러므로 역대 시조왕과 그 후대 왕들은 모두 햇빛과 연관되어 태양신을 상징하는 존재였으며, 천신족의 계보를 잇는 가운데 태양시조사상의 역사적 전통을 이어왔던 것이다.

8. 태양족의 성씨 형성과 건국시조의 '해' 상징

고구려 시조 주몽은 해모수의 아들이다. 북부여의 시조 해부루도 해모수의 아들이다. 환인과 환웅은 성씨로서 환씨를 공유했다는 기록 이 없다. 그러나 부자가 같은 말 '환'을 이름의 앞말로 공유한 것은 사 실상 성씨의 계보 구실을 한다고 볼 수 있다. 그러한 근거가 해모수 부자에게 고스란히 나타난다. 천왕 해모수의 이름을 따라 해부루, 해주 몽으로 일컬었을 뿐 아니라, 《삼국유사》에 아들 부루의 성을 해씨(解 氏)로 삼았다고 밝혀두었다.[69] 환인과 환웅의 '환'이 태양족으로서 밝

---

68) 임재해, 《민족신화와 건국영웅들》, 155쪽.
69) 《三國遺事》卷1, 紀異1, 北夫餘. "天帝降于訖升骨城 乘五龍車 立都稱王 國號北夫 餘 自稱名解慕漱 生子名夫婁 以解爲氏焉."

달족이자 천신족을 뜻하는 것처럼 해모수 부자들의 '해'씨는 또한 '환' 씨처럼 태양족의 계보를 뜻한다.

해모수 부자들은 해를 천신 곧 하느님으로 섬기며 태양족의 계보를 나타내기 위하여 성씨를 '해'씨로 삼았는데, 이 시기부터 공식적으로 혈연적 계보를 밝히기 위해 성(姓)을 사용한 사실이 구체적인 기록으로 포착된다. 따라서 해모수 일가의 '해'씨는 역사적으로 가장 오래된 성씨라 할 수 있다. 그러나 성씨문화는 해모수에 의해 느닷없이 생겨난 것이 아니다. 환인과 환웅 부자의 환씨 전통에서 비롯된 것이자 환씨의 전통을 더 구체적으로 공식화한 것이 해씨일 따름이다.

해모수본풀이의 서사구조가 환웅본풀이의 서사구조에서 비롯된 것이 구체적인 증거이며, 해모수나 환웅이 모두 천제의 아들로서 천왕으로 일컬어진 점도 중요한 근거라 할 수 있다. 더 중요한 사실은 '환'과 '해'가 사실상 같은 뜻을 지닌 말이라는 점이다. 따라서 성씨로서 공식화되거나 제도화되지 않았지만, 환인과 환웅 부자는 사실상 환씨를 성으로 일컬었던 셈이다. 그러므로 우리 민족은 환웅신시 시대부터 태양족답게 해를 나타내는 말로 혈연적 계보를 성으로 나타내는 문화를 가졌으며, 그러한 계보는 모두 해, 곧 태양을 근거로 형성되었다고 할 수 있다.

다시 말하면 인류 최초의 성씨는 신시인들에 의한 태양시조사상에서부터 형성된 '환'씨라는 말이다. 해를 나타내는 환씨가 곧 해씨이며 단(檀)씨이자 박(밝)씨이다. 모두 밝은 해를 나타내는 말이다. 따라서 환인과 환웅, 단군, 그리고 해모수, 해부루, 해주몽은 물론, 박혁거세와 금알지(金閼智)까지[70] 모두 천신족이자 태양족으로서 해 또는 햇빛을 상징하는 성과 이름을 갖추었다.

모두 같은 해를 표방하는 같은 혈족이지만 호명할 때는 분별해서 일컫지 않을 수 없다. 왜냐하면 모두 '환'이나 '해'로 호명해서는 건국

---

70) 알지가 번쩍거리는 '금궤'에서 출현한 까닭에 '김'씨가 아니라 '금'씨로 일컬어야 마땅하다.

시조들을 분별할 수 없고 역사적 계보도 체계화할 수 없기 때문이다. 흥미로운 것은 부자관계와 건국시조에 따라 일정한 체계 속에서 시조 왕들을 분별한다는 것이다. 그 체계는 요즘의 성과 이름의 결합구조와 같다.

해모수와 해부루의 앞 글자가 성이고 뒷글자가 이름이다. 이러한 구조를 받아들이면 환인과 환웅, 단군의 계보를 이해하는 데도 상당히 편리하다. 신시국의 시조왕 환웅의 부자관계를 일컫는 이름은 성씨가 같고 이름은 다르다. '환'씨는 이어받되 이름만 '인'과 '웅'으로 바꾸어 서 분별했다. 부자관계인 까닭에 성씨를 이으면서 이름을 다르게 짓는 것은 당연한 일이다. 그래야 혈통의 동질적 계보를 드러내면서 개체의 이질성을 나타낼 수 있기 때문이다.

그런데 환웅과 단군은 부자관계인데도 성과 이름을 다 바꾸었다. 왜냐하면 단군은 신시국의 아들이지만 조선국을 새로 건국한 시조왕이 기 때문이다. 따라서 환씨의 나라 '신시'와 다른, 단씨의 나라 '조선'을 세우고 왕호를 단군이라 일컬었던 것이다. 그러므로 건국시조답게 성 과 이름을 다 바꾸었던 것이다. 만일 단군이 '조선'의 건국시조가 아니 었다면, 환웅의 성을 따라 '환군(桓君)'으로 호명되었을 가능성이 크다.

건국시조는 모든 것의 출발점인 까닭에 국가의 시조는 물론 성씨의 시조가 되어야 한다. 이러한 전통은 주몽에게도 고스란히 이어진다. 주 몽은 해모수의 아들이기 때문에 해부루처럼 처음에는 아버지의 성을 따라 해주몽이라 일컬었다. 성씨만 이어받고 이름들을 '모수'와 달리 '부루'와 '주몽' 또는 '추모'로 제각기 일컬어 분별했던 것이다. 해부루 는 동부여의 시조가 되었지만 해모수 부여의 분파에 지나지 않았기 때 문에 성을 바꾸지 않았다.

그러나 해주몽은 부여에서 벗어나, 고구려라는 완전히 새로운 나라 를 세우고 건국시조가 되었다. 새 나라의 건국시조는 부왕의 성을 이 어받지 않고 스스로 성씨 시조가 되는 것이 정상이다. 따라서 고구려 를 건국한 주몽은 더 이상 해씨를 이어받을 수 없다. 해모수의 아들로서는 해주몽으로 일컬어졌지만, 고구려 건국시조로서는 고주몽으로 호명되었던 것이다. 고구려 건국시조로서 혈연적 계보의 정체성을 확보하기 위하여 부여의 '해'씨를 거부하고 새로 고구려의 고씨를 표방하여 고주몽이 된 것이다.

이러한 역사적 체계를 고려하면 단군왕검의 본디 이름도 추론할 수 있다. 왜냐하면 환웅신시와 단군조선의 관계 체계가, 고스란히 해모수의 부여와 주몽의 고구려 관계체계로 이어진 일관성이 본풀이의 서사구조나 시조왕들의 이름에서 분명하게 포착되는 까닭이다. 따라서 해모수의 아들 해주몽이 고구려의 건국시조가 되면서 고주몽이 된 사실을 근거로, 조선국의 시조가 되기 이전의 단군 이름을 거꾸로 추론할 수 있다.

고주몽도 건국시조가 되기 전에는 아버지 해모수의 성을 따라 해주몽이라고 일컬었던 것처럼, 환웅의 아들 단군도 조선국의 시조왕이 되기 전에는 환인과 환웅의 성씨 계보를 따라서 '환군(桓君)'으로 일컬었을 가능성이 높다. 환웅천왕의 아들 '환군'이 조선국의 시조가 되자 그때부터 단군으로 호명되었던 것이다. 이러한 혈연계보와 성씨의 교체 양상을 정리하면 아래와 같다.

환인 → 환 웅(신시의 시조) →환 군 ⇒ 단 군(조선의 시조)
환인 → 환 웅(신시의 시조) → 환 군 ⇒ 단 군(조선의 시조)

따라서 부자관계의 성이 지속되다가 부왕의 나라를 물려받지 않고 새로운 나라를 세워서 건국시조왕이 되면, 아버지로부터 물려받은 성을 쓰지 않고 새 성을 쓰는 전통은 환웅시대에서 고구려시대까지 수천 년 지속되었다고 할 수 있다. 이러한 사실은 역사적으로도 매우 중요하지만 문화적으로도 상당한 의미가 있다. 건국시조로서 새 국호를 표방하게 되면 시조왕의 성도 바뀌어서 성씨시조가 되는 까닭이다. 건국시조는 곧 성씨시조인 것이다. 그러한 가장 구체적인 전통이 6촌촌장

본풀이에서 보인다. 건국시조는 아니지만 건촌시조로서 6촌 촌장은 모두 특정 성씨시조가 되었던 것이다.

> 첫째 양산촌 촌장 알평, 하늘에서 표암봉에 내려와 급량부 이씨 시조가 됨.
> 둘째 고허촌 촌장 소벌도리, 하늘에서 형산에 내려와 사량부 정씨 시조가 됨.
> 셋째 대수촌 촌장 구례마, 하늘에서 이산에 내려와 점량부 손씨 시조가 됨.
> 넷째 진지촌 촌장 지백호, 하늘에서 화산에 내려와 본피부 최씨 시조가 됨.
> 다섯째 가리촌 촌장 지타, 하늘에서 명활산에 내려와 한기부 배씨 시조가 됨.
> 여섯째 고야촌 촌장 호진, 하늘에서 금강산에 내려와 습비부 설씨 시조가 됨.

촌장사회 이후에 등장한 시조왕들도 당연히 성씨시조가 되었다. 박혁거세, 석탈해, 김알지 등은 모두 본풀이의 주체이자 성씨시조가 되었다. 따라서 신라 초기에는 박·석·김의 성씨교체가 이루어졌다. 환웅시대의 역사적 전통이 고구려시대까지 고스란히 지속되었으며, 신라시대에는 왕조가 바뀌면서 그때마다 성씨시조가 새로 형성되었다. 그러므로 한국의 성씨 전통은 신시국을 건국한 환씨 왕조로부터 비롯되었으며, 성씨 개념이 공식화된 것은 부여국을 건국한 해씨 왕조부터라고 할 수 있다.

해모수의 아들 해부루의 이름을 제대로 포착하면, 해주몽의 이름도 새롭게 해석할 수 있다. 해부루는 해의 정체 가운데 불의 속성을 취한 이름이다. 해모수가 해모습을 뜻하는 이름인 것처럼 해부루는 해의 뜨거움을 나타내는 이름이다. 왜냐하면 '해부루'는 곧 '해+불'의 소리값을 한자로 표기한 것이기 때문이다.

해부루의 '부루'는 해모수가 건국한 '부여'의 국호와 같은 소리값이라는 사실도 주목할 만하다. "전기 부여는 중국 고문헌에서 '부루(符婁)', '불이(不而)', '비여(肥如)' '불이(不二)', '부역(鳧繹)',[71] '부여(扶黎)' 등으로 기록"되었다.[72] 따라서 해모수가 건국한 부여국은 불의 나

---

71) 鳧繹는 중국어 발음으로 '부이'로 소리 난다.
72) 愼鏞廈, 《古朝鮮 國家形成의 社會史》, 267쪽.

라로서 해부루나 사실상 같은 뜻이다. 부여와 부루 모두 우리말 소리 값으로는 불을 일컫는 말이다. 그러므로 부왕 해모수가 해모습으로서 해를 상징한다면, 아들 해부루는 '해불'로서 해의 뜨거운 열기 또는 불꽃을 뜻한다고 할 수 있다.

해는 두 가지 기능을 가지고 있다. 하나는 빛으로서 세상을 밝히는 광명의 기능을 하며, 둘은 볕으로서 세상을 따뜻하게 하는 온난화의 기능을 한다. 따라서 해를 상징하는 해모수의 두 아들 해부루와 해주몽은 이 두 가지 기능을 제각기 표방하면서 해씨 왕조의 정통성을 이은 셈이다. 해부루는 우리말 해불로서 햇볕 기능의 이름으로 일컬어진 것이다. 이 사실을 고려하면 해주몽은 우리말 햇살로서 햇빛 기능의 이름으로 일컬어진 사실을 알 수 있다. 해는 불의 열기와 빛의 밝기를 공유하고 있기 때문이다.

해모수의 맏아들 해부루가 해불이자 '햇볕'이라면, 둘째 해주몽은 활 잘 쏘는 해화살로서 햇살이자 '햇빛'을 뜻하는 이름이다. 신라시조 박혁거세의 이름도 같은 맥락에서 해석해야 마땅하다. 왜냐하면 신라인들은 단군조선의 후예들일 뿐 아니라, 환웅과 해모수의 천손강림형 건국본풀이를 고스란히 이어받고 있기 때문이다.

신라시조 박혁거세는 이름이 둘이다. 혁거세 외에 불구내(弗矩內)라는 이름이 또 있다. 고조선본풀이에서 시조왕들이 환인+帝釋, 환웅+天王, 단군+王儉처럼 우리말과 한자말을 함께 지니고 있는 것처럼, 신라의 건국시조본풀이에서도 혁거세와 불구내라는 두 이름으로 호명되었다. 우리말 '불구내'와 한자말 '赫居世'가 짝을 이루며 인물의 정체를 제대로 밝히는 구실을 한다. 우리말 불구내는 '붉은 해(붉으네)' 또는 '밝은 해(밝으네)'의 우리말을 이두식으로 표기한 것이라면, 혁거세는 '온 누리를 밝히는 해'의 한자말 이름이다. '환인과 제석', '환웅과 천왕', '단군과 왕검'이 사실상 같은 뜻의 말이듯이, '혁거세와 불구내'도 같은 뜻을 지닌 말로서 모두 세상을 밝힌다는 뜻이다.

혁거세를 실체로 나타내면 세상을 밝히는 해 같은 지도자이다. 따라서 혁거세와 같은 이름인 '불구내'는 붉은 해이자 밝은 해를 일컫는 소리값이다. 이름을 공연히 이렇게 밝은 해 또는 붉은 해로 지은 것이 아니다. 해모수처럼 혁거세 또한 해와 같은 존재양식을 보이고 있다. 혁거세 출현과정은 주몽처럼 알로 태어날 뿐 아니라, 그 알이 곧 해라는 사실을 더 구체적으로 나타내고 있다.

이를테면 "'계정'이라는[73] 우물가에 번개빛처럼 이상한 기운이 땅에 비추었다"고 할 뿐 아니라, 거기에 "자줏빛 알이 있었으며", 알에서 나온 아이를 "동천(東泉)에서 목욕을 시키자 몸에서 광채가 나고 새와 짐승들이 춤을 추고 천지가 진동하며 해와 달도 맑고 밝았다."고 했다.[74] 번개빛과 자주빛, 알, 동천, 광채, 밝았다 등의 열쇠말은 모두 붉은 해로서 불구내와, 세상을 밝히는 해로서 혁거세를 나타낸다. 구체적으로 자줏빛 알도 해를 상징하지만 혁거세의 몸에서 광채가 났다고 하는 사실도 해를 상징한다.

세상을 밝히는 해 같은 시조왕이 바로 혁거세이다. 따라서 몸에서 광채가 나고 새와 짐승들이 춤을 추고 천지가 진동하며 해와 달이 맑고 밝았다고 한다. 이러한 상황은 해가 밝아오면서 삼라만상이 깨어나 생동하는 것을 나타낸다. 우주 만물이 생동하고 삼라만상이 살 판 나는 세상이 바로 해 뜨는 상황이자, 해빙기에서 벗어난 온난기이며, 이념적으로는 홍익인간 세상이다. 그러므로 세상을 밝히는 해 같은 지도자로 추대된 혁거세나, 세상을 널리 이롭게 하는 홍익인간 사상을 품은 환웅천왕이나 사실상 모두 같은 세계관을 지닌 태양시조왕이자, 한민족이 가장 이상으로 여기는 햇살 같은 지도자상이다. 다시 말하면,

---

73) 왜 나정이 아니라 계정(鷄井)인가 하는 문제는 임재해, 〈맥락적 해석에 의한 김알지 신화와 신라문화의 정체성 재인식〉, 《比較民俗學》 33, 比較民俗學會, 2007, 595~596쪽에서도 자세하게 다루었다.

74) 《三國遺事》卷1, 紀異1, 新羅始祖 赫居世王, "楊山下蘿井傍 異氣如電光垂地 有一白馬蚣拜之狀 尋撿之 有一紫卵 馬見人長嘶上天 剖其卵得童男 形儀端美 驚異之 浴於東泉 身生光彩 鳥獸率舞 天地振動 日月清明 因名赫居世王(盖鄕言也 或作不矩內王 言光明理世也)."

건국시조는 해처럼 세상을 환하게 밝혀서 우주만물과 세상의 삼라만상을 널리 이롭게 하는 존재라는 말이다.

환웅의 신시에서는 해 구실을 하는 건국시조의 이념을 추상적으로 나타내어 홍익인간으로 표방했으며, 단군조선에서는 같은 이념을 계승하면서 '밝달임금'을 표방했다. 해모수의 부여와 해주몽의 고구려에서는 해의 홍익인간 기능을 해부루의 햇볕과 해주몽의 햇살로 구체화해서 표방했다. 혁거세의 신라에서는 홍익인간 이념을 세상을 밝히는 빛의 기능으로 단일화해서 한층 집중적으로 나타냈다. 밝달 사상을 더욱 강화한 것이 세상을 밝히는 혁거세 사상이자, '광명이세'의 치국 이념이다.

황금빛을 내는 금궤 속의 금알지 또한 황금아기 또는 황금알을 상징한다. 6가야의 시조들도 모두 황금알의 모습으로 출현한다. 혁거세의 붉은 알이 해를 상징하는 것처럼 황금알 또한 해를 상징한다. 해는 붉은 빛이자 밝은 빛이며, 황금빛이기 때문이다. 따라서 후대로 올수록 건국시조를 해와 햇빛으로 구체화하고 실체화했던 사실이 포착된다. 그러므로 태양시조사상이 지속되면서 밝사상이 더 강화된 형태로 발전하여 신라와 가야시대까지 지속되었던 사실을 구체적으로 살펴보지 않을 수 없다.

9. 난생신화가 아닌 태양신화로서 건국본풀이

흔히 난생신화로 알려지고 남방형으로 분류되는 건국본풀이들을 더 본격적으로 따져볼 필요가 있다. 왜냐하면 난생신화로 알려진 건국시조들의 주체는 주몽과 혁거세는 물론, 탈해와 수로왕도 알이 아니라 해를 상징하고 있기 때문이다. 그러므로 난생신화로 알려진 건국본풀이의 난생화소들을 더 면밀하게 검토할 필요가 있다.

석탈해도 주몽과 혁거세처럼 대란(大卵) 곧 큰 알의 형태로 태어났다.[75] 용성국(龍城國)에서 붉은 용의 호위를 받으면서 왔다고 하는데, 그 방식은 오룡거를 타고 지상으로 내려온 해모수의 위상과 일치한다. 닭이 우는 계림 숲의 황금궤 안에서 출현한 김알지의 탄생 방식도 같은 맥락에 놓여 있다.

호공(瓠公)이 시림(始林)에서 닭 우는 소리를 들었다고 한다. 닭이 우는 소리는 여명을 알리는 것이자 알을 낳은 것을 알리는 것이다. 이때 시림에서 "크고 밝은 빛이 비치는 것을 보았다. 자줏빛 구름이 하늘에서 땅에 뻗쳐 있는데, 구름 속에 황금궤가 나뭇가지에 걸려 있었다. 그 빛은 궤에서 나오고 있었다."고[76] 했다. 금궤에서 발견되었지만 사실은 알에서 태어난 것을 상징한다. 이름도 알지일 뿐 아니라 닭이 울고 난 뒤에 발견된 까닭이다. 따라서 알지 또한 천계(天鷄)인[77] 닭이 낳은 알이라는 뜻이다.[78] 그리고 알지의 성 金씨는 밝은 빛을 내는 금궤에서 비롯된 것이다. 그러므로 알지의 金씨는 사실상 환웅의 환씨, 해모수의 해씨와 같은 뜻의 성씨로서 황금을 나타내는 까닭에 '김'씨가 아니라 '금'씨라 일컬어야 마땅하다.

원래 금(金)씨였는데, 후대에 역사적 의미가 상실되어 김(金)씨로 일컬어지는 것으로 굳어져서 현재에 이르렀을 것이다. 그러나 현재의 관행이 아니라 역사적 사실을 고려한다면 金閼智를 역사적 유래와 같

---

75) 《三國遺事》 卷1 紀異〉, 第4脫解王. "時我父王含達婆 聘積女國王女爲妃 久無子胤 禱祀求息 七年後 産一大卵 於是大王會問群臣 人而生卵 古今未有 殆非吉祥 乃造櫃 置我 并七寶奴婢載於舡中 浮海而祝曰 任到有緣之地 立國成家 便有赤龍 護舡而至 此矣."

76) 《三國遺事》 卷1, 紀異1, 金閼智 脫解王代. "瓠公夜行月城西里 見大光明於始林中 有紫雲從天垂地 雲中有黃金櫃 掛於樹枝 光自櫃出 赤有白雞鳴於樹下 以狀聞於王 駕幸其林 開櫃有童男 臥而卽起 如赫居世之故事 故因其言 以閼智名之."

77) 《三國史記》나 《三國遺事》에서 모두 백계(白鷄)라고 했지만, 사실은 하늘에서 내려온 천계를 뜻한다. 박혁거세의 알을 운반해 온 백마(白馬)도 사실은 천마(天馬)를 뜻한다. 흰색은 밝은색으로서 하늘을 뜻하는 까닭에 천마를 백마로, 천계를 백계로 상징한 것이다.

78) 임재해, 《신라금관의 기원을 밝힌다》, 지식산업사, 2008, 340쪽.

이 '금알지'로 일컬어야 한다. 김알지라고 일컬어야 할 아무런 근거가
없다. 현재의 관행에 따라 과거의 역사적 사실을 소급하여 바꾸어 일
컬을 것이 아니라, 당시의 역사적 사실과 의미에 따라 당시의 인물을
일컬어야 마땅하다. 그러므로 금궤에서 출현한 까닭에 '금'씨라고 해야
알지의 성씨 기원은 물론, 태양시조로서 천신족의 정체를 분명히 알아
차릴 수 있다.

천계는 새벽을 알리는 신성한 존재이다. 그리고 밝은 해를 상징하는
불구내 혁거세의 치국이념인 '광명이세'를 실현하는 상징적 존재이다.
더 적극적으로 말하면 시간적으로 어둠을 헤치고 새벽을 여는 금알지는
밝은 해 혁거세 또는 동명왕 주몽과 같은 존재이자, 삼라만상을 살아
있게 하는 천지개벽의 주체라 할 수 있다. 시림에서 알지 아기의 출현
을 알리는 천계의 울음이 곧 금알지의 정체를 상징하는 것이다.

고운 최치원의 하정표(賀正表)에도 천계가 거론된다. 고운이 중국의
번국(蕃國)을 지키면서 정초를 맞이하여 신라왕에게 하정표를 올려, 왕
의 천수를 기뻐하고 국가의 안정과 번영을 기원하였다. 그 하정표의
문장 가운데 "천계(天鷄)가 새벽을 알리므로 멀리 구석진 곳까지 따라
수창(首唱)한다"는[79] 내용이 있다. 새벽을 알리는 '천계'는 시림에서
금알지의 출현을 알린 흰 닭이다. 천계로서 금알지의 신라왕실을 예찬
한 내용이다.

이처럼 천계는 금알지의 혈통을 이어받은 김씨 왕조의 정통성을 입
증하는 신성한 존재이다. 금알지가 닭 울음소리와 함께 출현한 것처럼
혁거세는 말울음 소리와 함께 출현했다. 혁거세의 천마와 금알지의 천
계는 모두 흰색으로서 밝음과 하늘의 신성을 상징하는 천손강림의 매
개 존재이다. 그러므로 천계의 새벽을 노래한 최고운의 하정표는 신라
김씨 왕실의 영광을 찬양하는 것이라 할 수 있다.

시조왕의 태양 상징은 가락국(駕洛國)의 시조본풀이에서 한층 구체

---

79) 《孤雲集》 卷1, 新羅賀正表, "且天鷄報曉 能星首唱於遐陬".

화되어 나타난다. 가락국의 시조를 비롯한 6가야의 시조들은 모두 황
금알에서 태어났다. 황금알은, 해 상징의 알에서 태어난 주몽과 박혁거
세, 그리고 금궤에서 태어난 금알지의 출현과정을 두루 아우른 것이다.
왜냐하면 가야 시조의 황금알은 해의 모양과 빛을 더욱 실감나게 상징
한 까닭이다. 그러므로 황금알 6개는 아예 해와 같다고 했다.

> 자주색 줄이 하늘에서 내려와서 땅에 드리워져 있었다. 줄 끝을 찾아보
> 니 붉은 보자기에 싸여진 금으로 된 합이 보여, 그것을 열어보니, 해처럼
> 둥근 황금알 6개가 있었다.[80]

가락국 시조인 수로왕본풀이는 마치 혁거세와 알지 본풀이를 모두
계승한 것 같다. 하늘에서 내려온 자주색 줄은 곧 혁거세본풀이에서
번갯불 같은 빛이 비춘 사실과, 알지본풀이에서 자주색 빛이 비추었다
는 사실을 아우르고 있다. 자주색 줄이 닿은 자리에 황금알이 들어 있
는 금합이 있었다고 하는 것은, 번개불빛이나 자주색 빛이 비친 곳에
알이나 금궤가 있었다고 하는 사실과 같다. 그러므로 가야시조본풀이
는 신라시조본풀이와 사실상 같은 구조라 할 수 있다.

금합 안에 들어 있는 황금알에서 시조왕이 태어났다고 하는 것은
알에서 태어난 혁거세와 금궤 속에서 태어난 알지를 모두 아우른 내용
이다. 금알지의 금궤와 혁거세의 알이 금합 안의 황금알이다. 금합에서
나왔기에 성을 金氏로 했다는 사실도 금알지와 같다.[81] 금합에서 나온
태양시조이기 때문에 당연히 금씨라 하고 '금알지'처럼 김수로가 아니
라 금수로(金首露)라 일컬어야 마땅하다. 황금에서 비롯된 가야의 금씨
또한 신시의 환씨나 부여의 해씨, 조선의 단씨, 고구려의 고씨 등과 같
은 태양족의 혈통을 뜻하는 성씨로서 일관성을 지닌 것이다.

---

80) 《三國遺事》 卷2, 紀異2, 駕洛國記. "唯紫繩自天垂而著地 尋繩之下 乃見紅幅裏金
　　合子 開而視之 有黃金卵六圓如日者."
81) 임재해, 《고조선문화의 지속성과 성립과정의 상생적 다문화주의》, 《고조선단
　　군학》 24, 고조선단군학회, 148~151쪽 참고.

기록에는 가락국 시조가 나온 황금알이 '해처럼' 둥글었다는 사실에 머물지 않고 시조왕의 얼굴이 아예 '해'와 같았다고 한다. 대가야의 시조인 뇌질주일(惱窒朱日)은 천신인 아버지 이비가(夷毘訶)를 닮아서 얼굴이 해와 같이 둥글고 붉었다고 한다.[82] 시조왕의 아버지가 천신으로 하느님인데 구체적인 실체는 해로 은유되는 것을 알 수 있다.

가락국의 시조왕들은 알에서 태어나 세상을 밝히는 혁거세의 존재보다 더 구체적으로 해와 같은 존재로 서술되고 있는 것이다. 따라서 주몽과 혁거세, 알지, 탈해, 수로를 비롯한 가야의 시조들은 모두 태양상징의 알에서 태어난 왕이다. 그러므로 그 동안 난생신화로 간주된 이들 신화는 사실상 일생신화이자 태양신화인 것이다. 굳이 천손강림신화와 짝을 이루어 상대적으로 일컬으려면 태양강림신화로 일컬을 수 있다.

왜 후대에 올수록 건국시조가 해의 존재로 더 구체화되었을까? 아마 환웅의 신시시대에는 빙하기를 겪은 신석기인들이 해를 초월적인 존재로 믿는 의식이 누구나 강했다고 볼 수 있다. 따라서 건국시조를 해에 직접 은유하지 않아도 시조왕은 으레 해와 같은 존재이자 해를 상징하는 지도자로 쉽게 인정했을 것이다. 이러한 상황에서는 건국시조가 하늘에서 강림한 천왕이라는 사실만으로도 신시인들은 환웅을 충분히 해와 같은 초월적 지도자로 숭배하는 데 아무런 문제가 없었다. 그러므로 삼라만상을 다 살리는 해의 우주적 생명 기능을 추론적으로 일반화하여 홍익인간 이념으로 추구했다고 할 수 있다.

빙하기에서 막 벗어난 온난화 초기의 환웅은 '탐구인세(貪求人世)'의 꿈을 품고 인간세상을 구하는 구세주와 같은 존재였다. 그는 곧 빙하기의 생태학적 위기를 극복하는 주체로 인식된 까닭이다. 따라서 환웅천왕은 탐구인세, 홍익인간, 재세이화의 주체로서 충분히 해와 같은 존재로 숭배되었다. 그러나 온난화가 장기간 계속되고 빙하기의 경험

---

82)《新增東國輿地勝覽》29 高嶺縣, 建置沿革.

과 기억으로부터 점점 멀어지면서 세계인식도 달라지게 되었다. 온난
화의 지속에 따라 생태학적 위기가 절박하지 않은 고구려와 신라시대
에는 건국시조에 대한 절실한 존재감이 환웅시대와 상당히 다른 상황
이다.

따라서 해빙기 초기에 해를 하느님으로 신성시하여 숭배했던 것에
서 더 강화하여, 건국시조의 존재를 해에 직접 은유하여 태양시조사상
을 구체화할 필요가 있었던 것이다. 다시 말하면 시조왕이 천신이면서
아예 태양 자체라는 사실을 강조한 셈이다. 그러므로 건국시조들을 해
의 존재로 숭배하도록 그 출현과정과 이름을 해 또는 햇빛 자체로 은
유하여 '해모습'의 해모수나 '붉은해'의 불구내처럼 특정 경향의 태양으
로 구체화하여 호명하고, 해와 같은 자줏빛 알이나 황금알의 형태로
출현하게 하였던 것이다.

해모수의 '해'와 해부루의 '햇볕', 해주몽의 '햇살'은 일상적으로 정
확하게 분별되지 않는다. 해를 별개의 존재로 분리해 놓을 때만, 햇볕
이나 햇살, 햇빛은 해와 분별되지만, 그렇지 않은 경우에는 해와 햇빛
은 동일시된다. 일상적으로 해는 하늘에 있고 아침에 햇빛이 비치기
시작하지만, 그 상황을 나타낼 때는 해가 떴다고 한다. 해가 뜨는 것이
곧 해의 나타남새이자 햇빛이 비추기 때문이다. 해가 구름에 가려졌다
가 비칠 때에도 해가 났다고 한다. 해는 항상 그 자리에 있고 햇빛이
지상에 비치면서 세상을 밝힐 따름인데도 해가 났다고 말하는 것은 해
와 햇빛을 동일시하기 때문이다. 그러므로 시조왕의 태양 상징을 은유
할 때는 해와 햇빛을 정확하게 분별하지 않지만, 시조왕을 제각기 호
명할 때는 해와 햇빛, 햇볕, 햇살을 세밀하게 분별하여 이름값을 부여
함으로써 고유명사화했다.

세상의 빛으로 태백산 신단수 아래에 내려온 햇빛 상징의 환웅천왕
도 해로 은유되고, 하늘에서 오룡거를 타고 지상으로 내려온 해모수도
해로 은유된다. 해가 곧 세상을 밝히는 빛이요 만물의 생명들을 다 살
리는 볕이기 때문이다. 따라서 해를 상징하는 시조왕은 으레 세상을

밝히는 빛의 기능과, 삼라만상을 모두 살리는 볕의 기능을 두루 수행함으로써 홍익인간 이념을 실현하는 존재이다. 자줏빛 알로 태어난 혁거세는 곧 붉은 해로서 세상을 밝히고 살리는 기능을 모두 나타낸다. 그러므로 신시시대 환웅의 홍익인간 재세이화의 이념은 신라시대에 계승되어 세상을 밝히는 '혁거세 이념'으로 또는 '광명이세'의 사상으로 지속되면서 특화되었다고 할 수 있다.

따라서 주몽이나 혁거세가 알에서 태어났다고 해서 난생(卵生)으로 해석하는 것은 잘못이다. 여기에는 두 가지 해석의 오류가 있다. 하나는 천손신화이면 난생신화가 아니라는 것이고, 둘은 천손신화는 북방형이고 난생신화는 남방형이라는 전제이다. 특히 알에서 태어난 주몽의 고구려 건국신화를 남방형으로 간주할 수도 없을 뿐더러, 주몽의 아버지인 해모수는 천손신화로서 환웅본풀이와 서사구조나 세계관이 같기 때문이다. 아무도 고구려를 남방국가로 간주하지 않을뿐더러 고구려의 뿌리는 부여인데, 부여의 해모수는 천손신화의 주체이므로 남방신화의 범주로 분류할 수 없다.

천자 해모수가 낳은 아들 주몽 또한 천손이다. 실제로 주몽은 천손으로서 해 또는 햇살로 상징되는 해주몽(해+화살)으로 일컬어졌으며 뒤에 동명왕이라는 칭호까지 얻게 되었다. 그리고 주몽 스스로 천손이라는 의식을 가지고 있는 존재였다. 주몽이 부여를 탈출하는 과정에 큰 강이 앞을 가로막고 있을 때, "나는 천제의 아들이요 하백의 손자"라고[83] 자기 정체성을 밝혀서 문제를 해결한다. 그러므로 주몽이 알에서 태어났다고 하여 천손신화와 구분하여 난생신화라 할 수 없다. 주몽도 천손일 뿐 아니라 주몽의 알은 새의 알이 아니라 해를 상징하는 알인 까닭이다.

실제로 주몽은 유화부인이 햇빛을 받아서 잉태된 까닭에 해모수의 아들이자 해님 아들로서 햇살을 상징하는 존재이다. 따라서 난생신화

---

83) 《三國遺事》 卷1, 紀異1, 高句麗, "告水曰 我是天帝子 河伯孫."

는 남방신화라는 전제도 잘못이고 알에서 태어났다고 하여 난생신화라
하는 것도 잘못이다. 촌장신화와 혁거세신화는 모두 신라 건국신화인
데, 이 두 신화를 나누어 촌장신화는 천손강림형이므로 북방신화이고
혁거세신화는 난생신화이므로 남방신화라 할 수 있는가. 시대의 선후
는 있어도 지리적 남북은 존재하지 않는다. 그러므로 같은 민족의 수
미일관된 동질적 신화를 난생과 천손의 두 유형으로 갈라서 제각기 남
방신화와 북방신화로 자리매김하고 서로 다른 민족과 공간에 귀속시키
는 것은 자가당착이 아닐 수 없다. 더군다나 남북방으로부터 제각기
전래된 신화로 해석하는 것은 자민족의 신화창조력을 부정하는 전형적
식민사학이다.

한마디로 우리 건국시조신화에는 난생이 없다. 모두 천손신화이면
서 태양신화이다. 주몽신화와 혁거세신화는 환웅신화와 단군신화의 고
조선본풀이 서사구조와 같은 유형으로서 북방신화나 남방신화 어느 한
쪽에 귀속되는 것이 아니라 우리 민족신화로서 구조적 일관성은 물론,
세계관적 동질성과 역사적 지속성을 지니고 있다. 굳이 구별한다면 환
웅과 해모수의 천손강림형 신화에 대하여 주몽과 혁거세, 수로왕 신화
를 해에서 태어난 일생(日生)신화이자 태양강림신화라 할 수 있다.

주몽의 알이 천자 해모수의 빛을 받아 태어난 천손으로서 해의 형
상을 나타내는 것처럼, 혁거세의 알도 해를 상징하고 있다. 왜냐하면
혁거세의 알은 자주빛을 띠고 있을 뿐 아니라 알에서 태어난 혁거세의
몸에 광채가 나서 대광명의 세상을 이루었기 때문이다. 따라서 그 한
자이름을 혁거세왕(赫居世王)이라 하여 세상을 널리 밝히는 왕으로, 또
우리말이름을 불구내왕(弗矩內王)이라 하여 붉은 해 왕으로 호명했던
것이다. 혁거세의 자줏빛 알이나 몸에서 나는 광채, 그리고 두 가지 이
름 모두 밝은 해를 뜻하고 있다.

따라서 혁거세의 성으로 일컬어지는 '박(朴)'도 다시 해석해야 마땅
하다. 혁거세가 알에서 태어난 까닭에 알이 둥그런 '고지' 곧 '박[瓠]'의
모양을 닮았다고 해서 박씨라고 했다는 일연(一然)의 《삼국유사》해석

은84) 잘못이다. 신라인들이 단군조선의 유민(遺民)으로서 환웅의 신시 본풀이 전통과 세계관을 이어받고 있는 사실을 알지 못하는 것은 물론, 혁거세가 해를 상징하는 존재라는 문제의식조차 없었던 까닭이다. 그러므로 알이 박의 모양으로 생겼으니 성을 박씨로 삼아서 박혁거세라 하였을 것으로 추론한 것이다.

더군다나 해 상징의 시조왕들은 환인, 환웅, 환군 등 우주적 광명의 '환'씨 성을 계보로 사용했으며, 이어서 해모수, 해부루, 해주몽 등 지구적 광명의 '해'씨를 성으로 삼았다는 사실을 알 턱이 없다. 이러한 논리구조와 민족적 세계관, 태양족으로서 정통성 등을 고려하면 혁거세의 성은 바가지를 나타내는 박씨로 자리매김할 수 없다. 혁거세나 불구내는 그 자체로 해를 나타내는 이름이자 하늘에서 붉은 해의 형태로 강림한 상황을 나타낸다. 그러므로 환웅과 해모수처럼 성을 환씨나 해씨로 일컬어야 마땅하다.

그러나 신라국의 시조인 까닭에 기존의 성을 따를 수 없다. 그래서는 신라의 건국시조로서 정체성이 확립되지 않기 때문이다. 혁거세는 단군조선의 유민이자 후예로서 태양시조왕의 민족적 정체성을 계승하는 가운데 신라 건국시조로서 독자성을 지닌 별도의 성이 필요하다. 광명이세를 치국의 가치로 여기며 온누리를 밝히는 시조왕 혁거세의 성으로는 '밝(朴)'씨가 제격이다. 그러므로 박혁거세로 일컫은 것이다.

환인과 환웅의 '환'씨가 환하다에서 온 것처럼, 그리고 단군의 단씨가 사실상 박달나무에서 차용한 '밝다'에서 온 것처럼, 혁거세의 박씨는 '밝다'는 말에서 차용한 것이다. 따라서 혁거세의 박씨는 환씨나 해씨와 같은 태양족의 정체성을 일관되게 지닌 성이라고 할 수 있다. 혁거세의 '혁(赫)'이 사실상 밝씨와 같은 말이다. 우리말 소리값 '박'을 혁거세 앞에 성으로 붙인 것은 '환웅(우리말)＋천왕(한자말)'의 구조처럼, 한자말 '혁'을 풀이한 셈이다. 그러므로 혁거세의 성 朴씨는 바가지

---

84)《三國遺事》卷1, 紀異1, 新羅始祖 赫居世王, "辰人謂瓠爲朴 以初大卵如瓠 故以朴爲姓."

를 뜻하는 것이 아니라 태양시조사상에 따라 해의 밝음을 뜻하는 '밝씨'로 읽어야 마땅하다.

10. 국호에 나타난 해 상징과 역법의 해 인식

한국 건국시조본풀이는 환웅의 신시국에서부터 단군의 조선, 해모수의 부여, 주몽의 고구려, 혁거세와 석탈해, 김알지의 신라, 그리고 수로왕의 가락국에 이르기까지 천신족으로서 태양시조사상을 잘 반영하고 있다. 따라서 난생신화로 알려진 건국본풀이는 사실상 태양신화로서 그 서사구조의 동일성과 상징적 정체성을 일관되게 유지할 뿐 아니라, 후대로 갈수록 더 구체화되고 있는 사실이 포착되었다. 게다가 그동안 전혀 거론되지 않았던 건국시조들의 성씨 계보가 환씨와 단씨, 해씨와 고씨, 박씨와 금씨로서 모두 해의 밝음을 상징하는 개념으로 형성되었다는 사실도 새로 해명할 수 있었다.

태양족으로서 해를 숭배하는 문화는 국호와 도읍지 및 역법의 '해'에서도 잘 드러난다. 건국시조를 해와 같은 존재로 신성시한 것처럼, 도읍지와 국호도 해를 상징하는 뜻을 담고 있는 사실을 해명할 수 있다. 그러한 근거는 단군이 아사달(阿斯達)에서 도읍을 하고 국호를 '조선'으로 일컬었다는 사실에서부터 찾을 수 있다.

아사달은 아침 땅이라는 말이다. 동해바다를 끼고 있는 한반도와 만주 일대의 지역은 극동지역으로서 공간적으로는 해 뜨는 땅이자, 시간적으로는 아침 땅이다. 따라서 홍익인간 이념을 실현하려고 지상에 내려온 환웅천왕의 아들 단군은 '밝달 임금'답게 해 뜨는 아침 땅 아사달에 도읍지를 정했던 것이다. 단군을 일컫는 '밝달'임금의 박달은 '밝은 땅'을 뜻한다. 아사달을 백악(白岳)이라고도[85] 했는데, 백악은 곧 백산, 백달, 배달, 밝은 산, 해뜨는 산으로서 태백산의 뜻과 만난다. 따라서 단군은 평양성에 처음 도읍을 했으나 뒤에 "도읍을 백악산(白岳山) 아사달(阿斯達)로 옮겼다"고 한다. 백악산이 아사달이고 아사달이 백악산이다. 우리말 아사달을 한자말로 표현한 것이 백악산이다.

우리말 아사달이 한자말 지명으로 백악산이 되었지만, 한자말 국호로 일컬을 때는 조선(朝鮮)으로 일컬어졌다. 아사달이 '밝은 땅'이라는 뜻으로 백악산이 되었다면, '아침 땅'이자 '해 뜨는 땅'이라는 뜻으로 국호 조선(朝鮮)이 된 것이다. 따라서 아사달, 백악산, 조선이라는 이름은 표현이 달라도 해가 일찍 뜨는 동녘의 밝은 땅이라는 뜻을 공유하고 있는 같은 말이다. 그러므로 아사달 조선은 해 뜨는 땅이자 아침 땅으로서 해가 밝은 동방의 나라로 호명되었던 것이다.

아사달이 한자말 조선으로 의역되어 기록되기 전에, 소리값 그대로 '아사나(阿斯那, 阿史那) 또는 아사양(阿史壤), 아사덕(阿史德)과 같은 한자표기로 기록되기도 했다.' 아사달의 뜻은 한자어 '朝鮮'에 해당되는데 직역하면 곧 '아침의 나라'라는 말이며, '아름다운 아침의 나라', '빛나는 아침의 나라' 등으로 풀이된다.[86] 《신증동국여지승람》에서는 "동쪽에 해 뜨는 땅에 있으므로 조선이라 이름하였다"고[87] 하였는데, 지리적 입지는 물론, '아사달'과 '평양성'의 두 도읍지 이름을 고려할 때 적절한 해석이라 하지 않을 수 없다.

당시 역사의 모든 기록은 한자표기일 수밖에 없다. 그러나 한자표기의 뿌리는 우리말이다. 우리말로 오랫동안 일컬어지며 구비전승되던 이름과 국호, 도읍지명 등이 한자어로 전환되어 기록되었다. 따라서 환인의 말뿌리는 해님이고 환웅의 말뿌리는 한울(하늘)이며, 해모수의 말뿌리는 해모습인 것처럼, 조선의 말뿌리는 아사달이다.

그럼 단군조선 이전, 민족국가의 가장 첫 자리를 마련한 신시국(神

85) 《三國遺事》 卷1, 紀異1, 古朝鮮-王儉朝鮮, "壇君王儉 立都阿斯達(《經》云無葉山 亦云白岳 在白州地 或云在開城東 今白岳宮是) 開國號朝鮮."
86) 愼鏞廈, 《古朝鮮 國家形成의 社會史》, 150~153쪽에서 자세하게 다루었다.
87) 《新增東國輿地勝覽》, 卷51, 〈平安道〉, '平壤府 郡名'. 愼鏞廈, 위의 책, 152쪽 참조.

市國)의 말뿌리는 무엇일까. 국호 신시의 말뿌리를 찾아야 민족사의 뿌
리가 제대로 밝혀진다. 환웅천왕이 태백산 신단수 아래에 자리를 잡았
다고 하는데 신단수는 우리말로 무엇일까. 다시 묻는다. '신시'를 한자
어로 적기 전에 우리말로 무엇이라 일컬었을까. 그것이 한국사의 출발
점이다.

신시를 한자말 그대로 받아들여 이때 이미 저자거리가 형성되었다
거나 도시국가로 해석하는 것은 우리말 뿌리를 헤아리지 않은 까닭이
다. 이러한 해석은 신시 가운데 '市'에 초점을 맞춘 것이다. 신시를 성
읍국가로 해석하는 것도 마찬가지이다. 그러나 '神'에 초점을 맞추면
신시의 정체는 달라진다. 신성한 제의를 올리는 고을로 주목된다. 천군
이 제의를 관장한 소도가 별읍으로 존재했던 것처럼 신시도 종교적 성
지로서 별읍으로 해석되기도 한다. 그러나 이러한 해석은 모두 한자말
신시를 근거로 한 것이다. 한자말 이전에 신시인들이 사용했던 토박이
민족어를 밝혀야 신시의 정체도 밝혀진다.

조선이라는 국호가 아사달이라는 민족어의 한자어번역인 것처럼,
신시도 민족어의 한자번역어이다. 따라서 한자어 신시 이전의 우리말
뿌리를 찾아야 한다. 신시는 그 자체로 형성된 국호가 아니라 태백산
신단수에서 비롯된 것이다. 왜냐하면 환웅이 신단수 아래에 내려와서
천왕을 자처하고 '신시'라는 국호를 비로소 사용한 까닭이다. 신시는
신단수 아래에 있는 지역이름이자, 신단수를 지리적 구심점으로 한 환
웅천왕의 통치영역 이름이다. 그러므로 신시의 실마리를 신단수에서
찾아야 한다.

신단수는 태백산과 연관되어 있는 신성한 나무이다. 태백산은 백산
(白山)을 더 크게 강조한 산이다. 백산과 백악, 박산, 박달산, 태백산,
대박산 등의 이름은 모두 밝달에서 비롯되었다.[88] 백악산 아사달은 밝
달 아사달 곧 밝달 조선을 뜻한다.[89] 그러므로 환웅이 강림한 태백산

---

88) 愼鏞廈, 앞의 책, 162~163쪽에 자세한 사례를 제시했다.
89) 愼鏞廈, 앞의 책, 152쪽.

은 밝달산으로서 해가 밝은 산이다.

　해밝은 산 태백산은 아침에 해가 가장 먼저 비치는 산으로서 상대
적으로 높은 산이기도 하다. 신단수는 이러한 사실을 더 구체적으로
나타낸다. 신단수의 '神'은 천신으로서 하느님 곧 해님 환인을 뜻한다.
따라서 환인의 아들 환웅(桓雄)은 천신의 아들로서 신웅(神雄) 또는 神
으로 일컫기도 한다. 곰과 범이 인간이 되고자 할 때에도 "늘 신웅(神
雄)에게 사람이 되게 해달라고 빌었다."고 한다.[90] 환웅이 곧 신웅이므
로 '환'과 '신'은 해를 뜻하는 같은 말이다. 신단수의 神은 해를 뜻하고,
檀은 밝은 것을 뜻한다. 그러므로 神檀樹는 천신 환웅의 강림처로서 해
가 밝게 비추는 '해밝은 나무'이다.

　해밝은 나무 곧 신내림 나무를 한자말 神檀樹로 일컫은 것이다. 환
웅천왕이 신단수 아래로 내려왔으므로 국호 神市는 '신단수'에서 비롯
될 수밖에 없다. 신시는 물론 단군의 이름도 신단수와 뗄 수 없는 관
계에 있다. 신단수는 神檀樹로 표기하든 또는 神壇樹로 표기하든 신이
깃들어 있는 '신수(神樹)'라는 점에서는 동일하다. 왜냐하면 신수 앞에
는 신단이 마련되어 있기 때문이다. 그러한 전통은 마을이나 고을의
수호신이 깃들어 있는 당나무 곧 당산목의 민속신앙으로 이어지고 있
다. 신단수가 당나무라면 태백산은 당산이다. 그러므로 신시는 신단수
곧 신수에서 비롯된 지명이자 국호라 하지 않을 수 없다.

　서낭당과 당나무는 같은 대상을 일컫는 다른 말인 것처럼, 신시는
곧 신단수의 다른 말이기도 하다. 따라서 문헌에 따라서는 신단수만
거론하고 신시를 거론조차 하지 않는다. 《제왕운기》에서는 신단수만
거론하고 아예 신시라는 국호를 기록하지 않았다. 왜냐하면 신단수가
신수이자 곧 신시를 일컫는 공간이기 때문이다. 따라서 《고기》의 환웅
본풀이에도 "신단수 아래를 신시라 일컬었다"고[91] 기록해 두었다. 그
러므로 신단수와 신시는 동일한 공간이되 다른 개념으로 일컬어졌을

---

90) 《三國遺事》 卷1, 紀異1, 古朝鮮-王儉朝鮮, "常祈于神雄 願化爲人",
91) 《三國遺事》 卷1, 紀異1, 古朝鮮-王儉朝鮮, "神壇樹下 謂之神市".

따름이다.

그것은 마치 마을의 동신목을 일컬어 '당나무'라고 하고 당나무가 있는 공간을 서낭당이라 일컫는 것과 같은 이치이다. 실제로 당나무에 가서 아이 낳기를 빌었다고 하는 말은 서낭당에 가서 아이 낳기를 빌었다고 하는 말과 같다. 동신이 당나무에 깃들어 있고 동신이 깃들어 있는 곳을 성역으로 일컬을 때는 서낭당이라 하는 까닭이다. 따라서 여성이 된 곰네가 환웅천왕을 찾아가서 아이 낳기를 빌 때에, 신시에 가서 빌었다고 하지 않고 신단수 아래에 찾아가서 빌었다고[92] 한다. 그러므로 태백산 신단수와 그 영역인 신시는 같은 공간을 나타내는 말이지만, 신단수와 달리 신시는 천왕의 정치적 강역을 일컫는 명칭인 것이다.

그런데 환웅의 신시라는 국호는 신수 또는 신단수에서 비롯된 말이자 같은 공간을 나타내는 데도 마치 전혀 다른 개념으로 명명되었다. 신시의 市를 저자거리나 시장, 읍, 도시 등의 근대 개념으로 읽기 때문이다. 그러나 신시와 신단수는 동일 개념이라는 사실을 고려하면, 神市를 '신시'가 아니라 '신불'로 읽어야 한다는 사실을 알아차리게 된다. 왜냐하면 '저자 시(市)'와 '초목 무성할 불(巿)'은 서로 다른 글자이지만, 글꼴이 비슷하여 같은 글자로 착각하기 쉽다.

초목이 무성하다는 뜻의 불(巿)은 곧 숲을 뜻한다. 따라서 불(巿)은 저자가 아니라 '수풀 불'이다. 그런데 '저자 시(市)'와 '수풀 불(巿)'이 워낙 비슷해서 목판에 새길 때 저자 시로 새길 가능성이 아주 높다. 《삼국유사》 목판본의 오자 사례들을 보면 충분히 그럴 가능성이 높다. 그러므로 '저자 시(市)'와 '수풀 불(巿)'은 사실상 같은 글자라 해도 지나치지 않다.

그렇다면 동음이의어(同音異議語)나 동자이의어(同字異議語)처럼 '市' 자는 전후 문맥의 맥락에 맞게 읽고 해석해야 한다. 태초의 역사를 말

---

92) 《三國遺事》 위와 같은 곳, "熊女者無與爲婚 故每於壇樹下 呪願有孕".

하는 상고시대의 상황에서 우뚝한 태백산 정상의 신단수 아래를 시가지라는 뜻으로 '신시'라 일렀다고 하는 것은 전혀 납득할 수 없을 뿐 아니라, 그 자체로도 말이 되지 않는다. 따라서 신시라는 한자말 해석은 전혀 문맥을 이해하지 못했거나 맥락적 해석을 배제한 채, 단순한 축자적 글자풀이에 머문 것이라 할 수 있다.

신시를 저자거리나 장터 또는 성읍으로 풀이하는 것은 옥편의 낱자풀이에 따른 자구적 해석일 따름이다. 현대의 어느 신수 아래도 시가지가 형성될 수 없다. 시가지가 형성된 곳에는 오히려 신수가 제거되기 일쑤이다. 하물며 태초의 역사를 서술하는 천신강림의 신성공간을 한갓 저자거리나 시가지로 간주하는 사실부터 빗나간 해석이라 하지 않을 수 없다. 더군다나 이 시기는 '저자(市)'라는 대상도 언어도 존재하지 않았던 태초의 시기가 아닌가.

그러나 태백산 정상의 신단수 아래를 신불(神市)로 받아들이면 역사적으로나 맥락적으로 전혀 문제가 없다. 왜냐하면 신불, 곧 신숲은 신단수를 중심으로 조성된 신성한 숲을 일컫는 말이기 때문이다. 신단수는 한 그루의 성수로서 환웅이 머무는 구심점을 나타내는 상징적 특수공간이지만, '신불'은 신단수를 포함한 넓고 무성한 숲을 일컫는 신림(神林)이자 성림(聖林)으로서 환웅천왕의 통치공간을 일컫기에 적절한 국호이다. 따라서 환웅천왕이 신단수 아래를 '신시'라 이른 것이 아니라 '신불'로 이르고 스스로 천왕을 자처한 것이라 해야 마땅하다. 그러므로 환웅천왕의 강림처이자 태백산 신단수 아래라는 성역, 그리고 천왕의 치국 강역을 고려할 때, 신시(神市)는 신불(神市)의 오류나 착각으로 해석해야 할 것이다.

환웅천왕이 국호를 신성한 숲이라는 뜻으로 '신불'이라 일컬었다면, 신숲이라는 말이 국호로서 적절한가 하는 문제도 따져볼 필요가 있다. 왜냐하면 신불의 불(市)은 '수풀 불'이나 '무성한 초목 불'을 뜻하는 말이기 때문이다. 그리고 신시의 '神'은 우리말로 해님 곧 해를 지칭했다. 따라서 우리가 神市로 알고 있는 국호는 사실상 천손인 환웅의 강림처인 '신불'이자, 해가 밝은 '해불' 또는 '해숲'으로서 신림(神林) 또는 성림(聖林)에 해당된다.

문제는 신성한 숲을 일컫는 말을 국호로 사용할 수 있는가 하는 의문이다. 신단수나 신불처럼 숲의 이름을 국호로 삼기 어려운 까닭이다. 그러나 두 가지 사실로 이 문제를 입증할 수 있다. 하나는 이론적 논증이고, 둘은 역사적 실증이다. 먼저 이론적 논증을 하려면 나무와 숲이 신성공간이나 국호로 일컬어질 만큼 우리 민족에게 아주 중요한 가치로 인식되었다는 사실을 밝혀야 한다.

하늘의 신격인 환인과 그 아들 환웅이 인간세상 가운데 홍익인간 이념을 구현할 지리적 공간을 태백산 신단수로 잡았다는 사실이다. 당시의 산은 어느 것이나 산림이 우거졌지만, 그 가운데서도 특별히 신단수를 강림처로 잡았다는 것은 인간세상을 구하는 탐구인세의 구심점으로 해밝은 숲 신단수를 정확하게 지목한 까닭이다. 환웅은 태양 상징의 인물이라 했고, 해가 뜰 때 산 정상의 거목에 가장 먼저 비춘다는 실제 사실을 근거로 볼 때, 태백산 정상의 신단수는 환웅의 '탐구인세'를 위한 가장 신성한 공간으로 설정된 것이다.

다시 말하면 하늘의 세계를 관장하는 구심점은 해이고 땅의 세계인 인간세상을 다스리는 구심점은 태백산과 신단수, 아사달처럼 해가 잘 비치는 공간이자, 그 실체로서 거목이라는 말이다. 실제로 '대홍수설화' 또는 '목도령설화'를 보면[93] 나무가 현생 인류의 시조로 이야기된다. 이 설화를 근거로 볼 때 인간은 모두 나무의 후손들이다. 나무가 있어서 인간이 있었다. 인간을 나무가 잉태시켰을 뿐 아니라, 대홍수에서 인간을 구원한 것도 나무이다. 이때 나무는 단군을 낳은 신단수나 다름없으며, 금알지가 시림 곧 계림에서 태어나는 것과 마찬가지이다.

생태학적으로 보면 나무가 없는 곳에는 사람이 살 수 없다. 더 일반화하면 식물이 동물생명을 잉태한 모태생명이라는 것이다. 식물의

---

93) 孫晉泰,《韓國民族說話의 研究》, 乙酉文化社, 1946, 166~168쪽.

탄소동화작용은 식물 자체의 생장뿐 아니라 인간을 비롯한 모든 동물의 생존에 필수적이다. 따라서 "옷나무에는 옷이 열고 밥나무에는 밥이 열고 깨끔나무에는 깨끔열고 국수 나무에는 국수 열고 이래 떡갈잎에 떡이 열고"라고[94] 하는 무가를 부르며, 태초에 나무가 인간에게 필요한 모든 것을 공급한 사실을 태초의 역사로 노래했다.

인류가 이 땅에 살기 전부터 나무는 이미 동물생명에게 먹을 것과 입을 것을 제공하는 주체이자 생명나무 구실을 하였다. 옷나무에서 옷을 따 입고 밥나무에서 밥을 따 먹듯이 인류는 생존활동에 필요한 모든 것을 나무로부터 얻었다는 사실을 말한다. 나무가 무성하다는 것은 삼라만상의 생명력을 뜻한다. 해빙기를 겪은 신시인에게는 해가 없으면 나무가 없고 나무가 없으면 인간도 없다. 그러므로 해밝은 나무 곧 신단수를 숭배하고 섬기지 않을 수 없다.

본풀이 노래들은 한결같이 신화적 표현이기 때문에 문자 그대로 이해하면 납득하기 어렵다. 그러나 상징적으로 해석하면 내용이 쉽게 포착된다. 비록 나무가 직접 옷을 주거나 밥을 주지 않았지만 나무로부터 입을 것과 먹을 것을 얻었던 것은 사실이기 때문이다. 따라서 나무가 없었다면 인간은 생겨날 수도 없지만 생겨났다고 하더라도 생존이 불가능했다. 그러므로 나무와 숲은 인간을 낳아주고 길러준 부모 같은 존재라 할 수 있다. 인류시조신화와 같은 맥락에서 고려될 수 있는 태초의 이야기로는 '목도령'설화 또는 '밤나무아들 율범이'설화를 보기로 들 수 있다.

하늘의 선녀가 지상에 내려와 큰 고목나무의 정기에 감응하여 잘생긴 아이를 낳았는데, 이 아이가 대홍수 때 아버지 나무에 매달려 살아나서 인류의 시조가 되었다는 것이 목도령 설화다.[95] '밤나무 아들 율범이' 이야기에서는[96] 고목나무 대신에 밤나무가 등장하고 선녀 대

94) 김효신, 〈순산축원〉, 《교육학논총》, 1977.
95) 孫晉泰, 《韓國民族說話의 硏究》, 乙酉文化社, 1946, 166~168쪽.
96) 鄭尚朴·柳鐘穆, 《韓國口碑文學大系》 8-12, 경남 울산울주편, 韓國精神文化硏究

신에 마을의 처녀가 등장한다. 호랑이 담배 필 시절, 처녀가 밭에 가는 길에 오줌이 마려워서 밤나무 밑에서 오줌을 누다가, 밤나무의 아들을 잉태하게 되었다는 데서 이야기가 시작된다. 이 밤나무 아들이 바로 율범이다.

어느 이야기에서나 주인공이 대홍수 뒤에 인류의 시조가 되었다는 점에서 구약의 창세기에 나오는 '노아의 방주' 이야기와 같은 맥락을 유지하고 있다. 그러나 기독교적 신관이나 원죄의식에 따른 인류 징벌의 내용은 포함되어 있지 않다. 나무의 아들이 인류의 조상노릇을 했으며 그 아들을 잉태시킨 나무가 생명의 원천이자 세상의 질서를 내다보는 신성한 능력을 지녔다는 것을 드러내고 있는 이야기이다. 결국 나무의 정령과 인간인 여성이 부부로 결합하는 신성한 혼인을 이야기하고 있다.

단군신화에서 곰과 범이 신단수 밑에 와서 사람이 되게 해달라고 빌거나, 사람이 된 곰네가 다시 신단수 밑에 찾아와서 아기를 배게 해달라고 빌었던 것은, 구체적으로 그 대상이 환웅이지만 사실은 신단수에 깃들어 있는 목신(木神)이나 수신(樹神)으로서 신단수에 강림해 있는 천신이다. 그것은 곧 고목과 선녀 또는 밤나무와 처녀가 혼인하여 목도령을 낳은 인류시조신화의 구조와 같다. 따라서 남녀관계가, 단군신화는 하늘과 땅, 인류시조신화는 땅과 하늘로 뒤집어 있지만, 나무와 사람의 관계로 보면 나무에 깃들어 있는 남성 아버지와 여성 인간이 결합하여 단군과 목도령을 낳은 구조는 서로 일치한다. 단군이라는 이름도 박달나무 아들로서 목도령이나 율범이를 일컫는 것과 같다. 그러므로 나무는 여성을 잉태시켜 아이를 낳았으므로 인간생명의 씨앗으로 인식되었다고 할 수 있다.

그렇다면 나무는 인간생명의 근원이자 시작이라 하지 않을 수 없다. 나무는 생명을 잉태시키는 주체이자 나무가 있는 곳은 곧 생명이

院, 1986, 542~551쪽의 '사람의 조상인 밤나무 아들 율범이'.

잉태되는 생산 공간이다. 단군과 알지도 나무 아래에서 잉태되고 출현
되었다. 따라서 나무 아래나 숲 속은 태초의 공간으로서 역사적 의미
를 가지기 시작하는 세계의 기원이자 인류시조의 출현 공간이며 국가
의 질서가 처음 열리기 시작하는 신성공간이다. 나무로부터 그 생명이
비롯되었다는 암시는 '목도령' 이야기에서 더 구체화되었다. 나무는 사
람을 잉태시키는 능력을 갖추고 있다고 여기며, 인류시조의 근원을 나
무에 두고 있다. 그러므로 곰네도 신단수를 찾아가서 아이 배기를 빌
었던 것이다.

　여기서 인류의 생물학적 근원을 따지는 것은 중요하지 않다. 적어
도 고대인들이 생명의 근원을 어디에 두고 있는가 하는 사실이 중요하
다. 왜 신시인들은 신단수를 구심으로 나라이름을 신불(神市) 곧 '신
숲'이라 하고 거기서 태어난 건국시조를 단군이라 했는가 하는 질문과,
왜 마을마다 당나무를 동신으로 섬기는가 하는 의문과 만난다. 마을이
나 국가나 인간공동체의 구심점을 나무로 인식하고 믿었던 까닭이다.
그러므로 하늘에는 해를, 땅에는 나무를 세계의 구심점으로 삼았던 것
이다.

　이러한 사실은 환인과 환웅, 단군의 이름에서도 나타난다. 환인의
해님에서 환웅의 신단수, 그리고 단군의 박달나무로 이어지는 체계가
바로 하늘에는 해, 땅에는 나무라는 두 신성한 상징을 귀납할 수 있는
근거이다. 하늘의 태양과 땅의 나무를 상징하는 대립적이며 상보적인
관계는 桓因→桓雄→檀君의 한자어에서도 고스란히 포착된다. 세 인물의
첫 글자 桓과 檀에는 모두 '나무 木'이 좌변에 자리잡고 있을 뿐 아니
라, 그 우변에는 한결같이 해를 뜻하는 '날 日'이 가운데에 자리잡고
있다. 이것은 우연한 깃일 수도 있지만, 하늘의 중심 해와 땅의 중심
나무를 변증법적으로 통합하는 한자를 가려서 의도적으로 표기한 것으
로 해석된다.

　따라서 하늘의 해를 태양신으로 숭배하는 것처럼, 지상에서는 신단
수와 같은 우뚝한 거목이나 거목을 둘러싸고 있는 숲을 신성하게 숭배

하는 수목신앙이 성립된 것이다. 거목을 그 자체로 섬기는 수목신앙이 있는가 하면, 마을과 고을의 당나무를 신앙하는 동신신앙 또는 서낭신앙 문화가 최근까지 전승되고 있다. 마을의 당나무는 곧 마을공동체의 수호신이다. "마을의 당나무를 베면 마을이 망한다"는 속신(俗信)처럼, 당나무가 곧 마을공동체나 다름없었던 것이다. 그러므로 환웅천왕이 강림한 신단수를 근거로 나라 이름을 신시가 아니라 신불, 해숲으로 일컫는 것은 이론적으로 문제될 것이 없다.

이만하면 이론적 논증이 어느 정도 되었지만 더 중요한 것은 역사적 실증이다. 이론적 설득력을 뒷받침할 수 있는 실제 사실이 필요하다. 따라서 다음은 숲의 이름을 나라 이름으로 사용한 역사적 사실을 찾아서 실증하는 작업이 필요하다. 천손강림의 신숲이나 해가 밝은 해숲을 국호로 사용한 보기를 우리 역사에서 생생하게 찾을 수 있다. 환웅본풀이의 서사구조와 천손강림의 태양시조사상을 수천 년 동안 고스란히 계승하고 있는데, 신숲의 국호라고 해서 후대에서 이어받지 않을 까닭이 없다. 가장 구체적인 보기가 계림국으로 일컫은 신라의 초기 국호이다.

> 처음에 왕이 계정(鷄井)에서 출생한 까닭에 또한 계림국(鷄林國)이라 하니, 계룡이 좋은 조짐을 나타낸 때문이었다. 일설에는 탈해왕대에 금알지를 얻을 때 닭이 숲 속에서 울었으므로 국호를 고쳐 계림(鷄林)이라 하였다 한다. 후세에 드디어 신라라는 국호를 정하였다.[97]

금알지의 금궤가 걸려 있었던 숲은 원래 시림이었다. 그러나 닭이 울어서 금알지의 출현을 알린 숲이기 때문에 시림을 계림으로 고쳤다. 계림에서 김씨 왕실의 시조 알지가 출현한 까닭에 신라의 초기 국호는

---

97) 《三國遺事》 卷1, 紀異1, 新羅始祖 赫居世王, "初王生於鷄井 故或云鷄林國 以其鷄龍現瑞也 一說 脫解王時得金閼智 而鷄鳴於林中 乃改國號為鷄林 後世遂定新羅之號".

계림이었다. 계림의 국호는 상당히 오랫동안 지속되었을 뿐 아니라 국제사회에서도 신라보다 계림이라는 국호로 더 알려졌다.

《삼국유사》의 기록을 보면, 신라 19대왕인 눌지왕대까지 신라를 '계림'으로 일컬었을 뿐 아니라, 진덕왕대까지 외교문서에 공식적으로 계림국으로 일컬었던 사실을 알 수 있다. "진덕여왕이 즉위하여 스스로 태평가를 짓고 비단을 짜서 무늬를 놓아 사신을 보내어 당의 황제에게 바쳤더니, 당의 황제는 가상하게 여기며 '계림국왕(鷄林國王)'이라 하며 열어 보았다"[98]고 한다. 진덕왕대에도 국제사회에서는 신라가 아니라 계림이 국호로 공식 호명되고 있었던 것이다. 중국뿐만 아니라 일본에서도 계림국으로 일컬어졌다.

> 왜왕은 제상(堤上)을 가두고 물었다. "너는 어찌하여 너의 나라 왕자를 몰래 돌려보냈느냐?" 제상이 답하기를 "나는 계림의 신하이지 왜국의 신하가 아니오. 이제 우리 임금의 소원을 이루어 드렸을 뿐인데, 어찌 이 일을 그대에게 말하겠소." 하자, 왜왕은 노해서 "이제 너는 이미 내 신하가 되었는데도 계림의 신하라고 말하느냐? 그렇다면 반드시 오형(五刑)을 갖추어 너에게 쓸 것이다. 만일 왜국의 신하라고만 말한다면 후한 녹(祿)을 상으로 주리라." 했다. 제상은 "차라리 계림의 개나 돼지가 될지언정 왜국의 신하가 되지는 않겠다. 차라리 계림의 형벌을 받을지언정 왜국의 작록을 받지 않겠다."고 하였다.[99]

눌지왕 때 일본에 볼모로 잡혀가 있던 왕의 셋째 아우 미사흔(未斯欣)을 구해낸 박제상(朴堤上)이 왜왕에게 발각되어 문초를 받을 때, 신라를 일컬어 '계림'이라 했다. 박제상만 조국 신라를 계림이라 한 것이 아니라 왜왕도 계림이라 일컬은 것을 보면 눌지왕대까지 계림이라는 신라의 국호가 국제사회에서 널리 통용되었음을 알 수

---

98) 《三國遺事》 卷1, 紀異1, 眞德王, "唐帝嘉賞之 開封爲鷄林國王".
99) 《三國遺事》 卷1, 紀異1, 奈勿王 金堤上.

있다.

신라의 국호 계림은 닭숲이자 신숲으로서 원래 시림(始林)이었다. 시림은 세상이 처음 열리는 태초의 숲이다. 계림의 닭숲은 닭이 울었던 숲이자 해 뜨는 숲으로서 아사달과 같은 아침 숲이자 해밝은 숲이다. 따라서 시림이자 계림의 신성한 숲은 사실상 신단수와 같은 뜻을 지닌 '해숲'의 한자말이다. 금알지가 출현한 시림에서 계림이라는 국호가 성립된 것처럼, 환웅이 출현한 신단수에서 신숲이자 해숲을 뜻하는 신불의 국호가 성립된 것은 상당히 자연스럽다. 그러므로 신라의 계림이라는 초기 국호는, 시림이자 신숲, 해숲을 뜻하는 국호 '신불(神市)'의 전통을 고스란히 이어받은 것일 뿐이다.

신단수가 곧 해밝은 나무이듯이 신불은 곧 해숲이다. 해숲은 해 뜨는 숲, 해밝은 숲이다. 하늘에서 자줏빛이 드리우고 닭이 울었던 시림 또는 계림도 이와 같다. 계림은 해숲이자 닭숲이라는 말이다. 밤중에 닭이 울었을 뿐 아니라 하늘에서 자줏빛이 비치고 금궤에서 빛이 났기 때문이다. 환웅의 강림은 곧 해가 지상으로 내려오는 것을 은유한 것인데, 닭이 울어서 여명이 트고 빛이 밝아오는 시림의 상황이나 다르지 않다. 신단수가 신수이자 해뜨는 밝달 숲인 것처럼, 시림 또한 여명이 트는 숲이자 해밝은 숲이다. 그런데 이와 같은 해숲을 왜 시림이나 계림처럼 신림(神林)이라 하지 않고 굳이 신불(神市)로 표기했을까.

그것은 해모수의 아들 해부루를 '해불'로 명명한 논리와 같다. 해의 뜨거움과 밝기를 나타내는 은유로는 불이 제격이다. 불은 열기와 밝기를 함께 갖춘 까닭에 해와 같은 기능을 한다. 기능으로 보면 불은 해와 같은 실체이다. 따라서 겨울철에는 화톳불을 피워서 추위를 이기고 밤이나 동굴에서는 불을 피워 어둠을 밝힌다. 추위를 쫓고 어둠을 몰아내는 해가 곧 불이고 불이 곧 해인 것이다. 특히 빙하기의 동굴생활에서 불은 빛과 열을 제공하는 해 같은 존재였다. 그러므로 단순히 신성스러운 숲으로서 '신림'이 아니라 해의 열기와 밝기를 다 갖춘 해숲으로서 해불 곧 신불(神市)로 표기한 것이다. 불의 소리값과 숲의 말뜻을 다 취해서 국호를 신불로 일컬었으며, 그 우리말 국호는 '해불'이었던 사실을 추론할 수 있다.

민족사 초기의 국호가 해불에서 '해부루', 해숲으로 일컬어지면서 '신불(神市)'로 표기되다가, 단군시대에 이르러서는 해불에서 '아사달'로 호명되고 '조선(朝鮮)'으로 표기되는 변모를 겪는다. 천신족이자 태양족으로서 태양시조사상과 연관되어 있는 국호인 까닭에, 상대적으로 신성한 숲을 달에다 은유하는 서구의 전통과 다른 독자성을 지닌다. 라틴어로서 신수는 루쿠스(lucus)라 하는데, '숲속의 빈터' 또는 '성스러운 숲'을 뜻한다. 신수 lucus의 어원인 leuk는 '빛'을 의미하는 lux-lucis와 '달'을 의미하는 luna에 두고 있다.[100] 그러나 우리의 신단수 또는 신불은 모두 해밝은 나무, 해숲 등으로 해에 뿌리를 두고 있다.

따라서 건국시조들은 아예 해의 모습으로 자줏빛 알이나 황금알의 형태로 태어난다. 빙하기를 겪은 신시인들은 해를 구세주로 믿고 초월적인 존재로 숭배한 까닭에 건국시조를 곧 천신인 태양으로 상징한 것이다. 해에 대한 신성한 숭배로 태양시조사상이 형성되는 것은 물론, 천제를 올리는 하늘굿 문화의 전통과 함께, 해의 운행을 주의 깊게 관찰하는 천문학적 사유가 싹 텄다. 해를 중심으로 한 천체의 운동에 따라 역법을 만들고 일상생활에 이용하는 슬기를 발휘했다. 그러므로 우리 민족은 태초부터 해를 뜻하는 환씨와 해씨, 밝씨를 성(姓)으로 삼았을 뿐 아니라, 해를 중심으로 한 태양력을 포착했던 것이다.

'해'에 대한 세계관적 인식과 천체에 대한 천문학적 이해가 바탕이 되어, '해〔太陽〕'의 공전주기를 기준으로 '한 해〔年〕'를 설정하는 태양력의 역법도 마련할 수 있었다. 해의 공전주기가 곧 역법의 일년 주기라는 사실을 포착한 것이다. 왜냐하면 하늘의 태양을 가리키는 우리말 '해'와, 역법의 1년을 뜻하는 우리말 '해', 그리고 해를 상징하는 환웅

---

100) 자크 브로스 지음/주향은 옮김,《나무의 신화》, 이학사, 1998, 209쪽.

과 해모수를 비롯한 시조왕들이 모두 해를 뜻하는 같은 말로 이루어져
있기 때문이다. 그러므로 태양력의 역사적 근거를 태양시조사상뿐만
아니라 설맞이 세시풍속과 역법의 언어체계에서도 찾을 수 있다.

첫째 근거는 24절기의 오랜 전통이 태양력을 근거로 이루어져 있
으며, 그 가운데 하나인 동지가 과거에는 아세(亞歲)로서 설 구실을 했
다는 점이다. 동지 팥죽을 먹어야 나이 한 살을 더 먹는다는 관념은
최근까지 지속되고 있으며101) 지금도 동지를 작은설이라 한다. 결국
밤이 가장 긴 동지가 일년의 처음이라는 것인데, 이러한 인식은 모두
태양력에 기초한 것이다. 하루의 처음인 자시와 한 달의 처음인 초하
루가 모두 어둠의 극점이듯이 연중 어둠의 극점인 동지도 일년의 처음
이자 시작인 설이다. 신라시대 695년에서 699년까지 동짓달 초하루가
설이었다. 이처럼 동지를 설로 삼은 것은 과거 음력 역법 이전에 태양
력을 기준으로 한 해를 설정하였기 때문이다.102)

따라서 지금의 태양력에 따른 1월 1일의 설은 천문학적으로 특별
한 의미를 지니지 않는다. 연중 해가 처음 길어지기 시작하는 동지도
아니고, 24절기의 기점인 입춘일도 아닌 그 사이의 적절한 날을 설날
로 잡은 까닭이다. 오히려 음력설은 24절기와 견주어 볼 때 입춘에 가
깝다. 태양력을 근거로 할 때 천문학적으로 정확한 설은 양력 12월 22
일 또는 23일의 동짓날이다. 기독교 역법인 현재의 그레고리력을 쓰지
않고 천체의 운행에 따라 태양의 주기를 근거로 태양력을 쓴다면, 동
짓날을 새해 첫날로 삼아야 한다. 왜냐하면 동지가 천문학적으로 일년
의 정확한 시작점이기 때문이다.

둘째 근거는 세계에서 거의 유일하게 태양(太陽)을 나타내는 말과

---

101) 임재해, 《한국민속학과 현실인식》, 집문당, 1997, 214~216쪽 참조. 나이를
    헤아리는 단위로서 '살'은 '설'에서 비롯된 말이다. 고어에서는 살을 '설', '슬'
    로 표기해 두었다. 설을 쉰 횟수에 따라 나이를 먹는 까닭인데, 한국적 연령
    관의 독자성이 있다.
102) 임재해, 〈건국본풀이로 본 시조왕의 '해' 상징과 정치적 이상〉, 《比較民俗
    學》 43, 比較民俗學會, 2010, 501쪽.

년(年)을 나타내는 우리말이 같다는 점이다. 우리말 '해'는 역법으로서 한 해를 나타낼 때나, 천체로서 해 곧 태양을 나타낼 때 같이 쓰인다. 천체 태양도 '해'라고 하고 역법의 년(年)도 '해'라고 하는 것이다. 뿐만 아니라 하늘에 뜬 달도 '달'이라 하고 역법의 달도 '달'이라고 한다. 그러므로 우리말 해와 달은 천체의 해와 달, 역법의 해와 달을 모두 꼭 같이 일컫는다. 우리말이 성립되던 초기부터 태양력과 태음력의 두 역법을 함께 쓴 사실을 알 수 있다.[103]

상대적으로 다른 나라의 경우에는 우리와 차이를 보인다. 태음력 경우에는 천체의 달과 역법의 달을 같은 말로 쓰지만, 태양력의 경우에는 천체의 해와 역법의 해를 전혀 다른 말로 쓴다. 역법이 발달했던 중국의 경우도 달의 경우는 천체의 달(月)과 역법의 달(月)을 같이 쓰지만, 해의 경우에는 역법으로 한 해를 년(年) 또는 세(歲)로 나타내고, 천체로서 해를 일(日)로 나타내서 전혀 다르게 써오고 있다. 한자어를 쓰는 일본에서도 같은 차이를 보인다.

영어에서도 천체의 해와 역법의 해는 서로 다른 말을 써서, 처음부터 무관하게 일컬어졌다. 한 해를 나타내는 'year'와, 태양을 나타내는 'sun'은 전혀 다른 소리값의 말이자 전혀 무관한 기호의 문자로 표기된다. 서양에서도 태음력을 먼저 썼던 사실은 언어에 그 자취가 남아 있다. 'month'와 'moon'은 같은 뿌리의 말이다. 한 달을 나타내는 'month'는 천체 달을 나타내는 'moon'에서 비롯되었기 때문이다.[104] 그러한 사실을 대조하여 정리하면 아래와 같이 일목요연하게 포착된다.

	〈천체〉 〈역법〉		〈천체〉 〈역법〉	
한국어:	해 = 해		달 = 달	
한자어:	日 ≠ 年		月 = 月	
영 어:	sun ≠ year		moon ⇒ month[105]	

---

103) 임재해, 위의 글, 같은 곳.
104) 임재해, 위의 글, 502쪽.

위와 같이 우리말 외에는 달과 역법은 일치하되 해와 역법은 불일
치하는 현상을 보인다. 달의 공전주기가 관찰 가능한 대상이므로 태음
력을 먼저 사용하다가 뒤에 천문학이 발전되면서 일년주기의 정확성을
유지하기 위해 태양력을 사용한 것으로 이해할 수 있다. 달을 보면서
30일 주기의 역법에 관한 인식이 상고시대부터 가능했던 것은 인류의
보편성이다. 달의 변화주기는 쉽게 관찰 가능하기 때문이다. 그러나 해
를 보면서 일년 주기의 역법에 관한 인식을 정확하게 하는 것은 천문
학적 지식이 축적된 후대의 일이다. 따라서 상고시대 언어형성 초기부
터 하늘의 해와 일년의 해를 처음부터 함께 쓰기 시작한 것은 한민족
이 거의 유일하다고 할 수 있다.

적어도 천체의 '해'를 뜻하는 말이 해모수 시대에 이미 성씨로 자
리 잡았다는 사실을 재인식해야, 고대 한국인들의 우주적 하늘 인식과
건국시조의 정체를 제대로 포착할 수 있다. 고구려시대에 벌써 천상열
차분야지도(天象列次分野之圖)를 작성했을 뿐 아니라 아예 돌에 새겨서
석각(石刻) 형태로 보존했다는 놀랄 만한 사실이 이를 뒷받침한다. 그
것은 천체를 관찰하여 수립한 태양력의 역법 '해'와, 자신들이 숭배하
던 신성한 존재 '해'를 끌어와 시조의 왕명이나 국호, 성씨 등으로 삼
은 환웅시대의 역사에서부터 비롯된 것이다. 그러므로 후대의 역사적
사실과 문화적 전통, 이념적 세계관 등을 보면, 환웅의 신시고국 역사
를 부정할 수 없다.

11. 건국본풀이의 역사 해석과 민족사의 정체

우리 자료를 자기 말과 논리와 방법으로 해석해야 문화주권은 물론

---

105) 임재해, 〈신시고국 환웅족 문화의 '해'상징과 천신신앙의 지속성〉, 《단군학
연구》 23, 단군학회, 2010, 373쪽.

역사주권과 함께 학문주권도 찾을 수 있다. 환웅시대부터 형성된 태양 시조사상을 인류 보편적인 태양신앙 문화나 태양숭배사상으로 간주하고 말면, 민족사의 정체성이 독자적으로 포착되지 않는 것은 물론, 민족문화의 독창성을 주체적으로 해명할 수 없다. 그러므로 빙하기의 역사체험을 근거로 신시인들의 역사와 문화를 통시적 인과관계의 맥락속에서 총체적 해석을 하는 일이 필요하다.

주변국의 역사나 세계사의 문화적 조류 속에서 민족사 자료를 요소적으로 해체하고 단편적 유사성으로 전래설을 펼치거나, 진부한 통념의 시대구분과 국가 형성론의 틀 속에 우리 민족사를 꿰어 맞추는 일을 역사연구나 문화해석으로 만족하는 상투적 연구를 극복해야 역사학의 학문주권이 확립된다. 우리 역사를 중심으로 세계사를 다시 쓰고 한민족 문화를 근거로 인류문화를 새롭게 해석한다는 도전적 문제의식을 갖추어야 역사상대주의로서 주권사학의 길이 열린다. 역사주권주의를 추구하려면 스스로 사관을 개척해야 할 뿐 아니라, 세 가지 문제의식을 갖추고 방법론적 각성을 해야 한다.

하나는 세계사나 인류문화가 정확하게 밝혀졌다는 전제부터 극복되어야 한다. 역사학에는 공든 탑이 없다고 생각하고 이른바 공든 탑을 무너뜨려야 한다. 그래야 기존연구의 틀에 민족사를 꿰어맞추는 일을 멈출 수 있다. 우리 역사로 세계사의 오류를 바로잡겠다는 생각을 해야 한다. 건국신화는 북방형 천손강림신화와 남방형 난생신화가 있다는 주장부터 극복해야 천손강림신화는 남북방과 시대를 초월해서 수천년 동안 변함없이 우리 민족의 건국사를 총체적으로 해명하는 일관된 사료 구실을 한다는 사실을 포착할 수 있다.

둘은 역사학이 사료 읽기가 아니라 사료 해석이라는 사실을 자각해야 한다. 그래야 한민족사에서 건국시조본풀이는 난생신화라는 축자적 말풀이 수준의 해석을 극복할 수 있다. 그러자면 해석학적 지평융합으로 해석의 수준을 높이고 영역을 확대하며 요소적 해석과 부분적 이해를 아우르는 인문학적 통찰력을 발휘해야 한다. 따라서 기존의 환웅본풀이에서부터 지속되는 서사구조와 태양시조사상을 역사적 날줄로 삼고 후대의 다양한 건국본풀이의 문맥을 씨줄로 삼아 건국시조본풀이를 하나의 논리로 휘어잡는 것을 목표로 삼아야 한다.

그러면 난생으로 은유되는 알은 새 알이 아니라 사실상 태양을 상징하는 것이기 때문에 알에서 태어난 건국시조는 난생(卵生)이 아니라 일생(日生)의 존재라는 사실이 밝혀진다. 따라서 한국인의 건국신화는 난생신화가 아니라 일생신화이자 태양강림신화로서 일관성을 지닌다는 역사적 사실을 포착할 수 있다. 이른바 알에서 태어나 난생신화의 주인공으로 잘못 해석된 주몽이나 혁거세, 알지, 탈해, 수로 등의 건국시조들은 모두 하늘에서 강림한 천손이자, 태양알의 형태로 출현한 시조로서 태양 상징의 성씨 계보까지 일관되게 형성하고 있다는 사실을 알아차릴 수 있다.

셋은 역사를 통시적 지속성의 시각으로 연구하지 않고 공시적 연관성의 시각으로 연구하는 데 대한 비판적 인식이다. 이러한 연구는 다시 두 가지 한계를 지닌다. 첫째는 자국 역사를 이웃 민족의 이동이나 영향에 의한 아류로 종속시키는 문제이고, 둘째는 자국 역사의 통시적 지속성을 해체하고 외세의 점유에 의한 단절된 역사로 해석하는 문제이다.

따라서 자국 역사와 건국본풀이를 그 자체로 다루어서 해석하는 학문적 역량을 발휘하지 못한 채, 이웃나라 신화의 양상을 끌어들여 화소의 유사성으로 줄긋기를 하거나, 외국학자들의 신화 해석을 적용하는 수준에 머물 수밖에 없다. 그 결과 일제강점기 이후 주입된 북방전래설을 일방적으로 수용함으로써 천손강림신화는 으레 북방신화에서 전래된 것으로 간주하면서 자민족의 주체적 세계관이나 독자적 역사의 존립 근거를 말살하는 지경에 이르고 말았다. 그러므로 민족사 체계와 민족문화의 정체성을 제대로 포착하여 고조선문명을 올바르게 정립하려면 민족사의 출발점이자 밑자리 구실을 하는 건국시조본풀이 사료를 총체적으로 해석하는 통찰력을 발휘해야 한다.

"고대국가의 건국본풀이를 제각기 따로 볼 것이 아니라 유기적인 관계 속에서 독해할 수 있어야, 둘이면서 하나이고 하나이면서 둘인 건국시조본풀이의 이중구조를 제대로 포착할 수 있다."[106] 따라서 가장 근본적인 해결의 길은 민족사 관련 사료들을 집대성하여 총체적으로 해석하며 일관된 논리구조와 역사의식, 건국이념, 지도자상 등 역사철학의 문제를 귀납적으로 포착하는 일이다.

신시 건국사에서 수립된 건국철학은 해 같은 지도자가 통치대상인 주민들과 함께 머물러 살면서 인간세상을 널리 이롭게 하는 이타적 세계관이다. 환웅은 그런 가치를 실현하기 위하여 지상에 강림하여 나라를 세웠다. 이른바 '홍익인간'의 건국이념과 '재세이화'의 통치철학이 태양시조로 구체화되는 가운데 혁거세의 불구내(弗矩內) 이념과 광명이세의 치세철학으로 발전하면서 신라, 가야 시대까지 지속되었던 것이다.

이러한 논리에서 보면, 해모수와 해부루 부자의 해씨뿐만 아니라 그 훨씬 이전시대 환인과 환웅의 환씨, 혁거세와 남해의 박씨, 알지와 수로 후손들의 금(金)씨 등이 모두 태양족이자 박달족의 후예로서 해를 상징하는 성씨 계보를 형성한 사실까지 이해할 수 있다. 따라서 건국시조는 으레 성씨시조를 겸한다는 사실도 알아차릴 수 있다. 그러므로 단군과 주몽이 건국시조가 되면서 환군이 단군으로 해주몽이 고주몽으로 성씨를 바꾸는 것은 자연스런 일이므로, 환웅의 아들 단군의 초기 이름은 환군이었을 가능성까지 추론하게 되었다.

이러한 앎의 논리를 해석학적 지평융합으로 확장하면, 환웅신시도 재해석된다. 신시는 신불이자 해숲으로서, 사실상 해밝은 숲 신단수를 국호로 달리 호명한 개념이라는 것이다. 그리고 해숲을 표방하는 국호의 전통은 신라 초기 국호인 계림국으로 이어졌다는 사실도 알아차릴 수 있다. 신시의 해숲과 시림의 계림 모두 해돋이 숲이자 광명의 숲이다. 그러므로 신라는 '해불'이 구개음화 현상에 따라 새불이 되고, 새

---

106) 임재해, 〈홍익인간 이념의 역사적 지속과 민속문화의 전통〉, 《고조선단군학》 31, 고조선단군학회, 2014, 284쪽.

불이 후대에 서라벌 또는 서울이 되었을 가능성도 추론된다.

이러한 국호 개념은 지리적으로 북방 초원지대의 유목국가들과 다른 정체성을 지닌다. 유목국가들은 지리적으로 평원의 풀밭이 건국공간일 수밖에 없다. 그러나 우리 역사의 건국시조들이 강림한 태백산과 웅심산, 구지봉 등 대부분 산이 무대이이다. 그리고 구체적인 강림 공간으로서 국호 구실까지 하게 된 신단수와 계림은 나무나 숲의 공간이다. 이처럼 초원이 아닌 산과 삼림을 건국공간으로 삼은 사실도 고대 국가들의 인문지리적 특성을 반영하고 있는 것이다. 그러므로 신시나 계림의 국호는 유목국가가 아니라 삼림지역에 자리 잡은 농경국가로서 정체성까지 잘 드러내주는 것이다.

해숲으로서 신불의 전통이 계림의 국호로 이어진 것처럼 건국이념과 치국사상도 함께 이어졌다. 환웅의 신시국에서 마련된 '홍익인간 이념과 재세이화 사상'이, 혁거세의 계림국에서도 '혁거세 이념과 광명이세 사상'으로 지속되며 구체화되고 있는 역사적 사실도 포착할 수 있다. 그러므로 여기서 중요한 역사적 사실을 귀납적 결론으로 이끌어낼 수 있다.

고조선문명의 역사적 지속성을 근거로 민족사의 역사적 시작과 정통성을 포착할 수 있다. 모든 건국시조들이 단군왕검이 아닌 환웅천왕의 정통성을 이어받고 있다. 따라서 우리가 지금 쑥과 마늘을 먹고 있는 식문화의 전통으로 환웅의 신시시대 역사가 사실이라는 것을 입증할 수 있는 것처럼, 해모수나 혁거세, 김알지 본풀이의 전승을 근거로 환웅의 신시고국 역사의 출발점과 정통성을 입증할 수 있게 된 것이다.

왜냐하면 환웅의 신시건국본풀이에 담긴 역사적 구조와 사상적 토대, 문화적 이치가 후대의 건국시조본풀이에 고스란히 지속되고 있기 때문이다. 문제는 부여와 고구려, 신라, 가야의 시조왕들이 계승하고 있는 건국시조의 출현방식과 존재양식은 물론, 건국이념과 치국의 가치관이 모두 단군조선이 아닌 환웅신시에 근거를 두고 있다는 것이다.

천손강림의 환웅천왕과 달리, 단군왕검은 환웅과 곰네 사이에서 태

어난 아들로서 지상적 존재로 탄생된 시조왕이다. 그러나 수천 년 동
안 이어진 후대의 시조왕들은 단군처럼 성모의 아들로 태어나는 지상
적 존재가 아니다. 해모수나 6촌촌장들처럼 환웅의 천손강림 방식을
이어받거나, 아니면 태양 상징의 알에서 태어나서 태양족이자 천신족
의 정체성을 한층 분명하게 확립한다. 따라서 주몽을 비롯하여 혁거세,
'금알지', '금수로' 등은 모두 태양신화의 주인공들로서 일관성을 지니
고 있다. 주몽은 해모수와 유화부인 사이에서 태어나지만, 단군처럼 사
람으로 태어나지 않고 알의 형태로 출현한다는 점에서 단군과 다른 방
식의 출생과정을 거친다.

고구려 건국시조 주몽은 뒤에 고주몽이자 동명왕으로 일컬어지게
되었지만, 출생과정에서는 해주몽으로서 해화살 곧 햇살을 상징하는
태양시조왕으로서 자기 정체성을 확보한 상태이다. 그러나 알의 형태
로 출생하는 방식은 해주몽이 처음인 까닭에 금와왕에 의하여 새 알이
라 하여 버려지는 것은 물론, 위기를 겪고 탈출하여 쫓기는 과정을 거
치게 된다. 그러나 혁거세 이후부터는 알로 태어나도 버려지거나 쫓기
는 수난의 과정 없이 바로 시조왕으로 추대된다. 다만 탈해는 주몽의
수난 과정을 일정하게 거친다.

태양시조사상이 역사적으로 지속되어 일반화되면서 건국시조신화는
으레 태양신화의 양식을 이루게 된 것이다. 그러한 계승과 발전의 근
거는 단군왕검에 있는 것이 아니라 환웅천왕에 있다. 시조왕으로서 출
현방식뿐만 아니라 건국이념과 치세방식도 모두 '홍익인간 재세이화'에
바탕을 두고 창조적으로 계승되며 발전했다. 따라서 신라·가야시대까
지 우리 민족의 시조이자 건국이념의 뿌리를 이루고 밑자리를 제공한
것은 단군조선이 아니라 환웅신시였다는 사실을 역사적으로 널리 공유
한 셈이다. 그러므로 우리 민족사의 시작과 정통성은 단군조선에 있는
것이 아니라 환웅신시에 있다는 사실이 후대의 건국시조본풀이로서 명
백하게 입증된 것이다.

이러한 역사적 사실은 태초의 민족사 사료라 할 수 있는 '고조선'조

의 《고기》에서부터 분명하게 서술되어 있다. 《고기》의 내용은 단군조선이 아닌 환웅신시를 처음부터 비중 높게, 체계적으로, 그리고 가장 완벽한 국가체제를 갖춘 나라로 기록한 사료이다. 따라서 이 사료의 역사적 가치를 구체적으로 입증한 것이 부여와 고구려, 신라, 가야의 건국사 자료들이다. 환웅신시가 후대의 역사를 고증하는 것이 아니라 후대의 역사들이 환웅신시의 역사를 생생하게 반증하고 있는 까닭이다.

건국사 자료들뿐만 아니라, 고구려 시대의 장신구와 현재의 생활사, 그리고 교육법 속에서도 환웅신시의 역사가 지속되고 있다. 요령성 평강지구에서 출토된 고구려의 장신구 환웅천조상(그림 16)[107]이 단군조선이 아닌 환웅의 신시건국본풀이를 고스란히 형상화하고 있는 유물인 것처럼,[108] 쑥과 마늘을 먹는 식문화의 전통도 한결같이 단군조선이 아닌 환웅신시에 뿌리를 두고 있는 현실문화이다. 그리고 교육법 1조에[109] 환웅의 건국이념인 홍익인간 정신을 교육의 목적으로 명시하고 있는 것도 지울 수 없는 현실이다. 우리는 아직도 환웅의 신시건국이념과 생활사 속에서 살고 있으며, 앞으로도 그럴 것이다. 그러므로 민족사의 정통성 확립은 물론 상고사 체계를 올바르게 확립하기 위해서도 단군조선이 아닌 환웅신시를 한국사 서술의 출발점으로 삼고, 역사철학의 수립과 미래사의 전망을 열어가야 할 것이다.

---

107) 徐秉琨·孫守道, 《中國地域文化大系》, 上海遠東出版社, 1998, 129쪽, 그림 149. 박선희, 《고구려 금관의 정치사》, 84쪽에서 재인용.
108) 임재해, 〈민속학의 생활사료 인식과 역사학의 통섭〉, 《韓國民俗學》 61, 한국민속학회, 2015, 34~39쪽 참조.
109) 교육법 제1조(교육의 목적): 교육은 홍익인간의 이념 아래 모든 국민으로 하여금 인격을 완성하고 자주적인 생활 능력과 공민으로서의 자질을 구유(具有)하게 하여 민주 국가 발전에 봉사하며 인류 공영의 이상 실현에 기여하게 함을 목적으로 한다.

제8장 태양숭배 문화의 역사적 형성과 문화창출 기능

1. 태양숭배 문화의 보편성과 특수성 재인식

고대인들이 태양을 숭배한 것은 일반적인 문화 현상으로 포착된다. 왜냐하면 지도자를 태양과 같은 존재로 은유하고 태양을 천신으로 신앙하는 문화가 세계 각국의 고대 문화유산으로 두루 남아 있기 때문이다. 그것은 태양이 자연환경에 작용하는 생태학적 생명 기능을 할 뿐아니라 삼라만상을 존재 가능하게 하는 사실상의 창조주나 다름없다는 사실을 인식하고 있는 까닭이다. 그러므로 고대사회에서 태양을 숭배하는 문화는 특정 민족에 한정되는 문화적 특수성이 아니라 인류문화의 보편성으로 이해할 수 있다.

그러나 구체적인 태양신앙이나 태양숭배의 문화는 민족마다 다르다. 달의 정체성을 민족마다 다르게 인식하여 저마다 다른 달문화를 전승하고 있는 것처럼, 해에 대한 인식도 민족마다 다르고 그것에 대한 반응으로 형성된 문화도 제각기 다를 수밖에 없다. 따라서 우리 민족의 태양신앙이나 태양숭배 문화를 인류문화의 보편성으로 간주하게되면, 민족문화의 특수성을 포착할 수 없다. 인류문화의 보편성은 문화적 동질성으로 획일화되어 있는 것이 아니라, 민족마다 문화주권에 따라 그 현상의 역사적 기원과 형성과정이 제각기 다른 까닭에 자문화로서 특수성도 아울러 지니기 때문이다.

따라서 태양숭배문화의 동질성으로 자문화의 연원을 전래설로 해석하고 말거나, 자문화의 특수성이나 이질성을 근거로 인류문화의 보편성에 귀속되지 않은 독자적 문화로 간주하는 것은 정확한 이해라고 할 수 없다. 민족마다 서로 다른 역사와 문화적 전통 속에서 태양숭배문화를 자력적으로 창조하고 누렸기 때문에 전파에 의하지 않고도 문화적 동질성을 지닐 뿐 아니라, 문화적 이질성도 아울러 지닌다. 그러므로 인류문화의 보편성과 특수성, 또는 문화적 동질성과 이질성은 서로 배타적 관계에 있는 것이 아니라 유기적 관계에 있는 것이다.

그렇다고 하여 모든 문화가 동질적인 것도 보편적인 것도 아니다. 동질적이면서 이질적이고 보편적이면서 특수한 것이다. 비록 전래된 문화라도 발신지의 문화와 수신지의 문화는 다르다. 중국과 한국은 유교문화를 공유할 뿐 아니라 중국에서 한국으로 전래된 문화로서 보편성과 동질성을 지니지만, 구체적으로 대조해 보면 한국의 유교문화는 중국과 다른 특수성과 이질성을 지니고 있다. 유교문화뿐만 아니라 그 이전의 불교문화나 그 이후의 기독교문화도 다르다. 그러므로 유교문화나 불교문화, 기독교문화의 보편성이나 동질성으로 한국의 유교문화와 불교문화 기독교문화를 이해하고 마는 것은 잘못이다.

태양숭배 문화도 세계적 보편성을 지니고 있지만, 한국문화로서 이해하려면 한국의 역사적 상황과 문화적 맥락, 생태학적 환경 속에서 형성되고 전승된 독자적 문화로서 해석할 필요가 있다. 따라서 구체적인 역사적 사례와 문화적 현상을 근거로 천신신앙과 태양시조사상을 주목하는 데도 구체적 사실의 특수성과 독자적 문화사의 맥락을 간과한 채, 세계적 보편성이라는 이름으로 묵살하게 되면 자문화의 독자성을 부정하고 문화주권을 포기하게 된다.

문화적 보편성이나 문화교류를 구실로 민족문화의 독자성과 자주성을 인정하지 않으려는 최근 경향 가운데 왜곡된 개념으로 널리 인용되는 것이 '세계화'라는 수사이다. 문화제국주의 지식인들이 세계화라는 미국식 담론과 수사법을 그대로 인용하여 유행어를 만듦으로써[1] 민족적 독자성을 암암리에 부정하는 경향이 있다. 따라서 제국주의 국가들

---

1) 피에르 부르디외, 〈진리를 조작하는 지식인들〉, 《르몽드 인문학》, 휴먼큐브, 2014, 286쪽 참조.

은 자신들의 문화를 보편적인 진리로 주장하는가 하면, 세계화가 진전되면 보편적 가치를 지닌 단일화된 세계문화가 이루어질 것처럼 주장하기도 한다. 모두 특정한 문화를 보편적 가치나 진리로 지향하여 필연적으로 하나의 세계문화를 이룬다는 인식이다.[2]

　그러나 월러스타인이 지적한 것처럼 '같은 집단 성원들조차 같은 문화를 공유하지 못하는데, 서로 다른 집단들이 같은 문화를 공유한다는 것은 처음부터 불가능하다.' 구체적으로 보면 민족이나 국가는커녕,[3] 한 지역 공동체 안에서도 계급과 혈연, 세대 또는 소집단마다 문화의 차이가 조성된다. 우리나라 안에서도 지역마다 독자적인 문화를 지니고 있어서 방언권이나 문화권을 이루고 있다.[4] 그런데 어떻게 각국의 다양한 문화들이 하나의 문화로 세계화되겠는가.

　　점점 동화되어가는 하나의 세계를 만듦과 동시에 그 세계 안에서 고유한 민족문화를 창출하려는 변증법적 움직임이 존재하는 것과 마찬가지로, 한 민족국가 내에서 동일한 민족문화를 형성하려는 노력과 동시에 내부적으로 서로 구분되는 민족집단 또는 소수민족이 생겨나는 변증법이 존재한다.[5]

　세계는 끊임없이 문화의 동질성을 향해 집중되는 것 같지만, 사실은 저마다 자기문화의 독자성을 추구하며 제각기 나아가서 문화적 이질성을 빚어내기 마련이다. 따라서 문화적 동질성과 이질성의 경향은 둘이면서 하나이다. 그럴 수밖에 없는 이유 하나는 서로 다른 집단끼리 교류와 소통을 통해서 문화를 공유하는 까닭이며, 이유 둘은 주체적 개성과 문화적 창조력에 의해 저마다 남다른 문화를 새롭게 만들어가려는 문화생산 활동이 끊임없이 이어지는 까닭이다.

---

2) 임마누엘 월러스타인 지음/박금제 번역, 〈민족적인 것과 보편적인 것 : 세계문화란 가능한가〉, 이영철 엮음, 《21세기 문화의 미리 보기》, 시각과언어, 1996, 500~501쪽 참조.
3) 임마누엘 월러스타인 지음/박금제 번역, 위의 글, 502쪽.
4) 임재해, 《민속문화를 읽는 열쇠말》, 169쪽.
5) 임마누엘 월러스타인, 박금제 역, 같은 글, 506쪽.

더군다나 국제사회에서는 문화다양성과 무형문화 유산이 미래 가치
로 추구되고 있다. 무형문화 유산은 서구사회보다 역사적 전통이 뿌리
깊은 제3세계 소수민족들의 사회에서 더 풍부하게 발견된다. 앞으로
유네스코와 같은 국제기구에서는 무형문화와 문화다양성 정책이 기조
를 이룰 것이다. 따라서 공시적으로 훑어보면 서구문화 중심으로 동질
화되어 가고 있는 것 같으나, 통시적으로 전개되는 문화의 전개 양상
을 길게 보면 민족적 전통과 독자적 세계관에 따라 자민족 중심의 특
성화도 동시에 진행되고 있는 사실을 발견할 수 있다. 고대문화도 민
족적 정체성을 제대로 포착하려면, 역사적 맥락과 함께 통시적인 전승
양상을6) 더불어 주목하지 않을 수 없다.

2. 신시인의 태양숭배 문화 형성과 빙하기체험

가장 먼저 제기되는 문제는 왜 고대인들은 태양을 신격화해서 하느
님으로 섬기고, 나라를 건국한 시조를 태양으로 은유하였으며, 왕호를
환웅천왕처럼 '천왕'과 '천자', '천황' 등으로 일컬었는가 하는 것이다.
현생 인류의 조상인 신석기인들이 그랬던 것처럼, 신시고국을 구성한
주체들 또한 빙하기를 거치고 살아남은 사람들이다.

빙하기를 거친 신석기인들의 삶과 생각 속에는 혹독한 빙하기를 견
뎌낸 생태학적 경험이 깊게 각인되어 있었다. 빙하기의 집단적 경험은
자신의 삶과 생각을 결정하는 데 머물지 않고 후손들에게 전해지게 마
련이다. 한갓 지나간 이야기로서 경험담에 그치지 않고 미래의 삶을
일깨워주는 생태학적 세계관의 지침으로서 널리 공유되면서, 후손들이

---

6) 임재해, 〈신시고국 환웅족 문화의 '해'상징과 천신신앙의 지속성〉,《단군학연
구》23, 단군학회, 2010, 346쪽.

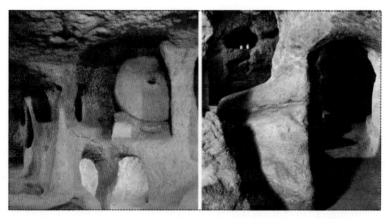

〈그림 24〉 스코틀랜드에서 터키까지 이어진 석기시대 터널(Stone Age Tunnels)

다시 빙하기의 집단적 희생을 겪지 않기를 바라는 간절한 소망도 담겨 있기 마련이다. 그러므로 빙하기 이후의 인간들은 지구가 얼어가는 데서 비롯된 공포와 함께, 그것을 극복하려는 의지도 다졌을 것이다.

문제는 신석기인들이 빙하기를 어떻게 극복했는가 하는 것이다. 지금까지 연구결과로는 추위와 얼음을 피해 동굴 속에서 빙하기를 견뎠을 것으로 추론된다. 이를테면, 스코틀랜드에서 터키까지 이어진 아주 복잡한 구조의 긴 동굴 터널(위 사진)이[7] 있는데, 고대 세계의 불가사의로 알려져 있다. 현재 이 터널을 만든 이유에 대해 전문가들의 의견이 크게 두 가지이다. 하나는 침입자들을 피하기 위해 만든 것이며, 둘은 기상 악화로부터 대피하기 위한 장소로 만든 것이라는 주장이다. 장기간 공들여 만든 것이자 복잡한 구조로 보면, 침입자들을 피하기 위한 일시적인 장소로 보기 어렵다. 빙하기와 같은 장기지속적인 기상 악화에 대비한 정교한 공간으로 추론된다.

신용하는 한반도 남한강 유역과 금강 상류에서 동아시아 최초의 단립벼가 재배되고 신석기의 농업혁명이 가능했던 원인으로 이 지역에

---

7) 장형인, 〈고대 세계 미스터리 9가지〉, 大韓新報, 2016.04.20.
   (http://www.daehansinbo.com/mobile/ article.html?no=45716.)

자연동굴이 집중적으로 분포되었던 사실을 제시하고 있다.[8] 동굴은 지하인 까닭에 지상보다 기온이 높고 안전하여 추위를 견딜 만하다. 실제로 신석기인들은 동굴이 많은 지역에서 살아남았다.

구체적으로 한반도의 자연동굴 90% 이상이 석회암 동굴인데, 북위 40도 이남에는 충북과 강원도 경북 접경지대인 태백산맥 끝자락과 소백산맥, 차령산맥 일대에 무려 1000여 개의 동굴이 집중되어 있다. 이 동굴지대에서 신석기시대 재배 농경이 시작된 유적으로 수양개와 소로리, 조동리, 대천리, 흔암리, 가와지, 대화리, 가현리, 송국리 등의 발굴 유적이 집중 분포되어 있으므로 '제1동굴지대'라고 한다. 이 밖에 평안남도와 황해도 접경 지역(제2동굴지대)과 전남 섬진강 일대(제4동굴지대)에 석회암 동굴지역이 있고, 제주도에는 용암동굴(제3동굴지대)이 소수 있다.[9]

빙하기가 닥치자 구석기인들은 가까운 동굴에 들어가서 추위를 피하며 거주하다가, 기후가 따뜻해지자 동굴 밖으로 나와서 남한강과 금강 상류 유역에서 움막을 치고 신석기 시대에 진입한 것으로 추론된다.[10] 석회암동굴이 집중되어 있는 남한강과 금강 상류에서 동아시아에서 가장 오래된 재배볍씨가 출토된 것이 구체적인 증거이다. 서기전 1만 년 전의 소로리 볍씨를 비롯하여[11] 조동리 유적 볍씨(서기전 4,250년),[12] 대천리 유적 탄화미(서기전 3,500년),[13] 고양 가와지 유적 볍씨(서기전 3,300년) 등은[14] 한반도의 신석기인들이 신석기 초기부터

──────────

8) 신용하, 〈고조선문명 형성의 기반과 한강문화의 세계최초 단립벼 및 콩의 재배 경작〉, 《고조선단군학》 31, 고조선단군학회, 2014, 138~141쪽.
9) 신용하, 위의 글, 139~140쪽.
10) 신용하, 같은 글, 141쪽.
11) 이융조·우종윤, 《선사유적 발굴도록》, 충북대학교 박물관, 1998, 188쪽.
12) 이융조·우종윤, 《충주 조동일 선사유적(1)》, 충북대학교 박물관, 2001.
　　　이융조, 《충북의 선사문화》, 충청북도 충북학연구소, 2006, 156쪽.
13) 한창균·김근완·이승원, 〈대천리 유적 신석기시대 집자리에 대한 고찰〉, 《옥천 대천리 신석기유적》, 한남대학교박물관, 2003.
14) 신용하, 앞의 글, 175쪽.

동굴 분포지역에서 농경생활을 시작한 것으로 보인다.

농경은 유목과 달리 사철의 변화를 잘 읽어야 가능한 생산활동이다. 파종기를 놓치면 수확량이 크게 떨어져 생산에 차질이 빚어진다. 작물마다 파종기와 수확기가 조금씩 다르다. 농작물의 생장을 결정하는 것이 연중 해의 길이로 결정되는 일조량이다. 동굴 속에서 빙하기의 위기를 넘긴 신석기인들에게 태양은 이미 절대적인 존재였으며, 농경생활을 하면서 태양의 생육 기능이 더욱 생생하게 인식되었다. 왜냐하면 태양은 모든 생명을 살아 있게 하고 세상 모든 사물을 존재 가능하게 하는 창조주나 다름없기 때문이다.

특히 빙하기와 같은 장기적 한파 속에서 삼라만상이 얼어붙게 되면 해가 곧 구세주이자 하느님처럼 생각될 수밖에 없다. 만일 동굴이 없었다면 대부분의 사람들이 빙하기를 극복하지 못하고 얼어 죽었을 것이다. 그러므로 빙하기를 동굴 속에서 극복하고 살아남은 신시인들은 두 가지 가치를 새삼스레 절감하고 새로운 세계관을 확립하게 되었을 것으로 추론된다. 그것은 해와 동굴의 가치이다.

하나는 해에 대한 가치의 재인식에서 비롯된 초월적 경외감이다. 빙하기를 겪은 신시인들에게 해는 곧 생명이자 세계이며 구세주였다. 해가 빙하기의 혹한에서 해방시켜 준 까닭이다. 따라서 구세주인 해를 하느님, 곧 천신으로 섬기는 문화가 형성될 수밖에 없다. 통시적 시각에서 말하면, 해는 모든 만물을 비로소 존재하게 하고 살아 있게 하는 창조주이자, 역사의 시작과 출발을 가능하게 하는 천신으로서 공동체의 시조왕 구실을 하였다. 그러므로 신시인들은 해를 하느님으로 섬기는 천신신앙의 제천행사를 국중대회로 하는 한편, 나라를 처음 세운 건국시조를 해와 같은 천신으로 섬기게 되었을 것이다.

둘은 빙하기의 피난처인 동굴에 대한 재인식에서 비롯된 역사적 경험의 추체험(追體驗)이다. 해빙기가 되어 동굴 속에서 바깥세상으로 나온 신시인들은 오랜 빙하기 동안 동굴 속에서 보낸 역사적 경험을 잊을 수 없다. 왜냐하면 동굴생활을 하지 않았으면 다른 사람들처럼 살아남지 못했을 것이기 때문이다. 따라서 앞으로 언제 또 혹한이 닥칠지 알 수 없으므로 동굴생활의 경험을 기억하지 않을 수 없다. 특히 새로운 세대들에게는 추체험의 기회를 가지도록 하여 혹한을 극복할 수 있는 동굴생활 경험을 공유하게 할 필요가 있다. 그러므로 신시인들은 자신들의 동굴생활 경험을 추체험하고 미래의 빙하기에 대한 대비를 위해 동굴을 보존하거나 모의적인 동굴을 만들어 신성한 공간으로 이용했을 가능성이 있다.

신시인들의 천신신앙과 제천행사, 그리고 태양시조사상에 관한 문화는 어느 정도 인지하고 있으나, 동굴생활에 대한 추체험과 관련된 문화에 관해서는 도무지 알려진 바가 없다. 신시인들이 겪은 빙하기의 동굴생활에 대한 역사적 관심을 기울이지 않은 까닭이다.

인문학문에서는 사실보다 해석이 중요하다. 가다머(Hans-Georg Gardamer)의 해석학에서 "이해란 언제나 해석이며, 의미란 언제나 해석자와 대상의 '지평'들의 융합이다."[15] 따라서 사실과 자료를 길게 나열한다고 해석이 되는 것은 아니다. 해석자의 세계관과 사유의 추론이 연구대상과 논리적 교감을 이루어 새로운 지식지평을 창출해야 한다.

자료를 근거로 검증하는 증거주의는 과학성을 표방하는 사실 중심의 실증사학을 수립한 성과가 있지만, 해석학적 지평융합(Horizontverschmelzung)의[16] 수준을 높이는 데는 큰 장애가 되었을 뿐 아니라, 구체적으로 실증성을 지닌 자료가 부족할 수밖에 없는 고대사는, 뒷받침할 증거가 없다는 구실 아래 상상의 역사로 간주하여 역사 서술에서 배제해 버리기 일쑤였다. 사료의 유무에 매몰되어 역사학자로서 해석학적 지평을 확보하지 못한 셈이다. 그러므로 고대사 연구에서 실증주의 사학은 오히려 문제점이 더 많다고 해도 지나치지 않다.

---

15) 조지아 원키 지음/이한우 옮김, 《가다머 -해석학, 전통 그리고 이성》, 민음사, 1999, 149쪽.

16) 카이 하머마이스터 지음/임호일 옮김, 《한스-게오르크 가다머》, 한양대학교 출판부, 2001, 103쪽에서 기존의 이해 개념과 다르다는 사실을 드러내기 위해 지평융합이라는 메타포를 사용했다.

더군다나 실증주의 사학은 자연학문의 태도에 머물지만, 인문학문은 자료와 사실을 넘어서 역사와 세계를 통찰하는 학문이다. 자연학문의 실증은 가치중립적 시각에서 의미와 가치를 배제하려 한다. 그러나 인문학문의 통찰은 주체의 각성으로 구현되는 가치를 판단하고 해석하며 추구하는 설득력을 지닌다.[17] 그렇다고 하여 인문학문이 자료를 배격하거나 실증성을 소홀히 여기는 것은 아니다. 자료와 대상을 보는 시각이 실증보다 통찰을 중요시하는 것이다. 그러한 통찰의 과정 가운데 하나가 가다머 해석학에서 말하는 지평융합이다.

가다머는 낯선 문화의 이해를 위한 필수적인 방법으로서 지평융합의 시각을 주장했다. 지평융합은 해석학적 순환을 거쳐 새로운 지식지평을 개척하는 것이다. 익숙한 지식 전통을 지각하고 그것을 근거로 낯선 앎의 세계로 나아감으로써 우리의 세계 경험이 확대되고 풍부하게 되는 것이다.[18]

"현재의 지평은 과거 없이는 결코 형성될 수 없다. 우리가 획득할 수 있는 것으로 착각하는 역사적 지평과 마찬가지로 현재의 지평 또한 그 자체가 독립적으로 존재하지 않는다. 오히려 이해는 이른바 그렇듯 독자적으로 존재한다는 지평들과 항상 혼합되는 과정이다."[19] 이러한 지식지평의 혼합을 지평융합이라 한다. 따라서 선행지식을 근거로 현재의 지식을 발상하고 선행지식을 해체함으로써 새로운 지식을 창출하는 순환적 발전과정을 거치게 마련이다. 그러므로 창조적 인문학문은 기존의 지식을 동어반복하는 데서 만족하지 않고 새로운 논리와 시각으로 재해석하고, 그 해석한 결과를 근거로 다시 새로운 해석의 지평을 열어가는 것이다.

그러자면 지배적 지식에 안주하여 지식권력을 누릴 것이 아니라, 도전지식으로 기성의 지식체계에 균열을 내며 지식지평의 새 탑을 쌓

---

17) 조동일, 《인문학문의 사명》, 서울대학교출판부, 1997, 302~303쪽 참조.
18) 카이 하머마이스터 지음/임호일 옮김, 앞의 책, 94쪽.
19) 카이 하머마이스터 지음/임호일 옮김, 같은 책, 103쪽.

는 모험을 과감하게 실천해야 한다. 해석학적 지평융합은 과거의 학문에서 확보된 기존 해석에 안주하거나 그 틀을 공고하게 쌓는 닫힌 학문이 아니라, 현재의 지식지평에서 제기된 문제의식에 입각하여 선행지식과 대화와 소통으로 상호작용 과정을 거침으로서 새로운 해석의 지평을 끊임없이 개척하는 열린 학문을 추구하는 것이다.

이러한 관점에 서면, 동굴을 한갓 빙하기의 피난처로만 인식하고 말 일이 아니다. 그러한 인식은 충격적 역사적 경험을 한갓 지리적 공간으로 환원하는 데서 머물고 인문학문다운 통찰에 이를 수 없다. 더군다나 빙하기를 겪은 신석기 인류가 창출한 태양숭배문화와 고인돌문화를 전혀 무관한 것으로 간주하는 까닭에, 당시 사회와 문화를 총체적으로 인식하는 통찰력을 발휘할 수 없다. 그러므로 신석기인들의 두 문화를 제각기 다루지 않고 하나의 역사적 경험을 중심으로 유기적 해석을 시도할 필요가 있다.

무덤이자 제단인 고인돌은 한갓 석조 구조물인 까닭에 관념적 세계관인 태양숭배의 전통과 어떤 관련성을 지니고 있는지 찾을 길이 없다. 그러나 신석기인들이 겪은 빙하기의 동굴생활에 대한 역사 체험을 염두하고 자료를 보면 사정이 달라진다. 그들을 죽음의 한파에서 구해준 태양신 못지않게 훌륭한 피난처를 제공한 동굴도 중요하게 인식되었기 때문이다.

빙하기인들이 해빙기와 함께 동굴에서 벗어남으로써 신석기인으로서 새로운 역사를 열어가게 된 것이다. 따라서 동굴에서 벗어나는 일은 곧 신석기의 시작이자, 새로운 세계와 역사를 구성하는 일이나 다름없다. 그러므로 신석기인들의 역사적 경험을 기초로 창출된 신시인들의 태양숭배사상과 동굴생활의 추체험에 관한 문화를 순차적 인과관계 속에서 조명할 필요가 있다. 먼저 신시인들의 동굴생활에 관해서 주목하고 이어서 태양숭배 사상을 다루기로 한다.

3. 신시인이 되기 위한 통과의례로서 동굴체험

신시인들이 동굴 속에서 빙하기를 견디었다면 사료 어디선가 동굴 관련 기록이 남아 있을 만하다. 실제로 《삼국유사》 '고조선'조의 환웅 신시본풀이를 보면 동굴에 대한 기록이 나온다. 환웅천왕이 태백산 신단수에 강림하여 신시를 건국하고 인간세상의 360여 가지 일을 재세이화(在世理化)할 때, 곰족과 범족이 환웅천왕을 찾아와 자기들도 인간다운 삶을 살도록 해달라고 빌었다.

이 대목에서, 곰족과 범족의 정체를 밝히기 위해 같은 동굴에서 살았던 곰과 범이라고 했다.20) 곰과 범이 같은 동굴에 살았다고 하는 '동혈이거(同穴而居)'는 한 동굴에 함께 살았다고 할 수도 있고, 동굴에서 생활한 점이 같다고 할 수도 있다. 어느 쪽이든 곰과 범은 한결같이 동굴생활을 하고 있었다는 동질성을 지니는 것이다.

곰족과 범족이 그때까지 동굴 속에 살고 있었다는 것은 구석기인으로서 빙하기의 생활수준을 벗어나지 못했다는 뜻이다. 해빙기가 되었지만 오랜 동굴생활에 젖어서 동굴생활을 청산하지 못한 채 기존문화를 답습하고 있었던 것이다. 달리 말하면 환웅천왕의 신시고국은 해빙기를 진작 맞아 동굴생활을 청산하고 농경문화를 누린 반면에, 곰족과 범족은 상대적으로 환웅족보다 북쪽에서 생활한 종족인 까닭에 당시까지 해빙기 생활에 익숙하지 못해서 여전히 동굴인으로서 생활했을 가능성이 높다. 그러므로 곰족과 범족은 태백산 신단수를 기점으로 자리한 신시고국의 강역보다 위도상 북쪽에서 거주하다가 남하한 종족으로 이해할 수 있다.

그러나 이들의 동굴생활은 빙하기와 다르다. 빙하기에는 석회암 동굴과 같은 큰 동굴 속에서 오랫동안 붙박이로 생활해야 하지만, 해빙기에는 그러한 동굴생활을 답습하더라도 장기간 붙박이생활을 할 필요

---

20) 《三國遺事》 卷1, 紀異1, 古朝鮮−王儉朝鮮, "時有一熊一虎 同穴而居".

가 없다. 겨울이나 밤에만 일정한 동굴에 머물고 야외에서 자유롭게 수렵채취생활을 할 수 있다. 곰족과 범족이 환웅을 찾아올 수 있었던 것도 이러한 해빙기 생활에 익숙해진 이후의 일이라 할 수 있다. 그러므로 곰족과 범족은 동굴에서 거주했을 뿐 빙하기의 동굴생활처럼 장기지속적으로 체류하면서 동굴생활을 했던 것은 아니라고 봐야 할 것이다.

문제는 동굴생활을 하는 곰족과 범족에 대한 환웅천왕의 대응이다. 신시인들처럼 인간다운 문화를 누리려면 쑥과 마늘을 먹고 백일 동안 햇빛을 보지 말라고 했다. 쑥과 마늘 섭취는 지독한 채식생활에 대한 적응력을 검증한 것이며, 햇빛을 보지 말고 100일을 견디라고 한 것은 지독한 정착생활에 대한 적응력을 검증한 것이다.[21] 농경생활을 하며 주곡을 으뜸으로 삼는 신시인들과 더불어 살려면, 채식생활과 정착생활에 적응하지 않으면 안 되는 까닭이다. 실제로 이러한 생활에 적응하지 못한 범족은 견디지 못하고 일탈하고 말았다. 범족은 육식생활에 익숙한데다가 상대적으로 산야를 내달리며 수렵생활을 해왔던 까닭에 환웅이 요구한 조건을 실천하기 어려웠던 것이다.

농경문화와 채식생활을 반영하는 역사적 단서이자, 현재까지 우리 민족의 식생활 전통으로 지속되고 있는 생활사료로서 쑥과 마늘을 주목해 왔는데, 이제 빙하기체험과 관련하여 좀 더 새로운 해석이 필요하다. 동굴체험의 통과의례 과정에서 수많은 식품 가운데 굳이 쑥과 마늘을 먹도록 했는가 하는 점이다. 단순히 지독한 채식생활이나 정착생활 검증이라는 해석에 만족할 수 없다. 빙하기 이후 신석기인들의 생활과 관련하여 생태학적으로 쑥과 마늘의 식생을 고려하지 않을 수 없다.

해빙기를 맞이하여 점차 동굴밖 생활의 비중을 늘려나가던 신석기

---

21) 임재해, 〈단군신화를 보는 생태학적인 눈과 자연친화적 홍익인간 사상〉, 《단군학연구》 9, 단군학회, 2003, 125쪽 및 〈단군신화에 갈무리된 문화적 원형과 민족문화의 정체성〉, 《단군학연구》 16, 단군학회, 2007, 296~298쪽에서 이 문제를 자세하게 다루었다.

인들은 수렵채취생활에 의존하여 식량을 확보했을 것이다. 두 가지 경제활동 가운데 수렵생활을 발전시켜 짐승을 가축으로 기르며 육식생활을 시작한 사람들이 유목민들이라면, 채취생활을 발전시켜 농작물을 경작하며 채식생활을 시작한 사람들은 농경민들이라 할 수 있다. 따라서 농경민과 유목민들로 분화되기 이전에는 함께 수렵채취생활을 했을 것이다. 그러므로 채식생활을 주로 하며 농경문화를 누리는 환웅족에게 해빙기에는 산나물이나 열매 채취는 매우 중요한 생존활동이었다.

해빙기에 식물채취의 대상은 추운 겨울에도 생존 가능한 냉온대 식물일 가능성이 높다. 따라서 통과의례로 빙하기체험을 하려면 겨울 추위를 견디는 냉온대 식물이자 생명력이 끈질긴 식물일수록 적격이다. 쑥과 마늘은 다른 먹거리와 달리 한결같이 겨울을 잘 견디고 이른 봄에 싹을 먼저 틔우는 식물이다. 빙하기를 견디고 살아남은 사람들과 같은 계절적 식생을 지닐 뿐 아니라, 그들에게 특히 긴요한 구황식품이었다는 점에서 특히 주목할 만하다. 왜냐하면 해빙기의 봄철에 쑥과 마늘이 없다면 춘궁기를 극복하기 어려웠기 때문이다.

쑥은 산야초로서 지천에 널려 있기 때문에 굳이 재배하지 않아도 넉넉하게 채취할 수 있는 식물일 뿐 아니라, 봄이 되면 가장 이른 시기에 싹을 틔우고 잎이 자라는 다년생 식물이다. 생명력도 강해서 원자탄으로 폐허가 된 히로시마 지역에 쑥이 가장 먼저 자랐다고 한다.[22] 해빙기가 되면서 먹을 수 있는 식물로서는 아마 쑥이 가장 먼저, 그리고 가장 풍부했을 가능성이 높다. 그러므로 빙하기를 겪은 신시인들에게는 가장 주목되는 채취식물 가운데 하나가 쑥이었던 셈이다.

달래도 쑥처럼 들에서 자생하는데 쑥과 비슷한 시기에 돋아난다. 몽골처럼 추운지역에도 야생달래가 널리 자라 식품으로 이용된다. 요즘은 재배마늘이 대세이지만 과거에는 야생마늘 또는 달래 등이 산야초로서 널리 자랐다. 마늘은 밀과 보리처럼 가을에 심어서 겨울을 나

---

22) 류현민, 〈잡초는 약초다〉, 세계일보, 2014년 5월 30일자.

고 초여름에 거두는 식물로서 추위에 잘 견디는 장점이 있다. 겨울에는 외관상 생육이 정지한 것처럼 보이나 겨울부터 이른 봄까지 생장점이 화방에서 분화하여 쪽눈이 여럿 생기게 된다. 그러므로 겨울의 저온은 마늘쪽 형성에 필수불가결한 요소이다.

마늘은 양념으로 널리 쓰일 뿐 아니라 여러 가지 약효를 지니고 있는 건강식품이다. 게다가 추운 겨울에도 잘 견디는 식품으로서, 겨우내 땅 속에 죽은 듯이 잠복하고 있지만 사실은 쪽눈의 분화를 하며 봄을 기다린다. 그것은 마치 빙하기에 동굴 속에서 생활하다가 해빙기에 동굴 밖을 나온 신석기인의 빙하기 체험과정이나 다르지 않다. 따라서 쑥과 마늘은 해빙기 초기에 신석기인들이 가장 중요하게 채취 가능했던 식물이자, 그들의 식문화를 결정하는 중요한 식품이었을 것이다. 그러므로 환웅이 곰과 범에게 이 둘을 먹으라고 한 것은 단순히 채식식품이라서가 아니라 해빙기에 가장 중요한 구황식품 구실을 한 까닭이자, 자민족의 식문화 전통을 공유하기 위해서라고 할 수 있다.

100일 동안 햇빛을 보지 말라고 한 사실도 좀더 주목할 필요가 있다. 지독한 정착생활을 검증하기 위하여 굳이 100일 동안 햇빛을 보지 말라고 할 필요가 있을까 하는 의문이 드는 까닭이다. 떠돌아다니는 한 햇빛을 보게 마련이긴 하지만, 정착생활을 한다고 하여 햇빛을 보지 않은 것은 아니다. 집안에 칩거하고 살아도 낮에는 누구나 햇빛을 보게 마련이다. 그러므로 이 요구를 정착생활의 문제보다 더 적극적으로 해석할 필요가 있다.

오랫동안 햇빛을 보지 않고 생활하려면 예사 주거공간에서는 불가능하다. 그러나 동굴생활을 지속하면 그러한 생활이 가능하다. 동굴에는 빛이 새어들지 않기 때문이다. 빙하기에 살아남기 위해 중요한 거처로 이용했던 공간이 자연동굴이었다. 석회암이나 용암 동굴처럼 빙하기를 견디기 위해 이용한 동굴에서는 빛을 볼 수 없다. 특히 추위를 막기 위해 입구를 차단하고 지열의 온기를 찾아 동굴 깊숙한 곳으로 찾아들어가 생활하게 되면 빛과 멀어질 수밖에 없다. 그러므로 백일 동안 햇빛을 보지 말라고 한 것은, 역사적 고난을 추체험하기 위한 빙하기의 동굴생활을 요구한 것으로 볼 수 있다.

햇빛을 보지 않은 채 100일 동안 쑥과 마늘을 먹고 지낸다는 것은 사실상 동굴 속에서 빙하기를 견디는 고난의 생활이나 다르지 않다. 쑥과 마늘은 먹기 쉽지 않은 식품인 까닭에 지독한 채식에 해당될 뿐 아니라, 장기 저장이 가능하다. 동굴 속에서 모닥불을 밝히고 이러한 음식을 먹도록 한 것은 빙하기의 역사적 경험을 추체험시킨 것이자 일정한 통과의례로 해석된다.

이러한 요구는 농경문화에 대한 적응 검증과 더불어 과거의 힘든 역사적 경험을 공유할 수 있도록 하기 위해서이다. 왜냐하면 서로 다른 문화를 가진 민족이 연맹을 이루고자 한다면, 고난의 역사체험을 공유함으로써 문화적 공감대를 확보할 필요가 있기 때문이다. 호사를 누린 경험이 아니라 혹독한 경험이기 때문에 더욱 그렇다. 특히 천재지변에 따른 동굴생활 경험인 까닭에 앞으로 그러한 일에 대한 대비 능력을 쌓는 구실도 한다. 그러므로 환웅천왕은 범족과 달리 곰족이 이러한 과정을 잘 견디자 대등한 관계에서 혼인동맹을 이루었던 것이다.

그러나 이렇게만 해석하고 만족할 일은 아니다. 왜냐하면 역사의 공유가 동맹의 중요한 조건이라 보기 어려운 까닭이다. 오히려 곰과 범의 요구처럼 인간으로 변신하기 위해서, 다시 말하면 새로운 생활세계에 통합하기 위해서는 일정한 통과의례를 거쳐야 한다. 일상에서 분리되어 빙하기의 어둠을 오랫동안 견디는 극심한 시련을 극복하는 과정을 거쳐 비로소 신석기인으로 재탄생한 것처럼 일정한 시련을 거쳐야 새 인간으로 재탄생시키는 것이 통과의례의 구조이다. 그러므로 고통의 시련을 극복하고 통과의례를 거친 곰족만 환웅의 신시인으로서 시민권을 획득하게 된 것이다.

환웅천왕의 태양시조사상을 고려하면 통과의례 구조로만 해석해서는 좀 모자란다. 더 중요한 것은 홍익인간 이념 아래 태양신을 숭배하는 종교문화를 공유하는 일이다. 신성한 태양의 초월적 가치를 말로 설득할 수 없다. 따라서 반면교사의 방식으로 햇빛을 보지 못하게 빙하기의 동굴체험을 요구한 것이다. 신석기인들도 태양신을 섬기고 천제(天祭) 문화를 창출하게 된 것은 빙하기를 겪으면서 태양의 위대함을 절감한 까닭이다. 그러므로 곰족은 3칠일 동안의 어두운 빙하기 체험을 통해 태양의 고마움을 절실하게 체득하게 되었으며, 그러한 체험적 자각을 통해 신시인들의 역사적 경험과 태양숭배문화에 적극적으로 동화되었을 것이다.

빙하기의 경험이, 신시국의 환웅족과 맥국의 곰족이 연맹을 맺는 과정에서만 문제되었다면 일회적 사건으로 끝나고 말았을 일이다. 그러나 이 경험은 매우 충격적이자 전지구적으로 광범위하게 일어난 일이며 오랜 세월 지속되었던 인류사적 상황이기 때문에 역사적 시간 속에서 하나의 사건으로 기억하고 말 일이 아니다. 그러므로 빙하기를 거치면서 해의 중요성을 절감한 신시인들의 태양숭배사상이 더 절실해져서 국중대회 규모의 제천행사가 정기적으로 이루어졌던 것이다.

동굴생활이 통과의례로서 추체험화 된 역사적 사건이 쑥과 마늘을 먹으며 어둠 속에서 칩거한 곰족과 범족의 금기문화 이야기라면, 문화적 구조물로 창출된 것은 고인돌이 아닌가 한다. 왜냐하면 고인돌을 한갓 무덤이나 제단으로 해석하고 넘어가기에는 양식적 구조가 특별할 뿐 아니라 집단적 협력에 의한 장기적 제작과정이 예사롭지 않기 때문이다. 그러므로 공동체 인력을 총동원하여 오랫동안 축조해야 하는 대규모의 석조 구조물 고인돌을 단순히 무덤과 제단으로 해석할 수 없다.

더군다나 고인돌은 한국 고대문화를 읽는 가장 대표적인 표지유적이다. 한국은 고인돌 왕국이라고[23] 해도 좋을 만큼 세계 고인돌의 절반이 한반도에 집중적으로 분포되어 있다. 지리적으로 한반도 전역에 걸쳐 있을 뿐 아니라 한반도를 중심으로 중국 동북부와 일본 큐슈 지역에 집중되어 있다. 중국은 요령성과 길림성, 절강성 등이며, 일본은

---

23) 하문식, 〈고인돌왕국 고조선과 아시아의 고인돌문화〉, 《고대에도 한류가 있었다》, 지식산업사, 2007, 431~469쪽.

큐슈의 나가사키, 사가, 후쿠오카 등으로서 모두 한반도와 가까운 지역
이다.24) 그러므로 고인돌의 분포를 근거로 한국이 고대문화의 중심지
였던 사실을 포착할 수 있다.

역사적으로 고인돌은 서기전 20세기부터 축조되기 시작한 것으로
밝혀졌다. 이 시기는 단군의 왕검조선 건국초기이다. 그리고 고인돌 축
조의 하한선은 서기전 2세기이다. 고인돌문화가 왕검조선 건국초기부
터 1800년 동안 지속되었으므로 고인돌과 고조선의 역사는 함께 했다
고 해도 지나치지 않다. 게다가 고인돌과 함께 고조선식 동검이 발굴
되었다. 특히 중국 동북지역의 고인돌 분포는 고조선식 동검 분포와
일치한다. 그러므로 고인돌은 고조선식 동검과 함께 고조선문화의 정
체성을 입증하는 가장 대표적인 표지유적이다.

그런데도 고인돌이 고조선시대의 역사나 문화와 구체적으로 어떻게
연관되어 있는가 하는 문제가 제대로 밝혀지지 않았다. 무덤과 제단으
로서 일반적인 기능이 그 자체로 해석될 뿐, 당시의 역사적 사건과 문
화적 맥락 속에서 유기적으로 해석될 기회를 갖지 못했다. 고조선시대
사람들이 특별한 양식의 석조 구조물을 공동체의 모든 노동력을 기울
여서 축조할 수밖에 없었던 이유를 묻지 않을 수 없다. 왜냐하면 고인
돌문화 형성의 역사적 계기와 필연성을 해명할 수 있어야 고조선문화
의 정체성을 제대로 포착할 수 있기 때문이다.

고조선문명을 해명하려면 고조선식 동검문화의 형성 원인도 물어야
할 뿐 아니라, 고인돌문화의 형성 계기도 따져 묻지 않을 수 없다. 이
문제를 제기하는 것은 빙하기를 겪은 신시인들의 추체험과 고인돌문화
가 일정한 개연성이 있을 것이라는 추론에서 비롯된다. 따라서 이 논
의는 기존연구와 전혀 다른 고인돌 해석의 지평을 열어 가는 것으로
서, 선행지식에 더 이상 의문을 제기하지 않는 이들에게는 불편할 수
있다. 그러므로 익숙한 사실에서부터 문제를 풀어가야 새로운 지식지

---

24) 하문식, 〈고인돌을 통해 본 고조선〉, 윤내현 외, 《고조선의 강역을 밝힌다》,
202쪽.

평을 설득력 있게 열어갈 수 있다.

4. 동굴생활의 신화적 추체험 공간으로서 고인돌

고인돌에 대해서는 모두 익숙하다고 생각한다. 누구나 고인돌을 고
대인의 무덤이나 제단으로 알고 있을 뿐 새로운 의문을 제기하지 않기
때문이다. 고인돌을 무덤으로 볼 수 있는 것은 고인돌 아래 주검이 묻
혀 있을 뿐 아니라 부장품까지 출토된 까닭에 충분히 인정할 만하다.
그러나 고인돌을 제단으로 간주하는 경우는 무엇을 대상으로 한 제단
인가 하는 것이 입증되지 않았다.

한국 선교사였던 언더우드(H. G. Underwood)를 비롯하여 중국학자
들은 고인돌을 토지신 또는 사직(社稷)에 대한 제사용 제단으로[25] 해
석하였으나, 손진태는 무덤에 대한 제단으로 해석하였다.[26] 토지신과
사직에 대한 제단이라면 왜 그 아래에 주검을 묻었는가 하는 것이 의
문이다. 고인돌의 무덤 기능을 부정할 수 있어야 가능한 추론이다. 그
리고 무덤에 대한 제단이라면, 과연 무덤보다 더 웅장한 규모의 제단
이 필요한가 하는 의문이 제기된다. 왜 무덤보다 제단이 더 크고 더
오래 가도록 큼지막한 돌로 만들었는가 하는 문제에 이르면 선뜻 무덤
의 제단으로 받아들이기 어렵다.

더군다나 고인돌의 제작은 무덤보다 더 많은 인력이 집단적으로 투
입되어 장기적으로 일을 해야 가능한 구조물이다. 지금까지 남아 있는
묘지 양식을 볼 때, 어떤 무덤의 경우도 제단이 무덤보다 더 큰 유적

---

25) 肖兵, 〈示與 '大石文化'〉, 《遼寧大學學報》 2, 1980, 65~66쪽.; 武家昌, 〈요동
    반도석붕초탐〉, 《북방문물》, 1994, 15쪽. 하문식, 〈고인돌왕국 고조선과 아시
    아의 고인돌문화〉, 《고대에도 한류가 있었다》, 지식산업사, 2007, 450쪽에서
    참고.
26) 孫晉泰, 〈朝鮮돌멘에 關한 調査研究」, 《朝鮮民俗文化研究》, 1948.

이 없다. 제단은 무덤의 한 구성물일 따름이다. 그런데 고인돌 아래에 있는 무덤은 규모가 작아서 주검을 순조롭게 묻기 어려울 정도로 협소하다. 석관이나 석곽, 토광, 옹관 등의 크기는 대부분 소형이어서 주검을 굽혀서 묻는 굴신장(屈身葬)을 하거나 이차장(二次葬)을 한 것으로 추론된다. 그러므로 주검을 굴신장으로 묻을 만큼 작은 묘지에 제단을 그보다 더 웅장하게 만들기 위해 엄청난 노동력을 장기간 투입했다는 사실은 납득하기 어렵다.

하문식은 기존 견해들을 종합하여, 무덤 기능과 선조 제사 기능 외에, 고인돌을 신비한 상징물로 간주하고 역사적 기념비이자 종교적 성격을 지닌 제의적 기념물과 공동체 성원들이 집단적인 활동을 하던 집회 장소 구실을 한 것으로[27] 고인돌의 기능을 적극적으로 해석하고 있다. 그러므로 고인돌이 제단이라면 일정한 군집을 이루고 생활하는 공동체의 공용(公用) 목적으로 세운 기념비적 구조물로서 집단적 제의가 이루어졌던 신성공간으로 해석해야 할 것이다.

고인돌이 공동체 제의의 기념비적 제단 구실을 하였다고 하여 무덤이라는 사실을 부정할 수 없다. 무덤이면서 제단인데 예사 무덤이나 제단이 아닌 것이다. 공동체의 지도자 무덤이면서 공동체의 제단 구실을 한 구조물로 봐야 납득이 가능하다. 족장과 같은 공동체의 지도자는 천제를 지낸 제사장을 겸했다. 따라서 죽은 선대의 족장을 묻은 위에, 뒤를 잇게 될 후대 족장의 천제단을 설치한 것이 고인돌 구조가 아닌가 한다. 이런 가설이 성립되려면 역사적 추론이 더 구체적으로 이루어질 필요가 있다.

문제는 왜 고인돌을 굳이 그러한 재료와 양식으로 힘들게 만들었는가 하는 것이다. 공동체 성원들이 전력투구하여 고인돌을 만들 만한 세계관적 이유에 대해서는 구체적으로 밝혀진 것이 없다. 기껏 급격한 환경변화에 적응하기 위해 공동체의 유대와 결속을 다지려는 노력으로

---

27) 하문식, 앞의 글, 450쪽.

축조되었다는[28] 해석에서 머문다. 피라미드 기원설을 가져온 것일 따름이다.

이처럼 공동체의 결속을 위한 것이라는 해석은 집단의 공동노동으로 이루어지는 공적 활동에 관한 일반적 기능이다. 그것도 의도와 무관한 결과로서 나타나는 기능일 따름이다. 원인 행위와 무관한 결과론적 기능으로 의도나 원인을 대신할 수 없다. 특히 급격한 환경변화와 고인돌 양식의 관계가 전혀 밝혀지지 않았다. 그러므로 고인돌을 왜 그런 양식으로 만들었는가 하는 기원 문제를 따져 묻지 않을 수 없다.

공동체 성원들이 모두 동원되어 고인돌을 설치한 이유를 알기 위해서는 고인돌의 기원을 추적해야 한다. 고인돌의 양식은 크게 탁자식과 기반식(碁盤式), 개석식(蓋石式)으로 나누지만, 역사적 선후로 보면 탁자식이 선행 양식이다. 기존연구를 검토한 하문식의 견해에 따르면, 탁자식 고인돌이 주류를 이루고 있는 요령 지역 고인돌은 서기전 15~16세기에 만들어진 것으로 밝혀졌다. 그러나 청동기가 출토되지 않은 초기의 탁자식 고인돌을 고려하면 서기전 20세기까지 거슬러 올라갈 수 있다.[29]

임병태도 고인돌의 상한은 서기전 20세기 후반으로 설정하고 초기 형식을 탁자식으로 해석하였다.[30] 고인돌 기원과 분포 연구에 따르면, 고인돌이 황해연안을 따라서 환상형(環狀形)으로 분포되어 있으며 절강(浙江) 지역에서 한반도로 전파되었다는 주장도 대두되었다.[31] 그러므로 북방형 탁자식 고인돌은 가장 이른 시기에 축조된 까닭에 고인돌의 원형으로 해석된다.

---

28) C. Renfrew, *Before Cvilization*, 1979, 132~140쪽, 하문식, 같은 글, 450쪽에서 참조.
29) 하문식, 〈고인돌을 통해 본 고조선〉, 윤내현 외, 《고조선의 강역을 밝힌다》, 231~232쪽.
30) 임병태, 《한국 청동기 문화의 연구》, 학연문화사, 1996. 이영문, 《고인돌 역사가 되다》, 학연문화사, 2014, 272쪽에서 참조.
31) 毛昭晰, 〈浙江支石墓의 形態와 韓半島支石墓 比較〉, 《中國의 江南社會와 韓中交涉》, 집문당, 1997.

〈그림 25〉 경기도 파주 덕은리 고인돌

따라서 황기덕은 북방형 탁자식을 전형(典型) 고인돌, 남방형 기반식을 변형(變型) 고인돌이라 하였다. 탁자식의 판석을 받침돌로 바꾼 것이 기반식이고 기반식에서 받침돌 없이 윗돌만 얹은 형식을 개석식이라고 하는데, 우뚝하고 반듯한 석실을 이루던 4면의 판석이 점차 약화된 과정이 양식적으로 잘 드러난 셈이다. 다시 말하면, 탁자식에서 기반식으로 변형되고 여기서 더 퇴화된 것이 개석식이다. 김원룡이 개석식이라고 한 것은 탁자식 고인돌의 퇴화 형식이라는 의미이다.32) 그러므로 후기에 변형되어 나타난 기반식이나 퇴화 형태에 해당되는 개석식이 아니라, 서기전 20세기에 만들어진 가장 고형의 탁자식에서 고인돌의 역사적 기원을 찾아야 할 것이다.

탁자식 고인돌은 명칭과 달리 탁자 형식이 아니다. 왜냐하면 3면이 판석으로 둘러싸여 있고 전면이 트여 있기 때문이다. 한 마디로 이런 형태의 탁자는 없다. 왜냐하면 탁자는 오히려 개석식처럼 4개의 다리가 있는데, 탁자식 고인돌은 상판의 덮개돌을 받치는 판석이 3면밖에 없다. 파주 덕은리 고인돌(그림 25)이나 해성시 고수석촌의 석목성 고

---

32) 《한국민족문화대백과사전》, 한국정신문화연구원, '고인돌' 항목 참조.

〈그림 26〉 해성 석목성 고인돌

인돌처럼(그림 26) 전면이 반 정도 가려져 있는 경우도 있다. 그러나 이런 경우에도 앞면은 덮개돌을 지탱하는 구실을 하지 않는다. 다시 말하면 북방형 탁자식 고인돌은 탁자의 기능이나 양식과 다르게 축조되었다는 것이다.

탁자로 은유할 수 없는 근거는 세 가지이다. 하나는 탁자의 전면을 받치는 판석이 없거나, 있어도 탁자를 떠받치지 않은 채 반 정도만 가리고 있다는 점이다. 실제로 탁자는 4개의 다리로 지탱될 뿐 아니라, 사람이 앉는 탁자의 뒤쪽이 트여 있기 마련이다. 그런데 이 고인돌은 전면이 완전히 트여 있거나 절반 정도 트여 있고 다른 3면이 모두 가려져 있다. 탁자의 개방구조가 앞뒤로 뒤바뀌어 있다. 그러므로 이런 구조의 탁자는 일찍이 존재하지 않았다.

둘은 탁자의 높이이다. 탁자는 키가 높아도 사람이 의자에 앉아서 사용하기 알맞은 높이여야 한다. 그런데 탁자식 고인돌은 사람이 선 채로 그 안에서 활동할 수 있는 구조물에 가깝다. 따라서 고인돌처럼 사람 키를 훌쩍 넘긴 높이를 두고 탁자로 은유하는 것은 적절하지 않다. 더군다나 이 시기에는 아예 이러한 탁자조차 존재하지 않았다.

셋은 고인돌의 덮개돌이 탁자의 윗부분과 다르다. 탁자는 사면이 고른 것은 물론 높이도 일정하다. 그런데 고인돌 덮개돌은 판석이 없는 앞부분이 비스듬하게 올라가서 뒷면보다 높을 뿐 아니라, 앞부분은 크게 돌출되어 있어 마치 건축물의 현관이나 지붕처럼 보인다. 탁자와 외형도 다를 뿐 아니라 구조도 다르다.

이러한 몇 가지 근거로 볼 때, 이러한 양식의 고인돌을 탁자식이라 일컫는 것은 바람직하지 않다. 왜냐하면 탁자식이라고 하면 탁자 수준의 상상력을 넘어서기 어렵기 때문이다. 오히려 네 개의 받침돌로 덮개돌을 받쳐 놓은 기반식이 오히려 탁자식에 가깝다. 기반식 고인돌은 좌식생활에 알맞은 탁자 규모인 까닭이다. 그러므로 고인돌의 형식 명칭에 얽매이면 고인돌의 실제 상징이나 의미를 해석할 수 없다.

고인돌의 유형 이름에 얽매이지 않아야 고인돌의 형태가 제대로 포착된다. 탁자식 고인돌에서 가장 주목을 끄는 양식은 전면이 트여 있다는 것이고, 다음은 커다란 덮개돌이 덮여 있다는 것이며 전면이 건축구조물의 현관처럼 덮개돌 전면이 높고 넓게 돌출되어 있다는 것이다. 왜 전면을 판석으로 가리지 않고 완전히 터놓았거나 반쯤만 가려 놓았을까. 왜 덮개돌 전면은 높고 넓게 돌출하도록 구성해 놓았을까. 그리고 왜 판석 위에 무겁고 거대한 덮개돌을 힘들여 올려 두었을까. 이 세 요소가 고인돌의 형성 원인을 밝히는 열쇠이다.

전면이 트여 있는 양식은 누구나 그 속으로 드나들 수 있도록 한 것이다. 전면을 판석으로 막으면 폐쇄적인 공간이 되어 외부와 차단된다. 그러면 잘 만들어진 탁자식 고인돌에는 빛조차 차단되어 캄캄한 공간으로 바뀌게 된다. 고인돌 안은 전면으로만 출입 가능한데, 전면을 막으면 출입이 불가능한 폐쇄공간인 동시에 외부의 적으로부터 보호를 받을 수 있는 가장 안전한 공간이 된다. 이러한 공간으로 상징되는 것이 빙하기에 이용되었던 석회암이나 용암 동굴이다. 다시 말하면 고인돌은 곧 바위동굴을 상징하는 인위적 구조물이라는 것이다.

3면의 판석으로 가려진 고인돌의 전면은 이동 가능한 판석으로 가리기도 하고 트기도 했을 가능성이 높다. 석목성 고인돌의 전면 판석은 다른 판석의 절반 크기인데다가 위로 트여 있을 뿐 아니라 좌우로

꽉 짜여 있지 않아서 이동 가능한 구조이다. 게다가 판석이 7조각으로 깨진 것을 붙여서 복원해 두었다. 따라서 필요한 경우 전면의 판석은 제거 가능하다는 것이다. 〈그림 25〉의 덕은리 고인돌의 전면 돌도 마찬가지로 이동 가능하다. 위로 판석을 받치지 않을 뿐더러 좌우의 판석과도 일정한 거리가 있어서 자유롭게 설치하거나 제거할 수 있다. 그러므로 고인돌의 전면부는 판석이나 다른 구조물로 자유롭게 가리거나 열 수 있는 구조라고 추론할 수 있다.

동굴도 전면으로 출입하게 되는데, 동굴 입구를 바위나 다른 구조물로 여닫을 수 있다. 동굴 전면의 출입구를 막으면 동굴은 추위와 맹수로부터 보호받을 수 있는 안전한 곳이다. 그러나 전면 출입구를 막으면 빛이 차단되어 캄캄하다. 빙하기 동안 이러한 동굴에서 견뎌낸 사람들이 신석기인들이다. 신석기인들이 동굴생활을 청산하고 농경문화 단계로 비약하여 새로운 정착생활을 하게 되면서, 과거 조상들의 동굴생활 경험을 점차 잊어버리기 마련이다.

그러나 공동체의 군장들은, 인류가 괴멸된 빙하기의 비극적 사실과 이것을 극복한 동굴생활의 역사적 경험을 잊어버리지 않도록 상기시키는 일을 중요하게 여겼다. 왜냐하면 언제 다시 그런 자연재앙이 닥칠지 모르기 때문이다. 따라서 공동체의 위기 때마다 빙하기의 동굴생활을 이야기하면서 어려운 시기를 회고하고 환기시켜 잊어버리지 않게 하는 한편, 그것을 극복해 주는 신성한 주체는 태양이라는 사실을 일깨워주기 위해 태양숭배사상과 함께 제천의식의 국중대회 전통을 수립했을 것이다.

그러나 역사가 지날수록 그러한 경험의 공유는 희미해질 수밖에 없다. 천 년 전의 경험을 구전으로만 인식하는 데에는 한계가 있다. 이러한 한계를 극복하기 위해 신시인의 후손들이 만들어낸 문화가 고인돌이다. 오랜 세월 구전되어온 빙하기의 역사와 동굴체험을 영원히 잊지 않기 위해, 동굴을 상징하는 형태의 고인돌을 축조하고 지도자를 매장하며, 새로운 세계에서 부활하기를 기대했을 것이다. 동굴이 죽음의 빙하기를 극복하게 해준 공간이었기 때문에 동굴 상징의 고인돌에 묻힌 주검도 다음 세계에 거듭날 수 있다고 상상할 수 있다.

따라서 빙하기의 동굴체험 역사가 수천 년 지나면서 또 하나의 신화로 해석되어 지도자의 무덤 형태로 재탄생된 것이 고인돌이라 할 수 있다. 이것은 입증되지 않은 선입견일 수 있어서 부정될 수 있다. 그러나 인문학문에서 선입견은 기존의 통설을 극복하는 대안 학설일 수 있다. 따라서 가다머는 모든 선입견은 정당하지 못한 것이라는 계몽주의적 가정에 대해서 '선입견에 대한 선입견'이라고 비판했다.[33] 인문학문의 해석에서 정말 중요한 것은 "우리에게 오해를 유발시키는 잘못된 선입견과, 우리의 이해를 가능하게 하는 진정한 선입견"을[34] 분별하는 것이다. 분별력을 갖추었다면 선입견이라고 해서 모두 부당한 것으로 간주할 일은 아니다. 논리적 추론에 의한 진정한 선입견은 해석학적 지평융합의 중요한 출발점을 이룬다.

고인돌을 한갓 돌무덤으로 볼 것이 아니라 인류의 위기를 겪은 충격적 역사체험을 근거로 빚어진 문화적 구조물로 본다면, 새로운 해석 지평이 열릴 수 있는 까닭이다. 동굴 속에서 죽음의 빙하기를 극복한 것처럼, 고인돌은 신석기인들이 주검의 추모와 함께 빙하기의 동굴생활을 추체험하는 공간이자, 새로운 세계로 부활하는 통과의례 공간으로서 제의화되었된 것이다. 따라서 공동체 성원들이 총력을 기울여 축조하고, 집단적 제의 공간 곧 축제 공간으로 이용했다고 추론할 수 있다. 그러나 이것은 부당한 추론일 수 있다. 그러므로 정당한 추론이 되려면 고인돌문화의 형성 원인에 대한 더 구체적인 논의가 역사적 맥락 속에서 진전되어야 할 것이다.

---

33) 조지아 원키 지음, 이한우 옮김, 앞의 책, 141쪽.
34) 조지아 원키 지음, 이한우 옮김, 같은 책, 150쪽.

5. 태양숭배 문화의 전통과 고인돌의 천제 기능

고인돌은 정착문화 집단의 산물이다. 거대한 석조 구조물은 한곳에서 붙박이로 오랫동안 지속되는 까닭에 대규모의 공동노동과 장기적 노동력의 공급이 가능한 정착 농경문화 공동체만이 축조할 수 있는 문화적 구조물이다. 더 중요한 것은 축조 가능한 노동력의 규모가 아니라, 공동체의 총력을 기울여 그러한 구조물을 만들게 하는 공동체의식의 동력이자 신화적 세계관의 공유이다. 그러므로 고인돌의 축조과정을 기존의 고인돌 연구처럼 한갓 공동체의식의 강화 기능으로 해석하고 말 것이 아니다. 그보다 더 절실하고 간절한 공동체의식이 무엇인가 하는 사실을 해명해야 설득력을 확보할 수 있다.

그것은 자기들을 존재 가능하게 한 구원의 실체로서 '태양'과 함께 '동굴'을 기리는 일이다. 해는 늘 마주하고 있어서 해빙기 초기부터 신성한 실체로 숭앙해 왔지만, 동굴은 사정이 다르다. 왜냐하면 해빙기가 성숙되면서 점차 동굴에서 벗어나 지리적 이동을 시작하면서 동굴생활이 잊혀졌기 때문이다. 해는 어느 곳에 가든 늘 떠올라 있지만, 동굴은 삶의 영역을 확대해갈수록 점차 멀어지다가 마침내 잊혀지게 마련이다. 그러므로 신석기인들의 생활상을 통시적으로 추론할 필요가 있다.

동굴에서 나온 신석기인들은 일시에 동굴을 떠나지 않았으며 떠날 수도 없다. 왜냐하면 해빙기도 서서히 진행되었을 뿐 아니라 동굴 바깥생활에 대한 적응도 오랜 기간이 필요한 까닭이다. 처음에는 동굴에서 바깥세계로 드나들며 생활하다가 해빙기가 상당히 무르익게 되면서 동굴에서 벗어나 동굴 근처에 움막을 짓고 야영하며 점점 바깥생활을 중심으로 생활하게 되었을 것이다.

이러한 과정은 동굴유적 연구에서 구체적으로 확인된다. 평양 일대와 황해도 태탄군, 평안남도 성천군 동굴유적을 조사연구한 결과에[35]

---

35) 인류진화 발전사 연구실, 《조선서북지역의 동굴유적》, 김일성종합대학출판

따르면, 구석기 후기와 신석기 및 청동기 유물이 시대층에 따라 두루
발굴되고 있다.36) 이러한 현상은 빙하기가 시작되는 구석기 후기에 동
굴생활을 시작하여 신석기 및 청동기 초기까지 동굴생활을 한 흔적이
라고 할 수 있다. 이 시기의 집자리도 동굴 안과 밖에 두루 보이는
데,37) 해빙기를 맞아서 동굴에서 벗어나기 시작한 과정을 실감나게 포
착할 수 있다.

동굴 바깥생활에 익숙해진 후기 신석기인들은 기온이 점점 높아지
자 더 살기 좋은 곳을 찾아 멀리 이동하면서 점점 동굴에서 까마득하
게 멀어지고 동굴생활에 대한 기억도 사라지게 되었을 것이다. 그러나
모든 사람들이 같은 방식으로 해빙기에 적응한 것으로 간주하기는 어
렵다. 지리적 위치나 종족과 지도자에 따라 여전히 동굴에서 의존하여
생활하는 사람들이 있는가 하면, 동굴에서 벗어나 완전히 다른 세계를
개척하려는 진취적인 사람들도 있었을 것이다.

환웅의 신시국본풀이에는 이러한 두 경향의 종족집단이 등장한다.
앞의 집단이 곰족과 범족이라면, 뒤의 집단은 천신족으로서 환웅을 지
도자로 한 신시인들이라 할 수 있다. 곰족과 범족은 농경생활이 가능
한 수준으로 기후가 온난한 데에도 여전히 동굴을 벗어나지 못하고 있
었던 셈이다. 빙하기처럼 지하의 깊은 동굴에 장기간 칩거할 필요가
없기 때문에, 얕고 작은 동굴들을 찾아 주거시설로 이용하며 떠돌이
생활을 했을 것이다. 그러므로 그들은 수렵채취 단계에 머무를 수밖에
없었다.

진취적인 집단일수록 더 자연 적응적이어서 기존의 동굴생활을 극
복하고 새로운 기후체계에 따른 생활을 개척하기 마련이다. 곰족과 범
족이 오랜 관습에 따라 동굴에 의존한 것과 달리 환웅족은 동굴보다
태양의 존재를 더 중요하게 여기고 신성하게 숭배하며 태양을 적극 이

사, 1995.
36) 인류진화 발전사 연구실, 위의 책, 224~225쪽 참조.
37) 인류진화 발전사 연구실, 같은 책, 254쪽.

용하여 생활한 집단이었다. 진취적인 집단일수록 더 자연 적응적이어서 기존의 동굴생활을 극복하고 새로운 기후체계에 따른 생활을 개척하기 마련이다.

환웅족처럼 일찍이 농경생활을 개척하고 정착문화를 일구어온 집단은 진작 동굴생활을 청산하고 농경문화의 세계관을 확립했다. 따라서 태양신을 숭배하는 환웅족은 신시국의 터전을 마련하고 천왕체제 속에서 홍익인간 재세이화의 통치를 구현할 수 있었던 것이다. 다시 말하면 곰족과 범족이 빙하기의 피난처였던 동굴생활의 인습에 젖어 있었다면, 환웅족은 빙하기와 해빙기를 결정하는 주체가 태양이라는 사실을 포착하고 태양을 섬기면서 태양 중심의 농경생활을 새로 창출한 셈이다.

모험적 농경사회를 새로 개척해가는 데에는, 오랜 동굴생활의 인습에서 해방되지 못한 사람들을 설득하고 새 생활로 이끌어가는 지도자가 있기 마련이다. 삼라만상의 생명을 구하는 것은 동굴이 아니라 태양이라는 사실과, 태양이 오래 떠 있고 따뜻한 기후가 지속되는 한, 다시는 동굴로 돌아가지 않아도 된다는 사실을 일깨우면서 재배농경생활을 시작한 것이 신석기 초기 지도자들의 역할이었을 것이다. 태양신을 숭배하는 농경집단의 지도자는 마침내 스스로 태양과 같은 존재로 자처하며 지도력을 강화해 나갔을 것으로 추론된다.

이러한 과정에서 태양이 세상의 모든 삼라만상을 살아 있게 하는 초월적 존재로 신성시되는 것처럼, 정치지도자는 태양을 천신으로 섬기는 주제자이자 제사장으로서 신성한 존재로 인식되는 동시에 천제권(天祭權)을 지닌 천자(天子)로서 천왕의 권위를 확보하게 되었을 것이다. 환웅천왕과 그가 세운 신시국이 이러한 정치체제의 중요한 역사적 보기이다.

태백산 신단수 아래에 정착하여 신시국을 건국한 환웅은 홍익인간 이념을 표방하며, 주곡을 으뜸으로 하는 인간사 360여 사를 다스리는 통치자로서 천왕을 자처했다. 빙하기의 동굴생활을 극복한 해빙기의 통치자로서는 태양신을 표방하며 태양의 직능인 홍익인간 이념을 실현하는 것으로서 충분히 통치력을 발휘할 수 있었다. 태양 상징의 천왕을 신시국 주민들은 신성하게 섬겼을 뿐 아니라, 이웃 종족들까지 그 신성한 지도력을 숭배하여 찾아오기 시작했다. 환웅천왕을 찾아온 대표적인 종족이 곰족과 범족이다.

환웅의 천신족은 정착생활을 한 농경민족이었다. 정착생활과 농경문화가 발전하게 되면서 빙하기의 동굴생활과 역사적으로 까마득하게 멀어졌을 뿐 아니라, 농경생활에 적절한 평야지역으로 이동한 까닭에 산지의 동굴지역과 지리적으로도 아득하게 떨어지게 되었다. 따라서 빙하기의 동굴생활에 대한 선조의 역사를 구비전승만으로 공유하는 데에는 한계가 있게 된다. 상상력을 넘어선 추체험이 요구된다. 기억하고 되새겨야 할 역사나 문화가 잊혀지게 되는 상황에 이르면, 오히려 반작용으로 그것을 되살리는 움직임이 일어나기 마련이다. 고향을 떠나 도시로 이주한 사람들이 오히려 고향사람들보다 고향의 전통을 지속하는 경향이 그러한 보기이다. 그러므로 빙하기를 보냈던 동굴지역에서 지리적 거리와 역사적 시간이 멀어진 집단일수록 그 충격적 사실을 망각하지 않기 위하여 추체험의 문화를 간절하게 욕망하는 경향이 두드러질 수 있다.

역사의식이 분명한 지도자일수록 인류가 괴멸한 빙하기의 비극적 사실과 이것을 극복한 동굴생활의 역사를 잊어버리지 않도록 환기시키려고 애쓰기 마련이다. 과거사의 중대한 사건을 기억하고 환기하는 것이 역사적 사유이다. '역사를 잊은 민족은 미래가 없다'고[38] 하는 것처럼, 역사학의 목적은 과거의 역사 이해를 근거로 현실사회의 문제를 객관적으로 인식하고 미래의 역사를 바람직하게 만들어 가는 데 있다. 우리가 6.25를 잊지 말자 하고, 일제의 식민지배 사실을 역사교과서에 중요하게 다루고 있는 것도 이 때문이다. 그러므로 역사의식이 뚜렷한

---

38) 흔히 Winston Churchill의 "A nation that forgets its past has no future."에서 비롯된 말이라는데 출처가 분명하지 않다.

지도자는 빙하기를 겪은 사실과 동굴체험 지식을 근거로 미래의 재앙을 극복할 수 있는 주체가 태양이라는 사실을 일깨워주면서 태양숭배와 천신신앙의 문화를 강화해나갔을 것이다.

따라서 지도자 스스로 태양을 자처하고 삼라만상을 다 살리는 태양의 홍익인간 기능을 실천하려 하였으며, 주민들은 그러한 지도자를 태양과 동일시하면서 신성한 존재로 숭배했을 것이다. 환웅시대의 태양시조사상과 홍익인간 이념은 빙하기의 위기를 거치면서 생태학적 적응과정의 산물로 형성되었을 가능성이 크다. 그러므로 환웅이 곰족과 범족에게 빛 없는 어둠의 동굴체험을 요구한 것은, 빙하기의 역사를 추체험하면서 해의 필요성을 절감하는 가운데 태양숭배사상과 문화를 적극 수용하고 태양 상징의 천왕을 숭배하도록 하는 민족통합의 통과의례로 해석할 수 있다.

환웅천왕의 신시시대만 하더라도 민족 결합과정에서 이러한 통과의례를 요구할 만큼 동굴생활의 역사를 되새기는 문화가 살아 있었다. 그러나 여기서 다시 천 년 이상의 세월이 흐르면서 그러한 역사적 경험의 공유는 희미해질 수밖에 없다. 수천 년 전의 경험을 구전으로만 인식하는 데에는 일정한 한계가 있기 마련이다. 따라서 태양 상징의 천왕은 천제단을 만들고 국중대회로 제천행사를 지속하는 한편, 태양숭배의 제의적 의미를 구체화하기 위하여 동굴 상징의 고인돌을 축조하고 죽음의 통과의례를 거치는 공간을 새로 구축하였으며, 이 공간을 제의적 장소로 이용하여 공동축제를 벌였을 것이다. 그러므로 실제로 탁자식 고인돌은 동굴 분포 지역과 상대적으로 멀리 떨어져 있는 지역에 집중 분포되어 있을 뿐 아니라 역사적으로도 단군의 왕검조선 시대 이후부터 출현하기 시작했다.

고인돌은 빙하기의 동굴생활 경험에서 비롯된 역사적 잔상이면서, 공간적으로는 동굴현장의 맥락과 상당한 거리가 있는 문화유적이다. 특정 민족문화 현상의 출현과 발전은 개인적인 착상이 아니라 집단적 역사 경험에서 비롯되는 것이자, 공동체의 존립 문제가 위태로울 때

더 확고한 형태로 뿌리내리는 경향이 있다. 신석기인들에게 빙하기의 동굴생활이 결코 잊어버릴 수 없는 충격적 역사였던 것처럼, 고인돌 또한 영원히 지워버릴 수 없는 추체험의 역사 공간으로서 공동체의 총력을 기울여 축조했던 신성한 구조물이다. 그러므로 고인돌은 후기 신석기문화로 등장하여 광범위한 분포와 2천 년 이상의 역사적 지속성을 획득할 수 있었다고 할 수 있다.

그렇다면 고인돌의 상징성과 사회적 기능도 역사적 경험과 문화적 맥락 속에서 해석될 필요가 있다. 그렇다면 고인돌은 태양시조사상이나 태양숭배문화의 전통과 연관되어 해석되어야 순조롭다. 왜냐하면 그 역사적 계기가 빙하기의 동굴생활에서 비롯된 것이기 때문이다. 따라서 고인돌은 동굴생활의 추체험이나 지도자로서 거듭나게 하기 위한 통과의례 공간에서 나아가, 태양숭배 문화와 만나는 공간일 수 있다. 고인돌은 무덤으로서 기능보다 오히려 제단으로 기능이 더 클 뿐 아니라 고인돌이 자리 잡고 있는 넓은 구릉은 여러 사람들이 모일 수 있는 집회공간으로서 유용성을 지니기 때문이다. 그러므로 우리는 고인돌의 두 가지 기능을 새로 추론할 수 있다.

기능 하나는 지도자 추대를 위한 통과의례 기능이다. 고인돌은 죽은 지도자의 묘지이자 새로운 지도자가 거듭나게 하는 빛 없는 동굴체험의 통과의례 공간이다. 고인돌이 지도자의 묘지라는 것은 새삼스럽지 않지만, 새로운 지도자의 통과의례 공간이라는 것은 새로운 해석이다. 지도자의 죽음은 예사 사람들의 죽음과 다르다. 왜냐하면 지도자의 공백을 가져오기 때문이다. 따라서 현재 지도자의 죽음과 함께 새 지도자의 추대가 동시에 문제되기 마련이다.

지도자가 죽으면 다음 지도자가 출현해야 한다. 태양신을 숭배하던 사회에서 지도자의 교체는 곧 저녁 해가 지고 아침 해가 다시 뜨는 것과 같은 양상으로 받아들였다. 지도자의 죽음은 곧 해가 지는 것이고, 새 지도자는 떠오르는 아침 해와 같이 여겼다. 따라서 새 지도자는 아침 해처럼 밤의 암흑기를 극복하는 통과의례를 거쳐야 비로소 공동체의 인정을 받게 된다.

그러나 나라를 세운 건국시조들은 태양시조사상에 따라 시조왕이 되었다. 신시국의 환웅은 시조왕인 까닭에 아무런 통과의례 없이 천손강림 또는 천신하강의 양식으로서 태초의 천왕이 된 것이다. 이러한 전통에 따라 해모수와 혁거세, 김수로 등 시조왕들은 천신하강의 양식으로 나라를 세웠다. 그러므로 시조왕들은 모두 해를 상징하는 태양신이나 다름없다.

하지만 왕위 계승자는 다르다. 세습제가 정착되지 않은 시대에는 왕위 계승을 하려면 일정한 통과의례를 거쳐야 한다. 지도력을 갖춘 영웅적 인물이 통과의례를 거쳐서 새 지도자로 추대되는데, 의례 과정에는 필수적으로 죽은 지도자의 주검을 처리하는 장례 곧 매장 의례가 포함되기 마련이다. 새 지도자는 곧장 군장이 되는 것이 아니라, 죽은 지도자의 장례를 위해 고인돌을 축조하는 일을 지휘하고, 고인돌 축조와 장례가 끝나면 새 지도자의 출현을 상징하는 통과의례로서 주검의 고인돌 안에서 일정한 기간 동굴체험을 견뎌내는 과정을 거쳤을 것으로 추론된다.

새 지도자는 아침 해와 같다. 폐쇄적인 공간에서 어둠을 견뎌내는 고인돌의 동굴체험 통과의례를 성공적으로 거쳤을 때 비로소 사회적 공인을 받고 해를 상징하는 새 군장으로서 거듭 태어나게 된다. 그것은 곧 저녁에 진 해가 밤을 지나 아침에 다시 떠오르는 해의 일출과정을 의례적으로 재현하는 의미를 지닌다. 그러므로 동굴 상징의 고인돌은 빙하기의 동굴처럼 죽음의 공간인 동시에 재탄생의 공간이다.

빙하기의 사람들이 동굴생활을 한 것은 물리적으로 추위를 피할 수 있는 가장 안전한 공간이자, 관념적으로 죽음의 체험을 거쳐 되살아날 수 있는 임사체험의 공간이기도 한 까닭이다. 원시인들이 꿈을 주목하면서 영혼에 대한 관념을 형성한 것처럼, 고대인들은 임사체험을 근거로 죽음의 세계를 상상하게 되었다. 존 던(J.W. Dunne)은 원시인들이 꿈을 되새기면서 "잠든 몸을 이 세계에 내버려두고 영혼이 몸을 빠져

나와 또 다른 세계를 돌아다녔다"고[39] 생각했다.

따라서 이집트인들의 《사자의 서》처럼 영혼은 죽음 후에 다른 세계로 여행을 한다고 믿었다. 사후세계를 믿게 된 것은 꿈의 탐색과 함께 임사체험이 결정적 구실을 하게 되었다. 꿈이 그랬던 것처럼, 임사체험도 인류의 시작부터 있었던 것이다.[40] 임사체험 연구의 아버지로 일컬어지는 의학박사 레이먼드 무디(Raymond Moody)는 《삶 이후의 삶(Life after Life)》이라는 저서에서, 임사체험자들은 '검은 터널이나 문을 지나 눈부신 흰 빛 속으로 들어갔다. 그곳에서 그들은 죽은 가족이나 빛나는 물체 또는 사람과 신을 볼 수 있었다'고 한다.[41] 그러므로 사후의 삶을 꿈꾸는 사람들은 동굴에 묻혔다. 2만 년 전 라스코(Lascaux) 동굴에서도 같은 일이 벌어졌던 것이다.

> 가장 오래된 유럽인의 선조는 동굴에 묻혔다. 사람들의 유해 근처에서 그리 오래된 것은 아직이나 여전히 수만 년 전까지 거슬러 올라가는 매장의 증거들이 발견되었다. 구체적으로 말하자면, 이 사람들은 우리 선조들이 대지의 자궁으로 여겼고 또 사후 세계와 접촉한다고 믿은 동굴 안에 매장되었다. 인류라는 종은 지난 수십만 년 동안 사후 세계의 실재를 확신해왔던 것이다.[42]

구석기인들이 빙하기에 동굴에서 생활한 것은 혹한을 이기기 위한 최상의 공간이자, 죽음을 극복할 수 있는 재생의 상징 공간으로 인식했을 것이다. 그러나 고인돌 구조는 동굴과 일치하지 않는다. 동굴은 입구가 좁아도 안이 넓고 길어서 생활공간으로 적절할 수 있다. 그러나 고인돌은 새 지도자의 재탄생을 기획한 동굴체험 구조물인 까닭에

---

39) J. W. Dunne, An Experiment with Time, Hampton Roads Publishing Company, 2001, 9쪽. 필립 코펜스 지음/이종인 옮김, 《사라진 고대문명의 수수께끼》, 책과함께, 2014, 336쪽 참고.
40) 필립 코펜스 지음/이종인 옮김, 위의 책, 337쪽.
41) 필립 코펜스 지음/이종인 옮김, 같은 책, 337~338쪽.
42) 필립 코펜스 지음/이종인 옮김, 같은 책, 338쪽.

앞면을 넓고 높게 만들었다.

긴 생활공간의 동굴을 통과의례의 구조에 맞게 압축한 것이 고인돌이다. 따라서 동굴입구처럼 고인돌 전면을 좁게 만들 수 없다. 높고 넓은 고인돌의 전면은 동굴체험의 통과의례를 끝낸 새 지도자가 나서서 주민들 앞에 당당하게 설 수 있는 공간이자, 주민들의 환호와 추대를 받을 수 있는 공간인 것이다. 새 지도자가 추대되는 공간이었던 까닭에 초기 형태의 고인돌을 탁자식이라 하는 것은 재고가 필요하다. 왜냐하면 구조도 탁자와 다를 뿐 아니라 기능도 탁자와 거리가 멀기 때문이다.

이러한 추론을 뒷받침하는 역사적 사례가 있어서 주목된다. 석탈해가 신라의 왕으로 추대되는 과정에 동굴체험과 같은 돌무덤 생활을 했는데, 흥미로운 것은 곰네가 3칠일 동안 햇빛을 보지 않고 칩거한 사실과 일치하는 점이다. 석탈해가 신라의 왕이 되기 위하여 처음 한 일이 토함산으로 올라가 돌무덤 석총(石塚)을 만드는 것이었다.[43] 그리고는 스스로 돌무덤 안에 들어가 7일 동안 머물면서 길지를 물색하고 술수로 호공(瓠公)의 집을 차지하였으며, 마침내 남해왕의 인정을 받아 맏공주의 부마가 되는가 하면, 남해왕이 죽자 뒤를 이어 신라 4대 왕으로 등극한다.[44]

탈해가 석총 안에서 7일 동안 머무르며 세상을 다스릴 지도력을 발휘하고 사회적 공인을 받은 셈이다. 석총은 돌무지무덤일 수도 있지만, 사람이 칩거하며 7일 이상 생활할 수 있는 공간으로서 탁자형 고인돌 무덤일 수도 있다. 중요한 것은 고인돌인가 적석총인가 하는 것이 아니라, 돌로 만든 무덤 속에서 7일 동안 머물렀다는 사실이다. 이것은 2천여 년 전에 곰네가 3칠일 동안 어둠 속에서 금기한 사실과 만난다. 곰네도 이러한 통과의례를 거쳐서 마침내 소원을 이루고 환웅천왕의 짝이 되었던 것이다.

---

43) 《三國遺事》卷1, 紀異1, 第四脫解王. "登吐含山上作石塚 留七日".
44) 《三國遺事》위와 같은 곳 참조.

〈그림 27〉 석목석 고인돌 전면(왼쪽)은 동쪽으로 트여 있으며 덮개돌은 하늘을 상징하는 것처럼 유난히 넓다. 측면은 덮개돌 위에서 제의를 올릴 수 있도록 판판하게 잘 다듬어져 있다.

곰네가 빛 없는 공간에서 3칠일을 견딘 결과 환웅천왕의 인정을 받아 성모가 된 것처럼, 탈해는 석총 안에서 7일을 지낸 이후에 술수로 호공의 집을 차지하고 남해왕의 인정을 받아 맏공주를 아내로 삼고 부마가 된 것이다. 따라서 탈해는 왕자가 아님에도 불구하고 7일 동안의 석총생활을 통과의례처럼 거친 까닭에 남해왕의 뒤를 이어 왕으로 등극한 사실은 우연한 일이 아니다. 세습제가 정착되기 이전 시기에는 지도자들이 고인돌과 같은 석총 속에서 일정한 통과의례를 거친 다음에 정식으로 군장이 되었던 문화적 전통의 한 자취로 볼 수 있다.

고인돌은 정기적으로 태양신 숭배의 공동체 제의를 올렸던 제천의식 공간이다. 따라서 초기 고인돌문화를 창출한 요녕성의 고인돌이 자리 잡고 있는 공간은 어느 것이나 산언덕으로서 조망권이 좋은 곳이다. 고인돌이 구릉 정상이나 야산의 능선에 축조되어 있는[45] 까닭에 전망이 트여 있고 해 비침이 아주 좋은 공간이다. 그러므로 고인돌은 전면을 닫으면 어둠의 동굴체험 공간이지만, 전면을 열면 햇빛을 가장 잘 받는 재탄생의 공간 구실을 한다.

실제로 고인돌이 있는 공간은 선대 지도자의 죽음 공간이자 새 지도자의 탄생 공간이다. 이것은 낡은 해가 지고 새로운 해가 솟아오르는 것과 같다. 태양숭배 문화에서 해가 뜨고 지는 주기의 인식은 왕권

45) 하문식, 같은 글, 209쪽.

〈그림 28〉 중국 해성시 고수석촌의 석목성 고인돌의 배경. 사방이 넓게 트여 있는 구릉에 자리 잡고 있어서 군중이 모여서 천제를 올리기 알맞은 자리이다.

행사와 유기적 연관성을 지닌다. 천왕랑을 자처한 해모수가 '아침에 하늘에서 내려와 세상을 다스리는 일을 하다가 저녁에 다시 하늘로 올라갔다'고 하는 것도[46] 같은 상상력에 기초하고 있다. 더군다나 해모수를 상징하는 빛이, 어둠의 공간에 갇혀 있는 하백녀에게 비추어 주몽을 잉태시킨 것은 고인돌 속의 통과의례 방식과 크게 다르지 않다. 해모수를 천왕랑(天王郎)이라 한 것은 해를 인격화한 호명이며, 하백녀에게 햇빛으로 잉태시켰다는 사실 또한 해모수를 해로 간주한 것이다.

해모수가 해를 상징하는 지도자로 출현하는 방식처럼, 아침에 새로운 해가 떠오르려면 밤이라고 하는 어둠의 시간을 일정하게 견뎌내야 한다. 따라서 새 지도자가 죽은 지도자를 대신하여 공동체를 이끌어 가려면 고인돌 속에서 어둠의 통과의례를 거치는 것은 당연하다. 이러한 통과의례의 논리는 짧게는 태양이 지고 뜨는 현상, 길게는 빙하기의 경험과 연관되어 있다. 해가 지고 아침 해가 떠오르려면 어두운 밤을 겪어야 한다. 구석기인들도 빙하기의 동굴생활을 거쳐서 신석기인으로 재탄생했다. 그러므로 새 지도자는 죽은 지도자의 무덤인 고인돌 속에서 해의 죽음을 상징하는 어둠의 통과의례를 거치도록 하는 것이다.

고인돌 안에서 겪는 통과의례는 새로 추대된 지도자 개인이 거치는

---

46) 李奎報, 《東國李相國集》 卷3, 東明王篇. "아침이면 일을 보고 저녁이면 하늘로 올라갔으므로 세상에서 천왕랑(天王郎)이라 했다."

것이지만 사실상 공동체 전체의 집단적 통과의례이다. 새 지도자가 탄생한 것은 공동체 성원 모두가 공동으로 기대하던 바가 이루어진 순간이기 때문에 축제로서 기리며 축하 행사를 벌였을 것이다. 그것은 마치 아침 해가 뜨는 것을 환호하는 '해맞이' 의례와 같은 눈부신 기쁨이며, 묵은해가 가고 새해를 맞이하는 것과 같은 '송구영신'의 새 출발을 시작하는 기쁨이다. 그러므로 특정 고인돌을 중심으로 형성된 공동체 무리들은 해마다 일정한 주기에 따라 새 지도자가 제사장이 되어 태양신을 섬기는 집단 제의를 축제형식으로 즐겼을 것으로 추론된다.

6. 고인돌의 태양숭배 문화와 방형적석묘의 기능

고인돌이 정치적 군장의 무덤이자 태양신을 섬기는 천신신앙 기능과 연관되어 있다는 점은 두 가지 사실에서 더 구체적으로 추론된다. 추론 하나는 고인돌 자체가 천제단 구실을 하는 구조물 구실을 하는가 하면, 환웅과 단군, 해모수처럼 정치적 군장은 곧 태양신으로 은유되었던 사실에서 확인할 수 있다. 따라서 고인돌이 정치적 군장의 무덤에 머물지 않고 태양신인 군장에게 제의를 바치는 천제단 구실을 겸했던 것으로 추론된다.

추론 둘은 고인돌 덮개돌에 별자리가 그려져 있는 사실에서 더 결정적 근거를 찾을 수 있다. 단순히 한두 가지 별자리를 그린 것이 아니라 포착 가능한 별자리를 두루 그렸기 때문에 사실상 고인돌에 천문도를 그렸다고 할 만하다. 별자리를 확인하기 전까지는 고인돌 제작 과정에서 생긴 흔적이거나 성혈(性穴)로 이해하였다. 그러나 홈의 배열 상태를 재구성한 학자들은 정확하게 별자리를 새긴 사실을 포착했다.47) 그러므로 별자리를 그려놓은 덮개돌은 사실상 고인돌 공간의 하늘에 해당되는 것이다.

천문도가 그려진 고인돌은 주로 평양 일대에서 발견되었는데, 그러한 고인돌이 평양지역에서만 약 200여 기나 된다고 한다. 더 놀랄 만한 사실은 별자리가 새겨진 고인돌로 유명한 평안남도 증산군 용덕리에서 발견된 10호 고인돌의 조성 연대가 매우 이르다는 사실이다. 북극성을 중심으로 큰곰자리와 사냥개자리, 작은곰자리, 케페우스자리 등 11개의 별자리가 새겨진 이 고인돌 천문도를 세차운동(歲次運動)을 감안하여 연대를 측정한 결과, 지금부터 약 4800년 전에 관측된 하늘이라는 사실이 드러났다. 그러므로 용덕리 10호 고인돌은 적어도 서기전 3000년경에 조성된 것으로서[48] 현재까지 보고된 별자리 그림 가운데 세계적으로 가장 오래된 것이다.

이처럼 서기전 3000년 경 고인돌이 처음 축조되던 시기부터 하늘의 별자리를 고인돌 상판에 새길 만큼 당시 사람들은 하늘의 세계를 관측하고 기록하는 데 지극한 관심을 보였다. 고인돌에 천문도를 그릴 만큼 하늘의 세계에 관심을 기울인 사람들이 하늘의 왕인 해를 외면했을 리 없다. 해는 하늘의 독존적 존재로서 천신 곧 하느님으로 숭배되었다. 태양숭배가 곧 천신신앙이었다. 그러므로 천문도를 그린 고인돌 구조물은 일종의 천문대이자 태양숭배의 천제단 구실을 했던 것이다.

천문도가 그려진 공간은 하늘이나 다름없다. 낮하늘은 해가 장악하고 있지만, 밤하늘은 별들이 장악하고 있다. 별자리는 곧 밤하늘의 상징이다. 따라서 별자리들을 새겨놓은 고인돌 상판은 밤하늘을 상징한다. 새 지도자가 통과의례를 거치기 위해 고인돌 안에 들어가 입구를 닫고 일정 기간 머문다면, 그것은 곧 해가 잠적한 밤의 상태와 같은 상황이자, 햇빛을 보지 못하는 빙하기의 동굴생활과 같은 것이다. 새

---

47) 김동일, 〈고조선의 석각 천문도〉, 《조선고고연구》, 2003년 제1호; 김동일 외, 〈고인돌 무덤에 새겨져 있는 별자리의 천문학적 연대 추정에 대하여〉, 《조선고고연구》, 1999년 4호, 김동일, 〈북두칠성 모양으로 배열되어 있는 구서리 무덤 발굴 보고〉, 《조선고고연구》, 2005년 제3호. 이종호, 《한국 7대 불가사의》, 역사의아침, 2007, 19~20쪽에서 참조.
48) 이종호, 위의 책, 20쪽.

지도자가 어둠의 통과의례를 거치고 고인돌에서 나오면 해가 새로 떠오른 아침이자 빙하기를 극복한 해빙기의 새 세계가 열리는 것이다.

이렇게 지도자가 된 공동체의 군장이 천제를 올릴 때에 고인돌 덮개돌 위에 올라서면 사실상 하늘에 떠 있는 해와 같은 위상을 연출하게 된다. 해가 뜨면 밤하늘의 별자리들은 빛을 잃는다. 해로 은유되는 지도자는 곧 천자 또는 천군의 권위를 지닌다. 천자로 인정된 군장에게는 천제를 수행할 수 있는 제천권이 부여된다. 군장이 그러한 권위를 확보하고 지속하기 위해 천제를 올릴 때 고인돌 덮개돌, 곧 하늘에 올라가서 해를 우러러 기도하며 제의를 올렸을 것이다. 스스로 해를 상징하는 존재라는 것을 천제의식으로 재현하는 것이다. 그러므로 별자리가 그려진 고인돌은 매우 유용한 구조의 천제단 구실을 했을 것으로 추론된다.

고인돌의 구조를 고려할 때 천제의 양식을 더 다양하게 상상할 수 있다. 만일 정치적 군장이 새 지도자로 태어나는 과정을 재현하는 천제의식을 했다면, 제의를 올릴 때 굳이 고인돌 위에 올라가지 않을 수도 있다. 왜냐하면 천제권을 지닌 군장이 고인돌 안에서 밤의 어둠과 빙하기의 추위를 견디고 고인돌 밖으로 나오는 의식을 재현하는 것만으로도 충분히 유감주술에 따라 제의적 탄생의 신성한 의미가 실현되기 때문이다.

해가 밤하늘의 어둠 속을 무사히 통과하여 아침에 다시 솟아오르는 것만으로도 세상은 축복이며 지속 가능성이 보장되는 까닭이다. 따라서 고인돌의 천제단 기능은 예사롭지 않다. 단순히 제물을 차리는 제단이거나 제관이 입지하는 공간이 아니다. 해가 지고 뜨는 천체의 운동을 재현하는 구조물이다. 그러므로 고인돌의 덮개돌에 밤하늘의 별자리를 새겨놓은 것은 통시적으로는 빙하기의 어두운 동굴을, 공시적으로는 해가 잠적한 밤의 세계를 구조화하기 위한 것이라 추론된다.

굳이 별자리를 그려두지 않은 후기의 고인돌도 이러한 세계관을 반영했을 것이다. 힘든 형식을 생략하더라도 관념적 가치는 지속될 수 있는 까닭이다. 별자리를 천문도로 덮개바위에 새기려면 천문에 대한 전문적 지식이 있어야 할 뿐 아니라, 정교한 기술을 오랜 시간 투입해야 한다. 따라서 덮개바위에 별자리를 새기지 않아도 고인돌 구조물로서 충분히 천제단의 기능을 수행할 수 있었을 것이다.

이와 달리, 천제단으로서 밤하늘을 재현한 본디 의미는 잊어버린 채 고인돌의 형식만 지속할 수도 있다. 밤하늘의 세계를 상징하던 덮개돌이 한갓 거대한 바위로 바뀐 것은 후자이다. 남쪽의 개석식 고인돌은 사실상 인공적인 흔적이 거의 없는 거대한 자연바위 중심으로 고인돌이 구성되어 있다. 따라서 개석식 고인돌은 하늘의 세계를 형상화한 천제단으로 보기 어렵다. 주검을 보호하고 묘지라는 사실을 드러내기 위한 봉분 구실을 하는 데 만족했다. 그러므로 덮개바위 중심의 개석식은 천제단 구조의 북방형 고인돌이 세속화된 형식이라 할 수 있다.

후대의 변이형 고인돌과 달리, 원형을 이루었던 초기 고인돌일수록 그들이 상상하는 세계를 구체적으로 표현하고 상징적으로 형상화하기 위해 진력했을 것이다. 왜냐하면 충격적 역사 체험에 비롯된 절실한 문제의식으로부터 종교적 신앙심이 형성되기 때문이다. 신앙의 힘은 암벽을 뚫어 석굴사원도 짓고 절벽을 깎아 부처도 새길 만큼 초월적 위력을 발휘한다. 따라서 초기의 고인돌은 밤하늘의 별자리를 새긴 통과의례 구조의 천제단 형태가 주류를 이루었던 것이다.

그러나 오랜 역사가 지속되는 동안 태양숭배의 종교적 관념이 약화되면서 지나치게 힘든 조성 과정은 생략되고 형식의 잔재만 남게 마련이다. 초기의 천제의식이 약화되면서 점차 별자리도 새기지 않고 빙하기를 추체험하는 통과의례도 하지 않게 되자, 굳이 고인돌 안에 지도자가 들어갈 공간을 애써 마련할 필요가 없게 되었다. 일정한 무덤 기능을 지속하는 가운데 최소한의 제단 형식을 갖추기 위해 덮개돌을 받치는 이른바 바둑판식 고인돌을 축조하는 데서 만족했다. 마침내 제단 기능도 생략되자 무덤 기능을 유지하기 위한 덮개돌만 묘지 위에 올려놓는 상황으로 퇴화하기에 이른 것이 개석식 고인돌이다. 그러므로 개석식 고인돌의 구조는 상대적으로 단순하여 천제단이나 제단으로서 기능을 했다고 보기 어렵다.

천제단 구조의 초기 고인돌이 점차 무덤 형태로 퇴화되기만 한 것은 아니다. 기존 고인돌의 천제단 기능을 더 강화하는 고인돌, 곧 피라미드형 적석총으로 발전한 과정도 보인다. 거대한 규모의 '방형계단식 적석묘'를[49] 더러 피라미드형 적석총이라 하는데, 그 분포가 천제단 구조의 고인돌이 주류를 이루는 북방 지역에 집중되어 있다. 방형적석묘의 위치도 고인돌처럼 구릉 지역에 집중적으로 자리잡고 있다.

따라서 고인돌과 방형적석묘는 태양숭배문화가 빚어낸 공동의 문화유산으로서 유기적 발전단계의 선후관계 속에 있다. 고인돌이 방형적석묘보다 시대적으로 더 앞서는 까닭에, 고인돌문화가 더 성장하면서 적석묘문화를 빚어낸 것으로 추론되는 까닭이다. 그러므로 태양숭배의 고인돌문화가 남쪽으로 오면서 천제단 기능이 축소되고 무덤 기능으로 퇴화된 반면에, 북쪽으로 진출하면서 천제단 기능을 특히 강화한 웅장한 규모의 방형적석묘로 발전하게 된 것으로 추론된다.

이러한 추론을 입증할 만한 논리를 적극적으로 갖추기 위하여 적석묘의 구조와 기능을 구체적으로 검토할 필요가 있다. 왜냐하면 방형적석묘의 무덤 양식과 천제단 구조는 고인돌의 구조와 기능을 확대 재생산한 것으로 해석 가능하기 때문이다. 피라미드 양식을 갖춘 적석묘는 집안현(輯安縣)의 장수왕릉을[50] (그림 29) 비롯하여 그 일대에 널리 분포되어 있다. 가장 오래된 방형적석묘도 우하량 지역에 다수 분포되어 있다.

---

49) 중국 학계에서는 흔히 '적석총'이라고 하는 피라미드형 적석묘를 우리 학계에서는 공식적으로 방형계단식 적석묘라고 한다. 이 논의에서는 줄여서 방형적석묘 또는 적석묘라고 한다.

50) 장수왕릉을 학계에서는 전통적으로 '장군총'이라고 일컬어 왔으며, 광개토대왕릉 또는 장수왕릉이라는 설도 제기되었다. 장군의 무덤으로 보기에는 규모나 구조가 장엄할 뿐 아니라, 광개토대왕릉과 비는 별도로 있는 까닭에 장수왕릉으로 일컫기로 한다.

〈그림 29〉 집안현의 장수왕릉(장군총)

흥미로운 것은 방형적석묘의 구조와 기능이다. 아래는 방형으로 이루어져 있는 거대한 계단식 돌무덤이지만, 그 꼭대기는 피라미드와 달리 뾰족하게 마무리되어 있지 않고 넓고 평탄한 방형이나 원형을 이루고 있다. 이 공간에는 제단 구실을 한 건축물이 세워져 있었다. 따라서 방형적석묘는 무덤과 제단 기능을 겸한 고인돌과 같은 구조물이라 할 수 있다.

이러한 방형적석묘의 구조와 기능은 이집트문명의 피라미드보다 멕시코 치첸이트사(Chichenitza)에 있는 마야(Maya)문명의 피라미드 엘 카스티요(El Castillo)와 오히려 더 닮았다. 사면의 가운데 넓은 계단이 설치되어 있는 구조물의 꼭대기에는 쿠쿨칸(Kukulcan)이라는 신전이 자리잡고 있어서 쿠쿨칸 피라미드라고(그림 30) 일컫기도 한다. 쿠쿨칸의 구조물은 천체의 움직임, 특히 해의 운행을 관찰하여 지은 신전으로서 계단의 수 365개와 36개의 층을 나누면 18로서, 마야력 1년 18개월 365일과 일치한다.

마야인들은, 지구가 둥글고 태양의 주위를 돌고 있는 사실은 물론 위도와 경도의 개념, 일식과 월식 그리고 금성을 포함한 별자리의 이동 법칙을 파악하고 있을 만큼 천문에 밝았다고 한다. 한반도의 신석기인들이 하늘의 별자리를 관측하고 고인돌 덮개돌에 천문도를 그린 것과 다르지 않다. 그러므로 쿠쿨칸 신전을 태양의 피라미드로 호명하

〈그림 30〉 마야문명의 쿠쿨칸 피라미드

기도 한다. 태양숭배문화의 맥락에서 방형적석묘와 쿠쿨칸 피라미드는 상당히 동질적이다.

그런데 쿠쿨칸에는 석조신전이 잘 남아 있는 반면에, 방형적석묘 정상부에 세워진 구조물은 터만 있고 형태는 남아 있지 않다. 학계에서는 이 구조물에 대해서 향당설(享堂說)과51) 불탑설,52) 신전설53) 등을 제기하고 있는데, "원래부터 제단의 성격을 지니고 있었던 것"으로54) 추론된다. 신전은 곧 제의적 공간으로서 기능상 제단과 다르지 않다. 그러므로 천신신앙의 신전은 사실상 천제단이라 할 수 있다.

방형적석묘 전면이 아니라 제일 정상부에 제단이 있는 것으로 보아

---

51) 이형구, 〈高句麗의 享堂制度 硏究〉, 《東方學志》 32, 연세대학교 국학원, 1982, 1~2쪽.
52) 방학봉, 《발해 건축연구》, 연변대학교출판부, 1995, 266쪽에서 불탑을 무덤 탑이라 하였다. 윤명철, 《壇君神話의 해석을 통한 장군총의 성격 이해〉, 《단군학연구》 19, 189쪽에서 재인용.
53) 윤명철, 〈壇君神話의 해석을 통한 장군총의 성격 이해〉, 《단군학연구》 19, 188~198쪽 참조.
54) 궈다순(郭大順)·장싱더(張星德) 지음/김정열 옮김, 《동북문화와 유연문명》 상, 378쪽.

천제단으로 추론된다. 왜냐하면 방형적석묘 앞쪽 바닥에 나지막한 방형 제단이 별도로 마련되어 있기 때문이다. 그것은 방형적석묘에 묻혀 있는 주검을 위한 제단으로서[55] 천제단의 기능과 구별된다. 그러므로 전면의 제단과 달리, 방형적석묘 위의 제단은 정치적 군장이 천제를 올리던 천제단일 가능성이 크다.

적석묘 정상부는 사방에서 두루 우러러 보이는 우뚝한 지점이자, 하늘과 가장 가까운 곳으로서 천제단 구실을 하기에 적절한 공간일 뿐 아니라, 천자로서 제사장의 권위를 인정할 만한 가장 높고 신성한 공간이다. 따라서 고인돌 상부는 하늘을 상징하는 천문도가 그려져 있고, 적석묘 위에는 천제를 올리는 제단이 세워져 있었던 것이다. 천제의 공간에 오른 자가 곧 천제권을 지닌 천왕이다. 천제권을 행사하던 죽은 군장의 무덤 위이자 천제단에 오른 자는 곧 천왕의 재탄생을 상징한다.

하루 해가 저녁에 지고 아침에 새해가 뜨는 것처럼, 또는 일년 주기로 새해가 시작되는 것처럼, 군장이 묻힌 고인돌과 적석묘를 새 군장의 통과의례 공간으로 이용함으로써 천왕의 지위를 획득하게 되었을 것이다. 그리고 농공시필기(農功始畢期)에 해마다 국중대회로 제천행사를 수행함으로써 태양신의 권능을 지속시키려 했을 것이다.

이러한 통과의례와 태양숭배를 고려할 때, 고인돌과 방형적석묘의 입지는 농공시필기의 제천행사를 국중대회로 수행하기에 적절한 조건을 갖추었다. 군중의 집회와 축제가 가능한 구릉 지역에 자리잡고 있는 까닭이다. 이 시기에 성립된 제천의식의 전통이 부여의 영고, 고구려의 동맹, 예의 무천 등으로 후대까지 지속되었다. 그러므로 고인돌과 방형적석묘는 천신족을 자처한 신시인들의 태양시조사상과 농경문화, 정착생활을 기반으로 신시국의 문화적 전통을 입증하고 고조선문명의 정체성을 표상하는 긴요한 현장 유적이라 할 수 있다.

---

55) 임재해, 〈홍산문화로 읽는 고조선 시대의 제천 의식 전통〉,《고조선단군학》 30, 고조선단군학회, 2014, 410~411쪽.

7. 세계관적 구조물로서 고인돌과 방형적석묘 양식

방형적석묘의 구조와 기능, 입지는 고인돌의 경우와 서로 일치한다. 왜냐하면 고인돌과 적석묘는 같은 세계관을 지닌 민족이 축조한 까닭이다. 무덤과 제단으로서 드러난 기능만 같은 것이 아니라, 삼라만상을 하나로 아우르는 홍익인간 세계관을 담고 있는 점에서도 서로 같다. 횡적으로는 모든 생명을 하나로 포섭하여 생태학적 공생을 이루어야 하고, 종적으로는 하늘과 땅, 사람이 유기적 관계를 이루어야 홍익인간 세상이 열린다. 두 유적은 이러한 세계관을 잘 실현하고 있다.

고인돌과 적석묘 등이 정치적 군장의 무덤이자 천제를 올리는 제단 구실을 한 것은 후자의 세계관을 담고 있는 까닭이다. 따라서 적석묘의 구조를 보면 하늘과 사람, 땅의 종적 체계가 상징 도형으로 형상화되어 있는 사실을 알 수 있다. 방형적석묘가 땅과 만나고 있는 지면의 도형은 방형으로서 땅의 세계를 나타낸다면, 그 측면의 공간은 삼각형으로서 사람의 세계를 나타낸다. 실제로 그 공간에는 주검이 자리잡고 있어서 사람의 실체가 존재하는 셈이다.

적석묘의 정상부는 원형의[56] 바탕 위에 일정한 구조물을 설치하여 천제단 기능을 한 까닭에 하늘의 세계를 상징한다. 한 마디로 적석묘의 형상은 천지인의 관계를 하나의 형상으로 축조한 세계관적 구조물이다. 그러므로 방형적석묘는 정방형의 밑변 위에 삼각형의 구조물을 이루고 그 위에 원형의 제단을 만들어서 하늘을 상징했던 것이다.

'천지인'이란 3재론의 표현은 하늘이 우선이고 그 다음이 땅이며 그 지차가 사람이라는 가치의 질서 중심으로 만들어진 용어이다. 그러나 공간적 위상으로 보면 하늘, 땅, 사람의 천지인(天地人) 체계가 아

---

56) 방형적석묘의 꼭대기가 반드시 원형을 이루고 있지 않은 경우도 있다. 원형과 방형, 혼합형이 있다고 하는데, 그것은 현재 발견된 모습일 뿐이다. 굳이 피라미드형 구조를 설계한 의도를 고려하면 정상부를 천지인의 구도에 따라 원형으로 만들었을 가능성이 높다.

니라, 하늘과 사람, 땅의 '천인지(天人地)'의 체계를 이루며 존재한다. 위상적으로 하늘과 땅 사이에 사람이 존재할 뿐 아니라, 사람은 땅의 세계에 발을 붙이고 살면서 하늘세계와 끊임없이 교섭하는 매개 주체이다.

따라서 공간적 위상이나 종적 체계 및 인간의 매개 역할을 고려할 때, 사람이 하늘과 땅의 가운데 자리를 잡고 적극적인 교섭과 소통의 주체로 존재해야 한다. 그러므로 방형적석묘의 기하학적 형태는 천지인의 3재론적 세계관을 공간적 위상과 체계 및 역할주체의 관계에 맞게 '천인지'의 위상으로 절묘하게 형상화한 것이라 할 수 있다.

고인돌도 방형적석묘와 기능만 같은 것이 아니라 구조적 형상도 같다. 두 유적의 형태가 전혀 다르기 때문에 구조적 형상이 같다는 주장은 억측일 수 있다. 겉으로 드러난 형태만 보면 공통성은커녕 연관성조차 찾기 어렵지만, 형태 속에 내포된 의미의 세계를 포착하면 같은 세계관의 구조물이라는 것을 쉽게 포착할 수 있다.

고인돌은 방형적석묘처럼 지면에 닿아 있는 면은 방형으로서 땅의 세계를 나타낸다는 데에는 다른 의견이 있을 수 없다. 무덤 기능을 하는 고인돌이 굳이 방형을 이루고 있는 사실을 지나쳐 보면 세계관적 해석의 길이 열리지 않는다. 한갓 군장의 무덤으로서 고인돌을 축조했다면, 주검의 형태에 맞게 관처럼 장방형으로 만드는 것이 자연스럽다. 따라서 방형구조의 고인돌은 무덤 형태로서 적절하지 않다. 그럼에도 굳이 정방형으로 만들어서 고인돌의 구조에 맞게 주검의 다리를 굽혀서 굴신장을 하는 번거로움까지 마다하지 않은 까닭은, 정방형으로 만들어야 땅의 세계를 제대로 나타낼 수 있기 때문이다.

고인돌 아래가 정방형으로서 땅의 세계라면, 고인돌의 덮개돌은 원형으로서 하늘의 세계를 나타내야 한다. 덮개돌에는 방형도 있지만 원형에 가까운 것도 있다. 따라서 반드시 하늘을 나타낸다고 할 수 없다. 이처럼 도형적 형상에만 매몰되면 덮개돌은 무의미한 형상에 머문다. 그러나 고인돌 덮개돌에 별자리를 그려서 천문도가 형상화되어 있다는

〈그림 31〉 개주 석붕산 고인돌

것은 덮개돌이 곧 하늘이라는 것을 말한다. 원형의 추상화된 형상보다 천문도라고 하는 구체적 하늘세계의 묘사가 더 명확하게 하늘을 나타낸다.

따라서 고인돌 구조물에서 덮개돌은 비록 천문도를 그리지 않아도 하늘이라는 것을 알 수 있다. 실제로 대부분의 덮개돌은 하늘처럼 고인돌을 아주 넓게 덮고 있다. 고인돌 방이나 벽면의 규모에 비하여 과도하게 덮개돌을 넓고 크게 한 것도 하늘을 상징하기 위한 까닭이다. 그러한 고인돌은 개주 석붕산 고인돌로서(그림 31) 마치 판석이 넓은 하늘을 이고 있는 것처럼 보인다. 그러므로 고인돌 안에 사람이 들어가면, 위로 하늘의 덮개돌과 아래로 방형의 땅 사이에 존재하게 되므로 '천인지'의 구조가 완성되는 것이다.

적석묘는 이러한 천인지의 세계관을 원형과 삼각형, 방형으로 기호화하여 나타낸 까닭에 고인돌보다 한층 더 진전된 구조물이라 하지 않을 수 없다. 고인돌과 적석묘의 세계관적 구조는 후대의 고분에서도 재현된다. 묘지 천정을 하늘로 나타낸 것은 고구려 고분벽화에서 두루 확인되는 것이어서 새삼스러운 것은 아니다. 해와 달과 함께 각종 별자리를 그릴 뿐 아니라, 천상의 사람들과 상상의 동물을 그려서 고분 천정이 사실상 하늘이라는 것을 한층 구체적으로 나타내 준다.

사방의 벽면에는 위쪽으로 좌청룡 우백호, 남주작, 북현무의 사신도가 나는 모습으로 그려져 있고, 그 아래쪽에는 사람들의 생활세계가 다양하고 실감나게 그려져 있다. 따라서 고인돌 형식의 묘제 이래로 무덤의 천정은 곧 하늘을 상징하는 것이었다. 무덤의 벽면에는 집의 기둥을 그리고 부엌이나 방을 그려 사람들의 일상적 주거생활을 나타내서 하늘과 땅 사이에서 살아가는 사람들의 생활세계를 구체적으로 나타내고 있다. 방형의 바닥은 그 자체로 땅을 나타내는 까닭에 특별한 조형이나 그림이 요구되지 않는다. 그러므로 '천인지'의 세계관은 신시인들의 고인돌에서부터 방형적석묘, 그리고 고구려인들의 고분에 이르기까지 일관되게 지속된 것이다.

문제는 고인돌의 세계관적 구조이다. 하늘과 땅의 세계를 나타내는 공간은 분명한데 사람들의 세계는 드러나 있지 않다. 다시 말하면 하늘의 덮개돌과 땅의 방형 사이, 곧 천지 사이에 사람의 세계를 나타내는 공간은 불분명하다는 것이다. 왜냐하면 하늘과 땅을 잇는 고인돌의 측면은 한결같이 적석묘와 달리 방형인 까닭이다. 방형은 사람을 형상화한다고 할 수 없다. 고분처럼 사람들의 생활을 나타내는 그림도 없다. 그러므로 3재론에 따른 천인지의 세계관을 고인돌에서는 확인할 수 없다.

그러나 이러한 이해방식은 지나치게 요소적이고 현상적이다. 고인돌을 그 자체로 하나의 완벽한 구조물로 대상화하는 것도 맥락적 해석을 하는 데 장애가 되는 한계이다. 고인돌은 한갓 관찰 대상으로서 고정된 유적이 아니라, 빙하기의 동굴생활을 추체험하는 공간이자, 정치적 지도자의 죽음과 탄생을 재현하는 통과의례 공간이며, 공동체 성원들이 제천행사를 했던 축제의 현장이었다. 그러므로 이러한 쓰임새를 고려하지 않으면 고인돌의 상징에 대한 맥락적 해석의 길이 막힌다.

그릇 안이 비어 있도록 만든 것은 무엇을 담기 위한 기능 때문이

다. 무엇을 담으려는 목적에 따라 그릇의 모양과 구조, 크기, 재질 등
이 결정된다. 그릇을 만든 이유를 간과한 채 그릇 바깥의 형태와 문양
만 주목하면 그릇의 쓰임새를 제대로 파악할 수 없다. 고인돌의 경우
도 외형만 주목하면 탁자형이니 바둑형이니 하고 형식 분류에 그치고
만다. 왜 제단형 고인돌은 네모꼴을 하고 안이 텅 비어 있으며 덮개돌
에 천문도를 그리거나 하늘처럼 넓은 판석을 덮고 있는가 하는 의문을
가져야 고인돌의 상징성과 유용성에 대한 맥락적 이해가 가능하다.

탁자식 고인돌은 전면이 트여 있어서 사람이 출입 가능한 동굴상징
의 구조물로서, 빙하기의 동굴생활을 모의적으로 경험하거나 해빙기
인류의 재탄생을 주술적으로 재현하는 추체험 공간이다. 따라서 평소
에는 동굴처럼 텅 빈 공간으로 존재하지만, 통과의례를 하거나 천제를
올릴 때에는 제사장이 이 공간을 점유하게 마련이다. 실제로 고인돌의
원류를 이루는 탁자형, 곧 천제단 구조의 고인돌 내부는 사람이 들어
가도 아무런 문제가 없다. 대부분 사람의 키 높이 이상이어서 제사장
이 내부로 들어가서 제의를 집행하는 데 장애가 없는 구조이다.

그러므로 외형적 형태로는 한갓 거대한 탁자처럼 보이고 평소에는
텅빈 공간으로서 무의미한 구조물처럼 보이지만, 공동체 제의가 수행
되면서 제사장이 고인돌 안으로 들어가는 순간 고인돌은 '천인지'의 구
조를 이루어서 방형적석묘나 다름없는 세계관적 구조물로 살아난다.
이때 천제를 주제하는 제사장은 비로소 하늘과 땅의 신성한 소통을 매
개하는 살아 있는 주체가 되는 것이다. 왜냐하면 하늘과 땅 사이에 비
로소 사람이 존재하게 되어 천지인의 관계 위상이 고스란히 복원된 까
닭이다.

그러고 보면 고인돌의 빈 공간은 무의미한 것이 아니라, 사람이 들
어가서 천인지의 체계를 완전하게 구성하는 채움의 공간이다. 다시 말
하면 고인돌 내부는 하늘에서 내려온 천손강림의 위상을 나타내는 지
상 공간이자, 어둠의 동굴생활에서 벗어난 해빙기 인류의 해방된 공간
이기도 하다. 그러므로 고인돌 내부는 하늘과 땅을 이어주는 인간세계

의 공간으로서 천인지의 체계를 완성해 주기 위해 비워둔 공간이다.

그러나 천왕으로서 태양숭배의 천제를 아주 밀도 있게 수행하는 제사장 구실을 할 때는 고인돌 덮개돌 위에 올라가서 천신과 동일시되는 가운데 천자로서 제천의식을 올리게 된다. 천왕은 태양상징의 천자인 까닭에 하늘세계의 존재나 다르지 않다. 따라서 공동체의 군장으로서 위상을 확보할 때에는 고인돌 안에서 천인지를 이루는 인간존재에 머물지만, 천제를 올리는 제사장 기능을 수행할 때에는 고인돌 위에 올라가서 천자로서 하늘에 제의를 바치고 천신과 소통하는 천왕으로 비약하는 것이다. 그러므로 고인돌과 적석묘는 내부와 상부의 기능이 서로 달라서 이중성을 지닌다 할 수 있다.

고인돌의 구조는 추상적 도형이 아니라 실질적인 관계를 통해서 천지인의 세계관을 제의적으로 구성하는 매우 용의주도하게 설계된 제의적 구조물이라 할 수 있다. 그러므로 고인돌은 추상적 도형으로 천인지의 체계를 완벽하게 구성하고 있는 방형적석묘에 견주어 보면, 전혀 다른 체계의 유적처럼 보이지만, 그 제의적 기능을 맥락적으로 해석하면 방형적석묘와 같은 기능을 할 뿐 아니라 천인지의 철학적 세계관까지 공유하고 있는 것으로 포착된다. 이러한 세계관적 양식이 고인돌에서 적석묘, 고구려 고분으로 이어지며 발전되었던 것이다.

8. 고인돌과 방형적석묘 문화의 통시적 선후관계

고인돌과 방형적석묘를 공시적 세계관으로 보면 동질적인 문화로 포착된다. 그러나 통시적 계열성으로 보면 발전 단계의 선후가 분명하게 차이나는 문화로 포착된다. 두 문화를 선후관계에 따라 역사적 발전 단계로 보면 세 가지 과정을 상정할 수 있다. 하나는 전 단계의 고인돌 기능이 더 확대재생산되어서 거대한 규모의 방형적석묘를 만들었을 가능성이고, 둘은 그 반대로 방형적석묘가 축소되어 고인돌이 만들어졌을 가능성이다. 셋은 고인돌과 방형적석묘는 선후 영향 관계없이 제각기 조성되었을 가능성이다. 이 세 가지 가능성 가운데 어느 하나만 사실이 아니라, 모두가 사실일 수도 있다.

이러한 관계를 따지려면 고인돌과 방형적석묘의 상한 연대를 비교하여 선후관계를 파악하는 작업과 함께, 지리적 분포에 따른 상호 영향 관계까지 상대적으로 파악하는 것이 바람직하다. 그러나 우하량 지역의 방형적석묘는 널리 공개되지 않고 그 절대연대도 분명하지 않다. 다만 홍산문화 유산으로서 서기전 3500년 전후로 해석되고 있는데, 고인돌의 연대도 최근에는 서기전 3000년까지 거슬러 올라가는 만큼, 발굴성과에 따라 그 진폭이 상당히 크다. 그러므로 이러한 사정을 고려하되 연구대상이 되는 두 문화의 발전단계를 따져보는 것이 더 중요하다.

규모와 형태로 볼 때 고인돌은 관념적 도형으로 추상화되고 거대한 규모로 정교하게 축조된 방형적석묘 문화의 전 단계에 해당되는 문화라 할 수 있다. 달리 말하면 추상적 형상화와 축조기술의 역량이 탁월한 적석묘 사회는 소박한 구조의 고인돌 사회보다 상대적으로 더 발전된 사회로 추론된다는 것이다. 우선 고인돌을 축조하려면 군장이 공동체 성원들을 동원시킬 만한 역량과 지도력을 갖추어야 한다. 거대한 방형적석묘를 축조하는 데에는 군장이 고인돌 사회보다 훨씬 비대해진 국가사회 체제를 조직적으로 이끌 수 있는 정치적 지배력을 발휘해야 한다. 따라서 발전단계로 보면 군장의 고인돌 사회 이후에 군왕의 방형적석묘 사회가 등장했다고 봐야 할 것이다. 그러나 반드시 시로 연속된 발전관계가 있었던 것은 아니다. 이집트의 피라미드처럼 고인돌 문화 없이 방형적석묘가 등장할 수도 있다. 다만 방형적석묘 문화권이 고인돌문화권보다 더 발전된 사회에 이르렀다는 평가는 가능하다.

결국 고인돌과 방형적석묘의 역사적 선후와 지리적 분포가 문제이다. 고인돌의 분포는 한반도에서 요하를 넘어서지 않고 요동지역에서 분계선을 이룬다. 피라미드형 적석묘는 요서지역의 우하량 유적에서 발견될 뿐 아니라, 요동지역 집안현 일대까지 널리 분포되어 있다. 따라서 요동지역은 적석묘와 고인돌이 겹치지만 요서지역에는 고인돌이 발견되지 않는다. 그리고 같은 방형적석묘 분포권이라도 요동지역에는 옥기문화가 발견되지 않는다. 그러므로 적석묘문화권도 요동과 요서가 서로 차이를 보인다.

요서지역 우하량의 적석총 대묘에는 옥기 가운데 가장 대표적인 마제형(馬蹄形) 옥고(玉箍)와 구운형(勾雲形) 옥패(玉佩), 그리고 동물형 옥기들이 짝을 이루어 발굴되었다.57) 홍산옥기는 비실용적인 예기(禮器)이자 신기(神器)로서58) 하늘의 신과 소통하는 제기(祭器) 구실을 한다. 따라서 중국학계에서는 옥기를 '홍산인들이 신과 제의적으로 소통하는 데 사용한 중요한 도구의 일종'으로 해석하는 것이다.59) 고형(箍形) 옥도 주로 주검의 머리 아래쪽에서 출토되는데, '신과 소통하는 도구로서 매장할 때 특히 머리 아래에 둔 예기'로 해석한다.60) 그러므로 우하량의 방형적석묘는 부장된 옥기만으로도 제천 기능을 한 천제단으로 이해할 수 있다.

태양숭배의 천신족으로서 제천행사를 한 사실은 문헌과 유적, 유물을 근거로 두루 포착할 수 있는데, 문제는 옥기문화와 고인돌문화의 대립적 분포이다. 요하를 경계로 요서는 옥기문화권, 요동은 고인돌문화권이다. 두 문화는 특징이 완전히 다른 데도, 제천 기능으로서 신성성을 공유할 뿐 아니라, 고인돌과 옥기는 장기간의 노동력을 요구하는 문화적 구조물이라는 점에서 동질성을 지닌다.

그러면서도 옥기는 정밀하고 섬세한 개인적 공예 기술이 요구되는

---

57) 李恭篤·高美璇, 〈紅山文化玉雕藝述初析〉, 《中國考古集成》 東北卷, 新石器時代 (一), 北京出版社, 1997, 212~217쪽; 陸思賢, 〈"勾云形玉佩"的形狀結構及愚意的 思想內容〉, 《中國考古集成》 東北卷, 新石器時代(一), 北京出版社, 1997, 232~237쪽.

58) 戴煒·侯文海·鄭耿杰, 《眞賞紅山》, 內蒙古人民出版社, 2007, 6쪽.

59) 궈다순(郭大順)·장싱더(張星德)/김정열 옮김, 앞의 책, 396쪽.

60) 궈다순(郭大順)·장싱더(張星德)/김정열 옮김, 위와 같은 곳.

반면에, 고인돌은 집단적이고 협력적인 공동의 토목 기술이 요구되는 것이다. 이렇게 두 유물을 대립적으로 보면, 서로 공유하고 있는 방형적석묘와 고조선식 동검의 공유 사실을 배제하게 됨으로써 해석의 오류를 빚어낼 수 있다.

고조선식 동검도 옥기 제작처럼 섬세한 디자인과 주물 작업, 칼날과 자루의 조립 구조 등 발전된 공예 기술이 요구되는 유물이다. 다만 고조선식 동검의 연대는 옥기문화보다 빠르지 않다는 것이다. 고조선식 동검 이전 시기에 이미 요서지역 홍산문화에서는 옥기문화가 발달했다. 그리고 고조선식 동검은 태양숭배 문화와 어떤 연관성이 있는지 아직 밝혀지지 않았다. 그러므로 고인돌과 옥기문화의 차이와 선후관계, 그리고 고조선 동검의 문화적 기능 등에 관한 더 진전된 연구가 상호관계 속에 이루어져야 할 것이다.

고인돌과 옥기 제작에 따른 문화적 차이는 두 지역에서 공유하고 있는 적석묘문화에 의해 해결된다. 왜냐하면 요동과 요서 지역에서 두루 나타나는 방형적석묘의 축조는 고인돌 조성보다 훨씬 대규모의 노동력이 투입되어야 하는 거대한 토목공사에 해당되는 까닭이다. 고인돌 축조에 군장의 지도력이 공동체 성원들을 일사분란하게 참여시킬 만한 권능을 지닌 것처럼, 거대한 방형적석묘를 축조하는 데에는 고인돌 사회보다 훨씬 거대한 국가 규모의 사회 체제를 이끌어가는 군왕의 지배력이 발휘되어야 한다. 그러므로 상대적으로 방형적석묘문화는 고인돌문화에서 한 단계 더 발전된 사회에서 형성된 것으로 보지 않을 수 없다.

그러한 발전단계의 선후관계는 장수왕릉에서 구체적으로 확인된다. 장군총으로 알려진 장수왕릉은 현재 발견된 가장 거대한 규모의 방형적석묘이다. 문제는 이 왕릉 묘역으로 들어가는 입구 동북쪽에 고인돌이 있다는 것이다. 학계에서는 장수왕릉을 보호하는 기능의 '딸림무덤'으로서 원래 5개 있었으나 지금은 동북쪽에 1기만 있다. 딸림무덤을 배총(陪塚)이라고 하는데, 그 양식은 전형적 고인돌 양식이다. 전면이

〈그림 32〉 장수왕릉 묘역 입구에 있는 고인돌형 배총

트여 있고 3면이 막혀 있는 이른바 북방형 탁자식 고인돌이다.

다만 다른 고인돌과 달리 전면부에 고인돌 입구를 막을 만한 거대한 바위가 있다는 점이 주목된다. 그 규모는 3면의 입석과 거의 같다. 따라서 이 바위로 입구를 막으면 폐쇄된 공간이 된다. 동굴체험이 가능한 구조이다. 고인돌의 원형이 잘 남아 있는 것이 아닌가 하는데, 문제는 왜 오래된 양식의 고인돌을 딸림무덤으로 조성했을까 하는 점이다.

하나는 학자들의 추론처럼 장수왕릉을 보호하는 배총 기능이지만, 다른 하나는 장수왕의 문화적 정체성을 기리기 위해 전통적 양식의 왕릉을 재현한 것이 아닌가 한다. 비록 배총이라 하더라도 그 양식을 고인돌로 한 점이 주목된다. 왜냐하면 왕릉의 발전단계를 대조적으로 보여주기 때문이다. 그러므로 고인돌의 무덤양식이 한 단계 발전하여 피라미드형 적석묘가 형성되었다고 하는 사실을 분명하게 확인할 수 있다.

그러나 우하량 유적의 적석묘들은 선행 단계의 고인돌 무덤이 없다. 더군다나 요동지역 적석묘보다 훨씬 이른 시기에 적석묘가 조성되었다. 여기에서 두 가지 모순이 생긴다. 고인돌과 방형적석묘의 발전단계는 요동지역과 만주지역에 한정될 뿐 요서지역 홍산문화에서는 적용되지 않는다는 것이다. 따라서 그 발전단계를 일반화할 수 없다. 그리고 요서지역 방형적석묘는 요동지역 고인돌보다 더 빠를 뿐 아니라 옥기가 숱하게 부장되어 있어서 한반도의 옥기유물에 비하여 한층 풍부하고 다양하며 정교하다. 그러므로 요서의 홍산문화 지역은 두 가지 맥락에서 역사적으로 더 앞선다고 할 수 있다.

홍산문화의 방형적석묘와 옥기문화는 요동지역과 한반도보다 앞선다. 그러나 옥기문화 초기에는 두 지역이 같은 수준의 옥기를 공유했다. 더군다나 고인돌문화보다 옥기문화의 역사가 더 깊다. 고인돌문화보다 앞선 시기에 두 지역이 옥기문화를 공유했다는 사실은 고인돌문화의 유무와 상관없이 홍산문화 지역과 한반도가 같은 문화권이라는 것을 입증하는 결정적 근거가 된다. 그럼에도 옥기문화와 달리 방형적석묘 문화의 출현 시기는 요동지역과 한반도에 견주어 홍산문화 지역이 역사적으로 상당히 앞선다. 더군다나 홍산문화의 방형적석묘는 고인돌문화보다도 선행한 것일 수 있다. 그러므로 이 문제는 더 구체적으로 따져보지 않을 수 없다.

9. 고인돌문화의 유무와 고조선문명의 발전 층위

고조선문명은 요하를 경계로 크게 요동문화와 요서문화로 대립을 이룬다. 고인돌과 후기 방형적석묘의 요동문화와, 옥기와 전기 방형적석묘의 요서문화는 문화유산이 구체적으로 다르다. 가장 큰 차이는 고인돌문화와 옥기문화의 대립이며, 상대적으로 작은 차이는 방형적석묘의 시대 차이이다. 더 적극적으로 말하면 고조선문명의 지표유물이라 할 수 있는 고인돌의 유무가 결정적 차이다. 요동지역과 한반도는 고인돌왕국이라 할 만큼 고인돌이 집중적으로 분포되어 있는 반면에 요서지역에는 고인돌이 없기 때문이다.

그러면 홍산문화의 주체인 신시인들은 요동지역과 한반도의 신석기인들과 다른 종족인가? 고조선문명을 해명하려면 이 질문에 답하지 않을 수 없다. 왜냐하면 고인돌이 고조선문명의 중요 지표인 것처럼, 신시인들이 창출한 홍산문화 또한 고조선문명의 중요한 유산이기 때문이다. 따라서 신시고국의 홍산문화가 고인돌문화 단계를 거치지 않고 바로 방형적석묘 문화 단계에 이르게 된 사실을 해명해야 하는 것은 물론, 홍산문화와 한반도문화가 그 이전 단계에서 동질성을 지녔다는 사실도 해명할 수 있어야 한다. 그리고 그 이후 단계의 문화도 서로 공유하고 있다는 사실도 입증해야 설득력을 지닐 수 있다.

홍산문화의 정치적 주체는 중국학자들이 말하는 홍산고국이 아니라 환웅천왕이 건국한 신시고국이라고 했다.[61] 그렇다면, 홍산문화를 창출한 신시인들은 고인돌문화단계를 뛰어넘고 옥기문화를 독자적으로 창출한 더 진취적이고 더 발전적인 문화를 누렸던 집단으로 봐야 할 것이다. 고인돌 단계를 거쳐야 방형적석묘문화에 이를 수 있다는 것은 역사적 사실이면서 또한 사실이 아니다. 요서지역과 만주 이남 지역에서는 역사적 사실이다. 그러나 고인돌문화 단계를 거치지 않고 방형적석묘에 이른 문화도 있다. 이집트의 피라미드나 마야문명의 피라미드 구조물은 반드시 고인돌문화 단계에서 발전된 것이라 할 수 없다. 그러므로 모든 문화가 같은 발전과정을 거친다는 고정관념에서 벗어날 필요가 있다.

고인돌문화가 그 자체로 생산될 수 있는 것처럼, 방형적석묘 문화도 그 자체로 생산될 수 있는 것이다. 홍산문화를 일구어낸 신시인들은[62] 빙하기의 동굴생활에 대한 추체험으로서 고인돌에 갇히는 통과의례 문화를 뛰어넘은 셈이다. 왜냐하면 신시국을 건국한 환웅이 이미 태양 상징의 천왕으로 자처한 까닭에 태양이 잠적한 빙하기의 추체험 과정이 필요하지 않았던 것이다. 과거 경험을 구체적으로 재경험하는

---

61) 임재해, 〈단군신화로 본 고조선문화의 기원 재인식〉, 《단군학연구》 19, 2008, 357~362쪽.
62) 임재해, 《고조선문화의 높이와 깊이》, 362~402쪽에서 홍산문화는 신시고국의 문화유산으로 해석했다.

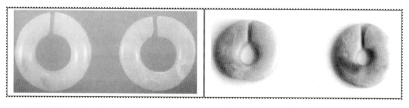

〈그림 33〉 흥륭와 유적의 옥귀걸이(왼쪽)과 고성 문암리 유적의 옥귀걸이

추체험보다 미래 가치를 폭넓게 전망하고 실현하는 발전적 전망이 더 중요하게 추구되었다. 그러므로 가장 이른 시기에 홍익인간 이념의 이타적 세계관과 재세이화의 정교한 통치체제를 갖춘 신시고국을 가장 먼저 건국할 수 있었던 것이다.

홍익인간 사상을 갖춘 환웅천왕은 태양정신을 골똘하게 추구한 공동선의 지도자이자 생태주의적 철학자였다. 따라서 유목생활보다 농경생활을 으뜸으로 삼고, 살상용 무기보다 홍익인간 이념을 다양한 생명 형태의 옥기로 형상화하여 삼라만상의 생태학적 공생 가치를 실현하려고 하였다.63) 그러므로 홍산문화 지역에서는 상대적으로 옥기문화가 놀랄만한 수준으로 발전하게 되었다.

그러나 옥기는 한반도 일대에서도 유물로 발견된다. 따라서 옥기를 홍산문화의 독점적 유물로 해석할 필요가 없다. 게다가 한반도에서 옥기의 출현 시기와 양식도, 서기전 6천 년 전의 흥륭와(興隆注) 유적 옥기와 거의 같다. 특히 흥륭와문화 옥기와 같은 양식이 고성 문암리와 여수 안도리 유적에서 출토되어 선후관계에 따른 영향을 주장할 수 없다. 동시대에 공유했던 까닭이다.

최근에는 파주 주월리 유적에도 옥기 장신구들이 발굴되었다. 관옥형(管玉形)과 방형(方形), 둥근고리형 등 3종이 발굴되었는데,64) 이 가운데 "둥근고리형은 분명 동물머리 모양을 형상화한 동물형옥기"로

---

63) 임재해, 위의 책, 422~424쪽에서 자세하게 다루었다.
64) 李仁淑·金圭相,《坡州 舟月里 遺蹟》, 京畿道博物館, 1999, 262~263쪽. 3점의 옥기 장신구가 발굴되었는데, 관옥형(管玉形)과 방형(方形), 둥근고리형을 이루고 있다.

〈그림 34〉 파주 주월리 옥기

서[65) "중국 요녕성 홍산문화에서 알려진 옥저룡(玉猪龍, Dragon-Pig)의 부류"에 속하는 것으로 해석된다.[66) 따라서 이 시기부터 한반도와 요동 지역은 같은 수준의 옥기문화를 공유했다고 할 수 있다. 다만 서기전 3천 년대부터 홍산문화의 옥기가 워낙 풍부하고 다양하게 발전된 까닭에 마치 홍산문화 옥기만 있는 것처럼 착각하게 될 따름이다.

게다가 방형적석묘에 옥기가 부장된 것으로 볼 때 옥기는 방형적석묘 문화보다 앞서거나 동시대에 형성된 문화로 볼 수 있다. 따라서 같은 시기에 같은 양식의 옥기를 공유한 사실을 근거로 볼 때, 한반도와 요동 지역 홍산문화는 이미 서기전 6천 년 무렵에 동질성을 지녔던 것으로 포착할 수 있다. 그러므로 고인돌의 유무로 서로 다른 집단의 문화나 다른 문명권으로 간주할 필요는 없다. 다만 홍산문화 지역에서는 환웅 천왕을 지도자로 한 신시고국을 수립하여 상당히 발전된 옥기문화와 방형적석묘문화를 누렸던 것으로 이해된다.

이러한 문화적 비약을 이루는 데에는 탁월한 지도자의 역할이 결정적이다. 특히 자연 적응적으로 생활하는 고대사회일수록 영웅적 인물이 정치적 군장으로서 공동체를 슬기롭게 이끌어간다면 뜻밖의 사회 발전을 이룰 수 있다. 환웅이 홍익인간 이념과 같은 통치철학을 지닌 인물로서 천왕의 지위에 있었다는 사실만으로도 그런 발전의 가능성은 충분히 인정하고도 남음이 있다. 왜냐하면 천지인 3재사상 가운데에도

---

65) 李仁淑·金圭相, 위의 책, 11쪽의 도판, '96년도 지표수습 연옥제 장신구' 참조.
66) 李仁淑·金圭相, 위의 책, 263쪽.

실제로 중요한 것은 천지가 아니라 사람의 역할이기 때문이다.

자연으로서 존재하는 하늘과 땅은 고정적 실체이다. 그 자체로는 병립적 관계 속에서 있는 그대로 한결같이 존재할 뿐이다. 여기에 사람이 주체가 되어 천지관계를 소통하게 함으로써 비로소 천지인이 하나의 세계로 유기적 관계를 이루게 된다. 태양숭배 문화로서 천신신앙이나 제천행사는 모두 사람이 나서서 천지인의 관계를 긴밀하게 함으로써 홍익인간 세상을 만드는 일이다. 따라서 태양신을 종속적으로 숭배하는 데 머물 것이 아니라 태양을 포섭해서 인간세상과 긴밀한 관계를 맺게 하는 주체 구실을 하는 것이 정치적 지도자로서 군장의 역할이자 천제권을 지닌 제사장의 기능이다.

이러한 실천을 구체적으로 수행하고 정치적 지도력을 발휘한 인물이 환웅천왕이다. 환웅의 홍익인간 이념은 하늘세계에서 편안함을 누리는 이기적 가치관이 아니라 인간세상의 삼라만상을 널리 이롭게 하려는 이타적인 가치관이다. 따라서 하늘세계에 머물지 않고 인간세상으로 내려와서 일정한 공간에 붙박이생활을 하며 홍익인간 철학을 재세이화의 방법으로 실현한 지도자가 되었다. 그러므로 환웅천왕은 태양으로 상징되는 천상세계의 가치를 지상세계에서 직접 실천함으로써 천지 사이에 존재하는 인간의 세계관적 역할수행의 보기를 이룬 셈이다.

그러나 요서지역과 한반도에서는 서기전 35세기 무렵에 환웅천왕과 같은 지도자가 아직 출현하지 않았고 신시고국과 같은 정치체제도 구성되지 못했다. 상대적으로 사회적 발전단계가 완만하게 진행될 수밖에 없다. 따라서 서로 다른 수준의 두 지역 문화는 상당히 대조적이게 마련이다. 이러한 양상을 지도자 중심으로 정리하면, 고인돌문화는 지도자가 밑으로부터 추대되고 역사적 경험으로부터 형성된 과정적 문화인 반면에, 방형적석묘문화는 각성된 지도자가 위로부터 통치를 이타적으로 수행하고, 역사적 경험을 넘어 철학적 전망을 의도적으로 조직해낸 선험적 문화라 할 수 있다. 이러한 문화를 창출한 문화적 영웅이자 철학적 지도자가 신시국을 수립한 환웅천왕이다.

환웅과 같은 탁월한 지도자가 홍익인간의 철학적 이념을 가지고 신시고국과 같은 상당히 잘 갖추어진 국가체제를 건국하게 되면, 기존의 문화를 비약적으로 발전시키는 괄목할 만한 성과를 올릴 수 있다. 따라서 3천 년 전부터 전승되었던 낮은 단계의 옥기문화를 비약적으로 발전시키고 방형적석묘를 비롯하여 천제단, 여신묘, 석성 축조 등 당시 수준으로서는 천 년을 앞서는 성숙된 문화를 창출했던 것이다. 그러므로 홍익인간의 철학적 세계관으로 구축된 홍산문화가 상대적으로 가장 앞설 수밖에 없다.

10. 태양숭배 문화의 공유와 유물의 제의적 해석

여기서 지나칠 수 없는 문화유산이 옥기이다. 옥기문화는 홍산문화의 꽃이라고 해도 지나치지 않다. 옥기문화의 정신은 홍익인간 철학의 상징적 실현이라 해도 지나치지 않다. 왜냐하면 옥기는 석기처럼 실용적 도구가 아니라, 제기(祭器)이자 신기(神器)로서 군자의 덕을 상징하는 귀물로 간주되었기 때문이다. 공자는 옥의 가치를 군자의 덕에 견주어 다음과 같이 설명했다.

> 옛날 군자는 덕을 옥에 비유했다. 온화하고 윤택한 것은 어짊(仁)이며, 치밀하고 굳센 것은 지혜(知)이다. 날카롭지만 사람을 다치게 하지 않는 것은 의로움(義)이며, 무거워 몸을 숙이게 하는 것은 예(禮)이다. 두드리면 그 소리가 맑고 길게 퍼져나가다가 끝에는 뚝 끊어지니 이것은 음악(樂)이다.[67]

---

67) 궈다순(郭大順)·장싱더(張星德) 지음/김정열 옮김, 위와 같은 곳. 자공(子貢)이 공자에게 옥을 귀하게 여기는 까닭을 묻자 위와 같이 답했다. 《예기》(禮記) 〈빙의〉(聘義)편의 내용을 옮긴 것이다.

실제로 신시고국의 옥기문화는 '인의예지'를 갖춘 군자의 덕을 추구했다. 삼라만상의 모든 생명이 공생하는 홍익인간의 생태주의 철학을 옥기문화로 실현한 까닭이다. 삼라만상을 모두 살아 있게 하는 태양정신도 태양신 숭배와 천제문화로 다양하게 실현되었다. 가장 구체적인 것이 3개의 동심원으로 태양을 상징한 천제단이다. 홍산문화의 돌돌림 천제단은 한반도에서도 공유되고 있어서 고조선문명권으로서 두 지역의 문화적 동질성이[68] 이 유적에서도 다시 확인된다.

홍산문화에는 비록 고인돌이 없지만, 고인돌과 같은 시기에 이미 방형적석묘 문화와 옥기문화를 풍요롭게 누렸다. 그리고 천제단과 방형적석묘에서 제천의식을 올렸다는 것은 사실상 고인돌의 제천의식과 같은 세계관을 공유했던 셈이다. 따라서 요동과 요서 문화는 서로 이질적 집단이 아니라 서기전 6천 년 무렵에는 홍산문화 지역과 한반도 지역에서 같은 옥기문화와 돌돌림 천제단을 공유했으며, 그 이후 서기전 3천 년 시기부터 시작된 고인돌과 방형적석묘 문화 시대에도 사실상 '천인지'의 세계관에 입각한 천제문화와 태양숭배 사상을 공유했던 동질적 집단이라 할 수 있다. 그러므로 고조선문명권 안에서 지역에 따라 구체적 문화양식과 유적의 선후는 다소 차이가 있지만, 홍익인간 철학의 제의적 실천으로서 태양숭배의 천제의식은 모두 같은 수준으로 공유된 사실을 포착할 수 있다.

그런 까닭에 서기전 24세기 이후 단군조선 시대부터 요동과 요서 지역은 고조선식 동검과 같은 독자적 청동기문화를 공유할 수 있었다. 청동기문화도 태양숭배의 전통과 홍익인간 철학을 고스란히 계승했다. 따라서 고조선문명의 청동기문화는 다른 문명권의 청동기와 구별되는 높은 수준의 독창성을 획득했다.

청동기문화의 가장 우뚝한 유물이 고조선식 동검과 청동거울이다. 청동거울은 태양을 상징하는 종교적 의기(儀器)이다. 청동거울의 정수

---

68) 임재해, 같은 책, 401~402쪽 참조.

라 할 수 있는 다뉴세문경을 보면, 지금도 재현 불가능한[69] 수준의 섬
세하고 정교한 햇살무늬를 새겨 놓았다. 지름 21.2㎝의 작은 동경 뒷면
에 0.3㎜에 불과한 햇살무늬를 무려 1만 3천 여개의 직선으로 새겼다.
따라서 세문경의 주조기술은 현대 첨단과학으로도 재현 불가능한 나노
급 기술이어서[70] 현재까지 학계에서는 불가사의로 간주한다.

마치 옥기를 정교하게 다듬는 것과 같은 종교적 신앙심이 아니라면
이러한 태양상징의 청동거울을 제작할 필요도 없고 제작할 수도 없다.
아주 작은 틈으로도 파고드는 햇살을 해의 본질로 파악하고 그러한 태
양신 상징의 거울을 아주 가는 실선으로 나타내려고 끊임없이 도전하
고 골똘하게 궁리하지 않으면 이러한 불가사의를 이룰 수 없다. 그러
므로 청동거울 문화의 수준을 과학적 사유의 첨단기술로 해석해서는
그 의문을 풀지 못한다. 삼라만상을 살리는 생명의 햇살을 최소한의
실선으로 나타내려는 종교적 신념의 절실한 소망을 담은 신앙심의 결
과물인 까닭이다.

고조선식 동검도 전투용 무기로 보기 어렵다. 청동거울처럼 종교적
의기이거나 지도자의 권위를 나타내는 기능으로 사용된 동검으로 추론
된다. 우선 동시대의 다른 민족의 동검과 다르게 디자인부터 살상용
무기와 거리가 멀다. 칼끝도 비교적 무디지만 날도 상대적으로 무디다.
그러나 고조선식 동검에서 주목할 만한 것은 칼끝이나 칼날의 예리함
여부가 아니라, 칼날의 도드라진 곡선 곧 곡인(曲刃)의 형태, 그리고
칼몸과 칼자루의 독특한 분리 구조이다.

칼날 양쪽 가운데 도드라지게 형성된 곡인 부분의 유연한 곡선은
고조선식 동검의 가장 특징적 형상이다. 예사 도검류와 달리 이러한

---

69) 동국대학교 곽동해 교수가 2006년에 다뉴세문경 복원에 성공했다고 한다.
   곽동해 외, 〈다뉴세문경 제작 비법 연구〉, 《동악미술사학》 7, 2006, 이종호,
   같은 책, 154~157쪽 참조.
70) 박호군 외, 〈첨단 기술의 유전자〉, 서울경제, 2005년 5월 15일, 이종호, 같
   은 책, 127쪽. 박호군 박사는 현대 나노 기술의 기원을 다뉴세문경에서 찾는
   다고 한다.

형상으로 동검을 제작하는 데에는 상당히 정교한 기술과 복잡한 공정
이 요구된다. 그럼에도 곡인 부분은 무기로 사용하기 위하여 칼끝으로
찌르는 데나 칼날로 베는 데 전혀 도움이 되지 않는다. 특히 무엇을
자를 때는 곡인 부분이 오히려 큰 장애가 된다. 따라서 이 청동검을
살상용 무기로 간주하는 것은 무리이다.

　더 결정적인 것은 칼몸과 칼자루가 분리 결합의 조립구조로 되어
있는 점이다. 세상의 어떤 도검도 칼몸을 칼자루에서 분리 가능한 조
립구조로 제작하지 않는다. 특히 신석기시대의 무기용 도검에는 전혀
나타나지 않은 특별한 구조이다. 칼몸과 자루의 일체형 도검보다 조립
구조는 아무래도 무기로 사용하는 데에 적절하지 않기 때문이다. 칼을
날쌔게 휘두르다가 보면 칼날이 손잡이에서 분리되거나 끄떡거려서 불
편할 뿐 아니라 상대적으로 휴대하는 데도 불편하다. 그리고 제작과정
도 조립구조로 만드는 것은 번거롭기 짝이 없다.

　왜 더 힘든 과정과 공정을 거쳐서 굳이 무기로 쓰기 불편한 구조
의 청동검을 만들었을까. 만약에 이러한 구조의 동검이 살상용 무기로
사용하는 데 더 기능적이었다면 왜 후대에 적극적으로 계승되지 않았
을까. 오히려 후대로 내려올수록 세형동검으로 바뀌어 무기체계에 맞
게 변형되었다. 칼끝이 더 날카롭고 곡인을 없애서 찌르거나 자르는
데 더 기능적인 칼로 만든 것이 세형동검이다. 세형동검 이후에는 칼
과 손잡이도 일체형으로 만들어서 다른 민족의 일반적인 도검과 점차
같아지게 되었다. 그러므로 일체형 동검과 세형동검 이전의 고조선식
동검은 무기용의 실용성보다 제의용의 상징성으로 사용되었을 가능성
이 더 크다.

　그렇지 않으면 살상용 무기로 쓰기 위해 이렇게 복잡하고 특별한
구조와 정교하고 세련된 디자인의 칼을 힘들여 만들 필요가 없다. 조
립식 동검은 두 개의 부품을 제각기 주조하여 일치되게 조립하는 구조
이기 때문에 청동기 주조 기술이 상당히 높은 수준에 도달해야 제작
가능하다.[71] 그러나 집단적 노동력의 장기 투입으로 고인돌과 방형적

석묘를 축조하고 전문적 기술의 장인이 오랜 공력 끝에 다뉴세문경을 만드는 것과 같은 종교적 신앙심을 고려하면, 고조선식 동검의 제작은 그리 어려운 일이 아니다. 그러므로 고조선식 동검문화 또한 종교 제의적 의도에 의해서 특별하게 만들어진 의기라 하지 않을 수 없다.

그럼에도 새삼스레 이 동검을 무기용으로 해석하는 경우가 있다. 특별한 양식과 구조를 지닌 독창적인 동검을 어느 도검이나 다름없는 살상용 무기로 해석하는 것은 적절하지도 않지만, 무기로 쓰였다고 하더라도 그러한 해석은 사실상 아무런 의미가 없다. 왜냐하면 그러한 해석은 한갓 도검(刀劍)을 설명하는 것일 뿐 고조선식 동검을 연구한 결과 얻어낸 독창적 해석으로 볼 수 없기 때문이다.

고조선식 동검을 일반 도검으로 해석하는 것은, 다뉴세문경을 한갓 사물을 비추는 거울의 실용성으로 해석하거나, 정교한 문양으로 일정한 세계관을 담고 있는 8가지 청동방울을 한갓 소리를 내는 방울로 해석하는 것이나 다르지 않다. 청동거울이나 청동방울이라고[72] 호명하는 순간 이미 그러한 실용적 해석은 사실상 이루어진 것이나 다름없다. 따라서 거울이나 방울로서 기능이 아니라 그것이 가지고 있는 고유한 형상과 상징을 인문학적으로 통찰하는 해석이 긴요하다. 왜냐하면 이러한 청동기 유물에도 당시 사람들의 종교적 세계관이 담겨 있는 까닭이다. 그러므로 이 동검도 한갓 무기용이 아니라 고인돌과 방형적석묘, 옥기, 청동거울 등과 함께 태양숭배의 제천의식과 관련하여 재해석할 필요가 있다.

특히 청동거울이 동검의 동반유물로 출토되는 까닭에 태양신 숭배와 밀접한 연관성을 지닌다고 할 수 있다. 그러므로 동검의 특징적인 형상 두 가지를 태양숭배 또는 그와 관련된 제천의식, 그리고 홍익인

---

71) 愼鏞廈, 《古朝鮮 國家形成의 社會史》, 208쪽.
72) 청동방울도 8가지를 이루고 있는 八頭鈴과 雙頭鈴, 五鈴 등 다양하다. 모두 정교한 문양과 독특한 형상으로 구조화되어 있어서 예사 방울로 해석할 수 없다.

간 사상과 관련하여 해석할 필요가 있다. 첫째 특징은 비파형으로 은유되는 칼몸의 형상이다. 다른 도검과 견주어 보면 이 동검은 칼처럼 보이지 않고 마치 한 그루의 나무처럼 보인다. 더 작게 보면 길쭉하게 생긴 잎새처럼 보이기도 한다. 어느 쪽으로 보든 칼몸은 한 그루의 식물로 포착된다.

둘째 특징은 칼몸과 칼자루의 분리 구조이다. 굳이 이러한 구조로 제작한 것은 분리와 결합의 두 상태가 모두 필요하기 때문이다. 실제로 무덤의 부장 상태를 보면 칼몸과 손잡이가 결합되어 있는 상태보다 분리되어 있는 상태가 더 흔하게 보인다. 따라서 평소에는 칼을 손잡이에서 분리해 두었다가 필요할 때 결합하여 완성하는 구조로 이해할 수 있다. 그러므로 잔줄무늬 청동거울을 태양신 상징의 구조물로 해석하듯이,[73] 이 동검도 그러한 맥락에서 해석 역량을 창조적으로 발휘할 필요가 있다.

곡인의 형태로 이루어진 칼몸을 직립한 나무로 인식한다면, 거기서 분리된 칼자루는 화분이나 대지로 인식할 수 있다. 칼자루의 형상이 T자 모양을 이루고 있어서 잔 받침대나 화분처럼 보인다. 따라서 칼몸과 칼자루는 제각기 신수(神樹)와 신성한 대지로 은유할 수 있다. 왜냐하면 신수를 대지에 꼿꼿하게 심어서 자라게 하는 구조가 칼몸과 칼자루를 결합하는 구조와 같기 때문이다.

나무는 땅이나 흙에 뿌리를 박고 있을 때 생명력을 발휘한다. 그러한 생명력을 부여하는 주체가 태양이다. 그러므로 제사장이 천제를 올릴 때 태양신을 상징하는 청동거울이 외기로서 필요한 깃처럼, 태양신이 생명을 자라게 하는 상황을 주술적 상징으로 재현하기 위해 분리해 두었던 손잡이와 칼몸의 결합의식이 필요했던 것이 아닌가 한다.

그동안 고조선식 동검의 분포와 형태적 동질성으로 문화권 설정에 집중하였을 뿐 이 동검이 무엇을 의미하며 어떤 용도로 쓰였는지 그

---

73) 신용하, 《고조선문명의 사회사》, 1차년도 연차보고서, 2014(미간행 자료집), 38쪽.

상징성에 관한 연구는 상대적으로 소홀하였다. 기능적 연구는 동검이 가지는 일반적 특징을 설명하는 데 머물렀다. 동검에도 피홈이 있어서 무기로 사용하는 데 적절한 기능을 발휘했을 것이라는 해석이다. 그러나 피홈으로 생각되는 부분도 다른 기능으로 해석될 여지가 충분하다. 왜냐하면 칼날의 돌기부분이나 칼자루의 분리 구조는 살상용 무기로 쓰는 데 기능적이라 할 수 없기 때문이다.

칼몸 가운데 길게 돋아난 돌기 형태의 줄기는 나무줄기를 상징한다. 교목의 줄기는 기둥처럼 굵고 곧다. 그러나 거기서 뻗어난 가지와 가지에 달린 잎들은 다양하게 나무의 형태를 결정한다. 줄기 좌우에 붙어 있는 곡선의 날은 나뭇가지와 잎으로 구성된 외형을 나타낸다. 따라서 고조선식 동검은 신단수의 상징적 형태를 고려하면서 칼자루의 분리결합 구조를 용의주도하게 설계한 끝에 만들어진 셈이다. 그러므로 고조선식 동검을 예사 검처럼 피홈을 근거로 살상용 무기라고 하는 것은 문화적 해석이라 하기 어렵다. 왜냐하면 검의 기본적 기능이 살상용인 까닭이다.

이처럼 공들여 제작한 귀중한 동검을 한갓 살상용 무기라 하는 것은 역사적 의미를 무색하게 만든다. 그러나 생명 살림의 제의적 의기로 사용한 것이라면, 뭇 생명을 살리는 홍익인간 철학의 상징물이다. 옥기로 다양한 생명 형상들을 만들어 착용하고 생기를 교감하듯이, 동검을 나무 형태로 형상화하여 제의공간에 신수를 심는 과정을 재현함으로써 태양신의 구체적 생명활동을 제의적으로 재현하는 것이다. 이러한 제의적 재현은 태양신의 생명 기능을 재인식하게 만드는 종교적 의식의 신성한 수행에 해당된다.

더 중요한 상징은 칼몸을 칼자루에서 분리시킨 상황이다. 다시 말하면 조립구조를 해체하면 칼몸과 칼자루는 아무런 구실을 할 수 없다. 마치 칼자루는 맷돌의 '어처구니'와 같다. 어처구니를 뽑아버리면 맷돌은 무용지물이다. 고조선식 동검도 칼몸에서 칼자루를 제거하면 둘 다 무용지물이 되고 만다. 칼몸을 수목, 칼집을 대지로 은유하면 그 분리와 결합 여부가 존재의 생사를 결정한다.

농경사회에서 뿌리 뽑힌 농작물은 곧 죽음을 상징한다. 그러나 대지에 심은 농작물은 무엇이든 생장하게 마련이다. 칼몸이 칼자루에 제대로 박히게 되면 칼의 본디 기능을 온전하게 수행할 수 있으나, 서로 분리시키면 칼의 생명력을 잃게 된다. 이처럼 칼몸과 칼자루의 결합 여부는 마치 농작물과 대지의 결합 여부나 다르지 않다. 대지와 분리된 농작물은 죽음에 이르지만 대지에 뿌리박고 있는 농작물은 생생하게 살아갈 수 있다. 그러므로 칼몸과 칼집의 결합과 분리는 기계적 조립과 해체라는 단순한 의미를 넘어선다.

동검 결합 행위의 주술적 상징을 신화적으로 확대하게 되면 태백산 신단수의 재현으로서 민족적 정체성을 자각하게 하는 구실을 할 수 있다. 그리고 농경생활을 시작한 고조선 시기의 주민들에게는 농경문화에 적응하게 하는 실제적 지침이 되기도 한다. 식물이 대지에서 뿌리가 뽑히면 생명력을 잃게 되는 것처럼, 농경민들도 경작지를 두고 정착생활에서 일탈하게 되면 사실상 생명력을 잃게 된다는 것을 상징한다. 따라서 농경민들은 식물처럼 대지를 떠나지 말고 일정한 지역에 뿌리를 내리고 붙박이로 살아야 한다는 것이 정착생활의 가치이다. 그러므로 이러한 가치를 동검의 결합구조로 재현한 것이어서 제의적 주술성과 함께 사회적 상징성을 함께 띠는 것이다.

환웅천왕 스스로 태백산 신단수 아래 정착하여 '재세이화'를 표방하고 실천하였다. 이에 따라 수목형 동검의 결합행위로 신수의 제의적 식목행위를 재현함으로써, 일정한 공간에 뿌리를 내리고 붙박이로 살아가는 '재세이화'의 가치관을 상징적으로 표현한 것이다. 그러한 제의적 전통이 지속되어 지금도 마을마다 당나무가 수호신처럼 거목으로 자라고 있다. 당나무가 죽거나 쓰러지면 다시 당나무를 심어서 가꾸고 섬기는 전통을 이어간다.

고조선식 동검은 손잡이에 칼몸을 결합한 구조인 까닭에 일반 도검처럼, 칼몸이 아래로 가도록 칼자루를 허리에 차거나 손으로 잡고 다니는 것은 적절하지 않다. 칼이 손잡이에서 빠질 위험이 높은 까닭이다. 칼을 잡되 칼몸을 위로 가도록 잡아야 안전하다. 구조적으로 칼을 잡는 방향이 결정되어 있는 셈이다. 칼을 들고 제의를 올릴 때에도 칼끝이 위로 가도록 칼자루를 잡기 마련이다. 무당이 내림굿을 하면서 내림대로 나무를 잡을 때에도 나뭇가지가 위로 가도록 잡는다. 그러므로 고조선식 동검의 형상이나 구조가 일반 도검류와 달리 제의적 목적으로 제작된 의기로 해석하는 것이 마땅하다.

제9장 태양상징의 환웅천왕과 태양시조사상의 지속

1. 한국사 시대구분 논리와 상고사 증발

'환웅시대'라고 하면 시대 명칭으로서 상당히 낯설다. 사학계에서 이러한 시대 용어를 쓰지 않기 때문에 환웅시대는 생경할 수밖에 없다. 사학계에서 환웅시대를 설정하지 않는 것은 그러한 시대가 없어서가 아니라 그러한 시대를 인식하지 못한 까닭이다. 이러한 한계를 극복하려면 일정한 사관을 갖추어서 사료를 읽고 귀납적으로 해석한 결과에 따라 시대를 인식하고 명명하는 것이 마땅하다.

그럼에도 일본 또는 서구학계의 시대구분 용어로 민족사를 재단한 까닭에 환웅시대는커녕 단군시대조차 거론되지 않는다. 한국 고대사의 출발점인 신시시대 또한 마찬가지이다. 자국사의 시대구분을 자국사 중심으로 하지 못하는 것은 식민사학의 폐단이다. 주체적인 시대구분 없이 주체적인 자국사 서술은 불가능하다. 자국사조차 타율적 시대구분에 따르는 가장 대표적인 보기가 '개화기'의 설정이다. 개화기라는 말은 이전 시기를 미개시대로 간주하는 식민사학의 시대구분에서 비롯된 것이다. 그러므로 개화기라 하지 않고 '개항기'라 일컫는 것이 마땅하다.

고대사 연구의 문제는 한국사 서술의 출발점이 시대구분에서 분명하게 나타나지 않는다는 점이다. 그런 까닭에 우리 민족사는 여전히 구석기, 신석기, 청동기 등의 상투적인 시대구분의 틀에 갇혀 있으며, 삼국시대 이후부터 국가명을 곧 시대구분의 경계로 삼고 있다. 도구 중심의 시대구분에서 벗어나지 못하는 것은 한국 고대사의 전개과정을 주체적으로 설정하지 못함으로써 독자적 시대구분론을 수립할 수 없는 까닭이다.

따라서 환웅신시의 시대를 석기시대 또는 청동기시대로 일컫거나 '고조선시대' 속에 수렴하여 일컫는다. 다만 윤내현만이 강단사학자로서 보기 드물게 《고조선 연구》에서 환인시대와 환웅시대를 설정하고 있다.[1] 그러나 환웅이 세운 신시를 초기국가로 보지 않는 까닭에 신시시대는 설정되지 않는다. 왕호보다 국호가 더 역사적 시대구분 논리라면 환웅시대보다 신시시대라 일컫는 것이 더 바람직하다. 그러므로 역사와 문화를 일컬을 때도 환웅역사나 환웅문화보다 신시역사와 신시문화를 표방해야 마땅하다.

사학계에서는 환웅천왕의 신시에 관한 사료가 자세한데도 왜 '환웅시대' 또는 '신시시대'라는 시대구분을 하지 않을까. 환웅신시 시대는 단군조선 이전 시기로서 민족사의 출발점이기 때문에 구체적으로 따져보지 않을 수 없다. 환웅신시는 민족사의 기원이자 고조선시대의 초기이며 단군조선의 역사와 문화의 밑자리 구실을 한다. 따라서 환웅신시가 고조선시대의 통시적 기점(起點)과 공시적 지점(地點)이라는 사실에 만족할 수 없다. 환웅신시의 태양시조사상과 홍익인간 통치이념에서 비롯된 문화적 정체성이 단절되지 않고 수천 년 동안 지속되어, 박혁거세의 혁거세(赫居世) 사상과 광명이세(光明理世)의 통치체계로 변화 발전되기 때문이다.

따라서 환웅의 신시국은 단군왕검의 조선건국 전사(前史)로서 존재하다가 소멸된 것이 아니다. 신시의 정치적 이념과 문화적 정체성은 조선과 부여를 거쳐 수천 년 뒤까지 지속된 '살아 있는 역사'이자 '현재진행의 역사'로 존재한다. 그렇다면 환웅신시의 역사와 문화를 제대로 알아야 한국 민족사의 지속과 변화 양상을 제대로 포착할 수 있다. 그러므로 이 논의는 단군조선에 머물러 있는 역사인식의 한계를 소급

---

1) 윤내현, 《고조선 연구》, 140 및 141쪽.

하여 환웅신시 시대를 주목함으로써, 민족사의 가장 초기 사상과 문화를 다각적으로 밝히는 것은 물론, 그 이후의 지속성까지 통시적으로 포착하는 것을 목표로 한다.

2. 환웅시대의 설정과 신시고국의 역사인식

한국사에서 환웅시대는 아예 서술되지 않는다. 그러니 '신시'가 국호로 호명될 까닭이 없다. 사료에 환웅의 행적과 신시의 역사가 구체적으로 기록되어 있는가 하면, 당시의 문화유적이 홍산문화로 존재하고 있는 데도 환웅의 신시고국은 한국사에서 증발된 상황이다. 왜냐하면 시대구분에서 제외되어 있는 탓이다. 그러므로 시대구분이 제대로 이루어져야 온전한 역사가 서술된다. 한국사 시대구분론의 잘못은 다음 네 가지에서 비롯된다.

첫째, 환웅시대라고 하는 것은 왕조 중심의 시대구분이다. 주로 국가 중심의 시대인식 또는 시대구분을 하는 관행 때문에 '고구려시대', '신라시대', '삼국시대', '고려시대', '조선시대'로 일컫는다. 따라서 왕조사보다 국가사 중심의 시대구분으로 역사를 서술하는 것이 관행이다.

그럼에도 단군을 민족시조로 삼는 까닭에 '단군시대'라는 용어를 더러 쓸 뿐 아니라, 국호 중심의 시대 안에서 세부적인 시대를 다룰 때에도 왕조명이 거론되기도 한다. 이런 맥락에서 '단군시대'가 사학계에서 쓰이고 있다면, '환웅시대'도 시대구분 용어로서 쓰일 만하다. 중국사에서 '삼황오제시대'나 '요순시대'도 같은 맥락의 시대구분에 해당된다. 물론 역사학의 관점에서는 '신시시대'로 일컫는 것이 일관성을 지닌다. 그럼에도 환웅천왕이 건국영웅으로서 민족사의 원형을 이루는 신성한 보기인 까닭에 '요순시대'처럼 '환웅시대'를 표방해도 무방하다.

둘째, 왕조냐 국호냐 하는 시대구분 명칭보다 더 근본적인 문제는

'환웅시대'를 민족사의 공간에서 인정하지 않고 있다는 점이다. 시대구분의 관행 문제가 아니라 시대 자체를 인정하지 않는 까닭에 '환웅시대'나 '신시시대' 어느 쪽을 표방하더라도 인정되지 않는다. 단군이 세운 '조선' 곧 '왕검조선'도[2] 제대로 인정하지 않은 상황에서 그 이전의 '환웅신시'를 인정할 까닭이 없다. 그러므로 사학계의 편견에서 벗어나 고대사료를 주체적 역량으로 골똘하게 읽고 '환웅시대'의 신시국 역사를 총체적으로 재구성할 필요가 있다.

셋째, 시대구분 용어나 개념은 특정 역사에서 논리적으로 귀납된 것이어야 한다. 역사는 이론으로 존재하는 것이 아니라 사실로서 존재하는 까닭이다. 그럼에도 서구학계의 낡은 시대구분론을 고스란히 적용해서 우리 역사를 규정하는 까닭에 '환웅시대'나 '신시시대'와 같은 독자적 시대구분이 자리잡을 수 없게 되었다.

'석기'와 '청동기', '철기'와 같은 도구의 재료로 시대를 명명하는 서구학계의 시대구분 틀에 사로잡혀 있기 때문에 한국사에서 중요한 역사적 지표유물인 '고인돌'이나 '토기', '옥기' 같은 생활세계의 문화유산들은 시대구분에서 배제되고 있다. 왜 석기시대는 있는데 토기시대는 없는가 하고 의문을 제기하고, 왜 '고인돌시대'를 설정하면 안되는가 하는 반론을 펼쳐야 한다. 그러므로 서구학계의 상투적인 시대구분론에 의존할 것이 아니라, 한국사의 전개에 적절한 시대구분 논리를 귀납적으로 마련할 필요가 있다.

넷째, '사료가 사관이고 사관이 사료라'는[3] 역사인식으로 민족사를

---

2) 단군이 세운 나라는 '고조선'이 아니라 '조선'이다. 그런데도 흔히 '고조선'이라 일컫는 것은 《삼국유사》의 항목 이름을 '고조선'이라 한 것에서 비롯된 오류이다. 《삼국유사》에서 인용한 《위서》에서나 《고기》에서 한결같이 '조선'이라 표기했다. 우리 역사상 고조선시대는 있어도 고조선이라는 국가는 없다.
   임재해, 〈'고조선'조와 '전조선기'로 본 고조선의 역사적 실체 재인식〉, 《고조선단군학》 26, 고조선단군학회, 2012, 277~343쪽에서 이 문제를 자세하게 다루었다.
3) 임재해, 〈건국본풀이로 본 시조왕의 '해' 상징과 정치적 이상〉, 《比較民俗學》 43, 比較民俗學會, 2010, 468쪽.

읽는 주체적 사관을 수립해야 한국사의 독창적 시대구분론을 펼칠 수 있다. 그러자면 외국이론의 일방적 적용도 극복해야 할 뿐 아니라, 한국사에 대한 기존 학설의 고정관념도 극복해야 한다. 그 동안 민족시조는 단군이고 민족사의 출발이 '고조선'에서 비롯되었다는 견해가 일반화되어 왔다. 그러나 이러한 견해는 실제 사료와 어긋난 것이므로, 다양한 사료들을 근거로 기존의 고정관념에서 벗어나서 고대사 서술체계를 새롭게 구상하는 모험적 시도를 하지 않을 수 없다.

외국이론을 맹목적으로 적용하는 낡은 학문의 틀을 깨고 우리 문화와 자료를 그 자체로 해석할 수 있는 새로운 발상의 학문을 자유롭게 펼쳐야 한다. 예술은 물론 학문도 독창성이 없으면 죽은 것이나 다름없다. 서구학문을 반영하는 '달빛학문'이 아니라 스스로 독창적 학문의 빛을 발하는 '햇빛학문'을 추구해야 한다. 햇빛학문으로서 역사학은 한국사는 물론 세계사의 고정적인 인식 틀을 무너뜨리고 새로운 역사 해석의 틀을 수립해서 국제학계에 내놓는 것이다.

그러한 작업은 한국사 중심의 독창적 사관과 역사이론을 개척해 나가는 일이자, 식민사학의 장벽에 균열을 내는 일이다. 도전적 역사의식으로 상고사 체계를 다시 수립하지 않으면, 환웅천왕의 자리를 단군왕검에게 내주는가 하면, 홍익인간 이념 아래 신시를 세우고 360여 가지 인간사를 '재세이화'의 방법으로 통치한 높은 수준의 '신시고국' 역사를 증발시켜 버리는 결과에 이른다.

민족사의 꼭지점인 환웅시대를 제대로 인식하지 못하면, 오히려 환웅을 찾아와서 인간이 되기를 빌었던 곰족을 마치 민족시조인 깃처럼 왜곡하는 연구가 버젓이 행세하게 된다. 곰족은 환웅천왕의 신시국을 찾아온 유입민족일 따름이다. 그럼에도 곰을 민족시조로 간주한 나머지, 고대유물에 곰 조형물이 나오면 과도하게 열광하는 한편, 특정 옥기유물을 곰으로 해석하여 고조선문명과 연결 짓는 열의를 보이기도 한다. 곰족은 환웅신시 세력인 천신족에 동화됨으로써 단군조선의 출현에 이바지한 민족일 따름이다. 그러므로 민족사의 주체는 곰족이 아

니라 환웅신시를 세운 천신족이라는 사실을 분명하게 자각할 필요가
있다.

실제로《삼국유사》'고조선'조에는 단군의 '조선'국보다 환웅의 '신
시'국 체제를 더 먼저 더 자세하게 서술하고 있다. 환웅의 신시국은 홍
익인간의 통치이념과 재세이화의 통치방식을 갖추었을 뿐 아니라, 상
당히 체계적인 국가로서 3상5부의 정부조직과[4] 통치체제, 통치내용 등
을 구체적으로 갖추고 있다. 그럼에도 환웅의 신시국을 민족사에서 배
격하고 곰족이나 단군에서 민족사의 뿌리를 찾으려는 경향이 주류이
다. 이러한 경향을 극복하고 환웅신시시대까지 민족사를 소급하려면,
다음 네 가지 요건을 갖추어야 한다.

첫째, 사학계의 경직된 학풍에서 안주하지 말고, 둘째, 김부식 이래
조성된 종속적 식민사학의 굴레에서 벗어나야 하며, 셋째, 서구학계의
역사이론과 상투적 시대구분의 틀에서 해방되어야 한다. 넷째, 자기 사
관을 정립하고 자국사를 주체적으로 해석할 수 있는 독창적 역사연구
의 역량을 높여야 한다. 그래야 우리 눈으로 우리 역사를 제대로 포착
하고 우리의 미래사를 주체적으로 만들어가는 전망적 역사해석을 할
수 있다.

민족사에서 환웅시대 또는 신시시대의 설정이 중요한 것은 고조선
부정론의 식민사학과,[5] 고조선 긍정론에 매몰된 민족사학이[6] 지닌 한
계를 함께 극복하는 데 결정적 구실을 하는 시대 개념인 까닭이다. 고
조선 부정론의 식민사학은 의도적으로 고조선의 역사적 깊이와 지리적
강역을 축소하려고 여러 모로 애쓴다. 강단사학자들 다수는 고조선의

---

4) 愼鏞廈,《韓國民族의 形成과 民族社會學》, 지식산업사, 2001, 39쪽에서 정부조
   직으로 풍백과 우사, 운사를 3상(三相)으로 주곡과 주명, 주병, 주형, 주선악
   을 5부로 해석하는 논의를 자세하게 했다.
5) 고조선의 역사를 축소시키고 약화시키려는 식민사학 논의는 주로 강단사학자
   들에 의해 주도되고 있다. 물론 모든 강단사학자가 식민사학에 포섭되어 고
   조선을 부정하는 것은 아니다.
6) 고조선의 역사를 지나치게 확대하고 미화하려는 민족사학 논의는 주로 재야사
   학자들이 주도하고 있지만, 일부 강단사학자들도 이에 동참하는 경향이 있다.

역사를 서기전 10세기 전후로 크게 단축시키고 고조선의 강역 또한 압록강 이남의 한반도로 크게 축소하는 경향이 있다.

이와 맞서는 재야사학계 다수는 단군 시조론과 고조선 최초국가론에 매몰되어 있다. 단군조선의 역사와 그 강역은 확대 해석하되, 단군 이전에 환웅천왕이 있었다는 사실을 주목하지 않는다. 단군이 '조선'을 건국하기 전에 환웅이 홍익인간 이념을 품고 '신시'국을 세워서 360여 가지 일을 다스리며 재세이화(在世理化)했다는[7] 사실을 지나치기 일쑤이다. 《환단고기》(桓檀古記)류의 기록에 따라 환국(桓國)의 역사까지 연대기로 서술하는 특별한 경우를 제외하면, 오직 단군왕검과 단군조선을 우리 민족사의 출발점으로 여긴다. 그러므로 환웅시대의 설정은 단군시대를 상한선으로 하는 역사인식의 장벽을 넘어서는 것이며, 고조선 최초국가론을 해체하고 '신시'를 '최초국가'로[8] 소급하는 구실을 한다.

환웅시대의 사료는 《삼국유사》 '고조선'조에 가장 큰 비중으로 서술되어 있다. 그런데도 우리는 이 사료를 '단군신화'라는 이름으로 신화화하여 사료로 인정하지 않거나, 사료로 인정하는 경우도 아주 소극적으로 해석하고 있다. 일제강점기 이후에 등장한 단군신화라는 명명을 여전히 답습하는 것은 단군이라는 이름으로 고조선을 가릴 뿐 아니라, 신화라는 개념으로 역사를 부정하는 식민사학의 책동에 포섭되어 있는 셈이다.[9] 그러므로 본디 사료에 바탕을 둔 학술용어의 정착이 필요하다.

한편 식민사학을 극복하려는 학자들은 '고조선'조의 《고기》 내용, 이른바 '단군신화'를 온전한 사료로 끌어들이기 위해 '신화'라는 말을 대신하여 의도적으로 '단군사화'[10] 또는 '단군설화'로[11] 일컬었다. 그

---

7) 《三國遺事》 卷1, 紀異1, 古朝鮮-王儉朝鮮, "凡主人間三百六十餘事 在世理化"
8) 최초국가는 고대국가의 구조를 제대로 갖추었다고 하기 어렵다. 고대국가로 발전하기 전단계의 가장 초기 국가형태이다. 따라서 국가 발전단계에 따라 군장국가나 성읍국가로 일컬을 수도 있다.
9) 임재해, 앞의 글, 286쪽 참조.
10) 윤내현, 《고조선 연구》, 일지사, 1994, 36쪽.
11) 愼鏞廈, 《韓國民族의 形成과 民族社會學》, 145쪽.

러나 이처럼 사료로 인정한 경우에도 환웅을 배제하고 '단군'을 내세움
으로써 여전히 환웅은 건국시조로서 단군과 같은 역사적 주체이자 시
대 개념으로 인정되지 못하게 되었다.

'고조선'조의 사료를 일컬을 때 '단군신화'처럼 '단군'을 전면에 내
세우면 단군을 낳은 부왕 환웅의 존재가 가려지게 된다. 그러면, 민족
시조인 '환웅'의 존재는 물론 민족사의 출발점이자 찬란한 문화를 지닌
'신시'의 역사까지 삭제해 버리는 결과에 이른다. 그러므로 환웅시대
인식은 민족시조와 민족국가의 출발점을 소급하는 의미를 지닐 뿐 아
니라 민족사상의 원류인 홍익인간 이념을 제대로 포착하며, 후대의 역
사에 일관되게 지속되는 태양시조사상과 세계관의 핵심을 해명할 수
있는 근거를 마련할 수 있다.

달리 말하면, 민족사의 기원인 환웅신시의 사료가 곧 우리 민족사
를 해석하는 사관이라는 것이다. 따라서 '사료가 사관이고 사관이 사
료'라는 논리가 성립되는 것이다. 환웅본풀이 사료에서 가장 먼저 거론
될 뿐 아니라, 가장 두드러져 있는 시공간 개념이 '하늘'이다. '天' 곧
'하늘'의 개념을 제대로 알아야 환웅신시의 역사를 제대로 해명할 수
있다. 그러므로 한국 고대사 서술의 출발점이 하늘이며, 민족사상과 문
화를 이해하는 중요한 대상이 천(天)에 대한 인식이라 해도 지나치지
않다.

3. 환웅천왕의 존재 위상으로 본 하늘 인식

환웅시대는 1)정치적으로 천왕시대이자 2)국가적으로 '신시'고국 시
대이고, 3) 종교적으로 천신신앙시대이며, 4) 사상적으로 '홍익인간'을
추구하던 시대이자, 5) 사회적으로 모둠살이를 이루어 정착생활을 하
며 6) 문화적으로 '재세이화'의 농경문화를 누리던 시대이다. 따라서

환웅시대를 읽는 역사적 시대인식은 이 여섯 가지 준거로부터 비롯된
다. 하늘에 관한 인식도 이와 같은 준거로 포착하는 것이 총체적 이해
에 이를 수 있다.

'고조선'조 사료를 보면, 환인제석, 환웅천왕, 단군왕검 세 인물이
신화적 영웅으로 등장한다. 환인제석은 하늘나라에 존재하는 신격으로
서 제석(帝釋)이자 천제(天帝), 또는 상제(上帝)이며,[12] 단군은 지상에
서 인간으로 태어나 인간으로서 살다가 죽어 산신이 된 왕검이자, '조
선'국을 창건한 건국시조이다. 환웅은 천제 환인과 왕검 단군 사이에서
존재하는 중간자이자 천상세계와 지상세계를 이어주는 매개자이다. 구
체적으로 하늘에서 지상으로 하강한 천신이자, 천제와 왕검의 중간 위
상에 속하는 천왕의 신분이며, 하늘과 땅 또는 신과 인간을 이어주는
연결고리 구실을 한다.

환웅은 환인의 아들이자 단군의 아버지로서 조손(祖孫) 관계의 계
보 형성에서 중핵에 해당된다. 따라서 환웅천왕의 서사는 혈연적으로
'3대기(三代記)의 전형'을 이루며 그 하강은 공간적으로 '천지인' 삼재
(三才)를 구성하고 철학적으로 '인내천(人乃天)' 사상의 핵심을 이룬다.
그러므로 환웅의 존재와 홍익인간 이념, 천손강림, 신시고국의 수립,
재세이화 등의 행위는 모두 하늘 또는 천신과 뗄 수 없는 밀접한 연관
성 속에 있다. 왜냐하면 혈연적으로 천신의 혈통을 이었을 뿐 아니라
공간적으로 하늘에서부터 지상으로 내려오며, 시간적으로 하늘나라가
태초의 시작 지점이기 때문이다.

환웅이 천신의 아들로서 지상에 온 존재이기 때문에 천손강림으로
그 출현을 일컫고 천왕으로 일컬어졌다. 자연히 그 이전의 환웅은 환
인과 함께 하늘나라에서 살았던 신격으로서 천상세계의 존재였다. 천
신인 환인의 아들이 환웅이므로 환웅 또한 천신일 수밖에 없다. 환인
이 '제석(帝釋)' 곧 '천제(天帝)'였기에[13] 그 아들 환웅 또한 '천왕(天

12) 《帝王韻紀》 '前朝鮮記'에서는 환인천제를 "上帝桓因"이라 했다.
13) 《三國遺事》 '古朝鮮'조에는 환인을 협주로 제석(帝釋)이라 이른다고 밝혀두었

王)'이다. 따라서 환인과 환웅은 천신의 계보로서 신격의 동질성을 나타내기 위해 천제와 천왕으로서 '천(天)'을 공동으로 표방하고, 부자(父子)의 위계로서 상하관계를 나타내기 위해 '제(帝)'와 '왕(王)'으로 분별한 것이다.

그러한 천신의 정체와 존재를 한자말이 아닌 우리말로 나타낼 때에는 '환'으로 동질성을 나타내고 '인'과 '웅'으로서 부자관계를 분별하려고 했다. 따라서 '환인'과 '환웅', '단군'은 우리말 소리값으로 일컫는 이두식 호명이라면, '天帝'와 '天王' '王儉'은 한자말의 의미로 일컫는 호명이다. 결국 하늘 천(天)의 뜻과, '환하다'에서 온 환인과 환웅의 '환(桓)'은 서로 같은 뜻이다. 소리값 '환인'은 하느님, '환웅'은 하늘을 나타내는 우리말 소리값을 한자로 표기한 것이다.

하늘은 '한울'에서 비롯된 말로서 곧 우주처럼 크고 둥근 하나의 울타리를 뜻한다. 한울의 세계를 다스리는 신이 한울님이자 하느님이며 '환님'이자 '환인'이다. 환님은 한울을 다스리는 하나의 신이자 한울의 우주를 주재(主宰)하는 큰 신으로서 한님이자 해님 곧 태양을 뜻한다.

환웅은 '한울', '하늘'의 소리값을 한자로 표기한 것이다. 문제는 '환인천제'와 '환웅천왕'에서 하늘을 나타내는 공통 표기로서 한자말 '천'에 대하여 우리말 '환'을 대응시키고 있다는 점이다. 하늘은 한울이라는 공간적 인식에서 온 말이지만, 그 본질적 속성을 다르게 나타내는 말이 '환'이 아닌가 한다. 환은 '환하다'에서 비롯된 말로서[14] 밝다는

다. 따라서 '제석'이라는 뜻에 따라 최남선은 환인을 《法華經》에 나오는 석가 제환인다라(釋迦提桓因陀羅)를 줄여서 일컫는 말이라고 했다. 《법화경》의 이 구절은 석가가 곧 천신이자 천제라는 뜻이다.

《帝王韻紀》와 《應制詩集註》 등에는 상제환인(上帝桓因)으로 표기했고 《東國輿地勝覽》과 《海東異蹟》에서는 천신환인(天神桓因)이라고 표기했다. 따라서 제석은 불교 용어이고, 상제는 도교, 천제는 유교 용어로서 서로 같은 뜻을 지녔다. 실제로 '제석'은 도리천을 통솔하며 수미산 꼭대기에 거처하는 '천제'를 뜻하는 말로 풀이된다(이범교, 《삼국유사의 종합적 해석》 上, 민족사, 2005, 89쪽 각주 13 참조). 그러므로 논의의 일관성과 일반화를 위해 제석이라는 말 대신에 일반화 가능한 개념어로서 천제를 쓰기로 한다.

14) 金敬琢, 〈韓國原始宗敎史〉, 《韓國文化史大系》, 高麗大學校民族文化硏究所, 1970,

뜻을 지녔다. 한자말 천제와 천왕은 모두 하느님으로서 하늘나라를 다스리는 천신의 개념을 나타내지만, 우리말 '환인'과 '환웅'은 모두 '환하다', '밝다'는 뜻을 지녀서 하늘과 해의 기능을 나타낸다.

'환하다'는 밝은 상태를 나타내는 동시에, 시야가 탁 트여서 넓고 시원스러운 전망을 나타내기도 한다. 환웅시대의 하늘세계는 곧 환하고 밝은 무한대의 열린 공간이며, 하늘의 주체는 스스로 빛을 내는 '해'로 인식되었을 가능성이 높다. 하늘의 천신들은 '환인천제'와 '환웅천왕'처럼 일관된 논리와 어법으로 하늘의 세계와 주체를 나타내는데, '단군왕검'에 이르면 그러한 체계가 지켜지지 않는다.

단군왕검에서는 하늘을 나타내는 우리말 '환'은 물론 한자말 '천'도 사라진다. 단군은 지상에서 인간으로 태어나 '조선'의 건국시조가 되었으므로 당연히 '왕'을 표방해야 할 것이다. 천손으로서 신성시되는 존재이긴 하지만 하늘의 신격이 아니라 지상에서 태어난 인격인 까닭에 '천제'나 '천왕'이 아닌 '왕검' 수준으로 일컬어질 수밖에 없다. 환웅이 천신족이라면 단군은 천손족에 해당된다.

'천'의 논리에 따라 환인과 환웅처럼 단군도 초기에는 '환군'으로 일컬어졌을 가능성이 높다. 천손족으로서 하늘을 뜻하는 '환'의 전통을 이어받을 수 있기 때문이다. 그러나 조선의 건국시조가 되면서 환군을 표방할 수 없게 되었다. 고대국가의 건국시조는 어디서 비롯되는 것이 아니라 스스로 시조답게 출발점이 되어야 하는 까닭이다. 따라서 환인과 환웅의 성 '환'을 '단'으로 바꾸어 단군으로 표방한 것이다.

이러한 건국시조의 성씨 교체는 고주몽에서 확인된다. 해모수, 해부루의 호명에 따라 주몽도 처음에는 해주몽이었다. 환인의 아들 환웅처럼, 해모수의 아들이니 해주몽이 당연하다. 그러나 고구려를 건국하면서 주몽은 성을 해씨에서 고씨로 바꾸었다. 아버지의 성을 따라서는 시조가 될 수 없는 까닭이다. 시조는 자기로부터 비로소 시작되는 까

129쪽. 金戊祚, 《韓國神話의 原型》, 正音文化社, 1988, 345쪽에서 참고.

닭이다. 그러므로 시조는 자기 고유의 성을 표방하기 마련이다. 시조의 성씨 교체는 반드시 건국초기가 아니라도 상관없다. 같은 논리로 후대에 바꾸어 일컬었을 가능성도 있다.

단군도 이러한 맥락에서 본디 환군이었는데, 조선의 건국시조가 되자 '단군'으로 바뀌었을 것이다. 게다가 천신으로서 강림한 환웅천왕과 달리 단군은 인간의 몸에서 태어난 천손인 까닭에 신격에서 인격으로 전환된 왕이다. 천제나 천왕과 다른 신분이 왕검이듯이 단군의 '단'은 환인, 환웅의 '환'과 다른 층위에 속하는 것이다. '환'은 하늘 또는 해의 기능을 나타내는데, '단'은 땅 또는 빛의 기능을 나타낸다. 왜냐하면 '단'은 박달나무를 뜻하는 것으로서 태백산 신단수에서 비롯된 것이기 때문이다. 박달나무는 예사나무와 달리 '박달'나무의 소리값이 상징하는 것처럼 밝은 존재를 뜻한다.

《삼국유사》에는 단군이 박달나무 '檀'이 아니라, 제단 '壇'으로 기록되었다. '壇'은 흙으로 쌓은 제단을 뜻하는데, 소리값으로 보면 '단'→'달'→'땅'을 나타낸다. 아사달(阿斯達)이 '아침땅'을 뜻하는 말인 것처럼, 박달의 檀 또한 '밝은 땅'을 뜻하는 이두식 표기이다. 따라서 檀君과 壇君은 모두 땅의 임금으로서 천군 또는 천왕에 대립되는 인간세상의 임금을 뜻한다. 단군은 땅에서 인간으로 태어난 임금이지만 환웅천왕의 아들이므로 천손으로서 햇빛을 상징하는 존재이다. 그러므로 환인과 환웅이 하늘의 천신이자 해의 기능을 하는 존재라면, 단군은 지상의 왕검으로서 햇빛의 기능을 하는 인격적 지도자인 것이다.

'환'과 '단' 곧 환한 해와 밝은 빛은 같으면서 서로 다르다. 해와 빛은 환하고 밝다는 데서 같지만, 빛은 해의 밝은 기운만을 나타낸다. 해의 여러 기능 중 하나가 빛이다. 그러나 해는 밝은 기운의 '빛'뿐 아니라 따뜻한 기운의 '볕'도 발산한다. 빛이 '밝기'에 머문다면 볕은 '따뜻하기'까지 한 것이다. 그러므로 햇볕은 있되 달볕은 없다.

달은 빛만 있을 뿐 해처럼 열기를 내는 '볕'이 없다. 햇빛이 달에 반사하여 달빛을 이루지만, 햇볕은 반사력이 없어서 달볕은 존재하지 않는다. 달은 해와 달리 불덩어리가 아닌 땅으로 이루어져 있기 때문이다. 아사달의 '달'이 양달과 응달로서 땅을 일컫는 말인 것처럼, '하늘의 달'도 불덩어리 해와 다른 땅덩어리로서 '달'로 일컬었던 것이다.

하늘의 달을 해와 달리 땅으로 일컬었다는 것은, 달을 지구와 같은 위성으로 인식했다는 말이다. 지구라는 한자 말 이전에 지구는 땅으로서 달이었다. 왜냐하면 달이나 지구는 자체로 빛을 내지 않는 흙덩이로서 해의 불덩이와 분별되는 까닭이다. 따라서 하늘의 해에 대하여 지구의 땅을 달이라 일컬었다. 남성의 하늘에 대해서 여성을 땅이라 일컫고, 남성의 해에 대하여 여성을 달이라 일컫는 것과 같은 구조이다. 빛과 열을 내는 하늘의 해와 달리, 땅(지구)과 달은 스스로 빛과 열을 내지 못하는 흙덩어리라는 점에서 같다. 그러므로 하늘에 달이 두 개일 때는 사람들이 추워서 얼어 죽었다고 한다.

빛과 볕의 차이는 대단하다. 햇볕은 빛의 밝기를 띤 햇살의 따뜻한 열기를 뜻한다. 밝기와 열기를 함께 아우른 것이 불이다. 따라서 해의 뜨거운 열기를 강조할 때 '불볕 더위'라는 말을 쓴다. 불에서 열기의 볕과 밝기의 빛이 함께 발산되는 것이다. 달리 말하면 기능적으로 해가 곧 불이고 불이 곧 해이다. 이런 사실을 고려하면 해와 달은 근본적으로 다른 실체라는 사실을 알 수 있다. 해는 불덩어리인 데 견주어 달은 한갓 흙덩어리에 지나지 않은 까닭이다. 결국 불덩어리로 이루어진 해가 볕과 빛을 함께 발산하여 지구의 만물을 생육시키는 조물주 구실을 하는 것이다.

햇빛은 햇살의 형태로 지구에 와 닿아서 빛과 그림자를 형성하고 밤과 낮을 가르는 구실을 한다. 이와 달리 햇볕은 햇살과 함께 지구에 오되 직사광선과 달리 열기를 공간적으로 확산하고 시간적으로 지속시킨다. 빛의 생멸이 밝음과 어둠으로 즉각적이라면, 볕의 생멸은 추위와 더위로 지속적이다. 따라서 햇빛이 하루의 밤낮을 가르는 한편, 햇볕은 일년의 사철을 가를 뿐 아니라, 모든 살아 있는 것들을 생육 가능하게 하는 구실을 한다. 그러므로 햇빛 이상으로 햇볕이 중요한 것이다.

해는 뭇 존재의 아버지이자 뭇 생명의 어머니이다. 달리 말하면 해는 삼라만상을 살아있게 하고 모든 생명을 태어나며 자라게 하는 조물주이자 창조주나 다름없다. 해는 하늘나라에서 불덩어리로 존재하지만, 볕과 빛으로 삼라만상을 관장하는 까닭에 천신으로 숭배되기 마련이다.

하늘나라는 한울의 세계이며, 해는 한울의 중심이자 제왕이며, 삼라만상의 주재자이자 한울님이다. 따라서 한울님인 해는 하늘에 존재하는 세계의 주재자로서 천신이자 천제이며 하느님인 것이다.[15] 그러므로 해는 신성한 대상으로 받들어 섬겨야 할 하느님일 뿐 아니라, 태초의 역사를 비롯하게 만든 태양시조왕으로 인식되는 초월적 존재인 것이다.

4. 신시고국 시조 환웅천왕과 태양상징 국호

환웅이 환인과 더불어 하늘에서 천신으로 존재하다가 태백산 신단수 아래로 하강하여 '신시'를 수립한다. 환웅이 홍익인간의 이념을 펼치기 위해 지상세계의 천왕이 된 것이다. 중세의 정치체계로 보면 환웅천왕은 환인천제의 아들로서 천자에 해당된다. 이때 신시는 천자가 만든 세계로서 하늘나라처럼 신성한 공간일 뿐 아니라 천왕이 다스리는 영역인 까닭에 정치적으로 '신성국가'를 이루었다고 할 수 있다.

단군이 왕검조선을 건국하기 이전에 세운 것이 환웅천왕의 신성국가 '신시'였다. 쓴이는 신성국가 '신시'를 진작 '신시고국'이라[16] 일컬었다. 신시를 굳이 '신시고국'이라고 일컬은 것은 '신시'도 하나의 국가

---

15) 윤내현, 앞의 책, 702쪽에서 고조선 사람들이 하늘의 상징인 해를 하느님으로 받들었다고 했다.

16) 임재해, 〈단군신화로 본 고조선 문화의 기원 재인식〉, 《단군학연구》 19, 단군학회, 2008, 340쪽.

형태를 이룬 정치 조직으로 보기 위해서이다. 신시를 국호로 인식하지 않고 한자말 풀이를 하여 마치 '도시국가'처럼 인식하기도 하는데, 우리말 국호 '아사달'을 한자말로 '조선'이라 표기한 것처럼, '신시' 또한 우리말 국호를 한자말로 표기한 것일 따름이다.

따라서 신시를 고유명사로서 조선이나 부여, 고구려, 신라, 백제 등과 같은 국호로 받아들여 우리말 뜻풀이를 제대로 해야 환웅시대의 신시 역사와 문화가 제대로 이해될 수 있다. 먼저 신시를 국호로 인정하기 위하여 왜 조선이나 부여, 고구려, 백제 등은 국호인데, '신시'는 국호가 될 수 없는가 반문해야 마땅하다. 왕과 국가는 서로 대응하는 관계이다. 국가 없는 왕이 존재할 수 없을 뿐 아니라 왕이 없는 국가도 존재할 수 없다. 그러므로 환웅천왕이 있다는 것은 곧 천왕이 다스리는 정치체제와 강역이 있다는 것을 말한다.

반대로 일정한 정치체제와 조직이 있다는 것은 곧 그 조직을 다스리는 왕이 있다는 것을 뜻한다. 환웅은 신단수 아래 지역을 신시라 호명하고 천왕을 자처한 가운데 풍백과 우사, 운사를 거느리고 곡식 생산과 인간의 수명, 질병, 형벌, 선악들을 주관하는 등 인간 세계의 360여 가지 일을 세상에 머물러서 교화하고 다스렸다.[17] 이처럼 환웅의 신화에서는 단군이나 주몽, 박혁거세보다 더 구체적으로 나라를 다스린 통치 행위가 체계적으로 밝혀져 있다. 어떤 건국신화에도 환웅이 신시를 다스린 것처럼 생생한 국가이념과 통치체계가 구체적으로 제시되지 않았다. 왕호와 국호는 물론 정치체제와 행정조직까지 체계적으로 서술되어 있다. 그러므로 신시를 환웅천왕이 다스린 국가체제라 하지 않을 수 없다.

사료에는 단군이 왕으로서 조선을 다스리는 내용보다 오히려 환웅이 왕으로서 신시를 다스린 정치 조직과 체제, 통치 이념, 구체적 활동 등이 더 분명하게 서술되어 있다. 다시 말하면, 환웅신시의 국가 체제

---

17) 《三國遺事》 卷1, 紀異1, 古朝鮮－王儉朝鮮, "謂之神市 是謂桓雄天王也 將風伯雨師雲師 而主穀主命主病主刑主善惡 凡主人間三百六十餘事 在世理化."

가 단군조선보다 더 체계적이며 더 수준이 높다. 그런 까닭에 다른 지역에 사는 곰족과 범족이 환웅을 찾아와서 그 문화를 전수받고 동맹관계를 맺으려 했던 것이다. 그러므로 환웅이 천자로서 천왕이듯이 신시도 천신국가로서 정체성이 뚜렷했다고 인정하지 않을 수 없다.

천자로서 천왕인 환웅의 '신시국'과, 인왕(人王)으로서 단군의 '조선국'은 역사적 위상에서 일정한 차이가 있다. 천신국가 신시는 고대국가 형성 이전 단계의 국가로서 혈연적 민족 집단이나 지리적 강역 중심의 정치체계가 아니라, 신성한 지도자 중심으로 형성된 천신신앙 집단으로서 다소 느슨한 정치공동체라 할 수 있다. 다시 말하면, 혈연적 집단과 지리적 강역이 있어서 그 집단을 다스리는 지도자가 배출된 것이 아니라, 탁월한 지도력을 갖춘 신성한 인물이 출현하자 일정한 집단이 지도자로 섬기고 따르면서 정치공동체를 이루게 된 것으로 추론된다.

따라서 환웅천왕은 단군왕검과 여러모로 분별된다. 신시를 세운 환웅은 하느님 환인의 아들로서 천자이자 하늘에서 강림하여 지상을 다스리는 천왕이었다. 혈연적 신통(神統)으로 말하면 '천자(天子)'이지만, 정치적 입지로 말하면 '천왕(天王)'이고 초월적 존재로 말하면 '천신(天神)'이다. 천자이자 천신인 환웅천왕이 다스리는 나라는 '신시(神市)'로 호명될 수밖에 없었다. 왜냐하면 천왕이 태백산 신단수를 중심으로 세운 나라이기 때문이다.

신시의 신성공간은 태백산 정상의 신단수 아래였다. 천왕이 강림하여 다스리는 천신국 신시의 자리는 하늘과 맞닿은 높은 곳이어야 한다. 마치 파르테논(Parthenon) 신전이 아크로폴리스의 가장 높은 곳에 자리 잡고 있었던 것과 같이, 신시의 신정(神政) 공간 또한 태백산 정상에 자리 잡았던 것이다. 신시는 신단수와 같은 실체를 거점으로 형성된 현실성 있는 국가체계이지만, 하늘에서 지상으로 강림한 천왕이 다스린 나라인 까닭에 천신국가이자 신정국가로서 하늘과 가까운 곳을 상징적 거점으로 택할 수밖에 없었다. 그러므로 문제는 인왕(人王)인 단군왕검의 고대국가 이전에 천왕(天王)인 환웅의 천신국가가 있었는 사실을 분명하게 포착하는 일이다.

신시국을 다스린 환웅은 천왕을 자처했으며, 그를 지도자로 받드는 민족 집단 또한 그를 천왕으로 숭배했다. 따라서 환웅은 해 같은 지도자로서 삼라만상을 관장하는 천손강림의 천왕으로 추앙되었고, 환인천제의 아들로서 혈연적 계보를 이루어 천자로 신격화되었으며, 공동체를 햇살처럼 고루 따뜻하게 이끄는 홍익인간 사상이 이념화되었던 것이다. 플라톤이 《국가》에서 철인정치(rule of philosophers)의 이상국가를 주장한 것처럼, 환웅은 천왕답게 신시국을 이상적으로 다스렸던 것이다. 그러므로 환웅신시는 천왕국가이자 철인국가라 할 수 있다.

천신이자 천자인 환웅천왕이 다스리는 나라 신시는 곧 신국(神國)이나 다름없다. '신시'라는 국호는 천왕의 신정국가로서 정체성을 드러내는 데 제격이다. 환웅이 홍익인간의 정치이념과 재세이화의 정치체계를 추구한 것은 이상적인 철인정치로서 신시는 철인국가라는 재해석도 필요하다. 그러나 당시에는 환웅의 정치이념과 건국철학을 담을 용어개념이 없었던 까닭에 '철인국가'라 호명할 수 없었다. 다만 가장 신성한 개념의 용어로서 천왕과 신시를 표방하는 것이 최선이었을 것이다.

따라서 당시의 관점에서 국호 신시(神市)도 다시 따져볼 필요가 있다. 신시의 '신'은 산신(山神)이나 지신(地神), 해신(海神)이 아니라 천신(天神)으로서 해님이자 하느님이다. 신시의 '市'는 나라 이전의 공동체로서 저자에 해당되는 까닭에 '고을'을 나타낼 수 있다. 그러나 이러한 말풀이는 환웅본풀이의 맥락에서 벗어난 것일 수 있다. 왜냐하면 환웅이 처음 자리잡은 태백산 신단수의 공산석 백탁을 고려하지 않은 한갓 글자풀이에 머문 까닭이다.

본풀이의 서사적 맥락을 고려할 때 환웅의 신시는 '신단수(神檀樹)'에서 그 의미를 찾아야 할 것이다. 환웅은 태백신 꼭대기에 있는 신단수 아래에 터를 잡고 그 공간을 '신시'라 일컬었기 때문이다. 신시가 있어서 신단수가 호명된 것이 아니라 신단수가 있어서 신시가 호명된 것이다. 따라서 신단수와 신시를 무관한 개념으로 인식할 수 없다. 신시는 곧 신단수 아래에 있는 지리적 영역을 정치적 공간 개념으로 일 컫는 국호 구실을 하였던 것이다. 그러므로 신단수에서부터 문제를 풀 어 나가야 한다.

태백산 정상에 있는 거목을 왜 '신단수'라 했을까. 이 질문에 대한 답이 '신시'의 국호를 푸는 열쇠가 될 수 있다. 신단수는 천신인 환웅 이 홍익인간의 이념을 실현하기 위해 무리 삼천을 이끌고 하늘에서 하 강한[18] 공간이다. 따라서 신단수는 신이 강림한 나무, 신 내림 나무, 신이 지핀 나무로서 신수, 신목, 신대나 다름없다. 그런데 왜 '신수'라 하지 않고 굳이 '신단수'라 일컬었을까. '단'이란 말을 넣음으로써 특별 한 '신수'를 나타내려고 한 까닭이 아닌가 한다.

박달나무 '단'은 밝다는 뜻을 나타내기 위해 관련 한자를 가져온 이두식 표기이다. 환인과 환웅의 '환(桓)'은 그 뜻과 상관없이 우리말 소리값 '환하다'는 사실을 나타내기 위한 이두식 표현이다. 따라서 환 웅이 하늘에서 신단수에 내려오는 과정과 상황을 제대로 나타내기 위 해 '신수'에 밝다는 뜻의 박달나무 '단'을 삽입하여 '신단수'라 일컬은 것이 아닌가 한다. 그러므로 신이 내린 나무, 신이 지핀 나무, 신이 깃 들어 있는 나무 '신수'에서 한 걸음 더 나아가, 하늘의 해로 상징되는 천신 환웅이 지상에 내려와 세상을 환하게 밝히는 나무를 나타내기 위 해 '신단수'라 일컬었던 것이다.

이두 표기로 이해하면 신단수는 '신 밝은 나무'이다. 신이 밝다는 것은 잠적해 있던 신이 현현(顯現)했다는 것이다. 이때 신은 관념적으 로 천신인 환웅을 일컫는 것이며, 물리적으로는 세상을 밝히는 해를 뜻하는 것이다. 따라서 신단수는 신이 현현해 있는 나무이자 '해 밝은 나무'이다. 물리적으로 해가 하늘에서 지상으로 내려 올 때 해가 제일 먼저 비치는 나무가 신단수이다.

태백산(太白山)은 하늘에 닿을 만큼 우뚝한 산으로서, 가장 큰 백산

---

18)《三國遺事》卷1, 紀異1, 古朝鮮-王儉朝鮮, "降於太伯山頂 神壇樹下".

(白山)이자 '밝산'이다. 따라서 정상의 신단수는 하늘과 가까워 해가 뜰 때 가장 먼저 햇살이 비치는 신목이다. 그러므로 신단수는 하늘과 땅을 잇는 매개 공간이자, 천신과 인간의 소통 공간으로서 신 내림과 신의 현현이 가장 잘 이루어지는 신정국가의 정치적 성소라 할 수 있다.

천신의 강림은 물리적 존재인 해가 아침에 하늘에서 지상으로 내려오는 현상에서 비롯된 발상이다. 천왕이자 한울님인 해는 아침에 하늘로 떠오르면서 그 햇살이 지상으로 서서히 내려오기 시작한다. 환웅이 태백산 신단수 아래로 내려오는 것은 곧 아침 햇살이 높은 산의 거목에서부터 지상으로 내려오면서 세상이 밝아지는 이치와 같다. 해 상징의 환웅은 신단수의 성소를 중심으로 신시라는 강역 안의 주민들을 햇살처럼 고루 비추면서 홍익인간 이념으로 해방세상을 이루었던 것이다. 그러므로 신시는 신단수에서 비롯된 국호이자 신정국가의 이름으로서 매우 적절한 것이라 할 수 있다.

환웅이 해를 상징하는 천왕이며 신시가 신단수에서 비롯된 개념이기 때문에 신시를 천왕이 다스리는 신정국가 정도로 이해하는 데에서 만족할 수 없다. 신시는 천왕이 다스리는 나라이기 때문에 신국(神國)이자, '해'를 숭배하는 '태양국'이다. 환웅이 해를 상징하는 신격이라면 물리적으로 신단수는 해 밝은 나무이며, 그 아래의 신시는 해 밝은 땅으로서 '환한 나라' 곧 '환국'이다. 그러므로 신시는 환국, 한국을 일컫는 가장 초기의 한자말 국호라 할 수 있다.

5. 국호 신시의 의미 재해석과 태양시조사상

신시가 한국을 일컫는 한자말 국호라면, 한자로 표기되기 이전의 '신시'는 우리말로 무엇이라 일컬었을까. 신은 하느님이고 그 실체는 '해'라고 했다.[19] 신의 우리말이 하느님 곧 해라고 하는 추론은 순전히 하늘에 관한 인식 곧 '환인'과 '환웅'의 '환', 그리고 '천제'와 '천왕'의 '천' 개념을 논리적으로 귀납해서 얻어낸 것이다. 그런데 공교롭게도 다른 근거로 같은 해석을 하는 연구가 발표되어 주목된다. 김양동 교수는 한국 고대문화의 원형과 상징을 해석하는 일련의 논의를 시작하면서, 제일 먼저 '신'을 '햇살'로 풀이하고 있다.

한자 '神'자의 고본자(古本字)는 '申'자이고 그 뿌리는 'ㅣ'자에서 비롯되었는데, 'ㅣ'자는 빛살 또는 햇살을 상형해서 나타낸 글자로 해석한다. 따라서 해의 빛살과 햇살에서 공통되는 음절인 '살(슬)'이 '神'의 고유어이자 본디 우리말일 가능성이 크다고 했다.[20] 이런 논의를 진전시켜 '슬'에서 해의 뜻을 찾는 작업을 더 자세하게 했다. 태양의 고유어로 '살', '날', '해', '불' 등이 있으나, '살'은 진작 죽은 말이 되어 그 이미지가 잠복되어 있고 '불'도 "고어에선 태양을 지칭하는 말이었으나, 현대어에선 태양을 바로 지칭하는 말은 아니다" 하였으며, 현재 쓰이고 있는 말은 '해'와 '날'만이 남아 있다고[21] 했다.

그러나 해를 일컫는 '불'은 아직도 그 자취를 어느 정도 지니고 있다. 해는 실제로 불덩어리여서 열기를 발산하는 까닭에 해의 뜨거움을 나타낼 때 햇볕을 은유하는 말로 '불볕' 또는 '불볕더위'로 일컬어지고 있다. '햇볕'이 곧 '불볕'으로서 해와 불은 서로 동격이다. 불을 두고서 그 밝기를 '불빛'이라 하지만 그 뜨겁기를 '불볕'이라 하지 않고 '불이 뜨겁다'고 한다. 불볕은 햇볕의 뜨겁기를 은유할 때만 쓰인다. '볕'이

19) 임재해, 〈'고조선'조와 '전조선기'로 본 고조선의 역사적 실체 재인식〉,《고조선단군학》 26, 고조선단군학회, 2012, 324쪽. "'신'의 우리말은 '하느님'이고 하느님의 실체는 해이다. 따라서 신은 곧 해를 나타내는 말로 쓰였을 가능성이 높다. 그러므로 신불의 우리말은 '해불'이라 읽어야 할 것이다."
20) 김양동, 〈한국 고대문화 원형의 상징과 해석 1. '神'의 해석〉,《교수신문》 2013년 2월 18일자, 8면 참조.
21) 김양동, 〈한국 고대문화 원형의 상징과 해석 2. '神'의 순수고유어와 고대상징의 세계〉,《교수신문》 2013년 3월 4일자, 8면. "吡자를 '불'이라고 발음하는 것은 태양숭배 사상을 사유의 母型으로 삼은 東夷系 언어의 잔영임이 분명하며, 현재 그 말을 우리 언어에서 계승하고 있는 것이 분명하다."

따뜻하다든가 뜨겁다고 할 때 그 볕은 으레 햇볕에 한정된다. 그러므로 뙤약볕이든 불볕이든 가을볕이든 모두 햇볕을 일컫는 말이다.

불볕이 곧 햇볕인 것처럼 불이 곧 해이자 해가 곧 불이다. 해의 밝기와 열기, 그리고 해의 에너지 구실을 불이 발휘하기 때문이다. 해가 뜨는 것은 곧 불을 밝히는 것과 같다. 따라서 한자에도 이와 같은 상형문자 '불(昢)'을 쓰고 있다. '불'은 日＋出의 회의자 昢로서, 해가 뜨는 새벽 즈음을 뜻한다. 중국에서는 불을 '火'자로만 쓸 뿐이다.

따라서 해가 뜨는 새벽을 昢이라고 쓰고 '불'로 소리내는 것은 해를 하느님으로 믿고 숭배하는 태양시조사상에서 비롯된 것이라 할 수 있다.[22] 환웅의 신시는 곧 해가 하늘에서 신단수 아래로 하강한 공간이자, 새벽에 여명과 함께 해가 막 솟아오를 때 햇빛이 가장 먼저 비치는 일출의 공간이다. 일출 시공간을 나타내는 것이 '불(昢)'이다. 그러므로 한자말 神市의 본디 우리말은 '해불'에서 비롯되었을 것으로 추론된다.

이런 맥락적 추론을 고려하면 神市도 다시 읽어야 한다. 神市가 해의 일출공간을 뜻하는 '해불'에서 비롯된 것이라면, '神과 해'는 대응되지만, 저자 '市와 불'은 대응되지 않는 까닭이다. 따라서 우리말 '해불'이 한자 '神市'로 표기되었다면, 우리말 '불'과 한자 '市'는 같은 말로 보아야 한다. 맥락적으로 해석하면, '神市'의 국호가 神檀樹에서 비롯된 것이라면 신시(神市)가 아니라 '신불(神市)'로 읽어야 제격이다.[23] 왜냐하면 슬갑 불(市)은 곧 무성한 초목을 뜻하는 글자이기[24] 때문이다.

'저자 시(市)'와 '슬갑 불(市)'은 서로 다른 글자이지만 같은 자로 착각하기 쉬울 만큼 획수나 자획이 거의 같다. 컴퓨터에서는 아예 분별되지 않는다. 따라서 슬갑 '불'로 써도 저자 '시'로 목판에 새길 수

---

22) 김양동, 〈한국 고대문화 원형의 상징과 해석 3. '神'의 순수고유어와 고대 상징의 세계(2)〉, 7면.
23) 신종원, 《삼국유사 새로 읽기(1) ―기이편》, 일지사, 2004, 56쪽.
24) 이성규, 〈문헌에 보이는 한민족문화의 원류〉, 《한국사》 1, 국사편찬위원회, 2002, 157~158쪽.

있다.[25)]

> 왜 신시가 아니라 신불로 읽어야 신수와 연관성을 지니게 되는가 하면, '시(市)'는 한갓 저자의 뜻을 지녔지만 '불(市)'은 초목이 무성한 숲을 나타내는 뜻을 지녔기 때문이다. 따라서 '신불'은 한자의 뜻으로 볼 때 신단수 아래의 울창한 숲을 일컫는 지명 구실을 하기에 충분하다. 신성한 숲 '신불'은 곧 헐리우드를 뜻한다. 그러나 《삼국유사》의 한자표기법인 이두 또는 향찰의 기술방법에 따라 불[市]의 뜻을 새기지 않고 소리말로 읽으면 '불'은 밝음 또는 뜨거움을 나타낸다. 혼불과 같은 맥락의 불이 바로 '신불'이다.[26)]

신단수가 신내린 숲 또는 해 뜨는 숲인 것처럼, 신불 또한 이와 같은 뜻을 지닌다. 檀樹가 '밝은 숲'을 뜻하는 것처럼, 불[市] 또한 '밝은 숲'을 뜻하는 말이다. 市(불)의 소리값은 불빛으로 밝음을 나타내고 그 뜻은 무성한 숲을 나타내는 까닭이다. 따라서 신단수 아래에서 환웅천왕이 다스리는 공간을 한자말 '신불(神市)'로 표기하여 국호로 일컫되, 일상의 말로는 '해숲' 또는 신숲, 신목, 신수 등으로 일컬었을 것이다. 그러므로 神檀樹는 환웅천왕이 자리잡은 구체적 성역을, 그리고 神市(신불) 곧 해숲의 강역은 환웅천왕이 다스리는 영역을 일컬었던 국호라 하겠다.

神市(신불)은 이두식 표현의 양면적 의미를 지닌다. 신단수처럼 신이 깃들어 있는 숲을 나타내려면 굳이 '신불(神市)'이 아니라 신림(神林)이나 '신쑤[神藪]'로 나타낼 수 있다. 그런데도 '신불'이라 한 것은 '불(市)'의 한자 뜻으로서 무성한 숲을 나타내는 한편, 불의 소리값으로 우리말 '불'을 나타내려 한 것이 아닌가 한다.[27)] 숲을 나타내는 말 가운데 굳이 '불(市)'을 가려서 '신불(神市)'이라 한 것은 한자 뜻과 함

---

25) 임재해, 앞의 글, 323쪽.
26) 임재해, 위와 같은 곳.
27) 임재해, 위와 같은 곳.

께 우리말 소리값을 살리기 위한 의도로 생각된다. 그렇다면 神市(신불)의 한자 표기는 본디 우리말 '해불'에서 비롯된 것일 가능성이 더 높아진다.

'해불'은 해의 불기운, 곧 햇볕의 열기를 나타내는 까닭에 그러한 속성을 지닌 공간을 특별히 일컫는 말이다. '해가 처음 뜨는 곳' 또는 '해가 잘 비치는 양지바른 곳'을 일러 불(㎜)이라 할 수 있는데, 이곳을 더 신성하게 '해불' 곧 신불(神市)로 일컬었을 것이다. 결국 본디부터 '불(㎜)' '해불〔神市〕'을 뜻했던 '神市'는 사실상 '아사달'과 같은 뜻을 지닌 국호였다. 아침 해가 잘 비치는 양지바른 곳을 일컬을 때, 하늘의 관점에서는 '해불'로 일컫고 땅의 관점에서는 '아사달'로 일컫게 된다. 두 갈래 우리말 국호가 한자로 기록되면서 해불은 '神市(신불)'로, 아사달은 '朝鮮'으로 표기되었던 것이다. 그러므로 환웅의 '神市' 및 단군의 '朝鮮'은 모두 동녘의 해뜨는 땅, 양지의 해밝은 땅을 일컫는 태양 상징의 국호라는 것을 알 수 있다.

6. 태양상징의 건국영웅과 태양시조의 지속

지상세계를 다스리는 왕이 있듯이 천상세계를 다스리는 왕도 있다. 하늘(한울)의 왕을 하느님(한울님)으로 일컬었는데, 그 하느님의 실체가 해였다. 해가 하늘의 제왕이었기 때문이다. 해는 둥근 모양과 생명을 창조하는 능력에 따라 지상에서는 '알'로 은유되기 일쑤였다. 따라서 하늘의 해를 큰 알로 일컬어서 '한알님', '하날님', '하나님'으로 일컬을 수 있다. 그러므로 하느님이 한울님에서 비롯되었다면, 하나님은 한알님에서 비롯되었다고 할 수 있다.

하나님은 해를 천신으로 높여서 일컫는 말이다. 따라서 천신을 나타내는 우리말 '하나님'은 '하나'라는 유일신 개념에서 온 것이 아니라

'한 알'로 존재하는 해의 개념에서 온 것이 아닌가 한다. 여기서 하나
님과 하느님, 한알님과 한울님, 알과 울이 갈린다. 알이 해라면 울은
우주이다. 한울의 신이 한울님(하느님)이자 한알로서 해인 것이다. 지
금은 하늘을 하나의 표기로 쓰지만 과거에는 다양한 표기가 있다.

> 가) 한울과 짜이 생길 적에
>   彌勒님이 誕生한즉,
>   한울과 짜이 서로 부터,
>   써러지지 안이하소아[28]
>
> 나) 우리 인간에서 한 하눌에 달이 둘이 떴소 한 하눌에 해가 둘이 떴습
>   니다.[29]
>
> 다) 하날은 어떤 것이 하날이냐
>   청청맑은 청하날이오
>   잉은이도 삼하날 지하에도 삼하날 지자도 삼하날
>   삼십삼쳐구쳐서른세하날 이것이 하날이외다
>   하날은 두려운 하날 땅은 백사지땅[30]

가)에서는 하늘을 '한을'이라 했고 자료 나)에서는 '하눌'이라 했다.
모두 '한울'을 일컫는 말을 소리나는 대로 표기한 것이다. 한을은 한울
의 '한'을 힘주어서 말한 것이라면, 하눌은 한울의 '울'을 힘주어서 말
한 것이다.[31] 한울은 소박하게 말하면 하나의 큰 울타리를 말하지만,
하늘의 세계상을 고려하면 우주를 뜻하는 말이다. 우주를 하나의 거대

---

28) 孫晉泰, 《朝鮮神歌遺編》, 鄕土文化社, 1930, 김쌍돌 구연, 〈창세가〉. 김헌선,
   《한국의 창세신화》, 길벗, 1994, 230쪽에서 재인용.
29) 임석재·장주근, 《관북지방무가》, 문교부, 1966, 강춘옥 구연 '셍굿'. 김헌선,
   위의 책, 257쪽에서 재인용.
30) 赤松智誠·秋葉隆, 《朝鮮巫俗の硏究》(上), 朝鮮總督府, 1937, 박봉춘 구연, '초
   감제'. 김헌선, 같은 책, 394쪽에서 재인용.
31) 임재해, 〈건국본풀이로 본 시조왕의 '해' 상징과 정치적 이상〉, 《比較民俗學》
   43, 比較民俗學會, 2010, 476∼478쪽.

한 울타리로 일컬은 것이 한울, 하눌, 하늘이다. 하늘을 한을, 한울, 하눌로 일컫는 한편, '한올' 또는 '하날'로 일컫는 경우도 있다.

다)에서는 하늘을 '하날'이라고 했다. 한을과 하눌이 한울에서 비롯되었다면, '하날'은 '한알'에서 비롯되었다. 한알은 우주적 외연을 나타내는 한울의 우주상과 달리, 우주의 형상을 거대한 알의 형태로 나타냈다고 할 수도 있으나, 하늘에 있는 해를 '환한 알'이라 하여 '환알', '한알', '하날'이라 일컬었을 수 있다. 해는 환한 알이자 뭇생명을 생육하게 하는 밝고 뜨거운 불덩어리로서 '불알'이다. 따라서 머리와 머리카락이 넘나들며 일컬어지듯이,[32] 하늘과 해는 서로 넘나들며 일컬어졌다. 하늘이 해이고 해가 하늘이었다는 말이다. 해를 뜻하는 한알과 하늘을 뜻하는 한울이 '한을'에서 만난다.

그런데 더 흥미로운 사실은 하늘의 어원이 '한볼'이라는 것이다. 양주동은 《고가연구(古歌硏究)》에서 하늘의 어원을 '볼'에서 비롯되었다고 한다. 볼은 밝음 곧 광명을 뜻하는 고어이다. '볼'은 '불'로서 '밝다', '붉다'의 어원에 해당된다. 양주동은 '볼'이 변해서 '알'이 되었다고 한다.[33] 서볼에서 서울로 전이된 것처럼 한볼에서 한올로 전이되었다는 말이다. 따라서 '한볼'에서 '한을', '한올', '한알', '한울'이라는 말이 파생되었다고 본다.

하늘이 밝으려면 해와 같은 불덩어리가 있어야 한다. 하늘의 밝은 상황을 주목하는 '볽' 곧 해의 사유를 인간 세상에서 나타낼 때 '불'이라고 하는 것이다.[34] 따라서 불과 알, 해는 모두 밝고 뜨거운 불덩어리이자 하늘을 은유하되, 해는 하늘의 실체로서, 불과 알은 땅의 실체

---

32) 머리카락과 머리는 부분과 전체로서 불일치하지만, 머리가 길었다거나 머리를 깎았다고 할 때는 일치되게 쓰인다. 해와 하늘도 이와 같은 관계로 일컬어졌다.

33) 梁柱東, 《古歌硏究》, 一潮閣, 1965. 이범교, 《삼국유사의 종합적 해석》 上, 민족사, 2005, 162쪽 참조.

34) 金戊祚, 《韓國神話의 原型》, 正音文化社, 1988, 357쪽. "'불'이 하늘의 '볽'의 사유를 인간의 두뇌에 의해서 산출되고........."

로서 은유한 것이다. 알 모양의 불덩어리가 해이고 불덩어리의 알이
불알이자 불씨이며 생명이다. 알은 새의 알이면서 또한 곡식의 낟알이
다. 곡식의 낟알은 씨앗으로서 땅에 묻혀서 죽었다가 다시 새싹으로
살아나는 것으로서 날짐승의 알과 같은 재생 기능이 있다.[35]

 '알'은 하늘을 나는 날짐승의 씨이자 새끼로서 사람의 아기나 다름
없다. 날짐승의 '알'과 길짐승의 '새끼', 사람의 '아기'는 서로 같은 말
에 해당된다. 제주도 말에는 알과 새끼의 구분이 없다. 달걀을 둙새끼
라 일컫는다. 날짐승의 알과 길짐승의 새끼를 구분하지 않는 말이다.
사람의 알이자 사람의 새끼가 곧 아이 또는 아기이다. 따라서 아이나
아기를 일컬을 때도 '새끼'와 '알'이라는 말을 쓴다. 아이를 일러 '자식
새끼'나 '내새끼'라고 하여 길짐승의 새끼처럼 일컬을 뿐 아니라, 경
상도 방언에서 아기를 알라아, 알나아, 알낳아로 일컬을 때는 날짐승의
알처럼 일컫고 있다. 다시 말해서 알을 낳은 것이 '아기'인 까닭이다.
아기를 방언에서 '알나아'라고 하고[36] 고어에서 '아해'라고 하는 것도
아기가 '알' 또는 '해'와 연관되어 있기 때문이다.

 그러한 증거가 해를 상징하며 알의 형태로 태어나는 건국시조신화
에서 구체화되고 있다. "주몽은 물론, 박혁거세도 알에서 태어나고 석
탈해나 가야의 시조들도 알에서 태어났다. 정확하게 말하면 알이 바로
건국시조들의 본디 모습이다. 하늘에서 강림한 시조들의 태초 생명은
알이다. 그 알은 예사 알이 아니라 '한알'이자 붉은 알이며 빛을 내는
알이다. 크고 붉으며 빛을 내는 알은 곧 태양을 상징한다. 따라서 '한
울'에서 내려온 '한 알' 곧 해를 상징하는 큰 알이 바로 건국시조이

---

35) 柳東植, 《韓國巫敎의 歷史와 構造》, 延世大學校出版部, 1975, 39쪽.
36) 임재해, 앞의 글, 478~479쪽 참조. "지금도 그러한 옛말이 살아서 경상도
   일대에서는 아기를 '알나아' 또는 '얼나아'라고 한다. 알을 낳은 것이 아기이
   며, 알을 부화한 것이 날짐승의 새끼이다. (일부 줄임) 실제로 '알'과 '아',
   '아이'가 같은 말로 쓰이는 보기도 있다. 알영(閼英)부인을 아리영(娥利英)부
   인, 아이영(娥伊英)부인, 아영(娥英)부인라고 일컬어서, '알'과 '아리', '아이',
   '아' 등이 모두 같은 말로 쓰인다. 게다가 알영부인은 닭의 부리를 지니고 계
   룡의 옆구리에서 태어났다고 했다. 알에서 부화한 상황을 말한다."

다."[37] 박혁거세처럼 백마가 하늘에서 운반해 온 빛나는 알은 해일 수
밖에 없다.

부여의 시조는 해와 불 곧 태양을 상징한다. 해모수와 해부루, 주
몽은 모두 '해'와 '알', '불'을 은유하는 존재이다. 하늘에서 해처럼 하
강한 해모수는 아들을 낳아 이름을 부루(夫婁)라 하고 성을 해씨(解氏)
로 삼아[38] 해부루(解夫婁)라고 하였다. 해는 빛의 밝음과 열기의 뜨거
움을 지닌 불덩이이다. 불은 '부루'의 차음(借音)이며,[39] '부루'는 '불'
의 소리값을 나타낸 한자 표기이다.[40] 그러므로 '해부루'는 해의 알 곧
뜨거운 불덩어리로서 '해불'을 한자 소리값으로 적은 것이다. 해부루는
곧 해불 신시와 뜻이 같은 셈이다.

환인과 환웅 부자가 '환'으로 해의 밝은 빛을 나타낸 것처럼, 해모
수와 해부루 부자도 '해'를 통해서 천손의 정체성을 밝은 빛으로 나타
냈다.[41] 해모수의 또다른 아들 주몽도 해를 상징한다. 유화부인이 햇
빛을 받아 잉태하였을 뿐 아니라 해처럼 큰 알로 태어난 것이 주몽이
다.[42] 금와왕이 이상하게 여겨서 알을 버렸으나 구름 가운데서 햇빛이
알을 비추었다. 따라서 잉태는 물론 출산 이후에도 하늘의 해와 교감
하는 존재였다. 그러므로 주몽은 여러 모로 해의 정통성을 지닌 태양

---

37) 임재해, 앞의 글, 479쪽.
38) 《三國遺事》卷2, 紀異2, 北夫餘. "自稱名解慕漱 生子名夫婁 以解爲氏焉."
39) 李鐘益, 〈한붉思想考〉, 《東方思想論叢》, 1975, 443쪽. 윤명철, 《단군신화, 또
   다른 해석》, 백산자료원, 2008, 49쪽 참조.
40) 金戊祚, 앞의 책, 346쪽. "'解'는 바로 太陽이요, 夫婁는 '불'로 암시되는 것이
   다."
41) 임재해, 같은 글, 484쪽. "해모수는 천제로서 '해모습' 자체이며 아들인 해부
   루는 곧 '해불'로서 태양의 뜨거움을 상징한다. 천제 해모수는 천제 환인과
   같은 뜻의 이름이다. 환인과 환웅이라는 이름이 해의 밝은 빛을 소리값대로
   나타낸 것이라면, 부여의 해모수와 해부루는 해의 이름씨를 그대로 살려서
   나타낸 것이다. 따라서 밝다는 뜻의 환인이나 환웅, 단군과 구분하기 위해
   해모수 또는 해부루라 했을 뿐 천제나 천왕이라는 해님 곧 하느님을 나타내
   는 뜻은 같다."
42) 《三國遺事》, 위와 같은 곳. "爲日光所照 引身避之 日影又逐而照之 因而有孕 生
   一卵 大五升許."

시조로서 태어난 존재이다.

'고조선'조에서 환인과 환웅으로 불분명하게 일컬어지던 태양시조왕의 정체가 부여에 오면 '해모수'와 '해부루'처럼 '해'로 한층 구체화되어 일컬어지는 것은 물론, 주몽은 해처럼 큰 알의 형태로 출현하여 시조왕이 곧 '해'라는 사실을 분명하게 나타내고 있다. 따라서 주몽도 초기에는 '해주몽'으로 일컬었으며 고구려 건국시조가 되자 고주몽으로 성을 바꾸고 동명왕(東明王)이라 일컬었다. 동명왕의 시호도 해의 기능을 상징하는 데서 비롯된 것이다.

해모수가 세운 '부여'의 국호도 '불'에서 비롯된 것이다.[43] 중국 고문헌에서는 '부루(符婁)', '불이(不而)', '비여(肥如)' '불이(不二)', '부역(鳧繹)',[44] '부여(扶黎)' 등으로 기록"하여 '불'을 나타내고 있다.[45] 해모수의 '부여'는 사실상 해부루, 해불로서 환웅의 해불나라 神市(신불)을 고스란히 계승한 것이다. 시조왕이 해모수로서 해가 분명하게 표방된 까닭에 해불의 불을 강조하여 국호로 삼은 것이 부여인 셈이다.

이러한 역사적 계승은 신라시조 박혁거세 본풀이에서 한층 구체화된다. 박혁거세는 하늘에서 거대한 '붉은 알[紫卵]'의 모습으로 출현했다.[46] 알에서 나온 아이를 동쪽 샘물[東泉]에 목욕을 시키자 몸에서 광채가 났으며, 새와 짐승들이 춤추고 천지가 진동하며 해와 달이 맑고 밝았다. 따라서 아이의 이름을 혁거세(赫居世)라고 했다.[47]

백마가 하늘에서 운반해 온 '붉은 알'은 곧 동트는 해의 모습이다. 동쪽 샘에다 몸을 씻으니 아이 몸에서 광채가 났다는 것도 '해'가 동녘바다에서 떠오르는 상황을 고스란히 이야기화한 것이다. 요즘으

---

43) 梁柱東, 앞의 책, 392~394쪽.
44) 鳧繹는 중국어 발음으로 '부이'로 소리난다.
45) 愼鏞廈, 《古朝鮮 國家形成의 社會史》, 267쪽.
46) 《三國遺事》卷1, 紀異1, '新羅始祖 赫居世王', "異氣如電光垂地 有一白馬 跪拜之狀 尋撿之 有一紫卵."
47) 《三國遺事》, 위와 같은 곳, "其卵得童男 形儀端美 驚異之 浴於東泉 身生光彩 鳥獸率舞 天地振動 日月淸明."

로 말하면 스토리텔링을 한 셈이다. 아침 해인 아기 해가 바다에서 몸
을 씻고 떠오르면 비로소 광채를 내며 온누리가 밝아오는 것은 물론,
혁거세가 빛을 내자 새와 짐승들이 춤을 추었다고 하는데, 이것은 뭇
생명이 해를 반기는 역동적 상황을 형상화한 것이다. 아침 해가 아기
해로, 동해가 동천으로 은유되는 것처럼, 아이를 해에다 은유하여 일컫
는 말이 '아해'이다.

　해의 기능을 풀어쓴 것이 '온 세상을 밝히는 하늘의 왕' 곧 '赫居世
王'이다. 밝다는 것은 곧 붉은 것의 극대화이다. 아침 해는 바다에서
붉게 떠오르지만, 한낮에는 중천에서 눈부실 만큼 환하고 밝은 빛을
띠게 된다. 자란(紫卵)으로 상징되는 붉은 해에서 밝은 해로 성장한 개
념이 '赫居世'라는 한자 이름으로 구체화되었다. 혁거세는 시조왕의 정
체성을 해에다 은유한 것일 뿐 아니라 건국이념을 나타낸 말이기도 하
다. 그러므로 온 누리를 밝히는 혁거세의 정치는 환웅의 홍익인간 이
념과 같은 맥락에서 지속되고 있는 것이다.

　그런데 한자이름 혁거세로는 시조왕의 정체성을 정확하게 인식하지
못할 수도 있다. 따라서 한자 해독능력이 없는 사람들을 위해 우리말
이름을 함께 지어 '불구내왕(弗矩內王)'으로 호명하기도 했다. '불구내'
는 곧 '붉은 해'라는 우리말 소리값을 표기한 것이어서,[48] 한자이름 혁
거세와 같은 뜻이다. 따라서 불구내를 '밝은 누리'라는 뜻으로 풀이하
기도 한다. 그러므로 "불구내왕은 광명으로 세상을 다스린다는 말"이라
고[49] 덧붙여 설명해 두었다. '혁거세'의 붉은 알이 곧 밝은 해의 실체
로서 '불구내'였던 것이다.

　고조선본풀이 환웅천왕에서 나타난 태양시조사상이 신라시조 혁거

---

48) 柳東植,《韓國巫敎의 歷史와 構造》, 延世大學校出版部, 1975, 51쪽. "광명한 밝
　　王을 뜻하는 '弗矩內'(불거안)은 우랄·알타이 족속들 사이에 널리 사용되고
　　있는 'Burkhan'이라는 말과 그 어원을 같이 한 것으로 보인다."고 했다. 불구
　　내의 뜻풀이는 올바르지만, 불구내를 붉은 해라는 우리말이 아니라 우랄알타
　　이어 '부르칸Burkhan'에서 찾는 것은 잘못이라 하겠다.
49)《三國遺事》, 위와 같은 곳, "或作弗矩內王 言光明理世也."

세왕에서 더 생생하게 구체적으로 나투어졌다. 혁거세본풀이를 분석적으로 보면 환웅천왕 못지않은 태양 상징을 여러모로 포착할 수 있다. 가) '붉은 알〔紫卵〕'의 형태로, 나) '광채가 나는 몸〔身生光彩〕'으로, 다) '해와 달이 밝음〔日月淸明〕'으로, 라) '세상을 밝히는 이〔赫居世〕'라는 한자이름으로, 마) '붉은 해〔弗矩內〕'라는 우리말 이름으로, 그리고 바) '밝게 세상을 다스린다〔光明理世〕'는 치세의 방법 등으로, 시조왕을 끊임없이 해와 같은 존재로 형상화하고 있다.

따라서 혁거세의 알을 해로 보지 않고 '호〔瓠〕'곧 표주박의 모양과 같아서 성을 박씨(朴氏)로 삼았다고[50] 한 것은 잘못이다. 왜냐하면 해처럼 밝은 임금 赫居世를 우리말로 나타내기 위해 혁거세 이름 앞에 '밝' 곧 '박(朴)'을 덧붙인 것이다. 환웅본풀이에서 천제와 천왕의 한자이름 앞에 이두식으로 우리말 이름 환인과 환웅을 붙여 놓은 것처럼, 한자 이름 밝을 '혁(赫)' 앞에 같은 뜻의 우리말 '밝'을 '朴'으로 표기함으로써 박혁거세로 호명한 것이다.

왜냐하면 혁거세의 붉은 알은 한결같이 밝은 해로 은유되고 있기 때문이다. 혁거세와 불구내를 집약한 것이 해이고 그 속성이 밝은 까닭이다. 이러한 시조왕의 인식은 환웅천왕 이래, 단군, 해모수, 주몽 이후까지 계속되는 역사 유전자로서, 태양시조사상을 이루는 것은 물론, 환웅의 '홍익인간' 이념은 신라까지 지속되어 '혁거세' 이념으로 표방되었다.[51] 따라서 박혁거세의 朴은 성이라 할 수 없다. 만일 박씨가 혁거세의 성이라면, 그 아들인 남해차차웅이나 손자인 유리이사금도 환인과 환웅 부자의 '환' 및 해모수와 해부루 부자의 '해'처럼, '박'이 성으로 이름 앞에 붙여져서 '박남해' 또는 '박유리'로 일컬어져야 한다. 그런데 혁거세의 아들 남해왕에서조차 박을 성으로 쓰지 않은 것이다.

---

50) '始祖 赫居世居西干', "辰人謂瓠爲朴 以初大卵如瓠 故以朴爲姓." 박이라 하였는데 처음에 큰 알〔大卵〕이 박(고지)과 같다 하여 朴으로써 성을 삼았다.
51) 임재해, 〈건국본풀이로 본 시조왕의 '해' 상징과 정치적 이상〉, 504~505쪽에서 자세하게 다루었다.

그러므로 박혁거세의 알은 박(瓢)을 상징하는 것이 아니라 '해'를 상징하며, 성처럼 붙여진 박(밝)도 밝다는 것을 상징하는 우리말 이름일 따름이다. '환인+천제'와 '환웅+천왕'처럼, 우리말 소리값과 한자말 뜻을 복합적으로 일컫은 명명 방식에 따라 '박+혁거세'로 일컫은 것이다.[52] 밝달임금이 '단군'으로 표기되고 일컬어졌듯이, 이두식 표기에 따라 밝은 임금의 '밝'이 '박'으로 바뀌어 박혁거세로 표기된 것이다.[53] 더 추론하면 혁거세를 '불구내'로 일컬었던 것처럼 '붉은해' 또는 '밝은해'로 일컬어지던 우리말 이름이 사서에 기록될 때에는 한자이름 '赫居世'로 표기되었으며, 한자말의 한계를 극복하기 위해 '밝'을 붙여서 朴赫居世로 기록하였던 것이다.

따라서 혁거세의 알 '紫卵'은 난생을 뜻하는 것이 아니라 천손을 뜻하는 해를 상징하는 것이다. 환웅본풀이로 태양시조사상을 포착하게 되면, 난생의 주몽과 혁거세, 석탈해 등도 모두 천손으로서 해를 상징하는 존재라는 것을 알아차릴 수 있다. 흔히 말하는 난생신화의 알은 사실상 알이 아니라 빛을 발하는 해를 상징하는 까닭이다. 주몽이나 혁거세는 난생(卵生)이 아니라 일생(日生)이며, 알에서 태어난 시조가 아니라 해에서 태어난 시조이다. 그러므로 고구려와 신라 건국신화를 환웅의 천손강림신화와 달리 난생신화라 할 것이 아니라, '태양시조신화' 또는 '해돋이신화'라 해야 정확하다.

해 상징의 알에서 태어난 신화는 난생신화가 아니라 '일생신화'라 해야 마땅하다. 천손강림신화와 해돋이신화는 일생신화라는 점에서 서로 같은 계통의 신화이다. 따라서 천손강림신화와 난생신화를 북방계

---

52) 한자말로 혁거세라고 기록했지만 우리말로는 '밝은 누리'고 일컬을 수 있는데, '환인+천제', '환웅+천왕', '단군+왕검'처럼, 우리말과 한자어를 결합하여 '밝음+혁거세' 또는 '밝+혁'으로 기록했을 가능성이 크다. 그럼 결과적으로 '혁거세'를 우리말로 '밝'〔朴〕과 '붉은해'〔弗矩內〕로 다양하게 일컬었던 셈이다. 해의 기능과 상징이 다양한 까닭에 그 특징을 제각기 살리면 같은 시조왕을 여러 이름으로 일컬을 수 있다.

53) 임재해, 같은 글, 479~480쪽, 494~495쪽 참조.

와 남방계 신화로 구분하는 기존 연구는 크게 빗나간 것이다. 왜냐하
면, 환웅신시본풀이에서 비롯된 태양시조사상이 주몽과 혁거세에 이르
기까지 지속되었기 때문이다.

태양시조사상에 뿌리를 둔 시조왕들은 천손이 난생이고 난생이 천
손이며, 천손이 해의 은유인 것처럼 난생도 해의 은유인 것이다. 한결
같이 태양시조사상에 입각한 까닭에 천손강림형은 북방계이고 난생형
은 남방계라고 하는 것은 잘못이다. 이러한 오류는 우리 건국시조신화
를 그 자체로 해석하는 주체적 역사연구로 끌어안지 못한 데서 비롯된
것이다. 전파주의 시각에서 지리적 분포에 따라 외국 신화의 유형에
따라 우리 신화를 무리하게 귀속시키는 작업을, 마치 신화 연구인 것
처럼 착각한 결과이다.

전파주의 수준의 전래설이나 지리적 분포론에 빠지면, 건국본풀이
는 우리 민족 스스로 창조한 것이 아니라, 마치 북방신화와 남방신화
가 전래하여 한반도를 분할 점유한 것처럼 이해하는 오류에 이르게 된
다.54) 이러한 건국신화 전래설은 민족의 자력적 건국 능력을 부정할
뿐 아니라 민족신화의 창조력까지 부정하며, 민족사의 정통성을 왜곡
하는 식민사학에 빠져들도록 만든다.

더 문제는 한민족의 다양한 신화유산을 마치 천손과 난생 두 유형
만 존재하는 것처럼 착각하게 만드는 점이다. 건국신화 외에도 천지개
벽 신화와 인류시조 신화, 일월조정 신화, 물과 불의 기원신화, 세상차
지 신화, 홍수신화 등 다양한 구전신화가 서사무가로 전승되고 본풀이
형태로 노래되고 있는 것은55) 이러한 분류에서 배제되기 마련이다. 그
러므로 건국본풀이를 북방신화와 남방신화에 귀속시키는 분포론적 해
체나 이분법적 분류 수준의 공시적 해석에 만족할 것이 아니라, 역사
적 전개에 따라 민족신화로서 세계관적 동질성의 지속과 변화 양상을

---

54) 김병모, 《금관의 비밀》, 푸른역사, 1998, 148~149쪽.
55) 임재해, 〈韓國 神話의 敍事構造와 世界觀〉, 《說話文學硏究》(上), 단국대학교출
    판부, 1998, 70~110쪽에 이러한 구전신화들을 자세하게 다루었다.

통시적으로 해석해야 올바른 역사연구로 나아갈 수 있다.

7. 건국본풀이의 지속과 변화를 읽는 통찰력

역사학은 통시적 학문이다. 그런데 상고사는 공시적 해석에 치우쳐서 역사학을 지리학으로 환원시키는 모순에 빠져 있다. 남북으로 양분한 건국신화 해석처럼 민족이동에 따른 전파주의적 문화 전래설이 대표적인 한계이다. 문화의 지리적 인접성을 근거로 영향론을 펴는 것도 같은 문제이다. 문화의 공간적 이동이 아니라 통시적 지속성을 주목하는 것이 역사학의 본질이다.

신시의 환웅에서 비롯된 태양시조사상이 조선의 단군, 부여의 해모수, 고구려의 주몽, 신라의 혁거세, 가락국의 수로까지 지속되면서, 일생신화(日生神話)로서 해의 상징을 더 구체화하는 쪽으로 변화된 사실을 포착하면, 그 동안 난생신화라는 해석이 얼마나 터무니없는 편견인가 하는 것을 깨닫게 된다. 밝은 빛을 내는 커다란 알은 알이 아니라 해를 나타내는 은유일 따름이다. 해의 은유를 은유로 알지 못하니 태양시조의 일생(日生)을 기어코 난생이라 하는 것이다.

우리 신화에서 난생은 곧 일생의 은유일 따름이다. 혁거세신화든 주몽신화든 난생이 아니라 태양신화이자 일생신화로서 사실상 해돋이신화이다. 해돋이신화의 주인공인 까닭에 주몽은 동명왕(東明王)이라 했을 뿐 아니라 제천행사로 동맹(東盟)을 했던 것이다. 밤중에 시림에서 닭이 울면서 출현한 금알지도 사실상 해돋이신화에 해당된다. 닭의 울음은 알을 낳는 알림일 뿐 아니라, 여명 곧 해돋이의 알림이기도 한 까닭이다. 그러므로 사료의 문학적 은유를 알지 못하면 역사해석이 불가능하다.

이미 살펴본 것처럼 고조선본풀이에 등장하는 곰과 범은 짐승의 종이 아니라 모두 종족의 대표를 일컫는 은유이다. 이처럼 특정 종족을 동식물에 은유하는 것을 토템이라 하는 것이다. 곰과 범이 환웅에게 인간이 되기를 빌었다는 사실도 은유이다. 지금도 우리는 이러한 은유를 곧잘 사용한다. '아무개는 인간이 됐다'고 할 때 인간은 생물학적 존재가 아니라 문화적 존재로서 인간을 나타내는 은유이다. 이처럼 건국본풀이에서 표현된 은유의 뜻을 제대로 포착해야 '해돋이신화'를 난생신화로 규정하는 오류를 바로잡을 수 있다.

어떤 인물이든 하늘에서 강림하거나 알에서 태어날 수 없다. 천손강림이든 난생이든 일생이든 모두 신화적 은유일 따름이다. 그 은유를 제대로 해석해야 건국본풀이의 정체를 제대로 밝힐 수 있다. 그러므로 건국영웅의 출생을 난생의 은유가 아니라 일출(日出)의 은유로 포착해야 사료로서 건국본풀이를 제대로 해석할 수 있다.

은유가 다양하게 동원된 기록이라고 하여 문학작품처럼 허구라고 할 수 없다. 역사적 사실을 가장 효과적으로 표현하기 위하여 문학적 은유나 철학적 은유를 동원한 까닭이다. 따라서 건국본풀이를 문학적 서술이면서 역사적 사료라는 시각으로 통시적 고찰을 할 수 있어야 온전한 역사해석으로 나아가게 된다. 이러한 해석 수준을 갖추면, 환웅의 홍익인간 이념이 신시시대에 끝나지 않고 단군조선을 거쳐 신라의 혁거세 사상으로까지 지속되면서 발전된 사실을 통찰할 수 있게 된다.

태양시조사상에 따르면, 건국시조는 해처럼 온 누리를 밝혀 뭇생명을 다 살리는 존재이다. 세상을 널리 이롭게 하는 환웅의 홍익인간 사상이 곧 온 누리를 환하게 밝히는 박혁거세의 '불구내 사상'[56] 곧 '밝은 해 사상'이다. 신시시대에는 태양시조가 고유명사의 맥락적 해석에 따라 드러나는데, 고구려와 신라, 가야 시대에 이르면 시조가 '붉은 알'의 형태로 드러난다. 초기에 불분명했던 사실이 후기로 갈수록 분명하게 드러나고, 그 자체로 이해할 수 없었던 사실이 교차해석에 따라 맥

---

56) 임재해, 같은 글, 504쪽.

락적 이해가 가능해진다. 그러므로 환웅의 홍익인간 이념도 弗矩內(붉
은 해)의 '밝사상' 또는 '赫居世 이념'으로 구체화되고 있는 것을 알 수
있다.

환웅의 홍익인간 이념은 해처럼 세상을 널리 이롭게 하는 것이라고
했지만, 혁거세의 밝 사상을 고려하면 홍익인간은 곧 세상을 밝게 다
스리는 것을 뜻한다. 그러려면 지도자 스스로 해처럼 밝고 빛나서 뭇
사람들에게 생명의 기운을 줄 수 있어야 한다. 그러기 위해 환웅은 특
별한 노력을 기울여, 인간세상의 360여 가지 일들을 '재세이화'했다.
세상에 비친 햇살처럼, 인간세상에 머물러서〔在世〕 다스리고 교화〔理化〕
한 것이다. 환웅이 머무른 구체적 공간이 신단수 아래며, 재세이화로
다스린 강역이 신시국 곧 해불 나라였다.

환웅과 해모수는 천손으로서 온 누리를 밝히는 해처럼 인간세상을
다스렸기에 모두 '천왕'으로 일컬었다. 그러나 해모수는 환웅처럼 재세
이화하지 않았다. "아침이면 일을 보고 저녁이면 하늘로 올라갔다. 사
람들은 해모수를 일러 천왕랑(天王郞)이라 했다"[57] 해모수의 행동양식
은 곧 아침저녁 해의 출몰과정과 같다. 세상사람들이 일컬은 천왕랑이
란 이름도 해를 뜻하는 칭호이다.

환웅천왕의 신시시대에는 홍익인간 이념과 정착생활을 특히 중요한
가치로 여겼는데, 해모수의 부여시대에는 해처럼 인간세상을 밝게 다
스리는 것을 더 가치 있게 여긴 셈이다. 따라서 낮에는 일하되 밤에는
일을 멈추고 쉬었던 것이다. 혁거세의 신라시대에는 환웅처럼 '재세이
화'가 아니라 '광명이세(光明理世)'를 강조했다. 赫居世는 곧 弗矩內로서
붉고 밝은 해를 상징하는 존재인 까닭에 광명처럼 밝게 세상을 다스렸
던 것이다.

해모수가 해의 일몰 기능을 근거로 낮 동안에는 일을 하고 밤에는
쉬었다면, 혁거세는 해의 광명 기능을 근거로 세상을 공명정대하게 다

---

57) 李奎報, 《東國李相國集》 卷3, 東明王篇.

스렸던 셈이다. 이 시기는 환웅시대와 달리 이미 오랜 정착생활을 해 왔다. 따라서 재세이화의 정착생활은 새로운 가치관이 아니기 때문에 '재세'를 문제 삼을 필요가 없다. '재세'보다 '광명'을 강조해서 표방했 다. 그러므로 태양시조로서 '밝사상'을 강조한 까닭에 박혁거세는 '재세 이화'에서 '광명이세'로 통치 논리를 일정하게 진화시킨 것이다.

제10장 홍익인간 이념의 역사적 지속과 민속문화 전통

1. 홍익인간 이념의 주체와 민족사 인식

홍익인간 이념은 무엇이며 지금 여기 우리의 문화 속에 살아 있는가. 살아 있다면 구체적으로 어떻게 지속되고 있는가? 이 세 가지 질문에 답을 찾는 것이 이 장에서 다룰 핵심과제이자 역사적인 문제를 민속학으로 통섭하는 일이다. 첫째 질문은 홍익인간 이념의 구체적 실체를 생생하게 밝혀내는 일이고, 둘째 질문은 고대 민족사상의 통시적 지속성을 포착하는 것이며, 셋째 질문은 민족사상의 공시적 변용을 전제로, 지금의 우리 문화 속에 살아 있는 홍익인간 문화를 발견하는 것이다. 그러므로 홍익인간 이념의 지속과 변용의 실상을 밝히는 것이 목적이라 하겠다.

홍익인간 이념의 정체를 밝히는 일도 중요하지만, 그 이념이 고조선시대의 마감과 함께 사라진 것이 아니라 신라 이후까지 이어졌으며, 우리시대에도 지속되고 있는 사실을 포착하는 것이 더 중요하다. 홍익인간은 한갓 지도자의 통치 이념으로만 존재하는 것이 아니라, 민중들의 일상적인 생활세계 속에서 실제 문화로 다양하게 전승되고 있는 사실도 찾아내고, 더 나아가 홍익인간 문화를 만들어가는 전망까지 제시하는 것이 최종목적이다.

본격적인 논의 전에 기본적인 질문부터 해보자. "홍익인간은 누구의 이념인가?" 쉽게 답할 수 있을 것 같은데 빗나가기 일쑤이다. 근암서원(近巖書院)에서 개최된 인문독서아카데미에서 '고조선, 왜 역사적 실체인가?'를 주제로 강의를 하면서 먼저 이 질문을 했다.[1] 그랬더니 한결같이 홍익인간은 '단군의 이념'이라고 답했다.

이어서 "민족시조는 누구인가?" 하고 물었더니 역시 같은 대답을 했다. 단군이 민족시조라는 것이었다. "그럼 단군이 세운 나라의 국호는 무엇인가" 했더니, '고조선'이라고 했다. 이처럼 상고사에 관해서는 '단군'과 '고조선'을 넘어서지 못하고 있다. "만일 단군의 아버지가 계신다면 누가 시조인가?" 하고 물었더니 한참 어리둥절해 하다가 단군의 아버지가 시조라고 했다.

다른 자리에서도 이런 질문을 던지면 마찬가지 상황이 벌어진다. '우리 민족 최초의 국가는 무엇인가?' 물으면, 아예 신시를 도외시하는 것은 물론, 고조선이라는 국호조차 없는데도 여전히 '고조선'이라고 한다. 단군의 아버지 환웅이 있는데, 환웅을 제쳐두고 단군을 민족시조라는 것과 같다. 건국시조 단군의 역사를 기록해 둔 《삼국유사》의 사료를 무엇이라고 일컫느냐고 물어보면, 으레 '단군신화'라고 답한다.

고조선시대의 역사와 관련하여 여섯 가지 질문을 했는데, 거의 빗나간 대답을 한다. 이렇게 알고 있는 것은 그들의 잘못이 아니라 그들에게 그릇된 역사를 가르친 사학자들의 잘못이며, 사료 확인 작업 없이 선입견에 따라 홍익인간 이념과 단군시조론을 거론하는 학자들의 잘못이다. 그래도 상고사를 주체적으로 공부한 사람들 사이에는 환웅이 홍익인간 이념을 품었다는 사실을 알고 있는 분들이 더러 있다. 《삼국유사》 '고조선' 조의 기록을 새겨 읽은 결과 스스로 터득한 지식이다.

《삼국유사》 첫 장인 '고조선 – 단군왕검' 조를 한번만 제대로 읽어보면 알 일인데, 고조선 역사를 연구한다는 사람들조차 이 문제를 딱 부러지게 밝히지 않고 국호부터 '고조선'으로 얼버무리기 일쑤이다. 그러니 사료를 읽을 기회가 없는 일반인들이 '고조선'조의 역사적 기록을 '단군신화'로 알고, 민족시조 단군이 세운 나라의 국호를 '고조선'으로

---

1) 2014년 인문독서아카데미(근암서원, 2014년 9월 4일)에서 '고조선 왜 역사적 실체인가'라는 주제로 강의를 할 때, 이러한 질문으로부터 시작했다.

일컫는 것은 자연스러운 결과이다. 그러므로 홍익인간 이념까지 단군
이 주창한 이념으로 그릇되게 알 수밖에 없다.

《고기(古記)》에 이르기를, 옛날 환인(桓因)의 서자(庶子) 환웅(桓雄)이
있었는데, 늘 천하세계에 뜻을 두고서, 인간세상을 탐구하였다. 아버지 환
인이 아들 환웅의 뜻을 헤아리고 삼위태백(三危太伯)을 내려다보니 가히
'홍익인간(弘益人間)'할 만한 까닭에, 천부인(天符印) 세 개를 주고, 내려
가서 그곳을 다스리게 하였다.[2]

　이 기록의 문맥으로 볼 때 홍익인간의 뜻을 품은 주체는 환웅이다.
천상세계에서 천하세계에 뜻을 품고 인간세상의 마땅한 터를 두루 찾
은 것이 환웅이며, 이러한 아들의 뜻을 헤아려서 훌륭한 터전으로 삼
위태백(三危太伯)을 선택해준 것이 아버지 환인이다. 환인이 삼위태백
을 정해서 천부인 세 개를 준 것은 아들 환웅이 '홍익인간'의 뜻을 펼
칠 수 있다고 판단한 까닭이다. 따라서 홍익인간의 뜻을 품은 주체는
환웅이며, 환인은 그러한 뜻을 펼치도록 인간세계에 마땅한 터를 잡아
주고 천부인 세 개를 주어서 지상으로 내려보낸 역할을 한 것이다.
　그러나 단군이 홍익인간의 뜻을 품었거나 펼쳤다는 내용은 어떤 기
록에도 없다. 실제로 인간세상에 내려와서 홍익인간 이념을 구현하기
위해 세상을 훌륭하게 다스린 존재도 단군이 아닌 환웅이다. 환인은
하늘에 머물러 있었기 때문에 홍익인간 활동을 할 수 없고, 단군은 아
사달에 나라를 세우고 1천 500년 이상 다스렸지만, 도읍지를 몇 차례
옮기고 죽어서 아사달의 신신이 되었나는[3] 기록 외에 홍익인간을 실
현한 행적은 찾을 수 없다. 다만 아버지 환웅의 뜻을 이어받았을 것이

2) 《三國遺事》卷1 紀異1, '古朝鮮-王儉朝鮮', "《古記》云 昔有桓因(謂帝釋也)庶子桓
　雄 數意天下 貪求人世 父知子意 下視三危太伯 **可以弘益人間** 乃授天符印三箇 遺往
　理之."
3) 《三國遺事》, 위와 같은 곳, "御國一千五百年 周虎王卽位己卯 封箕子於朝鮮 壇君
　乃移於藏唐京 後還隱於阿斯達爲山神."

라는 추론이 가능할 따름이다.

따라서 환웅이 품었던 홍익인간의 뜻을 헤아려서 도와준 환인과, 그 뜻을 계승한 단군을 홍익인간 이념에서 완전히 배제할 필요는 없다. 그러나 환인과 단군이 홍익인간 이념을 표방한 주체라 할 수는 없고 해서도 안 된다. 그들은 환웅이 홍익인간의 뜻을 펼치는데 이바지한 조력자이거나 그 뜻을 이어받은 계승자에 머물기 때문이다. 위의 기록에서 분명하게 드러나 있는 것처럼, 홍익인간 이념의 뜻을 세우고 그 뜻을 실현했던 주체는 환웅천왕이었다.

단군을 홍익인간의 주창자로 알고 있는 것은 사료를 읽지 않은 데서 비롯된 오류이다. 달리 말하면 스스로 사료를 찾아 읽지 않고 남의 주장에 의존해서 아는 체 한 탓에 빚어진 잘못이다. 더 문제는 사료를 읽어도 사료의 내용보다 선험적 지식의 고정관념에서 벗어나지 못하는 점이다. 따라서 모든 사료에는 단군이 세운 나라의 국호가 '조선'으로 명시되어 있는데도 잘못을 알아차리지 못한다. 《삼국유사》 '고조선' 조에는 국호를 두 차례나 '조선'으로 밝혀두었고[4] 《제왕운기》 '전조선기(前朝鮮紀)'에도 한결같이 '조선'으로[5] 밝혀 두었다. 한 마디로 단군이 세운 국가를 '고조선'으로 기록한 사료는 어디에도 없다.[6]

그럼에도 단군이 세운 국가나 민족사 최초의 국가를 모두 '고조선'이라고 한다. 스스로 사료를 읽어도 바로잡지 못하는 것은 역사학이 종속되고 사학자들이 세뇌되어 있는 까닭이다. 달리 말하면 다수 사학자들이 알게 모르게 식민사학에 중독되어 있다는 말이다. 따라서 사료에 '국호 조선'이 명기되어 있어도 '고조선'으로 읽는 것이다. 더군다나 '조선'이 아니라 '고조선'으로 일컬어야 서로 소통이 되는 것은 식민사

---

4) 《三國遺事》, 위와 같은 곳. "《魏書》云 乃往二千載有 壇君王儉 立都 阿斯達 **開國號 '朝鮮'.**"; "《古記》云 號曰壇君王儉 以唐高卽位五十年庚寅 都平壤城 **始稱 '朝鮮'.**"

5) 李承休, 《帝王韻紀》 卷下, '前朝鮮紀'. "遼東別有一乾坤 斗與中朝區以分 洪濤萬頃 圍三面 於北有陸連如線 中方千里 是 **'朝鮮'.**"

6) 임재해, 〈'고조선'조와 '전조선기'로 본 고조선의 역사적 실체 재인식〉, 《고조선단군학》 26, 고조선단군학회, 2012, 277~343쪽.

학의 집단적 중독 현상이다. 그러므로 이러한 역사인식의 한계를 비판적으로 극복하지 않으면, 민족사 연구는 출발부터 어긋나기 마련이다.

그렇다고 홍익인간의 뜻을 품은 주체가 환웅이라는 사실을 알아차리는 데서 만족할 수 없다. 환웅의 신시가 민족사의 밑자리를 이루며 후대까지 역사적 지속성의 원형 구실을 한 까닭이다. 환웅은 홍익인간을 주창했을 뿐 아니라, 그 이념을 실현하기 위해 태백산 신단수 아래에 '신시고국(神市古國)'을7) 세우고 주곡·주명·주병·주형·주선악 등 360여 사를 재세이화(在世理化)한8) 주체였다. 그리고 인간답게 살기 위해 찾아온 곰족과 범족을 교화하여 정치적 연맹을 이루고, 마침내 곰족과 혼인동맹을 맺어 단군의 왕검조선을 건국하는 기틀을 마련한 주체이기도 하다. 그러므로 환웅을 한갓 홍익인간 이념 주창자로 인식하고 말 일이 아니다.

왜냐하면 홍익인간은 민족이념으로 현재도 표방할 뿐 아니라, 우리가 미래까지 추구해야 하는 이상이기 때문이다. 따라서 이 이념을 주창한 환웅이야말로 민족시조이자 신시고국을 세운 시조왕으로서 민족사 태초의 천왕이다. 단군왕검 이전에 민족시조 환웅천왕이 있었으며, 단군의 왕검조선 이전에 환웅의 신시고국이 찬란한 문화를 이룩한 사실을 제대로 새겨야 민족사 서술의 기틀이 바로잡힐 수 있다. 그러므로 홍익인간을 주창한 주체의 정확한 인식은 민족사의 사상사적 정체를 제대로 포착하는 일이자, 단군시조론을 극복하고 환웅시조론을 펼치는 가장 중요한 역사적 근거를 확보하는 일이다.

이러한 역사인식보다 더 중요한 것은 새로운 사관의 수립이다. 사관에 따라 역사인식은 달라질 수밖에 없다. 지금 우리는 여전히 고조

---

7) 임재해, 〈단군신화로 본 고조선 문화의 기원 재인식〉, 《단군학연구》 19, 단군학회, 2008, 340쪽. 환웅천왕이 통치했던 태백산 신단수 아래의 '신시'문화유산을 내몽골 지역의 홍산문화로 인식하고 초기국가의 조건인 천제단, 적석총, 여신전, 옥기 등을 두루 갖춘 사실을 근거로 '신시고국'이라 일컬었다.

8) 《三國遺事》, 같은 곳, "將風伯·雨師·雲師 而主穀·主命·主病·主刑·主善惡 凡主人間三百六十餘事 在世理化."

선시대의 역사를 살고 있으며 고조선시대는 끝나지 않고 현실 속에서 지속되고 있다는 사실을 인식하는 것이 과제이다. 고조선시대 문화가 고대 속에 사라진 것이 아니라 현실문화로 이어지고 있고 홍익인간 이념을 추구하며 미래의 역사를 설계하고 있다면, 우리는 여전히 고조선시대 사람으로 살아가고 있는 것이다. 그러므로 논의의 진전에 따라, 역사는 과거 시대 속으로 사라져 간 것이 아니라, 현재 우리의 삶 속에 살아 있는 현재진행의 삶이자 미래에도 함께 가야할 전망적 삶이라는 본풀이사관을 구체적으로 입증하게 될 것이다.

우리가 고조선시대 사람으로 살아가고 있다는 것, 특히 홍익인간 문화를 지금 실천하고 있다는 것은 구체적으로 입증 불가능한 사실 같다. 그러나 입증 가능한 생생한 사료가 한국인의 생활세계 속에서 민속문화의 전통으로 살아 있다. 나는 그러한 사료를 문헌사료와 유물사료, 구술사료와 달리 '생활사료'로 자리매김했으며, 생활사료야말로 기존의 다른 사료들보다 더 중요한 사료라는 점을 논의했다.[9] 그러므로 생활사료로서 검증되는 홍익인간 이념은 과거의 것이면서 현재의 것이자 미래의 것으로 계속 이어지고 있는 현재진행의 문화라 하지 않을 수 없다.

2. 홍익인간 이념과 신시건국의 역사적 정체성

고조선의 역사가 현재진행형의 역사라면, 우선 들머리에서 제기한 두 질문 가운데 첫째 질문에 대하여 설득력 있게 답을 할 수 있어야 한다. 과연 상고시대 환웅이 표방했던 홍익인간 이념이란 무엇인가 하

---

9) 임재해, 〈고조선 '본풀이'의 역사인식과 본풀이사관의 수립〉, 《단군학연구》 21, 단군학회, 2009, 370~373쪽에서 생활사료를 거론했다.

는 것이다. 이 질문의 답을 마련해야 홍익인간 이념의 통시적 지속성을 근거 있게 포착할 수 있다. 따라서 먼저 홍익인간의 뜻을 정확하게 포착하는 일이 중요하다. 홍익인간의 해석학적 준거를 갖추어야 그것을 토대로 홍익인간 이념의 지속여부를 따지는 논의를 진전시킬 수 있다.

'홍익인간'이란 인간을 널리 이롭게 한다는 뜻이 아니다. 한자말 '人間'은 원래 '사람'을 뜻하는 것이 아니라, 인간세상을 뜻하기 때문이다. 《고기》 사료의 문맥 속에서도 '홍익인간'은 '탐구인세(貪求人世)'에서 비롯된 인간세계이자, 환인의 천상세계와 대립되는 천하세계 곧 인간들이 살고 있는 지상세계를 총체적으로 뜻한다. 따라서 홍익인간 이념은 민족주의가 아니라 인류주의이며, 나아가 인간세상의 삼라만상 전체를 이롭게 하는 '지구촌주의'[10]라 할 수 있다.

지구촌주의는 흔히 말하는 globalization 또는 globalism을 넘어서는 지구생태주의라고 해야 더 정확하다. 왜냐하면 적어도 천상에서 지상을 바라볼 때에는, 종으로서 인간이나 민족, 그리고 지리적 영역으로서 특정 국가를 넘어서 지구의 삼라만상을 총체적으로 아우르는 우주적 이념인 까닭이다. 그러므로 홍익인간 이념은 태초의 것이자 미래 가치로서 지구적 생태 수준의 공동체의식과 만나는 것이다.

지구 공동체주의는 지구촌 중심의 생태학적 공생에 안주하지 않는다. 왜냐하면 환웅의 홍익인간은 지구 공동체주의를 훨씬 넘어서는 까닭이다. 환웅이 천상에 머물지 않고 인간세상을 구하려는 큰 뜻〔貪求人世〕을 품고 인간세상을 널리 이롭게 하기 위하여 직접 지상으로 내려오는 것은 우주적 공동체의식에서 비롯된 것이다.[11] 인간과 자연이 공생하는 생태주의 실천처럼, 천상의 존재와 지상의 존재가 공생하는 것은 우주적 생명공동체 정신의 실천이라 할 수 있다.

---

10) 지구촌주의는 인간 중심의 세계화를 뜻하는 globalism과 구별될 필요가 있다. 지구촌주의는 인간 중심의 세계화를 넘어서 지구생태주의를 뜻한다.
11) 환인이 환웅의 뜻을 알고 지상으로 파견한 것은 마치 하느님이 독생자 예수를 이 땅에 보내서 사람들을 구원하려 한 성서적 의미와 같으면서 다르다.

완전한 세계에 살던 천상의 존재가 불완전한 지상세계로 우주적 이
동을 하는 것은 사실상 징벌을 자처하는 것이나 다름없다. 왜냐하면
하늘나라의 신선이 지상으로 보내지는 것은 유배이자 귀양으로서 적강
(謫降)에 해당되는 까닭이다. 따라서 천신이 지상에 내려오는 것은 적
강으로서 사실상 유배이자 징벌인 셈이다. 그럼에도 환웅은 천제의 아
들로서 천상세계의 안정된 삶을 누리는 데 만족하지 않고 스스로 지상
에 내려와 홍익인간 이념을 펼쳐서 인간세상을 구하려고 했다.

천신이 인간세상을 구하려고 스스로 이 땅에 온 것은 사실상 구세
주라 할 만하다. 천신으로서 보장된 삶과 자기 세계의 수성을 돌보지
않고 인간세계의 이상적 삶을 실현하기 위해 몸을 던지는 이타적 모험
을 감행한 셈이다. 다른 세계를 구하기 위하여 안정된 삶을 버리는 '이
타적 세계관'의 실천이야말로 가장 훌륭한 홍익인간 이념의 실현이라
할 수 있다. 그러므로 홍익인간 이념을 말뜻 속에서 찾을 것이 아니라,
실제로 그 뜻을 실천한 주창자 환웅의 역사적 실천 속에서 찾아야 제
대로 포착할 수 있다.

다시 말하면, 홍익인간의 뜻은 훈고주석학 수준의 말풀이를 넘어서
'환웅본풀이'의 서사구조 속에서 세계관적 인식과 함께 맥락적으로 해
명되어야 한다는 말이다. 왜냐하면 환웅본풀이의 서사적 내용이 홍익
인간 이념을 기조로 서술되었을 뿐 아니라, 이 이념을 주창한 환웅의
모든 행적은 곧 자기 이념의 구현이자 홍익인간 정신의 실천으로 볼
수 있기 때문이다. 그러므로 환웅이 가장 먼저 보여준 홍익인간의 실
천은 천손강림으로서, 다른 세계를 위해 자기 삶을 던지는 이타적 세
계관의 구현이라고 할 수 있다.

우주적 발상으로 말하면, 완전한 세계의 행성에서 불완전한 세계의
위성 또는 외계로 이동해서 그들의 위기를 해결해 주는 우주적 구원이
다. 그리고 생활세계의 보기로 말하면, 기득권을 누리는 특권층이 사회
적 약자들을 도우기 위해 빈민 속으로 들어가서 그들과 함께 생활하며
봉사활동하는 이타적 삶의 실천이라 할 수 있다.

환웅본풀이의 서사적 문맥을 더 구체적으로 주목해 보면, 지도자로 서 홍익인간의 행적이 잘 포착된다. 지상으로 내려온 환웅은 신단수 아래에 터잡아 신시국을 세우고 스스로 천왕을 자처한다. 나라가 있으 면 왕이 있고 왕이 있으면 나라가 있는 것은 당연하다. 따라서 환웅이 천왕을 자처했다는 것은 곧 그가 세운 '신시'는 나라였기 때문이다. 신 시는 천왕이 다스린 신정국가이다. 그러므로 단군조선과 구분하기 위 하여 환웅이 세운 나라를 '신시국' 또는 '신시고국'이라 일컬어왔다.

홍익인간의 뜻을 펼치려는 환웅천왕은 신시고국 통치과정에서 세 가지 일을 실천했다. 가) 하나는 풍백·우사·운사를 거느리는 일이고, 나) 둘은 주곡·주명·주병 등 360여 사를 주관하는 일이며, 다) 셋은 '재세이화'하는 일이다. 이 세 가지 일이 홍익인간 이념을 실천한 환웅 의 구체적 행적이다. 그러므로 세 행적을 근거로 홍익인간의 본디 뜻 을 포착할 필요가 있다.

가) 구름과 비바람의 신을 거느렸다는 것은 자연 기후를 정확하게 알고 거기에 맞게 생활했다는 생태학적 삶의 실천에 해당된다. 이때 기상의 신을 거느린다는 것은 일방적으로 자연환경에 따르거나 맞서는 것이 아니라, 그들과 함께 하는 것이다. 따라서 다스리지 않고 거느렸 다는 것은 자연에 복종해서 순응한 것도 아니고 자연을 정복해서 지배 하는 것도 아니다. 스스로 주체가 되어 그들과 더불어 공생하는 것이 거느리는 일이다. 그러므로 가)의 홍익인간 구현은 자연생태계에 순조 롭게 적응하는 생태학적 실천을 뜻한다.

나) 환웅은 사람들의 생활세계와 관련된 360여 가지 일을 교화로 다스렸다. 곡식을 으뜸으로 삼아 식량문제를 해결하고, 수명을 누리며 살도록 질병을 다스리며, 형벌로서 인간관계의 선악을 분별하도록 했 다. 식량과 건강 및 수명의 보장은 기본적인 복지이다. 복지생활을 누 리는 가운데 적절한 형벌로 선악을 분별하는 윤리적 삶을 실현함으로 써 삶의 질적 수준을 높였다. 그러므로 생활세계의 홍익인간 실현은 1) 주곡: 경제적으로 풍요로운 인간, 2) 주명과 주병: 생리적으로 건

강한 인간, 3) 주형과 주선악: 윤리적으로 올바른 인간을 위한 봉사였던 것이다.

다) 환웅의 '재세이화'는 천상이 아니라 세상에 머물면서 사람들을 교화했다는 뜻이다. 하늘에서 재천(在天) 이화(理化)를 한 것이 아니라, 지상으로 내려와 사람들과 더불어 살면서 다스린 것이 '재세이화'이다. 환웅은 천상에서 말로만 홍익인간을 주창하지 않고 직접 실천하기 위하여 인간세계로 내려와서 머물러 살았다는 말이다. 따라서 '이화'보다 '재세'의 실천이 더 중요한 홍익인간 정신의 실천이다. 왜냐하면 환웅의 '재세'야 말로 가장 이타적 세계관의 실천인 까닭이다.

환웅의 재세이화는 천상에서 관심을 보이는 데서 머물지 않고, 직접 인간세계에 와서 세상의 고통을 나누며 삶의 모범을 보이는 이타적 실천이다. 이를테면 빈민을 돕기 위해 성금을 보내는 것은 누구나 할 수 있되, 빈민과 함께 생활하면서 그들을 돕는 일은 아무나 할 수 없다. 부처나 예수처럼 이타적 실천을 하는 성인이나 가능한 일이다. 그러므로 천신인 환웅이 재세이화를 한 것은 홍익인간의 가장 아름다운 실천이라 할 수 있다.

환웅이 실천한 홍익인간의 보기 세 유형을 정리하면, 가)는 인류와 자연에 대한 생태학적 공생체제이고, 나)는 인간사회의 풍요와 건강이 보장되고 윤리적 삶이 실현되는 복지사회체제이며, 다)는 지도자의 신분적 특권에 안주하지 않고 민중의 생활세계와 함께 가는 이타적 실천체제이다. 따라서 환웅이 다스리는 신시국 사람들은 그야말로 태평성대를 누리지 않을 수 없다. 그러므로 이웃의 곰족과 범족이 환웅을 찾아와서 자기들도 인간다운 삶을 누릴 수 있도록 이끌어 달라고 조를 수밖에 없었다.

기록에는 곰과 범이 환웅을 찾아와 인간이 되게 해달라고 빌었다고 한다. 인간의 관점에서 곰과 범은 다른 세계의 존재들이다. 도저히 같은 존재로 어깨를 나란히 할 수 없다. 그럼에도 환웅은 그들을 내치지 않고 받아들여서, 쑥과 마늘을 주어 인간이 되는 길을 일러주었다. 천상에서 지상세계로 내려와 재세이화를 실천한 것처럼, 다른 생활세계에서 찾아온 곰족과 범족도 환웅족의 생활세계로 끌어안은 것이다. 이타적 세계관을 지니지 않으면 불가능한 일이다.

더군다나 범족은 적응과정을 견디지 못하고 일탈했다. 그렇지만, 일탈한 범족을 잡아들여서 적응을 강요하거나 징벌하지 않았다. 각자 자유의지에 맡겨두면서 그들이 원하는 바를 이루어 주었던 것이다. 게다가 곰족은 환웅족과 인간다운 삶을 공유하는 데서 만족하지 않고 혼인까지 요청했다. 환웅은 이 또한 내치지 않고 곰네가 원하는 대로 혼인을 하여 단군을 낳고 조선을 건국하는 성취에 이르게 하였다. 서로 대등한 존재로 인식하고 호혜평등한 교류와 소통을 하지 않으면 불가능한 역사적 성취이다.

물론 이러한 역사적 서술은 인간과 곰·범 사이의 생물종 차원의 문제가 아니라, 농경생활의 선진문화를 누린 환웅족과, 신시의 생활세계를 인간다운 삶으로 동경한 곰족 및 범족 사이에서 벌어진 문제이다. 천신족인 환웅족과, 동물토템을 지닌 곰족 및 범족은 서로 문화적 격차가 클 수밖에 없다. 만일 환웅족이 홍익인간 이념을 추구하지 않고 자민족 중심주의에 빠졌다면, 후진문화의 곰족과 범족을 이끌어 주기는커녕 힘으로 복속시켰을 가능성이 높다. 그러나 홍익인간 이념으로 이타적 세계관을 실천하고 있었던 까닭에 곰족과 범족에게 채식생활과 정착생활을 가르쳐서 인간다운 삶의 길로 이끌어 주었던 것이다.

이처럼 환웅은 다른 세계에서 찾아온 곰족과 범족을 차별 없이 받아 주었을 뿐 아니라, 자기 세계에 적응할 수 있도록 먹을 것을 내어주며 따뜻하게 이끌어 주었으며, 곰네의 청혼도 신분 차이를 들어 거부하지 않고 기꺼이 혼인을 했다. 모든 존재를 차별없이 대등하게 여기며 상생하려 했던 것이다. 그러므로 환웅이 실천으로 보여준 홍익인간은 문화적 수준이나 신분적 위상의 높낮이를 넘어서 모든 존재를 대등하게 받아들이고 서로 교류함으로써 하나의 공동체를 이루는 '이타적 상생의 이념'이라고 할 수 있다.

홍익인간 이념을 여기까지 해석하는 데서 만족할 수 없다. 왜냐하면 환웅의 구체적 행적과 통치방식뿐만 아니라, 천신의 이름과 도읍지명, 왕호, 국호 등에서도 그러한 이념이 내포되어 있기 때문이다. 환인과 환웅은 홍익인간과 뗄 수 없는 이름이다. 그 이념을 이어받은 단군도 마찬가지이다. 따라서 환인과 환웅, 단군은 모두 밝다는 뜻을 지닌 이름을 공유하되, 고유명사의 기능을 하기 위해 표현만 달리 했을 따름이다. 뜻글자로서 한자의 의미가 아니라 소리글자로서 우리말의 뜻으로 읽어야 이름의 의미가 제대로 포착된다. 우리말이 문자로서는 소리글자이지만 언어로서는 뜻을 가진 언어이자 표정까지 담고 있는 '표정언어'라[12) 할 수 있다.

환인과 환웅, 단군은 모두 밝은 뜻을 지닌 표정언어와 만난다. 환하다는 말의 '환'이나 밝다는 말의 '밝'은 모두 표정을 밝게 열어야 제대로 발음할 수 있다. 실제로 밝은 빛을 내는 '해'와 '달'은 물론, 밝은 '낮'과 '아침', 그리고 '반갑다'는 말을 할 때는 얼굴표정도 말뜻처럼 활짝 열리게 마련이다.

그러나 '별'을 말할 때나, 어두운 '밤'과 '저녁', 그리고 '밉다', '부끄럽다'고 할 때는 표정이 어두워지고 입이 앞으로 나오거나 닫히게 된다. 따라서 두 낱말 뭉치들은 '낮'과 '밤'처럼 말을 할 때 입의 여닫이가 대조를 이룬다. 그러므로 말뜻과 말의 표정이 일정한 관계를 이루고 있어서 말소리를 듣지 않아도 시각적으로 그 뜻을 알아차릴 수 있다.

'환'과 '단', '밝' 등은 모두 얼굴표정을 밝게 열면서 내는 소리값이다. 환인과 환웅은 하느님 또는 천신으로서 환한 빛을 발하는 해를 상징한다. 박달나무 '檀자'로 일컬어지는 단군(檀君)은 '밝은 땅 임금'이다. 박달나무에서 밝은 땅의 소리값을 끌어온 말이다. 환웅과 단군 모

---

12) 표정언어라는 말은 강연이나 수필에서 더러 쓴 적이 있지만, 논문에서는 처음 사용하는 용어이다. 우리말 가운데 감정이나 실체를 나타내는 일부 언어는 말할 때 지어지는 표정과 그 말의 뜻이 서로 연관되어 있다는 데서 일컫는 말이다.

두 세상의 빛이자 해의 상징이지만 구체적 역할에 따라 '환'과 '단'으로 변별된다. '환하다'는 것은 빛이 밝다는 뜻이자 공간이 넓게 트였다는 뜻이다. 그러므로 환인과 환웅은 천제와 천왕으로서 해를 뜻하고 태양시조사상13)의 근거가 된다.

실제로 해는 세상을 밝히는 '빛'이자 열에너지를 발산하는 '볕'이어서 삼라만상을 존재하게 하고 모든 생명을 두루 살아 있게 하는 실체로서 사실상 홍익인간세상의 실제적 기능을 담당한다. 해님은 창조주이자 홍익인간을 실현하는 주체이다. 하늘 세계의 '환함'과 달리, 단군은 지상세계의 '밝음'을 나타낸다. 단군왕검은 인간세상을 밝히는 박달왕으로서 곧 '밝은 땅 임금'이다.

열린 우주의 공간적 트임을 나타내는 환웅의 '환'함과 달리, 단군은 지상의 왕답게 빛이 '밝은 상황'만 나타낸다. 온누리를 밝히는 환웅천왕과 달리, 단군은 지상세계를 밝히는 인간왕이다. 따라서 도읍을 정한 아사달(阿斯達)은 '아침 땅'을 소리말로 나타낸 것이며, 국호 '조선'은 아사달의 한자말로서 '해 뜨는 아침의 나라'14)를 뜻한다.

신시가 사실은 해숲 또는 해불을 나타내는 것처럼, '박달 - 밝은 땅 - 동녘땅 - 아사달 - 조선'은 모두 해 또는 햇빛을 상징한다. 환웅과 단군의 칭호는 밝음의 지평에 차이가 있되, 모두 해의 광명사상에 바탕을 두고 있다는 점에서 동질적이다. 왜냐하면 이러한 사상들은 모두 홍익인간 이념을 반영하기 때문이다. 그러므로 해처럼 온누리를 밝게 다스리며 삼라만상을 다 살리는 것이 홍익인간 이념인 것이다.

---

13) 임재해, 〈환웅시대 태양시조사상의 홍익인간과 재세이화 전통〉, 《고조선단군학》 29, 고조선단군학회, 2013, 489~542쪽.
14) 《신증동국여지승람(新增東國輿地勝覽)》에서는 조선을 '해가 일찍 뜨는 동방의 나라'라는 의미로 해석했다.

3. 홍익인간 이념의 역사적 상징과 지속성

지도자가 권력의 성역 안에서 군림하는 것이 아니라, 세상의 빛이되어 온누리를 고루 밝히는 햇살 구실을 하는 것이 홍익인간 이념이다. 환웅이 신시에서 보기를 보여준 것처럼, 지도자가 권력의 양지에머물지 않고 세간의 어두운 음지를 찾아가서 밝은 세상을 만들었을 뿐아니라, 짐승처럼 살아가는 사람들까지 인간다운 삶으로 이끌어주는것이 홍익인간의 구체적 보기들이다. 그것은 곧 하늘에서 세상의 어두운 곳을 차별 없이 환하게 비추어 주고 삼라만상을 모두 살아 있게 밝혀주는 해의 기능이기도 하다.

환웅의 홍익인간 이념은 단군조선 이후에도 부여와 고구려, 신라로이어졌다. 북부여의 시조는 '해모수(解慕漱)'로서 해의 형상 곧 '해모습'을 뜻하는[15] 이름이다. 해모수는 아침에 하늘에서 내려와 나라를 다스리다가 저녁에 하늘로 올라갔다고 함으로써, 아침에 뜨고 저녁에 지는해의 운행과 고스란히 일치하는 통치를 했다.

해모수가 하늘에서 오룡거를 타고 지상으로 하강하는 서사적 구조또한 환웅이 무리 삼천을 거느리고 태백산 신단수로 하강하는 구조와일치한다. 게다가 성을 아예 '해'씨로 하여 아들의 이름을 '해부루(解夫婁)'라고 하였다.[16] 태양시조 관념에 따라 모두 해를 상징하지만, 해모수가 햇빛의 밝음을 뜻한다면 해부루는 해의 열기를 뜻한다. '해부루'는 곧 '해+불'의 음차로서 해의 불꽃같은 열기를 일컫는 까닭이다.

환웅의 신시와 단군의 조선은 물론, 해모수와 해부루의 부여도 '해'를 상징하는 국호이다. 시조왕의 이름과 국호까지 해를 뜻하는 동질성을 지녔다.[17] 해의 기능을 뜻하는 홍익인간 이념은 고구려의 주몽과

---

15) 최래옥, 《하늘님, 나라를 처음 세우시고》, 고려원, 1989, 32쪽. "이름은 해모수라 하였는데, 뜻은 알기 어려우나 '해모습' 정도가 아닌가 한다."
16) 《三國遺事》 卷2, 紀異2, 北夫餘. "天帝降于訖升骨城 乘五龍車 立都稱王 國號北夫餘 自稱名解慕漱 生子名夫婁 以解爲氏焉."

신라의 박혁거세에서 더 구체적으로 나타난다. 주몽이 햇빛을 받고 알의 형태로 태어났을 뿐 아니라, 해모수의 아들로서 천제의 후손을 자처했으며, 고구려를 건국하고 시조왕이 되자 해주몽에서 고주몽으로 성을 바꾸었다. 해씨나 고씨 모두 태양신을 상징하는 성씨이다.[18]

따라서 흔히 난생으로 일컬어지는 주몽의 알은 사실상 '해'를 상징하는 것으로서 해주몽은 난생이 아니라 햇빛을 받아 태어난 일생(日生)이다. 일생신화의 해주몽본풀이는 환웅의 천손강림 구조와 일치하되, 구체적인 강림 방식이 다른 형태로 나타났다. 태양알에서 태어난 일생신화들은 천손강림신화에 대하여 상대적으로 '태양강림신화'라 일컬을 수 있다. 그러므로 천손신화를 북방신화, 난생신화를 남방신화로 나누어 전래설을 펼치며,[19] 우리 신화체계의 유기성을 해체하고 역사적 지속성을 부정하는 것은 외국학설에 의존한 편견이라 할 수 있다.

왜냐하면 환웅본풀이의 태양시조사상과 홍익인간, 재세이화의 전통은 조선과 부여를 거쳐서 고구려와 신라의 시조까지 이어지기 때문이다. 구체적인 동질성은 7장에서 자세하게 분석한 것처럼, 천손강림의 서사구조가 같다는 데서 찾을 수 있다. 단군조선 건국 이전에 환웅이 하늘에서 태백산 신단수로 강림하여 신시고국을 세우듯이, 주몽의 고구려 건국 이전에 해모수가 하늘에서 흘승골에 강림하여 부여를 세우고, 박혁거세의 신라 건국 이전에 6촌촌장들이 제각기 하늘에서 산으로 강림하여 저마다 자기 고을을 다스린다.

하늘에서 신성한 인물이 지상의 산으로 내려와 정치적인 지도자가 된다는 6촌촌장 신화는 환웅과 해모수의 천손강림구조와 일치한다. 하늘에서 내려온 환웅과 알평 등이 제각기 신시와 북부여, 급량부 등의 초기 국가를 이룩하고, 그러한 역사적 기틀을 바탕으로 단군이 조선을,

17) 임재해, 〈건국본풀이로 본 시조왕의 '해' 상징과 정치적 이상〉, 《比較民俗學》 43, 比較民俗學會, 2010, 491쪽.
18) 임재해, 위의 글, 492쪽.
19) 김병모, 《금관의 비밀 -한국 고대사와 김씨의 원류를 찾아서》, 푸른역사, 1998, 149쪽.

주몽이 고구려를, 박혁거세가 신라를 건국한다. 이러한 건국본풀이의 이중구조는 환웅신시에서부터 일관된 것이다. 이러한 역사적 일관성을 일목요연하게 포착하기 위해 조선과 고구려, 신라 건국 전후의 본풀이를 함께 정리하면 아래와 같다.

환웅이 하늘에서 태백산에 내려와 신시의 천왕
  → 환웅의 아들 단군이 조선을 건국

해모수가 하늘에서 흘승골에 내려와 부여의 왕
  → 해모수의 아들 주몽이 고구려 건국

알평이 하늘에서 표암봉에 내려와 급량부의 시조
  → 알평 등의 추대로 혁거세가 신라 건국

위와 같이 단군 조선은 물론, 주몽의 고구려, 혁거세의 신라는 모두 천손강림의 천왕에 의해 태어나거나 추대되어 비로소 건국시조가 된다. 환웅의 신시에서 단군조선이 건국되는 것처럼, 해모수의 부여에서 주몽의 고구려, 알평 등의 6촌에서 혁거세의 신라가 건국된다. 이러한 서사구조를 더 집약하면 아래와 같은 체계를 이룬다.

환웅이 태백산에 하강 → 신시의 천왕 → 단군왕검의 조선 건국
해모수가 흘승골에 하강 → 부여의 천왕[20] → 주몽의 고구려 건국
6촌시조가 각각 산에 하강 → 육촌의 촌장 → 박혁거세의 신라 건국

그동안 민족신화의 유기적 관계와 통시적 일관성이 제대로 포착되지 않았던 것은 우리 건국본풀이를 보는 논리를 제대로 발견하지 못한

---

20) 李奎報, 《東國李相國集》, 卷3, '東明王篇'에서는 해모수를 일러 사람들이 '天王郞'이라 했다고 한다.

까닭이다. 첫째, 건국본풀이는 사료이자 역사라는 관점에서 인과관계의 논리 위에서 해석하지 않았으며, 둘째, 민족신화로서 세계관적 동질성을 공유하고 있을 것이라는 문제의식을 하지 못하였고, 셋째, 건국본풀이가 둘이면서 하나이고 하나이면서 둘이라는 이중구조의 유기성을 포착하지 못한 까닭이다.

건국본풀이를 통시적 지속성과 상호관계 속에서 해석하면 서사적 구조만 일관되게 지속되는 것이 아니라, 환웅의 홍익인간 이념도 당대에 끝나지 않고 신라시조 혁거세에까지 이어진다는 사실을 포착하게 된다. 해를 상징하는 환웅이 신단수 아래로 내려와 온누리를 밝게 다스리듯이, 혁거세 또한 해를 상징하는 붉은 알에서 태어나 몸에서 밝은 빛을 발산하며 세상을 밝힌 까닭에 성도 '박(밝)'으로 지어졌다. 혁거세의 우리말 이름 또한 '불구내(弗矩內)'로서 '붉은 해' 또는 '밝은 누리'로[21] 일컬어졌다. 그러므로 환웅의 홍익인간 이념의 다른 표현이 '혁거세'이념 또는 '불구내'사상으로서,[22] 밝사상을 기초로 한 태양시조사상과 만난다고 할 수 있다.

환웅의 '재세이화(在世理化)' 또한 박혁거세의 '광명이세(光明理世)'로 지속되었다. 신시 건국시조 환웅의 '홍익인간 재세이화'가 신라 건국시조 박혁거세에 의하여 '혁거세 광명이세' 또는 '붉은 해 광명이세'로 지속되면서 시대적 가치에 따라 강조 내용이 다르게 표현되었다. 신라 건국시기는 이미 정착문화가 확립된 까닭에 세상에 머물러 사는 것을 강조한 '재세이화'의 의미보다 세상을 밝게 다스린다는 '광명이세'를 더 강조해서 표방했던 것이다.

따라서 흰웅의 '홍익인간'이념과 '재세이화'사상, 그리고 박혁거세의 '불구내(弗矩內)'이념과 '광명이세'사상은 배달겨레의 일관된 태양

---

21) 弗矩內에 관한 해석에는 두 가지가 있다. 이병도는 《新羅의 起源問題》에서 광명을 나타내는 '밝은'의 음차로 불구내를 해석했고, 양주동은 《古歌研究》에서 '불ㄱ뉘'라 하여 세상을 밝게 하는 시조로 새겨, 밝은 누리로 해석했다.

22) 임재해, 〈건국본풀이로 본 시조왕의 '해' 상징과 정치적 이상〉, 《比較民俗學》 43, 比較民俗學會, 2010, 494쪽.

숭배의 전통과 농경문화에서 비롯되었다.[23] 그러므로 온누리를 밝히는 '홍익인간'과 '혁거세' 이념, '재세이화'와 '광명이세'의 통치지침은 둘이면서 하나이고 하나이면서 둘인 민족사상의 기둥으로 재인식되어야 할 것이다.[24]

정치적 지도자로서 환웅의 홍익인간 이념은 크게 두 가지 행적으로 나타난다. 하나는 인간세상에 머물러서 세상을 널리 이롭게 하는 '재세이화'의 국내 통치이며, 둘은 곰족과 범족 등 다른 세계의 뒤떨어진 종족들을 대등하게 껴안고 서로 연대하여 큰 공동체 국가를 이루는 호혜평등의 외교 통치이다. 신라 건국과정에서도 이러한 두 가지 이념이 잘 실현된다.

첫째, 국내 정치로서 6촌 촌장이 화백회의를 통해서 지도자를 추대하는 것이다. 특정 정파의 이익이 아니라 6촌의 공동선을 위해 화백제도를 두고 만장일치로 정치적 지도자를 추대하는 것이고, 이렇게 추대된 혁거세는 온 세상을 밝히기 위해 광명이세의 정치를 표방한 것이다. 이러한 홍익인간 이념은 국내정치에 머물지 않고 대외 관계에서도 고스란히 나타난다.

둘째, 외교 정책으로서 환웅이 곰족과 범족 등 문화적으로 뒤떨어진 이민족을 대등하게 포용한 것처럼, 혁거세의 박씨 왕실도 왕위를 세습하지 않고 신라를 찾아온 이민족 석탈해에게 양위했다. 이것은 이기적 혈연주의에서 벗어나 국가 공동체의 역량을 강화하기 위한 이민족의 포섭이었던 셈이다. 혁거세가 세상을 널리 밝히는 홍익인간 이념을 추구한 사실을 고려하면, 혈연적 권력 세습과 왕권의 독점보다 국가의 역사적 미래를 위해, 역량이 탁월한 이민족 석탈해에게 왕위를 선양한 것은 슬기로운 선택이다. 그러므로 남해왕은 자기가 '죽은 뒤에 아들과 사위를 가리지 말고 연장자 또는 현명한 자로 왕위를 계승하게 하라'고[25] 이르기까지 하였다.

---

23) 임재해, 위의 글, 494~495쪽.
24) 임재해, 위의 글, 487~497쪽에서 자세하게 논의했다.

혈연보다 지도자로서 역량을 더 중요하게 여긴 까닭에 유리왕은 선왕의 유언에 따라 왕위를 이방인 탈해에게 넘겨주려 했던 것이다. 그러나 탈해 또한 왕위를 덜컥 받지 않았다. 능력이 모자란다고 사양하며 유리왕을 추대했다. 유리왕은 그렇게 등극했으나 죽으면서, 이방인 석탈해에게 기어코 왕위를 물려주었다. 왕권을 세습하지 않고 능력 있는 이방인을 추대한 사실은, 환웅이 곰네와 혼인하여 동맹을 맺어 단군조선의 기틀을 다진 것처럼, 왕권의 세습제와 자민족 중심주의를 한꺼번에 극복한 일이라 할 수 있다.

이러한 전통은 박씨계 왕실에서 끝나지 않고 석씨계 왕실에서도 이어졌다. 석씨계의 탈해왕 또한 비범한 인물 김알지가 출현하자 혁거세 사상에 따라 알지를 후계자로 지목하여 세자로 삼게 되었다. 이렇게 하여 신라 초기에는 박·석·김 세 혈연집단들이 능력에 따라 서로 오가면서 나라를 다스렸던 것이다. 따라서 신라 천년이 가능했던 배경은 신라초기의 지도자들이 왕실 중심의 독점적 왕위 세습보다 능력 중심의 개방적 왕위 선양을 한 홍익인간 정신이 큰 구실을 했던 셈이다. 그러므로 환웅의 홍익인간 이념은 재세이화에서 광명이세의 통치 양식으로 신라시대까지 2천 5백 년 이상 지속되었다는 사실을 확인할 수 있다.

4. 홍익인간 이념의 생활사와 문화적 지속

홍익인간 이념은 통시적 역사로서 건국시조들에 의해 지속되었는가 하면, 우리시대의 공시적 문화로서 민중들의 생활세계 속에 널리 전승

---

25) 《三國史記》 卷1, 〈新羅本紀〉 第 1, 脫解尼師今, "吾死後無論子壻 以年長且賢者繼位."

되고 있다. 민중들의 생활세계를 이루는 전통문화가 곧 민속문화이다. 정치철학으로서 홍익인간 이념이 시조왕의 것이자 지배자의 국가이념이라면, 민속문화로서 홍익인간 이념은 민중의 것이자 피지배자의 인간해방 의식이라 할 수 있다. 따라서 홍익인간은 국가이념으로서 정치철학과 인간해방 의식으로서 민속문화가 함께 간다고 할 수 있다.

다만 홍익인간의 정치철학은 현실정치에서 진작 사라져서 그 실체를 포착하기 어렵다. 그러나 홍익인간의 삶을 지향하는 민속문화는 최근까지 다양하게 전승되고 있다. 따라서 문화를 보는 눈만 밝으면 민속문화 속에 갈무리된 홍익인간 정신을 다각적으로 포착할 수 있다. 문제는 그러한 민속들이 실제로 환웅의 신시고국 시대 문화와 연관성이 있는가 하는 점이다. 왜냐하면 환웅의 신시문화가 최근까지 지속되지 않는데 민속문화 속에서 홍익인간의 가치만 지속되었다고 하는 것은 설득력이 없기 때문이다.

더군다나 사학계에서는 단군조선의 역사까지 신화일 뿐 사실이 아니라고 부정하고 있는 상황이다. 따라서 단군조선의 역사가 사실로 인정될 수 없다고 하는데, 환웅 신시의 홍익문화를 우리시대 민속문화 속에서 해석해낸다고 하는 것은 얼토당토 않는 일일 수도 있다. 역사적으로 존재하지 않았던 국가의 이념과 가치관을 우리시대 문화에서 찾아내려는 것이기 때문이다. 그러므로 웃음거리가 되지 않으려면 세 가지 작업을 먼저 해야 한다.

하나는 환웅의 신시고국 시대에 표방되고 실현되었던 홍익인간 이념이 역사적으로 지속되었다는 사실을 검증하는 일이고, 둘은 흔히 '단군신화'라고 하는 환웅본풀이의 역사적 사실이 신화의 형태가 아니라 다른 형태의 사료로 고스란히 존재하고 있는 사실을 밝히는 일이다. 그리고 셋은 우리 생활 속에서 환웅시대의 신시문화가 지속되고 있는 사실을 입증하는 일이다. 그래야 환웅의 홍익인간 이념이 단군조선 이전의 신시국에서부터 비롯되었을 뿐 아니라, 역사적으로 지속되었던 사실을 구체적으로 논증할 수 있다.

이미 첫째 문제의 검증은 앞에서 부여, 고구려, 신라 건국본풀이를 살펴보며서 환웅의 태양시조사상과 홍익인간 재세이화 이념의 지속성이 어느 정도 해명되었다. 둘째 검증은 환웅신시의 역사가 《삼국유사》를 비롯해서 《제왕운기》(帝王韻紀), 《응제시주》(應製詩註) 등에 기록되기 이전인 고구려 시대에도 널리 구전되고 기록되었으며 당시 사람들이 여러 방식으로 공유했다는 사실을 밝히는 작업을 통해 이루어져야 한다. 그것은 고조선본풀이를 기록한 위의 문헌들이 저자들에 의해 서술된 것이 아니라 한결같이 그 이전 시대의 문헌기록에서 인용되었다는 사실을 이미 밝혔다.

구체적인 전거를 보면, 《삼국유사》는 《고기》(古記)를 인용했고 《제왕운기》는 《단군본기》(檀君本紀)를 인용했으며 《응제시주》는 《본기》(本紀)를 인용했다. 그리고 《삼국유사》 '고구려'조에는 《단군기》(檀君記)를[26] 인용하였고, 《세종실록》 지리지는 《단군고기》(檀君古記)를[27] 인용하고 있다. 따라서 환웅신시와 단군조선을 서술한 문헌은 현재 사라져서 확인할 길이 없지만, 《삼국유사》나 《제왕운기》가 집필되던 고려에서 《세종실록》이 서술되던 조선조 초기까지 다양하게 존재했던 사실을 알 수 있다.

중요한 사실은 환웅신시의 역사가 여러 문헌뿐만 아니라 화상석과 고분벽화, 장신구 등으로 형상화되어 있다는 점이다. 중국 산동반도의 무량사(武梁祠) 무씨사당(武氏祠堂) 화상석(畵像石) 그림에서[28] 환인과 환웅, 치우, 단군 등의 역사가 확인되었다. 고구려 고분벽화 각저총(角抵塚)의 각저희(角抵戱) '신단수도'[29]에도 (그림 9 참조) 환웅본풀이의

---

26) 《三國遺事》 卷1, 紀異1, 高句麗. 一然의 註釋. "壇君記云 君與西河河伯之女要親 有産子 名曰夫婁 今按此記 則解慕漱私河伯之女而後産朱蒙. 壇君記云 産子名曰夫 婁 夫婁與朱蒙異母兄弟也."
27) 《世宗實錄》 地理志, 平壤條에 출처를 《檀君古記》로 밝혀두었다.
28) 김재원, 《단군신화의 신연구》, 탐구당, 1974 참조.
29) 흔히 이 그림의 씨름 장면만 주목하여 '角觝塚'이라고 일컫고 있는데, 중요한 것은 씨름이 아니라 신단수를 중심으로 한 민족사 초기의 역사 상황이다. 따라서 각저총이라고 하면 씨름만 도드라지고 '신단수도'가 제대로 보이지

역사가 곰과 범의 그림과 함께 그려져 있다. 따라서 고구려는 환웅신
시의 역사와 문화를 고스란히 계승했을 뿐 아니라 신시건국본풀이를
공동체굿으로 재현한 사실을 확인할 수 있다.[30] 신단수에 검은 새가
깃들어 있는 것으로 보아서 환웅족은 새토템으로 자신들의 정체성을
나타냈을 뿐 아니라, 태양조로 삼족오를 표방하는 과정까지 포착할 수
있다.

　이러한 사실은 고구려 초기 금동장식품이 한층 구체적 형상으로 뒷
받침해 준다. 중국 요령성 평강(平崗)지구에서 출토된 금동장식품이[31]
생생한 보기이다(그림 16 참조). 유물에 조형된 형상이 뚜렷하고 보존
상태도 온전하여 역사적 사실을 증언하는 사료로서 거의 완벽하다. 특
히 곰과 범이 마주 보고 있는 형상이 오롯한 까닭에, 곰과 범이 환웅
을 찾아와서 사람이 되게 해달라고 빌었던 환웅본풀이의 서사적 내용
을 떠올리기에 충분하다. 그러므로 나는 이 금동장식품을 '환웅천조상
(桓雄天鳥像)'이라 일컬었다. 왜냐하면 하늘에서 강림한 환웅천왕이 새
로 형상화되어 표현되었기 때문이다.

　이 장식품은 환웅천조를 통해서 홍익인간 이념도 실감나게 형상화
하였다. 왜냐하면 환웅이 다른 종족들을 품어 안는 형상을 하고 있기
때문이다. 환웅천조는 날개를 한껏 펼쳐서 자기 알이나 새끼가 아닌,
곰과 범, 늑대를 두루 품고 먹이까지 주고 있다. 날개를 최대한 펼쳐서
모두 아우르며, 부리에 먹을 것을 물고 있는 것은 마치 어미 새가 새
끼들에게 먹이를 주는 상황과 같다. 종족이 전혀 다른 곰족과 범족, 늑
대족을 품고 먹이를 주는 천조상은 홍익인간 이념을 나타낸 최고의 유
물이라 할 수 있다.

　이 유물에서 우리는 고구려시대까지 단군조선보다 환웅신시를 더

───────────

않는다. 그러므로 각저총의 이름을 역사적 내용에 따라 '신단수총' 또는 '환
웅신시총'이라 해야 할 것 같다.
30) 이 책 제6장 〈민족사의 시작 신시고국의 정체와 역사인식〉에서 자세하게
　　논의했다.
31) 徐秉琨·孫守道, 《中國地域文化大系》, 上海遠東出版社, 1998, 129쪽, 그림 149.

중요한 민족사의 뿌리로 생생하게 전승된 사실을 확인할 수 있다. 환웅본풀이를 장신구로 형상화하여 사용할 만큼 환웅신시에 대한 역사의식이 투철했던 사실도 읽을 수 있다. 실제 생활사료 속에서도 환웅의 신시문화가 현재까지 지속되고 있다.

가장 대표적인 것이 쑥과 마늘을 먹는 식문화 전통이다. 천조상에서도 형상화되어 있는 것처럼, 환웅이 곰과 범에게 먹으라고 준 쑥과 마늘을 한국인들은 지금까지 잘 먹고 있다. 중국에서는 쑥을 먹지 않고 일본에서는 마늘을 먹지 않는다. 동북아시아에서 오직 한국인들만 쑥과 마늘을 다 먹는 식문화를 전승하고 있다. 그러므로 쑥과 마늘을 먹는 관습은 환웅 이래로 우리 민족의 식생활 전통으로 살아 있는 셈이다.[32]

환웅신시의 식문화 전통은 지금도 살아 있고 앞으로도 지속될 것이다. 쑥과 마늘처럼 야생의 나물을 먹는 채취문화의 전통은 한국에서 두드러진다. 산나물비빔밥이나 산채정식과 같은 식당의 차림표는 한국에만 있는 것이다. 고대인들의 채취생활을 고려하면 산나물을 먹는 식문화는 만년의 전통을 자랑한다. 그러므로 환웅신시의 '쑥과 마늘은 한국 나물 문화의 원형'이자,[33] 지금도 지속되고 있는 환웅신시의 문화적 전통일 뿐 아니라, 당시의 역사를 증언하는 귀중한 생활사료이다.

신시시대의 세계관은 신앙생활 속에도 지속되고 있다. 하나는 공동체신앙으로서 신단수와 같은 신목에 환웅과 같은 신격이 깃들어 있다고 여기는 당나무의 전통이며, 둘은 굿에서 신내림을 받을 때 내림대로 신을 받아보시는 내림굿의 전통이다. 마을이나 고을의 당나무는 신단수의 전통을 이어오고 있다. 환웅이 태백산 신단수로 내려와서 신시를 세운 것처럼, 당나무에 마을의 동신이나 고을의 부신(府神)이 늘 깃들어 있다고 믿는 것이 공동체신앙이다. 그러므로 당나무는 신단수의

32) 임재해, 〈단군신화에 갈무리된 문화적 원형과 민족문화의 정체성〉, 《단군학연구》 16, 단군학회, 2007, 288~294쪽 참조.
33) 이어령, 《디지로그》, 생각의나무, 2006, 95쪽.

현재진행형이라 할 수 있다.

하늘의 천신이 강림하여 시조왕이 된 것은 내림굿의 전통으로 살아 있다. 무당이 되려면 신내림을 받는 내림굿을 해야 한다. 그리고 무당은 굿을 할 때마다 신내림을 받아 굿청에 모시는 일을 한다. 신이 강림하지 않으면 무당도 굿도 되지 않는다. 신이 굿판에 내려와 좌정하도록 하는 내림대가 신단수와 같은 기능을 하는 나무이다. 내림굿과 내림대는 환웅이 홍익인간의 이상을 품고 하늘에서 신단수 아래로 강림한 서사적 전통을 굿판에 맞게 제의화한 것이다.

천손강림의 서사구조와 천부지모(天父地母) 사상은 서사무가에서도 고스란히 드러난다. 경기도 굿에서 구연되는 창세가 '시루말'이나 제주도의 '천지왕본풀이'를 보면, 한결같이 하늘의 천신이 지상에 내려와 여성과 혼인하여 아들을 낳게 되며, 그 아들은 세상을 다스리는 존재로서 무신(巫神) 또는 왕이 된다.

〈시루말〉
1) 천하궁의 '당칠성'이 하늘에서 지하궁에 내려온다.
2) 매화부인과 인연을 맺고 아들 형제를 잉태한다.
3) 매화부인은 아들 형제를 낳아서 양육한다.
4) 아들은 아버지를 만나고 세상을 다스리는 무신이 된다.

〈천지왕본풀이〉
1) 천지왕이 하늘에서 지상에 내려온다.
2) 총맹부인과 인연을 맺고 아들 형제를 잉태한다.
3) 총맹부인은 아들 형제를 낳아 양육한다.
4) 아들은 아버지를 만나고 이승과 저승을 차지한다.

제석본풀이의 서사구조도 이와 다르지 않다. 제석굿에서 노래되는 서사무가 '당금애기'는 서천서역국에서 온 스님의 아기를 잉태하고 아

들 삼형제를 낳게 되며, 삼형제는 서천국으로 가서 아버지를 만나 신
직(神職)을 받고 지상에서 제석신으로 좌정한다. '당금애기'는 제석신의
좌정과정을 노래한 까닭에 〈제석본풀이〉라고도 한다.

〈제석본풀이〉
　　1) 서천의 불승이 속세에 내려온다.
　　2) 당금아기와 인연을 맺고 삼형제를 잉태한다.
　　3) 당금아기는 아들 삼형제를 낳아서 양육한다.
　　4) 삼형제는 아버지를 만나고 제석신으로 좌정한다.

　　제석본풀이로 노래되는 당금애기는 스님의 아들로 태어나지만, 서
천의 스님은 불교가 전래된 이후의 변이일 뿐, 사실은 '시루말'의 당칠
성, '천지왕본풀이'의 천지왕, 해모수본풀이의 해모수와 같은 천신이자
태양신에 해당된다. 왜냐하면 제석신을 낳은 스님은 서천국에서 세속
세계를 찾아온 존재이자, 해모수처럼 하늘에서 지상으로 하강하거나
지상에서 하늘로 승천하는 일을 자유롭게 하는 천신이기 때문이다. 그
러므로 서사무가 곧 무조신본풀이의 서사구조는 건국시조본풀이와 상
통한다. 단군본풀이와 주몽본풀이의 서사구조도 무조신본풀이와 같이
분석된다.

　　1) 환웅이 하늘에서 태백산 신단수에 내려온다.
　　2) 곰네의 요청으로 인연을 맺고 아기를 잉태한다.
　　3) 곰네는 아들 단군을 낳아서 양육한다.
　　4) 단군은 조선을 세우고 시조왕이 된다.

　　1) 해모수가 하늘에서 웅심산으로 내려온다.
　　2) 유화부인과 인연을 맺고 아기를 잉태한다.
　　3) 유화부인은 아들 주몽을 낳아서 양육한다.

4) 주몽은 고구려를 세우고 시조왕이 된다.

제석본풀이의 서사구조는, 하늘에서 하강하여 곰네와 혼인하고 조선의 시조 단군을 낳은 환웅본풀이나, 천신으로서 지상에 내려와 유화부인과 혼인하여 고구려의 시조 주몽을 낳은 해모수본풀이와 다르지 않다.34) 본풀이로서 서사구조만 일치하는 것이 아니라, 사유체계도 일정한 동질성을 지닌다. 아래와 같은 다섯 가지 사실이 공통점으로 정리된다.

> 첫째 천상계와 지상계로 세계를 둘로 인식하는 점
> 둘째 천상의 초월적 존재가 지상으로 강림하는 점
> 셋째 인간세상을 살기 좋은 곳으로 만들려 하는 점
> 넷째 천부지모 사상에 입각하여 아들을 낳는 점
> 다섯째 무신이나 시조왕으로 세상을 다스리는 점

세계를 천상계와 지상계로 양분하는 것은 사실상 음양론에 해당된다. 그리고 천상의 아버지와 지상의 어머니가 혼인하여 아들을 낳는 것은 음양론에 따른 생성론이다. 하늘의 천신과 땅의 지신이 서로 교감하여 새로운 존재를 낳고 그 존재가 세상을 다스림으로써 안정상태를 이루는 것은 3재론에 따른 구조론이다. 따라서 단군본풀이로부터 시작하여 주몽본풀이, 그리고 시루말과 천지왕본풀이, 제석본풀이 등 최근까지 전승되는 굿문화의 본풀이가 동일한 서사구조로 지속되고 있을 뿐 아니라, 음양론에 의한 생성론은 물론, 3재론에 따른 구조론까지 일관성을 지니고 있는 사실을 알 수 있다.

이러한 본풀이의 구조와 세계관이 태초의 건국시조본풀이에서부터 최근의 무교본풀이에 이르기까지 일치하는 것은 하늘의 천신이 지상으

---

34) 徐大錫, 〈帝釋本풀이 研究〉, 《韓國巫歌의 研究》, 文學思想社, 1980, 70~110쪽에서 이 서사무가들이 건국시조본풀이와 같은 본풀이라는 것을 검증하였다.

로 강림하는 데서부터 비롯된다. 신이 지상의 현실세계로 내려오게 하는 것이 내림굿이다. 따라서 모든 건국본풀이가 천신강림으로부터 시작되는 것처럼, 굿의 처음도 내림굿으로부터 시작된다. 이러한 내림굿의 구조는 시베리아 샤머니즘의 이계여행(異界旅行) 양상과 구별되는 우리 굿만의 특징이다.

시베리아 샤먼들은 굿을 하는 동안 무당의 혼이 몸에서 빠져나가 이계로 떠나는 까닭에 엑스타시(ecstasy)에 이르는데, 흔히 망아 상태의 탈혼 현상이라고 한다. 그러나 우리굿에서는 신을 찾아가는 샤머니즘과 반대로 신을 굿판으로 불러들여서 신이 무당에게 지펴야 한다. 무당들이 굿을 할 때 신이 무당에게 지펴서 빙의상태로 굿을 하는 까닭에 포제션(possession)이라 한다. 신내림의 매개물이 내림대이자 신대로서 나무장대거나 나뭇가지이다. 그러므로 굿의 신들림 현상은 천신 환웅이 신단수에 강림하는 구조와 일치하는 것이자, 붙박이 당나무의 휴대용 모형이라 할 수 있다.

5. 두레 전통에 갈무리된 일자리 공유문화

환웅의 신시문화는 여러 사료 속에 남아 있는데, 특히 생활사료는 현재까지 민속문화의 양식으로 생생하게 지속되고 있어서 더 구체적으로 주목할 필요가 있다. 홍익인간 이념도 현재의 민속문화 속에 이어진다고 생각하면, 민속의 해석도 달라질 수 있다. 그러나 민속문화에 갈무리된 홍익인간 정신의 실상을 요모조모 나열하면 잡다한 열거에 그칠 가능성이 있다. 그러므로 민속문화의 다양한 현상을 네 갈래로 집약해서 홍익인간의 가치를 밝히려 한다.

사람들의 생활세계를 한 문장으로 압축하면 "사람들은 일하고 놀고 빌며 살아간다"고[35] 할 수 있다. '1)일하고 2)놀고 3)빌며 4)살아가는

삶'의 네 갈래 민속을 '노동'과 '놀이', '신앙', '일생'의 열쇠말로 정리
할 수 있다. 이 가운데 구체적으로 홍익정신을 담고 있는 두드러진 민
속 현상을 연역적으로 뽑아 보면, 가) 일을 함께 하는 공동노동 양식
두레, 나) 공동체 놀이로서 대동성을 발휘하는 줄당기기, 다) 동신과
함께 만신을 섬기는 인간해방의 별신굿, 라) 나서 죽을 때까지 살아가
면서 거치는 일생의례의 잔치 등을 특히 주목할 수 있다. 먼저 일의
민속인 두레부터 주목한다.

두레는 공동노동 양식이자 공동배식, 공동휴식, 공동놀이, 공동제의
를 함께하는 일의 민속이다. 일은 의식주를 해결해 주는 필수적인 생
존활동이다. 일의 고된 정도와 노동력 투입의 양은 생산 결과를 결정
한다. 따라서 일은 힘든 노동이지만 풍요로운 삶을 보장하는 까닭에
보람이기도 하다. 두레는 그러한 노동의 가치와 보람이 어느 정도 보
장되는 민속이다.

마을사람들이 농사일을 공동으로 하는 까닭에 일자리가 없어서 밥
을 굶거나 실직 상태로 노숙하는 사람이 없다. 노동력이 없는 결손가
정에서도 농사에 실패하지 않는다. 두레꾼들이 함께 자기 일처럼 하기
때문이다. 사유재산은 인정하지만 일자리를 독점하지 않고 민주적으로
공유하는 것이 두레의 노동방식이다. 그러므로 두레는 일자리 공유의
문화이자 노동력 공유의 민속으로서 홍익문화라 할 수 있다.

두레는 분업체계가 아니라 능력과 수준에 맞게 공동노동을 하는 협
업체계인 까닭에 일을 하며 노래 부르고 춤추며 놀이도 한다. 일이 노
동이면서 놀이여서 일터가 신명풀이 놀이판이 되는 것이다. 그러한 촉
매를 하는 것이 풍물과 앞소리꾼이다. 그러므로 두레조직에는 으레 소
리를 잘 매기는 앞소리꾼과 풍물을 잘 치는 풍물패가 중요한 역할을
한다.

일터로 나갈 때도 풍물패들이 앞장서서 풍물을 치고 두레꾼들이 춤

---

35) 임재해, 〈민속문화에 갈무리된 제의의 정체성과 문화창조력〉, 《실천민속학연
    구》 10, 실천민속학회, 2007, 6쪽.

을 추며 뒤를 따른다. 어떤 일터이든지 일하러 나갈 때는 어설프게 마련이다. 그런데 일꾼들이 함께 모여 풍물 장단의 신명에 맞추어 어깨춤을 추며 일터로 나가면, 노동자로서 일터로 나가는 심리적 고통을 줄여주는 것은 물론, 마치 놀이터로 가는 행렬처럼 흥겹기 마련이다. "두레꾼들이 호미를 들고 일렬 종대로 농악에 맞추어 흥을 내면서 행진"하여 "작업장까지 행진하는 광경은 하나의 장관"을 이루었다.[36] 풍물패 가락에 어울려 흥겹게 춤추며 일터로 가는 까닭이다.

두레에는 풍물과 함께 농요가 필수적이다. 남녀가 함께 모내기하면서 부르는 농요는 서로 주고받는 사랑노래여서 더욱 즐겁다. 따라서 일을 마칠 무렵이 되면 "방실방실 웃는 님을 못다 보고 해가 지네"하는 민요처럼 오히려 아쉽기까지 하다. 집으로 돌아올 때도 풍물패를 앞세우고 흥겹게 춤출 뿐 아니라, 도착한 뒤에도 막걸리를 나누어 마시고 뒤풀이 춤판을 벌인다. 이때는 앞소리꾼의 매김소리에 맞추어 '쾌지나칭칭 나네'를 부르며 일에 지친 몸과 마음을 춤으로 유쾌하게 해소한다.

두레는 '한솥밥을 먹는다'고 하는 것처럼, 공동배식으로 공동식사를 하는 까닭에 참과 음식을 차별 없이 먹을 수 있다. 평소에 먹을 수 없는 쌀밥과 국, 고기반찬을 양껏 먹는 것은 가난한 농부나 일꾼들에게는 잔치음식이나 다름없다. 부자라도 집에 한가롭게 있는 사람에게는 참이 없지만, 두레꾼들에게는 참이 제공된다. 평소와 달리 막걸리와 안주, 국수 등을 새참으로 먹을 수 있어 종일 든든하게 일할 수 있다. 따라서 두레는 일자리만 공유하는 것이 아니라 '노래하며 일하고, 먹고 마시며 풍물놀이로 신명풀이를 하는 즐거운 노동'이라 할 수 있다. 그러므로 일꾼들이 차별 없이 신바람 나게 일하는 두레의 공동체노동이야말로 홍익인간 정신에 가장 충실한 것이 아닌가 한다.

일꾼들만 즐거우면 홍익인간 세상일까. 누구를 이롭게 하는 것이

---

36) 慎鏞廈, 〈두레 공동체와 농악의 사회사〉, 《공동체 이론》, 文學과 知性社, 1985, 233쪽.

홍익인간 정신인가. 모두를 이롭게 하는 것이 홍익인간의 가치이다. 그러자면 다 잘살게 해야 한다. 다 잘살게 하는 방법은 못 사는 사람을 잘살게 하면 다 잘살게 된다. 따라서 홍익인간 세상은 사용자와 가진 자가 아니라 노동자와 가난한 자를 이롭게 하는 것이다. 그러므로 노동력이 없는 노약자나 과부는 두레에 참여하지 않지만, 두레꾼들이 일을 해주는 까닭에 가장 큰 혜택을 받는다.[37]

농지가 많은 지주들은 노동력의 혜택을 받는 만큼 두레 유사(有司)의 계산에 따라 현물 또는 화폐를 지불했다.[38] 가진 자에게는 대가를 충분히 받고 약자에게는 무상으로 베푸는 것이야말로 모두 잘 살게 하는 홍익인간의 실현이다. 그러므로 산업사회에도 두레의 전통을 보기로 일자리를 공유하고 노동자들을 이롭게 하는 노동문화를 만들어가야 홍익인간 세상이 열린다.

6. 놀이의 인간해방 정신과 공동선의 지향

민속놀이 가운데 홍익인간 정신이 잘 살아 있는 것으로 줄당기기와 강강술래를 들 수 있다. 강강술래는 한가윗날 밤에 여성들이 모여 손을 잡고 노래 부르며 집단군무를 추는 일종의 가무 축제이다. 과거에 남성이 참여한 사례도 있긴[39] 하지만, 달밤에 여성이 주체가 되어 각종 놀이와 함께 강강술래의 원무를 추면서 밤새도록 신명풀이를 하는 것은 여성해방의 놀이문화이다.

---

37) 愼鏞廈, 위의 글, 231쪽, "과부·병약자 등 노동력 결핍자의 농지는 두레의 공동노동으로부터 가장 큰 혜택을 받았다."
38) 愼鏞廈, 같은 글, 232쪽.
39) 나승만, 〈비금도 강강술래의 사회사〉, 《島嶼文化》 19, 목포대학교 도서문화 연구소, 2001, 403~404쪽 및 《강강술래를 찾아서》, 보림출판사, 2003, 2장 2절, '남과 여, 청춘의 술래꾼들'.

신라 유리왕대의 기록을 보면, 궁중의 왕녀들이 두 패로 나뉘어서 매년 음력 7월 16일부터 8월 보름까지 한 달 동안 길쌈을 하여 서로 솜씨를 겨루어 본 뒤, 지는 편이 이기는 편에게 음식을 제공하고 회소곡(會蘇曲)이라는 노래를 부르며 즐겁게 놀았다고 하였다.[40] 그런데 최근에는 조상들에게 맏물 곡식을 바치는 천신제의(薦新祭儀)로 바뀌면서 여성명절의 성격이 크게 퇴조되었다. 가부장체제의 유교문화가 한가위를 조상신에게 차례(茶禮) 드리는 남성주의 명절로 바꾼 것이다.

그러나 민속놀이를 보면, 여성주의 문화가 달밤의 강강술래로 살아 있는 사실을 알 수 있다. 이지러졌다가 차오르는 달은 생생력을 상징하는 실체이다. 달과 관련하여 풍요다산을 상징하는 여성들이 강강술래나 놋다리밟기, 월월이청청처럼 달의 풍요를 유감주술적으로 모방하는 원무를 추는 것이다. 원무 형식의 춤은 단순한 신명풀이에 머물지 않고 풍농기원의 주술적 제의로서 보름굿의 필수 요소를 이룬다.[41] 여성들이 신분차별 없이 서로 손잡고 민요가락에 맞추어 둥글게 하나 되는 원무를 즐기는 것은 대동의 의미를 지닌 홍익문화이다.

강강술래의 유래에서는 이순신의 홍익인간 정신을 발견할 수 있다. 강강술래는 임란에 대응하여 이순신이 군사적 전술로 창안한 것인가 하면, 병사들의 사기를 진작시키기 위해 놀았다는 설과, 군사들의 기세를 가장하여 왜병들을 위축시키려고 했다는 설, 전쟁의 공포에 떨고 있는 주민들을 달래기 위해 강강술래를 하도록 했다는 설이 있다. 군사전략과 달리 주민들의 공포감을 해소시키기 위해 생사를 가르는 전쟁의 위기 속에서도 강강술래를 놀도록 했다는 것은 대단한 위민활동이라 하지 않을 수 없다.

어떤 전쟁이든 전쟁의 희생을 가혹하게 겪는 대상은 여성들과 아이

---

40) 《三國史記》 卷1, 〈新羅本紀〉 1, 儒理尼師今 9年.
41) 임재해, 〈놋다리밟기 춤의 유형과 풍농기원의 의미〉, 《한국민속과 전통의 세계》, 지식산업사, 1991, 229~234쪽에서 자세하게 논의하였다.

들이다. 여성에게 전쟁의 공포는 유난히 심각하다. 그 공포는 곧 아이들에게로 전이된다. 어머니가 불안하면 아이들은 더 큰 불안을 느낀다. 어머니가 행복해야 아이들도 행복하다. 따라서 아무리 심각한 전쟁이라도 여성이 공포에서 해방되면 그 전쟁은 사실상 이긴 전쟁이나 다름 없다. 그러므로 여성들의 집단 원무인 강강술래를 통해서 전쟁의 공포로부터 부녀들을 해방시킨 이순신은 박애주의자로서 홍익인간 정신을 실천했다고 할 수 있다.

한가위와 달리 정월 대보름에는 마을이나 고을 단위로 줄당기기를 한다. 줄당기기는 많은 사람들이 참여하여 승부를 가리는 대규모 공동체놀이다. 누구나 대등하게 참여하여 힘겨루기를 하는 까닭에 사실상 보름축제의 절정에 이르는 놀이다. 제의적으로 보면 암수 두 줄을 결합시켜 풍요다산의 성행위굿을 하는 셈인데, 민속놀이로 보면 남녀가 함께 하는 대동놀이인 까닭에 동서부로 또는 남녀로 편을 갈라서 승부를 겨루는 대형 경기이다. 제의적 놀이여서 승부에 따라서 풍년이 결정된다고 믿으므로 주민들이 모두 열성으로 참여한다.

여성이 이기거나 서부가 이겨야 풍년이 든다는 믿음 때문에 일방적으로 승부를 가리지 않는다. 놀이의 신명으로 이기는 것도 중요하지만, 주술적 놀이굿으로서 농사가 잘 되게 하는 생산 기능이 더 중요한 까닭이다. 따라서 이 두 가지 목적을 함께 달성하기 위하여 놀이를 용의주도하게 한다. 처음은 두 편이 마음껏 겨루기를 하여 승부를 다투며 놀이를 즐긴다. 다행히 서부나 여성이 이기면 풍년이 보장된 것이나 다름없어서 진 편도 안심이다.

그러나 동부나 남성이 이겨서 놀이굿으로서 주술적 목적이 달성되지 않으면 곤란하다. 따라서 다음 승부는 이긴 편에서 양보한다. 의도적으로 져주는 것이다. 이렇게 1:1인 상황을 만들어놓고 마지막 경기에서 승부를 겨룰 때 여성과 서부가 실력이 모자라면 승부를 겨루다가 막판에 남성과 동부쪽이 슬며시 힘을 놓아서 져 준다. 자기편이 이기고 마을에 흉년이 드는 것보다 지고서 마을에 풍년이 드는 것이 공동선인 까닭에 기꺼이 지는 경기를 하는 것이다. 공연한 힘자랑이나 승부욕에 편승하여 이기적 경기를 하는 것이 아니라 공동체 전체의 이익을 위해 "지는 것이 이기는 것"이라는 변증법적 이치를 실현하는 것이다. 그러므로 공동체 전체의 번영을 위해 이기적 승리에 집착하지 않고 기꺼이 이타적 패배를 즐기는 것이 홍익인간 정신의 실현이라 할 수 있다.

7. 만신을 섬기는 공생굿과 풀이의 화해굿

굿은 한국 고유의 민속신앙 양식이자 가장 오래된 종교문화이다. 따라서 한국 종교문화사의 출발은 굿으로부터 시작되어야 한다. 굿을 제의양식으로 하는 종교가 무교(巫敎)이다. 그럼에도 무교는 한국 종교문화에서 가장 밑자리에 놓여 있고 현재 종교문화에서 가장 소외되어 있다. 무교 위에 불교가 있고 불교 위에 유교, 유교 위에 기독교가 있다. 외래종교가 새로 들어올 때마다 무교는 기존종교와 함께 끊임없이 밀려났다.

불교가 전래되어 국교가 된 이래로 유교와 기독교 등 외래종교들이 들어와서 늘 기존 종교를 누르고 득세했다. 그런데도 별 탈이 없이 여러 종교들이 공존하는 다종교 공존국가를 이루고 있다. 여러 종교들이 한 사회 안에서 공존하는 데도 종교끼리 투쟁을 하거나 종교전쟁을 벌인 일이 없다. 조선왕조의 천주교 박해와 기독교인 일부가 단군상의 목을 자른 사건이 종교 간 무력행사의 전부라고 해도 지나치지 않다. 이처럼 여러 종교들이 공존하는 데에도 종교분쟁이 일어나지 않았던 것은 다른 종교를 배척하지 않는 무교(巫敎)의 포용력 때문이다.

그것은 마치 환웅이 곰과 범을 배척하지 않고 끌어안은 것처럼, 다른 나라에서 이단의 종교가 들어와도 배척하지 않았기 때문이다. 만일

무교가 나서서 적극적으로 다른 종교의 전래를 가로막고 배척활동을
벌였다면, 외국종교들이 우리 사회에 발을 붙이기 어려웠을 것이다. 게
다가 한국에서 자생한 새 종교들도 적지 않다. 대종교나 동학교, 증산
교, 원불교, 통일교 등 자생종교들이 생겨났지만, 무교에서 억누르지
않았다. 무교가 짓밟히는 가운데도 다른 종교의 신들을 인정했던 까닭
이다. 그러므로 한국사회의 다종교 공존 현상을 두고 홍익종교 국가라
해도 지나치지 않다.

실제로 무교는 만신을 섬기는 종교이다. 조상신을 섬기는 것은 물
론 온갖 자연신을 다 섬기고 있다. 천신과 지신을 비롯하여 당나무를
섬기는 동신, 큰 바위를 섬기는 거석신앙, 산과 물을 섬기는 산신과 용
왕신, 바람을 섬기는 영등신, 집안의 구렁이나 족제비를 섬기는 업신까
지 다양한 민속신앙이 무교의 범주 속에 자리 잡고 있다.[42] 삼라만상
의 모든 존재들도 사람처럼 몸과 얼, 신체와 영혼이 있는 것처럼, 제각
기 자기 고유의 신령이 있다고 믿는 것이다. 자연생명을 인간생명 이
상으로 존중하는 까닭에 자연을 함부로 훼손하지 않아서 생태계 파괴
가 일어나지 않았다. 그러므로 무교는 생태학적으로 홍익자연의 종교
라 할 수 있다.

더 중요한 점은 무교에서 문제를 해결하는 방식이다. 기성종교처럼
다른 종교의 신들을 우상이나 마귀로 몰아 저주하지 않는 것은 물론,
이름 없이 떠도는 잡귀잡신들조차 공격적으로 물리치지 않는다. 잡귀
라도 내치기 전에 먼저 맞아들여서 대접부터 한다. 따라서 사람들은
굿을 두고 곧잘 '위한다' 또는 '맺힌 것을 푼다'고 한다. 비록 사람을
병들게 하고 해코지 하는 잡귀라도 바로 물리치기 전에 위하고 섬겨서
응어리를 풀고 화해하여 스스로 물러나게 하는 방식을 취한다.

그러므로 무교에서 굿을 한다는 것은 곧 '무엇을 위한다'는 섬김의
뜻과 '맺힌 것을 푼다'는 화해의 뜻을 내포하고 있는 것이다. 그러한

---

42) 임재해, 《민속문화의 생태학적 인식》, 당대, 2002, 251~257쪽 참조.

무교의 전통은 두 가지 굿에서 확인할 수 있다. 하나는 역사적인 굿으로서 처용굿이다.

처용이 아내를 차지한 역신(疫神)에게 분노하여 공격하지 않고, 오히려 "본디 내 해런마는 앗아늘 어찌 하겠는가" 하는 노래를 부르면서 춤추며 물러났다. 이타적인 화해의 마음이 앞서지 않으면 불가능한 일이다. 그러자 병귀신이 처용에게 감복하여 "과오를 저질렀는데도 공이 노하지 않으므로" 물러난다고 했다.[43] 그러므로 처용굿은 잘못을 저지른 역신을 용서함으로써 개과천선을 시키고 가족공동체를 모두 살리는 상생의 홍익인간 굿이라 할 수 있다.

최근까지 전승된 손님굿도 홍익인간 굿의 좋은 보기이다. 천연두를 옮기는 마마신을 물리치는 굿이 '손님굿'인데, 이름부터 손님굿이라 하여 마마신을 귀한 손님으로 호명하는 것이다. 마마신은 천연두를 옮기는 악신이지만 손님으로 맞이하여 모시고 잘 대접하면 인명을 해치지 않는다고 믿었다. 그러나 문전박대를 하면 마마에 걸린 아이 생명을 기어코 앗아간다. 이처럼 손님굿은 비록 병을 옮기는 마마신이지만 내치지 않고 잘 대접함으로써 질병을 치유하는 과정을 보여준다.[44] 그러므로 질병을 물리쳐야 할 적이 아니라 손님처럼 맞이해서 다스리는 굿은 이타적 화해로 문제를 해결하는 홍익인간 정신의 구현이라 할 수 있다.

더 주목할 만한 점은 무교에서 조상신을 섬기되 다른 종교와 달리 잘난 조상보다 못난 조상을 섬긴다는 사실이다. 유교에서는 출세하여 부귀영달을 누린 조상을 특히 잘 섬긴다. 출세한 조상의 묘지를 호화롭게 쓰고 위토(位土)도 넉넉하게 마련하여 번듯한 재사(齋舍)까지 지어두고 제사와 묘사를 아주 성대하게 올린다. 그러나 굿판에서는 이렇게 출세하거나 잘난 조상을 모시고 굿을 하는 경우는 거의 없다. 오히려 조상신 가운데 고생하고 천대받아 억울하게 죽은 한 맺힌 조상들을

---

43) 《三國遺事》 卷2, 紀異 2, 處容郞望海寺.
44) 趙東一·林在海, 《韓國口碑文學大系》 7-2, 韓國精神文化硏究院, 1980, 794~839쪽, 김유선 무녀의 손님굿 참조.

모셔 와서 술과 음식을 대접하고 노래와 춤으로 한을 달래준다. 그러
므로 굿을 두고 '맺힌 것을 푸는 것'이라고 하는데, 억울한 사람의 한
을 풀어주는 것이야 말로 진정한 홍익굿이라 할 수 있다.

무교의 홍익정신은 다른 종교를 배척하지 않고 포용할 뿐 아니라,
홍익인간의 이상답게 삼라만상의 모든 자연물을 신성하게 섬겨 지속
가능한 삶을 생태학적으로 실현한다. 비록 사람을 해코지 하고 병을
옮기는 역신이라 하더라도 손님으로 맞이하여 대접함으로써 문제를 해
결한다. 어촌별신굿의 거리굿에서도 굿판을 찾아온 잡귀잡신들을 다
한 바가지씩 먹여서 돌려보낸다. 위력으로 귀신을 물리치는 것이 아니
라 섬기고 대접하여 화해를 이룸으로써, 귀신 스스로 물러나게 하는
것이다.[45]

환웅이 천상에서 지상으로 내려와 인간세계를 구하고자 한 것처럼,
가난하고 못난 조상들과 억울하게 죽은 인물들을 섬기고 한을 풀어주
는 것이 굿이다. 따라서 풀이가 곧 굿이며, 맺힌 것을 푸는 것이 굿이
다. 굿은 전능한 신의 초월적 힘으로 복록을 얻으려는 이기적인 신앙
이 아니라, 신의 세계에서조차 소외받고 있는 한 맺힌 신의 한을 풀어
주는 이타적 신앙이라 할 수 있다. 신을 이롭게 하는 굿이 곧 인간을
이롭게 하는 홍익인간 신앙인 것이다. 그러므로 무교의 굿에서 나타나
는 홍익인간 정신을 사회적으로 실천하면 해원상생의 대동세계를 열어
갈 수 있을 것이다.

8. 일생의례의 잔치판과 이바지의 축제성

한국의 일생의례에서는 의식 못지않게 잔치가 중요하다. 백일이든

---

45) 임재해, 〈굿에 나타난 和解精神과 共生的 世界觀〉,《韓國民俗學》29, 民俗學會,
    1997, 247~260쪽.

혼인이든 또는 초상이든 찾아온 손님과 이웃들을 널리 풀어먹이는 일이 잔치의 몫이다. 따라서 잔치를 아예 '이바지'라고 한다. 손님들에게 맛있는 음식들을 갖추어 마음껏 먹을 수 있도록 대접하는 이타적 잔치가 이바지이다. 사회와 국가 발전에 크게 공헌하고 기여하는 일을 '이바지한다'고 한다. 이바지는 나눔과 돌봄, 베풂, 헌신 등 공동선을 위해 이타적 일을 하는 것으로서 홍익인간 활동의 실천적 보기이다. 그러므로 일생의례의 잔치는 이바지로서 홍익인간의 이상을 실현하는 민속이라 할 수 있다.

백일이나 돌, 생일은 가까운 사람들끼리 소규모 잔치를 하지만 혼인이나 환갑, 초상 등은 마을잔치로서 공동체 축제처럼 대규모로 한다. 축제가 인간해방의 문화인 것은 모두가 차별 없이 대등하게 삶의 신명을 즐기는 까닭이다. 기본권을 지닌 주권자가 기득권자의 권력을 해체하고 특권을 무력화시켜 모두 대등하게 집단 난장을 즐기는 것이 축제이다.46) 마을잔치는 축제처럼 기득권자들의 특권을 인정하지 않는다. 모두 대등하게 잔치에 참여하고 잔치를 즐기는 것이다.

평소에는 손님의 지체나 연령, 성별, 직업에 따라 상차림이 다르지만, 동네잔치에서는 혼례나 회갑례 당사자들을 위해 차린 의례상만 별도일 뿐 손님을 대접하는 잔칫상은 균일하다. 노인도 한 상, 여성도 한 상, 젊은이도 한 상, 어린이도 한 상이다. 마을의 지주 어른이건 그 집 머슴이건 음식의 질과 양에 차별이 없다. 부조를 하지 않고 우연히 들른 과객은 물론, 잔치한다는 소식을 듣고 찾아온 걸인들에게도 마찬가지이다.

일률적으로 잔칫상을 균일하게 차려두고 대접하는 까닭에 남녀노소 신분의 상하에 따른 차별이 없다. 평소의 신분차별과 노소질서가 사라지고 모두 대등한 관계의 난장을 이루는 커뮤니타스(communitas)야말로 축제의 세계이다. 그러므로 차별 없는 잔칫상은 그러한 대동성을

---

46) 임재해, 〈마을의 잔치문화에 갈무리된 축제성과 인간해방의 길〉, 《남도민속연구》 21, 남도민속학회, 2010, 235~236쪽.

구체적으로 실현하는 물적 근거이다.

잔치에는 음식의 향연과 함께 놀이도 따른다. 혼례에서는 군취가무의 난장이나 상하전도의 놀이가 필수적이지 않지만, 회갑잔치 때는 공식적인 의례와 잔치가 끝나갈 무렵에 풍물을 잡히고 군취가무의 놀이판을 벌인다. 풍물패들이 나서서 풍물을 잡히고 잡색들이 각종 인물로 분장하여 병신춤을 추는 등 하객들과 함께 춤판을 벌인다. 심부름 하던 사람들도 일손을 놓고 풍물굿의 흥을 즐긴다. 사회적 지체나 신분이 문제되지 않고 풍물을 잘 치는 치배와 춤을 잘 추는 춤꾼들이 놀이판의 주인이 된다.

회갑잔치판에서 일어나는 축제적 전도현상은 극적인 분장 놀이에서 한층 고조된다. 안동지역에서는 이때 '환칠' 놀이를 한다. 어른들이 먹물이나 숯검정으로 회갑주의 아들이나 며느리, 사위, 딸 등 자녀들 얼굴에 환칠, 곧 그림을 그리는 것이다. 안경을 그리고 콧수염과 턱수염을 아무렇게나 그린다. 그 과정에 티격태격하는 광경도 구경거리이고, 또 환칠을 한 얼굴 모습도 보기 드문 구경거리이자 웃음거리이다. 환칠이 이루어지는 순간 사람들은 이미 제 얼굴이 아니므로 모든 사회적 규범과 속박으로부터 일탈하는 해방감을 누린다.

얼굴에 먹물로 환칠을 하게 되면 더 이상 고운 딸이 아니고, 얌전한 며느리가 아니다. 아들이나 사위라고 해서 다르지 않다. 안경을 끼고 수염을 기른 어릿광대로 변신하게 된다. 마치 탈광대들이 탈을 씀으로써 극중 인물로 전환되듯이, 환칠을 함으로써 새로운 인물로 탄생하는 희극적 전환이 일어난다. 환칠을 해서 얼굴이 우스꽝스럽게 달라진 까닭만이 아니라, 젊은 자녀들이 버젓이 안경도 쓰고 수염도 기른 인물로 바뀌었기 때문이다.

전통사회에서 수염과 안경은 노인을 상징하는 것이다. 얼굴에 수염과 안경을 그려 넣음으로써, 젊은 자녀들이 회갑을 맞은 부모와 맞먹거나 그보다 더 웃어른으로 전환된 것이다. 따라서 회갑주인 부모와 어른들이 어울린 풍물판에 환칠한 자녀들도 끼어들어 대등하게 신명풀이를 하는 것이다. 자녀들도 회갑주인 부모나 조부모와 같은 자리에서 함께 춤추며 난장을 트는 축제가 벌어지는 것이다.

환칠은 기존의 노소 및 상하 관계를 뒤집어 버리는 의례적 반란이다. 며느리가 수염을 기르고 안경을 쓴 인물로 전환됨으로써 사회적 규범을 해체하고 축제적 난장을 이루게 된다. 부모의 회갑을 기리는 날에 오히려 자녀들이 안경을 끼고 수염을 달고 그 앞에 나타나 팔을 벌리고 춤을 춘다는 것은 대단한 역설이다. 부모를 섬기는 회갑의례의 본디 기능과 달리, 부자간의 위계와 노소 차별을 뒤집어 버리는 희극적 전도에 이른 것이다. 놀이판에서는 오히려 노인이 소외되고 젊은이들이 활개치는 인간해방의 대동놀이판이 조성된다.[47] 그러므로 남녀노소의 차별을 해체하는 인간해방의 잔치민속이야말로 홍익문화의 실현이라 할 수 있다.

상가에서 벌어지는 잔치는 더 특별하다. 혼인잔치나 회갑잔치는 길어야 하루지만, 초상잔치는 최소한 3일장이어서 잔치 준비를 성대하게 하지 않을 수 없다. 돼지를 한 마리 잡거나 때로는 소를 잡아서 잔치 음식을 넉넉하게 준비한다. 상가에서는 손님들에게 끼니로 식사를 차려 올리는 것은 물론, 떠날 때까지 여러 차례 술상을 거듭 차려 올리며 끊임없이 대접을 하는 것이다. 상가인 까닭에 가무를 즐기는 것은 아니지만 왁자지껄하게 이야기판을 벌이며, 밤샘을 할 경우에는 으레 노름판을 벌였다.

> 연일 밤을 세우며 상가를 지키고 이야기판과 놀이판을 벌이며, 철야하는 동안에는 이야기꾼과 노름꾼이 의례가 중단된 상가의 밤문화를 장악한다. 젊은이들 사이에는 노름 잘하는 사람이 살판나지만, 노인들 사이에는 이야기 잘하는 어른이 이야기판의 주인공 노릇을 한다. 노름판에서 그렇듯이, 평소의 지체와 학식, 상하관계는 이야기판에서 모두 잠적한다. 마을

---

47) 임재해, 〈마을의 잔치문화에 갈무리된 축제성과 인간해방의 길〉, 《남도민속연구》 21, 남도민속학회, 2010, 213~218쪽에서 자세하게 다룬 내용을 요약 정리했다.

에서 입담 좋기로 소문난 출중한 이야기꾼, 또는 문상 온 손님 가운데도 이야기하라고 하면 쌍지팡이 짚고 나서는 이야기꾼들이 있어서, 이야기로 밤을 지새운다.[48]

초상이 난 상가에서 주야로 술판과 놀이판이 며칠씩 벌어지는 것이다. 출상 전야에는 지역에 따라 산다위와 다시래기, 대돋움을 비롯한 각종 놀이판을 벌여서 더 적극적인 축제 분위기를 조성한다. 때로는 문상객들의 놀이만으로 부족하다고 판단되면, 무당과 중을 불러 모으고 남녀가 떼를 지어 모여서 풍악을 잡히고 가무를 즐겼으며, 각종 잡희까지 놀았다는 기록들이[49] 두루 보인다. 게다가 상례는 짧아야 3일장, 길면 9일장이었고 문인장은 유월장(踰月葬)까지 치렀다. 그러므로 당일에 끝나는 일생의례의 다른 잔치에 견주면, 그 규모와 흥청망청하는 축제 분위기가 더 역동적으로 지속된다.

상가의 잔치판과 문상놀이, 빈상여놀이, 그리고 장지(葬地)에서 벌이는 여러 가지 민속놀이들은 상주와 유족들이 죽음의 슬픔에 빠져들지 않도록 삶의 신명을 회복해 주는 동시에, 가족들 사이의 갈등을 치유하고 혈연적 유대를 강화하는 전화위복의 계기를 만들어 준다. 상가의 놀이는 유족들에게 웃음을 찾아주고 상가의 침울한 분위기를 명랑한 놀이판으로 전환시켜 주며, 가족들끼리 조성된 갈등을 잔치분위기 속에서 화해를 이루게 해주는 것이다. 그러므로 축제 형식의 장례풍속은 공동체를 널리 이롭게 하는 큰 이바지로서 홍익문화라 하지 않을 수 없다.

---

48) 임재해, 《장례놀이》, 문화재관리국 문화재연구소, 1994에 현지조사 자료가 보고되어 있다.

49) 한양명, 〈일생의례의 축제성과 장례의 경우〉, 《比較民俗學》 39(比較民俗學會, 2009), 304~308쪽에 왕조실록의 관련 기록들을 자세하게 찾아 정리해 두었다.

9. 민속문화에 갈무리된 홍익인간의 실현

홍익인간 이념은 중국 중심주의에 매몰되어 있는 화이론(華夷論)과 반대 지점에 놓여 있다. 중국을 세계의 중심에 놓고 다른 민족을 차별하여 오랑캐로 간주하는 중화주의의 다른 이름이 곧 화이론이다. 중화주의는 중국 우선의 차별주의와 중국 우위의 차등주의로 형성된 중국 패권주의이다. 따라서 우월한 중화(中華)와 오랑캐 이적(夷狄)을 차별하기 위해 끊임없이 화이(華夷) 사이의 우열과 선후, 상하 분별론을 펼치는 것이다. 그러므로 중국의 화이론자들은 중국 패권주의를 강화함으로써 이웃 민족을 지배하려는 정복 의도를 품고 있다.

민족 주권주의의 시각에서 보면, 어느 민족이든 민족주의를 지향할 수 있다. 왜냐하면, 민족주권의 출발을 자민족의 주권 확립에서부터 시작하기 때문이다. 그러나 민족 주권주의는 자민족 우선주의인 자민족 중심주의와 다르다. 자민족을 중심에 두고 타민족의 주권을 대등하게 인정하는 것이 민족 주권주의이다. 자민족의 주권을 지키고 존중하는 것처럼, 다른 민족의 주권도 자민족의 주권처럼 존중하는 것이 민족 주권주의이다.

나는 문화 주권주의자로서 문화주권론을 여러 차례 펼쳤다.[50] 문화를 두고 보면 문화 주권주의자이지만 민족이나 생명, 학문을 두고 보면 민족 주권주의자이자 생명 주권주의자이며 학문 주권주의자이다.[51] 주권은 누구나 대등하게 타고난 기본권이자 자기 삶의 주인이 되는 권리이다. 따라서 사람이라면 누구나 대등하게 주권을 누려야 하지만, 다

---

50) 임재해, 〈민속문화의 공유가치와 문화주권〉,《韓國民俗學》40, 한국민속학회, 2004, 109~178쪽; ---, 〈'지역화'의 문화적 전망과 민속문화의 문화주권 인식〉,《한국학논집》33, 한국학연구원, 2006, 335~392쪽; ---, 〈지역 문화 주권의 인식과 문화창조력〉,《지역사회연구》15권 2호, 한국지역사회학회, 2007, 195~228쪽; ---, 〈설화에 의한 문화주권 인식과 마을문화 읽기〉,《어문학》99, 한국어문학회, 2008, 67~107쪽 등.

51) 임재해, 〈21세기 구비문학, 우리 자료와 이론에 의한 학문주권〉,《韓民族語文學》38, 韓民族語文學會, 2001, 99~136쪽에서 학문주권 문제를 다루었다.

른 생명들도 저마다 타고난 생명 주권을 누려야 한다. 자연생명을 인간생명과 대등하게 여기는 것이 생명모순을 극복한 생명 주권주의이자 생태주의 세계관이다. 생명 주권주의로 가야 인간중심주의를 넘어선 홍익인간 세계가 제대로 펼쳐진다.

민족 주권주의는 상대적으로 약소민족이 자주의식을 강화하기 위한 해방 논리이자, 열강의 민족을 상대로 펴는 저항 논리이다. 그러나 환웅의 신시고국처럼 천신족답게 다른 민족에 견주어 문화적으로 앞서는 선진 강국의 처지는 다르다. 문화적으로 뒤떨어진 곰족과 범족을 끌어들여 자민족과 같은 수준의 삶을 누리도록 하고, 대등한 관계에서 혼인동맹을 이루어 하나의 국가공동체 성원이 되게 했다. 달리 말하면 선진강국이 약소민족에게 이타적 관심을 기울이고 선진화를 도와준 것이다. 그러므로 약소민족은 민족 주권주의를 펼쳐야 존립 가능하지만 열강의 민족은 홍익인간 세상을 일구어 가야 제국주의 모순을 극복할 수 있다.

그럼 한국은 어느 쪽인가. 한국은 약소의 나라이기도 하고 열강의 나라이기도 하다. 후진국에 견주어 보면 열강의 나라이지만, 선진국에 견주어 보면 약소의 나라이다. 따라서 선진국에 대해서는 약소국으로서 민족 주권주의를 내세우며 대등하게 맞서야 한다. 그러나 후진국에 대해서는 강국으로서 홍익인간주의를 추구하며 그들에게 이타적인 외교와 경제 협력의 손길을 베풀어야 한다. 그러므로 중화주의의 화이론을 비판적으로 극복하고 서구 오리엔탈리즘에서 해방되어야 하며, 제3세계 약소국들에게는 신기술 이전과 경제적 지원, 문화적 교류를 적극적으로 해야 홍익인간 세상을 만들어가는 주체 노릇을 할 수 있다.

한국사회 내부에서는 홍익문화의 정신이 실현되고 있는 민속문화의 전통을 잘 포착하는 데 만족하지 말고 우리시대에 맞게 새로운 전통을 만들어 보태야 한다. 전통을 이어간다는 것은 과거로 돌아가기 위한 복고적 활동이 아니라 전통을 현재화하는 재창조 활동이다. 전통을 현대사회에 맞게 창조적으로 계승하는 것은 현실문화의 한계를 극복하는 변혁의 실천이다. 탈춤의 전통이 창작탈춤이나 마당극으로 재창조되면서 정치적 변혁 기능을 발휘했다. 그러므로 민속문화 속에 갈무리된 홍익인간 정신을 우리시대에 맞게 재창조한다는 것은 일종의 변혁활동이기도 하다.

제11장 홍산문화 유산과 고대 국중대회의 제천의식

1. 신시고국 문화와 제천의식의 전통 읽기

환웅천왕이 세운 신시국은 역사적 사실이다. 신시가 국가인 까닭에 통치자인 환웅천왕이 있었다. 《삼국유사》의 고대사 체계에 따르면, 신시는 단군조선 이전의 국가로서 '고조선시대'에 속하는 가장 초기 국가이다. 왜냐하면 《삼국유사》에서 환웅신시와 단군조선의 역사를 함께 '고조선'조로 묶어두었기 때문이다. 그러므로 일연은 환웅신시와 단군조선을 '위만조선'과 구분하여 '고조선시대'로 다루었다.

환웅천왕의 신시국 실체는 까마득한 역사 속으로 사라졌다. 그러나 환웅이 실제 세계에서 세운 신시국의 공간은 일정한 지리적 영역 위에 남아 있기 마련이다. 역사학은 사라진 역사를 추적하는 수사관 구실을 하는 학문이다. 따라서 역사의 첫장을 여는 태초의 시간은 오래 전에 사라졌어도 수사관의 추적을 피할 수 없다. 태초의 공간은 유형의 것이자 현실 지리 위에 존재하기 마련이어서 눈밝은 수사관의 눈길에 포착되기 일쑤이다.

이 장에서 추적하고자 하는 제천의식의 뿌리는 시간적인 문제이자 공간적인 문제일 뿐 아니라, 철학적 문제에 닿아 있다. 언제부터 하늘을 섬기며 제천의식을 했는가 하는 기원문제 못지않게, 어디서 어떻게 왜 제천의식을 했는가 하는 사유의 바탕과 그 이념 문제가 더 근원적이다. 역사적 뿌리는 언제 했는가 하는 시기가 중요하나, 철학적 토대는 왜 했는가 하는 이념적 사유와 목적의식이 더 중요하다.

환웅은 천자로서 지상세계에 내려온 존재인 까닭에, 당대부터 자기

조상인 천부 환인과 하늘세계를 섬기는 제천행사를 하는 것은 자연스러운 일이다. 과연 그럴까? 만일 환웅이 실제로 하늘에서 내려온 천자라면 굳이 제천행사를 올리지 않아도 좋다. 제천행사와 상관없이 천자의 지위가 변함없기 때문이다. 그것은 사람이 사람임을 주장할 필요가 없는 것과 마찬가지이다.

따라서 천제는 정치적 역설에 의해서 태어난 문화라 할 수 있다. 지도자가 천손을 자처하고 천자 행세를 하며 천제를 올리는 것은 인간의 몸에서 태어난 인간이기 때문이다. 그러므로 다른 인간과 구별하기 위해 천손을 표방하며 천자로서 지위를 누리려고 제천행사를 주도했던 것이다.

천자든 천왕이든 인간이기 때문에 천자라는 사실을 내세우고 천자로서 신성권력을 표방한 것이다. 환웅 또한 인간세상에서 사람으로 태어난 까닭에 마치 하늘에서 강림한 특별한 존재인 것처럼 행세하려고, 천자로서 제의적 특권을 누리며 천왕을 자처했던 것이다. 이처럼 하늘과 해를 숭배하던 고대사회의 지도자는 누구든 천손 행세를 하며 천자나 천왕을 표방하고 천제권(天祭權)을 행사하기 마련이다. 천왕 행세를 하고 천제권을 과시하기 위해 제천의식을 국중대회 규모로 거행했던 것이다. 하늘굿을 주관하는 제사장으로서 제천권을 행사해야 천왕으로서 신성권력을 인정받을 수 있기 때문이다.

환웅시대의 신시사회에서는 태양숭배에 따른 태양시조사상이 세계관의 중심을 이루었다. 따라서 천부 환인이나 천자 환웅 모두 해를 상징하고 홍익인간 이념을 표방하는 신성한 존재로 추앙되었다. 그러한 이념에 따라 환웅천왕의 신시고국에서는 제천행사가 나라굿 수준의 국중대회로 개최되었을 것이라는 추론이 가능하다.

환웅천왕이 인간세상에서 홍익인간의 이념을 실현하기 위해 태백산에 강림했기 때문에 인문지리적인 해석이 더 필요하다. 그러자면, 신시의 지리적 위치와 그 지역의 문화유산을 함께 주목하지 않을 수 없다. 신시국 지역에서 발굴된 문화유적은 최근에 학계에 널리 알려진 홍산문화 유산이다. 그러므로 홍산문화 유산과 고대 사료의 기록을 근거로 신시국의 실체를 주목하고 제천의식의 역사적 전통과 지리적 위치를 구체적으로 탐색하고자 한다.

2. 신시고국의 홍산문화 유산과 천제단 유적

이미 선행연구에서 신시국의 문화가 홍산문화라는 사실을 구체적으로 밝힌 논의가 이루어졌다.[1] 홍산문화의 내용과 시기, 공간이 신시국과 여러 모로 맞아떨어지기 때문에 가능한 주장이었다. 여기서는 문화유산과 지역의 이름을 특히 주목한다. 왜냐하면 홍산문화 지역에는 서기전 35세기 전후의 신시고국 시대 문화유적이 즐비할 뿐 아니라, '홍산(紅山)'이라고 하는 '붉은 산'이 지역의 랜드마크 구실을 하고 있기 때문이다.

홍산은 다른 산과 구별되는 독특한 특색을 지니는 동시에 지역의 지명도 홍산을 근거로 적봉(赤峰)으로[2] 일컫는다. 홍산이 곧 적봉이고 적봉이 곧 홍산이다. 지명 표기만 다르지 사실상 붉은 산이라는 뜻을 지녔다는 점에서 같은 말이다. 더군다나 홍산 일대의 문화유산을 '홍산문화' 또는 '홍산문명'으로 일컫는 가운데 세계 고고학계의 주목을 끌고 있다. 홍산문화 유적지 일대가 환웅의 신시국 도읍지일 가능성이 높다는 것이다.

홍산과 적봉은 붉은 산이자 밝은 산으로서 백산(白山) 또는 백두산(白頭山)과 같은 뜻을 지닌 지명이다. 해는 붉은 해이면서 밝은 해이다. 박혁거세가 출현한 자줏빛 붉은 알이 온누리를 밝히는 대광명의

---

1) 임재해, 〈'신시본풀이'로 본 고조선문화의 형성과 홍산문화〉, 《단군학연구》 20, 단군학회, 2009, 329~394쪽에서 가장 본격적으로 밝혔다.
2) 홍산은 중국 내몽골자치구 적봉시에 있는 붉은 색을 띤 산이다.

알로서 구체적으로 해를 상징하는 것처럼, 홍산과 적봉은 모두 붉은 산이자 밝은 산 곧 해 밝은 땅을 나타낸다. 건국시조신화에서 해를 상징하는 시조왕은 흔히 붉은 알이나 밝은 광채를 내는 존재로 묘사된다. 혁거세가 출현한 자줏빛 알과 눈부신 광채의 몸이 구체적인 보기이다.

태백산이나 백두산이 모두 '백산(白山)'으로서 밝산의 뜻을 지녔는데,3) 홍산과 적봉은 곧 붉은 산이자 밝산의 특성을 상징하고 있어서 사실상 홍산이 '백산'이라 할 수 있다. 해의 실체를 색깔로 나타낼 때는 자주빛 알처럼 붉은 색깔로 나타내지만, 해의 밝은 빛을 나타내는 실제 색깔은 흰색이나 다름없다. 따라서 밝산을 곧 백두산(白頭山)이나 태백산(太白山)처럼 흰 산으로 나타낸다. 붉은 해와 밝은 빛은 홍산과 백산으로 짝을 이루며 사실상 동질성을 지니는 것이다. 그러므로 홍산은 곧 해밝은 산으로서 '해불' 곧 '신시'를4) 상징하는 태백산의 다른 이름일 수 있다.

같은 현상을 다른 이름으로 호명하는 인명과 지명, 국명5) 등의 사례는 앞에서 자세하게 다루었다.6) 《삼국유사》에서는 같은 기록 안에서도 환웅을 '신웅(神雄)' 또는 '웅(雄)'으로 제각기 다르게 일컫는다. 《제왕운기(帝王韻紀)》에는 환웅천왕을 단웅천왕(檀雄天王)으로7) 기록했다.

3) 愼鏞廈, 《韓民族의 形成과 民族社會學》, 지식산업사, 2001, 41쪽.
4) 임재해, 〈환웅시대 태양시조사상의 홍익인간과 재세이화 전통〉, 《고조선단군학》 29, 고조선단군학회, 2013, 514~517쪽에 한자말 '신시'가 왜 우리말 '해불'의 표현인가 하는 것을 자세하게 논의했다.
5) 인명으로는 해의 광명을 나타내는 환인과 환웅, 해모수와 해부루가 그러한 보기이고 지명 또는 국명으로는 아사달과 조선, 신시와 해불, 부여와 부루, 불이 등이 그러한 보기이다.
6) 임재해, 〈건국본풀이로 본 시조왕의 '해' 상징과 정치적 이상〉, 《比較民俗學》 43, 比較民俗學會, 2010, 467~510쪽; ---, 〈고조선문화의 지속성과 성립과정의 상생적 다문화주의〉, 《고조선단군학》 24, 고조선단군학회, 2011, 137~195쪽에서 논의했다.
7) 《帝王韻紀》 卷下, 〈前朝鮮紀〉 註, "降太白山頂神檀樹 是謂檀雄天王也." 윤내현, 《사료로 보는 우리 고대사》, 지식산업사, 2007, 29~30쪽에서 재인용.

한자말로 환웅(桓雄)과 신웅(神雄), 단웅(檀雄), 신인(神人)은8) 다른 뜻
처럼 보이지만, 우리말로 바꾸면 하느님처럼 신성한 분이자, 구체적으
로 해처럼 환하고 밝은 분이며 탁월한 능력의 지도자를 일컫는 지칭으
로서, 모두 환웅천왕을 일컫는 말이다. 그러므로 한자표기가 달라도 우
리말 뜻으로 새기면 같은 인물을 일컫는 것을 알 수 있다.

　중국 내몽골 지역 적봉시(赤峰市)의 홍산(紅山)도 마찬가지이다. '홍
산'과 같은 뜻으로 '적봉'이라는9) 지명을 사용하는 것처럼, 《응제시집
주(應制詩集註)》에는 '태백산'을 '환산(桓山)' 또는 '단산(檀山)'이라 일컬
었다.10) 환산이나 단산은 모두 해가 환하고 밝은 산을 일컫는 말로서
사실상 홍산과 같은 뜻의 지명이다. 태백산은 고유한 지명이 아니라
환산과 단산으로 일컬을 수 있는 일반적 지명의 산으로서 해가 가장
밝은 산이라는 뜻이다. 그러므로 태백산을 환산, 단산이라 일컫는 것처
럼 홍산이라 일컬어도 무방하다.

　해 밝은 산이 흰 산[白山]이지만, 해가 붉은 알로 은유되는 것을 볼
때, 해 밝은 산은 붉은 산으로 은유될 수 있다. 따라서 홍산이 적봉이
며 밝산이자 환산이며 단산이고 백산인 셈이다. 동일 지명을 같은 뜻
의 여러 이름으로 호명하는 것은 지금도 있는 자연스러운 일이다. 붉
은[赤] 것이 곧 밝은 것[赫]이자 환하게 빛나는 대광명이다. 혁거세가
'밝거세'이자, 박혁거세이며, 불구내이자 붉은 해인 것과 같다. 적봉(赤
峰)의 홍산(紅山)이 곧 환산(桓山)이자 단산(檀山)이며 아사달(阿斯達)
이자 태백산(太白山)일 수 있는 근거가 여기서 마련된다. 밝은 산이라
는 뜻에서 모두 같은 이름을 지닌 산이기 때문이다.

---

8) 《應制詩集註》, 〈是月二十二日命題十首〉, '始古開闢東夷主', "昔神人 檀木之下."와
　 같이, 이 책에서는 환웅을 神人이라 했다. 윤내현, 《사료로 보는 우리 고대
　 사》, 지식산업사, 2007, 33쪽에서 재인용.
9) 몽골에 속해 있을 때, 적봉 지역은 붉은 산이라는 몽골어 '울란하드'에서 비
　 롯되었다. 그러므로 국가와 언어의 교체와 상관없이 줄곧 붉은 산이라는 지
　 명을 지속하고 있다.
10) 《應制詩集註》, 위와 같은 곳. "降於太白山 神檀樹下 是爲桓雄天王也 桓或檀山."

〈그림 35〉 우하량의 적석제단

해의 기능은 밝은 빛이자 뜨거운 불이며, 색깔로 말하면 붉은 색이
고 그 빛은 흰색이다. 밝고 붉고 뜨거운 불은 모두 해를 상징하며, 해
는 세상을 두루 밝히고[赫居世] 삼라만상을 널리 이롭게[弘益人間] 한다.
홍익인간 이념을 고려할 때, 적봉을 중심으로 한 홍산문화 지역의 지
리적 인식은 곧 붉은 산이자 밝은 땅에 해당되며, '신시국' '해불'의 뜻
과 닮은 역사적 공간이라 할 수 있다. 그러므로 환웅이 터잡은 신시의
지리적 중심은 홍산문화 지역일 가능성이 높다.[11]

홍산문화의 중요 유적들은 요녕성의 우하량 지역에 집중 분포되어
있다. 그런데도 우하량문화라 하지 않고 한결같이 홍산문화 유적으로
수렴한다. 홍산 곧 붉산이 다른 행정구역의 문화까지 포섭하는 문화적
중심지로 인정되는 까닭이다. 더 흥미로운 사실은 우하량 지역 문화유
적지는 홍산처럼 붉은 빛을 띠고 있는 토질에서 발굴되고 있다는 점이
다. 특히 천제단이 발굴된 지역은 마치 홍산처럼 암갈색을 띠고 있다.

11) 임재해, 〈'신시본풀이'로 본 고조선문화의 형성과 홍산문화〉, 《단군학연구》
20, 단군학회, 2009, 349~377쪽 및 〈'고조선'조와 '전조선기'로 본 고조선의
역사적 실체 재인식〉, 《고조선단군학》 26, 고조선단군학회, 2012, 335~336쪽
에서 자세하게 다루었다.

〈그림 36〉 우하량의 방형 제단과 원형 천제단 부분

따라서 국경이나 행정구역을 따지지 않으면 흙빛에 따라 홍산이나 적봉이라 일러도 손색이 없다. 그럼 먼저 우하량의 천제단부터 주목해 보자.

홍산문화 지역에는 천신족인 환웅천왕의 신시고국 문화유적지답게 유목지역이 아니라 농경지역이어서, 정착생활을 하며 하늘에 제사를 지냈던 자취가 많이 남아 있다. 가장 대표적인 유적이 천제단(天祭壇)이다. 천자 환웅은 물론 그 아들인 단군 또한 천제를 지내는 일정한 제의공간을 마련했을 것이다. 《삼국유사》에서는 단군을 굳이 '단군(壇君)'으로 표시한 것도 천제단을 주관하는 임금을 나타내기 위한 것일 수 있다. 그러한 자취가 남아 있는 곳이자 환웅시대 신시국과 만나는 문화유적지가 홍산문화의 천제단이다.

홍산문화 지역의 우하량 제2지점에서 발굴된 천제단은 방형과 원형 두 형태로서 천원지방(天圓地方) 사상을 나타내고 있다.[12] 이 제단 가운데 특히 주목을 끄는 것이 3겹의 돌돌림 형태를 이루는 지름 20m의 원형 제단이다. 왜냐하면 원형 제단 형태는 한반도에서도 여러 곳에서

12) 우실하, 《동북공정 너머 요하문명론》, 172~177쪽.

발굴되고 있는데 모두 고조선시대의 유적으로 파악된다.13)

돌로 3겹의 원형을 두른 것은 기능적으로 제단이지만, 상징적 의미로는 태양을 나타낸다. 고대인들은 태양을 나타낼 때 3중의 동심원을 그려서 나타냈다. 그러한 대표적 보기가 태양을 3중의 동심원으로 나타낸 암각화인데, 천전리와 고령 장기리 암각화에 태양을 그린 동심원들이 두루 보인다. 그러므로 3중의 동심원을 이루고 있는 돌돌림 원형 제단은 태양에게 제의를 올리는 천제단으로 해석된다.

한반도의 돌돌림 유적은 집단적 공공활동을 위한 집회장소 또는 제의적 기능을 하던 제단으로 해석된다.14) 우하량의 제단유적에는 원형 돌무지 제단과 더불어 제사를 지내던 건물터와 돌널무덤의 유구 등이 더불어 있어서15) 신시고국 시대의 천제단이 한층 분명해진다. 따라서 한반도 돌돌림 유적은 규모와 축조방법, 기능을 고려할 때 홍산문화의 제단 유적에서 기원을 찾는다.16) 홍산문화가 한반도 유적보다 선행하는 까닭이다.

더 흥미로운 사실은 이 지역이 밝은 빛을 내는 "황토 산등성이"로서17) 적석총보다 높은 위치를 차지하고 있을 뿐 아니라, 원형 제단을 쌓은 돌은 다른 적석유적과 달리 "홍색 화강암"으로18) 이루어져 있다. 천제단에 쓰인 밝은 황색이나 홍색 화강암은 모두 밝달임금 단군, 그리고 자줏빛 알로 태어난 붉은해(弗矩內)를 상징하는 혁거세 등의 태양 시조사상과 만난다.19) 그러므로 천제단의 구조는 태양을 상징하기 위

---

13) 하문식, 〈고조선의 돌돌림유적에 관한 문제〉, 《단군학연구》 10, 단군학회, 2004, 311~327쪽 참조.

14) 하문식, 위의 글, 321쪽 및 326쪽 참조.

15) 하문식, 위의 글, 320~321쪽 참조.

16) 하문식, 〈고조선의 돌돌림유적 연구: 追補〉, 《단군학연구 16,. 단군학회, 2007, 16~17쪽.

17) 궈다순(郭大順)·장싱더(張星德) 지음/김정열 옮김, 《동북문화와 유연문명》 상, 370쪽.

18) 궈다순(郭大順)·장싱더(張星德) 지음/김정열 옮김, 위의 책, 378쪽.

19) 임재해, 〈환웅시대 태양시조사상의 홍익인간과 재세이화 전통〉, 《고조선단군학》 29, 고조선단군학회, 2013, 524~528쪽 참조.

하여 붉은 빛을 띠는 산등성이에다 홍색 화강암으로 쌓아서 3겹의 원형으로 만들었던 것이다. 3겹의 동심원은 그 자체로 태양을 상징하는 기호이다.

태양시조사상을 구체적으로 형상화한 것이 태양 상징의 원형제단이다. 태양시조사상의 실천이념이 환웅의 홍익인간 이념이자, 신라시조 불구내왕의 '혁거세(赫居世)' 이념이다. 인간세상을 널리 이롭게 하는 환웅의 통치이념이 지속되어 인간세상을 밝게 다스리는 혁거세의 통치이념으로까지 이어졌던 것이다.[20] 따라서 신라시조를 해에 견주어 우리말 소리값으로 불구내(弗矩內)로 기록하고 '붉은 해'라 호명하는 한편, 해처럼 세상을 밝게 다스리는 정치적 이념을 나타내서 혁거세왕으로 호명했던 것이다. 결국 하늘굿인 천제는 해를 신성시하는 태양숭배 제의이자, 철학적으로는 홍익인간 이념과 혁거세 사상을 종교적으로 제의화한 것이다.

천제(天祭)는 곧 아침마다 어김없이 해가 떠올라서 항상 밝게 빛나기를 기원하는 제의이기도 하다. 따라서 해돋이를 환영하는 해맞이굿의 영고(迎鼓)와, 해 뜨는 동쪽 벌에서 집단적 제의를 올리는 동맹(東盟), 태양을 우러르는 하늘춤의 전형인 무천(舞天)의 제천행사를 했던 것이다.[21] 빙하기를 겪고 간신히 살아남은 신시인들은 해가 모든 생명의 근원이라는 사실을 절감한 나머지 해를 초월적 존재로 섬기지 않을 수 없었다. 특히 신시국처럼 건국시조가 태양을 상징하는 존재일 뿐 아니라 농경생활을 가장 으뜸으로 여기는 사람들에게는 해가 더욱 중요하다. 그러므로 제천행사는 곧 천신이자 하느님인 해님을 숭배하는 제의이다.

해님이 천신이자 하느님으로서 인간세상을 있게 한 삼라만상의 조

---

20) 〈건국본풀이로 본 시조왕의 '해' 상징과 정치적 이상〉, 《比較民俗學》 43, 比較民俗學會, 2010, 493~495 및 505쪽.
21) 임재해, 〈한국 축제 전통의 지속 양상과 축제성의 재인식〉, 《比較民俗學》 42, 比較民俗學會, 2010, 18~34쪽에서 태양숭배와 관련하여 고대축제를 자세하게 다루었다.

물주이다. 이런 사유에서 비롯된 천신신앙은 천제단의 모양이나 상징, 색깔 등이 모두 해를 형상화하기 마련이다. 따라서 환웅의 왕호와 국호, 홍익인간 이념, 천제단, 제천행사 등이 모두 해를 상징한다는 점에서 일관성을 지니고 있다.

이러한 역사적 맥락을 모르는 중국학자들은 홍산문화 유적만 보고 막연하게, 5천 년 전의 제단과 사당, 무덤이 삼위일체를 이루는 대규모 제의문화 유산이라고 해석할 수밖에 없다.[22] 자연히 홍산 지역의 문화유산 주체가 어느 민족이고 어떤 국가가 일구어 놓은 문화인가 하는 것은 해명하지 못한다. 중국 역사에서는 홍산문화 유산을 끌어들일 만한 주체도 국가도 찾을 수 없기 때문이다. 그러나 한국사에서는 그 주체와 국가가 분명하게 기록되어 있다. 당시에 이 지역에서 천제단을 조성하고 제천행사를 했던 국가는 환웅천왕의 신시국이 유일하기 때문이다.

천제단 다음으로 주목할 만한 문화유산은 적석총과 옥기이다. 적석총은 고인돌, 동검, 석성(石城)과 함께 고조선 문화의 중요 표지문화이다. 적석총에는 옥기가 다량 발굴되어 홍산문화의 독창성을 드러낸다. 오랜 정착생활에서 조성 가능한 적석총과 석성은 모두 농경문화의 산물이다.

유목지역의 초원에는 이러한 문화유적이 없다. 몽골인들은 "성을 쌓는 자는 망한다"고 할 만큼 석성과 적석총 같은 농경문화를 의도적으로 배격했기 때문이다. 따라서 석성과 적석총은 한결같이 정착문화에서 가능한 농경문화 유산일 수밖에 없다. 적석총에 부장된 옥기는 더 말할 나위가 없다. 옥기는 오랫동안 공력을 들여서 가공하는 까닭에 정착사회에서나 제작할 수 있는 것이다. 정착민들의 농경문화에서 천제가 필요한 것처럼, 적석총과 옥기도 천제와 밀접한 연관성을 지닌다.

우하량 지역에는 피라미드에 견줄 만한 적석총이 여럿 발굴되었는

---

22) 우실하, 〈요하문명, 홍산문화와 한국문화의 연계성〉, 《고대에도 한류가 있었다》, 지식산업사, 2007, 205쪽 참고.

데, 그 양식은 집안현(輯安縣)의 장수왕릉이나 북한에서 새로 조성한 단군릉처럼 모두 거대한 계단식 적석 형태를 이루고 있다. 고인돌을 비롯한 돌무덤은 고조선 지배층의 대표적인 무덤 양식이다.[23] 피라미드와 달리, 적석총은 망자의 주검을 묻는 무덤에 머물지 않고 하늘에 제사를 올리는 천제단 구실도 했다.

자연히 적석총 꼭대기 부분은 피라미드처럼 뾰족한 것이 아니라, 넓고 평탄한 방형이나 원형, 또는 두 형태가 중첩된 양식을 이루고 있다. 따라서 "원래부터 제단의 성격을 지니고 있었던 것"으로[24] 추론되기도 한다. 적석총 전면이 아니라 제일 정상부에 제단이 마련되어 있는 것으로 보아 이 제단은 곧 천제단이다. 적석총 앞쪽에 마련된 나지막한 방형 제단은 적석총에 묻혀 있는 주검에 제의를 올리는 제단이다. 그러므로 이 제단의 기능은 정상부의 천제단과 분명하게 구별된다.

적석총이 무덤이자 천제단인 것은 고인돌이 무덤이자 천제단인 것과 같은 양식이어서 주목된다. '사람들은 고인돌이 신비함을 상징하는 제단으로서 종교행사를 하였던 곳이라고 믿고 있다.'[25] 특히 '고조선 지역의 탁자식 고인돌은 종교장소로 이용되면서 제단 기능'을 했다. 제단 기능을 지닌 고인돌은 한결같이 규모도 웅장할 뿐 아니라 주변에서 우뚝한 산 능선 또는 높은 언덕 위에 자리잡고 있어서 사방이 눈 아래로 보인다.[26] 그러므로 이러한 고인돌 입지는 해의 위상을 상징할 뿐 아니라, 하늘을 가장 잘 우러러 볼 수 있는 공간이어서 예사 제단이 아니라 바로 천제단 구실을 했던 것이다.

고인돌문화를 더 정교하게 발전시킨 것이 적석총이다. 적석총 대묘에 묻힌 묘주는 천제를 주관하던 제사장으로 인식된다. 여러 적석총

---

23) 윤내현, 〈고조선의 강역을 밝힌다〉, 윤내현·박선희·하문식, 《고조선의 강역을 밝힌다》, 66쪽.
24) 궈다순(郭大順)·장싱더(張星德) 지음/김정열 옮김, 앞의 책, 378쪽.
25) 하문식, 〈고인돌을 통해 본 고조선〉, 윤내현·박선희·하문식, 《고조선의 강역을 밝힌다》, 239쪽.
26) 하문식, 위의 글, 240쪽.

가운데에서도 '중심대묘는 모든 등급을 초월하여 지고무상한 위치에 있다'고 해석한다.[27] 적석총 중심대묘에는 홍산문화의 옥기 가운데 가장 대표적인 마제형 옥고와 구운형 옥패, 그리고 동물형 옥기들이 짝을 이루어 한 쌍씩 발굴되었다.[28] 수장된 옥기가 많을 뿐 아니라 그 개체가 크며 옥의 질도 순정하다.[29] 옥기는 신과 소통하는 신기(神器)이자 제기(祭器) 구실을 했다. 그러므로 적석총 대묘에 옥기들이 집중적으로 부장되어 있는 것은 묘주가 천제를 올리던 족장이자 제사장이라는 사실을 입증한다.

이처럼 적석총이 묘지이면서 또한 천제단 구실을 했다는 사실은 고인돌의 기능적 전통과 같아서 퍽 흥미롭다. 중국학자들은 "적석총과 제단이 결합된 것이 홍산문화 적석총의 또 다른 한 특징"이라고[30] 했다. 이러한 해석은 홍산문화 유적과 같은 시기의 고인돌 묘제나 그 이후 지속된 고구려의 장군총을 비롯한 적석총의 제단 기능을 알지 못한 것이다. 왜냐하면 고인돌 묘제의 천제단 기능이 신시국의 적석총, 그리고 고구려의 적석총 천제단 기능과 일치하기 때문이다.

이를테면 고구려의 장군총도 피라미드형 적석총이지만 그 정상부는 피라미드처럼 뾰족하지 않고 넓고 평평한 공간으로서 그 위에 신전이 세워졌을 것으로 추론된다.[31] 고구려의 시조왕 또한 천제 해모수의 아들 주몽이자 해를 상징하는 동명왕이다. 따라서 환웅천왕과 마찬가지로 하늘에 제의를 바치는 제천행사를 했을 것이다. 고구려의 제천행사이자 국중대회인 동맹(東盟)이 구체적인 보기이다.

---

27) 궈다순(郭大順)·장싱더(張星德) 지음, 김정열 옮김, 같은 책, 371~378쪽.
28) 李恭篤·高美璇, 〈紅山文化玉雕藝述初析〉, 《中國考古集成》 東北卷, 新石器時代 (一), 北京出版社, 1997, 212~217쪽; 陸思賢, 〈"勾云形玉佩"的形狀結構及愚意的 思想內容〉, 《中國考古集成》 東北卷, 新石器時代(一), 北京出版社, 1997, 232~ 237쪽.
29) 궈다순(郭大順)·장싱더(張星德) 지음/김정열 옮김, 같은 책, 376쪽.
30) 궈다순(郭大順)·장싱더(張星德) 지음/김정열 옮김, 같은 책, 378쪽.
31) 윤명철, 《壇君神話의 해석을 통한 장군총의 성격 이해》, 《단군학연구》 19, 188~198쪽 참조.

장군총 정상의 이 신전은 신시국의 적석총과 같은 구조로서 천제단 구실을 했을 것으로 추론된다. 다만 천제단 위를 덮는 건축물을 지은 것이 더 발전된 형태이다. 홍산문화 유적에서 발견되는 신시국의 적석총이 노천형 천제단이라면, 고구려의 적석총은 신전형 천제단이다. 그러므로 천제단은 노천형에서 신전형으로 발전되면서 지속되었다고 할 수 있다.

자연히 정상에 천제단을 설치한 적석총 구조는 이집트의 피라미드 구조와 다를 수밖에 없다. 정상이 뾰족하지 않고 평탄한 제단을 설치하여 뭉툭하게 마무리된 형국이다. 따라서 정상의 제단 설치 형태를 자세하게 주목할 필요가 있다. 적석총 꼭대기에 설치된 제단은 바닥 구조와 달리 원형인 경우도 있으며, 단순한 적석 형태가 아니라 의도적으로 제단을 조성한 형태이다. 상부의 원형제단은 하늘을, 측면의 세모는 인간을, 아래의 방형은 땅을 형상하는 구조로서 세계관적 구조물이다. 고인돌의 천인지 구조보다 더 기호화된 것이 방형적석총의 구조이다.

적석총 상단을 더 자세하게 보면, "돌로 구축한 단 안쪽으로 통형의 토기를 줄맞추어 세워두었다."[32] 이 토기는 홍도(紅陶)로서 붉은 빛을 띠고 있을 뿐 아니라, 아래 위가 트인 원통형을 이루고 있어 주목된다. 적석총 꼭대기의 제단에 설치되어 있으므로 "천지교통(天地交通)의 신앙"[33] 곧 제천의식을 위한 천제단으로서 기능과 상징성이 뚜렷하다. 왜냐하면 붉은 빛깔의 통형 토기로 적석총 정상을 원형제단으로 조성한 것은 하늘과 밝은 해를 상징하는 까닭이다.

---

32) 궈다순(郭大順)·장싱더(張星德) 지음/김정열 옮김, 같은 책, 372쪽.
33) 궈다순(郭大順)·장싱더(張星德) 지음/김정열 옮김, 같은 책, 373쪽.

3. 옥기문화의 제천의식 기능과 홍익인간 사상

신시국의 홍산문화 지역에서 가장 놀랄 만한 발굴유물 가운데 하나
가 적석총에서 집중적으로 출토된 다양한 옥기들이다. 옥기는 석기와
청동기, 토기들과 달리 다른 지역에서는 거의 발굴되지 않는 유물로서
비실용적 조형물들이 대부분이다.[34] 적석총에는 다른 고분들에서 흔히
발견되는 토기와 석기 등 생산활동과 관련된 기물은 부장되지 않고 오
직 비실용의 옥기들만 부장되어 있다.[35]

구체적인 형상을 보면 용을 비롯하여 돼지, 곰, 호랑이, 봉, 부엉이,
벌레, 나비, 자라, 물고기, 누에, 사슴 등 온갖 동물이[36] 두루 부장되어
있을 뿐 아니라, 무슨 형상인지 해석 불가능한 옥기들도 많다. 원통 모양
의 고형(箍形) 옥기가 있는가 하면, 구운형(勾雲形) 옥패로서 봉이나 짐
승의 얼굴을 한 구형 옥기, 원형 또는 방원형의 옥벽(玉璧) 등이 있다.[37]

이처럼 많은 유형의 옥기 가운데 특히 옥조룡(玉彫龍) 유형을 두고
옥저룡(玉猪龍)과 옥웅룡(玉熊龍)으로 시비를 다투기도 한다. 이 옥기
문화유산을 돼지토템 또는 곰토템 문화로 해석하기 위해서이다. 어느
쪽이든 토템문화론을 펼치는 것은 아전인수격 해석이라 하지 않을 수
없다. 왜냐하면 요소적 관점에 매몰되거나 원자론적 분석에 집착한 나
머지 옥기문화가 지닌 총체적 해석이나 세계관적 의미는 고사하고 인
문학문다운 해석을 가로막기 때문이다.

동물토템론자들은 옥기의 다양한 유형과 수많은 종류들 가운데 오
직 곰과 돼지의 형상에만 집착할 따름이다. 수많은 동물형상 가운데
굳이 돼지와 곰에 휘말려 그 연관성을 따지는 것은 전파론을 펴기 위

---

34) 옥으로 된 고조선형 옥검이 보이긴 하나 유일한 유물이어서 상대적으로 신
　　뢰성이 부족하다. 앞으로 발굴의 진전에 따라 고조선형 옥검이 더 나올 가능
　　성도 있다.
35) 궈다순(郭大順)·장싱더(張星德) 지음/김정열 옮김, 같은 책, 400쪽.
36) 궈다순(郭大順)·장싱더(張星德) 지음/김정열 옮김, 같은 책, 395~396쪽.
37) 궈다순(郭大順)·장싱더(張星德) 지음/김정열 옮김, 같은 책, 396~398쪽 참조.

해서이다. 옥조룡을 곰이라 하는 것은 곰네(熊女)와 동일시하며 곰토템
족으로 몰아가는 반면에, 돼지라고 하는 것은 돼지를 뜻하는 퉁구스족
의 영향론을 펼치기 위해서이다. 한결같이 북방지역 유목문화의 전래
설에 갇혀 있는 종속적 해석에 지나지 않는다.

토템은 앞장에서 다룬 것처럼 특정 종족이나 집단의 정체성을 상징
하는 동식물이다. 따라서 그 집단의 문화적 정체성과 생활세계의 실상
을 정확하게 알지 못하면 다양한 동식물 형상의 옥기 가운데 어떤 것
을 한정하여 특정 종족의 토템이라 할 수 없다. 그러므로 동물신앙 수
준의 토템론에 빠지게 되면 홍산문화가 당대에 가장 우뚝한 수준의 문
화인데도 오히려 유목문화의 영향으로 홍산문화가 형성된 것처럼 간주
하여 홍산문화의 독창성을 부정하게 된다.

곰토템론에 골몰하게 되면, 옥기 재료의 의미와 기능을 비롯해서
다양한 동물형태와 기타 추상적인 형태로 이루어진 옥기문화 일반에
관한 논의는 배제되기 마련이다. 오직 곰의 형상에만 집중하면서도 정
작 곰뼈가 나온 여신묘에는 왜 옥기가 없는가 하는 문제에는 관심이
없다. 동물종이 옥기문화의 정체를 규정하거나 그 문화를 생산한 종족
을 결정하는 단서가 될 수 없다. 왜냐하면 옥기에는 인간을 포함한 온
갖 동물종이 두루 있기 때문에 특정 동물토템으로 규정할 수 없는 까
닭이다.

옥기문화는 농경생활을 하며 천제단과 적석총, 석성 문화를 누린
환웅천왕의 신시고국 문화유산이다. 옥기 가운데 곰 형상을 한 옥웅룡
이 일부 있다고 하여 곰족의 토템문화로 해석할 만한 논리적 근거를
마련하기 어렵다. 왜냐하면 곰족은 토기문화 수준에서 벗어나지 못한
까닭이다.[38] 더군다나 수많은 동물형상 가운데 가장 추상적으로 조형
된 옥웅룡과 옥저룡만 토템동물이라 하기 어렵다. 옥기문화를 총체적
으로 보면서 그 문화적 수준과 세계관을 헤아리지 않은 채, 곰과 돼지

---

38) 임재해, 〈'신시본풀이'로 본 고조선문화의 형성과 홍산문화〉, 379~373쪽에
서 이 문제를 자세하게 다루었다.

의 동물종에 집착하면 옥기문화의 인문학적 가치는 보이지 않는다.[39]

동물토템론에서 벗어나면, 옥기가 신과 소통하는 신성한 제기(祭器)라는 사실은 물론, 옥은 생명에 생기를 불어넣어 주는 불멸의 기운을 지닌 보물이자, 군자의 덕을 상징하는 특별한 귀물이라는 사실이 포착된다. 토템론은 순전히 동물의 형상에 골몰하여 곰과 돼지 찾기에 빠져들 뿐이다. 그렇게 되면 토템집단에서는 옥기 제작은커녕, 다양한 동물 생태계를 포괄하는 세계관을 갖추기 어렵다는 문제의식조차 하지 못한다. 실제로 곰과 돼지토템과 관련된 퉁구스족에는 이런 옥기문화가 없다. 그러므로 옥기문화의 해석은 토템동물 형상론에서 벗어나야 한다.

옥기에는 사람 형상과 인면(人面)을 한 탈이 다양하게 존재할 뿐 아니라,[40] 길짐승과 날짐승, 물짐승, 벌레들까지 삼라만상의 뭇생명들이 망라되어 있다. 그런데도 곰만 가려내서 홍산문화를 웅녀 또는 곰토템족의 것으로 끌어가려는 것은, 마치 동물원에 있는 수많은 동물들 가운데 곰을 근거로 이 동물원은 곰 주인의 것으로 해석하는 일이나 다르지 않다. 왜냐하면 옥기문화는 곧 옥으로 만든 동물원이나 같기 때문이다.

옥기문화는 인간세상의 뭇생명들을 다양하게 형상화하고 있으므로 옥기의 생물종 다양성을 주목하게 되면, 모든 생명이 서로 대등하게 공생하는 조화로운 생태계를 인식하게 되고, 이러한 생태계의 건강은 전적으로 햇볕에 의존하고 있다는 사실을 깨닫게 된다. 따라서 옥기문화는 삼라만상의 모든 생물종을 대등하게 아우르는 생태학적 공생의 가치를 구현하는 것으로 추론된다. 홍익인간 이념의 구체적 실현 양상이 옥기의 생물종 다양성에서 고스란히 드러나 있다. 왜냐하면 인간생명뿐만 아니라 다양한 생물종에 대한 관심이 옥기문화에 두루 수렴되

---

39) 임재해, 위의 글, 372~373쪽에서 이 문제를 비판적으로 다루면서 인문학적 해석을 다각적으로 시도했다.
40) 임재해, 〈고조선 시기 탈춤문화의 형성과 연행예술의 수준〉, 《比較民俗學》 40, 比較民俗學會, 2009, 265~275쪽.

어 있기 때문이다.

만일 천손으로서 해를 표방하는 지도자라면, 더군다나 홍익인간 이념을 가진 정치적 지도자라면, 인간세상의 모든 생명을 이롭게 하는 데 실질적으로 이바지해야 한다. 그러려면 인간의 삶에 중요한 영향을 미치는 자연환경에 대하여 생태학적 관심을 가질 수밖에 없다. 특히 농경문화 사회에서는 생태학적 공생의 가치가 더 절실하기 때문에 해를 시조왕 또는 하느님으로 섬기는 천신신앙과 함께 제천행사의 하늘 굿 문화가 자리 잡지 않을 수 없다.

태양숭배의 문화에서는 인간을 비롯해서, 누에든 물고기든 나비든 사슴이든 모두 해의 기운을 받아 생육하고 있는 사실을 깨달은 까닭에 태양신을 섬기는 것이다. 빙하기에 해가 잦아들면서 여러 생물종의 죽음과 함께 인간의 죽음을 체험했기 때문이다. 동식물 없이 인간만 살아남을 수 없는 까닭에, 인간생명과 다른 생명들도 모두 태양 아래 대등한 존재로 인식하게 된 것이다. 그러므로 신성한 제기로 사용된 다양한 생물종의 옥기들은 태양숭배의 홍익인간 이념을 제의적으로 구현하는 주술물로서 아주 긴요한 구실을 한 것으로 이해된다.

장회익 교수가 제기한 온생명(global life) 이론은 태양계를 지속 가능한 독립 생명으로 설정하고 있다. 생명 에너지를 지속적으로 공급하여 지구생명의 독립적 지속성을 보장하는 해를 생명주체로 설정하고 있는 것이 온생명론이다. '태양과 지구 사이에 형성되는 지속적 자유에너지 흐름을 바탕으로' 나타난 지속 가능한 생명 실체가 지구상의 생명이다. 따라서 '지구상에 태어난 전체 생명들을 하나하나의 개별 생명체로 구분하지 않고 하나의 전일적 실제로 인정한다.'[41] 이때 모든 개체생명들은 태양 중심의 온생명 질서를 이루는 부분이자 유한한 존재로서 다른 개체생명들과 상호 의존적인 관계로 존재할 수밖에 없다.

따라서 모든 개체생명들은 태양으로부터 일탈되거나 태양이 잠적하

---

41) 장회익, 《삶과 온생명》, 솔, 1998, 180쪽.

게 되면 궤멸될 수밖에 없는 존재들이다. 마찬가지로 인간을 비롯한 '어떤 개체생명이라도 근본적으로 자유에너지의 원천인 태양–지구계를 벗어나 존재할 수 없음은 물론'이다.[42] 한 개체 생명에 대하여 나머지 개체생명들은 해당 개체생명의 보생명(co- life)이다.[43] 그러므로 인간 세상을 널리 이롭게 하려면, 온생명의 주체이자 개체생명을 생육 가능하게 하는 해를 섬기지 않을 수 없고, 인간으로서 개체생명을 지속하려면 보생명인 삼라만상의 뭇생명을 형제처럼 아우르며 함께 가지 않을 수 없다.

이러한 생태철학이 바로 홍익인간 이념이다. 따라서 적석총에 부장된 옥기의 다양한 형상은 그 다양성과 추상성을 볼 때, 인간 개체생명의 보생명들을 상징하는 것으로 인식된다. 굳이 가공하기 어려운 옥으로 보생명들을 조형한 것은 천신과 소통하기 위한 신물(神物) 구실을 할 뿐 아니라, 옥이 "사람과 자연, 사람과 사람의 관계를 조화롭게 하는 가치 관념"이 부여되어 있기 때문이다. 그러므로 옥은 모든 생명을 유기적으로 교감하게 하는 "매개체"이다.[44]

"모든 개체생명들은 자신들의 보생명과 더불어 온생명으로서 생존을 유지함과 동시에 상대적인 독립성을 지닌 개체로서 자신의 생존도 유지해가는 존재"이다."[45] 따라서 옥기는 천신과 소통하는 제기이자 신물일 뿐 아니라, 옥기로 형상화된 자연생명들과 인간생명이 기의 교감을 이루는 매개체이다. 그러므로 옥기생명들은 천제단이 있는 적석총에 부장되어 인간의 주검과 함께 교감하는 매개이자 신과 소통하는 신물인 것이다.

주검에서 가장 많이 부장된 옥기 유형 두 가지를 들면 둥근 팔찌 형태의 원형 옥기와, 곡옥 형태의 옥조룡 옥기이다. 원형 옥기는 귀고

---

42) 장회익, 같은 책, 190쪽.
43) 장회익, 위와 같은 곳.
44) 궈다순(郭大順)·장싱더(張星德) 지음/김정열 옮김, 같은 책, 404쪽.
45) 장회익, 같은 책, 191쪽.

리나 팔찌와 같은 장신구처럼 보이지만 하늘 또는 해를 나타낸 것으로 보인다. 동경(銅鏡)이 해를 상징하는 제의적 주술물 구실을 한 것처럼, 둥근 옥기 또한 천제단의 제천의식에서 해를 상징하는 신성한 주술물 구실을 했을 것이다. 천제단에 해가 강림한 것을 상징하는 것이 바로 원형 옥기가 아닌가 한다.

원형 옥기 가운데는 정원형 외에 방원형이 있는데, 안쪽 구멍은 정원형인 반면에 바깥쪽 테두리는 방원형이다. 중국학자들은 방원형 옥기를 두고 "홍산문화인이 이미 천원지방(天圓地方) 관념을 가지고 있었음을 체현한 것"이라고[46] 해석한다. 그러므로 정원형 옥기는 하늘 또는 해를 상징하는 신성물 구실을 했을 가능성이 높다. 특히 천원지방 관념을 하나의 옥기로 형상화한 방원형은 곧 하늘과 땅, 천신과 인간이 하나의 유기적 실체라는 사실을 뜻하는 것으로서, 인간이 하늘에 천제를 올리는 것은 그러한 유기적 관계를 종교 주술적 행위로 표현하는 제의문화라 할 수 있다.

특히 곡옥 모양의 옥조룡(玉彫龍) 형상은 초기 태아의 모습을 나타내고 있다. 곡옥형은 사람뿐만 아니라 모든 동물의 태아 형상이라는 사실을[47] 주목하게 되면, 신시고국의 홍익인간 이념의 세계상이 구체적으로 포착된다. 홍익인간 이념으로 볼 때, 온누리의 모든 생명들은 환인천제로 의인화되는 태양시조에 의해 창조되고 생육되는 대등한 존재들이다. 그러한 사실을 시각적으로 동일 형태로 보여주는 것이 태아 생명의 모습이다.[48]

겉으로 드러난 개체생명들은 사람, 호랑이, 사슴, 곰, 부엉이, 자라, 누에, 나비 등으로 나양하지만, 생명이 잉태하여 자라는 씨알의 성장과정은 태아생명의 곡옥 형태처럼[49] 한결같이 닮은 형상들이다(그림

46) 궈다순(郭大順)·장싱더(張星德) 지음, 김정열 옮김, 같은 책, 398쪽.
47) 김영균·김태은, 《탯줄코드》, 민속원, 2008, 64쪽의 사진 참조. 이 그림에는 물고기와 도룡뇽, 거북, 닭, 사람의 태아가 일정 시기에는 모두 곡옥모양을 하고 있다.
48) 김영균·김태은, 위의 책, 64~66쪽의 사진.

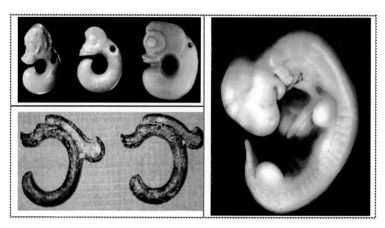

〈그림 37〉 홍산지역 옥조룡 곡옥과 5주째 태아

38). 겉으로 드러난 형상과 달리, 숨은 생명의 본질은 모두 동일하다는 사실을 형상화한 것이 곡옥이다. 따라서 인간중심주의로 다른 생명들을 차별하고 수단화하는 것은 온생명 이치에서도 바람직하지 않고 홍익인간 이념에서도 벗어난다. 그러므로 생물종 사이의 차별성을 인정하지 않고 대등한 생명으로 형상화한 것이 태아 모양의 곡옥들이다.

홍익인간을 잘못 해석하면 홍익민족주의나 인간중심주의에 빠져들 수 있다. 그러나 이때 인간 또는 인간세상은, 천상세계의 환웅이 일컫는 개념으로서 천상세계에 대립되는 지상세계 곧 지구생태계 전체를 뜻하는 개념이다. 따라서 인간세상의 삼라만상 모두를 대등하게 이타적으로 사랑하는 것이 홍익인간 이념이다. 그런 까닭에 옥기문화를 문화생태학적 인식과 함께 신시국의 홍익인간 이념으로 재해석하지 않을 수 없다.

옥기의 형상들은 홍익인간 이념을 실현하기 위해 겉으로 드러난 서로 다른 개체생명들의 현상적 모습과, 씨알에서 비롯되는 태아생명으로서 동질성을 일정한 곡옥의 형태로 나타낸 것이다. 그것은 옥기의

---

49) 임재해, 《신라 금관의 기원을 밝힌다》, 413-424쪽에서 금관의 곡옥이 태아 생명을 상징하는 것으로 해석했다.

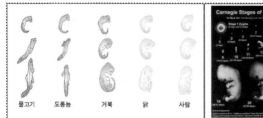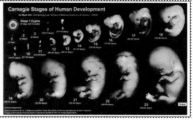

〈그림 38〉 곡옥 모양의 각종 동물의 태아(왼쪽)과 태아의 발생과 성장 과정

다양한 형상들을 유형화해 보면 쉽게 포착된다. 가) 원형의 태양 상징물과 나) 동물형상의 뭇생명 다양성, 다) 곡옥형으로 태아생명의 동질성을 형상화한 것이 옥기문화의 주류를 이룬다. 가) 뭇생명을 살리는 태양의 생명정신을 바탕으로 보면, 나) 삼라만상의 생물종 다양성이 다) 생명 동질성으로 대등하게 존재하는 것이다. 그러므로 신시고국의 옥기문화는 해를 주체로 한 온생명의 생태학적 존재양식을 3차원으로 형상화한 것으로서, 홍익인간 세계를 구체화한 이념적 형상물이자, 태양숭배를 위한 제천의식의 제의적 주술물이라 하겠다.

하늘과 땅, 신과 인간의 유기적 관계를 생태학적으로 인식한 신시국 주민들은 제천행사만 한 것이 아니라, 그러한 제의를 뒷받침하는 신시본풀이 곧 환웅의 신시건국신화를 남겼다. 신화는 제의의 이론적 토대 구실을 한다. 신화가 이야기하는 이념에 따라 제의가 이루어지는 까닭이다. 신시건국본풀이는 곰과 단군 이전에 환웅이 홍익인간의 이상을 지니고 3상5부의 행정조직을 갖추어 신시고국을 '재세이화'한 사실을 자세하게 풀이하고 있다.

재세이화의 통치를 위해 하늘에서 가져 온 것이 천부인(天符印) 세 개이며, 그 신격이 풍백, 우사, 운사이다. 환웅은 천자로서 하늘의 신물(神物)이자 신성 증표인 천부인을 소유했을 뿐 아니라, 기후와 날씨를 관장하는 세 신격을 거느림으로써 천왕의 권능과 역량을 발휘했다. 따라서 환웅은 부왕이자 천신인 환인과 유기적 관계를 천제(天祭)로 맺어나가지 않을 수 없다. 그러한 세계관의 문화적 양식이 국중대회로 이루어지는 제천행사이자 하늘굿이다. 제천행사의 제의장소가 천제단의 구조물이며, 제천의식의 매개물이 옥기의 여러 형상이다. 그러므로 천제단과 옥기, 제천행사, 홍익인간 이념은 서로 유기적 관련성 속에서 해석될 필요가 있다.

"옥기는 신과 교통하는 능력을 갖춘 신기(神器)이다. 옥만을 수장한 것은, 오직 옥만이 신과 교통할 수 있다는 의미이며, 이것이 홍산인의 중요한 사상적 관념이다."50) 중국사람들이 이렇게 지칭하는 홍산인이 역사적으로 누구일까? 중국사에서는 그럴 만한 근거가 없어서 홍산인이라 일컫고 말았다. 이 시기 이 지역에서 바람직한 이념을 품고 신과 소통하기 위해 옥기문화를 누린 문명인이자, 결코 무너지지 않는 구조의 적석총과 천제단을 쌓고 천신을 섬긴 천손족이 있다. 그 문명인이자 천손족이 바로 홍익인간 이념의 천신족이자 환웅족이다. 그들은 스스로 천손임을 믿고 하느님을 섬기는 천신신앙을 제천행사로 실천하는 가운데 환웅천왕의 지도이념에 따라 홍익인간 세상을 추구한 신시국 사람들이다.

실제로 중국학자들은 역사적 민족을 구체적으로 지칭하지 않은 채, '홍산사람들은 물질세계보다 정신적 관념이 더 중요하다는 관념을 강렬하게 드러낸다'고51) 했다. 사상적 관념과 정신적 믿음이 강렬하지 않다면, 한갓 장신구로서 옥기를 다듬지 않았을 것이며 비실용적 옥기문화를 창출하지 않았을 것이다. 왜냐하면 옥기 제작은 거대한 적석총을 쌓는 것 못지않게 힘든 고도의 기술과 장기간의 노동력을 투입해야 하기 때문이다.

불가사의한 종교유적들은 모두 종교적 믿음에 의한 것이다. 불교도들이 암벽에다가 거대한 불상을 조각하고 기독교도들이 석굴사원에 예수상을 새기듯이, 환웅족은 천신신앙의 종교적 힘으로 옥기를 제작하고 거대한 천제단을 만들었던 것이다. 따라서 석기와 달리 옥기는 비

---

50) 궈다순(郭大順)·장싱더(張星德) 지음/김정열 옮김, 같은 책, 401쪽.
51) 궈다순(郭大順)·장싱더(張星德) 지음/김정열 옮김, 같은 책, 400쪽..

실용적인 것만 있다. 그러나 그들에게 옥기는 실용적 도구보다 더 긴요한 제의적 신기였다. 그런 까닭에 천제단이 있는 적석총에만 옥기가 부장되어 있는 것이다.

꿋꿋한 종교적 믿음이 없다면, 옥기처럼 각고의 노력이 필요한 제의적 신기를 만들기 어렵다. 중국 고대사 어디에도 홍익인간 이념 수준의 건국이념을 표방한 국가가 없다. 천신족의 환웅신시는 태양시조사상에 입각해 있을 뿐 아니라, 건국시조에 의해 홍익인간 이념을 명시적으로 표방하면서 건국된 유일한 나라이다. 건국이념을 건국목표로 삼을 만큼 확고할 뿐 아니라, 건국시조가 천왕을 자처할 만한 태양시조 국가라면 옥기문화를 창출한 역량이 충분하다. 그러므로 홍산문화는 환웅신시의 문화유산이라 하지 않을 수 없다.

4. 원구형의 대형 천제단과 국중대회의 전통

천제와 관련하여 주목되는 것은 적석총 남쪽 앞면에 있는, 돌무더기를 원형으로 쌓은 제사유적이다. 적석총 남쪽면 앞에 넓은 면적의 홍색 소토(燒土)가 발견되며, 때로는 원형의 돌무더기가 있는데, 이것은 적석총 밖에 부설된 제사유적으로 보인다.[52] 적석총에 묻힌 조상들을 위한 제의는 적석총 앞의 제단에서 후손들이 집단적으로 올리고, 하늘에 올리는 천제는 적석총 위의 천제단에서 제사장 중심으로 특정 제관들만 참여하여 올린 것으로 이해된다. 천제의 제사장은 천손으로서 대표성을 지녀야 하기 때문이다.

태양시조사상에 입각해서 주목을 끄는 것은 적석총보다 거대한 제단이 적석총 인접지역에 있다는 점이다. 우하량 지역 남부의 전산자

---

52) 궈다순(郭大順)·장싱더(張星德) 지음/김정열 옮김, 같은 책, 378쪽.

〈그림 39〉 천전리 암각화 태양문양(좌)

(轉山子) 구릉의 꼭대기에서 발견된 피라미드형의 거대한 건축물 유구이다. 이 유구는 지름 60~100m의 거대한 원구형(圓丘形)으로 중국에서 발견된 선사시대 유물로서는 가장 큰 것이다.[53] 특히 중앙 부분은 토구(土丘)를 이루는데, 흙을 다져서 만든 항축토대는 지름 60m의 반듯한 원형이며 그 토층은 황토와 회흑토, 풍화기암토로 구성된 3개의 층으로 구성되어 있다.

3층의 원형제단은 3겹의 동심원 천제단 구조와 같은 양식이다. 그 바깥은 모두 흰색의 규질 석회암 적석으로 둘러싸여 있다. 위에서 내려다보면 마치 흰자 가운데 노른자가 있는 계란처럼 보인다. 이러한 알의 형태는 해를 상징하는 구조물로서 해를 천신으로 받드는 천제단의 조형으로 용의주도하게 설계된 것이다. 3중의 동심원이 해를 상징하는 문화적 증거는 암각화에서도 뚜렷하게 드러난다. 천전리 암각화에는 해를 3중의 동심원으로 새겨 두었다(그림 39). 그러므로 이 암각화도 태양시조사상에 따라 천제를 올렸던 제의 공간으로 추론된다.

중국인들은 거대 규모의 원구형 제단 유적을 중원문화와 다른 독자적 문화로 해석한다.[54] 중국의 한족과 다른 이민족 문화라는 것이다.

---

53) 궈다순(郭大順)·장싱더(張星德) 지음/김정열 옮김, 같은 책, 379쪽.

신시고국 문화유산이니 당연히 그럴 수밖에 없다. 그들은 홍산인 또는 홍산고국의 유적으로 간주하지만, 홍산고국은 물론, 홍산인이라는 이민족은 역사적으로 존재하지 않은 민족이다. 그러나 환웅의 신시국은 이 시기 이 지역에 존재했던 역사적 실체이다.

따라서 환웅천왕이 처음 하강한 태백산 꼭대기의 신단수(神壇樹)가55) 곧 신단(神壇)이 자리한 제단이었던 것처럼, 우하량 지역의 피라미드형 적석총이나 거대한 원구형 정상 부분 또한 천제단 구실을 하였던 것이다. 그리고 해를 상징하는 3중의 동심원을 이루거나 또는 햇빛처럼 밝고 환한 빛을 상징하도록 제단의 색깔을 용의주도하게 조성했다. 그러므로 홍산문화의 원형제단과 적석총 제단, 옥기 유물, 원구형 천제단은 환웅시대 신시고국의 제천문화 자취를 구체적으로 뒷받침해 주는 중요한 역사유적이라 하지 않을 수 없다.

문제는 당대의 국가 역량으로는 건축하기 어려운 대형의 적석 문화유적이라는 점이다. 국력을 기울여 오랜 동안 공동노동을 하지 않으면 불가능한 구조물이다. 강력한 중앙집권적 권력과 모든 구성원들이 공감할 만한 단일한 종교적 이념을 추구하지 않았다면, 당대의 문명 수준으로 볼 때, 이러한 대규모 토목공사가 일사불란하게 이루어질 수 없다. 더 나아가서 유목민들이라면 정교한 설계의 거대한 붙박이 구조물을 건축할 수 없다. 생태학적으로 정착생활을 부정하는 유목민들의 가치관에 맞지 않고 필요한 구조물도 아닌 까닭이다.

그러한 조건을 갖춘 역사적 집단은 적어도 신시국처럼 가) 천손으로서 천부인을 지니고 풍배·우사·운사를 거느린 천왕의 신성권력을 중

---

54) 卜 工,〈牛河梁祭祀遺址及其相關問題〉,《中國考古集成》東北卷, 新石器時代(二), 北京出版社, 1997, 1564~1569쪽.

55) 신단수를 일반적으로 신단수(神檀樹)로 쓰지만,《三國遺事》'古朝鮮'조에는 '신단수(神壇樹)'로 쓰고 있다. 두 말은 같은 공간을 다르게 표기한 것일 뿐 실제로는 다르지 않다. 전자는 신이 밝은 나무로서 신내림 나무로서 신목이라면, 후자는 신단이 있는 나무로서 역시 신목의 상황을 나타낸다. 동신이나 산신이 깃들어 있는 신목 아래는 으레 제단을 만들어 두었기 때문이다.

심으로, 나) 천왕체제에 따른 3상5부의 정교한 통치조직과, 다) 태양시조사상에서 비롯된 홍익인간 이념의 종교적 제천문화를 제대로 갖춘 농경국가 조직이어야 한다. 신시국 수준의 천왕체제와 통치이념, 농경국가 체제 등을 갖추지 못하면, 만들기 어려운 문화유적이 거대한 원구단이다. 서기전 35세기의 홍산문화 시기에 동북아에 존재했던 국가 공동체로서는 환웅의 신시국이 유일하다. 그러므로 원구단 또한 신시국 유산으로 주목하지 않을 수 없다.

신시국은 천왕체제의 신성권력과 홍익인간의 종교적 이념, 3상5부의 체계적인 국가조직, 360여 가지 직무들을 관장한 재세이화의 통치술 등에 의해 운영되던 농경국가였다. 따라서 이런 수준의 국가 체제가 아니라면, 거대한 규모의 제의적 구조물을 구상할 수도 없고, 다수 국민들을 그러한 토목공사에 장기적으로 동원할 수도 없다. 그러므로 천신족으로서 태양시조사상에 입각한 천신신앙과 홍익인간 이념, 천왕체제, 기술문명, 정착생활, 농경문화, 재세이화의 통치방식 등을 두루 갖춘 신시국의 문화유산이라 하지 않을 수 없다.

당대에 이러한 거대한 천제단에서 어떤 제의를 국중대회로 베풀었는가 하는 사실까지 추론해야 환웅시대 신시국의 제천문화가 온전하게 포착될 수 있다. 추론의 근거는 두 가지이다. 하나는 지금까지 살핀 천제단의 규모와 지리적 위치이며, 둘은 국중대회로 이루어진 고대 제천행사의 문화적 양식이다. 이 두 가지 사실은 전혀 다른 갈래의 문화이자 서로 만날 수 없는 사료 같아서 지금까지 한번도 관련지어 검토된 적이 없다. 그러나 두 갈래의 사료가 제천행사라는 같은 문화양식의 자취로서 짝을 이루고 있다는 점을 고려하면 서로 연관성을 인정하지 않을 수 없다.

천제단의 구조물이 제천문화를 가능하게 하는 인프라에 해당되는 것이라면, 국중대회는 제천문화의 제의적 행사로서 매년 하는 세시풍속이자 문화콘텐츠에 해당되는 것이다. 해를 천신으로 섬긴 환웅족의 제천문화가 하드웨어로서 천제단의 문화유적으로 남아 있는 반면에, 그

소프트웨어 구실을 하는 것은 제천행사의 국중대회로 기록에 남아 있
다. 그러므로 천제단 유적과 제천행사 기록은 서로 다른 사료가 아니라
제천문화 사료로서 만나는 까닭에 유기적 연관성을 인정할 만하다.

그 연관성은 천제단을 중심으로 제천행사가 국중대회로 이루어졌다
는 점이다. 우하량 지역에서 적석총이 집중적으로 자리잡고 있는 지역
은 "고도가 적당한 구릉의 정상부"로서, 구릉 하나에 적석총 하나가 있
는 것이 일반적이지만, 두 개나 여러 개가 있는 경우도 드물게 있
다.56) 구릉은 낮은 평지도 아니고 높은 산세도 아닌 평탄한 야산처럼
넓은 언덕을 이루고 있는 곳이다. 적석총은 이 구릉의 정상부에 자리
잡고 있어서 세 가지 목적을 한꺼번에 이룰 수 있다.

하나는 천제단으로서 하늘을 우러러 섬기는 데 가장 우뚝한 공간이
며, 둘은 여러 사람들이 어느 곳에서든 천제단을 바라볼 수 있는 공간
이자, 셋은 구릉이어서 다중의 대규모 집회가 가능한 아주 넓은 공간
이라는 것이다. 특히 우하량 지역 남부 구릉 정상에 있는 원구형의 대
형 천제단은 이러한 목적을 더 구체적으로 달성할 수 있는 유적이다.

왜냐하면 첫째, 이 천제단은 묘지 기능은 없고 오직 천제의 기능만
담당할 뿐 아니라, 둘째, 그 규모가 1만 ㎡에 달하여 아시아 지역에서
가장 거대한 유적이며, 셋째, 우하량 유적 가운데 남쪽 구릉의 가장 높
은 지점에 자리잡고 있고, 넷째, 적석총처럼 밑면이 방형이 아니라 원
형으로 축조되어 정상부는 알 모양으로 형상화되어 있기 때문이다. 규
모와 기능은 물론 위치와 형상이 천제단답게 가장 남쪽 정상에 태양처
럼 원구의 형태를 하고 있다. 그러므로 묘지 기능이 중요했던 적석총
천제단과 달리 이 원구형 천제단은 대규모 제천행사를 하는 제의공간
이었을 가능성이 높다.

우하량 유적이 자리 잡고 있는 누루얼후산〔努魯爾虎山〕 골짜기는 홍
산문화 분포지역 가운데 서남쪽으로 약간 치우쳐 있다. 그러나 지리적

---

56) 궈다순(郭大順)·장싱더(張星德) 지음/김정열 옮김, 같은 책, 371쪽,

으로는 홍산문화 지역 가운데에서 다른 지역과 교류가 가장 원활한 "사통팔달의 중심부를 차지하고 있다."[57] 이 지역은 홍산문화의 종교 유적과 제사유적이 집중되어 있는 곳으로서 '여신묘'도 이 지역 동북쪽 구릉에 자리 잡고 있다. 이 지역 가까운 곳에는 주거지역 유적이 없는 데에도[58] 대단히 거대한 규모의 제의유적들이 집중되어 있는 것은 작은 집단의 "씨족 혹은 부락이 소유할 수 있는" 제의공간이 아니다.[59] 그러므로 중국학자들은 "홍산문화라고 하는 문화공동체가 공동으로 사용한 조상숭배의 성지일 수밖에 없다"고[60] 했다. 달리 말하면, 고을 단위가 아니라 국가 단위의 종교적 성지라는 것이다.

이러한 대규모의 집단적 종교적 성지는 태양시조사상에 입각한 환웅천왕의 신시국 같은 수준 높은 종교문화를 누린 국가체제가 존재해야 비로소 가능한 것이다. 왜냐하면 환웅천왕이 다스린 신시국은 홍익인간의 건국이념, 천손족이라는 민족의식, 천왕체제의 신성한 권력, 천신신앙에 따른 종교적 구심점, 3상5부의 국가 조직, 재세이화의 통치철학 등을 고루 갖춘 서기전 35세기 전후, 그 지역에 존재했던 유일한 국가체제였기 때문이다.

당시 홍산문화 지역에 존재했던 강력한 체제의 국가조직은 역사적으로 신시국밖에 없다. 신시국의 천손족은 농경지역에 정착하여 농경문화를 누렸기에 이러한 강력한 국가체제를 수립할 수 있었으며, 대형 종교유적과 화려한 옥기문화를 창출할 수 있었다. 이러한 문화유산은 당시 북방지역의 유목문화에서 찾을 수 없다. 시베리아기원설 또는 고아시아기원설 등 북방 유목문화 전래설은 홍산문화의 실증사료에 의해 극복되었다. 그러므로 우리 민족의 유목문화 기원설은 홍산문화 발굴 성과에 의해 설득력을 잃게 되었다.

---

57) 궈다순(郭大順)·장싱더(張星德) 지음/김정열 옮김, 같은 책, 410쪽.
58) 궈다순(郭大順)·장싱더(張星德) 지음/김정열 옮김, 위와 같은 곳. 여신묘 내외의 100여 km² 범위 내에는 어떤 주거 유적의 흔적도 찾아볼 수 없다.
59) 궈다순(郭大順)·장싱더(張星德) 지음/김정열 옮김, 같은 책, 411쪽.
60) 궈다순(郭大順)·장싱더(張星德) 지음/김정열 옮김, 같은 책, 위와 같은 곳.

원구형의 대형 천제단과 적석총형 천제단의 분포는 고대 제천행사가 국중대회 형식으로 이루어진 사실을 잘 입증하고 있다. 문제는 왜 두 가지 유형의 천제단이 있는가 하는 점이다. 천제의 주체와 규모가 다른 까닭에 서로 다른 기능의 천제단이 필요했을 수 있다.

첫째, 적석총형 천제단은 묘지이자 제단이다. 묘주는 정치적 군장이자 천제단의 제사장이었으므로 그가 죽었을 때 적석총을 조성하고 그를 대신해서 다음 군장이 천제를 올렸다. 새 제사장으로서 고유(告由)하는 천제를 적석총 상부의 제단에서 올렸던 것이다. 따라서 적석총의 천제단은 연례행사로 이루어지던 국중대회의 천제가 아니라, 정치적 군장 중심의 정치적 집단이 주도하는 천제로서 왕위 계승자가 선왕의 기일이나 왕위 계승일에 적석총 천제단에 올라가 고유제(告由祭)에 해당하는 천제를 올렸다. 그러므로 국중대회의 천제 시기와 규모가 다를 수밖에 없다.

둘째, 원구형의 대형 천제단은 국중대회 형식의 대규모 천제를 올리던 제의공간이었다. 국중대회의 천제 양식은 남녀노소(男女老少) 군취가무(群聚歌舞) 주야무휴(晝夜無休) 연일음주가무(連日飮酒歌舞)로 이루어지는 가무오신(歌舞娛神)의 나라굿이었다.[61] 국중대회이니 만큼 제왕 중심의 제사의식에 머물지 않고 남녀노소가 더불어 참여했을 뿐 아니라, 홍익인간 이념 아래 군신(君臣) 또는 신민(臣民)이 대등하게 축제형식의 제천행사를 즐겼을 것이다.

국중대회로 한 축제였으므로 강역 안에 있는 모든 민족성원들이 참여하는 대규모 집회였다. 멀리 떨어져 사는 사람들이 주거지역으로부터 우하량의 종교적 성지까지 걸어와 원구형 천제단에서 베풀어지는 제천의식의 나라굿에 참여하였다. 행사가 끝나면 다시 주거지역까지 돌아가야 하는 까닭에 여러 날에 걸쳐서 이루어질 수밖에 없다. 그러므로 원구형의 천제단은 사통팔달 길이 잘 뚫려 있는 지점에 자리잡고

---

61) 임재해, 〈'고대에도 한류가 있었다'-민족문화의 정체성 재인식〉, 《고대에도 한류가 있었다》, 55쪽에 자세한 내용 참조.

있는 것이다.

적석총 천제단과 달리 원구형 천제단에서 이루어지는 제천행사는
농경시필기의 세시풍속으로 자리 잡았다. 따라서 일회적으로 하는 고
유제 행사와 달리, 해마다 지속적으로 베풀어지게 마련이다. 농공시필
기인 5월과 10월에 며칠에 걸쳐서[62] 나라굿이 베풀어졌으므로 '주야무
휴'는 물론 '연일음주가무'가 이루어지기 마련이다. 그러한 제천행사의
전통이 역사적으로 전승되어, 부여의 영고(迎鼓)와 고구려의 동맹(東
盟) 및 예(濊)의 무천(舞天)으로 이어졌던 것이다. 그러므로 이 세 나
라의 제천행사 방식을 근거로 환웅시대 신시국의 제천문화가 지닌 제
의양식과 그 종교적 의미의 뿌리를 구체적으로 추론할 수 있다.

5. 국중대회 양식과 제천의식의 농경문화 전통

우리 민족의 축제 역사를 다루면서 영고와 동맹, 무천 등의 나라굿
을 자세하게 논의했기[63] 때문에 여기서는 국호와 건국시조, 국중대회
이름을 중심으로 간략하게 논의한다. 왜냐하면 세 나라의 국호와 시조
왕은 짝을 이루며 제천행사의 이름과 내용을 규정하고 있기 때문이다.
시조왕과 나라의 정체성에 따라서 제천행사가 결정되고 나라굿의 축제
양식이 구체화된다고 할 수 있다.

신시국의 국호에 해당되는 '신시'를 비롯해서 해불, 환국, 아사달,
조선, 부여처럼 해의 여러 기능을 나타내는 다양한 국호들도 같은 논
리로 고대 국중대회를 재구성하는 근거가 된다. 단군조선의 국호도 처

---

62) 최근의 하회 별신굿이나 강릉단오굿, 제주도의 큰굿 등의 일정을 고려할 때
    보름에서 한 달 동안 나라굿이 계속되었을 것으로 추론된다.
63) 임재해, 〈한국 축제 전통의 지속 양상과 축제성의 재인식〉, 《比較民俗學》
    42, 比較民俗學會, 2010, 11~56쪽 참조.

음에는 '아사달'로서 '아침 땅', 또는 '해 뜨는 땅'으로 일컬었다. '조선'이라는 국호도 우리말 '아사달'을 한자말로 명명한 것이다. 따라서 아사달을 조선이라 한 것은 우리말 '해불'을 한자말 '신시'로 나타낸 것과 같은 명명 논리이다. 그러므로 아사달 '조선'이나 해불 '神市'는 모두 밝아오는 아침 해를 나타내는 국호로서 태양숭배사상을 고스란히 계승하고 있다.

부여의 제천대회를 일컫는 영고(迎鼓)는 시조왕 해모수처럼 해와 밀접한 관련성을 지닌다. 국호도 해의 뜨거운 불기운을 근거로 국호를 '부여' 곧 '불'이라 했다. 불덩어리를 뜻하는 '부여'국의 국호에 맞게 그 국중대회의 이름을 영고라고 일컫은 것이다. 영고는 북을 치며 해가 뜨는 것을 환영하는 '해맞이 굿'을 표방하는 말이다. 영고는 후대에 해맞이 영신굿의 근원이 되었다. 해맞이 굿의 영고는 해를 상징하는 시조왕 해모수 맞이이자, 천신맞이의 뜻을 지닌 태양축제의 다른 표현인 셈이다.

고구려 시조 주몽은 동명왕(東明王)으로 일컬어진다. 부여 시조 해모수의 후예답게 동명왕 또한 해를 상징한다. 동쪽에서 밝게 떠오르는 해를 은유한 것이 동명왕이다. 이처럼 태양시조사상은 환웅 이래로 지속되고 있다. 동명왕은 해 상징의 천자인 까닭에 해를 섬기는 천제를 국중대회로 거행했다.

고구려의 제천행사는 부여의 전통을 이어받았다. 부여가 해돋이 상황을 고려하여 천제를 '영고'라 일컬었는데, 고구려는 시조왕의 시호 동명과 함께 해 뜨는 방향과 사람들의 집단적 행위를 고려하여 동맹(東盟)이란 이름으로 제천행사를 했다. 영고의 천제 전통을 이어받아 국중대회의 이름을 공간과 주체 중심으로 동맹이라 함으로써, 고구려다운 독자적 개성을 살린 셈이다. 건국시조 동명왕의 시호에 따라 동쪽의 해돋이 장소에 모여서 해를 섬기는 천제의 대동굿을 했던 것이 고구려의 국중대회 동맹이다.

예(濊)는 건국시조도 밝혀져 있지 않고 국호의 유래도 정확하지 않

다. 다만 제천행사의 이름만 '무천(舞天)'으로 밝혀져 있다. 무천은 국
중대회로 이루어지는 제천행사답게 군무로서 하늘에 제의를 바치는 뜻
인데, 일반적인 가무오신 방식의 제천의식에 해당된다. 따라서 군무 중
심의 제천행사를 '예'에서 고유명사로 일컫기 위해 '무천'으로 명명한
셈이다. 예의 무천에 관한 기록은 짧되 특별한 내용이 있으므로 옮겨
두고 해석을 덧붙일 필요가 있다.

> 濊 : "해마다 10월이면 하늘에 제사를 지내는데, 주야로 술 마시며 노래 부
> 르고 춤추니, 이를 '舞天'이라 한다. 또 호랑이를 신으로 섬겨 제사했다."[64]

　　위 기록을 보면, 예족은 제천행사와 더불어 호랑이를 신으로 섬기
는 제사를 올렸다고 한다. 호신(虎神)을 섬기는 제의적 전통으로 볼 때
예족의 조상은 신시국의 환웅천왕을 찾아와 인간이 되기를 원했던 범
족으로 포착된다. 이때 범족은 신시국의 선진문화를 동경해서 곰족과
함께 환웅을 찾아왔지만, 자민족의 호신신앙을 버릴 수 없어서 곰족처
럼 삼칠일을 견디지 못하고 신시국을 일탈했다. 곰족이 환웅의 신시문
화에 동화되었다면, 범족은 그 문화를 동경하면서도 완전히 동화되지
않고 자문화의 정체성을 지키는 다중문화주의를 택했다.[65] 그 결과 환
웅족의 천신신앙을 무천으로 수용하면서, 본디 자민족 전통인 호신신
앙도 지켰던 것이다. 그러므로 예의 무천이 환웅시대 제천문화의 본디
모습일 수 있는데 진작 사라졌으나 예의 호신신앙 전통은 아직도 우리
전통문화 속에 살아 있다.

　　곰토템의 맥족은 자민족의 곰신앙을 버리고 환웅족의 천신신앙에
동화되어 버린 까닭에, 곰신앙 문화의 전통은 이어질 수 없었다. 따라

---

64)《後漢書》, 卷85,〈東夷列傳〉75, 濊. "常用十月祭天 晝夜飮酒歌舞 名之爲 舞天
　　又祭虎以神".《三國志》, 卷30,〈魏書〉30, '烏丸鮮卑東夷傳' 第30, 濊傳의 기록도
　　이와 같다.
65) 임재해,〈고조선문화의 지속성과 성립과정의 상생적 다문화주의〉,《고조선단
　　군학》24, 고조선단군학회, 2011, 137~195쪽에서 이 문제를 별도로 다루었다.

서 곰네는 단군의 시조모인데도 곰문화는 범문화에 비하여 그 자취를
찾기 어렵다. 그러나 예족은 환웅족의 천신신앙 문화를 수용하면서 신
시국에 동화되지 않고 그 주변부에 있었던 까닭에 오히려 자문화의 호
신신앙과 함께 환웅족의 제천의식 전통 '무천'을 더 잘 계승했던 것이
다. 문화주권설(文化週圈說)에 따르면 문화의 주변부에 더 고형(古型)의
문화가 전승되는 까닭이다. 그러므로 범을 산신으로 섬기는 산신신앙
이 최근까지 널리 지속되고 있다.

제천행사는 농경민족답게 5월과 시월 농공시필기에 했다고 하는데,
예에서는 5월에 하지 않고 10월에만 했다. 처음에는 무천처럼 시월에
만 제천행사를 군무 중심으로 했을 가능성이 있다. 시월의 제천행사는
건국시조의 출현을 기념하는 것이자 가을의 수확을 감사하는 것이었
다. 그러한 근거가 개천절의 전통에서도 나타난다. 개천절은 대종교의
나철에 의해 1909년에 제정한 경축일인데, 10월 3일을 개천절로 삼은
근거는《단군세기》에 단군왕검이 천제를 올리고 조선을 건국한 날로[66]
기록되어 있기 때문이다. 단군의 조선건국 기념일을 개천절이라 하지
만, 그 말뜻이나 시기로 볼 때 단군이 아니라 환웅이 하늘을 열고 지
상에 내려와 신시국을 건국한 기념일이자, 오랜 제천행사의 전통에서
비롯된 절일이라 하겠다.

환웅시대의 하늘에 대한 인식과 홍익인간 이념, 국중대회의 전통
등을 고려할 때, 천신에 대한 제천행사를 요즘의 하느님 개념으로 받
아들이는 데는 문제가 있다. 왜냐하면 하느님은 관념적으로 천제(天帝)
이자 천신(天神)이지만 실제적으로는 해를 상징하는 존재였으며 홍익
인간 이념을 구현하려는 존재였기 때문이다. 환웅이 천상에서 지상의
인간세계를 탐했던 것처럼, 제천문화의 뿌리는 지상의 인간들이 일방
적으로 천신을 섬기는 천신 본위의 신앙이 아니다. 해를 천신으로 섬

---

66)《檀君世紀》,〈國祖 檀君王儉 在位九十三年〉, "至開天千五百六十五年上月三日하야
有神人王儉者가 五加之魁로 奉徒八百하시고 來御于檀木之墟하사 與衆으로 奉祭
于三神하시니....", 安耕田 譯註,《桓檀古記》, 상생출판, 2011, 70쪽에서 재인용.

김으로써 지상의 인간세상을 널리 이롭게 하는 상호교감의 건국이념이
자 현실주의 종교문화였다.

해 자체였던 천제 환인은 환웅을 낳은 아버지이자 모든 존재의 조
물주라 할 수 있다. 그러나 천신의 처지에서 인간들의 일방적인 섬김
을 강요하지 않았다. 오히려 환인과 환웅 부자는 홍익인간 이념을 실
현하려는 가치관을 공유하고 환웅이 지상으로 강림하여 인간세상을 다
스리는 데 합의했던 것이다. 따라서 360여 사 가운데 주천(主天), 주신
(主神), 주일(主日) 등 천신 중심의 직무는 아예 없다. 다만 주곡(主穀),
주명(主命), 주병(主病), 주형(主刑), 주선악(主善惡) 등 인간세상의 구
체적인 삶을 재세이화(在世理化)하는 데 진력했던 것이다. 따라서 천상
세계의 자미궁(紫微宮)과 같은 거대한 궁궐을 짓지 않고 태백산 신단
수 아래의 자연공간에 자리 잡았을 뿐 아니라, 곰과 범이 찾아와서 인
간이 되고자 했을 때에도 산해진미가 아니라 쑥과 마늘을 먹으라는 처
방을 일러주었다.

환웅은 천신으로서 신이한 행적을 보이지 않은 것은 물론, 인간적
인 삶의 배려로 곰과 범을 차별하지 않고 따뜻하게 끌어안았다. 따라
서 환웅은 호랑이가 금기를 어기고 일탈해도 징벌하지 않았다. 천왕이
면서도 천신의 권능은커녕 절대 권력의 왕권조차 남용하는 일이 없었
다. 오히려 곰과 범이 원하는 것을 들어주고 그들이 하는 대로 지켜볼
뿐 간섭조차 하지 않았다. 그러므로 곰네가 찾아와서 아이를 배려고
했을 때에도 거절하지 않고 인간으로 변하여 소원을 이루어 주었다.

환웅은 천왕으로서 권위를 앞세워 무리한 명령을 내리거나 짐승이
라 하여 차별하지 않았다. 곰족과 범족이 찾아왔을 때도 그들을 받아
들여 현실적인 생활세계에 적응하도록 함으로써 홍익인간 이념 실천의
보기를 보여주었다. 그러한 이념은 초월적인 이상이 아니라, 재세이화
의 지침에 따라 현실적인 농경사회를 함께 누리는 것이었다. 따라서
제천행사를 천왕의 강림일과 같은 특별한 시기에 하기 시작했지만, 점
차 농경생활에 맞추어서 농공시필기로 확대해 5월 천제도 지내게 된

것이다. 그러므로 시월 천제는 상대적으로 가장 고형의 천제라 할 수 있다.

홍익인간 이념에 집착하면 제천행사가 오히려 천신을 배제한 인간 본위의 제의로 왜곡될 수 있다. 그러나 홍익인간 이념은 어디까지나 천신을 섬기는 가운데 상대적으로 실현되는 가치관이다. 환웅천왕이 실천한 생활세계는 홍익인간의 이념이 인간중심주의가 아니라 재세이화의 생태학적 홍익생명 사상이라는 것을[67] 잘 보여준다. 그러므로 제천의식의 종교적 주술물인 옥기문화의 세계를 보면 사람을 비롯한 온갖 생명들이 대등하게 두루 공존하고 있다.

6. 홍익인간 이념과 제천의식의 생태학적 인식

천신인 해님의 빛을 받아 뭇생명들이 공생관계를 이루는 것이 삼라만상의 생태계이다. 이러한 생태계의 유기적 상황을 나타내기 위해, 가장 최고의 인재들이 갖은 기술과 힘든 공정으로 오랫동안 정성들여 만들어 천신과 소통하려 했던 것이 옥기이다. 그리고 대규모 토목공사로 거대한 구조물을 조성해서 천신과 제의적 소통 공간으로 삼았던 것이 천제단이다. 생태학적 세계관에 따라 인간세계를 지어내고 삼라만상을 살아 있게 하는 해님을 천신으로 우러러 제천행사를 올림으로써, 지상의 모든 생명들이 서로 공생하며 삶을 대등하게 누리는 이상을 홍익인간 이념으로 표방했던 것이다.

원구형의 대형 천제단이나 적석총의 조성 위치는 국중대회로 천제를 올리기 적절한 조건을 갖춘 곳이다. 모든 사람들이 접근하기 좋은

---

67) 임재해, 〈단군신화를 보는 생태학적인 눈과 자연친화적 홍익인간 사상〉, 《단군학연구》 9, 단군학회, 2003, 151~155쪽에서 홍익인간을 생태학적 가치로 주목하고 홍익생명 사상이라 했다 .

사통팔달의 위치에 많은 사람들이 집단적으로 모일 수 있는 구릉 가운데서도, 어디서든 잘 보이는 가장 높은 곳에다 천제단을 설치했다. 국중대회 형식의 제천행사를 무리 없이 치를 수 있도록 제천문화의 종교적 성지를 얼마나 용의주도하게 설계하고 장기적 전망을 내다보며 건설했는가 하는 것을 알 수 있다.

그러한 세계관을 제의적으로 실현하기 위해, 천제단의 성지에서 남녀노소, 군취가무, 주야무휴, 연일음주가무로 이루어지는 제천의식을 신민동락의 대동굿으로 누렸던 것이다. 상고시대 국중대회 전통이 고구려 시대까지 수천 년 동안 이어지고 그 문화유적은 지금까지 생생하게 남아 있어서 세계 고고학계에 충격을 던져주고 있다.

홍산문화와 같은 탁월한 고대 유적과 놀랄 만한 옥기유물이 아무런 역사적 실체와 문화적 전통 없이 거기 우연히 남아 있다고 믿는다면, 그것은 학문적 사유가 아니라 종교적 신념일 따름이다. 그러한 문화유산을 생산하고 누리며 이끌어갈 만한 탁월한 정치 지도자와 정교한 사회체제, 고도의 사상적 이념을 갖춘 민족집단이 있어야 가능할 뿐 아니라, 그것을 뒷받침할 만한 기술력과 경제력, 그리고 문화적 수준을 갖춘 국가조직이 있어야 가능한 문화유산이다.

그런데 중국학자들은 이러한 거대한 홍산문화 유산을 역사적으로 자리매김하지 못하고 있다. 홍산문화를 남긴 국가적 조직을 막연하게 설정한 나머지, 역사적으로 실재했던 국가체계와 무관하게 '홍산고국'이라 명명하였다. 하지만 홍산고국이라는 국가의 실체는 역사적으로 존재하지 않는다. 삼황오제(三皇五帝)가 다스렸다고 하는 신화 속의 국가에도 홍산고국은 전혀 언급이 없다. 그러므로 홍산고국은 역사적 실체가 아니라 홍산문화를 중국역사에 귀속시키기 위해 최근에 조작적으로 발명된 국가이다.

그러나 환웅의 신시고국은 홍산문화 발굴과 무관하게 고대부터 역사적 기록으로 존재했던 국가이다. 따라서 문헌기록의 실체도 있을 뿐만 아니라, 역사적 시기나 지리적 위치, 문화적 내용이 홍산문화와 정확하게 맞아떨어진다. 그러므로 홍산문화 유산을 낳은 국가조직의 실체가 바로 홍익인간 이념을 실현한 환웅천왕의 신시고국이라 하지 않을 수 없다.

역사적 사실이 있었던 까닭에, 그와 관련된 역사적 유적과 유물이 남아 있고 역사적 사실에 대한 이야기와 기록도 있다. 역사적 기록과 관련 이야기는 구체적인 정보를 제공하지만 정확한 사실을 증언하는지 확인하기 어렵다. 그러나 역사 유적과 유물은 역사적 사실을 정확하게 증언하는 실물 자료이다. 기록과 이야기는 후대에 만들어진 것이라고 우기더라도, 당대의 유적과 유물의 역사는 부정할 수 없다. 그러므로 홍산문화 유산을 생산하고 누렸던 민족집단의 역사를 입증해야 마땅하다.

다만 유적과 유물 사료는 문헌사료처럼 구체적인 설명을 하지 않기 때문에 정확한 해석과 논증이 필요하다. 논증의 근거는 홍산문화 유산을 생산할 만한 높은 수준의 민족집단을 동일한 위상의 역사적 시공간에서 찾아내는 것이다. 달리 말하면 홍산문화는 서기전 35세기 전후에 존재했던 국가를 증언하는 유물이자, 당시의 천제문화에서 비롯된 천신족 문화유산이라 할 수 있다. 그러한 역사적 실체는 환웅천왕의 신시국이 유일하다. 그러므로 홍산문화가 신시고국의 문화유산으로서 어떤 역사와 문화를 증언하는 자료인가 하는 것은 앞으로 계속 더 연구되어야 할 것이다.

제12장 신시고국의 농경문화유산과 홍산문화 재해석

1. 생태사학의 관점과 농경·유목문화 비교모형

민족문화의 뿌리가 농경문화에서 비롯된 사실을 입증하려면 두 가지 방법을 갖추어야 한다. 하나는 사료의 증거로 뒷받침하는 실증적 작업이고, 둘은 생태주의 사학으로서 일정한 사관을 새로 확립하는 일이다. 생태주의사관만 제대로 갖추어도 유목문화 전래설이나 시베리아 기원설에 회의를 가지기 마련이다. 왜냐하면 고조선 지역의 생태학적 환경은 시베리아 또는 유목지역과 전혀 다른 까닭이다. 그러므로 생태사관에 입각하게 되면, 농경문화로부터 비롯된 민족사의 초기 역사를 독자적으로 해석할 수 있을 뿐 아니라, 중국이 자기네 역사라고 주장하는 홍산문화까지 우리 역사로 수렴할 수 있어서 역사주권을 확립할 수 있다.

생태사학은 새로운 것 같지만, 사실 우리 학계에서 이미 역사해석의 관점으로 받아들이고 있다. 최근에 신용하가 신석기인들의 역사를 재조명하면서 빙하기의 동굴생활을 주목한 것도 일종의 생태사관이다. 구석기인들이 빙하기의 추위를 피하여 자연동굴에 들어가 생존했던 까닭에 남한강 유역과 금강 상류에서 신석기 농업혁명이 가능했다고[1] 해석한 것은 물론, 재배농경의 최적지를 발굴유물의 분포와 함께 모색한 것이[2] 그러한 보기이다.

---

1) 신용하, 〈고조선문명 형성의 기반과 한강문화의 세계최초 단립벼 및 콩의 재배 경작〉, 《고조선단군학》 31, 고조선단군학회, 2014, 138~141쪽.
2) 신용하, 위의 글, 142~145쪽.

우실하도 홍산문화가 발전한 생태학적 조건을 검증하기 위하여, 당시의 홍산문화지역 기후를 검토한 결과, 현재 한국 날씨와 같은 기온과 습기였다는 사실을 통계자료로 밝혔다.[3] 두 연구는 생태사학을 표방하지 않았지만, 사실은 생태주의사관에 입각한 상고사 해석이라 할 수 있다. 빙하기의 동굴생활과 관련하여 신석기 문화와 신시인들의 태양숭배 문화를 해석한 앞 장의 논의들도[4] 생태사학과 만나는 것이다.

문화생태학자 스튜어드(J. H. Steward)는, 문화생태학의 핵심으로 문제 삼는 중핵 문화(core culture)를 생업기술과 환경의 상호관계로 설정하고, 환경요인에 따른 생업양식을 중요하게 주목한다.[5] 따라서 이 장에서는 '생업양식'을 중심으로 생태사학을 적극적으로 표방하는 가운데, 단군조선 이전 시기에 이미 농경문화가 정착되었다는 사실을 밝히고, 유목민의 생태학적 생활사와 대조함으로써 종래의 유목문화 전래설을 비판적으로 극복한다.

선행연구에서 마련한 '농경·유목문화 비교모형'이[6] 중요한 해석 준거 구실을 한다. 이 비교모형은 신비교주의 관점에서 추론된 것으로서, 자연환경과 생업양식이 농경문화와 유목문화를 결정하는 까닭에 생태학적 환경이 서로 다르면 문화의 전파도 불가능하다는 것이다. 따라서 농경문화와 유목문화를 결정하는 생업양식의 중요한 변수가 이동생활과 정착생활이라고 하는 사실에서부터 논의를 시작한다.

생태학적 차이가 문화상대성은 물론, 역사상대성도 조성한다. 왜냐하면 유목생활을 하는 초원지역에서는 한곳에 정착하여 누대로 머물러

---

3) 우실하, 〈요하문명, 홍산문화 지역의 지리적 기후적 조건〉, 《고조선단군학》 30, 고조선단군학회, 2014.
4) 6장과 7장에서 빙하기의 동굴생활 체험이 신석기 문화와 신시인들의 세계관에 미친 영향을 자세하게 다루었다.
5) 타나카 지로오, 〈10 생태 인류학〉, 야아베 쓰네오 엮음/이종원 옮김, 《문화를 보는 열다섯 이론》, 인간사랑, 1987, 147쪽.
6) 임재해, 〈민속예술 비교연구의 준거와 비교모형 설정〉, 《比較民俗學》 36, 比較民俗學會, 2008, 345~36쪽에 신비교주의에 따른 '농경·유목문화 비교모형' 논의를 자세하게 했다.

산다는 것이 불가능하기 때문이다. 반면에, 농경생활을 하는 산림지역
에서는 가축과 함께 이곳저곳 이동하며 산다는 것이 불가능한 일이다.
생업기술과 생업양식에 따라 유목은 이동생활을 전제로 하고 농경은
정착생활을 전제로 할 수밖에 없는 까닭이다. 그러므로 유목·이동생활
과 농경·정착생활은 문화생태학적으로 서로 뗄 수 없는 관계에 놓여
있으며 제각기 서로 다른 문화사의 길을 걸을 수밖에 없다.

　　유목·이동생활이 짐승을 이끌고 다른 지역의 새 목초지를 찾아가는
생업양식에 토대를 두고 있다면, 농경·정착생활은 기존의 토지에 머물
러서 해마다 새 씨앗을 경작하는 생업양식에 토대를 두고 있다. 따라
서 유목지역에서는 가축의 방목에 따른 이동성처럼, 목적을 이루기 위
해 여기를 떠나 다른 곳으로 가는 이동 중심의 세계관이 형성되어 있
다. 그러나 농경지역에서는 농작물의 경작에 따른 식물의 정착성처럼,
목적을 이루기 위해 여기를 지키고 가꾸며 필요한 것을 끌어들여서 충
족하는 정착 중심의 세계관이 형성되어 있다.

　　그러므로 유목민들은 육식생활을 주로 하며 동물을 이용한 이동생
활의 기동성이 발전한 반면, 농경민들은 곡채식생활을 주로 하며 식물
처럼 한 지역에 뿌리를 내리고 누대로 머물러 사는 정착생활의 건축술
이 발전하게 마련이다. 이러한 생산양식 때문에 다른 생활도 아래와
같이 대조적인 경향을 보인다.

〈유목문화〉	〈농경문화〉
동물사육	농작물 경작
육식생활	곡채식 생활
떠돌이 생활	붙박이 생활
천막구조의 집	온돌구조의 집
가죽용기 사용	토기제작과 이용
동물적 식생	식물적 식생
거기로 찾아감	여기로 모셔옴
고기를 구워먹음	고기를 삶아먹음
식당을 찾아감	음식을 배달시킴[7]

이러한 비교모형을 설정해 놓고 보면, 한국의 문화적 전통은 상고시대부터 농경문화의 원형을 이루고 있었던 사실을 여러 모로 포착할 수 있다. 그럼에도 한국학계를 장악하고 있는 시베리아기원설은 방위적으로 북방문화 전래설과 문화적으로 유목문화 기원설, 인종적으로 고아시아족을 주장하고 있다. 몽골이 북방 유목문화에 귀속되는 까닭에, 혈연적으로 시베리아보다 몽골족의 후예로 인식되는 경향이 있으며, 몽골족 가운데에도 구체적으로 퉁구스족과 부리야트족 등 고아시아족이 한민족의 조상으로 지목되곤 한다.

시베리아기원설을 주장하는 이들은 마침내 북방민족 이동설을 입증하기 위해 유전자(DNA) 비교와 같은 생물학적 분석과 데이터로 혈연적 친근성을 찾아 문화적 동질성을 입증하려고 한다. 이러한 방법으로 고대의 인종적 친연성이나 민족이동을 추정할 수 있을지는 모르나, 역사학의 해석과 문화의 인문학적 연구에는 장애가 된다. 왜냐하면 '지난 1만 년 동안 일어난 변화는 물론, 과거 몇백 년 사이에 일어난 인간의 개인적 집단적 삶의 변화는 너무 엄청난 것이므로 유전자 메카니즘으로 설명할 수 없기 때문이다.'[8] 인간의 역사는 유전자적 원인이 아니라 문화적 메카니즘에 의해 전개되는 까닭이다. 그러므로 학제적 연구라는 이름으로 역사학과 문화학의 연구를 생물학이나 유전자 과학으로 치환시키려는 태도를 경계하지 않을 수 없다.

역사의 발전과정은 생물학적 진화나 혈연적 동질성과 함께 가지 않는다. "문화적 유산과 생물학적 유산은 같은 방식으로 전수되지 않기 때문"에 "역사학은 호모사피엔스의 생물학적 진화를 다른 방식으로 지

---

7) 한국에서는 음식이나 커피를 집이나 사무실로 배달시켜 먹는 풍속이 있다. 이러한 배달풍속이 중국음식점의 짜장면 배달에서 비롯된 까닭에 음식배달을 중국 풍속으로 알고 있는 경우가 있는데, 중국에서는 어떤 음식도 배달해서 먹는 풍속이 없다. 모든 음식은 식당이나 찻집에 가서 먹는 것이 전통이다. 중국에서도 최근에 음식을 배달시켜 먹는 사례가 나타나기 시작하는데, 그것은 한국문화의 영향이다.

8) 에릭 홉스봄, 〈상대주의를 넘어 -반이성주의가 역사학의 최대 위험〉, 《르몽드인문학》, 휴먼큐브, 2014, 32쪽.

속하는 것이다."[9] 인간의 생물학적 진화와 역사학은 다른 방식으로 전 개된다는 것이다. 다시 말하면 문화의 전파와 발전에 생물학적 유전자 의 동질성은 크게 문제되지 않는다는 말이다. 당대의 가족들끼리도 사 는 환경과 하는 일에 따라 전혀 다른 문화생활을 하고 저마다 독특한 개인사를 살아가는데, 상고시대의 유전자 분석으로 수천 년의 역사를 해석하려는 것은 무리일 수밖에 없다.

같은 부모로부터 태어난 형제 사이에도 전혀 다른 성격과 취향, 사 상을 가지고 서로 딴판의 삶을 살아가는 것과 마찬가지이다. 형제라도 역사의식이 다르면 형은 일제 앞잡이, 아우는 독립지사로 활동하고, 사 상이 다르면 아우는 빨치산, 형은 토벌대 활동을 하며 적대적 관계에 놓일 수 있다. 생물학적 동질성과 무관하게 직업적 차이나 경제력 차 이만으로도 형제자매의 생애사와 문화생활은 크게 달라지는 까닭이다.

당대의 가족사도 서로 다른 길을 가는데, 민족이나 국가의 오랜 역 사는 더 말할 나위가 없다. 따라서 혈연적 계통이나 유전자의 동질성 으로 같은 역사 발전단계를 거치며 동일한 문화를 누렸을 것으로 해석 하는 것은 천진하기 짝이 없는 일이다. 사학자들이 유전자과학의 동질 성 유무에 의존하여 고대사를 해석하려는 것은 인문학문인 역사학의 문제를 자연학문의 문제인 것처럼 방기하는 것이자, 사학자로서 직무 유기를 하는 셈이다. 특히 북방문화 전래설을 펴는 사람들 가운데 그 런 경향이 있다. 이를테면 한국인과 몽골인 유전자의 상대적 동질성을 근거로 몽골의 유목문화 전래설을 펴는 것이 그러한 보기이다.

같은 혈연의 민족이라도 생산양식이 다르면 서로 다른 역사발전을 겪으며 문화생활도 전혀 다르다는 인문학적 사유를 한다면, 유전자의 동질성에 의존한 기원설이 얼마나 반이성적인가 하는 것을 알 수 있 다. 유전자 연구에 의존하는 반이성주의적 역사학의 위험을 경고한 에 릭 홉스봄(Eric J. E. Hobsbawm)은, 인간의 역사적 진화를 결정하는 것

---

9) 에릭 홉스봄, 위의 글, 같은 곳.

은 유전자가 아니라 '생산양식의 변화'라는 사실을 강조한다. 따라서 역사 발전에서 "물질적인 힘과 문화적인 힘, 그리고 생산관계는 분리될 수 없다"고 주장한다.[10]

거듭 말하면, 역사를 만들어가는 것은 인간의 활동이지 생물학적 유전자가 아니라는 말이다. 따라서 생산양식과 문화적 유기성에 대한 문화생태학적 문제를 생물학적 유전자로 치환시키는 반인문학적 태도를 극복해야 한다. 역사학자들이 인문학다운 연구역량을 발휘하려면 생물학적 유전자에 의존할 것이 아니라 사료 중심의 기본으로 되돌아가야 한다. 유골 속에서 생물학적 유전자를 찾을 것이 아니라 역사적 사료 속에서 문화적 유전자를 찾는 것이 인문학문의 길이다.

흥미로운 사실은 그 동안 시베리아 기원설과 북방 유목문화 전래설이 득세해 왔지만, 어떤 유형의 사료에도 우리 민족의 유목생활에 관한 내용이 발견되지 않는다는 점이다. 사학계에서 가장 중요한 사료로 간주하는 문헌기록에도 유목생활에 관한 것으로 간주될 만한 내용이 전혀 없다. 오히려 농경생활과 정착생활에 관한 내용들이 여기저기 보인다. 먼저 문헌사료의 내용부터 보고, 이어서 유물사료의 내용을 주목하기로 한다.

2. 문헌사료로 본 신시의 농경문화와 정착생활

흔히 '단군신화'라 일컫는 《삼국유사》 '고조선'조의 《고기》(古記) 내용은 하늘에서 강림한 환웅천왕의 신시국 수립으로부터 시작된다. 환웅천왕이 세운 신시는 초기국가 수준의 공동체로서 이미 농경문화를 어느 정도 누리면서 정착생활 단계에 있었다. 달리 말하면, 일정한 수

---

10) 에릭 홉스봄, 위의 글, 33쪽.

준의 농경문화를 누렸던 까닭에 신시국과 같은 국가체제를 이룩할 수 있었던 것이다. 그러므로 고조선문명의 토대를 경제적 생업활동과 관련하여 밝히려면 농경문화에 따른 생활양식의 역사를 추적하지 않을 수 없다.

《고기》를 인용한 '고조선'조의 기록 서두에 "환웅이 무리 삼천을 거느리고 태백산 꼭대기 신단수 아래로 내려와서 이곳을 '신시'라 이르고 스스로 환웅천왕이라 일컬었다"고[11] 했다. 여기에는 신시를 건국한 주체, 나라의 위치, 국호에 해당되는 나라이름, 신시를 다스린 통치자의 왕호 등이 체계적으로 밝혀져 있다.

환웅이 터잡은 건국공간이 태백산 신단수 아래로 명시되어 있다. 산과 나무가 짝을 이루고 있는 전형적인 산림지역을 말한다. 평원의 풀밭으로 이루어진 유목문화의 초원지대와 전혀 다른 공간이다. 특히 문제되는 구체적인 공간이 신단수이다. 태백산은 거듭 등장하지 않지만 신단수는 거듭 등장할 뿐 아니라, 국호 신시와 단군왕검의 이름을 결정하는 중요한 요소 구실을 한다.

신단수는 지상에 뿌리를 박고 있는 우뚝한 신수이다. 한 곳에 붙박이로 머물러 사는 가장 상징적인 존재가 신수와 같은 거목이다. 사람들이 모듬살이를 이루고 사는 마을이나 고을에도 이러한 신수가 거목으로 자리잡고 지금까지 당나무로 신앙되고 있다. 마을과 고을의 수호신 구실을 하는 당나무와 부군당목은 신수로서 거목이자 고목으로 자라며, 마치 신시의 신단수 같은 구실을 한다. 따라서 고목의 신수들은 한결같이 정착생활의 모듬살이 공동체를 상징하는 신앙적 상징이자 시각적 아이콘이다. 어떤 의미에서 당나무는 환웅의 후손이라는 무의식적 집단정체성의 산물이라 할 수 있다. 그러므로 환웅이 자리잡은 신단수는 정착생활을 상징하는 가장 중요한 구체물이자, 환웅이 늘 머물고 있는 신시의 공간적 구심점이라 할 수 있다.

---

11) 《三國遺事》 卷1, 紀異1, 古朝鮮-王儉朝鮮, "雄率徒三千 降於太白山頂神壇樹下 謂之神市 是謂桓雄天王也."

신시의 국호인 '신시'가 신단수에서 비롯되었을 뿐 아니라, 환웅과 웅녀 사이에서 출생한 '단군'의 이름도 신단수에서 비롯되었다. 신단수 아래에 세운 나라이기 때문에 국호가 '신시'이고, 신단수에 빌어서 얻은 아들이기 때문에 '단군'이다. 따라서 신단수의 '단'자를 어떻게 쓰느냐에 따라 단군의 '단'자도 다르게 표기된다. 《삼국유사》에서는 신단수 (神壇樹)로 표기한 까닭에 단군의 이름도 단군(壇君)으로 표기했고, 《제왕운기》에서는 신단수(神檀樹)로 표기한 까닭에 단군을 단군(檀君)으로 표기했다. 그러므로 환웅천왕이 다스린 나라의 국호 신시는 물론, '조선'의 건국시조 단군의 이름도 '신단수'로부터 비롯된 것이다.

신단수가 없었다면 신시와 단군도 없었다고 할 만큼, 신단수는 신시고국의 문화적 정체성을 상징하는 정착생활의 시각적 지표이다. 따라서 환웅의 신시 건국과 단군의 조선 건국 과정의 핵심을 이루는 구조물의 실체는 태백산이 아니라 신단수라 해야 마땅하다. 환웅천왕도 신단수를 거점으로 신시를 세웠을 뿐 아니라, 곰족과 범족이 환웅을 만나 소원을 이루고자 할 때도 신단수에 찾아온다. 신단수는 그 자리에 붙박이로 있으면서 천왕인 환웅도 하늘에서 내려와 머물게 하고, 곰족과 범족도 찾아와서 소원을 빌게 만들었다.

환웅의 천손강림 구조나 곰네가 신단수에 찾아오는 구조는 굿문화의 내림굿 구조와 같다. 굿을 하기 위해 신을 내림받는 중요한 구조물이 내림대 또는 신대로서 나무이다. 마을굿을 하고 동제를 올릴 때는 으레 당나무를 신체로 삼아 제의활동을 한다. 당나무가 곧 동신이 깃들어 있는 신성한 구조물인 것이다. 다른 종교나 다른 민족의 제의에서는 하늘을 우러러보면서 허공에다 손을 올려 기도하는 경우를 흔히 볼 수 있다. 하늘의 천신을 향해 직접 기도를 바치는 것이다. 그러나 한국의 민속신앙에서는 하늘을 향해 기도하는 모습을 찾아보기 어렵다. 당나무와 같은 신수나 내림대의 신목을 대상으로 절을 올리고 소원을 빌기 일쑤이다. 천신이든 산신이든 동신이든 신단수나 당나무, 내림대와 같은 신수에 좌정하는 것을 전제로 제의를 바치는 까닭이다.

신단수는 신시고국의 정착농경문화 모형을 상징하는 문화적 실체일 뿐 아니라 신시의 국호와 단군의 이름을 결정하는 역사적 원형 구실을 하는 귀중한 사료이다. 더군다나 신단수의 전통은 기록으로서 끝난 것이 아니라 현재의 공동체신앙에서 신수 전통으로 고스란히 이어지고 있어서 생활사료 해석의 귀중한 단서 구실까지 한다. 이러한 현상은 신단수라는 나무의 전형적 붙박이 기능을 중요한 가치로 여기는 농경문화적 세계관의 반영이라 할 수 있다.

더 구체적으로 말하면, 환웅천왕이 신단수 아래에 신시를 건국하고 이동생활을 한 것이 아니라, 신단수를 구심점으로 거기에 뿌리를 내리고 정착생활을 했다는 것을 말한다. 단군왕검이 죽어서 하늘로 올라가 천신이 되지 않고 아사달에 들어가 산신이 되었다고 하는 것도 같은 맥락에서 이해되어야 한다. 산신도 특정 산의 거목에 좌정하고 있을 뿐 아니라 천신처럼 공간적 이동을 자유롭게 하는 것이 아니다. 그러므로 단군은 죽어서 산신이 되어 아사달이라는 특정 산에 머물면서 여전히 재세이화의 영적 통치를 했다고 할 수 있다.

신단수를 공간적 거점으로 한 신시고국의 정착·농경문화 현상은 생업과 통치방식에서 더 구체적으로 서술되어 있다. 환웅천왕은 신단수 아래에 도읍지를 정하고 신시국을 떠나지 않고 통치했다. 따라서 곰족과 범족도 신단수 아래로 찾아와 환웅을 만난다. 환웅족은 정착생활을 하면서 농경활동을 한 사실을 반영한다. 실제로 환웅의 통치방식이 농경문화의 생업양식과 생태학적 환경을 고스란히 서술하고 있다.

환웅은 "풍백(風伯) 우사(雨師) 운사(雲師)를 거느리고 곡식과 수명·질병·형벌·선악과 같은 무릇 인간 세상의 360가지 일을 주관하며, 세상에 머물러 살면서 교화로 다스렸다."고[12] 한다. 바람과 비, 구름 신을 거느린 것도 농경생활과 아주 밀접한 생태학적 기후조건을 말하지만, 구체적으로 인간세상을 다스린 360여 가지 일 가운데 가장 으뜸으로

---

12) 《三國遺事》, 같은 곳, "將風伯雨師雲師 而主穀主命主病主刑主善惡 凡主人間三百六十餘事 在世理化."

곡식을 주관한 사실을 들었다.

환웅의 신시고국은 신단수 아래에 정착생활을 하면서 농경활동에 의한 곡식 재배와 수확을 360가지 일 가운데 가장 중요한 일로 여겼던 것이다. 따라서 "고조선지역은 고조선이 건국되기 전부터 농경을 가장 중요시한 사회"였다는 사실을 알 수 있다.13) 그러므로 환웅의 신시고국은 이념적으로 홍익인간을 표방했으며, 생업양식으로는 일정한 지역에 붙박이 생활을 하며 농경문화를 누렸다는 사실을 인정하지 않을 수 없다.

정착농경 문화의 통치방식은 환웅의 통치방식에서 더 구체화된다. 풍백·우사·운사 등 기후를 조절하고 대응하는 관리를 3부 요인으로 두어 다스리게 했을 뿐 아니라, 스스로 인간세상의 360여 가지 일을 '재세이화(在世理化)'했다고 밝혀 두었다. 재세(在世)는 일정한 곳에 머물러 산다는 것을 뜻한다. 환웅천왕이 인간세상으로 강림하면서 신단수 아래에 터를 잡은 것도 이와 같은 맥락에 있다. 따라서 '재세이화'의 핵심은 '재세' 곧 세상의 특정 공간에 정착하여 다스렸다는 사실에 있다. 정착생활의 전통이 환웅의 신시고국 체제에서 처음부터 중요한 통치체제로 자리 잡았던 것이다.

《설문해자》에서도 동이(東夷)는 떠돌이 생활이 아니라 붙박이 생활을 한 것으로 기록해 두었다. 동이족은 "무릇 대지에 머물러 살면서 자못 그 땅의 순리를 따르는 품성을 지니고 있다"고14) 했다. "재곤지피유순리(在坤地頗有順理)"는 《삼국유사》'고조선'조의 "재세이화(在世理化)"와 같은 뜻을 지닌 기록이다. 재세이화의 통치양식은, 유목사회나 수렵채취사회 단계에서 이루어졌던 이동생활을 청산하고 새로운 정착생활의 가치를 구현한 결과로 해석되어야 한다.

---

13) 윤내현, 앞의 책, 566쪽. 윤내현은 고조선 건국 이전부터 농경생활을 한 사실을 여기저기서 거듭 강조했다.

14) 段玉裁, 《說文解字經》, 臺灣: 蘭臺書局, 1977. "〈夷〉【東方之人也 從大從弓】蓋在坤地頗有順理之性 惟東夷從大大人也."

환웅신시의 역사 기록에서 '홍익인간' 이념과 짝을 이루어 '재세이화'의 통치방식을 기록한 것은, 곰족이나 범족처럼 떠돌이 유목생활을 하는 문화보다 발전된 선진 단계의 농경문화 역사를 구체적으로 나타내기 위한 것이다. 유목민 지도자들이 정착생활과 농경문화를 배격하고 경계한 것과15) 반대로 환웅은 농경민 지도자로서 주곡을 으뜸으로 삼고 정착생활을 '재세이화'로 강조한 것이다. 그러므로 고대 동이족 문화를 시베리아나 몽골의 유목민 문화에서 비롯된 것으로 주장하는 해석은 생태학적 오류라 하지 않을 수 없다.

환웅신시 시대의 여러 이웃 종족들은 농경문화는커녕 정착생활을 하지 못하는 단계에 있었다. 따라서 자연히 정착농경생활을 하는 환웅족의 신시문화를 동경하기 마련이다. 사회체제의 우열 또는 문화적 발전단계의 선후가 일정한 차이를 조성하고 있다면, 후진사회의 각성된 지도자는 자연스레 선진사회의 문화로 나아가기를 바란다. 따라서 곰족과 범족 지도자는 환웅의 홍익인간 이념과 재세이화의 통치방법에 공감하고 환웅족이 누리는 농경문화를 선망하게 되었을 것이다. 그러므로 곰과 범이 인간이 되게 해달라고 한 것은 은유적 표현이고, 환웅족의 인간다운 삶을 동경한 것이다.

가축을 기르며 이동생활을 하는 유목민들로서는 농경문화를 누리며 정착생활을 하는 것이 곧 인간다운 삶으로 비약하는 것이다. 따라서 환웅족으로부터 정착농경생활을 누릴 수 있도록 생업기술의 전수 또는 천신신앙과 같은 선진문화의 공유를 기대했던 것이다. 그러므로 환웅은 적응 가능성을 검증하기 위하여 채식생활로 쑥과 마늘을 먹게 했고, 정착생활로 백일 동안 햇빛을 보지 않도록 했던 것이다. 쑥과 마늘은 농경민들이나 먹을 수 있는 지독한 채식생활이며, 햇빛을 보지 않

---

15) 흔히 칭기스한의 말로 알려진 "성을 쌓는 자는 망한다"는 말은 톤유쿠크 (Tonyuquq) 비문에 나오는 말이다(이석연, 《책, 인생을 사로잡다》, 까만양, 2012). '게세르 신화'의 영웅 게세르도 불길한 일의 원인을 농경민의 탓으로 여기고 불호령을 내려서 농사를 엄금한다.(일리야 N. 마다손 채록, 양민종 옮김, 1《바이칼의 게세르 신화》, 솔, 2008, 12쪽 참조.

는 것은 장기간 칩거해야 하는 지독한 정착생활이다. 이 힘든 과정을
견딘다면 충분히 정착·농경문화에 적응할 수 있어 환웅족과 대등한 관
계를 맺을 수 있다. 그러므로 이 적응 과정에서 탈락한 범족은 제외되
고 잘 견뎌낸 곰족은 환웅족과 혼인동맹으로 하나의 확대된 국가공동
체를 구성하게 된 것이 조선 건국이다.

따라서 단군조선과 같은 고대국가가 성립되려면 두 가지 조건을 갖
추어야 한다. 하나는 정착생활과 농경문화를 바탕으로 한 사회체제의
구성과 생산양식의 발전이고, 둘은 정치적 구심점으로 이웃민족들과
연맹체제를 이루는 사회 규모의 확대이다. 앞의 조건은 문화적 수준의
질적 성장이고, 뒤의 조건은 사회적 규모의 양적 확대이다. 질적 성장
과 양적 확대의 두 조건을 갖추어야 고대국가가 형성되는데, 그러한
조건의 핵심을 이루는 것이 농경문화의 확립이다. 그러므로 단군조선
의 건국은 정착생활과 농경문화를 토대로 한 경제적 성장과 문화적 수
준의 우위를 구심점으로, 여러 민족들이 자발적으로 복속한 연맹체제
위에서 이루어졌다고 할 수 있다.

3. 중국사료에 기록된 동이족의 농경문화 전통

민족사의 가장 초기 사료인 환웅의 신시본풀이는 정착·농경문화의
생활세계를 생생하게 그려주고 있다. 더 객관적인 검증을 위해서는 교
차검증이 필요한데, 마침 중국의 어떤 문헌에도 동이족이나 고조선시
대 사람들을 유목민으로 서술한 기록이 없다는 점이 뒷받침한다. 동이
족에 관한 고대 기록을 보면, 유목문화에 관한 내용은 전혀 보이지 않
는 반면에, 농경문화에 관한 기록은 다양하게 보인다. 고대 중국인들도
한민족의 주류문화를 농경문화로 포착한 것이다.

동이족 또는 한민족 고대문화를 다룬 중국의 기본 사료로 가장 신

뢰할 만한 것이 《후한서》〈동이열전〉과 《삼국지》〈오환선비동이전〉(烏
丸鮮卑東夷傳)이다.16) 이보다 앞선 《한서》〈지리지〉도 중요한 사료이다.
이 문헌의 기록에는 한민족의 생활세계와 문화적 전통을 직접적으로 다
룬 내용도 있고 간접적으로 다룬 내용도 있다. 먼저 정착생활과 농경문
화에 관한 직접적 자료부터 보기로 한다. 고조선시기의 생업을 가장 구
체적으로 밝힌 기록은 《한서》〈지리지〉에서 보인다. 왜냐하면 기자(箕
子)가 조선으로 가서 겪은 행적을 기록해 두었기 때문이다.

  은(殷, 商)의 도(道)가 쇠퇴함에 기자는 조선으로 가서 그 주민을 예의
로써 교화하며 농사짓고 누에치며 길쌈을 하였다. 낙랑의 조선 주민에게
는 범금(犯禁) 8조가 있었는데, 사람을 죽이면 바로 죽음으로써 보상하고,
상해를 입히면 곡물로써 보상했다.17)

위 내용은 상나라 왕실의 후예인 기자가 주(周)에 망하자, '고조선
의 서부 변경인 낙랑지역으로 망명'한 사실을 기록한 것으로서, 당시
고조선의 발전된 농업생활과 법치 상황을 구체적으로 밝혀 놓아 주목
된다. 농사를 지어 누에를 치고 길쌈을 했다는 것은 상당히 발전된 농
업문화를 증언한다. 농업의 단계는 한갓 식량 생산에 머물지 않고, 누
에를 치며 베를 짜서 길쌈을 하여 옷감을 마련하는 데까지 나아갔기
때문이다.
  더군다나 범금 8조18) 가운데, 사람을 다치게 한 자에게 벌금으로
곡물을 보상하도록 한 것도, 농경문화의 발전 단계를 나타낸다. 말이나
양, 염소 등 가축을 재화로 사용하는 유목사회와 달리, 농경사회에서는
곡식이 교환가치를 지닌 화폐 구실을 하기 때문이다. 유목사회에서는
짐승이, 농경사회에서는 곡식이 화폐 구실을 한 것은 고대뿐만 아니라

---

16) 윤내현, 《고조선 연구》, 24-26쪽 참조.
17) 《漢書》, 卷28下 〈地理志〉下, "殷道衰 箕子去之朝鮮 敎其民以儀禮 田蠶織作 樂浪朝
   鮮民犯禁八條 相殺李當時償殺 相傷以穀償." 윤내현, 위의 책, 639쪽에서 재인용.
18) 단군조선시대에는 法禁八條 또는 八條禁法 또는 禁法八條로도 일컬어졌다고
   한다.

최근까지 지속되고 있는 현상이다. 그러므로 단군조선에서는 곡물이 법적인 재화로 교환될 만큼 농업이 중요한 생업양식으로 자리 잡았다고 할 수 있다.

《삼국지》의 〈부여전〉과 〈고구려전〉에도 농업활동과 양식에 대한 기록이 보인다. 부여에서는 "적이 있으면 제가(諸加)가 스스로 나아가 싸우고 하호(下戶)는 양식(糧食)을 져다가 음식을 만들어준다."고 했다. 전쟁을 담당하는 지배계층과 그들의 물자를 제공하는 피지배계층의 역할을 기록한 것인데, 지배귀족인 제가의 주식이 육류가 아니라 곡물로 된 양식이라는 것은 유목민이 아니라 농경민이라는 사실을 뜻한다. 이러한 사실은 고구려에 관한 기록에서 더 구체적으로 나타난다.

> 나라(고구려) 안의 대가(大家)는 농사를 짓지 않는데, 앉아서 먹는 사람들이 만여 명이나 된다. 하호(下戶)들이 먼 곳으로부터 양식과 물고기, 소금을 운반해다가 그들에게 공급한다.[19]

고구려는 농업이 주산업이었다. 그런데도 대가와 같은 지배귀족들은 농사를 짓지 않고 편안하게 앉아서 먹고 살았다. 그런 까닭에 예사 백성인 하호들은 양식과 물고기, 소금을 멀리서 구해 바쳤다. 흥미로운 것은 농사짓지 않고도 먹고사는 사람들에게 양식을 제공하는 것은 물론 반찬까지 육류가 아닌 어류를 제공했다는 사실이다. 귀족들조차 육류가 아니라 어류를 부식으로 섭취했다는 것은 이미 농경사회의 식문화 전통이 뿌리 깊다는 것을 뜻한다.

《후한서》〈동이열전〉에서는 정착생활에 관한 기록이 두드러진다. "동이는 모두 토착민으로서 술 마시고 노래하며 춤추기를 즐기고, 머리에는 변(弁)이라는 모자를 쓰고 비단옷을 입었다"고 할 뿐 아니라, 중국이 "예(禮)를 잃으면 동이에서 구했다"고[20] 기록해 두었다. 여기서

---

19) 《三國志》卷30, 〈魏書〉30, '烏丸鮮卑東夷傳', 〈高句麗傳〉, "其國中大家不佃作坐食者萬餘口 下戶遠擔米糧魚鹽供給之."
20) 《後漢書》卷85 〈東夷列傳〉序, "東夷率皆土着 憙飮酒歌舞 或冠弁衣錦 (……)

열쇠말은 동이가 토착민이라는 사실이다. 땅에 뿌리를 내리고 정착생활을 한 민족이라는 사실을 분명하게 나타내기 위해 '모두 토착민'이라고 밝혀서 유목민이나 이주민과 구별해 놓았다. 동이가 토착민이라는 말은 오랜 농경생활을 입증하는 말이다.

옷차림에서도 농경민의 특성이 고스란히 드러난다. 고깔 모양의 '변'이라는 모자를 쓰고 비단옷을 입었다는 것이다. 변은 고깔 형태의 모자로서 말을 타고 이동하는 유목생활에는 적절하지 않은 양식의 모자다. 상투를 트는 머리 양식을 갖춘 한민족 전형의 모자 양식이 변이다.[21] 특히 비단은 정착생활을 하는 양잠농가에서만 생산 가능한 옷감이다. 따라서 비단옷은 털옷과 털가죽 옷을 입는 유목민들의 의생활과 아주 대조적인 농경민의 옷이라 할 수 있다.

〈예전〉과 〈한전〉에서는 삼농사와 양잠의 길쌈과정을 더 구체적으로 밝혀 두었다. 예나라 사람들은 "삼농사를 지을 줄 알고 누에를 기르며 길쌈을 하여 베를 짰다."[22] 마한사람들도 "밭에 뽕을 심어 양잠을 할 줄 알며 베를 짰다" 그리고 "땅을 파서 움집을 만들어 살았다"고[23] 할 뿐 아니라, "베로 만든 도포를 입고 짚신을 신었다"고[24] 했다. 움집은 물론, 옷차림도 농경민의 전형적인 모습이다. 그러므로 대마를 갈아서 길쌈을 하여 삼베를 짰을 뿐 아니라 밭에 뽕을 갈아 양잠을 하고 명주를 짰던 것이다.

농경생활이 발전단계에 이르지 않으면 대마와 뽕나무를 경작하여 삼베와 명주를 짜는 길쌈문화가 형성될 수 없다. "예와 한은 고조선의 기수국이었으므로 고조선에서도 양잠과 길쌈을 했을 것이다."[25] "고조

所謂中國失禮 求之四夷者也."《中國正史朝鮮傳》, 99쪽에서 재인용.

21) 박선희, 《한국 고대 복식 -그 원형과 정체》, 지식산업사, 2002, 226~241쪽 참조.

22) 《後漢書》, 앞의 곳, 〈濊傳〉, "知種麻 養蠶 作縣布."

23) 《後漢書》, 같은 곳, 韓, "馬韓人知田蠶 作縣布 (……) 作土室".

24) 《後漢書》, 위와 같은 곳. "布袍草履".

25) 윤내현, 같은 책, 657쪽.

선에서는 옷감으로 삼베와 모직, 명주 등이 생산되었다." 삼베를 옷감
으로 이용한 사실은 출토 유물에 의해 확인된다. 토성리 청동기 유적
에서 천조각이 발견되었는데, 굵은 실로 짠 삼베로 추정된다.[26] '농업
을 기본으로 하여 생활하였던 까닭에 당연히 식물성 섬유로 짠 천이
더 중요성을 가지고 있었을 것이다.'[27]

마한에서 움집을 지어 살거나, 베도포를 입고 짚신을 신었다는 사
실도 전형적인 농경민의 생활양식이다. 움집과 베도포, 짚신은 모두 유
목민의 천막과 털가죽옷, 가죽신 등과 대조되는 농경문화의 산물이다.
부여사람들도 "토착생활을 하며 궁실과 창고, 감옥을 가지고 있었을
뿐 아니라, 산릉과 넓은 들이 많으며" "토질은 오곡이 자라기에 적당하
다"고[28] 밝혀 두었다. 한결같이 농경민의 정착생활을 실감나게 구체적
으로 기록해 두었다.

이때 이미 오곡 개념이 성립되었으며, 창고를 지어 곡식을 갈무리
해야 할 정도로 농업생산물이 풍요로웠다. 농업이 토착생활을 필수적
으로 요구하는 것처럼, 농작물은 저장 가능한 양식이기 때문에 창고가
필수적이다. 고대 중국인들에게 이러한 사실들이 특이한 농경민의 풍
속으로 주목된 까닭에 기록으로 남게 되었다. 그러므로 중국인들의 동
이에 대한 기록에서 정착농경민의 생활양식을 여러모로 포착할 수 있
다. 농경문화는 고대인들의 제천행사에서도 고스란히 드러난다.

> 濊 : "해마다 10월이면 하늘에 제사를 지내는데, 주야로 술 마시며 노래
> 부르고 춤추니, 이를 '舞天'이라 한다."[29]

---

26) 윤내현, 같은 책, 656쪽.
27) 윤내현, 위와 같은 곳.
28) 《三國志》, 같은 곳, 夫餘傳. "其民土著 有宮室倉庫牢獄 多山陵 廣澤（……） 土
地宜五穀". 《三國志》의 원문과 번역도 《中國正史朝鮮傳》 譯註 1, 國史編纂委員會,
1987을 참조했다.
29) 《後漢書》, 卷85, 〈東夷列傳〉, 濊. "常用十月祭天 晝夜飲酒歌舞 名之爲 舞天".
《三國志》, 卷30, 〈魏書〉 30, '烏丸鮮卑東夷傳' 第30, 濊傳. "常用十月祭天 晝夜
飲酒歌舞 名之爲 舞天"

高句麗 : "그 풍속은 음(淫)하고 모두 깨끗한 것을 좋아하며 밤에는 남녀
가 곧잘 떼 지어 노래 부른다. 귀신(鬼神)·사직(社稷)·영성(零星)에 제
사지내기를 좋아하며, 10월에 하늘에 제사지내는 큰 모임 곧 '제천대회'
가 있으니 그 이름을 '동맹(東盟)'이라 한다."30)

韓 : "해마다 5월에는 농사일을 마치고 귀신에게 제사를 지내는데, 낮이나
밤이나 술자리를 베풀고 떼지어 노래 부르며 춤춘다. 춤출 때에는 수십
명이 서로 줄을 서서 땅을 밟으며 장단을 맞춘다. 10월에 농사의 추수
를 끝내고는 다시 이와 같이 한다. (……) 그들의 풍속은 노래하고 춤
추며 술 마시고 비파 뜯기를 좋아한다."31)

"해마다 5월이면 씨뿌리기를 마치고 귀신에게 제사를 지낸다. 떼지어
노래 부르며 춤추고 밤낮을 쉬지 않고 술을 마셨다. 그 춤은 수십 명
이 모두 일어나서 뒤를 따르는데, 땅을 밟으며 허리를 굽혔다 치켜들면
서 손과 발이 서로 상응하며 가락과 율동은 탁무(鐸舞)와 흡사하다. 10
월에 추수를 끝내고는 다시 이와 같이 한다."32)

예와 고구려, 한의 제천행사에 대한 내용 가운데 시기가 특히 주목
된다. 예와 고구려는 10월에 '무천'과 '동맹'이라는 이름의 제천행사를
국중대회로 했다. 한은 5월에 파종을 마치고 10월에는 가을걷이를 끝
내고 귀신에게 제사 지내는 나라굿을 국중대회 형식으로 했다. 파종
후에 하는 5월의 나라굿이 풍농을 기원하는 예축의 제천행사라면, 10
월의 나라굿은 추수감사제에 해당되는 제천행사라 할 수 있다.

따라서 제천대회의 시기를 요약하면 모든 국가제의는 농공시필기
(農功始畢期)에 이루어졌다는 사실을 알 수 있다. 다시 말하면 고대 한
국인들의 전형적인 나라굿은 모두 농경세시의 일환으로서 농경생활을
바탕으로 형성된 축제문화였다는 말이다. 천왕이 하늘에 천제를 올리

---

30) 《後漢書》 卷85, 〈東夷列傳〉, 高句麗. "其俗淫 皆契(潔)淨 自憙 晝夜 男女輒羣
聚爲倡樂. 好祠鬼神·社稷·零星 以十月祭天大會 名曰東盟".

31) 《後漢書》, 같은 곳, 韓. "常以五月田竟祭鬼神, 晝夜酒會, 羣聚歌舞, 舞輒數十人
相隨蹋地爲節. 十月農功畢, 亦復如之 (……) 俗戲歌舞飮酒鼓瑟".

32) 《三國志》, 같은 곳, 韓傳. "常以五月下種訖 祭鬼神 羣聚歌舞 飮酒晝夜無休 其舞
數十人 俱起相隨 踏地低昂 手足相應 節奏有似鐸舞 十月農功畢, 亦復如之".

는 국중대회가 농공시필기에 이루어졌다는 것은 이 시기 중요한 생업
양식이 농업이었던 까닭이다. 그러므로 제천대회와 같은 국가제의를
농경시필기에 한 사실은 당시에 이미 농경문화의 전통이 확립되었다는
사실을 결정적으로 뒷받침하는 것이다.

> 夫餘 : "납월(臘月)에 지내는 제천행사에는 연일 크게 모여서 마시고 먹으
> 며 노래하고 춤추었으니, 그 이름을 '영고(迎鼓)'라 한다."33)

다만 부여의 경우는 그 시기를 농경시필기로 밝혀두지 않았다. 그러
나 부여사람들은 토착생활을 하며 창고를 사용했고, 토질은 오곡이 자
라기에 알맞았다고 함으로써, 정착생활을 하는 농경민의 주거문화를 밝
혀두었을 뿐 아니라, 넓은 들과 오곡이 잘 자라는 토질을 소개하고 있
다. 모두 유목문화와 무관한 내용들이다. 의생활 자료를 보면, 부여인들
은 "흰색을 숭상하며 흰 베로 만든 큰 소매 달린 도포와 바지를 입었으
며, 외국에 나갈 때에는 수놓은 비단옷을 즐겨 입었다"고34) 한다.

우리 전통 옷차림의 정체성이 이때부터 확립되었던 셈인데, 유목민
들처럼 털가죽 옷을 입은 것이 아니라 베옷과 비단옷을 입었다는 것이
다. 어느 옷이나 농경문화가 생산한 옷이다. 따라서 납월에 하는 영고
의 해맞이굿 또한 부여의 농경문화에서 비롯된 것이라 하지 않을 수
없다. 그러므로 중국 고대문헌에서는 생업을 비롯하여 축제와 생활세
계까지 우리 민족은 모두 정착생활과 농경문화를 누렸던 사실을 확인
할 수 있다.

---

33) 《後漢書》, 卷85, 〈東夷列傳〉 夫餘傳. "以臘月祭天 大會連日 飮食歌舞 名曰 迎鼓."
34) 《三國志》, 위와 같은 곳. "在國衣尙白 白布大袂袍袴 (……) 出國則尙繪繡錦".

4. 고고학 유물에서 확인되는 농경문화의 역사

한중 고대의 문헌사료만으로도 고조선시대를 정착·농경 사회로 단
정할 수 있다. 특히 중국문헌의 기록은 관찰자 서술이라는 객관성의
장점을 지닌다. 그러나 기록을 뒷받침할 수 있는 유물이나 유적이 있
어야 더 객관적 입증이 가능하다. 기록은 왜곡과 착오가 있을 수 있으
나 유물과 유적은 실물사료여서 역사적 사실 그 자체이다. 그러므로
문헌사료의 내용을 실물사료로 교차검증하여 확인할 필요가 있다.

고조선시대 초기인 신시국 시기에 이미 농경생활이 이루어진 사실
은 고고학적 발굴유물에서도 다양하게 입증된다. 황해도 봉산군 지탑
리 유적, 청진시 무산군 범의구석 유적, 함북 회령읍 오동 유적, 평양
삼석구역 남경 유적, 강원도 양양군 오산리 유적 등에서 출토된 곡물
을 보면, 벼와 보리를 비롯하여 조, 기장, 콩, 팥, 수수, 피 등 오곡과
잡곡들이 고조선시대에 재배된 사실이[35] 확인된다. 신석기의 집자리
유적 두 곳에서 피와 조 낟알이 출토되었고 청동기시대 집자리에서는
기장과 수수, 조, 팥 등의 오곡은 물론 벼의 낟알이 출토되었다.[36] 그
러므로 "한반도에서는 고조선이 건국되기 전부터 벼농사를 지었음을
알 수 있다."[37]

근래에는 가장 오래된 볍씨가 한반도에서 출토되어 세계적인 관심
을 끌고 있다. 서기전 3000~2000년 시기의 볍씨가 일산과 김포에서
발굴되었을[38] 뿐 아니라, 세계에서 가장 오래된 단립벼가 소로리에서
발굴되어 세계 농업사를 다시 써야 할 상황에 이르렀다. 종래에는 중

---

35) 尹乃鉉, 〈古朝鮮의 經濟的 基盤〉, 《白山學報》 41, 1993, 5쪽. 윤내현, 위의 책,
   663쪽에서 재인용.
36) 김용간·석광준, 〈남경유적에서 나온 낟알을 통하여 본 팽이그릇주민의 농
   업〉, 장호수 엮음, 《북한의 선사고고학》 3, 백산문화, 1992, 297쪽의 표. 윤내
   현, 같은 책, 569쪽에서 참고.
37) 윤내현, 같은 책, 568쪽.
38) 任孝宰, 〈韓國古代文化의 흐름〉, 集文堂, 69쪽, 윤내현, 같은 책, 663쪽에서
   참고.

〈그림 40〉소로리 볍씨 출토

국 호남성(湖南省) 옥섬암 (玉蟾岩) 유적에서 출토된 볍씨가 가장 오래된 것으로 국제사회에 공인되었으나, 최근에 이융조 교수가 충북 청원군 소로리에서 발견한 볍씨가[39] 약 1만 5천 년 전의 볍씨로 밝혀져 국제적으로 가장 오래된 볍씨로[40] 인정받고 있다. 소로리 볍씨가 발견된 토탄층과 유사벼를 직접 측정한 값이 1만 2천 5백 년 전으로 일치하므로, 중국 강서성 선인동(仙人洞) 동굴의 볍씨가 1만 500년 전, 호남성 옥섬암 동굴 1만 1천년 전보다 무려 1천 5백년 앞선다.[41] 그러므로 소로리 볍씨는 세계에서 가장 오래된 벼농사 문화를 증언하는 결정적 유물이다.

특히 고조선문명권에서 발굴된 볍씨는 단립벼로 중국의 장립벼와 구별된다. 고조선문명권의 단립벼 발굴자료의 연대와 분포를 체계적으로 분석한 신용하 교수는 "단립벼 재배의 전파가 고조선 사람들과 고조선 이주민들이 거주활동한 지역과 대체로 일치한다"는 사실을[42] 밝히고 단립벼 재배 기원지와 지리적 확산 경로까지(그림 41)[43] 해명했다.[44] 그 동안 중국에서 옥섬암 출토 볍씨 2톨로 세계적 도작 기원지

---

39) 이융조·우종윤, 《선사유적 발굴도록》, 충북대학교 박물관, 1998, 188쪽.

40) 이융조·우종윤, 〈구석기시대의 소로리볍씨와 토탄층〉, 《중원지역의 구석기문화》, 충북대학교 중원문화연구소, 2006, 511~520쪽; 이융조, 〈중원지역 구석기연구와 과제, 《한 그릇에 담은 나의 학문과 삶》, 학연문화사, 2006, 130쪽.

41) 이융조·우종윤, 위의 글, 518쪽.

42) 신용하, 〈고조선문명 형성의 기반과 한강문화의 세계최초 단립벼 및 콩의 재배 경작〉, 《고조선단군학》 31, 147쪽.

43) 신용하, 위의 글, 150쪽 그림.

44) 신용하, 위의 글, 147~150쪽 참조.

라는 과도한 해석을 했는
데, 그것은 장립벼에 한정
될 뿐 아니라 전체 벼농사
의 기원지는 될 수 없다.

오히려 한반도의 소로
리와 조동리, 대천리, 가와
지 볍씨는 출토된 양도 풍
부할 뿐 아니라 일관성 있
게 분포되어 있어서 단립
벼의 기원은 물론 세계 벼
농사의 기원이 되고 있
다.[45] 그러므로 신용하 교

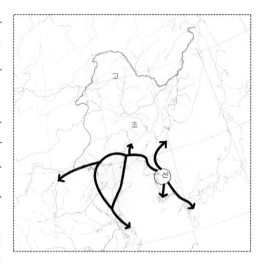

〈그림 41〉 단립벼 기원지와 전파경로

수의 '도작(稻作) 한강기원설'은 한강유역을 중심으로 형성된 상당히
발전된 농경문화로서, 고조선문명권이 형성되었을 것으로 추론하는 중
요한 단서가 되고 있다.

고조선 지역에서는 벼농사뿐만 아니라 콩농사도 세계 최초로 순화
재배하여 식용작물로 경작하였다. 콩과 팥, 녹두, 강두(豇豆) 등 콩류의
원산지는 야생종의 종류가 가장 많은 한반도와 만주로 주목되고 있
다.[46] 만주에는 200여 품종의 콩이 있는데 한반도에는 900여 품종의
콩이 있다. 따라서 "한반도가 콩의 재배기원지"라는 결론을[47] 내고 있
다. 한강 본류의 가와지 1지구에서는 5천 20년 전의 볍씨와 함께 21톨
의 열매껍질이 출토되었는데,[48] 콩으로 추론된다.[49] 왜냐하면 가와지

---

45) 신용하, 앞의 글, 175쪽.
46) 신용하, 같은 글, 154쪽.
47) 金鍾允, 〈우리나라 콩 재배 역사〉, 《생물학》 4-1, 1965, 신용하, 같은 글,
    155쪽 참조.
48) 전희영, 〈씨앗분석〉, 《일산 새도시 개발지역 학술조사보고 I》, 한국선사문화
    연구원, 2014, 246~247쪽 및 251~252쪽, 신용하, 같은 글 159쪽 참조.
49) 신용하, 같은 글, 159쪽.

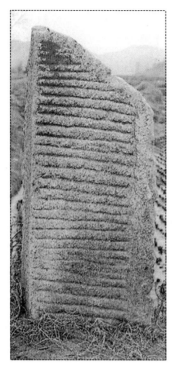

〈그림 42〉 남곡리 선돌

2지구에서도 약 2천 8백 년 전의 볍씨와 함께 17톨의 콩(과)이 출토되었기[50] 때문이다.

볍씨와 콩의 동반 출토는 중요한 의미를 지닌다. 발굴자들은 출토결과를 해석하면서 "벼(과)와 콩(과) 식물을 제외한 나머지는 선사시대 사람들의 1차적인 식량자원으로 보기에 어려운 점이 있다"고 하며,[51] 콩은 "상당히 일찍이 중요한 식량 자원이 되었던 것"으로[52] 여긴다. 농경민의 식생활에서 쌀이 주식이라면 콩은 부식으로서 독자적 기능을 하기 때문이다. 밀과 보리는 서남아시아 다음으로 고조선 지역에서 재배하여 제2중심이라 할 수 있지만, 벼의 주식 기능을 보조할 따름이다. 그러나 5곡에 속하는 콩은 부식으로서 별도의 식문화 기능을 담당했던 것이다. 그러므로 고조선문명권에서는 한강유역을 중심으로 농경문화가 상대적으로 가장 이른 시기에 꽃피었다는 사실을 알 수 있다.

이러한 출토 볍씨의 연대로 볼 때, 구석기시대부터 벼의 재배가 시작되었을 가능성이 추론되며, 신석기의 신시고국시대에 이르면 벼농사를 비롯한 농경생활이 상당한 수준으로 발전된 사실을 확인할 수 있다. 한강유역이 벼와 콩의 기원지라는 사실은 고조선문명권의 중심지를 이해하는 중요한 단서이다. 따라서 단군의 조선 건국 이전 시기에

---

50) 이융조·박태식·하문식, 〈한국 선사시대 벼농사에 관한 연구-고양 가와지 2지구를 중심으로〉, 이융조·박태식 편, 《고양 가와지 볍씨 (I): 조사와 연구》, 한국선사문화연구원, 2014, 246~247쪽.
51) 이융조·박태식·하문식, 위의 글, 246쪽.
52) 이융조·박태식·하문식, 같은 글, 247쪽.

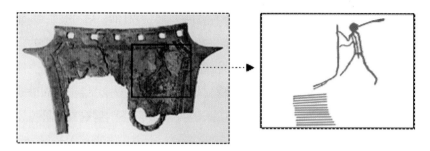

〈그림 43〉 농경문 청동기

이미 발전된 농경문화를 누린 신시고국이 농경국가로서 초기 형태의 국가구조를 확립했으리라는 추론이 쉽게 성립된다. 이러한 농경문화 관련 사실들은 농경지의 경작 형상을 새겨 놓은 선돌에서 확인된다.

옥천 남곡리 1호 선돌(그림 42)과53) 수북리 동정마을 선돌은54) 전면에 일정한 줄을 45개 또는 50개 나란히 새겨 놓아서 "농경기념 선돌"로 해석되고 있다.55) 판판한 장방형의 돌에 같은 간격의 줄을 가득하게 새겨 놓은 것은 단순한 무늬가 아니라 논밭을 경작한 상태의 고랑을 나타내는 것이 분명하다. 대전 괴정동 출토 '방패형 농경문 청동기'에56) 따비로 밭을 가는 농부의 모습이 있는데, 그 따비 아래 선돌과 같은 방식의 나란한 밭이랑이 가로줄로 가지런히 새겨져 있다.57) 평안북도 염주군 주의리에서는 참나무로 만든 따비가 출토되었는데 고조선시대의 유물로 해석된다. 따비 유물과 경작지 선돌의 양식이 통합된 것이 농경문 청동기이다. 그러므로 선돌의 가로줄은 논밭의 이랑을 나타내는 것으로서 경작지의 영역을 나타내는 경계표이자, 농경제의를 올리던 제사유석으로 해석할 수 있다.

53) 신용하, 《고조선문명의 사회사》, 51쪽의 〈그림 2-2〉.
54) 이융조, 《충북의 선사문화》, 충북개발연구원 부설 충북학연구소, 2006, 318 ~323쪽 참조.
55) 신용하, 《고조선문명의 사회사》, 51~52쪽.
56) 신용하, 위의 책, 70쪽의 〈그림 2-6〉.
57) 신용하, 《한국민족의 기원과 형성 연구》, 34쪽.

따라서 고조선시대 농업생활을 농기구 자료에서 더 구체적으로 살펴볼 필요가 있다. 서북지방에서는 이 시기 유물로 괭이와 곰배괭이, 보습, 삽, 호미 등의 경작용 농구가 출토되었고, 반달돌칼과 낫의 수확용 농구, 갈판과 갈돌의 곡물조리용 도구가 출토되었다.[58] 중부지방에서도 괭이와 보습, 삽, 등 경작용 농구와, 돌칼과 낫, 갈판과 갈돌 등이 출토되었다.[59]

마구(馬具)와 수레 부품 등이 출토되면서 농구가 출토되지 않은 유적은 농업노동을 직접 담당하지 않은 지배귀족들의 유적이다. 따라서 마구 출토를 근거로 기마민족으로 해석하는 것은 잘못이다. 농경민족의 지배귀족도 농사일을 직접 하지 않았을 뿐 아니라 수레와 말을 교통수단으로 이용했기 때문에 농구는 없고 마구와 무기만 출토되기[60] 마련이다. 농경사회에서도 마구와 수레, 무기는 널리 사용되어 왔다.

이처럼 사료를 제대로 해석하지 않으면 엉뚱한 결과에 이른다. 그러한 오류의 보기가 부여의 관직명에 대한 해석이다. 부여에서는 "모두 여섯 가축으로 관직의 이름을 일컬었는데, 마가(馬加)와 우가(牛加), 저가(豬加), 구가(狗加) 대사(大使) 대사자(大使者) 사자(使者)가 있다."고 하거나[61] "마가(馬加)와 우가(牛加), 구가(狗加) 등이 있었으며 그 읍락은 모두 제가(諸家)에 속해 있었다"고[62] 한다. 관직의 이름을 짐승의 명칭에 따른 것을 근거로 유목민의 문화로 간주하는 것이다.

그러나 이들 짐승은 유목민의 가축으로 한정할 수 없다. 말이나 소, 개는 모두 농경민의 가축이기도 하기 때문이다. 특히 돼지는 유목문화 지역에는 잘 기르지 않는 가축이다. 돼지는 사료를 주어서 길러

---

58) 길경택, 〈한국선사시대의 농경과 발달에 관한 연구〉, 《古文化》 27, 1985, 韓國大學博物館協會, 106쪽.

59) 윤내현, 《고조선 연구》, 一志社, 1994, 604쪽.

60) 윤내현, 위의 책, 605쪽 참조.

61) 《三國志》 卷30, 〈烏丸鮮卑東夷傳〉 夫餘傳, "皆以六畜名官 有馬加 牛加 豬加 狗加 大使 大使者 使者."

62) 《後漢書》 卷85, 〈東夷列傳〉 夫餘傳, "以六畜名官 有馬加 牛加 狗加 其邑落 皆主屬諸加."

야 하기 때문에 방목이 불가능하다. 마소와 개돼지는 지금도 농촌에서
기르는 집짐승이다. 따라서 이 짐승을 근거로 유목민이라 하는 것은
잘못이다. 왜냐하면 유목민들이 기르는 대표적인 가축은 양과 염소이
기 때문이다. 지금도 대부분의 유목문화권에서는 양을 가장 많이 기른
다. 그런데 관명에 양가(羊加)는 없다. 오히려 짐승의 관명이 유목문화
와 무관하다는 것을 말한다.

게다가 "其邑落 皆主屬諸加"라고 하여 여러 관리들이 읍락을 다스린
것으로 서술되어 있다. 읍락은 집단 정착생활을 하는 모듬살이로서 현
재의 마을이나63) 고을과 같다. 고대 유목지역에서는 이러한 읍락이 조
성되지 않았다. 따라서 육축의 관명을 제시한 다음 대목을 보면, 이때
벌써 읍락을 형성하고 그 행정을 담당하는 관리가 있었다고 하는데,
이 사실만으로도 행정체계가 잡힐 만큼 정착생활의 역사가 상당히 뿌
리 깊다. 그러므로 가축 이름의 관명을 근거로 부여인들을 유목민으로
간주하는 주장은 유목문화와 함께 농경문화조차 제대로 알지 못한 셈
이다.

고조선연구 개척자인 윤내현은 고조선을 "동아시아 농경사회 고대
국가의 특징"으로 간주하고, '1만 년 전부터 농경과 목축을 하면서 정
착생활을' 하며 '마을사회'를 이루었다고 했다.64) 농경민의 정착생활은
두 가지 흔적을 남긴다. 하나는 집터이며 둘은 모듬살이를 이룬 마을
이다. 여러 채의 집자리 흔적이 곧 마을 유적이다. 발굴사례로 보면,
가장 오래된 강원도 양양의 오산리 유적을 비롯하여 함경북도의 옹기
군 굴포리 서포항 유적, 황해북도 봉산 문정면 지탑리 유적, 평안남도
온천군 운하리 궁산유적, 서울 암사동 유적 등에 여러 집터가 발견되
었다.65)

전남 승주군 곡천 유적지의 집터도 정착생활의 면모를 잘 보여준

---

63) 윤내현, 같은 책, 481쪽. 위의 기록들 가운데 "邑이나 邑落은 마을을 뜻한다."
64) 윤내현, 같은 책, 477쪽.
65) 金正基, 〈新石器時代 住生活〉, 《韓國史論》 17, 國史編纂委員會, 1987, 76~130쪽.

다. 후기 구석기 또는 중석기 시대로 확인되는 유적지의 〈곡1호집터〉에서 기둥과 도리, 서까래 등과 숯이 집중적으로 나타났을 뿐 아니라,[66] 기둥 구멍이 움 안팎에서 모두 17개나 있었으며, 강돌로 쌓아 만든 화덕자리도 있었다.[67] 집안 북쪽 벽면에는 소형 저장 구덩이가 발견되었는데 "주로 채집한 식물성 먹거리를 저장하는 기능"을 지녔던 것으로 해석한다.[68]

〈곡2호 집터〉는 면적이 작고 바닥 전면에 토기와 석기 등의 유물들이 집중 출토된 반면에, 숯이 전혀 나오지 않은 것으로 보아 사람들의 주거공간이 아니라 저장공간인 창고로 해석된다.[69] 그러므로 이 두 집터는 창고까지 갖춘 전형적인 정착 농경민의 가옥이 있었던 자리라 하지 않을 수 없다.

만주지역에서도 흥융와유적, 신락(新樂)유적, 소주산(小珠山) 유적 등에서 집자리가 발견된 것으로[70] 볼 때, 신석기 시대 한반도와 만주지역에 당시 사람들이 농경활동을 하며 집을 짓고 마을을 이루어 정착생활을 한 사실을 알 수 있다. 왜냐하면 농경은 정착생활을 전제로 이루어지는 생업인 까닭에 주생활과 뗄 수 없는 관계에 있기 때문이다. 따라서 선사시대의 집터 발굴자료는 농경문화를 입증하는 직접적 자료가 된다.

중국 문헌에도 고대부터 집을 짓고 정착생활을 누려온 농경문화의 전통이 잘 기술되어 있다. 《삼국지》〈동이전〉고구려조의 기록을 보면 농경민의 식생활과 주생활이 함께 기록되어 있어 주목된다.

좋은 토지가 없으므로 부지런히 농사를 지어도 식량이 충분하지 못하

---

66) 이융조·김동현·우종윤, 〈승주 곡천 민무늬토기시대 집터의 복원〉, 《先史文化》 3, 忠北大學校 先史文化硏究所, 1994, 109쪽.
67) 이융조·김동현·우종윤, 위의 글, 110쪽.
68) 이융조·김동현·우종윤, 같은 글, 116쪽.
69) 이융조·김동현·우종윤, 같은 글, 117쪽.
70) 윤내현, 같은 책, 479~478쪽.

다. 그들의 풍속에 음식 먹을 때엔 몹시 아껴 먹으나 집은 잘 지어 치장한다. 정침의 좌우에 큰 집을 세우고 귀신에게 제사한다.[71]

고대 중국인들이 고구려인의 일상생활을 상대적으로 기록한 것이다. 육식을 하며 이동생활을 하는 유목민과 견주어 보면, 이 기록에는 곡채식 중심의 정착생활을 하는 농경민의 특징이 여러모로 드러나 있다. 토지가 척박하여 농사를 지어도 식량이 부족했다고 하는 것은 주식이 곡식이었다는 사실을 말한다.

더 흥미로운 것은 비록 식량이 부족하여 음식을 절약해서 먹어도, 소박한 음식과 달리 집은 잘 지어서 치레하기를 즐겼다고 하는 대목이다. 농경민족으로서 정착생활을[72] 하는 사람들에게 집은 가장 중요한 생활공간이자 안정된 보금자리이다. 따라서 집을 잘 짓고 집치레까지 두드러지게 했을 뿐 아니라 귀신을 모시는 사당까지 집 좌우에 별도로 크게 지어 제사를 올렸다고 한다. 밥상은 유목민에 견주어 초라해도 집 세 채는 버젓이 갖추었다.[73] 그러므로 식생활의 절약과 달리 주생활은 규모가 크고 집치레도 대단했던 셈이다.

더군다나 살림집과 사당을 번듯하게 짓는 외에 사위집도 별도로 지었다. 과년한 딸이 있어 사위감을 구해야 할 상황에 이르면 살림집 뒤에 별채로 서옥(婿屋)을 지어두고 사위될 사람을 정해서 서옥에 거처하도록 했다.[74] 서옥제의 전통은, 신랑이 신부를 데려가 시집에서 혼례를 올리는 중국의 친영(親迎) 의례와 다르게, 신랑이 신부집으로 가서 혼례를 올리는 처가혼의 풍속과 함께 묵신행의 전통으로 최근까지

71) 《三國志》, 卷85 〈東夷列傳〉 高句麗傳. "無良田 雖力佃作 不足以實口腹 其俗節食
 好治宮室 漁所居之左右立大屋 祭鬼神".
72) 윤내현, 《고조선 연구》, 114쪽에 한반도와 만주지역의 여러 유적을 근거로
 신석기시대 초기부터 우리 민족은 붙박이생활을 했다는 사실을 밝혀 두었다.
73) 임재해, 〈'고대에도 한류가 있었다'-민족문화의 정체성 재인식〉, 《고대에도
 한류가 있었다》, 69쪽.
74) 《三國志》, 위와 같은 곳. "其俗作婚姻 言語己定 女家作小屋於大屋後 名婿屋 壻
 暮至女家戶外 自名跪拜 乞得娶女宿 如是者再三 女父母乃聽使就小屋中宿".

지속되었다.[75]

서옥제는 정착가옥을 전제로 한 혼인제도이다. 흔히 서류부가혼(壻留婦家婚)이라고 하는 처가혼은 처가에서 혼례를 올리는 것은 물론 혼례 후에 처가에서 체류하는 까닭에 묵신행이 필수적이다. 묵신행은 신부만 처가에서 오래 머무르지만, 당시의 서옥제는 신랑이 처가에서 혼례를 치른 후에 일정 기간 노동력을 제공하는 것으로서 농경문화의 산물이다. 따라서 사위가 장기간 체류할 수 있는 서옥이 구비되어야 한다. 서옥제든 처가혼이든 이동생활을 하는 유목민들에게는 기대할 수 없는 혼례풍속이자 농경민의 주거문화 전통에서 비롯된 것이다.

지금도 중국사람들은 한국보다 살림집은 허술해도 음식은 더 잘 먹는다. 중국 음식은 유목민의 전통에 따라 기름지고 육식이 주류인데, 한국 음식은 농경민의 전통에 따라 곡채식 중심으로 소박하다. 밥을 먹기 위한 부식으로 채소 중심의 반찬과 약간의 육류 반찬이 차려진다. 따라서 한국을 여행하는 중국관광객의 가장 불만은 음식이라고 한다.[76] 단체관광 음식으로 김치찌개 백반이 흔히 나오는데, 중국인들에게 여행 중의 음식으로 만족할 까닭이 없다.

그러나 집치레는 상대적으로 한국이 화려하고 아파트 규모도 크며 집에 대한 소유욕도 강하다. 빈부의 차가 음식이 아니라 집에서 나타난다. 주택보급률이 미국과 같은 데도 집값 폭등이 늘 문제되는가 하면, 아파트 보급률이 세계 1위이다. 집에 대한 과도한 집착은 옛날부터 번듯한 집을 짓고 보란 듯이 살던 정착농경민의 전통에서 비롯된 것이 아닌가 한다.[77]

농경민은 으레 경작지를 중심으로 모듬살이를 이루며 정착생활을

75) 임재해, 〈의례의 잔치판과 혼례의 여성주의적 판문화 주권 포착〉, 《민속연구》 29, 안동대학교 민속학연구소, 2014, 5~96쪽 참조.
76) 한국문화관광연구원 조사에 따르면, 많은 중국관광객은 한국음식에 불만을 터뜨리며, 100점 만점에 70점으로 아주 낮은 점수를 준다. (월간 《新東亞》, 2015년 6월호 현장르포 기사 참조)
77) 임재해, 앞의 글, 70쪽.

하게 마련이다. 부여와 읍루, 동옥저, 예, 한 등의 '읍락'에 관한《후한서》〈동이열전〉의 기록은 한결같이 정착·농경생활을 입증하는 자료 구실을 한다. 이 가운데 특히 주목을 끄는 것은 동옥저와 예의 읍락에 관한 기록이다. "동옥저의 땅은 비옥하고 산을 등지고 바다를 향해 있어 오곡이 잘 자라고 농사짓기에 적합하다. 다만 읍락에는 장수(長帥)가 있었다."고[78] 한다. 땅이 비옥하여 오곡이 잘 자라 농사짓기에 적합하다고 하는 것은 '읍락'에 장수가 있다는 사실보다 더 구체적으로 농경생활을 증언하는 것이다.

예국에서는 '읍락에 함부로 침범하는 자가 있으면 그때마다 벌칙으로 노예와 마소를 제공하는 벌칙이 있었다.'[79] 읍락을 함부로 침범하지 못하도록 제도화하고 벌칙 규정까지 둔 것은 정착생활의 두 가지 모습을 보여준다. 하나는 정착생활로 집단취락을 형성했다는 사실이며, 둘은 읍락마다 지리적 경계를 획정하는 행정구역이 있었다는 사실이다. 따라서 정착생활이 일정한 법규와 경계를 갖춘 사회제도로 정비되어 있는 상황이어서 유목생활과 대조적이다.

진한에서는 '작은 별읍이 있을 뿐 아니라 별읍마다 거수(渠帥)가 있었다'고[80] 한다. 별읍은 읍락보다 큰 취락으로서 거수가 통치하는 행정구역이다. 거수는 단군조선이 통치하던 직할국의 통치자로서 고대 중국의 제후(諸侯)에 해당된다.[81] 따라서 읍락에는 장수, 별읍에는 거수가 있어 행정구역과 행정조직의 위계에 따른 관리체제가 갖추어져 있었던 셈이다. 그러므로 이 시기에 이미 정착 농경국가로서 행정구역과 행정조직이 상당한 수준으로 체계화된 사실을 알 수 있다.

---

78)《後漢書》卷85〈東夷列傳〉東沃沮傳, "土肥美 背山向海 宜五穀 善田種 有邑落長帥."
79)《後漢書》위와 같은 곳, 濊傳, "邑落有相侵犯者 輒相罰 責生口牛馬 名之爲責禍."
80)《後漢書》위와 같은 곳, 辰韓傳, "諸小別邑 各有渠帥."
81) 윤내현, 같은 책, 254쪽.

5. 홍산문화 지역의 발굴유물과 농경문화 유산

환웅신시와 단군조선 시기 등 고조선시대 농경문화가 문헌기록과 발굴유물을 근거로 다양하게 입증된 것처럼, 홍산문화에서도 농경문화를 입증할 만한 문화유산이 다양하게 보인다. 가장 구체적인 것이 돌로 만든 농기구와 탄화 곡물들이다. 가축 사육과 옥기 공예품, 대형 석조구조물 등도 농경문화유산의 전형으로 해석된다. 신시고국에 관한 기록을 제외하면, 홍산문화에 관한 기록은 전혀 없는 까닭에 고고학적 유물과 유적을 중심으로 농경문화를 입증할 수밖에 없다.

농작물 생산기술을 증언하는 자료는 농기구이다. 토지 경작에 결정적인 농기구인 돌쟁기〔石犁〕가 옹우특기(翁牛特旗) 해금산(海金山) 유적지와, 건평현 오포산 유적지 등에서 발굴되는가 하면, 홍산문화 유적지에서 돌로 만든 삽〔石鏟〕과 호미〔石鋤〕, 칼〔石刀〕, 그리고 돌로 만든 방망이〔石磨棒〕가 발굴되었다. 돌쟁기가 출토된 것으로 볼 때 쟁기를 사용하여 밭을 일구는 이경(犁耕) 농업이 시작된 것으로 추론한다.[82] 돌칼은 벼를 자르는 데 사용하는 반달 모양 농기구이고 돌방망이는 곡식을 가는 데 쓰이는 연마용 방망이로 농경민들의 식생활에 필요한 도구이다. 돌쟁기의 조형과 날 부분의 구조를 보면 이미 현대 쟁기의 초기 형태를 갖추었다. 특히 돌쟁기 '석리'는 홍산문화에서만 발굴된 농기구로 세계적으로 빠른 시기에 농업이 발전한 증거로[83] 해석된다.

홍산문화 시기에 땅을 갈아엎을 때 사용하는 대형 '석사(石耜)'와 돌로 만든 도끼, 구멍이 있는 돌칼도 발굴되었다. 대형 석사는 돌쟁기

---

82) 李宇峰, 〈红山文化发现的石农具〉, 《农业考古》 第1期, 江西社会科学院, 52〜53 쪽 참조.

83) 李宇峰, 위의 글, 53쪽에서 홍산문화를 중국문화로 간주하고 "중국은 세계에서 농업을 일찍 시작한 나라 중의 하나다"고 했다. 현상을 있는 그대로 말하면 '홍산문화 지역은 세계에서 농업을 일찍 시작한 지역'이라고 해야 할 것이며, 고조선문명권으로 해석해서 말하면, '고조선문명 지역은 세계에서 농업을 일찍 시작한 지역'이라고 해야 할 것이다.

구실도 하고 돌호미 구실도 한다. 특히 돌호미 석서(石鋤)가 여러 지역
에서 다양하게 출토되었는데,[84] 그 생김새에 따라 5가지 유형으로 분
류된다. 자루 부분이 좁고 날 부분이 부채 모양으로 넓은데, 그 비례가
지역에 따라 제각각이다.

　가지가 있는 나무로 석서를 묶어서 자루가 달린 호미를 만들어 흙
을 파내고 잡초 제거 또는 파종 작업에 요긴하게 사용하도록 제작되었
다. 이 밖에도 돌도끼, 돌칼, 돌자귀, 맷돌 등이 발굴되었는데, 석기 농
기구 종류가 많고 기술도 발전된 것으로 볼 때, 이 지역이 초기 농업
의 발원지이자[85] 당시에 이미 농경문화가 상당한 수준에 이르렀다는
것을 짐작할 수 있다.

　곡식을 자르는 데 사용하는 반달형 천공석도(穿孔石刀)가 중국 최초
로 발굴된 것도 요녕성 철령(鐵領) 지역이다. 천공석도는 여러 가지 유
형이 다양하게 발굴되었는데,[86] 기본구조는 반달 모양에 구멍을 뚫었
다는 점에서 모두 같은 양식이다. 이 농기구는 중국 동북지역에 널리
분포되어 있는데, 요서 지역 홍산문화에서 먼저 발견되었을 뿐 아니라,
5500년 전의 유물로서 가장 이른 시기에 만들어진 것이다. 그러므로
중국학계에서는 동북지역 문화가 남쪽에서 북쪽으로 전파된 까닭에 동
북쪽으로 갈수록 농기구의 역사가 짧다고 해석한다.[87]

　홍산지역의 석기 농기구를 고려할 때, 가장 중요한 농경작업에 쓰
이는 석기들이 모두 이 지역에서 가장 먼저 발굴되었을 뿐 아니라, 가
장 오래 된 것이 발굴된 사실에 주목하지 않을 수 없다. 밭을 갈아엎
을 때 사용하는 돌쟁기 '석리'는 홍산문화 지역에서만 발굴되었다. 갈
아엎은 땅에 씨앗을 심고 김을 매고 가꾸는 일을 하는 데 필요한 것이

---

84)　陈国庆·徐光辉, 〈中国东北地区石鋤初论」, 《农业考古》 第2期, 江西社会科学院,
　　1989, 222~225쪽.
85)　陈国庆·徐光辉, 위의 글, 224쪽.
86)　瑜琼, 〈东北地区半月形穿孔石刀研究〉, 《北方文物》 第一期, 北方文物杂志社, 1990,
　　3~9쪽.
87)　瑜琼, 위의 글, 7~8쪽.

돌호미이다. 돌호미도 가장 오래된 것이 홍산문화에서 발굴되었으며, 그 유형도 다양하고 풍부하다. 호미로 가꾼 곡식을 거두어들일 때 사용하는 것이 돌칼이다. 돌칼 역시 홍산문화 지역에서 가장 오래된 것이 발굴되었다.

이처럼 다양한 농기구들이 홍산문화에서 가장 먼저 만들어졌을 뿐 아니라 가장 중요한 농기구인 쟁기는 오직 홍산문화 지역에서만 발굴되었다. 쟁기는 가장 힘든 경작 활동을 도와주는 농기구이다. 왜냐하면 농사일 가운데 땅을 갈아엎는 일이 가장 중노동이기 때문이다. 따라서 다른 일들은 인력으로 해도 논밭을 가는 일은 축력을 이용하여 쟁기로 가는 것이 일반적 현상이다. 최근까지 축력을 이용하다가 요즘은 경운기와 트랙터 같은 기계로 갈지만, 호미나 낫은 아직도 인력으로 사용하는 중요한 농기구이다. 그러므로 홍산문화에서 유일하게 돌쟁기가 발굴되었다는 것은 세계 최초로 트랙터를 발명한 것과 같은 농경기술의 선진적 발달을 뜻한다.

내몽골 적봉시와 요녕시에 집중적으로 분포되어 있는 하가점(夏家店) 하층문화 유적은 홍산문화의 대표 문화로서 3500년에서 4000년 전에 형성된 까닭에 고조선문화와 가장 깊은 연관성을 지니고 있다. 중국학계에서는 이 문화가 청동기 초기의 대표문화로 해석하며 상(商)나라 초기 문화와 깊은 관련이 있는 것으로 해석한다.[88] 당시의 농경생활을 반증하는 돌로 만든 농기구를 보면, 이전 시기의 농기구를 더 발전시킨 것으로 포착된다.

돌을 갈아서 만든 돌도끼(磨制石斧)와 돌로 만든 삽(石鏟), 반월형 돌칼(石刀)이 더 세련된 구조로 만들어졌다. 돌도끼는 양쪽 칼날이 활 모양으로 만들어져 나무를 펠 때나 토지를 개간할 때 사용되었다. 돌호미는 나무로 만든 손잡이에 묶어서 편리하게 사용한 필수 농기구이다. 허

---

88) 李宇峰,〈简谈夏家店下层文化的农业〉,《古今农业》第1期, 全国农业展览馆, 1987, 66~69쪽.《中國考古集成》東北卷. 靑銅時代(一), 北京出版社, 1997, 484~486쪽에 재수록.

리 부위가 잘록하게 드러나 손잡이에 묶기 쉽도록 만든 대형 돌호미아요석서(亞腰石鋤)는 땅을 파거나 흙덩이를 깰 때 사용하였다. 어깨 부위가 드러나는 돌삽[有肩石鏟]은 땅을 갈아엎거나 파종할 때 사용되었는데, 하가점에서 가장 많이 발굴되었다.[89] 벼를 거둘 때 쓰는 돌칼은 하가점문화의 대표 석기 농기구로 해석된다.[90] 그러므로 이 시기 홍산문화 지역의 농업이 상당한 수준으로 발전한 사실을[91] 알 수 있다.

실제로 홍산문화에 속하는 하가점문화 유적지에서 탄화(炭火) 곡식과 함께 곡식을 저장하는 동굴창고가 발굴되어 농업문화를 구체적으로 입증한다. 북표봉하(北標丰下)에서 기장과 조의 탄화미가 출토되고 적봉시에서 고대 조의 탄화미가 출토되었다. 건평(建平) 유적지에서 곡물을 저장했던 원형동굴까지 발굴되었다. 따라서 이 지역은 이미 4000년 전부터 곡물 재배의 농업이 뿌리내린 것으로 해석된다.[92]

농업문화의 발전 상황은 가축의 뼈와 같은 고고학적 발굴물로도 입증된다. 가축의 해골과 뼈는 농경생활과 밀접한 까닭이다. 하가점문화 유적지에서 돼지 해골이 많이 출토되고, 오한대전자(奧汉大甸子) 유적지에서도 돼지와 개를 부장품으로 사용한 묘지가 발견되었다. 부장품 돼지의 몸무게가 100~200근인데, 이런 크기로 기르려면 먹이가 많이 소요되었다.[93] 돼지 부장품을 미뤄볼 때, 사람들이 먹고 남은 양식으로 돼지를 이 정도로 길렀다는 것은 농업 생산 기술이 대단했다는 것을 말한다. 그러므로 홍산문화의 농업기술과 문화생활은 남쪽으로 상문화에 영향을 미치고 북쪽으로 청동문화의 출발점이 되었다고 해석하는가 하면, 중국문화의 발원지이자 인류문화의 기원으로 주장하기까지

89) 李宇峰, 위의 글,《中國考古集成》東北卷. 靑銅時代(一), 北京出版社, 1997, 484
   쪽 참조.
90) 李宇峰, 같은 글, 485쪽.
91) 궈다순(郭大順)·장싱더(張星德) 지음/김정열 옮김,《동북문화와 유연문명》
   상, 414쪽에서 "홍산문화는 이미 상당히 발달한 농업을 소유하였다."고 했다.
92) 李宇峰, 같은 글, 위와 같은 곳.
93) 李宇峰, 같은 글, 위와 같은 곳.

한다.[94]

중국학계에서는 홍산문화 지역의 농기구와 탄화미, 돼지 부장품 등으로 농업사회의 수준을 추론하고, 홍산문화를 요하지역에서 농업활동을 주생업으로 하는 신석기시대의 근원문화로 해석한다. 석기 농기구의 종류별 발달과정을 면밀하게 살피고 발전과정을 추론하며 농기구의 독자성과 기능성 등을 분석하여 홍산문화의 농업을 세계 농업사의 으뜸으로 밀어올린다. 그리고 이 지역 석기 농기구가 후대 농기구는 물론 청동기의 초기 형태를 갖추었을 뿐 아니라, 철기시대의 망치와 괭이의 조형에도 영향을 준 것으로 해석한다.[95] 다시 말하면 홍산문화의 석제 농기구가 발전하고 개량되어 후대의 철제 농기구가 생산되었다는 말이다. 그러므로 홍산문화의 농업을 근거로 중국문명사를 다시 쓰고 있는 것이다.

고고학적 발굴자료를 근거로, 7000년 전의 신락문화(新樂文化) 시기에 이 지역에서 화전경작을 시작했고, 이러한 농경문화가 홍산문화와 하가점 하층문화를 거치면서, 농기구의 발전과 함께 농업도 선진화되어 옛날부터 요하유역은 곡창지대였던 것으로 추론된다. 농업의 발전과 함께 인구가 증가하고 농작물 생산기술이 높아져서 곡식으로 돼지나 개를 기르는 축산업까지 했다는 것이다. 경작기술의 발달로 농업 생산력이 높아지자, 일부 사람들은 농업에 종사하지 않고 도자기나 골기(骨器), 옥기 등의 공예품 생산에 종사하는 분업이 이루어졌다고 한다.[96] 그러므로 중국학계에서는 이 지역을 중국문화의 기원지로 삼는 것은 물론, 중국인의 조상들이 여기서 세계 농업사의 으뜸을 이루는 농경문화를 발전시켰으며, 농업과 함께 도자기와 옥기 등의 공예품을 생산한 것으로 주장한다.

유목문화와 달리 농경문화는 주거양식이 일정할 뿐만 아니라 주거

---

94) 李宇峰, 같은 글, 위와 같은 곳.
95) 李宇峰, 같은 글, 485~486쪽 참조.
96) 李宇峰, 같은 글, 위와 486쪽.

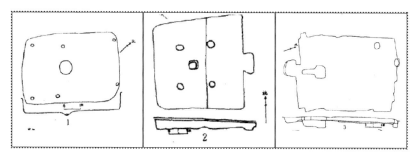

〈그림 44〉 왼쪽부터 흥륭와문화, 조보구문화, 홍산문화 집터

용 구조물이 건축유적으로 남아 있게 마련이다. 고대 가옥구조와 거주지의 위치는 당시의 생업양식과 기후를 읽는 중요한 자료이다. 홍산문화 지역 일대에서 발굴된 집터 유구를 보면 대부분 반지하 움집이어서 한반도의 고조선 집터유구와 만난다. 이동식 가옥인 천막을 이용하는 유목민들의 주거지에서는 발견될 수 없는 유구들이다.

흥륭와문화(興隆洼文化) 유적지는 외관이 불규칙적인 장방형 집터를 이루고 있다. 발굴된 유적지가 모두 반지하(半地下) 움집형태이고, 실내 바닥은 흙을 다져서 만들었으며 부뚜막이 집의 가운데 위치한다. 실내에 쌓인 목탄의 흔적으로 봐서는 목제 건축물이었으며, 남동쪽과 북서쪽에 기둥을 세웠던 흔적이 있는 것으로[97] 보아 정착형 가옥구조로 판단된다.

조보구문화(赵宝沟文化)의 집터도 산기슭에 반지하 형태이다. 평면적으로 볼 때 정방형이나 장방형, 또는 사다리꼴 형태를 이루는데, 실내에 사각형 부뚜막이 있고 기둥을 세웠던 흔적이 있다. 홍산문화의 집터도 방형의 반지하 형태는 다르지 않다. 다만 풀로 만든 벽에 흙을 발랐고 사랑(舍廊) 구조가 있다는 점이[98] 발전된 형태이다. 산기슭이나 산비탈에 집을 짓는 것이 농경민의 집자리 특징이다. 방형 구조에다 기둥

---

97) 张志立·陈国庆, 〈辽宁及内蒙古东部地区新石器时代居习初探〉, 苏秉琦, 《考古学文化论(四)》, 文物出版社, 1997, 77쪽.
98) 张志立·陈国庆, 위의 글, 77쪽.

을 세우고 벽채를 흙으로 만든 것은 농가의 전형적 모습이다. 지금도 원형 게르를 사용하고 있는 유목민들의 가옥과 매우 대조적이다.

시기와 지역에 따라 집의 양식이 조금씩 다르지만, 초기의 가옥은 주로 반지하 움집 구조이고, 벽은 나무 기둥을 몇 개 세운 뒤 그 사이에 나뭇가지나 풀을 엮어서 벽채를 만든 다음, 마지막으로 흙을 발라서 마무리를 했다. 후대에 오면 나무를 좀 더 촘촘히 세우고 흙을 발라 나무 벽을 만들어서 내구력이 훨씬 뛰어났다. 게다가 부뚜막을 높은 축대에 설치해 놓아서 잠 자는 공간을 분리하고 난방효과를 높이며 땅바닥의 습기를 막았다. 후대에 올수록 거주공간 전체가 높아지고 부뚜막을 설치해 높은 축대에서 따뜻하게 잠을 잘 수 있도록 했다.[99]

초기에서 후대로 갈수록 나무 기둥이 많아지고 벽구조물은 장기간 지탱 가능하도록 내구력을 높였다. 쉽게 해체하여 이동 가능한 유목민 가옥이 아니라 오래 정착하려는 농경민의 가옥이라는 사실을 어렵지 않게 포착할 수 있다. 부뚜막을 설치하고 실내를 이중 높이로 만들어 아래의 땅바닥과 분리시키면서 난방효과까지 누린 것을 보면, 구들로 발전하기 전의 정착 농경민 가옥 형태라 할 수 있다.

지금도 북한이나 연변 지역 가옥에는 부뚜막을 경계로 실내가 높이 차이를 이루며, 부뚜막 위쪽 바닥을 온돌방처럼 따뜻하게 사용하는 전통이 지속되고 있다. 따라서 홍산문화 지역의 집터와 가옥구조는, 정착형 농경문화가 이 시기에 이미 널리 자리 잡았을 뿐 아니라, 고조선시대 온돌형 농가구조의 선행 양식이라는 것을 보여주는 중요한 문화 유적이다. 그러나 더 실증적인 논증을 하려면 당시 이 지역의 기후가 농경생활에 적합했는가 하는 사실까지 밝혀야 한다. 그러므로 홍산문화 시기의 지구환경과 함께 구체적으로 이 지역 기후를 주목할 필요가 있다.

빙하기 전후 지구의 기후를 연구한 사람들은 1만 5천 년 전에 마지막 빙하기가 끝난 뒤로 지구는 계속해서 대규모적인 온난화가 진행되었

99) 张志立·陈国庆, 같은 글, 82쪽.

다고 한다. 그런데 온난화가 직선적으로 이어진 것이 아니라 다시 추위가 찾아오는 간빙기가 있어서 곡선적으로 진행되었다. 따라서 빙하기와 해빙기, 한냉화와 온난화는 일정한 주기를 이루며 되풀이되고 있다. 그러므로 이러한 전지구적 기후 변동을 정확하게 포착할 필요가 있다.

온난화는 초기에 급속히 이루어졌다가 1만 2천 년 전쯤 초기의 급속함 못지않게 갑작스럽게 찾아온 천 년간의 추위를 겪었다. 그리고는 다시 온난화 상태를 회복하여 지금부터 6천 년 전쯤 그 정점에 달했다. 그때의 지구 기온은 현재의 지구 기온보다 다소 높은 편이었다. 그리고 나머지 후반 6천년은 거의 현대에 가까운 기후 상태를 보였다.[100]

고대 지구의 기후환경을 검토해 보면, 홍산문화 시기는 지금부터 6천 년 전쯤으로서 지구 기온이 가장 높은 상황인 것을 알 수 있다. 그 이후 기온이 점점 낮아져서 현재의 기후환경을 이루게 되었다. 지금은 홍산문화 지역의 기온이 낮아서 문화를 꽃피우기 어려운 환경이지만, 당시에는 기온이 높아서 문화발전의 조건을 잘 갖추었던 것이다. 그러므로 당시의 문화적 입지를 포착하기 위해 홍산문화 지역의 기온을 더 구체적으로 주목할 필요가 있다.

국제 기후 데이터 센터에서는 과거 14000년 동안의 세계 연평균 기온 자료를 제공하고 있다.[101] 따라서 홍산문화 연평균 기온의 시기별 양상과 그 변화를 일목요연하게 포착할 수 있다. 홍산문화가 한창 발전한 서기전 4500년에서 3000년 사이의 연평균 기온은 현재보다 약 3~5도 정도 높았고, 습도도 현재보다 높아서 다습한 기후로 나타난다. 기후가 온난하고 습한 까닭에[102] 농경생활을 하는 데 상당히 적절했다

---

100) 브라이언 페이건 지음/윤성옥 옮김, 《기후는 역사를 어떻게 만들었는가》, 도서출판 중심, 2002, 95쪽.

101) NOAA National Environmental Statellite, Data, and Information Service(NESDIS). National Climatic Data Center, U.S. Department of Commerce. 우실하, 〈요하문명, 홍산문화 지역의 지리적 기후적 조건〉, 《고조선단군학》 30, 고조선단군학회, 2014, 230쪽에서 참고.

고 판단된다.

홍산문화가 잦아드는 서기전 3000년경에는 온도의 변화가 크지 않은 반면에 습도의 변화는 크다. 다습한 기후에서 반습 또는 반건조 기후로 급격히 바뀐 것이다. 서기전 3000년에서 1000년경까지 기후는 큰 변화가 없는 것으로 나타난다. 기온은 현재보다 2, 3도 높았고 반습 또는 반건조 기후가 지속되었다. 그러나 서기전 1100년부터는 연평균 기온이 4도 정도 급강하한다.[103]

이러한 기후 변화를 근거로, 요하문명이 꽃피는 서기전 6000년부터 3000년까지 기후조건을 우리나라와 견주어서 이해할 수 있다. 당시의 기온은 우리나라의 대전(12.6도)과 광주(13.7도) 사이에 속하는 까닭에 한반도 중남부 지역처럼 기온 조건이 좋았을 뿐 아니라 습도도 지금보다 높아 습한 기후였다. 그렇기 때문에, "홍산문화 시기야말로 모든 기후 조건이 적합한 황금기였다"는[104] 해석이 가능하다. 그러므로 홍산문화에서 가장 발달된 농경문화 유산이 풍부하게 발굴되는 것은 문화생태학적으로도 매우 자연스러운 일이며, 문헌사료에 나타난 농경생활의 기록과 각종 농기구 유물을 비롯한 주거유적을 고려하면, 이 지역이 인류문명의 발상지로서 신시고국의 농경문화 요건을 충분히 갖추었다고 할 수 있다.

6. 중국사의 정통에서 벗어난 홍산고국의 발명

홍산문화를 연구하는 중국학자들은 홍산문화 시기의 생산양식을 농업으로 해석할 뿐 아니라, 농업의 생산력이 홍산문화의 단(壇), 묘(廟),

---

102) 우실하, 위의 글, 236쪽.
103) 우실하, 위와 같은 곳.
104) 우실하, 같은 글, 241쪽.

총(塚)의 예제문화를 이루었다고 해석한다. 홍산문화가 유목문화 유산이 아니라 농경문화 유산이라는 사실은 중국학계에서 홍산문화연구 초기부터 제기되어 최근까지 줄곧 이어지고 있다. 가장 초기 연구자에 해당되는 하현무(何賢武)는 홍산문화 만기에 농업생산의 발달이 수공업의 발달을 촉진하였으며, 특히 도자기와 옥기 제작에 정교한 기술을 발휘한 사실을 농경문화와 관련지어 해석했다.105) 이어서 농업과 수공업의 발달과 신분의 등급이 생기고, 여신묘와 제단, 옥기 등은 원시적 국가가 성립되고 문명사회의 기초를 이루었다고106) 했다.

곽대순(郭大順)은 홍산문화를 농업 위주의 사회로 규정하고 홍산문화의 확산으로 형성된 요하문명이 동북아시아 고대문명의 원류가 되는 것은 물론, 일본과 남미의 아즈텍, 잉카, 마야문명 등에도 영향이 미쳤다고 한다.107) 유소협(劉素俠)은 홍산문화의 농업문명이 다른 지역과 비교할 수 없을 정도로 매우 발달했으며, 요하문명은 황하문명보다 앞서는 문화의 중심부였다는 사실까지 주장했다.108) 홍산문화 중심설은 목홍리(穆鴻利)에 의해 더 진전되어, 홍산문화 지역이 중화 북방 고문명의 요람으로 규정되면서 중국학계의 정설이던 '중원고문화중심설(中原古文化中心說)'을 수정하였다.109) 홍산문화가 중원고문화보다 훨씬 앞선 까닭이다.

홍산문화 연구에 지속적 관심을 기울인 곽대순은 특히 옥으로서 장례를 했다는 사실에 주목하면서, 옥기를 '문명의 기원을 나타내는 지

---

105) 何賢武, 〈從紅山文化的最新發現看中國文明的起源〉, 遼寧大學學報, 1987年 第4期, 70~72쪽. 우실하, 〈'요하문명론'의 초기 전개 과정에 대한 연구〉, 《단군학연구》 21, 2009, 281쪽에서 참고.

106) 何賢武, 〈遼西地區文明探源〉, 《遼海文物學刊》, 1994年 第1期, 44~48쪽. 우실하, 위의 글, 291쪽에서 참고.

107) 郭大順, 〈遼寧史前考古與遼河文明探源〉, 《遼海文物學刊》, 1995年 第1期, 14~20쪽. 우실하, 같은 글, 293쪽에서 참고.

108) 劉素俠, 〈紅山文化與西遼河流域的原始文明〉, 《中國北方古代文化國際學術討論會論文集》, 中國文史出版社, 1995, 50~54쪽. 우실하, 같은 글, 297쪽에서 참고.

109) 穆鴻利, 〈中華北方古老文明之搖籃 : 紅山文化探論〉, 《社會科學輯刊》, 1997年 第2期, 88~92쪽., 우실하, 같은 글, 300쪽에서 참고.

표'로 해석하는 동시에, 돌쟁기[石犁]로 땅을 가는 대규모 농경으로 경제적 생산력이 비약적으로 발전함으로써 홍산문화가 가장 먼저 고국(古國) 단계에 진입하게 된 것으로 해석했다.110) 이 연구에 이어서, 홍산문화 우하량 유적에서 적석총과 제단, 여신묘로 구성된 종교제사 기능을 주목하고, 강력한 통제력을 지닌 '일인독존(一人獨尊)'의 지배자가 통치한 '고국 단계'의 문화유산으로 규정했다.111)

따라서 홍산문화 유산은 농경문화가 동아시아 지역에서 가장 앞섰을 뿐 아니라 가장 발전됨으로써 농업경제의 생산력을 바탕으로 옥기공예와 수공업의 발달과 함께 고도의 정신문화와 제사문화를 성장시킨 까닭에, 중국학계의 오랜 고정관념인 황하문명 또는 앙소문화 기원설은 더 이상 설 자리를 잃게 되었다. 홍산문화의 등장으로 고대문명 발상지로서 중국문화 기원설이 뿌리부터 뽑히게 된 것이다. 그러므로 홍산문화는 요하문명이라는 이름으로 중국문명의 기원이자 세계 고대문명으로 새롭게 자리매김되고 있다.

그런데 흥미로운 사실은 최근까지 중국사에서 홍산문화가 배제된 것은 물론, 중국문화와 대척 관계에 있는 오랑캐 문화로 간주되었다는 점이다. 그럴 수밖에 없는 것이 중국의 어느 문헌에도 홍산문화 지역이 자국 역사로 기록되어 있지 않을 뿐더러, 만리장성 이북은 역사적으로 중국과 적대관계에 있었던 지역이다. 따라서 홍산문화를 중국사로 끌어들일 만한 어떤 사료도 없는 것은 물론, 지리적 강역으로 보아도 과거에 이 지역이 중국의 영역에 편입된 적이 없다. 오히려 만리장성 유적은 홍산문화가 중국문화에 귀속될 수 없다는 것을 증언하고 있다. 그러므로 역사적으로나 지리적으로 홍산문화는 고대 중국문화라 할 수 없다.

---

110) 郭大順, 〈紅山文化的'惟玉爲葬'與遼河文明起源特徵再認識〉, 《文物》, 1997年 第8期, 20~26쪽. 우실하, 같은 글, 301~302쪽에서 참고.

111) 郭大順, 〈論紅聚落的層次性 : 紅産文化與良渚文化的比較研究〉, 《良渚文化研究 : 紀念良渚文化發現六十周年國際學術討論論文集》, 科學出版社, 1999, 61~66쪽. 우실하, 같은 글, 303쪽에서 참고.

그러나 잃어버린 역사 찾기가 아니라, 변방의 역사 차지하기에 매몰된 중국학자들은 황하문명보다 1000년이나 앞선 홍산문화를 그냥 둘 까닭이 없다. 역사학을 정치학으로 삼고 있는 어용학자일수록 홍산문화 차지를 위해 논리를 넘어서는 주장을 마치 새로운 학설인 것처럼 포장한다. 그 가운데 가장 과도하게 포장한 것이 '홍산고국(紅山古國)'이라는 새로운 국가의 발명이다. 홍산문화의 성곽과 적석묘, 제단, 여신묘 등의 유적과 옥기와 여신상 등의 유물을 근거로 서기전 3500년대 전후 이 지역에 존재했던 정치공동체의 실체를 홍산고국으로112) 자리매김한다. 그리고 우하량의 여러 유적이 홍산문화 가운데에서도 잘 짜여진 계획도시의 구조를 갖추었다고 해석하며, 이 유적을 근거로 '홍산고국'의 출현을 실증하는 중심지로 해석한다.113)

이처럼 홍산문화 지역의 문화적 수준으로 보면 고대국가 초기 형태인 '고국'을 이루었다고 추론할 수 있다. 그러나 이 문화유산을 이룬 정치 공동체를 '홍산고국'이라 할 만한 근거는 전혀 없다. 역사적으로 '홍산고국'이라는 국가는 존재하지 않았다. 내몽골 지역에는 물론 중국 전역 어디에도, 그리고 중국사나 몽골사 어느 시기에도 '홍산'이라는 국가 형태의 공동체가 존재했다는 사료는 없다. 문헌사료에도 '홍산'이라는 국가는커녕 '홍산'으로 일컬어지는 민족집단이나 정치공동체가 기록으로 남아 있지 않다.

사료를 떠나서 중국사의 초기 시대나 중국의 지리적 강역, 중국의 문화적 전통에서 '홍산'이 역사적으로 문제된 적이 없다. 따라서 홍산문화를 중국사로 끌어들이기 위해 홍산고국이라는 가상의 국가공동체를 만들어내는 일은 중국사와 중국문명의 정통성을 크게 훼손하는 일이자, 역사에 없는 국가를 발명하는 일로서 역사학을 모독하는 일이다.

---

112) 궈다순(郭大順)·장싱더(張星德) 지음/김정열 옮김, 《동북문화와 유연문명》 상, 408쪽.

113) 王曾, 〈紅山文化的走向〉, 《中國考古集成》 東北卷, 新石器時代(一), 北京出版社, 1997, 190～195쪽.

종래의 중국역사 서술을 모두 폐기처분하고 현대 중국 인문학문을 부정해야 할 뿐 아니라, 수미일관된 유구한 중국사의 전통을 무시하는 일이다. 왜냐하면 중국사에서 '홍산'처럼 국호를 두 음절로 일컫는 국가 체제는 존재하지 않은 까닭이다.

중국 고대국가의 국호는 하·상·주를 비롯하여 명·청에 이르기까지 모두 한 음절로 명명되었다. 오히려 우리 국호는 고구려를 제외하고 대부분 두 음절로 명명되었다. 따라서 '홍산'을 중국의 국호로 삼는 일은 중국사의 문법과 역사적 원칙에 어긋나는 일이다. 중국의 어용 사학자들은 '역사 찾기'가 아니라 '역사 차지하기'에 골몰한 나머지, 국호를 외자로 명명하는 중국사의 정통성을 스스로 훼손하고 있는 셈이다.

다시 말하면 이미 있는 중국의 역사체계를 스스로 무너뜨리면서, 무너진 잔해 위에 알지도 못하는 새 역사를 만들어 세우는 일에 도취되어 반역사적 어용사학의 굴레에 자신들을 스스로 가두고 있는 셈이다. 그러므로 그 동안 오랑캐로 적대시하던 이 지역을 '홍산고국'으로 호명하며 중국문화의 기원이자 조상으로 끌어들이는 일을 하면 할수록 중국사의 본디 뿌리를 자르고 중국의 역사적 정통성을 왜곡하는 자승자박의 반역사학적 행위에 이르게 되는 것이다.

홍산문화 연구와 관련한 중국학자들의 해석을 더 자세하게 들여다보면 여러 가지 모순이 계속 발견된다. 그들은 홍산문화의 굽은 옥들을 옥웅룡(玉熊龍)이라 일컬으면서 곰과 연관지어 해석한다. 그런가 하면, 여신묘의 여신상이나 출토 곰뼈를 근거로, 《삼국유사》 고조선본풀이의 웅녀와 연관 짓는 것이 아니라, 《사기(史記)》 〈오제본기(五帝本紀)〉의 황제(黃帝) 유웅씨(有熊氏)와 연관 지어 해석하며, 이 지역을 황제가 다스렸던 곳으로 해석한다.[114] 왜냐하면 그래야 화하문화(華夏文化)에 앞서는 홍산문화의 역사를 중국사로 귀속시킬 수 있고, 이 지역의 지배를 역사적으로 정당화시킬 수 있기 때문이다.

---

114) 우실하, 《동북공정 너머 요하문명론》, 314-315쪽.

그러한 근거는 〈오제본기〉의 기록 가운데 "황제를 별칭하여 유웅씨라 하였다"는115) 내용에서 찾는다. 그러나 '유웅'은 황제의 본명도 아니려니와 곰을 나타내는 이름이라고 할 만한 아무런 설명이나 근거가 없다.116) 게다가 역사적 진실성을 의심받는 《제왕세기(帝王世紀)》에 처음 등장하는 까닭에 사료로서 인정되기도 어렵다.117) 위서(僞書)로 의심받는 문헌의 별호로 황제의 정체성을 삼으려는 시도 자체가 궁색하기 짝이 없는 일이다.

만일 황제의 정체성을 제대로 찾으려면 별호인 유웅씨가 아니라 그 본명에서 찾아야 한다. 정사로 인정되는 《사기》 〈오제본기〉에 황제는 소전(小典) 부족의 자손으로서 성은 공손(公孫)이고 본명은 헌원(軒轅)이라고 했다.118) 만일 본명으로 황제의 정체성을 추론하면, 황제 '헌원'은 기껏 '수레를 끄는 끌채'에 지나지 않는다. 실제로 헌원은 수레를 발명한 이력을 가지고 있다. 그러나 이름은 고유명사이기 때문에 한자풀이로만 그 정체를 단정할 수 없다. 그리고 황제의 이름은 '유웅'이 아니라 '헌원'인 까닭에, 모든 문헌에는 황제를 헌원으로 기록해 두었다.

다만 위서로 간주되는 《사기집해》(史記集解)에서만 국호로서 유웅국(有熊國)이 나타날 뿐이다. 《사기집해》는 《사기》의 이설(異說)을 집대성한 위서인데, 헌원을 유웅국 임금 소전의 아들이라 했다. 그리고 유웅국은 지금의 하남성(河南省) 신정현(新鄭縣) 지역이라고 했다.119) 《사기정의》(史記正義)에서, 유웅은 황제의 두 번째 도읍지의 성(城) 이름으로

---

115) 《史記》 卷1, 〈五帝本紀〉 1, "號曰有熊氏." 우실하, 위의 책, 314쪽에서 참고.
116) 김선자, 《만들어진 민족주의 황제신화》, 책세상, 2007, 383쪽. "사실 유웅씨라고 할 때의 '웅'은 실제 곰이 아니라 '천수(天獸)'라는 설도 있다. 설사 문헌의 기록대로 황제가 유웅의 수장이었다 해도 그가 곧 곰을 토템으로 한 부족의 수장이라는 증거는 없다."
117) 김선자, 〈홍산문화의 황제 영역설에 대한 비판〉, 《동북아 곰 신화와 중화주의 신화론 비판》, 동북아역사재단, 2009, 206쪽 참조.
118) 《史記》 卷1, 〈五帝本紀〉 1.
119) 裴駰, 《史記集解》, "有熊 今河南 新鄭是也)", 신용하, 〈고조선문명 형성에 들어간 貊族의 紅山문화의 특징〉, 《고조선단군학》 32, 고조선단군학회, 2015, 197쪽, 주57)에서 재인용.

서 인명도 아닌 지명일 뿐 아니라, 하남의 유웅성은 만리장성 넘어 수천 리 떨어져 있는 우하량의 웅녀와 무관한 지역이다.[120] 왜냐하면 지리적 위치가 요녕성 우하량과 아주 동떨어져 있는 하남성이기 때문이다. 그러므로 황제가 홍산문화 곰토템의 수장이라는 것은 두 가지 모순을 지니고 있다.

모순 하나는 황제에 대한 행적과 일화 어디에도 곰토템과 관련된 내용이 없다는 사실 외에, 옥웅룡이나 옥저룡에 대한 해석상의 오류이다. 중국학계는 이들 옥기를 한결같이 옥룡으로 일컬을 뿐 아니라, 용의 형상으로 해석하는 까닭에 옥룡이 발굴된 해당 지역에서는 '중화제일룡'을[121] 표방한다. 옥룡이 아닌 용 형상이 발굴된 경우에도 연대가 앞서면 이 옥룡과 선후를 가리기 위해 '천하제일룡'이라고[122] 일컫기도 한다. 만일 그들이 해석하는 대로 C자 모양으로 굽은 옥기들이 용의 형상을 하고 있다면 홍산문화 생산의 주체들은 용토템을 지닌 민족으로 해석해야 할 것이다.

그런데 흥미롭게도 중국학계에서는 옥웅룡을 근거로 용과 곰을 모두 자국문화의 기원으로 삼고 있을 뿐 아니라, 세계 제일의 문화로 해석한다. 홍산문화가 황하문화보다 1000년 이상 앞서는 까닭에 문화적 선진성을 주장할 수 있다. 하지만, 홍산문화의 주체가 곰족과 용족의 결합으로 이루어졌다는 아무런 논증도 없이 모두 자국의 용문화와 곰문화로 끌어가는 것이 문제일 뿐 아니라, 황제가 곰토템의 수장이라면

---

120) 張守節, 《史記正義》, "輿地志云 涿鹿本名彭城 黃帝初都 遷有熊也(輿地志에 이르기를 涿鹿은 본래 이름이 彭城인데 黃帝가 처음에 도읍으로 했다가 有熊으로 천도하였다"고 함으로써, '有熊'을 황제가 두 번째 도읍으로 삼은 城의 이름으로 본 것이다. 신용하, 위와 같은 곳에서 인용 및 참고.

121) 중국 내몽골 적봉시 옹우특기(翁牛特旗) 삼성타랍촌(三星他拉村)에서 발견된 곡옥을 중화제일룡으로 표방한다. 우실하, 《동북공정 너머 요하문명론》, 132쪽 참조.

122) 중국 하남성 복양시(濮陽市) 서수파(西水坡) 양소문화 유적지에서 발견된 용 형상을 옹우특기의 중화제일룡과 구별하기 위하여 천하제일룡이라고 일컫기도 한다. 우실하, 위의 책, 133쪽 참조.

곰토템이 용토템보다 앞선다는 사실을 입증할 수 있어야 한다. 그리고 곰토템의 수장이 황제라면 용토템의 수장은 누구인가 묻지 않을 수 없다. 그런데 이러한 의문조차 가지고 있지 않다. 오직 홍산문화가 중국 문화라는 전제를 끼어 맞추는 일에 매몰되어 있는 까닭이다.

역사적 선후관계와 공존관계에 대한 아무런 논증 없이 옥웅룡 하나로 인류의 용문화와 곰문화를 모두 차지하려고 하는 것은 중화주의로 천하의 역사를 중국사로 귀속시키려는 중화사관의 패권의식에 지나지 않는다. 더군다나 역사에 없는 홍산고국이라는 국가를 만들어내어 중국 고대사를 조작하는 것은, 고조선시대의 역사를 근거 없이 부정하고 삭제하려는 고대사 조작 못지않게, 중국사의 정통성을 스스로 부정하는 일이다. 그럼에도 중국학자들은 남의 역사를 차지하려고 자국사의 정통성을 스스로 부정하는 자가당착에 빠져서 부화뇌동을 일삼는다.

모순 둘은 여신묘의 곰뼈 및 곰토템과 유웅씨를 관련짓는 일이다. 여신묘에서 중요한 것은 곰뼈가 아니라 여신이다. 조소로 된 거대한 여신상이 여신묘의 정체성을 규정하는 핵심이다. 따라서 여신묘에서 함께 발굴된 곰과 여신상은 긴밀한 연관성을 지닐 수밖에 없다. 그러므로 이 여신상은(그림 6 참조) 고조선본풀이의 웅녀로 해석할 만한 충분한 조건을 갖추었다. 왜냐하면 웅녀는 곰에서 여성으로 변화되었을 뿐 아니라, 환웅천왕과 혼인하여 단군을 낳은 성모이기 때문이다.

환웅천왕의 배필로서 성녀이자 단군왕검의 어머니로서 성모인 까닭에 여신으로 섬겨 여신묘에 모실 만하다. 그러나 황제 헌원은 남성으로서 우선 여신묘와 무관한 인물이다. 곰과 여신상 또는 곰과 웅녀의 관련성은 충분히 가능하지만, 남성 군장인 황제와 여신상 또는 황제와 곰의 연관성을 찾는 것은 무리이다. 헌원은 남성 군장이지 여성 군장은 아니기 때문이다.

더군다나 이 시기 중국사에서 웅녀와 같은 여성 군장이 등장한 사실조차 없다. 왜냐하면 웅녀처럼 곰에서 변신하여 성모 노릇을 한, 여성 군장이 중국 고대사에서 존재한 적이 없기 때문이다. 그러므로 여신묘의 곰뼈와 황제를 연관지어 홍산문화를 중국사로 편입시키려는 시도는 설득력을 얻지 못하는 수준이 아니라, 황제 헌원을 여성 군장으로 성전환시키는 억지 행태에 지나지 않는다.

홍산고국이 중국사가 아니라고 해서 한국사가 되거나, 홍산문화 유산이 중국문화가 아니라고 하여 한국문화라는 사실이 입증되는 것은 아니다. 이와 반대로 홍산문화가 고조선문명의 하나로서 한국문화라는 사실이 밝혀졌다고 하여 중국문화와 무관하다고 할 수도 없다. 홍산문화는 중국문화의 조상이 될 수도 있고 한국문화의 조상이 될 수도 있다. 그러한 역사적 관계의 긴밀성은 학자들의 사관에 의해 결정된다. 왜냐하면 역사 해석은 사실 자체 못지않게 사관이 중요하기 때문이다. 역사의 해석 역량은 독창적 사관과 함께 간다. 그러므로 남의 사관으로 자기 역사를 읽는 것은 오리엔탈리즘에 매몰된 종속주의사학에 머물게 된다.

지금 여기서 우리가 홍산문화의 역사를 어떻게 해석하는가에 따라, 홍산문화 유산을 중국문화나 몽골문화로 가져다 바치는 것은 물론 고조선문화를 덤으로 가져다 바칠 수도 있고, 고조선문명권의 중요한 민족문화로 찾아올 수도 있다. 문제는 사료를 읽고 해석하는 사관과 학문적 역량에 달려 있다. 따라서 고구려를 비롯한 고대 동북지역의 역사를 중국사에 편입시키려는 중국의 동북공정이나 탐원공정을 비난할 것이 아니라, 주체적 사관을 확립하고 학술적 연구 역량과 수준 높은 통찰력을 발휘하여, 잃어버린 고조선문명을 되찾는 작업을 설득력 있게 하는 데 진력해야 할 것이다. 그러므로 이미 홍산문화는 신시고국의 문화유산으로 해석한 연구를[123] 한 차례 진행했으나, 더 설득력을 높이기 위하여 신시고국과 홍산문화의 농경문화를 집중적으로 조명하려고 한다.

---

123) 임재해, 〈'신시본풀이'로 본 고조선문화의 형성과 홍산문화〉, 《단군학연구》 20, 단군학회, 2009, 329~394쪽 ; ---, 〈홍산문화로 읽는 고조선 시대의 제천 의식 전통〉, 《고조선단군학》 30, 고조선단군학회, 2014, 399~441쪽.

7. 신시고국의 문화유산으로서 홍산문화의 포착

다시 묻는다. 홍산문화는 역사적으로 어느 민족집단의 유산인가? 어느 나라에 속했던 문화인가? 중국학자들의 주장대로 홍산문화는 '홍산고국'의[124] 문화일까? 한마디로 얼토당토 않는 주장이다. 왜냐하면 홍산문화를 홍산고국의 문화라 하는 것은 마치 황하문화를 황하고국의 문화라고 일컫는 것과 같기 때문이다. 중국에 '황하'라는 나라가 없었던 것처럼, 동북아 어디에도 '홍산'이라는 나라는 없었다. 따라서 홍산문화를 일으킨 나라를 '홍산고국'이라 하는 것은 홍산문화를 중국사로 편입시키기 위해 없는 나라를 성급하게 만들어낸 셈이다.

홍산문화를 홍산고국의 문화라 하는 것은 마치 흥륭와문화는 흥륭와고국, 하가점하층문화는 하가점하층고국, 요하문명은 요하고국의 문화라고 우기는 것과 같은 억지 주장일 따름이다. 중국 어용사학계는 가장 최근에 가장 오래된 고대국가를 조작적으로 생산해낸 셈이다. 그러므로 '홍산고국'은 현대 중국 사학계에서 가장 최근에 발명한 나라로서 세계 역사학계에 웃음거리가 될 뿐이다.

홍산문화의 생산 집단이 홍산고국이라는 것은 홍산문화의 생산 주체를 가상국가로 설정한 셈이다. 다시 말하면 홍산문화는 역사적 실체가 없는 가상국가 홍산고국이 생산한 문화라는 말이다. 인류 역사상 가장 오래되고 가장 찬란한 문화유산이자 중국문화의 기원으로 설정하게 된 문화유산을, 역사적 실체로 인정할 수 없는 가상국가의 문화로 간주하는 것이야말로 중국학계의 자체모순이다. 왜냐하면 가상국가는 그런 문화유산을 생산할 수 없을 뿐 아니라, 그런 문화유산을 생산한 국가를 중국사의 맥락 속에서 역사적 실체로 제시할 수도 없기 때문이다.

그럼 홍산문화는 주인 없는 문화인가, 생산 주체가 없는 문화인가,

---

124) 궈다순(郭大順)·장싱더(張星德) 지음/김정열 옮김, 《동북문화와 유연문명》 상, 408쪽.

가상국가의 문화인가? 홍산문화는 국가 없는 국가 수준의 문화라고 할 수 있는가. 그러나 이러한 질문에 긍정적으로 답할 만한 문화는 존재할 수 없다. 왜냐하면 모든 문화는 일정한 수준의 공동체를 기반으로 형성되고 전승되며 발전되는 까닭이다. 따라서 사회와 문화는 동전의 양면과 같아서 사회 없는 문화나 문화 없는 사회는 존재할 수 없다.

사회적 기반과 문화적 생산은 서로 뗄 수 없는 유기적 관계를 이룬다. 마을이 있으므로 마을문화가 있고 대학사회가 있으므로 대학문화가 있는 것처럼 도시문화가 있다는 것은 도시사회가 있다는 것이고, 농촌문화가 있다는 것은 농촌사회가 있다는 것이다. 그러므로 사회를 대상으로 문화를 읽고 문화를 대상으로 사회를 읽기 마련이다.

홍산문화 읽기도 결국 홍산문화를 생산한 주체가 누구인가 하는 문제로 이어지기 마련이다. 그리고 그 주체는 어떤 단계의 사회체제를 구성하고 있었던가 하는 의문과 만난다. 실제로 홍산문화를 연구한 중국 고대사 학자들은 앞에서 살핀 것처럼, 이 질문들에 대하여 여러모로 답하고 있다. 그리고 일정하게 합의된 결론에 이르고 있다.

학계에서 이미 널리 제기된 것처럼, 홍산문화는 초기단계의 국가체제를 갖추고 있다는 결론에 이르러 있다. 왜냐하면, 홍산문화를 일으킨 사회는 농업 중심의 생산체제, 분업이 이루어진 경제체제, 계급 층차의 신분체제, 취락의 규모와 조직에 따른 행정체제, 천신과 여신 등을 신앙한 종교체제, 적석총을 쌓고 주검에 옥기를 부장한 상례의 의례체제, 강한 지도력을 갖춘 일인통치의 정치체제를 갖추고 있기 때문이다. 그러므로 홍산문화를 일으킨 사회는 상당한 수준의 국가공동체로 존재한 사실을 부인할 수 없다.

학계에서 홍산문화를 연구한 성과를 주목하면, 이 문화는 농업을 주요 생산체제로 한 '일인독존의 통치체제'로[125] 이루어진 고대국가의 초기형태에서 이루어진 것으로 귀결된다. 고대국가 전 단계의 국가를

---

125) 郭大順, 위의 글, 같은 곳.

편의상 '고국(古國)'이라 한다면, 홍산문화는 역사적 정체가 없는 홍산 고국의 문화가 아니라, 역사적 시기나 지리적 위치를 고려할 때 일인 통치자 환웅천왕이 다스린 '신시고국'의[126) 문화라 하지 않을 수 없다.

　　홍산문화가 형성된 서기전 35~40세기에 홍산지역에 있었던 국가 조직 으로는 《삼국유사》 '고조선'조에 기록되어 있는 신시라는 국가가 유일하 다. '신시'라는 나라 또는 지명만 있는 것이 아니라, 신시를 통치한 천왕과 통치이념, 통치체제, 통치방법, 그리고 주요 생업과 지리적인 공간도 설정 되어 있다. 단군의 조선국보다 더 자세하게 구체적으로 서술되었을 뿐 아 니라 더 수준 높은 국가 형태로 서술되었다. 따라서 신시는 왕검조선 이 전의 옛 국가로서 '신시고국'이라 일컫지 않을 수 없다.[127)

　　환웅천왕이 홍익인간 이념을 실현하기 위하여 풍백·우사·운사를 거 느리고 태백산 신단수 아래에 터를 잡고 주곡(主穀) 주명(主命) 등 360 여 가지 일을 재세이화(在世理化)한 나라가 '신시'이다. 이러한 사실은 《삼국유사》와 《응제시주》(應製詩註)에 인용된 《고기》(古記)를 비롯하여 《제왕운기》에 인용된 《본기》(本紀) 또는 《단군본기》(檀君本紀), 《세종실 록 지리지》에 인용된 《단군고기》(檀君古記) 등에 두루 기록되어 있어서 사료로서 가치가 입증된다.

　　왕이 있으면 나라가 있고 나라가 있으면 왕이 있다. 환웅천왕이든 단웅천왕이든 '천왕'이 있었다는 것은 그가 다스리는 정치공동체 곧 일 정한 수준의 나라가 있었다는 것이다. 환웅천왕이 다스린 정치공동체 는 《삼국유사》에서 《고기》를 인용하여 신시(神市)로 밝혀 두었다. 이 기록은 가장 이른 시기의 것이자 가장 구체적이고 자세한 기록이며, 일연이 협주에 그 시비(是非)를 밝혀 놓은 과학적 사료이다. 그러므로

126) 임재해, 〈'신시본풀이'로 본 고조선문화의 형성과 홍산문화〉, 《단군학연구》 20, 단군학회, 2009, 379−380쪽.
127) 임재해, 〈'고조선'조와 '전조선기'로 본 고조선의 역사적 실체 재인식〉, 《고 조선단군학》 26, 고조선단군학회, 2012, 320쪽.

환웅천왕이 다스린 신시의 역사적 실체는 부정할 수 없다.

더군다나 환웅의 신시국은 세계 어느 나라의 초기 국가에서도 나타나지 않는 국가조직으로서 체제는 물론 건국이념과 생업양식까지 가장 완벽하게 갖추어져 있다. 환웅의 신시본풀이를 내용에 따라 분석하면 모두 15가지 항목으로 정리할 수 있다. 본풀이에는 없지만 다른 사료를 근거로 금법8조를 포함시켜서 정리한다.

1) 건국시조 환웅을 비롯하여 2) 건국이념으로서 홍익인간, 3) 권력상징으로서 천부인 3개, 4) 행정조직으로서 3상5부, 5) 통치공간으로서 태백산 신단수, 6) 왕호로서 천왕, 7) 나라의 국호 '신시', 8) 생산양식으로서 주곡(主穀) 중심의 농경생활, 9) 생존권으로서 주명(主命)과 주병(主病), 10) 도덕적 규범으로서 주형(主刑)과 주선악(主善惡), 11) 기타 통치내용으로서 360여 가지 일, 12) 통치방식으로서 재세이화, 13) 국가법규로서 금법8조, 14) 쑥과 마늘을 먹는 채식생활, 15) 한곳에 머물러 사는 정착생활 등 국가체제로서 갖추어야 할 정치적 체제와 사회적 제도, 도덕적 규범, 철학적 이념, 그리고 생활문화 요소들까지 두루 갖추고 있다.

세계 어느 국가의 초기 사료에서 이러한 수준의 국가체제를 두루 갖춘 역사가 있는가. 환웅본풀이처럼 체계적으로 서술한 역사를 신화로 간주하여 묵살하는 역사학이 있는가. 그리고 신시국 역사를 뒷받침하는 문화유산이 속속 발굴되고 있지 않은가. 문헌기록과 고고학적 유물이 고조선 시기의 강역을 한반도와 만주 일대를 넘어서 요서지역까지 획정하고 있지 않은가.[128] 따라서 환웅천왕이 건국한 신시고국의 잘 짜여진 국가체제와 함께, 신시고국의 발전된 문화유산을 더불어 인정하지 않을 수 없다. 왜냐하면 환웅신시의 국가체제와 홍산문화유산은 서로 짝을 이루며 유기적 연관성을 지니는 까닭이다. 그러므로 홍산문화가 중국 황제인 헌원의 홍산고국이 아니라, 왜 환웅천왕의 신시

---

128) 윤내현·박선희·하문식, 《고조선의 강역을 밝힌다》에서 고조선의 강역을 자세하게 밝혔다.

고국 문화유산인가 하는 점을 역사적 시기와 지리적 강역, 농경문화의 특성 등을 차례로 살펴볼 필요가 있다.

첫째, 역사적 시기로 보면 홍산문화는 서기전 3500년까지 소급된다. 역사상 이 시기 동북아 지역에서 국가체제를 갖춘 정치공동체는 환웅의 신시고국이 유일하다. 왜냐하면 단군조선이 서기전 24세기에 건국되었는데, 그 이전에 환웅천왕의 신시고국 체제가 천 년 이상 지속되었을 것으로 추론되는 까닭이다. 윤내현은 단군시대 이전의 환웅시대를 둘로 나누어서 초기를 전기 신석기시대로 설정하고 후기를 환웅과 웅녀의 혼인시대로서 후기 신석기시대로 설정하는데, 그 사이의 경계를 서기전 4000년대로 비정한다.[129]

따라서 환웅의 신시시대 전성기는 홍산문화 시기와 거의 같은 시기이다. 신시고국 초기의 이른 시기를 잡으면 흥륭와문화와 만나고 가장 말기에 이르면 하가점하층문화와 만난다. 그러므로 환웅의 신시고국 문화는 역사적 시기로 볼 때, 흥륭와문화에서 본격적으로 시작하여 홍산문화, 하가점하층문화로 이어진다고 할 수 있다. 역사적 시기로 볼 때, 홍산문화는 신시고국의 전성기에 생산된 문화유산에 해당되는 것이다.

둘째, 지리적 경계로 보면 환웅의 신시고국은 고조선의 강역 안에 있어야 한다. 고조선의 강역 연구는 이미 상당히 진전된 성과를 거두어서 별도의 단행본이[130] 간행될 만큼 축적되었다. 강역을 설정하는 준거도 문헌사료와 유물, 고조선의 대표적 지표유적인 고인돌, 역사학계에서는 소홀하게 다루고 있는 복식사 자료로 다양화되었다. 일찍이 윤내현은 풍부한 문헌기록과 발굴유물을 자료로 단군조선의 강역을 공들여 설정했는데, 서쪽으로 난하(灤河) 이북과 북쪽으로 현재 몽골의 동남부, 남쪽으로 한반도 남단 지역이 단군조선의 영역에 포함된다.[131]

129) 윤내현, 《한국열국사연구》, 지식산업사, 1998, 표지 안쪽의 '한국고대사연표' 참조.
130) 윤내현 외,《고조선의 강역을 밝힌다》참조.

그러므로 "고조선은 북경 근처에 있는 난하유역과 갈석산(碣石山)지역을 중국의 경계로 하여 지금의 하북성 동북부로부터 내몽골자치구 동부·요령성 전부·길림성 전부·흑룡강성 전부 및 한반도 전부를 그 강역"으로[132] 비정했다.

이러한 고조선의 강역은 홍산문화 지역을 포함하고 있을 뿐 아니라, 비파형동검으로 일컬어지는 '고조선식 동검'의[133] 분포나 복식 재료와 양식의 분포,[134] 그리고 고인돌 분포를[135] 종합적으로 고려한 강역의 설정과 거의 일치한다. 더군다나 고구려의 강역 또한 고조선처럼 지금의 몽골 및 내몽골 일부 지역을 포함하고 있어서[136] 고조선의 강역이 고구려로 이어지는 사실을 확인할 수 있다. 따라서 고조선의 강역은 환웅의 신시고국과 고구려의 강역을 획정하는 중요한 근거가 되는 셈이다. 특히 홍산문화를 대표하는 지표유물인 초기 옥기유물이 한반도에도 분포하고 있는 것은 이러한 추론을 뒷받침하기에 충분하다. 그러므로 홍산문화 지역은 고조선의 강역 안에 있는 것이자 신시고국의 영역에 포함된다고 할 수 있다.

셋째, 생업양식으로서 농경문화의 특성과 정착생활이 빚어낸 문화유산을 보면 신시고국 문화와 일치한다. 앞에서 자세하게 다룬 것처럼, 신시고국은 환웅천왕의 통치 아래 행정조직이 농경사회를 표방하며,

---

131) 윤내현, 《고조선 연구》, 278쪽의 지도 및 제1편 '제3장 고조선의 강역과 국경' 참조.
132) 윤내현, 위의 책, 290쪽.
133) 학계에서 일반적으로 비파형동검으로 일컫는 해석학적 오류를 극복하기 위해 '고조선식 동검'으로 일컫는다.
134) 박선희, 〈복식으로 본 고조선의 강역〉, 《고조선의 강역을 밝힌다》, 196쪽 지도 참조. 이 지도는 고조선 강역을 나타내는 자료로 널리 인용되고 있다.
135) 하문식, 《고조선 지역의 고인돌 연구》, 백산자료원, 1999 및 〈고인돌을 통해 본 고조선〉, 윤내현 외, 《고조선의 강역을 밝힌다》, 201~250쪽 참고.
하문식, 〈고인돌왕국 고조선과 아시아의 고인돌문화〉, 《고대에도 한류가 있었다》, 431~469쪽에서 고조선 지역에 고인돌이 가장 많고 가장 먼저일 가능성을 제기하고 고조선을 고인돌 왕국으로 은유하였다.
136) 이덕일·이병기, 《고구려는 천자의 제국이었다》, 역사의아침, 2007 및 부록 '고구려 최대 강역 지도' 참조.

〈그림 45〉 삼좌점 석성의 치 모습

주곡을 360여 사의 가장 으뜸으로 여길 뿐만 아니라 '재세이화'의 정
착형 통치방식 등이 전형적인 농경사회 체제를 나타낸다.

　홍산문화에 관해서는 직접적 문헌기록이 전혀 없기 때문에 문화유
산으로 추론할 수밖에 없는데, 농경생활 중심의 경제체제를 기반으로
천제문화를 누리며 일인통치 체제의 초기국가 수준으로 해석되고 있
다. 게다가 석기 농기구와 집자리 유적 등 농경문화를 입증하는 중요
한 고고학적 유산들을 공유하고 있다. 그러므로 초기 농경국가로 자리
잡은 신시고국의 문화유산이 홍산문화라 하지 않을 수 없다.

　농경민의 정착생활이 빚어낸 문화유산의 가장 두드러진 특징은 고
착성이며, 다음은 거대한 규모이다. 이러한 문화유산의 재료적 특성은
고인돌과 적석총, 석성 등 바위이다. 가장 고착적이며 거대한 규모를
자랑하는 것이 석성이다. 적봉 지역 삼좌점(三座店) 석성(그림 45)은
정착·농경문화로서 이러한 3가지 특징을 모두 갖추었을 뿐 아니라, 석
성에 치(雉)를 설치하여 고조선 문화유산이라는 사실을 결정적으로 뒷
받침한다. 치는 성곽을 톱니바퀴처럼 일정한 간격으로 돌출시켜서 적
이 성벽에 접근하는 것을 여러 방향에서 감시하고 공격할 수 있도록
한 구조물로서 우리 민족의 전통적인 축성방식이다. 그러므로 이 석성
은 하가점 하층문화 유적으로서 고조선 초기의 성으로 추론되고 있다.

　다음은 거대한 규모의 적석총이 농경문화를 입증한다. 유목민들은

성을 쌓지 않을 뿐 아니라 피라미드와 같은 거대한 규모의 묘지를 쓰지 않는다. 돌궐제국의 명장 톤유쿠크(Tonyuquq)가 "성을 쌓는 자는 망한다"고 한 것은 정착생활을 부정하는 유목문화의 전통에서 비롯된다. 칭기스한도 "내 후손들이 비단옷을 입고 기와집에서 살 때 내 제국은 멸망할 것"이라고 했다.[137] 농경민들의 구체적인 의생활과 주생활을 보기로 들어, 유목사회에서는 농경문화를 받아들이면 망한다고 주장한 것이다.

적석총도 고인돌과 함께 사실상 축성과 같은 정착농경민의 문화유산이다. 우하량의 적석총 양식과 규모는 길림성 집안의 고구려의 적석총으로 이어진다. 물론 중국 화하문화(華夏文化)에서는 이러한 구조의 적석총이 발견되지 않고 있다. 그러므로 적석총의 홍산문화는 고조선의 밑자리 문화인 신시문화라 하지 않을 수 없다.

고조선문화가 정착문화라는 것을 가장 분명하게 실증하는 것이 고인돌이다. 고조선은 고인돌왕국으로 은유될 만큼 세계적으로 가장 많은 고인돌 유적을 자랑한다. 고인돌의 규모는 만주지역으로 갈수록 더 거대해진다. 따라서 고인돌만으로도 정착생활과 농경문화에 대한 추론이 가능하다. 공교롭게도 고인돌 유적은 고조선식 동검을 동반유물로 하고 있다.

고조선식 동검의 출토는 한반도 전역은 물론, 홍산문화 지역 일대에도 어김없이 나타난다. 그러나 중국에는 이런 양식의 동검이 출토되지 않았다. 따라서 이 동검의 분포는 곧 고조선 강역을 획정하는 가장 중요한 근거가 된다. 한때 이 동검은 서기전 10세기의 유물이라 했는데, 최근에는 서기전 24세기 이전의 예맥조선 유물로도 해석된다.[138] 다시 말하면, 고조선 동검이 출토되는 홍산문화는 서기전 24세기 이전의 신시국 문화유산이라는 말이다.

---

137) 이석연, 위의 책, 같은 곳.
138) 김정배, 〈고조선과 비파형 동검의 문제〉, 《남북학자들이 함께 쓴 단군과 고조선 연구》, 지식산업사, 2005, 13-35쪽.

고조선식 동검은 고인돌이나 적석총, 석성과 달리 휴대 가능한 것이다. 따라서 동검만으로 농경문화 유산으로 볼 근거가 되지 않지만 고인돌의 동반유물이기 때문에 예사 동검과 달리 정착 농경민의 칼이라 할 수 있다. 실제로 북방 유목민의 칼들은 구조와 양식이 전혀 다르다. 유목민들의 칼날은 초승달 모양으로 곡선을 이룰 뿐 아니라, 휴대용 칼은 길이가 짧다. 농경민의 칼이자 고조선식 칼이라 할 수 있는 고조선식 동검은 칼날 가운데 좌우가 곡선으로 돌출된 것은 물론, 칼자루와 칼이 분리된 구조를 이루는 까닭이다. 따라서 상대적으로 휴대하여 빠르게 움직이는 데에는 상당히 불편한 칼이다. 그러므로 이 동검이 출토되는 홍산문화는 정착 농경민이 거주했던 신시고국의 유산이라 하지 않을 수 없다.

8. 홍산문화 옥기 재질의 기능과 형상의 상징성

홍산문화의 가장 고유한 문화적 지표는 옥기이다. 따라서 옥기를 제외하고 홍산문화를 논할 수 없을 만큼 수준 높은 옥기문화를 자랑한다. 홍산문화의 옥기유물을 보면 홍익인간 이념을 추구하고 인간의 수명과 건강을 중요하게 다스렸던 신시고국 문화와 만난다. 그런데 일부 학자들은 홍산문화의 옥기 가운데 특정 형상만 주목하여 용이나 곰, 돼지 토템으로 연결시켜 자의적 해석을 하는데, 그것은 세 가지 문제를 안고 있다.

하나는 옥기라고 하는 재료적 특수성 문제를 문화적으로 해석하지 않는 점이고, 둘은 수많은 옥기 형상 가운데 옥웅룡이나 옥저룡 등 옥룡만으로 옥기문화를 편협하게 해석하는 점이다. 그리고 이 두 가지 연구의 문제는 결국 특정 민족과 문화적 연관성을 지으려는 것으로 귀결되는 한계를 빚어낸다. 따라서 문제 셋은 옥룡을 한갓 동물종으로 환원하여 곰이나 돼지와 같은 토템동물 수준에서 문화적 연계성을 찾는 데 머물고 옥기문화 전체를 통찰하는 인문학적 해석에는[139] 침묵하고 있는 점이다.

옥기문화의 총체적 해석에 이르려면 특정 유형의 동물종 옥기를 자문화와 관련시키는 부분적 해석에서 해방되어야 한다. 왜냐하면 옥기에는 여러 동물종이 아주 다양할 뿐 아니라, 동물종과 무관한 형상은 물론 상당히 추상적인 형상의 옥기도 많기 때문이다. 이런 동물종을 나타내려면 굳이 옥으로 만들 필요가 없다. 예사 돌이나 뼈로 조각할 수도 있다. 무엇을 만들었는가 못지않게 왜 옥으로 만들었는가 하는 사실도 중요하다. 더군다나 옥을 장신구나 공예품으로 다듬는 데에는 아주 고급기술이 필요할 뿐 아니라, 매우 오랜 시일이 걸린다. 그럼에도 옥기는 어느 것이나 비실용적인 것이다. 그러므로 옥기의 비실용성이야말로 실용성을 넘어서는 초월적 실용성으로 해석해야 할 것이다.

공구라고는 전혀 없는 신석기시대의 상황이나 기술 수준으로 볼 때 거의 불가사의한 유물이 옥기이다. 그러므로 옥기공예는 특정 동물형상을 만든 한갓 토템동물이 아니라, 당시 사람들의 가치관과 세계관을 담고 있는 대표적인 문화적 생산물이자 제의적 주술물로서 민족적 창조력의 산물로 해석해야 한다. 특히 추상적 형상의 옥기가 그러한 세계관을 나타낸다고 할 수 있다. 왜냐하면 중세의 종교인들이 오직 신앙의 일념으로 암벽을 파서 석굴사원을 만들고 바위에다 신상을 새기는 작업보다 더 지극하고 골똘한 작업의 산물이 옥기문화이기 때문이다. 그러므로 우리는 옥기에 대한 세 가지 의문을 가질 필요가 있다.

하나는 왜 옥기인가 하는 것이다. 옥은 예기(禮器)나 제기(祭器)로서 신과 소통하는 종교적 신기(神器)로 해석되고 있다. 중국학자들의

---

139) 임재해, 〈단군신화로 본 고조선 문화의 기원 재인식〉, 《단군학연구》 19, 단군학회, 2008, 336~357쪽: ---, 〈'신시본풀이'로 본 고조선문화의 형성과 홍산문화〉, 《단군학연구》 20, 단군학회, 2009, 372~377쪽에서 인문학적 해석을 다각적으로 시도했다.

옥기 재질에 대한 해석이다.

> 그것은 옥기가 최초의 예기였음을 증명할 뿐 아니라, '옥만이 예기가 된다'고 하는 바로 그것이 예의 본래 뜻이었음을 분명하게 보여준다. 아울러 옥기는 신과 교통하는 능력을 갖춘 신기이다. 옥만을 수장한 것은, 오직 옥만이 신과 교통할 수 있다는 의미이며, 이것이 홍산인의 중요한 사상적 관념이다.140)

그런가 하면 옥은 부식하지 않고 본디 모습대로 지속되는 재료로서 가장 완벽한 재질을 갖춘 것이다. 더 중요한 것은 옥에서 발휘되는 기운이 생명력을 북돋워 준다는 사실이다. 옥이 발하는 생기는 사람을 건강하게 만든다는 것이다. 더군다나 옥기는 사람의 몸에 늘 가까이 지니도록 몸에 달거나 부장하는 데 사용되었다. 작은 크기의 옥기들은 한결같이 구멍을 뚫어서 몸에 달 수 있도록 한 까닭에 패옥(佩玉) 구실을 한다. 끈으로 꿸 수 없는 옥기들은 원형 고리이거나 원통형이어서 팔찌나 머리 장식에 이용된다. 한결같이 몸에 부착함으로써 몸에 생기를 얻는 데 도움을 얻고 있다. 그러므로 옥기는 예기나 신기의 관념적 기능 외에 실제적인 건강 기능도 발휘했던 것이다.

지금도 옥 장신구가 널리 사용되고 있을 뿐 아니라 옥장판을 비롯하여 옥찜질방, 옥돌침대, 옥매트, 옥돌욕조와 함께, 최근에는 옥기쌀도 공급되고 있다. 한결같이 옥이 건강에 좋다는 사실에 기초를 두고 개발된 현대 상품들이다. 옥을 가까이 하고 몸에 지니면 건강에 좋고 수명장수한다는 사실을 알았기 때문에 패옥문화가 발달한 것이다. 주검에도 옥기를 부착한 것은 옥의 생기 때문이다. 따라서 홍산문화의 옥기 사용은 환웅의 신시고국 정책과 긴밀한 관계를 이룬다. 그러한 국가체제의 상황은 홍익인간 재세이화의 논리 속에서 구체적으로 구현되어 있다.

---

140) 궈다순(郭大順)·장싱더(張星德) 지음/김정열 옮김, 같은 책, 401쪽.

환웅천왕은 신시고국을 재세이화한 360여 사 가운데 주명(主命)과 주병(主病)을 '주곡' 다음으로 나란히 제시했다. 사람의 수명을 늘리자면 병을 다스려야 한다. 따라서 주명과 주병은, 주형(主刑)과 주선악(主善惡)이 서로 짝을 이루는 것처럼 서로 긴밀한 관계에 있다.141) 석기를 농기구로 개발하여 주곡인 농업생산에 진력하는 한편, 옥기 패용은 병을 치유하여 건강하게 장수하도록 하는 데 쓰였을 가능성이 있다. 주선악과 주형의 문제를 실현하기 위하여 범금8조를 제정하여 실현한 것처럼, 주명과 주병 문제를 해결하기 위하여 옥기문화를 창출했던 것이다. 그러므로 신시고국의 재세이화 360여 직무 가운데 주명과 주병의 가치를 실현한 문화유산으로서 옥기를 해석할 수 있다.

옥은 흔하지 않고 특별한 재질의 소재여서 지금도 보석처럼 귀하게 여긴다. 따라서 옥기는 석기나 토기와 달리 집단적인 문화 창출이라 하기도 어렵고 공동의 문화유산으로 보기도 어렵다. 옥의 생기를 느낄 수 있는 특별한 재능과 고도의 기술을 터득한 전문가에 의해 고안되어 생산되고 전수되었을 것이다. 자연히 옥기를 패용하거나 부장하는 사람들 또한 지배층이었을 것이다.

> 옥은 재질 자체가 보석처럼 윤기가 있을 뿐 아니라 견고하여 절대 부식되거나 빛이 바래지 않으며, 수천 년이 지나도 본디 모습 그대로 빛난다. 고분 속의 뼈는 부식이 아주 심해도 옥은 생생하다. 따라서 옥은 영생불멸의 신비한 힘을 지녔다고 여기고 주검과 함께 부장함으로써 주검의 부패를 막고 악귀를 추방하며, 옥기의 형상에 따라 다양한 주술적 기능을 기대했을 것이다.142)

그러므로 옥기는 산 사람이나 죽은 사람을 건강하게 하고 부패하지 않게 하여 수명을 연장하거나 주검을 지속하게 하는 구실을 한 것으로

---

141) 임재해, 〈단군신화로 본 고조선 문화의 기원 재인식〉, 《단군학연구》 19, 단군학회, 2008, 373쪽.
142) 임재해, 위의 글, 338쪽.

추론할 수 있다. 그러한 사실은 중국 사서에서도 구체적으로 밝혀져 있다. 《후한서》〈동이열전〉에서 동이사람들은 "천성이 유순하여 도리로서 다스리기 쉽기 때문에 군자국(君子國)과 불사국(不死國)"이라고[143] 했다.

불사국은 불로장생하여 죽지 않는 나라이다. 따라서 현실적으로 불로장생하여 수명장수를 누리는 나라이며, 죽어도 저승에서 다시 삶을 누릴 수 있다고 믿는 나라이다. 요하지역 일대에 분포되어 있는 대형 적석총에는 부장된 옥기들이 다량 출토되고 있어 영생불멸을 추구한 것으로 추론된다. 그러므로 옥기의 생전 패용과 사후 부장은 이 두 가지 방식을 모두 추구한 까닭에 중국인들로부터 불사국으로 인식되기에 충분하다.

　　피라미드 규모의 대형 적석총과 다량의 옥기 부장품은 죽음을 부정하는 상징물이다. 단순한 주검의 처리를 위해서는 대규모 노동력의 장기간 투입을 필요로 하는 돌무덤을 쓸 까닭이 없다. 특히 옥은 대단히 단단하여 예사 공구로는 가공하기 힘들다. 그런데도 정교하게 가공한 옥기들을 주검의 곳곳에 부장한 것은 죽음을 극복하고자 하는 종교적 의도가 내포되어 있었다고 봐야 할 것이다. 그러므로 신시문화의 유적으로 추론되는 홍산문화는 불사국의 자취를 잘 보여준다고 하겠다.[144]

옥기문화 해석에서 재질 문제 다음으로 제기되는 것이 다양한 형상이다. 농기구나 무기 등 생활도구를 만든 석기나 청동기와 달리 옥기는 비실용적 제품일 뿐 아니라, 알아보기도 어려운 추상적인 형상을 한 것도 많다. 동물 형상이 비교적 알아보기 쉬운 것인데, 거북이나 호랑이, 새, 나비, 누에, 부엉이, 물고기 등 쉽게 알아볼 수 있는 것도 있지만, 돼지나 곰, 용과 같은 것은 단정하기 어려울 만큼 모호한 형상을

---

143) 《後漢書》 卷 85, 東夷列傳 75, "故天性柔順 易以道御 至有君子不死之國焉."
144) 임재해, 〈한국신화의 주체적 인식과 민족문화의 정체성〉, 《단군학연구》 17, 단군학회, 2007, 300～301쪽.

하고 있다. 게다가 사람 형상을 한 옥인형과 옥탈도 다양하게 출토되어 주목된다.[145] 그러므로 옥기를 단순히 주명과 주병을 위한 건강용품으로만 해석할 수 없다.

왜냐하면 건강용품으로 사용하려면 굳이 이러한 형상을 세련되게 다듬을 필요가 없기 때문이다. 옥의 재질적 기능 외에 옥의 형상이 가지고 있는 가치를 별도로 실현하기 위하여, 옥으로 각종 동물형상을 정교하게 다듬는 매우 힘든 공정의 노동을 장기간에 걸쳐 했을 것이다. 이미 3공기의 옥기가 천지인을 상징하며, 이것을 패용한 주체는 사제자라는 연구가[146] 진행된 것처럼, 옥기의 형상이 뜻하는 것은 상당한 수준의 세계관적 상징성을 띠고 있다고 하겠다. 그러므로 옥기문화의 세계관에 대한 총체적이고 집중적인 연구가 더 깊이 있게 지속되어야 할 것이다.

옥기문화의 세계관을 해명하려면 여러 옥기 형상들을 종합적으로 해석하는 데서 더 나아가 사실상 홍산문화의 여러 갈래들을 모두 아우르는 총체적 해석을 맥락적으로 하는 데까지 나아가야 한다. 다시 말하면 옥기문화의 해명은 곧 홍산문화의 해명이자 신시고국의 정체성을 밝히는 일이라 할 수 있다. 따라서 옥기문화의 총체적 해석은 홍산문화 및 신시고국 연구의 진전과 함께 가지 않을 수 없다. 그러므로 홍산문화의 옥기유산은 학문적 역량에 따라 앞으로 얼마든지 더 비약적 해석에 이를 것이다.

---

145) 임재해, 〈고조선 시기 탈춤문화의 형성과 연행예술의 수준〉, 《比較民俗學》 40, 比較民俗學會, 2009, 253~298쪽에서 홍산문화의 옥탈을 다루었다.

146) 우실하, 〈홍산문화 옥기의 상징적 의미에 대하여〉, 고조선문명의 학제적 연구 월례발표회(2014년 6월 28일, 항공대학교)에서, 옥기 가운데 '3공기'를 그 모양에 따라 天地人의 세계관으로 해석하고 사제자의 지위에 따라 착용이 분별된다는 사실을 연구했다(이 논문은 禹實夏, 〈關于紅山文化各種玉璧的象徵意義的硏究〉, 《紅山文化論壇》 제1집에 수록 예정).

9. 홍산문화 옥기의 상징과 신시고국의 세계관

문화생태학의 시각에서 신시고국의 농경문화 유산을 홍산문화에서 찾아 관련성을 입증하고, 농업기술의 경제체제 위에서 형성된 초기국가 공동체라는 관점에서 신시국의 사회체제와 세계관을 실현한 문화가 바로 홍산문화라는 사실을 입증했다. 앞의 논증은 농경문화 유산에 해당하는 구체적인 유적과 유물 등의 물증으로 설득력 있게 입증 가능하다. 그러나 뒤의 논증은 체제와 세계관에 관한 것이어서 물증 제시만으로 설득력 있게 입증하기 어려운 한계가 있다.

그럼에도 환웅천왕이 꿈꾸는 홍익인간 이념은 신시본풀이 내용 가운데 태양시조 관념과[147] 환웅이 실천한 이타적 행적을 근거삼아 구체적으로 입증할 수 있었다.[148] 홍산문화가 신시의 문화유산이라면, 신시국을 세운 환웅천왕의 건국이념인 홍익인간을 상징하는 문화를 설득력 있게 제시할 수 있어야 한다. 이념만 있고 그것을 실현하기 위한 구체적 실천 내용이 없다면 공허한 관념일 뿐이다.

홍익인간 이념의 상징 모델은 두 가지 층위를 지니고 있다. 하나는 태양시조사상에서 찾을 수 있는 문화로서 삼라만상을 모두 살아 있게 하는 해의 기능이며, 둘은 환웅이 인간세상을 구하기 위하여 지상에 강림할 뿐 아니라, 자문화를 동경하여 찾아온 이민족들을 끌어안는 이타적인 공생의 정치행위이다.

홍산문화의 대형 제단 유적과, 영고와 동맹, 무천 등 제천행사의 국중대회 전통은 해를 상징하는 환웅천왕의 태양시조사상과 태양숭배의 천신신앙 전통이 한 뿌리에서 만난다. 홍산문화의 천제단 양식은 한반도에서도 두루 보인다.[149] 신시고국의 신석기인들이 득히 대상을

---

147) 임재해, 〈환웅시대 태양시조사상의 홍익인간과 재세이화 전통〉,《고조선단군학》29, 고조선단군학회, 2013, 489~542쪽;

148) 임재해, 〈홍익인간 이념의 역사적 지속과 민속문화의 전통〉,《고조선단군학》31, 고조선단군학회, 2014, 265~333쪽.

숭배하는 것은 빙하기를 거치는 동안, 동굴생활을 하면서 어둠과 추위를 오랫동안 견디는 가운데 해의 생명 기능을 절감한 까닭이다.

특히 수렵채취생활에서 나아가 농경생활을 시작하면서 해는 하느님이나 다름없는 초월적 존재로 인식되기 마련이다. 왜냐하면 해는 농작물을 자라게 하는 데 절대적 영향을 미치는 까닭이다. 따라서 농공시필기에 태양신에게 올리는 제천행사는 거국적으로 하지 않을 수 없다. 제천행사는 국중대회로서 그들의 필수적인 축제문화이자 태양신을 섬기는 국가제의였다. 그러므로 홍산문화의 제단 유적들은 신시고국들의 태양시조사상이 빚어낸 문화유산이자 거국적 제천행사 유물이라 할 수 있다.

태양은 인간생명에 한정된 신격이 아니다. 인간세상의 모든 생명을 살리는 삼라만상의 신격이다. 따라서 인류 괴멸을 초래한 죽음의 문턱 빙하기를 간신히 넘은 신석기인들은 불멸하는 해의 초월적 생명기능을 절실하게 공감하는 가운데, 삼라만상의 모든 자연생명들과 서로 공생하는 것이 삶의 지혜이자 지속 가능한 세상의 이치라는 사실을 터득하지 않을 수 없다. 왜냐하면 빙하기를 겪는 동안 다른 생명의 존재야말로 인간의 지속 가능성을 보장한다는 사실을 절감했기 때문이다.

빙하기에 지구가 점점 얼어가면 식물들과 함께 짐승들이 죽어가고, 혹한을 견디는 짐승들도 풀이 죽자 먹을 것이 없어서 죽어가는 것을 목격하게 된다. 이 과정에서 짐승들보다 식물이 더 생명의 원천이라는 사실도 새삼 발견하게 된다. 그리고 얼어 죽었던 자연생태계를 살아나게 하는 것이 바로 해라는 사실을 재인식하기 마련이다. 그러므로 빙하기를 거친 신석기인들은 태양을 생명의 시조신으로 섬기는 한편, 인간세상의 삼라만상들을 서로 공생해야 할 존재로 포착한 까닭에 홍익인간을 소중한 이념으로 추구했던 것이다.

---

149) 하문식, 〈고조선의 돌돌림유적에 관한 문제〉, 《단군학연구》 10, 단군학회, 2004; ---, 〈고조선의 돌돌림유적 연구: 追補〉, 《단군학연구》 16, 단군학회, 2007 참조.

빙하기를 체험한 신석기인들이 태양을 천신으로 섬기는 한편, 생물종 다양성 확보야말로 인간세상을 널리 이롭게 여겨 홍익인간을 실현해야 할 가치로 표방한 것이다. 따라서 인간이 아닌 다른 모든 생명들도 인간 못지않게 귀한 생명으로 여기지 않을 수 없다. 옥기 인형과 함께 거북이나 호랑이, 새, 나비, 누에, 부엉이, 물고기 등의 구체적 형상의 동물옥기와, 돼지나 곰, 사슴, 용으로 알려진 추상적 형상의 동물옥기를[150] 두루 만들었다. 매우 어려운 공정이지만 기어코 이러한 동물상을 다양하게 옥으로 제작한 것은, 기독교인들이 돌에다 예수와 성모상을 조각하고 불교인들이 바위벽에 부처상을 새기는 것과 같은 종교적 행위와 만난다.

옥기 동물을 분석해 보면 물짐승과 뭍짐승, 날짐승과 길짐승, 일년생 곤충과 다년생 짐승, 곤충의 애벌레로서 누에와 성충으로서 나비 등 모든 동물종의 유형을 망라하고 있다. 생시에 이러한 옥기들을 패용한 것은 물론, 죽어서도 무덤 속에 부장한 것은, 살아서나 죽어서나 이들 동물과 함께 하는 생태학적 공생의 의미를 지닌다고 할 수 있다. 왜냐하면 옥으로 만든 것은 불멸을 상징하는 까닭이다. 그러므로 옥기는 제의적 신성성과 함께 생태학적 공생성까지 담보하는 최고의 문화적 구조물이라 할 수 있다.

이웃 종족과 호혜평등하게 지내는 것은 물론, 모든 생물종과 공생하려는 것은 홍익인간 사상의 생태학적 실천이라 할 수 있다. 환웅이 이민족인 곰족과 범족을 끌어안아서 공생하는 것이 인간적인 홍익인간 이념의 사회적 실천에 해당된다면, 신시고국인들이 각종 옥기로 상징되는 모든 생물종과 함께 하는 것은 생태학적 홍익인간 이념의 종교적 실천에 해당된다고 할 수 있다. 그러므로 다종다양한 옥기문화는 신시

---

150) 孫守道·劉淑娟 著,《紅山文化玉器新品新鑒》, 吉林文史出版社, 2007; 載煒·侯文海·鄭耿杰,《眞賞紅山》, 內蒙古人民出版社, 2007; 遼寧省博物館·遼寧省文物考古研究所,《遼河文明展》, 2006; 戴 煒·侯文海·鄭耿杰,《眞賞紅山》, 內蒙古人民出版社, 2007; 궈다순(郭大順)·장싱더(張星德) 지음/김정열 옮김,《동북문화와 유연문명》 상, 395-399쪽의 '홍산문화 옥기의 유형과 특징'을 참조.

고국인들의 건국이념이자 가장 지고한 가치로 표방했던 홍익인간 이념
의 종교 제의적 실현이라 할 수 있다.

사람과 사람, 사람과 자연생명이 서로 공생하는 것만큼 아름다운
가치가 없다. 삶의 대의는 뭇생명의 생존주권을 인정하는 것이다. 생명
을 존중하는 군자의 대의는 인간뿐만 아니라 자연생태계에까지 미쳐야
마땅하다. 따라서 고대 중국인들은 동이를 옥기 사용의 불사국으로 포
착하는 동시에 군자국으로 일컬었다. 왜냐하면 삼라만상과 공생하는
홍익인간 사상을 실천하고, '주형'과 '주선악'을 표방하며 도덕적으로
사회질서를 재세이화하는 까닭에 군자국으로 자리매김하지 않을 수 없
기 때문이다.

그러므로 고대 중국인들이 말하는 "군자국과 불사국은 둘이면서 하
나이다."151) 군자국과 불사국은 모두 동이를 일컫는 말이자 구체적으
로 신시국을 일컫는 말이므로 둘이면서 하나일 수밖에 없다. 하나이자
둘인 것은 신시국의 민족적 정체성이다. 구체적으로 신시국 통치양식
인 재세이화의 '주형' 및 '주선악'이 실현되는 군자국과, '주명'과 '주병'
이 실현하는 불사국은 서로 분별되는 것이니 둘이다. 이 둘의 가치를
하나로 묶은 이념이 '홍익인간'이므로 둘이면서 하나이다.

홍익인간 이념은 도덕적 군자의 길과 생태학적 불멸의 길을 함께
추구하는 가치이다. 인간세상을 널리 이롭게 하는 가치를 실현하려면,
이타적인 도덕성을 갖춘 군자의 삶을 살아야 할 뿐 아니라, 다른 생명
과 더불어 사는 공생의 세계를 이루며 인류가 생태학적으로 지속 가능
한 삶을 실천해야 한다.

군자의 삶을 살아도 생태학적으로 인류의 종말을 향해 가면 그것은
비극적 삶이다. 이와 반대로 부도덕한 삶으로 불멸의 영생을 획득한다
면 그것은 최악의 삶이다. 사회적으로 바람직한 삶과 생태학적으로 지
속적인 삶이 조화롭게 실현된 국가체계의 두 축이 곧 군자국이자 불사

---

151) 임재해, 〈한국신화의 주체적 인식과 민족문화의 정체성〉, 301쪽.

국이며, '주명과 주병', '주형과 주선악'의 가치관이자, 이념적으로 집약하면 홍익인간이 실현되는 국가체계이다.

옥기문화는 하나이지만 그 문화적 기능은 둘이다. 옥기가 발휘하는 생기는 영생불멸을 추구하는 불사국의 문화적 실현이지만, 옥기의 온화함과 윤택함은 군자의 미덕을 상징하는 것이다. 옥은 그 자체로 영생불멸의 보물이자 사람에게 생기를 주어 생명을 건강하게 하는 불사의 보물이다. 그런가 하면 옥은 관념적으로 군자를 상징하는 보석이다. 《예기(禮記)》〈빙의(聘義)〉를 보면, 자공(子貢)이 '아름다운 돌과 달리 옥을 특히 귀하게 여기는 까닭'을 묻자, 공자가 "군자는 덕을 옥에 비유한다"고 하며,[152] 옥이 군자의 덕을 상징하는 까닭을 자세하게 설명한다.

> 옥으로 만든 규장만으로 모든 신물을 대신하니 이것은 덕이며, 천하에서 귀하게 여기지 않는 이가 없으니 이것은 도이다. 시에 이르길 "군자를 생각하면 그 따뜻함이 옥과 같다"고 했다. 그렇기 때문에 군자는 옥을 귀하게 여기는 것이다.[153]

따라서 동이가 군자국과 불사국이라는 중국인의 자리매김이 두 가지 맥락에서 모두 입증된다. 하나는 홍산문화 유산의 표지 유물인 옥기로 충분히 해명되며, 둘은 환웅천왕의 홍익인간 이념과 재세이화의 통치방식으로도 설득력 있게 해명된다. 그러므로 홍산문화의 다양한 유적과 유물들을 모두 환웅의 신시고국 문화유산으로 해석하는 데 어긋남이 없을 뿐 아니라, 옥기문화를 역사적 사실과 관련하여 총체적으로 해석하는 연구로 한 걸음 더 나아갈 수 있게 되었다. 왜냐하면 신시고국에 대한 역사적 서술과 그 문화유산이 지닌 상징과 의미가 서로 일치하는 까닭이다.

---

152) 궈다순(郭大順)·장싱더(張星德) 지음/김정열 옮김, 같은 책, 404쪽.
153) 궈다순(郭大順)·장싱더(張星德) 지음/김정열 옮김, 위와 같은 곳.

그럼에도 중국학계에서는 자기 역사에 본디부터 존재하지 않았을 뿐 아니라, 어느 역사서나 문헌에도 기록되어 있지 않은 '홍산고국'을 최근에 발명해내는 어처구니없는 일을 저질렀다. 아마 내몽골 지역에서 홍산문화 유적이 발굴되지 않았다면, 중국사에서 홍산고국도 발명되지 않았을 것이며 발명할 발상조차 하지 못했을 것이다. 아무런 역사적 근거가 없기 때문이다. 그러므로 홍산고국은 중국의 가장 오래된 국가로서 과도한 의미가 부여된 것과 달리, 사실은 가장 최근에 만들어낸 가장 현대적인 발명품 국가라고 규정해도 지나치지 않다.

홍산문화가 고대 중국의 문화라면 고구려의 강역은 물론 고조선시대의 강역까지 중국 영토로 간주된다. 실제로 중국의 역사교과서는 최근에 크게 바뀌었다. 중등학교에서 널리 중국사 교과서로 채택하는 인민교육출판사의 《중국역사》 33쪽의 '전국(戰國)형세도'와 83쪽의 '서한(西漢)강역도'를 보면,[154] 서기전 4세기부터 서기 3세기 무렵의 고조선과 고구려의 강역 대부분이 중국 영토로 그려져 있다. 더 놀라운 사실은 중국의 동북공정에 학문적으로 맞서도록 국고로 설립한 '동북아역사재단' 산하의 동북아역사지도편찬위원회가 국회 동북아역사왜곡대책특별위원회에 제출한 '전한(前漢)형세도'와 '후한(後漢)형세도' 및 '위촉오(魏蜀吳)' 지도의 강역이 위의 중국 교과서와 상당히 유사하다는 점이다.

이것은 단순히 고대사 문제에 한정된 것이 아니다. 고조선시대나 고구려시대의 역사를 중국사라고 하는 것은 과거사이면서 미래사의 문제와 연결되어 있다. 고대에 한강 이북 지역이 중국 영토였다는 사실에 한정되는 역사 문제가 아니다. 앞으로 중국이 이 사실을 근거로 남북분단 상황에 기득권을 주장하려는 미래의 문제이다. 다시 말하면, 한강 이북 지역을 모두 중국 영토로 채색해 둠으로써, 남북분단의 경계를 이용하여 북한 영역을 언젠가 중국 영토로 귀속시키려는 의도가 숨

---

154) 석희태, 〈얼과 균형이 있는 역사연구와 교육〉, 교수신문, 2015년 8월 31일자 1면.

어 있는 것이다.

> 고고학은 실로 무서운 것이다. 역사는 종종 지배자에게 야합하는 날조
> 된 기록을 남긴다. 반면 고고학은 단지 있는 그대로의 유물만을 남기고
> 여기서 결론이 도출되는 것이다.[155]

미술사가 존 코벨(John Carter Covell)은 문헌기록은 역사를 왜곡하거나 숨길 수 있지만, 유물은 결코 역사를 날조할 수 없다고 한다. 그러한 날조의 근거로 8세기에 쓰여진 《고사기》(古事記)와 《일본서기》(日本書紀)를 보기로 들었다.[156] 따라서 날조된 사서의 기록을 근거로 역사왜곡을 일삼는 자들이 식민사가들이자 어용사학자들이다. 이런 자들이 문헌기록을 중심으로 고조선시대의 역사를 축소하고 조작된 역사로 왜곡해왔으나, 고고학자들에 의해 발굴된 유적과 유물들은 고조선의 역사와 문화를 생생하게 증언하고 있다.

존 코벨은 일본 군국주의자들의 역사왜곡을 지적하기 위하여 "고고학은 군국주의자들에게 매우 위험천만한 학문이 아닐 수 없다."고 했는데, 중국의 중화주의 사가들이나 한국의 식민사가들에게도 마찬가지로 위험한 학문이다. 중화주의 사가들은 홍산문화 유산을 근거로 고대의 문헌사료들을 부정한다. 문헌사료에 입각해서 중국사를 서술해 왔던 기조를 홍산문화의 발굴에 맞추어 크게 바꾸어 버린 것이다. 이처럼 위험천만한 일을 할 수 있는 것은, 중국이 여전히 군국주의자들의 나라라는[157] 것을 스스로 입증하는 셈이다.

---

155) 존 카터 고벨 지음/김유경 편역, 《부여기마족과 왜(倭)》, 글을읽다, 2006, 37쪽.
156) 존 카터 고벨 지음/김유경 편역, 위의 책, 같은 곳. "《고사기(古事記)》와 《일본서기(日本書紀)》를 쓴 일본 사가들은 일찍이 부여기마족이 와서 통치한 130여 년 긴 흔적을 없애고 당시의 신흥 회족 지배자에게 철통의 정당성을 꾸며 주지 않으면 안 되었다. 그러기 위해 매우 기묘한 수단을 꾸며내었는데 그 때문에 결과적으로 이들 사서의 반쯤은 신빙성 없는 자료로 남았다."
157) 중국의 70주년 전승절 행사(2015년 9월 3일)에서 국가주석 시진핑이 세계평화를 역설하는 한편, 온갖 신무기를 동원한 사상 최대의 열병식을 펼치며 무력시위를 하는 것은 군국주의의 극적인 보기라고 할 수 있다.

일본이라고 해서 다르지 않다. 일본의 중등학교 역사교과서인 부상사(扶桑社) 간행의 《새로운 역사교과서》 37쪽을 보면, '4세기말의 조선반도' 지도에서 신라와 백제 일부 지역을 임나일본부로 표기하고 있다. 그리고 중등학교에서 가장 많이 일본사 교과서로 채택한 《일본사연표·지도》 4쪽의 '4세기말의 조선', 6쪽의 '6세기 전반의 조선' 지도를 보면, 신라와 백제의 영토 가운데 상당 부분을 임나일본부에 속해 있었던 것으로 표기해 두었다.158)

중국과 일본의 사가들과 달리, 한국 사가들은 전혀 다른 관점에서 고고학을 위험하게 생각한다. 일본과 중국의 어용사가들은 한국사를 침탈하기 위하여 역사를 왜곡하는데, 한국의 식민사가들은 자국의 역사를 일본과 중국에 가져다 바치는 일을 하느라, 그것에 장애가 되는 결정적 유물을 제시하는 고고학을 위험하게 여기며, 문헌사학을 거듭 강조한다. 그러므로 식민주의에 영합한 문헌사학자들은 고고학의 성과를 의도적으로 묵살한다.

그러나 고고학의 작업은 계속될 것이고 존 코벨과 같은 미술사가들도 계속 출현할 것이다. 고고학 발굴이 진전될수록 고인돌과 고조선식 동검, 적석총, 석성, 천제단 등은 신시국의 유물이라는 사실이 더 분명해질 것이다. 더군다나 적석총에서 뜻밖의 옥기유물이 대거 출토됨으로써 환웅의 홍익인간 이념과 신시고국의 생태학적 세계관까지 입증하고 있다. 그러므로 환웅의 신시국을 부정하는 것은 역사의 뿌리를 잘라버리는 민족사 단절 행위이자, 신시의 문화유산인 홍산문화를 역사적 실체로 존재한 적이 없는 홍산고국 문화에 가져다 바치는 행위나 다름없다.

단절된 역사를 잇고 지워진 역사를 밝혀내며 묻혀진 역사를 발굴해내는 것이 역사학의 사명이다. 역사학은 과거학이자 현재학이며 미래학으로서 현재진행의 학문이다. 지금 여기서 우리가 빌어먹는 역사학

---

158) 석희태, 앞의 글, 같은 곳.

을 할 것인가 벌어먹는 역사학을 할 것인가 깊이 성찰하지 않을 수 없다. 왜냐하면 후배 사학자들이 선행연구 검토나 연구사를 정리하면서 비판적으로 검토하고 그 책임을 준엄하게 물을 것이기 때문이다.

만일 빌어먹을 역사학이 아니라 벌어먹을 역사학을 생각한다면, 한국사 서술에서 삭제된 신시국 역사를 복원해야 하는 것은 물론, 잃어버린 신시국 문화유산을 찾아 밝히고 환웅천왕의 홍익인간 이념과 재세이화의 세계관적 가치를 제대로 해석해야 할 것이다. 과거의 역사를 찾아서 생생하게 서술하고 제대로 해석해야 미래의 역사를 만들어 가는 데 힘을 기울일 수 있다. 그 첫 작업이 환웅천왕의 신시고국 역사와 문화를 연구하는 일이다. 이제는 한국사 시대구분부터 환웅천왕의 신시시대를 단군의 왕검조선시대로부터 분리하여 별도로 설정할 필요가 있다.

10. 농경문화의 전통과 유목문화의 교류 가능성

지금까지 농경문화 관련 사료를 해석하면서 밝힌 것처럼, 신시고국은 시베리아 유목문화의 전래나 영향과 무관하게 자력적으로 초기 농경국가를 이룩했다. 문화주권주의나 역사주권주의 시각에서 보면 이것은 신시고국의 경우뿐만 아니라, 다른 어느 국가에서도 대등하게 인정해야 할 일이다. 특히 건국시조본풀이와 같은 독창적인 건국사 자료가 있는 경우에는 그러한 가능성이 더 높다. 제국의 식민사관에 따라 약소국가의 독자적 역사를 부정하고 제국의 역사에 귀속시키려는 식민주의 역사학에 맞서기 위해서도 역사상대주의와 역사주권주의가 관철되어야 한다.

모든 국가와 민족은 저마다 독자적인 역사를 구성하는 주체이다. 이 기본적인 사실을 올바르게 인식하는 것이 역사학을 하는 중요한 목

적이다. 그렇다고 하여 자민족의 역사와 문화적 전통을 독자적이기만
한 것처럼 경직되게 해석하는 것은 문제이다. 어떤 집단의 역사도 고
립적으로 존재할 수 없다. 민족문화의 전통도 변함없이 오롯하게 지속
되는 것은 아니다. 다시 말하면 고정불변의 전통이란 존재하지 않는다.

왜냐하면 전통이 지속되려면 변화되어야 하고 변화되려면 지속되어
야 하기 때문이다. 통시적 지속과 공시적 변화는 변증법적으로 통합되
어 있는 것이다.159) 어떤 문화도 지속되는 한 변화되지 않을 수 없으
며, 변화되는 한 지속되게 마련이다. 따라서 지속과 변화는 서로 배타
적 관계에 있는 독립변수가 아니라, 유기적 관계에 있는 상호의존 변
수이자 병립 가능한 변수이다. 그러므로 문화적으로 완벽하다든가 발
전 단계의 정점에 이르렀다고 하는 것은 사실상 죽은 문화란 말이다.
왜냐하면 변화를 허용하지 않는 것은 곧 통시적 지속을 인정하지 않는
것이기 때문이다. 살아 있는 모든 것은 역동적으로 변화하게 마련이며,
변화하는 힘이야말로 지속 가능한 생명력이라 할 수 있다.

서로 다른 이웃문화와 만나는 공시적 관계도 마찬가지이다. 전파주
의자들은 문화의 발전단계가 높은 곳에서 낮은 곳으로 흐른다고 말하
지만, 일방적인 전파나 전래는 존재하지 않는다. "미워하면서 닮는다"
는 옛말처럼 문화 수준의 높낮이나 발전의 선후와 상관없이 이웃문화
는 서로 영향을 주고받을 수밖에 없다. 서구문화가 동양이나 제3세계
에 영향을 주었다고 하는 전파주의적 주장도 일방적인 것일 뿐이다.
그러한 주장 자체가 영향 받은 사실을 스스로 입증하는 것이다. 왜냐
하면 이웃문화에 대한 문제의식 없이 영향을 줄 수도 없고 주었다고
말할 수도 없기 때문이다.

교사가 학생을 가르치는 일도 일방적인 것이 아니라 학생의 학력
수준을 고려하여 가르치는 것이다. 만일 무턱대고 일방적으로 가르치
는 교사가 있다면, 그는 교육을 하는 것이 아니라 지시를 하는 것이고

---

159) 임재해, 《민속문화를 읽는 열쇠말》, 111~113쪽에서 문화의 지속과 변화에
대하여 자세하게 다루었다.

명령을 내리는 것이다. 그런 경우 학생들은 교사에게 반발하게 마련이다. 교육체제에 따라 교사가 학생에게 체계적으로 가르쳐도 지식이 전달되지 않을 수 있으며, 때로는 아예 반면교사 효과로 나타나기도 한다. 하물며 특정 민족문화가 일방적으로 전파된다고 하는 것은 입증 불가능한 전제이자, 서구중심주의적 발상일 따름이다.

적어도 지금 우리가 아는 지식 수준과 논리적 사유로 볼 때, 이쪽에서 저쪽으로 또는 저쪽에서 이쪽으로 일방적으로 문화가 전파되었다고 하는 주장은 설득력을 얻기 어렵다. 그리고 그러한 주장을 뒷받침할 만한 근거나 논증도 충분하지 않다. 북아시아의 고대 수렵 관습을 연구한 예트마(H. M. Jettmar)는 《내륙 아시아의 상고사》에서, 구석기시대의 수렵 관련 신앙이 여러 가지 변화에도 불구하고 지금까지 명백하게 지속된다고 하며 단일한 "수렵 종교"를 주장했다. 그러나 얼마 뒤에 이러한 자신의 견해를 바꾸어서 다원적인 발전과정을 주장했을 뿐 아니라, "많은 문화인류학자의 머리에 떠올랐고, 여전히 떠오르는 북유라시아의 문화사적 단일성은 추측컨대 하나의 환상"이라고[160] 비판했다. 그러므로 문화의 단일기원설을 전제로 한 일방적 전파론은 더 이상 학설로서 인정받지 못하고 있다.

> 문화는 서로 다른 두 문화 사이에서 단선적인 영향관계에 있는 것이 아니라 해당 문화와 연결되어 있는 수많은 문화현상들과 복합적이고 유기적인 관계 속에 얽혀 있는 것이다. 따라서 영향을 받으면서 영향을 주고, 변화되면서 변화시키기도 하는 것이다.[161]

레비스트로스(Claude Lévi-Strauss)는 《종족과 역사(Race et Histoire)》에서 르네상스가 일어난 원인을 제3세계에서 찾는다. 당시 유럽이 아프리카나 중국 등 먼 나라들의 문화를 단기간에 집중적으로 수집할 수

---

160) 한스-요아힘 파프로트 지음/강정원 옮김, 《퉁구스족의 곰의례》, 태학사, 2007, 38쪽.
161) 임재해, 《민속문화를 읽는 열쇠말》, 233쪽.

있었던 결과로 르네상스가 일어났다는 것이다.[162] 유럽문화가 동양문화나 아프리카 문화에 영향을 미쳤다는 고정관념을 깨고, 오히려 중국을 비롯한 동양문화와 제3세계문화가 유럽의 르네상스에 영향을 미쳤다는 해석이다. 따라서 문화의 우열에 따라 문화의 중심부에서 주변부로 파문처럼 문화가 확산된다고 하는 전파론적 전제는 잘못이라 하지 않을 수 없다.

"왜냐하면 문화유산은 한결같이 차용과 교환의 산물이기 때문"에, "교환되지 않는 문화는 죽어 가는 문화"라 말할 수 있다.[163]" 따라서 서로 같은 문화현상처럼 보인다고 전파를 주장할 수 없는 것처럼, 문화 현상이 서로 다르게 보인다고 하여 서로 무관한 것처럼 간주할 수도 없다. 얼굴이 닮아도 피붙이가 아닌 사람도 있고, 얼굴이 닮지 않은 피붙이들도 많다는 아주 평범한 사실을 알아차려야 한다. 그러므로 오히려 닮지 않은 두 문화에서 관련성을 찾아야 한다. 왜냐하면 문화 현상의 동질성과 상관없이 두 문화는 다양한 교류를 하기 때문이다.

두 문화의 만남과 교류에 관해서는 인류학자들이 여러 사례를 제시하였다. 근대화된 서구문화와 제3세계 원주민문화가 접촉하여 후자의 문화가 변화되는 현상을 '문화접변(acculturation)'이라 한다.[164] 문화접변은 으레 식민지배 상황을 전제로 한 정복적인 것이지만 일방적이지는 않다. 따라서 문화이식이 아니라 문화접변이라 하는 것이다. 더 균형 잡힌 연구는 말리놉스키(Bronislaw K. Malinowski)에 의해 이루어졌다. 원주민 문화가 서구 제국주의 문화에 정복당하지 않고 서로 대등하게 조화를 이루는 적분관계(積分關係)를 조성한다는 사실에 주목하고, 이러한 현상을 '문화접변'이 아니라 '문화변형(transculturation)'으로[165] 자리매김한 것이다.

---

162) 마르크 오제, 〈문화와 이동〉, 이브 미쇼 외 지음/강주헌 옮김, 《문화란 무엇인가》 1, 시공사, 2003, 510쪽.
163) 마르크 오제, 위의 글, 같은 곳.
164) 李光奎, 《文化人類學》, 一潮閣, 1975, 253쪽.
165) 李光奎, 위의 책, 255쪽.

나는 두 문화가 만나 일정한 변화를 하는 현상을 문화접변이나 문화변형과 같은 인류학적 시각으로 자리매김하지 않고 문화상생으로 해석했다. 왜냐하면 두 문화가 대등하게 만난다면 제3의 문화를 생산하는 것은 아주 자연스러운 현상이기 때문이다. 두 문화의 장점을 취하여 새로운 문화를 재창조하는 것이 가장 바람직한 결과이다. 전기담요가 한국의 구들문화와 만나서 전기장판이 되고, 서양의 스프링침대가 한국에 와서 온돌침대가 개발된 것이 그러한 문화상생의 보기이다.

그런가 하면 자문화가 외래문화에 동화되어 자문화의 정체성을 잃어버리는 경우도 있고, 외래문화를 거부하기 위하여 오히려 자문화의 정체성을 더 꿋꿋하게 지키는 경우도 있다.[166] 앞의 경우를 문제적 현상으로, 뒤의 경우를 바람직한 현상으로 가치 평가를 하는 것도 성급한 일이다. 남녀차별의 문화는 여성주의 문화로 극복되는 것이 바람직하다. 그러나 외래문화의 영향을 거부하기 위하여 쇄국정책을 펴는 것은 바람직하지 않다. 가치 평가도 문화적 내용과 상황에 따라 서로 다른 해석이 가능하다. 문화교류의 현상도 사실은 몇 가지 유형으로 가지런하게 정리할 수 없을 만큼 다양한 스펙트럼을 이루고 있는 까닭이다.

서로 다른 문화들이 만나게 되면 영향을 주고받으며 간섭하거나 거부하고 배제하는 한편, 기존 문화의 전환, 변형, 왜곡, 공유, 창출, 재창조 등이 복잡하게 일어난다. 따라서 통시적으로 완성된 문화가 없는 것처럼, 공시적으로 다른 문화와 교류되지 않는 문화도 없다고 해야 마땅하다. 다만 교류의 방식이 문제이다. 이웃문화를 본받아서 고스란히 모방하고 주체적으로 수용하는가 하면, 때로는 강하게 거부하고 의도적으로 배제하기도 한다. 그런가 하면 적극적으로 수용하거나 거부하지 않고 무관심하게 둘 수도 있다.

자연스러운 가운데 두 문화가 만나서 나란히 가는 것을 문화공생이라 한다면, 제3의 문화를 창출하는 것은 문화상생이라 할 수 있다. 이

---

166) 임재해, '제4장 민속문화의 전통과 외래문화: 문화상생론', 《민속문화를 읽는 열쇠말》, 229쪽.

웃문화를 동경하는 긍정적 교류는 타문화에 동화되어 자문화의 정체성을 잃을 위험이 있고, 이웃문화를 과도하게 경계하는 부정적 교류는 타문화 교류의 단절로 문화적 고립을 자초할 위험이 있다. 두 극단 사이에 양방향 교환이 이루어지는 대등한 교류가 자유롭게 이루어질 때 문화 다양성이 살아나고 문화창조의 길도 열린다. 그러므로 자문화와 타문화의 대등한 교류에 관심을 기울일 필요가 있다.

그런데 대부분의 문화 교류론자들은 스스로 표방하는 명분과 다르게 상호교류와 문화상생론을 펼치는 것이 아니라, 일방적 교류로서 자문화의 전파론을 펴거나, 아니면 타문화의 전래설에 매몰되어 있기 일쑤이다. 제국주의적 서구학자들이 자문화의 선진성을 근거로 자문화의 전파론을 펴는데 반하여, 종속주의적 식민지 지식인들일수록 타문화의 상투적 전래설을 반복하는 것으로 맞장구치는 타성에서 벗어나지 못하고 있다. 북방 유목문화 전래설은 후자의 보기에 해당된다.

이 논의는 전근대적이고 식민주의적 전래설을 극복하기 위하여 신시고국의 농경문화적 전통을 밝히면서 그 구체적 유산으로 홍산문화를 주목한 것이다. 유목문화 전래설에 맞서기 위해 의도적으로 농경문화 자생설을 집중적으로 부각시킨 논의를 수행했다. 이론적으로 문화자생설은 문화의 독립발생설과 다원발생설에 무게 중심을 두고 있는 문화주권론에 해당된다. 농경문화가 신시고국에서 독립적으로 발생하였다고 하여서 이웃지역과 문화교류가 없었다고 할 수 없다. 문화의 이동이나 교류는 발생설에 귀속될 필요가 없다. 문화가 발생한 이후에 나타나는 문제가 문화 전파나 교환이기 때문이다.

따라서 자문화의 기원을 전래설로 말하는 것은 자가당착에 빠진 셈이다. 전래설을 마치 문화의 기원인 것처럼 주장하는 것은, 이웃문화가 전래되기 전까지 자문화가 전혀 없었다는 것이어서 사실상 논리적 모순에 이른다. 왜냐하면 전래된 문화 이전에 스스로 생산한 자문화가 없을 수 없기 때문이다. 그것은 곧 문화 없이 살았다는 것으로서, 짐승처럼 살았다는 말이다. 만일 한국 복식의 기원을 북방민족이나 중국의 복식에서 찾는다면, 그 복식이 전래되기 이전에 한민족은 벌거벗고 살았다는 말이나 다름없는 억지이다. 한 마디로 문화주권을 무시하는 횡포이자 무문화적 존재로 간주하는 민족모독에 해당되는 일이다.

문화주권론은 모든 인간집단이 스스로 문화생산 주권을 발휘하여 자기가 필요한 문화를 스스로 생산하고 향유할 수 있는 능력과 권리를 지녔다는 것이다. 이러한 문화주권주의를 인정한다면, 모든 문화의 기원은 자력적 창조력에서 비롯된 자문화에서 찾게 되는 역사주권주의와 만나게 된다.

문화의 교류와 영향은 초기 문화 형성 이후의 문제이다. 자문화가 없는 민족이 타문화의 영향을 받아서 문화가 형성되었다는 것은 한 마디로 심각한 민족 모독이다. 왜냐하면 인간으로서 최소한의 문화 창조력조차 발휘하지 못한 것으로 간주하는 셈인데, 사실상 그런 경우는 짐승의 세계나 늑대인간 외에는 존재할 수 없기 때문이다. 그러므로 모든 문화의 기원은 문화주권의 자력적 발휘를 인정하는 데서부터 비롯되어야 한다.

문화주권주의는 모든 민족이 자문화를 주체적으로 생산하고 전승하며 향유하는 능력을 타고 났다는 것을 인정하는 데서 출발한다. 따라서 문화 기원론도 문화주권주의의 범주와 맥락에서 벗어날 수 없다. 문제는 전파론적 시각의 문화기원론이다. 전파론은 서로 다른 두 집단의 문화적 동질성을 가장 중요한 근거로 삼는다. 두 문화의 동질성을 중심으로 전파론을 펴는 까닭에 문화 자생설이나 독립발생설이 부정될 뿐 아니라, 문화주권주의도 배격되기 마련이다.

그러나 문화의 동질성은 인류문화의 보편성에 따라 형성된 것이므로 동질성을 근거로 전파론을 펴는 것은 설득력이 없다. 세상에는 서로 혈연관계에 있지 않아도 닮은 사람이 많은 것처럼, 전파와 상관없이 서로 같은 문화를 누리는 사례가 적지 않다. 오히려 문화의 이동이나 영향, 전파는 문화의 동질성을 낳는 것 같기도 하지만, 전파 지역의 생태학적 차이에 따라 일정하게 변화되어 이질성을 낳기도 한다. 문화적 맥락과 생태학적 상황에 따라 문화의 전파과정에 일정한 변용과 전환이 일어나기 때문이다.

측면 난방의 보일러가 한국사회에 들어오면 밑면 난방의 온돌보일러가 되고, 매트를 깐 침대가 한국에 들어오면 따끈따끈한 돌침대로 재탄생하게 된다. 따라서 문화의 접촉과 교류 과정에서 수용과 변용, 대립과 갈등, 지배와 거부, 상생과 공멸 등 다양한 양상이 나타날 수 있다는 사실을 고려하여, 문화의 동질성이 아닌 이질성 속에서도 다른 문화와 교류관계를 발견할 수 있어야 한다. 닮지 않은 형제의 얼굴에서도 혈연관계를 발견할 수 있고 형제처럼 닮은 얼굴에서도 혈연관계가 아닌 사실을 밝혀낼 수 있는 것이 학자의 역량이다. 그러므로 문화적 동질성은 곧 전파의 결과로 해석하는 것은 문화의 겉모습만 읽고 닮은 것끼리 줄긋기 하는 수준의 작업일 뿐 학술적 해석이라 하기 어렵다.

따라서 상투적 북방문화 전래설을 극복하려면 문화적 동질성보다 오히려 문화적 이질성을 근거로 문화전파설을 펼쳐야 한다. 왜냐하면 남방의 농경문화도 북방 유목문화에 영향을 미치지 않을 수 없기 때문이다. 이민족 사이의 문화 교류를 자연스러운 현상으로 이해한다면, 유목문화 전래설만 펼 것이 아니라 농경문화 전파설도 펼쳐야 하기 때문이다. 그러나 생태학적 차이에 따라 유목문화의 전래가 순조롭지 않은 것처럼, 농경민의 생산양식이 초원지역 유목민들에게 순조롭게 전파될 수 없다. 유목민들이 농경민의 정착생활을 동경하고 본받으려 해도 생태학적 환경이 허용하지 않기 때문이다.

이처럼 문화생태학적 관점에서 보면 민족 이동으로도 문화의 전파를 입증할 수 없다. 생물학적 유전자가 문화적 동질성을 입증하지 못하는 것도 이 때문이다. 유목민들이 남쪽으로 이주하게 되면 유목생활을 포기하고 정착하여 농경생활에 적응할 수밖에 없다. 농경민들도 북쪽으로 이동하게 되면 농경생활을 포기하고 유목생활을 할 수밖에 없다. 따라서 민족이 이동해도 문화가 전파되지 않을뿐더러 문화가 바뀌어버린 까닭에 동질성조차 찾기 어렵다. 그러므로 북방민족 이동을 근거로 북방문화기원설을 펴는 것도 문제가 있다.

유목민 가운데에서도 기후가 다른 지역으로 이동하게 되면 생업이 달라진다. 습지에서 밀과 보리와 같은 농업을 어느 정도 하던 고대 몽골인들이 건조한 초원지역으로 이동하게 되면 농사를 포기하고 전적으로 유목생활을 하게 된다. 이런 경우에는 문화적 동질성이 발견되지 않아도 민족 이동과 문화적 관련성을 배제할 수 없다. 그러므로 유목문화와 농경문화의 차이는 민족의 이동이나 문화 교류의 단절 탓이 아니라 생태학적 차이에서 비롯된 것이라 할 수 있다. 생태사학이 역사 상대주의는 물론 역사주권주의를 실현하는 데 결정적 구실을 한다.

11. 농경문화의 유목지역 전파와 생태학적 적응

생태사학으로 보면 자연환경이 모든 것을 결정하는 것 같으나 반드시 그렇지는 않다. 사람들의 문화적 관심은 생태학적 조건을 뛰어넘는다. 인간은 자연환경에 일방적으로 복속되지 않고 때로는 맞서기도 하는 까닭이다. 자연환경을 극복하는 문화적 역량을 갖추고 있기 때문에 환경결정론으로 고대사와 문화를 해석하는 데 만족할 수 없다. 생태학적 차이에도 불구하고 북방 유목민들 사이에서 농경문화를 동경하고 수용하며 적응하려는 사람들이 있다. 이와 거꾸로 남방의 농경민들이 북방으로 이동하여 유목생활을 하려 하거나 농사를 지어보려고 시도한 경우도 있을 수 있다.

그러나 유목문화에 익숙한 지도자들은 농경문화의 유입이나 농경생활에 경도되는 현상에 대하여 경계하며 자문화를 고수하려는 경향이 있다. 왜냐하면 생태학적으로 부적절하다는 사실을 터득하고 있을 뿐 아니라, 제왕적 지도자일수록 자문화의 정통성에 대한 보수적 관념을 지니고 있기 때문이다. 칭기스한은 유목국가의 제왕으로서 문화적 정통성을 고수하려는 지도자였다. 그러므로 농경문화를 거부하고 유목문화의 전통을 강조했다.

칭기스한은 성 쌓는 것을 부정적으로 새긴 톤유쿠크 비문의 내용을 집약해서 인용하며 정착생활을 금지하고 이동생활을 독려하였다. 톤유쿠크를 비롯한 유목민의 지도자들은, 성을 쌓고 생활하는 정착농경문화의 영향을 심각하게 부정적으로 여긴 까닭에, 이 문화에 맞서고자 한 것이다. 유목국가에서는 성을 쌓는 대규모 토목공사를 하지 않기 때문에, 농경국가의 영향을 받지 않았다면 굳이 이런 주장을 할 필요가 없으며 할 수도 없다.

유목민의 지도자들이 자민족에게 성을 쌓으면 망한다고 으름장을 놓는 것은 농경민의 정착생활이 지닌 영향력에 대하여 위협을 감지한 까닭이다. 더 적극적으로 보면, 이미 유목민들 가운데 농경민의 정착생활을 동경하는 이들이 있었기 때문에 그러한 사람들을 경계하기 위한 것이라 할 수 있다. 만일 그런 낌새가 없다면 굳이 경계의 말을 비문으로 남길 필요가 없다. 따라서 칭기스한이 성을 쌓지 못하게 한 것이나 유목사회에 성이 없는 것은 농경문화의 영향과 교류가 없어서 그런 것이 아니라, 농경문화의 영향에 대한 저항적 수용의 결과이자 배타적 교류의 결과라 할 수 있다.

더군다나 칭기스한은 "내 후손들이 비단옷을 입고 기와집에서 살 때 내 제국은 멸망할 것"이라고 했다.167) 농경문화를 잘 알고 있는 까닭에 농경민들의 구체적인 의생활과 주생활을 보기로 들어, 초원의 유목지역에서 농경문화를 받아들이면 망한다고 주장한 것이다. 칭기스한은 농경문화의 생태학적 부적절성을 포착한 나머지 유목민들에게 농경문화를 의도적으로 경계하고 배격하도록 요구한 것이다. 외세의 영향이 컸던 까닭에 동학혁명 주체들이 '반외세'를 주장한 것처럼 농경문화

---

167) 이석연, 위의 책, 같은 곳.

의 영향이 컸던 까닭에 지도자들이 농경문화를 금기시한 것이다. 따라서 순수 유목문화를 근대까지 지켜낼 수 있었다. 그러므로 문화의 교류나 전파를 동질성에서 찾는 상투성에서 벗어나야 한다.

칭기스한처럼 제왕적 지도자는 의도적으로 농경문화의 영향에 맞서려고 강력한 지도력을 발휘했다. 그러한 전통은 유목민의 생태학적 지혜이기도 하다. 그러나 곰족과 범족이 환웅족의 농경문화를 동경하고 그것을 본받으려고 했듯이 예사 유목민들의 생각은 다를 수 있다. 그러한 문화적 자취를 남퉁구스족의 곰 사육에서 찾을 수 있다. 북퉁구스족은 곰 사냥을 하며 살아가되 곰을 기르지 않았지만, 남퉁구스족은 곰을 가축처럼 집에서 길렀다. 퉁구스족의 곰문화를 연구한 학자들은, 곰을 집에서 사육하는 일이 퉁구스족의 본디 문화가 아니라 남쪽지역 농경문화의 영향으로 해석한다.[168] 가축 사육문화가 확립된 농경 지역에서나 짐승을 우리에 가두어 기르기 때문에 이러한 전파설을 펴는 것이다.

수렵채취 생활에서 나아가 짐승을 사육하고 농작물을 재배하는 것은 모두 정착생활을 전제로 한다. 따라서 우리에 곰새끼를 가두어 두고 기르는 북방민족의 곰 사육은 '높은 정주성'을 전제로 한 것으로서 농경문화의 영향으로 해석하지 않을 수 없다.[169] 정착·농경문화의 금지에도 유목문화에 영향을 미쳤던 것은 효율성 때문이다.

곰은 양처럼 방목이 불가능하기에 남방 농경민족의 가축처럼 우리 사육을 도입했던 것이다. 따라서 독일 인류학자 한스-요아힘 파프로트(Hans-Joachim Paproth) 교수는, 퉁구스족의 곰사육은 남쪽에서 전래된 것이 명백하다고 한다.[170] 그러므로 발달한 농경문화를 바탕으로 형성된 정착형 홍산문화가 곰사냥족인 퉁구스족 세력에 의해 성립되었다고

---

168) 한스-요아힘 파프로트 지음/강정원 옮김, 앞의 책, 315쪽 및 320쪽 참조.
169) 한스-요아힘 파프로트 지음/강정원 옮김, 같은 책, 320쪽.
170) 위와 같은 곳, "우리에 가두는 것과 곰의 이빨을 자르고 검게 칠하는 관습은 아이누 타입 곰 축제의 농업적 기원, 즉 '남쪽' 요소에 대한 명백한 증거다."

하는 것은 논리적 개연성도 없을 뿐 아니라, 곰축제를 연구한 퉁구스족 전문가들이 말하는 퉁구스문화의 기원론과 상반되는 것이다.[171]

남퉁구스족처럼 과거에는 북방민족들도 남방의 농경문화 영향을 받아 농경활동을 했을 가능성이 있다. 그러한 증거는 구비전승과 문헌기록에서 찾을 수 있다. 구비전승되는 북방 유목민족들의 영웅서사시 게세르신화에 지도자 게세르가 주민들의 농경활동을 금지하는 대목이 나온다. 땅을 갈아 농작물을 재배하는 것은 유목생활의 자연생태계를 파괴하는 것이자, 모든 재앙의 원인으로 몰아치는 것이다. 게세르는 아버지가 황소에서 떨어져 누워 있자, "한걸음에 정착민들에게 달려가 채찍을 마구 휘두르며 (…) 가르쳤다"고 한다.[172]

> 만일 너희들이 이곳에서 땅을 파고 곡식을 기르지 않았더라면 저기 날아가는 새가 어찌 어두컴컴한 숲 속에 몸을 사리고 숨어 있었겠느냐! 만일 새가 화들짝 놀라서 숲에서 나오지 않았더라면 우리 황소가 이렇게 놀라 자빠졌겠느냐! 그리고 우리 황소가 놀라서 자빠지지만 않았더라면 나의 아버지가 이렇게 무참하게 죽어 넘어져 있겠느냐! 오늘의 비극적인 사고는 모두 다 너희들의 잘못으로 시작된 것이다.[173]

"채찍을 휘두르며 서슬 퍼런 위협"을 하자, 농사일을 하며 살아가던 정착민들은 자리에 납작 엎드렸으며 비단으로 만든 망자의 옷을 준비하여 사르갈 노욘의 몸에 입혔다고[174] 한다. 영웅적 지도자에 의해 정착 농경민의 삶이 구체적으로 부정되면서 상대적으로 이동 유목문화가 긍정되는 대목이다. 그러므로 유목문화가 정착되기 이전에는 북방민족들 가운데에도 정착생활을 하며 농경활동을 했다고 할 수 있다.

그 경우는 네 가지이다. 하나는 당시의 기후 조건이 지금과 달리

---

171) 임재해, 〈'신시본풀이'로 본 고조선문화의 형성과 홍산문화〉, 363~364쪽.
172) 일리야 N. 마다손 채록/양민종 옮김, 《바이칼의 게세르 신화》, 솔, 2008, 112쪽.
173) 일리야 N. 마다손 채록, 양민종 옮김, 위의 책, 같은 곳.
174) 위와 같은 곳.

고온다습하여 농경활동이 가능했는데, 점차 저온 건조하여 유목문화로 바뀌었을 경우이다. 둘은 남방의 농경민들이 이동하여 넓은 토지를 확보하고 농사를 지었으나 생태학적으로 적응하지 못하고 유목문화에 동화되었을 경우이다. 셋은 북방 유목민들이 농경생활을 동경하고 수용하여 농경민 생활을 하다가 적응하지 못해서 유목생활로 되돌아간 경우이다. 넷은 보리와 밀처럼 겨울철에도 견디는 농작물은 유목지역에서도 어느 정도 경작이 가능한 경우이다.

어느 경우든 남방의 농경문화가 현재의 유목문화 지역에 한때 영향을 미쳤다는 사실을 인정할 만하다. 따라서 문화의 전파나 이동, 교류는 동질성에만 있는 것이 아니라 이질성 속에도 내재되어 있다고 하지 않을 수 없다. 그것은 생태학적 차이뿐만 아니라 문화적 차이에서도 가능한 일이다. 문화적 창조력이 뛰어난 사람이나 집단은 다른 문화를 보고도 고스란히 따라 하지 않는다. 의도와 생각이 다르면 구체적으로 배워도 다른 문화를 구상하고 창조해낸다. 인류문화의 창조와 발전은 이러한 독창성에서 비롯되었다.175) 그러므로 문화의 전파도 전파자의 논리에 따라 일방적 전파가 아니라 수용자의 논리에 따라 긍정적 수용과 부정적 수용으로 전혀 다르게 나타날 수 있다.

전파론에서 수용자는 배격하고 전파자의 논리만 앞세우는 것은 인간의 문화주권을 부정하고 민족적 창조력을 왜곡하는 결과에 이른다. 수용자의 관점에 보면, 문화의 동질성 유무로 단선적인 전파론이나 전래설을 주장하는 것은 한계가 있다. 몽골에도 자생적 정착·농경문화가 있었지만 유목문화의 독자성을 유지할 수 있었던 것은 생태학적 환경과 함께 농경문화의 영향을 배격해 왔기 때문이다. 따라서 유목문화의 이질성 확보는 농경문화의 영향이 끼친 역기능이라 할 수 있다.

문화의 교류 여부는 동질성 여부에 얽매여 있지 않다. 서로 동질적 요소가 있어도 아무런 관련이 없을 수도 있고, 서로 이질적 요소가 있

---

175) 임재해, 〈민속신앙의 비교연구와 민족문화의 정체성〉, 《比較民俗學》 34, 比較民俗學會, 2007, 562쪽.

어도 깊은 관련이 있을 수 있다. 앞의 것은 동질성이 지닌 문화의 보편성이고, 뒤의 것은 이질성이 지닌 문화의 연관성이다. 유목민들이 성을 쌓지 않은 것은 문화적 이질성이면서 유목문화의 특성이자 농경문화의 부정적 수용이라 할 수 있다. 그러므로 결과적으로 나타난 문화생태학적 차이가 유목문화로서 이질성을 지니지만, 통시적으로 볼 때 북방 유목문화 지역에도 농경생활의 역사가 있었다.

구비서사시인 게세르신화에서 확인한 것처럼, 문헌 기록에서도 몽골의 농경문화 자취를 확인할 수 있다. 중국 사서에서 몽골은 실위(失韋)로 기록되어 있는데, 실위의 국토는 저지대여서 습하며 조와 보리, 피가 많았다고 할 뿐 아니라, 멧돼지나 물고기를 먹고 소와 말을 기르되, 양은 치지 않았다고 한다.176) 이 기록에 따르면, 원몽골 실위는 단군조선에 속해 있었던 만큼 잡곡농사를 지으며 가축을 기르되 유목생활을 하지 않았던 셈이다. 양을 치지 않고 조와 보리, 피를 풍부하게 생산할 만큼 일정한 수준의 농경문화를 누린 사실이 확인된다.

더군다나 실위의 언어, 곧 몽골어는 '고마해'라고 하는 해(奚)족의 언어와 같고 고조선 조어(祖語)의 한 갈래를 나타낸다. 실위족이 서쪽으로 이동하여 몽골고원에 가기 전에는 사실상 단군조선 또는 부여의 영역에 귀속되어 있었으며177) 언어와 생업도 어느 정도 공유했다. 따라서 '단군조선 시기의 실위(proto-Mongols, 원몽골)는 조선의 북방 후국족으로서, 부여와 이웃하여 생활하는 동안 고조선의 언어와 문화를 공유하게 되었다.'178) 그러므로 고대에는 남방의 고조선문화가 몽골문화 또는 북방민족문화에 영향을 미쳤다고 할 수 있다.179)

영향을 미쳤다고 하여 문화적 동질성이 고스란히 지속되는 것은 아

---

176) 《緯書》 卷100, 列傳, 失韋傳. 愼鏞廈, 《古朝鮮 國家形成의 社會史》, 300쪽에서 참조.

177) 愼鏞廈, 《古朝鮮 國家形成의 社會史》, 300~302쪽 참조.

178) 愼鏞廈, 위의 책, 298쪽.

179) 임재해, 〈고조선본풀이와 '게세르'의 문화적 이질성과 한몽관계의 접점〉, 《比較民俗學》 48, 比較民俗學會, 2012, 132쪽 참조.

니다. 동질적 양상은 역사가 진전될수록 서로 이질화되기 마련이다. 부
여와 고구려는 계속 농경국가로 발전하는 반면에 서쪽의 몽골고원 지
대로 이동한 원몽골족은 초원의 생태계에 맞게 유목국가로 발전하게
되었다. 그러나 문화적 영향을 받은 흔적은 고스란히 남아 있다. 생업
양식은 생태학적 조건에 따라 적응하며 자연스레 변화되어도 관념적인
문화의 전통은 여전히 지속되었다. 천신에 대한 관념은 생업과 상관없
이 공유할 수 있기 때문이다.

그러한 보기를 하늘 또는 하느님을 텡그리(Tengri)로 일컫는 말에
서 찾을 수 있다. 단군과 텡그리는 공동조어에서 비롯되었기 때문이다.
단군과 텡그리의 언어적 유사성을 근거로 서로 관련성이 있다는 최남
선의 주장이[180] 거듭 되었을 뿐 아니라, 단군을 흉노어 '탱리(撑犁)'와
몽골어 '텅거리(騰格里)' 또는 '텅걸', 그리고 무당을 가리키는 당굴, 당
골네와 연관 짓는 주장도 계속되었다.[181] 그러나 단군이 텡그리에서
비롯된 것이라는 주장은 하지 않았는데, 그 이후 일부 전래론자들에
의해 텡그리에서 단군이 왔다는 설이 등장하기도 했다.

단군과 텡그리의 공통조어를 인정하거나 전파관계에 의해 형성된
말이라고 하더라도 전래설은 설득력이 없고 오히려 전파설을 주장할
만하다. 다시 말하면 단군의 개념이 전파되어 텡그리가 되었을 가능성
이 더 크다고 할 수 있다. 왜냐하면 텡그리는 하느님처럼 그 자체로
존재하는 개념이지만, 단군은 출생계보와 함께 명명의 근거가 분명하
기 때문에 북방민족의 텡그리에서 비롯될 수 없다. 텡그리와 달리 단
군은 환웅과 곰네 사이에서 출생한 건국영웅일 뿐 아니라, 단군(檀君,
壇君)이란[182] 이름은 그 자체로 지어진 것이 아니라 신단수(神檀樹, 神
壇樹)에서 따온 말이기 때문에 구조적으로 텡그리에서 올 수 없다. 단

---

180) 崔南善, 〈不咸文化論〉, 《六堂崔南善全集》 2(壇君·古朝鮮 其他), 玄岩社, 1973,
    60쪽.
181) 崔南善, 위의 책에 수록된 단군 관련 논문 참조.
182) 孫晉泰, 〈檀君 壇君〉, 《孫晉泰先生全集》, 太學社, 1981, 25~27쪽에 단군의
    한자표기의 차이에 관해 문제제기를 했다.

군은 환웅의 아들이자 사실상 단수(檀樹)의 아들이기도 한 것이다.

더군다나 고대부터 한국에서는 하늘이나 하늘의 신을 일컫는 말이 텡그리와 무관하게 그 자체로 존재했을 뿐 아니라, 우리말 하느님으로 일컬어졌다. 하늘도 한울, 한알 등으로 일컬어져서 텡그리와 무관하다. 실제로 단군본풀이에 환인천제가 환님 곧 하느님으로 일컬어지고 환웅천왕도 환울 곧 하늘로 일컬어졌다. '환인' 또는 '환웅'처럼 천신 또는 하늘을 일컫는 말이 별도로 있었을 뿐 아니라, 신시를 다스린 천왕이 있었기 때문에 굳이 유목민들의 말 텡그리를 끌어올 필요가 없다.

유목문화에 텡그리가 신화에 등장하는 경우에도 천지창조신화에서 천신으로 등장할 뿐[183] 건국신화에서 시조로 등장하지 않는다. 단군신화의 내용을 고려하면, 우리 민족은 단군 이전에 천왕인 환웅신이 있고 그 이전에 천제인 환인신이 있었다. 다시 말하면 '환인'과 '환웅', '하늘', '하느님' 등의 말은 '단군'이나 '텡그리'라는 말 이전에 형성된 말이자, 그보다 더 높은 층위의 말이다. 따라서 만일 단군과 텡그리가 서로 영향을 주고받았다면, 단군에서 텡그리란 말이 생겨날 수밖에 없다. 텡그리는 그 계보가 불분명하지만 단군은 환인과 환웅으로부터 이어지는 계보가 분명한 까닭이다.[184]

유목문화 지역에서는 텡그리라는 말 외에 천신 곧 하느님을 뜻하는 말이 별도로 없다. 따라서 천신족의 족장인 단군을 신격화해서 텡그리 곧 하느님으로 일컬은 것이 아닌가 한다. 왜냐하면 단군은 환웅천왕의 아들이기 때문에 천자로서 천신과 동격의 인물인 까닭이다. 게다가 단군은 일찍이 고대국가를 건설한 시조왕으로서 이웃나라들에게 널리 알

---

183) 김효정, 〈튀르크족의 기록에 나타난 '텡그리(Tengri)'의 의미〉, 《韓國中東學會論叢》 28-1, 韓國中東學會, 2007, 387-407쪽에서 텡그리가 나오는 두 편의 신화를 소개하고 있는데, 모두 천지창조신화에서 하늘나라의 절대 신으로 나온다. 단군신화의 환인에 해당되는 존재가 텡그리이다.

184) 임재해, 〈한국신화의 주체적 인식과 민족문화의 정체성〉, 《단군학연구》 17, 단군학회, 2007, 307쪽.

려지기 시작한 가장 초기의 인물이다.

따라서 중국에서도 환인과 환웅에 대한 기록은 없고 단군조선에 관한 기록만 《위서》에[185] 간략하게 남기고 있다. 이 기록을 볼 때, 중국에서도 신시를 세운 환웅천왕은 알지 못하고, 조선을 세운 단군왕검부터 제대로 알고 사서에 기록한 사실을 알 수 있다. 동북아시아의 다른 이웃나라들은 더 말할 나위도 없다. 그들에게는 단군왕검이야말로 조선의 시조왕이자 동북아 지역의 제왕이자 천자였던 것이다. 실제로 단군은 천왕의 아들이자 천제권을 지닌 천손의 제왕으로서 동북아 여러 민족집단 가운데 가장 먼저 고대국가를 건국한 위대한 지도자였다. 그러므로 단군은 곧 천신을 뜻하는 존재로 유목지역에서 통용되기에 충분하다고 할 수 있다.

지금까지 논의한 것을 토대로 고조선시대의 농경민과 북방지역 유목민 사이의 문화교류에 대한 네 가지 사실을 확인할 수 있다. 하나는 단군조선의 건국과정에서 곰족과 범족이 찾아와서 환웅족의 농경문화에 동화되려고 한 사실을 고려할 때 유목민 종족들 일부가 환웅의 신시고국에 찾아와서 합류했다는 사실이다. 둘은 북방 유목민들이 신시의 농경문화를 선진문화로 인식하고 그 영향을 받아 농경생활을 했거나 생업을 농업으로 바꾸려 했다는 사실이다. 셋은 유목민 지도자들은 유목생활을 유지하기 위해 농경문화의 영향을 철저하게 경계한 사실이다. 넷은 생태학적으로 농경문화의 수용은 거부했지만, 종교적으로 단군을 천신으로 수용하여 텡그리로 섬기는 문화를 공유했다는 사실이다. 그러므로 텡그리의 어원을 고려할 때, 고조선인들과 유목지역 민족 사이의 상호교류는 단군조선 이후부터 이루어졌다고 추론할 수 있다.

---

185) 《三國遺事》 卷1, 紀異1, 古朝鮮─王儉朝鮮, "魏書云 乃往二千載 有壇君王儉 立都阿斯達 開國號朝鮮 與高同時."

제13장 신시문화의 전통과 역사적 지속의 두 갈래

1. 역사유전자로서 사료 확장과 통섭의 역사학

사료가 사관이고 사관이 사료인 것처럼, 새로운 사료의 발견은 역사연구 방법의 개척이고 역사연구 방법의 개척은 곧 새로운 사료의 확장이다. 최근 학문의 발전적 동향은 노마디즘과 통섭학으로 포착될 수 있다. 철학에서는 분과학문의 경계를 넘어서 사유의 탈주를 일삼는 노마디즘(nomadism)을[1] 추구할 뿐 아니라, 생물학에서는 다른 분과학문의 연구성과와 방법론들을 포섭해 오는 통섭(Consilience)의 학문을 주창함으로써, 인문학문도 이 둘을 아울러 융복합학 또는 통합과학을 대안학문으로 표방하고 있다. 역사연구도 새로운 방법으로 통섭의 역사학을 모색할 필요가 있다.

역사학은 사료학이자 통시적인 학문인 까닭에 분과학문의 통섭은 필요하고 또한 가능하다. 그러나 사료의 시대성을 극복하는 통섭적 연구는 불가능한 것처럼 보인다. 공간이동의 기술은 여러 가지 탈것의 발명으로 우주여행도 가능하지만, 시간이동의 기술은 타임머신이라는 상상의 발명만 있을 뿐 현실에서 불가능한 것과 같다. 따라서 우주 안에 있는 괴물 중의 괴물이 시간이라고 할 정도이다. 왜냐하면 아무도 이 시간이라는 괴물을 이길 수 없기 때문이다.[2] 따라시 공간적 학문의

---

1) 이진경, 《노마디즘》 1, 휴머니스트, 2002, 표지에서 노마디즘을 '천의 고원을 넘나드는 유쾌한 철학적 유목' 또는 '새로운 삶을 탐사하는 사유의 여행'으로 설명하고 있다.
2) 배철현, '배철현의 深淵; 순간', 경향신문, 2016년 3월 24일자 29면.

장벽으로서 분과학문의 통섭은 가능해도 시간적 학문의 장벽으로서 역사적 시대는 통섭이 불가능하다. 그러므로 역사학에서 시대구분의 경계를 넘어서는 통섭의 역사를 모색하지 않는 것이 현실이다.

이러한 현실적 한계는 역사학의 이치 때문이 아니라 역사학을 시대구분의 학문 또는 과거학으로 묶어두기 때문이다. 따라서 역사학은 시대구분의 학문이 아니라 통시적 학문이자 통시대적 학문이며, 과거학이 아니라 현재학이자 미래학으로서 현재진행의 학문이라고 생각하면 상황이 달라진다. "어떤 의미로 볼 때, 우리는 아직도 고조선의 사람들이다"라고[3] 하는 진술은 이미 시대구분의 한계를 초월하여 시대를 통섭하고 있는 말이다.

지금 우리의 삶 속에 고조선시대 사람들의 삶이 갈무리되어 있다는 것이자, 우리시대 사람들도 사실은 고조선시대를 살고 있는 사람들과 다르지 않다는 것이다. 그러므로 이러한 진술은 우리 시대에 고조선의 시대를 끌어와 통섭하고 있을 뿐 아니라, 우리시대 사람들을 고조선시대로 거슬러 올라가서 통섭하고 있는 것이다. 과거 속에 현재가 있고, 현재 속에도 과거와 미래가 있다는 사실을 통섭적으로 포착해야 역사학의 통섭적 시대인식이 가능하다.

시대구분의 경계를 넘어서는 역사해석은 분과학문의 칸막이를 무너뜨리는 공시적 통섭학에 대하여 통시적 통섭학, 횡적 통섭학에 대하여 종적 통섭학이라 할 수 있다. 지금까지 학문의 통섭은 공시적 통섭이자 횡적 통섭에 한정되었다. 고대와 중세, 현대, 미래를 통섭하는 시대의 통섭은 아무도 시도하지 않았다. 따라서 시대를 종적으로 통섭하는 역사학은 기존의 통섭학보다 더 비약적이다. 그러나 인문학문의 통찰력은 분과학문의 통섭을 넘어서 시대의 통섭을 기획할 수 있다. 지나간 시대와 다가올 시대를 지금 여기로 끌어올 수 있는 통찰력을 발휘하는 것이 시대의 통섭이자 통섭의 역사학이다.

---

3) 임재해, 〈단군신화에 던지는 몇 가지 질문〉, 《민족설화의 논리와 의식》, 126쪽.

공시적 분과학문의 통섭을 편의상 '횡적 통섭'이라고 한다면, 통시적 시대사의 통섭을 '종적 통섭'이라 할 수 있다. 여기서 새로 제기한 것은 역사적 시대구분의 경계를 해체하는 것이자 서로 다른 시대를 일시에 넘나드는 것이며, 서로 동떨어진 시대를 압축된 하나의 시간대로 끌어와 포섭하는 것이다. 그러면서 사실상 기존의 분과학문 통섭까지 다시 포섭해 오는 더 넓은 통섭이 시대구분의 통섭이자 종적 통섭이다.[4]

　종적 통섭이 가능한 역사학적 통찰력을 발휘하려면, 기존의 역사 또는 사료 관념을 극복해야 한다. 일정한 사료를 근거로, 지금 여기 우리들의 구체적 삶의 현실 속에서 환웅신시의 시대를 해석할 수 있어야 할 뿐 아니라, 환웅신시의 상고시대 역사 속에서 지금 여기 우리들의 역사를 해석할 수 있어야 한다. 그러자면 종래처럼 역사를 고대사에서 현대사로 시대적 순차에 따라 해석하고 서술한다는 고정관념을 넘어서야 한다. 현대사에서 시작하여 중세사, 고대사로 거슬러 올라가면서 역사를 서술하는 새로운 역사를 구상할 필요가 있다.

　고대로 거슬러 올라갈수록 사료가 부족하고 역사적 사실도 불확실하다. 거꾸로 당대에 가까운 현대사일수록 사료가 풍부하고 역사적 사실도 확실하다. 불확실한 것을 근거로 확실한 것을 해석할 것이 아니라 확실한 것을 근거로 불확실한 것을 해석해야 더 정확한 연구가 가능하다. 따라서 불확실한 고대사에서 시작하여 역사를 순차적으로 해석하고 서술하는 것보다 확실한 현대사에서 시작하여 역사를 역순으로 해석하고 서술하는 것이 더 합리적일 수 있다.

　역순사전처럼 역순역사도 기대된다. 역순의 역사해석이 종적 통섭과 만난다. 과거사가 현재사 해석의 원인이나 사료일 뿐 아니라, 반대로 현재사가 과거사 해석의 원인이나 사료일 수 있다는 모험적 역사해석이 필요하다. 양방향 소통이 아니라 과거와 현재의 시간여행을 자유롭게 할 수 있어야 한다. 문제는 시간여행이 가능한 타임머신이 있는

---

4)　임재해, 〈민속학의 생활사료 인식과 역사학의 통섭〉, 《韓國民俗學》 61, 한국민속학회, 2015, 7~53쪽.

가 하는 것이다. 자연학문의 과학적 사유로는 타임머신을 만들 수 없다. 그러나 인문학문의 통찰력으로는 시간여행의 타임머신을 발명할 수 있다.

시대를 오르내릴 수 있는 종적 통섭의 타임머신 발명은 곧 새로운 사료의 개척과 확장이다. 종래처럼 문헌기록이나 고고학적 발굴유물에 의존해서는 사료 확장이 불가능할 뿐 아니라, 시대구분을 가로지르는 종적 통섭이 불가능하다. 종래에는 사료에서 배제되었던 구비사료에 관심을 기울이면서 역사학의 방향이 민중생활사로 전환되고 있다. 그러나 시대를 통섭하는 수준의 역사학에는 아직 이르지 못했다. 시대구분을 통섭할 수 있는 새로운 사료가 민속문화의 전통인 생활사료이다.

구비사료가 문헌사료와 유물사료를 넘어선 제3의 사료라면, 생활사료는 제4의 사료이자 문화사료이다. 생활사료는 종래의 문화사와 다르다. 문화사는 문화유적과 문화재를 중심으로 한 지배층 중심의 주류역사 서술이라는 점에서, 문헌사료 중심의 정치사와 크게 다르지 않다.

그러나 생활사료는 민중의 생활세계 속에서 전승되는 민속문화를 사료로 주목하는 것이다. 따라서 생활사료는 민중생활사 연구를 넘어서 고대사 연구로 거슬러 올라갈 수 있는 전통문화 사료이다. 문화적 전통으로 살아 있는 현대사료가 생활사료인 까닭에 '역사적 유전자'를 지닌 현재진행의 고대사 사료이기도 한 것이다. 그러므로 생활사료의 포착은 곧 통시대적으로 작동하고 있는 역사유전자의 발견이자 시대구분을 넘어서는 통섭적 사료의 발견이다.

서로 다른 시대의 역사라 하더라도 같은 민족의 역사라면 같은 생활사료와 문화적 전통을 공유하는 것은 물론, 사상과 세계관이 일관되게 지속되는 유전자적 동질성을 포착해 내는 것이 중요하다. 사상과 이념 또는 가치관과 세계관의 지속성을 역사학의 사료로 주목한다면, 이것은 생활사료에 대하여 의식사료 또는 정신사료라 할 수 있다. 의식사료나 정신사료도 일정한 전통을 형성하여 지속되면 역사적 유전자 구실을 할 수 있다. 물론 사료로서 의식과 정신은 개인적인 것이 아니라 집단적인 것이다. 민족 단위의 집단의식 또는 집단정신은 개인의 의식이나 정신과 달리 역사적 유전자로 지속될 가능성이 높다.

　　프랑스의 아날학파가 만들어낸 '망탈리테(mentalite)'라는 개념과[5] 만나는 것으로서, 특정 문화를 구성하는 주체의 집단적 생활양식이나 사유방식 또는 집단 심성의 정체성과 연관되어 있다. 집단 심성이나 무의식을 뜻하는 망탈리테는 "본질적으로 변화에 저항하는 조화로운 체계로 간주"된다. 따라서 개인들의 능동성은 곧잘 부정되고 뿌리 깊은 구조의 무의식적 동기에 의해 장기지속되는 현상으로 이해된다.[6]

이처럼 구조화된 무의식적 집단 심성은 장기적으로 지속되기 마련이다. 민족집단의 역사를 해석하는 사료로서 일정한 민족의식 또는 민족정신의 성향을 '심성사료'라 일컫는다. 심성사료란 심성사(histoire des mentalites)를 염두에 둔 것이다. 여러 경향의 심성사 가운데에서도 특히 지식인 중심의 개인적 심리나 사상의 역사가 아니라, 민중의 집단의식 또는 집단심성을 역사연구의 대상으로 삼는다는 데 특히 초점을 두고 있다. 그러나 '심성사료'라는 사료 갈래는 여기서 처음 제기된다.

심성사료도 생활사료처럼 역사적 유전자 구실을 하며 시대구분의 경계를 넘어 장기적으로 지속되는 사료이다. 생물학적 유전자처럼 문화적 유전자가 지속되며, 역사적 유전자도 지속 된다는 문제의식을 가져야 역사의 흐름을 단절시키지 않고 통시적 연구를 하는 분과학문답게 역사해석을 제대로 할 수 있다. 그러므로 시대사에 따라 역사를 일

---

5) 金貞子, 〈'망탈리테'(mentalite)史의 可能性과 限界點 −英國마르크스주의 社會史家들의 批判的 論議를 중심으로−〉, 《西洋史論》, 31−1, 틴구서양사학회, 1988, 52쪽, "아리에(P. Aries)는 망탈리테를 특정 시점에 있어 사회전체가 공유하는, 그리고 인간들의 사고를 구속하는 장애물로서 간주하고 그것을 "한 시대의 감성의 무의식적 표현"으로 정의한다." 특히 아날사가들은 "망탈리테를 특정 사회의 모든 구성원들이 사회적 집단들의 경계선을 넘어 정신적인 면에서 동질적인 요소로 가정하는 경향을 강하게 보주고 있다"고(53쪽) 자리매김한다.
6) 金貞子, 위의 글, 64쪽.

정하게 시대구분하여 인식하되, 모험적 역사연구는 생활사료와 심성사료로 시대구분의 경계를 넘어설 수 있어야 시대를 넘나드는 통섭의 역사학을 새로 개척할 수 있다.

2. 생활사료의 역사적 지속성과 현재진행의 역사

문화적 유전자처럼 역사적 유전자도 시대를 넘어서 지속되고 있다는 사실을 인정하면 할수록 시작의 역사가 중요하다. 왜냐하면 역사적 유전자는 태초에 형성될 가능성이 높기 때문이다. 이 연구가 단군조선보다 환웅신시의 역사와 문화에 끊임없이 집중하는 여러 이유 가운데 하나이다. 첫째 이유가 역사의 밑자리를 아는 것이 이후의 역사를 아는 데 긴요하기 때문이며, 둘째 이유가 상고사를 바로 알아야 한민족의 역사체계를 바로 세울 수 있기 때문이다. 그리고 셋째 이유가 문화적 유전자를 포착해야 한민족의 역사적 유전자 또는 문화적 정체성을 제대로 포착할 수 있기 때문이다. 그러므로 여기서는 일관되게 지속되는 역사적 유전자로서 문화적 정체성을 밝히려 하는 것이다.

환웅천왕의 신시시대에 한민족의 건국이념과 국호의 문법이 일정하게 정해졌다. 나라를 세우는 규범인 건국의 문법은 곧 문화적 정체성의 형성이며, 이것이 지속되면 역사적 유전자가 되는 것이다. 따라서 건국본풀이에서 형성된 건국문법이 없거나 그것을 발견하지 못하면 논의가 진전될 수 없다. 비록 건국문법을 해석해 냈다고 하더라도 후대에 통시적으로 지속되지 않으면 역사적 유전자라 할 수 없다. 그런데 우리 역사는 그러한 유전자가 뚜렷하게 포착된다. 그러므로 역사적 유전자를 근거로 시대를 거스르면서 종적 통섭에 의한 새로운 역사해석의 길을 열어갈 수 있다.

가장 확실한 역사적 유전자의 보기가 홍익인간 이념이다. 태양신 환인의 서자 환웅이 홍익인간 이념을 실현하기 위하여 햇살처럼 지상으로 내려와 재세이화의 기치를 내걸고 인간세상을 구하기 위해 이타적인 통치를 했다. 고조선시대에서 끝난 것이 아니라 역사적 유전자답게 신라시대까지 지속되었다. 환웅의 '홍익인간-재세이화'에서 비롯되어 박혁거세의 '불구내(弗矩內)-광명이세'의 사상에 이르기까지 3천여 년 동안 고스란히 지속되었다.

태초에 환인과 환웅이 추구했던 홍익인간 이념을 지금도 추구하고 있을 뿐 아니라, 미래에도 중요한 세계관으로 추구하게 될 것이다. 왜냐하면 민족시조가 추구한 이념일 뿐 아니라, 가장 바람직한 인류의 공동이념으로 인식되기 때문이다. 그러므로 홍익인간 이념은 우리 민족사의 시작과 함께 형성되어 민족사의 전개와 더불어 계속 같이 갈 수밖에 없는 역사적 유전자라 할 수 있다.

신시의 건국이념과 사상뿐만 아니라, '신시'라는 최초의 국호에서부터 근세의 '조선'이라는 국호까지 모든 국호를 두 자로 일컬었다. 이것이 국호의 전범을 이루는 공식이 되어 유전자 구실을 하고 있다. 환웅의 '신시'에 뿌리를 두고 단군의 조선, 해모수의 부여, 온조의 백제, 혁거세의 계림과 신라, 수로의 가야, 대조영의 발해, 왕건의 고려, 이성계의 조선에 이르기까지 모든 국호는 '신시'의 역사적 전통을 고스란히 이어가고 있다.

다만 주몽의 고구려만 국호가 3자로 일탈을 보일 따름이다. 따라서 중국에서는 고구려를 굳이 3자로 일컫지 않고 '고려' 또는 '구려', '구리' 등 2자화하여 일컫기 일쑤였다. 우리 국호의 전형을 알고 있는 까닭이다. 현재의 공식 국호는 대한민국이지만, 애국가에서 '대한'으로[7] 일컬어지고 일상적으로 호명될 때에노 '한국'으로 일컬어지고 있다. 국호의 명명이 신시의 본디 전통에서 일탈되어도 무의식적인 역사 유전자에 따라 실제 호명은 변함없이 '대한' 또는 '한국'으로 지속되고 있다.

---

7) 애국가에 국호가 대한민국으로 거론되지 않는다. "대한사람 대한으로 길이 보전하세." 하는 대목을 보면 국호를 '대한'으로 일컫는다.

중국의 고대사는 한국의 고대사와 대조적이다. 중국은 고대부터 하·상·주를 비롯하여 국명이 모두 외자로 일컬어졌다. 연·한·위·촉·오·진의 국호는 물론 수·당·요·금, 그리고 원·명·청 등으로 국호의 전통이 상고시대부터 변함없이 지켜지고 있다. 중국의 중화주의도 화이론(華夷論)으로 고대부터 최근까지 이어지고 있다. 중국은 고대부터 자국 이웃의 나라를 호혜평등하게 대하지 않고 모두 오랑캐로 간주하여 동이와 서융(西戎), 남만(南蠻), 북적(北狄)으로 일컬었다. 그러한 중화주의는 지금까지 이어져서 고구려를 중국의 지방정부로 간주하는 동북공정을 추진하고 있다.

따라서 고대사는 한갓 지나간 시기의 역사로 치부할 수 없다. 현재 진행의 역사로 살아 있을 뿐 아니라 미래의 역사로 나아가고 있다는 사실을 재인식할 필요가 있다. 특히 국가의 틀이 처음 만들어지기 시작하는 태초의 역사가 중요하다. 왜냐하면 건국시조의 정체성과 함께 국호와 국가이념이 처음으로 결정되는 시기이기 때문이다. 더 중요한 것은 태초의 민족문화 정체성이 역사적 유전자처럼 후대에까지 지속된다는 사실이다. 그러므로 과거의 역사를 아는 것은 곧 미래를 아는 것이라 할 수 있다.

실제로 전통을 아는 것은 미래 예측의 가장 큰 자산이다. 왜냐하면 전통 속에 미래가 있기 때문이다. 인도 북부 라다크(Ladakh) 지역의 마을공동체 문화를 장기체류하여 조사하고 연구한 노르베리 호지(Helena Norberg-Hodge)는[8] 공동체를 이루고 있는 시골마을의 전통을 미래의 대안문화로 전망했다. 따라서 라다크 문화를 조사연구한 결과를 《오래된 미래》라는[9] 이름의 단행본으로 간행하였던 것이다. '오래

---

8) Helena Norberg-Hodge는 국제생태문화협회(ISEC), ISEC의 자매단체인 라다크 프로젝트(The Ladakh Project)의 책임자이다. 그녀는 지난 20년 동안 '작은 티베트'라 불리는 라다크에 머물면서, 급속한 현대화에 직면한 가운데 자신들의 문화적 정체성과 생태적 보전을 유지하려는 라다크 사람들과 함께 생활했다.

9) 헬레나 노르베리 호지 지음/김종철 옮김, 《오래된 미래 -라다크로부터 배운

된 미래'라는 것은 단순히 대안문화라는 점에 한정되지 않는다. 라다크의 전통이 미래의 문화라는 역설인데, 전통 속에 미래가 있을 뿐 아니라, 전통문화가 곧 미래문화로 새롭게 다가온다는 것이다.

최고의 미래학자로 알려진 피터 드러커(Peter F. Drucker)는 여기서 한 걸음 더 나아갔다. 미래는 누구도 알 수 없는 불확실성의 세계라고 하면서 확실한 것은 이미 일어난 일 속에 미래가 있다고 주장했다. 따라서 미래를 "이미 일어난 미래"라고 자리매김했다.[10] 그러니까 '과거사' 속에 미래사가 있다는 것은 역사 속에 미래가 있다는 말이다. 역사와 전통을 제대로 보면 미래가 보일 뿐 아니라, 역사와 전통 자체가 미래라는 사실을 알 수 있다. 왜냐하면 역사는 단절된 사실이 아니라 현재진행의 사실이기 때문이다. 그러므로 고조선시대 역사도 사라지거나 잊어도 좋은 역사가 아니라, 우리가 안고 살아가야할 현재사이자 미래사라는 사실을 자각해야 한다.

지금 고구려사가 현재사로 살아서 문제가 되고 있는 것만 봐도 그렇다. 한국사가들이 고구려사를 제대로 연구하지 않으니 중국이 동북공정을 통해 자기네 역사로 가져가려고 하는 것이 아닌가. 전통문화도 역사와 마찬가지이다. 신라시대 초기부터 있었던 것으로 밝혀져 있는 한가위 명절은 지금도 지속되고 있을 뿐 아니라 앞으로도 지속될 것이 분명하다. 굿은 주술이자 미신으로 간주되어 공권력에 의해 탄압되거나 교육현장에서 타파의 대상으로 가르쳐졌지만, 여전히 지속되고 있을 뿐 아니라 앞으로 더 강성해질 것으로 전망된다. 그러므로 전통을 아는 것은 곧 미래를 알아차리는 것이나 다르지 않다.

상고사를 정확하게 포착하면 후대의 역사는 물론 미래의 역사까지 예측할 수 있나. 왜나하면 태초의 역사와 함께 역사직 유전자가 형싱될 가능성이 높기 때문이다. 오늘의 이스라엘 역사나 유대인의 역사는

다》, 녹색평론사, 2003.
10) 우에다 아츠오 지음/남상진 옮김, 《만인을 위한 제왕학》, 지평, 2007, 178~179쪽.

구약성서에서부터 비롯되고 있다. 따라서 역사적 유전자를 발견하면 굳이 순차적 역사해석에 매달릴 필요가 없다. 어느 시대의 역사든 정확하게 포착될 수 있는 구체적 사실을 근거로 후대의 역사는 물론, 과거의 역사를 거슬러 올라가며 해석할 수 있다. 그러므로 확실하게 해석 가능한 현실 역사나 후대의 사료를 근거로 사료가 적은 고대의 역사를 거꾸로 해석하는 방법을 모색할 필요가 있다.

3. 신시를 세운 환웅족의 문화적 정체성과 산림국가

신시고국 신화에 나오는 신단수를 현재 전승되는 당나무로 재해석하는 것처럼, 신시의 해석도 현실문화로 다시 해석할 수 있다. 그러면 신시(神市)는 신불(神市)의[11] 오독(誤讀)에 의한 오기(誤記)이거나 또는 오역(誤譯)으로 보인다. 《삼국유사》의 '고조선'조는 〈고기〉의 기록을 인용한 것이므로, 〈고기〉의 신불(神市)을 신시(神市)로 잘못 읽고 오기했을 것이라는 추론이다. 오기라는 것은 《고기》에 기록된 '슬갑 불(市)' 또는 '무성한 숲 불(市)'을 '저자 시(市)'로 잘못 읽고 《삼국유사》 원고에 인용하였거나, 또는 정확하게 읽고 《삼국유사》 원고에 제대로 인용해서 신불(神市)로 기록했지만 판각과정에 신시(神市)로 착각하여 잘못 새겼을 가능성이 있다.

오기든 오역이든 모두 오독에서 비롯된다. 어느 쪽이든 신불(神市)을 신시 곧 '신성스러운 저자거리'로 해석하는 것은 오독이자 오역이다. 따라서 神市의 '神'에 방점을 찍어서 종교적 성지로 간주하여 소도

---

11) 신시를 신불로 읽어야 한다는 주장은 김헌전과 신종원에 의해서 제기된 터이다. 김헌전, 《환국정통사》, 송산출판사, 1986에서는 불로 읽긴 했지만 사람 이름 '불'이라 하여 신시를 인명으로 간주하였는데, 신종원, 《삼국유사 새로 읽기 (1)》 -기이편, 일지사, 2004, 55~56쪽에서 처음으로 '초목이 무성한 불'로 해석했다.

가 있는 별읍으로 해석하는 것이나, 神市의 '시(市)'에 방점을 찍어서
도시국가로 해석하는 것은 모두 오기를 근거로 한 오역이다. 왜냐하면
神市의 市은 저자 市가 아니라 '초목이 무성한 숲 불(市)'이기[12] 때문
이다.

한문사료의 축자적 해석에서 비롯된 오류를 바로잡는 길은 두 가지
이다. 한자가 없던 시대의 역사를 한자로 기록했을 때, 한자말 이전의
우리말을 추론하는 일이 한 가지이고, 한자 표기 자체에 매몰되지 않
고 해당 기록이 놓여 있는 전후좌우의 문맥 속에서 맥락적으로 해석하
는 일이 두 가지이다. 첫째 문제는 특히 고유명사에 대한 사료해석에
서 드러나는 문제이다.

개념어는 한문으로 번역해서 기록했을 것이므로 한문을 다시 번역
하면 오류가 거의 없지만, 인명이나 국호, 지명 등과 같은 한자말 고유
명사는 사정이 다르다. 왜냐하면 우리말 고유명사의 소리값을 그대로
한자로 표기한 경우와 뜻을 살려서 한자로 표기한 경우가 있기 때문이
다. 그런데 고유명사의 경우에는 우리말 소리값 그대로 한자로 표기한
경우가 적지 않다. 환인과 환웅, 아사달은 모두 소리값을 살린 이름이
지만, 국호 조선이나 왕호 단군은 뜻을 한자화한 이름이다. 신시는 우
리말 소리값이 아니라 뜻을 근거로 한자말화한 것이므로, 본디 뜻의
우리말을 고려하여 해석되어야 오류에 빠지지 않는다.

둘째 문제는 해당 사료의 기록이 어떤 맥락에 놓여 있는가 하는
것이다. 신시는 환웅이 태백산 꼭대기 신단수 아래에 내려와서 처음
세운 태초의 나라이름이다. 따라서 신성한 공간의 의미는 인정할 수
있지만, 저자거리나 시장, 읍락, 도시처럼, 역사적으로 상당히 발전한
시기에 등장한 사회적 공간으로 해석할 여지는 전혀 없다. 지리적으로
도 태백산 정상의 신단수 아래라는 생태학적 공간을 고려할 때, 神市의
뜻은 초목이 무성한 숲일 수는 있으나 시장 또는 읍락일 가능성은 아

---

12) 임재해, 〈'고조선'조와 '전조선기'로 본 고조선의 역사적 실체 재인식〉 참조.

주 낮다. 그러므로 환웅천왕이 신단수 아래에서 표방한 神市의 국호는 신시가 아니라 신불이라 하지 않을 수 없다.

따라서 신시의 역사적 이해를 온전하게 하려면 국호로 기록된 낱말 풀이 수준의 축자적 해석에서 벗어나야 한다. 환웅천왕의 신시가 기록 된 전후의 시대 상황은 물론, 사료의 맥락을 상호관계 속에서 해석해 야 신시의 정체성을 제대로 포착할 수 있다. 환웅이 세운 신시라는 국 호는 느닷없이 명명된 것이 아닌 까닭이다. 건국과정의 역사적 맥락 속에서 국호가 귀납적으로 유의미하게 명명되었을 것이다. 그러므로 건국 주체와 시기, 공간을 상호관련성 속에서 고려해야 제대로 이해 가능하다.

왜냐하면 환웅이 터잡은 '신단수'를 근거로 '신시'라는 국호와 '단 군'이라는 건국시조의 이름이 생겨났기 때문이다. 따라서 태백산 정상 이라는 신단수의 지리적 공간과 함께 신단수의 명명도 중요하게 고려 해야 한다. 환웅이 神壇樹로 표기된 《삼국유사》에서는 조선의 건국시조 단군을 壇君으로 표기하고, 神檀樹로 표기된 《제왕운기》에서는 단군을 檀君으로 표기했다. 따라서 檀君과 壇君 어느 표기가 옳은가 하는 것 은13) 중요하지 않다. 그 근거는 전적으로 신단수의 표기에 있기 때문 이다. 신시와 단군은 모두 신단수를 환유(換喩)한 이름이다. 그러므로 결정적인 것은 신단수의 표기와 해석이다.

神壇樹로 표기한 일연의 《삼국유사》에서는 神壇이 있는 숲으로서 종 교적 제의를 비중 있게 고려한 것이라면, 神檀樹로 표기한 이승휴의 《제왕운기》에서는 신이 밝게 현현하는 태양시조사상을 비중 있게 고려 한 것이라 할 수 있다. 실제로 신단수의 전통을 이은 마을의 당나무 나14) 고을의 부군신목은 어느 것이나 거대한 신목을 이루고 있다. 신

---

13) 孫晉泰, 〈檀君 壇君〉, 《孫晉泰先生全集》 6, 太學社, 1981, 25~27쪽에 이 문
    제를 제기하고 正史의 기록을 쫓아서 檀君으로 일컫는다고 했다.
14) 이병도, '神樹', 《한국사대관》, 보문각, 1973. "단군설화에 나타나는 신단형태
    는 우리 민속 중에 생생히 남아 있으니, 지금에 잔존한 '서낭당'이 그것이다.
    즉, '서낭당'의 生樹는 바로 神壇樹 그것이고, 거기의 돌무데기는 곧 신단(神

목 앞에 돌을 쌓아 제단을 만들어 둔 경우도 적지 않다. 따라서 누석
단 형태의 제단은 으레 당나무 아래에 있기 일쑤이다. 그러나 고대적
인 전통은 제단보다 나무가 더 중요한 구성물이다. 자연목인 당나무에
서 시작하여 누석단, 당집 등의 인공적 구조물이 덧보태어진 것이 현
재의 서낭당이다.

　　더 소중하게 고려할 사항은 현재의 민속현상보다 당대의 역사적 상
황과 사상적 맥락이다. 이미 환웅과 단군을 비롯한 고대국가의 건국시
조들은 태양시조사상에 입각해 있다는 사실을 밝혔다. 환웅에서 신라,
가야의 시조왕들까지 태양을 상징하고 있다. 따라서 천손신화는 물론
난생신화도 사실은 태양신화로 해석되고 명명되어야 한다는 데까지 이
르렀다.[15] 이처럼, 건국시조왕들은 한결같이 태양시조사상에서 비롯된
사실을 고려하지 않을 수 없다. 그러므로 일연이 승려로서 종교적 제
의를 고려하여 神壇樹로 표기한 것보다, 이승휴가 태양신 환웅의 강림
처로서 해밝은 숲의 뜻을 살려 神檀樹로 표기한 것이 더 역사적 의미
가 크다고 판단한다.

　　따라서 환웅천왕의 국호인 신시와 아들 단군도 神檀樹의 맥락 속에
서 유기적으로 포착되어야 한다. 신시는 이미 논의한 것처럼 신불 곧
신림(神林) 또는 성림(聖林)으로서 해밝은 숲이거나 해뜨는 숲이라는
뜻을 지닌 '해숲'이다. 그렇다면 단군도 '제단임금 壇君'이 아니라 '밝달
임금 檀君'이라 하는 것이 마땅하다. 그러므로 삼국유사의 기록이 더
오랜 것이라 하여 神壇樹 또는 壇君이라 하는 것은[16] 사료의 해석학적
선택보다 사료의 선후에 따른 선택에 의존한 것으로 판단된다.

　　국호가 신단수를 환유한 신성한 해숲을 뜻하는 것이라면 신림이라

壇)이며, 이 신단에 제사 지내는 무당 혹은 제관은 옛날의 단군(檀君)이었고,
이러한 신단을 중심으로 한 부락은 옛날의 신시 혹은 신읍이었던 것이다."
박봉우, 〈2장. 고조선〉, 《국가의 건립과 산림문화》, 숲과문화연구회, 2014, 75
쪽에서 재인용.

15) 이 책 7장에서 자세하게 다루었다.
16) 윤내현, 《고조선 연구》, 9쪽, 각주 1) 참조.

해도 좋을 것인데, 왜 신불이라 하여 헷갈리게 했을까? 여기에는 두 가지 이유가 있다. 숲을 나타내는 한자말 가운데 우리말의 소리값과 뜻이 일치하는 말을 애써 고른 까닭이다. '신림'보다 '신불'이 더 우리말다운 국호이다. 그것은 한자말 신단목(神壇木)이나 신단림(神壇林)보다 '신단수'라고 하는 것이 숲을 나타내는 우리말 '쑤'와 더 가까운 말이기 때문이다. 실제로 초목이 무성한 숲을 나타내는 불(市)은 우리말 '덤불'과 만날 뿐 아니라, 불[火]과도 만난다.

신단수가 해 밝은 숲으로서 하늘의 태양에서 지상으로 내려온 햇빛을 강조한 숲이라면, 신불(神市)은 해숲 또는 해불로서 햇볕의 따뜻함을 강조한 국호이다. 빙하기를 겪은 신석기인들이 해를 태양신으로 숭배하는 것처럼 불도 귀하게 여기게 마련이다. 해의 밝기와 열기가 빙하기의 어둠과 추위를 극복하는 결정적 구실을 한 것처럼, 불 또한 밝기와 열기로 일상의 어둠과 추위를 극복하는 중요한 기능을 하게 마련이다. 그러므로 해모수의 아들이 해부루(解夫婁)로서 해불을 뜻한 것처럼, 해님아들을 상징하는 환웅천왕의 신불(神市) 또한 우리말 해불에서 비롯된 국호라 하겠다.

신림이라 하지 않고 신불이라 한 것은 덤불의 우리말과도 만난다. '덤불'은 잡목이 얼크러진 수풀을 일컫는 말이다. 더 정확하게 말하면 사람이 자유롭게 드나들 수 있는 나무숲과 달리, 덩굴이나 넝쿨 식물이 나무와 함께 얽혀 있어서 사람들의 출입을 허용하지 않는 원시적인 숲이 덤불이다. 따라서 마을을 처음 개척한 입향시조신화를 보면 아무개가 다래덩굴이나 칡넝쿨이 얽혀 있는 '덤불'을 치고 처음 입촌하여 마을에 터를 잡았다고 한다. 어떤 마을이라도 처음 터를 잡는 사람은 잡초와 잡목이 무성하게 우거진 덤불숲 곧 원시 잡목을 쳐내지 않고서는 마을을 개척할 수 없기 때문이다.

실제로 안동시 풍산읍 소산리 입향시조 설화 '다래덩굴 치고 들어온 비안공' 이야기를 보면, 마을에 처음 들어올 때, 머루와 다래 덤불을 치고 들어왔다고 한다.[17] 경북지역 사람들은 다래 덩굴을 으레 '다

래몽두리'라고 한다. 영양 석보면의 홍계리 개촌전설에서도 "양두들 사
람들이 다래몽두리를 치고 들어와 살았다"고 전한다.[18] 입향시조를 조
사할 때에도 으레 "다래몽두리 치고 들어온 성씨는 어느 성씬데요?"하
고 묻는다.[19] 따라서 마을을 처음 개척할 때 다래와 같은 풀숲이 우거
진 상황은 특수한 경우가 아니라 일반적 상황이다.

조선시대 개촌신화도 무성하게 얽힌 덤불숲이 있는 곳에서 시작하는
상황인데 태초의 건국신화는 더 이를 데가 없다. 따라서 神市은 시가지
를 뜻하는 것이 아니라 무성한 자연 상태의 숲을 국호로 신성하게 일컬
어서 신숲, 해숲, 해불 등의 뜻으로 신불(神市)이라 기록했던 것이다.

불(市)을 한자말로 풀이하면 무성한 숲이지만, 우리말로 풀이하면
불은 해부루의 해불 곧 해의 밝음과 뜨거움을 함께 뜻한다. 환인과 환
웅은 해의 밝은 빛을, '환하다'는 '환'의 소리값으로 나타냈다면, 神市
곧 '해불'의 불은 햇빛과 대조되는 햇볕을 나타내는 말이다. 따라서 아
사달을 아침땅 또는 동녘땅, 양지바른 땅을 나타내는 아사달의 뜻과
상당히 닮은 것이 햇볕을 뜻하는 '해불'이라는 국호이다. 그러므로 해
불의 우리말을 한자로 옮기면서 신불(神市)로 기록했지만, 신시(神市)
로 착각한 것으로 해석된다.

이러한 해석은 개촌신화의 덤불에서 근거를 찾을 수 있을 뿐 아니
라, 후대의 사료에서도 근거를 찾을 수 있다. 단군조선의 유민(遺民)
인[20] 육촌(六村)에서부터 성립된 신라에서도 신단수(神檀樹)와 단군(檀
君) 등 해가 밝은 숲 또는 시조왕을 상징하는 역사적 유전자가 이어졌
다. 신단수라는 시조왕의 출현 공간을 근거로 국호 神市 곧 해숲이 비
롯된 것처럼, 김알지가 출현한 계림(鷄林)의 공간을 근거로 신라 국호
는 계림[21] 곧 닭숲이자 새벽숲, 해숲의 뜻으로 일컬어졌다. 따라서 계

17) 林在海, 《韓國口碑文學大系》, 韓國精神文化硏究院, 1982, 406쪽.
18) 영양군 자연마을사 블로그,
    http://blog.naver.com/yjmuse1?Redirect=Log&logNo=70087322610.
19) 林在海, 《韓國口碑文學大系》 7-17, 한국정신문화연구원, 1988, 497쪽.
20) 《三國史記》 卷1, 新羅本紀 第1, "先是 朝鮮遺民 分居山谷之間 爲六村".

림이라고 하는 신라 초기 국호는 사실상 해숲을 뜻하는 神市의 국호나 다르지 않다. 다만 계림의 '林'은 관목 중심의 세련된 숲이라면, 신불의 '市'은 덤불이 우거진 잡목 중심의 원시림이라 할 수 있다.

그리고 박혁거세의 성과 이름도 환웅과 단군의 전통을 고스란히 이었다. 이름을 혁거세(赫居世) 또는 불구내(弗矩內, 붉은 해)라고 함으로써, 해님을 뜻하는 '환인'과 '환웅'처럼 온누리를 밝게 비추는 태양시조왕을 뜻한다. 혁거세의 성 '박'씨도 밝다는 뜻을 음차한 것이다. 박혁거세는 밝달임금을 뜻하는 단군의 이름을 고스란히 이어받았다.

이런 사실을 알게 되면 혁거세의 붉은 알이나, 햇빛을 받아 낳은 주몽의 알도 사실은 해를 상징하는 것으로 포착할 수 있다. 따라서 혁거세신화나 주몽신화는 난생신화가 아니라 태양신화인 것이다. 그러므로 종래의 천손신화와 난생신화가 사실은 태양신화로서 역사적 유전자를 공유하면서 신라·가야의 건국신화에까지 지속되고 있는 사실이 드러난다.

따라서 역사를 분절적 시대개념으로 단절화시켜서 서로 다른 역사인 것처럼 제각기 독립적으로 해석할 것이 아니라, 지속적인 시대개념으로 적층화시켜서 서로 다른 시대를 통시적 맥락 속에서 현재진행의 역사로 통섭하여 해석할 필요가 있다. 시대의 통섭을 가능하게 하는 것이 역사의 통시적 지속성이며 그 구체적인 근거의 확인이 역사적 유전자의 발견이다. 그러므로 고조선시대사를 해석하려면 그 전후시대는 물론 중세의 역사, 그리고 지금 여기의 역사까지 주목해야 통시적 지속성을 담보하는 역사적 유전자를 발견할 수 있다.

---

21) 《三國遺事》 卷1, 紀異1, 新羅始祖 赫居世王, "一說 脫解王時得金閼智 而雞鳴於林中 乃改國號爲雞林 後世遂定新羅之號".

4. 환웅족의 정착생활과 농경문화 체제의 국가 확립

환웅의 강림처가 신단수이고 국호가 신불이라면, 환웅신시는 나무와 숲을 국가의 가장 이상적인 지표로 삼았던 셈이다. 나무와 숲이 곧 환웅이 터잡은 지리적 구심점이자 정치적 상징 공간이었다. 따라서 환웅신시는 인문지리적으로 천신 곧 태양신을 섬기는 홍익인간 이념을 이상으로 여기는 태양신 숭배의 천왕국가이자, 자연지리적으로 산림국가의 입지를 지닌 농경국가라 할 수 있다. 왜냐하면 나무와 숲을 국가의 정체성으로 삼는 산림국가는 정착생활을 하기 때문이다. 그러한 정체성을 나타내는 상징물이 신단수이며, 이 유전자가 마을 어귀를 지키는 당나무 또는 당산숲으로 지속되고 있다. 그러므로 나무와 숲을 신앙하는 종교적 뿌리는 한국사의 밑자리인 환웅신시에서부터 비롯되었다고 할 수 있다.

정착생활을 하는 공동체는 땅에 뿌리를 박고 사는 나무처럼 일정한 터전에 자리를 잡고 붙박이 생활을 할 수밖에 없다. 생업양식도 땅을 경작하여 농작물을 가꾸는 농경활동이 근본을 이룬다. 따라서 신단수를 구심점으로 하는 신시고국의 정착생활과 농경문화는 서로 뗄 수 없는 관계에 있다. 농경문화는 유목문화와 다른 의식주생활을 하게 마련이다. 곡채식을 하며 식물섬유로 옷을 만들어 입고, 누대로 살 수 있는 튼튼한 구조물로 집을 지어 생활한다. 그러므로 농경민에게는 이동수단보다 주거문화가 더 중요하다.

그러나 이동생활을 하는 유목민들은 산림국가가 아니라 초원국가를 이루게 마련이다. 왜냐하면 초원의 유목민들은 땅에 뿌리를 굳건하게 내린 신단수나 당나무를 신수로 섬기며 붙박이생활을 하는 것은 멍하는 길이기 때문이다. 따라서 성을 쌓기는커녕 집을 짓는 일에도 공을 들이지 않는다. 수시로 이동 가능한 천막이면 그만이다. 털옷이나 가죽옷을 즐겨 입고 육식을 주로 하며 초원을 쉽게 이동할 수 있는 말을 소중하게 여긴다. 그러므로 유목민들에게는 주거문화보다 이동수단이 더 중요하다.

유목민들은 필요한 것을 찾아 언제든지 이동하지만, 농경민들은 그럴 수 없다. 필요한 것이 무엇이든 현재의 생활터전으로 가져오거나 불러와야 한다. 따라서 유목민들의 종교생활에는 순례문화의 오랜 전통이 있으나, 농경민에게는 그러한 전통이 없다. 오히려 신들을 삶의 터전으로 불러와서 모신다. 동네 서낭당의 당나무에는 마을 수호신이 깃들어 있고 관아의 부군당(府君堂) 신목에는 고을 수호신이 깃들어 있다. 따라서 동제나 부군당굿을 할 때, 신을 찾아 이계 여행을 떠나는 것이 아니라, 서낭당이나 부군당에 제물을 차려놓고 제의를 올리는 것이다. 왜냐하면 수호신이 늘 신목에 깃들어 있다고 믿기 때문이다.

환웅천왕도 서낭당이나 부군당의 수호신처럼 하늘에서 내려와 태백산 신단수에 깃들어 단수신(檀樹神) 구실을 하였다. 따라서 《제왕운기》에서는 환웅을 단웅천왕(檀雄天王) 또는 단수신(檀樹神)이라고 하였다.[22] 《삼국유사》에서도 곰과 범이 신웅(神雄)을 찾아와 사람 되기를 빌었을 뿐 아니라, 여자로 변한 곰네가 항상 단수(檀樹) 아래에 와서 아이배기를 축원했다고 한다. 왜냐하면 환웅이 거기에 깃들어 있다고 믿는 까닭이다. 신단수가 곧 환웅천왕이었기 때문이다. 신단수가 환웅을 상징하는 것은 당나무가 서낭신을 상징하는 것과 같다. 달리 말하면 당나무는 서낭신의 신체이다. 그러므로 신단수는 환웅천왕의 신체이자 상징이며 토템수목인 것이다.

주민들이 당나무에서 기자치성을 드리는 것처럼 곰네도 신단수 아래에 와서 늘 아이배기를 빌었던 것이다. 그러자 환웅이 잠시 변하여 곰네와 혼인하여 아이를 배도록 했다. 따라서 신단수에 깃들어 있는 환웅은 단웅이자 신웅이며 단수신인 것이다. 달리 말하면 신단수는 곧 환웅을 상징하는 신체이자 토템수목이다. 건국시조 환웅이 신단수에 깃들어 단수신으로 좌정한 것처럼, 다래덩굴을 치고 들어온 입향시조

---

22) 《帝王韻紀》 下, '東國君王開國年代 并序'.

가 당나무에 깃들어 서낭신으로 좌정한 전통이 공동체신앙에서 지속되고 있다. 마을마다 당나무를 서낭신으로 섬기는 것은 곧 환웅족의 후손이라는 것을 상징하는 토템수목의 문화적 전통이자, 환웅신시 시대에 형성된 역사적 유전자가 현재까지 지속되고 있는 현상이다.

단수신인 환웅천왕은 신단수에 터를 잡고 신시국을 통치하면서 자연신을 찾아 이계로 여행한 것이 아니라, 풍백(風伯)·우사(雨師)·운사(雲師)를 거느리고 있었다. 풍백과 우사, 운사는 모두 천계에 속해 있는 신들이다. 그럼에도 신들을 찾아 천계로 여행하지 않고 오히려 지상으로 데리고 와서 거느리고 있었던 것이다. 환웅이 하늘에서 신단수에 강림한 것처럼, 이 자연신들도 하늘에서 강림한 것이다. 이러한 강림구조가 한국의 민족신앙인 굿문화의 구조를 결정한 까닭에 시베리아 샤머니즘과 다른 구조를 이루고 있다.

샤머니즘에서는 샤먼이 신을 찾아 이계로 떠나는 엑스타시(ecstasy) 구조인데, 우리 굿에서는 무당이 이계의 신들을 신수 또는 내림대에 내림을 받아 굿을 하는 포제션(possession) 구조를 이룬다. 따라서 한국형 굿의 기본은 내림굿 형태를 이루고 있다. 신령이 나무에 지피는 내림굿의 역사적 유전자는 환웅의 신단수 강림 시기부터 형성되어 지금까지 한국 굿의 독자성을 획득하고 있는 것이다. 인간세계의 모든 문제를 해결하는 초월적 신격은 건국본풀이든 굿의 서사무이든 하늘에서 신수를 매개로 지상에 내려오는 구조이다.

신단수에 깃들어 있는 환웅천왕은 곡식〔主穀〕·수명〔主命〕·질병〔主病〕·형벌〔主刑〕·선악〔主善惡〕 등을 주관하며 무릇 인간 세상의 360가지 일을 재세이화(在世理化)하였던 것이다.[23] '재세이화'는 다른 세상으로 떠나지 않고 인간세상에 머물러 있으면서 교화로 다스렸나는 뜻인데, '재세(在世)'가 열쇠말이다. 주곡을 360여 일 가운데 가장 으뜸으로 삼아 농사일을 하며 정착생활을 하는 것이 곧 '재세'이다. 그러므로 환웅신시

---

23) 《三國遺事》卷1, 紀異1, 古朝鮮－王儉朝鮮, "謂之神市 是謂桓雄天王也 將風伯雨師雲師 而主穀主命主病主刑主善惡 凡主人間三百六十餘事 在世理化."

는 농경민족이 주체가 된 농경국가로 출발한 것이라 해석할 수 있을 뿐 아니라, 국가로서 완벽한 체제를 갖추었다고 할 수 있다.

상당히 이른 시기에 숲을 구심점으로 이 정도 수준의 고대국가를 형성할 수 있었던 것은 농경활동을 일찍부터 하면서 정착생활을 한 까닭이다. 채취활동에서 발전한 농경활동은 땅을 갈아서 씨를 뿌리고 농작물을 기르는 생산활동이 중심을 이룬다. 그리고 거둔 열매를 장기간 보관하면서 다음 추수기까지 오랫동안 양식으로 이용한다. 따라서 농경활동은 생산활동이자 저장활동이며, 계절에 따른 순환적 지속의 확대재생산 활동으로 식량의 양적 축적이 가능해진다.

그러나 유목활동은 풀밭을 이동하면서 짐승들을 놓아먹이며 육식생활을 하는 까닭에 생활의 가변성과 경제적 불안전성으로 문화적 발전이 느릴 뿐 아니라, 국가와 같은 대규모 정착형 공동체를 수립하기 힘들다. 실제로 시베리아는 광대한 대륙이지만 우뚝한 고대국가의 역사를 찾아보기 어렵다. 유목국가인 몽골은 여러 소수민족들이 제각기 공존하다가 상당히 후대에 와서 비로소 국가체제를 이룩했다. 그러므로 칭기스한이 등장하기 이전에는 몽골의 국가사를 거론하기 어려운 수준일 뿐 아니라, 지금도 일부 소수민족들은 국가체제와 상관없이 공동체 생활을 하고 있다.

농경민이 유목민보다 훨씬 이른 시기에 국가를 형성할 수 있었던 것은 자연생태계와 기후 탓도 있지만, 가장 중요한 원인은 정착생활과 농경활동의 생업양식이다. 농경생활은 유목과 달리 양식을 축적하고 오랫동안 저장할 수 있어서 경제적으로 안정된 생활을 보장한다. 따라서 겨울동안에는 농사일을 하지 않고 저장한 곡식을 먹으며 생활에 필요한 도구를 제작하거나 여가생활을 누리며 창조적 사유를 할 수 있다. 정착생활을 하는 까닭에 붙박이 형태의 튼튼한 집을 짓는 것은 물론, 여러 가지 구조물을 만들 수 있는 건축술이 발전한다. 그러므로 농경민들은 의식주문화가 상대적으로 더 발전할 수밖에 없다.

정착생활은 으레 이웃끼리 모듬살이를 이루게 될 뿐 아니라 공동체

생활과 공동노동이 필수적이다. 농번기에는 공동노동을 하는가 하면 농한기에는 공동놀이를 하고 농공시필기에는 제천행사와 같은 제의활동을 하기 마련이다. 공동체생활을 원만하게 유지하려면 일정한 규범과 윤리로 사회적 질서를 유지해야 할 뿐 아니라, 사회적 안정과 경제적 풍요를 기원하는 신앙생활을 하는 등 다양한 공동체문화를 창출하고 전승하게 된다. 따라서 굳이 culture라는 어원을 따지지 않더라도 문화는 농작물을 경작(culture)하는[24] 농경활동으로부터 비롯된 것이라는 사실을 환기할 수 있다. 그러므로 모든 고대문명은 식량 곡물을 경작하는 농경문화에서부터 비롯되었다.[25]

　환웅은 농경민족답게 바람과 비, 구름을 관장하는 직능의 벼슬아치를 두고, 360여 가지 일 가운데 곡물을 경작하는 일을 가장 으뜸으로 삼되, 특히 5가지 정책을 중요하게 삼아서 재세이화를 했다. '주곡'으로부터 '주선악'에 이르는 5가지 정책은 1) 물적 토대가 되는 경제적 생업 정책, 2) 개인의 질병과 수명 등 건강한 생존권에 관한 복지정책, 3) 사회적 질서 유지를 위한 형벌 정책, 4) 관념적 가치관의 지표가 되는 사회적 윤리 정책의 범주로 재해석할 수 있다. 안정적 식량 공급의 경제적 풍요와 건강한 개인의 생존권 확보를 바탕으로, 법률과 형벌에 따른 규범적 사회를 만들고, 양심과 도덕에 입각한 윤리적 공동체를 만들어 가는 것이 농경국가로서 신시국 사회의 정치적 목표이자, 홍익인간 이념을 구현하는 철학적 이상이었다.

---

24) Culture는 라틴어 'Cultus'에서 유래된 것으로 '밭을 갈아서 경작한다.'는 뜻에서 비롯된 말이다.

25) 신용하, 〈고조선문명 형성의 기반과 한강문화의 세계최초 단립벼 및 콩의 재배 경작〉, 《고조선단군학》 31, 고조선단군학회, 128～129쪽 참조. 메소포타미아와 이집트문명은 밀을 경작하여 빵을 주식으로 하는 문화유형이라면, 인도문명은 장립벼를 재배하여 쌀밥을 주식으로 하는 문화유형, 고조선문명은 단립벼와 콩을 재배하여 쌀밥과 콩장을 주식으로 하는 문화유형, 고중국 황하문명은 단립벼와 장립벼, 밀을 재배하여 밥과 국수를 주식으로 하는 문화유형, 중앙아메리카문명은 옥수수를 재배하여 옥수수를 주식으로 하는 문화유형, 안데스문명은 감자를 재배하여 감자를 주식으로 하는 문화유형을 형성하였다.

따라서 사료에 기록된 대로 주곡, 주명, 주병, 주형, 주선악으로 횡적 열거에 따라 읽고 항목풀이 수준에 머물러서는 농경국가로서 신시국의 정체성이 제대로 포착되지 않는다. 환웅천왕이 농경국가 체제를 이루고 홍익인간 이념을 실현하기 위한 재세이화의 구체적 정책으로서 의미 부여를 새롭게 하고 사회적 기능에 따른 범주화를 다시 해야 비로소 신시고국 건국사의 역사적 위상이 제대로 포착된다.

일찍이 어떤 초기국가의 건국사에서도 이러한 이념과 정책이 구체적으로 제시된 적이 없다. 신시고국 이후의 건국사에서도 발견되지 않는 이상국가의 통치체제이다. 오히려 후대 국가에서는 이미 표방된 이념과 체제인 까닭에 거듭 제시할 필요가 없었을 수도 있다. 구체적으로 표방되지 않아도 역사 유전자로 지속되었다고 이해하는 것이 바람직하다.

5. 곰족과 범족의 인간화 동경과 쑥과 마늘의 식문화

환웅의 홍익인간 재세이화의 개념을 말풀이 수준이 아니라 전후맥락 속에서 포착하는 일이 긴요하다. 홍익인간이 환웅천왕의 건국이념이라면 재세이화는 통치방식이자 통치철학이다. 천왕이라면 해모수처럼 아침에 지상으로 내려왔다가 다스리는 일을 마치고 저녁에는 하늘로 올라갈 수 있다. 백성들의 세계와 다른 별세계에서 존재하며 천왕으로서 신성한 특권을 누리는 것이다.

그러나 환웅은 그런 특권을 누리기는커녕 오히려 인간세상에서 백성들과 더불어 사는 것을 보람으로 여겼다. 따라서 지상으로 내려온 이래 환웅은 사람들과 함께 인간세상에서 살며 교화로 다스려서 몸소 재세이화를 실천했다. 죽어서도 하늘로 돌아가지 않고 아사달에 들어가서 산신이 되었다. 환웅의 재세이화는 마치 원효가 천촌만락을 돌아다니며 무애가(無碍歌)를 부르고 무애무(無碍舞)를 추면서 백성들을 교화시킨 방식이나 다르지 않다.

재세이화의 '재세(在世)'는 환웅이 인간세상에 머물렀다는 단순한 사실을 나타내는 것이 아니라, 세상사람들과 더불어 공동체생활을 하며 살았던 것을 뜻한다. 따라서 신단수를 떠나지 않았고 곰과 범도 환웅을 만나기 위해 신단수를 찾아왔던 것이다. 그렇다면 환웅은 천왕으로서 기득권을 누린 권위적 통치자가 아니다. 세상사람들 속에 자기 삶을 던진 이타적 통치자이자, 감화로서 백성들을 다스린 어진 통치자였던 것이다. 환웅의 탐구인세(貪求人世) 철학이 실제 통치방식에서도 고스란히 드러난 셈이다.

그러한 사실은 이웃에서 사는 곰족과 범족의 동경으로부터 한층 구체적으로 입증된다. 왜냐하면 같은 굴에서 살고 있던 곰과 범이 늘 찾아와 환웅천왕에게 사람 되기를 빌었기 때문이다. 다시 말하면, 같은 지역에서 생활하는 곰족과 범족이 신시국에 찾아와서 자기들도 신시국 백성들처럼 인간답게 살도록 해달라고 빌었다는 말이다. 환웅천왕이 통치하는 신시국을 동경한 까닭이다.

만일 환웅이 홍익인간 이념을 추구하는 재세이화의 이타적 지도자가 아니었다면, 곰족과 범족이 동경하지도 않았을 것이며, 환웅 또한 그들을 배타적으로 상대했을 것이다. 그러나 홍익인간 이념이나 재세이화의 통치방식을 준거로 볼 때, 그들도 널리 이롭게 살도록 해야 할 중요한 대상일 뿐 아니라 교화로서 다스려야 할 대등한 이웃이었던 것이다. 그러므로 환웅은 그들을 문화적으로 교화시키기 위해 가장 중요한 먹을거리를 직접 주었던 것이다. 왜냐하면 고대로 갈수록 가장 중요한 문화적 적응이 식문화였기 때문이다.

쑥과 마늘을[26] 먹으라고 준 것은 세 가지 의미가 있다. 하나는 농경민의 고난을 극복할 수 있는 힘을 검증한 것이고, 둘은 농경민의 식문화에 대한 적응력을 길러주는 것이며, 셋은 인간다운 삶의 길을 알

---

26)《三國遺事》卷1, 紀異1, 古朝鮮-王儉朝鮮, "神遺靈艾一炷 蒜二十枚".

려준 것이다. 따라서 쑥과 마늘을 먹고 견딜 수 있어야 한다는 것은 농경민의 삶에 순조롭게 적응할 수 있는 능력을 갖추도록 한 것은 물론, 인간적 성숙의 길을 알려주기 위한 것이다. 이 문제를 더 구체적으로 살펴보자.

첫째, 곰족과 범족에게 쑥과 마늘을 먹으라고 준 것은 농경민으로서 적응 가능성을 검증하기 위한 것이다. 쑥과 마늘은 극단적인 채식 먹거리일 뿐 아니라 이른 봄에 자생하는 봄나물이다. 마늘이 재배작물로 개량되기 이전의 야생마늘이나 달래는 봄나물이다.

쑥과 달래는 가장 이른 시기에 싹을 틔울 뿐 아니라 가까운 들에 널리 자생하는 풍부한 봄나물이다. 농경민들은 유목민과 달리 봄철에는 양식이 고갈되기 일쑤여서 들과 산에 나는 나물을 먹고 견뎌야 한다. 농작물은 계절음식이나 다름없는 까닭에 겨울에서 늦봄까지는 농작물을 생산할 수 없어서 저장된 곡식에 의존해야 한다. 따라서 고대에는 물론 최근까지 봄철이 되면, 겨우내 저장한 곡식을 거의 다 먹은 뒤여서 양식이 모자라 굶주림을 겪기 일쑤였다. 그러므로 초여름에 보리가 나기 전까지 늦봄 시기를 춘궁기(春窮期) 또는 보리고개라 일렀던 것이다.

농경민들에게 봄나물은 아주 귀중한 양식이다. 춘궁기에 부족한 양식을 대신하는 구황(救荒) 식품 구실을 하는 것이 쑥과 달래를 비롯한 봄나물이기 때문이다. 환웅이 육식생활을 하는 곰족과 범족에게 쑥과 마늘을 주는 것은, 농경민으로서 채식생활에 익숙하도록 하는 통과의례로서 적응과정일 뿐 아니라, 농경민의 숙명인 춘궁기를 버틸 수 있는 역량을 검증하는 과정이기도 하다. 그러므로 지독한 채식생활로 춘궁기를 극복할 수 있는 역량을 단시일에 검증하기 위해 쑥과 달래처럼 거친 봄나물을 주었던 것이다.

둘째, 곰족과 범족은 농경민이 아니라 수렵채취민이거나 유목민이다. 따라서 그들이 인간다운 삶에 대한 요구는 유목민의 삶에서 벗어나 농경민의 삶을 살도록 이끌어 달라는 것이다. 요즘 같으면 선진국에 신기술 이전을 요구한 셈이다. 유목민이 정착·농경생활을 하려면, 먼저 식생활부터 바꾸어야 한다. 곡채식을 해야 농경민의 식문화에 적응할 수 있는데, 쑥과 달래 또는 마늘은 채식 가운데도 거친 음식에 해당된다. 채식생활에 익숙한 사람도 이것만 먹고 지내기 어렵다. 따라서 상대적으로 '지독한 채식'이라 할 수 있다.

지독한 채식생활을 요구한 것은 일종의 훈련이자 입사식이며 통과의례의 검증이기도 하다. 지독한 적응훈련을 견디고 통과의례 입사식을 무사하게 거친 것은 곰족이고 탈락한 것은 범족이다. 범족은 곰족보다 용맹하지만 지독한 채식생활을 견디지 못했다. 이것은 용맹함이나 인내심의 수준이 아니라 문화적 적응력의 수준이다. 적응력은 개인적 융통성이나 인내심보다 문화적 위상과 연관성에서 비롯된다.

곰족은 잡식성을 지닌 식생활을 해온 까닭에 지독한 채식생활에 일정한 적응력을 갖춘 종족이다. 그러나 범족은 육식생활에 익숙한 까닭에 쑥과 마늘처럼 지독한 채식생활에 쉽게 적응할 수 없다. 따라서 견디지 못하고 일탈해 버린 것이다. 이와 달리 곰족은 통과의례를 무사히 마치고 인간다운 존재로 인정받게 되어, 환웅족과 혼인동맹을 맺고 마침내 하나의 국가공동체를 이루었던 것이다.

셋째, 곰족과 범족이 인간다운 삶을 요청했을 때, 환웅이 쑥과 마늘을 먹고 햇빛을 보지 말라고 한 것은 육식·이동생활을 청산하고 채식·정착생활을 해야 인간답게 되기 때문이었다. 유목민이 인간답게 살려면 살생 중심의 육식생활을 청산하고 농작물을 재배하며 채식생활을 해야 농경민으로서 인간다운 생활에 이를 수 있다. 살생과 탐욕을 극복하고 경작하며 절제할 수 있는 생활이 환웅신시 사람들이 생각하는 인간다운 삶이다.

곰족과 범족이 동경한 삶은 농경민의 선진문화를 인간답게 누리며 홍익인간 재세이화의 가치를 실현하는 것이다. 채식은 살생의 육식문화에 비하여 자연친화적인 생태주의 식문화이자, 종교적으로나 철학적으로 바람직한 식문화이다. 지금도 도를 닦는 수도자나 환경운동을 하는 생태주의자는 채식생활을 실천하고 있다. 채식은 그 자체로 수련의 음식이다. 그러므로 인간다운 삶을 실천하는 진정한 인간이 되려면 채식생활을 하지 않을 수 없다.

쑥과 달래 또는 마늘을 먹는 식관습은 문화적 유전자로서 지금까지 고스란히 지속되고 있다. 따라서 이 원초적 식문화의 전통은 만 년의 역사를 지닌 채 지금까지 전승되었고 앞으로도 한국 식문화의 정체성으로 지속될 것이다. 그러므로 상대적으로 마늘만 먹는 중국,[27] 달래만 소극적으로 먹는 몽골, 쑥만 먹는 일본과 달리, 한국인들은 쑥과 달래, 마늘을 모두 적극적으로 먹고 있는 독자적 식문화 전통을 지니고 있다. 이 사실은 한갓 문화적 전통으로만 인식할 수 없다. 생활사료로서 역사적 유전자로 해석하면, 상고사의 한계를 극복할 수 있다. 왜냐하면 쑥과 마늘의 식문화는 단군조선 이전의 신시국에서 이미 성립된 태초의 식생활 전통으로서 상고사 불신을 극복할 수 있는 결정적인 생활사료이자 역사 유전자 구실을 하기 때문이다.

따라서 쑥과 마늘을 먹는 식문화는 현재의 생활사료로 고대 문헌사료의 한계를 보완하고 입증할 수 있는 기능을 발휘한다. 어떤 사료든 객관적 검증을 받으려면 다른 사료로 교차검증이 필요하다. 그런데 환웅신시의 문헌사료는 쑥과 달래, 마늘을 먹는 현재의 생활사료로 고스란히 증명된다. 그것도 단군조선의 사료가 아니라 그 이전 시대인 환웅신시의 사료라는 점에서, 쑥과 마늘을 먹는 일상적 식생활은 상고사 해석의 길을 개척하는 경이로운 사료이다. 왜냐하면 환웅신시의 역사적 실체를 결정적으로 증언하는 사료이기 때문이다.

현재의 식생활 전통으로 상고시대의 역사를 입증하는 것은, 현재의 사료로 과거를 해석하는 것이어서 역사해석의 역설이자 시대를 거스르는 모순이라 할 수 있다. 그러나 생활사료는 역사기록과 달리 죽은 역사나 단절된 역사가 아니라, 현재의 생활세계에서 살아 있는 현재진행

---

27) 중국 일부지역에서는 쑥을 먹는 경우도 있으나 대체로 쑥을 식용으로 먹는 사례는 아주 드물다.

의 역사이다. 따라서 생활사료는 현재의 사료이면서 과거의 사료이자 미래의 사료로서, '현재와 과거', '현재와 미래'의 대화가 가능한 통섭의 사료이기도 하다.

그럼에도 생활사료는 아무도 사료로 주목하지 않는다. 문헌사료와 유물사료를 우상화한 역사학의 고정관념에 갇혀 있는 한, 문화적 유전자로 살아 있는 역사적 실체를 상상할 수 없다. 민중생활사를 주장하면서도 살아 있는 민중의 생활세계가 곧 사료일 수 있다는 생각은 전혀 하지 못한다. 그러나 민중의 생활세계에서 늘 목격하고 체험하는 일상적 삶의 전통을 생활사료로 주목하게 되면 잃어버린 상고시대의 역사를 거슬러 입증할 수 있다. 따라서 쑥과 마늘을 먹는 한국인의 일상적 식관습이 환웅신시의 역사를 해명할 수 있는 가장 결정적인 생활사료라는 발상은 새삼스러운 것이 아니다. 그러므로 생활사료는 통섭적 역사학의 길을 개척해 주는 불가사의한 사료가 아니라 가장 실증적인 사료라 할 수 있다.

6. 채식문화의 전통과 산채를 먹는 식문화의 유전자

쑥과 달래, 마늘을 먹는 식관습을, 한갓 채식생활의 전통으로 이해하고 말 일은 아니다. 왜냐하면 한국은 유난히 들나물과 산나물을 즐겨 먹고 있기 때문이다. 봄이 되면 으레 쑥과 달래를 먹을 뿐 아니라, 다양한 산나물을 채취하여 먹는다. 세계 어느 나라에도 한국처럼 관광지 식당마다 산채비빔밥이나 산채정식과 같은 산채 중심의 식단이 연중 마련되어 있는 사례가 없다. 이처럼 산야의 봄나물을 채취하여 먹는 식문화는 채식생활의 바탕이자 빙하기 이전 채취시대의 전통일 수 있다. 그러므로 쑥과 달래를 비롯한 산과 들의 봄나물을 채취하여 먹는 식문화는 만 년 전의 생활세계를 읽을 수 있는 생활사료인 것이다.

곡채식 중심의 식생활을 하는 농경국가에서도, 한국처럼 만 년 전의 전통을 산채정식이나 산채비빔밥으로 이어가는 나라는 한국이 거의 유일하다. 따라서 산나물을 채취하여 중요 식단으로 차려 먹는 전통은 한국 식문화의 독자성이자 한민족의 집단심성이라 할 수 있다. 그러므로 환웅의 신시국에서 시작된 이 식문화 형성의 원인을 더 추적할 필요가 있다. 크게 해빙기 식문화 적응론과 산림국가론, 민족시조론 등 세 가지 원인을 추론할 수 있다.

첫째, 신석기인들의 해빙기 식문화 적응론이다. 빙하기를 겪은 신석기인들이 해빙기에 적응하면서 대지에서 가장 먼저 자라는 식용 나물들을 채취해서 먹었을 가능성이 높다. 왜냐하면 빙하기는 겨울이 길고 여름이 짧다. 따라서 길고 긴 겨울동안 저장했던 양식들을 거의 소비한 까닭에 봄에 가장 일찍 나는 들나물이나 산나물을 귀한 식품으로 채취하여 먹을 수밖에 없다.

쑥과 달래는 오랜 빙하기에 죽었던 나물들 가운데 해빙기를 맞이하여 가장 먼저 자란 나물이자 대지에 두루 자생했던 이른 봄나물이었다. 따라서 봄철의 양식 부족을 해결하는 가장 긴요한 먹을거리가 쑥과 달래였을 것이다. 그러므로 쑥과 달래를 비롯하여 야생 산나물을 먹는 식생활은 빙하기를 겪고 해빙기를 맞이한 시기에 형성된 식문화였을 가능성이 높다.

빙하기가 겨울철이라면 해빙기는 봄철과 같다. 식문화도 겨울철과 봄철이 다르다. 겨울에는 저장한 양식을 소비하기만 하는 까닭에 식량을 절약해야 이듬해 여름까지 견딜 수 있다. 따라서 조선조만 하더라도 늦가을에서 이른 봄까지는 점심을 먹지 않았다. 일이 적고 해가 짧은 겨울철에는 하루 2식을[28] 해야 양식을 절약할 수 있기 때문이다.

---

28) 한국사연구회, 《조선시대 사람들은 어떻게 살았을까》 개정판, 2005, 245쪽, "19세기 중엽 이규경이 지은 《오주연문장전산고》에는 대개 2월부터 8월까지 7개월 동안은 하루에 세끼를 먹고, 9월부터 이듬해 정월까지 5개월 동안은 하루에 두 끼를 먹는다고 하였다."

초여름 곡식이 생산되기 전까지 지난 가을에 저장한 양식으로 버티려면 적게 먹는 것이 유일한 대안이다.

그러나 봄이 오면 사정이 좀 나아진다. 들과 산에서 나는 푸성귀를 채취해서 먹을 수 있다. 이때 생명력이 강한 나물은 이른 봄부터 척박한 땅에서도 싹을 틔운다. 그러한 나물 가운데 대표적인 것이 쑥과 달래이다. 이어서 봄이 무르익기 시작하면 산에 각종 산나물이 자라기 시작한다. 따라서 쑥과 달래에 이어 산나물을 채취해 먹는 해빙기 식생활의 전통은 봄철마다 되풀이되면서 지속되지 않을 수 없다. 그러므로 산나물을 먹는 만 년의 전통이 식문화 유전자로 자리잡기 시작한 것은 해빙기를 맞이하면서 형성된 적응력의 결과라 할 수 있다.

그러나 신석기인들은 어느 민족이나 빙하기를 겪었다. 따라서 산나물을 먹는 한국인의 식문화 전통을 해빙기 식문화 적응론으로만 설명할 수 없다. 둘째 이유로 생태학적 산림국가론을 펼칠 수 있다. 신시국은 태백산 신단수를 역사적 구심점으로 하는 산림국가이다. 광야나 초원에 나라를 세우고 이동생활을 했던 유목민들은 육식문화를 주로 누린다. 따라서 산림 속의 식용 나물에 대해서는 아무런 관심이 없다. 사람이 먹는 풀보다 짐승들이 먹는 풀, 풀밭, 초지에 더 관심이 많다. 그러므로 초원이 유목민의 생활무대이자 가축의 고기가 그들의 가장 중요한 먹거리일 수밖에 없다.

그러나 신시는 잡목이 무성하고 거목들이 숲을 이루고 있는 산야에 세워진 나라였다. 환웅족은 농경민으로서 주곡을 으뜸으로 삼으며 농경문화를 누렸던 산림국가였다. 지리적 입지인 태백산 신단수와, 국호 신불 곧 해숲을 고려해야 환웅족의 식문화를 생태학적으로 포착할 수 있다. 따라서 산림 속에 나오는 산나물과 들나물이 채식생활의 중요한 먹거리가 되어서, 주식과 부식의 식재료 구실을 하였다. 최근까지 산나물은 봄철의 부족한 양식을 대신할 수 있는 구황식품이었다. 그러므로 생태학적으로 보면, 산나물은 쑥과 달래와 함께 춘궁기를 극복하는 한국인의 중요한 식량이었던 것이다.

그러나 산림국가도 온대지역에 있는 대부분의 나라가 해당되는 까닭에 쑥과 달래의 전통이나 산나물을 먹는 것을 한국만의 식문화 전통으로 온전하게 설명할 수 없다. 따라서 셋째 이유로 식문화 영웅의 민족시조론을 펼치지 않을 수 없다. 나라를 처음 세운 민족시조는 건국영웅이자 문화영웅이기도 하다. 문화영웅이란 처음으로 문화적 활동의 보기가 되는 행위를 함으로써 후손들에게 그 문화가 일반화되는 것이다. 환웅이 곰과 범에게 쑥과 달래를 주고 먹으라고 하여 사람으로 만들었다는 것은 문화영웅다운 면모이다. 특히 먹을 것을 주어서 사람을 만든 까닭에 식문화 영웅이라 할 수 있다.

환웅천왕을 비롯한 민족의 시조들이 쑥과 달래를 먹고 어려운 고비들을 참고 견디며 인간다운 삶을 일구어 왔다는 사실은, 민족 후예들에게 잊을 수 없는 귀감이 아닐 수 없다. 구체적으로 성모 곰네가 쑥과 달래를 먹고 비로소 사람이 되었을 뿐 아니라, 환웅의 아이를 배고 조선 건국시조 단군을 낳아서 조선을 건국했던 것이다. 따라서 쑥과 마늘을 먹는 일은 한갓 식품을 말하는 것이 아니라 단군조선 건국사의 핵심적인 사건을 보기로 따르는 일이다.

단군의 후손이라면 환웅과 곰네, 단군 등 민족시조의 역사를 절실하게 의식하지 않을 수 없다. 민족시조에 대한 역사의식이 살아 있는 한 시조왕이 먹었던 쑥과 달래를 귀한 음식으로 여기기 마련이다. 조상이 즐겨 먹었던 음식은 제사 때 특별히 제수로 차리는 것도 같은 보기라 할 수 있다. 이를테면, 서애 류성룡 불천위제사에는 중개(仲介)라는[29] 특별한 음식을 반드시 제수로 올리는데, 다른 제사에는 이 음식을 차리지 않는다. 왜냐하면 서애가 생전에 즐겨 먹은 음식으로 서애를 기리기 위해 특별히 제수로 차린 까닭이다.

하물며 신시국의 환웅천왕이 먹었을 뿐 아니라 단군의 성모 곰네가

---

29) 중개는 밀가루에 술과 꿀을 넣어 반죽하여 튀긴 과자떡을 일컫는다. 긴 장방형으로 생긴 과자 모양의 튀김떡이다. 별맛이 없는 음식이지만, 서애는 이 음식을 특히 즐겨 들었다고 한다.

〈그림 46〉 수박 오른쪽에 진설된 '중개'

먹고 사람이 된 음식인데 그 후예들이 쑥과 달래를 소홀히 할 까닭이 없다. 따라서 쑥과 달래는 신성한 음식으로 자리 잡게 되면서 오랜 역사 속에 변함없는 식문화 유전자로 지속되기에 이른 것이다. 그러므로 환웅은 신시국 시조왕이자 한민족의 식문화 영웅인 셈이다. 이러한 역사적 유전자에 의해 쑥과 달래를 비롯한 야생의 봄나물을 먹는 한국인의 식문화 전통은 앞으로도 지속될 전망이다.

그럼 환웅천왕은 왜 사람이 되고자 찾아온 곰과 범에게 쑥과 달래를 주고 먹으라고 했을까? 채식문화에 대한 적응이나 검증과정 또는 인간다운 식문화로 해석하는 것은 환웅족의 역사적 경험과 긴밀한 연관성이 떨어진다. 환웅의 처지에서 더 진전된 역사적 해석이 필요하다. 따라서 환웅이 쑥과 달래를 통과의례의 음식으로 준 것은 곰족과 범족에게 빙하기의 추체험을 공유하도록 한 것으로 볼 수도 있다.

환웅족의 농경문화는 일시에 이루어진 것이 아니라, 오랜 빙하기의 시련을 겪고 해빙기의 생태계에 적응하면서 만들어진 것이다. 서로 다른 민족이 호혜평등한 가운데 공존하려면 같은 역사를 공유하며 같은 문화를 누리는 것이 바람직하다. 따라서 환웅족과 연대하려면, 쑥과 달래를 먹으며 빙하기를 극복하고 해빙기에 적응했던 역사적 시련을 공유할 필요가 있다. 그러므로 곰과 범에게 빙하기의 동굴생활을 추체험하도록 쑥과 달래를 주었을 뿐 아니라 백일 동안 햇빛을 보지 못하게 했던 것이다.

7. 두 갈래의 빙하기 체험과 문화 적응의 두 양상

환웅은 곰과 범에게 쑥과 마늘을 먹으라고 주면서 100일 동안 햇빛을 보지 않아야 사람이 될 수 있다고 했다. 곰족과 범족처럼 유목생활을 하며 육식생활을 하는 종족에게는 쑥과 달래를 먹는 것도 무척 힘든 일이지만, 햇빛을 보지 않고 장기간 지내는 것도 견디기 어려운 일이다. 소극적으로 보면, 바깥나들이를 하지 말고 주거공간에서 칩거하라는 뜻인데, 적극적인 해석을 하면 캄캄한 동굴 속에서 100일 동안 지내라는 것이다. 움막에도 햇빛은 들기 때문에 햇빛을 보지 않고 100일 동안 지내려면 아예 동굴생활을 해야 한다.

동굴 속에서 100일을 지내라는 것은 긴 겨울의 동면기 생활이나 다름없다. 따라서 이 통과의례는 단순히 정착생활에 적응을 하도록 하는 것이 아니라, 신석기인들이 겪었던 빙하기의 동굴생활을 추체험하도록 한 것이다. 빙하기를 겪은 환웅족은 유난히 긴 겨울을 나기 위하여 동굴 속에서 쑥과 달래 같은 나물로 채식을 하면서 장기간 버텨야 살아남을 수 있다. 겨울이 특히 길었고 날씨도 혹한이었을 터이니 연중 100일은 동굴 속에서 칩거했을 가능성이 높다. 그러므로 곰족과 범족이 환웅족처럼 인간다운 삶을 누리고자 했을 때, 마치 동굴수행처럼 춥고 긴 겨울의 동굴생활을 요구했던 것이다.

환웅족처럼 인간다운 삶을 함께 누리려면, 식생활 적응 뿐 아니라 역사적 경험을 공유해야 한다. 그러자면 채식문화와 함께 정착문화에도 익숙해야 한다. 어떤 국가의 건국신화에도 쑥과 달래를 먹으며 동굴에서 장기간 칩거하는 통과의례가 요구된 경우가 없다. 따라서 이러한 통과의례는 단순한 시련 극복의 계기가 아니라, 현실적인 문화 적응력과 함께, 과거의 역사적 경험도 공유하는 추체험의 과정을 의례화한 것이다. 그러므로 곰족과 범족은 환웅족과 문화적으로 전혀 다른 종족일 뿐 아니라, 역사적 체험도 서로 다른 종족이라 하지 않을 수 없다.

가장 중요한 문화적 격차가 식생활이자 주거생활이었다. 식생활은 육식과 채식으로 대립되어 있었고, 주거생활은 이동생활과 정착생활로 대립되어 있었다. 환웅족과 견주어 보았을 때 곰족과 범족은 문화적 유전자가 다른 종족이다. 따라서 역사적 경험도 다를 수밖에 없었다. 환웅족과 달리 곰족과 범족은 빙하기를 동굴 속에서 보내지 않았을 가능성이 크다. 지금도 북극지방의 에스키모들은 빙하기와 같은 추위 속에서 살고 있다. 그러므로 빙하기 이후에 살아남은 모든 신석기인들은 동굴 속에서 혹한을 겪어냈을 것이라고 일반화하는 것은 무리이다.

환웅신시의 본풀이를 근거로 추론하면, 빙하기 이후 신석기인의 문화적 유전자는 두 갈래로 존재한다. 한 갈래는 환웅족처럼 빙하기의 겨울을 깊은 동굴 속에서 보내고 해빙기에 이르자 서서히 동굴생활을 청산하고 강가의 산기슭에서 정착 농경생활을 한 민족이다. 지리적으로 온대지역에 속하며 주변 지역에 동굴이 잘 발달되어 있는 곳에 살았던 민족으로서 농경민의 문화적 유전자를 형성하게 된 민족이다. 그러므로 상대적으로 문화적 진화와 발전이 빠른 민족이라 할 수 있다.

다른 갈래는 곰족과 범족처럼 빙하기의 겨울을 에스키모처럼 눈덩이로 지은 이글루의 움집 속에서 지내고 해빙기에 이르자 툰드라와 초원에서 이동하며 유목생활을 한 민족이다. 지리적으로 북반구의 곰문화대에[30] 거주했던 종족으로서 동굴에 의존하지 않고 빙하기를 보낸

---

30) 김관웅, 〈동북아세아지역의 곰 토템 신화전설 비교연구 서설〉, 미국의 인류학자 호웰의 연구에 따르면 "곰문화대는 그 분포가 스칸디나비아 반도로부터 시작하여 북유럽, 동유럽, 동북아시아 그리고 베링해협의 에스키모인들이 살

까닭에 처음부터 유목민의 문화적 유전자를 형성하게 된 민족이다. 에스키모의 의식주문화는 빙하기의 유목생활을 보여주는 중요한 생활사료이다. 농작물은 물론 식물이 자랄 수 없는 눈밭에서 생활하는 까닭에 에스키모는 사냥과 어로 활동으로 육식을 할 수 밖에 없을 뿐 아니라, 겨울에는 이글루, 여름에는 텐트를 치며 이동생활을 한 것이다.

에스키모처럼 북반구와 초원 지역에 사는 민족들은 아직도 육식생활을 하고 거주지를 이동해 가며 생활하는 유목문화를 지속하고 있다. 유목생활은 상대적으로 문화적 진화와 발전이 느릴 수밖에 없다. 유목민의 의식주 생활의 뿌리는 빙하기에 동굴 밖에서 에스키모처럼 생활한 사람들의 문화로 추론된다. 이와 달리 농경민의 의식주 생활의 뿌리는 빙하기에 동굴 속에서 생활한 사람들의 문화로 추론된다. 따라서 농경민은 정착생활에 익숙하고 채식생활에 쉽게 적응할 수 있어서 농경문화를 먼저 창출할 수 있었던 것이다. 그러므로 과거에는 물론 지금도 자연생태계에 따라 두 문화 갈래는 지속되고 있으며, 앞으로도 지속될 수밖에 없을 것이다.

이러한 두 유형의 문화는 빙하기를 겪은 사람들의 생태학적 차이에서 비롯된 결과이다. 구석기인들이 어떤 지리적 입지와 생태학적 환경 속에서 긴 빙하기를 극복하고 해빙기에 살아남아서 신석기인으로 성장했는가 하는 것이 문화적 유형을 형성하는 데 결정적 요소였던 것이다. 따라서 현재 우리가 만나는 농경문화와 유목문화의 역사유전자는 동굴칩거생활의 정착형 채식문화와 이글루생활의 이동형 육식문화가 원형이 되어 형성된 것이라 할 수 있다. 그러므로 지구 생태계가 현재와 같이 지리적 위상에 따라 기후 차이를 보이는 한 유목문화와 농경문화의 두 유형은 앞으로도 지속될 가능성이 크다.

신시국이 확대 재편된 시기에 이러한 두 유형의 문화가 민족의 이합집산 과정에서 문화적응 또는 문화충돌을 일으켰다. 구체적으로 환

고 있는 드넓은 동토대와 인디안들이 살고 있는 북아메리카대륙을 포함하여 거의 전반 북반부"가 해당된다.

웅족의 농경문화에 곰족은 문화적응을 하고, 범족은 문화충돌을 하게
된다. 곰족은 정착형 채식생활의 검증과정을 잘 견뎌내고 인간다운 문
화를 누리게 되었으나, 범족은 충돌을 일으켜 견뎌내지 못하고 일탈해
버렸다. 문화 적응과 충돌 현상도 서로 다른 민족 사이의 문화적 격차
와 기질에서 비롯된다.

　곰족과 범족이 곰과 범의 생태계와 상당히 일치하는 생활을 했다
면, 상대적으로 곰족은 범족에 비하여 동굴에서 어느 정도 정착생활을
하였을 뿐 아니라, 잡식생활을 하는 까닭에 환웅족의 정착생활과 채식
생활에 상당한 적응력을 갖추었다. 그러나 범족은 환웅족의 생활을 동
경했지만, 이동생활과 육식생활에 익숙한 까닭에 쑥과 달래를 먹으며
오랫동안 한 곳에서 칩거하는 생활을 견뎌내기 어렵다. 기질적으로도
범족이 활달하고 민첩하여 칩거가 어려운 반면에, 곰족은 참고 견디는
인내력이 강하여 환웅의 요구를 순조롭게 실천할 수 있었다. 그러므로
곰족은 환웅족과 문화적 격차가 작을 뿐 아니라 기질적으로 인내력이
있어서 환웅족 문화에 동화가 되었던 것이다.

　환웅족 문화에 적응한 곰네는 환웅과 혼인관계를 맺고자, 늘 신단
수 아래에서 아이 배기를 빌었다. 신단수와 환웅은 당나무와 서낭신의
관계처럼 서로 같은 상징물이다. 요즘도 아들 못 낳는 사람은 당나무
에 치성을 드리고 아이를 비는가 하면, 당나무에 동제를 지낼 때 쓴
자리를 깔고 자거나, 촛불을 가지고 와서 기도하면 아들을 낳는다는
믿음이 있다. 단수신에게 아이 배기를 비는 곰네의 행위가 하나의 문
화적 유전자를 이루어 최근까지 지속되고 있는 셈이다.

　당나무에 기자치성(祈子致誠)을 드리는 민속신앙의 뿌리는 이미 단
군조선 이선 시기인 환웅신시에서 형성된 출산문화이다. 성모 곰네가
신단수에서 기자치성으로 단군을 출산한 것이 문화적 유전자를 형성한
것이다. 시조모인 곰네의 기자치성은 역사적으로 신성한 보기가 되어
출산문화의 원형을 이룬 것이다. 그러므로 환웅이 식문화 영웅이라면,
곰네는 출산문화 영웅이라 할 수 있다.

곰네의 출산문화 보기는 인류시조 신화의 양상으로 이어진다. 곰네가 "단수 밑에서 아기를 빌었고 환웅이 잠깐 인간으로 변해서 혼인한 까닭에 잉태하여 아들을 낳았다. 따라서 이름을 단군왕검이라 하였다."[31] 여기서 문제되는 것이 단군의 이름이다. 환인의 아들이 환웅인 것처럼, 환웅의 아들이라면 환군이라 해야 마땅할 것인데, '단군'이라 했다. 단군이 조선건국시조이니까 성을 '환'에서 '단'으로 바꾸어 단군이라 할 수 있다. 문제는 '단'이라는 성의 정체성이 환웅이 아닌 신단수에서 비롯되었다는 것이다. 그러므로 단군은 그 부계의 정체성을 신단수에 두고 단군이라 일렀던 것이다.

환웅천왕은 끊임없이 신단수로 은유된다. 신단수는 환웅의 토템식물 구실을 한 셈이다. 따라서 환웅을 《제왕운기》에서는 단웅천왕이라고 하는가 하면, "손녀로 하여금 약을 먹여 사람이 되게 하고 단수신(檀樹神)과 혼인시켜 아들을 낳게 하였다. 따라서 그 이름을 단군이라 일컬었다."고 한다.[32] 문제는 환웅이 아니라 단수신이 단군의 부계로 거론된다는 점이다. 천손이자 환인의 아들 환웅이 단수신으로 좌정하여 새로운 정체성을 확립하자, 단웅 또는 단웅천왕이 된 것이다. 그러므로 단수신인 단웅의 아들이라는 뜻에서 '단군'으로 명명한 것이다.

《삼국유사》와 달리 《제왕운기》에서는 환웅천왕이 단웅천왕으로 일컬어지고, 신웅이나 환웅이 아니라 단수신으로 신격화되었다. 천상의 환인천제에서 비롯된 정체성보다 지상의 신단수와 단군의 정체성을 더 중요하게 표방한 것이 단웅천왕의 명명이다. 《삼국유사》는 환인→환웅→단군으로 이어지는 천왕 중심의 정통성을 표방하였다면, 《제왕운기》에는 환인→단웅→단군으로 호명하여 단수신 중심의 정통성으로 전환하였다.

후대에 조선의 건국시조로서 단군의 정통성을 더 강조하게 되면, 환웅을 단웅으로 호명하게 된 근거가 단수신보다 단군에 있는 것으로

---

31) 《三國遺事》, 같은 곳, "每於壇樹下 呪願有孕 雄乃假化而婚之 孕生子 號曰壇君王儉."
32) 《帝王韻紀》, 같은 곳, "令孫女飲藥 成人身, 與檀樹神婚 而生男 名檀君."

해석할 수도 있다. 환인에 정통성을 두면 환인의 아들이니 환웅일 수 밖에 없지만, 조선의 건국시조로서 단군에 정통성을 두면 환웅은 단군의 아버지이므로 단웅이라 일컬어야 마땅하다. 그러므로 환인과 단군 누구를 더 정통성으로 삼는가 하는 데 따라 환인과 환웅, 단군의 3대 천왕은 원래 이름이 바뀌어 호명될 수 있는데, 후대에 올수록 조선의 건국시조인 단군의 정통성이 더 부각된 것으로 보인다.

조선조 초기에 오면 환인과 환웅을 모두 단인과 단웅으로 일컫는 사례가 나타난다. 《삼국유사》에서는 환인제석 또는 환인천제로 기록되어 있지만, 세종때 우의정을 지낸 유관(柳觀)의 상서(上書)에서는 환인을 단인(檀因)이라 일컬었다. 자연히 "환웅(桓雄)은 천제 단인의 서자(庶子)이니 역시 단웅(檀雄)이라 일컬었다."[33] 상고시대 사람들은 이 역사의 근본을 잊지 못하여 사우(寺宇)를 창립하고 환(桓)을 단(檀)으로 바꾸어서 삼성(三聖)을 호칭하였다는 것이다.[34] 유관은 상서에서 문화현(文化縣)이 본향이라는 것을 밝히면서, 어릴 때 노인들로부터 들은 삼성당(三聖堂) 유래를 자세하게 기록하여 세종에게 소(疏)를 올렸다.

> 부로(父老)들이 말하기를 구월산은 이 고을의 주산인데 단군 때에는 아사달산이라 이름하였다 하였습니다. 구월산의 동쪽 재(嶺)가 높고 커서 연접하였는데 그 산허리에 신당(神堂)이 있습니다. 어느 시대에 창건하였는지 알지 못하나, 북쪽 벽엔 단인천왕(檀因天王)이 있고 동쪽 벽에는 단웅천왕(檀雄天王)이 있고 서쪽 벽에는 단군천왕(檀君天王)이 있는데, 고을 사람들이 삼성당(三聖堂)이라 칭하고 그 산 아래에 사람이 사는 곳도 또한 성당리(聖堂里)라 칭합니다.[35]

아사달산인 구월신에 환인과 환웅, 단군을 모시는 삼성당이 있는데, 삼성당 북쪽 벽인 정면에는 단인천왕, 오른쪽인 동쪽 벽에는 단웅천왕,

---

33) 《朝鮮王朝實錄》, 端宗 즉위년 6월 28일.
34) 《朝鮮王朝實錄》, 端宗, 위와 같은 곳, "改桓爲檀 號稱三聖".
35) 《朝鮮王朝實錄》, 端宗, 위와 같은 곳,

왼쪽인 서쪽 벽에는 단군천왕을 모셨다고 한다. '환'을 모두 '단'으로 바꾸어서 단인, 단웅, 단군으로 일컬었던 것이다. 시조인 환인이나 신시건국시조 환웅보다 조선의 건국시조인 단군의 정통성을 중심으로 호명을 통일시킨 것이다. 후대로 오면서 역사적 정통성을 갖출수록 환인의 천신 중심에서 지상의 단수신 중심으로, 또는 신시시조 환웅보다 조선의 시조 단군을 정통성으로 삼아서 고조선시대사가 기록된 것을 알아차릴 수 있다.

8. 단군을 낳은 단수신의 원형과 인류시조 목도령

환웅이나 환군은 천신의 의미를 지닌 명명이지만, 단웅(檀雄)이나 단군(檀君)은 단수(檀樹) 곧 수신(樹神)의 의미를 지닌 명명이다. 이 관계를 일반화하면 수신 곧 나무신에게 여성이 찾아와서 혼인을 하고 아들을 낳았으며 그 아들의 이름을 나무신의 정체성을 살려서 명명했다는 것이다.

이러한 문제를 포착하게 되면, 신화적 사유를 담은 구전설화 가운데 인류시조 이야기가 이와 같은 서사구조를 이루고 있다는 사실을 주목하지 않을 수 없다. 왜냐하면 단수신과 곰네 사이에서 단군이 태어나는 과정과 서사구조가 일치하는 인류시조 설화가 있기 때문이다.

흔히 대홍수 설화라 하지만, 주인공을 중심으로 일컬으면 '목도령' 설화 또는 '밤나무아들 율범이'로 명명되는 설화가 그러한 보기이다. 현생 인류의 시조를 이야기하는 까닭에 신화로 볼 수도 있으나, 신성시되지 않는 까닭에 민담으로 분류된다. 그러나 신화적 사유가 서사구조의 핵심을 이루는 까닭에 신화적 민담이라 할 수 있다. 일반적인 줄거리는 대홍수로 인류가 멸망했을 때 유일하게 살아남은 나무아들 곧 목도령이 인류의 조상이 되었다는 이야기이다.

어느 곳에 거목 한 그루가 있었다. 천상의 선녀 한 사람이 늘 그 나무 그늘에서 노닐었다. 선녀는 목신(木神)의 정기에 감응하여 잉태하고 잘 생긴 아들을 낳았다. 아들이 7, 8세 될 때 어머니는 천상으로 돌아가고, 갑자기 태풍이 불면서 장마가 계속되어 대홍수가 일어났다. 이때 목도령 아버지인 고목나무가 강풍에 넘어지면서 아들에게 "어서 내 등에 타거라" 하였다. 목도령은 나무아버지를 타고 정처없이 표류했다.36)

대홍수 설화의 앞부분만 옮긴 것인데, 1923년 9월 부산진 김승태로부터37) 수집된 이야기다. 대홍수에도 나무아버지를 타고 살아나서 인류의 시조가 되었다는 것이 설화의 결말이다. 선녀가 고목나무 아래에서 노닐다가 나무의 정기와 교섭하여 잉태를 했다는 사실은, 곰네가 단수아래에 찾아와 늘 빌어서 단수신의 아이를 베고 아들을 낳았다는 환웅본풀이의 단군출생담과 일치한다. 부계의 신성한 나무와 모계의 신성한 여성이 부부관계를 이루어 목도령이나 단군을 낳았다는 것이다.

더 흥미로운 것은 단수신의 아들을 단군이라고 한 것처럼 거목의 아들을 목도령으로 일컫은 명명의 방식이다. 목도령이 나무 아들인 것처럼, 단군은 누가 뭐라 그래도 단수의 아들이다. '밤나무 아들 율범이' 설화에서는38) 고목나무 대신에 밤나무가 등장하고 선녀 대신에 마을의 처녀가 등장한다. 호랑이 담배 필 시절, 처녀가 밭에 가는 길에 오줌이 마려워서 밤나무 밑에서 오줌을 누다가, 밤나무의 아들을 잉태하게 되었다는 데서 이야기가 시작된다. 이 밤나무 아들이 바로 율범이다.

어느 이야기든 주인공이 대홍수 뒤에 인류의 시조가 되었다는 점에서 구약의 창세기에 나오는 '노아의 방주'와 같은 이야기를 이루고 있다. 그러나 기독교적 신관이나 원죄의식에 따른 인류 징벌의 내용은 포함되어 있지 않다. 나무의 아들이 인류의 조상노릇을 했으며 그 아

36) 孫晉泰, 《韓國民族說話의 研究》, 乙酉文化社, 1946, 166쪽의 '홍수설화' 앞부분을 간단하게 정리한 것이다.
37) 孫晉泰, 위의 책, 170쪽.
38) 鄭尙坪·柳鐘穆, 《韓國口碑文學大系》 8-12, 경남 울산·울주편, 韓國精神文化研究院, 1986, 542~551쪽의 '사람의 조상인 밤나무 아들 율범이'.

들을 잉태시킨 나무가 생명의 원천이자 세상의 질서를 내다보는 신성한 능력을 지녔다는 것을 드러내고 있는 이야기이다. 결국 나무의 정령과 인간인 여성이 부부로 결합하는 신성한 혼인을 이야기하고 있다.

단군신화에서 곰과 범이 신단수 밑에 와서 사람이 되게 해달라고 빌거나, 사람이 된 곰네가 다시 신단수 밑에 찾아와서 아기를 배게 해달라고 빌었던 것은, 구체적으로 그 대상이 환웅이지만 사실은 신단수에 깃들어 있는 수신(樹神)으로서 신단수에 강림해 있는 천신이다. 그것은 곧 고목과 선녀 또는 밤나무와 처녀가 혼인하여 목도령을 낳은 인류시조신화의 구조와 같다. 그러므로 단군의 모계는 여성이지만 부계는 단수신으로서 인류시조인 목도령의 부모관계와 같은 양상이다.

다시 정리하면, 단군이나 목도령처럼 시조를 낳은 부모의 남녀관계가 일치한다는 것이다. 부모 또는 남녀의 관계가 단군본풀이에서는 하늘과 땅으로, 인류시조신화에서는 땅과 하늘로 뒤집어 있다. 그러나 나무와 사람의 관계로 보면 나무에 깃들어 있는 남성 아버지와 여성 인간이 결합하여 단군과 목도령을 낳은 구조는 서로 일치한다. 단군이나 목도령은 모두 나무신인 부계를 표방하고 있는 이름이다. 구전설화에서는 물론 무당굿에서도 나무가 조상신으로 등장한다. 특히 황해도 벌대감굿거리의 나무굿 가운데 제일 처음 하는 '밤나무 거리'를 보면 밤나무가 할아버지 곧 조상이라고 한다.

굿을 하는 무당 스스로 나무가 되어서, "내 나무 이름은 어허냐 밤나무, 어험 나는 한아버지야. 한아버지 도와달라고 그래. 어험 어험 어험 어험, 이 골 안산에 할아버진데" 한다.[39] 수종으로는 밤나무지만 이 고을의 할아버지 곧 고을 지킴이라는 것이다. 이러한 사유를 확대하면 밤나무는 조선국 시조인 단군 한아버지라는 것이다. 그러므로 무당은 밤나무 한아버지에게 무엇이든 빌어보라고 한다.

목도령 설화나 밤나무굿의 사설에서 부계가 나무 곧 수신으로 이야

---

39) 김헌선,《황해도 무당굿놀이 연구》, 보고사, 2007, 329쪽.

기되는 것은 단군의 부계가 단수신인 것과 구조적으로 일치한다. 여성들이 당나무에 기자치성을 드리는 민속도 곰네가 늘 신단수를 찾아와 기자치성을 드린 것이나 다르지 않다. 이러한 기자풍속은 우연의 일치가 아니라, 인류시조에 대한 한민족의 문화적 원형으로서 최근까지 역사유전자로 지속되고 있는 것이다. 그러므로 마을의 당나무는 여전히 여성들의 기자치성의 대상이며 입향시조신을 상징하는 마을 수호신 구실을 하고 있는 것이다.

계림의 나뭇가지에 걸린 금궤에서 아기로 출현한 김알지도 목도령이나 단군의 출생 양식과 다르지 않다. 따라서 신라금관의 세움장식은 사슴뿔이 아니라 모두 신성한 나무 양식으로 이루어져 있다. 김알지계 왕실의 정체성을 신성한 숲 곧 계림으로 나타내고 있는 것이 금관의 형상이다.[40] 그러므로 '신단수의 신시'와 '시림의 계림'이 국호일 뿐 아니라, 신수가 국가 정체성을 나타내는 상징물이자 신앙의 대상인 것이다. 이처럼 마을의 당나무나 고을의 부군신목도 해당 지역의 정체성을 나타내는 상징물이자 신앙의 대상이다.

집단 정체성을 나타내는 동식물 상징을 토템이라는 용어로 나타낸다면 신단수와 계림, 당나무, 신목, 당산숲 등은 모두 토템수목에 해당된다. 곰과 범을 토템동물로 삼은 곰족 및 범족과 달리, 신단수를 토템수목으로 삼은 종족은 환웅족과 그 후예인 단군족일 것이다. 그리고 조선의 유민(遺民)으로 알려진 신라인들, 특히 계림에서 출현한 김알지계의 김씨 왕실에서도 계림을 토템수목으로 삼았을 것이다. 그러한 구체적인 증거가 신라 금관의 수목형 세움장식이다.[41] 그러므로 신라의 김씨 왕가는 토템수목인 신수를 왕권 상징의 금관에 세움장식으로 이용했던 것이다.

---

40) 임재해, 《신라 금관의 기원을 밝힌다》, 391~394쪽.
41) 임재해, 위의 책, 383~400쪽 참조.

9. 환웅신시 역사를 서술한 고구려벽화의 신수도

단군조선의 집단정체성을 시각적 상징물로 나타내면 무엇이 적절할까. 이미 건국시조인 檀君의 이름에서 그 정체성이 잘 나타나 있다. 단군이라는 시조명이 표방하고 있는 것처럼, 단군의 성부 환웅과 성모 곰네가 서로 만나 성혼을 한 신단수 또는 신수가 시각적 아이콘 구실을할 수밖에 없다. 그러면 천신족인 환웅의 신시국은 집단정체성을 무엇으로 나타냈을까. 신단수에 내려와서 신시를 열었으니 단군족처럼 신단수를 시각적 상징물, 곧 토템폴로 삼았을까. 그러한 문화적 원형의 자취는 고구려 고분벽화를 사료로 해석하면 어느 정도 포착할 수 있다.

중국 집안현(集安縣) 각저총 벽화의 나무그림과 장천1호분 전실 벽화의 나무그림은 신수(神樹)로 보아야 한다. 각저총의 각저희는 곰족과 범족이 사람이 되려고 신단수를 찾아와서 환웅에게 빌었던 역사적 상황을 재현해 놓은 '신단수도'인 까닭에 앞에서 자세하게 다루었다. 각저희처럼 그림사료로 더 주목할 만한 것이 집안현의 장천1호분 전실 왼쪽 벽화의 나무그림이다. 이 나무는 신단수로 보이는 신수인데도 흔히 생활풍속도로 설명하는 데서 만족하고 있다.

문제는 어떤 생활풍속인가 하는 것이다. 야외 나들이나 공연활동 또는 사냥 그림으로 간주하는 까닭에, 당시의 생활풍속 일부를 나타낸 그림으로 해석되고 만다. 생활풍속도로 보게 되면 그림의 핵심인 나무가 제대로 해석되지 않는다. 대단히 특이한 거목이라도, 나무는 사람들의 생활세계와 무관한 자연물로 간주되므로 풍속도에서는 주목되지 않기 일쑤이다.

그러나 왕족을 묻은 고분의 벽화일수록 신성한 역사를 서술한 그림이 주류를 이룬다는 점을 고려하면, 나무그림이 신성한 역사의 서술이자 무덤 속의 영혼을 기리는 주술적 의미를 지닌 것으로 해석하게 된다. 암각화처럼 고분벽화는 제의의 현장이라 해도 지나치지 않다. 따라서 50여 명의 사람들이 다양한 놀이를 즐기는 모습을 한꺼번에 그려

놓은 것으로 해석하는 것
은, 고분의 벽면을 마치 풍
속화가의 화선지로 간주하
는 셈이다. 이러한 풍속화
의 한계를 극복하려면, 벽
화는 묘주를 위한 장례의식
의 절차로서 망자의 영혼을
축원하는 굿판을 그림으로
재현한 것이라고 추론해야
한다.

　이러한 추론으로 벽화를
보면, 그림에서 악기와 놀
이, 사냥, 복식 등이 개별적
으로 그려진 풍속화의 여러
장면으로 보이지 않는다. 벽
화 중앙 상단에 양산을 든

〈그림 47〉 장천1호 고분벽화의 신수 그림

시종의 모습과 우뚝한 신수가 돋보이면서, 신수를 대상으로 한 큰 굿
판을 벌이고 있는, 유기적 총체로서 하나의 장면을 포착할 수 있다. 신
수가 공동체의 집단정체성을 나타내는 상징물이라는 점에 착안하여 주
목하면 벽화에 대한 새로운 해석의 길이 열린다.

　각저총을 한갓 풍속화로 간주한 경우에도, 신단수 그림만 따로 떼
어서 보면 달리 보인다. 따라서 각저총 벽화를 풍속화라고 한 전호태
도 신단수 그림을 오려서 확대해 놓은 장면에서는 해석이 진전된다.
"씨름장면에서 곰과 호랑이는 지상세계의 뜻과 소망을 하늘 세계로 전
하는 메신저 역할을 하고 있다"는 다소 빗나간 해석으로 갔지만, "이런
점에서 곰과 호랑이는 고조선의 건국신화인 단군신화를 연상하게 한
다"고 했다.[42]

　해석이 한갓 풍속화에서 환웅의 신시건국본풀이를 연상하는 단계까

지 나아간 셈이다. 그러나 곰과 호랑이보다 더 중요한 것은 환웅천왕의 존재를 상징적으로 형상화 한 신단수 그림이다. 신단수야말로 환웅이 강림한 신성한 공간이자 신시의 국호와 단군의 왕호를 파생시킨 결정적 역사유전자이기 때문이다. 신단수 주위에서 환웅천왕굿이나 신시나라굿과 같은 집단적인 굿이 이루어졌을 것이며, 이러한 공동체굿이 역사적 유전자로 이어진 것이, 당나무 아래에서 거행되는 마을굿의 전통이다.

현재의 생활사료인 마을굿을 근거로, 신시시대 신단수 아래에서 펼쳐졌던 천왕굿의 문화를 재해석할 수 있다. 따라서 마을굿의 가무오신 양식은 이 그림을 해석하는 중요한 생활사료 구실을 한다. 최근까지 전승되는 마을굿과 놀이, 풍물 등을 근거로 이 벽화의 제의적 의미를 거꾸로 추론할 필요가 있다.

당나무로 호명되는 신수는 마을굿의 핵심 공간이자 신성한 제의의 현장이었다. 왜냐하면 공동체의 수호신이 깃들어 있는 신수 아래에서 마을굿과 고을굿이 이루어졌기 때문이다. 단오굿을 할 때는 그네를 당나무에 매고 씨름도 당나무 아래에서 이루어졌다. 단오놀이가 곧 단오굿의 일환이었던 것이다. 정월대보름에 마을굿을 할 때에는 풍물잡이들이 당나무 아래에서 밤늦도록 풍물을 치며 굿을 했고,[43] 동제 전후에 건립굿이나 지신밟기를 위해 집돌이 풍물굿을 며칠씩 계속했다.

하회별신굿도 가무오신 행위로 이루어지는 집돌이 풍물굿의 전통을 잘 보여준다. 탈춤과 같은 극적 행위도 원래는 제의의 일환으로 탈굿이자 춤굿이었다. 줄당기기와 동채싸움, 놋다리밟기 등도 승부를 다투는 경기나 놀이처럼 보이지만, 사실은 풍농기원의 보름굿을 위한 놀이 종목의 하나였다. 이러한 놀이들은 모두 당나무를 구심점으로 이루어진다. 하회마을 별신굿의 탈놀이도 마을 중앙의 넓은 공터였던 거대한

---

42) 전호태,《고구려 고분벽화 연구 여행》, 푸른역사, 2012, 146쪽의 도판 설명.
43) 안동 가송리 마을굿과 소산리 마을굿은 최근까지 풍물굿으로 이루어지고 있다. 전남지역 마을에서는 이러한 풍물굿이 특히 왕성하게 전승되고 있다.

삼신당 당나무 아래에서 연행
되었다. 이 당나무 터는 하회
마을의 신성공간이자 마을굿을
하는 제의적 광장이었다. 그러
므로 장천1호분의 그림은 신단
수 아래에서 묘주가 생전에 올
리던 나라굿을 재현한 것으로
해석된다.

신단수에 해당되는 신수 왼
쪽에는 시종이 양산을 들고 있
고 그 아래에 묘주가 좌정한   〈그림 48〉 장천1호: 양산을 들고 있는 시종
것으로 판단된다. 양산 아래의

묘주 그림이 지워져 있어서 오히려 더 신이하게 보인다. 묘주의 영혼
은 실물처럼 또렷하게 그리지 않아서 더 실감난다. 묘주 오른쪽에는
신단수가 가장 우뚝하게 자리 잡고 있다. 그 앞에서 신수와 묘주를 향
해 악기를 연주하며 노래하고 춤추는 사람들의 모습이 집단적으로 보
인다. 악기 연주자들은 뒤쪽에서 반주하고, 춤추는 사람이 앞에 나와서
춤추는 모습도 현재 풍물굿이나 탈춤의 양식을 그대로 보여준다.

신수를 중심으로 한판 흐드러진 굿이 베풀어지는 아래쪽에는 작은
나무가 한 그루 있다. 나무의 모양을 보면 크기만 작을 뿐 신수나 다
르지 않다. 한 사람이 새를
안고 그 앞에서 축원을 하고
있다. 품을 떠난 다른 새 한
마리는 날갯짓을 하며 날고
있다. 새는 곡모신으로서 씨
앗을 퍼뜨리는 구실을 한다.
개인적인 치성을 드리고 있는
것 같은데, 농경민으로서 풍

〈그림 49〉 신단수 아래 부분

농기원의 제의를 올리는 셈이다. 공동체굿과 개별굿이 신수 아래에서 공존하고 있는 셈이다.

공동체 제의의 원형은 가무오신의 대동굿이며, 신단수와 같은 당나무가 제의터로서 구심점을 이룬다. 굿은 경제적 풍요와 사회적 안녕을 기원하는 현실적인 제의이지만, 굿에서 노래되는 본풀이처럼 늘 역사적 내력을 잊지 않고 서사무가로 노래한다. 굿의 본풀이는 곧 신의 역사적 내력을 노래하는 것이다. 나라굿에서는 나라의 건국시조와 건국사를 노래하기 마련이다. 그러한 서사적 상황의 역사 이야기를 벽화에 형상화한 것이 각저총의 신단수 그림이자, 장천1호고분 벽화 좌측의 신단수 그림이다. 두 그림은 같은 역사를 그림으로 형상화한 까닭에 일정한 연관성을 지니고 있다.

> 커다란 자색나무의 가지 사이에 그려진 검은 새 여러 마리, 나무 밑동 좌우의 곰과 호랑이는 고구려인의 전통신앙과 관계있는 동물로 이해되는 존재이다. 각저총 벽화의 나무들이 하늘과 땅을 잇는 일종의 우주목(宇宙木)으로서의 기능과 화면을 나누고 장면을 전환시키는 경계목으로서의 역할을 함께 담당함을 고려하면 화면 속 나무 밑동의 곰과 호랑이는 하늘기둥의 역할을 하는 이 거대한 나무에 의지하여 지상세계 생명의 뜻과 소망을 하늘세계로 전하려는 존재이며, 검은 새는 이들의 꿈을 하늘세계에 전하려고 귀를 기울이는지도 모른다. 이러한 점에서 각저총 벽화의 곰과 호랑이는 고조선의 건국신화인 단군신화를 연상시키는 존재들이라고 할 수 있다.[44]

미술사학자 전호태는 일본학자 타다시 사이토(濟藤 忠)의 각저총 연구를 인용하여 나무 좌우의 곰과 호랑이를 고구려인들의 전통신앙과 관련이 있다고 한 다음, 스스로 단군신화의 곰과 호랑이를 연상한다고 하였다. 그러나 서구세계의 신화인 우주목을 끌어들임으로써 신단수의 역사적 해석을 놓치게 되었다. 장천1호 벽화 아래쪽의 수렵도 해석도

---

44) 전호태, 《고구려 고분벽화의 세계》, 서울대학교출판부, 2004, 166쪽.

같은 한계에 머물렀다.

수렵도는 사슴과 호랑이, 멧돼지 등을 사냥하는 그림인데, 왼쪽에 '커다란 나무 밑동 아래 동굴의 검은 곰 형상의 동물'을 단군신화와 관련하여 주목되는 존재라고[45] 하였다. 정확하게 말하면 이 시기의 상황은 단군 출생 전의 상황인 까닭에 환웅신화 곧 환웅신시 시대의 건국역사를 나타낸 것이다.

〈그림 50〉 각저총 신단수 부분

각저총의 큰 나무는 우주목이 아니다. 환웅이 강림하여 자리잡은 신단수이다. 그 아래 곰과 범이 머물고 있는 상황으로 볼 때, 환웅의 신시건국본풀이를 그림으로 형상화한 것이다. 환웅본풀이 가운데 곰과 범이 환웅을 찾아와서 사람이 되게 해달라고 비는 대목과 그 이후의 상황을 나타낸 것이다. 신단수가 곰쪽으로 기울어져서 나뭇가지를 드리우고 있다. 호랑이는 그 반대방향으로 등을 돌리고 있어서 신단수 그늘에서 벗어나 있다. 환웅의 지시를 따른 곰과, 따르지 않은 범의 태도가 잘 형상화되어 있어서 눈길을 끈다. 따라서 환웅의 신단수 줄기가 전적으로 곰에게 기울어져 있는 것은 우연이라 할 수 없다. 환웅과 곰, 범의 상호관계가 그림으로 잘 나타나 있다. 그러므로 이 그림은 환웅족과 곰족이 문화적 공유로 사회적 연대를 이루고 있는 반면에, 범족은 등을 돌린 채 자문화 중심의 길을 가는 상황이 그려져 있는 것으로 해석된다.

신단수는 환웅본풀이의 무대이다. 환웅의 실체는 신단수가 아니라 신단수에 깃들어 있는 새들이다. 왜냐하면 환웅은 신단수로 강림해서

---

45) 전호태, 위의 책, 166쪽.

신시를 세웠기 때문에 환웅과 신단수는 하나이면서 둘이고 둘이면서 하나이다. 새와 나무의 관계도 이와 같다. 새는 으레 나무에 둥지를 틀고, 나뭇가지에는 으레 새가 앉아 있기 마련이다. 환웅신시에서 새는 천왕을 상징하는 토템동물로서 하늘에서 지상으로 내려온 천조(天鳥)를 상징한다. 이 천조는 해를 상징하는 까닭에 삼족오로 해석될 수 있다.[46]

따라서 곰족과 범족은 신단수 그루터기에 앉아 있는 곰과 범으로 그리고, 환웅은 신단수 가지에 둥지를 틀고 있는 새로 그려서 나타낸 것이 각저총의 신단수도이다. 그러므로 환웅의 토템을 식물로 나타낼 때 신단수로 형상화되지만, 동물로 나타낼 때는 하늘에서 내려온 새 곧 천조로 형상화된 것이다.

환웅천조상으로 명명한 고구려 금동장식품에서는 환웅을 나타내는 토템동물이 한층 구체적으로 형상화되어 있다. 대형 날개를 펼쳐서 곰과 범을 품고 있는 큰 새가 바로 천조이자 환웅족을 상징하는 토템이다. 따라서 이 장신구를 환웅천조상으로 일컬었다.

신단수와 환웅의 관계는 서로 떼놓을 수 없는 것처럼, 신수인 '나무'와 천신 상징의 '천조'도 서로 떼놓을 수 없다. 김알지가 출현한 계림에서도 천조인 흰닭이 하늘에서 내려와 금궤가 걸려 있는 나뭇가지에 앉아서 울었다. 김알지의 출현을 알린 존재가 바로 천조인 흰 닭이었다. 계림의 신수와 천조의 흰 닭은 유기적 짝을 이루고 있다. 그러므로 김알지본풀이에도 환웅신시의 역사유전자가 고스란히 지속되고 있는 것이다.

이 사실을 근거로 환웅의 신단수 강림을 재구성하면, 환웅신시의 건국본풀이가 더 구체적으로 보완된다. 고려시대에 기록된 신시본풀이에는 하늘에서 지상으로 내려오는 천조가 없지만, 고구려시대의 그림과 유물에는 환웅을 상징하는 천조가 있다. 적어도 고구려 벽화와 유물을 제작할 때에는, 해를 상징하는 삼족오나, 김알지본풀이의 흰닭과

---

46) 박선희, 《고구려 금관의 정치사》, 84쪽.

같은 천조가 신시본풀이 속에 포함되어 구전되었을 것이다. 고구려시대 사료로 신시본풀이를 복원하면, 환웅이 신단수 아래로 강림할 때, 천조가 내려와 환웅의 강림을 알렸거나, 환웅이 천조의 형태로 나타났을 것이다. 이러한 서사적 내용이 그림과 유물의 형태로 사료 구실을 하는 것이 각저총의 신단수도이자 환웅천조상이다.

10. 환웅신시와 단군조선의 역사적 지속성 변별

신단수와 천조는 환웅족의 집단정체성을 나타내는 시각적 상징물이다. 고구려시대에 오면서 각저총의 신단수 그림처럼 벽화로 그려지기도 하고, '환웅천조상'처럼 장신구에 형상화되기도 하였다. 신라 초기에는 김알지본풀이처럼 서사적 이야기에 흰닭으로 출현하기도 하며, 세간의 민속에서는 솟대의 양식으로 전승되기도 했다.

솟대는 나무와 새가 결합된 신앙물로 인식되는데, 마을 어귀에 높이 세운 것은 주민들의 집단 정체성을 나타내는 상징적 기호이다. 솟대의 나무와 새는 곧 신단수와 천조의 관계를 집약적으로 양식화한 것이다. 따라서 솟대는 신단수와 천조를 하나로 일체화한 구조물로서, 환웅족의 역사적 정체성을 나타내는 일종의 토템폴이라 할 수 있다. 그러므로 천신족이 주체인 환웅신시의 정체성을 상징하는 역사적 유전자이자, 집단무의식으로 전승되는 문화유산이 솟대라 할 수 있다.

그런데 더 자세하게 보면 신수만 있고 새가 없는 벽화가 있다. 마을에도 솟대는 없고 낭나무민 서'낭신으로 섬기는 마을이 있다. 각저총의 신수도와 달리 장천1호분의 신수도에는 새나 새둥지가 없다. 나뭇가지 끝에는 새둥지나 새 대신에 큰 나뭇잎이 두드러져 있다. 의도적으로 새를 배제시킨 신수도로 볼 수 있다. 신웅(神雄)보다 단수신(檀樹神), 환웅보다 단웅(檀雄), 환웅천왕보다 단군왕검의 정체성을 더 강조

〈그림 51〉 신단수 아래 동굴 속의 곰

하고 있는 형상이다.

장천1호분 사냥그림 왼쪽에도 신수그림이 있다(그림 51). 이 그림의 신수에도 곰이 있는 것으로 보아 신단수로 주목해도 좋겠다. 그런데 신단수이긴 해도 각저총의 신단수와 달리 나뭇가지에 새가 앉아 있지 않을 뿐 아니라, 나무 그루터기의 동굴 속에 범은 없고 곰만 한 마리 웅크리고 있다. 환웅본풀이의 곰처럼 동굴 속에서 100일 동안 칩거생활에 들어간 이야기를 형상화하고 있는 것처럼 보인다.

흥미로운 점은 각저총의 신단수 그림과 달리, 곰만 있고 이미 범은 사라지고 없다. 더군다나 범은 그 오른쪽의 사냥도에서 사냥꾼의 사냥 대상이 되고 있다. 범족은 이미 환웅족과 결별한 상황을 나태내고 있는 것이다. 따라서 환웅과 곰네의 결연 이후의 역사적 상황이 신단수와 동굴의 곰으로 형상화되어 있는 것으로 재해석할 수 있다. 그러므로 고구려시대까지 태초의 민족사로서 기억하고 본풀이로 노래하며 제의적으로 신앙화한 것은 물론, 그러한 역사를 고분벽화로 생생하게 서술했던 역사는 단군조선이 아니라 그 이전의 환웅신시 역사였던 사실을 발견할 수 있다.

다만 시대적 층위에 따라 그 역사적 상황을 그린 그림이 조금씩 차이를 보인다. 환웅천조상으로 만들어진 장신구와 천조가 앉아 있는 신단수 벽화는 천신족으로서 환웅천왕의 정체성을 더 중요하게 계승한 것이라면, 신수만을 그려놓았거나 신수 아래에 곰만 그려둔 벽화는 이미 환웅과 곰족이 연대를 이룬 이후의 상황을 나타낸 것이다.

이러한 그림의 차이는 어느 시기의 역사적 상황을 나타낸 것인가 하는 데 따라 다를 수 있다. 그리고 벽화로 역사를 그린 주체가 환웅과 단군 가운데 누구를 더 자기 집단의 정체성을 결정하는 시조왕으로 섬기는가 하는 데서 비롯된 차이로 볼 수도 있다. 천조상이나 신단수에 새를 그린 집단은 천손강림의 환웅천왕을 역사적 정통성으로서 더 중요하게 여겼다면, 천조를 배제한 채 오롯이 신단수만 그린 집단은 환웅천왕보다 상대적으로 단군왕검을 역사적 뿌리로 더 중요하게 계승한 것이 아닌가 한다.

그러한 차이가 현재도 이어져서 신단수를 원형으로 한 신수의 두 유형은 변함없이 함께 전승되고 있다. 마을에 따라서 당나무만 서낭당으로 모시는 경우가 있는가 하면, 여기에 솟대를 함께 세우는 경우도 있다. 솟대가 천조와 신단수가 결합된 일종의 토템폴로서 환웅천왕의 정통성을 나타낸 것이라면, 당나무 또는 여기에다 장생만 보탠 서낭당은 단군왕검의 정통성을 나타낸 것이다. 솟대와 당나무를 함께 세운 마을은 환웅과 단군의 정체성을 함께 표방하는 셈이다.

그런데 서낭당에 솟대만 세운 경우는 거의 없지만, 솟대나 장생 없이 당나무만 모시고 있는 경우는 상당히 많다. 초기의 환웅시조 관념은 점차 사라지고, 조선조로 오면서 단군시조 관념이 주류를 이루게 된 까닭이 아닌가 한다. 그러나 고대에는 환웅시조 관념이 단군시조 관념보다 더 강세였을 것이다. 환웅신시의 역사는 고구려시대에 생생하게 서술된 것은 물론, 신라 초기의 육촌촌장 본풀이에서도 고스란히 이어졌다.

신라 여섯 촌장들이 한결같이 환웅처럼 하늘에서 산으로 강림하여 일정한 지역을 다스리는 지도자이자 성씨 시조가 되었던 것이 구체적인 보기이다. 따라서 육촌촌장 사회는 조선의 유민(遺民)이라고 했을 뿐 아니라, 단군조선 이전의 환웅신시를 더 중요한 역사적 정체성으로 계승하려 했던 것이다. 그러므로 6촌촌장신화의 서사구조가 환웅신

화와 같을 뿐 아니라, 그들이 추대한 박혁거세도 환웅의 건국이념인
'홍익인간 재세이화'의 세계관을 따라 밝사상과 함께 '혁거세 광명이세'
의 세계관을 추구했던 것이다.

　　신라시대에도 환웅족의 세계관보다 단군족의 세계관에 관심이 높은
집단들이 있었다. 단군족은 천손강림의 환웅족과 달리, 모계인 곰네를
성모로 섬기며 사람의 아들로 태어난 가치를 적극적으로 긍정했다. 따
라서 천손강림의 환웅족보다 성모로부터 출생한 단군족의 정체성을 적
극 계승한 집단은 박혁거세의 뿌리를 6촌촌장에 두지 않고 선도산 성
모에 두고 있다. 그러므로 박혁거세는 촌장들로부터 추대된 천손강림
의 천왕이 아니라, 선도산 성모에 의해 출생된[47] 인왕으로 역사 서술
을 하였다.

　　박혁거세의 모계가 선도산 성모라는 것은 태양시조사상에 입각한
환웅족의 세계관과 어긋나되, 성모 곰네에게서 태어난 단군족의 세계
관과 정확하게 일치한다. 따라서 선도산 성모를 추앙하는 집단은 환웅
족보다 단군족의 정체성을 더 중요하게 표방했을 것으로 추론된다. 그
러므로 선도산 성모 집단은 육촌촌장들과 달리 혁거세가 하늘에서 강
림한 것이 아니라, 성모가 낳은 아들이라는 주장을 하며, 그러한 역사
를 구술사로 전승했던 것이다.

　　이 두 갈래의 역사는 신라시조왕 혁거세를 두고 그 정체성을 다투
는 세계관적 논쟁이자, 역사적 정통성을 누구로 삼는가 하는 정치적
공방이기도 하다. 박혁거세를 추대한 촌장 집단은 태양시조시상에 따
라 시조왕을 천손강림으로 여기는데, 선도산 성모 집단은 혁거세를 성

---

47) 《三國遺事》卷1, 紀異1, 新羅始祖 赫居世王의 협주에서 서술산 성모가 박혁거
　　세를 낳았다는 설이 있다고 했다.
　　《三國史記》卷12, 新羅本紀 12, 敬順王의 선도산 성모 기록을 보면, 고대 중
　　국황실에서 남편 없이 임신한 왕녀가 진한에 이르러 아들을 낳았는데, 신라
　　의 첫 임금이 되고 그녀는 신선이 되어 선도산에 머물렀다고 한다. 성모가
　　박혁거세를 낳은 어머니라는 것이다. 성모를 중국황실의 딸로 기록한 것은
　　김부식의 사대주의에서 비롯된 것으로 해석되고 있다.

모에 의해서 잉태되고 출산된 존재로 여기는 것이다. 환웅과 단군은 부자관계에 있지만, 존재론적 위상으로 보면 천손강림 시조와 천손출산 시조로 크게 어긋나기 때문이다. 혁거세의 경우는 같은 시조왕을 두고 천손강림으로 주장하여 추대하려는 촌장 집단과 천손출산으로 주장하여 모권을 강화하려는 성모 집단의 정치적 대립이 두 가지 본풀이로 전승된 것이다.

이러한 대립 양상은 곧 자기 집단의 시조를 환웅으로 보는가 단군으로 보는가 하는 차이에서 비롯된 역사적 정통성의 논쟁이기도 하다. 결국 이 대립과 논쟁에서 환웅족을 정통성으로 표방하는 6촌 촌장들의 위세에, 단군족을 정통성으로 표방하는 성모 계열이 정치적으로 밀리게 된 것이다. 따라서 신라시조는 성모에게서 태어난 사람의 아들이 아니라, 천신족의 후예답게 자줏빛 알 곧 태양에서 태어난 천손으로서 신라 건국시조로 추대되었다. 그러므로 신라건국사는 환웅족의 역사적 정통성에 따라 6촌촌장에 의한 박혁거세의 역사가 주류로 서술되고, 선도산 성모의 역사는 비주류로 주변화하여 구술사로 전하게 되었다고 할 수 있다.

환웅족의 역사적 정통성은 나중에 김씨계 왕실에 의해 새롭게 구성된다. 그들의 시조는 김알지인 까닭에 박혁거세와 다른 시조본풀이를 창출하지 않을 수 없다. 그러나 역사적 정통성을 고스란히 계승한 까닭에 김알지본풀이의 서사구조는 환웅신시의 건국본풀이와 일치한다. 시림에서 자줏빛 광채가 하늘에서 드리워지고 백계(白鷄)가 울면서 금궤 안의 김알지가 탄생한 것은, 환웅천조와 신단수의 구조를 더 구체화한 셈이다. 그러므로 환웅신시본풀이는 세계관뿐만 아니라 서사구조와 역사적 정통성도 신라시대까지 지속되는 역사유전자 구실을 하였던 것이다.

제14장 태양국가 신시고국의 정체와 천부인 상징

1. 고조선 국호론과 단군시조론의 문제의식

한국사에서 가장 심각한 오류는 한민족 최초의 국가를 '고조선'이라 하는 것이고, 다음은 민족시조를 '단군'이라고 주장하는 것이다. '고조선'은 국호가 아니라 기자조선이나 위만조선 이전 시대를 나타내기 위한 시대구분 명칭일 따름이다. 왜냐하면 단군이 건국한 나라의 국호는 '고조선'이 아니라 '조선'이기 때문이다. 어느 문헌에도 국호를 '고조선'으로 기록한 사례가 없는 것은 물론, 《삼국유사》에서 단군이 나라를 세우고 국호를 '조선'이라 했다고 분명히 밝혀 두었다.

그럼에도 '고조선'을 마치 국호인 것처럼 일컫는 관행은 구체적 사료에 입각하지 않은 사학계의 불철저한 고대사 인식에서 비롯되었다. 사료보다 왜곡된 지식을 맹목적으로 따르는 폐단이 역사학의 발전을 가로막고 있는 셈이다. 게다가 이성계가 스스로 독자적 국호를 정하지 않고 단군의 '조선'에서 빌어 와 쓰게 된 것도 한 원인을 제공했다. 더 엄정하게 말하면 국호 선택을 중국에 맡긴 것이 문제이다. 왕좌에 오른 이성계는 명나라 홍무제(洪武帝)에게 예문관학사(藝文館學士) 한상질(韓尙質)을 사신으로 보내 국호를 '조선(朝鮮)'과 '화령(和寧)' 가운데 하나를 정해 달라고 요청한 것이다.[1] 홍무제가 1392년 윤12월에 칙서

---

1) 《太祖實錄》, 太祖 1年 11月 29日, 국호를 정해 달라는 주문(奏文) 내용의 일부이다. "나라를 차지하고 국호(國號)를 세우는 것은 진실로 소신(小臣)이 감히 마음대로 할 수가 없는 일입니다. 조선(朝鮮)과 화령(和寧) 등의 칭호로서 천총(天聰)에 주달(奏達)하오니, 삼가 황제께서 재가(裁可)해 주심을 바라옵니다."

를 보내오자, 이듬해 2월 15일에 주문사(奏聞使) 한상질(韓尙質)이 조선
으로 국호가 낙점된 것을 보고한다.

> 본부(本部)의 우시랑(右侍郞) 장지(張智) 등이 홍무(洪武) 25년 윤12월
> 초9일에 삼가 성지(聖旨)를 받들었는데, 그 조칙에, '동이(東夷)의 국호(國
> 號)에 다만 조선(朝鮮)의 칭호가 아름답고, 또 이것이 전래한 지가 오래
> 되었으니, 그 명칭을 근본하여 본받을 것이며, 하늘을 본받아 백성을 다스
> 려서 후사(後嗣)를 영구히 번성하게 하라.' 하였소.[2]

이 보고를 받은 태조는 황제의 궁궐을 향하여 예를 행하고 한상질
에게 전지 50결을 하사하였으며, "지금부터는 고려(高麗)란 나라 이름
은 없애고 조선(朝鮮)의 국호를 좇아 쓰게 할 것"을 명하고 죄인들을
사면하는 은전을 베풀었다.

이성계가 단군이 건국한 '조선'의 국호를 그대로 쓰게 됨으로써 두
가지 문제가 발생된다 하나는 긍정적인 문제로서, 국호 '조선'은 홍무
제의 칙서(勅書)에서 언급한 것처럼, 동이의 국호로서 아름답고 오래
되었을 뿐 아니라, '하늘을 본받아 백성을 다스리는' 천신족 환웅천왕
의 홍익인간 이념을 담고 있는 점이다. 그러므로 조선이라는 국호는
동이족의 오래된 국호의 전통을 고스란히 계승한 것은 물론, 하늘의
뜻을 지상에 실현하는 건국이념을 끊임없이 환기시켜 주는 기능을 한
다는 점에서 바람직한 것이라 할 수 있다.

둘은 부정적인 문제로서, 태조가 국호를 처음 제시할 때에 조선과
화령으로 정한 점이다. 화령은 태조가 태어난 고향이자 화령부윤으로
서 자신의 출생지를 내세운 까닭에 누가 보더라도 국호로 삼는 것은
바람직하지 않다. 따라서 홍무제는 당연히 조선으로 정해 준 것이지만,
이미 있는 역사적 국호여서 호명의 충돌이 불가피하게 되었다. 만일
'조선'의 국호를 계승하려면 백제를 계승한 '후백제'처럼 역사의 전후를

---

2) 《朝鮮王朝實錄》, 太祖 2年, 2月 15日.

헤아려 '후조선'으로 해야 할 것이다.

그럼에도 단군조선의 국호 '조선'을 이성계가 고스란히 표방함으로써 호명의 충돌을 피할 수 없게 되었다. 당대의 국호가 조선인 까닭에, 단군이 개국한 '조선'을 '전조선'이나 '고조선'으로 일컬어야 변별이 가능하게 된 것이다. 게다가 《삼국유사》에 환웅신시와 단군조선의 역사를 서술하면서 그 표제를 '고조선'으로 시대개념을 표기한 까닭에 마치 단군조선의 국호가 고조선인 것처럼 착각하게 되었다. 더 문제는 이러한 착각을 아예 모르거나, 알면서도 잘못된 관행을 일반화하여 국호를 왜곡하는 점이다.

단군을 민족시조라고 하는 것은 '조선'을 '고조선'이라 하는 사실보다 더 큰 오류이자 심각한 역사 왜곡이다. 고조선은 국호 조선을 곧이곧대로 일컬어야 한다는 정명론에 사로잡히지 않는다면, 고조선이 지칭하는 역사적 개념이나 시대구분은 단군이 세운 '조선'을 상대적으로 일컫는 호명인 까닭에 역사를 이해하는 데 큰 문제가 없다. 다만 고조선을 국호인 것처럼 착각하는 것이 문제일 따름이다.

그러나 단군을 민족시조라고 하는 것은 사실과 다를 뿐 아니라, 민족사의 기원을 왜곡하는 일이다. 왜냐하면 단군시조론은 환웅시조의 존재를 묻어버림으로써 민족의 뿌리를 잘라 내는 일이자, 단군조선에 선행했던 신시고국의 역사를 삭제하는 일이기 때문이다. 그러므로 민족시조부터 바로잡아야 민족사가 바로 선다.

단군을 민족시조라 하는 것은 단군을 낳은 부모가 없을 때 가능한 일이다. 그런데 단군을 낳은 아버지 환웅과 성모 곰네가 사료에 버젓이 밝혀져 있을 뿐 아니라, 단군이 조선을 건국하기 이전에 환웅천왕이 세운 '신시'가 문헌사료에 기록되어 있는 것은 물론, 다른 사료와 유물에서도 역사적 증거가 두루 남아 있다. 그럼에도 단군을 민족시조라 하는 것은 단군이 세운 조선을 고조선이라 하는 오류를 넘어서, 살아 있는 조상을 죽이는 몰역사적 행위이자 고대사의 근본 뿌리를 잘라 버리는 일이라 하지 않을 수 없다.

　더군다나 환웅이 통치이념으로 삼은 홍익인간 정신을 지금도 계승한다고 널리 표방하고 있으면서, 환웅이 아닌 단군을 민족시조라고 하는 것은 터무니없는 일이다. 홍익인간 이념은 단군이 세상에 태어나기 이전에 환인과 환웅 부자가 함께 표방했던, 탐구인세(貪求人世) 곧 인간세상을 구하기 위한 사상이었다.[3] 이러한 홍익인간 사상을 고려하면, 탐구인세를 위해 이 땅에 내려온 환웅천왕은 사실상 '구세주'와 같은 존재이다. 그러므로 민족정신으로서 홍익인간 이념 계승을 표방하면서 정작 이념을 주창하고 실현하기 위해 '재세이화'를 실천한 환웅은 제쳐두고 그 아들 단군을 민족시조라고 하는 것은 이만저만한 당착이 아닐 수 없다.

　단군조선의 국호를 고조선이라 하는 것은 단군이 세운 '조선'의 국호 위에 '고조선'을 덮어씌움으로써 민족국가의 근간인 '조선'의 역사를 지워버리는 행위이다. 신시를 건국하고 단군을 낳은 환웅천왕을 제쳐둔 채, 단군을 민족시조라 하는 것은 환웅신시의 역사를 민족사 서술에서 말살하는 행위이다. 할아버지를 두고 아버지를 시조라고 우기는 일을 어찌 사가의 견해이자 사학자의 주장이라 할 수 있을까.

　이처럼, 실제 역사에 잘못된 역사를 덧씌워서 덮어버리거나, 실제로 있었던 역사를 마치 없었던 것처럼 민족사에서 삭제하는 행위는, 마치 컴퓨터 안에 저장된 정보를 숨기기 위해 자료를 지우는 두 가지 방식과 일치한다. 하드웨어 속에 저장된 정보를 지우는 방법은 그 자체로 삭제(delete)하는 방법과, 다른 자료를 덧씌워 저장하는 방법이 있다. 그러므로 고조선론이나 단군시조론은 모두 살아 있는 역사를 삭제하는 두 가지 방식에 해당된다고 할 수 있다.

　더 심각한 문제는 환웅신시 이후에 성립된 단군조선의 역사조차 만들어진 신화로 간주하는 것이다. 관련 사료가 문헌기록으로 명백하게 남아 있으니, 사료의 존재 자체를 부정할 수 없게 되자, 해당 기록을

---

3) 《三國遺事》卷1, 紀異1, 古朝鮮-王儉朝鮮, "桓雄 數意天下 貪求人世 父知子意".

조작된 사료로 간주하는 것이다. 식민시대 일본 어용학자인 나카 미치요(那河通世)와 시라토리 쿠라키치(白鳥庫吉), 이마니시 류(今西龍) 등이 《삼국유사》 '고조선'조의 기록을 승려 일연의 날조로 간주하자,[4] 일부 식민사학자들이 동조하며 같은 논리를 폈다.

그런데 이보다 더 문제가 되는 것이 신화라는 이름으로 사료적 가치를 부정하는 일이다. '신화와 역사는 다르다'고 전제한 뒤에, 이 사료를 '신화'라는 혐의를 씌워 역사학의 영역에서 완전히 추방해 버린 것이다. 조작은 바로잡을 수 있지만, 역사가 아니라 신화라고 하면 더이상 어찌할 방법이 없는 까닭이다. 그러나 두 가지 근거는 모두 잘못되었다. 신화와 역사는 다르면서 같을 뿐 아니라, 이 사료는 신화적 양식으로 서술된 역사인 까닭이다.[5] 그러므로 식민사학에 포섭되어 단군조선의 역사를 부정하는 것은 역사학의 사명과 거꾸로 가는 반역사학적 행위라 할 수 있다.

문제는 반역사학이 실증주의를 내세워 과학적 역사학을 하는 것처럼 포장하고 있는 점이다. 실증주의 사학자들 가운데는 실증주의를 잘못 알고 있는 경우가 적지 않다. 사료에 담겨 있는 역사적 사실에 대한 관심보다 표현의 과학성 여부에 매몰되어 있는 까닭이다. 따라서 사료의 내용을 실증주의적으로 해석할 생각은 하지 않고, 사료의 표현 자체를 문제 삼아 과학성 여부를 판별하는 것을 실증주의로 착각하는 것이다.

고대의 건국사는 으레 신화적 양식으로 서술되기 마련이며 건국시조는 초월적 존재로서 신격화된다. 초월적 신화사료도 실증주의적으로 해석해야 할 사료이지 역사연구에서 배격해야 할 사료는 아니다. 그러므로 고대사와 고대문화를 제대로 해석하려면, 신화의 형태로 기표(記標)된 건국본풀이의 기의(記意)를 새롭게 해석하는 논리를 개척해야 할 것이다.

---

4) 이 책 2장 8절 및 3장 2절에서 비판적으로 검토하였다.
5) 이 책 3장 4절에서 이 문제를 자세하게 다루었다.

2. 신화사료의 실증주의 해석과 식민사학 문제

흔히 건국신화라고 하는 건국시조본풀이는 건국초기의 역사를 서술한 표현 양식으로서 기표 구실을 할 뿐이다. 따라서 기표가 신화적이라고 하여 그 기의까지 신화로 간주하는 것은, 중국사의 천자나 일본사의 천황, 티베트사의 달라이 라마 등을 역사적 실체로 인정하지 않는 것과 같은 모순이다.

중국사의 천자처럼, 만물을 지배하는 천부적 특권을 지닌 일본사의 천황은 아직도 세습되고 있고, 환생불로 믿어 신성하게 숭앙되고 있는 달라이 라마도 여전히 이어지고 있다. 실재하고 있는 역사적 현실이지만, 천자나 천황, 환생불은 실증사학에서 과학적으로 입증할 수 없는 사실인 까닭에 허구에 해당된다. 따라서 수천 년의 중국사는 물론, 일본과 티베트의 현재사도 허구로 부정되어야 하는가. 그것은 곧 가장 실증적인 현실을 실증주의 논리로 부정하는 실증사학의 당착이자 논리적 모순이다. 실증사학의 이러한 모순은 기표와 기의, 상징적 관념과 현실적 실재를 분별하지 못하는 혼동에서 비롯된 것이다.

두 마리의 봉황이 무궁화를 사이에 두고 마주보고 있는 문양은 청와대라는 기의를 상징하는 기표일 따름이다. 그런데 기표인 봉황은 신조(神鳥)일 뿐 실제로 존재하지 않는 새이다. 그렇다고 하여, 봉황 문양으로 나타낸 청와대를 두고 봉황이라는 기표가 신화적인 까닭에 그 기의인 청와대도 실존하는 대통령의 집무기관이 아니라 한갓 만들어진 허구라고 할 것인가.

실증사학의 모순은, 모든 문헌사료의 기록은 한갓 기표일 뿐이므로 그 기의는 해석되어야 한다는 기본적 사실을 알지 못하는 것이자, 모든 고대국가의 초기 역사는 건국신화로 서술될 수밖에 없는 기본적 역사조차 알지 못하는 데 있다. 기표는 역사적 사실에 해당되는 기의를 효과적으로 담아내기 위해 동원된 언어체계의 한 국면으로서, 때로는 과학적 합리성을 넘어서는 까닭에 오히려 기표로서 의의를 지니는 것이다. 문학의 언어가 상징과 은유, 과장법으로 실제 사실을 예술적으로 형상화하는 것처럼, 사료의 언어도 하나의 기호체계로서, 나타내고자 하는 기의를 효과적으로 나타내기 위하여 초월적 표현의 기표를 사용하기 마련이다.

천자라는 칭호나 봉황의 문양은 물론, 왕을 은유하는 용안(龍顏), 용상(龍床), 용포(龍袍) 등의 기표는 모두 초월적이지만 그 기의는 아주 구체적이고 현실적이다. 기표가 실증의 대상이 아니라 기의가 실증의 대상이기 때문에 실증사학에서도 이 사실을 역사적 실체로 인정하지 않을 수 없다. 따라서 고대 건국사를 연구하는 경우에는 으레 신화적 기표를 사료로 삼아, 역사적 '기의'를 해석하는 것이 역사학의 기본이다. 그러므로 환웅천왕의 강림이나 곰네의 변신에 관한 기록을 두고 종교적 자료로 인정할지라도 역사적 사료로 인정할 수 없다고[6] 하는 것은 곧 기호체계로서 사료의 숨은 뜻을 해석할 의도가 없고 기표에 내재된 기의를 해석할 능력조차 없는 사실을 고백하는 셈이다.

어떤 사관의 역사학이라도 사료를 역사적 해석의 대상으로 보지 않고 사료의 기표를 곧 역사로 간주하는 순간 역사학을 부정하는 당착에 이른다. 왜냐하면 사료 해석이 역사학이라는 사실을 부정하는 동시에, 사실상 역사학자로서 사료해석의 무능을 자백하는 것이기 때문이다. 사료의 기표 읽기 수준에 매몰되어 기의 해석을 하지 않게 되면 사실상 고대사 연구는 포기해야 한다. 왜냐하면 고대사 서술은 대부분 실증 불가능한 기표로 서술되어 있는 까닭이다. 그러므로 고대사 해석의 문제는 사료의 기표가 지닌 실증성의 한계에 있는 것이 아니라, 기표에 갈무리된 기의를 제대로 해석해 내지 못하는 연구자의 학문적 역량에 있는 것이다.

역사학은 과학이 아니라 해석학이자 인문학문이다. 사료는 과학적 실증의 대상이 아니라 인문학적 통찰력을 발휘한 학문적 해석의 대상

---

6) 송호정, 《단군, 만들어진 신화》, 120쪽.

이다. 합리적 이성을 넘어서 창조적 상상력과 논리적 설득력을 갖춘 통찰력으로 사료를 해석하고 역사를 서술하는 것이 역사학이다. 따라서 일부 사학자들이 실증주의 사학을 과학적 역사학인 것처럼 우상화하는 것은 사실상 역사해석의 무능을 가리는 가면일 뿐 아니라, 실증주의조차 제대로 이해하지 못하고 있는 셈이다. 더군다나 사료의 기표를 두고 과학성 여부만 따지는 가부 판정은 실증주의도 역사연구도 아니다.

유럽의 실증주의는 귀납과 이성을 내세워 "최초의 원인이나 궁극적인 도달점"과 같은 '공허한 목적은 그만 두고 모든 현상에 작용하는 최소한의 자연 법칙을 찾아내는 것을 목표'로 삼는다.[7] 그런데 일본의 실증주의는 이러한 근본에 충실하지 않고 세부적인 고증 작업에 머물렀다. 게다가 천황체제와 군국주의에 동조하여 절대적 통치권을 지닌 천황의 신성국가 이념을 앞세우는 반면, 주변국의 식민통치를 확대하기 위해 이웃나라를 열등한 국가로 폄훼하는 일에 실증주의를 이용했다.[8]

실증사관으로 보면 일본 천황제는 마땅히 폐지되어야 하고 일본의 신도는 진작 배격되어야 한다. 그런데 일본의 실증주의는 자국 역사에 대해서 신성국가의 정치적 이념에 영합하였을 뿐 아니라, 제국주의 학문의 앞잡이 구실을 하였다. 따라서 일본의 신성국가는 진실이고 조선의 신성국가는 신화이자 허위라고[9] 하는 주장을 펼쳤다. 그러므로 일본의 실증주의 사학은 객관적 사실이나 과학적 합리성과 거리가 멀 뿐 아니라, 식민지배의 앞잡이 구실을 한 까닭에 식민사관 또는 제국사관이라 할 수밖에 없다.

그런데 한국의 실증주의 표방 사학자들은 유럽이 아니라 일본의 실증주의를 끌어와서 단군조선의 역사를 부정하는 까닭에 그들의 실증사

7) 조동일, 〈제1강 실증주의 넘어서기〉, 《세계·지방화시대의 한국학》 5, 계명대학교 출판부, 2007, 16쪽.
8) 조동일, 위의 책, 20~21쪽.
9) 조동일, 같은 책, 21쪽.

학은 곧 식민사학의 아류일 수밖에 없다. 그렇다고 하여 유럽의 실증주
의는 문제가 없는가 하면 그렇지 않다. 자연학문과 달리 역사학은 실증
과학이 아닌 까닭이다. 사료를 과학으로 보면 역사는 남아나지 않는다.
고대로 갈수록 과학적 사실로 구성된 사료는 거의 없기 때문이다.

특히 건국사 초기의 사실은 모두 본풀이 양식으로 서술되는 까닭에
신화답게 표기되기 마련이다. 어느 나라 어느 민족의 역사든 고대 건
국사는 마찬가지이다. 따라서 신화가 없는 역사는 고대사가 없는 역사
이다. 그럼에도 신화사료를 인문학적으로 해석하지 않고 과학적 준거
로 평가만 하는 것은 사료의 역사적 연구를 부정하는 반역사적 행위이
다. 그러므로 《삼국유사》 '고조선'조의 기록을 '만들어진 신화'로 규정
하는 순간, 사료로서 역사 기능에 붉은 딱지를 붙이는 월권행위를 하
는 셈이다.

3. 인문학문으로서 역사학과 사료의 '기의' 해석

역사 해석의 고정관념을 버려야 새로운 해석의 틀을 개척할 수 있
다. 역사를 해석하는 사관도 이미 마련되어 있다는 선입견에서 해방되
어야 스스로 주체적인 사관을 수립할 수 있다. 따라서 한물간 실증주
의를 금과옥조로 삼는 것은 역사 해석의 새 모색을 포기하는 것이다.
실증사학뿐 아니라 다른 준거도 마찬가지이다. 이미 있는 사관이나 해
석의 틀에 사료를 끼워 맞추는 상부성을 넘어서야, 독자적 사관을 수
립할 수 있고 통찰력을 갖춘 새 역사학을 실천할 수 있다.

고대국가의 성립 준거라고 해서 다르지 않다. 기존의 고대국가 성
립 요건에 매몰되어 있어서는 진전된 국가 형성론을 펼칠 수 없는 것
은 물론, 다양한 형태의 고대국가 성립 가능성을 차단하는 일이다. 현
재에도 다양한 형태의 현대국가들이 인류사회에 공존하고 있는 것처

럼, 고대에도 다양한 형태의 고대국가가 있었다는 사실을 인정해야 새로운 고대사 인식의 길이 열린다. 어떻게 고대에는 단일한 형태의 국가만 있었다고 믿을 수 있는지, 또 외국학계에서 말한 고대국가의 성립조건을 그대로 따르기만 하려는지, 도무지 납득하기 어렵다.

학문의 세계에서 자명한 진실이 없다고 하는 것은 고대사 연구에서도 예외일 수 없다. 중세국가나 근대국가 또는 현대국가처럼, 고대에도 다양한 형태의 국가가 존재했다는 사실을 어떤 논리로든 부정하기 어렵다. 청동기를 사용하면 국가이고, 옥기나 토기를 사용하면 고대국가가 아니라고 할 근거는 없다. 만일 근거가 있다면 서양학자들이 그렇게 주장하고 그것이 사학계에서 통용되었을 뿐이다. 서양학계의 통설이 근거라면, 서양학계에서는 물론 국내학계에서조차 고조선문명을 인정하지 않는 까닭에 세계문명사로서 고조선문명 연구는 포기해야 한다.

고대국가의 역사적 연원은 그 시작점이 명백하게 정해져 있는 것이 아니다. 근대 민족국가의 성립 시기만 보더라도 나라마다 또는 민족마다 제각기 다를 뿐 아니라, 근대국가나 민족국가의 형태도 제각각이다. 고대국가의 성립 시기는 근대국가의 경우보다 민족에 따른 차이가 더 클 수 있다. 인류사에서 전혀 인정되지 않고 있는 고조선문명을 표방하면서도 기존의 진부한 고대국가론에 사로잡혀 있는 것은 자가당착이다. 그러므로 고대국가는 기존의 준거에 따라 이러저러한 조건을 갖추어야 하고 특정 시기부터 성립되기 시작했다는 틀을 무너뜨려야 한다.

특히 세계사의 새 문명으로서 고조선문명을 수립하려는 도전적 연구는 더욱 모험적 작업이 기대된다. 그럼에도 모험적 작업은커녕 이미 밝혀진 오류조차 바로잡지 않고 잘못된 관행을 따르는 점이 문제이다. 역사적 사실과 달리 '고조선'을 국호로 쓰게 되면 고조선문명론은 사상누각이 되는 까닭이다. 고조선문명론이 고조선시대의 문명이 아니라 고조선 국가의 문명으로 다루게 되면, 아무리 정교한 논의를 펼치고 독창적인 성과를 이끌어 내도 세계사에서 설 자리가 없다.

왜냐하면 고조선을 국호로 호명하는 한, '고조선문명론'은 실체 없는 문명론으로 간주되는 까닭이다. 더 심각한 것은 국호로서 고조선문명은 자기 설 자리도 부정할 뿐 아니라, 단군조선 이전의 환웅신시 문명론의 설 자리까지 앗아가게 되는 점이다. 그러므로 단군조선을 포함한 그 이전의 시대사를 더 거슬러 올라가고 문화사를 더 파고들어서 민족사의 역사적 출발점을 제대로 끌어올리려면, '고조선'을 국호가 아니라 단군조선과 그 이전 시대를 포괄하는 역사적 시대구분 명칭으로 일컬어야 한다.

이러한 문제의식에 따라 단군시조론이 아닌 '환웅시조론', 고조선론이 아닌 '신시고국론'을 펼치며, 고조선시대의 역사와 문명을 총체적으로 주목하는 것이다. 그러자면, 기존 사료도 재해석해야 할 뿐 아니라 새로운 사료 개척도 필요하다. 사료 재해석의 논리로 본풀이사관을 수립하고, 이른바 단군신화라고 하는 문헌사료를 환웅의 '신시본풀이'와 단군의 '조선본풀이'로 분별하여 본풀이고고학과 본풀이고현학의 눈으로[10] 새롭게 해석한 것이다. 다음 연구는 새로운 사료의 개척 작업으로서 기존 사학계의 사료 범주를 확대하여 '생활사료'[11] 영역을 새로 설정한 작업이다. 사료학으로 존재하는 역사학이 새로운 사료의 개척 없이 역사학의 획기적 발전을 기대할 수 없기 때문이다. 그러므로 사료의 고정관념을 넘어서 생활사료를 표방한 것이다.

그러나 식민사학에 감염된 사학계의 질병은 반세기 이상 지속된 만성화에 따라 이러한 수준의 학문적 백신으로는 치유될 수 없다. 치유는커녕 오히려 식민사관의 틀을 강고하게 유지하기 위하여 반역사학적 준동까지 하며, 고조선시대와 같은 상고사 연구의 기운을 꺾어보려는 온갖 노력을 기울이고 있다.[12] 따라서 식민사학의 질병을 치유하려면

---

10) 임재해, 〈한국신화의 주체적 인식과 민족문화의 정체성〉, 《단군학연구》 17, 단군학회, 2007, 303~318쪽 참조.
11) 임재해, 《고조선문화의 높이와 깊이》, 568~678쪽 참조.
12) 상고사 연구의 새로운 흐름에 대하여 위기를 느낀 일부 강단사학자들 가운데 식민사학을 극복하고 새로운 고대사론을 펼치면, '재야사학' 또는 '유사사학'으로 간주하며, 정통사학의 이름으로 강단사학의 기득권을 지키려고 한다.

본풀이사관의 백신 개발을 비롯한 새로운 처방을 다각적으로 모색해야 할 것이다. 그러자면 기존 사학의 패러다임을 도전사학으로 해체해야 할 뿐 아니라, 본풀이사관을 더 다지고 진전시켜서 학계에 일반화시키는 지속적 작업이 필요하다.

그러기 위해 두 가지 작업을 장기 지속적으로 해야 한다. 하나는 기존의 문헌사료들을 널리 끌어들여 재해석하는 작업을 더 논리적으로 깊이 있게 하는 것이며, 둘은 생활사료도 식생활 사료에서 확장시켜 생활세계 일반의 다양한 사료들을 끌어들여서 놀랄 만한 해석의 독창성을 발휘해야 한다. 따라서 고조선시대의 역사와 문화를 읽을 수 있는 문헌사료를 주변국가의 사서로까지 확대시키고, 생활사료도 현재의 민중생활사 또는 풍속사 일반으로 확대시킬 필요가 있다. 그러므로 사료 새로 읽기와 사료 갈래의 확대, 독창적 사관의 정립은 함께 가지 않을 수 없다.

4. 고대 문헌사료 해석의 두 가지 논리와 통찰력

한국 사료에 기록된 환웅신시의 정체성은 천신족 중심의 태양숭배 사상을 지닌 농경문화 국가로서 홍익인간 이념의 표방 아래 재세이화와 광명이세를 추구한 것으로 포착된다. 고대국가의 건국과정은 흔히 건국신화로 호명되는 건국본풀이에 잘 나타나 있다. 따라서 건국본풀이에 서술된 국호와 도읍지, 건국시조 등을 검토한 결과 환웅천왕의 홍익인간 이념과 태양시조사상이 신시고국에서부터 조선, 부여, 고구려, 신라를 거쳐서 가야 시대까지 지속되고 있는 사실을 확인할 수 있

최근에는 일부 사학자들이 고대사 관련 대중강연까지 하면서 고조선시대 연구의 새로운 해석 가능성을 차단하기 위해 '헛발길' 주장까지 해서 화제가 되었다.

었다.13)

　신시국의 건국본풀이 서사구조 또한 신라와 가야시대까지 일관되게 지속되며 일정한 변화 발전을 이루었다.14) 이 사실은 민족신화로서 동질성이 민족국가의 초기부터 수천 년 동안 지속되면서 민족국가의 정체성을 확립하고 있었다는 말이다. 따라서 민족국가의 여러 건국본풀이를 시대마다 제각기 독립적으로 해석하거나, 전래설에 따라 몽골이나 알타이신화 또는 남방신화의 영향으로 제각기 설명하는 것은 잘못이다.

　자기 나라 건국본풀이를 자민족의 세계관과 역사적 정체성 속에서 해석하지 못한 채, 다른 민족신화에 견주어 상대적 해석에 만족하거나 전래설을 펴는 것은 두 가지 문제가 있다. 하나는 스스로 자민족 역사와 문화를 해석하는 독자적 학문 역량을 갖추지 못했다고 자백하는 것이며, 둘은 자국 역사학을 종속적 식민사학의 틀에 귀속시키는 것이다. 이 문제를 극복하려면, 타민족 신화와 비교하여 동질성 여부로 전래설을 펼 것이 아니라, 우리 민족신화를 서로 비교하여 통시적 일관성을 포착하고 모든 신화들을 상호관계 속에서 해석할 필요가 있다. 그래야 한국신화로서 건국본풀이의 구조적 동질성과 민족적 세계관을 총체적으로 해명할 수 있다.

　그럼에도 우리 민족신화는 타민족 신화에 따라 종속적으로 해석된 까닭에 두 가지 오류에 빠져 있다. 오류 하나는 이미 지적한 것처럼 북방신화는 천손강림신화이고 남방신화는 난생신화라는 상투적 신화분포론에 고스란히 적용시켜 한국 건국본풀이를 두 갈래의 신화로 양분해15) 버리거나, 또는 더 세부적으로 나누어 다양한 원류론을16) 펼치는

13) 임재해, 〈건국본풀이로 본 시조왕의 '해' 상징과 정치적 이상〉, 《比較民俗學》 43, 比較民俗學會, 2010, 467~510쪽 및 〈환웅시대 태양시조사상의 홍익인간과 재세이화 전통〉, 《고조선단군학》 29, 고조선단군학회, 2013, 489~542쪽 참조.
14) 이 책 6장에서 자세하게 다루었다.
15) 김병모, 〈韓國神話의 考古·民俗學的 解析〉, 《東方思想論攷》, 韓國精神文化研究

것이다. 우리 신화를 어떻게 나누든 다른 민족에게서 원류를 찾는 근거로 삼는 것은, 자생적인 건국본풀이조차 갖추지 못한 신화 불임의 민족으로 간주하는 점에서 다르지 않다. 게다가 대부분의 건국신화를 북방 유목민족으로부터 전래된 것으로 해석함으로써, 유목문화 전래설과 시베리아 문화기원설에서 벗어나지 못하고 있다.

오류 둘은 자국 신화를 스스로 해석하는 역량이 없다는 것이다. 따라서 여러 건국본풀이를 상호 관련성 속에서 맥락적으로 해석하지 않고, 마치 서로 다른 민족신화처럼 서로 분리시켜 제각기 다룬 까닭에 한국 건국신화의 독자성을 포착하지 못하고 있다. 그리고 특정 건국신화조차 작품 내적 구조를 유기적으로 해석하지 못하고 부분으로 해체하여 요소적으로 해석함으로써 전래설에 머물 수밖에 없다. 그러므로 한국 건국신화를 총체적으로 포착하는 통찰력을 확보할 수 없게 되었다.

실제로 단군본풀이만 하더라도 환웅과 단군 따로, 탐구인세와 홍익인간 따로, 태백산 신단수와 신시 따로, 360여 사와 재세이화 따로 주목하고 요소적 해석을 하기 일쑤이다. 요소적 해석은 사료를 파편화할 뿐 아니라 기표의 표현 수준에 매몰되어 맥락적 해석에 이르지 못한다. 따라서 환웅이 하늘에서 내려온 요소만을 근거로 '천손강림신화'라하여 태양시조신화라는 사실은 놓치기 일쑤이다. 더군다나 천손강림신화는 북방신화로 간주하여 민족신화의 역사적 유산을 유목민족에게 상납하기까지 한다.

그런가 하면 단군본풀이 가운데 곰이 인간으로 변신한 요소만으로 변신설화(變身說話)로[17] 간주거나, 단군이 곰네로부터 태어난 사실만

院, 1983.

16) 김화경, 《한국신화의 원류》, 지식산업사, 2005에서는, 단군과 해모수, 박혁거세, 수로 신화 등의 천강신화는 터키계 신화와 상통하는 반면, 고주몽의 일광감응 신화는 몽고족 계통, 수조 신화는 퉁구스족 계통, 석탈해의 난생 신화는 캄차카의 코리약족 계통으로 해석하면서 한민족 지배계층의 원류를 다른 민족에게서 찾고 있다.

17) 李相日, 〈變身說話의 類型分析과 原初思惟〉, 《大東文化硏究》 8, 성균관대학교 대동문화연구원, 1971, 14쪽에서는 단군신화의 호랑이가 사람으로 변신되지

을 근거로 수조신화(獸祖神話)로[18] 간주하기도 한다. 환웅신시와 단군
조선의 건국사를 담은 본풀이를 한갓 변신설화나 수조신화로 간주함으
로써, 건국주체인 환웅의 건국이념과 국가체제, 통치방식, 세계관 등
중요한 역사적 문제는 모두 배제된 채, 오직 곰의 변신 문제나 곰이
민족의 조상이라는 주변적 문제에만 집착하게 된다.

전후맥락을 보면 곰이나 범은 짐승이 아니라 특정 민족을 나타내는
토템동물이다. 따라서 곰을 짐승으로 간주하여 변신설화로 보는 것도
문제이지만, 곰을 신성하게 여겨서 지모신으로 의미부여하는 것도 문
제이다. 곰이 지모신 구실을 한 근거가 없을 뿐 아니라, 곰이 지모신이
라면 환웅을 찾아가서 인간이 되기를 빌지도 않았을 것이며, 범과 함
께 같은 동굴에서 살지도 않았을 것이다. 곰이 지모신이라면 같은 동
굴에서 산 범은 무슨 신인가 하는 것도 해명되어야 한다.

환웅이 환웅족 곧 천신족의 대표인 것처럼, 곰은 곰족의 대표이고
범은 범족의 대표를 뜻하는 종족의 형상적 기표일 따름이다. 특정 민
족이나 집단의 정체성을 동물이나 식물의 형상으로 은유하는 토템문화
는, 고대사회는 물론 현대사회까지 지속되고 있다. 따라서 곰이 인간으
로 변신한 존재로 곰네를 해석하는 것이 곰에 대한 과소평가라면, 곰
네를 지모신으로 해석하게 되면 곰에 대한 과대평가라 할 수 있다. 건
국본풀이처럼 여러 내용이 복합적으로 구성되어 있을 때 "임의로 그
중의 한 요소만을 선택하여 신화화(神話化) 해서는 안된다."[19] 왜냐하
면 사료 전체의 내용과 전후의 맥락을 충분히 고려해서 총체적으로 해
석해야 정확한 의미를 포착할 수 있는 까닭이다.

이처럼 요소적 문제로 곰에 집착하게 되면, 마침내 단군은 곰의 지

못한 까닭에 '변신실패담'으로 거론되지만, 《국어국문학사전》이나 《민족문화
대백과사전》에서는 곰이 사람으로 변신한 사실을 근거로 '동물인간형' 변신설
화의 보기로 든다.
18) 조현설, 《동아시아 건국 신화의역사와 논리》, 문학과지성사, 2002, 206쪽.
19) 尹明喆, 〈壇君神話에 대한 構造的 分析〉, 《韓國思想史學》 2, 韓國思想史學會,
1998, 132쪽.

손이라는 수조신화의 틀에 갇히게 된다. 따라서 건국주체가 누구인가, 그 정체는 무엇인가 하는 역사적 본질은 증발된다. 환웅이 건국주체이 자 천왕이며, 태양신을 표방하는 천신족의 제왕이라는 사실 대신에, 곰 이 민족정체성을 결정하는 주체로 과도하게 해석되기에 이른다. 곰에 게 과도한 의미를 부여할수록 건국시조 환웅천왕이 홍익인간 이념으로 인간세상을 온전하게 다스리고자 하는 거룩한 의도는 잠적되고, 인간 세상을 위해 이타적으로 몸을 던져 재세이화를 실천한 구세주 같은 지 도자였다는 사실도 묻히게 된다.

더 문제는 이러한 요소적 사실을 일반화하여 환웅신시나 단군조선 의 국가적 정체성을 규정하는 것이다. 마치 곰족을 환웅신시나 단군조 선의 주체로 간주하여, 홍산문화의 옥룡(玉龍)을 두고 곰인가 아닌가 하는 문제에 집착하는가 하면, 곰토템을 지닌 퉁구스족을 단군조선의 혈연적 뿌리로 간주하기도 한다. 이처럼 퉁구스족 기원론에 빠지게 되 면, 옥룡이 곰을 나타내든 돼지를 나타내든 퉁구스족과 연관된 것으로 자의적 해석을 하게 된다. 정작 곰 사육을 연구한 퉁구스족 전문가는 오히려 남방의 농경문화 영향론을[20] 펼치고 있다.

그러므로 요소적 해석에서 벗어나면, 옥룡은 옥룡일 뿐 돼지도 곰도 아니라는 사실을 알 수 있다. 왜냐하면 동물형상을 나타낸 홍산문화의 다른 옥기들을 보면, 어느 짐승인지 쉽게 알아볼 수 있도록 아주 닮게 만들어 두었기 때문이다. 호랑이나 곰, 거북, 새, 나비, 누에, 부엉이, 물 고기 등의 옥기는 누가 보더라도 단박 알아차릴 있도록 옥기를 만들었 다. 그런데 왜 곰과 돼지만 옥룡의 형상으로 만들어서 곰인가 돼지인가 헷갈리게 만들었을까. 특별한 까닭이 없다면 그것은 곰이나 돼지가 아 니라 옥룡으로, 또는 알 수 없는 생물로 인정해야 마땅하다.

분명한 것은 분명하게 해석하고 불분명한 것은 불분명하게 해석하 는 것이 명쾌한 해석이자 온전한 연구이다. 분명한 것을 불분명하게

---

20) 한스-요아힘 파프로트 지음/강정원 옮김, 앞의 책, 315쪽.

해석하는 것은 더딤한 연구라면, 불분명한 것을 분명한 것처럼 해석하는 것은 무리한 연구이다. 그러므로 퉁구스족이 그러한 옥기문화를 누린 것도 아닌데, 옥룡을 곰으로 해석하든 돼지로 해석하든 퉁구스족의 유산으로 해석하는 무리는 극복되어야 마땅하다.

따라서 불분명한 옥룡의 정체를 두고 돼지나 곰으로 해석하여 퉁구스족에다 억지로 끌어다 붙일 것이 아니라, 돼지나 곰과 다른 옥룡의 존재를 별도로 인정해야 옥룡 해석의 새로운 길이 열린다. 옥기의 옥룡 형상을 근거로 퉁구스족에서 민족시조의 혈연적 뿌리를 찾는 것은 여전히 일제강점기 수준의 북방민족 기원론에 머물고 있는 셈이다. 그러므로 퉁구스족과 연줄을 이으려는 작업에서 해방되어야 환웅족의 신시국 역사가 독자적으로 해명될 수 있다.

더 근본적 문제는 신시국 역사와 문화의 정체성은 곰에 있는 것이 아니라 환웅천왕에 있다는 사실을 자각하는 일이다. 이런 자각을 하지 못하면 마치 단군조선 이전에 존재했던 환웅신시의 역사를 마치 곰족의 나라인 것처럼 간주하게 될 뿐 아니라, 단군의 혈연적 계보를 곰족이나 퉁구스족에서 찾게 되는 까닭이다. 이런 전제에 빠지면, 어디서든 곰에 관한 기록이나 유물이 나오면, 옥룡 해석처럼 굳이 단군신화의 곰과 관련지어서 무리하게 해석할 뿐 아니라, 곰이 고대 조선의 민족적 정체성을 결정하는 존재로 해석하는 오류에 빠지게 된다.

그러나 곰족은 환웅천왕이 신시국을 건국하고 재세이화를 펼친 이후에 뒤늦게 출현한 종족이자, 신시국을 동경한 나머지 스스로 찾아와 환웅과 혼인하고 신시국에 복속된 종족일 따름이다. 곰족은 환웅족의 농경문화와 정착생활에 자발적으로 동화된 까닭에 자민족 문화이 정체성을 잃어버려서 그 존재감이 사라진 민족이다. 오히려 범족은 곰족과 달리 문화적 정체성을 확보하며 자문화의 역사를 지속했다. 왜냐하면 범족은 환웅족 문화의 동화과정에서 일탈함으로써 자문화의 정체성을 오롯이 지닌 채 환웅족 문화를 필요에 따라 수용한 까닭이다. 그러므로 범족은 후대까지 자문화의 전통을 유지할 수 있어서 예(濊)라는 나라를 이루고 제천행사로서 무천(舞天)과 함께 자민족 고유의 '호신신앙'을[21] 지켰을 뿐 아니라, 그 전통은 현재까지 지속되고 있어[22] 민족문화를 한층 풍요롭게 하고 있다.

따라서 사료가 빈약할수록 요소적 해석을 극복하고 민족사의 통시적 흐름 속에서 총체적 해석을 하는 것이 바람직하다. 그러자면 부분의 해석을 합한 것이 전체의 해석이라는 훈고주석학 수준을 넘어서야 총체적 해석에 이를 수 있다. 사료를 총체적으로 해석해야 하는 것은 물론, 민족사의 큰 흐름도 총체적으로 포착할 수 있어야 한국 건국본풀이의 전체적 맥락 속에서 개별 건국본풀이를 유기적으로 해석할 수 있다.

이러한 해석 방향은 건국본풀이 해석에 한정되는 문제가 아니다. 인문학문으로서 통찰력을 발휘하려면 개별적 지식과 요소적 해석을 넘어서는 전체적 지식 체계와 연구의 큰 흐름 속에서 새로운 해석의 논리를 수립할 수 있어야 한다. 그러므로 사료의 부분적 고증을 넘어서 민족사의 통시적 흐름과 한민족의 집단적 세계관 속에서 환웅이 건국한 신시고국의 역사를 재구성해 보기로 한다.

5. 신시국 건국시조 환웅천왕의 홍익인간 세계상

고대국가에서 "백성의 생명을 책임지는 왕은 신의 대리자 내지 신 자체로 간주되었다. 신화 속의 신은 때로 인간집단의 왕을 가리킨다."[23]

---

21)《後漢書》, 卷85, 〈東夷列傳〉75, 濊. "常用十月祭天 晝夜飮酒歌舞 名之爲 舞天 又祭虎以神".
22) 범을 산신으로 섬기는 산신신앙이 호신신앙의 전통이다. 산신제의 전통은 지금도 지속되고 있다.
23) 이창재,《신화와 정신분석》, 아카넷, 2014, 290쪽.

왕이 신이자 신이 왕인 것은 있을 수 없는 사실이자 실증 불가능한 초월적 사실이다. 그러나 초월적인 까닭에 역사적 사실이다. 왜냐하면 초월적인 존재가 아니면 고대국가의 건국시조가 될 수 없기 때문이다. 그것은 초월적인 존재의 신이와 이적을 믿는 종교와 같다. 이성적 존재의 합리적 행적과 사실을 믿는 종교는 없다. 종교는 초월적 신이와 불가사의한 기적을 믿는 기반 위에서 성립되는 까닭이다.

이와 마찬가지로, 예사 사람이 나라를 세웠다고 하는 것은 근대국가에서도 매우 어려운 일이지만 고대국가에서는 아예 있을 수 없는 일이다. 예사 사람이 나서서는 국가를 세울 수 없고, 실제로 그렇게 세워진 고대국가는 역사적으로 존재하지 않는다. 따라서 건국시조는 나라를 세울 만한 초월적 역량과 신이한 지도력을 갖춘 인물로서 사실상 신이나 다름없는 존재로 숭앙되는 영웅이어야 한다. 뭇사람들이 신으로 추앙하는 인물이 아니라면 건국시조가 결코 될 수 없다. 그러므로 고대국가의 건국시조는 으레 신격으로 숭앙되기 마련이고 역사에서도 천자나 천손 또는 신의 현현으로 서술되기 마련이다.

문제는 건국시조를 신으로 섬기며 신성시하는 데 있는 것이 아니라, 신의 존재를 어떻게 인식하여 신성시하는가 하는 것이다. 신은 초월적 존재로서 생명을 낳고 기르며 관장하는 주체이다. 그럼 삼라만상의 생명을 관장하는 실체는 누구이며 무엇인가. 빙하기를 겪은 신석기인들의 시각에서 보면 태양이다. 태양이 인간세상의 모든 생명을 살아 있게 만드는 구체적 실체이자 초월적 존재이다. 그러므로 태양은 천체로서 해이지만, 신으로서는 해님이자 하느님이다.

태양은 하늘에 떠 있으므로 하느님이고 하늘 세계의 제왕이다. 하늘의 세계는 곧 신의 세계이자 신성한 세계이며 인간세상을 다스리는 초월적 세계이다. 《삼국유사》 '고조선'조의 《고기》 내용을 보면, 처음에 하늘세계에서부터 역사가 서술된다. 그것은 삼라만상을 관장하는 해님이 하늘세계의 제왕인 까닭이다. 하늘에서 온 누리를 환하게 밝히는 해님이야말로 세상의 온생명을 다스리는 최고의 신격이다.

만물의 생명을 주관하는 신격으로 해를 섬기는 것은 빙하기를 겪은 신석기인들의 체험에서 우러난 관념적 인식이자, 현대 물리학의 생명에 대한 과학적 검증이기도 하다. 물리학자 장회익이 종래의 생명 개념을 비판하고[24] 태양을 중핵으로 한 새로운 생명이론을 제기한 것이 온생명(global life)이다. 따라서 태양이 온생명의 핵심이자 주체이며 우주만물의 개체생명을 창조하고 지속 가능하게 주관하는 신격으로서 해님이다.

하늘의 주체인 해님을 종교적으로 말하면 창조주이자 하느님이다. 따라서 고대 신시인들이 하늘의 해를 신격화하여 해님이라 호명하며 온누리를 밝히는 환한 신으로서 '환님〔桓因〕'으로 호명하는 것은, 현대 물리학의 온생명 이론에 견주어 봐도 논리적 사유를 충족시키는 것은 물론, 우주물리학의 체계 속에서 구성된 합리적 세계관이라 할 수 있다.

태초의 국가를 하늘세계의 제왕인 해님 곧 환인으로부터 서술하는 것은 역사적 정당성을 갖춘 아주 보편적 서술 양식이다. 역사 서술의 자체 논리도 정당할 뿐 아니라 성경의 '창세기'나 서사무가의 '창세가'에서[25] 태초의 우주사를 서술하는 수준과 같은 맥락에 놓여 있기 때문에 초기 역사 서술의 보편성도 확보하고 있다.

다음 서술은 건국시조 환웅의 지상강림에 관한 것이다. 환인의 서자 환웅이 인간세상에 뜻을 두고 있다가, 아버지 환인의 도움으로 인간세상으로 내려와서 신시를 세우고 환웅천왕이 되어 360여 사를 재세이화 했다고[26] 한다. 환인의 서자 환웅은 해님이신 하느님의 아들이자

---

24) 장회익, 《삶과 온생명》, 솔, 1998, 174~176쪽 참조. 이론생물학자 G. W. Rowe가 주장하는 생명의 세 가지 특성을 비판한다. 이를테면 대사 기능과 생식 기능, 진화 기능을 갖춘 것이 생명인데, 실제로 이러한 3가지 기능을 다 갖춘 개체는 없다는 것이다.

25) 성경의 창세기가 천지창조형 우주의 역사를 서술하고 있다면 서사무가의 창세가는 천지개벽형 우주의 역사를 서술하고 있다.

26) 《三國遺事》, 같은 곳. "昔有桓因(謂帝釋也) 庶子桓雄 數意天下 貪求人世 父知子意 下視三危太伯 可以弘益人間 乃授天符印三箇 遺往理之 雄率徒三千 降於太伯山頂(卽太伯今妙香山)神壇樹下 謂之神市 是謂桓雄天王也 將風伯·雨師·雲師 而主穀主

지상세계로 내려온 신격이므로 햇살 또는 햇빛과 같은 존재이다. 해님은 창조주로서 하느님이자 제석이고 상제이며 천제로서 하늘에 있는 유일신이지만, 지상으로 쏟아지는 해님의 아들 햇살은 무수하게 많다. 그러한 많은 아들을 서자(庶子)라 하였다. 그러므로 환웅은 환인의 서자로 일컬어졌다.

환웅은 하늘나라보다 천하의 세상에 늘 뜻을 두고 인간세상을 평화롭게 다스려보고자 하는 생각을 품고 있었다. 아버지 환인이 아들 환웅의 뜻을 알아차리고 삼위태백을 터 잡아 두고, 홍익인간의 이상을 실현할 만한 곳이라 하며, 천부인(天符印) 3개를 주어서 다스리게 하였다. 문제는 탐구인세(貪求人世)를 어떻게 해석하는가 하는 문제이다. 그 자체로 보면 인간세상을 탐낸 것처럼 읽힌다.

그러나 탐구인세(貪求人世)는 앞의 수의천하(數意天下)와 짝을 이룰 뿐 아니라, 아버지 환인이 그 뜻을 알아차려서 홍익인간(弘益人間)의 이념을 실현할 만한 곳으로 삼위태백을 선택해 준 사실과 연관되어 있는 내용이다. 따라서 수의천하·탐구인세·홍익인간을 상호관계 속에서 맥락적으로 해석해야 한다. 그러면 탐구인세는 인간세상을 차지하려는 욕망으로 해석할 수 없을 뿐 아니라, 천상세계나 하느님에게 영광을 돌리기 위한 것도 아니라는 사실을 알 수 있다. 왜냐하면 환웅은 천하 세상에 큰 뜻을 품고 있었을 뿐 아니라, 인간세상을 널리 이롭게 하려는 목적으로 탐구인세를 했기 때문이다. 그러므로 환웅의 탐구인세는 인간세상을 구하려고 지상으로 내려온 구세주처럼 이타적 세계관을 뜻한다고 할 수 있다.

아버지 환인도 아들 환웅의 뜻을 헤아려서 홍익인간을 실현할 길지로 삼위태백을 선정해 주었던 것이다. 자기 욕망을 실현하기 위한 것이라면, 아버지를 두고 다른 세계로 떠나려하는 아들을 기꺼이 도와줄 까닭이 없다. 그러나 아들이 품고 있는 홍익인간의 뜻이 가상한 까닭

命·主病·主刑·主善惡 凡主人間三百六十餘事 在世理化."

에, 천자의 신성성을 입증하고 천왕의 권위를 부여하는 천부인 3개를 주었을 뿐 아니라, 기꺼이 길지를 택해서 지상으로 파견하여 인간세상을 다스리게 도와주었던 것이다. 그러므로 환웅은 환인의 아들이자 천제가 파견한 왕이므로 당연히 천왕의 칭호를 누렸던 것이다.

환웅은 혼자서 지상세계로 내려온 것이 아니고, 자신을 따르며 보좌할 무리 3천을 거느리고 태백산의 신단수 아래로 내려와 인간세상을 다스릴 터를 잡는다. 그 터를 신시라 하였으며 스스로 환웅천왕이라 하였다. 환웅이 하늘에서는 환인의 아들로서 천자이지만, 지상에서는 신시를 다스리는 신성한 지도자로서 천왕이다. 왕과 나라, 나라와 왕은 둘이면서 하나이다. 왕이 없는 나라, 나라 없는 왕은 존재할 수 없다. 따라서 천왕이 왕호라면 신시는 국호일 수밖에 없다. 그러므로 신시는 환웅천왕이 다스린 나라로서 한국사 최초의 국가라 하지 않을 수 없다.

환웅천왕은 신시국의 건국시조여서 인류시조와 구별되는 역사적 존재이다. 인류시조는 성서의 창세기처럼 조물주에 의해 진흙으로 빚어서 만들어지거나, 제주도 삼성신화처럼 땅에서 솟아오르거나, 또는 서사무가 창세가에서처럼 하늘에서 내려온 벌레가 인간으로 변하는[27] 등 다양한 형태로 출현한다. 그러나 건국시조는 이러한 인류가 일정한 사회를 이룩한 이후에 인류의 지도자로 등장하는 존재이다.

환웅의 신시본풀이를 천손강림신화라 하는 것은 건국시조의 출현과정만 문제삼은 것이다. 구체적인 방법만 다를 뿐, 건국시조는 으레 하늘로부터 지상으로 강림한 천손으로서 흔히 천자로 일컬어진다. 그러나 환웅이든 해모수든 또는 어떤 건국시조든 실제로 하늘에서 강림한 천자가 아니라는 것은 자명한 사실이다. 따라서 이러한 초월성을 근거로 한갓 신화일 뿐 역사가 될 수 없다고 하는 것은, 고대사 인식이 미흡한 것은 물론, 사료를 해석할 능력이 없는 셈이다.

---

27) 창세가에서 노래되는 인류시조는 하늘에서 금벌레와 은벌레가 내려와서 남녀 인간으로 변신한다.

환웅천왕을 비롯한 고대 건국시조는 실제 출생 사실과 상관없이 천자와 같은 신성한 인물로 인식된 존재이다. 그렇게 초월적으로 인식되지 않으면 건국시조가 될 수 없다. 천하를 제패한 제왕이든 역사적 영웅이든, 갓난아기로 태어날 때는 예사 사람이나 다르지 않다. 성장하면서 영웅적 활약과 탁월한 성취에 따라 신성한 지위가 사회적으로 주어지는 것이다. 환웅 또한 천신족의 무리 가운데 출생한 예사 인물이지만 성장하면서 탁월한 지도력을 발휘한 까닭에 건국시조로 또는 신성한 천왕으로 추앙되었을 뿐이다.

환웅처럼 특정 인물이 천자나 천왕으로 숭앙되는 것은 신화시대에 흔히 있는 일이다. 일본에서는 현재에도 천왕이 존재하고 있으며, 현대 국가의 독재자들도 신격화되는 경향이 있다. 현실 정치에서도 권력자를 우상화하는데, 상고시대에 나라를 처음 세우고 사람들을 널리 이롭게 하려는 일념으로 나라를 다스렸던 건국시조라면 당연히 천왕으로 추앙될 수밖에 없다. 그러므로 이러한 사실을 신화라 하여 배격할 것이 아니라, 시대상황에 맞게 맥락적으로 해석하고 역사적 의미를 부여해야 할 것이다.

환웅이 민족시조가 아니고 건국시조인데 그 아들인 단군이 민족시조일 수 없다. 따라서 환웅이나 단군을 두고 인류시조나 민족시조로 간주하는 것은 잘못이다. 첫국가의 건국시조를 민족시조로 간주한다면 환웅이 신시의 건국시조이자 민족시조일 수 있다. 그러나 단군은 어느 경우든 민족시조일 수 없다. 정확하게 말하면 환웅은 신시의 건국시조이고 단군은 조선의 건국시조일 따름이다. 고조선본풀이 어디에도 인류시조나 민족시조라 할 만한 근거는 없다.

건국시조는 어느 경우나 이미 나라를 이룰 만큼 인간사회가 구성되어 있는 상황에서 출현한다. 환웅이 인간세상을 바람직하게 다스려서 홍익인간 세상을 만들어 보려고 지상에 내려왔으며, 신시라는 나라를 세우고 360여 사를 재세이화했던 것이다. 따라서 환웅은 천왕으로서 신시의 건국시조일 뿐 인류시조는 물론, 민족시조라 할 수도 없다. 환웅신시 이전에 민족공동체가 일정한 규모와 집단으로 형성되어 있었던 것이다. 그러므로 천상에서 환웅이 동경한 것은 천하의 인간세상이었던 것이며, 그가 꿈꾼 통치이념도 홍익인간이었던 것이다.

인간세상이 존재하지 않았다면 홍익인간 이념을 꿈꿀 수조차 없다. 왜냐하면 인간 없는 인간세상도 존재할 수 없으려니와, 인간 없는 홍익인간도 성립 불가능한 것이기 때문이다. 따라서 환웅천왕이 꿈꾸는 나라의 이상은 홍익인간세상이며 그 꿈을 이루기 위해 태백산 신단수 아래에 신시를 세웠던 것이다. 홍익인간이 환웅의 이상이라면, 재세이화는 환웅의 구체적인 통치방식이다. 그러므로 환웅은 민족시조가 아니라 건국시조이며, 그 아들 단군은 더 이를 필요조차 없다.

6. 태양국가의 이상으로 형성된 신시국의 정체성

환웅은 태양을 상징하는 천왕이다. 하늘에서 지상세계로 내려온 환인천제의 아들이니 환웅은 태양의 아들이자 해님 아들로서 온누리를 밝게 비추는 햇빛에 해당된다. 이 햇빛을 왜 환웅으로 일컬었을까. 환인이 '환한 님' 곧 '해님'을 나타내는 기표라면, 환웅은 환인의 아들로서 환한 햇살을 나타내는 기표이다. 桓雄의 桓은 桓因의 桓처럼 '환하다'는 우리말 소리값에서 온 이두식 기표라면, 雄은 남성을 뜻하는 한자말에서 온 기표이다. 따라서 환웅은 해님 아들로서 해아들 또는 '해머슴아'라는[28] 기의를 지닌 기표라 할 수 있다.

해님아들 해머슴아는 하늘에서는 환인의 서자이지만, 인간세상에 내려와 신시를 세운 까닭에 천자로서 천왕이 된다. 해님아들 환웅천왕

---

28) 金庠基, 〈國史上에 나타난 建國說話의 檢討〉, 《東方史論叢》, 서울대학교출판부, 1984, 6~7쪽.

이 세운 신시는 해님 나라이자 태양국가이다. 신시가 해 나라인 것은 나라를 세운 건국시조가 햇살을 상징하는 해님아들이자 천왕이기 때문만은 아니다. 햇살이 하늘에서 지상으로 내려오는 과정, 곧 해가 떠오르면서 햇빛이 인간세상을 비추는 과정이 태백산 꼭대기의 신단수 아래로 내려오는 환웅의 강림상황과 일치한다. 태백산은 가장 높은 산이자 가장 밝은 산으로서 해돋이 산이다.

아침 해가 떠오르게 되면 태백산 정상에 있는 우뚝한 신단수부터 햇살이 비치게 된다. 따라서 신단수(神檀樹)는 곧 해 밝은 나무를 뜻한다. '환웅'이 '신웅'인 것처럼 신단수의 '신'은 관념적으로 하느님이자 실체로서는 해를 상징하는 존재이다. 환웅이 우리말 소리값에 따라 기표된 것이라면, 신웅은 한자말 뜻에 따라 기표된 것이다. 실제로 桓雄은 神雄, 神, 雄 등으로 기표된다. 이렇게 같은 대상을 다양한 기표로 나타내는 것은 환웅의 존재를 다각적으로 드러내기 위한 것이다.

태백산과 신단수는 서로 짝을 이루는 지명이다. 아침에 해가 가장 먼저 뜨는 태백산과, 해가 밝은 나무인 신단수는 산과 나무로서 대상만 다를 뿐, 해가 밝게 비치는 곳이라는 기의는 같다. 다시 말하면 태백산은 밝산이며,[29] 신단수는 해나무이다. 산(山)은 우리말 '달'에 해당되므로 태백산(太白山) 또는 백산(白山)은 밝산으로서 한자말 이전에는 우리말로 '밝달'이라 일컬었을 것이다. 신단수도 한 그루 나무가 아니라 숲으로서 사실상 신단쑤 곧 신단숲이었다는 사실을 고려하면, 신단수(神檀樹)라고 하는 기표는 실제로 해밝은 숲, 또는 밝달숲을 기의로 하는 신성공간이다. 그러므로 밝달산인 태백산과 밝달숲인 신단수는 서로 뗄 수 없는 관계에 있는 것이자, 해밝은 태양국가 이시달 조선의 정체성을 가장 잘 드러낸 원형적인 지명이라 할 수 있다.

밝달숲 신단수의 역사적 전통을 이은 건국의 숲이 신라 시림이자 계림이다. 계림은 신라의 초기 국호인데 김알지신화에서 닭이 울었던

---

29) 愼鏞廈, 《古朝鮮 國家形成의 社會史》, 162～163쪽.

사실을[30] 근거로 한 것이다. 김알지가 출현한 숲인 데도 굳이 닭이 운 사실을 근거로 계림 곧 닭숲이라고 하는 데에는 밝달숲 신단수의 역사적 정체성을 이어받은 까닭이다. 닭이 울면 해가 뜨고 햇살이 비춰서 숲이 밝게 빛나기 마련이다. 실제로 닭이 우는 곳을 보니 하늘에서 자줏빛 구름이 드리워져 있었다.

따라서 '계림'은 해돋이 숲으로서 신단수의 밝달숲 곧 닭숲의 기의를 한자어로 기표한 것이라 할 수 있다. 여명을 일깨우는 닭을 표방하여 국호로 삼은 것도 사실상 아침 땅의 뜻을 지닌 '아사달' 국호의 전통을 고스란히 이은 셈이다. 그러므로 신단수와 계림의 기표는 달라도 역사적 기의는 동질성을 지닌다. 그것은 환웅의 홍익인간 이념과 재세이화 통치방식이 혁거세의 불구내(弗矩內, 붉은해) 이념과 광명이세 통치방식으로 지속된 사실과 일치한다.

환웅천왕의 '신시(神市)' 국호도 해뜨는 숲이자 해밝은 숲인 신단수(神檀樹)에서 비롯되었다. 국호뿐만 아니라 환웅의 아들 단군왕검의 시호도 신단수에서 비롯되었다. 신단수(神檀樹)에서 해숲 '신불(神市)'과 밝달임금 '단군(檀君)'의 이름이 비롯된 것이다. 따라서 신시국의 역사적 정체성을 결정짓는 가장 중요한 실마리는 환웅천왕과 태백산 신단수라고 해도 지나치지 않다. 왜냐하면 환웅이 건국주체이며, 신단수는 건국의 인문지리적 공간이기 때문이다. 이 사실만으로도 환웅신시는 초원의 유목국가가 아니라 삼림의 농경국가라는 점이 드러난다. 그러므로 누가 왜 어디에다 나라를 세웠는가 하는 것이 건국사의 핵심이라 할 수 있다.

환웅이 해님 환인의 아들로서 햇살 구실을 하는 해머슴아라면, 해머슴아 환웅이 햇살처럼 지상으로 내려와 인간세상에 터잡은 곳이 밝달산[太白山]의 밝달숲[神檀樹]이다. 따라서 밝달숲에서 비롯된 신시국은 계림국처럼 밝달숲 나라이며, 거기서 태어난 단군은 밝달

---

30) 《三國遺事》卷1, 紀異1, 新羅始祖 赫居世王. "初王生於鷄井 故或云鷄林國 以其鷄
龍現瑞也 一說脫解王時得金閼智 而鷄鳴於林中 乃國號爲鷄林"

임금이다. 그러므로 신단수에서 비롯된 신시 국호를 신단수와 무관하게 도시국가나 시장국가 등으로 해석하는 것은, 환웅천왕이 태백산 신단수를 무대로 수립한 신시국의 역사적 맥락을 고려하지 않고 오직 신시라는 한자말풀이에 머문 까닭이다.

신시국의 지리적 공간 태백산은 해 밝은 산으로서 '밝달산', 천왕의 존재를 상징하는 신단수는 '해 밝은 나무' 또는 '해돋이 나무'이고 숲으로서 신단쑤는 '밝달숲'이다. 이러한 맥락 속에서 국호 신불(神市)은 해숲, 또는 해불로서 양지의 해돋이 숲을 나타내는 '밝달숲'을 일컫는 한자어 기표이다. 신단수(神檀樹)에서 비롯된 왕호 단군(檀君)도 밝달임금을 뜻하는 한자어 기표이다. 그러므로 밝달산 밝달숲에서 밝달임금이 다스리는 밝달나라인 까닭에 '밝달[倍達] 민족'으로 일컬어질 수밖에 없다.

여기서 유의할 것은 왕호와 국호, 도읍지 등이 모두 해에서 비롯된 한편 나무와 연관되어 있는 점이다. 밝은 빛이 천상의 해에서 비롯된 것처럼, 나무나 숲은 지상의 땅에서 비롯된 것이다. 하늘에서 해 구실을 하는 신성한 존재가 지상에서는 나무나 숲이다. 태양이 온생명의 구심점인 것처럼 지상에서는 나무와 숲이 모든 생명의 근원이자 인간 생명을 잉태시키는 주체이기도 하다. 대홍수 설화이자 목도령 이야기에서 나무가 선녀에게 아이를 잉태시키고 그 아이가 자라서 현생 인류의 시조가 된다.[31] 단군이 신단수 아래에서 잉태되는 것은 물론, 김알지가 시림에서 출현하는 것도 같은 맥락이다.

시조를 출생시키는 나무나 숲은 모두 천상세계와 연결되어 있다. 목도령을 잉태시킨 거목은 하늘의 선녀와 관련을 맺고, 단군은 하늘에서 신단수에 강림한 환웅천왕으로부터 잉태되며, 김알지는 하늘에서 자줏빛 구름이 뻗쳐 있는 나뭇가지의 황금궤에서 출현한다. 따라서 시조를 잉태하거나 출현시킨 나무나 숲은 모두 하늘과 유기적 관련을 맺

---

31) 孫晉泰,《韓國民族說話의 研究》, 乙酉文化社, 1946, 166~168쪽

고 있다. 하늘의 신성한 상징이 해이자 빛이라면, 땅의 신성한 상징은
나무이자 숲이다.

따라서 환웅이 하늘에서 신단수 아래로 강림한 것은 우연한 사실이
아니다. 하늘의 해가 하느님으로서 우주만물을 주관하는 천신인 것처
럼, 지상의 나무나 숲은 마을과 고을의 모듬살이를 지켜주는 수호신으
로서 주민들의 길흉화복을 관장하는 서낭신이다. 이러한 사유체계는
태백산 신단수에 머물지 않고, 마을과 고을의 당나무나 당산숲으로 이
어진다. 신단수의 문화적 유전자가 당나무로 살아 있는 것이다. 그러므
로 당나무를 섬기는 민속신앙은 문화유전자로서 고대사를 해석하는 훌
륭한 생활사료이다.

거목으로 자란 고목은 으레 신수(神樹)로 섬겨지며 신이 깃들어 있
는 서낭당 구실을 한다. 고목을 중심으로 형성된 숲은 당산숲으로서
신성공간 구실을 하는 동시에 주민들의 쉼터 구실도 한다. 하늘에 해
가 떠 있듯이 공동체를 지키는 서낭신은 당나무에 깃들어 있다. 따라
서 하늘에는 해, 땅에는 나무가 신성한 존재로서 짝을 이루며 제각기
신앙의 대상이 되고 있는 것이다.

하늘의 해와 땅의 나무를 아울러 상징하는 시조왕들의 존재가 한자
어 기표에서 고스란히 드러난다. 환인(桓因)→환웅(桓雄)→단군(檀君)의
모든 첫 글자에는 '나무 木'이 좌변에 자리잡고 있고 우변에는 한결같
이 해를 뜻하는 '날 日'이 가운데에 자리잡고 있다. 특히 桓은 나무 木
을 좌변으로 하고, 우변에 하늘(一)과 땅(一) 사이에 해(日)가 있어서
신단수의 해돋이 상황을 절묘하게 형상화하고 있는 것을 주목할 필요
가 있다.

상형문자로서 한자의 기표는 우연한 것일 수도 있지만, 하늘의 신
인 해와 땅의 신인 나무를 변증법적으로 통합하는 한자를 가려서 의도
적으로 쓴 것이라 할 수 있다. 그러므로 하늘의 해를 태양신으로 숭배
하는 것처럼, 지상에서는 신단수와 같은 우뚝한 거목을 신성하게 숭배
하는 수목신앙이 성립된 것이다. 그러한 전통이 마을마다 당나무로 살

아 있고 동신신앙으로 지속되고 있다.

민족사 초기의 국호가 신불로서 해숲, 그리고 신라 초기 국호가 계림으로서 닭숲이라 하였던 것은 산림국가로서 생태학적 기반을 헤아릴 수 있는 중요한 근거이다. 초기국가 환웅의 신불(神市)은 해숲 곧 해 뜨는 숲으로서, 동녘의 아침 땅을 표방하는 국호로 이후에 단군의 도읍지 아사달, 또는 국호 조선으로 이어진다. 이때 신불의 해숲이나 계림으로서 닭숲은 자연지리적 용어로서 단순한 산림의 지리적 입지만 뜻하는 것이 아니라, 신불의 해 밝은 숲 또는 계림의 해 뜨는 숲을 표방하는 태양숭배의 동녘국가를 뜻하는 것이다.

해숲은 공간적으로 동쪽이나 남쪽 숲이어서 햇빛이 잘 드는 양달의 숲일 뿐 아니라, 시간적으로 새벽이나 아침을 뜻하는 숲으로서 해가 유난히 일찍 비추는 해뜨는 숲, 해돋이 숲, 해맞이 숲이다. 단군왕검이 표방했던 도읍지 '아사달'이나 국호 '조선' 또한 해와 관련하여 지리적 방위인 동쪽과 시간적 지표인 아침을 나타내는 시공간적 기표로 환웅신시의 민족적 정체성을 고스란히 계승한 것이다.

환웅신시의 역사적 정체성은 태양국가에서 실현하려고 하는 지도자의 통치이념에서 확보된다. 대부분의 고대 군주는 태양으로 은유되며 태양과 동질화되어 숭배되지만, 태양이라는 기표의 보편성 속에 갈무리된 기의의 독자성은 민족적 정체성을 획득해 주는 긴요한 단서가 된다. 하늘의 해를 유아독존의 절대권을 지닌 유일신 존재로 인식하느냐, 아니면 햇살이 되어 온누리를 밝히는 구심점으로서 상대적 신성성을 지닌 존재로 인식하느냐 하는 차이이다. 앞의 태양은 태양신 중심의 독점 권력을 추구하는 전제 군수석 통치이념을[32] 상징히게 되는 반면에, 뒤의 태양은 햇살 중심의 이타적 분산 권력의 민주적 통치이념을 상징하게 된다. 그러한 이타적 분산 권력의 이념이 홍익인간 이념이다.

따라서 환웅은 전왕이면서도 하늘의 천신에 영광을 돌리는 것이 아

---

32) 태양신 '라'의 아들로 상징되는 이집트의 파라오는 중앙집권적 절대 권력자로 군림했다.

니라, 인간세상을 널리 이롭게 하기 위해 지상으로 내려왔던 것이다. 탐구인세의 가치관을 구체적으로 실천하기 위하여 홍익인간 이념과 함께 '제세이화'의 통치 철학을 설정함으로써 천신 중심의 초월적 권력을 누린 것이 아니라, 인간세상에 머물러 예사사람들의 삶 속으로 파고드는 지도자가 되었던 것이다. 그러므로 환웅은 태양왕으로서 초월적 특권을 행사하지 않고, 햇살로서 지상으로 내려와 인간세상에 머물며 홍익인간 이념 실현을 위한 재세이화의 지도자로서 독자적 정체성을 확립했던 것이다.

7. 태양국가의 문화적 상징으로서 천부인 유물

환인은 환웅에게 천부인 3개를 주고 천하의 3위태백에 내려가서 그곳을 다스리게 했다. 천부인 3개는 정확하게 알려져 있지 않지만 태양신의 정통성을 입증하는 징표이자 신물(信物)이었던 것은 틀림없는 사실로 추론된다. 따라서 천부인 3개의 정체도 환웅의 신시본풀이의 맥락 속에서 포착해야 할 것이다. 천부인은 환인의 해님을 상징하거나 환웅의 지상강림 및 신단수의 해숲을 상징하는 신시국의 세계관을 상징하는 민족문화 유산이다. 그러므로 해숲국가로서 태양신과 신단수를 상징하는 신시국 문화의 정체성을 입증하는 문화유산으로 천부인을 해석할 필요가 있다.

해를 상징하는 가장 직접적인 구체물인 청동거울은 천부인의 하나로 충분히 인정할 수 있다. 왜냐하면 고조선시대의 "청동거울(다뉴조문경과 다뉴세문경)이 둥근 형태인 것은 '하늘'(天圓)과 '해'(태양)를 상징"한 까닭이며, "청동거울의 뒷면에는 '햇살' 무늬"가[33] 정교하게 장

---

33) 신용하, 제7장 〈고조선문명의 사회신분〉, 《고조선문명의 사회사》, 참조.

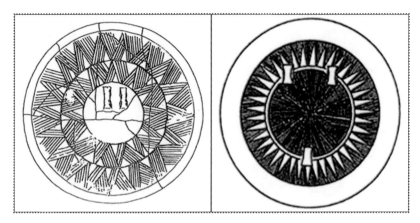

〈그림 52〉 충남 아산 남성리 다뉴조문경(왼쪽)과 함남 함흥 이화동 다뉴세문경

식되어 있는 까닭이다. 그러나 고대 중국의 청동거울은 둥근 것만 있는 것이 아니라 네모진 것도 많으며, 그 뒷면에 햇살무늬보다 동물 모양처럼 구상 도안이 대부분이다. 따라서 같은 동경이라 하더라도 이러한 양식은 해를 상징한다고 할 아무런 근거가 없다. 그야말로 사물을 비춰보는 거울일 따름이다.

고조선시대의 청동거울은 한결같이 둥근 모양으로서 그 자체로 태양을 형상화 할 뿐 아니라, 뒷면에 정교하게 새긴 햇살무늬는 햇빛의 기능까지 형상화해 두고 있다. 따라서 의식을 행하지 않을 때도 동경은 형상만으로도 태양을 상징하는 존재감을 발휘한다. 특히 하늘굿과 같은 제천행사를 할 때에는 이 동경의 앞면으로 햇빛을 반사하게 되면 동경은 그 자체로 해와 같은 구실을 하게 된다. 따라서 청동거울은 해의 시각적 상징性을 가장 탁월하게 형상화한 유물이라 할 수 있다. 하늘의 햇빛을 고스란히 받아 반사함으로써 눈부신 태양처럼 빛을 발산하는 까닭이다. 그러므로 고조선 동경은 천부인의 하나로서 천왕의 신성한 권위를 보증하는 상징물이자 해숲 상징의 신시국 정체성을 입증하는 가장 중요한 유물이라 할 수 있다.

천부인 둘은 청동방울이다. 청동방울은 청동거울의 시각적 상징을

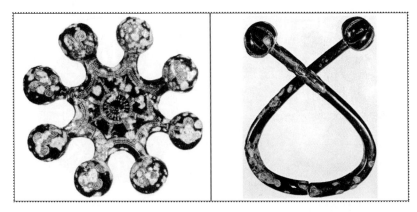

〈그림 53〉 가지 8개의 청동방울인 팔주령(왼쪽)과 조합식 쌍두령

청각적 상징으로 전환한 제의적 의기이다. 청동거울이 햇빛을 반사하는 둥근 모형인 까닭에 해와 같은 상징성을 지닌 시각적 구조물이라면, 청동방울은 소리를 내는 악기로서 청각적 상징성을 지닌 유물이다. 그러나 방울은 음악적 악기 구실만 하는 것이 아니라 종교적 악기로서 무구(巫具) 구실도 함께 했다. 진국(辰國) 지역의 별읍을 다스리던 천군(天君)이 제천 도구로 사용한 무구 가운데 하나가 솟대 끝에 매단 청동방울이다.

> 여러 국읍(國邑)에는 각각 한 사람이 천신의 제사를 주재하는데, (그 사람을) 천군(天君)이라 부른다. 또 소도(蘇塗)를 만들어 거기다가 큰 나무를 세우고서 방울과 북을 매달아 놓고 귀신을 섬긴다.[34]

이때 솟대 끝에 단 방울이 8주령(그림 53 왼쪽)의 청동방울이었을 것이며 장대 끝에는 간두령(竿頭鈴)을 꽂아 장식했을 것이다. 그리고 제의를 주제한 천군은 손에 쌍두령(雙頭鈴)(그림 53)을 쥐고 신내림을

34)《後漢書》卷85,〈東夷列傳〉, 韓條, "諸國邑各以一人主祭天神 號爲天君. 又立蘇塗建大木以縣鈴鼓 事鬼神."
《三國志》卷30, 魏書,〈烏丸鮮卑東夷傳〉, 韓條, "信鬼神 國邑各立一人主祭天神名之天君. 又諸國各有別邑 名之爲蘇塗. 立大木 縣鈴鼓 事鬼神."

〈그림 54〉 화순 대곡리 석관묘 출토를 비롯한 여러 지역 출토 8주령

받아서 천신에게 제사지내는 하늘굿을 했을 것이다. 이때 천군은 환웅천왕의 천제권을 이어받은 국읍의 제사장이었다. 그러므로 청동방울은 환인이 환웅에게 준 천부인 3개 가운데 하나라고 할 수 있다.

고대 음악이 제의악에서 출발했다는 점을 고려하면, 고대 악기의 제의적 기능을 주목하지 않을 수 없다. 특히 청동방울은 한국 전통 제의에서 중요한 구실을 하였다. 중국의 고대 사서에서 한민족의 천신신앙과 함께 주요한 제의 도구로서 솟대와 방울, 북을 밝혀 두었을 뿐 아니라, 우리 굿문화의 전통에서 방울은 매우 중요한 무구였기 때문이다. 방울은 내림굿의 도구이자, 무당의 입무과정에서도 반드시 필요한 무구이다. 숨겨 놓은 방울을 찾는 통과의례를 무사히 거쳐야 무당이 되기 때문에 방울은 대를 이어 물려받아 사용하는 역사적 무구이다.

굿에서 신을 내림받을 때 신대에 다는 것이 방울이다. 신이 내리면 신대가 흔들려서 방울소리가 나게 되는데, 신대의 흔들림 곧 신내림을 청각적으로 지각하게 해주는 주술물이 방울이다. 따라서 무당의 무구 가운데 방울은 필수품이나. 하회별신굿처럼 무당굿이 아닌 마을굿에서도 방울은 신대에 부착되어 신내림을 알리는 구실을 한다. 따라서 무당이 되려는 자는 입무굿에서 숨겨놓은 방울을 찾아내는 신통력을 발휘해야 할 뿐 아니라, 굿을 하려면 신대에 신이 내려서 방울을 울려야 한다. 그래야 신이 내렸다는 사실을 입증하게 되어서 굿이 본격적으로 시작되는 것이다. 그러므로 시각적 상징물인 청동거울이 해님을 나타내는 천부인이라면, 청동방울은 청각적 상징물로서 지상에 내려온 햇살을 나타내는 천부인이다. 실제로 방울소리는 햇살처럼 천지사방으로 확산될 뿐 아니라, 방울의 형상도(그림 54) 그러한 모습을 상징하기 위하여 팔방으로 가지를 달아 두었다.

청동방울의 여러 유형 가운데 특히 8주령(八珠鈴)은 해를 상징하는 시각적 형상성도 잘 갖추었다. 8주령의 중심을 해처럼 둥근 모양의 형태에 햇살 문양을 조형했을 뿐 아니라, 해의 중심에서 8방으로 햇살이 퍼져나가는 상황을 절묘하게 형상화해 놓았다. 더군다나 8방의 끝에 구형을 만들어 햇살이 이르는 곳마다 하나의 세계를 이루고 있는 형상이다. 신내림을 알리는 소리는 햇살이 만든 8개의 가지 끝에 배치되어 있는 방울에서 나게 되어 있다. 그러므로 8주령의 시각적 형상과 청각적 기능은 천왕이 햇살처럼 지상에 내려와서 홍익인간 이념을 실현하는 상징성을 잘 형상화한 천부인이라 할 수 있다.

8주령의 세계관은 유아독존의 절대적 태양숭배사상과 다르다. 하나의 태양은 구심점일 뿐, 실제 역동적인 삶의 현장은 여러 방향으로 뻗어나간 8주령 끝의 방울이다.[35) 조형상 8주령의 양식으로 형상활 수밖에 없지만, 상징적으로는 동경 뒷면의 무수한 햇살무늬가 뜻하는 것처럼, 실제 세계는 햇살이 만방으로 뻗쳐나가 공동체 세계를 이루고 있는 상황이다. 따라서 환인의 서자 환웅의 신시는 유일의 지상세계가 아니라, 여러 아들 가운데 한 아들이 건국한 공동체 세계로서 8주령 가운데 하나일 뿐이며, 다른 공동체 세계와 대등한 관계 속에 있다는 홍익인간의 세계관을 반영한 것이라 할 수 있다.

천부인 셋은 고조선 문화유산으로서 청동거울과 청동방울 이상으로 주목받고 있는 청동검이다. 흔히 비파형동검으로 호명되는 고조선식

---

35) 신용하, 《고조선문명과 사회사》에서 8주령 가운데 "'중앙'의 '해'(태양)는 고조선 본국과 '단군'을 상징하는 것이고, 중앙의 '햇빛'을 받은 주변의 연결된 8방의 작은 '해'(태양)들은 고조선의 지배를 받는 8방 후국들을 상징한 것으로 해석된다."고 했다.

동검이 청동거울 및 청동방울과 함께 천부인 구
실을 하는 것이다. 고조선식 동검은 이미 여러
선행연구에 의하여 천부인의 하나로 거론된 까닭
에 새삼스레 다루지 않아도 좋을 법하다. 그러나
고조선식 동검의 기능에 관해서는 일반적 동검의
수준을 넘어서지 못했으며 독특한 형상의 상징성
을 천부인답게 해석하는 데까지 나아가지 못했
다. 그러므로 이미 논의한 사실을[36] 더 진전시
켜, 환웅천왕이 지상으로 파견되는 과정에서 받
은 천신족 상징의 징표라는 사실을 새로 밝히려
고 한다.

고조선 동검의 특징은 칼날의 예리함이나 피
홈 여부에 있는 것이 아니다. 예사 동검의 기능
수준에서 해석해서는 고조선 동검을 천부인의 신
성한 의기(儀器)로 해석할 수 없다. 고조선 동검
만의 독자성을 포착해야 그 기능을 해명할 수 있
다. 그 독자성은 칼날의 곡인(曲刃) 형태와 칼자
루의 분리 구조이다. 세계 어느 민족의 칼도 이   〈그림 55〉 고조선동검
러한 형태와 분리 구조로 만들어진 사례가 없다.
예사 도검의 기능을 위해서는 이렇게 만들 필요가 없다. 곡인 양식의
칼날을 정교하게 만드는 것은 고도의 기술이 요구될 뿐 아니라, 칼몸
과 칼자루를 분리 결합 구조로 만드는 작업 또한 번거롭기 그지없는
작업이다.

곡인 형태와 분리구조는 일반 동검에 비하여 미학적으로나 구조적
으로 만들기 어려운 데다가 무기로서 기능을 발휘하는 데에 도움이 되
기는커녕, 오히려 여러 모로 불편할 따름이다. 그럼에도 이렇게 독특한

---

36) 이 책 7장 10절에서 자세하게 다루었다.

구조물로 용의주도하게 만든 것은 종교적 제의성과 국가적 정체성을 드러내기 위한 것이다. 실제로 고조선 동검의 분포는 당시의 강역을 획정하는 긴요한 근거 구실을 한다. 그러므로 고조선식 동검의 두 가지 특징을 제대로 해석해야 천부인으로서 동검의 의미를 정확하게 포착할 수 있다.

특징 하나는 곡인으로서 형태이다. 흔히 비파형으로 은유되는 곡인의 형상은 키가 큰 관목 형태의 나무처럼 보인다. 칼날이 위로 가도록 세워두면 거목의 형태가 더 뚜렷하다. 그러나 작은 물체로 보면 나뭇잎처럼 날렵하다. 따라서 잎새형 동검으로 일컫기도 했다. 어느 쪽이든 곡인 형태의 칼몸은 나무를 형상화한 셈이다. 그러므로 신단수를 상징하는 천부인일 수도 있다.

특징 둘은 칼자루를 분리했다가 결합하는 구조로 이루어져 있다. 따라서 무기로서 착용과 검을 사용하는 데 일정한 제약이 따른다. 아래로 착용하거나 잡게 되면 칼몸이 칼자루에서 분리될 가능성이 있다. 그러나 칼몸이 위로 가도록 칼자루를 잡으면 안전하다. 칼날이 아래로 또는 앞으로 향하도록 잡는 것은 공격용 자세이지만, 위로 가도록 잡는 것은 위용을 나타내거나 종교적 의식을 거행하기 위한 자세이다. 그러므로 고조선식 동검은 구조적으로 지도자의 권위를 상징하는 동시에 제의를 위한 의기로 쓰였다고 할 수 있다.

더 문제는 칼자루에서 칼몸을 분리하게 되면 칼이든 자루든 쓸모가 없다는 점이다. 칼몸을 칼자루에 박아서 고정시켰을 때 비로소 칼의 기능을 발휘할 수 있는 구조이다. 따라서 칼몸을 칼자루에 결합시키는 것은 중요한 제의적 의식으로 보아야 할 것이다.

해숲을 뜻하는 신시국은 천신의 아들이 신단수에 강림한 태양산림 국가라고 했다. 산림국가는 곧 정착생활을 하는 농경문화의 국가이다. 농경민들은 땅을 떠나서 이동하면 망한다. 그것은 대지에서 뿌리 뽑힌 농작물이 죽는 것과 같다. 그러나 신단수처럼 땅에 뿌리를 내리고 살면, 농작물은 물론 농경민들도 생존에 아무런 문제가 없다. 나무를 상

징하는 칼몸과 대지를 상징하는 칼자루의 분리가 이동생활을 상징한다
면 결합은 정착생활을 상징한다. 그러므로 제의적 의식에서 칼자루에
칼몸을 결합하는 과정을 통해서 신단수처럼 대지에 뿌리내리고 사는
'재세이화'의 삶을 주술적으로 재현하는 것으로 해석할 수 있다.

대지에 정착하여 농작물을 가꾸며 360여 가지 생활 가운데 주곡을
으뜸으로 여기는 농경생활이야말로 '재세이화'의 가장 중요한 가치였
다. 따라서 첫째 천부인 청동거울이 태양신 환인을 상징하는 의기라면,
둘째 천부인 청동방울은 환인의 아들 환웅이 지상으로 내려와서 홍익
인간의 이념을 펼치는 것을 상징하는 의기이며, 셋째 천부인 고조선식
동검은 환웅이 해숲인 신시국에 정착하여 재세이화하는 가치를 상징하
는 의기라 할 수 있다.

> 청동거울: 태양신을 모심으로서 환인천제의 상징 – 태양시조 사상
> 청동방울: 태양신의 강림으로서 환웅천왕의 상징 – 홍익인간 이념
> 고조선동검: 신단수에 뿌리내린 신시고국의 상징 – 재세이화 통치

그러므로 천부인 3개는 환웅신시의 정체성을 나타내는 문화유산이
자 고조선문명의 독창성을 입증하는 태양산림국가의 세계관적 유물이
라 할 수 있다.

제15장 결론: 신시문화의 정체와 고조선문명의 미래

1. 건국본풀이의 형성과 역사서술의 인식

환웅신시의 역사를 이야기하는 사료 환웅본풀이는 사실의 역사가 아니라 의식의 역사이자, 사가 개인이 서술한 역사가 아니라 민족집단이 공동서술한 공공의 역사이다. 건국시조의 역사를 노래한 본풀이의 논리에 따르면, 환웅본풀이는 민족공동체의 집단의식에 의해 공감되고 구전되며 공유되어 온 서사적 역사인 까닭에 공공성을 획득한 공적 사료라 할 수 있다. 다시 말하면 환웅본풀이를 비롯한 고대의 건국시조 본풀이는 민족 공유의 역사의식으로 구성된 집단적 역사 서술이라는 말이다. 그러므로 실증주의 논리로 환웅신시를 역사로 인정하지 않는 것은, 역사 서술과 해석을 인문학문이 아닌 자연학문 수준으로 격하시키는 일이자, 사료의 기표에 매몰되어 기의 해석을 포기한 셈이다.

이러한 실증사학의 논리는, 마치 신을 과학적으로 실증할 수 없다는 구실로 신을 믿는 종교사를 인정하지 않는 것과 같은 오류이다. 사료는 어느 것이든 실제 사실이 아니며, 실제 사실을 나타내는 자료일 따름이다. 따라서 고고학적 유물과 같은 실물사료가 아닌 사료는 그것이 어떤 형태를 하고 있든 실제 역사일 수 없다. 역사적 사실에 대한 구술과 기록은 어느 것이나 사실이 아니라, 사실에 관한 언어적 표현 곧 일종의 기표(記標)에 지나지 않는다. 사실로 인식하는 내용을 언어기호로 나타냈을 따름이다.

모든 역사 기록은 기억과 상상, 추론, 전승을 거쳐서 이루어진 사료이다. 따라서 어떤 기록도 사료일 뿐 역사 자체는 아니다. 역사적 사건의 현장에서 직접 목격한 사실을 이야기하거나 기록한 내용이라 하더라도, 그것은 사람마다 다르기 마련이어서 한갓 문자기호이자 문자사료일 뿐이다. 모든 사료는 역사와 일치하지 않는 까닭에 해석의 대상이다. 달리 말하면, 사료는 실재하지만 역사는 실재하지 않는다. 따라서 역사학은 사료를 수집하고 해석하는 사료학일 따름이다. 그러므로 사료가 어떻게 형성되고 존재하는가 하는 사실이 사료해석에 상당히 중요하다.

건국의 역사를 이야기하는 본풀이도 사료의 일종일 따름이다. 건국시조본풀이 또한 역사적 사실에 입각한 민족의식의 구성물일 뿐 역사 자체이거나 사실 자체는 아니다. 따라서 건국본풀이 이전에 그것을 추론하고 전승할 수 있는 민족의식이 형성되어 있어야 한다. 환웅본풀이 또한 건국과정에 따라 점진적으로 형성된 것이 아니라, 환웅천왕이 신시라는 국가조직을 이룬 뒤에 집단적 민족의식에 따라 기억된 과거 사실의 경험과 추론을 바탕으로 형성된 것이다. 그러므로 상고시대 역사일수록 후대에 추론적으로 서술될 수밖에 없다. 다시 말하면 사실의 관찰 기록이 아니라, 기억과 구전으로 인식된 집단지식에 의해 서사적으로 재구성되며 민족공동체가 자기 역사로 공유하여 전승한 것이 건국본풀이다.

《삼국유사》에 인용된 《고기》의 환웅신시본풀이는 선후 인과관계에 따라 순차적으로 서술되어 있다. 환인이 환웅의 홍익인간 이념을 헤아려 삼위태백을 점지해주고 천부인 3개를 하사해 주자, 환웅은 무리 3천을 이끌고 태백산 신단수 아래에 내려와 신시국을 세웠다고 한다. 이 서술을 근거로, 홍익인간 이념에 입각하여 신시국이 건국된 것으로 해석하는 것은 잘못이다. 왜냐하면 서사의 순서에 따라 신시 건국 이전에 이미 홍익인간 이념의 민족적 세계관이 갖추어진 것처럼 해석하는 까닭이다.

민족의식이 민족공동체의 성립 이후에 형성되었다고 보면, 태양시조사상과 홍익인간 이념과 같은 관념적인 세계관은 환웅천왕이 신시국을 세운 이후에 과정적으로 형성되다가 어느 단계에 확립된 것이다. 일정한 공동체를 이루고 지도자의 통치체제가 성립되면서 초기국가의 형태를 제대로 갖추게 되자, 비로소 지도자에 대한 신성 관념으로 태양시조사상이 자리잡고 국가의 통치철학으로서 홍익인간 이념이 표방되었던 것이다. 따라서 지도자 환웅이 건국시조로서 신성한 존재로 추앙되는 현실 역사인식을 토대로, 거꾸로 환인의 역사가 쓰여진 셈이다. 환웅이 천왕으로서 숭배되려면, 환인의 서자로서 하늘에서 내려온 천손으로 미화되지 않을 수 없기 때문이다. 그러므로 환웅이 하늘에서 내려온 기록을 전제로 실증주의 잣대에 따라 사료의 역사적 해석을 부정하는 것은 역사 서술의 기본 논리조차 모른다고 할 수밖에 없다.

문헌사료든 구전사료든 우리가 만나는 모든 역사적 기록은 그때에 있었던 사실이 아니라 뒤늦게 후대 사람들이 재구성하고 의미부여를 한 것이다. 태조, 세종, 연산군과 같은 왕의 시호조차 당대의 것이 아니라, 왕의 사후에 정해져서 주어지고 기록된 것에 지나지 않는다. 현대사 서술이라 해서 그리 다르지 않다. 박정희는 교사에서 황국신민의 혈서를 쓰고 만주군관학교에 들어가 창씨개명을 하여 일본군장교로 복무하다가 해방후 귀국한다. 귀국해서 남로당 활동을 한 까닭에 여순반란사건에 연루되어 사형구형에 무기 언도까지 받았다. 그러나 집행면제된 상태에서 6.25가 터지자 국군으로 복귀하게 되고 마침내 쿠테타로 정권을 장악하여 장기집권을 하다가 살해되기에 이른다.

박정희 집권 시기에는 이러한 역사가 서술되지도 가르쳐지지도 않았다. 교과서에서 위대한 지도자로 서술되고 언론에서는 용비어천가를 불렀다. 사후에 비로소 독재자로 재해석되어 비판적으로 서술되었지만, 박근혜정부는 박정희 역사를 미화하기 위하여 국정 국사교과서를 무리하게 감행했다. 역사학자들의 국정화 반대와 교사들의 교과서 채택 거부로 뜻을 이루지 못하다가, 박근혜가 탄핵으로 물러나는 바람에 박정희 역사 미화작업은 좌절되고 말았다. 이처럼 현대사조차 역사적 실상을 당대에 즉각 생생하게 서술하는 것이 아니라, 후대에 역사 서술의 목적에 따라 취사선택되어 재구성되고 의미부여가 되는 것이다.

서술자에 따라 박정희는 독립군을 토벌한 일본군 장교이자, 남로당에서 활동한 공산주의자이며 쿠테타의 주범이기도 한 반면에, 군사혁명으로 대통령이 되어 경제개발계획을 세워 경제성장을 이룩하고 새마을운동을 전개하여 조국근대화를 이룬 영웅적 지도자이기도 하다. 앞으로 박정희의 역사는 이 두 서술 사이에서 다양한 스펙트럼을 이루며 거듭 쓰여질 것이다. 이처럼 모든 역사는 후대에 쓰여지고 재해석되는 것이다.

상고시대 역사는 더 말할 나위도 없다. 태초의 역사서술인 환웅신시의 건국본풀이 또한 신시건국 훨씬 후대에 와서야 비로소 이야기되고, 역사적 서술로서 재구성되어 기록된 것으로 보아야 한다. 그러므로 환웅천왕의 태양 상징과 홍익인간 이념은 사실상 신시 건국 이후에 국가체제를 바람직하게 발전시키기 위해, 마치 건국 이전부터 환웅천왕의 신성한 존재가 그러한 이념을 품고 나라를 건국했던 것처럼, 순차적 논리로 역사적 서사를 구조화한 것이다.

환웅신시 이전에 수많은 공동체가 있어도 건국본풀이를 구성할 수 있는 세계관과 역사의식이 없었다. 따라서 어떤 역사가 있었든 역사적 실체로 인정받을 수 없다. 역사를 이야기하고 전승하는 사료로서 본풀이가 없는 까닭이다. 기억되거나 서술되지 않는 역사는 있어도 없는 것이나 다르지 않다. 그러므로 역사학에서는 사료와 역사가 함께 가는 것이다. 다시 말하면 사료가 없으면 역사도 역사학도 없다는 말이다.

30여 년 전까지 한반도에는 구석기 역사가 없었다. 그러다가 구석기 유물과 유적지가 대거 발견되면서 구석기 역사를 바꾸어 놓았다. 따라서 실제 역사보다 사료가 중요하다. 사료가 역사를 결정하는 까닭이다. 자연스레 남겨진 유물사료와 달리, 역사의식에 따라 전승되는 구비사료나 문헌사료는 특별한 역사 서술 의지가 있어야 존재하는 것이다. 그러므로 신시고국의 역사를 갈무리한 환웅의 건국본풀이는 민족사의 뿌리를 밝히는 귀중한 사료이자, 민족적 역사의식의 구성물이라 할 수 있다.

따라서 모든 역사 서술은 역사 진행과정과 함께 순차적으로 서술된다는 고정관념을 버려야 한다. 다만 유물사료는 실제 역사적 진행에 따라 당대의 것이 그대로 남을 수 있다. 구비사료만 하더라도 역사적 사건은 당대에 풍문으로 떠돌기 마련이다. 역사적 사건이 풍문으로 구전되며 공유되다가 마침내 한 편의 이야기로 완성되어 구전사료로 살아 있게 되는 것이다. 그러나 문헌사료는 역사의 한 시대가 끝난 뒤에, 전 시대의 역사를 남기려는 의도적이고 계획적인 노력에 의해 비로소 기록될 가능성이 크다. 그러므로 문헌사료는 상대적으로 가장 뒤에 서술되는 것이자, 구전지식에 의존한 서술이어서 오히려 가장 불확실한 사료라 할 수 있다.

상고사 기록일수록 그럴 가능성이 더 높다. 신시고국의 역사가 상당히 진행되고 민족정체성이 확립된 이후에, 태양시조사상과 홍익인간 이념이 일반화되면서 비로소 태초의 역사가 재구성되어 본풀이 양식으로 전승되었을 것이다. 따라서 태양시조사상에 입각하여 환웅이 하늘에서 신단수 아래로 하강한 것도 아니고, 홍익인간 이념에 따라 신시국을 세우고 주곡, 주명 등 360여 가지 일을 재세이화한 것도 아니다. 신시국의 국가적 면모를 갖춘 다음에, 구비사료를 근거로 이전의 역사를 되짚어가며 거꾸로 추론된 서술일 따름이다.

사료와 역사는 함께 가는 것이라는 것은 역사학에 한정되는 말이다. 실제 역사는 사료와 상관없이 그 자체로 전개된다. 사료는 역사를 따라다니는 그림자일 따름이다. 그림자가 실체가 아니듯이 사료가 역사일 수 없다. 게다가 흐린 날이나 밤에는 실체가 있어도 아예 그림자가 존재하지 않는다. 그림자가 없는 상황에서는 도무지 무슨 일이 있었는지 알 수 없다. 그림자의 부재가 실체의 부재가 아닌 것처럼, 사료의 부재가 곧 역사의 부재인 것으로 착각하는 일은 없어야 한다.

그렇다고 사료가 곧 역사라고 우기는 일도 극복되어야 한다. 모든 사료는 역사의 그림자로서 극히 특별한 상황에서만, 그것도 한참 뒤에

느릿느릿 뒤따를 뿐이다. 우리가 만나는 것은 역사가 아니라 훨씬 후대에 형성된 역사의 그림자인 사료이다. 따라서 후대에 드문드문 남아 있는 그림자 사료로 역사의 실체를 재구성해 내는 것이 역사학의 사명이다. 그런데 불행하게도 실체와 그림자는 너무 거리가 멀고 차이도 크다. 그러므로 그림자의 존재양식을 제대로 알아야 실체를 실상에 가깝게 추론할 수 있다는 것이 그림자 사료론이다.

그런데 더 문제는 실체가 그림자를 만들어 내는 것이 아니라, 실체를 인식하는 사람들이 자기 뜻대로 그림자를 그려서 남긴다는 점에서 그림자 사료론도 수정되어야 한다. 역사적 실체의 그림자를 그려서 사료를 남기는 사람은 역사를 인식한 주체이다. 역사 스스로 사료를 남기지 않기 때문에 역사는 실체처럼 존재하다가 사라져갈 뿐이다. 다만 역사를 보고 듣고 겪은 사람들이 기억과 상상에 의해 사료가 만들어지는 것이다.

환인천제의 아들인 환웅천왕이 하늘에서 태백산 신단수 아래로 강림한 것이나, 해모수 같은 건국영웅이 하늘에서 내려와 나라를 세운 것도, 후대 사람들이 건국시조를 신성화하기 위해 만들어진 역사적 상상력의 산물이다. 중국 천자나 일본 천황, 티베트의 달라이 라마 등도 예사 인간으로 출생했을 뿐인데, 다만 역사적 상상력과 종교적 관념에 의해 천자나 천황 또는 환생불로 인식하고 역사적 의미를 부여한 현상일 따름이다. 실제 사실이 아니지만 그 민족의 집단의식에 따라 공유되는 까닭에 역사적 실체처럼 살아 있는 역사 구실을 해 왔던 것이다. 그러므로 천자나 천왕은 실재할 수 없는 존재라고 해서 역사서술에서 배제할 수 없다. 만일 배제한다면 중국사는 근대사까지, 일본사는 당대사까지 부정되어야 마땅하다.

실제 역사를 가능하게 하는 것은 관념의 역사이다. 따라서 추론에 의한 재구성이라 하여 본풀이의 사료적 가치를 무시할 수 없다. 건국시조본풀이를 신화라는 이유로 역사에서 배제하는 것도 잘못이다. 건국신화가 없는 역사는 고대사가 없는 역사이다. 태초의 역사는 으레

건국시조신화로 쓰여지기 때문이자, 신화로 재구성되어야 역사 구실을
할 수 있기 때문이다.

건국영웅의 신이한 행적을 서사구조로 신화화함으로써, 구비전승
과정에 왜곡되지 않고 널리 확산되며, 길이 지속되는 역사 구실을 발
휘할 수 있다. 따라서 건국시조신화 곧 건국본풀이는 무문자 시대의
상고사를 전승하고 공유하는 데 인류가 개발한 가장 탁월한 역사 서술
양식이라 할 수 있다. 그 가운데서도 환웅신시의 본풀이는 가장 체계
적이고 가장 이상적인 건국사 서술로서 특별한 역사적 의미를 부여할
만하다. 그러므로 인식 불가능한 역사보다 인식 가능한 역사서술이 더
중요한 의미를 지닌다.

2. 태양시조사상과 홍익인간 이념의 합일

건국시조의 역사는 특정 통치체제를 옹호하는 사가가 있어서 개인
적 의도에 따라 일시에 서술하여 완성된 것이 아니다. 그러한 일은 전
문 사가가 존재하고 역사 서술이 제도화된 시기에나 가능한 일이다.
상고시대 건국본풀이는, 천지개벽신화나 인류시조신화처럼, 특정 개인
의 상상력에 의한 것이 아니라, 집단 무의식에 의해 공동작으로 형성
되고 후대에 가변적으로 완성된 것이다.

따라서 환웅본풀이에서는 마치 태양시조사상과 홍익인간 이념에 입
각하여 환웅신시의 역사가 처음 출발한 것처럼 구성되어 있지만, 사실
은 이러한 사상과 이념이 공동체의 집단무의식으로 자리 잡은 뒤에 시
대를 거슬러 서술된 것이라고 봐야 마땅하다. 그러므로 모든 역사는
역사적 '사건의 시점'이 아니라 역사 '서술의 시점'에서 기억과 기록,
추론에 의해 재구성된 것으로 인식해야 온전한 역사 해석에 이를 수
있다.

그렇다면 태양시조사상과 홍익인간 이념은 이 땅에 민족시조로 추앙되고 신시라는 국가공동체를 세운 환웅 개인의 것이라 할 수 없다. 환웅과 함께 신시를 이룬 민족공동체가 공유했던 집단 사상으로서 한민족 공동의 역사적 유산이다. 사가들이 사관을 갖추는 것처럼, 건국본풀이를 구술하며 공유했던 고대사회의 민족 집단들도 일정한 사관을 갖추었던 셈이다. 그러므로 역사적 사실을 근거로 본풀이를 서술하되, 공동체가 공유하는 일정한 역사관에 따라 건국사를 재구성한 것이 건국본풀이라 할 수 있다.

상고시대 건국본풀이일수록 구비전승되는 까닭에 어느 개인이 사가 구실을 하면서 일방적으로 구술할 수 없다. 역사를 문자로 기록하면 사가 개인의 자의적 서술이 가능하지만, 무문자 시대의 구비역사는 공동체가 공감하지 않으면 전파도 전승도 불가능한 까닭에 민족집단의 동의와 공감이 필수적이다. 따라서 공동체의 집단사관에 입각하여 공동작으로 구성되고 사회적으로 전승된 태초의 구비역사는 어느 천재적 사가가 기록한 역사보다 더 객관적 의미를 지니게 된다. 그러므로 건국본풀이의 전승과정에서 공유하게 된 태양시조사상과 홍익인간 이념은 민족적 세계관으로서 특정 시대와 함께 사라지지 않고 민족사와 함께 수천 년 동안 지속되었다.

건국영웅을 태양에 은유하는 것은 세계적 보편성이다. 태양신 숭배는 빙하기를 견디며 살아남은 신석기인들의 역사적 경험에서 비롯된 것이므로 인류의 보편적 신앙으로 자리 잡을 수밖에 없다. 태양상징의 건국시조는 세 가지 긍정적 이미지로 포장되었다. 하나는 초월적 신격으로서 천손이라는 신성 이미지이고, 둘은 해처럼 빛나는 존재로서 삼라만상의 모든 생명을 관장하는 정치적 권위의 이미지이며, 셋은 해 같은 지도자야말로 나라를 세울 수 있다는 건국영웅의 이미지이다. 따라서 우리 민족사의 건국시조는 한결같이 태양신앙 사상에 입각해 있다. 그러므로 천손신화든 난생신화든, 건국본풀이는 모두 태양신앙에 바탕을 둔 태양시조신화라 할 수 있다.

천손인 환웅과 해모수가 사실상 해와 같은 이름으로 은유되고 표현됨으로써 태양신을 상징하는 존재인 것처럼, 난생으로 간주된 주몽과 혁거세 또한 햇빛에 의해서 잉태되거나 붉은 빛을 내는 큰 알로 형상됨으로써 사실상 태양 자체를 상징하는 태양신화의 주체인 것이다. 그러므로 민족신화를 천손신화와 난생신화로 양분하여 마치 북방신화와 남방신화의 영향에 의해 성립된 것으로 해석하는 연구는 3중의 모순에 빠진 셈이다.

하나는 주몽과 혁거세 등의 난생신화도 한결같이 하늘에서 하강한 천손이거나 천제의 후손으로 출현한 까닭에 모두 천손 개념을 지닌 점이다. 하늘에서 직접 강림한 환웅과 해모수는 물론, 주몽이나 혁거세, 수로왕 등도 모두 하늘에서 내려오거나 하늘의 점지로 출현한 인물들이다. 그러므로 난생이라 하여 천손이라 하지 않을 아무런 근거가 없다. 난생의 주몽은 '천제(天帝)의 손(孫)'을 자처하지 않았는가.

둘은 난생이라고 해석하는 근거가 되는 '알'은 외형적 형상일 뿐 실체는 혁거세의 알처럼 자줏빛을 내는 대광명의 해를 상징한다는 점이다. 주몽의 알도 유화부인이 햇빛을 받아 잉태하였을 뿐 아니라, 금와가 알이라 여겨 버렸지만 짐승들이 피해가고 구름 속에서도 햇빛이 비추었던 것으로 보면, 사실상 해를 상징하는 것이다. 가야의 시조도 해 모양의 황금 알로 태어났다고 직접 해를 거론하고 있다. 그러므로 혁거세와 주몽, 김수로의 알은 곧 해를 상징하는 까닭에 난생(卵生)이 아니라 일생(日生)으로서 태양신화라 하지 않을 수 없다.

셋은 천손신화든 난생신화든 건국영웅은 모두 해를 상징할 뿐 아니라 서사적 구조가 모두 일치하는 점이다. 상징적 내용과 구조적 형식이 모두 같은 것은 민족신화로서 같은 세계관을 바탕으로 건국본풀이가 구성된 까닭이다. 따라서 건국본풀이는 국가별로 서로 다르지만, 우리 민족의 집단의식과 세계관 위에서 생산된 까닭에 태양신을 상징하는 사상과 심층구조는 같을 수밖에 없다. 그러므로 우리 민족신화는 북방신화나 남방신화로부터 영향을 받아 종속적으로 형성된 두 유형으로 존재하는 것이 아니라, 민족적 세계관의 동질성 위에서 독창적으로 형성된 까닭에 역사적 일관성을 지닌 단일 유형이라 할 수 있다.

고대 한국 건국본풀이는 태양신화로서 보편성과 함께 민족적 독창성을 별도로 지니고 있다. 태양시조사상은 종교적으로 신성한 것이면서 정치적으로는 절대 권력을 보장하는 양날의 칼이다. 고대 제왕들을 태양으로 은유하는 것은 왕권의 신성성을 공인하는 약이되, 한편으로는 전제군주의 전횡을 보장하는 위험한 독이기도 하다. 아래로부터 섬기는 태양신은 신성 권력이지만, 위로부터 억누르는 태양신은 폭력적 지배 권력인 까닭이다. 그러므로 태양시조사상의 역기능을 제거하고 순기능을 강화하지 않으면 전제군주의 절대 권력을 옹호하는 역기능을 빚게 된다.

전제군주의 특권화를 막으려면, 위로부터 억누르는 태양신의 초월적 권력을 약화시키는 한편, 아래로부터 섬기는 태양신의 따뜻한 현실 권력을 살려내야 한다. 하늘의 태양은 초월적 절대 권력이지만, 지상에 내려온 햇살은 삼라만상을 살리는 이타적 권력이다. 따라서 햇살 권력이란 곧 삼라만상을 두루 이롭게 하는 홍익인간 이념을 실현하는 지도력이다. 우리 건국본풀이에만 등장하는 것이 이타적 햇살권력이다.

불멸의 독존(獨存)으로 군림하는 태양권력과, 가변적으로 베풀어지는 햇살권력의 두 기능이 어떻게 조정되고 실현되는가에 따라 태양시조사상의 건국본풀이는 전혀 다른 의미를 지니게 된다. 환웅본풀이가 태양시조사상의 보편성을 지니면서도, 민족신화로서 독창성을 지니게 하는 것은 환웅의 건국이념과 통치체제이다. 햇살권력을 표방하는 환웅의 이념과 체제가 태양권력의 무한 권력을 일정하게 통제하는 것이다.

환웅의 건국이념은 '홍익인간'의 구현이고 통치체제는 '재세이화'의 실현이다. 환웅이 표방하고 실천한 이 두 가지 통치 양식은 태양신으로 추앙하는 시조왕의 절대권력을 통제하고 인간세계의 삼라만상을 위한 봉사권력을 행사하도록 일정하게 규제한다. 따라서 환웅은 처음부터 태양신으로서 위력을 발휘하며 초월적 권능을 누리려는 데 뜻을 두

지 않았다. 인간세상을 널리 이롭게 하는 데 관심을 두었으므로, 환인
또한 그 뜻을 헤아려 삼위태백을 점지해주고 천부인 세계를 주어 인간
세상을 다스리게 했던 것이다.

환웅의 홍익인간 이념은 신본주의와 대립되는 인본주의이자, '천상
세계'와 대립되는 '지상세계'를 구하기 위한 이타적 이념이다. 태양시조
사상이 신본주의와 만나게 되면 초월적 신성권력만 내세우게 된다. 실
제로 세계사 속의 고대 군주들 가운데에는 태양신을 자처하며 절대 지
배권력을 누린 왕조가 적지 않다.

그러나 홍익인간 이념처럼 인본주의와 만나게 되면 군주의 지배권
력이 전혀 다른 기능으로 작동하게 된다. 왜냐하면 인간세상을 널리
이롭게 하는 햇살처럼 지상의 삼라만상을 두루 살리고 밝히는 따뜻한
해님 구실을 하는 까닭이다. 그러므로 태양시조의 보편성이 신 중심이
아닌, 인간 중심의 특수성을 만나서 홍익인간 이념이라는, 세상에 없는
독자적 민족사상을 민족사 초기에 이미 창출해 낸 것이다.

홍익인간 이념은 국가 지도자를 태양신으로 떠받들며 절대군주의
독재 권력을 강화하는 것이 아니라, 인간세계의 삼라만상을 모두 살아
있게 하는 햇살의 생명 기능과 온누리를 공평하게 두루 밝히는 햇빛
기능을 특히 강조한 상생 개념이다. 건국시조라면 으레 해와 같은 신
성한 인물이자, 인간세상을 널리 이롭게 하는 홍익인간 이념을 지닌
지도자라야 한다고 생각했던 것이다. 그러한 건국시조가 바로 환웅천
왕이다. 그러므로 환웅본풀이의 맥락에 따라 홍익인간 이념을 더 구체
적으로 포착할 필요가 있다.

태양시조사상과 홍익인간 이념이 서로 유기적 연관성을 지님으로써
새로운 의미를 지니는 것처럼, 홍익인간도 전후 맥락 속에서 그 의미
가 구체화된다. 일찍이 환웅은 천하에 뜻을 품고 인간세상을 절실하게
동경한 존재이다. 그러나 인간이 현실을 떠나 신선세계나 낙원을 동경
하는 것과 전혀 다른 것이다. 별세계에서 스스로 안락한 삶을 누리려
는 이기적 동경이 아니라, 문제적 인간세상을 널리 이롭게 하기 위한

이타적 동경이 환웅의 홍익인간 이념이었다.

더군다나 홍익인간 이념은 인본주의와 만나긴 해도 인간중심주의나 민족중심주의도 아니다. 천하세계에 뜻을 두고 인간세상을 동경한 것처럼, 홍익인간 이념은 천상세계에 대한 지구촌의 삼라만상을 두루 포괄하는 생태학적 세계관에 입각해 있다. 따라서 중화사상과 대화혼(大和魂)이[1] 각각 중국과 일본의 이기적 자국중심주의라면, 홍익인간은 이타적 지구촌 공동체주의라 할 수 있다. 그러자면 천신도 환웅처럼 태백산 신단수 아래로 내려와 인간의 무리와 더불어 살아야 하는 것처럼, 곰과 범도 인간세상으로 찾아와 인간과 더불어 살아야 한다. 신과 인간, 짐승이 자연 속에서 서로 공생하는 것이야말로 인본주의를 넘어선 생태학적 세계관으로서 홍인인간 이념의 실현이다.[2]

물론 환웅이 천신으로 은유되고 곰과 범은 짐승으로 은유되었을 뿐 실제 사실은 아니다. 그러나 이러한 은유야말로 본풀이를 전승하는 주체들의 홍익인간 이념과 생태주의 세계관을 가장 잘 나타내주는 훌륭한 기표이다. 일정한 역사적 사실을 근거로 건국주체들의 이념과 세계관을 은유와 상징으로 서사화한 까닭에 신시건국본풀이는 역사 서술 기능을 가장 효과적으로 발휘하는 사료이다. 그러므로 환웅신시본풀이는 건국시조 이야기로서 신시국의 역사를 서술하는 태초의 사료일 뿐 아니라, 우리 민족이 공유했던 지도자상과 국가이념을 담고 있는 역사철학의 원형이라 할 수 있다.

---

1) 중화주의가 중국의 중원을 천하의 중심으로 여기는 봉건적 지배질서에 따른 패권적 국가주의라면, 일본의 대화혼 곧 야마토 다마시이는 천황을 구심점으로 한 종적 민족주의로서 전투적 무사정신을 앞세워 침략적 군국주의로 흐르기도 했다.
2) 임재해, 〈단군신화를 보는 생태학적인 눈과 자연친화적 홍익인간 사상〉, 《단군학연구》 9, 단군학회, 2003, 115~157쪽.

3. 신시문화의 바탕을 이룬 신석기인의 생활

태양숭배는 빙하기를 동굴 속에서 보낸 신석기인들의 사유에서 비롯된 것이다. 신석기인들의 문화를 이해하려면, 동굴 속에서 오랜 칩거생활을 한 빙하기인의 생활세계를 제대로 포착해야 한다. 왜냐하면 빙하기는 생태학적으로 구석기시대와 전혀 다른 생업양식과 생활세계를 요구하기 때문이다. 먹을 것을 찾아 야외에서 활동하는 수렵채취 생활과 달리, 동굴생활은 폐쇄된 공간에서 오랫동안 머물러 사는 정착생활을 해야 한다. 그러자면 먹을 것을 장기적으로 비축하는 일이 긴요하고 소량의 식재료를 풍부하게 불려 먹는 조리의 슬기도 요구된다.

특히 빙하기의 동굴생활은 지독한 정착생활을 할 수밖에 없는 까닭에, 이동을 전제로 한 유목이 불가능한 것은 물론, 가축의 사육도 구조적으로 불가능하다. 자연히 육식생활보다 곡물의 열매를 먹는 채식생활이 제격이다. 곡물은 좁은 공간에 장기간 비축 가능할 뿐 아니라, 익히게 되면 크게 불어나며, 이듬해 씨앗을 뿌려 경작하면 확대재생산도 가능하다. 따라서 해빙기에 이르면 정착생활을 기반으로 한 농경활동이 더 긴요한 생업양식으로 자리잡기 마련이다. 그러므로 빙하기를 겪은 신석기인들은 주곡이 재세이화의 으뜸으로 추구되는 한편, 주명·주병·주형·주선악 등 다양한 가치들이 생활세계의 규범으로 추구되었던 것이다.

구석기인들이 자연 속에서 풍요를 누리며 대지와 더불어 생활하다가 빙하기가 닥치자 부득이 좁은 동굴에서 여러 사람들이 장기간 생활함에 따라 크게 다섯 가지 문제가 요구되었을 것이다. 첫째, 주곡 문제로서, 곡식과 같은 양식의 확보가 무엇보다 중요했다. 둘째, 주명과 주병 문제로서, 오랜 동굴에서 칩거생활이 인간의 수명과 건강에 심각한 영향을 미치는 탓에 수명과 질병에 특히 유의해야 했다. 셋째, 주형과 주선악 문제로서, 자연 속의 야외생활과 달리, 좁고 폐쇄된 어둠의 공간에서 여럿이 장기간 생활하는 까닭에 선악의 규범을 엄격하게 하고 형벌로 다스리지 않으면 질서를 유지하기 어려웠다. 그러므로 주곡을 비롯한 주명, 주병, 주형, 주선악 등 다섯 가지 규범이 특히 문제될 수밖에 없다.

360여 사 가운데 다섯 가지 문제는 상대적으로 주요 규범에 해당될 뿐, 빙하기의 동굴생활에 슬기롭게 적응하려면 더 구체적인 규범들이 필요하다. 대자연 속에서 자유롭게 살아가던 구석기인들의 생활에서는 요구되지 않았던 생활규범들이 동굴의 공동체생활에서는 다양하고 세밀하게 요구되었던 것이다. 먹고 마시고 배설하는 기본적인 생존 문제를 넘어서, 폐쇄된 공간에서 공동으로 양식을 저장하고 이용하는 규칙은 물론, 불을 밝히고 환기하는 공적 영역에서부터 남녀관계의 사적 영역에 이르기까지 수많은 규범이 필요하다. 그러므로 주곡과 주명·주병·주형·주선악 외에 360여 가지 일을 구체적으로 촘촘하게 설정하지 않을 수 없다.

이처럼 닫히고 갇힌 어둠의 공간에서 머물러 사는 동안 태양신을 섬기는 천신숭배의 종교적 신앙활동 외에 3층위의 문화적 활동을 새롭게 하게 된다. 하나는 역사적 상상과 미래의 가능성을 꿈꾸는 서사적 이야기를 하는 활동이고, 둘은 생활도구를 오랫동안 갈아서 만드는 미학적 형상화 활동이며, 셋은 먹을 것을 가공하고 음식을 익혀 먹는 조리활동이다.

첫째, 이 시기에 특히 문제되는 것이 언어의 발전과 관념적 상상력이다. 대자연 속에서 생활하던 구석기인들이 즉물적이고 시각적인 반면에, 어두운 동굴생활 속에서는 현실세계를 넘어서 관념적 사유를 하게 되고, 그에 따른 개념어가 발전되면서 서사적 상상력을 발휘하게 된다. 왜냐하면 동굴생활은 어두운 밤의 생활이자 사실상 앞이 보이지 않는 장님 생활이나 다름없기 때문이다. 자연히 즉물적 언어에서 관념적 언어 구사력이 발전되기3) 마련이다.

---

3) 자연 생태계 속에서 야외생활을 하는 구석기인들은 눈앞에 보이는 사물과 행위를 지시하는 것만으로도 충분한 의사소통이 가능하지만, 어두운 동굴 속에

눈을 뜨면 눈앞의 실제 현실이 보이지만 눈을 감으면 현실세계를 넘어선 추억과 상상의 세계가 보이기 시작한다. 마찬가지로 낮에는 현실공간의 실존 사물이 보이지만, 밤에는 상상 세계의 도깨비나 귀신과 같은 초월적 존재가 떠오른다. 그러므로 동굴생활을 장기간 하게 되면, 눈먼 장님처럼 눈으로 볼 수 없는 세계에 대한 상상력을 발휘하기 마련이며, 이야기를 하며 겨울밤을 보내는 것처럼 흥미로운 상상의 이야기를 하고 들으면서 지내기 마련이다.

동굴생활에서는 구체적 사물을 지시하고 끌어들여서 의사소통을 하던 종래의 언어생활을 지속할 수 없다. 어둠의 공간에서는 불가시적 세계에 대한 상상의 나래를 펼치는 가운데, 관념적 사유의 가치를 개념어로 구성하는 서사적 언어생활을 하기 마련이다. 따라서 알 수 없는 자기 존재와 세계의 근원에 대한 질문을 던지고, 다른 세계와 초월적 존재에 대한 상상을 자유롭게 하면서 신화적 서사를 구성하는 수준으로 언어문화가 성장하게 된다. 빙하기에 죽어가고 사라져가는 현상들을 목격한 까닭에 이전 시기의 사건과 역사를 기억하고 전승하려는 욕구도 커졌을 것이다. 그러므로 이 시기부터 개념어가 발달하기 시작하고 역사적 서사로서 초보적인 시조본풀이가 형성된 것으로 추론한다.

둘째, 신석기인들이 돌을 갈아서 마제석기를 사용한 것도 오랜 동굴생활에서 비롯된 것이다. 타제석기에서 마제석기가 등장한 것은 구체적 사물이나 행동을 일컫는 일상어에서 추상적 정서와 관념을 나타내는 개념어를 발달시켜 나간 것과 같은 수준의 발전 현상이다. 동굴인들은 즉물적인 일상어로 하는 대화에 만족하지 않고 흥미로운 상상의 신화를 이야기하며 시간을 보내는 것처럼, 즉석에서 돌을 깨어서 쓰는 타제석기에 만족할 수 없고 오랫동안 공들여 갈아서 세련된 생활도구를 만드는 것으로 시간을 보냈던 것이다. 그러므로 신석기는 신화

___

서는 눈에 보이지 않는 사물과 행위를 언어로서 나타내야 의사소통이 가능하다. 그러므로 오랜 동굴생활을 하는 동안 사물과 행위를 나타내는 언어는 물론 상상의 세계, 관념적 가치를 나타내는 개념어들이 발전하게 되었다.

시대와 함께 등장하였으며, 빙하기의 동굴생활에서 싹튼 문화라 할 수
있다.

일상어와 다른 신화적 서사에서 세련된 언어가 만들어졌던 것처럼,
도구의 실용성을 넘어서 매끈하고 정교한 구조의 미의식을 실현한 공
예품으로서 신석기도 만들어졌다. 마제석기는 단순히 동굴생활의 무료
함을 달래는 소일거리가 아니라, 하나의 창조적 형상을 만들어내는 큰
성취이자 보람이었다. 따라서 미학적인 가치와 예술적 창작 활동에 눈
을 뜨게 되었을 뿐 아니라, 아무나 가질 수 없는 잘 만들어진 석기공
예품을 소유하는 만족감까지 누리게 되었다. 이 시기부터 일시적으로
쓰고 버리던 도구로서 기능적인 타제석기들과 달리, 오랫동안 소장할
만한 미학적인 공예품으로서 마제석기가 점차 발전한 것이다. 그러므
로 신석기는 신석기인이 발명한 것이지만, 사실상 빙하기인의 산물이
라 할 수 있다.

사물과 행동을 나타내는 지시적 일상 언어가 사유와 상상을 나타내
는 관념적 언어로 발전되고, 역사적 상상력의 본풀이를 이야기하는 동
시에, 동굴 벽에다가 주술적 그림을 그리기 시작한 것도 이 시기였다.
동굴생활을 거친 신석기인들은 하늘과 태양으로 상징되는 초월적 존재
를 섬기는 종교인이자, 관념적 세계를 상상하고 서사적으로 이야기하
는 지성인이며, 아름다운 형상의 공예품을 만들고 동굴벽화와 암각화
를 그리는 예술인으로 거듭 태어났다고 할 수 있다. 이러한 역량으로
태양시조사상의 건국시조본풀이를 전승하고 농공시필기에 제천의식을
올리는 하늘굿을 국중대회로 열었으며, 동굴벽화의 전통은 고분벽화로
이어졌고, 마제석검을 만드는 전통은 세련된 고조선식 동검으로 발전
하였던 것이다.

셋째, 수렵채취생활로 먹을 것을 쉽게 자급할 수 있었던 구석기시
대와 달리, 빙하기에는 동굴에서 오래 칩거해야 하는 까닭에 먹을 것
을 장기간 저장해야 할 뿐 아니라, 식재료를 가공하거나 조리함으로써
한정된 식량을 여러 사람들이 오랫동안 먹을 수 있도록 만들어야 한

〈그림 56〉 신락 하층의 갈돌

다. 따라서 식재료를 끓여서 양적으로 늘려 먹는 식문화가 형성될 수
밖에 없다. 곡물은 익히면 불어날 뿐 아니라 장기간 저장하면서 이듬
해 봄에 다시 심어서 증식할 수 있는 식량이기도 하다. 따라서 빙하기
인들에게 절실하게 필요했던 것은 곡물의 경작기술이자 농기구의 제작
이다. 그러므로 빙하기를 겪은 신석기인들은 농경생활이 가능하게 되
었으며, 이때부터 돌괭이와 돌보습, 돌낫 등의 석기 농기구를 사용하게
되었다.

식량을 어느 정도 저장해도 오랜 칩거생활을 해야 하는 까닭에 늘
려 먹는 방법을 궁리하지 않을 수 없다. 한정된 먹을거리를 늘려 먹는
가공법이나 조리법을 개발하기 마련이다. 육류도 생식하는 것보다 채
소와 물을 넣고 끓이면 양이 엄청나게 늘어나고, 곡류는 익히기만 해
도 상당히 늘어난다. 따라서 동굴에서는 구석기시대의 생식이나 구워
먹는 생활을 청산하고 익혀서 먹고, 갈아서 먹고, 발효해서 먹는 등 양
식을 늘려 먹고 오래 저장해서 먹는 식문화가 발전되었을 것이다.

곡물을 최대한 늘려먹는 조리법이 갈아서 죽을 써 먹는 빙법이다.
쌀이든 밀이든 가루를 내어 먹으면 더 늘려서 먹을 수 있다. 가장 늘
려 먹는 법이 죽이고, 다음은 떡이다. 따라서 양식을 절약하려면 밥을
지어먹다가 떡을 만들어 먹고 죽을 쑤어 먹는 것이다. 이때 가장 필요
한 도구가 곡물을 가루로 만드는 갈돌이다(그림 56). 그러므로 빙하기
를 거친 신석기인들은 갈돌 사용이 일반화되기 시작할 뿐만 아니라,

구석기시대와 달리 식재료를 조리해서 먹는 식생활을 하게 되었다.

따라서 고대사 시대구분을 단순히 구석기와 신석기시대로 구분할 것이 아니라, 자연생태계와 유기적 관련성 속에서 그 발전 원인과 과정을 복합적으로 해명하는 데까지 나아가야 한다. 왜냐하면 단순히 석기를 깨뜨려 만들었는가, 갈아서 만들었는가 하는 기술적 차이와 전혀 다른 세계관과 생활세계의 차이가 있기 때문이다. 신석기시대는 정착형 농경문화의 시대로 식량을 가공하고 익히는 조리문화의 시대이고, 태양신을 숭배하는 신화의 시대이자 제천의식의 종교주술 시대이며, 창조적 형상을 만들고 그리는 초기예술의 시대라 할 수 있다. 그러므로 신시 사람들은 빙하기의 동굴생활을 거쳤으므로 정착농경문화를 이룩하고 태양 상징의 환웅신시를 세웠으며 신시고국의 역사를 환웅본풀이로 구송하는 가운데 신시문화의 정체성을 확립했던 것이다.

4. 재세이화의 통치체제와 이상적인 공동체

특정 개인의 가치나 철학이 아니라, 공동체가 역사적으로 터득하고 집단적으로 공유하며 전승하는 가치나 철학은 쉽게 사라지지 않는다. 특히 민족 공동체가 함께 공감하며 전승하던 집단무의식의 가치체계나 철학의 틀은 문화적 유전자로서 역사적 전승력을 지닌 까닭에 원형이 쉽게 해체되지 않고 지속된다. 각성된 개인의 의식은 죽음과 함께 소멸될 수 있지만, 민족 공동의 집단의식은 누가 나서서 애써 지우려고 해도 쉽게 지워지지 않고 세대를 넘어서 지속되는 까닭이다. 그러므로 민족적 집단의식은 시대에 따라 일정한 변화가 있어도 원형적 사유의 틀은 지속되므로 역사적 유전자를 이루기 마련이다.

실제로 환웅본풀이의 서사구조와 사상체계는 가야시대까지 심층구조를 이루며 역사적 유전자로 지속되었다. 가) 태양시조사상과 홍익인

간 이념을 처음 수립한 신시의 환웅본풀이가 1.0이라면 조선의 단군본
풀이는 1.1이고, 나) 부여의 해모수본풀이가 2.0이라면 고구려의 주몽
본풀이는 2.1이다. 다) 6촌의 촌장 본풀이가 3.0이라면 신라의 박혁거
세 본풀이는 3.1이며, 라) 가락국의 수로본풀이가 4.0이라면 6가야본풀
이는 4.1이다.

처음 형성된 1.0과 1.1의 역사철학적 세계관이 4.0과 4.1까지 같은
서사구조와 논리로 발전하는 것을 보면, 민족적 세계관의 원형은 변화
못지않게 강고한 지속성을 지니며 전승된다. 환웅본풀이는 태초의 역사
이자 구술사료로서 여러모로 한계를 지니는 것 같으나, 수천 년 동안
잊혀지지 않고 지속된 데에는 그만한 의의와 장점이 있기 때문이다.

건국본풀이는 어느 것이든 장기간의 역사를 줄거리만 짧고 굵게 핵
심 내용만 서술한 까닭에 구체성이 떨어지기 마련이다. 그러나 자세하
게 다 서술하면 서사성이 없어져 이야기로서 역사 구실을 하기 어렵
다. 과감하게 생략된 역사 서술 속에서 있어야 할 만한 내용이 신화적
이야기 속에 모두 함축되어 있을 뿐 아니라, 한 편의 잘 짜여진 서사
문학 양식으로 구성되는 것이 중요하다. 왜냐하면 문학성을 갖춘 역사
라야 역사를 쉽게 전달하고 후대에까지 전승할 수 있는 까닭이다.

만일 환웅본풀이가 이처럼 공감할 만한 건국이념과 흥미로운 줄거
리로 구성되지 않았다면, 수천 년 동안 지속되지 않았을 것이며, 그 핵
심적인 내용과 서사구조가 신라가야시대 건국본풀이까지 전승되지 않
았을 것이다. 아무리 공감할 만한 내용이라도 흥미로운 이야기로 구성
되지 않으면 기억해서 전승하기 어렵고, 서사적 구성이 뛰어나도 알맹
이가 없으면 전승할 의미와 가치를 잃게 된다. 그러므로 환웅본풀이는
신시고국의 위대한 건국이념과 놀랄 만한 역사적 사실을 흥미롭게 구
성한 고대 건국사 최고의 사료이자, 한민족 역사철학의 틀을 마련하여
후대 역사의 보기가 된 건국사의 원형이라 할 수 있다.

만일 환웅본풀이가 없다면, 단군본풀이는 그 자체로 전승되기 어려
웠을 것이다. 왜냐하면 단군 출현 이후의 역사적 사실은 문학적 서사

성을 획득하지 못했을 뿐 아니라, 홍익인간 이념이나 재세이화와 같은
역사철학조차 없기 때문이다. 단군은 조선을 개국한 뒤에 도읍지를 여
기저기 옮긴 역사적 사실 외에, 죽어서 아사달의 산신이 되었다고 함
으로써 산신신앙의 뿌리를 이룬 사실이 주목될 뿐이다. 그러므로 단군
조선의 역사를 살아 있게 한 것은 사실상 환웅신시의 역사와 사상, 문
화를 두루 담고 있는 환웅본풀이의 서사구조라 하지 않을 수 없다.

　환웅본풀이는 인류사의 보편적인 태양숭배사상과 함께 바람직한 공
동체이념을 독창적으로 서술한 사료로서 그 역사철학이 상당히 독특하
다. 태양시조사상처럼 인류사회의 보편성은 드러내지 않은 채 본풀이
의 서사적 틀 속에 버무려 둔 반면에, 민족사의 독자적 사상에 관해서
는 상당히 구체적으로 서술했다. 여기서 새삼 주목해야 할 것은 인류
사의 보편성이 아니라, 환웅신시에서 시작되는 민족사의 독자적 개성
이다.

　신시문화의 독자성은 건국이념과 통치체제에서 구체화되어 있다.
'홍익인간'의 건국이념을 명시적으로 표방하고 있을 뿐 아니라, 맥락적
으로 환웅의 건국의도를 '수의천하(數意天下)', '탐구인세(貪求人世)'로
밝혀두었다. 따라서 홍익인간 이념은 수의천하와 탐구인세의 맥락 속
에서 해석되어야 한다. 그러므로 홍익인간은 단순히 인간을 널리 이롭
게 하는 인간중심주의가 아니다. 인본주의에 초점을 두되 지구촌 전체
의 생태학적 공생을 표방하고 있다.

　일찍이 어떤 민족의 초기 역사에서도 이런 수준의 역사철학과 체계
를 갖춘 건국본풀이를 발견하기 어렵다. 자의적으로 구성한 개인적 서
술의 역사가 아니라, 일정한 집단이 공동으로 추구하면서 현실적으로
실천해 온 공동체의 역사라는 점에서 더 주목된다. 따라서 신시국 가
까이 사는 종족들은 신시국을 동경하지 않을 수 없다. 곰족과 범족 지
도자들이 환웅족의 신시국 문화를 동경하고 동화되기를 기대한 것이
그러한 보기이다. 그러므로 환웅신시의 체제와 문화는 으뜸 수준이었
을 뿐 아니라, 후대에도 전범을 이루어 역사적 유전자 구실을 하게 된

것으로 추론된다.

전범의 근거는 간략하게 구성된 환웅신시의 건국본풀이에 고스란히 집약되어 있다. 반쪽밖에 안 되는 분량의 '단군신화'의 서사, 곧 신시 건국본풀이를 분석적으로 정리해보면 엄청난 양의 역사적 정보가 집약되어 있다.

1) 태양시조인 환웅천왕이 2) 홍익인간의 건국이념을 수립하고 3) 권력 상징을 나타내는 천부인 3개를 지닌 채, 4) 무리 3천을 거느리고 5) 풍백·우사·운사를 중심으로 3상5부의 행정조직을 구성하여, 6) 태백산 신단수를 구심점으로 통치공간을 마련하였다. 7) 왕호는 천손강림에 따른 천왕으로 일컬었으며, 8) 국호는 해밝은 숲을 상징하는 '신불(神市)'이라 하였다. 구체적인 통치체제로 9) 생산양식은 주곡(主穀) 중심의 농경생활을 표방하고, 10) 생존권은 주명(主命)과 주병(主病)의 건강장수 생활, 11) 도덕적 규범은 주형(主刑)과 주선악(主善惡)의 윤리생활, 12) 기타 통치내용은 360여 가지 일로 세분하여, 13) 재세이화의 통치방식을 구체화하였다. 그러므로 환웅신시는 고대국가로서 완벽한 체계를 갖춘 사실을 알 수 있다.

일찍이 이와 같은 완벽한 건국본풀이로 서술된 고대국가가 없었다. 따라서 동시대의 다른 종족들이 환웅신시의 국가이념과 사회체제를 동경하고 찾아와서 동화되고자 했다. 하물며 환웅신시의 후손들이야 더 이를 말이 불필요하다. 단군조선을 비롯하여 부여, 고구려, 신라인들이 태양시조사상과 홍익인간 이념, 재세이화의 체제를 본보기로 삼는 것은 당연한 일이다. 그러므로 단군은 밝달임금으로서 태양신 상징의 혈연적 정통성을 환웅천왕으로부터 물려받는 한편, 도읍지를 아사달에 정하고 나라 이름을 '조선'이라 일컬어 태양국 신시의 전통을 계승했던 것이다.

단군은 환웅처럼 태양시조로 상징되었지만, 해모수나 박혁거세처럼 하늘로 되돌아가지 않았다. 1908세를 살다가 죽어서 아사달에 은거하여 산신이 되었던 것이다. 따라서 단군은 태양시조로서 천손이면서도

산신이었던 인물이다. 왜냐하면 홍익인간 이념을 구현하기 위해 재세
이화의 규범을 실천했던 까닭이다. 재세이화는 홍익인간 이념을 구체
화한 실천 지침으로서 '在世' 곧 세상에 머물러 살면서 백성들을 교화
시키는 것이 핵심 논리이다. 그러므로 단군은 천손으로서 지상의 임무
를 마치면 천상으로 돌아갈 수 있으나, 재세이화의 통치규범을 저버리
지 않기 위해 죽어서 아사달에 들어가 산신이 되었던 것이다.

태양시조사상은 시조왕을 태양처럼 초월적 권력자로 숭배하면 백성
들 위에서 군림할 수 있어 위험한 것이다. 홍인인간은커녕 노예인간
세상이 될 수 있는 까닭이다. 따라서 태양신의 초월적 권력을 재세이
화의 규범으로 현실세계에 뿌리를 내리게 함으로써 비로소 홍익인간
이념을 올바르게 실현할 수 있도록 한다. 환웅본풀이가 세계적인 태양
신화의 보편성을 지니면서도 민족신화로서 독자적인 개성을 지니도록
하는 것이 재세이화의 통치규범이다. 태초에 형성된 세계관이면서 현
재는 물론 미래 인류의 세계관으로도 훌륭한 역사철학적 의의를 지닌
것이 홍익인간 이념이다. 인간세상을 널리 이롭게 하는 건국이념이 한
갓 명분이 아니라, 실질적인 삶이자 구체적인 목적으로 추구되려면 사
람들과 더불어 인간세상에 머물러 살아야 한다.

특정 대상과 더불어 살지 않으면서 그 대상을 위한다는 말은 한갓
명분일 수 있다. 따라서 환웅천왕의 통치철학 가운데 홍익인간 이념
못지않게 중요한 것이 재세이화의 실천규범이다. 재세이화의 실천을
전제로 하지 않은 태양시조왕은 신성왕권을 일방적으로 추구하는 까닭
에 백성들 위에서 군림할 뿐 백성들의 삶과 함께 가지 못한다. 재세이
화는 태양 상징의 시조왕을 천왕으로 군림하게 하는 것이 아니라, 백
성들과 함께 살면서 교화로 다스리게 하는 실천 지침이자 봉사 규범이
다. 그러므로 단군은 천손이되 죽어서 하늘로 올라가지 않고 도읍지
아사달을 지키는 산신이 됨으로써, 죽음 이후에도 재세이화의 규범을
실천한 것이다.

홍익인간이 통치의 대상과 목적을 폭넓게 열어 놓은 관념적 세계관

이라면, 재세이화는 통치자 자신의 위상과 직무를 제약하는 실제적 규범이다. 통치자를 중심으로 보면, 이타적 세계관인 홍익인간과 통치규범인 재세이화는 '외유내강'의 긴장 관계를 이룬다. 따라서 재세이화의 규범은 홍익인간 이념처럼 포괄적 이념이 아니라, 구체적인 생활세계의 실천 지침에 해당된다. 그러므로 관장해야 할 직무가 360여 가지나 될 만큼 방대하고 촘촘한데, 특히 다섯 가지 영역은 명시적으로 제시되었다.

첫째 '주곡'을 내세워 농경 중심의 생산양식과 경제적 풍요를 관장하고, 둘째 '주명'과 셋째 '주병'을 설정하여 인간의 생명과 건강을 관장한다. 인간세상을 널리 이롭게 하는 최상의 전제가 농경생활에 의한 경제적 안정이다. 다음은 질병 없이 건강하게 장수하며 천수를 누리는 일로서 생명권과 건강권을 보장하는 일이다. 이 둘만 보장되어도 일상생활을 누리는 데 큰 문제가 없다. 어느 정도 복지국가의 면모를 갖추었기 때문이다.

넷째 '주형'과 다섯째 '주선악'을 표방하여 기본적인 생존의 문제를 넘어서 사회질서와 윤리 문제를 중요한 통치규범으로 삼았다. 경제적 풍요가 보장되고 건강한 삶을 누릴 수 있어도, 누군가 부도덕한 짓을 일삼고 사회적 질서를 무너뜨리면 공동체의 안정을 이루기 어렵다. 따라서 일탈자들은 법에 따라 통제하고 선악의 윤리를 실천 덕목으로 내세울 필요가 있다. 그러므로 공동체의 규범을 어긴 자들은 형벌로 다스리는 한편, 선악의 문제를 자각하고 공동선을 일깨워 나가는 윤리를 강조하지 않을 수 없다. '일찍이 고조선에 팔조금법(八條禁法) 있었다'는 것은[4] 곧 '주형'의 전통에서 비롯된 것으로 추론된다.

경제권과 생명권, 건강권의 확보로 기본적인 생존이 보장되는 단계에서 나아가 금법에 의한 치안 유지로 공동체의 안정성이 보장되는 단계의 사회, 그리고 선악의 윤리의식을 바탕으로 공동선을 지향하는 단

---

4) 서대석, 《한국 신화의 연구》, 집문당, 2001, 47쪽.

계의 사회까지 지향하고 있는 것이 신시국의 재세이화 규범이다. 360
여 가지 가운데 5가지 문제만 잘 다스려도 바람직한 이상사회를 구현
할 수 있다. 이처럼 재세이화는 홍익인간 이념을 구체적으로 실현하는
통치활동을 손에 잡힐 듯이 체계화한 것이다. 그러므로 신시국의 '홍익
인간과 재세이화'는 당대 최고의 이상사회를 구현하는 지침일 뿐 아니
라, 앞으로도 추구해야 할 인류사회의 미래 가치라 할 수 있다.

5. 민족문화 유전자의 역사적 지속과 변화

신시문화의 생활세계는 두 차원으로 나누어진다. 하나는 태양시조
사상에 따른 천신신앙 중심의 관념적 생활세계이자 국중대회 수준의
제천행사 전통을 형성한 것이고, 둘은 재세이화 체제에 따른 주곡의
농경문화를 중심으로 한 실사구시의 생활세계이자 정착생활과 채식생
활 전통을 형성한 것이다.

태양시조사상에 치우치면, 정치적으로 태양신을 자처하며 절대군주
의 특권을 휘두르게 되거나, 종교적 관념에 따라 타력적 신앙의 맹목
성에 빠지게 된다. 반면에 재세이화의 가치에 매몰되면 눈앞의 현실적
이익에 골몰하거나 자민족 중심의 이기주의에 빠져서 인류공영의 지구
공동체 인식에 이를 수 없다. 따라서 이 두 차원의 생활세계를 조화롭
게 합일시킬 수 있는 세계관이 필요하다. 그러므로 '홍익인간' 이념은
태양숭배의 천신신앙과 재세이화의 현실체제를 조화시키는 구심점이자
좌우 균형을 이루게 하는 중심추라 할 수 있다.

홍익인간과 재세이화에 입각한 신시국의 사회체제와 문화수준은 당
대 세계에서 비교우위를 점유할 수밖에 없었다. 이웃의 다른 집단들이
동경할 만한 이상적인 사회였던 까닭에, 아직 동굴생활을 하고 있던
곰족과 범족은 신시국을 인간다운 사회로 동경하기 마련이다. 따라서

곰족과 범족 지도자가 환웅천왕을 찾아와 자기들도 인간다운 삶을 누릴 수 있게 도와달라고 요청했던 것이다. 그러자 환웅천왕은 홍익인간 재세이화의 논리에 맞게 그들에게 인간다운 삶의 길을 일깨워 주었다.

홍익인간 이념은 민족에 따른 문화 수준을 차별화하지 않고 대등하게 공존하는 것이다. 환웅이 곰족과 범족을 내치지 않고 그들의 요청을 들어주면서 인간다운 삶의 길을 일깨워 준 것은, 홍익민족을 표방하는 자민족 중심주의가 아니라 홍익인간을 표방하는 이타적인 세계관을 실천한 것이며, 쑥과 마늘을 먹으며 햇빛을 보지 말고 백일을 견디라고 한 것은 재세이화의 첫째 덕목인 '주곡'의 농경생활에 적응시키기 위한 것이다.

주곡은 정착생활과 채식생활을 전제로 한 농경문화의 으뜸 덕목으로서, 이동생활과 육식생활을 전제로 한 유목문화와 맞서는 농경민의 생활세계이다. 따라서 환웅신시의 생활세계에 편입되려면 그동안 누려왔던 육식과 이동 생활을 결별해야 할 뿐 아니라, 채식과 정착 생활에 적응해야 한다. 그 결별과 적응의 과정을 검증하기 위해, 쑥과 마늘을 먹는 지독한 채식생활과 햇빛을 보지 않고 칩거하는 지독한 정착생활을 통과의례로 거치도록 한 것이다. 검증에 따라 적응 가능한 민족을 수용하여 통합함으로써 환웅신시는 사실상 단군조선을 개국할 수 있는 국가적 기틀을 마련하고 마침내 고조선문명 시대를 열어갔던 것이다.

환웅신시의 문화적 정체성과 생활세계 수준은 공시적으로 확산되는 사회적 구심점이 되고, 통시적으로 발전된 국가 형태로 나아가는 역사적 지속성을 발휘하였다. 따라서 단군조선 이후 인접한 여러 민족들이 결합하여 예맥조선으로 합병되는 것은5) 물론, 여러 후국을6) 거느리는

5) 愼鏞廈,《韓國 原民族 形成과 歷史的 傳統》, 나남출판, 2005, 15~62쪽.
   신용하,《한국 민족의 기원과 형성 연구》, 서울대학교출판문화원, 2017, 135
   ~171쪽에서 자세하게 논의했다.
6) 윤내현,《고조선 연구》, 63쪽에서 고조선의 제후국을 '거수국(渠帥國)'이라 일
   컫기 시작했다. 愼鏞廈,《韓國 原民族 形成과 歷史的 傳統》, 29쪽에서 고조선의
   '후국(侯國)' 제도를 주목하면서 거수국을 '후국'이라 일컬었다.

연방국가 형태로 지리적 강역이 커지는 한편, 통시적 지속성을 확보하여 고구려와 신라·가야에7) 이르기까지 환웅신시의 민족의식과 세계관이 역사적 유전자로 이어진 것이다.

환웅본풀이 내용을 형상화한 고구려의 환웅천조상이나 고분벽화의 신단수도를 보면, 그들은 단군왕검이 아닌 환웅천왕을 민족시조로 기린 사실을 알아차릴 수 있다. 신단수를 무대로 환웅천왕이 곰족과 범족을 만나는 서사적 이야기를 형상화해 둔 반면에, 단군왕검의 존재는 어디에도 형상화되어 있지 않은 까닭이다. 환웅본풀이를 근거로 축제 상황을 벽화로 그리는 한편, 신시 역사의 서사적 내용을 장신구로 만들어 사용할 만큼 환웅천왕의 신시 역사를 널리 공유한 사실을 포착하게 된다. 그러므로 고구려시대는 환웅본풀이를 구전하는 가운데 홍익인간 재세이화의 세계관을 실현하는 국가제의와 제천행사를 올렸던 것이다.

고구려 이전 시기인 부여에서도 환웅의 세계관이 적극적으로 계승되었다. 해모수는 태양시조왕답게 스스로 '해모습'을 표방하며 '부여'라는 국호로 태양을 상징했을 뿐 아니라, 환웅처럼 지상에 내려와서 세상을 다스림으로써 홍익인간의 이념을 실천하려 했다. 그러나 환웅과 달리, 천왕으로서 태양시조의 신성한 권위를 누리는 데 치우쳐서 재세이화의 통치규범은 제대로 계승하지 않았다. 따라서 아침에 하늘에서 내려와 일을 하고 저녁에는 다시 하늘로 돌아갔던 것이다. 그러므로 이타적 세계관으로 재세이화를 실천하지 않고 태양신의 초월적 권력을 발휘하는 데 치우쳤다고 할 수 있다.

그러한 사례는 다른 국면에서도 발견된다. 혼인하기를 원하는 곰네의 뜻을 따른 환웅과 달리, 해모수는 하백의 딸 유화부인을 일방적으로 취해서 하백과 분쟁을 일으키는 것은 물론, 마침내 유화부인을 버려두고 혼자 하늘로 떠나버리기까지 했다. 아기를 배고자 하는 곰네의

---

7) 윤내현, 《한국열국사연구》에서는 부여에서부터 신라·가야에 이르는 여러 국가를 고조선에서 분화 독립된 열국으로 다루었다.

뜻을 수용한 환웅과 대조적으로, 해모수는 남성적 욕망으로 유화부인을 취한 뒤에 혼자 하늘로 올라가 버린 것은 태양왕으로서 특권을 누리는 데 만족했던 한계를 드러낸다. 따라서 해모수는 태양시조로서 지상으로 내려왔으되, 환웅처럼 홍익인간 이념에 따라 재세이화의 정책을 적극적으로 실천하지 않았던 것이다. 그러므로 부여의 문화적 정체성은 물론 역사적 지속성이 제대로 확립될 수 없었다.

부여와 달리 고구려와 신라의 역사적 비중은 상대적으로 대단하다. 공교롭게도 이 두 나라는 환웅의 홍익인간 이념과 재세이화의 정신을 온전하게 계승하고 있다. 환웅신시의 통치이념과 문화적 정체성을 고스란히 계승한 단군조선과 함께, 고구려와 신라의 역사가 특히 오랜 역사를 이어갔다는 사실은 예사롭지 않다. 그만큼 환웅신시에서 마련한 건국이념과 통치체제가 역사철학으로서 보편적 가치를 지닌 것으로 입증된다.

고구려의 시조 주몽은 해모수의 아들이면서 아버지의 사랑을 받지 못한다. 어머니와 함께 금와왕 밑에서 차별과 고난을 겪다가 탈출하여 고구려를 세운다. 해모수의 아들 주몽은 태양시조사상을 이어받은 천손이긴 하나, 아버지로부터 버림받은 시조왕이다. 주몽은 태양신의 권능에 도취된 해모수와 달리, 철저하게 지상세계에 뿌리를 박고 재세이화의 통치 양식을 실현한다. 따라서 비류수가에 초막을 짓고 오랜 투쟁 끝에 고구려를 건국하며, '해(解)'씨 성을 버리고 '고(高)'씨로 성을 삼은 것이다. 이처럼 주몽은 태양시조의 권위에 매몰되지 않고 재세이화의 생활세계를 추구했던 까닭에, 고구려사는 환웅신시의 문화적 정체성을 계승하고 역사적 지속성까지 획득했던 것이다. 그러므로 고구려인들은 단군조선이 아니라 환웅신시가 민족사의 기원이라는 사실을 분명하게 인식하고 역사적으로 기렸던 것이다.

신라시조 박혁거세는 태양을 상징하는 자줏빛 알에서 태어났을 뿐 아니라, 온몸에서 빛이 나는 까닭에 '혁거세'라 이름 짓고 '불구내' 곧 우리말로 '붉은 해'라고 일컬었다. 온누리를 밝히는 '혁거세 이념'은 태

양시조로서 사실상 '탐구인세'를 위해 지상으로 내려온 환웅의 홍익인
간 이념이나 다르지 않다. 그러나 구체적 실천의 길은 '광명이세'를 표
방함으로써 환웅의 재세이화와 다른 길을 택했다. 따라서 혁거세의 건
국이념은 지상세계에 토대를 둔 재세이화로 조화를 이루지 못하고 태
양신의 권위에 입각한 광명이세로 붉은 해를 상징하는 태양왕의 신성
성을 더 강화하였다. 그러므로 혁거세는 죽어서 아사달에 들어간 환웅
과 달리 하늘로 올라갔다.

해모수는 하늘에 올라간 까닭에 지상에 흔적을 남기지 않았다. 그
러나 혁거세는 하늘에 올라간 뒤 7일 만에 주검이 땅에 떨어져서 지상
에 무덤을 남긴다. 일방적인 태양신화에서 지상에 무덤을 남기는 '사후
재세(死後在世)'의 결과로 마무리된다. 재세이화의 한계는 석탈해신화로
보완되었다. 탈해도 혁거세처럼 알에서 태어났지만 바다를 상징하는
용성국 사람으로서 태양신화의 정통성을 일탈했다. 그럼에도 탈해가
신라 왕실에 인정받는 계기가 호공의 집을 차지하는 '재세이화'의 슬기
에서 마련된다. 재세이화의 가치에 따라 단군이 죽어서 아사달의 산신
이 된 것처럼, 탈해 또한 죽어서 토함산의 산신이 되었다. 태양시조의
천신이 죽어서 하늘로 돌아가지 않고 지상의 산신이 되는 것은 '재세
(在世)'의 정신에 따른 것이라 할 수 있다.

천신과 산신의 존재, 하늘에 오르는 '득천'과 지상에 머무는 '재세'
는 태양신화의 전통과 재세이화의 실천 철학을 균형 있게 갖추었을 때
나타나는 문화이다. 따라서 태양신 중심의 박씨계와 재세이화 중심의
석씨계는 왕실의 안정을 찾지 못하고 왕조교체가 박씨와 석씨 사이에
서 오락가락 요동친다. 그러다가 왕권이 김씨(미추왕)로 갔다가 석씨
로 와서 다시 김씨(내물왕)계로 이동하면서[8] 신라왕실이 서서히 안정

---

8) 흔히 신라왕조는 박씨에서 석씨, 김씨로 교체되었다고 단순화시키는데, 사실
   은 그렇지 않다. 박씨 3대에서 석씨로 갔다가 다시 박씨로 돌아와 4대 지속
   된 이후에 석씨가 4대 지속된다. 석씨와 김씨의 교체도 마찬가지이다. 석씨
   4대에서 김씨로 갔다가 다시 석씨로 돌아와 3대 지속되었다. 그 이후 김씨로
   가서 김씨계 왕실이 계속 이어진다. 그러므로 박석김의 성씨 교체가 질서 있

을 찾기 시작한다. 19대 눌지왕대에 이르러 종래의 '이사금'시대를 청산하고 '마립간'시대를 열면서 새삼 주목한 것이 김씨계 시조인 김알지 신화이며, 김알지가 출현한 계림을 상징적으로 형상화한 금관을 왕관으로 사용하게 된다.

김알지신화는 환웅이 신단수에 하강한 신시의 세계관을 더 구체적으로 나타내면서 혁거세의 태양신화와 석탈해의 재세이화 전통을 아우른 것이다. 김알지는 하늘에서 붉은 구름이 시림에 뻗쳐 있는 가운데 닭의 울음소리와 함께 빛을 내는 금궤에서 태어난다. 여명의 해오름 형상을 은유한 태양신화의 한 모습이되, 시림의 나뭇가지는 환웅의 강림처인 태백산 신단수와 같은 신성공간이다. 재세이화의 세계관을 상징하는 공간이 신단수인 것처럼, 김알지신화에서는 시림의 공간이 그런 구실을 한다. 신단수나 시림은 땅에 뿌리를 박고 있는 신수인 까닭에 재세이화를 표방하는 국가공동체의 공간적 토대이자 시각적 상징물이다. 그러므로 국호조차 '신단수'에서 '神市(신불)' 곧 신숲으로 일컬었던 것처럼, 신라의 국호 또한 '시림'에서 '계림' 또는 '계림국'으로 일컬었던 것이다.

김알지는 태자로 책봉되었지만 사양하고 왕좌에 오르지 않았다. 해모수나 혁거세, 석탈해처럼 현실세계를 떠난 것도 아니다. 김알지와 후손들은 왕이 아닌 신하로서 미추왕대에 이르기까지 '재세이화'의 삶을 살았다. 김씨왕실은 김알지의 세계관을 계승하기 위해 김알지가 출현한 계림을 금관의 형상으로 만들어 왕관으로 사용했다. 금관의 번쩍거리는 황금은 태양왕으로서 햇빛을 상징하고, 나무모양의 세움장식은 계림을 상징하는 것으로서[9] 신단수의 전통과 재세이화의 생활세계를 반영한 것이다.

따라서 김씨 왕실은 환웅본풀이의 두 세계관을 조화롭게 계승한 까

게 진행된 것이 아니라 오락가락하면서 상당히 요동쳤다. 자세한 것은 임재해, 《신라 금관의 기원을 밝힌다》, 73쪽 참조.
9) 임재해, 위의 책, 347~375쪽에서 이 문제를 자세하게 다루었다.

닭에 김씨계의 눌지마립간 이후 신라는 안정된 국가로서 천 년의 역사를 이어갈 수 있었다. 뿐만 아니라, 환웅신시가 곰족을 비롯한 이웃나라와 연대하여 단군조선시대를 연 것처럼, 김씨계의 신라 또한 횡적 확장으로 통일신라시대를 열었다. 그 이후 삼국의 역사는 청산되고 신라, 고려, 조선의 역사를 지속했다. 그러므로 민족사를 돌아볼 때, 홍익인간 이념과 재세이화의 통치 규범이 균형과 조화를 이루는 국가체제일수록 확장성과 지속성이 확보된다고 할 수 있다.

홍익인간 이념으로 온누리를 밝히는 해 같은 지도자가 되려면, 태양왕으로서 천손 상징의 신성한 권력에 매몰되지 말고, 낮은 곳에서 예사사람들과 더불어 살아가는 '재세이화'의 구체적 덕목들을 실천해야 한다. 이러한 집단무의식의 민족적 세계관은 한갓 국가이념과 통치체제로 존재했던 태초의 관념에 머물지 않는다. 실제 역사 속에서 구현되고 입증된 역사철학으로서, 오늘날의 현실 정치에서도 기대되는 지도자의 덕목이다. 그리고 앞으로 이루어나가야 할 미래정치의 바람직한 지표이기도 하다. 따라서 환웅신시에서 이룩한 세계관은 민족적 원형으로서 지금도 지속되고 앞으로도 이어가야 할 현재형이자 미래형이라 할 수 있다. 그러므로 환웅신시의 건국사와 문화적 정체성은 한갓 지나간 시대의 케케묵은 과거사가 아니라, 인류문명의 독자적 유형으로 자리매김하고 창조적으로 계승해야 할 역사철학의 훌륭한 보기로 인식된다.

6. 현재진행의 신시문화 정체성과 역사인식

신시문화의 정체성은 민족사의 전개 속에서 문화적 유전자로 지속되는 가운데 다양한 변화를 빚어내며 지금도 우리 생활세계 속에 살아 있다. 환웅신시는 사라진 역사가 아니라 지금까지 기능하고 있는 역사적 실체이자 현재진행의 세계관이다. 따라서 신시문화를 중심으로 그 이전 시대 문화 못지않게 신시 이후의 문화적 지속성을 포착하고 나아가 미래문화의 전망까지 제시할 수 있어야 한다. 왜냐하면 미래의 문제까지 대안적 논의를 할 수 있을 때, 본풀이사관에 입각한 역사연구로서 고조선문명과 신시문화의 논의가 온전하게 마무리되는 까닭이다.

신시문화에서 정립된 태양시조 신화의 전통은 신라가야시대까지 이어졌다. 신성한 숲을 근거로 한 '신시국'의 국호는 신라 초기에 '계림국'으로 이어졌으며, 신단수의 전통은 당나무와 마을숲의 전통으로 살아있다. 쑥과 마늘을 먹는 채식문화의 전통은 현재까지 고스란히 이어질 뿐 아니라, 앞으로도 지속될 것이다. 한 곳에 머물러 사는 정착생활은 구들에 의한 바닥 난방문화를 창출했을 뿐 아니라, 전기구들과 돌침대와 같은 다양한 온돌문화로 발전해 왔으며,[10] 앞으로 새로운 난방문화로 확대 재생산될 것이다. 따라서 식생활의 미래는 채식문화 중심으로, 주생활의 미래는 밑면난방 중심으로 세계화될 전망이다. 그러므로 신시문화는 민족문화의 유전자로서 현재형 속에 살아 있을 뿐 아니라, 인류문화의 미래형으로 추구해야 할 가치가 높다.

민족의 집단 정체성을 곰과 범으로 나타내는 동물상징의 전통 또한 지금까지 생생하게 살아 있으며, 미래에도 지속될 수밖에 없다. 논리적 추론의 언어보다 직관적 인식의 사물, 시각적 아이콘, 그 가운데서도 동물 형상은 집단 정체성을 전달하는 데 더 효과적 구실을 하는 까닭이다. 따라서 현대는 문자문화 시대를 넘어서 문자 이전의 그림문화 시대로 돌아가고 있다. 고대인들이 암각화와 벽화를 남겼던 것처럼, 지금 다시 그림으로 된 시각적 형상을 유용하게 쓰는 아이콘(icon)의 시대로 회귀하고 있다. 일일이 문자를 쳐서 컴퓨터를 작동하던 시대에서 그림을 클릭하는 윈도우 시대에 이르렀듯이, 주의 표시판이나 시설의 알림판이 문자에서 시각적 아이콘으로 바뀌었다.

---

10) 임재해, 《고조선문화의 높이와 깊이》, 128~146쪽에서 자세하게 다루었다.

환웅족이 거대한 천조(天鳥)나 신수(神樹)로 상징되고 예맥족이 범과 곰으로 제각기 상징되는 것처럼, 각종 사회 집단과 기관은 물론 다양한 상품과 프로그램이 동식물 상징으로 시각화되고 있다. 집단정체성을 나타내는 동식물 상징은 신시시대의 옛문화이자 우리시대의 현실문화이다. 그러므로 특정 기관이나 집단, 상품 등을 일정한 동물상으로 이미지화하여 집단정체성을 효과적으로 나타내는 것은 신시시대의 문화적 전통이자, 지금 여기의 문화일 뿐 아니라, 앞으로도 가꾸어가야 할 미래문화이다.

따라서 '환웅이 하늘에서 내려왔다는 것이 말이 되는가?', '곰이 어떻게 사람으로 변신할 수 있는가?' 하는 따위의 억지 논리로, 환웅신시의 역사는커녕 단군조선의 역사까지 부정하려는 축자적 수준의 실증주의 사학을 청산하지 않을 수 없다. 기표가 담고 있는 기의의 역사적 의미와 문화적 상징을 본풀이사관에 입각한 주체적 역사의식에 따라 해석할 수 있어야, 진부한 수준의 실증사학이 조성한 반역사학적 폐단을 극복할 수 있다. 사료의 '기표' 읽기에 매달린 초보적 역사학이 아니라, 사료의 숨은 의미와 맥락의 이면을 탐색하는 '기의'의 해석학적 역사학으로 나아가야 인문학문으로서 통찰의 길이 열린다.

더 도전적 역사학을 모색하려면 기존 사료의 새로운 해석을 넘어서 사료 자체를 새롭게 개척해야 한다. 도전적 역사학은 과거의 기록과 유물에 의존하여 사료 부족만 탓하는 것을 직무유기로 간주한다. 지금 여기를 살아가는 사람들의 생활세계 실상이 곧 살아 있는 생활사료이자 고대사를 담고 있는 풍부한 사료 창고라는 인식 전환을 요구한다. 앞으로 구비사료에 이어서 생활사료에 입각한 역사학의 새 지평을 열어가야 할 뿐 아니라, 과거 사실을 근거로 현재를 해석하는 데서 현재 사실을 근거로 과거를 재해석하는 역순적 역사해석의 방법도 개척해야 할 것이다.

모험적 역사학은 이제 기존의 역사학을 더 이상 공든 탑으로 인정하지 않는다. '역사는 현재와 과거의 끊임없는 대화'라는[11] E. H. 카아

의 주장도 무너뜨려야 할 공든 탑에 지나지 않는다. 본풀이사관에 입
각한 역사는 현실문제에 입각하여 과거와 현재의 대화는 물론, 현재와
현재의 대화, 현재와 미래의 대화를 지속하는 것이다. 이러한 역사적
대화를 통시대적으로 수행하려면 현재와 현재의 대화부터12) 제대로
해야 한다. 그러므로 고대사 연구자들은 현재사의 해석에서 출발하여
'과거와 미래'의 통섭적 대화까지 모험적 시도를 할 필요가 있다.

　　그러자면 고조선문명의 밑자리를 이루는 신시문화는 민족문화의 틀
을 이루는 과거사의 뿌리인 동시에, 미래사의 열매라는 인식이 요구된
다. 과거지향적으로 뿌리를 캐는 일에 머물 것이 아니라, 미래지향적으
로 열매를 맺고 익혀 나가는 일을 감당해야 한다. 열매가 싹이 터서
뿌리를 내리고 그 뿌리가 자라서 꽃을 피우고 다시 열매를 맺는 것처
럼, 과거와 미래는 서로 순환하는 관계에 있다. 그러므로 미래를 전망
하고 창조적으로 구상하기 위해서도 뿌리를 주목하고, 뿌리를 포착하
기 위해서도 현재의 꽃과 미래의 열매를 제대로 포착해야 한다. 그것
은 곧 역사적 시대를 종적으로 통섭하는 일이자, 새로운 사관을 수립
하는 일이기도 하다.

　　본풀이사관처럼 진보적 사관을 독창적으로 수립하는 것은 물론, 기
존 사료의 틀을 해체하고 새로운 사료 영역을 개척하는 가운데, 고대
사가 곧 현재사이자 미래사라는 통섭적 역사학의 새 길을 열어가는 것
이 긴요한 과제이다. 따라서 역사의 존재양식을 과거형에 가두지 말고
현재진행형으로 개방해야 한다. 본풀이사관에 따라 지금 여기의 관점
에서 고대와 현재, 미래를 통시적으로 오르내리며 생활사료의 현실 속

---

11)　E. H. 카아 著, 吉玄謨 譯,《歷史란 무엇인가》, 探求堂, 1984, 43쪽,
12)　현재와 현재의 대화란 사가가 현재의 눈으로 현재의 문제를 포착한 역사적
　　현실인식의 확보를 뜻한다. 따라서 이 병세는 크로체(B. Croce)가 '모든 역
　　사는 현대의 역사'라는 주장과 만난다. 크로체가 말하는 '현대의 역사'란 "서
　　술되는 사건이 아무리 먼 시대의 것이라고 할지라도 역사가 실제로 반영하
　　는 것은 현재의 요구 및 현재의 상황이며, 사건은 다만 그 속에서 메아리칠
　　따름"이라고 했다. E. H. 카아 著, 吉玄謨 譯, 위의 책, 28쪽.

에서 시대를 통섭하는 모험적 역사학의 새 지평을 구상할 수 있어야 된다.

이러한 관점에 서면, 미래를 내다보는 역사적 질문을 다시 던지지 않을 수 없다. 동아시아에서 우리 민족만 쑥과 마늘을 먹는 것은 역사 적으로 무슨 의미를 지닌 것인가? 환웅신시에서 인간다운 삶을 누리는 데 필수적인 먹거리로 제시된 것이 쑥과 마늘이기 때문이다. 그러나 이렇게만 말하는 것은 현실 역사를 역사적 과거로 설명하고 마는 일이 므로 한계가 있다. 그때 그랬으니 지금도 그러고 있다는 것은 통시적 인과논리를 갖춘 사실이긴 해도 미래사의 전개에 도움을 주지 못하는 까닭이다.

7. 신시문화에 입각한 현실인식과 미래 전망

미래학자 드러커(Peter F. Drucker)는 '이미 일어난 일' 곧 역사와 전통 속에 미래가 있다고 했다. 미래의 전망을 만들어 가려면 과거의 역사와 문화적 전통을 재해석할 필요가 있다. 쑥과 달래는 빙하기를 겪고 해빙기를 맞은 신석기인들에게 쉽게 채취해서 먹을 수 있는 소중 한 먹거리이자, 건강한 채식 재료로서 정착생활과 농경문화에 적응하 는 통과의례의 시금석 구실을 하였다. 따라서 쑥과 달래는 앞으로 닥 치게 될 생태계 위기를 예상할 때 지구생태계에서 가장 끈질기게 살아 남을 긴요한 채식 먹거리라는 사실을 재인식할 필요가 있다. 달래를 이은 마늘은 쑥과 함께 최고의 건강식품이다. 그러므로 현실의 원인으 로서 역사연구가 아니라 미래를 준비하는 대안으로서 역사연구를 한다 면, 쑥과 마늘의 생태학적 적응성과 건강식품으로서 유용성을 계속해 서 주목해야 한다.

미래의 지구촌 공동체를 위해 '쑥과 마늘 연구'가 긴요한 것처럼,

재세이화의 360여 가지 일 가운데 가장 으뜸으로 삼은 '주곡'의 문제
도 재인식되어야 한다. 동아시아에서 우리 민족은 벼농사에 특히 탁월
한 능력을 발휘하여, 이주해 가는 곳마다 밭농사 지역을 논농사 지역
으로 개척한 사실도 우연한 현상으로 치부할 일이 아니다. 벼농사 불
모지였던 척박한 곳에 한민족이 이주하게 되면 그 지역은 어김없이 벼
농사 지역으로 탈바꿈하게 되었다.

블라디보스토크에 이주한 사람들이 벼농사를 처음 시작하여 한인거
주지를 건설했을 뿐 아니라, 거기서 다시 강제 이주된 카자흐스탄 알
마티와 우즈베키스탄의 타슈켄트에서도 황무지와 갈대밭을 논으로 개
간하고 벼농사를 지어 풍요로운 공동체를 일구어냈다. 중국 동북지역
으로 이동한 사람들도 같은 궤적을 보인다. 중국의 조선족 마을은 으
레 밭농사 지역을 논농사 지역으로 바꾸어 놓은 성과로 중국 정부의
지지를 받았다.

중국 정부에서 성공한 농촌마을로 선정된 길림성의 알라딘촌이[13]
그러한 보기이다. 알라딘촌은 원래 옥수수를 주업으로 하는 밭농사 지
역이었는데, 조선족이 입주하면서 밭과 들을 논으로 바꾸어 벼농사 지
역으로 전환되었다. 알라딘촌을 비롯한 조선족 마을 대부분이 벼농사
로 전환함으로써 부촌이 되었다. 그런데 최근 20년 사이에 조선족 젊
은이들이 대도시나 한국으로 취업해 나가자, 한족이 들어와 논을 밭으
로 바꾸어 다시 옥수수농사로 돌아간 탓에 소득이 크게 줄어들고 있
다. 길림성 도문시 삼도구촌[14]이 그러한 보기이다. 한족은 논농사에
적응하지 못해 옥수수 농사로 되돌아간 것이다. 이런 사실을 보면, 한
국인과 달리 중국인에게는 벼농사 문화의 유전자가 상대적으로 부족한
것을 알 수 있다.

---

13) 중국 길림성 길림시 용담구 우라진 일라디촌은 중국정부에서 성공한 농촌미
   을로 선정하여 홍보한 까닭에 전국적으로 알려진 마을이다(2017년 1월 15~
   17일, 마을에서 현지조사).
14) 중국 길림성 연변조선족자치주 도문시 동광진 삼도구촌은 한족이 들어와 농
   사를 지으면서 논이 모두 옥수수밭으로 바뀌었다.

우리 민족이 집단 이주한 지역은 어느 곳이든 벼농사 지역으로 전환되는 농업혁명이 일어났다. 그냥 보면 우연한 일 같지만 역사적으로 보면, 그 원인을 역사적 유전자에서 찾을 수 있다. 상고시대부터 벼농사를 지은 농경문화의 전통이 그 뿌리이다. 신석기시대 초기에 이미 세계 최초의 단립벼가 재배된 사실이 1만 2천 년 전의 소로리볍씨로 입증된다.15) 환웅신시의 360여 사 가운데 으뜸으로 여긴 '주곡'도 벼농사의 전통을 증언한다. 장립벼를 재배하는 남방지역과 달리, 단립벼의 역사적 기원은 신석기의 한반도에서 처음 시작되어16) 지금까지 지속되고 있다. 그러므로 단립벼의 역사적 기원과 근대 민족이동에 따른 단립벼 재배의 국제적 확산은 신시문화에 바탕을 둔 고조선문명의 유산이라 하지 않을 수 없다.

따라서 생태위기에 대비한 구황식품으로서 '쑥과 마늘 연구'처럼, 한민족의 주곡으로서 '벼농사 연구'가 필요하고, 더 포괄적으로는 '채식문화' 전반에 관한 대안연구도 필요하다. 공동노동 양식인 두레도 벼농사의 전통에서 비롯된 것이다. 미시적으로는 정착생활을 토대로 한 '온돌문화 연구'를 진전시켜 주거문화를 한 단계 발전키는 한편, 거시적으로는 홍익인간의 이상과 재세이화의 논리에 따라 '지구촌 공동체 연구'를 진행함으로써 지속 가능한 인류공동체 이론을 만들어갈 필요가 있다.

그러한 이론의 논리는 홍익인간 정신으로 재세이화의 이치에 따라 마련되어야 한다. 지금 여기서 문제를 해결하는 것이 지구촌 공동체의 지속 가능성을 보장하는 홍익인간 정신의 실현이자 재세이화의 논리이다. 우주과학자들은 지구촌의 문제를 해결하기 위해 지구를 떠나 우주를 개척하는 데서 대안을 찾는다. 그러나 재세이화의 논리를 따르면, 지구에 머물러 살면서 지구촌의 문제를 해결하고 인류의 지속 가능성을 모색하게 된다. 그러므로 생활세계에서 필요한 물적 자원을 지금

---

15) 이융조·우종윤, 《선사유적 발굴도록》, 충북대학교박물관, 1998, 188쪽.
16) 신용하, 《고조선 국가형성의 사회사》, 47~55쪽 및 《한국 민족의 기원과 형성 연구》, 30~34쪽 참조.

여기서 확대재생산하는 것은 물론, 해결 불가능한 문제를 해결해 줄 초월적 존재도 지금 여기로 불러오는 것이 중요하다. 이것이 농경문화의 기본적 삶의 방식이다.

'농경·유목문화 비교모형'에 따르면, 유목문화 지역에서는 농경문화와 반대로, 문제해결을 위해 지금 여기를 떠나야 한다. 성을 쌓는 자는 망한다고 한 것처럼, 일정한 지역에서 붙박이로 사는 것을 부정하는 것이 유목문화이다. 늘 새로운 먹거리를 찾아 이동하는 것이 유목문화인 까닭이다. 따라서 굿을 할 때에도 샤먼은 이계여행을 한다. 탈혼굿의 엑스타시 상태가 유목문화 지역의 샤머니즘이다. 입무굿을 할 때에도 큰 나무에 높이 올라가서 오래 머무는 능력을 발휘해야 샤먼의 자격을 획득할 수 있다.

그러나 우리 굿문화는 신을 불러와서 굿을 하는 '내림굿'문화가 기본을 이룬다. 환웅이 태백산 신단수에 내려와서 인간세상을 구했던 것처럼, 신이 굿판에 좌정하거나 내림대에 내려와서 문제해결을 도와주는 것이 굿문화의 기본이다. 따라서 한국 굿에서는 무당이 신의 세계로 이동하는 것이 아니라, 신을 굿판으로 불러와서 무당의 몸에 실리도록 하는 빙의현상이 곧 무당의 능력이다. 샤머니즘의 탈혼굿이 이계여행의 논리에 입각한 유목문화의 굿이라면, 내림굿은 재세이화의 논리에 입각해 있는 농경문화의 굿이다. 그러므로 지구촌의 미래 문제를 해결하는 대안을 이계여행이 아니라 재세이화의 논리에서 찾아야 할 것이다.

8. 고조선문명의 역사철학과 미래문화 구상

탈혼굿의 이계여행과 내림굿의 재세이화의 논리는 문제해결의 방식이 대립적이다. 이계여행의 문제해결 논리는 미래의 전망을 지금 여기가 아닌 엉뚱한 공간에서 찾게 되는 까닭에 끊임없이 다른 공간을 점유하는 침입자 노릇을 하다가 마침내 제국주의를 합리화하게 된다. 더 나아가면, 인류사회의 지속 가능성을 지구촌 안에서 생태학적으로 해결하려 하지 않고 외계의 정복으로 해결하게 된다. 지구를 마음껏 사용하다가 자원이 고갈되고 기후가 변화되면, 지구촌을 버리고 우주로 떠날 것을 기획한다. 이런 구상은 지구촌을 함부로 소비하여 망가뜨리는 동시에 다른 세계를 정복하는 이중의 잘못을 저지르게 만든다.

지구촌 문제를 지구촌에 살면서 해결하려는 것이 아니라 우주 공간의 다른 세계로 이동해서 해결하려는 것은 두 가지 문제가 있다. 하나는 지구촌의 온전한 보존을 위한 생태학적 노력을 소홀히 하게 만들어서, 환경오염은 물론 자원을 과도하게 소비하여 지구를 진작 망가뜨리는 위기를 자초하게 되는 일이다. 둘은 특수층 몇 사람의 지속적 삶을 보장하기 위해 '인터스텔라(Interstellar)'와[17] 같은 불가사의한 우주여행과 과도한 행성 개발에 골몰한 나머지 지구촌 인류의 대다수 삶을 돌아보지 않는 위험에 빠지게 되는 일이다.

따라서 지금 여기의 문제를 그 자체로 해결하려 들지 않고, 여기를 버리고 다른 곳으로 이동해서 문제를 해결하려는 발상은 여러모로 위험하다. 그러므로 홍익인간 이념을 생태학적으로 실현하려면 지금 여기를 지키고 가꾸며 살아가는 '재세이화'의 실천지침이 긴요한 가치라 하지 않을 수 없다.

홍익인간 이념은 이계의 우주를 넘보는 것이 아니라 지구촌을 지속 가능한 생태학적 공동체로 만들어가는 것이다. 세계화로 지구촌 공동체의 가능성이 더 커졌으나 여전히 20세기적 경제주의에 집착하여 무역전쟁에 골몰하고 있다. 21세기의 지표인 문화주의 가치에 따라 문화 상생과 다문화 공유의 활동을 펼쳐야 한다. 그러자면 다문화주의에서

---

17) 'Interstellar'는 2014년 개봉된 크리스토퍼 놀런 감독의 SF 영화로서, 지구가 기후 이변으로 사막화되자 인간이 이주해서 살 수 있는 행성을 탐사하기 위해 모험적인 우주여행을 하는 내용이다.

다중문화주의로 나아가야 한다.

서로 다른 문화를 대등하게 인정하는 것이 다문화주의이다. 소수민족문화를 대등하게 인정해 준다고 해서 그들의 문제가 해결되는 것은 아니다. 적극적으로 그들의 문화를 자문화처럼 수용하여 누릴 수 있어야 한다. 따라서 다문화주의를 극복해야 지구촌이 문화 상생으로 진정한 삶의 공동체를 만들어갈 수 있다. 왜냐하면, '너희 문화도 우리 문화와 대등하다'는 다문화주의는 미국 사회가 안고 있는 모순과 위기를 감추는 것이자, 집단주의와 포퓰리즘, 도덕주의 등 미국의 세 가지 악덕을 빚어낸다고 보기 때문이다.

집단주의는 사회분열을 고착화시킬 따름이다. 포퓰리즘은 지배구조의 메커니즘을 분석하기보다 피지배층 문화의 찬양으로 인기에 영합할 뿐이다. 도덕주의는 정체성 인정에 관한 토론에 머무르고 경제차별의 실제 문제를 외면하게 만든다.[18] 따라서 미국의 다문화주의는 학자들이 '문화적 인정'을 현학적으로 다루는 동안, 비주류 계층과 소수민족의 일상적 소외는 고스란히 그들의 문제로 남아 있을 따름이다. 그러므로 스웨덴의 이민자들은 다문화주의가 이민자 사회를 통제하고 특정 정치적 집단으로 고정시키려는 수단으로 보는 까닭에 다문화주의를 거부한다.[19] 오스트레일리아 원주민들은 서구에서 온 이주민들이 문화 차이를 존중하는 이데올로기로 자신들의 주권을 위협하는 까닭에 다문화 정책을 반대한다.[20]

그러나 신시문화에서는 약자의 문화를 대등하게 인정하는 다문화주의가 아니라, 다른 문화를 함께 수용하며 자문화를 공유하도록 전수하는 다중문화주의를 추구한다.[21] 환웅족은 문화가 서로 다른 곰족과 범

---

18) 피에르 브르듸외, 〈진리를 조작하는 지식인들〉, 《르몽드 인문학》, 휴먼큐브, 2014, 289쪽 참조.
19) 마르코 마르티니엘로 지음/윤진 옮김, 《현대사회와 다문화주의》, 한울, 2002, 105쪽.
20) 마르코 마르티니엘로 지음/윤진 옮김, 위의 책, 104쪽.
21) Jae Hae Lim, 'Plans of future toward Multicultural Society and Multiple

족을 수용함으로써 이문화의 공유를 받아들인 셈이다. 그러면서 곰족과 범족이 자문화 수용을 원하는 까닭에 쑥과 마늘의 식문화와 정착생활의 주거문화를 전수해 준다. 곰족은 환웅족의 채식문화와 정착문화를 받아들여서 다중문화를 누린 까닭에 환웅족과 통합을 이루었다.

곰족은 자문화와 함께 환웅족의 문화를 터득하고 실천함으로써 이중문화를 누린 셈이다. 따라서 환웅족과 곰족 사이에서 태어난 단군은 두 종족 문화를 공유하는 가운데 성장한다. 단군은 부계의 환웅족과 모계의 곰족 문화가 공존하는 환웅신시의 두 문화를 모두 계승한 까닭에 문화다양성을 확보하고 고대국가의 수립을 이룩했다. 단군조선의 건국은 이문화의 수용과 이민족의 결합이 중요한 기틀을 이루었다.

단군조선은 뒤에 범족과 합류하여 예맥조선을 이루면서 고대국가로서 면모를 제대로 갖춘다. 범족과 합류함으로써 천신신앙 외에 호신신앙의 문화 다양성을 확보하고, 그 결과 산신신앙의 문화를 새로 창출한다. 천신신앙과 호신신앙, 산신신앙은 서로 배타적인 관계에 있는 것이 아니라 서로 공유되고 있다. 환웅족의 천신신앙이 범족의 호신신앙을 만나 제3의 신앙인 산신신앙을 창출한 까닭이다.[22] 따라서 단군은 죽어서 아사달의 산신이 되었다. 이 세 갈래 신앙의 전통은 최근까지 민속신앙으로서 지속되고 있다. 그러므로 고조선문명은 환웅족의 단일민족 단일문화로 성립되고 발전된 것이 아니라, 곰족과 범족을 끌어안은 다민족 국가이자, 이웃민족의 문화까지 두루 공유함으로써 다중문화 사회의 면모를 갖춘 문명이다.

문화의 세기이자 우주시대에 고조선문명은 재해석되어야 한다. 문화의 세기에 실천해야 할 홍익인간 이념의 문화적 대안은 타자의 문화

Culture', International Conference on Multiculture and Education(Inha University, November 4, 2016), PP. 34~35. 다중문화주의는 자민족문화와 함께 타민족문화를 복수로 공유하는 것을 말한다. 더 적극적으로 말하면 다중언어 다중문화주의이다. 한 사람이 복수의 언어와 복수의 문화를 누려야 문화다양성의 세계화에 이를 수 있다.
22) 임재해, 《고조선문화의 높이와 깊이》, 778~779쪽.

를 대등하게 인정하는 배타적 다문화주의가 아니라, 타자의 문화를 적극 익혀서 자문화와 함께 공유하고 발전시키는 수용적 태도의 다중문화주의를 추구하는 것이다. 우주시대에 추구해야 할 인류사회의 전망은 지구촌의 위기를 대비한 우주개척과 외계로 이동하는 탈지구촌 논리가 아니라, 지구촌에 머물면서 지구촌 생태계를 건강하게 유지하는 재세이화의 논리로 지속 가능성을 창출해야 할 것이다. 그러므로 홍익인간 이념과 재세이화의 규범은 미래에도 가꾸어 가야 할 고조선문명의 역사철학이라 하지 않을 수 없다.

참고문헌

고문헌

《管子》《孤雲集》《茶山文集》《東國李相國集》《史記》《山海經》《三國史記》《三國遺事》
《三國志》《尙書大傳》《說文解字》《星湖僿說》《世宗實錄地理志》《隨書》《新增東國輿地勝
覽》『我邦疆域考』《應制詩集註》《帝王韻紀》『朝鮮王朝實錄』《周書》《太祖實錄》《漢書》
《後漢書》

자료집

김정설, 《단군설화집》, 과학백과사전출판사, 1998.
朴桂弘, 《韓國口碑文學大系》 4-2, 韓國精神文化硏究院, 1981.
林在海, 《韓國口碑文學大系》 7-10, 韓國精神文化硏究院, 1982
林在海, 《韓國口碑文學大系》 7-17, 韓國精神文化硏究院, 1988.
鄭尙卜·柳鐘穆, 《韓國口碑文學大系》 8-12, 韓國精神文化硏究院, 1986.
趙東一·林在海, 《韓國口碑文學大系》 7-2, 韓國精神文化硏究院, 1980.

국내논문

곽동해 외, 〈다뉴세문경 제작 비법 연구〉, 《동악미술사학》 7, 2006.
길경택, 〈한국선사시대의 농경과 발달에 관한 연구〉, 《古文化》 27, 1985.
김동일, 〈고조선의 석각 천문도〉, 《조선고고연구》, 2003년 제1호, 2003.
김동일, 〈북두칠성 모양으로 배열되어 있는 구서리 무덤 발굴 보고〉, 《조선고고
    연구》, 2005년 3호.
김동일 외, 〈고인돌 무덤에 새겨져 있는 별자리의 천문학적 연대 추정에 대하
    여〉, 《조선고고연구》, 1999년 4호, 1999.
김병모, 〈韓國神話의 考古·民俗學的 解析〉, 《東方思想論攷》, 韓國精神文化硏究院, 1983.
金庠基, 〈國史上에 나타난 建國說話의 檢討〉, 《東方史論叢》, 서울대학교출판부, 1984.
김용간·석광준, 〈남경유적에서 나온 낟알을 통하여 본 팽이그릇주민의 농업〉, 장
    호수 엮음, 《북한의 선사고고학》 3, 백산문화, 1992.
김인희, 〈두개 변형과 무의 통천의식〉, 《동아시아고대학》 15, 2007.
金正基, 〈新石器時代 住生活〉, 《韓國史論》 17, 國史編纂委員會, 1987.
金貞子, 〈'망탈리테'(mentalite)史의 可能性과 限界點 －英國마르크스주의 社會史家들

의 批判的 論議를 중심으로-〉,《西洋史論》, 31-1, 한국서양사학회, 1988.

김종서, 〈현대 종교학의 비교방법론〉,《철학사상》 16-6, 2003.

金鍾允, 〈우리나라 콩 재배 역사〉,《생물학》 4-1, 1965.

김효신, 〈순산축원〉,《교육학논총》, 1977.

김효정, 〈튀르크족의 기록에 나타난 '텡그리(Tengri)'의 의미〉,《韓國中東學會論叢》 28-1, 韓國中東學會, 2007.

길경택, 〈한국선사시대의 농경과 발달에 관한 연구〉,《古文化》 27, 1985.

나승만, 〈비금도 강강술래의 사회사〉,《島嶼文化》 19, 목포대학교 도서문화연구소, 2001.

박원길, 〈할흐골솜의 구전설화와 주몽건국설화의 비교〉,《한몽공동학술연구》 1, 1992.

박태식·이융조, 〈고양 家瓦地 1지구 출토 벼 낱알들과 한국선사시대 벼농사〉, 《농업과학논문집》, 37, 1995.

서영대, 〈단군 관련 구전자료의 검토〉,《단군학연구》 21, 단군학회, 2009.

愼鏞廈, 〈민족 형성의 이론〉,《民族理論》, 文學과知性社, 1985.

宋基中, 〈동아시아 제민족의 분포와 언어학적 분류〉,《口碑文學硏究》 11, 2000.

신용하, 〈고조선 국가의 형성과 고조선 금속문화〉,《단군학연구》 21, 단군학회, 2009.

신용하, 〈고조선문명 형성의 기반과 한강문화의 세계최초 단립벼 및 콩의 재배 경작〉,《고조선단군학》 31, 고조선단군학회, 2014.

신용하, 〈고조선문명 형성에 들어간 貊族의 紅山문화의 특징〉,《고조선단군학》 32, 2015.

신운용, 〈조선시대의 '패수(浿水)' 논쟁과 그 의미〉, 우리말로학문하기 25차 말나 눔잔치 발표요지집, 2016.

양민종, 〈단군신화와 게세르신화〉,《단군학연구》 8, 단군학회, 2008.

양민종·주은성, 〈부리야트〈게세르〉 서사시 판본 비교연구〉,《比較民俗學》 34, 2007.

우실하, 〈요하문명, 홍산문화 지역의 지리적 기후적 조건〉,《고조선단군학》 30, 2014.

우실하, 〈홍산문화 옥기의 상징적 의미에 대하여〉, 고조선문명의 학제적 연구 월 례발표회 발표집, 2014.

尹乃鉉, 〈古朝鮮의 經濟的 基盤〉,《白山學報》 41, 白山學會, 1993.

尹明喆, 〈壇君神話에 대한 構造的 分析〉,《韓國思想史學》 2, 韓國思想史學會, 1998.

윤명철, 〈壇君神話의 해석을 통한 장군총의 성격 이해〉,《단군학연구》 19, 2008.

이기백, 《三國遺事의 史學史的 意義〉,《震檀學報》 36, 1978.

李相日, 〈變身說話의 類型分析과 原初思惟〉,《大東文化研究》 8, 1971.

이영배, 〈한국 '판' 문화론의 구성을 위한 통섭적 시론〉,《호남문화연구》 51, 2012.

이융조·김동현·우종윤, 〈승주 곡천 민무늬토기시대 집터의 복원〉,《先史文化》 3, 1994.

李鐘益, 〈한붉思想考〉,《東方思想論叢》, 1975.

이찬구, 〈무량사 화상석으로 본 환인, 환웅, 치우, 단군의 인물상 찾기〉, 世界桓檀 學會 창립기념학술대회 발표논문집, 2014.

이형구, 〈高句麗의 享堂制度 研究〉,《東方學志》 32, 연세대학교 국학원, 1982.

林在海, 〈韓國民俗史 時代區分의 實際와 歷史認識의 展望〉,《한국학언구》 1, 1994.

임재해, 〈굿에 나타난 和解情神과 共生的 世界觀〉,《韓國民俗學》 29, 民俗學會, 1997.

임재해, 〈韓國 神話의 敍事構造와 世界觀〉,《說話文學研究》(上), 단국대학교출판부, 1998.

임재해, 〈21세기 구비문학, 우리 자료와 이론에 의한 학문주권〉,《韓民族語文學》 38, 2001.

766

임재해, 〈설화의 사료적 성격과 새 역사학으로서 설화연구〉, 《역사민속학》 12, 2001.
임재해, 〈설화의 역사성과 관음사 연기설화의 재인식〉, 《韓民族語文學》 41, 2002.
임재해, 〈단군신화를 보는 생태학적인 눈과 자연친화적 홍익인간 사상〉, 《단군학
　　연구》 9, 단군학회, 2003.
임재해, 〈민속문화의 공유가치와 문화주권〉. 《韓國民俗學》 40, 한국민속학회, 2004.
임재해, 〈공민왕 몽진 설화에 나타난 주민들의 역사의식〉, 《구비문학연구》 21, 2005.
임재해, 〈굿 문화사 연구의 성찰과 역사적 인식지평의 확대〉, 《한국무속학》 11, 2006.
임재해, 〈왜 지금 겨레문화의 뿌리를 주목하는가〉, 《比較民俗學》 31, 2006.
임재해, 〈단군신화에 갈무리된 문화적 원형과 민족문화의 정체성〉, 《단군학연구》 16, 2007.
임재해, 〈맥락적 해석에 의한 김알지 신화와 신라문화의 정체성 재인식〉, 《比較民
　　俗學》 33, 2007.
임재해, 〈민속문화에 갈무리된 제의의 정체성과 문화창조력〉, 《실천민속학연구》 10, 2007.
임재해, 〈민속신앙의 비교연구와 민족문화의 정체성〉, 《比較民俗學》 34, 2007.
임재해, 〈한국신화의 주체적 인식과 민족문화의 정체성〉, 《단군학연구》 17, 2007.
임재해, 〈단군신화로 본 고조선 문화의 기원 재인식〉, 《단군학연구》 19, 2008.
임재해, 〈민속예술 비교연구의 준거와 비교모형 설정〉, 《比較民俗學》 36, 2008.
임재해, 〈고조선 '본풀이'의 역사인식과 본풀이사관의 수립〉, 《단군학연구》 21, 2009.
임재해, 〈고조선 시기 탈춤문화의 형성과 연행예술의 수준〉, 《比較民俗學》 40, 2009.
임재해, 〈'신시본풀이'로 본 고조선문화의 형성과 홍산문화〉, 《단군학연구》 20, 2009.
임재해, 〈건국본풀이로 본 시조왕의 '해' 상징과 정치적 이상〉, 《比較民俗學》 43, 2010.
임재해, 〈마을의 잔치문화에 갈무리된 축제성과 인간해방의 길〉, 《남도민속연구》 21, 2010.
임재해, 〈민속학에서 본 민족주의와 문화 정체성을 넘어선 생태주의〉, 《한민족연
　　구》 9, 한민족학회, 2010.
임재해, 〈신시고국 환웅족 문화의 '해'상징과 천신신앙의 지속성〉, 《단군학연구》 23, 2010.
임재해, 〈한국 축제 전통의 지속 양상과 축제성의 재인식〉, 《比較民俗學》 42, 2010.
임재해, 〈고조선문화의 지속성과 성립과정의 상생적 다문화주의〉, 《고조선단군
　　학》 24, 고조선단군학회, 2011.
임재해, 〈고조선본풀이와 '게세르'의 문화적 이질성과 한몽관계의 접점〉, 《比較民
　　俗學》 48, 比較民俗學會, 2012.
임재해, 〈'고조선'조와 '전조선기'로 본 고조선의 역사적 실체 재인식〉, 《고조선단
　　군학》 26, 고조선단군학회, 2012.
임재해, 〈세계화 시대 한국 민속학의 현실적 과제와 자각적 전망〉, 《比較民俗學》 50, 2013.
임재해, 〈환웅시대 태양시조사상의 홍익인간과 재세이화 전통〉, 《고조선단군학》 29, 2013.
임재해, 〈의례의 잔치판과 혼례의 여성주의적 판문화 주권 포착〉, 《민속연구》 29, 2014.
임재해, 〈홍산문화로 읽는 고조선 시대의 제천 의식 전통〉, 《고조선단군학》 30, 2014.
임재해, 〈홍익인간 이념의 역사적 지속과 민속문화의 전통〉, 《고조선단군학》 31, 2014.
임재해, 〈민속학의 생활사료 인식과 역사학의 통섭〉, 《韓國民俗學》 61, 2015.
崔南善, 〈三國遺事解題〉, 《啓明》 18, 1927.
하문식, 〈고조선의 돌돌림유적에 관한 문제〉, 《단군학연구》 10, 단군학회, 2004.
한양명, 〈安東동채싸움 關聯談論의 傳承樣相과 鄕村史的 意味〉, 《한국민속학》 26, 1994.

한양명, 〈일생의례의 축제성과 장례의 경우〉, 《比較民俗學》 39, 比較民俗學會, 2009.
이타가키 류타, 〈한국 지역사회에서 식민지경험을 조사한다는 것〉, 《전통의 자원
　　화와 지역발전 Ⅱ》, 2016 BK21 국제학술대회 논문집, 2016.

국내 논저

곽차섭 엮음, 《미시사란 무엇인가》, 푸른세상, 2000.
金敬琢, 〈韓國原始宗敎史〉, 《韓國文化史大系》, 高麗大學校民族文化研究所, 1970.
김기봉, 《포스트모더니즘과 역사학》, 푸른역사, 2008.
金戊祚, 《韓國神話의 原型》, 正音文化社, 1988.
김병모, 〈韓國神話의 考古·民俗學的 解析〉, 《東方思想論攷》, 韓國精神文化研究院, 1983.
김동일, 《금관의 비밀》, 푸른역사, 1998.
金富軾, 李丙燾 譯, 《三國史記》, 乙酉文化社, 1983.
金庠基, 〈國史上에 나타난 建國說話의 檢討〉, 《東方史論叢》, 서울대학교출판부, 1984.
김선자, 《만들어진 민족주의 황제신화》, 책세상, 2007.
김선자, 〈홍산문화의 황제 영역설에 대한 비판〉, 《동북아 곰 신화와 중화주의 신
　　화론 비판》, 동북아역사재단, 2009.
김성례, 〈한국 무교와 샤머니즘〉, 《그리스도교와 무교》, 바오로딸, 1998.
김영균·김태은, 《탯줄코드》, 민속원, 2008.
김운회, 《우리가 배운 고조선은 가짜다》, 역사의아침, 2012.
김인중, 《민족주의와 역사》, 아카넷, 2014.
金載元, 《檀君神話의 新研究》, 探究堂, 1947.
金貞培, 《韓國民族文化의 起源》, 高麗大學校出版部, 1973.
김헌선, 《한국의 창세신화》, 길벗, 1994.
김헌선, 《황해도 무당굿놀이 연구》, 보고사, 2007.
김헌전, 《환국정통사, 송산출판사, 1986.
김현주, 《토테미즘의 흔적을 찾아서》, 서강대학교출판부, 2009.
김화경, 《한국신화의 원류》, 지식산업사, 2005.
남동신, 〈《삼국유사》의 사서로서의 특성〉, 《일연과 삼국유사》, 신서원, 2007.
柳東植, 《韓國巫敎의 歷史와 構造》, 延世大學校出版部, 1975.
박봉우, 〈2장 고조선〉, 《국가의 건립과 산림문화》, 숲과문화연구회, 2014.
박선희, 《한국 고대 복식 – 그 원형과 정체》, 지식산업사, 2002.
박선희, 《우리 금관의 역사를 밝힌다》, 지식산업사, 2008.
박선희, 《고조선 복식문화의 발견》, 지식산업사, 2011.
박선희, 《고구려 금관의 정치사》, 京仁文化社, 2013.
박원길, 《몽골의 문화와 자연지리》, 두솔기획, 1999.
박원길, 《유라시아 초원제국의 샤마니즘》, 민속원, 2001.
박창범, 《하늘에 새긴 우리역사》, 김영사, 2002.
방학봉, 《발해 건축연구》, 연변대학교출판부, 1995.

사진실,《공연문화의 전통》, 태학사, 2002.

徐大錫,〈帝釋본풀이 硏究〉,《韓國巫歌의 硏究》, 文學思想社, 1980.

서대석,《한국 신화의 연구》, 집문당, 2001.

徐秉琨·孫守道,《中國地域文化大系》, 上海遠東出版社, 1998.

성삼제,《고조선 사라진 역사》, 동아일보사, 2005.

孫晉泰,《韓國民族說話의 硏究》, 乙酉文化社, 1946.

孫晉泰,〈檀君 壇君〉,《孫晉泰先生全集》, 太學社, 1981.

孫晉泰,〈朝鮮돌멘에 關한 調査硏究〉,《朝鮮民俗文化硏究》, 1948.

손환일,〈삼족오 문양의 시대별 변천〉,《삼족오》, 학연문화사, 2007.

송기중,《역사비교언어학과 국어계통론》, 집문당, 2003.

송호정,《단군, 만들어진 신화》, 산처럼, 2004.

愼鏞廈,〈민족 형성의 이론〉,《民族理論》, 文學과知性社, 1985.

愼鏞廈,《韓國民族의 形成과 民族社會學》, 지식산업사, 2001.

愼鏞廈,《韓國 原民族 形成과 歷史的 傳統》, 나남출판, 2005.

愼鏞廈,《古朝鮮 國家形成의 社會史》, 지식산업사, 2010.

신용하,〈고조선문명의 사회신분〉,《고조선문명의 사회사》, 지식산업사, 2018.

신용하,《한국민족의 기원과 형성연구》, 서울대학교출판문화원, 2017.

愼鏞廈 編,《공동체 이론》, 文學과知性社, 1985.

신종원,《삼국유사 새로 읽기 (1) ‐기이편》, 일지사, 2004.

安耕田 譯註,《桓檀古記》, 상생출판, 2011.

우실하,《동북공정 너머 요하문명론》, 소나무, 2007.

우실하,〈요하문명, 홍산문화와 한국문화의 연계성〉,《고대에도 한류가 있었다》, 지
    식산업사, 2007.

沈雨盛,〈놋다리밟기〉,《韓國의 民俗놀이》, 三一閣, 1975.

윤내현,《고조선 연구》, 一志社, 1994.

윤내현,《한국열국사연구》, 지식산업사, 1998.

윤내현,《사료로 보는 우리 고대사》, 지식산업사, 2007.

윤내현·박선희·하문식,《고조선의 강역을 밝힌다》, 지식산업사, 2006.

윤명철,《고구려의 정신과 정책》, 학연문화사, 2004.

윤명철,《한국 고대문화의 비밀》, 김영사, 2004.

윤명철,《단군신화, 또 다른 해석》, 백산자료원, 2008.

李光奎,《文化人類學》, 一潮閣, 1975.

李基白,《國史新論》, 泰成社, 1961.

이덕일·이병기,《고구려는 천자의 제국이었다》, 역사의아침, 2007.

이범교,《삼국유사의 종합적 해석》上, 민족사, 2005.

이병도,《한국사대관》, 보문각, 1973.

이석연,《책, 인생을 사로잡다》, 까만양, 2012.

이성규,〈문헌에 보이는 한민족문화의 원류〉,《한국사》1, 국사편찬위원회, 2002.

이어령,《디지로그》, 생각의나무, 2006.

李如星,《朝鮮服飾考》, 白楊堂, 1947.

이영문, 《고인돌 역사가 되다》, 학연문화사, 2014.

이융조, 《충북의 선사문화》, 충청북도 충청연구소, 2006.

이융조·박태식 편, 《고양 가와지 볍씨 (I): 조사와 연구》, 한국선사문화연구원, 2014.

이융조·우종윤, 《선사유적 발굴도록》, 충북대학교 박물관, 1998.

이융조·우종윤, 《충주 조동일 선사유적(1)》, 충북대학교 박물관, 2001.

이융조·우종윤, 〈세계 最古의 소로리볍씨 발굴과 의미〉, 《아시아 선사농경과 소로리볍씨》, 충북대학교박물관, 2003.

이정훈, 《발로 쓴 反3동북공정》, 지식산업사, 2009.

이종호, 《한국 7대 불가사의》, 역사의아침, 2007.

이진경, 《노마디즘》 1, 휴머니스트, 2002.

이창재, 《신화와 정신분석》, 아카넷, 2014.

인류진화 발전사 연구실, 《조선서북지역의 동굴유적》, 김일성종합대학출판사, 1995.

任東權, 〈강강술래考〉, 《韓國民俗學論攷》, 집문당, 1971.

任東權, 〈安東의 車戰과 놋다리〉, 《韓國民俗學論攷》, 집문당, 1971.

임병태, 《한국 청동기 문화의 연구》, 학연문화사, 1996.

임상우, 《포스트모더니즘과 역사학》, 푸른역사, 2008.

임석재·장주근, 《관북지방무가》, 문교부, 1966.

임재해, 《설화작품의 현장론적 분석》, 지식산업사, 1991.

임재해, 《한국민속과 전통의 세계》, 지식산업사, 1991.

임재해, 《민족설화의 논리와 의식》, 지식산업사, 1992.

임재해, 《장례놀이》, 문화재관리국 문화재연구소, 1994.

임재해, 〈민속사의 인식과 시대구분의 모색〉, 《한국민속사입문》, 지식산업사, 1996.

임재해, 《한국민속학과 현실인식》, 집문당, 1997.

임재해, 〈韓國 神話의 敍事構造와 世界觀〉, 《說話文學研究》(上), 단국대학교출판부, 1998.

임재해, 《민속문화의 생태학적 인식》, 도서출판 당대, 2002.

임재해, 《민속문화를 읽는 열쇠말》, 민속원, 2004.

임재해, 《민족신화와 건국영웅들》, 민속원, 2006.

임재해, 〈고대에도 한류가 있었다 – 민족 문화의 정체성 재인식〉, 《고대에도 한류가 있었다》, 지식산업사, 2007.

임재해, 《신라 금관의 기원을 밝힌다》, 지식산업사, 2008.

임재해, 〈한국신화의 주체적 인식과 민족문화의 정체성〉, 《한국신화의 정체성을 밝힌다》, 지식산업사, 2008.

임재해, 《고조선문화의 높이와 깊이》, 지식산업사, 2015.

任孝宰, 《韓國古代文化의 흐름》, 集文堂, 1994.

장회익, 《삶과 온생명》, 솔, 1998.

전국역사교사모임, 《살아있는 한국사교과서 1》, 휴머니스트, 2002.

전경욱, 〈동아시아의 관점에서 본 산대놀이가면극〉, 《동아시아 민속극의 축제성》, 보고사, 2009.

전호태, 《고구려 고분벽화 연구 여행》, 푸른역사, 2012.

전호태, 《고구려 고분벽화의 세계》, 서울대학교출판부, 2004.

전희영, 〈씨앗분석〉, 《일산 새도시 개발지역 학술조사보고 I》, 한국선사문화연구원, 2014.

鄭求福, 〈三國遺事의 史學史的 考察〉, 《三國遺事의 綜合的 檢討》, 한국정신문화연구원, 1987.

丁益燮, 〈全南地方의 강강술래攷〉, 《无涯梁柱東博士古稀紀念論文集》, 탐구당, 1973.

정재서, 〈잃어버린 신화를 찾아서 −중국신화에서 찾은 한국신화−〉, 《한국신화의 정체성을 밝힌다》, 지식산업사, 2008.

조동일, 《인문학문의 사명》, 서울대학교출판부, 1997.

조동일, 〈《삼국유사》의 기본특징 비교고찰〉, 《일연과 삼국유사》, 신서원, 2007.

조동일, 〈제1강 실증주의 넘어서기〉, 《세계·지방화시대의 한국학》 5, 계명대학교 출판부, 2007.

조동일, 〈구비의 가치 재평가를 위한 새로운 연구〉, 《구비문학의 연행양상》, 민속원, 2011.

조동일, 《국사 교과서 논란 넘어서기》, 지식산업사, 2015.

조한욱, 《문화로 보면 역사가 달라진다》, 책세상, 2000.

조현설, 《동아시아 건국 신화의 역사와 논리》, 문학과지성사, 2002.

조희승, 《유구한 력사를 자랑하는 단군조선》, 사회과학출판사, 2004.

주채혁, 《순록유목제국론−고조선 고구려 몽골제국의 기원연구》, 백산자료원, 2008.

진중권, 《놀이와 예술, 그리고 상상력》, 휴머니스트, 2005.

崔南善, 〈不咸文化論〉, 《六堂崔南善全集 2 (壇君·古朝鮮 其他)》, 玄岩社, 1973.

최남선, 《조선의 신화와 설화》, 홍성사, 1986.

최래옥, 《하늘님, 나라를 처음 세우시고》, 고려원, 1989.

崔常壽, 〈강강술래〉, 《韓國民俗大觀 4 −歲時風俗.傳承놀이》, 高大民族文化研究所, 1982.

최인학 외, 《기층문화를 통해 본 한국인의 상상체계》 하, 민속원, 1998.

하문식, 〈고인돌을 통해 본 고조선〉, 윤내현 외, 《고조선의 강역을 밝힌다》, 지식산업사, 2006.

하문식, 〈고인돌 왕국 고조선과 아시아의 고인돌 문화〉, 《고대에도 한류가 있었다》, 지식산업사, 2007.

한국역사연구회, 《조선시대 사람들은 어떻게 살았을까》, 청년사, 2005.

한양명, 〈청량산 일대 공민왕신앙의 분포와 성격〉, 《고려 공민왕과 임시수도 안동》, 안동대학교 민속학연구소, 2004.

한창균 외, 〈대천리유적 신석기시대 집자리에 대한 고찰〉, 《옥천 대천리 신석기 유적》, 한남대 중앙박물관, 2003.

허대동, 《고조선 문자》, 도서출판경진, 2011.

허대동, 《고조선 문자》 2, 도서출판경진, 2013.

許興植, 〈삼족오(三足烏)의 동북아시아 기원과 사상의 계승〉, 《삼족오》, 학연문화사, 2007.

국외 논저

궈다순(郭大順)·장싱더(張星德) 지음/김정열 옮김, 《동북문화와 유연문명》 상, 동북아역사재단, 2008.

나카 미치요(那珂通世)/신종원 번역, 〈朝鮮古史考〉, 《일본인들의 단군연구》, 한국학중앙연구원, 2005.

노에 게이치 지음/김영주 옮김, 《이야기의 철학 – 이야기는 무엇을 기록하는가》, 한국출판마케팅연구소, 2009.

니얼 퍼거슨 지음/구세희·김정희 옮김, 《시빌라이제이션 – 서양과 나머지 세계》, 21세기북스, 2011.

라디카 데싸이/정은귀 역, 〈베너딕트 앤더슨이 놓친 것과 얻은 것 – 《상상의 공동체》에 대한 비판적 검토〉, 《창작과비평》 145호, 2009.

리처드 도킨스 지음/홍영남 옮김, 《이기적 유전자》, 을유문화사, 2010.

마르코 마르티니엘로 지음/ 윤진 옮김, 《현대사회와 다문화주의》, 한울, 2002.

마르크 블로크 지음/고봉만 옮김, 《역사를 위한 변명》, 한길사, 2007.

마르크 오제, 〈문화와 이동〉, 이브 미쇼 외 지음/강주헌 옮김, 《문화란 무엇인가》 1, 시공사, 2003.

마셜 맥루언 지음/김성기·이한우 옮김, 《미디어의 이해》, 민음사, 2002.

맥브라이드 리차드, 《《삼국유사》의 신빙성 연구 –중국 및 한국문헌자료의 사례–〉, 《일연과 삼국유사》, 신서원, 2007.

毛昭晰, 〈浙江支石墓의 形態와 韓半島支石墓 比較〉, 《中國의 江南社會와 韓中交涉》, 집문당, 1997.

베네딕트 앤더슨 지음/윤형숙 옮김, 《상상의 공동체》, 나남출판, 2002.

브라이언 페이건 지음/남경태 옮김, 《기후, 문명의 지도를 바꾸다》, 예지, 2007.

브라이언 페이건 지음/이희준 옮김, 《세계 선사문화의 이해》, 사회평론, 2015.

브라이언 페이건 편/이승호·김맹기·황상일 옮김, 《완벽한 빙하시대》, 푸른 길, 2011.

새뮤얼 헌팅턴 지음/이희재 옮김, 《문명의 충돌》, 김영사, 1997.

스티븐 핑커 지음/김한영 옮김 《언어본능》, 소소, 2006.

시라토리 쿠라키치 지음/조경철 옮김 〈檀君考〉, 《일본인들의 단군 연구》, 한국학중앙연구원, 2005.

에드워드 윌슨, 최재천·장대익 옮김, 《통섭》, 사이언스북스, 2005.

에릭 홉스봄, 〈상대주의를 넘어 – 반이성주의가 역사학의 최대 위험〉, 《르몽드 인문학》, 휴먼큐브, 2014.

에스 돌람, 이선아 번역, 〈《주몽(朱蒙)신화》와 〈알란고아신화〉 비교〉, 《비교민속 하》 40, 比較民俗學會, 2009.

오시마 아키코(大島明子), 〈일본에 불고 있는 음식 韓流〉, 《일본의 새소식》, 주한일본대사관, 2006년 8월호.

우에다 아츠오 지음/남상진 옮김, 《만인을 위한 제왕학》, 지평, 2007.

유발 하라리, 김명주 옮김, 《호모데우스》, 김영사, 2017.

이마니시 류/김희선 번역, 〈檀君考〉, 《일본인들의 단군 연구》, 한국학중앙연구원, 2005.

이타가키 류타, 〈한국 지역사회에서 식민지경험을 조사한다는 것〉, 《전통의 자원화와 지역발전 II》, 2016 BK21 국제학술대회 논문집, 2016.

일리야 N. 마다손 채록, 양민종 옮김, 《바이칼의 게세르 신화》, 솔, 2008.

임마누엘 월러스타인, 박금제 역, 〈민족적인 것과 보편적인 것 : 세계문화란 가능한가〉, 이영철 엮음, 《21세기 문화의 미리 보기》, 시각과언어, 1996.

자크 브로스 지음/주향은 옮김, 《나무의 신화》, 이학사, 1998.

조지아 원키 지음/이한우 옮김, 《가다머 해석학, 전통 그리고 이성》, 민음사, 1999.

존 카터 고벨 지음/김유경 편역, 《부여기마족과 왜(倭)》, 글을읽다, 2006.

지그문트 프로이트 지음/김종엽 옮김, 《토템과 타부》, 문예마당, 1995.

카이 하머마이스터 지음/임호일 옮김, 《한스게오르크 가다머》, 한양대출판부, 2001.

케이스 젠킨스 지음/최용찬 옮김, 《누구를 위한 역사인가》, 혜안, 1999.

크네히트 페터, 〈문화 전파주의〉, 야아베 쓰네오 엮음, 이종원 옮김, 《문화를 보는 열다섯 이론》, 인간사랑, 1987.

타나카 지로오, 〈생태 인류학〉, 야아베 쓰네오 엮음, 이종원 옮김, 《문화를 보는 열다섯 이론》, 인간사랑, 1987.

피에르 부르디 외, 〈진리를 조작하는 지식인들〉, 《르몽드 인문학》, 휴먼큐브, 2014.

필립 코펜스 지음/이종인 옮김, 《사라진 고대문명의 수수께끼》, 책과함께, 2014.

한스요아힘 파프로트 지음/강정원 옮김, 《퉁구스족의 곰의례》, 태학사, 2007.

헬레나 노르베리 호지 지음/김종철 옮김, 《오래된 미래 라다크로부터 배운다》, 녹색평론사, 2003.

E. H. 카아 지음/吉玄謨 옮김, 《歷史란 무엇인가》, 探求堂, 1984.

James Clifford and George E. Marcus 지음/이기우 옮김, 《문화를 쓴다 민족지의 시학과 정치학》, 한국문화사, 2000.

T.K.Seung 지음/나경수 옮김, 《구조주의와 해석학》, 전남대학교출판부, 2009.

郭大順, 〈遼寧史前考古與遼河文明探源〉, 《遼海文物學刊》, 1995年 第1期.

郭大順, 〈紅山文化的'惟玉爲葬'與遼河文明起源特徵再認識〉, 《文物》, 1997年 第8期.

郭大順, 〈論紅聚落的層次性 : 紅産文化與良渚文化的比較硏究〉, 《良渚文化硏究 : 紀念良渚文化發現六十周年國際學術討論論文集》, 科學出版社, 1999.

那河通世, 〈朝鮮古事考〉, 《史學雜誌》 54, 1894.

段玉裁, 《說文解字經》, 臺灣: 蘭臺書局, 1977.

戴煒·侯文海·鄭耿杰, 《眞賞紅山》, 內蒙古人民出版社, 2007.

梁柱東, 《古歌硏究》, 一潮閣, 1965.

穆鴻利, 〈中華北方古老文明之搖籃 : 紅山文化探論〉, 《社會科學輯刊》, 1997年 第2期.

武家昌, 〈遼東半島石棚初探〉, 《北方文物》, 1994.

白鳥庫吉, 〈檀君考〉, 《史學雜誌》512, 1894.

卜 工, 〈牛河梁祭祀遺址及其相關問題〉, 《中國考古集成》 東北卷, 新石器時代(二), 北京出版社, 1997.

孫守道劉淑娟 著, 《紅山文化玉器新品新鑒》, 吉林文史出版社, 2007.

瑜 琼, 〈东北地区半月形穿孔石刀研究〉, 《北方文物》 第一期, 北方文物杂志社, 1990.

劉素俠, 〈紅山文化與西遼河流域的原始文明〉, 《中國北方古代文化國際學術討論會論文集》, 中國文史出版社, 1995.

王 曾, 〈紅山文化的走向〉, 《中國考古集成》 東北卷, 新石器時代(一), 北京出版社, 1997.

李恭篤·高美璇, 〈紅山文化玉雕藝述初析〉, 《中國考古集成》 東北卷, 新石器時代(一), 北京出版社, 1997.

李宇峰, 〈简谈夏家店下层文化的农业〉, 《古今农业》 第1期, 全国农业展览馆, 1987.

李宇峰, 〈红山文化发现的石农具〉, 《农业考古》 第1期, 江西社会科学院, 1981.

李仁淑·金圭相, 《坡州 舟月里 遺蹟》, 京畿道博物館, 1999.

张志立·陈国庆, 〈辽宁及内蒙古东部地区新石器时代居习初探〉, 苏秉琦, 《考古学文化论(四)》, 文物出版社, 1997.

赤松至誠·秋葉隆, 《朝鮮巫俗の研究》(上), 朝鮮總督府, 1937.

載煒·侯文海·鄭耿杰, 《眞賞紅山》, 內蒙古人民出版社, 2007.

陈国庆·徐光辉, 「中国东北地区石锄初论」, 《农业考古》 第2期, 江西社会科学院, 1989.

肖 兵, 〈示與 '大石文化'〉, 《遼寧大學學報 2》, 1980.

何賢武, 〈從紅山文化的最新發現看中國文明的起源〉, 遼寧大學學報》, 1987年 第4期, 1987.

何賢武, 〈遼西地區文明探源〉, 《遼海文物學刊》, 1994年 第1期, 1994.

Benedict Anderson, *Imagined Communities: Reflection on the Origin and Spread of Nationalism, London*: Verso, 2006.

Beverlery Southgate, *History, What and Why, London*, London, 1996.

Christian Jürgensen Thomsen, *Ledetraad til Nordisk Oldkundskab*, National Museum of Copenhagen, 1836.

Edmund Leach, *Culture and Communication*, Cambridge University Press, 1976.

Jae Hae Lim, 'Plans of future toward Multicultural Society and Multiple Culture', International Conference on Multiculture and Education, 2016.

Jan Vansina, *Oral Tradition: A Study in Historical Methodology*, Penguin Books, 1965.

J. W. Dunne, *An Experiment with Time*, Hampton Roads Publishing Company, 2001.

Mircea Eliade, *Myths, Dreams and Mysteries*, New York: Collins. 1968.

Peter Bellwood, *First Farmers, The Origins of Agricultural Societies*, Blackwell, 2005.

Ronald Hutton, *Shamans—Siberian Spirituality and the Western Imagination*, Hambledon Continuum, 2007.

Susan Blackmore, *The Meme Machine*, Oxford University Press, 1999.

Stith Thompson, *The Folktale*, Holt, Rinehart and Winston, Inc., 1946.

William E. Paden. 'Elements of a New Comparativism', *Method & Theory in the Study of Religion*, 8/1. 1965.

기사 자료

김양동, 〈한국 고대문화 원형의 상징과 해석 1. '神'의 해석〉, 《교수신문》, 2013년 2월 18일자.

김정인, 〈살아 있는 시간, 현재의 힘〉, 《경향신문》, 2015년 12월 29일자.

김학군, 〈우리 사회의 상상력 빈곤〉, 《경향신문》, 2009년 12월 19일자.

774

류현민, 〈잡초는 약초다〉, 《세계일보》, 2014년 5월 30일자.

박용채, 〈日 후지무라 구석기 유적 날조 고백〉, 《경향신문》, 2004년 1월 27일자.

박호군 외, 〈첨단 기술의 유전자〉, 《서울경제》, 2005년 5월 15일자.

배철현, 〈배철현의 深淵; 순간〉, 《경향신문》, 2016년 3월 24일자.

석희태, 〈얼과 균형이 있는 역사연구와 교육〉, 《교수신문》, 2015년 8월 31일자.

연호택, 〈유목민 塞種의 요람 이식쿨 호수와 烏孫의 赤谷城 (2)〉, 《교수신문》, 2014
년 2월 24일자.

원세연, 〈고암의 손 거치면 밥풀도 작품이 됐다〉, 《대전일보》, 2015년 6월 18일자.

이종구, 〈고양 구석기 유적지, 한반도 최대 석기제작소 추정〉, 《한국일보》,
2018년 1월 8일자.

장형인, 〈고대 세계 미스터리 9가지〉, 《大韓新報》, 2016년 04월 20일자.

崔南善, 〈檀君神典의 古意〉, 《東亞日報》, 1928년 1월 1일 – 2월 28일 연재.

찾아보기

ㄱ